TEOLOGIA DO ANTIGO TESTAMENTO

WALTHER EICHRODT

hagnos

Título original
Theologie des Alten Testaments
Título tradução inglesa
Theology of the Old Testament

Tradução
Cláudio J. A. Rodrigues

Revisão
Ronaldo Brito
João Guimarães

Preparação de index
Jairo Alejandro Muñoz Méjia

Capa
Souto Crescimento de Marca

Diagramação
CompSystem

Editora
Marilene Terrengui

Coordenador de produção
Mauro W. Terrengui

1ª edição - Julho - 2005
Reimpressão - Fevereiro - 2014
Reimpressão - Julho - 2020

Impressão e acabamento
Imprensa da Fé

Editora Hagnos
Av. Jacinto Júlio, 27
04815-620 - São Paulo - SP - Tel/Fax: (11) 5668-5668
hagnos@hagnos.com.br - www.hagnos.com.br

Dados Internacionais de Catalogação na Publicação (CIP)
(Câmara Brasileira do Livro, SP, Brasil)

Eichrodt, Walther
Teologia do Antigo Testamento / Walther Eichrodt; Tradução: Cláudio J. A. Rodrigues
-- São Paulo : Hagnos, 2004.

Título original: *Theologie des Alten Testaments*
Conteúdo: I. Deus e o povo - II. Deus e o mundo - III. Deus e o homem

ISBN 85-89320-52-9

1. Bíblia A.T. - Teologia I. Título

04-1340 CDD-221.6

Índices para catálogo sistemático:
1. Antigo Testamento : Teologia bíblica 221.6
2. Teologia bíblica : Antigo Testamento 221.6

Sumário

PRÓLOGO À PRIMEIRA EDIÇÃO

Quem quer que se interesse pelo estudo do Antigo Testamento terá de admitir, diante da geral situação religiosa e da teologia em particular, a necessidade cada vez mais urgente de um novo delineamento da teologia do Antigo Testamento. Diante de um número mais que suficiente de estudos históricos sobre a religião judeu-israelita, apenas começou a expor de forma rudimentar a religião de que nos falam os documentos do Antigo Testamento, realidade bem delimitada que, apesar das condições históricas em constante mudança, mostra uma tendência fundamental e um caráter constante. E isto é precisamente o que atualmente se tornou imprescindível face aos profundos avanços do estudo das religiões comparadas e da análise apaixonada a que hoje em dia se submete a religião cristã em sua relação com o passado israelita. Contudo, qualquer pessoa, ainda que pouco familiarizada com os problemas que isso encerra, perceberá que a dificuldade é bastante séria para justificar a dúvida de se a tarefa pode ser cumprida com os meios que atualmente dispomos. É razoável, portanto, que o autor da presente obra tenha decidido realizar este trabalho não pela própria vontade, mas sim pelas pressões que se lhe fizeram de todas as partes. Sua experiência, adquirida pelo trato com a matéria em cursos ministrados regularmente, o convenceu de que era melhor uma primeira tentativa de aproximação que pudesse em breve animar a outros que buscassem melhores soluções, do que deixar que essa repousasse tranqüilamente. Com plena consciência, nos afastamos dos métodos usuais não somente na distribuição da matéria, mas também, acima de tudo, ao determinar as questões fundamentais da vida de fé veterotestamentária, quanto ao significado da aliança, de suas instituições na lei e no culto e de seus instrumentos de expressão no profetismo e no sacerdócio. Mas isso somente será considerado como desvantagem por aqueles que não vêem os efeitos que tem tido precisamente sobre esses pontos, uma teologia que acreditava poder explicar a essência da religião veterotestamentária recorrendo à abstração sem vida do "monoteísmo ético", por não ser capaz simplesmente de se livrar dos cânones de um individualismo racionalista e de esquemas de teorias evolucionistas. Que esta primeira parte da Teologia do Antigo Testamento, que tem por intenção esclarecer as questões fundamentais mais importantes, desfrute do benefício de prestar um serviço àqueles que buscam novas diretrizes nas discussões sobre o Antigo Testamento!

Basiléia, julho de 1933.

W. Eichrodt

DO PRÓLOGO À QUINTA EDIÇÃO REVISADA

Desde o momento do surgimento da primeira edição desta obra, a teologia do Antigo Testamento conheceu um feliz ressurgimento, e tal disciplina volta a ocupar seu justo lugar nos estudos acadêmicos, em um campo em que a abordagem da história das religiões teve um domínio quase despótico por muito tempo.Com sua primeira aparição, era preciso, todavia, lutar para que se reconhecesse a necessidade de uma nova postura frente à fé veterotestamentária em sua qualidade de revelação, e isto já tem penetrado hoje no mundo científico. Apesar de tudo, continuam existindo controvérsias sobre a natureza, método e o propósito de uma interpretação objetiva e uma exposição correta da mensagem do Antigo Testamento, e estamos um pouco distantes de que tais discussões cheguem a resultados definitivos. Por isso, pareceu necessário ao autor manter a mesma estrutura e exposição dos temas que a obra tinha desde o princípio, mantendo seu enfoque e modo de pensar diante da atual confrontação de opiniões. Isto significa, antes de tudo, uma insistência consciente de que a teologia do Antigo Testamento é uma questão histórica. E, além disso, é uma rejeição a toda tentativa, certamente sedutora, de incorporá-la ao sistema das ciências normativas, como pretendeu, por exemplo, F. Baumgärtel (Erwägungen zur Darstellung der Theologie des Alten Testaments, TLZ 76,1951, p 257s). *Lendo o capítulo I deste livro, se observará claramente que nada há aqui de historicismo, mas sim de uma nova forma de conceber a natureza da verdadeira ciência histórica. A discussão radical com o método evolucionista de entender o Antigo Testamento, discussão essa que perpassa o livro de ponta a ponta, confirma o que dizemos.*

Apesar de todas as objeções que nos fizeram, seguimos mantendo como conceito central aquele da aliança. A partir deste conceito, explicamos a unidade estrutural e a tendência básica permanente da mensagem do Antigo Testamento. Pois nessa aliança se resume a convicção básica de Israel estar em uma relação especial com Deus. Neste sentido não é verdadeiramente importante que apareça ou não o termo b^{e}*rit – como parece imaginar uma crítica excessivamente ingênua (cf. o que dissemos na página 37s. sobre o fato de que muitos profetas evitavam o termo) –, mas a realidade de que todas as afirmações importantes da fé veterotestamentária se apóiam no pressuposto, explícito ou implícito, de que Israel foi elevado à dignidade de povo de Deus por um ato livre divino realizado dentro da história, no qual se manifestam a natureza e vontade de Deus. A palavra "aliança" é, por assim dizer, um símbolo conveniente de uma certeza que abrange muito mais e constitui o fundamento mais profundo da fé, de uma certeza sem a qual Israel não seria Israel. Enquanto síntese da ação de Deus na história, a "aliança" não é um conceito doutrinal, com o qual se possa construir todo um corpo de doutrina, mas a expressão característica que descreve um movimento vital, dado em determinado momento do tempo e num lugar concreto, com a finalidade de revelar uma realidade divina única em toda a história das religiões. Ao leitor atento não se lhe escapará pois em cada um dos capítulos desta obra há uma contínua referência a esse movimento vital.*

Assim, pois, os escritos do Antigo Testamento dão testemunho "não de um corpo doutrinal perfeito, senão de uma realidade divina que vai se revelando na história" (p. 450s.). Se houvesse algo com o qual a Teologia do Antigo Testamento teria de se preocupar seria o de que esse testemunho voltasse a se escutar e que de novo se abrisse o caminho, a tanto tempo obstruído, que vai do Antigo Testamento ao Novo Testamento. Essa é, em todo o caso, a preocupação de todas as reflexões contidas neste livro. Para esse fim, servimo-nos de citações de lugares bíblicos, que aparecem de forma mais exaustiva possível nas notas revisadas, assim como no índice, e constatadas novamente. Uma re-elaboração total de apêndices inteiros foi realizada apenas em pontos estratégicos do atual estudo do Antigo Testamento, por exemplo, no que diz respeito ao reinado de Yahweh e sua expressão no culto e no que está relacionado com a profecia cultual.

Esta edição procurou, também, perfilar e aclarar numerosas questões isoladas, e citou sempre a bibliografia teológica mais importante, à exceção de artigos de revistas, que somente se indicam em casos excepcionais. Estava longe do pensamento do autor o anseio de conseguir uma perfeição sem falhas em uma "era ecumênica", na qual as fronteiras ultrapassam em muito o âmbito da língua germânica. O leitor, contudo, se conformará com o fato de não se encontrarem lacunas excessivamente tangíveis.

Basiléia, fevereiro de 1957.

W. Eichrodt

CAPÍTULO I

TEOLOGIA DO ANTIGO TESTAMENTO: O PROBLEMA E O MÉTODO

Dentre todos os problemas conhecidos referentes ao estudo do Antigo Testamento, o de maior alcance e importância é o da teologia do Antigo Testamento. Por meio dela é construída *uma imagem completa da fé veterotestamentária*; trata ainda, em outras palavras, de dar alcance, em toda sua singularidade e autênticas proporções, ao que constitui o núcleo essencial do Antigo Testamento. Neste sentido, a teologia do Antigo Testamento vem a ser a coroação de toda a ocupação da ciência veterotestamentária; todos os demais ramos da ciência bíblica se empenham, a partir de sua tarefa específica, à consecução desta meta.

Contudo, embora o domínio próprio da teologia do Antigo Testamento seja, comparativamente, restrito, ainda está intimamente ligado à prolífica variedade das religiões pagãs e ao reino exclusivo da Fé do Novo Testamento. Deste modo, ela exibe um aspecto duplo.

No primeiro aspecto, se confrontará com o problema da *história das religiões em geral.* Aqui tem especial significado o dito de Harnack[1]: "aquele que conhece a religião do Antigo Testamento conhece muitas religiões". Harnack havia pronunciado estas palavras como réplica à tese de Max Müller: "aquele que conhece apenas uma religião não conhece nenhuma". A religião veterotestamentária é o fruto de uma longa história por intermédio da qual se consolidou o tesouro que lhe é próprio, por meio de um longo processo de assimilação e de rejeição em seu contato com as diversas formas de religião pagã.

Daí que seu estudo seja, necessariamente, um estudo comparado da história das religiões. Não é possível, pois, fazer uma exposição adequada da teologia do Antigo Testamento *sem uma constante referência a suas conexões com o mundo religioso do Oriente Próximo.*

---

[1] *Die Aufgabe der theologischen Fakultäten und die allgemeine Religionsgeschichte*, 1901, p. 10.

Não seria, portanto, exato pretender explicar o significado próprio da religião veterotestamentária somente a partir do estudo do fecundo horizonte das religiões humanas. Devemos contar também com um segundo aspecto, que não é menos essencial: sua relação com o Novo Testamento. No desenvolvimento histórico da religião veterotestamentária, se observa a presença de uma força interna que a impulsiona poderosa e incessantemente para adiante. Existem nela, evidentemente, momentos nos quais parece se tornar estática, presa a princípios fixos; mas, então, torna a surgir novamente a vontade de continuar avançando em busca de uma vida superior, reconhecendo o caráter contingente e provisório de tudo o que era anterior. Esse movimento não cessou até a vinda de Cristo, em quem encontraram seu cumprimento as forças mais nobres do Antigo Testamento. Evidência negativa, em apoio à validade dos princípios que vimos expondo, é oferecida pela aparição do judaísmo, que surgindo, como outra derivação no tronco principal do Antigo Testamento, é separado do cristianismo.

Essa afinidade com o Novo Testamento não se estabelece em uma simples relação histórica, objeto de investigação científica, mas sim, que constitui uma característica essencial do Antigo Testamento, sem cuja consideração este não pode ser entendido. Isso se comprova quando se insere no mundo espiritual próprio do Novo Testamento. Pois no encontro com o Cristo dos evangelhos se forma uma poderosa realidade vital que está estreitamente ligada ao passado veterotestamentário e, por sua vez, aponta para o futuro. A irrupção e implantação do reinado de Deus nesta terra abrangem, indissoluvelmente, dois mundos tão diferentes externamente, quanto são o do Antigo e o do Novo Testamento. Porque, ao final, tudo encontra seu fundamento na ação de um único Deus que, na promessa e cumprimento, no evangelho e na lei, busca sempre o mesmo fim: a construção de seu reino. Por isso o Novo Testamento, justamente no que é seu conteúdo central, nos remete ao testemunho de Deus na antiga aliança.

O fluxo histórico que leva do Antigo ao Novo Testamento corresponde, pois, ao refluxo de *um movimento vital que vai do Novo ao Antigo Testamento:* é a única chave capaz de dar-nos a interpretação total das idéias veterotestamentárias. Somente quando se tenha compreendido essa dupla relação entre os dois Testamentos será possível determinar corretamente a tarefa da teologia do Antigo Testamento e seu método.

A finalidade geral de conseguir uma imagem de conjunto da fé veterotestamentária deve vir determinada por este segundo aspecto: deve se tratar de uma *imagem de conjunto que faça justiça a essa íntima e essencial relação com o Novo Testamento* e que não a ignore. Naturalmente, isso não significa que tenha de transpor artificialmente as expressões do Antigo Testamento para o plano do Novo, para se obter um nivelamento dos dois. Pretender fazer isto seria simplesmente manifestar que se tem um conhecimento muito escasso da diferença que existe entre um processo na vida real e um processo no pensamento lógico. A infelicidade da antiga ortodoxia foi que, a despeito de ter uma idéia válida do caminho correto, também neste ponto perdeu a visão da realidade vital e continuou pelo procedimento da demonstração lógica, ocultando, deste modo, mais do que esclarecendo, a verdadeira relação entre os dois Testamentos. A resposta a isto foi o racionalismo, com sua rejeição sistemática do Antigo Testamento. O que nos interessa, portanto, é uma exposição das idéias e da fé veterotestamentárias que tenha sempre presente que a religião do Antigo Testamento, com toda sua indiscutível singularidade, somente pode ser entendida em sua essência a partir do cumprimento que encontra em Cristo. Ninguém deu mais importância a esta "interdependência e homogeneidade da revelação do Antigo e do Novo Testamento" do que o conhecido crítico radical B. Stade em sua *Teologia do Antigo Testamento*. Isto o levaria a considerar suficientemente justificado o dar a esse aspecto da ciência veterotestamentária a uma categoria da parte integrante na teologia cristã.[2]

Quanto mais claramente se vê a tarefa, tanto mais óbvio resulta, que é impossível levá-la adiante através dos caminhos nos quais tem estado empenhada a ciência veterotestamentária, isto é, as do método do desenvolvimento histórico. Não se trata precisamente de descrever a expansão universal da religião israelita ou as etapas pelas quais ela passou, mas sim de determinar qual é o nível de inter-relação e semelhança que, segundo a expressão de Stade, guarda com o Novo Testamento. No entanto, se chegará a isto fazendo um corte transversal no pensamento do Antigo Testamento que, de certa forma, permita uma visão de conjunto, facilite distinguir entre o essencial e o acidental e ao mesmo tempo deixe descoberto os pilares fundamentais e a estrutura total desse pensamento. Em outras palavras, temos de empreender uma *consideração sistemática* dos diferentes conteúdos, tanto em sua classificação objetiva, quanto em seu desenvolvimento ideológico. Com isso nem se esquece nem se relega a um

---

[2] *Biblische Theologie des Alten Testaments,* 1905, p. 15.

segundo plano a investigação histórica; assim construímos, ainda mais, sobre seus resultados e fazemos uso de seus instrumentos de trabalho. Mas a análise evolutiva tem de dar o lugar à síntese sistemática, ao se querer alcançar uma explicação do sentido último do fenômeno religioso que aparece no Antigo Testamento.[3]

Esse método que é dado pela própria natureza da matéria, se confirma plenamente se fizermos um trajeto pela *história desta disciplina.* Como já se assinalou, o racionalismo pulverizou a inadequada tentativa da ortodoxia de apresentar a íntima relação entre o Antigo e o Novo Testamento por intermédio da comparação dos chamados textos de prova e de um sistema extensivo de tipologia;[4] o racionalismo demonstrou a impossibilidade de reduzir a um compêndio de doutrina dogmática todo o mundo de idéias veterotestamentárias, condicionado como está por uma variedade tão imensa de tempos e pessoas. Contudo, o racionalismo, por sua vez, foi incapaz de oferecer um substituto a isso tudo, pois seu entusiasmo pela análise crítica impediu-lhe de captar a síntese vital do Antigo Testamento, e unicamente conseguiu perceber as diversas formulações doutrinárias dos autores bíblicos individualmente.[5]

Na época do romantismo, o novo método histórico chegou, por fim, a colocar diretrizes únicas nesse caos de *disjecta membra*, em que havia degenerado o Antigo Testamento: despediu-se da aproximação intelectualista, preocupado unicamente com a doutrina, e com um olhar atento a tudo, se empenhou em captar a vida religiosa em toda a riqueza de suas manifestações. Além disso, submeteu ao controle a inesperada ampliação do horizonte, com sua fórmula mágica da evolução histórica; esta fórmula permitia integrar os elementos particulares no marco do processo histórico, procurando desta maneira definir o sentido da totalidade a partir da análise de seu resultado final.

Este método de tratamento, iniciado por Herder[6] e De Wette,[7] chega ao

---

[3] Sobre a relação que esta tarefa deve guardar com a exposição propriamente dogmática do Antigo Testamento dei alguns princípios em meu artigo *Hat die alttestamentliche Theologie noch selbständige Bedeutung innerhalb der alttestamentlichen Wissenschaft?* Cf. ZAW 47, 1929, p. 83s.

[4] Não podemos nos deter por hora em exceções como **G. Calixt** e **J. Cocceius**.

[5] Cf., por exemplo, **C. F. Ammon**, *Biblische Theologie*, 1972; **G. L. Bauer**, *Theologie des Alten Testaments,* 1796.

[6] *Der Geist der hebräischen Poesie; Briefe über Theologie, Die ältesten Urkunden des Menschengeschlechts* e outras obras.

[7] *Beiträge zur Geschichte des Alten Testaments,* 1806/7; *Bibl. Dogmatik,* 1813, 1831.

seu ápice com Wellhausen[8] e sua escola; durante algumas décadas, os trabalhos de teologia veterotestamentária se conduziram por caminhos históricos. De que serviu, em meados do século passado, que um Beck[9] e um Hofmann[10] tentassem formular um sistema de doutrina bíblica? Se for verdade que utilizando o Antigo Testamento para esse fim lutavam por algo de interesse vital para a fé cristã, não é de se desprezar o fato de que nada conseguissem contra a impetuosa corrente do estudo histórico, sem falar do fato de que o sistema dogmático, por intermédio do qual eles subordinaram o pensamento do Antigo Testamento, tinha sérios problemas.

Maior atenção deve ser dada a três homens que, na segunda metade do século 19, em meio ao triunfo da crítica histórica, buscaram fazer frente à nova problemática e, ao mesmo tempo, expor sistematicamente o conteúdo essencial do Antigo Testamento: G. F. Oehler,[11] A. Dillmann[12] e H. Schultz.[13] Os três rendem tributo à nova corrente antepondo à sua exposição um esboço histórico da religião veterotestamentária; depois tratam de obter uma síntese sistemática do que examinaram antes, no decorrer do processo histórico.

É uma pena que as duas primeiras obras citadas apareçam após a morte de seus autores e muito do que diziam deixara já de ser válido.[14] Mas suas várias reedições mostram que suas obras chegaram a preencher uma lacuna. De fato, do ponto de vista sistemático, continuam oferecendo-nos o fundamental do estudo da fé veterotestamentária, ainda que, desde então, a investigação tenha exposto à luz muitos materiais novos e relevantes e introduzido novas proposições e, com isso, tenha mudado fundamentalmente o quadro do conjunto.

É significativo que, nos 25 anos seguintes à última edição da teologia de Schultz, ninguém se atrevera a fazer uma exposição semelhante da fé do Antigo Testamento. O método histórico havia alcançado uma vitória total.

Não se deve pôr em dúvida que esse método deu uma grande contribuição à compreensão histórica da religião veterotestamentária: é impossível imaginar

---

[8] *Prolegomena zur Geschichte Israels,* 1878; *Israelitische und jüdische Geschchte,* 1894; *Die israelitisch-jüdische Religion,* 1906 (Kultur der Gegenwart, I, 4).

[9] *Die christliche Lehrwissenschaft nach den biblischen Urkunden,* 1841.

[10] *Der Schriftbeweis,* 1852/55.

[11] *Theologie des Alten Testaments,* 1873, 1891.

[12] *Handbuch der alttestamentlichen Theologie,* ed. por **R. Kittel**, 1895.

[13] *Alttestemenliche Theologie,* 1896.

[14] Isto vale também para a menos importante *Alttestamentliche Theologie* de **E. Riehm**,1889.

uma descrição histórica que não faça uso de suas conclusões. Por isso, todos nós estamos em débito com ele. Mas suas conseqüências foram funestas tanto para a teologia quanto para a compreensão geral do Antigo Testamento, por sua idéia de que, resolvendo o problema histórico, tudo estaria acabado. A inter-relação essencial, do Antigo Testamento e o Novo Testamento, se viu reduzida, diríamos, aos fracos elos da simples conexão histórica e da seqüência causal de ambos; uma causalidade externa, nem sempre suscetível de segura demonstração, substituiu a homogeneidade natural apoiada num mesmo conteúdo vital. É notório a que extremo de pobreza chegou a interpretação da relação intertestamentária. E se entende também que o Antigo Testamento, ao ser valorizado unicamente como base histórica ou como precursor do Novo Testamento, perdesse necessariamente seu valor específico de revelação, ainda que ganhasse mais do que nunca grande apreço histórico. Uma conseqüência disso é a total ausência do Antigo Testamento na construção da fé cristã. E se, em algumas circunstâncias, como no caso de Harnack,[15] lhe é negada sua dignidade canônica, transferindo-o, desse modo, da teologia à simples ciência das religiões, isso parece mais uma concessão acadêmica do que uma autêntica convicção de sua absoluta necessidade.

O fato de os teólogos especialistas se conformarem em lidar com o desenvolvimento que as coisas haviam tomado e crerem também que, por meio desses caminhos, ficaria a salvo o valor do Antigo Testamento, somente se pode entender, ao se levar em conta a forte maré de historicismo que inundou todos os terrenos do saber, impediu que se visse com clareza que os resultados da investigação histórica, por mais atraentes que fossem no momento, não podiam na realidade substituir a idéia da inter-relação essencial dos dois Testamentos. O método histórico deixou a tarefa da teologia do Antigo Testamento reduzida a uma exposição histórica da religião judeu-israelita; pois a fórmula mágica da evolução dificilmente pôde ocultar que com isso o Antigo Testamento havia perdido toda a unidade, se convertendo, desta forma, em uma série de períodos desconexos que com freqüencia refletiam religiões diferentes. Foi algo bem natural que em tais circunstâncias se renunciasse muitas vezes ao nome de "teologia do Antigo Testamento" e aparecesse em seu lugar o da história da religião israelita.[16]

---

[15] *Marcion,* 1921, pp. 247s.

[16] **R. Smend** em seu extenso *Lehrbuch der alttestamentlichen Religionsgeschichte*², 1899; F. **Gieserbrecht**, *Grundzüge der israelitischen Religionsgeschichte,* 1904; **K. Marti**, *Geschichte der israelitischen Religion*⁵, 1907; **K. Budde**, *Die Religion des*

Ainda nos casos em que se manteve a antiga designação[17] nem se pretendia nem se podia oferecer outra coisa senão que uma exposição do processo histórico da religião israelita.

Por isso, se deve assinalar como um feito corajoso o fato que, em 1922, E. König se dispusesse a publicar uma teologia do Antigo Testamento com a intenção séria de fazer justiça ao título. É verdade que o livro mostra, entretanto, certa atitude ambígua: o método histórico-evolutivo ultrapassa os limites da primeira parte, histórica, e penetra na parte sistemática; com isso impede a tarefa de síntese da parte sistemática; de outro lado, os condicionamentos de uma divisão dogmática rejeitam, deste modo, o objeto, obrigando-lhe a seguir um caminho que acaba sendo forçosamente artificial e violento. Mas o autor preencheu uma lacuna do momento; a grata acolhida de sua obra foi um justo reconhecimento de seu mérito.

Na realidade já é hora de que se rompa com a atitude despótica do historicismo e se volte à velha e sempre nova *tarefa de captar a fé veterotestamentária em sua unidade estrutural e de interpretá-la em seu sentido mais profundo, atendendo, de um lado, ao mundo religioso que a rodeia e, por outro à sua relação essencial com o Novo Testamento.*[18] Somente deste modo se conseguirá devolver ao estudo do Antigo Testamento em geral — e a sua teologia em particular — o lugar que lhe cabe dentro da teologia cristã e que tinha dado lugar à história geral das religiões.

Em nenhum momento queremos ignorar *as dificuldades* que tal iniciativa demanda. A natureza singular da religião israelita resiste obstinadamente a ser submetida a um tratamento totalmente sistemático, pois o que a distingue das demais religiões é a abundância de personalidades religiosas criadoras, que estão em íntima relação com as experiências históricas do povo. A fundação de uma religião envolve sempre a fixação do conteúdo principal de sua fé, a qual no futuro sofrerá pequenas mudanças para um melhor reconhecimento, ou para

---

*Volkes Israel bis zur Verbannung*³, 1912; **E. König**, *Geschichte der alttestamentlichen Religion*², 1915; **R. Kittel**, *Die Religion des Volkes Israel,* 1921; **G. Hölscher**, *Geschichte der israelitischen und jüdischen Religion,* 1922.

[17] **B. Stade**, *Biblische Theologie des Alten Testaments,* 1905; **E. Kautzsch**, *Biblische Theologie des Alten Testaments,* 1911. Neste mesmo sentido, **A Kuenen**, *De godsdients van Israel,* 1869s., assim como a obra do mesmo nome de **B. D. Eerdmans**, 1930.

[18] Cf. o exame de **R. Kittel** sobre a importância da teologia do Antigo Testamento em seu artigo *Die Zukunft der alttestamentlichen Wissenschaft*, ZAW 39, 1921, p. 94s.

um maior aprofundamento ou para novas formulações; também no Antigo Testamento nos encontramos com um material elementar, mas, ao mesmo tempo, deparamo-nos com um crescimento progressivo que introduz na religião conteúdos sempre novos e conjuga o enriquecimento externo com o aperfeiçoamento interno. *Esta importância, do aspecto pessoal e histórico* na religião israelita, é a razão do por que o escritor cede facilmente à tentação de fazer uma exposição seguindo o processo histórico do desenvolvimento.

Esta consideração, ainda que óbvia, não é inapelável, já que também pode se obter uma visão do desenvolvimento histórico da religião israelita por meio da história de Israel, na qual a vida religiosa merece um lugar destacado, graças a sua estreita conexão com a história política e à recíproca influência entre as duas. Por isso, a teologia do Antigo Testamento pressupõe sempre a história de Israel. E como a história cultural israelita tem motivado mais que um desenvolvimento reformador em sua religião, deve-se fazer com que o *princípio sistemático conte sempre com o complemento histórico,* e ao tratar particularmente das idéias religiosas, ter em conta os momentos mais importantes de sua evolução. Somente assim poderemos valorizar corretamente a tendência unificadora que aparece em toda a história da religião israelita e que a transforma, apesar de suas várias formas, em um conjunto harmônico. Nesta tarefa há algo, especialmente, do qual é necessário se precaver, e é o de fazer uma *disposição organizada de todo o material* não segundo suas próprias leis, mas sim, por intermédio de um esquema dogmático qualquer. É impossível se aproximar da fé veterotestamentária com um sistema de idéias desenvolvidas sobre uma base totalmente distinta; ficamos expostos ao perigo de introduzir idéias estranhas e de incapacitados para sua compreensão. Assim sendo, é um fato evidente que o Antigo Testamento contém pouco do que se pode chamar verdadeiramente de "doutrina"; o israelita nunca recebe "lições" sobre a essência e os atributos de Deus, mas sim que o conhecimento de Deus advém da realidade vital: conhecer a natureza de Deus por meio de um raciocínio *a posteriori* desde normas e costumes do direito e de culto que regem sua própria vida com autoridade divina, até os acontecimentos da história e a interpretação que deles dão seus chefes espirituais; em uma palavra, a partir da experiência diária do domínio de Deus. Deste modo, vai captando a essência de seu Deus, e, certamente, com muito mais segurança que a que poderia dar-lhe qualquer tipo de conceito abstrato. Por isso, no Antigo Testamento sempre se apresenta uma notória demora em construir conceitos, ao passo que os valores espirituais, que nós estamos acostumados a captar conceitualmente, desfrutam de uma presença incontestável e eficaz.

Disto fica uma conclusão para nosso empenho: ao tratar a fé do Antigo Testamento temos de deixar de lado todos os nossos esquemas dogmáticos cristãos de teologia, antropologia, soterologia, *ordo salutis* etc., e nos guiarmos pela dialética própria do Antigo Testamento. Ela nos fala da revelação de Deus do povo, que em sua atuação se mostra como Deus do mundo e do indivíduo. Resulta assim em *três círculos principais,* dentro dos quais iremos seguindo a natureza específica da fé israelita: *Deus e povo, Deus e mundo, Deus e o homem.*[19]

Ao andarmos por esse caminho, abrindo mão de toda teoria arbitrária e conservando algo da imediatez vital da fé israelita ainda em seu tratamento teórico, iremos conseguir, sem mesmo pretendê-lo, umas vantagens: discutir *até onde se deve estender uma exposição da religião israelita,* limitar os testemunhos veterotestamentários e estender até os escritos extra canônicos do judaísmo. Se for verdade que não existe nenhum impedimento de princípio para incluir em nossa consideração o estudo e a apropriação que das idéias veterotestamentárias fizera o judaísmo tardio, temos de advertir, dc outro lado, que não é uma coincidência superficial que Jesus e todo o Novo Testamento façam uso quase que exclusivamente dos escritos veterotestamentários canônicos, prestando-lhes uma especial importância na formulação de seu pensamento. Na realidade, encontra-se ali a parte mais extensa e valiosa das idéias e concepções que dão à fé israelita sua natureza específica. Portanto, a teologia do judaísmo tardio somente poderá entrar em nossa consideração enquanto tenha, por hipótese, uma re-elaboração de certas concepções veterotestamentárias e, por conseguinte, tenha influenciado na repercussão do Antigo e Novo Testamento. Para um conhecimento histórico mais detalhado da fé do judaísmo posterior, teremos de nos remeter à história de Israel ou, de acordo com os casos, à da época do Novo Testamento.

Após a primeira edição desta obra, apareceram vários tratados sobre a fé do Antigo Testamento que seguem também as diretrizes aqui desenvolvidas, sobretudo a obra monumental de O. Procksch (*Theologie des Alten Testaments,*

---

[19] As formulações concisas dos três círculos principais eu tenho que agradecer ao esquema básico das lições de **O. Procksch** sobre teologia do Antigo Testamento, que me proporcionou mais de uma sugestão. Nesta ordenação do tratado precedeu já **H. Schultz** com a distribuição que deu à segunda parte de sua teologia do Antigo Testamento; somente que ele, de forma característica, trata a esperança como uma parte especial.

1950), verdadeira coroação do trabalho realizado por esse erudito, que, por infausto conhecimento, não foi possível conhecer sua publicação. Começa como uma síntese histórica para assim livrar seu tratado sistemático posterior de problemas e poder oferecer, segundo o mesmo plano que nós, o esboço sistemático da mensagem veterotestamentária. Igualmente, a famosa obra de Th. C. Vriezen (*Hoofdlijnen der Theologie van het Oude Testament,* 1949,1954), que em sua primeira parte trata de esclarecer o problema "Ciência e fé, história e revelação", para, na segunda parte, estudar os elementos centrais da teologia veterotestamentária; predomina nesse objetivo a idéia de uma nova realização de comunidade, devido à iniciativa de Deus que se deu a si mesmo, analisando de forma viva tanto a unidade interna do Antigo Testamento quanto, também sua referência a Cristo. Seguindo a idéia dominante da ação de Deus como Criador do mundo e do homem e como Senhor da história, E. Jacob (*Théologie de l'Ancien Testament,* 1956) procura dar uma síntese sistemática dos conteúdos essenciais da teologia veterotestamentária: na primeira parte trata sobre a natureza de Deus e na segunda, mais breve, em forma de conclusão, sobre o pecado, a morte e a consumação, os outros temas são tratados no restante da obra sem uma seqüência especial. De modo diferente, E. Sellin (*Theologie des Alten Testaments,* 1936) e L. Köhler (*Theologie des Alten Testaments,*1949), seguem o velho plano dogmático com uma distribuição marcadamente acadêmica. O primeiro, através de uma descrição paralela da "história da religião israelita e judaica", procura esclarecer as conexões históricas da parte didática seguinte; o segundo só pretende apresentar de forma eclética aquelas idéias, intuições e conceitos veterotestamentários que tenham importância teológica, e pode por isso se contentar com a velha divisão dogmática de teologia, antropologia e soteriologia, pois para ele as diferenciações históricas fazem, tão-somente, romper a unidade interna, cristologicamente determinada, do Antigo Testamento.

A exposição histórica cronológica também tornou a encontrar seus representantes: assim A. Lods (*La Religion d'Israel,* 2 vols., 1935-39) e M. Buber (*Het Geloof van Israel,* em *De Godsdiensten der Wereld,* vol.I, 2ª ed. 1948, 168-307). Na mesma linha, segue o tratado da *Religião israelita,* de H. Ringgren, 1963, que oferece um quadro bem documentado da história da religião israelita, desde a época dos patriarcas até o judaísmo tardio, no marco das culturas do antigo Oriente, se baseando nas mais modernas teorias e descobertas.

De outro lado, a grande obra de G. von Rad, *Teologia do Antigo Testamento,* vol I: *Teologia das tradições histórica de Israel* (1957); vol. II. *Teologia das tradições históricas de Israel* (1957), admite hipoteticamente que há uma tentativa renovadora na definição da tarefa que compete à teologia do Antigo Testamento. Partindo de uma análise das leis formais que foram desenvolvidas em fenômenos concretos, considera a mensagem do Antigo Testamento como uma constante transformação do testemunho das tradições recebidas nas expressões de fé do presente, que emerge à superfície em cada momento à imprecação das crises do povo e encontra sua compilação normativa nas escolas deuteronômica e sacerdotal. A primeira função da teologia do Antigo Testamento consiste em: descrever as afirmações que, ao longo do cânon, o próprio Antigo Testamento faz sobre o encontro com o Deus da História, pois nelas aparece uma gama de imagens da história da salvação, descritas a partir do ponto de vista da fé; estas, nada têm a ver com as imagens da história de Israel proporcionadas por essa investigação. Como descrição confessional da história, somente tem uma fraca relação com a realidade histórica, e pode ser manifesto por intermédio de um breve resumo histórico. A tarefa da teologia do Antigo Testamento consiste, pois, unicamente em: expor todo esse mundo testemunhal contido em formulações múltiplas e resistentes a toda unificação; sendo assim, a teologia do Antigo Testamento, por conseguinte, não pode descrever o mundo da fé israelita numa estrutura sistemática. Assim, no primeiro volume se contrapõem as imagens da relação de Israel com Deus, criadas pelos testemunhos veterotestamentários e contidas nos livros históricos, à resposta da comunidade, expressa nos salmos e nos escritos sapienciais; no segundo, ao contrário, se aborda a mensagem dos profetas como afirmação extraordinária da fé, que dá lugar, pela primeira vez, a uma boa nova escatológica. A conclusão está dedicada a uma explicação sucinta da relação entre os dois Testamentos. Essa nova compreensão, da teologia do Antigo Testamento, tem ocasionado um debate caloroso e ainda não concluído, que promete um valioso enriquecimento na compreensão da fé veterotestamentária. (O leitor encontrará uma resenha do novo delineamento no prólogo na parte II desta obra.) Cremos também serem significativas as seguintes obras: N. H. Snaith (*The Distinctive Ideas of the Old Testament,* 1944) e H. H. Rowley (*The Faith of Israel,* 1956 *A Fé em Israel.*) oferecem magníficas perspectivas da fé veterotestamentária e tratam em um pequeno espaço dos problemas fundamentais da mensagem do Antigo Testamento.

O. J. Baab (*The Theology of the Old Testament,* 1949) deseja apresentar uma abordagem sistemática que coincide com o anseio de L. Köhler, ou seja, uma seleção das idéias religiosas que lhe parecem verdadeiramente importantes para nosso acesso ao Antigo Testamento. Seu estudo contém muitas coisas notáveis, mas não consegue abranger a totalidade da fé veterotestamentária. Isto se nota, sobretudo, no fato de que, independentemente da história das idéias, não se dá a suficiente atenção à vida da comunidade israelita tanto no direito quanto no culto. Ainda menos satisfatória é a tentativa, de tendência psico-racional, para demonstrar que a fé do Antigo Testamento, como fé racional, responde às necessidades do espírito humano. Nesse contexto, é evidente que se esqueça por princípio a especificação básica que a teologia do Antigo Testamento recebe do Novo Testamento, como teria de se pôr às claras, por exemplo, em conceitos como profecia e cumprimento.

Pode também se consultar com proveito o extenso estudo arqueológico de W. F. Albright, *Archeology and the Religion of Israel*, 1946, que constitui um estupendo complemento de sua importante obra *De la edad de piedra al cristianismo* (Santander, 1959). O autor circunscreve a fé veterotestamentária dentro da ampla perspectiva da história do antigo Oriente.

Capítulo II

A RELAÇÃO DE ALIANÇA

I. O significado do conceito de aliança

O conceito de aliança, no qual o pensamento israelita deu a expressão definitiva à relação do povo com Deus, demonstra desde o princípio a singularidade do conhecimento israelita de Deus. Tem-se discutido, vivamente, como uma aliança da época mosaica possa ser considerada como o fundamento da relação com Deus.[1] Contudo, pode ser demonstrado que a aliança entre Yahweh e Israel é um elemento original em todas as fontes, mesmo que elas se apresentem, em parte, de maneira muito fragmentadas. Isso é verdadeiro, ainda nas passagens nas quais a palavra *B^e^rit* desapareceu completamente.[2] O mesmo fato é testemunhado, ao longo de toda história israelita primitiva, pela força com que o sentimento de solidariedade religiosa está ligado à tradição sinaítica.[3] É na época pós-mosaica, em que a relação com Deus tem

[1]O principal expoente desta discussão é **R. Kraetzschmar**, o qual, em sua obra *Die Bundesvorstellung im AT,* 1896, consagra a idéia da aliança como efeito da aparição dos profetas. Tal conclusão foi somente a consequência natural de sua afirmação de que a antiga religião de Israel era naturalista. Seguindo essa tese, para **B. Stade**, Jeremias é o primeiro profeta que concebeu a relação de Israel com Yahweh como um *B^e^rit* (*Bibl.Theologie des AT,* 1905, p. 234).

[2] Em Êx 24:9-11 (**J1**); 24:3-8 (**E**); 34:10-27 (**J2**), no que se refere à narração do banquete divino na montanha, isto foi exposto de forma especialmente acertada por **H. Gressmann** (*Mose und seine Zeit,* 1913, p.183s.). Esta tradição pode ser melhor conhecida graças ao estudo da história das formas e da história das tradições, que nos ensinou a entender a tradição do Hexateuco no sentido de um texto, com uma distribuição de calendário, que acompanhava às liturgias solenes. Com isso reafirmou a função sociológica dessa tradição dentro do culto, ainda que todavia sigam sendo muitas e diferentes as opiniões em questões de detalhe, sobretudo quanto aos estratos da tradição em sua forma atual: cf., por um lado, **G. von Rad**, *Das Formgeschichtliche Problem des Hexateuchs,* 1938 (BWANT IV 26); **M. Noth**, *Uberlieferungeschichte des Penteteuchs,*1948, e por outro, **A. Weiser**, *Einleitung in das Alte Testament,* 1957, p. 71ss. Assim, fica claro que, com todo esse estudo, a tradição veterotestamentária inteira sobre a aliança fica arraigada vigorosamente nas épocas mais antigas de Israel.

[3] Jz 5:4s., 9-23; 6:13; 11:16; 1 Sm 2:27; 4:8; 10:18; 15: 6; Êx 15:1s., 21; Nm 23:22; 24:8.

a característica de uma relação de graça, ou seja, está fundamentada em um fato histórico inicial, mantida sob condições determinadas e protegida por um guardião divino poderoso; mesmo quando não se fale de aliança, as premissas espirituais de uma relação de aliança com Deus estão claramente presentes.[4] Finalmente, o uso do conceito de aliança na vida profana induz a pensar que também o *B^{e}rit* religioso se considerou sempre como uma relação bilateral; pois ainda que a distribuição dos encargos entre as partes estipulantes seja desigual, nunca se põe em dúvida a reciprocidade da nova relação.[5] A idéia de que no antigo Israel, ao falar de *B^{e}rit,* se pensava em uma auto-obrigação de Yahweh, a qual não exigia de si uma resposta humana (Kraetzschmar), é, portanto, errônea.[6] Assim, pois, a idéia sugerida pelo próprio Antigo Testamento de que Moisés, aceitando um velho conceito da vida profana, baseou o culto a Yahweh sobre o pacto de uma aliança é o verdadeiro ponto de partida para estabelecer a relação com Deus. Isto, entretanto, torna mais importante a tarefa de captar com clareza o significado teológico da idéia de aliança.

a) Deve-se observar, em primeiro lugar, que na conclusão de uma aliança, como Moisés nos transmite, se põe em evidência um elemento fundamental de toda a experiência israelita de Deus: *a natureza "efetiva"*

---

[4] Demonstração detalhada em **E. Sellin**, *Beiträge Zur israelitischen und jüdischen Religionsgeschichte*, I, 1896, p. 15s. Cf., além deste, **P. Volz**, *Mose*, 2, 1932, p. 108s.

[5] Gn 21:23; 26:29; Js 9:1s; 1Sm 11:1; 20:1s; 1Rs 20:34; Ez 17:18, entre outros.

[6] Cf., **J. P. Valeton**, *Bedeutung und Stellung des Worts berit im Priesterkodese usf.* ZAW, XII, pp. 1ss. 224ss XIII, 245ss. Isto, é totalmente independente da insegura significação etimológica do termo: segundo **Valeton** e **Kautzsch**, "corte" como cerimônia sacrifical; segundo **Kraetzschmar** e **Karge**, "trava" como vinculação da livre vontade dos pactuantes; segundo **Hempel**, *Bund*, 2, RGG, I, 1360, "comida, banquete" como cerimônia necessária para a ratificação do pacto.

Os diversos tipos de aliança que podem encontrar-se tanto dentro quanto fora do Antigo Testamento (cf. Hempel, *op. cit.;* **M. Noth**, *Das alttestamentliche Bundschliessen im Lichte eines Maritextes,* em *Gesammelte Studien zum Alten Testament,* 1957, p. 149s; **J. E. Mendenhall**, *Law and Convenant in Israel and the Ancient Near East,* 1955) não deixam o menor indício de dúvida sobre o caráter bilateral da relação de aliança israelita. Para conhecer a forma e o conteúdo das alianças no antigo Oriente, trazem um material de extraordinário valor: os pactos políticos hititas dos séculos 14 e 13 a.C., que foram aplicados com grande acerto para a compreensão da tradição israelita por **W. Beyerlin** (*Herkunft und Geschichte der ältesten Sinaitraditionen,* 1961) e **K. Baltzer** (*Das Bundesformular,* 1960; *Wiss. Monographien zum A und NT, IV*).

da revelação divina. A auto-revelação de Deus não se apreende de modo especulativo, não se oferece em forma de doutrina; Deus dá a conhecer seu próprio ser atuando na vida de seu povo e modelando-o conforme a sua vontade. Esta interpretação da aliança é indicada pelos acontecimentos históricos que a precedem: a fundação de uma ordem duradoura estabelecida sobre uma base de aliança aparece como o fim e a coroação da poderosa libertação do Egito; a força, o auxílio e a fidelidade que o povo experimentou antes em Yahweh se lhe oferecem neste instante como uma riqueza permanente e, por sua vez, submetem seu próprio comportamento a normas determinadas. Ao surgir como um fato concreto da história, como uma aliança expressa em formas históricas, à vontade de Yahweh representa uma urgência bem definida na vida prática, permitindo que o progresso natural dos conhecimentos espirituais sejam a causa primária da conceitualização religiosa.

b) Mas essa tarefa conta já com poderosos impulsos nas circunstâncias imediatas da aliança divina. Ela manifesta, por exemplo, uma *clara vontade divina,* na qual se pode confiar e à qual é possível apelar. A aliança não é somente exigência, mas sim, também promessa: "Vós sereis meu povo e eu serei vosso Deus", dando, deste modo, uma finalidade à vida e um sentido à história. Desaparece, assim, aquele medo geral do paganismo com relação à arbitrariedade e capricho da divindade; com esse Deus o homem sabe realmente que pode se apegar, pois, surge *uma atmosfera de confiança e de segurança* que dá força para uma entrega obediente à vontade divina e alegria para se enfrentar as situações da vida.[7]

Sendo assim, para que isso seja plenamente válido, é necessário que o conteúdo concreto da ordem da aliança assegure e garanta as possíveis deduções que se possa tirar de sua singularidade formal. Somente quem reconhecer que os simples preceitos do antigo Israel, cheios de um profundo sentido de justiça, que se encontram no Decálogo e no livro da Aliança, constituem de qualquer forma a base da aliança mosaica,[8] ultrapassará o terreno das simples hipóteses

---

[7] Naturalmente, em nada se altera o que dissemos acerca do fato de que também se conheçam castigos misteriosos de Deus, por exemplo, em 2 Sm 6:6s; 24:1; são exceções que em nada tiram o brilho da evidência da conduta normal de Deus para com seu povo. Sobre o valor da resignação humilde diante de uma ação misteriosa de Deus, cf. cap. VII, V, p. 229; p. 245s. Em qualquer caso, em Israel ignora-se absolutamente essa incerteza sobre a vontade divina que de forma tão eloqüente se expressa na queixa real de Jó babilônico (cf. **Ungnad**, *Religion der Babylonier und Assyrier* 1921, p. 228).

[8] Isto é possível em diversos graus, conforme alguém defenda a preponderância de

ou das conclusões caprichosas, e encontrará na criação de uma ordem social e moral *uma única* vontade divina que governa tudo, o fundamento não somente da forte unidade da concepção israelita do mundo, mas também de sua valente aceitação da vida, duas marcas que a distinguem claramente da dispersão e das tendências pessimistas do paganismo. (Veja um exame mais detalhado deste ponto no capítulo III: Os estatutos da aliança.)

c) Esta vontade divina manifesta na aliança a sua capacidade configuradora na forma como determinar aos homens com os quais se alia, sua situação privilegiada. Pois, a participação na aliança divina imprime um caráter especial à inconsistente coalizão tribal na qual Israel despertou à consciência histórica. O que dá expressão religiosa a seu sentido nacional no culto de Yahweh não é o fato de ser uma comunidade radicalmente fechada, mas sim a vontade de Deus, que une as tribos entre si e as transforma em um povo unido com um forte sentido de solidariedade. É no nome de Yahweh e na aliança por ele sancionada que as tribos encontram o laço de união que se opõe às tendências centralizadoras do egoísmo tribal e cria elementos bem definidos de uma unidade com direito, culto e consciência histórica comuns. Não é de estranhar que numa nação surgida desses fundamentos, a idéia do Senhor da aliança exerça uma influência predominante: os interesses da totalidade do povo receberam sua força obrigatória, diante de cada um dos membros, única e exclusivamente pela lembrança da vontade divina da aliança, a qual submeteu a seus objetivos toda a vida do povo.[9] É significativo que essa associação não apresente uma nítida linha de separação diante de elementos estranhos, mas sim que está constantemente assimilando outros que são fora.[10] Para isso, o determinante não são os laços naturais, senão a disposição para se submeter à

---

normas transmitidas por tradição oral ou a da fixação por escrito de bases jurídicas. Mas ao se pensar que nada se sabe sobre as disposições da aliança mosaica, as afirmações que se façam sobre o rumo da vontade divina não passarão de ser simples suposições, carentes necessariamente de força de convicção. É o caso de **Kautzsch**, *Biblische Theologie des AT,* 1911, p. 66s.

[9] P. Volz fala de uma "Liga de Yahweh" (*Mose,* 1907, p. 94-99); **M. Weber**, da "confederação israelita" (*Gessamelte Aufsätzezur, Religionssoziologie, III: Das Antique Judentun, 1921,* passin) e **E. Sellin** considera Moisés fundador de uma religião esotérica dentro de um povo já formado (*Geschichte des israelitisch-jüdischen Volkes,* 1924, p. 85-93s).

[10] A partir da fuga do Egito entraram continuamente novos elementos na liga, tanto hebreus, os que aludem a aliança de Josué (Js 24), como, especialmente no sul, de outras tribos que não estiveram no Egito, de forma que até a enumeração das 12 tribos é distinta em Jz 5, Gn 49 e Dt 33.

vontade do Senhor da aliança e fazer votos a esse Deus. O povo que assim nasce não é, pois, naturalmente o que recebe seu estatuto de vida da linhagem e da terra, mas é uma criação de Deus na história, uma "comunidade espiritual"[11] com uma ordem e uma força interior que lhe dão sua coesão e caráter. Assim, do *foedus iniquum* da aliança sinaítica surgiu efetivamente um domínio com um senhor e súditos; desde então paira no ambiente *a idéia do reino de Deus.* Mas não é esse termo, formado por analogia com a vida política, o que importa agora, mas sim as descrições autenticamente religiosas, que definem a situação especial do povo da aliança: o círculo de homens da aliança quando se reúnem seguindo ao chamado de Deus[12] se descreve como *qāhāl* e *'ēdāh,* 'assembléia e comunidade', designações religiosas que provavelmente provêm da vida destas antigas confederações religiosas que nós conhecemos melhor sob a forma grega de anfictionia.[13] Uma designação mais geral, que não mantém relação alguma com cúlticos interesses, é o de *'am (hā) 'ᵉlōhim*[14] *ou 'am yhwh,*[15] ou seja, um povo que tem unidade em função de sua condição de seguidores de um Deus em comum.[16] Também segundo alguns, o termo Israel, significando "Deus governa", como nome que abrange a confederação das tribos, teve desde o começo, um significado sacro-religioso e não político.[17]

---

[11] Desse modo se expressa **N. A. Dahl** em seu profundo estudo da consciência da Igreja do cristianismo primitivo. *Das Volk Gottes,* 1941, p. 4, combinando com **J. Pedersen**, *Israel* I/II, 1926, p. 475.

[12] *Qāhāl:* Gn 49:6; Nm 16:33; 22:4; Mq 2:5; Dt 5:19; 9:10; 10:4; 18:16; 23:2-9; 1Rs 8:14 e com freqüência no Sacerdotal; *'edah:* somente na fonte Sacerdotal, nesta última, por exemplo: Êx 12:3, 19,47; 16:1s; 34:31; Lv 4:13; 8:3-5; Nm 1:18, etc., se tratando, sem dúvida de um termo especificamente cultual cuja antigüidade não se pode fixar com segurança. Cf. **L. Rost**, *Die Vorstufen von Kirche und Synagoge im Alten Testament,* 1938 (BWANT IV, 24).

[13] Cf. **A. Alt,** *Israel* (RGG III, 437s.); veja uma prova mais exata em **M. Noth**, *Das System der zwölf Stämme Israels,* 1930. Essa analogia não deveria nos levar a subestimar o poder único da vontade de Deus, o qual toma tribos individuais e as reúne em um *'am yhwh'.*

[14] Jz 20:2; 2Sm 14:13 etc.

[15] Jz 5:11; 1Sm 2:24 etc.

[16] A época posterior prefere a expressão *'am qādōš,* povo santo, ou *'am segullā* ou melhor *nahᵃlā* "povo da herança", cf. cap. IX, p. 404s. Totalmente independente e difícil de determinar no tempo, mas provavelmente de origem eloísta, é a designação de *manleket kōhᵃnim wᵉgāy qādōš,* Êx 19:6. Para todos eles cf. também no cap. III, p. 73.

[17] Cf. **Sachsse**, *Die Bedeutung des Namens Israel* 1922; **P. Volz**, *Mose und sein*

Sendo assim, isto significa que a existência da nação não podia se transformar em um fim em si mesma, mas sim que desde o primeiro momento estava sujeita a um fim superior, a uma idéia dominante, a saber: à realização da tarefa religiosa nacional. Se for verdade que essa tarefa muitas vezes por azar do povo — por exemplo, na guerra —, sempre esteve acima de todas as considerações utilitaristas, porque seu fundamento estava na vontade de um Deus zeloso que exige obediência. Assim, a idéia de uma aliança entre Deus e o povo, como expressão da nova relação com Deus, é apropriada para estabelecer uma ligação orgânica entre a nova fé e a verdadeira existência do povo, sem que aquela tenha de se achar reduzida a uma falsa dependência com relação à vontade de sobrevivência e de poder do povo. *Não se fala de uma religião nacional no sentido usual do termo,* já que na realidade não existe uma verdadeira nação. E, no entanto, a religião impulsiona, como uma grande força motriz, na direção de uma existência nacional e por isso mesmo não é percebida como algo inorgânico e estranho à vida do povo.

d) Isso implica a conclusão de que a fé no Deus da aliança guarda uma *íntima relação com a história.* Assim como a fé está baseada, desde o começo, em um dado da história e vive constantemente dele,[18] assim a história constitui o campo de atuação daquela: capta a vontade de Deus na formação social da vida do povo, e encontra a ação divina nos destinos da nação. Com isto, a história adquire uma importância que não existe nas religiões das antigas culturas. Se for verdade que também o antigo Oriente reconheceu, em acontecimentos isolados, a obra da divindade e experimentou neles sua justiça ou seu auxílio,[19] nem sequer pensou em reconhecer na sábia ação divina a causa do acontecimento histórico ou em ordenar toda a realidade por meio de uma grande idéia religiosa; sua visão da atividade divina sempre esteve fortemente impregnada de idéias

---

Werk, 1932, pp. 88s; **M. Buber**, *Moses,* 1952, p. 134; **E. Auerbach**, Moses, 1953, p. 213. De outra forma pensa **S. A. Danell** em seu extenso tratado *Studies in the Name Israel in the Old Testament,* 1946, que considera essa interpretação apenas como uma explicação ulterior do nome cuja significação originária, como nome de Deus, iria no mesmo sentido que *Ješurun* e *Ašer.*

[18] **A. Weiser** (*Glaube und Geschichte im AT,* 1931, p. 70s) chama a atenção acertadamente sobre a permanente influência dessa experiência histórica mediante o culto e a tradição.

[19] Dos inumeráveis documentos citemos, por exemplo, a atribuição da queda de Nabonido a suas sacrílegas medidas de governo, no cilindro de Ciro (*AOT* 368s); ou a designação da vitória dos egípcios sobre os hititas em Cades a Amom, na inscrição de Ramsés II (**A. Erman**, *Die Literatur der Agypter,* 1923, p. 329s).

mitológico-naturalistas. Em Israel, contudo, o conhecimento do Deus da aliança e de sua ação libertadora despertou a capacidade de entender e apresentar o processo histórico, primeiro somente do destino do povo, e depois também de todo o mundo como obra da única vontade divina, até mesmo de se servir dos mitos naturais para desenvolver sua própria compreensão (vinculação de criação e história!).[20] Até que ponto essa interpretação da história colocava suas raízes nos acontecimentos fundamentais da época mosaica se percebe claramente no papel que, como paradigma da ação divina, desempenham nos cronistas, assim como nos profetas e nos juízes, a libertação do Egito e a posse da Terra Prometida.[21] Dessa forma, a concepção da eleição e da aliança e, em estreita relação com ela, a lei divina, se transformou na linha determinante da interpretação israelita da história.[22]

e) Junto a essa relação de base entre religião e nação, na época em que a consciência nacional despertou com toda sua força e foi penetrando em todos os aspectos da vida, se dão *certas garantias* contra a confusão da religião com os interesses nacionais.

Entre elas está, em primeiro lugar, *a rejeição de toda concepção da relação com Deus no sentido de uma religião popular naturalista.* O estabelecimento da aliança exclui a idéia, amplamente aceita e disseminada entre os povos vizinhos de Israel, de que entre o deus nacional e seus

---

[20] Cf. **M. Noth**, *Die Historisierung des Mythus* (*Christentum und Wissenschaft,* 1928, p. 265s; 301s).

[21] Somente para exemplo citamos: Nm 23:22; 24:8; Jz 5:4s; 6:13; 1Sm4:8; 2Re 17:7; Êx 15:13, 21; Am 2:10; 9:7; Os 12:10; 13:4; Jr 2:6; 3:19; 16:14; 32:21s; Mq 6:4; Dt 4:34; 6:12; 26:9 e recordarmos das freqüentes menções dos Salmos.

[22] Cf. Os 2:17, 21; 9:10; 11:1s; 13: 5; Jr 2:1s; Mq 6:1s; e além disso, a importância da eleição divina para o reinado (1Sm 8-10, entre outras passagens), a eleição de Jerusalém na literatura deuteronomista, a eleição dos patriarcas nas narrações do Gênesis, o consolo da eleição no deutero-Isaías a idéia de aliança nas narrações dos patriarcas, na história deuteronomista, na imagem do matrimônio entre Yahweh e Israel em Oséias e Jeremias, na descrição da era de salvação em Jeremias, Ezequiel e o deutero-Isaías; a ordenação legal na história deuteronomista e sacerdotal. Veja também **A. Weiser**, *op. cit.,* p. 52s. Cf. Também **H. H. Rowley**, *The Biblical Doctrine of Election,* 1950, e **Th. C. Vriezen**, *Die Erwählung Israels nach dem Alten Testament,* 1953. Ao passo que o último atribui a formulação da idéia de eleição ao deuteronomista e a separa da aliança, **G.E. Wright**, *The Old Testament against its Environment,* 1950, entende a aliança como a concreção da idéia de eleição.

adoradores existe uma relação natural, seja de uma espécie de parentesco de sangue ou de uma ligação divina com o país mediante a qual o deus está também indissoluvelmente ligado a seus habitantes.[23] Esse tipo de religião popular, no qual a divindade é unicamente o ponto mais destacado da consciência nacional, o gênio nacional ou o mistério das forças naturais características de determinado país, ficam superadas, em princípio, pela idéia de aliança. A religião de Israel leva desse modo o selo distintivo de uma *religião de eleição,* entendendo essa expressão no sentido de que uma eleição divina é o que se contrapõe a qualquer tipo de religião natural.

Não importa, que no rito da aliança pareçam ser influenciadas por concepções próprias de religiões primitivas. Nesse sentido, poder-se-ia alegar que a aspersão com sangue, do altar e do povo, no sacrifício da aliança, segundo Êxodo 24:6.8, se move na linha dos ritos misteriosos de renovação comunitária, como se conhecem por intermédio de muitos usos primitivos; e o mesmo se poderia dizer do banquete de aliança sobre o monte de Deus, de Êxodo 24, 9-11. A simples comparação com os primitivos "ritos de aliança", nos quais pretende-se a mediação de um "poder" misterioso, manifesta a singularidade própria da idéia israelita da aliança. Uma característica invariável desses ritos é sua repetição constante, pois somente são eficazes no momento de sua realização. Ao contrário, *o sacrifício da aliança israelita é sem repetição*: já em sua primeira realização cria a relação de aliança para todo o tempo subseqüente.[24] Além disso, o rito dos povos primitivos, desde que seja feito corretamente, tem eficácia automática; lhe faltam *o fundamento moral e a intencionalidade,* que são essenciais no rito israelita. Finalmente — e isto está estreitamente ligado com o anterior —, os ritos primitivos não tendem a estabelecer uma *comunhão pessoal entre Deus e o homem.* Eles se realizam na transferência completamente impessoal de "poder", não criando, assim, um relacionamento pessoal, mas que considerem a divindade como uma substância com poderes prodigiosos e de

---

[23] O primeiro parece ter influenciado mais na concepção de relação com Deus de tribos fronteiriças com a Palestina, como os moabitas, cf. Nm 21:29; enquanto que o segundo parece característico dos habitantes mais antigos de Canaã, cf. 2 Rs 17:24s e cap. V, III, 2, p. 173s.

[24] A cerimônia da aliança de Josué, Js 8:30s; 24, apresentam outras formas e se deve à admissão na aliança com Yahweh de tribos ainda não anexadas. Mas a praxis sacrifical em geral não é nunca uma realização ou renovação da aliança, senão o exercício de um privilégio que se baseia na conclusão da aliança. Dessa maneira pensa também **M. Buber**, *Königtum Gottes,* 1932, p. 114s e p. 232, nº.23, indo contra **Bin Gorion**, *Sinai und Garizim 1926,* p. 363s.

plenitude de vida. A aliança israelita, ao contrário, está totalmente impregnada da idéia de soberania, de natureza totalmente pessoal, a qual determina o novo tipo de relação e, se bem que não exclui as idéias de participação do poder e da vida, as admite somente enquanto dons que se concedem soberanamente. É também importante ressaltar, sobre isso, que a conclusão da aliança não é uma ação sem palavras que contém em si mesma seu próprio valor, mas sim que segue sempre acompanhada da palavra como expressão da vontade divina.

Essa clara separação de toda idéia naturalista da relação com Deus se vê reforçada por outra conseqüência surgida da idéia de aliança: *a dissolubilidade, por parte de Deus, de uma relação na qual ele entra livremente.* Nega-se assim toda vinculação forçosa de Deus a seu povo: Deus existia antes do povo, é por natureza independente da existência deste e pode abandoná-lo quando ele se recusar a conformar com sua vontade.

A idéia da aliança inclui também, ainda que de forma menos explícita, a defesa contra outro perigo: o da *distorção legalista da relação que ela expressa,* através da qual se pretende rebaixar tal relação ao nível de um pacto baseado na mútua prestação de contas entre sócios iguais. A liberdade com que Deus estabeleceu relações de aliança dentro da história serve para fazer lembrar aos homens que a natureza da aliança sinaítica é totalmente diferente da dos pactos humanos. Ela, enquanto dom gracioso, acentua o livre direito de Deus de dispor de tudo. Mas, para que essa lembrança seja eficaz, importa muito que a soberania da pessoa divina se mostre à consciência com tal força que, até diante deste Ser gracioso, seja natural se inclinar o homem surpreendido pelo medo e temor. Somente assim pode se excluir toda idéia de uma simples relação mercantil entre Deus e o homem, na qual tudo se reduziria a cumprir externamente as condições estipuladas. Não há dúvida alguma de que na mesma estipulação da aliança a idéia de soberania foi o fator de maior predominância: a manifestação do poder com que Yahweh acompanha o estabelecimento da aliança é o que deu ao culto, na época mosaica, esta natureza de prostração temerosa diante do Deus zeloso que não permite desprezo algum de sua majestade. O terrível poder de Deus que aplica suas armas, a lepra, a serpente e a peste[25] (cf. Êxodo 4:1-7; Números 21:6s; 11:33s) contra seu próprio povo, não deixa dúvida de que a aliança feita por Deus não é um refúgio seguro sob o qual alguém possa, astutamente, se servir do poder divino para seus próprios interesses. A aliança reinvindica a todo homem, chamando-o a uma entrega sem reservas.

---

[25] Cf. A interessante comparação em **Böhl**, *Exodus*, 1928, p. 184 e 105; veja também cap. VII, VI, p. 247s.

II. História do conceito de aliança

Quanto mais importantes sejam, para a idéia geral de aliança, os aspectos característicos até aqui citados, tanto mais concretamente afetará a relação de aliança qualquer desprezo ou violação dos mesmos. Não é de estranhar, pois, que no longo processo de ajustamento da religião mosaica à fé e à cultura cananéia, seja também, nesse mesmo ponto, em que a batalha oscila entre a assimilação ou repúdio, levando, em alguns casos, a uma desfiguração ou a uma melhor compreensão e aperfeiçoamento do conceito de aliança. Portanto, se faz necessário percorrer pela *história da idéia de aliança* se quisermos chegar a entendê-la adequadamente.

1. *Problemas de Israel diante da aliança*

No processo de assimilação que experimentou a religião de Yahweh em Canaã, notam-se três elementos que colocaram em perigo a aliança: a aproximação das concepções cananéias da divindade, o desenvolvimento exclusivo do aspecto cultural da religião e a falsa independência do poder nacional.

a) A imagem popular de Yahweh, influenciada pelo *contato com as divindades benfeitoras cananéias,* transforma o conteúdo da relação com a divindade em comunicação de vida sobrenatural a seus adoradores. Dão, assim, especial importância as idéias naturalistas de uma comunhão com o poder divino entrando por meio do ritual na esfera do santo e na experiência sensível do impacto surpreendente desse poder divino em uma exaltação estática. Diante desse misterioso poder de vida, perde terreno a vontade moral da divindade, e por conseguinte, também sua distância radical de todo o humano. A distância aberta, entre Deus e o homem, pela terrível majestade divina, fica eliminada graças à ênfase colocada num parentesco e comunhão psicofísicos; somente em ocasionais acessos de ira sem motivo mantém alerta o sentido da distância. Com isso se põe em questão a tradicional importância da idéia de soberania: o deus do bezerro, do vinho, da prostituição sagrada, perdeu os direitos absolutos que assistem a quem está acima da natureza.[26] Isto significa a debilitação, quando não a perda, de um pressuposto imprescindível da idéia de aliança; se abre uma fenda por onde é fácil cair na deformação e no abuso da aliança: Deus fica vinculado às necessidades humanas.

Nessa mesma linha, deveríamos colocar a convicção segundo a qual a divindade deve ser considerada como restringida dentro dos limites concretos de um país estreitamente ligado ao povo. Sempre que o mistério da natureza se

---

[26] Essas repercussões do intento de assimilação da fé em Yahweh às idéias teológicas cananéias as ilustra de forma especial a polêmica profética, principalmente em Oséias e Jeremias.

transforma em elemento categorial do qual se forma o conceito do poder divino, este fica, necessariamente, condicionado pelos mesmos critérios de localização pelos quais se regem os fenômenos naturais. Deus é simplesmente aquele que garante e distribui os bens que constituem o patrimônio do país. O conceito de aliança perde nesse contexto sua especial dimensão moral, ao se considerar como uma das funções essenciais da divindade a obrigação de outorgar seus dons aos habitantes do país. Existem evidentemente certas condições sem as quais fica impossível desfrutar o favor divino; mas isto surge como normal exigência do papel que se concede à divindade de atuar como protetor da vida natural e social do povo. De fato, pois, não se pode dizer que fique garantida à divindade uma existência com autêntica independência frente à nação e o povo. Entra, ao contrário, no centro de seus interesses, não resistir às exigências dos homens, mas sim se render à suas demandas naturais. Neste contexto resultaria totalmente incompreensível à imagem de um deus a se opor à resistência nacional de um povo, sacrificando a existência deste a fim de que a sua vontade seja cumprida. A aliança transforma-se na expressão dessa realidade que se impõe: Deus e o povo se necessitam mutuamente, não podendo um viver sem o outro.

b) Essa transformação da relação de aliança num sistema especial de comunhão topograficamente limitada a partir de exigências impostas pelo mesmo conceito de Deus, receberia um empurrão, de certa maneira decisivo, com *o desenvolvimento exclusivista do aspecto cultual da religião,* ao estilo dos cananeus e, em geral, dos povos do Oriente Próximo. A consolidação política, unida à crescente importância que foram requerendo os grandes santuários com sua elite sacerdotal, favoreceu o auge e a confirmação do aparato externo da religião, o qual influenciou poderosamente no pensamento e na conduta religiosa. A preponderância natural de um rico desenvolvimento cúltico reduziu a prática religiosa ao campo do cumprimento externo: sacrifícios, celebrações, peregrinações, jejuns, etc., e trouxe consigo o esquecimento do aspecto ético-social das exigências divinas. Com isso, aumentou o perigo de que o culto se degenerasse em um *opus operatum* e que seu valor se medisse simplesmente pela grandiosidade da ação. A profunda mudança que a cultura israelita conheceu nos séculos oito e sete, com todas as suas divisões sociais, contribuiu para que tal perigo crescesse. Assim, a imagem que os profetas nos oferecem da piedade de seu povo apresenta os traços típicos de uma religião de massa com todos os seus aspectos sombrios. Para a idéia de aliança, isso supôs a exteriorização da relação com Deus, convertendo-a em uma religião do *do ut des**, na qual as ações do homem devem responder sempre aos dons divinos. Essa degradação legalista da relação de aliança para um tratamento

* [N.T.]: "*do ut des*", significa "dou para que dês", que neste caso se refere à exigência do homem para com Deus, ou seja, faço para que faças. Distorcendo, assim, a ordem natural da relação Deus-homem.

mercantil entre duas pessoas juridicamente iguais priva a relação com Deus de sua vitalidade e leva o homem a uma contabilidade desrespeitosa das obrigações divinas, tornando impossível pensar em uma entrega confiante. Falsificam-se, desse modo, os valores religiosos da aliança original, que fica reduzida a um refúgio de egoísmos irreligiosos.

c) Essa degradação foi atingida por não se ter conseguido uma resposta satisfatória ao *conflito entre um poder nacional, que havia alcançado sua consolidação estatal, e a vontade de Deus com seus imperativos absolutos*. Um despotismo consciente, apoiado na força das novas formas de vida política, já havia chegado desde o começo a se enfrentar com as bases sociais da aliança de Yahweh.[27] A monarquia que a princípio surgiu por inspiração carismática, se lançou de forma cada vez mais consciente, em parte pela força das circunstâncias e também pela influência cananéia e de outros modelos estrangeiros, pelos caminhos da tirania hereditária, e ainda que esta somente tenha chegado a ser realidade tardiamente, a forte tendência que a impelia não pôde evitar fortes choques com os representantes da vontade de Yahweh. Dada a fundamentação religiosa das pretensões monárquicas, essa situação de conflito, declarado ou não, teve sua importância para o desenvolvimento do pensamento religioso. Ao utilizar o título de "filho de Deus", o rei atribuía ao posto de governante, que havia conseguido por meios puramente naturais — como membro da dinastia ou chefe dos exércitos —, a prerrogativa de supremo funcionário religioso, prerrogativa que na realidade somente seria justificada no caso de o aspirante ao trono ser eleito por via carismática. Dessa maneira conseguia, por sua vez, ocultar seus fins dinásticos e imperialistas egoístas e vincular estreitamente à instituição nacional como tal a assistência da aliança, fazendo com que Yahweh surgisse como aliado natural da grandeza do poder nacional. A aplicação do título de rei a Yahweh e a festa da entronização, com sua renovação regular do reinado de Deus sobre a terra, deveriam dar novo impulso a essa associação de idéias, pois desde o momento em que a relação rei-povo se aplica à relação Deus-povo, esta aparece como algo simples e plenamente dada, sem que se perceba sua fundamentação numa ação especial de condescendente benevolência. A partir de tal perspectiva, a aliança deixa de ser vista como o dom insondável do Deus que está acima de toda grandeza terrena, que em sua soberania dispõe de seu povo para se transformar na

---

[27] Cf. Abimeleque em Jz 9; Saul em 1Sm 15 e veja também o cap. IX, 2, p. 390: O rei.

formulação mais ou menos modificada de uma relação natural entre dois que se necessitam mutuamente. Com isso se endurece a crítica da vida nacional a partir da religião e se favorece a identificação entre interesses nacionais e a vontade de Deus. Todo o sentir popular da época dos profetas[28] e também o espírito de muitas narrações patriarcais — durante seu período de transmissão oral quando ainda não haviam experimentado as correções de sua atual redação — dão conta da debilitação das precauções contidas na idéia de aliança contra qualquer concepção naturalista sobre Deus.

A ameaça que a assimilação ao pensamento cananeu atribuiu para a concepção original de aliança obrigou os responsáveis espirituais da teologia javista a uma nova postura.

2. *A reformulação do conceito de aliança*

a) Em primeiro lugar, temos de nos referir à ampliação e explicação do conceito de aliança entre os *primeiros narradores do Pentateuco,* que têm enormes conseqüências: a exposição javista e a eloísta da história patriarcal apresentam, tanto em sua formulação externa, quanto no enfoque de seu conteúdo, um significativo retroceder da idéia da aliança para a pré-história do povo. Com ela, pretendem pôr em evidência como na história dos patriarcas já se encontra a base da consciência de eleição do povo de Israel. No mesmo material se apresentam sem dúvida os pressupostos necessários para essa interpretação, pois nele se falava de uma migração dos patriarcas desde a Mesopotâmia até Canaã movida por motivos religiosos e pela natureza peculiar de seu culto a Deus. Mas as lacunas e saltos dentro da tradição e a forma própria que as narrações patriarcais apresentam em cada um dos autores do Pentateuco mostram claramente que a imagem geral da época dos patriarcas recebeu seu cunho da idéia de Deus criada pela aliança mosaica. **J**[1] expõe a história da eleição divina seguindo uma cadeia de bênçãos que ligam a posição preeminente de povo e a possessão da terra à descendência de Abraão[29]; **J**[2] indica a situação de privilégio de Abraão e sua descendência[30] em uma progressão narrativa desde o sacrifício expiatório (Noé) até o sacrifício da aliança (Abraão) cuja singular execução recorda a conclusão da aliança sinaítica[31]; finalmente, **E** vê como

---

[28] Cf. Am 9:10b; Os 8:2; Mq 2:6s; 3:11; Jr 14:9, 21.
[29] Gn 9:25s; 12:1s; 25:23; 32:29; 49.
[30] Gn 8:20s; 15:7s; 26:24; 27:29[a]; 28:13s.
[31] Cf. **O. Procksch**, *Die Genesis,* 1924, p. 110s.

os patriarcas vão sendo retirados de seu ambiente pagão mediante uma série de provas acolhidas na fé e na obediência.[32] Numa palavra, toda essa tradição mais antiga encontra seu sentido mais profundo ao fundamentar a consciência de eleição de Israel na eleição divina de seus antepassados.

Ao se querer buscar uma razão para essa aplicação aos antepassados da relação de aliança de base histórica (aplicação que de certo modo se converte em rival da aliança mosaica[33], e por isso silenciada em alguns círculos populares, por exemplo, pelos profetas), não há necessidade de pensar em uma intenção política[34] que, para manter o ideal do grande Israel num povo dividido em dois reinos inimigos, apelara ao seu destino divino; sendo assim, se deve recorrer, à influência histórica da idéia de aliança, cuja dinâmica interna submeteu umas tradições, desordenadas e marcadas de elementos estranhos, à idéia final da eleição divina, convertendo-as em uma cadeia sistemática de acontecimentos para chegar a conceber a história do povo em sua totalidade como obra de Yahweh.

De outro lado, não se pode menosprezar a ânsia de retrospecção ocasionada pelo impressionante auge do poderio israelita sob os reinados de Davi e Salomão e que tende a explicar a situação de Israel no meio das nações ligando sua história à cadeia da história universal. Na história dos patriarcas, havia que salientar a peculiar predestinação divina pela qual Yahweh, desde os inícios mais insignificantes, havia criado um povo e desde o primeiro momento construíra sua existência sobre os seus maravilhosos atos. Aqui encontrou também fundamento a pretensão imperialista de Israel: o Deus dos pais é, por sua vez, o Criador, que precisamente enquanto senhor da humanidade faz sua eleição e realiza seu plano com Israel.

Deste modo, a introdução das idéias de aliança e eleição na história patriarcal se transforma em firme contrapeso de uma estreita interpretação particularista e, não menos, da degradação naturalista da relação de aliança. O Deus da aliança é o Deus do mundo, cujos planos ultrapassam os limites de Israel; o poder do povo é o efeito não merecido da eficácia das promessas feitas aos antepassados e exige humildade; a eleição, como demonstra o caso dos patriarcas, requer do homem a resposta de uma obediência humilde e uma confiança incondicional que deve acreditar suportando provas difíceis. Essa

---

[32] Gn 15:1s; 22:16-18; 26:2-5; 27:27, 29b; 28:10s; 30: 10s.; 35:1s; 48:15s,20.

[33] É mérito de **K. Galling** tanto a intuição quanto a formulação do problema que existe na duplicidade da tradição sobre a eleição, *Die Erwählungstraditionen Israels,* 1928.

[34] **Galling**, *op. cit.;* As dificuldades residem sobretudo em uma datação tardia do yahvista e na transferência, sob a hegemonia de Efraim, da idéia de um grande Israel a um judeu que abandonara as pretensões de Jerusalém (cf. Gn 49:8-12).

viva interpretação da relação de aliança, que encontrou rica continuidade em Deuteronômio e **P** pôs, sem dúvida, em movimento, contra o endurecimento da fé na eleição segundo sua formulação legalista e de frieza dogmática, fortes energias religiosas, que, todavia nas épocas exílicas e pós-exílicas demonstram seu vigor; e depois da ruptura da aliança mosaica, elas se encarregaram de fortalecer a confiança em um dom de aliança totalmente gratuito por consideração aos patriarcas.[35]

b) Continua sendo um fenômeno estranho que, no tempo em que os *profetas clássicos* criticavam duramente a religião popular israelita, o conceito de aliança passara ao segundo plano. Certamente é um exagero afirmar com Kraetzschmar que os profetas anteriores a Jeremias não sabiam nada sobre uma relação de aliança entre Deus e Israel; na realidade, Oséias fala duas vezes (6: 7; 8:1) do *b^e^rit* que Israel violou. Mas vale a pena notar que tampouco ele põe a ênfase na idéia de aliança, fazendo uso de outras categorias para destacar o relacionamento religioso. Assim como Isaías e Miquéias, Amós entende que a relação de Israel com Deus partiu da livre vontade deste como um dom insondável; por exemplo, quando o profeta — Amós 3:2 — expressa claramente o orgulho de todo o povo falando de como Yahweh elegeu a Israel acima de todos os povos. Mas, todavia, é mais surpreendente que precisamente em tais momentos, quando a palavra "aliança" vem a nossos lábios, os profetas não a utilizem.

Talvez haja nesse fato estranho certa justificação da solução radical de Kraetzschmar; somente resistimos, no entanto, a crer que nesse terreno se possa chegar tão longe com o bisturi da crítica literária. Tem de se considerar, além disso, a atitude geral dos profetas frente ao tesouro espiritual de seu povo. E para isso é de importância decisiva que saibamos ver como esses indivíduos reformadores se opõem sistematicamente à exterioridade morta da ação religiosa e à rotina mecânica do pensamento religioso. Opõem-se à insistência em seguir estatutos e ordenanças, usos e costumes estabelecidos, assim como na execução escrupolosamente organizada dos serviços prestados a Deus, tendo como garantia sua ação benéfica como retorno. Amós investe tanto contra as intermináveis prerrogativas e peregrinações aos santuários célebres quanto contra a suntuosidade dos serviços nos templos;[36] Oséias reprova os sacerdotes que estão fazendo riquezas às custas da consciência de pecado de seu povo e se aproveitam de seus impostos;[37] Isaías denuncia publicamente a assídua visita ao templo e as magnificentes orações feitas em seus recintos,

[35] Is 15;41:8s; 51:2; Ne 9:6s; Sal 105:7s; Miq 7:18s.

[36] Am 4:4s; 5:5s,21s; 8:10,14.

[37] Os 4:8s; cf. também 4:14s; 5:1s,6; 7:14; 8:11s; 9:1s.

como preceito humano rotineiro.[38] O que todos eles destacam é a nota pessoal da relação com Yahweh; isto é que, segundo eles, está faltando, e por isso compelem com toda energia e paixão para que reine o sentido de honra, de amor, de entrega. Por conseguinte, descrevem a ação de Yahweh como a ação de um amor e uma fidelidade totalmente pessoal que, com ardente vivacidade, pretende ganhar a confiança do povo e espera uma resposta espontânea, um movimento originado do mais profundo do coração.[39] Nessa luta contra todo *opus operatum,* a idéia de aliança podia prestar-lhes pouca ajuda, porque, como vimos antes, o ponto fraco dessa idéia estava precisamente em que sua natureza jurídica a fazia passível de ser apresentada como garantia da vida religiosa e até de converter-se em lugar garantido para o parasitismo de um *do ut des* religioso.

Por isso se compreende que, quando querem referir-se ao fundamento da situação de privilégio de Israel, os profetas não falem da aliança sinaítica, mas sim da libertação do Egito. Nada podia ser-lhes melhor para dar todo o realce à graça antecedente de Yahweh e evitar a perversão da sua atuação, tornando-a presa à estipulações da aliança. No mais, a idéia do senhorio de Yahweh, tão do agrado de Isaías, se relaciona bem com a aliança, pois esta, como assinalamos, desemboca no conceito do senhorio de Deus.

c) As coisas se apresentam diferentes a partir da reforma de Josias. Na *lei deuteronômica*, e em todo o volume de escritos nascidos sob a influência de suas diretrizes, nos encontramos rapidamente com um conceito do termo *b^{e}rit* empregado com uma ênfase especial e parcial. Naturalmente, ninguém pensará que esse termo tenha caído no esquecimento; existiam, ao contrário, determinados grupos que o cultivavam; os mesmos que tinham a seu cargo a *torá* (cf. Dt 33:9). Mas a popularidade que desfrutou no reinado de Josias é claro que deveu-se a uma nova e geral situação espiritual surgida graças à atividade dos profetas. Trata-se do objetivo de levar a efeito uma reforma radical de todo o ser nacional que volte a fazer viva a idéia da aliança divina. Com o descobrimento do "livro da aliança" (*sēper habb^{e}rit* 2 Reis 23:2) a época de Manassés foi estigmatizada como uma indigna ruptura da aliança, e a nova aliança que o rei Josias firmou, em cumprimento da lei, significou ao mesmo tempo a volta à antiga aliança de Deus. Não é de estranhar que, se queriam pôr diante dos olhos do povo a fidelidade de seu Deus e a infidelidade humana, os

---

[38] Is 1:11s; 29:13.

[39] Os 6:4s; 7:13s; 9:10; 11:1s; Is 1:2; 5.1s; 7:9,13; 9:12; 22:8,11s; Jr 2:1s; 3:19s; 5:1s etc.

escritores da história nacional afrontaram também o passado sob a perspectiva da aliança divina.

Desde Isaías, eles aprenderam a considerar a história como um devir sob o plano de Deus, preparado muito antes e próximo do seu fim. Mas, ao passo que Isaías considerava a história da humanidade como um todo, os homens da Reforma se ocuparam principalmente da história *israelita*, a qual procuraram apresentar a seu povo com fins pedagógicos. E para essa tarefa, a idéia da aliança se lhes apresentou como a imagem mais expressiva para descrever a ação benéfica e planejada por Deus: a aliança abraâmica e a sinaítica mostravam-se como dois acontecimentos mutuamente relacionados, constituindo um os rudimentos e o outro a consumação, capazes de dar à história de Israel a impressão peculiar de uma história dirigida por Deus. Parece até que alguns escritores desse círculo introduziram, todavia, outra aliança, em terras de Moabe, como terceira da série, de forma que "todo o edifício da vida religiosa se apoiara sobre essas três alianças como sobre firmes colunas";[40] ao menos, essa é a orientação que mostram Deuteronômio 26:17-19; 28:69; 29: 8-11,13, 20. De fato, havia se obtido um método admirável para expor todo o passado de Israel, sob a perspectiva da história da salvação, para tornar patente a continuidade da graça divina e também para convencer da seriedade que seria não respeitá-la ou atentar contra ela. Qual foi a força com que essa idéia apoderou-se então de todos os espíritos nós a podemos imaginar pela inspirada utilização que da aliança fazem Jeremias e Ezequiel, em contraposição aos profetas precedentes.

Nos escritos deuteronomistas pode-se notar *um ligeiro deslocamento do conceito de b*ᵉ*rit.* A palavra *b*ᵉ*rit,* ainda que descreva a instituição histórica da aliança,[41] utiliza de bom grado do sentido de uma relação incessante[42] e também pode significar as obrigações que essa relação comporta, quer dizer, as cláusulas da aliança. Assim, vê-se claramente no simples fato de que, agora se prefira a expressão *ṣiwwāh b*ᵉ*rit* à de *kārat b*ᵉ*rit.*[43] Deuteronômio 4:13,23 não entende por *b*ᵉ*rit* outra coisa senão o decálogo, e até as tábuas da lei podem designar-se brevemente como *hābb*ᵉ*rit* em 1 Reis 8:21. Assim, posteriormente a base de preceitos da aliança adquirirá especial importância: *ḥukkim, miṣwot, mišppātim* descrevem o conteúdo da aliança.[44] Analogamente, também pelo

---

[40] **Kraetzschmar**, *op. cit.,* p. 138.

[41] Cf. Dt 5.2s.

[42] Por isso falta uma relação histórica determinada em lugares como Dt 17:2; 31: 16,20; Js 7:11,15; 23:16; Jz 2:1,20 etc.

[43] Cf. Dt 4:13; Js 7:11; 23.16; Jz 2:20; 1Rs 11:11.

[44] Dt 26:17; 1Rs 11:11; 2Rs 17:15.

que diz respeito ao homem, põe-se em destaque a observância da aliança em Deuteronômio 29:8; 1Reis 11:11; e previne-se contra a transgressão ou ruptura da mesma (*'br; hpr; m's; 'zb; škḥ*).[45]

O deslocamento conceptual descrito faz com que *a ênfase principal* recaia sobre o *caráter normativo,* a fixação de uma vez por todas, da relação criada por Deus. Nos profetas, colocava-se mais realce à livre ação do amor divino, que deixa ver sua fidelidade em constantes demonstrações de graça, que volta a recompor e aprofunda sem cessar a relação com seu povo, desgastada pelo pecado humano. Os homens da reforma deuteronomista vêem o amor de Yahweh na criação de uma nova situação geral de consistência permanente e absoluta segurança, que de certo modo se objetiva e se oferece ao desfrute do homem na forma de uma relação de aliança. Essa objetivação da ação amorosa divina é mais enfatizada quando é aceita como tendo duração eterna: o homem não pode fazer desaparecer a aliança; se a rompe, significa somente que violou suas cláusulas. A majestade do amor divino mostra-se em que, sendo ele o único que pode dissolver essa relação, nunca faz uso desse poder.[46] Por isso, agora o título honorífico de Yahweh é: *ṣōmēr habbᵉrit wᵉaḥesed* = 'o que mantém a aliança e a misericórdia' (Dt 7:9,12; 1 Rs 8:23; Ne 1:5; 9:32; Dn 9:4).

As vantagens e inconvenientes dessa concepção da relação com Deus saltam à vista. O ensino do Deuteronômio oferecia ao povo um sistema de conceitos inteligível e incisivo, no qual, a condescendência amorosa e a incansável fidelidade de Deus iam intimamente unidas no cumprimento lógico das obrigações por parte do homem. Nela, a superioridade de que Israel desfrutava sobre as demais nações, como possuidor de uma aliança divina, se expressava com a mesma força que a humildade pela própria indignidade e a exigência de um total cumprimento das obrigações da aliança. Havia-se, assim, superado as idéias cananéias de Deus que a ameaçavam.

Não se pode dizer o mesmo com respeito à falsa interpretação da aliança em um sentido nacionalista ou cultural; é até certo ponto compreensível que alguns críticos falem de "uma queda desde as alturas da idéia profética de Deus". Sem dúvida, o particularismo e a intolerante rejeição dos pagãos *podem* encontrar uma arma na supervalorização unilateral do termo bᵉ*rit* no sentido deuteronomista. De fato, o círculo deuteronomista deixou as nações fora da aliança, à qual converteu em privilégio específico de Israel. Mas isso não é mais que uma descrição das circunstâncias históricas; jamais se pensou propriamente em uma definitiva exclusão dos pagãos. Ao defrontar a tarefa

[45] Dt 17:2; Js 7:11,15; 23:16; Jz 2.20; 2Rs 18: 12; Dt 31:16,20; Dt 29:24; 2Rs 17:15; Dt 4:23,31 etc.

[46] Dt 4:31; Jz 2:1.

histórica que lhe havia sido dada, a primeira coisa a ser pensada pelo círculo deuteronomista foi, equipar da melhor maneira possível seu povo para realizar a tarefa que lhe tinha sido proposta, e para isso o conceito de *b*^{e}*rit* era, sem dúvida de grande utilidade e capaz, também, de resumir as idéias dos profetas.

De outro lado, existe o perigo de que a relação de aliança se degrade em uma relação de cumprimento cultual, ao converter-se *b*^{e}*rit* na expressão total e na imagem exclusiva da vida religiosa. Mas esse perigo não chega a ser agudo no Deuteronômio: junto ao Deus da aliança está sempre o Senhor divino, diante do qual não cabe o furto e o negócio, mas tão-somente a estrita obediência, e, ao mesmo tempo, também Deus pai, que ama a seu filho Israel e não o trata simplesmente como juiz e administrador. Ao ser considerada a aliança como uma prova do amor de Yahweh, que tende a provocar no homem uma resposta de confiança e amor, se tomaram precauções eficazes contra sua possível transformação numa instituição legalista, na qual depois da exata observância dos respectivos direitos e deveres, ficaria excessivamente diminuída a relação religiosa nascida do coração.

d) Muito mais profunda é a marca que deixa na história a nova idéia de aliança que encontramos no *extrato sacerdotal do Pentateuco*. A primeira coisa que chama a atenção do observador é a tendência a uma definição precisa, à formulação exata da palavra e à utilização sistemática do conceito: propriedades estas que são características da literatura sacerdotal no sentido mais estrito. Assim, **P** evita aplicar a palavra *b*^{e}*rit* ao âmbito profano, a reservando exclusivamente para a história da salvaçao, com o que a transforma em um termo exclusivamente religioso. Por sua terminologia bem definida, além do mais, reconhece ao *b*^{e}*rit* uma índole que a distingue de todo *b*^{e}*rit* profano: se o javista ainda podia falar tranqüilamente de que Yahweh *krt brt,* quer dizer, que intervinha como uma parte contratante do modo humano, **P** de outro lado, fala de que Yahweh *hēqim b*^{e}*rit* ou *nātan b*^{e}*rit,* que guarda ou mantém sua aliança.[47] Manifesta-se aqui, claramente, a soberania do aliado divino, que somente pode conceder a aliança como favor. Por isso também faz um *b*^{e}*rit 'ōlām,* uma aliança válida para todos os tempos, porque ele não pode permitir que sua instituição salvadora dependa da conduta do homem, mas sim que a mantém através de todos os tempos graças a sua fidelidade eterna.[48] Finalmente, o estabelecimento solene da aliança, entre

---

[47] Gn 6:18; 9:9,11-17; 17:7,19,21; Êx 6:4; Lv 26:9 etc. *nātan:* Gn 9:12; 17:2; Nm 25:12.
[48] Gn 9:16; 17:7,13,19; Êx 31:16; Lv 24:8; Nm 18:19; 25:13.

Yahweh e Israel aparece centrado na aliança abraâmica, interpretando-se os acontecimentos do Sinai não como uma aliança independente, mas sim como a renovação e aperfeiçoamento da abraâmica. É possível considerar isto como o olhar frio de uma mentalidade sistemática ao conteúdo do *b^{e}rit,* porque já o Deuteronômio, Jeremias e Ezequiel disseram expressamente que a relação de Deus com Israel se baseava no seu juramento aos patriarcas. Mas a isso se acrescenta ainda: a aliança de Deus decisiva para a história de Israel se conclui *antes mesmo que exista* um ritual detalhado; a capacidade jurídica da parte humana para pactuar não provém de ações de um tipo ou de outro, mas sim, simplesmente, de uma vida vivida sob o olhar e presença de Deus, como se indica com aquela expressão usada também nos meios piedosos não israelitas: *hithallēk 'et-(lipnē-) ha' ^{e}lōhim* = caminhar com ou diante de Deus. Com isso se coloca também em evidência a clara consciência que tinham da natureza essencialmente religiosa do *b^{e}rit*: o *b^{e}rit* não tem como finalidade determinadas ações humanas, senão que pretende criar uma autêntica comunhão entre Deus e o homem.[49] Por isso na aliança abraâmica faltam todas as ações cultuais especiais; por isso tampouco a circuncisão deve ser considerada como uma ação cultual, mas sim como um sinal da aliança,[50] cuja não observância implicaria na exclusão da comunidade da aliança. A ação humana desempenha, portanto, o papel de instrumento pelo qual o homem faz uso, ou melhor, entra para desfrutar os bens que lhe foram outorgados.

Nesse momento, adquire um sentido profundo a não utilização do conceito de aliança a partir da revelação sinaítica: se o culto que com ela começa não significa mais que a aplicação a todo o povo, da aliança abraâmica, esse culto, assim como a circuncisão, não possui a característica de uma ação que torna eficaz a aliança, mas sim, entretanto, que a natureza sacramental na qual Deus se manifesta visa à comunhão. Somente quando vistas nessa luz é que as expressões usadas por **P,** falando de guardar e manter a aliança, revelam seu propósito especial: já não é possível falar da conclusão de um pacto entre partes iguais com obrigações recíprocas, mas unicamente de uma iniciativa originada da onipotência de Deus. Com isso alcança todo o seu desenvolvimento um aspecto que, ainda que sempre presente na idéia de aliança, se via indefeso diante das aberrações legalistas, tendo de recorrer, na realidade, a um aspecto estranho nesse círculo de idéias, a do conceito de soberania. Qualquer abuso

---

[49] Gn 17:7,8,19.

[50] Gn 17:11.

que, do direito fundado na aliança, se quisesse fazer para satisfação egoísta de desejos humanos, ficava dessa maneira totalmente descartado.

Mas, além disso, **P** procurou também descartar o perigo de um abuso particularista da idéia de aliança. Efetivamente, ele é o único escritor israelita que fala de uma aliança de Deus com a humanidade pré-abraâmica. Certamente que a narração da aliança com Noé (Gênesis 9) lhe chegou, como demonstram alguns documentos antigos, através de uma antiga tradição; mas o fato de que a acolha e insira, como o faz, em sua narração, demonstra a natureza universal de sua teologia. De acordo com ela, não é somente Israel, mas também a humanidade toda que está em uma relação de *b^erit* com Deus, que igualmente é de validade eterna. Com isso **P** "obteve um quadro impressionante do curso da história, ao expô-lo a partir da perspectiva da idéia de aliança" (Kraetzschmar). A relação de Deus com o homem se realiza, com frequência, "em dois círculos concêntricos",[51] ou seja: o da aliança de Noé, para toda a humanidade, e o da abraâmica, somente para Israel. Nas duas formas, a relação de Deus com o homem é eternamente a mesma. Tanto em seu tratamento com a natureza quanto no seu tratamento com a história, **P** está sob a influência de seu sentido normativo, constante, eternamente válido, que se relaciona com sua elevada percepção do Deus sobrenatural e eterno. Por conseguinte, em **P** parece não existir a idéia de uma plenitude ulterior da relação com Deus. O estabelecimento de uma relação mais íntima entre os pagãos e Deus só poderia ser contemplado na forma em que lhe era possível, ou seja, a partir da hipótese de sua entrada em Israel, assim como os escravos e gentes de outras tribos que se achavam entre os servos de Abraão, os quais haviam sido, mediante a circuncisão, recebidos na comunidade do *El Shaddai*. Com isso, a aliança abraâmica se vê renovada e aperfeiçoada, uma vez que se mantém a prerrogativa de Israel. A verdade desse modo de ver as coisas se encontra na palavra do Evangelho de João: "a salvação vem dos judeus".

Com essa concepção da ação salvadora de Deus, determinada de um lado pela natureza singular do pensamento sacerdotal, mas nem por isso menos influenciada pelos profetas, não é de estranhar que, para **P**, o conceito de *b^erit* tenha uma importância central. Nele se resume a religião como um todo, de forma que toda sua força depende da ação de Deus, que procura se comunicar. "Eu serei vosso Deus" (Gênesis 17:7b): esse é o conteúdo principal da aliança, que Jeremias 31:31s restaura. Desse modo, *b^erit* é para **P** "a expressão do conceito de uma religião de revelação",[52] que se firma totalmente na promessa de Deus e que, apesar de uma realização local e temporariamente limitada, mantém a universalidade do plano divino salvador.

---

[51] Cf. **Procksch**, *Gênesis*, 518.

[52] **Procksch,** *op. cit.*, p. 519.

e) Uma linha totalmente distinta segue a interpretação que *os profetas fazem a partir do final do século sete* sobre a aliança. Ao passo que no primeiro período de sua atividade *Jeremias* não se refere expressamente ao *b*ᵉ*rit.* [53] A partir da reforma de Josias, [54] utiliza-se esse importante termo e o converte, se não no centro de sua mensagem profética no seu instrumento preferido para expressá-la. Assim como a condescendência divina mostrou-se de forma clara na conclusão de uma aliança ao sair do Egito, a ingratidão do povo resume-se na ruptura da aliança: aqui encontra sua base firme a convicção de que o juízo é inevitável.[55] Contudo, a antiga idéia de *b*ᵉ*rit,* como um ato consumado na história, através do qual uma aliança em estabelecimento é mantida do começo ao fim. O que o profeta não faz é expandir o conceito de um relacionamento duradouro da aliança nem aprofunda-o numa descrição compreensiva da revelação divina. Assim sendo, adquirem importância, quando se trata de expressar a atitude de Deus com respeito a Israel, as velhas imagens do matrimônio, da relação pai-filho e do pastor. [56] A partir de sua função pastoral, o profeta conhecia demasiadamente os defeitos da aliança sinaítica e de sua renovação sob o reinado de Josias, para atribuir-lhe uma significação perpétua. Quando compara a antiga aliança com a nova, mediante a qual Deus iniciará um novo tipo de relação interior com o homem através da conversão do coração ,[57] oferece-nos, por sua vez, e no mesmo grau, uma dura crítica e uma elevada valorização. Pode aqui se encontrar um ponto de contato com P, no sentido de que a comunhão perfeita com Deus aparece na forma de *b*ᵉ*rit* e com isso rejeita totalmente o caráter de um contrato sobre a base da reciprocidade. Em Jeremias se põe toda a ênfase na ação renovadora de Deus, se colocando em um primeiro plano a relação interior do indivíduo com Deus; o profeta substitui assim o mandamento normativo, sempre identificado com Deus, como sua ação salvadora. Essa ênfase no elemento pessoal da relação do homem com Deus e o fato de que os profetas, com sua visão totalmente centrada no novo éon e também exerceram, de forma insubordinada, sua crítica contra a ordem estabelecida, contribuíram dessa maneira para imprimir uma imagem diferente na concepção da aliança.

---

[53] Cf. caps. II-VI.
[54] Cf. cap. XI.
[55] 7:23s; 11:3s; 14:21; 22:9; 8:7; 9:12s.
[56] 13:27; 31:3s,32; 3:19; 31:9,20; 13:17,20; 23:1,3 e outros.
[57] 31:31s.

Também *Ezequiel* move-se nessa direção e, até pode falar-se de uma clara dependência de Jeremias, que vai unida a uma reserva igualmente patente frente às idéias sacerdotais. Também nele o *b^{e}rit* continua estando limitado à aliança sinaítica,[58] e a ruptura desta aliança desempenha o papel de testemunha como peso contra o povo infiel.[59] Mas não se pode afirmar que todo seu modo de pensar esteja dominado pela idéia de aliança. No capítulo 16, em que esta aparece com mais força, surge já paralelamente e com autonomia própria a imagem do matrimônio. E no amplo trajeto retrospectivo da história do capítulo 20 é curioso que, na enumeração dos fatos em que Deus foi se revelando, falte totalmente o *b^{e}rit,* enquanto que em seu lugar se repete constantemente a referência à revelação da natureza divina no nome de Yahweh: *^{a}ni yhwh.*[60] É igualmente curioso que, se aqui, como em 36:20s, Israel não se veja afetado pelo juízo da ira, não se deva à indestrutibilidade do *b^{e}rit* divino, mas sim, ao zelo de Deus pela glória de seu nome.[61] Com isso, manifesta-se totalmente que o maior interesse do profeta recai sobre a ação pessoal de Yahweh, diante da qual perde importância o institucional enquanto tal (cf. p.37s). É igualmente nota característica dos profetas que a idéia de aliança encontra sua significação mais positiva precisamente no marco da escatologia. Quando Israel como povo volta a achar-se sob o cajado de seu pastor Davi, Yahweh conclui com ele uma aliança de paz, instaura, como aliança eterna, uma permanente relação de graça entre Deus e seu povo.[62] Neste caso, o contraste com a aliança sinaítica é muito claro e manifesta que, também em Ezequiel, a convicção de assistir à ruptura da antiga aliança e à instauração de uma aliança nova era demasiado forte para que uma instituição existente pudesse escapar ao juízo destruidor e servir de base firme à salvação futura. A única coisa que fica das ruínas do Estado e do templo é o Deus zeloso para com à glória de seu nome. No conhecimento desse Deus é onde o profeta encontra a única garantia da nova aliança. Assim como no caso de Jeremias, a coincidência com as idéias

---

[58] A dissolução, suposta por **Kraetzschomar** (*op. cit.*, p. 164), da antiga aliança em várias revelações distintas no tempo apoia-se em uma falsa interpretação.

[59] Ez 16:8,59s; 20:37 (neste ponto o texto não é seguro!).

[60] Pode ser verdade que este '*^{a}nī yhwh* esteja relacionado com o decálogo sinaítico e faça, portanto, referência à aliança do Sinai; precisamente nesse caso se explica que se evite o termo natural, *b^{e}rit.* O que **Kraetzschmar** disse a respeito é simples conjectura.

[61] Se **Kraetzschmar** (p. 166) via nisto uma incorporação da velha idéia profética de santidade à de aliança, isso somente se explica pelo uso que ele fazia do texto duvidoso, 16. 60s. Cf. a respeito do que segue!

[62] Ez 34. 25; 37.26.

sacerdotais se reduz a que o *b^e^rit* do futuro aparece como a instauração de uma relação de pura graça; mas pela estreita vinculação da aliança ao reinado do novo Davi, a nova ordem de coisas apresenta um caráter muito mais rígido de situação legalmente fixada.[63]

A interpretação profética da idéia de aliança encontra sua maior profundidade no *deutero-Isaías,* que, em comum com o antigo profetismo, não fala da aliança sinaítica, introduzindo em seu lugar a libertação do Egito,[64] quando Yahweh formou seu povo.[65] Contudo, a realidade ideal dos últimos tempos, na qual há de se realizar o plano divino de salvação sobre Israel, é apresentada como *b^e^rit.*[66] Quando este se relaciona com a ação de Deus no passado, aparecem como motivos as idéias da eleição de Abraão[67] e da fidelidade divina que dará cumprimento à obra iniciada em tempos remotos;[68] em outras palavras: a fé se alimenta da permanente ação divina, que de forma maravilhosa sobrepuja sempre a realidade, e não de uma instituição histórica concreta, como a aliança sinaítica, derivada dessa ação. Do mesmo modo que se convida a um esquecimento do antigo, na feliz antecipação da salvação que já está às portas,[69] também a antiga aliança chega a cair totalmente obscurecida pela eterna aliança de paz, que agora quer fazer Yahweh com seu povo, para colocá-lo, depois da travessia milagrosa do deserto, em uma pátria convertida em paraíso e estabelecer novamente nela seu reinado.

Mas essa manifestação do *b^e^rit* nos últimos tempos não é um ato ritual individual, não é uma nova constituição ou organização mas se encarna em uma vida humana, no servo de Yahweh, que é definido como mediador da aliança para o povo.[70] Nele, a vontade divina de comunhão se revela como

---

[63] Uma maior aproximação a **P** somente poderia assumir se o texto de 16:60-63 pudesse se atribuir com segurança a Ezequiel. Pois nele é seguro que, totalmente dentro da linha de **P**, a antiga aliança é considerada fundamento da nova e mediante o termo *hēqīm*, "com sua significação oscilante entre'manter' e 'fundar'" (**Kraetzschmar**), ressalta a continuidade da assistência divina por meio da aliança. Mas precisamente esse desvio do texto com respeito a linha do profeta nos inclina a ver nele — em qualquer caso, acrescido mais tarde — não uma adição do mesmo Ezequiel, mas sim, como outros traços do livro, uma reelaboração dentro da linha sacerdotal.

[64] Is 43:16s; 51:9s; 52:4.

[65] Is 44:21,24.

[66] Is 54:10; 55:3; 61:8.

[67] Is 41:8s; 51:2.

[68] Is 42:6, 21; 46:3s.

[69] Is 43:18; 54:4.

[70] Is 42:6; 49:8.

uma vontade de sofrimento vicário, mediante o qual o povo da aliança chega a uma comunhão indissolúvel com seu príncipe messiânico e se reconcilia com Deus; ao mesmo tempo, o ato de congregar de um povo ao redor de um rei que foi exaltado desde o sofrimento, alcança uma aceitação absoluta. Com essa vinculação da idéia de aliança à esperança messiânica, que já aparece em Ezequiel,[71] mas que até o deutero-Isaías não adquire uma forma orgânica, o empenho mais próprio do profetismo consegue sua perfeição última ao liberar o *b^e^rit* de idéias objetivo-impessoais, para inseri-lo na esfera da vida pessoal-moral.

Se nisto o deutero-Isaías pode se considerar como a culminação do pensamento de Jeremias, há outro aspecto importante no qual o ultrapassa: em relacionar a idéia de aliança com o universalismo e, às vezes, com o messianismo. O desígnio salvador de Deus, realizado pelo Servo de Yahweh, abrange também as nações da terra; precisamente como mediador da aliança, o *ebed* há de ser a luz dos pagãos enquanto que a partir do novo povo de Deus brilhará sobre a terra a lei de Yahweh e as nações se verão levadas a uma livre submissão à ordem divina nela revelada.[72] É certo que Israel continua desfrutando certo privilégio na partilha das bênçãos da aliança, e nisso continuam tendo influência os efeitos da história da aliança sinaítica. Mas os pagãos serão, se não cidadãos de pleno direito, ao menos servidores do reino de Deus;[73] eles têm certo direito de participar da salvação de Yahweh, já que anseiam seu *mišpaṭ*, a ordem de justiça para toda a terra, e esperam seu *s^e^dāqāh*, a ação redentora que corresponde à sua condição de Deus do Universo.[74]

Desta forma, a idéia de *b^e^rit* aparece já totalmente assimilada pelo pensamento profético: frente à relação de aliança arraigada no presente própria de **P**, em Jeremias, Ezequiel e no deutero-Isaías se converteu na expressão dos maravilhosos bens do futuro, ficando reduzida a aliança do Sinai a simples sombra precursora da consumação final. Essa projeção de um elemento central da religião israelita na esfera do "todavia não" deixa sem base essa tentação própria do sentimento piedoso de permanecer no degrau já alcançado da história terrena e construir nele suas tendas. Não é que o passado e o presente percam

---

[71] Ez 34:24,25; 37:25s.

[72] Is 42:1,4; 49:6; 55:3-5. A última passagem citada mostra que à margem das seções relacionadas ao servo de Deus, o novo pacto mantém o caráter messiânico. O paralelo mais próximo em outros escritores proféticos é Is 2:2-4.

[73] Is 55:3s; 60:5ss; 61:5s.

[74] Aos textos citados há que acrescentar, neste ponto 45:22; 51:5.

seu valor; ao designar o futuro como *b[e]rit,* estabelece-se uma íntima relação da revelação divina já dada com a futura. Mas precisamente a mais sublime ação salvadora de Deus para com Israel, sua própria revelação em vista à comunhão em uma aliança, descobre seu último sentido mais além dos limites terrenos, em uma relação de comunhão na qual a profundidade da vida pessoal, a força da vida nacional e a amplitude da vida da humanidade se encontram igualmente renovados pela presença divina e consumam assim o fim da criação. Isto significa que no *b[e]rit* o homem se vê vinculado a uma ação de Deus que o despe de todas as garantias terrenas e o designa como único fim de sua vida o futuro encerrado na promessa divina.

f) Na interpretação da idéia de aliança, *a época pós-exílica* se aproxima, mais ao Deuteronomista e a **P.** Junto às alianças históricas[75] vê no *b[e]rit* sobretudo a relação atual entre Deus e Israel e os direitos e deveres daí derivados. Salienta, principalmente, o último; *b[e]rit* se encontra com freqüência nos salmos como compêndio das cláusulas da aliança.[76] Às vezes, o termo apresenta o significado ainda mais geral de "culto", "religião", e em tais casos se pensa, sobretudo, no aspecto obrigatório dos mesmos.[77] Claramente desapareceu do conceito a idéia de que Deus cria e concede o *b[e]rit,* de tanto relevo nos profetas e em **P**, para dar lugar a uma concepção mais formalista da conduta religiosa e de suas normas. Ao converter-se o *b[e]rit* em expressão de um sistema normativo se projeta logicamente uma notória preocupação pelas definições legalistas do comportamento religioso, em lugar de seguir sendo o conceito principal de uma religião viva. Na impetuosa invocação a Deus, para que se lembre de seu compromisso de aliança e atue com a comunidade segundo sua piedade e lealdade, como soa nos Salmos 44;74;79 etc., aparecem as prejudiciais conseqüências dessa estreita interpretação. A mesma linha de orientação antropocêntrica se segue quando, finalmente, o *b[e]rit* se aplica a seus possuidores e guardiões humanos, a mesma comunidade judaica.[78]

Mas nem tudo se detém aí; persistiu a interpretação da relação de aliança como uma relação de graça também no presente: assim o demonstram algumas manifestações da piedade nos Salmos,[79] sobretudo, a linguagem das Crônicas que até deixam entrever uma própria reelaboração das idéias sacerdotais. Hipoteticamente o Cronista conhece diversas alianças históricas:

---

[75] Para a aliança abraâmica, cf.Sl 105:8,10; aliança com Noé, veja Is24:5.
[76] Sl 25:10,14; 44:18; 50:16; 78:10,37; 103:18.
[77] Dn 9:27; Zc 9:11.
[78] Dn 11:22,28,30,32; Sl 74:20; Pv 2:17; Ml 2:10,14; 3: 1 (*mal'āk* da aliança = anjo guardião da congregação).
[79] Sl 106:45; 111:5,9.

uma aliança com Davi, assim como outras alianças que tendem a uma purificação e renovação da religião dos pais.[80] Mas não menciona precisamente as alianças constitutivas da eleição de Israel, a abraâmica e a do Sinai, e as evita, inclusive quando o esquema que segue lhe está pedindo que as inclua.[81] Com isso a situação de salvação de Israel vê-se liberta de toda fixação e delimitação histórica, emergindo como uma realidade que existe desde a eternidade, presente desde o princípio no plano universal de Deus. As listas genealógicas do Cronista, que ampliam o marco histórico até Davi, refletem em sua monotonia "um profundo conhecimento da relação salvífica entre Deus e seu povo, inalterável desde os primeiros tempos".[82]

Essa exaltação, pela qual o *b^{e}rit* de Deus com seu povo adquiria uma dimensão atemporal fez, sem dúvida, que muitas alianças, que antes haviam permanecido num segundo plano, requeressem uma evidência maior do que lhes correspondia a sua função real. Deve-se citar aqui, em primeiro lugar a *aliança de Davi*; que, no cronista, forma o elemento básico de seu esquema histórico teologico.[83] A aliança de Davi desempenha também um papel semelhante em peças litúrgicas ou de caráter profético do pós-exílio, até o ponto, que nos obriga a pensar que, já muito antes do Cronista, era um lugar querido à fé.[84] Não dispomos de meios para esclarecer em detalhe a história desta concepção, mas segundo alguns testemunhos certamente da época dos Reis, como 2 Samuel 23:5 e Salmo 132, cabe supor que a dinastia davídica, já desde muito cedo, alicerçou suas pretensões sobre uma especial aliança com Yahweh. A conexão das esperanças messiânicas com a casa de Davi converteu rapidamente essa idéia em uma peça fundamental da fé israelita e ofereceu para os dias de escravidão um bom foco de esperança capaz de revigorar, em união com a "graça assegurada a Davi"[85] a fé no caráter irrevogável da promessa divina de salvação. Como a aliança davídica era desde o princípio uma relação propriamente de graça, se tornou muito mais fácil integrá-la na esperança profética de salvação do que a aliança do Sinai.

Menor é a importância da *aliança de Levi, que,* assim como a davídica vincula a constância da vontade salvadora divina a um ato de eleição no passado. Neste caso intervém também o intento de legitimar determinadas pretensões sacerdotais;[86] contudo, nessa experiência da comunidade judaica de que um

---

[80] 2Cr 15:12; 23:3,16; 29:10; 34:31.
[81] 2Cr 6:11 cj. 1Rs 8:21 e 2Cr 34:31s; 2Re 23:3.
[82] Cf. **von Rad**, *Das Geschichtsbild des chronistischen Werkers, 1930,* p. 66.
[83] 2Cr 7:18; 13:15; 21:7 etc.
[84] Jr 33:14-26; Sl 89:4,29,35,40; Is 55:3.
[85] Is 55:3; Sl 89:2,3,50 (49); Sl 132:11.
[86] Nm 25:13; 18:19.

sacerdócio consciente de sua alta tarefa era para ela uma necessidade vital influenciou para que a promessa feita a Levi, saindo desse contexto, privado e reduzido, passara a inserir-se no terreno da preocupação do Deus da aliança por seu povo.[87]

Finalmente, a concepção veterotestamentária da aliança recebeu um matiz especial na tradução da LXX. Essa traduz o *b'ᵉrit* pelo grego διαθηκη, ao passo que se sabe que sua correspondência exata se acharia no termo συνθηχη, que é o que empregam Àquila e Símaco. A palavra διαθηκη, que provém do direito privado helenístico, tem, junto ao sentido geral de "disposição ou norma", o principal da "última disposição do testador". Através dessa especial colocação, "última disposição do testador", o termo adquire uma nota própria de solenidade. Deste modo, frente ao que significaria συνθηκη, dá-se maior atenção à primazia de Deus, à aliança como expressão e confirmação solene inquebrantável de sua vontade. Contudo, nesse termo grego não está totalmente ausente o caráter de bilateralidade próprio do *bᵉrit* hebreu. Pois o testamento grego não apresenta em absoluto o caráter de unilateralidade que nós estamos dispostos a atribuir-lhe por analogia, com nossa concepção jurídica atual, senão que nele, junto às disposições unilaterais de última vontade, existem outras contratuais; é uma flutuação que se vê claramente ao levar em conta que na Grécia o testamento nasceu da *donatio inter vivos* (Lohmeyer, *Diatheke,* p. 40). Por última vontade, obriga-se o próprio testador e obrigam-se também seus herdeiros. Os herdeiros ficam obrigados a cumprir as condições estipuladas. Dessa maneira, pois, também a διαθηκη, como disposição divina, tendia a uma reordenação da relação com Deus. Na carta aos Hebreus, onde com mais clareza salta a vista o sentido do "testamento", o caráter gratuito da herança põe-se, antes de tudo, em evidência por supor, de fato, como elemento indispensável a morte de Cristo e contar com a garantia de uma disposição divina de duração eterna. Não se pode dizer, de outro lado, que se passe aqui por alto a importância do compromisso humano. Não seria exato, portanto, considerar que a LXX cedeu a uma falsa interpretação introduzindo uma troca absoluta de significado no conceito de aliança. Devemos reconhecer, não obstante, que o termo *diatheke* apresenta uma hierarquia de acentos diferente à de nosso termo "aliança" e à do hebreu *b ᵉrit*, daí que não possa ser traduzido, sem mais, mediante o conceito de "aliança".

---

[87] Ml 2:4,5,8; Jr 33:18s; Ne 13:29, he 13:29

g) *Depois* de tudo o que vimos na história do conceito, a tradução do hebraico *b^erit* por "aliança" somente pode se considerar como um recurso imposto pela necessidade. Há que se ter sempre presente, como intimamente incluídas no conceito, *as duas linhas pelas quais se desenvolveu seu significado:* de um lado, da aliança se passa à relação de aliança, aos preceitos da aliança, ao sistema legal, para chegar à religião, ao culto e ao povo da aliança; de outro, desde a aliança, passando pelo ato institucional de Deus, à relação de graça e a revelação, resulta-se na ordem redentora, o desígnio de salvação e a consumação final de todas as coisas. Essas duas linhas, em relação com as quais ocupa uma posição chave a concepção bipolar do documento **P**, representam duas formas divergentes de compreensão da aliança, mas cuja conjunção é absolutamente imprescindível para compreender em toda sua extensão o conteúdo da ação divina subjacente no termo *b^erit*. É o mesmo que sucede com o conceito de Reino de Deus no Novo Testamento, sobre o que se delineou e se seguirá delineando o problema se tratando de uma realidade presente ou futura. Para uma solução adequada se deverá partir do princípio de que, tanto a afirmação da presença atual do reino bem como de sua vinda futura, não são mais do que duas vertentes de um mesmo conceito. O mesmo sucede com o conceito de *b^erit*. A riqueza da ação divina, contida nesse termo, se reflete com sua específica transcendência no fato, precisamente, de que tanto o ordenamento jurídico atual das relações entre Deus e o homem, seu ulterior desenvolvimento e sua plenitude definitiva ao final dos tempos, aparecem como elementos igualmente necessários e imprescindíveis. Nessa conjunção de contrários reside o caráter próprio e específico das relações de Deus, como se nos transmite no Antigo Testamento.

Existe, além disso, outro tipo de oposição que teve uma importância fundamental na história do conceito de aliança. É a oposição entre o conceito de aliança derivado da esfera do direito e o originado a partir dos diversos tipos de relações próprias do marco natural da vida humana. Já se indicou como o conceito de aliança exclui qualquer tipo de vinculação naturalista e, portanto, fisicamente indissolúvel, entre Deus e o povo. Não obstante, nessa linha se movem alguns sistemas de relação, como o de pai e filho, governante e povo, que algumas vezes conotam a esfera familiar e outras a política. Ambas as formulações foram de uso freqüente entre os povos pagãos. De Kamoš, deus dos moabitas, se lê que seus adoradores eram designados com o nome de seus filhos e filhas. Encontramos, disto alguns relatos ocasionais no Antigo Testamento (Números 21:29). Um título quase normal na maioria dos povos cultos, para se referir à divindade, foi o de rei, junto ao qual foi introduzido também o símbolo do pastor. Em todos esses casos existia, no entanto, o perigo latente de que ao estabelecer uma vinculação demasiado estreita entre a divindade e seus adoradores, fica esta em situação de dependência, pois que sentido pode ter o pai sem o filho ou o rei sem o povo? Ainda que em princípio pudesse em algumas ocasiões chegar a se aborrecer, seria em definitivo uma exigência imposta por seu próprio interesse o preservar aos seus da destruição e protegê-los sempre de seus inimigos.

Esse aspecto particular das imagens tomadas da natureza é rejeitado pelo conceito de *b^e^rit* para expressar as relações entre Deus e seu povo. Essas imagens e símbolos não foram, contudo, por isso eliminados. Ao contrário, já desde o princípio aparecem cheios de vida e de força em Israel. Israel é o primogênito de Yahweh, disse já a velha história de Êxodo 4:22s. Isaías volta a introduzir essa imagem em sua queixa: "Filhos criei e fiz crescer, e eles se rebelaram contra mim", disse Yahweh (Is 1:2). E os profetas introduziram também novas imagens: Oséias, a do matrimônio; Jeremias, a do noivado; Ezequiel, a do abandonado; o deutero-Isaías, a da mãe que não pode esquecer de seu filho (49.15), e a do *gō'ēl,* quer dizer, o parente que tem obrigação de redimir um homem ou se tornou escravo devido às dívidas (Isaías 43:1). Fora disto, naturalmente, todos os profetas empregam a imagem do príncipe e pastor de seu povo. O uso dessas imagens tem tanto maior importância quanto as encontramos também precisamente nos profetas que passaram longe do termo *b^e^rit.*

Duas coisas há de se notar a esse respeito. A primeira, como os profetas impedem com seu modo de falar que se abuse de tais imagens. Isaías fala de filhos que Deus criou. Já na indeterminação desse plural, "filhos" e não "meus filhos", se manifesta um matiz: que se trata de seres aceitos livremente, de filhos adotivos. E o *giddēl* recorda a história de Israel desde a imigração para Canaã, remetendo, portanto, à livre demonstração do favor divino a partir do Egito. Assim como sucede com a citada analogia do abandonado em Ezequiel 16. A imagem de Oséias da esposa de Yahweh previne de seu abuso ao ter em conta a dissolução do matrimônio pelo adultério da esposa, e precisamente com isso nos ensina a incondicional misericórdia de Deus, que volta a acolher a esposa justamente repudiada.

O deutero-Isaías é o que mais livremente trabalha com as relações naturais amorosas para manifestar o incansável amor de Deus, mas ao mesmo tempo é também o profeta que com maior expressividade soube pintar a soberania do Deus do universo, não permitindo nunca que os perfis da condescendência se diluíssem nos do amor.

De outro lado, contudo, os profetas sentem que tais analogias são necessárias precisamente para dar a conhecer corretamente os sentimentos e a natureza de Yahweh. A idéia de aliança não lhes bastaria para esgotar toda a riqueza da imagem de seu Deus. Frente à rigidez que a imagem de Deus podia requerer, ao apresentar a Yahweh sob o aspecto unilateral de fundador da aliança, os conceitos de relações naturais adquiriram a categoria de corretivos imprescindíveis para evitar um empobrecimento da imagem de Deus. Na realidade, ambos os tipos de expressões sobre a revelação de Deus, à primeira vista contraditórios, se atraem mutuamente e se complementam. Se a fundação da aliança põe em plena luz, sobretudo, a verdade e a fidelidade de Deus, as imagens do esposo, do pai, do salvador, do pastor tendem a fazer compreender sua bondade, sua paciência, seu amor. Desta forma, se sabe muito bem desde um princípio que Yahweh não é o duro credor que premia sem contemplações o cumprimento de sua aliança, senão não lhe enquadraria de maneira tão justa tanto o título glorioso de *'erek 'appayim* (Êxodo 34) como o de *'el qannā'*.

Pode-se dizer, naturalmente, que no antigo Israel não existiu este quadro composto, esse conhecimento da íntima relação, entre dois tipos de manifestações da vontade divina, à primeira vista díspares. Mas, se ambos os aspectos da ação divina se experimentavam independentemente um do outro, não se duvidava de sua existência. A esse respeito, é conveniente pensar que a Israel lhe foi concedido viver com a mesma ação imediata exigente e a ação graciosa de Deus. Aí está a explicação de que apareçam, uma junto à outra, as duas linhas de interpretação das relações entre Deus e o povo: a da aliança, de um lado, e, de outro, a da relação filial, o matrimônio, o parentesco e o reinado.

CAPÍTULO III

OS ESTATUTOS DA ALIANÇA

Todas as fontes estão de acordo em que a conclusão da aliança supôs uma reordenação do aspecto legal da vida sob a autoridade do Deus da aliança. Ninguém poderá negar a verdade de tal tradição; ao menos, se não limita a obra de Moisés à libertação única da escravidão egípcia e a considera em toda sua amplitude, que tende a reunir e manter em contato o povo de Yahweh. A animação religiosa não era suficiente para unificar duradouramente as tendências centrífugas das distintas tribos, senão que para tal fim era indispensável o forte laço de um sistema legal comum; isto é algo que não necessita especial demonstração. Todo o Israel posterior vive da consciência de que seu sistema de leis se apóia na revelação da vontade do Deus da aliança.

Muito mais díspares são as opiniões quando se trata de fixar o conteúdo da lei mosaica. Durante longo tempo predominou a idéia de que a reorganização da lei não podia estar constituída senão por uma instrução e jurisprudência orais do próprio Moisés, cuja transmissão, igualmente oral, foi suficiente durante anos e anos, até que depois do assentamento em Canaã foi substituída por um código escrito.[1] Uma vez que a consideração do caráter culturalmente primitivo das tribos hebréias, base da hipótese anterior, se viu corrigida por um melhor conhecimento do antigo Oriente, voltou-se a pensar seriamente na possibilidade de uma codificação escrita do direito já na época mosaica e se atribuíram a Moisés ou *o decálogo* de Êxodo 20,[2] ou *o decálogo* e

---

[1] Desse modo, principalmente **Wellhausen**, *Prolegomena zur Geschichte Israel*, p. 364

[2] Assim, Kittel, *Geschichte des Volkes Israel* [5] I ,1923, p. 383s; H. Gressmann, *Mose und seine Zeit*, 1913, p. 473s; H. Schmidt, Mose,[2] und *der Dekalog*, em *Eucharisterion Gunkel*, 1923, p. 78s; **P. Volz**, *Mose und sein Werk*, 1932, pp. 20s, entre outros. Aqui não nos é possível entrar na questão literária com mais detalhes e por isso temos de nos remeter à literatura existente. Cf., também, **J. J. Stamm**, *Der Dekalog im Lichte der neueren Forschung*, 1962; **Henning Graf Reventlow**, *Gebot und predigt im Dekalog*, 1962, e as obras de **Baltzer** e **Beyerlin** citadas 6 do cap. II.

o livro da aliança[3] de Números 20-23. Neste sentido a investigação da lei pelo método da história das formas, com sua distinção de formas legais casuísticas e apodícticas ou categóricas, abriu possibilidades totalmente novas para a compreensão da natureza própria da tradição jurídica. Junto ao parentesco, anteriormente conhecido, das formas casuísticas com a tradição jurídica do antigo oriente, manifestou o novo estilo e cunho genuíno do direito sagrado israelita em preceitos curtos, rítmicos muitas vezes e categóricos.[4] A estreita conexão desse direito com a celebração cultual como lugar de sua proclamação e, segundo isso, com a implantação da pura vontade de Yahweh, cuja zelosa exclusividade ocupou o centro da pregação religiosa de Moisés, tornam bem patente o enraizamento primário do sistema legal israelita na atividade do fundador da religião. Também a cultura jurídica do antigo oriente, em princípio independente da fé em Yahweh, e que se introduziu no direito casuístico israelita, se vê incluída, por essa forma perigosa de conceber o direito, dentro da lei apodíctica. Demarcada dessa maneira, no campo do sagrado, conheceu todo um processo de transformação, cujos começos se descobrem na complicada estrutura do Livro da Aliança. Temos com ele uma retificação concreta da tese de que um povo não vive de máximas e princípios gerais, mas sim, de instituições e disposições concretas, nas quais os princípios adquirem uma sólida expressão;[5] e a atribuição, em última instância, à Moisés dessas antigas coleções de leis, aparece como uma verdade histórica, contanto que se conscientize que em seu longo caminho de transmissão não estiveram isentas de manipulações e mudanças de muitos tipos.[6] Mas ainda quando se adotara uma postura céptica frente à transmissão escrita de um direito mosaico,

---

[3] Cf. **E. Sellin**, *Einleintung in das Alt Testament*, 1929, pp. 26ss **B. D. Eerdmans,** *De Godsdienst van Israel,* 1930, I, p. 40s. **R. Kittel** prefere colocá-lo em relação com a aliança de Josué em Siquém (Js 24. 25) e explicá-lo como um resumo dos preceitos jurídicos então disponíveis, nos quais a herança legal de Moisés se combinou com o direito cananeu (*Gestalten und Gedanken in Israel*, p. 334s). Além disso, **H. Cazelles**, *Études sur le Code de l'Alliance*, 1946.

[4] Foi fundamental o estudo de **A. Alt**, *Die Ursprünge des israelitischen Rechts,* 1934. **K. H. Rabast** procurou continuar uma explicação das leis seguindo as linhas por ele traçadas (*Das apodiktische Recht im Deuteronomium und im Heiligkeitsgesetz,* 1948).

[5] Ressaltado com força especial por **M. Noth** em *Das System der Zwölf Stämme Israels* 1930, p. 62s.

[6] **H. Cazelles**, *Études sur le Code de l'Alliance,* 1946, defende que o *Livro da Aliança* apareceu na época do assentamento das tribos transjordânicas. Êx 34. 10-26 não constitui um decálogo ou dodecálogo, mas tão somente, os restos da tradição legal javista que encontra seu paralelo no decálogo elo-ista e no *Livro da Aliança.*

não se deveria perder de vista que, até na tradição jurídica da época dos juízes ou os reis está operando uma força característica, é inseparável da poderosa vontade de renovação que acompanhou a fundação da religião.

À época dos juízes devem pertencer *os 12 mandamentos siquemitas,* que nos são transmitidos em Deuteronômio 27:15-26.[7]

A segunda grande obra legal do Pentateuco, o *Deuteronômio,* apresenta um duplo aspecto característico. Em sua forma atual, é um produto da época tardia dos reis, mais exatamente do século sete, que em sua linguagem e em suas idéias denuncia a influência da pregação profética, podendo, portanto, ser utilizado como um testemunho das concepções jurídicas desses tempos, mas por seu material legal abranger épocas anteriores, uma vez que o núcleo fundamental do livro, a parte dos comentários e acréscimos posteriores, não sabe de uma centralização do culto. Sua forma primitiva guarda parentesco com as leis do *Livro da Aliança* e com os escritos sacerdotais antigos.[8] Por isso, essa coleção pode se apresentar, em parte, como documento das primeiras idéias que o povo teve sobre a lei de Yahweh.[9]

As maiores dificuldades que essa idéia enfrenta surgem quando nos defrontamos com o *Código Sacerdotal.* Nele, os acréscimos esclarecedores do pós-exílio são de tanto alcance, que é muito difícil distinguir as idéias jurídicas anteriores e posteriores ao exílio. Contudo, de outro lado, se sabe com certeza que o núcleo fundamental desse sistema legal chega até os primórdios da história do povo,

---

[7] *Cf.* **E. Sellin**, *op. cit., p. 44;* **H. Gressmann**, *Schriften des A. T. II, 1,1914, p. 235s;* **S. Mowinckel**, *Psalmenstudien,* 1924, V. p. 97s.

[8] Planos de determinação dos materiais antigos do Deuteronômio podem ser encontrados em **K. Steuernagel**, *Einleitung ins Alte Testament,* 1912, p. 176s; **J. Hempel**, *Die Schichten des Deuteronomiums,* 1914, p. 253s; **M. Löhr**, *Das Deuteronomium,* 1925; **R. Kittel**, *Geschichte des Volkes Israel* I, p. 289s; **A. Jirku**, *Das weltliche Recht Israels,* 1927. Sobre a questão da centralização do culto, em torno à qual as opiniões seguem sendo muito díspares, cf. **M. Kegel**, *Die Kultursreformation des Josia,* 1919; **Th. Oestreicher**, *Das deuteronomische Grundgesetz,* 1923; **G. Hölscher**, *Komposition und Ursprung des Deuteronomius (*em ZAW, 40, 1922, p. 161s); **W. Stärk,** *Das problem des Deuteronomiums,* 1925. A postura antiga mantida por **H. Gressmann** (*Josia und das Deuteronomium,* ZAW, 1924, p. 313s), **K. Budde** (*Das Deuteronomium und die Reform König Josias,* ZAW, 42, 44, 1926, p. 177s), **W. Baumgartner** (*Der Kampf um das Deuteronomium,* "Theol. Rundschau", 1929, p. 7s), **E. König** (*Deuteronomische Hauptfragen*, ZAW, 48, 1930, p. 43s).

[9] Em sua última manifestação sobre a questão (*Gestalten und Gdankn in Israel,* p. 340s), **Kittel** pretende identificar o livro encontrado pelo rei Josias com o *Livro da Aliança e* interpretá-lo como uma ordenação legal de origem judia que, em princípio, teve vigência em um círculo mais reduzido. **A. C. Welch** (*On the method of celebrating Passover,* ZAW, 45, 1927, p. 24s) admite a intromissão de um direito cultual não-israelita mais antigo na legislação sobre a Páscoa de Dt 16. **V. Rad (***Deteronomiumstudien,* 1947, p. 47) e **A. Alt** (*Die Heimat des Deuteronomiums, Kleine Schriften zur Geschichte des Volkes Israel,* II, 1953, p. 250s) defendem a origem não-israelita das tradições deuteronômicas.

confirmando a tradição de que também Moisés regulamentou a vida cultual.[10] Nas tradições referentes aos lugares litúrgicos, às prescrições sacrificais e às de pureza e ao calendário festivo, **P** conservou materiais antigos, mais ou menos reelaborados, que supõem uma fonte de extraordinário valor para conhecer a importância que os rituais tinham na religião israelita primitiva. Assim sendo, todo esse material legal recebeu sua forma definitiva nos séculos oito e sete, de maneira que, com o Deuteronômio, pode ser utilizado para o conhecimento do direito sagrado na época os reis contanto que nunca se perca de vista sua redação pós-exílica.

Mesmo a mais breve pesquisa sobre a tradição legal israelita dá a perceber que o direito sagrado não é somente uma realidade rígida determinada de uma vez por todas; nos encontramos com uma evolução que vai respondendo a cada situação histórica, a uma organização social e a ordenanças cultuais nas quais tentam prevalecer tendências diferentes. Muito mais importante é se perguntar pelos princípios permanentes que diferenciam o direito israelita do que conhecemos em outros povos do antigo Oriente.[11] Não podemos, naturalmente, ocuparmo-nos numa comparação detalhada e individualizada do direito israelita com as coleções de leis desses povos; nos conformaremos em ressaltar as diferenças mais importantes, que caracterizam às vezes a singularidade do direito israelita. Supomos que o direito israelita encerra boa parte do tesouro legal comum aos povos orientais. Por razões práticas, vamos tratar

---

[10] *Cf.* **B. D. Eerdmans**, *Alttestamentiliche Studien, IV, 1912; De Godienst van Israel, 1930, I, p. 40s; 56s; 108s; 131s;* **R Kittel**, *Geschichte des Volkes Israel, I, p. 317s; Gestlaten und Gedanken in Israel, p. 346s;* **M. Löhr**, *Das Ritual von Lev 16, 1925; Das Räucheropfer im Alten Testament, 1927;* **E. Sellin**, *Einleitung in das Alte Testament, p.55s.*

[11] Hoje conhecemos as seguintes leis nacionais deste tipo: 1) a lei babilônica da época do rei Hamurabi, por volta de 2000 a.C., no chamado Código de Hamurabi (C. H.); 2) uma coleção de leis assírias antigas (A.A. G.) aparentemente preservadas em uma lista privada, datando por volta do ano 1100 a.C.; 3) leis hititas (H. G.) do arquivo oficial de Bogazcoi, de mais ou menos do ano 1300 a.C. A estes se deve acrescentar traços do direito sumério e neobabilônico, assim como certos documentos jurídicos de Nuzi. O acesso mais cômodo a essas leis se acha na coleção editada por **H. Gressmann**, *Altorientalische Texte und Bilder,* vol. I, 1926. Cf. também**, W. Eilers**, *Die Gesetzesstele Chammurabis,* 1932; **H. Ehelolf,** *Ein altassyrisches Rechtsbuch,* 1922 ("*Mitteilungen aus der vorderasiatischen Abteilung der Staatl. Museen zu Berlin*", 1); **H. Zimmern** e **J. Friedrich**, *Hethitische Gesetze,* 1922; **C. H. Gordon**, *Parralléles Nouziens aux lois et coutumes de l'Ancien Testament,* "Revue Biblique", 44 (1935), p. 34s. Sobre as coleções de leis da antiga Babilônia — o Código de Hamurabi, o de Urnammu cerca de 2080 a.C, a lei da reforma de Eshnunna de 1850 a.C e a lei mais antiga de Lipit-Ishtar —, cf. **E. Szlechter**, *Le code d'Urnammu,* em "Revue d'Assyriologie", 49 (1955), pp. 169ss; **N. S. Kramer**, *Urnammu Law Code,* "Orientalia N. S.", 1954, p. 40s; **F. R. Krauss**, *Neue Rechtsurkunden der atlbabylonischen Zeit. Bemerkungen zu Ur-Excavation Texts 5,* "Welt des Orients", II, 2 (1955), p. 120s; **A. Götze**, *The Laws of Eshnunna,* "Annual of the American Schools of Oriental Research", XXXI (1956); Steele, *The Code of Lipit-Ishtar,* 1948. Uma coleção de textos se pode encontrar em **J. B. Pritchard**, *Ancient Near Eastern Texts relating to the Old Testament*[2], 1955.

separadamente do direito profano e do direito sagrado, certamente sabendo que tal separação nunca existiu no direito israelita, mas que sempre *ius* e *fas* formaram partes do mesmo e único direito sagrado.

A) O DIREITO PROFANO

I. Sua natureza singular

1. Se perguntamos pela natureza singular do direito mosaico, comparando-o com o de outros povos antigos, a primeira coisa que se há de destacar é *a ênfase com que todo direito se refere a Deus*. Todo o direito, e não somente o cultual, aparece como uma exigência direta de Deus; violá-lo é um sacrilégio contra Yahweh. Desse modo, a lei adquire uma majestade que, libertando a do capricho e do relativismo humanos, a insere na esfera do metafísico. Sabe-se que, também nas religiões pagãs, o direito se viu investido da autoridade do deus nacional. O Código de Hamurabi,[12] por exemplo, alude expressamente no princípio e ao final, à vontade de Shamash, de quem o rei aparece como mandatário. Mas precisamente neste fato se vê claramente a diferença: ao deus se faz referência unicamente na introdução e na fórmula final; durante o desenvolvimento da lei propriamente dita a divindade silencia e é o legislador humano o que fala: no princípio e no final o Código de Hamurabi se autodenomina, expressamente, obra própria do rei. Em Israel, ao contrário, a conexão entre religião, lei e moral está mais viva; todo atentado contra a lei é entendido como um pecado contra Deus; o legislador divino é quem tem a palavra em todo momento; a obra do legislador humano fica pulverizada

[12] Citado na nota 11.

após ele. Não se diz, por isso, a lei de Moisés,[13] mas sim a lei de Yahweh. No Decálogos essa referência central a Deus se nota no fato que os três primeiros mandamentos descrevem os deveres para com Deus; mas, todavia, se nota mais claramente no fato de que se tenham selecionado e reunido precisamente esses dez mandamentos dentre todo o amplo campo da *pietas* e da *probitas*. Justamente essa clara concentração nas bases imprescindíveis da ordenança religiosa de um povo é uma importação cultural sem par no antigo oriente, e somente foi possível pela referência sistemática de toda a vida a uma única vontade divina que o dominava por inteiro. Mas também no *Livro da Aliança* sopra esse mesmo ar religioso, dando testemunho de que o antigo direito semita foi trasladado para um novo terreno.[14] Isso igualmente nos remete à autoridade de uma personagem profética, temos também o direito indubitável de atribuir a peculiaridade dessas leis à consciência religiosa que nelas se manifesta. Neste sentido, a tradição veterotestamentária está totalmente correta quando afirma que Moisés recebeu a lei no Sinai do próprio Deus; a contemplação do ser divino devia exercer nítida influência na formação dessa lei.

2. Mas, que tipo de vontade divina é essa que se expressa nesse direito? Novamente nos persegue o caráter singular do Decálogo. Sua peculiaridade não reside tanto nos preceitos morais que contém, nas proibições de matar, do adultério ou do roubo e a intimação pelo respeito diante dos pais são

---

[13] No ambiente deuteronomista é onde essa designação aparece pela primeira vez com mais freqüência, cf. Js 22:2; 23:6; 1Rs 2:3; 2Rs 14:6; 23:25 e se torna firmemente estabelecida como uma forma dentro do judaísmo. Contudo, nas Crônicas se encontra também a expressão exata de *hattorab b^{e}yadmoseh*: 2Cr 33:8; 34:14; 35: 6.

[14] **Jepsen,** num estudo fundamental (*Untersuschungen zum Bundesbuch,* 1927), demonstrou como a reelaboração do direito pré-mosaico que o *Livro da Aliança* contém pode se notar até na mudança das formas estilísticas. É curioso que nas peças que ele considera genuinamente israelitas com base em seu estilo — naturalmente, não somente nelas — aparece também o singular caráter religioso e moral da legislação israelita; cf. Êx 21:6,12-17,23b-27,31; 22:9-12,17,19. Além disso, a formulação da lei em preceitos briosos ou em mandamentos lapidários sobre os delitos capitais se relaciona muito bem com a pregação mosaica da vontade onipotente de Deus. Por que não me é possível aderir totalmente às conclusões de **Jepsen** em torno ao autor e a época de composição da lei, isto já o expliquei em outro lugar (*Theologie der Gegenwart*, 1928, p. 253s). O princípio metodológico de **Jirkus** (*op. cit.,* p. 52): "se realmente Moisés tivesse deixado ao seu povo uma lei codificada, teria constituído e promulgado tais leis num estilo unitário", parece que não tem consciência do seguinte: precisamente por ter de dar forma à lei anterior de acordo com a revelação recebida, Moisés pôde muito bem se servir de cânones estilísticos diferentes. À vista da complicação das coisas se parece muito dúbio que com os meios que hoje dispomos seja possível refazer o estado original do *Livro da Aliança* e especificar com segurança seus diferentes elementos. Cf. o estudo já mencionado de **A. Alt.**

princípios elementares da convivência humana, que encontramos em tribos totalmente primitivas, quando não se pode falar, todavia, em comunidade social. A proibição do falso testemunho e cobiçar os bens alheios, ainda que corresponda a uma situação cultural mais avançada, não diz nada de novo, que já não fora considerado delito na Babilônia, no Egito ou mesmo em Canaã, fortemente influenciada por essas duas nações.[15] O aspecto peculiar do Decálogo está, antes, na *estreita conexão de seus preceitos morais com os mandamentos religiosos:* assim se manifesta que a função moral continua indissoluvelmente unida à adoração de Deus. Mas isso quer dizer, por sua vez, que o Deus cujo auxílio se deseja, considera o cumprimento das normas morais tão importante quanto sua adoração exclusiva e que, portanto, ele mesmo se atém ao moralmente bom. Semelhante idéia pode ser vista também no *Livro da Aliança:* diante dos *mišpāṭim,* os princípios da vida civil, os *dᵉbārim* cultuais ocupam somente um espaço relativamente pequeno nos capítulos 22 e 23. Esse livro fundamental da lei do povo põe em primeiro plano a justa conformação da vida social como objeto principal da vontade divina.

3. E no tocante às leis que regem a vida, é também significativo que nada encontremos de uma *casuística legalista.* Ao passo que, no Código de Hammurabi, e ainda mais nas leis hititas e assírias, a técnica jurídica se encontra muito evoluída, tendendo a uma definição e classificação, o mais pormenorizadamente possível, dos diferentes casos, no geral o direito israelita se conforma em aplicar reiteradamente e com certa liberdade alguns princípios, exigindo-os como vontade divina e, marcando-os desse modo, nos corações e nas consciências. A aplicação aos casos concretos se deixa muitas vezes ao bom senso jurídico. E tampouco os livros de direito tardios se afastam muito dessa norma. Esse comportamento não se pode atribuir *unicamente* a que a cultura estivesse em um grau de pouco desenvolvimento — ainda que também isto tenha sua importância —; reflete ao mesmo tempo a convicção que se tem da necessidade de um sentido jurídico vivo, sem o qual o regulamento mais detalhado é ineficaz. O direito

[15] Cf. *O livro egípcio dos mortos*, cap. 125: "a confissão diante dos juízes dos mortos" (*AOT*, p. 9s) e a série de conjurações babilônicas Shurpu (*AOT*, p. 324s).

requerido por Deus é algo simples, claro; não um sistema não abrangente no qual a vida acabaria por se asfixiar.

4. Se é verdade que se concede ampla confiança à força de normas morais apropriadas vitalmente, confiança essa que há de se apoiar por sua vez na experiência de uma forte vontade moral de Deus, as diferenças principais do *Livro da Aliança* em relação ao Código de Hammurabi demonstram que a vida religiosa, que nele pulsa, se desenvolveu, na realidade, até se converter em *um profundo sentido moral.* Desse modo, o demonstra a *superioridade da vida humana* diante de todas as coisas. Nos delitos contra a propriedade está excluída a pena de morte, ao passo que o direito babilônico lhe dá amplo respaldo em tais casos.[16] O escravo se vê defendido de um tratamento desumano.[17] Não é uma coisa — como sucede na Antiguidade[18]—, mas um homem! Nos casos de morte em que o réu somente tem uma responsabilidade indireta, por exemplo, quando alguém é chifrado por um animal, o castigo nunca há de cair — conforme reza o princípio do talião indireto — sobre os filhos do culpado,[19] coisa que na Babilônia se deu com muita frequência.[20]

---

[16] CH§6-11; 15s; 19; 22. **E. Ring** (Israels Rechtsleben im Licht der neuentdekten assyrischen und hethitischen Gesetzesurkunden, 1926, p. 60s) chama acertadamente a atenção sobre a diferença entre ponto de vista predominante na defesa da propriedade em Israel e nas grandes nações civilizadas; em Israel a propriedade se mantém em prol da família e da tribo; na Assíria a propriedade é defendida como o fundamento dos recursos do Estado.

[17] Êx 21:20,26s.

[18] Tampouco **CH**, de outro lado tão humano, é nisto, exceção, quanto parece pensar **Ring** (*op. cit.*, p. 143).

[19] Desta interpretação de Êx 21. 31, de acordo com minhas anotações, devida pela primeira vez a **D. H. Müller** (*Die Gesetze Hammurabis,* 1903, p. 165s) e ainda não impugnada, se deduz que já no *Livro da Aliança* tem vigência em poucas palavras, o princípio de que os filhos não devem ser castigados por culpa dos pais. Este princípio se encontra expressamente em Deuteronômio 24. 16, pelo que a maioria das vezes se lhe considerou como expressão de um sentimento mais refinado no século sete. Mas desde o momento em que nos deparamos com este princípio no § 2 do AAG e numa inscrição hitita do século 15 a.C. (cf. **Puukko**, *Die altassyrischen und hethitischen Gesetze und das Alte Testament,* em "Studia Orientalia", I (1925), p. 125s, e minha resenha em *Theologie der Gegenwart,* 1926, p. 238s), e sabemos, de outro lado, que nem sempre foi observado (por exemplo, §§ 49e 54 de AAG parecem pressupor todavia um talião indireto), já não é razoável ignorar a regulação do *Livro da Aliança* a esse respeito. Quando em 2Rs 14:6 a conduta do rei Amasias é considerada como especialmente digna de louvor, não se trata tanto de uma primeira explicação do princípio em questão quanto de sua ampliação ao caso de alguns réus de alta traição tratados normalmente com maior rigidez.

[20] § 116 se refere à morte por maltratar reféns; § 210, às rixas que acarretam em um aborto; § 230, à demolição de uma casa.

Outro traço muito característico da lei israelita é a *supressão de toda brutalidade cruel* no castigo daquilo que é culpável. Não somente vigora a norma de "para cada crime um só castigo" — enquanto que, por exemplo, o direito assírio conhece o acúmulo de castigos corporais e econômicos[21]— mas sim, que, além disso, faltam as mutilações usuais em outras partes, como cortar as mãos,[22] o nariz ou as orelhas, arrancar a língua ou os peitos, marcar com fogo. No Código de Hammurabi, tais mutilações não são raras, e se encontram reunidas, da forma mais chocante possível, nas leis assírias por volta do ano 1100 a.C, ou seja, uns cem anos depois de Moisés.[23] As leis israelitas mostram, pois, maior humanidade e um profundo sentido de justiça; sua explicação não pode se achar em outra coisa que não seja o conhecimento de um Deus que criou o homem a sua imagem e que por isso, ainda quando este se torna digno de castigo, o defende em sua dignidade humana e respeita o seu direito à vida.

A singularidade desse espírito humanitário salta aos olhos ao recorrer ao direito *hitita.* Também nesse código de cerca de 1250 a.C, que, ao que parece, deve sua existência a uma reforma jurídica realizada pelo rei, encontramos diferenças com rígido direito penal antigo, a tal ponto que parecem fazer oscilar os princípios intocáveis da retribuição moral. Assim, o assassinato nunca se castiga com a morte.[24] Mas essa humanidade tem de outro lado seus desaforos, por exemplo: o escravo é castigado com a pena capital, até em casos em que o livre somente é castigado com penas econômicas,[25] e, além disso, regem também as penas de mutilação.[26] Em Israel, o fato de as penas serem menores se deve a uma diferente valorização do delito, e por isso se pode conjugar com uma rigorosidade implacável e com o reconhecimento de normas absolutas.

Um terceiro traço muito característico do sentido jurídico israelita é *a rejeição de toda justiça classista.* Não nos encontramos com um foro próprio dos sacerdotes ou da aristocracia; o estrangeiro solitário, incapaz de fazer valer seus direitos com o apoio de um grupo forte, é equiparado pela lei ao israelita. Põe-se em guarda energicamente contra toda exploração de viúvas, órfãos e desfavorecidos economicamente.[27] Certo é que se mantém a diferença entre os escravos e os livres, mas também aqueles desfrutam uma defesa na lei, por

---

[21] AAG 7; 18-21; 40; 44.

[22] A única exceção encontra-se em Deuteronômio 25, 11s, e é significativo que se trate de uma ação considerada especialmente vergonhosa.

[23] CH§§ 127; 192-195; 205; 218; 226; 253; 282. AAG§§ 4; 5; 8; 9; 15; 20; 24; 40.

[24] I, 1-5.

[25] II, 55.

[26] I. 96, 100.

[27] Êx 22:20s.

exemplo: um maltrato grave tem como conseqüência a liberdade, aquele que fere a um escravo mortalmente é declarado culpado.[28] De outro lado, tanto no Código de Hammurabi quanto em outras legislações antigas, nos encontramos com o direito claramente classista, que faz distinções muito nítidas entre os pertencentes à corte, aos sacerdotes, aos ministros, aos livres e aos escravos, assim como também entre as diferentes profissões. O direito dos escravos, que no Código de Hammurabi está no final, no *Livro da Aliança* se coloca no princípio, parece todo um sintoma dessa diferença de atitudes.

5. Finalmente, resta também assinalar a profundidade desse sentido moral no terreno mais pessoal de toda a moralidade, na relação dos sexos. Justamente esta parte importante da questão do *Livro da Aliança* se perdeu, já que, depois de Êxodo 22:17, é patente que há uma lacuna na que em outro tempo devia se encontrar o direito matrimonial. Mas podemos tentar fazer uma idéia a esse respeito comparando as situações pré e pós-mosaicas, como aparecem nos livros históricos. E deve concluir-se, então, que também nesse campo se produziu uma mudança decisiva na época de Moisés. Antes, se permitia, sem nenhuma reparação, o matrimônio simultâneo com duas irmãs ou elevar a uma serva ao posto de esposa, assim o mostram os relatos sobre Jacó e Abraão.[29] Esse costume, que tem suas raízes no direito babilônico,[30] deixa de aparecer na época pós-mosaica; portanto, a antiga lei semita sobre o matrimônio teve de conhecer uma reforma.[31] O sublime sentido da dignidade do matrimônio que aí já aparece se mostra também na proibição de se vender a esposa como escrava, ainda que se tratasse de uma escrava convertida em concubina,[32] o que era um direito do varão na Babilônia.[33] É certo que ainda assim falta muito para que se chegue a uma solução perfeita da questão do matrimônio; uma boa parte da mentalidade do mundo antigo ainda permanece. Não se deve esquecer que, sobretudo na Babilônia, a esposa possuía direitos dos

---

[28] Êx 21:26s, 20.

[29] Gn 16 e 21. Não é admissível que o que aqui se encontra se considere simplesmente como um testemunho da época pós-mosaica, da qual não haja nenhum outro documento que prove a existência de tal prática jurídica.

[30] Os exemplos mais contundentes de tais usos jurídicos se encontraram nos contratos da cidade de Nuzu, ao sudoeste de Nínive, dos séculos 15 e 14, cf. **C. H. Gordon**, *Parallèles Nouziens aux lois et coutumes de l'Ancien Testament*, "Revue Biblique", 44 (1935), p. 34s, e *Biblical Customs and Nuzu Tablets,* "The Biblical Archaeologist", III (1940), p. 1s; **H. H. Rowley**, *Recent Discovery and the Patriarcal Age,* "The Servant of the Lord", 1952, p. 299s.

[31] No sentido de Lv 18:18.

[32] Êx 21. 7s; cf. Deuteronômio 21:14.

[33] CH§§ 117;119.

quais nada parece saber a legislação israelita, assim, em caso de libertinagem por parte do homem, ela pode pedir a dissolução da comunhão matrimonial.[34] Além disso, lhe é permitido declinar das responsabilidades oriundas do contrato matrimonial, por delitos do varão cometidos antes do matrimônio.[35] Tampouco se assinala no direito israelita a manutenção legal da mulher divorciada ou da viúva, como se observa no Código de Hammurabi.[36] Essa amplitude na esfera do direito da mulher manifesta a superioridade da Babilônia sobre Israel quanto às condições culturais externas, constatáveis igualmente também em outros campos, onde quer que o desenvolvimento da cultura rompa ou até relaxe os vínculos familiares ou de grupo, se impõem necessariamente a revalorização do direito dos indivíduos. Assim sendo, durante a maior parte de sua existência, os reinos israelitas foram de estrutura agrária e campestre e, tão logo o comércio e o latifúndio começaram a ter em si certa importância, caíram na ruína. Em tais circunstâncias, o poder da família e do clã oferecia ao indivíduo um forte apoio, tornando desnecessárias muitas medidas legais. Típica desta situação é a resposta da sunamita ao profeta Elias que lhe oferecia apoio através por intermédio influência diante do rei, "eu habito no meio de minha parentela",[37] ou seja, não necessito de nenhum apoio porque tenho o suficiente nos membros de meu clã. Se pensarmos na enorme importância que, no tempo dos reis, tinha o clã compreenderemos melhor por que faltam em Israel essas ordenanças legais babilônicas, a mulher seguia encontrando um refúgio suficiente na família. Acima de tudo, a única lei de divórcio israelita que possuímos, Deuteronômio 24:1s, sobre cuja datação nada podemos dizer com certeza, demonstra que com o passar do tempo se chegou, ao menos, a se limitar o capricho do homem na hora do divórcio, já que para a separação se requer a existência de uma *'erwāh,* o ter descoberto na mulher algo vergonhoso, que atente contra a honra do matrimônio; não é esse o caso no direito babilônico.[38] O mesmo sentido tem a proibição de que o primeiro marido volte a se casar com sua mulher, se esta torna a se casar e por divórcio ou morte recupera sua liberdade. Também neste caso vemos se impor novos pontos de vista. De outro lado, a exposição que o javista faz da criação fala da elevada consideração do matrimônio que existia na época antiga, a mulher é considerada como ajudadora do homem, de sua

---

[34] CH,§ 142.

[35] CH,§ 151.

[36] CH,§§ 137-140;171;172; cf., também AAG§ 46. Em todo caso na lei sobre o divórcio da colônia militar judaica de Elefantina encontra-se o preceito de que a mulher pode levar na hora da separação tudo o que aportara no matrimônio (cf. **A. Cowley**, *Aramaic Papyri of the Fifth Century a.C.,* 1923, p. 44, n°. 15, Assuan G).

[37] 2Rs 4:13; corr. '*ammi.*

[38] CH,§§ 137-140.

própria linhagem. E o mesmo haveria que se dizer da atrevida comparação com o matrimônio que os profetas fazem das relações de Yahweh com seu povo.

A mesma orientação percebemos em Levítico 20. A terminologia dessa seção do código sacerdotal oferece uma semelhança tão surpreendente com o *Livro da Aliança* que não se pode resistir à idéia de se encontrar diante de uma parte do material desaparecido deste livro. Trata-se nessa passagem do castigo dos delitos sexuais e aparece claramente como os pecados dessa natureza eram castigados em Israel com penas mais duras que na Babilônia: se aplica com freqüência a pena de morte para casos em que no direito babilônico não existia senão uma sanção pecuniária ou de desterro.[39] Além disso, no direito israelita não se observa nenhum tipo de proteção para a prostituição, diferentemente do que se observa no Código de Hammurabi.[40] Deuteronômio 23:18, proibe expressamente a prostituição sagrada. Essa austeridade da visão moral, no sentido estrito da palavra "moral", é especialmente notável quando nós a comparamos com a lassidão demontrada nas leis dos hititas.[41]

É, pois, uma verdade evidente que a íntima relação com a religião permitiu à lei israelita alcançar um elevado sentido da justiça, como não se encontra em outros povos, o qual se deve sem dúvida à personalidade moral de Deus que estava por trás. O fato de que do culto a Yahweh emane tal força e refinamento da consciência moral significa que esse Deus é concebido como a força mesma do bem e como modelo de toda justiça humana e que seu papel vai muito mais além do de simples guardião do direito humano.

II. Fases mais importantes na evolução do direito

1. Ao tratar de fazer uma exposição coerente do desenvolvimento da lei, são muito poucos os elementos que podem nos oferecer as fontes históricas, já que seu enfoque se realiza a partir de critérios muito distintos aos do direito. Contudo, alguns indícios podem ser derivados da maioria da porções narrativas, quando tomadas com a tradição estritamente legal, sendo de importância para a avaliação do aspecto jurídico da vida israelita. Não podemos indicar mais que de passagem a enorme importância que representa para o conhecimento do período em que Israel se instalou em Canaã, a hipótese de que as tribos confederadas contaram com uma lei própria ao entrar em contato com o país estranho. A

[39] CH,§§ 154-158.
[40] CH,§§ 108-111;127;178-184.
[41] HG, I, 37; II, 73-76; 80s; 85s.

história de Israel na época dos juízes se faz incompreensível e até enigmática, se aqueles imigrantes não possuíssem mais que um direito consuetudinário primitivo transmitido oralmente. Por maior que se nos apresente o entusiasmo religioso durante as guerras da conquista e, mais tarde, nos episódios de luta isolados, ele somente não pôde superar as dificuldades cotidianas que levava consigo o se habituar a um ambiente cultural totalmente novo. A história universal nos mostra por toda parte que os dominadores primitivos ao passarem por países civilizados e quererem sobreviver neles capitularam mais cedo ou mais tarde diante da cultura e do direito indígenas, por exemplo, os germanos na Itália ou as hordas árabes que se estenderam pelo mundo romano oriental. Precisamente o caso do Islã é uma prova de como toda a cultura do conquistador pode sofrer uma lenta transformação que chega até a transformar a religião originária em algo totalmente distinto. Com essas simples reflexões põe-se em evidência a debilidade de um estudo que não leva a sério a existência de um direito israelita de cunho próprio. Quem considera aos israelitas, que se introduziram no mundo cultural cananeu, como nômades primitivos terá de atribuir o potente desenvolvimento de seu caráter peculiar a seu fanatismo javista, a sua melhor seiva popular ou a uma vitalidade misteriosa; mas de nenhum ponto de vista pode se considerar isto como uma explicação suficiente, já que contradiz a imagem da vida do povo na época dos juízes, como no-la apresentam os antigos relatos. Devemos admitir, evidentemente, que nessa época houve uma grave desintegração que pôs em risco a coesão nacional e desembocou em indiferença diante das realidades comuns, em simpatia diante dos costumes cananeus e até deu vazão a certos fenômenos sincretístas no seio da religião. Sob a impressão de tais dados, muitas vezes se considerou decisiva a influência cananéia sobre a consciência nacional israelita e se acreditou encontrar no começo da época dos reis, em um Israel totalmente distinto, um Israel plenamente assimilado ao gênio cananeu, que havia deixado cair no esquecimento suas melhores tradições. Mas sobre esse pano de fundo, personagens como Samuel, Natãn ou Elias, seriam incompreensíveis; seriam como fantasmas que apareceriam de repente representando as idéias mosaicas num mundo totalmente estranho, em que todo vestígio da herança mosaica havia desaparecido muito tempo antes. Contudo, esses homens aparecem na tradição veterotestamentária como personagens reais, nativos, firmemente enraizados na cultura de seu povo e cuja influência pressupõe a existência de uma ampla base comum com seus contemporâneos, no pensamento e na fé. Isso demonstra que no modo como se fala da "cananização" de Israel há uma falha, que consiste precisamente numa desvalorização do aspecto legal da própria vida de Israel, no momento da imigração. Se a Moisés não lhe é concedido mais do que um ensino e jurisprudência orais — e em qualquer caso limitado ao Decálogo — se necessita de base para atribuir a Israel uma capacidade de resistência suficiente frente a Canaã. Somente a existência de uma legislação mosaica pode explicar a peculiar tenacidade da natureza de Israel acima de todas as adaptações que comportou o estabelecimento na nova pátria.[42]

2. A partir da entrada em Canaã as comunidades locais são o órgão próprio da administração da justiça israelita. Os cidadãos, de pleno direito, de cada população administram a justiça dentro de seu próprio distrito, se reunindo quando as circunstâncias o exigem, em sessão pública à porta da cidade para discutir o caso em questão e pronunciar a sentença.[43] É lógico que, apoiada na consciência especial das tribos israelitas, a vida dos distintos territórios palestinos chegara, com o tempo, a uma diferente conformação do direito e a um exercício distinto da administração da justiça; assim o confirmam também as diferentes coleções antigas de leis que ainda nos são possíveis identificar nos livros jurídicos veterotestamentárias de que dispomos.[44] É importante notar que tanto a *transmissão quanto a nova formação do direito* não foram deixadas ao livre-arbítrio das diferentes comunidades, mas foram *submetidas à influência dos grandes centros culturais*, e marcadas por uma orientação definida.

Isso foi possível graças à *permanente e íntima relação do direito com a religião.* Da natureza de tal relação nos dão uma idéia, *as maldições* de Deuteronômio 27:15s, seu paralelismo, com os preceitos do *Livro da Aliança* e do Decálogo, demonstram verdadeiramente que o direito israelita tinha dado uma nova e singular forma de expressão, pela qual, o transgressor não descoberto, ficava sob jurisdição da divindade por causa de sua maldição solene nos lugares santos. Apesar das dificuldades literárias que apresentam o contexto narrativo do decálogo de Siquém,[45] não há nenhum fundamento para se rejeitar a hipótese

---

[42] Cf. com respeito ao que se disse sobre *Os guias carismáticos* no cap. VIII.

[43] Cf. Rt 4. 1s; Jr 26; **L. Köhler** (*Die hebräische Rechtsgemeinde,* 1931) descreve muito bem a importância da assembléia jurídica. Ainda que nos parece que não captou em toda sua amplitude a influência do sacerdócio e da monarquia na evolução da lei.

[44] Êx 34. 10s; Lv 18s e os modelos do Deuteronômio não representam mais que distintas formulações pitorescas da lei mosaica, que em qualquer caso não se devem à respectiva assembléia jurídica senão ao centro cultural de seu santuário principal. Situação análoga acredita provável **A. C. Welch** no que diz respeito à legislação sobre a festa da Páscoa de Êx 12s, que nos chegou numa dupla redação (*ZAW*, 45, 1927, p. 24s).

[45] Cf. **S. Mowinckel**, *Psalmenstudien,* V. p. 75s; **E. Sellin**, *Gilgal,* 1917.

de que estamos tratando aqui de um formulário utilizado durante a festa que se celebrava em Siquém na recordação da aliança de Josué e que data de uma época muito antiga.[46] Esse reforço do direito divino, efetuado pela mesma comunidade cultual em um santuário, centro de grandes peregrinações, devia ir fixando na memória os grandes princípios da justiça e influenciar decisivamente num amplo círculo. Como não é inverossímil que semelhantes costumes existissem também em outros grandes santuários, torna clara a importância que para a formação do direito, teve o culto.

O mesmo se deduz *das liturgias sacerdotais* nas quais se instrui ao visitante do santuário sobre os requisitos necessários para sua admissão nos lugares santos. Ainda que as fórmulas que se conservam em Salmo 15 e 24:3-6, e — com anseio profético — em Isaías 33:14-16, não sejam as mais antigas desse gênero, a prática em si é antiquíssima já que responde a uma necessidade prática do visitante peregrino;[47] seu conteúdo, que lembra do Decálogo e os principais preceitos religiosos semelhantes a ele, testemunha a importância da liturgia para o direito sagrado e seu estabelecimento. Deve-se acrescentar, além disso, que as *grandes festas cultuais* eram ocasião não somente para importantes mercados e feiras,[48] mas também, para realizar todo tipo de processo e ações jurídicas.[49] Fenômenos paralelos, existentes em outros povos, bastariam para supor tal processo; mas é que existem referências na tradição veterotestamentária. Assim, se vê, sobretudo, na descrição da atividade de Samuel como juiz, durante a grande festa anual nos santuários de Efraim e Benjamim e na sessão que seus filhos celebravam como juízes no célebre lugar de peregrinações de Berseba.[50] Se for justa a suposição de que, já na época dos juízes, a anfictionia israelita contava com seus mandatários para resolver casos difíceis de litígio,[51] o papel de Samuel deve ser considerado, sem dúvida, como uma instituição permanente. É possível que os discursos que servem de introdução ao Deuteronômio sejam um resultado da prática de proclamar a lei ao amplo círculo

---

[46] Cf. **Jepsen,** op. cit., p. 82s. A. Alt, *Altisraelitisches Recht* (*Forschungen und Fortschrittc*, 1933, p. 217s).

[47] Cf. **Gunkel**, *Die Psalmen, übersetzt und erklärt,* p. 47s.

[48] Cf. Dt 33:18s. É bem conhecido o papel que já antes de Maomé desempenhou Meca nesse sentido. O mesmo costume consta nos casos do Egito e da Grécia.

[49] Cades, centro cultual das tribos nômades vizinhas, antes da existência de Israel, é chamada originalmente *'En mišpāt,* que quer dizer "fonte do direito" (Gn 14:7). O célebre santuário de Dã, nas fontes do Jordão, alude também com seu nome à proclamação da lei que nele tinha lugar.

[50] 1Sm 7:16; 8:1s.

[51] Deste modo pensa **M. Noth**, *Das System der zwölf Stämme Israels,* 1930, p. 97s; 151s.

de pessoas que se agrupavam em torno do lugar de culto.[52] Esses discursos, com efeito, têm todas as características de uma ampla formulação da breve exortação como que, primitivamente, inculcava o juiz à obediência da lei divina. Em sua estrutura revelam a influência da pregação dos profetas do final do século oito.

Não há dúvida de que essa estreita conexão entre o culto e a transmissão e aplicação do direito tradicional dos sacerdotes desempenhou um papel importante. Certamente, temos poucas informações de que os sacerdotes exerceram uma atividade propriamente judicial; a administração prática da justiça está geralmente nas mãos dos leigos, e em especial nas dos anciãos.[53] Mas, tampouco, é verdade que a *atividade jurídica do sacerdote* estivesse reduzida a uma ocasional intervenção oracular, para transmitir o juízo de Deus e sua participação, igualmente ocasional, no corpo judicial na qualidade de cidadão. Assim sendo, se deve dizer que ao sacerdote, sobretudo nos grandes santuários, correspondiam as importantes tarefas de colaborar na elucidação de casos jurídicos difíceis e na redação e aperfeiçoamento das leis. A nenhum outro se pode considerar autor das maldições e liturgias mencionadas; é lógico também pensar no sacerdote como a pessoa mais indicada para levar a cabo as coleções de leis locais.[54] Assim o confirma a caracterização de Levi, como se descreve em Deuteronômio 33:9s. Na verdade, nada sabemos sobre a delimitação de competências jurídicas entre sacerdotes e leigos, podendo ter variado a intervenção sacerdotal segundo a categoria do representante do testamento sacerdotal;[55] mas pelo que temos dito se pode afirmar com toda segurança que o desenvolvimento do direito se viu essencialmente afetado por sua ação, com o que se manteve sempre a natureza religiosa do direito.

Com relação à atitude geral frente ao direito divino, é característica a liberdade que se manteve frente à letra da lei. Não existia a sensação de estar ligado a uma formulação determinada, considerada como intocável, mas sim que, cada um dos mandamentos se fixava e se aperfeiçoava atendendo às necessidades e características próprias de cada santuário em seu território.[56] A tradição jurídica,

---

[52] Segundo a interessante hipótese de **A. Klostermann**, Der Pentateuch, 1907, p. 184s. Pelos relatos que o Antigo Testamento nos dá não se pode demonstrar se também em Israel existiu o cargo de administrador de justiça ao estilo do lögsaga islandês, como supôs **Klostermann, A. Alt.** Pretende ver (op. cit.) um ofício desse tipo nos chamados "juízes menores", Jz 10. 1s; 12. 8s.

[53] Cf. 1Rs 21:8; Dt 19:12. **R. Press,** *Das Ordal im alten Israel,* I, ZAW, 1933, p. 121s.

[54] Cf. a nota 44 e a polêmica profética, Jr 8:8.

[55] Em todo caso, a paulatina infiltração dos levitas nos grandes santuários implicou numa influência marcante das idéias javistas na lei. Cf. cap. IX, I, 1, pp. 352s.

[56] Assim resulta da comparação entre leis fundamentais breves, como o Decálogo, com o Dodecálogo siquemita como também, com as antigas coleções, como *o Livro da Aliança,* Êx 34, Lv 18s, e as fontes do Deuteronômio.

portanto, é algo absolutamente vivo e, por conseguinte, capaz de se adaptar às situações de mudança. Precisamente por isso é maior a responsabilidade dos encarregados dessa transmissão, e o choque dos profetas com os sacerdotes é devido em boa parte à reprovação de haver este abandonado seu dever de defensor da lei em proveito de seu lucrativo negócio com os sacrifícios.

3. A época dos reis supõe um grande enriquecimento do direito. É explicável, já que com a *monarquia,* intervinha na vida nacional um novo fator social que, para sua configuração, necessitava de certas bases jurídicas. O *b*^e^*rit* sobre o que, segundo 2 Samuel 5:3, se apoiava o poder real, teve de supor, sem dúvida, uma limitação nos direitos daqueles que até agora detinham o poder, em favor do poder real e a atribuição a este de novos direitos. Assim, temos notícias de "um direito do rei",[57] que devia existir desde Samuel e estar depositado no santuário diante de Yahweh. Ainda que, historicamente, não se podem captar os detalhes aí implicados,[58] se pode detectar uma tradição bem fundamentada, segundo a qual, na ordenação legal existente, se introduziu um novo direito real que, em parte, a desbancou. Pelo que sabemos dos reinados de Saul e Davi, resta concluir que essa confrontação entre a monarquia e o antigo direito nacional não chegou ao fim sem atritos. Já a formação de um exército permanente, imprescindível para a monarquia, diminuiu a situação de poder dos representantes das tribos e tratou de criar tensões internas.[59] A atitude autocrática do rei diante do antigo direito do anátema[60] foi outro caso típico. A crise da insurreição de Absalão demonstra que ameaças espreitavam o rei quando, com ou sem motivo, se considerava pouco satisfatória a conduta da nova instituição, e a revolução de Jeroboão contra Salomão, assim como a separação das tribos do Norte, do poder de Roboão se deixam entrever na sensibilidade com que a consciência do povo reagia enquanto o rei procurava ampliar suas prerrogativas por meios despóticos.

Toda a história do povo israelita demonstra, de outro lado, quão firme era a estrutura de sua lei, a monarquia nunca conseguiu fazê-la balançar, nem sequer quando — como no caso de Judá — isso esteve em sua mão por ter conseguido um notável poderio graças aos elevados impostos, a um exército permanente e a toda uma gama de funcionários. Com especial evidência, pode se observar essa realidade na administração da justiça, o rei pretendia ser

---

[57] 1 Sm 8:9; 10:25.

[58] É notório que o relato de 1Sm 8:11s não contém uma verdadeira lei sobre o rei, senão uma dúvida crítica contra a monarquia absolutista. Por isso, em torno do conteúdo do *b*^e^*rit* real não podem se lançar mais que hipóteses.

[59] Cf. **A. Alt**, *Die Staatenbildung der Israeliten in Palästina,* 1930, p. 34s.

[60] 1 Sm 15.

reconhecido em última instância nos litígios legais, e nos casos de Absalão[61] e de Jotão[62] demonstra a alta estima que tinham tal atividade. Contudo, junto ao juízo do rei, persiste igualmente o dos anciãos.[63] Para a promulgação de leis de Estado importantes os anciãos intervinham e também, em certos casos, a assembléia do povo[64], que, apesar dos ataques da monarquia, tampouco se deixa arrebatar seu direito de intervir na eleição do rei;[65] em Judá se chegou até a nomear junto ao rei um juiz supremo.[66] Dessa maneira, quando o rei atentava de modo flagrante contra o direito do povo, se originavam fortes crises internas que, mais cedo ou mais tarde, resultavam em uma restauração da situação anterior; o assassinato legal de Nabote avivou a implacável aversão que amplos círculos do povo sentiam pela dinastia de Omri; Isaías levanta sua voz contra o abuso do poder legal, por parte da monarquia nos tempos de Acaz;[67] o despotismo de um Manassés, apoiado no poderio militar da Assíria, foi varrido por uma revolução sangrenta, tão logo cedeu à pressão assíria;[68] Jeremias bradou suas ameaças contra a tirania de Joaquim.[69] Na "lei do rei" do Deuteronômio[70] se encontra expressão inconfundível a exigência do povo de colocar limites fixos para o poder real. O fato de que a reforma josiânica, na qual a religião e a lei do Estado são novamente consolidadas, por intermédio da cooperação entre o rei e o povo,venha ao término da história de Israel como nação independente, demonstra o vigor indestrutível da consciência jurídica em Israel, que nunca permitiu que o direito popular se visse subordinado à lei. Uma instituição que se via com naturalidade em todos os Estados orientais, Israel a rejeitou decididamente, sem dúvida porque contradizia o sentido geral de justiça.[71] Como o direito do povo teve seu fundamento na vontade de Deus,

[61] 2Sm 15:1s. Cf., também 2Sm 14:4-11.

[62] 2Rs 15:5.

[63] 1Rs 21:8; Dt 19:12; 16:18; é duvidoso que a última passagem citada se referia a Juízes e oficiais eleitos pelo povo, como pensa **Galling**, *op. cit.*, p. 40.

[64] 1Rs 20:7s; 2Rs 23:1; 2Rs 11:14,18; 23:3.

[65] 2Sm 5:3; 1Rs 12:6; 1Sm 11:15; 2Sm 5:1: 1Rs 12:4; 16:16; 2Rs 21:23s; 23:30.

[66] Dt 17: 9, segundo a explicação de Galling *op. cit.*, p. 41. **M. Noth**, *Die Gesetze im Pentateuch, ihre Voraussetzungen und ihr Sinn,* 1940, se fixou neste fato; que as coleções legais pertencentes à época dos reis não estão formuladas como leis reais, mas que, sem atender aos interesses e necessidades do Estado, contam sempre com a antiga federação sagrada das doze tribos, considerando que é a ordem social que lhes respalda.

[67] Is 10:1s.

[68] 2Rs 21:23s.

[69] Jr 22:13s.

[70] Dt 17:14-20. Podemos aqui deixar de lado a questão de se a perícope pertence à "constituição de Josias", como pensa **Galling** (*op. cit.*, 58s), ou se deve considerá-la como introduzida posteriormente, segundo crêem muitos modernos.

[71] **E, Junge**, *Der Wiederraufbau des Heerwesens des Reiches Juda unter Josia,* 1973, e **G. von Rad**, *Deuteronomium-Studien,* 1937, *Der heilige Krieg im alten Israel,* 1951, p. 68s, demonstraram, desde perspectivas diferentes, que a reforma de Josias representou uma tentativa de restauração política no sentido de uma volta decidida às instituições próprias da liga tribal anterior à época do livro de Reis, vendo nelas a autêntica teocracia. Sobre a verdadeira evolução do pensamento político que se esconde por detrás dessa roupagem arcaica, cf. **W. Eichrodt,** *Religionsgeschichte Israels (História Mundi,* II, p. 425s).

se criou uma solidariedade que, diante dela, não tinha senão que fracassar qualquer pretensão do poder real. Novamente se manifestou que tipo de força moral possui a fé israelita em Deus o qual considerava todos os membros do povo como "irmãos",[72] e também até que ponto o povo podia identificar Yahweh com tudo o que é moralmente bom. Podemos dizer, portanto, que a consciência do povo israelita era mais viva e refinada que a dos demais povos e que se reagia com mais rapidez diante de qualquer violação contra o direito. Assim o confirmam o fenômeno dos profetas e o eco que seu grito de guerra encontrou no povo.

4. Mas o sentido israelita da justiça não se demonstra somente em sua capacidade defensiva; foi capaz de *agir criativamente* em outros aspectos. Disso dá testemunho, em primeiro lugar, o singular *Código do Deuteronômio.* Ao se querer apreciá-lo em toda sua inteireza, é preciso se fixar primeiramente em sua forma externa, segundo não se trata nem de um verdadeiro *Codese juris,* com uma formulação jurídica e fixação de punições, nem tampouco de uma simples coleção legal na qual se encontram reunidos novos e velhos preceitos, mas de uma *instrução jurídica* de tom parenético. A sua linguagem é a do coração e da consciência, e não a do direito. Essa sua característica encontra sua expressão mais própria nas parêneses introdutórias; mas salta aos olhos também nas mesmas leis.[73] Essa singularidade formal é a que dá ao livro seu caráter próprio e a que, apesar da falta de ordem e das lacunas de seu conteúdo legal, lhe presta uma unidade de concepção que atravessa todas as suas partes. Aqueles que aqui falam sabem que um direito do povo não pode alcançar sua finalidade se este fica tão-somente em uma exigência imposta e admitida à força, sem se apoiar no assentimento interior dos membros do povo.

Essa uniformidade formal da lei e de seus fins se apóia, finalmente, numa interpretação uniforme do conteúdo das mesmas leis, os responsáveis dessa instrução têm a convicção de que o direito de Israel é um tesouro precioso que deve encontrar uma aceitação voluntária e até entusiasta, porque em seus

---

[72] Esta forma de designar aos membros do povo é o termo favorito do Deuteronômio que não se encontra no *Livro da Aliança.*

[73] Isto deve se repetir uma ou outra vez contra a suposição usual de que o que aqui temos é uma lei fundamental do Estado; há que pensar ainda em um livro de instrução popular construído sobre a base da lei fundamental; cf., minhas reflexões en *NKZ* (1921), p. 71s.

preceitos se manifesta a vontade vitalizadora do Deus da aliança, fundamento último da existência do povo.[74] A partir dessa concepção básica unitária, o legislador consegue também estabelecer *uma íntima unidade entre os preceitos cultuais e os político-sociais,* que, todavia não é possível descobrir na simples justaposição do *Livro da Aliança.* Na bênção divina que abrange o povo em sua totalidade e não conhece diferenças de classes nem de estados, tem seu fundamento uma solidariedade incondicional de todos os membros do povo, que reconhece a cada um seu direito à bênção. Por isso, não se conforma com o cumprimento das obrigações elementares do direito[75] e em fazer possível a construção de uma maquinaria judicial justa e coerente,[76] mas que trata com especial atenção precisamente aos infelizes, aos estrangeiros, aos escravos, aos pobres, aos prisioneiros de guerra e às mulheres.[77] Também as festas nos santuários, com seus banquetes sacrificais, aparecem como ocasiões para demonstrar o sentido de fraternidade, e o Sábado e o ano sabático, as primícias e os dízimos continuam estritamente unidos a obrigações ético-sociais.[78] As obrigações para com Deus e para com o próximo formam uma unidade indissolúvel, e dessa forma a consciência social se estabelece diretamente na religião. Da importância que isso teve para a formação do Estado nos dá idéia da "lei do rei" de Deuteronômio 17:14-20, quando lançam invectivas contra uma política de luta dinástica, contra a intromissão estrangeira nas questões de governo, mediante o matrimônio com dinastias de outras nações, contra uma desconsiderada exploração da capacidade contributiva, por abusos de uma corte opulenta, considerado como ideal de rei ao que cumpre com as suas responsabilidades sociais e que subordina seu poder ao direito do povo (Galling). Não se trata neste texto, portanto, de um aperfeiçoamento técnico-jurídico, e casuístico do direito; o Deuteronômio apenas importou matérias legais realmente novas; mas que se intenta educar no sentido do direito, procurando fixar a atenção em exemplos do espírito que deve informar uma justa ordenança da vida do povo.

Desse modo, sobre a base do sentimento religioso, que já considerávamos característico do direito mosaico, surgiu como coisa natural a interpretação de *toda a ordenação da vida do povo como uma revelação da vontade salvadora de*

---

[74] Dt 4:1,6-8.

[75] Logicamente, o legislador não tem necessidade de entrar em detalhes sobre o tratamento do assassinato, o latrocínio etc., já que pode dá-lo por conhecido.

[76] Dt 16:18s; 17:8s; 19:15s.

[77] Dt 15; 21:10s; 22:1s; 23:16s,20s; 24.

[78] Dt 12:12,18s; 16:11s,14; 5:12s; 15; 26:1-11,12s; 14: 27s.

Deus. Ao longo de toda a história de Israel, jamais se produz uma secularização do direito profano; se busca sempre sua integração consciente na vontade divina, pilar de toda a existência do povo. *Também o Estado é uma peça da realidade divina,* mas essa idéia não toma corpo, como em outras partes do Oriente antigo, no reinado de Deus ou no culto do Estado, com toda sua complicada maquinaria de sacrifícios, oráculos e hierarquia sacerdotal, mas na sujeição de toda a vida do povo aos preceitos da aliança divina, que a todos os membros do povo oferece igual participação na bênção divina da existência terrena humana.[79]

Está claro que, com tais delineamentos, se abandona o lugar de uma atitude formalista ante a lei, cuja única pretensão é impor certas regras externas com a ajuda do poder estatal; sendo assim, o direito se encaixa no domínio funcional da vida moral e espiritual, de onde a pressão externa se vê substituída pela opção moral. Assim sendo, o legislador do Deuteronômio se distingue de qualquer teoria fanática e utópica do Estado pela clara consciência que possui de que o tipo de Estado que ele proclama não pode existir sobre a base de um pragmatismo racionalista, senão unicamente como expressão de uma atitude de fé determinada pela realidade da aliança. Por detrás do Estado está, como suporte e garantia, a comunidade. Não se pretende outra coisa quando *o amor de Deus é proclamado como preceito capital,* o único capaz de permitir um reto cumprimento dos mandamentos de Deus.[80] Nesse preceito de amor se poderia ver uma caricatura legalista do amor de Deus, incapaz, na realidade, de se sujeitar a qualquer obrigação legal; mas isso somente seria verdade se o que encontramos no Deuteronômio fosse uma lei fundamental do Estado, de caráter jurídico-formal, e não uma *instrução* popular sobre o direito, que alcança níveis de ensinamento religioso e até de verdadeira pregação. Como na realidade é deste último que se trata, a intenção do que ensina a lei é a seguinte: as leis particulares, como vontade de Deus que são, somente podem ser interpretadas corretamente se forem consideradas expressão concreta de um amplo amor de Deus, pelo que este exige do homem não o cumprimento de tal ou qual dever, mas sim, todo seu ser pessoal "com todo o seu coração, com toda sua alma e todas as suas forças". O Deuteronômio, portanto, não pretende o que lhe atribuem como sendo seu defeito fundamental, ou seja, transferir ao plano de um legalismo externo falsificando a entrega total exigida pelos profetas. Ensina, ao contrário, a interpretar as leis — que o sentido legalista é tão propenso a considerar quanto preceitos casuístas isolados — como

---

[79] Cf. **G. von Rad**, *Das Gottesvolk im Deuteronomium,* 1929, p. 37s.
[80] Dt 6:5; cf. 10:12; 11:13,22; 19:9; 30:16.

aplicação e exercício do preceito de amor nas situações concretas nas quais o israelita se vê como membro de seu povo. A lei é a orientação prática para aquele que quer pôr todo seu ser sob a direção de Deus. Contrariamente, essa redução dos múltiplos preceitos ao único grande mandamento tem seu reverso pois todo o material contido na coleção legal do Deuteronômio não busca um aperfeiçoamento casuístico, mas, ao contrário, expor por meio de exemplos qual há de ser a conduta de acordo com o autêntico temor de Deus. E para sair de qualquer falsificação legalista do mandamento do amor de Deus, aí está a ênfase com que se alegam as provas do amor divino, que, antes de qualquer obra humana, elegeu ao povo como sua herança e, como sinal de sua situação privilegiada, lhe deu a lei; seu cumprimento aparece como o sim do amor humano que responde à eleição divina.[81]

Assim, pois, a forma imperativa ("amarás") na qual se expressa o mandamento do amor não é mais do que uma utilização intencional do estilo legal para inculcar essa pretensão divina fundamental, que está acima de toda lei; ela expressa com vigor irresistível a chamada que o Senhor soberano dirige à vontade e à decisão de cada pessoa em particular. Para o israelita, o espaço vital da piedade não está no sentimento, mas na conduta moral; por isso não pode considerar as exigências do direito como algo alheio ao amor de Deus. Daí que o mesmo Jesus pôde expressar nessa forma imperativa a opção definitiva exigida por Deus.

O mesmo que havia feito o legislador deuteronomista, de modo a ordenar uma integração do direito dentro da relação com Deus, realiza *o direito civil do código sacerdotal* para embutir os distintos preceitos sociais do direito, na cadeia da relação moral com o próximo. Aqui aparece algo que, desde o princípio, foi característica específica da lei israelita: a estreita conexão do preceito jurídico com a exortação moral, que ultrapassa toda lei formal e exige diante dos membros do povo, abandonados e necessitados, uma atitude fraternal que nenhuma lei pode garantir. Levítico 19 nos oferece esta "lei fundamental de ética social da religião de Yahweh",[82] não somente como uma nova formulação imposta pela veneração devida aos antigos, mas como expressão da força normativa que extrai da dinâmica universalista e abrangedora do amor, "Amarás a teu próximo como a ti mesmo".[83] Também aqui se enuncia, em termos jurídicos, uma máxima[84] que abandona a concepção do direito como

---

[81] Dt 4:5-8,37; 7:6s; 10,:14s; 23:6.

[82] **Hempel,** *Gott und Mensch im Alten Testament*, 1926, p. 18, nota 1.

[83] Lv 19:18; cf.19:34.

[84] Por isso Quell a chama precisamente um *paradoxo* (*Theologisches Wörterbuch zum NT,* I, 1933, p. 24).

rígido limite, que circunscreve a conduta social do homem, para atribuir-lhe o papel de sinal orientador para uma vida moral muito mais pujante, que elimina dos conteúdos da lei toda ambição política autocrática e todo interesse egoísta, introduzindo neles seu próprio espírito. As limitações que se encontram com relação ao conceito do amor ao delimitar-se seu âmbito no *rēa'* e no *gēr*, o cidadão e o estrangeiro, não impedem que descubramos ainda nestes casos "a primazia do homem sobre a pessoa jurídica".[85] Esta limitação se deve, antes de tudo, ao nítido sentido realista do direito do povo, que impulsiona a orientar a responsabilidade social para o campo da situação concreta do israelita, que vive em meio a seu povo, deixando de lado qualquer tipo de abordagem de projeção cosmopolita.[86]

Em qualquer caso, Êxodo 23:4s mostra com suficiente clareza a seriedade com que se revestia na prática o dever do amor: se trata de uma passagem, introduzida posteriormente no *Livro da Aliança,* que chega a exigir a prestação de ajuda até ao inimigo,[87] superando assim a partir de dentro o particularismo. Da mesma forma, o livro de Provérbios, que chega a falar de dar comida e bebida ao inimigo que estiver em necessidade.[88] Certamente, o sentido humanista da literatura sapiencial estrangeira do antigo Oriente conhece máximas semelhantes.[89] E, de outro lado, para o homem piedoso médio do Antigo Testamento o natural continuou sendo odiar o inimigo.[90] Contudo, também se pode citar exemplos no sentido contrário[91] e, de qualquer forma, naquilo que a prática com freqüência se desviou da teoria, não deve impedir-nos de valorizar corretamente a importância do fato de sintetizar a conduta social na norma do amor. Este fato nos demonstra que a evolução do direito israelita se orienta sempre à superação da lei mesma, a partir do seu interior, até chegar a ser substituída por essa entrega e negação de alguém que se arraiga no feito salvador de Deus. Isto representa, sem dúvida, um caso único na história do direito antigo.

---

[85] Quell, *op. cit.,* p. 26.

[86] Cf. a bela formulação desta "obrigação orgânica", da idéia do amor que dá **E. Stauffer**, "O amor universal do cidadão helenista é centrífugo; o amor ao próximo do patriota israelita é centrípeto" (*TWNT*, I, p. 39).

[87] A passagem paralela de Dt 22:1-4, que ao designar aos concidadãos "irmãos", acentua sua obrigatoriedade absoluta, certamente não pretende moderar esse dever.

[88] Pv 25:21.

[89] Cf. a bela passagem de Provérbios da Sabedoria Assíria: "Não maltrate ao teu rival; ao que te fizer mal pague-o com o bem; faça justiça ao inimigo...", *AOT* I, 292 e, em geral, **Baumgartner,** *Israelitische und altorientalische Weisheit,* 1933.

[90] Cf. junto a 2 Sm 19:7 os copiosos exemplos dos Salmos: 5:11; 35:5s; 41:11; 54: 7; 58:11s; 109 etc.

[91] Cf. a história de José e a conduta de Davi, segundo 1 Sm 24:18s; 26: 23s.

Mas a lei sacerdotal contém também muitas coisas preciosas, na medida em que se refere a preceitos concretos. Já fizemos referência à sua lei sobre o matrimônio (cf. p.63s), a luta pela defesa da liberdade e autonomia da gente humilde, que aparece em Deuteronômio, encontrou também eco nos círculos sacerdotais: desse modo, o demonstram *as leis agrárias de Levítico 25*. Nelas, a livre disposição do indivíduo sobre sua propriedade encontra uma limitação no direito de retratação. Por isso não se pode vender a terra sem a possibilidade de resgate, já que o vendedor ou seu parente mais próximo tem o direito de resgatar o que foi vendido, mediante o pagamento do primeiro preço de venda original, deduzindo certa quantidade pelo uso da terra, por parte do comprador. A única exceção a esse direito de resgate são as casas em cidades muradas, com relação às quais o direito vence em um ano. O primeiro caso de vigência desse direito que encontramos no Antigo Testamento está em *Jeremias*.[92] Mas como sua existência se pode documentar já na antiga Babilônia,[93] nada impede que o admitamos também em Israel desde uma época anterior, sobretudo, se for considerado que seu fundamento residia na elevada estima que, na antiguidade, se tinha para com a família e o clã. Outra razão para defender a antigüidade desse direito é que **P** fundamenta sua lei no direito de propriedade, que Yahweh tem sobre todo o país, no qual os israelitas não são mais que forasteiros estrangeiros; é evidente, de outro lado, que os profetas aceitam que tal seja o fundamento desse direito, quando julgam as especulações do solo por parte dos negociantes como uma afronta a Yahweh.[94]

A importância desses preceitos está em que impedem a especulação do solo e permitem a um camponês, que dependa da terra, preservar sua independência. Muito mais longe vai, neste sentido, a lei do chamado "ano do Jubileu" ou "ano do toque de trombeta" de Levítico 25:8s. De acordo com ela, a cada 50 anos "promulgareis a liberdade no país para todos os seus moradores..., cada um requererá sua propriedade e retornará a sua família". Desta forma, ficava excluída a venda definitiva do solo. Toda venda de terra, por sua própria natureza, não era mais que uma venda de seu usufruto até o próximo ano jubilar; na verdade, a venda era substituída por um contrato de arrendamento. Naturalmente não podemos demonstrar se essa lei esteve em vigor ou somente pertenceu à ordem dos ideais.[95] A luta dos profetas contra os

[92] Jr 32:8ss. Cf. também **R. Noth**, Sociology of the Biblical Jubelee, 1954 ("Analecta Biblica", 4).

[93] Cf. **B. Meissner**, *Beiträge zum altbabylonischen Privatrecht,* 1893, p. 40s.

[94] Mq 2:1s,9s; Am 2:6s; 5:11; Is 5:8s.

[95] Uma datação mais antiga do princípio básico dessa ordenação a defende **A. Jirku**, *Das isrealitische Jobeljahr (Reinhold-Seeberg-Festschrift,* 1929, II, p. 169s). Outra é a opinião de **H. Schmidt**, *Das Bodenrecht im Verfassungsentwurf des Esra,* 1932.

latifundiários permite supor que, em qualquer caso, em sua época não existia uma ordenança desse tipo com vigência geral. O perdão das dívidas decretado por Neemias é claramente uma medida de emergência em um momento de necessidade especial.[96] Mas tudo isso em nada desmente o fato de que a idéia fundamental dessa lei é uma defesa enérgica e conseqüente da independência e liberdade de todos os cidadãos. Diante do predomínio do latifúndio considerado quase como de lei natural, nos Estados civilizados do antigo oriente, que encontramos em forma tão crassa na Babilônia e no Egito, surge aqui uma mentalidade independente, que não submete a evolução da economia ao proveito do setor capitalista do povo, mas que busca levá-la por caminhos melhores. O legislador "queria assegurar o acesso de todos os membros do povo à fonte natural de produção ao solo, sem por isso transformar o indivíduo em um arrendatário, escravizado ao poder político do momento nem lhe tirar a liberdade na exploração e no usufruto da terra".[97] Esse empenho de base religiosa nos permite ver uma vez mais com quanta força a justiça distributiva foi considerada vontade de Deus e se procurou fazê-la valer no marco do direito do povo.

[96] Ne 5:1s.
[97] **A. Damasschke**, *Geschichte der Nationalökonomie,* 1922, vol. I, p. 7.

Capítulo IV

OS ESTATUTOS DA ALIANÇA

(*Continuação*)

B) O CULTO

I. A importância do culto para a religião em geral

Por culto, entendemos a expressão da vida religiosa em ações externas, realizadas dentro de uma comunidade, por intermédio, preferencialmente, de ministros legítimos e segundo formas fixas.[1] Isso pressupõe que, frente à experiência imediata humana na qual se enraíza, o culto é secundário e que, para o sentimento religioso, significa certa limitação e entrave, entrave, em primeiro lugar, material, pela fixação de lugares, tempos e ritos sagrados; entrave, além disso, sociológico, pelo predomínio que se dá à comunidade. Mas nenhuma dessas duas coisas deve ser entendida como se no culto não estivesse presente um interesse genuinamente religioso ou como se o culto pretendesse algo fundamentalmente distinto do trato espiritual com Deus, algo assim como uma comunhão de tipo material ou sociológico ou de nível inferior. O culto não é um simples fenômeno secundário, mas uma autêntica manifestação vital da religião, que pretende comprometer a totalidade da vida humana. Por ele, não somente o elemento espiritual e pessoal da vida humana, mas também o corporal se converte em agente e instrumento da atividade religiosa.

Isso se torna claro, em primeiro lugar, no fato de que o *culto, como pura ação expressiva,* auxilia o conteúdo da vida religiosa a se moldar no existir concreto. "Toda confissão tende a corporalizar-se",[2] e por isso o fenômeno corporal pode se transformar em forma expressiva da realidade espiritual. Certamente, para o homem antigo, a forma externa tem um significado e

---

[1] Compartilhamos, desse modo, da definição dada por **G. Quell** (*Das kultische Problem der Psalmen,* 1926, p. 18s), em discrepância com outras concepções.

[2] **W. Stählin**, *Vom Sinn des Leibes,* 1930, p. 105.

simbolismos totalmente diferentes do que possuem para o homem ocidental moderno. Por isso, o trato com Deus não se realizava somente no âmbito pessoal íntimo, mas também pela participação do corpo na genuflexão e na prostração durante a oração, na dança em conjunto e canto responsório, na delimitação entre o que era e o que não era espaço sagrado, na vestimenta do sacerdote e na preparação do sacrifício, no silêncio solene ao apresentar a Deus as ofertas sagradas e nas nuvens de fumaça que subiam do altar de incenso. Todas essas coisas visíveis estão embebidas de significado simbólico e carregam um profundo simbolismo e, não são, por conseguinte, para a experiência religiosa, um exercício indiferente e secundário, senão atividades necessárias e essenciais.[3]

Falsifica-se, pois, o sentido do culto quando se pretende diferenciá-lo da conduta propriamente religiosa, concebida como tendência à comunhão direta com Deus e o considere como uma simples maquinaria para a promoção eficaz da piedade,[4] ou seja, como um método que proporciona muletas à vida religiosa, quando esta carece da capacidade de se mover por si só. Coloca-se, assim, como fim primário da ação cultual algo que não passa de um efeito secundário da mesma. A distinção entre ambas as manifestações não deve ser feita mediante uma diferenciação de interesses; seu fim é o mesmo. Distinguem-se porque cada uma se realiza em uma esfera distinta da vida humana, uma, na emotividade da alma individual; outra, no âmbito corporal e social. A mútua relação dessas duas atividades depende de como se comportem entre si ambas esferas, de qual seja a que consiga predominar e converter a outra em sua serva.

Mas o culto não é somente a expressão necessária da realidade interior, senão também *mediador e expoente das energias divinas* para que o homem delas participe. Essa concepção se baseia na profunda convicção da mentalidade antiga de que a divindade não somente se comunica pelas vias subjetivas da razão consciente, mas que utiliza também o corpo como via de participação e realização de suas bênçãos e maldições.[5] Precisamente porque, todavia, não há separação entre a vida física e a espiritual do homem, mas que se leva a

---

[3] Com isso não se nega, naturalmente, que tais formas podem se achar esvaziadas de seu conteúdo e convertidas, portanto, em simples aparências; mas não se deve confundir isso com a questão do significado original do culto.

[4] G. Quell, *op. cit.*, p. 58.

[5] Esta concepção da existência humana como uma totalidade, ainda dentro da religião, se torna totalmente estranha para o homem de hoje, influenciado pelo pensamento greco-neoplatônico; daí sua incapacidade para entender a vida cultual, inclusive da religião veterotestamentária, vendo-a como mera relíquia de paganismo, sem relação real alguma com a natureza própria dessa religião. A conseqüência lógica disso é a tendência para criticar o nível de uma religião, em um dado momento, a partir do ponto de vista de um ideal, não expressado, de uma religião completamente livre de elementos cúlticos.

sério o homem na totalidade de sua natureza psicossomática, este participa na relação com Deus também como um ser material. Nas ações externas do culto, a misericórdia divina é comunicada ao homem em sua forma existencial concreta, a ação sagrada se converte em sacramento.[6]

Assim, pois, a vinculação material e social do sentimento religioso, próprio do culto, aparece como expressão da atividade divina, que somente requer ao indivíduo por meio da comunidade, e através do "aqui e agora" da ação cultual, dá a conhecer a condescendência divina, incompatível com toda arbitrariedade humana. O culto, portanto, significa em qualquer caso, uma limitação do trato com Deus e, por conseguinte, da piedade individual, não porque violente, mas porque coloca diques ao espírito humano, o qual tem a tendência ao exagero, submetendo-o, assim, à realidade preceituada por Deus, lhe inculca, pois, no mais profundo esse sentido de criatura, que lhe permitirá se apartar, com segurança, da pesada cadeia de uma piedade autônoma.

A relação desse culto sacramental com o trato espiritual e pessoal com Deus dependerá, por sua vez, de qual dos dois seja o terreno em que se realizem as ações *decisivas* de Deus. E aqui podem se pensar muitos tipos de relação, como casos extremos podem se considerar, por um lado, a penetração do culto e sua interpretação pela palavra falada, onde fica patente o predomínio da relação espiritual e pessoal com Deus sobre a ação sacramental; por outro, uma liturgia sem palavras, que somente conhece δρωμενα, ações sem interpretação, puros mistérios, atribuindo importância suprema à realidade que entra pelos sentidos. Na maioria dos casos, se encontrará entre esses dois extremos.

Se for verdade que, por causa disso, o culto aparece como imprescindível para a autêntica religião, uma vez que é conseqüência de sua mais íntima natureza, não se pode esquecer que a situação que temos descrito como ideal nunca chega a se realizar em toda sua pureza. A causa não está somente na fragilidade e ambigüidade do elemento material, que nunca pode ser representante e intérprete perfeito do elemento espiritual, que há por trás

---

[6] Com toda razão, **G. Quell** (*op. cit.*, p. 45 n. 2) rejeita o uso do adjetivo sacramental aplicado à ação mágica da religião primitiva mediante a qual passa ao homem o poder divino, e em seu lugar emprega o de "sacrifical". Porque para o sacramento é decisiva a atividade do santo, e esta somente pode se dar nas religiões teístas. Tampouco é possível que, por simples seqüência temporal, uma ação mágica derive em simples; para que a ação puramente dinamista se converta — como se observa com frequência — em um ato de vontade divina, é necessário se contar muito mais com a capacidade criadora que surge das próprias profundidades da fé teísta (Cf. também **Bertholet**, *Kultus*, em *RGG*[2] III, p. 1371).

dele, mas, talvez, na incapacidade do corpóreo, uma vez institucionalizado, para seguir as mudanças da vida espiritual que o anima e se adaptar a eles como uma roupa bem ajustada. Uma vez inserido na história, o culto conserva sua forma com extraordinária rigidez, ainda que seu conteúdo tenha mudado, e por isso é freqüente que desempenhe seu serviço somente imperfeitamente e até se converta em obstáculo para uma expressão perfeita dos conteúdos que se têm atribuído. Daí que em toda religião viva, junto a uma colaboração harmoniosa entre culto e vida religiosa, surja, muitas vezes, uma oposição entre ambos, se achando o observador obrigado a não considerar o culto como personificação da vida religiosa da época, mas sim, a reconhecer que o grau de correspondência entre ambos é um elemento variável, sendo necessário, nesse caso, de uma grande cautela nesse julgamento.

II. Importância do culto na religião israelita

Para apreciar o lugar que o culto ocupa dentro da religião israelita, é de suma importância observar que não se trata de uma criação nova e original, mas de uma herança recebida. Isto não se deve atribuir unicamente à continuidade histórica que a instituição de Moisés guarda com a época anterior, mas que se refere igualmente a essa função, que é comum a toda atividade cultual: expressar os sentimentos básicos, que tem seu papel em toda religião superior, sentimentos de adoração, de confiança, de agradecimento e de submissão. Não é, portanto, de estranhar que a história comparada das religiões nos transmita uma série de correspondências pagãs com os usos cultuais israelitas e possa demonstrar uma ampla coincidência tanto na prática externa quanto nas idéias correspondentes da adoração divina. É impossível manter a postura de tempos anteriores, segundo a qual, nas ações cultuais israelitas, era necessária uma revelação direta de Deus com informações totalmente originais sobre a relação entre o mundo terreno e o divino, tendo, dessa forma que se considerar todos os fenômenos semelhantes do paganismo como aberrações ou imitações dos costumes cultuais israelitas. Por conseguinte, se apresenta com mais urgência a tarefa de responder a esta questão, até que ponto e como opera a fé em Yahweh no desenvolvimento característico do culto, ou seja, se deve averiguar não somente que ações cultuais ela prescreve e exclui, mas também qual é o sentido que imprime às ordenanças cultuais, sejam elas herdadas ou de criação nova. Para esse fim, tem menos importância fazer um inventário perfeito do material que nos oferecem os arqueólogos, do que fazer um estudo dos conceitos cultuais mais importantes.

1. *Lugares sagrados*[7]

A religião veterotestamentária compartilha, com todas as demais, na crença de que a divindade se revela em lugares determinados e que, por conseguinte, a adoração à Deus deva se realizar precisamente em tais lugares e não em outros quaisquer. Ressalta-se desse modo, a total independência da vontade divina, cuja manifestação não obedece a nenhum ditado, mas que se reserva à faculdade de decidir onde quer ser invocada. Assim, durante o período migratório de Israel, o monte sagrado do Sinai e a fonte santa de Cades, com a arca da aliança e a tenda sagrada, são lugares onde se pode aproximar de Deus; depois da posse da Terra requerem especial importância os diferentes santuários, grandes e pequenos, de Canaã, entre os quais se destacam os santuários tribais e os lugares em que estiveram estabelecidos os antigos santuários do tempo da migração, Siló e Mispá, e mais tarde os santuários reais. Todos eles ficaram obscurecidos pelo templo de Sião, que depois do exílio se transforma no centro absoluto da religião judaica.

Assim sendo, enquanto está a fé mais ligada aos lugares sagrados, mais perigoso sugere ser a influência deles sobre a idéia de Deus e do culto. O lugar sagrado, principalmente quando é considerado como morada da divindade, resulta numa localização da mesma e, por conseguinte, em uma limitação de seu raio de ação e até os lugares de culto chegam à rivalidade, numa decomposição do ser divino em divindades particulares. O culto mesmo, quando o lugar de sua representação passa a ocupar o primeiro plano, cai facilmente no perigo de colocar, na realização externa do mesmo, toda dignidade e eficácia da adoração a Deus, com diminuição do elemento pessoal. Isto representa, de outro lado, o impedimento mais forte para que a religião supere o particularismo.

Como se comportou a religião javista diante desses perigos? Desde o princípio, se criou uma tensão constante entre o interesse pela presença real da divindade em lugares sagrados e a forte convicção de que a natureza de Yahweh contradizia sua circunscrição material a um lugar. Por isso, desde o princípio, pode também se observar o empenho por não considerar os lugares sagrados como moradas, mas sim por considerá-los como locais nos quais Yahweh havia se revelado, Yahweh aparece de forma imprevisível e especial

---

[7] Cf. **Ad. Von Gall**, *Altisraelische Kultstätten,* 1898; **G. Westphal,** *Jahves Wohnstätten, 1908;* **K. Möhlenbrink**, *Der Tempel Salomos,* 1932; **W. Zimmerli**, *Geschichte und Tradition von Beerseba im Alten Testament,* 1932. Tanto sobre o aparato quanto sobre as festas e sacrifícios cf. **H. J. Kraus**, *Gottesdienst in Israel. Grundiss einer Geschichte des alttestamentlichen Gottesdienstes,* 1962.

a Moisés sobre o monte santo,[8] desce ao monte Sinai para estabelecer uma aliança com seu povo;[9] a arca, como o trono vazio de Deus, com a insígnia real do cajado e da sorte sagrada,[10] testemunha a invisibilidade do Deus soberano, cuja presença como guia no caminho ou chefe na guerra, somente é patente à fé e se apresenta, além disso, de forma encoberta, como presença de seu *pānim,*[11] a tenda sagrada representa o lugar de encontro de Yahweh com Moisés quando desde a nuvem aparecia ao chefe do povo para mostrar-lhe sua vontade.[12] Também os santuários cananeus se referem a aparições concretas de Yahweh, que os definem como lugar, não de sua morada, mas de sua revelação;[13] mas à convicção de sua presença reveladora nesses lugares[14] continua sempre unida a outra crença de que o lugar de sua preferência é o Sinai,[15] enquanto, por sua vez, em todos os períodos se é consciente de que a verdadeira morada de Deus está no céu.[16] Estas concepções diferentes, que também nos profetas aparecem com freqüência juntas,[17] são um testemunho convincente de que o poderoso dinamismo do ser divino não permite sua circunscrição a um lugar, até o ponto de exigir a justaposição de expressões contrárias. Nesta mesma linha a fé é consciente de que, ainda que verdadeiro o fato de que a adoração cultual de Yahweh somente é possível em determinados lugares e dentro de sua herança sagrada,[18] ele escuta em todas as partes a oração de seus adoradores e está disposto a socorrê-los.[19]

---

[8] Êx 3:1s.

[9] Êx 19:11,18,20.

[10] Nm 10:35s; Êx 4:17; 17:9,15s; Nm 21:8s; Dt 33:8; cf. também p. 69s e 72s.

[11] Êx 33:14s.

[12] Êx 33:7-11; cf. p. 89s e 93s.

[13] Gn 12:7 (Siquém); Gn 13:18; cf. 18 (Hebrom); Gn 26:23s (Berseba); Gn 28:10s (Betel); Gn 32:2s (Maanaim); Gn 32:22s (Penuel); Js 5:13-15 (Gilgal ou Garizin, cf. 8:30); Jz 6:24 (Ofra); 2Sm 24:16,18s (Sião); Gn 31:39 (Mispá de Gade); Js 4:20s (Gilgal).

[14] Também na Babilônia e Assíria se conhecem templos de aparição em contraposição a templos de habitação, cf. W. Andrae, *Das Gotteshaus und die Urformen des Bauens im Alten Orient*, 1930, p. 15s. K. Möhlenbrink crê poder demonstrar uma estreita relação entre o templo de Salomão e a arquitetura sagrada assíria (Der Tempel Salomos, 1932). A distinção feita por W. Andrae não tem uma terminologia que facilite sua compreensão e por isso é facilmente impugnável, além do que seu próprio autor a abandonou.

[15] Jz 5:1 s; 1Rs 19:8s; o Sinai como monte de Deus: Êx 3:1; 4:27; 18:5; 33:3-6.

[16] Gn 11:5; 18:21; 21:17; 22:11; 24:7; 28:12; Êx 19:11,18,20; 20:22; Sl 18:7; 2:4; Is 31: 4; Mq 1:2; Dt 4:36; 26:15 etc.

[17] De forma especialmente clara em Is 1:12; 6; 8:18; 31:9 e 18:4; 31:4; além de Jr 7:14 e 23:24; Sl 20:3 e 7.

[18] Gn 4:14 1Sm 26:19; 2Sm 15:8; 2Rs 5:15s; Os 3:4; 9:3s,15; Jr 16:13; Dt 28:36.

[19] Gn 24:12; Jz 16:28; 1Sm 27:1s; 30:23,26; 2Sm 15:8.

Essa concepção se viu cada vez mais ameaçada pela influência do mundo religioso cananeu. Na fé popular cananéia, ainda que não se desconhecesse totalmente a idéia do Deus do céu, o papel de protagonista era desempenhado por Baal, concebido como o deus e senhor de uma região dentro da qual ele dispensava as bênçãos da natureza a seus adoradores. Nesse ponto a presença permanente da divindade era algo tão natural, quanto a existência constante das forças da natureza, nas que se manifestava, e sua fixação no santuário a ela dedicado estava assegurada. Prova disso é a importância que as fontes, árvores e pedras sagradas tinham para os lugares de culto cananeus e o templo que provavelmente se erguia em todas as principais cidades. As escavações realizadas na cidade de Siquém têm oferecido provas, irrefutáveis, do culto a Baal ali realizado. A partir da tomada da terra, também em Israel encontrou ampla aceitação essa concepção da morada de Deus em meio dos seus e de sua indestrutível vinculação aos lugares sagrados. A construção de um templo fixo, concebido como morada de Deus, primeiramente em Siló onde arde constantemente a lâmpada[20] e aonde se deve ir buscar o oráculo que se comunica durante o sonho,[21] e mais tarde em Jerusalém, Betel, Dã, Samaria, Ofra e Mispá, foi considerado, a princípio, como uma novidade revolucionária e mereceu a reprovação dos círculos javistas zelosos, que com razão viam nisso a introdução de usos cananeus, fenícios e egípcios.[22] Mas pouco a pouco também esse elemento estranho foi assimilado. A aceitação complacente, cada vez mais extensa, das *ḇāmōṯ* cananéias "sobre os montes e sob qualquer árvore frondosa"[23] veio se somar ao anterior e foi acompanhada da localização e circunscrição do Deus da aliança. Assim se fez indissolúvel sua vinculação ao país e ao povo, chegando por vezes até a seccioná-lo em divindades locais distintas.[24] Essa onda de influência cananéia mostra-se também na estima da

---

[20] 1Sm 3:3.

[21] 1Sm 3:2s; cf. 21: 8; 1Rs 3:5. cf. E. L. Ehrlich, *Der Traum im Alten Testament*, 1953, p. 13s (BZAW 73).

[22] 2Sm 7:5s; cf. a subida de Elias ao Horebe em 1Rs 19:8s. Mais tarde também os profetas falam da casa de Yahweh: Is 1:12; Jr 7:10, ou de seu *māqōm*, Jr 7:12; dada por suposta na lei, sem refletir sobre ela, a permanência de Yahweh nos lugares de culto: Êx 23:15; 34:20.

[23] Dt 12:2; 1Rs 14:23; 2Rs 16: 4; Jr 2:20; 3:6,13; 17:2; Ez 20:28. Encontramos árvores sagradas em Gn 12:6; 13:18; 21:33; 35:4; Jz 9:37; Os 4:13; Dt 12:2; pedras sagradas em Gn 28:18; 31:45s; Êx 24: 4; Js 4:9,20-24; Os 10:1; sobre o preceito da lei para destruí-la: Êx 23:24; 34:13; Dt 12:3; 16:22. A pedra sagrada sob a árvore sagrada em Js 24:26. A coluna sagrada em Jz 6:28; 1Rs 14:23; 2Rs 10:26; 17:10; 23:6 etc.

[24] 1Sm 1:3: o Yahweh de Siló; 2Sm 15:7: o Yahweh de Hebrom; talvez haja uma polêmica contra isso em Dt 6:4.

arca da aliança, pressupõe, às vezes, tal ligação de Yahweh a esse objeto sagrado que se chega quase a ponto de identificá-lo com ele.[25]

Contudo, a fé javista não contemplou passivamente esse crescente surgimento de idéias cananéias, mas reagiu energicamente, conseguindo ao final vencê-la. Não se tratou somente da oposição dos antigos círculos proféticos ou de alguma seita como a dos recabitas;[26] o ataque violento dos grandes profetas se dirigiu precisamente contra o orgulho dos templos, considerados como garantia firme da presença de Yahweh[27] e contra a conseqüente segurança presunçosa de poder contar com o auxílio de Yahweh no dia da necessidade. E assim como eles, mediante a proclamação da transcendência de Deus, deixaram bem claro que sua presença em lugares sagrados era uma condescendência graciosa com vistas à revelação, outros, com seu trabalho teológico intencional, introduziram para sempre essa idéia em seu sistema de pensamento religioso. Por um lado, a escola deuteronomista reduz a presença eficaz de Deus nos lugares santos à única habitação de seu nome,[28] substituindo assim a idéia pagã da presença-morada da divindade por outro, na qual o fato da revelação poderosa do Deus transcendente, altíssimo acima dos céus, se conjuga harmoniosamente com o profundo anseio humano de uma real aproximação de Deus. Além disso, ao guardar silêncio sobre a tenda sagrada e reduzir a arca à função de uma caixa que serve para guardar as tábuas da lei, demonstra a decisão radical de excluir da revelação do Deus vivente os objetos sagrados, à qual se enquadra perfeitamente com a tendência puritana dos círculos deuteronomistas. Ainda que não tão drástica quanto a reação deuteronomista, a atribuição teológica do documento sacerdotal é talvez mais importante por seu êxito em reduzir a uma impressionante unidade as ordenanças consagradas pela tradição. Em sua descrição do tabernáculo, arca e tenda se fundem em uma unidade indissolúve;[29] e ainda que se siga empregando a idéia de morada divina, pelo modo com que se narram as aparições de Deus no santuário[30] fica bem claro que o Deus transcendente somente se apresenta de vez em quando para determinadas revelações e, em tais casos, escondido em sua *k̠āḇōḏ*. Afora essas revelações especiais, a morada de Yahweh no santuário somente pode ser interpretada num sentido impróprio, enquanto que o lugar do culto, como imagem do santuário

---

[25] 1Sm 3:10; 4:7.

[26] Por seu puritanismo no culto a Yahweh chegaram a renunciar a habitar em casas fixas.

[27] Am 9:1s; Mq 3:11s; Jr 7:4,12s; 26:9; Ez 8-11.

[28] Dt 12:15,21; 14:23s; 16:2,6,11; 26:2; 2Sm 7:13; 1Rs 8:16,18s,29; 9:3:7; 11:36; 14:21 etc.; Jr 7:12.

[29] Êx 25s.

[30] Êx 40:34s; Nm 9:15s; 10:11; Lv 9:23s; Nm 14:10; 16:19s; 17:7s; 20:6.

celeste, vestígio — por assim dizer — da presença divina[31] e penhor de uma relação especial de Deus com esses lugares terrenos, por isso, as ações cultuais se realizam "diante da face de Yahweh", *lipnē yhwh.*

Essa mesma idéia dos lugares de revelação, mostram os profetas, quando afirmam a importância de Jerusalém para o futuro, dela parte o conhecimento do verdadeiro Deus,[32] e a subida das nações a esse lugar para adorar é expressão simbólica de sua nova unidade por se ter submetido ao Deus de Israel.[33]

O lugar sagrado em Israel se converteria assim no meio que mais fortemente haveria de contribuir para acentuar o caráter histórico e concreto da revelação; esta se dá em um lugar e, contrária a toda previsão humana, persiste em alcançar a partir dele todos os povos. A fidelidade ao lugar sagrado era fidelidade à vontade histórica de Deus, até que a mesma historicidade concreta da revelação se libertou de todo lugar sagrado ao chegar à sua plenitude no homem, que pode dizer a si mesmo: "Aqui há algo maior que o templo".[34]

2. *Objetos sagrados*

Para nós, não se trata de analisar todos os acessórios do culto que se encontravam nos lugares sagrados, como o altar, a *maṣṣēḇā*, o candelabro, o altar do incenso, e etc., mas unicamente aqueles objetos que garantiam de forma especial uma presença eficaz de Yahweh. São a arca, a tenda, o cajado sagrado, e a porção sagrada.

a) Na determinação *do significado da arca*, a mais forte suposição, da qual podemos partir, é que ela representava o trono vazio da divindade,[35] no estilo do que esporadicamente se encontra também fora de Israel.[36] Com isso ficam superadas as hipóteses, pouco fundamentadas, que a consideravam

---

[31] Êx 25:9,40; 1Cr 28:19; cf. cap. IX, I, 2d, p. 381.

[32] Is 2:2-4; Mq 4:1-3; Is 52:9s.

[33] Is 19:23; Zc 8:3,22s; Is 56:7; 60:10s; Zc 14:5-9,16s.

[34] Mt 12:6.

[35] Assim exposto pela primeira vez por **Reichel,** *Vorhellenische Götterkulte,* 1897, e **J. Meinhold**, *Die Lade Jahves,* 1900; documentado de forma acurada por **M. Dibelius**, *Die Lade Jahves,* 1906. Os lugares do Antigo Testamento mais importantes para essa concepção são Nm 10:35s; 1Sm 3:3,10; 4:4,7; 2Sm 6:2; 2Rs 19:14s; Jr 3:16s; Ez 43:7.

[36] Além das provas gregas atribuídas por **Dibelius** (*op. cit.,* p. 65s), se deve mencionar atualmente dois tronos fenícios a Astarte, cujo assento é mantido a esquerda e a direita por dois seres alados, encontrados nas escavações francesas na Síria, **Cl. Ganneau**, *Comptes rendus de l'Academie des Inscriptions,* 1907; **Rozenvalle**, *Mélanges de la faculté orientale,* III, fasc. 2, pp. 753s e *Syria*, V, 1924, pl. XXXII (citado por **G. von Rad**, *Zeit und Lade,* NKZ 1931, p. 484). Cf. também o trono de querubins sobre o que se assenta Ishtar, no relevo de pedra de Maltaya, AOB, T. CXXXV. *Keruben auf Elfenbeinplaketten von Samaria,* "Pal. Expl. Fund, Quart. Statement 1932/33".

um depósito de fetiches de pedra[37] ou que continha uma imagem de Deus ou de um touro;[38] suposições, de outro lado, que contradizem a imagem que normalmente Israel tem de Deus. O relato, testificado pela primeira vez em **P** e no Deuteronômio, de que na arca se guardavam as tábuas da lei[39] pode se conciliar muito bem com essa outra concepção, já que na Ásia Menor e Egito é conhecido o costume de colocar aos pés da divindade, contratos e documentos,[40] e os tronos divinos antigos têm com freqüência forma de caixa.[41]

Mais de uma vez se tem discutido que a arca de Yahweh represente um santuário da época mosaica, e se tem desejado ver em sua feitura uma imitação de modelos cananeus.[42] Constitui certa dificuldade o fato de que as fontes antigas nada mencionem de sua feitura. De outro lado, o relato tão antigo de Números 10:35s[43] e a indubitável disposição da arca para ser um santuário ambulante[44] nos levam a supor sua existência na época do deserto. A placa de ouro, chamada *kapporet,* que tem em **P** um papel tão importante, poderia muito bem pertencer à forma posterior do santuário.[45] Supostamente a enorme influência do trabalho redacional posterior sobre as tradições sinaíticas, não deveria dar-se tanta importância a relatos nas fontes antigas.

b) Mais difícil seria fazer remontar a época tão antiga a concepção de Deus, que a arca testemunha, se na verdade estivesse em aberta contradição com o que simboliza a *tenda sagrada.* Está bem documentado que esta última

---

[37] **E. Meyer**, *Die Israeliten,* p. 214.

[38] **H. Gressmann**, *Die Lade Jahves*, 1920.

[39] Dt 10:1s; Êx 25:16,21.

[40] Cf. **J. Herrmann**, *Agyptische Analogien zum Funde des Deuteronomiuns*, ZAW 28, 1908, p. 299s. **A. Jirku**, *Altorientalischer Kommentar zum Alten Testament*, 1923, p. 184s.

[41] Cf., por exemplo, *AOB*, T. CXXIX, ap. 322: trono do deus do sol de cerca de 870 a.C. Por isso a designação da arca como *ᵃrōn* "caixa", não se pode deduzir como argumento contra a idéia de trono.

[42] Cf. **H. Gressmann**, *Die Lade Jahves und das Allerheilligste des Salomonischen Tempels*, 1920, p. 67s.

[43] Apesar de sua montagem defeituosa com o contexto, não se pode retirá-la do marco das narrações do deserto. A ligação dos distintos relatos de 10:29s mediante a questão de quem será o chefe militar de Israel deixa entrever um trabalho redacional de outro momento. Que o santuário ambulante seja por vezes santuário de guerra não é nada extraordinário.

[44] Cf. **R. Kittel**, *Geschichte des Volkes Israel* I, p. 570. **J. Morgenstern**, *The Ark, the Ephod and the Tent of Meeting,* 1945.

[45] Êx 25:17s. Segundo **Torczyner**, *Die Bundeslade und die Anfänge der Religion Israels,* 1922, p. 23s, deve-se interpretá-la como uma representação e imitação da nuvem na qual Yahweh descende, o que se adaptaria muito bem à linguagem simbólica sacerdotal de original e cópia. Como acessórios de época posterior é preciso assinalar também os querubins, que com suas asas estendidas sobre a arca a defendem, os quais, segundo a hipótese de **von Rad**, poderiam ser devidas por influências egípcias; na realidade são, originalmente os animais sobre os quais descansa o trono (daí, o velho nome de Yahweh "o que se assenta sobre os querubins" em 1 Sm 4:4; 2Sm 6:2). Que a visão da *merkābāh* de Ez 1 (ela mesma reelaborada) fosse utilizada para a reconstrução da arca, como pretendem **H. Schmidt** (*Kerubenthron und Lade,* "Eucharisteion" I, 1923, p. 120 s) e **Torczyner**, é no mínimo muito discutível.

era o santuário mosaico[46] e que, ao contrário do que antes se havia pensado,[47] só pode ser interpretado como santuário autônomo,[48] e não como a coberta ocasional da arca. O elemento construtivo que **P** proporciona em sua tradição do tabernáculo não está na invenção da tenda-santuário, mas na união indissolúvel de tenda e arca. Tanto pelo nome, quanto pelas descrições que se fazem dos acontecimentos que na tenda se desenvolvem, fica bem demonstrado a função desse santuário: como *'ōhel mō'ēd,* "tenda de reunião",[49] serve para o encontro de Yahweh com Moisés. A divindade não está geralmente presente, mas aparece na nuvem, à porta da tenda para dar ao homem a resposta que se lhe pede ,[50] e também para se fazer de juiz ao dar seu veredicto quando há conflitos na comunidade.[51] É, pois, explicitamente o Deus transcendente o que aqui se manifesta[52] e inspira diretamente a seu enviado sem utilizar meios técnicos, "fala com Moisés como fala um homem com o amigo".[53]

Não há dúvida de que há certa oposição entre essa idéia e a que a arca representa, na tenda encontram expressão característica o forte sentimento da inacessibilidade de Deus e a condescendência que mostra ao revelar-se, que não tem nenhum fundamento na vontade humana; na arca, ao contrário, como trono

---

[46] Êx 33:7-11.

[47] Por exemplo **Wellhausen**, *Prolegomena,* 1905 p. 39.

[48] Detalhadamente documentado por **E. Sellin**, *Das Zelt Jahves,* 1913 (aparecido em *Altt. Studien Kittel dargebracht,* p. 168s). Notícias árabes sobre tendas sagradas podem ver-se em **R. Hartmann**, *Zelt und Lade, ZAW* 37, 1917/18, p. 216s.

[49] Este nome emprega-o **E** em Êx 33:7s; Nm 11:11s; 12: 4; Dt 31:14 e **P** em Êx 27:21; 28: 43; 29:10s; Lv 1:1,3 etc.; e explicitado mediante *nō'ad* "reunido com", aparece em Êx 25: 22; 29:42s etc. Além disso, **P** usa outras designações: *'Ōhel hā'Edūt* Nm 9:15; 17:22s; 18:2; *miškān hā'Edūt* Êx 38:21; Nm 1:50,53; 10:11; *hammiskkān* Êx 26:1; Nm 9:15,18s, etc.

[50] Êx 33:7 **E**; 29:42s, 30:6,36; Nm 7:89; 17:19 **P**.

[51] Nm 11:14s; 12:5; 14:10,26s; 16:19s; 20:6s.

[52] Não se deve dar muita consideração à notícia da colocação da tenda fora do acampamento, já que Êx 33:7s é contraditório nesse ponto, com efeito, os vv. 8 e 10 supõem que a tenda se acha no centro do acampamento (**Holzinger**, *Exodus, 1900,* p. 109) (e assim devia ser a realidade inicial). Igualmente tampouco se deve empregar uma frase como a de Êx 33:5, que somente tem sentido dentro da tradição eloísta, como argumento contrário da crença na presença auxiliadora de Yahweh.

[53] Êx 33:11; Nm 12:8. Em razão disto, **M. Haran** preferiria tratar o *'Ōhel mŌ'Ēd,* não como um santuário, mas um instrumento de inspiração profética (*The Tent of Meeting,* "Tarbiz" 25, 11-20; cf. *ZAW* 1955, p. 280).

do Deus invisível, se acentua sua proximidade, sua permanência no meio de seu povo. Não se pode falar, portanto, de oposição irreconciliável se for levado em conta que a função de ambos os santuários é totalmente diferente, se na tenda se trata da direção dos assuntos internos do povo através da dispensação de oráculos, na arca se manifesta a liderança divina na peregrinação e na guerra.[54] Essa combinação da revelação de Deus em atos isolados[55] e de sua poderosa presença nos perigos do caminho pelo deserto se compreende facilmente a partir da situação concreta do povo entre o Sinai e Canaã.[56] Ao acolher a religião mosaica em seu duplo recinto sacro a tensão latente entre o Deus próximo e o transcendente, a única coisa que faz é demonstrar que não está dominada por uma idéia de Deus construída logicamente, mas pela realidade viva e contraditória de Deus, vivida com uma extrema intensidade pelos profetas, mas presente também na ordenança sacerdotal da vida.

Com a separação da tenda e da arca, ao entrar em Canaã,[57] se chegou a fixar a atenção de forma unilateral e pela ação das influências cananéias, na presença permanente de Yahweh no meio do seu povo, qual Deus soberano, que tem seu trono no lugar sagrado. Por certo que a perda temporária da arca supõe um contrapeso a uma materialização excessiva da presença divina; as

---

[54] Nm 10:33,35, cf. 1Sm 4:3s; 2Sm 11:11; **P** atribui a função de guia à nuvem que se acha sobre a tenda: Nm 9:15s; 10:11s é uma tentativa posterior de harmonização. Uma analogia interessante, dos dados da história das religiões com esse santuário ambulante, nos ofereceu **A. Musil** (*The manners and customs of the Rwala bedouins*, 1928, p. 571s, e anteriormente em Die Kultur XI, 1910, p. 8s): entre as tribos Rwala da Jordânia oriental, a sela vazia do camelo, herdada por essas tribos de seu patriarca, é considerada foco visível da divindade de todos os membros da tribo e como lugar privilegiado da presença de Alá: por isso, a cada ano lhe são oferecidos sacrifícios, resultando num direcionamento seguro para os movimentos da tribo e sua presença proporciona também uma poderosa assistência quando a batalha é mais feroz.

[55] Não se esqueça tampouco que a natureza do oráculo, como palavra extraordinária da divindade, favorece sem dúvida a transformação da presença divina em momentos totalmente separados e isolados.

[56] Além disso, conservar os documentos fundamentais da aliança aos pés do trono de Deus, supõe uma transição desde o Deus que governa de forma arbitrária e incalculável ao que o faz segundo normas fixas. De outro lado, o narrador yahvista mostra seu empenho em entender a presença do Deus entronizado de modo determinado, como presença de seus *panim,* de sua face, que aqui designa um modo de aparição do Deus transcendente; por assim dizer, seu representante terrestre (Êx 33:14s; Nm 10:33 J).

[57] Ao passo que a arca, depois da entrada dos israelitas na terra, aparece em Siló, após vários lançamentos de sorte, chega a Jerusalém (cf. 1Sm 4-6; 2Sm 6) a tenda sagrada, segundo 1Cr 21:29s; 2Cr 1:3, foi estabelecida sobre o monte de Yahweh em Gibeom, trata de uma notícia que, apesar de que sua referência ser tardia, possui uma grande verossimilitude. **J. Meyer** fez a tentativa de apresentar uma síntese das sortes lançadas pela arca quando Israel já se havia transformado em um povo sedentário (*Das altisraelische Ladenheilingtum,* BZAW, 93, 1965).

terríveis experiências de castigos divinos impedem, por sua vez, de cair na falsa confiança, que poderia surgir da crença de que os israelitas teriam no meio deles ao Deus da nação. De outro lado, com a obra dos videntes e a aparição do nebiísmo e da monarquia carismática, continua com vigor a linha associada com a tenda sagrada, que mantém viva nos fiéis a consciência da autonomia do Deus transcendente, quando atua mediante aqueles aos quais dota de seu Espírito. Com o isolamento da arca na obscuridade do *Sancta sanctorum* do templo de Sião, as idéias que ela representa passam aos lugares sagrados, convertendo-os em refúgio de um culto a Yahweh, no qual não há imagens. Experimentam, então, um processo de forte sublimação: de um lado, se põem em relação com a idéia profética do Deus universal[58] e, de outro, recebem um novo sentido dos conceitos teológicos sacerdotais de *šēm* e *kābōd,* nome e glória de Yahweh, e de sua identificação com a tradição da tenda santa.[59] O substrato material dessa idéia, a arca mesma, perde importância, e seu desaparecimento definitivo, assim como o da tenda sagrada, não causa grande comoção.[60] De outro lado, os motivos fundamentais representados por ambos os santuários, o do Deus transcendente que condescende a uma presença real no meio de seu povo e o torna participante da vida divina, continuam pulsando na linguagem simbólica do Novo Testamento, ao dizer que o Deus eterno pôs sua tenda entre os homens.[61]

c) Ao complexo das idéias relacionadas com a arca, pertencem também o *cajado sagrado* e o oráculo da sorte sagrada. O primeiro, pelos milagres de serpentes que sobre ele se narram[62] e pela descrição de sua fabricação em Números 21:4ss,[63] devia ser um cajado-serpente, ou seja, um pau com uma imagem de uma serpente nele enrolada.[64] A estreita conexão do cajado com Yahweh se deduz, em primeiro lugar, que é Yahweh quem o dá,[65] depois de sua conservação "diante de Yahweh[66] e, finalmente, do papel que desempenha durante e depois

---

[58] Is 6; Ez 1.
[59] Veja p. 88s.
[60] Jr 3:16.
[61] Jo 1:14; Hb 8:2; 9:11; Ap 7:15; 15:5; 21:3.
[62] Êx 4:2s; 7:8s.
[63] Encontramos aqui com a versão eloísta do cajado-serpente, de onde o significado de cajado de ordem ficou relegado a um segundo lugar ou desapareceu, enquanto passa a ocupar o primeiro plano seu papel de santuário apotropaico.
[64] Cf. os paralelos da história das religiões em **H. Gressmann**, *Mose und seine Zeit,* p. 159s, 453s.
[65] Êx 4:17.
[66] Nm 20:9.

da batalha de Refidim.[67] O altar que ali se levanta recebe o nome de "Yahweh, meu estandarte",[68] a vitória é considerada obra de Yahweh, que atua no cajado, e se lhe oferecem sacrifícios, provavelmente estando depositado o cajado no altar.[69] Tampouco, neste caso, se trata de um fetichismo, mas de um atributo de Deus que está presente com seu povo na guerra, um meio de apresentação material, semelhante à arca, que simboliza a vitória de Yahweh sobre as potências inimigas e, ao mesmo tempo, sua capacidade de dispor dos demônios da serpente como instrumentos de seu juízo. Ao aparecer, em épocas posteriores, o cajado-serpente não desempenhou nenhum papel; um relato ocasional sobre sua destruição por Ezequias[70] nos permite pensar que foi conservado em Jerusalém, onde era objeto de ofertas de incenso, como relíquia da época mosaica. Nada se falou desse símbolo na época profética.

d) Junto aos símbolos de Yahweh e aos lugares de revelação aparece o único meio técnico de consulta a Deus, *a sorte sagrada do 'urim e tumin.* Deuteronômio 33:8 a descreve como uma prerrogativa especial de Levi; em compensação, as fontes antigas não falam em nenhum lugar de que Moisés a utilizara. Somente **P** a inclui entre os adornos do sumo sacerdote, ordenados por Moisés.[71] Provavelmente o oráculo da sorte existia já entre o sacerdócio de Cades, e Moisés o respeitou.

Sua forma externa é a mais simples dos oráculos de sorte ou de flecha, oferecendo somente duas possibilidades de resposta a uma pergunta formulada. A melhor imagem que podemos fazer de sua utilização se deduz da leitura de 1 Samuel 14.41s, cada vez que se agitava o recipiente da sorte saltava para fora uma das pedrinhas, ficando confirmada a resposta afirmativa ou negativa da divindade.[72] Em estreita relação com a sorte esteve o *'Efod.* Segundo a interpretação mais provável, trata-se de uma peça dos ornamentos sacerdotais,[73]

[67] Êx 17:8s.

[68] Êx 17:15.

[69] Neste papel o cajado recorda os estandartes dos egípcios, assírios e outros povos, que também eram adornados com um emblema da divindade e eram objeto de veneração cultual.

[70] 2Rs 18:4; **Gressmann**, com boas razões defende a relação entre Nejustàn e o cajado mosaico (*op. cit.*, p. 458).

[71] Êx 28:15s.

[72] Daí também o nome de *'Urim e Tumim,* o mais provável "luz" e "verdade". Mas talvez se deva pensar também na primeira e na última letra do alefato, *alef* e *tau,* que podiam estar gravadas nas tabuinhas, ou em cor clara (*'urim*) e obscuro de ambas as sortes.

[73] Entendido como avental para os oráculos por **Lotz** (*HRE* V, p. 402s, XXIII, p. 425s) e **E. Sellin** (*Das israelitische Ephod,* "Oriental, Studien für Nöldek", 1906 p. 699s), mas **H. Thiersch** (*Ependytes und Ephod,* "Geistwiss. Forschungen", 8, 1936), por intermédio de dados importantes da arqueologia clássica e oriental, interpreta como vestimenta do deus e, mais tarde, de seu representante na terra. A aplicação do termo, que ele admite e considera posterior, a uma imagem de Deus é improvável e foi descartada por **K. Galling** (*Bibl. Reallexikon,* 1937, art. *Kultgerät*), aduzindo o caso da epopéia de Ras-Samra (*Syria,* 15, 1934, p. 305). Apesar de que essa passagem não está totalmente fora de dúvidas — enquanto **G. R. Driver** (*Canaanite Myths and Legends.* 1956, p. 102, 136b) interpreta o termo como adorno, vestido, outros vêem nele um verbo —, novas provas de textos ugaríticos que parecem utilizar a raiz *'pd* com o mesmo significado. (*Le Palais Real d'ugarit* II, 1937, "Missão de Ras Shamra" VII, n. 152: *epd='EpOd*? Contado entre os móveis e objetos diversos; e n. 34, 1: *updt='apudOt*?) vem a confirmar, de forma que se deve considerá-lo como um vestido (divino) de origem cananita (segundo a comunicação amistosa que nos foi feita por **W. Baumgartner**).

que levava consigo uma bolsinha, a qual continha a sorte. É certo que nas sagas mosaicas nada se diz a respeito, mas com toda probabilidade, se deve supor a existência do *'Efod* quando se fala dos *'urim* e *tummin,* à vista de que **P** a atribui a época mosaica.[74] O parentesco desse oráculo com aquele de que falam os documentos árabes[75] ensina que o sacerdócio javista acolheu um uso antigo e o pôs ao serviço de Yahweh. No que diz respeito ao espírito da religião javista é importante notar que, somente deu carta de cidadania à esse simples meio técnico de consulta à divindade e, com isso, reservou permanentemente ao sacerdote uma capacidade de disposição sobre as decisões divinas,[76] que contribuiu à formação de uma ciência oracular incompreensível para o leigo.

Na menção mais freqüente que dele se faz na época israelita antiga[77] esse meio aparece, na maioria das vezes, reservado ao serviço dos sacerdotes, mas também, ocasionalmente, nas mãos dos leigos.[78] Vale a pena destacar que, em certas ocasiões, podia chegar a se converter em elemento central do santuário, e ter, portanto, um papel autônomo,[79] o qual deve à dispersão dos objetos sagrados mosaicos depois da conquista da terra. Enquanto que a arca, o cajado sagrado e o oráculo da sorte estiveram reunidos em um santuário central, puderam ser utilizados como sinais ao serviço da idéia de um Deus soberano. Sua dispersão contribuiu para uma falsa autonomia de cada objeto, que facilitou ainda mais a superstição, que é suscetível por si mesma, todo objeto sagrado. É curioso notar que, a partir do traslado da arca para o santuário

[74] Êx 28, 6s; contudo, **P** distingue entre o *'Efod* como avental e o *hōŝen mispât,* o bolsinho do oráculo (Êx 28. 15s), no qual se encontram os *'urim* e *tumim* (Êx 28. 30).

[75] Cf. **J. Wellhausen**, *Reste arabischen Heidentums,* 1887, p. 126s; **F. Buhl**, *Das Leben Muhammeds,* 1930, p. 81.

[76] Cf. cap. IX, I, 1, p. 352s.

[77] 1 Sm 14:18 (emendado); 23:9; 30:7. Também devia se pensar nele em lugares como 2 Sm 2:1s; 5:19.

[78] Jz 18: 5.

[79] Jz 8:24s; 17:5, e talvez também no caso dos da casa em Eli em hobe de 1Sm 22:13.

real de Sião, não voltamos a ouvir mais nada sobre o oráculo da sorte.[80] Este perdeu importância e se converteu em uma peça a mais do aparato ornamental do sacerdote, reservado finalmente ao sumo sacerdote e utilizado no culto.[81]

e) Estranhos, em princípio ao javismo, sob a influência cananéia, foram introduzindo cada vez mais no culto de Yahweh as *māṣṣeḇāṯ*, as *'ăšērōṯ* e as *imagens do bezerro.* É certo que, ao se levantar uma coluna, para designar um lugar sagrado ou um sepulcro, é um costume muito antigo, encontrado também em outros povos; contudo, sua utilização freqüente e seu caráter cultual, não somente como sinal de um lugar sagrado, mas como objeto sagrado, parece ser de origem especificamente cananéia. Com efeito, é no ambiente cananeu fenício, onde se torna familiar a designação da pedra como *ḇēṯ'ēl,* casa de Deus, onde se encontra o nome de Βαιτυλος para um deus fenício (Filo de Biblos) e onde às pedras sagradas são chamadas λιθοι εμψυχοι (*ibidem).*[82] A base de tal idéia não é a crença de que na pedra more um demônio ou uma divindade;[83] o que sucede é, acima de tudo, que se traslada a ela a força divina presente nos lugares sagrados, como se a mesma pedra se convertesse em mediadora dessa força, assim o demonstra, sobretudo, a instalação de colunas de pedra no altar, ou o fato de que os santuários fenícios se aparelhem com duas ou mais enormes colunas, os cartagineses tenham, além disso, muitos balaústres e as *ḇāmōṯ* cananéias apresentem toda uma série de pilares de pedra. Por isso, os ritos de libação e de unção[84] devem ser considerados não tanto como sacrifícios, mas mais ainda quanto atos de consagração para aumento e fortalecimento do poder sagrado,[85] assim como o beijar e o tocar a pedra servem para transmitir ao homem essa mesma força. A partir daí, pode-se compreender facilmente que até

[80] Junto ao *'Efod,* Js 7:14s e 1Sm 10:17s parecem supor a existência de outro oráculo da sorte, do que, todavia, nada mais sabemos. Ao oráculo da árvore surgido em Canaã parecem se referir 2Sm 5:23s; Os 4:12; Gn 12:6; Dt 11:30; Jz 9:37. Nm 17:17s parece indicar um tipo especial de oráculo de cajado. Os *ṯerāp̄im,* provavelmente máscaras para obter oráculos, segundo outros um mote injurioso para designar as imagens dos ídolos domésticos ("os que se apodrecem"), não se devem a Moisés (contrariamente a **H. Gressmann,** *op. cit.*, p. 246), mas que desde muito cedo apareceram em Israel, como uma importação estrangeira, provavelmente araméia, e foram objeto de zombaria (cf. Gn 31:19s; Jz 17:5s 1Sm 19:13,16). Apesar de tudo, nenhum desses meios técnicos de anunciar a vontade de Deus logrou ter grande importância; se viram superados pela palavra de Deus, dirigida pessoalmente. Cf. também p. 269.

[81] Por exemplo, para o sorteio do bode, Lv 16:8.

[82] Cf. **W. von Baudissin**, *Malsteine bei den alten Hebräern, HRE*, XII, p. 130s; **G. Beer**, *Steinverehrung bei den Israeliten,* 1921.

[83] Essa idéia antiga, de ampla aceitação, coincide com a elavada estima que nos primeiros tempos se tinha do animismo.

[84] Gn 28:18; 31:13; 35:14; 1Rs 1:9.

[85] Veja p. 112s. Com isso se demonstra que a explicação corrente da narração de Betel de Gn 28:10s é falsa.

o culto de uma divindade transcendente, celestial ou astral, recorresse às pedras sagradas — coisa que dificilmente pode-se explicar, com base na improvável hipótese de uma miscelânea de concepções animistas. As idéias relacionadas com a fé no maná podem ser integradas no teísmo de melhor maneira que as relacionadas com o animismo, sobretudo quando, como em Canaã, é fundamentalmente uma divinização da natureza. O uso da *māṣṣeḇāh* no culto a Yahweh — elemento admitido desde há muito tempo como incontrovertível — pode ser interpretado também nessa mesma direção. Dada a flexibilidade do conceito de *mana*, era possível combinar essa prática com toda classe de idéias, umas mais refinadas e espirituais, outras mais toscas e materiais, sem menosprezo por ele, da comum relação com o único Yahweh. A interpretação das pedras como memorial da manifestação de Yahweh[86] podia coexistir ao lado da interpretação popular que as considerava como receptáculo de um poder sagrado e sinal da presença e habitação de Deus. Existia certamente a perigosa tentação de querer dispor da santidade divina mediante os sacrifícios e de falsificar a imagem de Yahweh, convertendo-o em uma divindade da natureza ligada ao lugar. Por isso, quando nas duas reformas cultuais de Ezequias e Josias, são expulsas as estelas de pedra,[87] quer-se desterrar tanto a concepção mística de um sacrifício mágico, quanto as idéias naturalistas de Deus.

Ao contrário das estelas, as colunas sagradas, chamadas *aserot,* foram sempre consideradas, dentro da religião israelita, como irreconciliáveis com a natureza de Yahweh e, por conseguinte, combatidas.[88] Esta atitude, tão distinta da fácil aprovação que as estelas sagradas encontraram, explica-se pela consciência, jamais obscurecida, de que a coluna, que simbolizava a deusa Ashera, uma divindade da Síria ocidental idêntica à Assíria Ishtar, facilitava que se introduzisse na teologia a divindade da vegetação, com todo seu claro sentido materialista e sexual, assim como o aspecto do duplo sexo divino. Por isso, cada nova tomada de consciência do autêntico culto de Yahweh ia acompanhada da destruição desse símbolo,[89] e as leis da época deuteronomista incluem entre seus preceitos a expressa obrigação de fazê-lo deste modo.[90]

---

[86] Gn 28:18s; Êx 24:4; Js 4:6; 24:26s; 1Sm 7:12; 2Sm 20:8.

[87] 2Rs 18:4; 23:14; Dt 12:3s; 16:22; cf. Êx 23:24; 34:12; Lv 26:1. Sobre a polêmica profética veja Os 3:4; 10:1s ; Mq 5:12; Jr 2:27.

[88] 1Rs 14:15,23; 16:33; 2Rs 13:6; 17:10; 21:3,7. Entendido como culto à deusa Astarote: Jz 3:7; 1Rs 15:13; 18:19; 2Rs 21:3; 23: 4. As inumeráveis estatuetas da deusa nua, encontradas nas escavações , e observações como as de Jr 7:18; 44:17s demonstram o profundo enraizamento de seu culto durante a época sincretista, especialmente entre as mulheres. Veja imagens em *AOB*, T. CXVIII-CXXI; ANEP, p.161.

[89] Jz 6:25s; 1Rs 15:13; 2Rs 18:4; 23:6,15.

[90] Dt 7:5; 12:3; 16:21; Êx 34:13.

Com maior tolerância, foi aceito outro símbolo, procedente igualmente do mundo pagão: *a imagem do bezerro,* introduzida por Jeroboão I nos santuários reais de Betel e Dã.[91] Do mesmo modo que nos objetos anteriormente mencionados, tampouco se trata nessa inovação, de uma verdadeira imagem de Yahweh, mas de um simples símbolo da presença divina. O bezerro, considerado na Ásia Menor como um animal sagrado em relação com diferentes divindades,[92] guarda especial parentesco com o deus da tormenta Adad, o qual serve de pedestal à figura humana do deus[93] ou é utilizado somente como símbolo da divindade.[94] Em nosso caso, a Yahweh se considera como invisivelmente presente e, por certo, segundo demonstram as palavras de Jeroboão, como o Deus que tirou o povo do Egito. É claro o paralelo com a arca em Jerusalém; mas também é patente que esse símbolo aponta unilateralmente à natureza de Yahweh como divindade da vegetação, insistindo em sua revelação nas forças destruidoras e criadoras da natureza. Oséias,[95] combate energicamente a materialização da idéia de Deus, que leva consigo a adoração supersticiosa dessa imagem, e o círculo que surge da reforma deuteronomista vê, na instauração dessa imagem, "o pecado de Jeroboão", que marca a todo o Reino do Norte como um reino pecador.[96]

f) Se o caso do bezerro demonstra a consciência, viva em Israel, de que Yahweh não podia ser representado por imagens, idéia que se confirma pelo fato de que, em nenhuma parte do Antigo Testamento, se possa documentar, com certeza, uma verdadeira *imagem de Yahweh.*[97] As imagens de Deus citadas aqui e acolá[98] parecem ter sido sobretudo ídolos pagãos que, apesar de não

---

[91] 1Rs 12:28. Sua interpretação como símbolo de Deus, também em **W. F. Allbright**, *Von der Steinzeit zum Christentum*, 1949, p. 258s. Cf. também **J. Hempel,** Gott und Mensch im Alten Testament, 1936, p. 265s, e O. Eissfeldt, *ZAW*, 58, 1940/41, p. 199s.

[92] No Egito com Rá, na Ásia Menor com Tesup e com deuses especiais invocados nos tratados; assim sucede também na Babilônia, onde sobretudo o deus do bom e mau tempo, Rammam, assim como Adad, na Síria, tem seu símbolo no touro. Cf. uma coleção abundante e verdadeiramente cuidada do material da Ásia Menor em **L. Malten**, *Der Stier im Kult und mythischen Bild,* "Jahrbuch. Des Deutschen Archaeolog. Instituts", 43 (1928/29), p. 90s; além de **M. v. Oppenheim**, *Tell Halāf,* 1931, p. 104-115, 210. **K. Galling**, *Bibl. Reallexikon,* 1937, art. *Götterbild,* p. 202s e 219s. **E. Otto**, *Beiträge zur Geschichte der Stierkulte in Agypten,* 1938.

[93] *AOB*, fig. 143s (uma estela triunfal de Esaradon) e fig. 335 (o relevo em pedra de Maltaya).

[94] Por exemplo, sobre uma baliza fronteiriça, *AOB*, fig. 317.

[95] Os 8:4-6; 10:5s; 13:2.

[96] 1Rs 12:30; 14:9; 15:34; 16:31 etc.

[97] Cf. a demonstração em **H. Th. Obbink**, *Jahvebilder, ZAW*, 47, 1929, p. 264s. **K. H. Bernhardt**, *Gott und Bild. Ein Beitrag zur Begründung und Deutung des Bilderverbots im At,* 1956; **H. Schrade**, *Der verbogene Gott. Gottesbild und Gottesvorstellung im altem Israel und im alten Orient,* 1949.

[98] Os 2:4s; 8:4-6; 11:2; Jr 8:19; Is 48:5.

desprezarem a Yahweh,[99] se introduziram em seu culto como divindades a seu serviço ou até de sua própria categoria. De qualquer maneira, a coexistência de tais usos pagãos com o culto de Yahweh devia fazer, mais de uma vez, com que o povo não soubesse distinguir muito bem entre a imagem de Yahweh e as de outras divindades: por exemplo, com os atributos e usos cultuais dos Baais, se aplicaram a Yahweh também suas imagens.[100] As imagens talhadas de Gilgal[101] e as imagens talhadas e fundidas da casa do efraimita Mica[102] seriam, provavelmente, imagens de Yahweh, ainda que de importância secundária

Os chefes espirituais de Israel se opunham a todo momento a essa adoção do culto pagão à imagens, como uma inovação contrária à fé em Yahweh. Como a antiga legislação mosaica suprimiu desde o princípio o culto às imagens,[103] essa proibição foi se repetindo sem cessar,[104] adquirindo especial atualidade no marco da polêmica profética. Os esporádicos desvios locais não podem obscurecer essa atitude de luta do genuíno javismo. Ainda quando a existência de imagens da divindade não permita, sem mais, afirmar que se consideram a divindade e sua imagem como idênticas, a veneração de imagens implica a tendência a materializar a idéia de Deus; por isto com esse comportamento se evitou um enorme perigo para o caráter espiritual da fé israelita em Deus. Não se trata somente de uma obstinação aos usos sagrados da época primitiva, diante da prática cultual de uma civilização mais avançada, mas de uma atitude de espírito baseada na mesma natureza da fé javista; assim o demonstra o desaparecimento progressivo de todos os símbolos divinos usados no princípio, frente à multiplicação infinita que os mesmos conheceram nos estados ulteriores das grandes religiões. O fato é tanto mais notável que o desaparecimento, até dos últimos pontos de apoio do sentimento religioso primitivo para fazer à divindade materialmente presente, não diminui o interesse pela presença real da divindade no santuário, ou por sua prontidão para ouvir, perdoar e bendizer. Mas todo o acento recai sobre a relação espiritual e pessoal

---

[99] Nisto tem toda razão **Guthe**, Der Prophet Hosea, p. 2 (em Kautzsch-Bertholet, Die Hg. Schrift des At, II, 1923); Israel não pretende com isso desprender-se de Yahweh.

[100] Neste sentido nos parece que **Obbink** (*op. cit.*, p. 273), é excessivamente otimista quando pressupõe no próprio povo uma permanente capacidade de diferenciar, justamente nesse ponto, entre o culto a Yahweh e outros cultos estrangeiros.

[101] Jz 3:19.

[102] Jz 17:4; segundo uma suposição, a nosso juízo não demonstrável, também o *'Efhod* do sacerdote de Nobe (1 Sm 21:10) e de Gideão (Jz 8:27) há de se considerar como um substituto de um *'elohim* primitivo, cf. **E. Sellin**, *Geschichte des isr.-jüd. Volkes,* 1924, I, p. 134s.

[103] Êx 20:4; Dt 27:15.

[104] Dt 4:16; 5:8; Lv 26:1.

do homem com Deus; a linha de desenvolvimento vai clara e logicamente desde a forma sacrifical à forma sacramental do culto.

3. *Tempos sagrados*

Também na crença da religião israelita em tempos sagrados têm influência tradições religiosas primitivas que deviam ser acolhidas e assimiladas pelo culto javista. Desse modo se assegura que a celebração de certos dias lunares, sobretudo o da lua nova,[105] e também certas épocas festivas, como a da Páscoa, sejam de origem pré-javista. Nestes casos o que é característico, é que o que formava originalmente a comunidade cultual não era a assembléia do povo, mas o pequeno círculo da família ou do clã.[106] Junto a essas festas procedentes da época pré-mosaica, o assentamento em Canaã teve influência na introdução de festas naturalistas do país, cuja adoção esteve facilitada pela semelhança ou pela mescla com antigas festas israelitas, como sucede com as festas da colheita do trigo, da fruta e da vindima. Também as festas das *maṣṣōt* do ano novo e do Sábado estão em relação mais ou menos direta com usos pré-javistas ou cananeus. Portanto, nesse terreno a religião se viu obrigada a uma confrontação com idéias e ritos pagãos.

As festas pagãs se caracterizam por seu forte elo com a vida da natureza e por sua crença comum no *mana* e nos espíritos. Isto se traduz em primitivos ritos de caráter apotropeico e em práticas mágicas com os quais se pretende que a vida toda do homem fique dominada pela força da divindade e, que essa mesma força divina, continue se fortalecendo; é freqüente também a formação de mistérios propriamente ditos, limitados em um modo particularista para classes e grupos definidos. Tudo isto costuma ser enquadrado em um calendário cuidadosamente elaborado.

a) Nas *festas da natureza* se mantém conscientemente a relação da vida humana com suas bases naturais, com o desenvolvimento, a germinação, o crescimento e a maturidade da vida vegetal e animal. Quando por ocasião da Páscoa se apresentam, os primogênitos, quando pela festa das *maṣṣōt,*[107] a partilha solene do primeiro grão, na qual se evitava cuidadosamente qualquer mistura

---

[105] 1Sm 20:5s; 2Rs 4:23; Am 8:4s; Ez 45:18; 46:1s; Nm 28:11s; 29:1s. Que também o dia de lua cheia desempenhou seu papel, é demonstrado pela fixação da festa dos tabernáculos ou das tendas na lua cheia do equinócio outonal (Lv 23:34) e da festa de Páscoa, na lua cheia do primeiro mês primaveral (Êx 12:6). Parece que, em princípio, também o Sábado guarda relação com as fases lunares (veja comentários mais à frente).

[106] 1Sm 20:6; Êx 12:3s,21.

[107] *hag hammaṣṣōt:* Êx 23:15.

com a colheita anterior,[108] e a consagração do primeiro molho,[109] lembravam a renovação da base necessária da existência, quando durante a festa das Semanas,[110] depois de concluir-se a colheita do trigo, davam-se ao Senhor da colheita as graças devidas e se celebrava sua generosa presença mediante a oferta do pão das primícias,[111] sacrifícios e banquetes religiosos[112], quando durante a festa da colheita[113] a alegria alcançava seu ponto culminante e se levantavam as tendas festivas,[114] recolhiam-se os dízimos,[115] se celebravam as vigílias solenes[116] e se apresentavam as ofertas volitivas do ano, a vida camponesa recebia sua consagração, como lugar das bênçãos divinas, nas quais, pelos dons da natureza, o proprietário divino do país mostrava seu poder e sua riqueza.

Mas essa relação, que não se deve menosprezar, da vida natural com a divina podia, por influência da religião de Baal, chegar a confundir facilmente ambas as esferas, a ver o próprio Deus nos acontecimentos da natureza e até a identificá-lo com eles. Aqui encontram suas raízes as práticas orgiásticas dos cultos agrícolas, fortalecidos pela crença mágica antiga de que, mediante a imitação dos fenômenos naturais do nascimento da luz e da água e até do *ieros gamos,* se podia acrescentar nova vitalidade às forças misteriosas da vida. O culto a Yahweh se diferencia fundamentalmente de toda religião naturalista porque rejeita, a princípio, esses usos que procuram se introduzir em Israel e luta tenazmente por mantê-los longe; foi uma iniciativa constante de seus chefes espirituais. Sempre considerou a vida da natureza, submetida ao Deus soberano, que se havia revelado na história do povo, uma prova disso poderia ser também a ausência de toda manifestação de luto festivo pela morte da vegetação, o que no culto siro-babilônico de Adonis-Tamuz teve um importante papel; quando aparece algo desse tipo,[117] é claro que se trata de uma importação estrangeira sob o nome do deus pagão.[118]

---

[108] Dessa maneira se deve explicar a proibição do uso de toda levedura: Êx 12: 15,18s; 13:6s; 23:15; 34:18; Dt 16:3s; Lv 23:6.

[109] Lv 23:10s.

[110] *ḥag šābū'ōt* ou *ḥag bikkūrē qeṣīr ḥiṭṭīm:* Êx 34:22.

[111] Lv 23:17.

[112] Dt 16:9s.

[113] *ḥag hā'āsīp* "Festa da colheita", Êx 23:16; 34:22. **J. B. Segal**, *The Hebrew Passover from the Earliest Times to A. D. 70,* 1963.

[114] Ne 8:15s; Lv 23:39s.

[115] Dt 14:22s; 26:12s; Am 4:4.

[116] Documentadas sobretudo no judaísmo tardio, cf. *Sukka.* 5.4 no *Seder Mo'ed* da *Mishná.* A um uso antigo faz referência Is 30:29.

[117] Ez 8:14s; cf. Is 17:10s.

[118] A admissão de um rito de lamentação desse tipo, como elemento original da festa da Páscoa (cf. **T. H. Gaster**, *Passover, its History and Traditions,* 1949) não encontra fundamento algum em toda a tradição veterotestamentária e somente pode se dever a uma reconstrução, por analogia, com usos de nações estrangeiras.

Mas o caráter único do culto a Yahweh não somente se demonstra em sua atitude defensiva, mas também na introdução de aspectos novos dentro do ciclo das festas da natureza, as antigas festas agrícolas se viram submetidas a novas motivações, cujo conteúdo estava tomado da revelação histórica do Deus da aliança. Isto foi realizado ao se misturar essas festas com outras celebrações javistas próximas ou então relacionando-as de modo mais estreito com relatos históricos.[119] Assim, à *festa da Páscoa* se assimilou, a originariamente independente, dos *maṣṣōt* e, mediante o mesmo motivo da saída do Egito, relacionou a ambas com a mesma base de uma ação salvadora do Deus nacional. Essa fusão parece haver-se consumado já nos calendários de que dispomos, nos quais o conjunto de toda a festa recebe no Reino Norte de Israel, mais agrícola, o nome de *ḥag̅ hammaṣṣōṯ*[120] e no de Judá, povoado, sobre tudo, por guardadores de gado, o de *ḥag̅ hap̄p̄esaḥ.*[121] Assim sendo, o primeiro relato que Deuteronômio e **P** nos dão sobre a mistura da festa dos *maṣṣōt* com a da Páscoa[122] demonstra que durante longo tempo as duas festas conviveram uma junto da outra, durante o qual nessa ou naquela parte do país teve preponderância uma ou outra celebração.

Assim como os pães asmos se converteram em celebração da fuga do Egito, a festa da colheita recebeu seu motivo histórico de sua conexão com *as festas das tendas ou dos tabernáculos.*[123] Efetivamente, a última dificilmente pode ser considerada como um antigo costume próprio do período da colheita, o de morar em tendas durante essas datas;[124] se deve interpretá-la, também, como um costume que os nômades conservam, instalados mesmo num país civilizado,[125] já que o habitar em tendas podia colocá-los na mais estreita relação

---

[119] É discutível se a fixação dessas festas de colheita em determinado dia do mês pelo Código sacerdotal deve se considerar como uma tentativa de dissociá-las de sua base naturalista. Dadas a grandes diferenças climáticas entre as regiões palestinas, já muito antes era inevitável a fixação de uma data média para a celebração das festas nos santuários regionais.

[120] Êx 23:15; cf. 13:3s; 34:18; Êx 23:18; 34:25 parecem demonstrar que os costumes da Páscoa estão incluídos aqui também.

[121] Dt 16:1s,5s; Êx 34:25.

[122] Dt 16:3s, 8; Lv 23:5s; Nm 28:16s; Êx 12:15s. A partir daí resta perguntar se Êx 34:18 não deve sua existência a uma elaboração posterior.

[123] *ṣag hassukkōt:* Dt 16:13; Lv 23:34,40s; cf. Ne 8:15s.

[124] A festa da colheita cananéia, *hillūlīm.* Jz 9:27, apresenta outros usos, como a bebida no templo com banquetes sacrificais.

[125] O mesmo se pode ver na festa do *nebi Rubīn,* junto ao riacho do mesmo nome, ao norte de Haifa, onde a cada ano, ao lado de um santuário, que em outras épocas costuma estar solitário, se constrói para poucas semanas, uma enorme cidade de tendas; igualmente sucede na festa de *nebi Musa* no deserto judeu e na festa cristã em honra de Maria junto ao sepulcro da Virgem no vale de Cedron.

com o Deus da tenda sagrada.[126] Com toda probabilidade essa festa das tendas é o reflexo de uma antiga festa de ano novo,[127] na qual se celebrava a presença de Yahweh entre seu povo e a bênção que dele se esperava para o ano que nascia. As cerimônias — documentadas mais tardiamente, mas certamente originárias das cerimônias noturnas das luzes e da aspersão solene da água — sugerem antigos ritos de fecundidade que tendem a assegurar a implorada renovação das forças da natureza. Contudo, o centro da lei ocupa a idéia do caminho pelo deserto que tem seu ponto culminante na conclusão da aliança sinaítica. A história das formas demonstrou, ao fazer a análise da perícope do Sinai de Êxodo 19-24, da aliança de Josué 24 e do Deuteronômio, que o motivo subjacente em todos eles é o esquema de uma festa de renovação da aliança. Sua celebração compreendia, como partes fixas, uma exposição histórica dos acontecimentos do Sinai, uma recitação da lei, o anúncio de bênçãos e a conclusão da aliança. A finalidade era renovar a base vital da confederação das doze tribos israelitas mediante a atualização cultual e regular suas origens.[128] Está claro que esta festa periódica (ao princípio, é provável que somente à cada sete anos, cf. Deuteronômio 31: 9-13) era a celebração central do culto da anfictionia israelita: mantinha viva a consciência de que a aliança achava sua base na história e que comportava uma ordem de vida nova, frente a todo intento de dissolver a aliança em uma idéia mítica atemporal. Depois de uma longa convivência simultânea das duas festas, muito próximas em suas datas, a festa da colheita, de origem cananéia, foi assumida pela qual nos ocupa, dando, deste modo, lugar à festa principal do ano, chamada simplesmente *heḥāg,* como conseqüência, a festa da natureza encontrou uma firme referência na história da salvação.

b) Na época monárquica, a festa dos tabernáculos conheceu um notável desenvolvimento e, com a festa da *entronização* do rei, adquiriu um caráter de celebração novo e importante. Conjugando os relatos de 2 Samuel 6, com o *hieros logos* do santuário de Sião, com os de 1 Reis 8 e Salmo 132, o traslado do

---

[126] Cf. **P. Volz**, *Das Neujahrsfest Jahwes,* 1912, p. 20s; com novos argumentos **H. J. Kraus** fundamentou essa tese manifestando sua importância para a história do culto israelita (*Gottesdienst in Israel. Studien zur Geschichte des Laubhüttenfestes,* 1954, p. 25s). No momento não nos convence a contradição de que fala **E. Kutsch** (*Das Herbstfest in Israel,* Tese Doutoral, Magúncia, 1955; *Feste und Feiern II. In Israel,* RGG, II, 916).

[127] Cf. **P. Volz**, *op. cit.;* S. Mowinckel, *Psalmenstudien,* II, 1922; **H. Schmidt**, *Die Thronfarhrt Jahves,* 1927; **J. M. Th. Böhl**, *Nieuwjaarsfeest en Konigsdag in Babylon en in Israel,* 1927; **W. Caspari**, *der Herr ist König (Christentum und Wissenschaft,* 1928, p. 23s).

[128] Cf. **A. Alt**, *Die Ursprünge des israelitischen Rechts,* 1934; **G. von Rad**, *Das formgeschichtliche Problem des Hexateuchs,* 1938, e *Deuteronomiumstudien,* 1948. **H. J. Kraus**, *Gottesdienst in Israel,* 1954.

antigo santuário da anfictionia, a arca, para Jerusalém, realizado por Davi, deu ocasião a uma festa real das tendas; os motivos subjacentes à realização dessa festa eram: a eleição de Jerusalém como cidade santa e a designação do rei por Yahweh dentre a família de Davi. Os principais atos da celebração deveriam ser: convocação solene do povo, a procissão festiva, cuja presidência era formada pelo rei, seu séquito e a arca, que entravam na cidade de Davi, a oferta do sacrifício real no santuário, a proclamação da aliança com a família de Davi, da eleição do monte sagrado de Jerusalém como morada divina e, finalmente, a não-partição da bênção de Yahweh pelo rei.[129] Por essa festa, atribuída com toda razão a Davi, a monarquia se inseriu na tradição sagrada da anfictionia javista e conseguiu, no centro da experiência cultual do povo da aliança, se fazer proclamar anualmente como um dom da vontade de Yahweh.

Sem dúvida, era esse também o momento apropriado para celebrar a entronização de qualquer novo rei da dinastia davídica. A festa do ano novo, na qual se festejava com atos de culto solenes de renovação das bênçãos de Yahweh para o ano que entrava, serviu de marco oportuno para a inauguração do governo do novo rei e para a celebração anual de sua entronização. Tal foi seu sentido também na Babilônia. Temos boas razões para supor que com a adição da festa da entronização à festa do ano novo, de antigos hábitos israelitas, se infiltraram também em Israel muitos elementos, que essa mesma festa tinha nos reinos pagãos vizinhos, transmitidos talvez pela tradição do reino cananeu local de Jerusalém. Os salmos reais, como os Salmos 2; 45; 72; 110, deixam entrever certos elementos do antigo estilo cortesão oriental dos mitos sobre o rei que, somente puderam se agrupar em Israel procedentes de seus vizinhos pagãos; os seguintes elementos merecem especial evidência: a fórmula de adoção que declara ao rei filho de Deus (Salmo 2:7), a imagem da ruptura do jarro de louça que, parece referir-se a usos egípcios (Salmo 2:9), a aplicação ao rei do título de *'elōhim* (Salmo 45:7), o atribuir-lhe um reino universal (Salmo 72.8), o possuir um lugar de honra à direita de Deus sobre seu próprio trono (Salmo 110:1).[130] Essa aproximação da festa do rei israelita às celebrações do

---

[129] A reconstituição dessa festa real em Sião se deve ao profundo estudo de **H. J. Kraus**, *Die Königsherrschaft Gottes im Alten Testament,* 1951. Infelizmente, sua tese tem o lastro desnecessário de uma utilização injustificada, do ponto de vista da crítica literária, de 2Sm 7, no sentido de que já para a celebração primeira da festa de Davi se apela à proclamação de uma aliança divina com a dinastia davídica. Na realidade, essa forma de legitimação de Davi por meio de uma renovação cultual não é a única, mas conta com dois antigos paralelos em 2Sm 24, aos que além disso se deve acrescer as profecias citadas em 1Sm 25:30; 2Sm 3:18 e 5:2. Foi somente após a redação dos livros de Samuel que o discurso de Natãn adquiriu seu lugar preponderante, se tornando versão padrão aos olhos da posterioridade.

[130] Para maior detalhe, consulte os comentários.

mesmo tipo já arraigadas entre seus vizinhos foi favorecida, sem dúvida, pela construção do templo de Salomão conforme cânones estrangeiros, com toda sua gama de usos e costumes cada vez mais pomposos. Contudo, isso não significa que toda a fundamentação mítico-cultual da monarquia, própria do mundo pagão circundante, passasse tal qual à instituição israelita;[131] mas se é verdade que o rei foi comparado a Deus de uma forma até então desconhecida em Israel e que com isso se viu exposto à tentação de valer-se de sua apoteose cultual para ampliar seus poderes e enfraquecer a crítica do povo. Tudo isto não podia acontecer sem que minguasse o conteúdo originário da festa das tendas. A entrada do rei no santuário, considerada a princípio como um simples prelúdio vistoso, passou cada vez mais ao primeiro plano e foi obscurecendo os outros atos da celebração, dedicados à aliança sinaítica e à proclamação de sua lei, para enaltecer ao máximo a pessoa do príncipe eleito por Deus. Naturalmente no círculo sacerdotal, que sempre defendeu a inserção permanente da vida divina no mundo natural, facilitou essa ênfase na santidade do rei pelas celebrações cultuais. Além disso, o santuário ganhou magnificência e autoridade, de forma que dificilmente se podia esperar do sacerdócio do templo de Sião uma oposição aos novos usos. Está bem claro, e mais tarde nos ocuparemos disso, que o juízo profético desses fatos seriam muito distinto.

Será que, unida indissoluvelmente a essa festa de entronização real, estaria uma celebração da entronização *divina,* à qual desempenhava um papel tão importante nos santuários dos grandes impérios? Se se pensa que a procissão solene da festa real de Sião, ao ir acompanhada — como está bem demonstrado — pela arca sagrada, trono do Deus invisível, representava ao mesmo tempo uma entronização de Yahweh,[132] então a pergunta teria uma resposta afirmativa. E muito mais, ao se ter em conta que os relatos de que

---

[131] Esta suposição, que **Mowinckel** já havia defendido, impressionado pela semelhança existente no material do Oriente antigo e que depois alcançou uma aceitação desmesurada por obra dos estudiosos ingleses e escandinavos (cf. a bibliografia da p. 390n. 109), está acima do demonstrável e não tem consciência da clara subordinação que os citados elementos do mito do rei apresentam com respeito a concepção do rei como comissionado pelo Deus soberano da aliança. Em seus *Studien zu den Thronbesteigungspsalmen* (VT VI, 1956, p. 40s), **D. Michel** demonstrou que a proclamação Yahweh, pela qual se demonstra a existência, em Israel, de uma festa de entronização análoga a da Babilônia, não poderia ter sido utilizada no momento da entronização, mas que seria um grito dos que agora são súditos, e, talvez, também, uma forma de proclamar a dignidade real de yhwh para os pagãos.

[132] Isto não se tem suficientemente em conta na crítica, no mais tão meritória, de **H. J. Kraus**. Sem dúvida, na procissão da arca encontra-se "um ponto de apoio para afirmar a existência de uma festa da entronização de Yahweh" (*Gottesdienst in Israel*, p. 101).

dispomos sobre a festa babilônica do ano novo e a egípcia da entronização,[133] com os quais, segundo muitos coincidem também os usos cultuais subjacentes nos textos ugaríticos,[134] parecem exigir uma interpretação nesse sentido dos chamados salmos de entronização.[135] Mas essa tese leva muito pouco em conta o estado de coisas que se deduz do próprio Antigo Testamento e, por outra parte, exagera excessivamente a unidade que se possa deduzir dos relatos do antigo Oriente,[136] como para considerá-la uma resposta decisiva à questão.

Neste sentido se deve prestar atenção, sobretudo, ao que se afirma em 2 Samuel 6 e 1 Reis 8 e à apresentação cultual desses textos como se conserva no Salmo 132 e 24:7-9. Segundo esses textos, a procissão de Yahweh para o trono, durante a festa real de Sião, não tem como finalidade a entronização divina, mas a eleição de Sião e a confirmação de seu rei, sendo a entrada, o advento de Deus ao seu povo, o que aqui se representa e se vive como realidade cultual. Assim sendo, a renovação do domínio de Yahweh tinha sua realidade cultual nas celebrações centrais da próxima festa das tendas, outrora mencionada, e não necessitava, portanto, de nenhuma representação segundo o estilo da mitologia oriental antiga. A forte relação desta com a ação criadora do Deus-rei antes da história e com o mistério da morte e a ressurreição era totalmente estranha à mentalidade de Israel, anterior ao exílio.

Parece que se produziu uma mudança quando, ao fim da monarquia, a festa real de Sião se viu privada de seu conteúdo mais importante; durante o exílio o reinado de Yahweh encontrou seu porta-voz mais eloqüente no deutero-Isaías. Na libertação e no retorno de Israel e na conseqüente salvação das nações, é onde o profeta viu o novo senhorio do Deus de Israel, que, irado, se ocultara até agora de seu povo; por isso, consciente da mudança já iminente, animava a que se entoasse um cântico novo (42:10), que proclamasse a boa nova de Deus-rei. Para isso se serviu de algumas formas próprias da festa real babilônica de Marduk, que ele adaptou na linha de sua própria esperança

[133] Cf. **H. Zimmern,** *Das babilonische Neujahrsfest,* 1926; **K. Sethe,** *Dramatische Texte zu altägyptischen Mysterienspielen,* II: *Der dramatische Ramesseumpapyrus, ein Spiel zur Thronbesteigung des Königs,* 1928. Além disso, **Jean de Savignac,** *Essai d'interpretation du Psalme CX à l'aide de la litérature égyptienne,* (*OTS* 9,1951), p. 107s.

[134] Em especial tratou de interpretar os textos neste sentido o trabalho de **J. Engnell,** *Studies in Divine Kingship in the Ancient Near East,* 1945.

[135] Trata-se sobretudo do Sl 24:6s; 47; 93; 96; 99, que pela primeira vez **S. Mowinckel** relacionou com esta festa em seu estudo fundamental *Das thronbesteigungsfest Jahves* (*Psalmenstudien,* II, 1922). Uma defesa de sua tese contra diversas objeções encontra-se em seu artigo *Zum israelitischen Neujahrsfest und zur deutung der Thronbesteigungspsalmen,* 1952.

[136] Cf. **H. Frankfort,** *The Problem of Similarity in Ancient Near Eastern Religions,* 1951. *e Kingship and the Gods,* 1948.

escatológica: desse modo, por exemplo, adota a imagem da procissão triunfal de Deus sobre uma via vivamente decorada e também o grito tradicional da festa que agora, substitui Marduk por Yahweh, que soa assim: "Yahweh é rei" (52.7-10). As exageradas esperanças de salvação que, por essa pregação, se apodera da comunidade pós-exílica exigiam, por sua parte, uma expressão cultual porém, durante a festa principal de Yahweh, Deus foi saudado como rei que retornava triunfalmente a Sião e seu senhorio universal foi representado como uma realidade já presente na celebração cultual. Os chamados salmos de entronização (47; 93; 96s; 99) podem se interpretar como textos litúrgicos que acompanhavam essa celebração. Por ele, a entronização do rei celestial substituiu à do rei terreno, operando uma mudança decisiva na festa. Um sinal *externo* dessa mudança está no traslado da festa para o dia primeiro do sétimo mês, *tisri*. Com a passagem ao calendário babilônico, no qual a celebração do ano novo coincide com o começo da primavera, continua mantendo essa mesma data para a festa religiosa do ano novo que adquirir um redobrado esplendor por ser, às vezes, a festa da entronização de Yahweh.[137] A mudança interna da festa está simbolizada nos atributos cósmicos que se dão ao Deus-rei; criador, juiz e consumador do universo; a partir de então, esses tiveram seu próprio lugar no culto e fizeram arraigar na comunidade o universalismo profético, sem que por isso se visse amenizada em nenhum momento a referência histórica de tais expressões. Assim, pois, apesar da similitude com a correspondente babilônica, a nova festa da entronização continuou sendo uma celebração com caráter próprio, que não deixa espaço à uma fácil mitificação de seu conteúdo. Não sabemos por quanto tempo a festa manteve essa forma. É possível que a promulgação da lei por Esdras, em 444 a.C., transformara sua natureza, no sentido de uma glorificação da lei e uma repressão da esperança escatológica, a qual concordaria com a vitória da interpretação sacerdotal da aliança de Yahweh dentro da comunidade judia.[138] Parece também que a alegria, que em outro tempo cercava, à festa se viu convertida em um notório sentimento penitencial[139] e que passou a ser uma preparação para o grande dia da reconciliação, enquanto o núcleo da antiga festa das tendas, que voltou a se celebrar como antes no fim do mês, manteve o espírito de júbilo e entusiasmo próprio de uma celebração da renovação da aliança.

---

[137] Coincidindo com **J. H. Kraus** (*Gottesdienst in Israel,* p. 102), em relação com Ne 8:2 e com a tradição da Mishná, contrariamente a **N. H. Snaith** (*The Jewish New Year Festival, its Origins and Development,* 1947, p. 260).

[138] Cf. **N. H. Kraus**. *Op. cit.*, p. 108.

[139] Cf. **N. H. Snaith**, *op. cit.*, p. 205.

A festa das semanas foi posta em relação com a história do povo muito mais tarde que o resto das festas agrícolas, mais ou menos a partir do ano 100 d. C., em que passou a ser uma festa comemorativa da entrega da lei no Sinai.

Essa relação da vida da Natureza com os eventos da história era um fator que dava novo significado às festas agrícolas; mas ao mesmo tempo, suas primitivas associações com a crença nos espíritos e no "poder", que era ainda uma parte vital de muitas festas, recebiam uma nova interpretação, com sua incorporação na religião de Yahweh. Isto influenciou de maneira decisiva para que tais crenças perdessem toda a relevância na posterior evolução histórica dessas festas. Isto é especialmente aplicado, no que se refere à festa da *Páscoa,*[140] a única festa maior que se menciona nas sagas do êxodo. O uso do sangue, que lhe é característico; sua estreita relação com a lua cheia da primavera; o cordeiro, empregado como vítima; seu caráter de celebração familiar, que sempre conservou, frente às grandes festas do templo,[141] tudo leva a crer que nela esteja vivo um costume dos hebreus nômades anteriores a Moisés, no qual se trataria principalmente de conseguir a expiação e a proteção frente aos maus espíritos, unidas provavelmente à oferta das primícias do campo[142] desde um tempo bem remoto. A incorporação da festa à religião javista deve ter se realizado já na época de Moisés; foi então quando seu nome, cuja significação original é difícil determinar,[143] se pôs em relação com a silenciosa passagem de Yahweh quando das pragas do Egito.[144] Desta forma, a festa se converteu em uma proclamação eficaz da graça salvadora do Deus da aliança, ensinando a venerar com alegria reverente a ação libertadora de Yahweh como também seu terrível juízo.[145]

---

[140] *ḥag happesaḥ*. Êx 34:25.

[141] O intento da lei deuteronomista de converter a festa da Páscoa numa festa do templo pública (Dt 16:1s,5s, cf. 2Rs 23:21s) não logrou se impor, e também **P** mantém o uso antigo (Êx 12:3-14). Contudo, na época pós-exílica foi corrente matar o cordeiro pascal no pátio do templo (2Cr 30:17; 35:5s,11).

[142] Cf. a enumeração de usos semelhantes entre outros povos em **P. Volz**, *Die bibl. Alterümer, 1914,* p. 102.

[143] *psḥ* é aplicado algumas vezes à "passagem" da lua cheia pelo zênite de sua órbita e outras a uma dança cultual.

[144] Êx 12:21-27 J; Êx 12:1,3-14 **P.**

[145] Se está correto **Elhorst** (*Die deuteronomischen Jahresfeste, ZAW*, 42, 1924, p. 136s) com sua tese de que originalmente no Deuteronômio se mencionava a Páscoa como a única festa do ano, se demonstra o alto valor religioso que esta festa alcançou para a reforma puritana. Cf. também **H. Guthe**, *Das Passahfest nach Dtn.* 16, em *Baudissin- Festschrift,* 1918, p. 217s, e *Zum Passah der jüdischen Religionsgemeinde,* em *Theolog. Studien und Kritiken,* 1925, p. 144s; **N. M. Nicolsky**, *Pascha im Kult des jerusalemischen Tempels, ZAW*,45, 1927, pp. 171s, 241s.

c) Assim como a primavera na Páscoa, também o outono, no qual antigamente começava o ano, teve sua festa penitencial no *grande dia da expiação.*[146] Uma análise da lei sobre a festa,[147] revela aqui uma fusão de dois rituais diferentes: um antigo ritual de expiação na tenda, cujo centro era ocupado pela cerimônia do bode para Azazel, mediante a qual se lançavam os pecados rituais da comunidade cultual,[148] e uma ação expiatória junto à arca e ao altar, com várias aspersões de sangue.[149] Ambas, provém de época muito antiga e coincidem em descreverem uma cerimônia pura e simplesmente sacerdotal, razão suficiente para que as ordenanças mais antigas passem-nas por alto.[150] O Código sacerdotal, conforme a unificação que operou nas tradições da tenda e da arca, combinou também esses dois elementos antigos, acrescendo além disso um ritual do incenso,[151] e a toda essa ação expiatória, tão ricamente articulada, lhe deu um significado especial ao exigir a[152] participação ativa da comunidade, assim o dia da Expiação se converteu em um grande dia de penitência e em meio de expressão da necessidade de arrependimento de todo o povo. É uma culminação impressionante da idéia de expiação que domina toda a lei dos sacrifícios.[153] A perda do isolamento em que caíra o dia da Expiação como cerimônia sacerdotal, traduz precisamente uma ação notavelmente fundamental de toda a ordenança das festas veterotestamentárias: nela existe pouco desse interesse que mostra a maioria das religiões pelos ritos de mistério, através dos quais pretendem oferecer um sistema de salvação esotérico, vedado à grande massa, cercando o objeto central da religião num mistério impenetrável; principalmente, ao se ter consciência de que, no Antigo Testamento, até ações aptas para esse caráter misterioso foram incluídas deliberadamente na atividade cultual de toda a comunidade e expostas,

---

146 Lv 16 *yōm hakkipūrim* Lv 23:27; 25:9.

147 Cf. **Landersdorfer**, *Studien zum bibl. Versöhnungstag,* 1924; L. Löhr, *Das Ritual von Lev. 16,* 1925; **G. von Rad**, *Die Gesetze in der Priesterschrift,* 1954, p. 59s.

148 Segundo **Löhr**, contida em Lv 16:2-10,21,23,24,26.

149 Em Lv 16:11b,14a,15a,16,17a,18.

150 A data do dia décimo do sétimo mês, ou seja, cinco dias antes do antigo começo do ano com a lua cheia de outono, com a qual começava o ano num princípio (Lv 16, 29; 23.27s), coincide com os cinco "epagômenos" que, segundo as contas dos meses lunares, deve-se incluir no ano solar. A mudança do dia de ano novo para o primeiro dia do sétimo mês (Lv 23:24s; Nm 29:1s; Ez 45:18-20) une-se naturalmente à substituição da antiga festa do ano novo pela festa de outono (cf. **Benziger,** *Arch., 1927,* p. 386, n. 4).

151 Lv 16:12s.

152 Lv 16:29ss.

153 É difícil dizer se isto é anterior ao exílio ou se deve às adições pós-exílicas ao código sacerdotal, já que o argumento usualmente atribuído em prol de uma origem posterior a Esdras, o silêncio de Ne 9:1ss sobre um dia de reconciliação na época compreendida entre o 1 e o 15 de Tisri, não tem força provativa; cf. **G. Hölscher**, *Geschichte der isr-jüd. Religion, 1922* p. 146 n.5**; E. König**, *op. cit.,* p. 267.

portanto, à plena luz da participação pública. Com essa tendência ao público há uma coincidência de que, em nenhum momento se observa alguma restrição da ação cultual por razão de idade ou de grupo: a comunidade javista compreende à família com todos os seus membros, nem a idade nem o sexo constituem privilégio; também a mulher está obrigada a tomar parte no culto[154] e é responsável, assim como o varão, pela pureza do mesmo.[155] Somente o desenvolvimento da observância mais estrita no judaísmo tardio ocasionaria um deslocamento parcial da mulher.[156]

d) Aonde se expressa com mais clareza as tendências da religião javista em matéria de culto é no dia de Yahweh, por excelência, no dia de *sábado*.[157]

---

[154] Na Páscoa, Êx 12:3s; no Sábado, 2Rs 4:22s; Êx 20:9s; 34:21; na festa de outono, 1Sm 1:3ss; Dt 16:14; e em outras ocasiões, Dt 14:26; 15:20; 16:11.

[155] Dt 13:7; 17:2,5; 29:17; Lv 20:27; 2Cr 15:13; Js 8:35; Ne 8:2s Cf. também **M. Löhr**, *Die stellung des Weibes zu Jahvereligion und Kult,* 1908, p. 42s.

[156] Se ela não pode realizar nenhuma ação sacrifical, parece tratar-se de um uso antigo que leva muito em conta o posto de *pater familias* e a freqüente impureza cultual da mulher. Igualmente, o papel preponderante dos valores na comunidade de culto (Êx 23:17; 34:23; Dt 16:16) se deve colocar em relação com seu papel de cabeças de família, como representantes natos de sua casa. Todavia na plenitude do período judeu a mulher era conhecida no serviço ao santuário e como cantora (Êx 38:8; 1Sm 2:22; Ne 7:67; Ed 2:65; cf. Êx 15:20). Cf. também **M. Löhr**, *op. cit.,* p. 49s.

[157] Várias razões foram dadas para se rejeitar a idéia de que o Sabbath seja dos mais antigos preceitos do culto yahvista, em parte porque se considera que um dia de descanso somente é possível em condições de vida agrícola (assim **Stade**, *Bibl. Theologie,* p. 177, e outros), ou porque se crê poder reconhecer nele um dia lunar primitivo (assim, sobretudo, **Meinhold**, *Sabbath und Woche im AT,* 1905; *Die Entstehung des Sabbaths,* ZAW, 29, 1909, p. 81s), ou também porque, a existência na Babilônia, de um dia lunar chamado *sappatu* ou *sabbatu,* leva a pensar que somente depois da conquista da Terra puderam os israelitas conhecê-lo por intermédio dos cananeus (dessa maneira **Frd. Delitzsch**, *Babel und Bibel,* 1905, p. 65; *Die grosse Täuschung* I, 1920, p. 99s; **Eissfeldt**, *Feste und Feiern in Israel,* RGG II, p. 553). Objetou-se contra, com razão, que também na vida dos nômades e dos pastores nômades existem ocupações que se podem deixar para outro dia (cf. **F. Buhl**, *Gottesdienstliche Zeiten im AT,* HRE VII, p. 23; **R. Kittel**, *Geschichte des Volkes Israel,* vol. I, 1923, p. 446s), aparte de que, realmente em Israel nunca existiu um passado nômade puro. A interpretação do Sábado como dia de lua cheia choca-se com dificuldades insuperáveis, já que não logra explicar satisfatoriamente nem o caso do dia da lua cheia a ser o dia sétimo, nem tampouco os antigos testemunhos sobre a especial importância do dia sétimo (cf. especialmente, **K. Budde**, *Sabbath und Woche,* "Christl. Welt" 43 (1929), p. 202s; e também ZAW, 48, 1930, p. 121s, 138s). E seu provável parentesco com o *sapattu* babilônico não está explicado de nenhum modo, pois, aparte da comum relação com o curso da lua, que no dia sétimo israelita é muito menor que no *sappatu* babilônico, de uma comparação mais detida resultam diferenças fundamentais da forma seguinte: em primeiro lugar, não é seguro que todos os dias lunares levaram o nome de *sappatu,* o qual somente está

Seu caráter peculiar se revela em toda sua grandeza, se for comparado com os dias lunares babilônicos, considerados como dias de infortúnio assim, em primeiro lugar, ainda que seja provável sua relação originária com o curso da lua, chegou a se tornar totalmente independente das fases desse astro. Com efeito, a semana de sete dias que ele determinou ocorre regularmente todo o ano sem ter em conta o mês lunar. Por conseguinte, desde o princípio, seu caráter está livre da escolha de dias, própria do paganismo e tão relacionada com a religião astral. Todo fundamento para se distinguir entre dias santos e dias de infortúnio desapareceu, aspectos que tem sentido nas festas pagãs.[158] Isto alcança sua expressão máxima quando o Sábado é considerado como vontade do Deus criador no momento de acabar sua obra.[159] Além disso, a dedicação desse dia a Yahweh esteve, desde sempre, unida ao descanso total.[160] Se o descanso sagrado do sétimo dia relembra expressamente a Deus como soberano do tempo, cujo seguimento não pode ser impedido por nenhum tipo de trabalho, por mais urgente que seja,[161] o caráter alegre desse dia de descanso relembra, ao mesmo tempo, o Senhor bondoso que não impõe a seus seguidores jugos pesados. Ainda que talvez, em princípio, não ocupasse o primeiro plano,

---

documentado para o dia 15 de cada mês. Além disso, os dias de festa lunar, em determinadas datas do mês (mencionam os dias 1, 7, 15 e 28 do mês) são algo totalmente distinto do Sábado israelita, último dia de uma semana de sete dias que persiste todo o ano de forma ininterrupta, sem prestar atenção ao princípio do mês. Finalmente, o sétimo dia do mês babilônico, o 7, o 14, o 19, o 21 e o 28, tem o caráter de *dies nefastus* (em babilônio, *ûmu limnu*) nos quais se deve ter um especial cuidado e , sobretudo, o rei há de adotar todo tipo de precauções (por exemplo, não subir ao carro, não apresentar oferta alguma etc.); nada se diz de uma suspensão geral do trabalho. Somente no dia 15 se suspende o trabalho na Babilônia, mas é claro que a causa está em que nesse dia se pensa que ninguém pode ter sorte e que é possível aplacar a ira dos deuses, que deviam estar em descanso (daí o nome de *ûm nuh libbi*: "dia do descanso do coração"), com uma espécie de jornada de penitência ou de oração; não é, pois, uma festa jubilosa. Se, portanto, o nome do Sábado pode não ser israelita, a realidade que representa somente existiu em Israel. Cf. traduções dos preceitos babilônicos em torno dos dias sétimos em **Zimmern**, KAT, 593; *Siebenzahl und Sabbat, 1907,* p. 106; **Frd Delitzsch**, *Babel und Bibel,* p. 64; AOT, P. 329; **B. Landsberger**, *Der kultische Kalender der Babylonier und Assyrer,* 1915, p. 120.

[158] Deve se pensar no papel importante que desempenha o dia nefasto na literatura babilônica omen, na fixação da festa agrícola grega no último dia da lua crescente e da romana antiga, a ser possível, num dia ímpar do mês.

[159] Êx 20:11; Gn 2:2s.

[160] Cf. Am 8:4s; 2Rs 4:23; Êx 23:12; 34:21; é lógico que, a partir do exílio, o Sábado ganhasse em importância como sinal distintivo do judeu piedoso, no meio de um ambiente pagão; e isso não se pode empregar como argumento contra sua existência anterior (cf. Is 56:2s; Ez 20:12s; Ne 13:15s).

[161] Cf. a maneira como se inculca o dia de descanso, precisamente para as datas de maior labor do ano, Êx 34:21; de acordo com Is 1:13, a visita ao templo nesse dia era um exercício tão comum, quanto a consulta a um homem de Deus, 2Rs 4:23. Essa profunda incidência do descanso sabático na vida diária torna compreensível que esse dia apareça na lei fundamental do Decálogo.

esse aspecto do sábado sempre foi vivido com intensidade;[162] não era para menos: ao encontrar seu fundamento no descanso divino depois da criação, esse dia aparecia como uma fonte de bênçãos universais; isso explica os elevados sentimentos com que o israelita piedoso se entrega ao prazer do dia de descanso. Somente a progressiva conversão da religião veterotestamentária em uma religião de observância estrita, no judaísmo posterior, converteu o descanso do sábado numa carga insuportável.

4. *As ações sagradas*

a) Ritos de consagração e purificação

Existe nos ritos religiosos uma ampla zona de contatos entre a religião de Israel e as demais religiões antigas, como é fácil comprovar. O número imenso de prescrições contidas no Antigo Testamento sobre o puro e o impuro e sobre ritos para recuperar a pureza perdida ou para alcançar uma especial santidade, encontram na história das religiões consideráveis materiais de comparação, que têm sido utilizados com êxito para situar as origens últimas de tais usos nas crenças *tabu* primitivas.[163] Mas é necessário recordar a respeito disso o provérbio: "quando são dois os que fazem a mesma coisa, esta não é a mesma". Deve ser tarefa da ciência comparada das religiões ver o que é que a fé javista fez do material que recebeu.

a) Certamente pode se citar alguns preceitos nos quais a fé javista não introduziu nenhuma troca ou re-interpretação notável, é o caso, sobretudo, dos ritos de fecundidade, devidos a uma antiga fé no "poder", como a proibição de coser ao cabrito no leite de sua mãe etc.[164] Mas na imensa maioria de tais usos

---

[162] Sobretudo o Deuteronômio dá a isto importância (5:12s; cf. Êx 23:12); mas Oséias (2: 13) fala do júbilo sabático, assim como mais tarde Is 58:13. Sobre o significado do Sábado para a mentalidade israelita, cf. **E. Jenni.** Die theologische Begründung des Sabbatgebotes im Alten Testament, 1956 ("Theolog. Studien", ed. **K. Barth**, n°. 46), 1956.

[163] Cf. especialmente **J. Döller**, *Reinheits- und Speisegesetze des AT in religionsgeschichtlicher Beleuchtung,* 1917.

[164] Êx 34:26; 23:19; Dt 14:21. A idéia de fundo é impedir que a vida da mãe e a da cria se mesclem, porque com isso se estorvaria a influência benfeitora da força de vida. Semelhantes concepções servem de pano de fundo às proibições de Lv 19:19; 22:28, e Dt 22:6s,9-11. Cf. **A. Wendel**, *Das Opfer in der altisraelitischen Religion,* 1927, p. 172**. A. Bertholet** (*Uber den Ursprung des Totemismus,* em *Festgabe für J. Kaften,* 1920, p. 12), dá outra explicação para a proibição de semear o campo com duas classes de semente misturadas, trata-se da rejeição de um costume supersticioso, no qual, ao semear diferentes sementes, trazia o interesse de poderes demoníacos diferentes no meio do campo, assegurando, assim, as duas coisas; ou seja, de revigorar o "poder" pela concorrência de potências diferentes.

não se pode negar um sentido específico, a saber, o de utilizá-los como armas do culto exclusivo de Yahweh, frente a toda crença em poderes e espíritos. Tudo o que está relacionado com divindades estrangeiras ou com seu culto é condenado por sua impureza e excluído do culto de Yahweh. Como essa proibição se faz sob o peso da antiga crença em tabus, isso torna a linha divisória clara e absoluta. Por isso, país e comida estrangeiros são impuros;[165] muitos animais são excluídos da lista dos que servem para alimento, porque desempenham algum papel em algum culto estrangeiro ou em ações mágicas, assim, por exemplo, o porco, animal doméstico e sacrifical da antiga Canaã; os ratos, as serpentes e as lebres, considerados pela magia, portadores de poderes demoníacos.[166] Lugar apropriado para a fé mágica e a fé em espíritos são os fenômenos da vida sexual e os usos relacionados com a morte; é compreensível, portanto, a rigidez da religião javista nesses terrenos.[167] A estreita relação especialmente das divindades cananéias com a procriação e o nascimento, e das divindades egípcias com o culto aos mortos, pode contribuir para a rigidez de tais preceitos. As mesmas razões deveriam atuar na proibição da mutilação e da tatuagem[168]. A expressa proibição de se alimentar com sangue[169] não se pode explicar somente pela crença de que, com o sangue se receba uma vida estranha, já que em outras partes essa mesma crença deu lugar precisamente a que se comesse o sangue, mas que continua unida à rejeição de costumes pagãos que reconheciam na bebida do sangue um elemento do culto a um animal ou um meio para excitar a adivinhação extática ou para conseguir uma união orgiástica com a divindade.[170]

---

[165] Am 7:17; Ez 4:13; Os 9:3.

[166] Cf. as listas de animais puros e impuros em Lv 11:1s; Dt 14:3-21; cf. Gn 7:2. No caso de muitos animais a falta de notícias nos impede averiguar a razão de sua proibição. Contudo, é natural que a sistematização posterior das listas contribuísse a uma ampliação do âmbito do proibido. Cf. a este respeito **R. de Vaux** *Les sacrifices de porcs en Palestine et dans lancien Orient,* em *Eissfeldt-Festschrift,* 1958, p. 250s. Uma visão de conjunto em *Les Sacrifices de l'Ancien Testament,* 1964. Sobre o papel que asnos, porcos, coelhos, ratos e escaravelhos têm na fé e na superstição babilônicas cf. **M. Jastrow**, *Die Religion Babyloniens und Assyriens,* 1905/12, vol. II, p. 775s.

[167] Lv 12; 15; 21:1-5; Nm 19:11s; sobre a antigüidade desses preceitos nos dá a idéia 1Sm 21: 5; 20:26. Pelo AT não se pode demonstrar que a morte, como castigo pelo pecado, fosse considerada profanante (assim, por exemplo, **E. König**, *Theologie,* p. 272).

[168] Dt 23:2; 14:1; Lv 19:27s; 21:5; cf. Dt 22:5.

[169] Gn 9:4; 1Sm 14:32s; Lv 19:26.

[170] Cf. Chantepie I, p. 37,54; II, p. 514 e o despedaçamento e a deglução de animais vivos em usos cultuais locais do Islão; veja **K. Budde**, *Die altisraelitische Religion,* 1912, p. 136, n. 26, e **W. R. Smith**, *Die Religion des Semiten,* 1899, p. 262.

Contudo, seria equivocado considerar essa como a única razão para preceitos de pureza existentes na fé javista. Assim, por exemplo, o efeito impuro da lepra[171] não pode ser explicado tanto por se derivar da relação com um espírito maligno[172] quanto pelas terríveis conseqüências dessa enfermidade, temida como contagiosa, que exclui o paciente da convivência com os demais homens e lhe faz aparecer como castigado pela ira divina.[173] O fato de alguém se achar assim separado da comunidade de Yahweh por ter sido considerado impuro, é muito natural. Tampouco devemos esquecer que é totalmente natural o sentimento de admiração para com o que é perfeito e normal e bem como a rejeição do que é oposto a isso. Do mesmo modo que não se admitia como vítima a um animal defeituoso, tampouco se consideravam vocacionados para o sacerdócio aqueles que tivessem defeitos físicos.[174] Igualmente, o asco para com o aspecto e a forma de vida de alguns animais devia contribuir mais de uma vez a que se lhes declarasse impuros.

Os numerosos meios de purificação a que faz referência a lei são necessários para que os diferentes tipos de impureza tenham seu tratamento adeqüado. Para a purificação mais simples basta o lavar com água pura;[175] para os casos mais complicados há meios especiais, sob a supervisão do sacerdote;[176] entre estes aparece também a unção com óleo.[177]

b) Todas essas múltiplas idéias sobre a pureza e os ritos de purificação, por sua referência comum a Yahweh e à formação de um povo santo, recebem em Israel um significado ideal mais profundo do que em outros lugares onde, sem relação alguma entre si, se põem em relação com esta ou com aquela divindade ou aonde estão totalmente submetidas a uma fé em forças demoníacas. O forte predomínio da vontade exigente de Deus se encarrega de fazer desvanecer os velhos motivos de um alheamento puramente mecânico da impureza material e de que, passe a ocupar o primeiro plano, a consecução de uma forma de vida agradável a Deus, com os meios que o próprio Deus dispensa. Assim, pois, o que em todas as religiões se reconhece como o efeito mais meritório dos preceitos em torno dos tabus, isto é, sua influência na formação da idéia de uma norma absoluta,[178] se consegue em Israel em um plano superior, a norma consiste na idéia de Yahweh que domina tudo e tem como objetivo estabelecer uma

---

171 Lv 13s.
172 **Benzinger**, *Archäelogie,* p. 397.
173 Daí a aplicação do termo *nega',* "golpe", à lepra: cf. entre outros Lv 13:2s.
174 Lv 21:17ss.
175 Lv 11:24s,28,32,40; 15:5s,16-18, 21s.
176 Lv 14:4,49; Nm 19:6.
177 Lv 14:17s.
178 Cf., sobretudo **W. Hauer**, *Die Religionen,* I, 1923, p. 151s.

relação pessoal com Deus;[179] nas demais religiões, ao contrário, dada a falta de uniformidade, a contingência de relações baseadas em tabus e a ausência de uma idéia diretriz única, esse desenvolvimento se vê constantemente ameaçado.

Por isso, nem sequer a racionalização crescente da vida, ao evoluir a cultura pôde desenraizar ou debilitar o caráter de obrigatoriedade de tais preceitos em Israel; isto ocasionou somente uma mudança em seu sentido originário. Lado a lado com a sistematização buscada aqui e acolá,[180] que substitui os velhos motivos, caídos sem dúvida no esquecimento, por uma divisão segundo sinais racionais de diferenciação, se alcança a estreita associação da pureza levítica com a ação moral, mediante a qual a comunidade alcança o estado desejado por Deus. Como conseqüência, tanto na lei deuteronômica quanto na sacerdotal,[181] a pureza ritual aparece muitas vezes como símbolo e expressão externa da perfeição moral. Assim, se vê com especial clareza no uso da palavra *qādōš*, a diferença entre o sagrado e o profano adquire uma nítida clarificação, já que no sagrado o decisivo é seu aspecto positivo, pertencer a Deus, enquanto a separação do profano não é mais que uma conseqüência[182] secundária; além disso, a santidade deixa de ser somente uma relação para converter-se em um estado, em uma qualidade pessoal: aquele que pertence à Deus têm de possuir uma índole especial que inclui, ao mesmo tempo a pureza externa e interna, o ritual e a moral, como corresponde à natureza do Deus santo.[183]

Neste sentido, a organização da teocracia, que se encontra na última parte do livro de Ezequiel, contará como condição prévia com um povo convertido por Yahweh e recebido por ele em uma nova aliança; e alguns escritores dos salmos poderão utilizar expressões rituais num sentido puramente figurado, como símbolos de fenômenos internos.[184] Essa estreita unidade entre o externo e o interno, pela qual o rito se converte em testemunho da renúncia interior a toda ação contrária a Deus, faz do cerimonial uma forma pela

---

[179] Esta meta encontra também expressão na vinculação das cerimônias de purificação com sacrifícios particulares, assim, a purificação de um leproso é acompanhada dos sacrifícios pela culpa, pecado e holocausto (Lev 14:10s.), de um nazireu, por sacrifícios, pela culpa e pecado (Nm 6:9s) e para a purificação de uma parturiente, um holocausto e sacrifício pelo pecado ; (Lv 12.6s).

[180] Por exemplo, Dt 14:3-21; Lv 11:1-23.

[181] Sobretudo, no chamado código de santidade (Lv 17-26). Em Dt cf., por exemplo, 21:6, em que o lavar das mãos se converte num símbolo.

[182] Nm 16:5: "Amanhã fará saber o Senhor quem lhe pertence, quem (portanto) é santo". Os sacerdotes são chamados aqui de santos, porque mantêm com Deus uma relação de especial proximidade.

[183] Cf. Lv 19:2: "Sede santos, porque eu, Yahweh, vosso Deus sou santo", e todo o código da santidade de Lv 17—26.

[184] Sl 51:9: o borrifar com hissopo e o lavar sagrados; Sl 141:2: a oferta de incenso e o sacrifício vespertino.

qual o povo vive em santidade e assim se manifesta. Seu desenvolvimento é inseparável da natureza espiritual da nação e se converte no manto protetor que a capacita, para sua própria auto-afirmação, até em meio de um ambiente pagão, depois da ruína do Estado e do povo.

c) Esse processo aparece de forma especialmente clara no rito da *circuncisão*. Esse rito de puberdade disseminado por toda a terra, que deve ser interpretado como um ato de consagração do jovem, pelo qual se garante a fecundidade do matrimônio,[185] há muito tempo foi trasladado em Israel para a infância[186] e teve a ver, provavelmente, com o desaparecimento do sacrifício de crianças.[187] Em qualquer caso, desde o princípio, teve um significado religioso e foi, por extensão, consagrado a Yahweh, que testemunhava ao povo como pertencente a si,[188] sem que fosse, contudo, um ato de culto oficial. Sua interpretação simbólica, a encontramos em Judá no século sete.[189] A legislação sacerdotal foi encarregada de convertê-lo num sinal oficial da aliança, sendo como era, um ato de consagração privado,[190] e de dar-lhe assim uma nova

[185] Neste ponto são decisivas as designações análogas e as práticas semelhantes do momento em que se desfruta o primeiro fruto das árvores frutíferas: as árvores permaneceram durante três anos "incircuncisas", quer dizer, sem que se lhes recolha o fruto; no quarto ano os frutos são apresentados à Yahweh, como oferta de ação de graças, ou seja, como se as árvores já estivessem circuncidadas; e no quinto ano se começa a usufruí-las (Lv 19:23s). Assim como se deve obter a fertilidade do campo das mãos de seu Dono divino, o homem que está para contrair matrimônio faz antes uma oferta ao Senhor da fertilidade humana na circuncisão, cujo sangue tem poder expiatório. Sobre a extensão e o sentido do costume, cf. **A. E. Jensen**, *Beschneidung und Reifezeremonien bei der Naturvölkern*, 1933.

[186] A narração pertinente de Êx 4:24-26, pretende explicar o traslado da circuncisão da idade adulta à pequenez por meio da ação de Zípora. Contudo, o desaparecimento do costume de circuncidar ao adulto pode provir de época anterior; é possível que no Israel mosaico lutassem por se imporem distintos costumes. Aludem à existência pré-mosaica da circuncisão, Gn 34:22s e 17:10s, em que, além disso, a presença de tal costume também entre os árabes, moabitas, edomitas e amonitas se explica por serem estes, também, descendentes de Abraão. Sobre Êx 4:24s, cf. **J. Hehn**, *Der "Blutsbrautigam", ZAW*, 50, 1932, p. 1s. **H. Junker**, *Der Blutbrautingam* (*Alttest. Studien F. Nötscher gewidmet*, 1950).

[187] Assim **Kuenen**, *De Godsdienst van Israel,* I, p. 238. A data da circuncisão é muito distinta da egípcia e árabe; no oitavo dia do nascimento (Lv 12:3, ainda que Êx 22:28, faz pensar numa relação deste tipo).

[188] Cf. Js 5:2s e o emprego do termo *'ārēl*, "incircuncisos", para designar aos filisteus (Jz 14:3; 15:18; 1Sm 17:26 etc.). De Jr 4:4; 9:24s, também se deduz a estima religiosa que se tinha da circuncisão.

[189] Jr 4:4; 9:24s; 6:10; Dt 10:16; 30:6; Lv 26:41; Êx 6:12.

[190] Gn 17. Os modelos em que se baseiam 17:1-6,9-11a,14,16b,22,26, notadamente mais antigos que sua forma atual, demonstram que esta idéia é muito mais velha, cf. **K. Steuernagel**, *Bemerkungen zu Gen. 17* (*Beitr. Zur alttest. Wiss. K. Budde überr.,* 1920, p. 172s). A ênfase nesse rito é melhor compreendida não no contexto do exílio, mas muito mais anteriormente no século sete a.C, como uma reação contra a invasão de usos religiosos assírio-babilônicos em Judá, e mais, sabendo que, na Mesopotâmia, a circuncisão não era comum.

significação dentro do sistema da aliança. Como os termos "incircunciso" e "impuro" se tornaram cada vez mais idênticos,[191] a circuncisão passa a significar o abandono da impureza e, ao mesmo tempo, a entrada na comunidade do povo de Deus, com a obrigação de guardar seus sagrados mandamentos. Assim, este uso, ao princípio de pouca importância, se transformou em símbolo do povo de Deus purificado, reunindo em si convicções fundamentais da eleição de Israel.

d) No costume do anátema de guerra nos encontramos com o caso contrário, um rito de consagração, ao princípio muito importante, que pouco a pouco chegaria a perder toda a importância. A destruição do inimigo com sua mulher e seus filhos, com seus gados e posses é um costume, freqüente em outras partes,[192] passando depois a ser também tradicional em Israel; não se pode interpretá-la nem como sacrifício nem como oblação,[193] mas que faz parte das abstinências a que se impõe o guerreiro, pelas quais ele mostra seu agradecimento à divindade presente no campo de batalha fazendo, assim um ato de renúncia. Ao declarar ou consagrar o inimigo como sagrado,[194] este se convertia em intocável para toda ambição humana e, por conseguinte, a renúncia era irrevogável. É indubitável que precisamente a forma rígida do anátema[195] devia impedir bastante a declaração de guerra por cobiça ou avidez de despojos, e muito mais desde o momento em que também o vencedor podia se ver afetado pelo anátema, se fosse culpado de transgredi-lo.[196] O próprio povo de Yahweh conheceu este castigo.[197]

---

[191] Is 52:1; Ez 44:7.

[192] Sobretudo na inscrição do rei Mesa de Moabe (*AOT*, p. 440s); mas também entre os árabes, entre as tribos germânicas, entre os índios: cf. **E. Schwally,** *Semit. Kriegsaltertümer, 1901,* I, p. 35s.

[193] Contrário a esta forma de ver as coisas está o fato de que aos homens se mata, não se lhes queima, enquanto que aos despojos se lhes queima e destrói, não se os consagra. Que fosse um voto solene não demonstra que o anátema tivesse o significado de sacrifício; o que faz é unicamente indicar que representa uma ação especial, a qual não é necessária em toda guerra. Quando ocasionalmente se designa ao anátema como *kālīl,* sacrifício total (Dt 13:17), se faz metaforicamente.

[194] Deste ponto de vista, *hehᵉrim* tem o mesmo sentido que *hiqdis* (cf. Jr 12:3). **J. Pedersen** vê uma das raízes desse costume no medo das forças espirituais estrangeiras, das quais estão impregnadas as pessoas e as possess do inimigo e que somente podem se neutralizar pela consagração a Yahweh (*Israel, its Life and culture,* III, IV, 1940, p. 27s).

[195] Documentada em Js 6:17s; 8:24-26,28; Jz 20:48; 21:10s; 1Sm 15; 22: 11s; Dt 13: 16s; 20:16s; e, talvez, também em 2Rs 6:21 e 2Cr 25:12s.

[196] Cf. Js 7:1s.

[197] Jz 20:43; 21:10s.

A introdução desse uso guerreiro na religião de Yahweh foi possível graças à exigência mosaica de uma entrega incondicional à causa de Deus. O fato de que intervenha na batalha a mesma ira de Yahweh tende a converter em ato de culto a aniquilação do inimigo. É significativo que apareçam também as idéias do juízo e a vingança, porque os cananeus estão maduros para o juízo[198] e os amalequitas são ladrões impiedosos[199] ou também porque a idolatria do inimigo pode ser uma armadilha para Israel,[200] por isso serão entregues à destruição. Desta forma o anátema se transforma em castigo nas mãos de Yahweh; Yahweh se vinga de seus inimigos mediante o anátema;[201] o anátema equivale a um castigo.[202] Também esse rito sofre, portanto, uma mudança de significado baseado na natureza do Deus da aliança.

Apesar de tudo, esse rito não se conservaria assim sempre; com o tempo foi experimentando grandes mudanças, excluiu-se do anátema gados e despojos,[203] às mulheres e às crianças[204] e para os prisioneiros varões se pensou numa dedicação ao santuário.[205] A organização da guerra, por parte de Israel, esteve sempre dominada pela clemência; os reis israelitas são reis indulgentes[206] e não se conhece o cruel derramamento de sangue, como aparece com freqüência, de forma repugnante nas inscrições assírias.[207] Tampouco vemos em nenhuma parte que os guerreiros israelitas violaram mulheres, e nas leis sobre a guerra, as árvores frutíferas são objeto de proteção.[208] Nos últimos tempos da monarquia o costume do anátema parece haver desaparecido, já no tempo de Acabe devia estar em desuso,[209] posto que é claro que não se lhe reconhece caráter obrigatório. Os homens da reforma deuteronomista, por seu afinco às leis da antiga anfictionia javista, procuraram ressuscitar o velho uso; mas a queda do Estado acabou para sempre com a instituição da guerra santa.[210]

---

[198] Cf. Gn 15:16; Lv 18:25,28, como em geral o juízo desfavorável que se faz sobre os cananeus em Gn 9:22; 19:5.

[199] 1Sm 15:2,33.

[200] Dt 7; Nm 31.

[201] Jr 50:13s,15; Mq 4:13.

[202] Êx 22:19; cf., o castigo do sacerdote de Nobe por Saul, 1Sm 22:11s.

[203] Dt 2:34s; 3:6s; Js 8:2,27; 11:14.

[204] Dt 20:13s; Nm 31:7s.

[205] Js 9:23; cf. Lv 27:28s.

[206] 1Rs 20:31.

[207] São especialmente conhecidas a respeito, as inscrições de Senaqueribe.

[208] Dt 20:19s.

[209] 1Rs 20:35s.

[210] Cf. a este respeito, **G. von Rad**, *Der Heilig Krieg im alten Israel,* 1951, que procura também manifestar a importância e o sentido dessa instituição para a pregação profética. Além disso, **H. Kruse**, *Ethos Victoriae in Vetere Testamento,* 1951, com uma bibliografia detalhada, e **H. Junker**, *Der altest. Bann gegen heidnische Völker als moraltheologisches und offenbarungsgeschichtliches Problem,* "Trierer Theolog. Ztschr", 56 (1947), p. 74s.

b) Culto sacrifical

Para descobrir a idéia religiosa que serve de fundamento à liturgia sacrifical israelita, se deve ter em conta duas coisas: primeira, que no Antigo Testamento não encontramos em nenhuma parte uma explicação direta sobre o sentido do culto sacrifical; nos vemos obrigados a deduções que somente podem levar-nos a certo grau de probabilidade. A segurança com que às vezes se emitiram juízos nesse terreno e até se chegou a fazer esquemas completos do desenvolvimento da idéia de sacrifício,[211] está em proporção inversa com a garantia que oferecem os dados. A segunda é que as lacunas existentes na tradição veterotestamentária não podem ser preenchidas simplesmente com dados tirados da história geral das religiões, dando por certo que, em Israel, as coisas tiveram de ser exatamente como em outros lugares e, que todas as idéias sobre o sacrifício que se possam comprovar em outras partes, deveriam se encontrar também em Israel. Se há uma ocasião em que não se deve perder de vista a relação com as idéias religiosas fundamentais do Antigo Testamento, tal ocasião é no caso do sacrifício.[212]

Para o fim que a nós nos interessa não há por que fazer uma recontagem dos distintos tipos de sacrifício segundo seu nome, matéria e modo de realização; consultar para isto com os relatos correspondentes das arqueologias bíblicas, os artigos das enciclopédias e *Theologie des Alten Testaments,* editado por **König**, 1923, p. 87s. Tratamos aqui somente do sentido e da importância do sacrifício.

a) A história das religiões assinala como idéias principais de todo o culto sacrifical, a do alimento, a da oferta de dons, a da comunhão sagrada e a da expiação. A mentalidade mais primitiva pensa que, é por intermédio do sacrifício que se põe à disposição da divindade um alimento para que revigore suas forças. Independentemente de que esta idéia adote formas mais ou menos grosseiras — ou seja, a de uma autêntica comida ao modo humano ou a do consumo do elemento de força invisível que o alimento contém ou mesmo

[211] Assim, em **W. R. Smith,** Die Religion der Semiten, 1899, que quer deduzir tudo da comida de comunhão sagrada, **S. R. Curtiss,** *Ursemitische Religion im Volksleben des heutigen Orient,* 1903, que considera como fator decisivo a morte vicária da vítima. Tampouco está livre de tais elucubrações **A. Wendel,** *Das Opfer in der altisraelitischen Religion,* 1927, por exemplo, p. 44s; 53s.

[212] Uma boa visão de conjunto em **H. H. Rowley**, *The Meaning of Sacrifice in the Old Testaments,* 1950.

do aroma que exalam as ofertas queimadas —, sempre considera à divindade como dependente da ação do homem e, por conseguinte, pensa que o sacrifício é o meio mais eficaz de predispor o poder sobrenatural em favor do homem. Não é necessário demonstrar que assim se encontram ameaçadas, tanto a superioridade de Deus, quanto a humildade respeitosa do homem diante da divindade. Ao contrário, onde quer que a imagem da divindade adquira traços mais espirituais, essa idéia tende a perder terreno e até a desaparecer.

Ao se analisar minuciosamente a linguagem e os ritos que cercam ao sacrifício israelita, eles demonstram uma influência inegável de tais concepções. Os elementos do sacrifício fazem pensar no alimento, já que se sacrifica somente o que se pode comer, temperando, além disso, a carne com sal e a farinha com azeite, e às vezes a carne é cozida antes de ser oferecida.[213] As comidas e o vinho que acompanham o sacrifício ritual do animal, lembram as comidas e bebidas que se costumam servir de guarnição ao prato da carne. Nessa mesma linha de referência à comida, deve se colocar o rito, freqüente também na Babilônia, de colocar pães na presença da divindade *(lĕḥēm pānim)* renovando-os periodicamente, na crença de que a divindade aceite esses alimentos.[214] Igualmente se deve, provavelmente, interpretar o costume freqüente de colocar em um lugar designado para a oferta, alimentos adequadamente preparados.[215] Finalmente, a apreciação da essência do sacrifício no aroma, está expressada na descrição do sacrifício como um "aroma pacífico", que dispõe a divindade a uma atitude amigável.[216]

Essas constatações são sumamente importantes para não cair no erro de ceder a fáceis analogias estabelecidas a partir da história das religiões. Certamente tudo isto não significa mais que a referência, que materialmente fazem os ritos sacrificais israelitas, à idéia de uma comida dos deuses. Fica, contudo, em absoluto sem provar se esta concepção de fundo era algo *formalmente vivido* em Israel. Uma prova evidente de que tais expressões não podem ser interpretadas neste último sentido a encontramos no fato de que os escritores de época posterior, até os mais tardios, não tenham tido inconveniente algum em continuar mantendo a antiga terminologia, posto que, tais expressões perderam completamente o significado nelas subjacente. Isto não vale somente do "aroma que aplaca",[217] mas também da designação do sacrifício como alimento de Deus, *lĕḥēm ᵉlōhim,* que fora do Código

---

[213] Cf. Jz 6:19s; 1Sm 2:13.
[214] 1Sm 21:7; 1Rs7:48; Êx 25:30 etc.
[215] Jz 6:19s em Ofra; cf. 13:19.
[216] Gn 8:21; Lv 1:9,13,17; 26:31; Ez 6:13; 16:19; 20:28.
[217] Cf. nota anterior.

sacerdotal, aparece também em Ezequiel e Malaquias.[218] Temos aqui os mais claros exemplos da persistência da terminologia cultual, quando as idéias já mudaram; isto é uma advertência para não tirar conclusões precipitadas, nem sequer com respeito à época antiga de Israel. De fato, uma interpretação literal de Gn 8:21, está em contradição total com a idéia de Deus do javista, e Jz 13: 16, destaca, como irreconciliável com a natureza de um ser celestial, a idéia de que o anjo de Yahweh possa aceitar comida para si.[219] Mas, além disso, a dependência de Deus com relação ao homem, suposta num possível alimento para divindade, está em total contradição com a fé javista do antigo Israel, já que a idéia de aliança, central para ele, não afirma, senão que Yahweh já existia e que havia provado todo seu poder, antes mesmo que Israel pudesse apresentar-lhe qualquer tipo de sacrifício.[220]

Também a prova do material e do rito do sacrifício, em princípio tão convincente, perde toda sua força a partir do momento em que se reconheça que, por mais pertinaz que seja a persistência de seus elementos originários, a ação sacrificial mesma está submetida a uma freqüente reinterpretação. Este fenômeno, que é um lugar comum no estudo da história das religiões comparadas (se pode pensar na evolução de significado de ações mágicas unidas aos sacrifícios à divindade, como, por exemplo, nas festas romanas das robigálias ou nos ritos de purificação do culto de Apolo), se deve pressupor também no culto a Yahweh, a oferta de comida e bebida lembra que Deus é o único que dá vida e alimento e a quem, portanto, se apresentam dons, precisamente das coisas que se necessitam para a vida. Com relação a isto se deve notar que o leite e seus derivados, apesar de constituir o alimento principal do nômade, não se mencionam como elementos do sacrifício israelita. Que seja o fogo o meio pelo qual Deus se encarrega da oferta está suficientemente justificado pela própria natureza de Yahweh, que se revela preferentemente no fogo.[221] O cheirar o aroma da oferta se converte em expressão de que Deus o tem visto e aceitado com benevolência.

Contudo, ainda que venhamos a afirmar que a idéia de uma comida da divindade é estranha ao javismo, isso não significa que tal idéia não buscara constantemente se infiltrar no culto israelita. A isso colaborou, sem dúvida, a influência dos costumes cultuais cananeus, como se vê claramente, por exemplo, na libação do vinho. A imagem de Abraão convidando à

---

218 Lv 21:6,8,17; 22:25; Ez 44:7; Ml 1:7.

219 Somente uma incompreensão pode colocar na mesma linha alimentos e sacrifícios como comida de homens e deuses, respectivamente (**A. Wendel**, *op. cit.*, p. 4).

220 Assim, com razão, **M. Weber**, *Religionssoziologie,* vol. III, p. 145.

221 Assim, também **A. Wendel**, *op. cit.*, p. 49.

divindade (Genêsis 18.5), tomada de uma narração popular de proveniência cananéia, demonstra que a idéia de que Deus come está viva, ainda quando o javista a suavize falando da comida de anjos que permanecem no anonimato. As histórias dos juízes, autenticamente israelitas, nada tem a ver com essa idéia.[222] Contudo, em época bastante tardia será objeto de polêmica expressa,[223] enquanto os profetas anteriores ao exílio não parecem ter se preocupado com o problema. Assim, pois, a idéia de Deus comendo deve ser considerada entre essas concepções toscas do paganismo que constantemente procuraram atrair para sua esfera de influência às idéias javistas.

b) Ainda que, com freqüência relacionado com a idéia de comida, a concepção do *sacrifício como oferta feita à divindade* apresente características peculiares que fazem desse tipo de sacrifício algo distinto e autônomo. Assim como o pequeno apresenta seus dons ao seu superior, ou o dependente ao seu patrão e o súdito ao seu senhor, como expressão comum de submissão e respeito, de igual modo o homem piedoso faz com seu Deus. Como dom se apresenta, logicamente, somente aquilo o que é precioso e cuja oferta represente para o ofertante uma renúncia; daí que sejam apresentados como ofertas os alimentos necessários para a vida e, precisamente, por intermédio de seus elementos mais apreciados; à divindade igualmente se faz oferta de quaisquer tipos de objetos valiosos. A designação mais freqüente dessa classe de sacrifícios é a de *minhã* (Genêsis 4:3ss; 1 Samuel 2:17, e outros). Mas essa idéia fundamental de oferta pode facilmente ir acompanhada de toda escala possível de motivos humanos secundários. Efetivamente, segundo o estado de ânimo do ofertante e o caráter do que recebe a oferta, esta pode estar acompanhada pelo sentimento de entrega sem reservas ou pelo apaziguamento interesseiro da divindade, e combinar-se com a súplica confiante ou com o interesse calculado. Quando o homem moderno, desvaloriza esse culto pelas atitudes que o acompanham, pressupondo que seus motivos naturais são os mais baixos, esquecido do amplo leque de possibilidades que nele tinha, a atitude subjetiva do ofertante e, também, da necessidade imediata que o homem antigo experimentava, de expressar de forma concreta seus sentimentos. Tal suposição se comprovou inexata com relação aos povos primitivos;[224] a constatação semelhante se chegou com relação ao culto mais evoluído das grandes religiões.

Os sacrifícios como oferta podem, segundo a circunstância que os motiva, ter um caráter oficial ou voluntário. Entre estes últimos merece especial

---

[222] Jz 6:19s; 13:16.

[223] Sl 50:12s; Is 40:16s.

[224] Cf. **W. Schmidt**, *Der Ursprung der Gottesidee,* I, 1912; II, 1929; III, 1931; **F. Heiler**, *Das Gebet,* 4, 1921, p. 71s.

atenção o *voto (neder),* tanto por sua freqüência, quanto pelo juízo negativo que parece merecer. Como promessa condicionada parece efetivamente implicar a atitude prevenida e desconfiada de quem pretende assegurar a intervenção da divindade, antes de ofertar-lhe algo próprio. Veja, por exemplo, o minucioso contraste entre o que se pede e o que se oferece no voto de Jacó em Betel.[225] Trata-se aqui, evidentemente, de uma caracterização intencionada que o narrador quer oferecer do patriarca. Totalmente distinta é, contudo, a imagem que se nos oferece o voto de Ana;[226] aqui o voto é expressão da íntima confiança de uma pessoa que se apresenta diante de Deus "com a alma em lágrimas" e com a certeza absoluta de ser ouvida; no voto está se manifestando a convicção íntima de que os dons de Deus obrigam o homem não somente a dizer palavras, mas a uma ação de graças, e demonstrar que está disposto a isso é, precisamente, uma expressão da verdadeira atitude de coração daquele que ora e de sua firme convicção de alcançar a graça de ser ouvido. Ao se ter consciência da distância que separa o voto de todo exercício de significado mágico e também de qualquer tipo de ameaça no caso de que não se cumpra o que se pede — como se dá no Islã[227] — se evitará considerar a freqüência do voto na religião israelita[228] como um sinal de seu baixo nível. Além disso, a oração que acompanha ao voto, como nos foi transmitido nos salmos 107 e 116, em que o homem confessa solenemente a assistência divina, é um testemunho nada depreciável da idéia de Deus em que se baseia. Como demonstra, de outro lado, o caso de Absalão,[229] a piedade privada que se expressa no voto tampouco liga a ação da divindade às fronteiras de seu próprio território; nessa ruptura com todo particularismo estreito, apesar da natural vinculação cultual, põe à mostra uma notável amplitude de visões e uma profunda confiança em Deus. Por isso, tampouco nos profetas se encontra uma polêmica direta contra essa manifestação da piedade,[230] e os legisladores se conformam em se manter firmes e chamar a atenção sobre a natureza do voto e com submeter à certas regras esse costume religioso tradicional,[231] que de fato persistiu até época mais tardia.[232]

---

[225] Gn 28:20s. A passagem perde algo de sua repetividade se for necessário admitir a união de duas fontes: Cf. **Procksch**, Die Genesis, 2, *ad locum*. De outro modo se expressa **v. Rad**, *Das erste Buch Mose,* 4, 1956, p. 249.

[226] 1Sm 1:10s.

[227] Cf., as excelentes reflexões de **A. Wendel**, *Das freie Laiengebet im vorexilischen Israel,* 1923, p. 118s; **H. Seeger**, *Die Triebkräfte des religiösen Lebens in Israel und Babylon,* 1923, p. 38.

[228] Cf., além disso, Nm 21:2; Jz 11:30; 1Sm 1:21; Sl 61: 6,9; 22:26.

[229] 2Sm 15:8.

[230] Os 14:3; Jr 44:25; Is 19:21; Na 2:1; Ml 1:14, mostra-se neutros frente ao voto.

[231] Dt 23:19s; Lv 22:21s; 27:2s; Nm 30:2s.

[232] Os salmos dão testemunho da persistência desse uso em época pós-exílica (Sl 22:26; 65:2; 66:13; 76:12; 116:18), notando-se de vez em quando uma espiritualização do voto (Sl 50:14; 61:9; Jn 2:10). Ao mesmo tempo na literatura sapiencial levantam-se vozes que vêem um perigo para o homem piedoso, na promessa imprudente do voto e chamam a atenção a respeito (Pv 20:25; Ec 5:1,4; 8:2; Eclo 18:22s). Nos encontramos com "um momento em

Juntamente ao voto, parece que houve também especial relevância o sacrifício rogatório, que acompanhava a súplica e a reforçava. Deste gênero há que considerar o sacrifício do rei antes de entrar em batalha[233] e no começo de seu governo.[234] Sua forma preferida parece ter sido a cremação total da vítima, que por isso se designou *'ōlāh* e também *kālil,* sacrifício total.

Em Israel, são também de uso corrente, as ofertas totalmente voluntárias, *n^edāḇāh,* e o sacrifício de ação de graças por qualquer favor divino *(tōḏāh).*[235] Com o voto, são considerados no sistema de **P,** como as três classes de "sacrifício de salvação", *zebah š^elAmin*.[236] Se no *n^edāḇāh* se trata de uma oferta voluntária, pela qual se expressa uma livre submissão e um reconhecimento ao Deus soberano,[237] que foi costume realizar, sobre tudo, durante a visita regular ao santuário nas grandes festas de Yahweh,[238] a *tōḏāh* corresponde à necessidade espontânea de dar expressão material e pública à ação de graças por qualquer tipo de auxílio ou de benefício, para a qual tinham por hábito se utilizar os tipos correntes de holocausto ou de imolação.[239] As idéias que se manifestam nesses ritos sacrificais são as mesmas que encontramos nos hinos e ações de graça do saltério, que em boa parte talvez até foram redigidos para tais ocasiões e são os testemunhos mais belos da piedade veterotestamentária.

Finalmente se deve contar entre as ofertas voluntárias *os votos dedicados ao santuário,* que valem como troféus, como lembranças[240] e também como prova de agradecimento e de adoração a Deus. Seu objeto pode estar constituído por armas, dinheiro, coisas preciosas[241] e também por

---

que a história do voto muda de direção" (**A. Wendel**, *Das israelitische-jüdische Gelübde,* 1931, p. 31); pouco a pouco se foi secularizando até o ponto de que os doutores da lei judeus foram tomando a este respeito uma atitude cada vez mais contrária (cf. **A. Wendel**, *op. cit.*, p. 41s), sem chegar jamais a uma total e unânime condenação.

233 Sl 20, cf. 1Sm 7:9; 13:9.

234 1Rs 3:4.

235 Pressupõe-se já em Am 4:5.

236 Lv 7:12s. A clara distinção entre as diferentes designações parece ter sido realizada pela primeira vez no esquema do Código sacerdotal. Antes, se intercambiou com facilidade os termos, assim sucede com as oferendas de voto e de ação de graças em Sl 50:14; 56:13. Alguns vêem em *šelem* um tipo de oferenda distinta de *zebah:* assim: **E. König**, *Theologie,* 3, p. 287; **G. Hölscher**, *Geschichte der israelitischen und jüdischen Religion,* p. 77.

237 Mq 6:6.

238 Êx 23:15; 34:20.

239 Gn 46:1; 2Sm 6:13,17; Jr 17:26; 33:11; Sl 50:14; 56:13; 107:22; 116:17.

240 1Sm 21:10; Êx 16:33.

241 1Sm 21:10; 2Sm 8:11; 1Rs 10:16s; 14:26; 15:15; 2Rs 12:19; 16:8.

objetos de culto[242] ou por simples estelas.[243] Também era possível a consagração de homens ao serviço do santuário;[244] mas, neste caso, o caráter especial da religião javista se mostra em dois pontos: não existe o sacrifício humano e se rejeita a prostituição sagrada.

As escavações fazem referência, com uma clareza inconfundível, a *sacrifícios humanos* na Canaã pré-israelita. Trata-se principalmente de sacrifícios quando do início de edificações, como demonstra o descobrimento de esqueletos no fundamento de muros e torres de Gezer, Taanac e Megido, além de sacrifícios infantis e com toda probabilidade, mais concretamente, de primogênitos, segundo se deduz do enterro de numerosos cadáveres infantis em grandes vasilhas nas, cidades mencionadas e em Laquis.[245] Mas parece que também em outras partes se fez coisa semelhante em casos de especial necessidade, por exemplo, em caso de guerra.[246]

Em Israel o sacrifício humano era expressamente proibido pela lei.[247] Mas nada nos diz sobre a época até onde se estende esse modo de ver as coisas. Da forma absoluta que apresenta a consagração dos primogênitos a Yahweh no Livro da aliança,[248] se quis deduzir que, no Israel antigo, o sacrifício do primogênito foi algo usual. Contra tal conclusão está o simples fato de que tampouco fora de Israel era um costume comum o sacrifício dos primogênitos, mas que se tratava de algo extraordinário; mas, além disso, a alegria pelo nascimento do primeiro filho, testificada por todo o Antigo Testamento e que encontra já uma digna expressão na bênção de Jacó de Genêsis 49:3, torna improvável tal hipótese. Podemos, por um lado, alegar o absurdo que significa tal suposição, não documentada, por outro lado, nas fontes, de que existiu em Israel o costume de um sacrifício regular dos primogênitos humanos, o que significaria "exterminar a parte principal de cada geração futura".[249] Quando a ordem divina se estende *a todos* os primogênitos

---

242 Êx 17:15; Js 22:10; Jz 6:24; 8:24s; 17:3; 1Sm 14:35.

243 1Sm 7:12.

244 1Sm 1:11,22; Lv 27:1-8. Sobre o voto de nazireato, cf. cap. VIII, III, p. 270s.

245 Cf. **P. Volz**, *Die biblischen Atertümer,* 1914, p. 178s; **Benzinger**, *Hebr. Archäologie,* 3, 1927, p. 360; **R. Kittel**, *Geschichte des Volkes Israel,* 4, I, p. 172, 204s; **H. Vincent**, *Canaan d'après l'exploration récente,* 1907, p. 188s.

246 Dos moabitas, está testemunhado por 2Rs 3:27; é sabido também, que isso era praticado pelos fenícios. Cf. **von Baudissin**, *Moloch,* HRE, XIII, p. 269s; **R. Dussaud**, *Les origines cananéennes du saccrifice israelite,* 1921, p. 163s; **G. Contenau**, *La civilisation phéniccienne,* 1926, p. 137s.

247 Dt 12:31; 18:10; Lv 18:21; 20:2-5.

248 Êx 22:28; no lugar paralelo, 34:20, preceitua-se o resgate.

249 Assim, **M. Buber**, *Königtum Gottes,* 2, 1936, p. 219, num esmerado estudo da tese proposta por **Eissfeldt** (cf. nota 257).

(Êxodo 13:2; 22:28), está pressupondo o princípio da substituição e com isso, requer um sentido diferente. Mas nossa afirmação pode questionar-se a partir do testemunho, ao menos, de um profeta do exílio, Ezequiel. Este fala em certa ocasião[250] de que Yahweh, em castigo pela idolatria de seu povo, lhe deu mandamentos e leis que haviam de resultar-lhe nocivos; por intermédio, concretamente, do sacrifício de crianças, Deus o tornava impuro e o infundia pavor. Mas o que aqui encontramos não é outra coisa que a idéia, defendida também em outros lugares pelos profetas, de que pelos pecados do povo, até o que em princípio se lhe deu como bênção, se lhe converte em maldição. Assim como a pregação e os milagres dos profetas aceleram muitas vezes o endurecimento do povo,[251] e até a tendência do povo à mentira fez com que o verdadeiro profetismo se visse substituído por outro falso,[252] também o lacônico preceito de consagrar a Yahweh os primogênitos humanos pôde ser interpretado por um povo alheio a Yahweh no sentido de que este exigia que se sacrificassem os filhos. O que fez com que esse horrível costume se estendesse em Judá precisamente nos séculos oito e sete a.C.,[253] está em clara relação com o renascimento do primeiro paganismo cananeu e com a irrupção de usos estranhos que, por um momento, sofreu o culto. Como a oferta se fazia especialmente a *Melek*,[254] que com tal fim contava com um lugar especial no vale de Ben-Hinnom, poderia se falar de uma influência fenícia, já que entre os fenícios, tanto esse uso cultual quanto essa forma de se invocar à divindade, era o costume.[255] Normalmente, em Israel sob o termo "rei" se entendia simplesmente Yahweh; assim se deduz de Isaías 30. 33, onde a destruição do assírio se contrapõe de forma irônica aos sacrifícios a *melek* no vale de Hinom.[256] E nada acrescenta, tampouco, o fato de que se possa demonstrar que, nas inscrições púnicas, a palavra *mōlek* designa algum tipo de sacrifício.[257] Porque, ainda quando em alguns lugares do Antigo Testamento, se tenha de admitir o uso de tal termo e, portanto, em Levítico 18:21, e no caso de outras normas parecidas tivesse de traduzir: "Não tomarás a um de teus filhos para sacrificá-lo", com esta terminologia sacrifical fenício-púnica, somente se demonstraria que se trata de um tipo de sacrifício de procedência fenícia, que nunca teve carta de cidadania em Israel; na situação histórica da época

---

[250] Ez 20:25s.
[251] Is 6:9s.
[252] Is 30:10s; Mq 2:11; Jr 5:31; Ez 13:10s.
[253] 2Rs 16:3; 21:6; 23:10; Jr 2:34; 3:24; 7:31; 32:35; Mq 6:6s; Dt 12:30s; 18:10.
[254] Convertido pelos massoretas em *Molek (Molok)*.
[255] Cf. **von Baudissin**, *Moloch, HRE*, XIII, p. 275s, 281ss, 289; e *Kyrios*, III, 1929, p. 101s.
[256] Cf. p. 170.
[257] Cf. **O. Eissfeldt**, *Molk als Opferbegriff im Punischen und Hebräischen und das Ende des Gottes Moloch*, "Beiträge zur Geschichte des Altertums", 3, 1935.

dos reis mais tardia, portanto, se permitiu entre o povo por razões facilmente compreensiveis.[258] Mas, além disso, essa tradução não é segura, já que nos lugares em que não cabe a dúvida, com os verbos "consagrar" e "entregar" o dativo não designa o tipo de dom, mas o destinatário da oferta.[259] Se isto vale também para Levítico 20:5, em que "prostituir-se com *melek"*, reclama com toda segurança, um objeto pessoal ou uma imagem divina, as passagens legais se referiam com mais razão ao destinatário do sacrifício. E este não era, naturalmente, um deus especial chamado Moloque,[260] mas o mesmo Yahweh: os massoretas, utilizando talvez o tecnicismo fenício *molk,* com o que se pretendia indicar a procedência estrangeira desse uso sacrificial,[261] mudaram seu título de *melek* por *molek*, sem que se possa tampouco excluir a recordação de *bōšēt.*

Se, pois, no direito israelita antigo já não havia necessidade de proibir os sacrifícios, porque sua proibição se dava por certa, a narração de Genêsis 22 deve estar correta quando retrocede a exclusão desse costume, amplamente difundido, até a época pré-mosaica: afirmando, com todas as suas forças, que a divindade tem direito de exigir de seus fiéis os sacrifícios mais dispendiosos, essa passagem demonstra, ao mesmo tempo, que a vontade divina é boa e prefere a vida; finalmente, se eleva à norma a substituição do sacrifício humano pelo sacrifício animal.

Quando, apesar de tudo, se fala no Antigo Testamento de sacrifícios humanos, trata claramente de um costume há muito desaparecido, que renasce em situações extraordinárias, seja na guerra durante a época bárbara dos juízes[262] ou bem por medo da ação misteriosa de uma maldição ao reconstruir-se uma cidade anatematizada;[263] se trata sempre de fenômenos singulares com os quais nada tinham a ver o culto oficial a Yahweh. A morte de Agague por Samuel[264] e a ação dos gibeonitas pendurando e deixando expostos sobre o monte de Yahweh aos da casa de Saul[265] tem tão pouca relação com o sacrifício como o anátema de guerra.[266]

---

258 Cf. **W. von Soden**, *Theol. Lit. Ztg.*, 1936, p. 45s, e **M. Buber**, *op. cit.*, p. 212s; não se pode seguir, portanto, a **Eissfeldt** quando pensa poder demonstrar que esse sacrifício a *Molek* é um elemento legítimo do culto israelita até a época do Deuteronômio.

259 Dt 12:31; 2Rs 17:31; Ez 16.20s. 23:37; Sl 106:37s; isto foi sublinhado acertadamente **M. Buber**, *op. cit.*, p. 211s.

260 Nisto é preciso dar-se toda razão a **Eissfeldt**.

261 Assim o representa **Buber** (*op. cit.*, p. 224).

262 Jz 11:34-40: o sacrifício de Jefté. Cf. o esmerado estudo de **W. Baumgartner**, *Jephtas Gelüde,* A. R. (1915), p. 240s.

263 1Rs 16:34, onde provavelmente se fala de um sacrifício por motivo de uma edificação.

264 1Sm 15:33.

265 2 Sm 21.

266 Cf. As reflexões a respeito nas p. 117s.

Nestes casos, a consciência de que o Deus da aliança quer a vida e a bendiz teve como conseqüência, apesar de esporádicos titubeios, que se expulsasse para sempre o suicídio cultual. Nessa mesma direção, a clara diferença entre sua vontade soberana e a cega força de vida da natureza, excluiu de seu serviço a autoprostituição. O *sacrifício de castidade,* tanto do homem quanto da mulher, tinha duas formas, ou a de se vender somente uma vez, no começo do matrimônio ou a da prostituição permanente no santuário. A primeira forma se arraiga em ações que tendem a um aumento da fertilidade mediante a magia simpática ao nível demoníaco; na segunda se busca o ιερος γαμος com a divindade, que faz participar do poder divino ou, de forma apotropaica, acabe com a malevolência invejosa do demônio. Neste contexto, a divindade é venerada, principalmente, enquanto força misteriosa de vida; seu lugar próprio são os cultos de uma civilização agrícola. Por isso, encontramos tais usos em toda Ásia Menor; na Babilônia desempenham um importante papel e deles se ocupa a legislação.[267] São especificamente cananeus os "consagrados", o *qāḏēš* e a *g̃ᵉḏēšāh,* o homem prostituído e a hieródula a serviço de Baal e de Ashera ou Baalat.

Estes costumes cultuais, procedentes da magia e da orgiástica, são por natureza estranhas à religião javista. Como demonstra a ausência de diferenciação sexual no Deus da aliança[268] e a forte reação contra qualquer tipo de impudícia, às vezes existe uma pureza totalmente natural no tratamento dos fenômenos sexuais,[269] a sensibilidade israelita rejeita instintivamente no terreno da religião, tanto do rito quanto dos costumes, todo o conjunto sexual-orgiástico que acompanhava a magia e a divinização da natureza e que tão importante papel tinha no mundo pagão. Por trás dessa atitude está a consciência da grandeza do Deus da aliança, que não admite nenhum tipo de coação e que, como senhor, dispõe também da vida da natureza. Por isso, cada vez que se introduz nos santuários a prostituição sagrada, se desencadeia uma violenta reação dos reis e dos legisladores;[270] o culto a Melkart introduzido nos tempos de Acabe é caracterizado por Jeú, em poucas palavras, como prostituição e

---

[267] CH, 178-182.187.

[268] Cf. cap. VI, III, p. 195.

[269] Pode-se pensar que precisamente os abusos sexuais são conhecidos como *nᵉbālāh* (Gn 34:7; Dt 22:21; Jz 19:23s; 20:6,10; 2Sm 13:12; Jr 29:23), na evidente consciência de distinguir-se dos cananeus justamente nisto (Gn 9:22s; 19:5; 20: 11; 38:9s; Lv 18: 3,24ss; 20:23), na sensibilidade diante de qualquer exibicionismo físico (Gn 9:22s; Êx 20:26), que podem servir como signo de relações sexuais proibidas (Lv 18); cf., além disso, **M. Weber**, *Religionsoziologie,* III, p. 202 s.

[270] 1 Rs 15:12; 22:46; Dt 23:18s; Lv 19:29.

feitiçaria,[271] e quando o culto a Baal ou o culto a Yahweh é cananizado, resumido sob a palavra prostituição,[272] se expressa essa mesma oposição, que também na polêmica profética achou vigorosa expressão.[273]

Aparte dos dons voluntários, outro tipo antigo em que predomina a idéia de dom são *as ofertas regulares à divindade.* Neste sentido se deve mencionar antes de tudo *as primícias,* oferta que se encontra já nas tribos primitivas.[274] Seu motivo pode estar na idéia da consagração e bênção de toda a propriedade pela divindade, ou também, no reconhecimento do direito de propriedade divino, que somente permite o usufruto do que é seu mediante o pagamento de um imposto fixo. Assim, em Israel se ofertam as primícias do gado e dos frutos (cereais, azeitonas e uvas).[275] Os animais, se ao oitavo dia de nascido ainda não foram ofertados,[276] servem para o banquete sacrifical, e, por certo, que a festa da Páscoa na primavera parece estar intimamente relacionada com esta oferta;[277] para a oferta dos frutos eram indicadas sobre tudo as três grandes festas agrícolas.[278] O primogênito humano ficava excluído.[279] Em Deuteronômio 26:1s, se nos transmitiu a oração apropriada para acompanhar a oferta das primícias, na qual se expressa de forma tão simples quanto bela o sentido dessa oferta no santuário, confessar o dever de agradecimento pela dádiva que da terra fez o Deus soberano a Israel. Se as primícias serviam preferentemente para a consagração do produto da colheita, *o dízimo* era um autêntico tributo ao dono divino. Mais de uma vez surge o dízimo como entrega voluntária em situações extraordinárias;[280] também o rei o reivindicou para si.[281] Mas até enquanto uso cultual solene é antiqüíssimo e deve-se distingui-lo das primícias.[282] À oferta ia unido um banquete festivo, depois que o sacerdote havia separado sua

---

[271] 2 Rs 9:22.

[272] Os 1s; Jr 3:1s; Ez 16 e 23.

[273] Am 2:7; Os 4:13s; Jr 5:7; 13:27; 23:10,14; Mq 1:7s.

[274] Cf. **W. Schmidt**, *Der Ursprung der Gottesidee,* I, 1912, p. 165s; II, 1929, p. 473, 858s, 895, III, 1931, p. 125s, 281, 288s, 368, 534s.

[275] *Bikkūrīm e rē'sit,* Êx 23:16,19; 34:26; Dt 15:19s; 18:4; Lv 19:23-25; Nm 15:18s; 18:13; 2 Rs 4:42; Ne 10:38.

[276] Êx 22:29.

[277] Beer, *Pesachim, 1912,* p. 12; Êx 13; 34:19s; Nm 3:13.

[278] Lv 23:9s,15s.

[279] Veja p. 125s.

[280] Gn 14:20; 28:22.

[281] 1Sm 8:15,17.

[282] Êx 22:28; Am 4:4; Dt 14:22s; 26:12s; Nm 18:21s. Para uma demonstração detalhada, cf. **O. Eissfeldt**, *Erstilinge und Zehnten im A. T.,* 1917.

parte.[283] O caráter sacrifical dessa oferta, que a maioria das vezes se fazia na festa da colheita de outono, era evidente. Mas como o Deus soberano, com os dons a ele consagrados, favorecia por igual a todos os seus fiéis, a celebração cultual eliminou o caráter de tributo forçado, servindo mais para recordar a bondade do dispensador do produto da terra, do que os agraciados deviam fazer participantes também aos concidadãos mais pobres, o Deuteronômio, sobretudo, se preocupa em apresentar essas ocasiões cultuais como expressão da solidariedade fraterna entre todos os membros do povo ao mandar, que em cada três anos, o dízimo passasse diretamente aos necessitados, acentuando ao mesmo tempo o caráter sagrado deste, mediante uma confissão no santuário.[284] Somente sob a influência do exílio o dízimo perdeu seu caráter sacrifical, se convertendo em um simples imposto a favor do pessoal do culto.[285] A idéia de homenagem e tributo regular se vinculou sobretudo ao sacrifício matutino e vespertino no templo,[286] mais tarde chamado *tamid,*[287] no qual se oferecia um cordeiro como holocausto da comunidade. A participação de cada membro da comunidade nesse sacrifício, que se converteu no centro do culto, se fixou em meio ciclo por cabeça.[288] O holocausto do rei[289] que representava sua permanente relação com Deus, foi o precursor dessa instituição.

c) Mas o sacrifício não somente supõe dons por parte do homem a Deus, mas também de Deus ao homem. *É a idéia da comunhão sagrada* a que transforma o sacrifício em verdadeiro sacramento. A um nível primitivo, a crença na virtude mágica da vítima é a que faz com que o homem seja, no banquete sacrifical, um meio de estreita comunhão com o poder divino;[290] mas se pensa além disso, seja pelo simples fato do sacrifício ou também pela atribuição de

---

[283] Dt 12:17s. A ênfase com que Dt ressalta o júbilo da comida, que, em geral, traduz o aspecto alegre do culto, não tem por que fazermos reduzir exclusivamente a isto a utilidade do dízimo; naturalmente, se contava desde o princípio como o direito que o sacerdote tinha a ele.

[284] Dt 14:28s; 26:12s.

[285] Nm 18:21s; Ml 3:8,10; Ne 10:38s; 13:5,10s.

[286] 2Rs 3:20; 1Rs 18:29.

[287] Êx 29:38s; Nm 28:3s.

[288] Êx 30:11s.

[289] 2Rs 16:15.

[290] Cf., por exemplo, **A. Bertholet**, *Zum Verständnis des alttest. Opfergedankens,* "Journal of Biblical Literature", 1930, p. 230s; **W. R. Smith**, *Die Religion der Semiten,* p. 162s, que, contudo, se orienta com demasiada exclusividade face ao totemismo. O totemismo é somente uma expressão própria dessa fé, mas não sua única forma, como poderia parecer também, segundo o exposto por **A. Wendel**, *Das Opfer in der altisraelitischen Religion,* p. 82s. Sendo assim, a provisão de comida aos mortos nada tem a ver fundamentalmente com a *communio.*

uma parte concreta da vítima à divindade, num fortalecimento da divindade, considerando-a, assim, como um participante ativo da ação cultual.

É indiscutível que tais idéias tenham exercido sua influência nas religiões superiores, ainda quando estas, por atribuir à divindade traços pessoais mais acentuados, tenham tido de modificá-las não pouco. A eleição de determinados animais e a exclusão de outros, o sacrifício familiar, constatável até quando a comunidade cultual se torna maior,[291] as conhecidas manipulações com o sangue da vítima, a letargia ocasionada por vinhos e narcóticos e os mesmos tecnicismos lingüísticos da ação sacrifical, podem encontrar suas origens nessas idéias.[292] Mas seria demasiado unilateral limitar suas origens a este conjunto de idéias. Igualmente importante é a primitiva concepção da vida de cada indivíduo como uma esfera de influência fechada na qual, o externo e o interno, corpos e almas, roupas e armas, palavras e nomes, posses e ações, por fim, todo o âmbito de atuação, está dominado pela mesma força vital e flui da mesma vontade de vida.[293] Todas as relações com os homens circundantes se baseiam em um intercâmbio de elementos dessa esfera pessoal de influência, que pode ter para os indivíduos, as mais graves conseqüências; por isso a estreita união com os familiares e a exclusão hostil dos estranhos são um imperativo comum da prudência. Neste contexto o dom e sua aceitação significam que certa virtude passa de uma esfera vital, uma palavra pode exercer uma força irresistível, o comer juntos equivale a participar de uma mesma fonte de vida, e o contato comum com a virtude de um objeto particular, significa entrar numa estreita união e comunhão de vida, que não se pode romper sem graves danos.

De todos é conhecido quão forte influência exerceu nas relações vitais dos povos civilizados essa concepção primitiva da vida. Tal influência, dentro do culto, tem sua ressonância, entre outras coisas, na estima dos objetos sagrados, das palavras dotadas de determinada virtude, especialmente dos nomes, e ainda mais na idéia da comunhão sagrada. A partir dela requer nova luz a virtude do sacrifício, capaz de criar uma comunidade, ao entrar Deus e seus fiéis em uma mesma esfera de vida, representada pela vítima e por seu sangue, ficam unidos por um laço comum de enorme força; dito de outra maneira, ao comer dos dons consagrados a Deus e pertencente, por isso, a sua esfera vital, o homem participa da vida divina. Não é difícil notar a capacidade de adaptação que

---

[291] Cf. 1Sm 20:6,29.

[292] Cf. o latim "*deos extis mactare*" junto ao "deis hostiam mactare" (**Pfister**, art. *Kultus* em Pauly, *Realenzyklopädie des klassichen Altertums,* vol. II, 2, 1922).

[293] Cf., para o que segue **V. Grönbech**, *Die Germanen* (Chantepie de la Saussaye, *Lehrbuch der Religionsgeschichte,* II, p. 559s); J. Pedersen, *Israel,* 1926, p. 99s, e *Der Eid bei den Semiten,* 1914, p. 22s.

tais idéias possuem: seu papel será totalmente diferente conforme venha a se ressaltar, na divindade, mais o aspecto de força impessoal ou o de vontade pessoal. A possibilidade de sublimação que oferecem essas idéias primitivas aparece claramente na aplicação que tem nas religiões superiores e também na israelita.

A idéia de sacrifício de comunhão, ainda que não somente ela, pode ser pressuposta em todos os sacrifícios, nos quais à oferta a Yahweh se seguia um banquete, no qual participava o ofertante, sem que, naturalmente, isto possa ser demonstrado em cada caso isolado. Por isso, é o sacrifício de imolação ou *zebah,* e não o holocausto ou *'ōlāh,* o que antes de tudo interessa para a comunhão sagrada.[294] Isso aparece com especial clareza nos sacrifícios com motivo de uma celebração da aliança. Neste caso o banquete comum significa a entrada física na nova relação de aliança, como se deduz especialmente do banquete dos 70 anciãos sobre o Sinai, na presença do Deus da aliança.[295] Do mesmo modo, os sacrifícios ofertados pelos reis ao começo de seu mandato servem para fundamentar o vínculo especial de Yahweh com seu ungido e ao mesmo tempo com o povo que concluiu um *b^{e}rit* com seu rei e o sela mediante o banquete comum.[296] Também o traslado da arca e a consagração do templo, para a qual se requer de forma especial a presença de Yahweh e a comunhão com ele, eram uma ocasião para a comunhão sagrada no sacrifício de imolação.[297] O sacrifício ao iniciar-se uma guerra,[298] o banquete sacrifical ao ofertar as primícias e o sacrifício anual da colheita de outono deveriam também levar consigo ao menos a idéia de criar uma comunhão de vida. Em todos esses casos, a comunhão sagrada com Deus se expressa no fato de espargir sobre o altar o sangue da vítima e de queimar sobre ele a gordura.[299] Ainda mais antigo parece ser o uso, mencionado somente uma vez, durante o sacrifício de aliança do Sinai,[300] de espargir com a metade do sangue o altar e com a outra metade

[294] "Sacrifício de Comunhão": **Dussaud**, *op. cit.,* p. 17. Naturalmente, a relação do termo com *hēbī* e *higgiš*, demonstra que o caráter de zebah já não se via claramente na época histórica, provavelmente como conseqüência de sua vinculação com outras idéias sacrificais, e, sobretudo, com a da oferta. Sobre os sacrifícios de aliança de Gn 15 e Jr 34, cf. **J. Heminger**, *Was bedeutet die rituelle Teilung eines Tieres in 2 Hälfte*, "Bíblica", 34 (1953) p. 394s. O autor considera que o significado desse rito sacrifical está na ameaça do castigo para o que não respeita a aliança .

[295] Êx 24:9-11 **J**. Está claro pelo v. 2 que havia precedido um sacrifício oferecido por Moisés. Como paralelo de um sacrifício durante a conclusão de uma aliança entre aliados humanos, cf. Gn 31:44s.

[296] 1Sm 11:15; 2Sm 15:12; 1Rs 1:9; 3:15.

[297] 2Sm 6:17; 1Rs 8:63.

[298] Sl 20; 1Sm 13:8s.

[299] 2Rs 16:13; Lv 3.

[300] Êx 24:5-8 **E.**

aos ofertantes, se realizando a comunhão sacramental, mediante esse "sangue da aliança".[301]

A natureza específica da comunhão sagrada assim conseguida somente pode se explicar corretamente em Israel em relação com a idéia de Deus que lhe é própria. Certamente, também para o israelita se trata no banquete sagrado da presença real da divindade e da união pessoal com a mesma, de quem deriva a força e a vida. Mas a mesma estipulação da aliança sobre o Sinai, preparada pela libertação do Egito e, cujo conteúdo específico se acha nas cláusulas do Decálogo, não obstante vir sancionada pelo sacrifício, não resulta em uma concepção física e mágica da presença divina, mas em uma comunhão pessoal e moral com o Deus soberano, cuja vontade ordena e dá nova forma às condições de vida de seu povo. A santidade devoradora de seu ser, sempre exigente, chega a excluir a simples presunção de um parentesco por laços de sangue. Diante desse Deus não há lugar para uma divinização da natureza humana mediante atos de consagração, como é próprio das liturgias de mistérios, ou para pensar em uma bênção automática, não dividida pelo poder que reside nos elementos e no rito do sacrifício. A força da comunhão sagrada, conseguida pelo sacrifício, se apóia melhor em que Deus declara estar disposto a encarar com seu povo uma relação especial e a torná-lo participante de sua própria vida.

O sacrifício de comunhão se converte em um sacramento no qual a bênção pronunciada pelo sacerdote,[302] o hino cantado em honra Deus,[303] o oráculo e a promulgação final da lei[304] relembram a grandeza e o poder judicial do Deus soberano, cuja comunhão se vive na celebração. É certo que, de vez em quando, tais celebrações estão expostas aos perigos que ameaçam a toda ação litúrgica e dos quais nem sequer as eucaristias cristãs algumas vezes se viram livres, a exteriorização, o abuso do serviço egoísta e excessos humanos.[305] Mas não temos nenhum direito em pensar que, tais casos constituam a autêntica interpretação do sacrifício israelita, nem de tratar, como raras exceções, a alegria

---

[301] Na realidade a finalidade de aspergir ao povo pode ser outra, e vem confirmada pelos antigos costumes árabes da aliança entre homens, nas quais os pactuantes colocam, por exemplo, as mãos numa tigela cheia de sangue de um animal: cf. **W. R. Smith**, op. cit., p. 314s; **J. Wellhausen,** *Reste des arabischen Heidentums,* p. 128. Não se deve incluir aqui a aplicação do sangue ao homem na consagração do sacerdote (Êx 29:20s) e na purificação do leproso (Lv 14:5-7), já que, então, tem outra significação, a saber: a de consagrar e purificar.

[302] Cf. 1Sm 9:13.

[303] Sl 67; 81:2s; 95:1s; 100; 114; se dá por suposto na polêmica profética de Am 5: 23; 6:5; Os 9:1.

[304] Cf. Sl 20:7; 50:5s; 81:6s; 95:8s; Is 28:7b.

[305] 1Sm 1:13; Êx 32:6; Is 22:13; 28:7s; Am 2:8; Os 8:13; 9:1.

disciplinada é a santa exaltação de que dão testemunho tanto as exortações do legislador deuteronomista,[306] quanto a disposição com que um Isaías assistia ao serviço do templo[307] e também muitos salmos.[308] A luta persistente contra a intromissão de práticas orgiásticas, até desterrá-las definitivamente do culto, demonstra que até nos piores tempos o ideal do autêntico culto a Yahweh teve zelosos defensores.

d) A quarta categoria fundamental do conceito de sacrifício é a *expiação,* que está intimamente relacionada aos mais importantes conteúdos teológicos de uma religião soteriológica. Nela aparecem subjacentes os fortes laços que a unem com as correntes mais primitivas da religião. Isto põe em evidência a ambigüidade da ação cultual e a dificuldade no momento de emitir um juízo sobre o tema. Basta uma simples análise de textos para comprovar, com toda evidência, a influência que, no âmbito da expiação, tiveram as primitivas cerimônias de purificação e os ritos apotropaicos e catárticos, como nos ritos do sacrifício expiatório se prolongam os antigos usos de libações, que pertencem à primitiva fé em "poderes" especiais e às que, em um tempo, atribuía-se eficácia mecânico-mágica; por exemplo, a grande variedade de formas de utilizar o sangue, como principal portador de poder, para a purificação e consagração de homens e objetos;[309] a preparação de uma água de purificação especial, a base de elementos que continham um poder especial, como as cinzas de uma vítima;[310] a transferência da impureza — considerada como algo material — e dos pecados, mediante a imposição das mãos ou a imersão;[311] as precauções para evitar o contato entre os elementos carregados de poder, utilizados para a expiação, e a esfera da vida diária.[312] Entre os objetos utilizados no sacrifício expiatório aparecem meios conhecidos de magia homeopática, como quando se exorciza a peste com tumores e ratos de ouro[313] o oferecimento de um gafanhoto de ouro para uma similar libertação da praga de gafanhoto,[314] ou sacrificando-se cães vermelhos[315] para se proteger da praga da ferrugem no cereal. Nas religiões

---

306 Dt 12:7,12,18; 14:26; 16:11,14,15; 26:11; 27:7.

307 Temos notícia disso pela visão vocacional, vivida no templo (Is 6:3), e pelo anúncio de uma festa jubilosa pela queda de Assur (Is 30:29).

308 Sl 26:6s; 27:1-6; 42s; 81; 84; 95; 122 etc. Cf. também a bela imagem de Is 50.

309 Êx 24:6,8 Lv 8:23; 14:5-7,14; 16:14-19; Ez 43:19s; 45:18. Cf. também **A. Bertholet**, *op. cit.,* p. 222s.

310 Lv 14:5-7; Nm 19, cf. 8:7.

311 Lv 16:21; 14:6s.

312 Êx 12:10; 23:18; 34:25; Lv 6:11,20s; 7:6,15s; 8:31s etc.

313 1Sm 6:4.

314 Cf. *AOT*, taf. CXXXIV, fig. 334.

315 Na festa romana das robigalias, cf. **Chantepie**, II, p. 426s.

teístas todo esse mundo de práticas demonísticas é invadido por uma divindade, que é concebida como pessoa e traz vida a toda uma série de novas idéias, se opondo às concepções mágicas e mecanicistas de purificação. O pecado deixa de ser uma impureza por causa do tabu ou de uma possessão demoníaca para se converter numa ofensa à pessoa divina; também a expiação, algumas vezes mais, outras menos, é tratada já como uma ação entre pessoas. Ao Deus irado se apresentam ofertas, e nela expressa o homem o reconhecimento de sua total dependência e submetimento, mostrando sua vontade de reparar o mal. Em substituição do que se lhe furtou deve apresentar à divindade outra coisa e, assim, despertar sua complacência na oferta e no ofertante. Como texto de acompanhamento, em lugar da fórmula de feitiço ou de conjuro, aparece a confissão dos pecados e a oração. Nos encontramos, pois, com dois tipos de concepções totalmente diferentes e, por conseguinte, com duas classes de ações qualitativamente distintas, que não se derivam uma da outra nem podem se reduzir a diferentes níveis dentro de um desenvolvimento linear no tempo; respondem a vivências qualitativamente distintas, cuja possibilidade ou impossibilidade em uma época cultural concreta não pode tornar-se um juízo completamente livre de objeções a partir de um estudo puramente científico.

A imagem da expiação cultual nas religiões teístas é complicada pelo fato de que, com freqüência, suas formas são herança dos antigos usos mágicos de libação ou aparecem com eles fundidas. Ainda que o material da oferta expiatória e os ritos de sua apresentação possam provir desse outro círculo de idéias, seu significado tem mudado. Já não se conjura a enfermidade ou a outra praga qualquer, mediante a fabricação de objetos expiatórios, mas que tais objetos apresentam-se à divindade como ofertas de expiação; os ritos de purificação mediante o conjuro, a imposição de mãos e o isolamento escrupuloso do contato com tudo que é profano, convertem-se em métodos de uma dedicação maior e mais interior à divindade.

Essa mudança de significado será tanto mais relevante quanto mais sejam os traços pessoais da divindade. Na teologia israelita isto sucede com força singular. Nela a ênfase maior recai sobre os preceitos divinos em torno do culto e do direito, dos costumes e à moralidade. Com seu imperativo "tu deves" a divindade se acha presente em todas as situações da vida, como vontade pessoal soberana. O pecado e a expiação tomam então seu caráter próprio do aspecto pessoal da relação com Deus.

No sacrifício expiatório israelita aparecem claramente *dois efeitos:* por um lado, a ira divina se aplaca mediante a humilhação e a reparação; por outro, o pecador passa do estado de impuro ao de puro. No primeiro se deve reconhecer claramente a idéia de expiação, própria do teísmo e, no segundo, um elemento oriundo da mentalidade primitiva, assimilado mais tarde. Por conseguinte, é preciso também ser distinta a valorização de ambas idéias da expiação.

O primeiro plano é ocupado pela relação pessoal com Deus. Isso se torna claro, já em época antiga, no fato de que o sacrifício expiatório pode adotar a forma de oblação[316] ainda que em todo caso se deva pensar numa oblação o mais valiosa possível e se insista numa atitude de renúncia humilde.[317] Como se tem a intenção de atrair-se novamente o favor da divindade irada, o sacrifício é normalmente acompanhado da confissão dos pecados e da oração,[318] sem pretender nenhum tipo de eficácia automática; a reconciliação continua sendo um dom da majestade soberana de Deus.[319] Por isso há delitos que não podem expiar-se com o sacrifício.[320]

Este elemento pessoal da oferta ganha força pela influência da prática legal na expiação. Assim como no caso de contratos descumpridos entre homens havia a obrigação de se indenizar, assim também *o sacrifício de culpa ou reparação ('āšām)* expressa essa mesma obrigação para com Deus.[321] Mas a reparação legal propriamente dita podia se fazer ou, diretamente diante do cidadão injuriado, ou no santuário, na hora de se oferecer o sacrifício. Este dado, assim como o fato de que o castigo não estivesse, em cada caso, sendo medido de acordo com a gravidade do delito nem pudesse, de outro lado, ser arbitrariamente aumentado, prova suficientemente como o significado da oferta era medido não tanto pela ação realizada quanto, sobretudo, pela confissão simbolizada na oferta e pelo ato de humilhação própria.

O *sacrifício pelo pecado (hattā't),*[322] que o Código sacerdotal menciona junto ao de reparação,[323] devia ser uma antiga designação do

---

[316] 1Sm 3:14; 26:19.

[317] Mq 6: 6-8.

[318] 1Sm 7:5s; Lv 5:5; 16:21; Nm 5:7; Jr 3:25, cf. 2:35; Jó 42:8; cf. também Js 7:19s. Que com freqüência não se mencione a oração que acompanha ao sacrifício expiatório não nos pode fazer duvidar de que todo o mundo sabia das condições subjetivas exigidas para o perdão: arrependimento, aflição e confissão dos pecados; cf. 2Sm 12:13; 1Rs 21: 27s; Jl 2:12-14; Sl 25:7; 32:5; 38:19; 41:5; 51:6s; 65:4; 130:3s; Lm 3:40s, etc.

[319] Êx 32:33s; 33:19.

[320] 1Sm 3:14; 15:24s.

[321] Lv 5:14s; 7:1s; 19:20-22; Ez 40:39. Que *'āšām* significasse originariamente uma penitência pecuniária, substituída mais tarde por um sacrifício, não se pode demonstrar por 2Rs 12:17, nem se enquadra com o modelo normal de desenvolvimento que pode ser assumido de outros casos, pelos quais, ofertas em espécie são substituídas por pagamentos em dinheiro (assim também **B. Stade**, *Bibl. Teologie des A. T.,* 1905, p. 165s, e **E. König**, *Geschichte der alttestamentichen Religion,* 1923, p. 274s). Em qualquer caso, Os 4:8 não demonstra nada contra isso.

[322] Lv 4; 5:1-13; Nm 15:22s; além de Ez 45:17,18s.

[323] 2Rs 12:17; talvez também Os 4:8.

sacrifício expiatório. A ausência dessa designação em alguns lugares em que pudesse ser esperada[324] deve-se atribuir simplesmente à diferença de usos nos santuário locais. Em todo caso, sua inclusão no sistema que o Código sacerdotal apresenta parece ter-se realizado em época bastante tardia; com efeito, reduzir sua obrigação somente à transgressão não premeditada de um mandamento[325] significa um estreitamento do raio de ação desse sacrifício, que não se enquadra com suas origens.[326] É possível que também aqui tivesse sua importância a ideia de confissão e de súplica que ia unida à oferta de reconciliação; mas como se desprende da descrição concreta, eram sobretudo os conceitos de purificação e consagração os que desempenhavam o papel central. Desse modo, parece indicá-lo, primeiro, a complicada manipulação do sangue,[327] segundo, a "expiação" realizada sobre objetos inanimados, como o altar, a tampa da arca e as ombreiras das portas do templo,[328] terceiro, a utilização do sacrifício de culpa ou reparação, no sentido indicado de um sacrifício de consagração[329] e, finalmente, o realizar a expiação mediante a transferência dos pecados a um animal.[330]

---

[324] Dt 12; 1Sm 3:14; Lv 22:14.

[325] Lv 4:2; 5:1s; Nm 15:22,30s; Ez 45:20.

[326] Nm 17:6-13 já mostra uma concepção distinta da capacidade expiatória do sacrifício. Mas tampouco os delitos mencionados em Lv 5:20s; 19:20-22 (fraude por apropriação de depósitos ou por extravio, perjúrio ou chantagem) podem se considerar como pecados não premeditados ou erro, ainda que o significado normal do termo *bišgāgāh,* "com dolo", se interpreta em sentido geral "na debilidade humana", e o termo contraposto *b*^e^*yād rāmāh,* "com a mão levantada", não significará tanto que o delito é consciente quanto a apostasia pública e a transgressão impenitente da lei. A diferença estaria precisamente na confissão voluntária e no desejo de reparação. Contudo, a redação atual de 4:13,22; 5: 1-10 leva a pensar na fórmula mais estrita, que provavelmente deva sua existência à luta da comunidade pós-exílica contra a introdução de elementos pouco seguros em seu seio, já que se ameaçam os pecados principais com a pena de morte, sobretudo a lapidação (cf. a enumeração de tais pecados em **E. König**, *Theol. des A. T.,* p. 294s), o procedimento jurídico regular vai precedido do descobrimento do delito, da denúncia etc., não podendo faltar tampouco a livre confissão. Este último muda totalmente a situação das coisas, como o demonstra Levítico 5:20s em comparação com as tipificações penais do *Livro da Aliança* (Êx 21:37; 22:3ss); contudo, não podemos dizer, naturalmente, até que ponto isto também acontecia no caso de outros pecados. É interessante que, ainda no judaísmo tardio, perdure a opinião de que até as transgressões juridicamente castigadas como o extermínio e a pena capital podem ser expiadas pelo bode do dia da reconciliação (*Shebuoth* I.6). Não satisfaz a recente pretensão de **D. Schötz**, de limitar a expiação sacrifical aos pecados de debilidade (*Schuld und Sündeopfer im A. T.,* 1930, p. 44s).

[327] Aparte do derramamento do sangue ao pé do altar, o esfregar os cantos do altar do holocausto (Lv 4:25,30) ou do altar do incenso (Lv 4:7,18) e o borrifar por sete vezes a cortina do santuário (Lv 4:6,17).

[328] Lv 8:15; 16:14-19; Ez 43:19s; 45:18s.

[329] Êx 29; Lv 8:14s para a investidura do sacerdote; Lv 14:12s para a purificação do leproso; Nm 6:9s para a purificação do nazireu.

[330] Lv 16:21.

A mesma orientação mostraria o termo com que se expressa a maioria das vezes o efeito da expiação, *kipper,*[331] se é que sua significação originária, segundo a língua assírio-babilônica é a de "apagar"; concebendo o pecado como uma impureza material, se espera que o sangue, como elemento sagrado e milagroso, apague essa mancha. E do mesmo trata também nos atos de culto designados em Babilônia sob o nome de *kuppuru:* purificar, curar, conjurar.[332] Mas, como é igualmente possível que o termo provenha do árabe com a significação de "ocultar", não se pode esquecer a idéia de ocultar a falta aos olhos do ofendido, no sentido de uma indenização, com o que a ênfase recairia, melhor, sobre o caráter pessoal da expiação.[333]

Também as ofertas expiatórias *regulamentares* deixam entrever claramente sua relação com os antigos ritos de consagração e purificação. Deste modo, a *morte do cordeiro pascal,* com cujo sangue se pintava o umbral superior e as ombreiras da porta, relembra primitivas ações expiatórias apotropaicas, com as quais, na primavera, se purificava a casa e se assegurava a prosperidade dos rebanhos, e que são utilizadas em muitos outros povos de forma mais ou menos igual.[334] Os *sacrifícios do grande dia da Expiação,* no outono, são um testemunho, também, da antiga idéia da purificação e consagração mesmo de objetos inanimados pelo meio sagrado do sangue da vítima.[335]

---

[331] Um penetrante estudo sobre o emprego e o significado dessa palavra, em **J. Herrmann,** *Die Idee der Sühne im AT*, 1905.

[332] Ao contrário, no sacrifício babilônico o rito do sangue não desempenha papel algum.

[333] Esta derivação está favorecida pela construção de *kipper* com *'al,* que pode ser usada para expressar, ou a "ocultação dos pecados" (Jr 18:23; Sl 79:9), ou a "face do ofendido" (Gn 32:21). Na medida em que, o único significado que pode ser estabelecido com certeza é o cúltico " fazer expiação, perdoar",o sentido físico da raiz hebraica permanece obscuro. Na lei cúltica o sujeito de *kipper* é o sacerdote; na linguagem dos profetas, Deus mesmo.

[334] Assim, entre os egípcios, germanos, atenienses e na atual Palestina; cf. **P. Volz,** *Die biblischen altertümer*, p. 102 (sobre a festa da Páscoa, veja p.65s.). A tentativa de **D. Schötz** de interpretar a aspersão com sangue a partir da idéia da aliança (*Schuld- und Sündopfer im A.T.,* p. 82s) não tem sucesso em reproduzir o significado original do rito, mas somente uma reinterpretação posterior, em Israel.

[335] Lv 16:14-19. Que no aspergir com sangue os lugares sagrados intervém a crença no sangue como energia vital, mediante a qual o âmbito do santo se "carrega de poder", infere-se de que os ritos expiatórios utilizados correspondem com os usos da primeira consagração do santuário (Êx 29:36s; Lv 8:15; Ez 43:18s). De maneira similar, a atenção especial demonstrada aos chifres do altar, untando-os com sangue é destinada a convertê-los em objetos de poder para o fortalecimento da santidade do lugar das oferendas, que precisamente por esta causa (e não porque seja "morada da divindade") recebe um significado apotropaico catártico (purificação do homicida). Assim pois, os usos do dia da reconciliação se remontam aos tempos mais antigos. Cf. *p.109s.*

Essas primitivas idéias de purificação, ao encontrar um espaço no sistema cultual da expiação, em relação ao Deus soberano com o qual é necessário reconciliar-se, mudam essencialmente de significado. Insiste-se, em primeiro lugar, e com afinco, que os usos expiatórios são instituição do próprio Deus, e fundamenta sua eficácia precisamente nessa vontade divina. Não se trata de uma teoria pós-exílica; é a réplica israelita à pretensão mantida pelos sacerdotes babilônicos de haver recebido seus meios de expiação de Ea ou de seu filho Marduk, o mágico-chefe dos deuses, com o que estaria garantida sua total eficácia.[336] Mas ainda que na Babilônia a reconciliação se faça entre todo um exército de deuses ou demônios, em Israel desapareceu esse enfrentamento de forças divinas.

É Yahweh mesmo quem se preocupa da própria reconciliação; por isso desaparece o elemento mágico-feiticeiro para dar lugar ao elemento pessoal, que tende à obediência e à sujeição do homem. A reconciliação não depende da freqüência das ofertas nem do acúmulo engenhoso de ritos que tenham mais a possibilidade de ser efetivos, com a prática obediente, à qual o próprio Deus ordenou para que sua aliança persista. Fica, portanto, excluída também a idéia de um mérito no fato mesmo do sacrifício;[337] até o aparato sacrifical é um dom gracioso do Deus da aliança, que dá ao homem ocasião para que confesse e repare.

Como conseqüência dessa perspectiva de um Deus criador da expiação cultual, é lógico que todos esses ritos sofram uma transformação em pontos diferentes. Dessa maneira, o esfregar ou espargir com sangue obedece agora à idéia de oblação, que implica pôr a disposição da divindade somente o melhor, ou seja, a vida do animal; esta é uma idéia que se encontra desenvolvida especialmente no Código sacerdotal.[338] A aplicação gradual do sangue, com o qual no dia da expiação, se espargia no altar e se untava seus lados, se espargia sete vezes dentro da cortina interior, untava-se os lados do altar do incenso e, finalmente, se espargia todo o santuário e, sete vezes, o propiciatório e diante do propiciatório, era interpretado como uma aproximação progressiva da oferta à divindade, até alcançar o máximo. A transferência dos pecados ao

---

[336] Cf. **O. Weber**, *Die Literatur der Babylonier und Assyrer,* 1907, p. 150.158s; **B. Meissner**, *Babylonien und Assyrien,* II, 1925, p. 64s.

[337] Não se chega, portanto, a uma contabilidade mercantil dos meios expiatórios, que tentam por culpa e expiação numa relação calculada, como sucede nas religiões legalistas do Islão e do Parsismo.

[338] Tanto a imposição das mãos do ofertante (veja *infra*) quanto o mover da oferta pelo sacerdote, que simboliza sua entrega (Lv 7:30; 9:21; 10:15; 14:12,24; 23:11,20; Nm 5:25; 6:20), definem o sacrifício como um dom.

bode expiatório ou da impureza do leproso ao pássaro é um símbolo de seu respectivo desaparecimento total.[339] Aqui a fé nos demônios perdeu todo seu poder, Azazel representa a esfera dos impuros que persistem fora da teocracia (comparar a mentalidade semelhante que representa Zacarias 5:6s). Pretendeu-se buscar a eficácia expiatória do sangue na correspondência entre a vida da vítima ofertada e a de seu ofertante, uma idéia que, apesar de o testemunho expresso sobre ela ser tardio, devia ser bastante antiga.[340] A relação, contudo, entre o pecador e a vítima expiatória é realmente frágil, de forma que não nos autoriza a pensar que o critério de apresentar à oferta expiatória algo de valor tenha sido substituído pelo de uma *satisfactio vicaria* estrita.[341] Desse modo, pois, a capacidade vicária da vítima continua estando limitada à idéia comum de que, ao não realizar a expiação prescrita, o homem cairia *irrevogavelmente* sob a ira justa e aniquiladora de Deus, ou seja, de que nesse sentido a oferta do *nepeš* que há no sangue realiza uma expiação *'al-nᵉpāšōt* dos pecadores. E igualmente o apoiar ou impor as mãos do ofertante sobre a vítima, *sᵉmikāh,* não significa, mais do que a estreita relação entre o ofertante e sua oferta, no sentido de uma vontade por parte daquele de entregar algo que lhe pertence, há

---

[339] Outra interpretação da cerimônia dos pássaros no caso do leproso (de onde sugere-se que é símbolo do homem devoto à vida) se pode ver em D. Schötz, Schuld-und Sündopfer, p. 70.

[340] É claro que estava presente o resgate de um homem mediante uma vítima: Êx 34:20; 1Sm 14:45. De forma secundária, poder-se-ia encerrar também na idéia de um sacrifício substitutório, no sentido de que a vítima vivente, com seus membros e seu sangue, convertia-se de um *valor substituto, numa equivalência* do pecador, sobretudo desde o momento em que a expiação sacrifical não valia somente para os delitos por inadvertência, mas também para transgressões mais graves. Na Babilônia a representação do homem por uma vítima tem seu papel na cura da enfermidade mediante o conjuro (cf. **O. Weber**, *op. cit.*, p. 169,175) e no anátema do perjúrio (**B. Meissner,** *op. cit.,* I, p. 140); neste caso o animal é considerado, membro por membro, como substituição e representação do homem pecador, por exemplo: "Tome um leitão, coloque-o na cabeceira do enfermo, arranca-lhe o coração, coloque-o sobre o coração do enfermo, esfregue com seu sangue os lados da cama do enfermo, despedace o leitão por membros e estenda-os sobre o enfermo... o leitão será ofertado como seu substituto, sua carne por sua carne, seu sangue por seu sangue, e que os deuses tenham por bem aceitá-lo" (segundo **O. Weber**, *op. cit.,* p. 175).

[341] As razões fundamentais para não admitir a morte vicária de um animal são, em poucas palavras, as seguintes: 1. a vítima, enquanto carregada de pecados e culpa deveria passar por impura; contudo, é considerada como santa; 2. o ato principal deveria estar na matança, como realização da pena capital, e ser realizado pelo sacerdote e não pelo ofertante; 3. no caso da *satisfactio vicaria* a substituição por uma oferta de farinha seria impossível; 4. os delitos expiados pelo sacrifício não são dignos de morte. (Sobre o rito de impor as mãos, cf. o que segue.)

de encontrar algum modo de expressão.[342] Talvez a prática de uma substituição vicária nos ritos de exorcismo e maldição babilônicos seja o que impediu a aplicação de tal idéia em Israel. De todos os modos, a idéia de que o pecado não se perdoe assim, mas mediante a oferta de uma vida pura e inocente em expiação, pela vida pecaminosa do ofertante, é uma séria advertência sobre sua gravidade. De todos os modos, a ausência de uma verdadeira teoria da expiação fez com que a expiação cultual se arraigasse com mais força na liberdade da graça divina e que se considerasse como o requisito mais importante a confiante obediência do ofertante.

Essa concepção da expiação, tipicamente israelita, fica mais clara quando se compara com a que sobre o mesmo tema reina na Babilônia. Já tratamos rapidamente da eficácia mágica das fórmulas e ritos de expiação babilônicos; aparece de forma especial no fato de que a confissão dos pecados constitui uma parte do ritual de exorcismo[343] e atua *ex opere operato*. Isso está em íntima relação com a idéia, influenciada pela crença nos demônios, que converte ao pecado, de culpa pessoal, em um estado de domínio e encantamento nas mãos dos maus espíritos; por conseguinte, todo rito expiatório há de terminar com uma expulsão dos demônios. Em Israel, todo pecado é uma transgressão da vontade de Yahweh, portanto, a expiação somente pode dirigir-se a ele, e deve ganhar de novo sua complacência: essa é a razão de que todos os seus ritos formem parte do autêntico culto, que nada tem a ver com o exorcismo. A equiparação em Israel entre faltas morais e cultuais não produz, de outro lado, a angustiante insegurança que observamos na Babilônia; pois, enquanto aqui a impureza cultual é atribuída aos demônios, que podem andar escondidos em qualquer parte, em Israel se deve a causas conhecidas, fixadas de uma vez por todas, das quais é possível se precaver.[344] Daí também que, em Israel, o

[342] Neste sentido, é correta a equiparação com o ato romano jurídico da *manumissio*, da colocação em liberdade do sujeito de própria possessão, ainda quando, em nosso caso, não se pode deixar totalmente fora a vontade, por parte do ofertante israelita, de assegurar a entrega da própria pessoa representada pela oferta, quer dizer, de estabelecer uma relação explícita entre ele e ação sacrifical. Porque não se pode tratar de uma transferência do pecado e da impureza do ofertante à vítima, mencionamos na nota anterior. Que tal transferência exista no caso do bode não é prova alguma que tenha de se dar sempre, principalmente tendo em conta que o macho não é uma vítima sacrifical. **Cf. Kautzsch,** *op. cit.*, p. 344s; **E. König**, *op. cit.*, p. 290s; **Benzinger**, *Archäeologie*, p. 371; **Matthes,** *Der Sühnegedanke bei den Sündopfern, ZAW*, 23,1903, p. 97s.

[343] Cf. especialmente a célebre passagem da série de conjuros *Šurpu, AOT*, p.324s.

[344] Cf. a este respeito **Seeger**, *Die Triebkräfte des religiösen Lebens in Israel und Babylon,* 1923, p. 95s.

sacerdote não tenha essa importância exagerada, como na Babilônia, onde lhe atribuem de especialista em uma técnica expiatória da qual não se pode prescindir. Em todas essas situações pulsa, em Israel, o caráter pessoal da relação com Deus.

O realce dado ao aspecto pessoal da expiação encontrava um forte apoio na crença da *eficácia expiatória da intercessão.* Era convicção geral que os profetas ou outros homens piedosos pudessem advogar por seu povo e expiar seus delitos mediante a oração,[345] que o fato dessa súplica ser ouvida ficou reservado à decisão soberana de Yahweh.[346] Se além disso, se tem consciência do lugar, na vida religiosa, do uso jurídico da mútua substituição, nas relações entre rei e povo, que permitia responsabilizar as ações um do outro,[347] se vê claramente que a expiação cultual esteve sempre demarcada e encontrou constantemente seu sentido dentro de uma relação totalmente pessoal entre o fiel e Deus.

Esse fato deve ser lembrado igualmente na hora de analisar *a elaboração sistemática da idéia de expiação no Código sacerdotal* e também a resistência dos profetas e dos salmistas em considerar o sacrifício como uma expiação suficiente. Quando, depois de haver alcançado uma maior profundidade em Israel a consciência do pecado graças à pregação profética, o Código sacerdotal — e, todavia mais as adições a Ezequiel (45:15s) — trata todos os sacrifícios sob a perspectiva da expiação, isso não significa necessariamente que a idéia de expiação houvesse se tornado totalmente materialista. O sacerdotal se limita a atribuir a toda a liturgia sacrifical ao caráter de uma humilhação obediente diante do Deus, em cuja presença ninguém é puro e que convida graciosamente a sua comunhão, excluindo todo mérito. De outro lado, *o protesto dos profetas contra o abuso do sacrifício,* como se fosse uma ação por si mesma meritória, não somente constituiu uma enérgica defesa do direito soberano de Deus a perdoar, ainda sem necessidade de sacrifícios, mas mostrou que a própria marca do culto, como manifestação da graça de Deus, estava unicamente dentro dos limites das relações de aliança. Tema precisamente freqüente de suas pregações foi o anúncio dos efeitos desastrosos da ruptura da aliança.[348] A reprovação

[345] Gn 18:23s; Êx 22:11-14,32; 1Sm 12:23; Am 7:2,5; Jr 7:16; 11:14; 14:11; 15:1,11; Ez 13:5; 14:14; 22:30.

[346] Aqui está a principal diferença com relação aos intercessores dotados de poder, de outras religiões.

[347] 2Sm 24:17; Os 1:4; 1Rs 8:25; 11:34s; 14:16; 2Rs 8:19; 20:6; 22:20; Jr 23:6; Is 53; 4 Mac 6:28s.

[348] Na polêmica dos profetas há a questão de se a aliança corrompida pode ser restaurada por sacrifícios ou se estes somente têm sentido na hipótese de que a relação de aliança se mantenha intacta; não é questão, portanto, de substituir o culto pela moral. Cf. mais amplamente cap. VIII, VI, 3, p. 325s.

do sacrifício diante da retidão de coração em alguns salmos[349] supõe, a partir da experiência pessoal de um Deus que castiga e perdoa os pecados, o direito a prescindir das ofertas, quando na oração se tem chegado a viver com força o que constitui o núcleo do sacrifício, a relação espiritual com Deus. Nesta postura puderam unir a oposição a uma mecanização do perdão dos pecados pela instituição do sacrifício[350] e o protesto contra o fácil perdão pelo sacrifício em bens deste mundo.

No judaísmo do pós-exílio se produz uma notória mudança no uso da expiação sacrifical. Foi preparado pela regulamentação da liturgia sacrifical, em **P,** a todo sacrifício se atribuiu uma finalidade expiatória, sem outro fundamento que a vontade absoluta de Deus que, em outro tempo ordenara que se praticassem esses ritos expiatórios e vinculara a eles seu perdão. Desse modo, a liturgia sacrifical perdeu cada vez mais seus motivos e conteúdos originais para se converter, em parte, a um ato de obediência global, que haveria de cumprir como outra qualquer às prescrições da lei. Prosseguiu sendo o grande sacramento de reconciliação, mas a comunhão de vida entre Deus e o homem, que tinha sua expressão nas antigas idéias sacrificais de oferta, comunhão e expiação, se reduziram a simples cumprimento correto da lei. De outro lado, no judaísmo posterior, assim como a lei foi considerada, unilateralmente, como a ação humana exigida por Deus, que merece sua graça, também o sacrifício se encerrando nessa perspectiva perdeu seu caráter de dádiva graciosa. A obediência, da qual ele era testemunha, se converteu no principal; mas apareceram junto a ela outros atos de obediência considerados do mesmo valor: dessa forma, o sofrimento paciente, a colocação em prática do amor, a piedade, a oração e, entre os especialistas da Escritura, o estudo da *torah.*[351] Como junto à expiação cultual apareceram outras ações expiatórias equivalentes, graças à obediência à lei, o desaparecimento do culto depois da destruição do templo pôde se manter sem maiores deslocamentos.

Assim, o próprio coração do culto se viu destituído quase insensivelmente de suas funções primeiras e desviado para caminhos secundários. Com isso sua sorte estava decidida. A causa foi a subversão da piedade, ocasionada pelas grandes guerras religiosas contra os sírios. A ordem existente se considerou definitivamente submetida a juízo e o mundo futuro de Deus se converteu em meta de vida religiosa. Assim sendo, neste contexto, o culto sacrifical, como

---

349 Sl 40:7s; 51:18s; 69:31s.

350 No judaísmo tardio: 2 Mac 3:32s; 12:42s.

351 Pv 16:6; Dn 4:24; Eclo 3:3,30; 18:20; 32:1s; 35:1-7. Cf. **O. Schmitz**, *Die opferanschauung des Späteren Judentums,* 1910, p. 55s.

sacramento do Deus presente, em comunhão com seu povo, tanto no tempo do juízo quanto no da graça, já não era inteligível; converteu-se em expressão unilateral de sujeição humana às estritas exigências de obediência do Deus distante e, assim como toda a lei, de um bem meritório e benéfico em si mesmo, passou a ser um meio pelo qual se podia acelerar a realização ansiada da esperança escatológica ("Guarde a lei por um dia, e o Messias aparecerá!") O que daqui resultou pode se designar como *união inorgânica de duas metas incompatíveis* da piedade veterotestamentária, a saber: uma meta concreta no presente, garantida por uma vida dentro das normas da aliança, consistente num reino de Deus implantado na realidade histórica; e outra, constituída pelo mais além (vida futura) maravilhoso da plenitude paradisíaca, na qual a história se encerra. Mas ao se converter um em meio para a consecução de outro, sofreram uma depreciação notável, o reino presente de Deus se desfigurou até se converter em uma tirania coercitiva e irracional, que somente se tornava suportável com vistas ao futuro; e o reino divino, objeto da esperança, foi perdendo força, à medida que se foi reduzindo a ser o cumprimento de desejos terrenos não satisfeitos e teve de admitir, como centro da salvação, o império universal judeu no lugar da plenitude divina.

Em essência sucede o mesmo quando, no caso da diáspora helenística, em lugar da salvação escatológica passa a ocupar o primeiro plano, uma comunhão mística com Deus; somente que nesse caso a depreciação do sacrifício segue outros rumos. Tampouco aqui se pode já reconhecer a revelação do Deus próximo em sua figura histórica; por isso se recorre a uma interpretação sistemática das leis sacrificais no sentido, ou de uma roupagem simbólica de verdades eternas, ou de uma instrução, que se deve entender alegoricamente, para uma purificação ascética que libere dos pecados do corpo (Filo). Veio a ser, também neste caso, um meio para obter uma salvação totalmente distinta, a da imersão mística da alma na divindade, que não precisa de nenhum tipo de mediação histórica.

Em cada caso o sacrifício se torna supérfluo, porque seu sentido primeiro desaparece por causa de uma nova orientação da piedade. Atribuindo-se a ele um novo valor como substituto do antigo, não se faz senão reconhecer sua inutilidade. Se torna impossível para o homem apropriar-se interiormente do sentido de intercessão do sacrifício, seu significado como meio de inter-relação com Deus. Efetivamente, no sacrifício expiatório — e ao se aplicar a idéia de expiação aos demais sacrifícios, também em qualquer outro — é essencial a concepção de que o abismo entre o Deus irado e o homem pecador não pode mais ser transposto mediante um ato de reparação. Se Deus mesmo indica o caminho para que apareça um substituto expiatório, mostra-se, mais uma vez, como o Deus da aliança, cuida para que esta se mantenha apesar dos pecados humanos. O antigo Israel tinha uma viva compreensão da ação de Deus no sacrifício expiatório; e por isso a restauração do culto no templo, depois do exílio, foi considerada como o sinal que selava a nova restauração da aliança. Os fariseus ao contrário, não se aperceberam do que Deus pretendia ao instituir o culto expiatório e somente tiveram consciência da ação puramente humana, considerando que ela por si somente expiava o pecado e merecia o perdão. No sacrifício, como homens piedosos que eram, aproximavam-se de seu Deus exatamente com a mesma confiança que em qualquer outro ato de obediência. Por isso não foram capazes de entender a rica consciência de salvação dos salmistas, tão convencidos do soberano perdão do pecador que podia pedir que se prescindisse do sacrifício. E justamente por isso o misticismo helenista eliminou o caráter de intercessão do sacrifício, ao interpretá-lo alegoricamente, deixava livre o caminho para uma união direta da alma com Deus.

Assim sendo, *por nenhuma dessas vias era possível livrar-se verdadeiramente do sacrifício.* Ainda depois da ruína do templo o sacrifício, enquanto problema de obediência perfeita, seguia sendo preocupação para os fiéis da lei. Seu desaparecimento do culto diário era tão irracional quanto sua anterior função central. A dissolução total da instituição sacrifical, sem que se perdesse, todavia, seu efeito próprio e necessário, somente podia se realizar a partir do sistema de relações com Deus fundado por Cristo. Mas isto não se leva até o fim mediante a implantação de uma nova teoria do sacrifício, mas mediante *a fé da primeira comunidade na intercessio Christi.* Na entrega de sua vida, apareceu, de forma impressionante, a obra de Deus para a reconciliação da humanidade, ao realizar o supremo ato reparador de expiação. Cristo como substituto de todos aqueles sobre os quais ameaçava a ira divina, realizou de uma vez por todas seu serviço sacerdotal e dessa maneira pôs fim ao culto sacrifical do Antigo Testamento.

Essa substituição expiatória se revelou ao mesmo tempo como a obra do Rei messiânico enviado por Deus para a instauração de seu reino. Consegue-se, pois, o que foi impossível na antiga aliança: *a integração orgânica daquelas duas grandes metas da vida religiosa.* O reinado de Deus revelado na realidade histórica e a consumação do mundo, encontraram seu ponto de união na pessoa do Salvador, presente agora como ressuscitado, mas futuro, enquanto há de vir em glória. O testemunho eloqüente dessa reconciliação de temas até então opostos é "a aplicação alegórica da teologia sacrifical veterotestamentária à morte do mediador entre Deus e o homem" no Novo Testamento.[352] Tão distante

---

[352] Cf. **O. Schmitz,** *op. cit.,* p. 301s.

da especulação racionalista, quanto de um apego servil aos detalhes do culto, manifesta a atenção entre juízo e graça, tão plasticamente exposta no culto veterotestamentário, de maneira que faz justiça à majestade do Deus santo da aliança e ao mesmo tempo se vê constantemente liberada por esse amor, que expia os pecados e também que "somente com uma única oferta aperfeiçoa para sempre aos santificados".[353]

c) A oração

Sacrifício e oração andam intimamente unidos. Assim o indicam as expressões usadas para ambos; *heᵉtīr,* originariamente um termo técnico da linguagem sacrificial,[354] é utilizado em hebraico no sentido de "orar". E, de outro lado, *biqqēš 'et-yhwh,* "buscar a Yahweh", pode servir para expressar "sacrificar".[355] Algumas de tais orações, acompanhadas pelo sacrifício, todavia, nos foram conservadas no saltério, por exemplo, a súplica do rei que parte para a guerra,[356] as orações para o voto e a ação de graça,[357] para as liturgias festivas[358] etc. Ainda que a forma atual de tais orações seja com freqüência verdadeiramente recente, a realidade das mesmas é tão antiga quanto o sacrifício. É, de outro lado, característico das formas litúrgicas, o poder recolher e conservar formas fixas de outros tempos totalmente diferentes; isto permite chegar-se às conclusões válidas para épocas antigas, ainda que partimos de análises de orações de composição recente.

Aqui e ali se podem ainda detectar *vestígios de elementos primitivos na oração israelita.* Isto vale, por exemplo, para invocar e gritar com força (clamar), que indicam os termos mais freqüentemente utilizados para expressar "orar".[359] Traços de antigos costumes de oração permaneceram no uso dos verbos *hitpallēl,* isto é, "cortar-se", e *hillā,* "golpear-se",[360] que fazem pensar no costume de ferir-se para chamar a atenção da divindade,[361] ou de tocar com

---

[353] Heb 10:14.
[354] Cf. o árabe *'atara,* "sacrificar", e Êx 8:4,25; 9:28; 10:17 etc.
[355] Os 5:6.
[356] Sl 20.
[357] Para o primeiro, veja Sl 61; 65; para o segundo, Sl 21; 66; 100; 116; 118; Jn 2; Jr 33:11.
[358] Sl 24; 50; 67; 81; 95.
[359] *qārā' bᵉ šēm,* Gn 4:26; 12:8 etc.; *qārā' 'el,* Dt 15:9; 1Rs 8:43; Jr 11:14 etc.; *zā'aq,* Jz 3:9,15; 6:6s; 1Sm 7:8s; Os 8:2; Mq 3:4 etc.
[360] Êx 32:11; 1Sm 13:12; 1Rs 13:6 etc.
[361] Atestado pelo culto a Baal, 1Rs 18:28.

os lábios ou as mãos a imagem ou o símbolo da divindade,[362] sem que isto queira dizer, naturalmente, que o adorador de Yahweh seja consciente de tal significado em suas orações. Também o costume de levantar as mãos pode ter originariamente um significado mágico.[363] Não se pode dizer com certeza se em alguns lugares se manifesta ainda uma forma de encantamento.[364] De qualquer modo, está claro que se trata de resquícios de costumes primitivos, que já não tem um significado próprio e vão passando à periferia da fé javista, da qual, pouco a pouco, chegam a desaparecer totalmente. Em 1 Reis 18.27s. nos encontramos com um escárnio deliberado dos ritos de oração de ostentação.

Essa tendência da religião javista se manifesta também no papel que reconhece dois modos de invocar à divindade muito semelhantes à feitiçaria, *a bênção e a maldição.* Certamente também em Israel existe a crença no poder da palavra pronunciada, considerando-a como uma espécie de energia que não se pode conter e independente da divindade; essa fé deixa entrever sua conexão com idéias primitivas sobre o "poder" em geral. O temeroso esforço de neutralizar a maldição que os gibeonitas haviam pronunciado contra Israel, por um delito de sangue de Saul, faz com que se execute aos descendentes de Saul, apesar do princípio do *Livro da Aliança* que proibia que os filhos pagassem pela culpa dos pais.[365] E a última instrução de Davi a Salomão, de infligir castigo ao benjaminita Simei por sua maldição de outro tempo, é um bom testemunho da crença pertinaz na eficácia quase automática da maldição, apesar de que tenha havido depois um ato de perdão e de que a pessoa afetada saiba que foi objeto de uma maldição sem culpa.[366]

Mas junto a esses testemunhos há também exemplos que mostram como Yahweh se converte em senhor da maldição e da bênção e despindo as de seu caráter original, a maldição se lança em nome de Yaweh;[367] por isso ele se converte em seu executor,[368] mas também pode mudar seu objeto ou neutralizá-lo totalmente.[369] Já desde cedo não se utiliza o nome de Yahweh

---

362 Êx 17:16; Os 13:2.

363 Êx 17:11; cf. a oração babilônica com os braços erguidos.

364 Podemos citar, sobretudo, "a canção do poço" (Nm 21:17s), a ordem de Josué ao sol e a lua (Js 10:12), o simbolismo das flechas de Eliseu (2Rs 13:14s). Mas, em todos esses casos, outras interpretações são mais lógicas: assim, no caso de Eliseu, se trata de um simbolismo enérgico dos acontecimentos futuros que virão a ocorrer devido à obra do homem de Deus[365]. 2Sm 21.

366 1Rs 2:8s. Cf. também a necessidade de uma nova suspensão da maldição anterior, Jz 17:2.

367 1Sm 26:19; 2Rs 2:24; Dt 27:14s; cf. 1Sm 17:43.

368 Jz 9:57; Dt 28:20.

369 Dt 30:7; 2Sm 16:12.

quando se trata de uma maldição por vingança pessoal, e torna seu uso ineficaz.[370] Com isto se possibilita que, em lugar da maldição de eficácia automática, apareça a oração pedindo vingança, que deixa o castigo nas mãos da liberdade divina.[371] Igualmente a bênção de quem desfruta de um poder especial[372] se vê substituída pela oração de intercessão,[373] que ocupa no culto um lugar preponderante.[374] Também neste caso é a vontade de Yahweh, que em definitivo determina o alcance da capacidade de benção, que se pode atribuir a determinado intercessor.[375] Perdem força dentro da esfera da autêntica oração, a coação e o uso mágicos. A bênção e a maldição se submetem a condições de tipo moral: somente no caso de que cumpra os mandamentos de Yahweh, desfrutará Israel de sua bênção, como demonstram de forma especialmente clara as fórmulas de bênção e maldição no final da lei.[376] Além disso, não se cumprirá a benção pronunciada pelo sacerdote indigno.[377]

Desse modo, o caráter de encantamento desaparece totalmente da oração veterotestamentária. As três características deste são o pronunciamento mágico do nome de Deus, a repetição freqüente da oração com as mesmas palavras e um tipo de recitação especial em tom de murmúrio ou sussurro;[378] é significativa a ausência de tais características na oração israelita. É tão grande o valor que se dá ao nome de Deus que chega a ponto de ser usado, às vezes, em tatuagens;[379] mas nada encontramos de uma ocultação de tal nome por se lhe considerar um meio dotado de poder especial. Ao contrário, o fundamental da revelação de Yahweh a Moisés consiste na comunicação de seu nome,[380] para ser invocado com ele e para que seja lembrado de sua natureza de juiz que castiga, mas também de senhor misericordioso, ao qual todos os pobres e oprimidos podem se dirigir.[381] Nem encontramos alguma forma de preocupação

---

[370] Êx 20:7; Dt 5:11; cf. Sl 59:13; 109:17; Jó 31:30.

[371] Jr 11:20; 12:3; 15:15s; 17:18; 18:19s; Sl 137.

[372] O Antigo Testamento não apresenta nenhum exemplo a respeito; uma tênue influência da antiga crença se pode encontrar na autoridade de alguns intercessores especiais, em cuja oração se confia que outros sejam ouvidos (1Sm 7:8s; 12:19; 1Rs 13:6; 2Rs 19:4).

[373] Cf. **P. A. H. de Boer**, *De Vorbede in het Oude Testament,* 1943 *"Oude testamentische Studien"*, vol. 3 e **F. Hesse**, *Die Fürbitte im Alten Testament,* 1951.

[374] 1Sm 1:17; 9:13; 2Sm 6:18; Lv 9:22s; Nm 6:24-26; Dt 26:15.

[375] Êx 32:32; 1Sm 15:11; Jr 15:1; Zc 3:7; cf. p. 142.

[376] Dt 28; Lv 26, cf. Êx 32:33.

[377] Ml 2:2.

[378] Assim **J. Hempel**, *Gebet und Frömmigkeit im A. T.*, 1922, p. 14.

[379] Is 44:5; Zc 13:6; talvez também 1Rs 20:41.

[380] Êx 3. O silêncio do homem nas aparições dos anjos (Gn 32:30 e Jz 13:18) manifesta que, para o homem, a natureza dos seres divinos é inacessível; ainda que possa se manifestar nisso todavia uma relíquia do tabu que constituía ao homem.

[381] Sl 9:10; 25:16s; 40:18; 70:6 etc.

de que a oração se repita várias vezes, tendo cuidado de que as palavras sejam exatamente as mesmas e de observar certo tom de recitação. O tipo normal de oração era em voz alta,[382] e a introdução de fórmulas determinadas[383] somente era usada no caso da confissão obrigatória em certas ocasiões.

Essa exclusão de toda concepção não religiosa na oração nos mostra a acentuada consciência israelita do soberano senhorio de Deus e que também se manifesta nos gestos que acompanham a oração: ao ajoelhar-se e levantar as mãos para depois baixar o rosto ao pó corresponde à postura do súdito diante de seu rei e expressa a sujeição do que ora a uma vontade superior.

A autenticidade e singularidade da vida de oração em Israel, se notam não somente em que suas orações e cantos cultuais estão livres de todo "pathos" (sentimentos) vãos e de qualquer tipo de bajulação exagerada, ainda que, cheios de sensatez, sinceridade e confiança infantis, aquele que é o seu "Deus desde o Egito",[384] mas também que na pequena distância que os separa da oração cultual individual, distância essa, palpável em outras antigas literaturas de oração, por exemplo na babilônica.[385] Não encontramos no culto oficial um formalismo morto ou uma manipulação de feitiços aviltantes, que fizeram com que a autêntica piedade tivesse de se refugiar na oração privada; pois, também na oração pública pulsa uma autêntica adoração e um vivo sentimento religioso. Os duros ataques dos grandes profetas contra uma oração simplesmente externa,[386] com seu próprio exemplo,[387] contribuíram em grande parte para que o autêntico espírito de oração permanecesse vivo também no culto. A atenção da vida de oração exigida pela vida do exílio, da que é testemunho a rica coleção de orações do saltério, sofreu desprezo no judaísmo posterior ao ver-se o culto reduzido à categoria de um ato de obediência aos preceitos: também a oração se converte em uma obra obrigatória e meritória de piedade; para isso conta com um tempo,[388] algumas formas[389] e aparatos[390] especiais estabelecidos que servem para lembrar-lhe essa obrigação.

---

382 Cf. 1Sm 1:12s.

383 Dt 26:13s; 21:7s.

384 Cf., contudo, a opinião de **F. Heiler** sobre a antiga poesia ritual (*Das Gebet*, p. 172 s)

385 Cf., por exemplo, **O. Weber**, *Die Literatur der Babylonier und Assyrer,* p. 141s.

386 Is 1:15; 29:13; Am 5:23.

387 1Rs 19: 4s; Am 7:2,5.; Jr 12:1s; 15:15s; 16:19s; 17:12s; 20:7s.

388 Oração da manhã e da tarde (1Cr 23: 30), oração três vezes ao dia (Dn 6:11; Sl 55:18).

389 As 18 bênçãos (*semōnēh 'esrēh*) e a *ō šema'* surgida da reunião de Dt 6:4-9; 11: 13-21 e de Nm 15:37-41.

390 Borlas especiais, *siṣiyyōt,* no vestido, em razão de Nm 15:37s; Dt 22:12, e correias com bolsinhos, *t^epillīm,* em razão de Êx 13:9; Dt 6:8; 11:18.

Como característica da estrutura da piedade veterotestamentária deve-se assinalar que entre os grandes motivos da oração, não aparece o de submergir-se, por meio da meditação profunda, no ser infinito de Deus.[391] A oração mística não teve espaço em Israel; a poderosa vontade do Yahweh mosaico não permitiu que aparecesse esse tipo de oração, que tende à dissolução do próprio eu no uno infinito. Assim como o Deus do Antigo Testamento não se revelou como um ser pacífico em sua beatitude, mas como vontade soberana de Rei eterno, da mesma forma, o fiel israelita não é um místico indiferente ao mundo, que vive submerso no além, mas sim um lutador que até na oração busca se apropriar de uma vida plena de poder, na comunhão com o Deus soberano. Seu objetivo não é a realidade estática do *summum bonum,* mas a dinâmica do βασιλεια του θεου.[392]

5. *Síntese*

De tudo o que foi dito pode-se afirmar que, enquanto ação expressiva e também como instituição sacramental, o culto tem na religião javista um papel importante e indispensável. Ainda que alguns de seus elementos não fossem completamente assimilados, o padrão total do culto divino recebe sua marca da natureza singular da relação com Deus no Antigo Testamento. A relação viva entre fé e culto se expressa na constante transformação e no aperfeiçoamento das formas cultuais, manifestando a enorme capacidade de assimilação da religião javista. O desaparecimento das primitivas crenças em espíritos, poderes e feitiços, precisamente no caso dos usos sagrados mais antigos, se manifesta à debilidade que as mesmas sofreram em seus pontos mais invulneráveis; como demonstra a progressiva perda de valor dos objetos sagrados na época mosaica, esse processo foi levado até suas últimas conseqüências com uma lógica implacável. Igualmente profunda foi a rejeição da concepção naturalista de Deus, que contava no culto com um aliado fácil para se introduzir: em sua luta contra a localização da divindade, contra a mística naturalista, contra práticas orgiásticas e a falsa interpretação do sacrifício, o culto conservou e defendeu seu significado como forma de expressar e viver a fé no Deus espiritual e pessoal. De outro lado, ganhou em eficácia o empenho da religião por impregnar toda a vida do povo.[393] Somente a mudança que experimentou

---

[391] Posto em relevo com razão por Hempel, op. cit., p. 28.
[392] É a formulação de **F. Heiler**, *Das Gebet,* p. 409.
[393] Nos perigos do culto, cj. Cap II,III, 1b, pg. 435 e Cap VIII, 6, 3b, p 331s.

a piedade no judaísmo tardio, pelo que a religião javista converteu-se em uma religião da observância, ameaçou obscurecer o caráter soteriológico do culto reduzindo-o à categoria de ato de obediência. Mas isto não brota do caráter próprio do culto; é um resultado da sujeição do mesmo aos cânones alheios do legalismo.

Capítulo V

O NOME DO DEUS DA ALIANÇA

Se alguma vez se cumpriu o dito de que *nomina sunt realia,* foi no caso do nome divino entre os antigos. Por isso, perguntar pelo nome do Deus de Israel não é uma questão sem importância; pois pode ajudar-nos a entrar de forma fundamental em seu pensamento religioso.

O nome próprio do Deus nacional israelita, o que, por assim dizer, estampa sua marca sob a ata da aliança sinaítica, é o de Yahweh. Mas há, entretanto, outras formas de designar a Deus mais antigas que esse nome, e que merecem uma análise mais detalhada.[1]

I. Designações comuns de Deus entre os semitas

1. Uma das designações mais antigas e comuns de Deus entre os semitas é a de *'ēl.* Regularmente sua aplicação a Deus é rara na prosa, e até em determinadas passagens parece evitar-se com sumo cuidado; de outro lado, nos livros verdadeiramente poéticos dos Salmos e de Jó seu uso é freqüente. Que neste caso, como em tantos outros, a poesia conserva um vocabulário antigo, é demonstrado pelo papel que ele desempenha no antigo sistema onomástico semítico. Pois em Israel, assim como na Babilônia e Arábia, os nomes antigos não estão formados com o nome próprio de cada deus particular, mas sim com o elemento comum *'el.*[2] O significado original dessa palavra é incerto. Conjugam-se derivações etimonaturais

---

[1] Pode-se encontrar uma boa reunião do material pertinente em **A. Murtonen**, *A philological and literary Treatise on the Old Testament Divine Names,* "Studia Orientalia Fennica", XVII, I, 1952.

[2] Para Israel cf. os nomes das narrações do Gênesis: Ismael, Betuel etc., e as listas de nomes de Nm 1, 7,13. Para o Canaã pré-israelita, nomes como Milki-ilu, Rabili, Atanah-ili, dos documentos de Amarna e Taanac; para Babilônia, Ilumma-ila, Ibni-ilu, etc. Cf. **H. Ranke**, *Early Babylonian Personal Names,* 1905; para o Sul da Arábia, Ili-awwas, Yasma'-ilu etc. Cf. **F. Hommel**, *Die israelitische überlieferung in inschriftlicher Beleuchtung,* 1897, p. 81s.

de uma raiz *'ūl,* "ser forte, poderoso"[3] ou "ir adiante",[4] e (mais provavelmente) de outra *'lh*, "ser forte, poderoso"[5] ou "direção, raio de ação",[6] ou da raiz "ligar", por conseguinte "poder de ligar";[7] deve-se escolher, pois, entre forte, chefe militar e senhor. É de notar que cada uma das significações admitidas põe em evidência a distância entre Deus e o homem. Coincidem, portanto, com uma ação fundamental da idéia semita de Deus: no lugar de colocar em primeiro plano o sentimento de familiaridade com a divindade, se afirmam no tremor que causa sua extraordinária grandeza. É significativo, além disso, que não identifiquem a divindade a nenhum tipo de objeto natural, mas tão-somente que a designam como a força que impele à natureza ou a vontade dominadora que a precede.

Até o segundo milênio essa denominação comum da divindade favoreceu a formação de dois nomes próprios como elemento teóforo; somente mais tarde aparecem no sistema onomástico as diferentes divindades naturalistas. Tal fato somente pode se interpretar no sentido de que o indivíduo ou as unidades maiores da tribo, a cidade-estado e o povo, cada um em seu âmbito específico, se dirigiam simplesmente *ao* deus, junto ao qual os demais deuses desempenhavam um papel de subordinação; trata-se pois, pelo menos de um politeísmo monárquico, e em muitos casos até de um monismo prático com indícios de uma unidade superior além da multiplicidade de deuses.[8]

Juntamente a essa tendência para a exclusividade, o antigo uso semítico de "*ēl* apresenta uma forte conexão da ação divina com a vida social da comunidade: são extraordinariamente freqüentes nomes como "Deus se apieda, Deus auxilia, Deus é juiz", que demonstram que não estamos diante de um ser espiritual de pouca eficácia, mas sim diante de uma divindade que inclui entre suas tarefas a de atender às necessidades morais e sociais de um povo ou de uma tribo.

Ao se comparar com o que foi dito, o papel que representa o '*ēl* do antigo Israel nas narrações do Gênesis, as características mencionadas aparecem de uma forma verdadeiramente espetacular. Pela primeira vez nos encontramos entre as tribos nômades hebréias dos primeiros tempos, com um culto a '*ēl* que, sem pretendê-lo e de forma totalmente inconsciente para o narrador, está em

---

3 Desse modo, por exemplo, **H. Schultz,** *Alttestamentliche Theologie*, p. 405 n. 10.
4 **Th. Nödelke**, "Monatsber. der. Akad. der. Wiss.", 1880, p. 760s.
5 **A. Dillmann**, *Alttestamentliche Theologie,* p. 210.
6 **D J. Hehn**, *Die bibl. Und die babyl. Gottesidee,* 1913, p. 200s.
7 **O. Procksch**, *Die Genesis,* 1924, p. 439 e *NKz*, 35 (1924), p. 20s.
8 Isto já está testemunhado pelo uso do plural *ilani* aplicado à "divindade" nas cartas de Amarna.

aberta oposição com o Baal cananeu[9] e confirma por conseguinte a natureza exclusivista, antes mencionada, do culto a 'El.[10] De outro lado, ao nomear a '*El* com freqüência depois dos patriarcas ("Deus de Abraão" — 31:53 —, 'o Terror de Isaac" — 31:42 —, "o Poderoso de Jacó" — 49:24 —) ou como "Deus dos pais" (segundo o ponto de vista de quem fala, "Deus de meu pai" "Deus de teu pai" etc.[11]) indica uma relação especial da divindade com cada um dos chefes: o qual, tomada a consciência dos fenômenos paralelos que posteriormente se dão entre os nabateus e os palmiranos, nos leva à existência de uma categoria religiosa distinta. Seu caráter distinto reside em que a divindade não aparece relacionada com determinados lugares de culto, mas sim com pessoas que foram as primeiras em viver sua revelação e é nas famílias destas pelas quais recebe culto; com o qual aquela apresenta um caráter de relação com o social e o histórico que, na maioria das vezes, falta às simples divindades locais, a assistência e eficácia de Deus que não se mostra nas forças da natureza de qualquer tipo ou no direito de propriedade sobre determinados lugares, mas sim na sorte mesma de cada fiel.

2. Esta peculiar idéia de Deus unida ao nome de '*El* requer ainda maior esclarecimento por alguns *epítetos do Deus-pai* que se usam combinados com El. Provavelmente tenha a ver com o mundo religioso antigo da Babilônia a

---

[9] Todos os nomes divinos testemunhados pelo Gênesis levam o elemento *ēl* (com a única exceção de pahad *yishāq*, Gn 31:42), o que dificilmente pode se explicar por uma correção tendenciosa, já que falta qualquer tipo de empenho em ressaltar o que se opõe ao Baal cananeu e além disso os nomes próprios dos patriarcas, núcleo primitivo da saga, designam aos sujeitos como fiéis de *El*; também Isaque, Jacó e José são nomes próprios teóforos que mais tarde perderam o elemento el.

[10] Dizemos aqui "exclusivo" só, naturalmente, no sentido relativo de uma preferência do deus protetor ou do deus da tribo e não no de uma estreita rejeição ou até negação de outros deuses. O aferramento a essa exclusividade se manifesta também na negativa a todo conúbio com os cananeus. A posterior conversão de *el* em nome próprio está na mesma direção (cf. *infra*). É digno de nota que os documentos de Ras-Shamra deixam entrever certa oposição entre *El,* o Deus altíssimo e "pai dos anos", e Baal, o deus terrível da tormenta e rei dos deuses. Ao passo que a *El* se lhe segue reconhecendo sua dignidade ancestral como Deus altíssimo, se vê superado e avantajado em importância atual pelo "vencedor", *Al'iyan Baal,* em torno do qual gira o grande mito da fecundidade e da vegetação. Enquanto que a imagem de *El,* pai dos deuses, encarna as relações com um círculo cultual muito mais amplo, Baal parece refletir o desenvolvimento particularista da religião cananéia.

[11] Gn 26:24: J; 28:13: J; 31:5: E; 31, 29,42; JE; 32:10:J etc.

[12] O descobrimento e apreciação dessa realidade a devemos a **A. Alt** em seu penetrante estudo *Der Gott der Väter,* 1929.

designação de Deus como *El Shadday,*[13] que aparece também fora das sagas dos patriarcas. Sua origem poderia estar no modo babilônico de designar à divindade como *šādū*, "monte", que quer dizer "senhor", "o altíssimo",[14] que sugere como termo originário o de *šāday*[15] e aponta às relações da religião israelita antiga com a Mesopotâmia. Até na época posterior, ainda carecendo de uma idéia clara sobre o significado do nome,[16] parece ter se deduzido dele o aspecto de exaltação, a julgar pelo uso que dele faz o poeta de Jó e a tradução da LXX por κυριος ou παντοκρατωρ.

Assim como no caso anterior, também se põe em evidência o significado peculiar de *'ēl* para seus fiéis no epíteto, bastante parecido, de *'elyōn,*[17] que designa a Deus como o altíssimo, ou seja, como o ápice do panteão. EsSa estrutura monárquica piramidal do politeísmo parece ter sido conhecida em alguns círculos da Canaã antiga. Seu uso posteriormente se atribui ao rei sacerdote de Jerusalém Melquisedeque, enquanto Filo de Biblos disse que é o nome do deus de Biblos ou de *Gebal Elium,* chamado o *Hypsistos.* É curioso que nos dois casos se relaciona com esse Deus altíssimo a idéia da criação[18] e com isso se faz uma clara distinção entre *'El* e uma força natural que também se menciona em outras partes.

Ao passo que na época mais antiga remete em grande medida ao uso do nome de Elyon[19] ou o υψιστος, que no judaísmo desfrutou de especial preferência, quando pelas circunstâncias ou por fins propagandísticos começou-se a deixar em segundo plano o especificamente judeu. Tal denominação, por

---

[13] A primeira fonte **P** o põe em relação com Abraão (entre outros, Gn 17:1). Esse nome está também testemunhado por antigas passagens poéticas (Gn 49:25; Nm 24: 4.16) e intervém nas listas de nomes como elemento teóforo (Nm 1:6,12 etc.).

[14] Cf. **Frd. Delitzsch**, *Prolegomena*, p. 95s; **F. Hommel**, *Altisraelitische Ueberlieferung,* p. 109s; **J. Hehn**, *op. cit.,* pp. 265s.

[15] A pontuação massorética *šadday*, que se inspira na raíz *šdd*, "devastar", prosperou, mas não concorda com o uso do nome.

[16] Os tradutores gregos em parte leram *šēdi,* "meu Deus protetor" e em parte decompuseram a palavra em dois elementos: *še* e *day* = "o que satisfaz", θέος ἱκανὸς.

[17] Gn 14:18s; cf. Nm 24, 16, onde se utiliza junto a shaddai. Sobre o valor histórico de Gn 14:18s cf., por exemplo, **Gunkel**, *Genesis,* p. 285s.

[18] Gn 14:19: *qōnē šāmayim wā'āres.* Com exceção desse lugar, não podemos demonstrar com segurança a presença dessa idéia no culto a *'El:* o que não quer dizer forçosamente que lhe fosse estranha, já que encaixa perfeitamente na linha dos demais dados verificáveis.

[19] Persiste na poesia. Cf. 1Sm 2:10 (emend.); 2Sm 22:14; Sl 21:8; 46:5; Dt 32:8. Além disso, Sl 47:3; 50:14; 57:3 etc.

sua generalidade e falta de especificação, apareceu como um meio fácil para indicar uma espécie de grau intermediário entre o judaísmo e o paganismo, se elimina o nacional-israelita e se inclina para as concepções pagãs de divindade mais elevadas, uma ponte que foi de grande utilidade sobretudo para o judaísmo da diáspora. Dessa forma, além de Esdras,[20] utilizam de bom grado o termo de Elyon ou o υψιστος o Eclesiástico[21] e Daniel,[22] e com muita freqüência Enoque, os Jubileus e o IV de Esdras. O matiz politeísta do termo foi totalmente esquecido e o único que ainda continua existindo nele é o sentido de exaltação e onipotência.

Somente uma vez encontramos em época antiga o nome de *'ēl 'ōlām,*[23] e por certo em relação com o lugar de culto de Berseba. Utilizando a maioria das vezes como o nome da divindade local ali adorada, assimilado pelos israelitas esse nome pode ser interpretado como "*Deus dos tempos passados" ou "Deus da eternidade":* designa, portanto, de qualquer maneira, a permanência da divindade acima de toda mudança temporal. É possível que tenha certa relação com a antiga mística oriental do tempo[24] e que por conseguinte o nome existisse entre as tribos nômades hebréias antes da posse da Terra. Mas, fossem quais fossem as influências que atuaram para a admissão desse nome, é significativo que precisamente a idéia do poder de vida que está acima de todo tempo entrasse em relação com o *'El* adorado como Senhor supremo. Expressa-se com isso a resistência a confundir à divindade com as mutações dos fenômenos naturais,

---

[20] Ed 2:3; 6,31; 8:19-21; 9:46.

[21] Umas 50 vezes.

[22] Dn 3:26,32:4, 21,29,31; 5:18.21; 7:18,22,25,27.

[23] Gn 21:33. Seu paralelo próximo é *šmš 'lm,* o Samas eterno na inscrição das portas de Karatepe, séculos nove/oito ("Welt des Orient" 4 [1949], p. 272s).

[24] O fez notar especialmente **R. Kittel**, *Die hellenistiche Mysterienreligion und das Alte Testament,* 1924. Segundo o testemunho tardio de Damascius, os fenícios veneraram a um deus de nome *χρονος αγηραος* o tempo que não envelhece. Segundo Filo de Biblos, o deus mais antigo dos fenícios é *Ηλος*, que também se chama *Cronos.* Dada a enorme influência egípcia sobre a Fenícia, também se deve ter em conta as especulações egípcias com o tempo, a partir do terceiro milênio a festa do nascimento do Sol celebra o começo do ano novo como renascimento da divindade, e no canto ao sol de Amenófis IV pode se ler "Tu és o tempo da vida e a ti deve-se o viver!". Provavelmente as doutrinas sobre os ciclos do mundo na Babilônia tem a ver com as primitivas especulações índias e persas sobre o tempo infinito, *Zrvan*, como supremo senhor e renovador de tudo. Contudo, frente a essas relações dificilmente determináveis, é preferível reter as expressões sobre '*el'olam* com a atividade e o poder inalteráveis de Deus: cf. **E. Jenni**, *Das Wort 'Olam im Alten Testament,* 1953, p. 53s.

como é inevitável no caso dos deuses da vegetação e da natureza, para os que tão importante papel tem os mistérios da vida e da morte.

Essa designação de Deus devia pertencer a uma época muito antiga, desse modo o atesta o fato de que o aspecto da natureza divina por ela ressaltado passou ao segundo plano, dentro da religião javista, muito antes que outros atributos.[25] Apesar da importância que Berseba conheceu como lugar de peregrinação na época dourada nacional, da qual Amós e Oséias nos são testemunhos,[26] não voltamos a encontrar com o nome específico do Deus de Berseba. A Yahweh somente se lhe honra como ao Deus eterno e imperecível quando se chega a experimentar da forma mais dolorosa a decadência da nação e, como conseqüência, muitos até padecem de dúvidas em torno da força de vida do Deus nacional. Dessa maneira, durante o exílio e depois dele é freqüente ouvir falar do Deus eterno ao que obedecem os astros e diante do qual treme este mundo caduco,[27] do Rei eterno que desbarata os ídolos,[28] do Príncipe eterno que está acima dos tempos do mundo.[29] Ao acentuar com ênfase a transcendência de Deus, se inclui também entre seus atributos o da eternidade.

Por sua relação com a religião de Baal, a pouco freqüente designação de *'El ri, "Deus da visão"* ou "Deus da aparição",[30] consegue certa importância. Efetivamente, nas cartas de Amarna e em textos egípcios nos encontramos com um *ba'al ri,* como divindade cananéia, que desfrutava de um culto especial até no Egito.[31] Se neste caso se deve admitir influências cananéias sobre o Deus tribal dos ismaelitas,[32] a permanência do nome de *'El,* que se demonstra originário pelo simples fato de formar parte da composição do nome de Ismael, continua sendo tão digna de atenção quanto o é o que se acha firme precisamente na assistência divina como sinal distintivo desse *'El.*[33]

---

[25] Se aqui o *ᵃbi-'ad* de Is 9:5, é duvidoso. O mesmo se deve dizer do Sl 45:7.
[26] Am 5:5; 8:14; Os 4:15.
[27] Is 40:28, cf. 60:19; Sl 90:2; 93:2; 145:13.
[28] Jr 10:10.
[29] Is 26:4; Dn 4:31; 6:27; 7:14; 12:7; Ademais, Eclo 18:1; 36; 19: 2 Mc 1:25; Et 13, 10; Sb 7:26; 17,2 etc.
[30] Gn 16:13.
[31] Cf. **H. Gressmann**, *Mose und seine Zeit,* p. 290, n. 5, e *AOT*, p. 96.
[32] Em todo caso, teria de ter em conta que, se tratando de um nome de conteúdo tão geral, não se deve descartar sua aparição espontânea em diversos círculos.
[33] Segundo **M. Noth** (*Die israelitischen Personennamen,* 1928, p. 99s), também a evolução do culto a *'El* está submetida à regra pela qual os deuses tribais primitivos, ao passar com seus fiéis a certa vida sedentária em lugares a muito tempo sagrados, ocasionalmente se revestiram de atributo de divindades locais.

Onde melhor aparece a especial relação existente entre *'El* e seus fiéis é no nome de *'ēl 'lōhē yisrā'ēl,* ao que segundo Genêsis 33:20, Jacó dedica um altar construído por ele mesmo, que se traduz *"'El, Deus de Israel" ou "'El é Deus de Israel",* em qualquer caso, o epíteto se converteu em nome próprio;[34] diante desse *'El* todos os demais *'ēlīm* ostentam seus nomes em vão, pois o único que se mostra real e verdadeiramente como Deus, como chefe militar e senhor, é o Deus Protetor de Israel.

Semelhante significado pode ter o nome de *'ēl bēt-ēl,*[35] atribuído igualmente a Jacó; contudo, junto à interpretação de uma oração atributiva, "*'El está em Betel*" é igualmente possível traduzir por intermédio de uma simples atribuição, por analogia com Baal Peor etc., de forma que a divindade fosse designada simplesmente como o Deus protetor de Betel.

3. Junto a *'lōah,*[36] que nunca conseguiu evidência especial por si mesmo, desempenha assim um papel importante a forma plural *'lōhīm.*[37] O significado plural da palavra está fora de toda dúvida pela freqüente construção do verbo no plural.[38] Mas é muito provável que originariamente *'lōhīm* fosse utilizado em contraposição a *'ēlīm,* no sentido do chamado plural de abstração ou de intensidade,[39] que serve para uma generalização e salientação do termo, convertendo a pessoa por ele designada em representante universal de sua espécie;[40] em tal caso, a utilização, num sentido autenticamente plural, como "deuses", seria secundário. Assim sendo, como plural de abstração, o termo

---

[34] O mesmo processo se pode documentar na Síria, em épocas mais antigas e mais recentes: *'El* aparece como nome próprio do pai dos deuses em *Ras Shamra* (Cf. **O. Eissfeldt,** *El im ugaritischen Pantheon,* 1951), e entre os séculos nove e sete é encontrado como divindade em Zendjirli (**Chantepie de la Saussaye**, *Lehrbuch der Religiongeschichte,* I, p. 626).

[35] Gn 35:7.

[36] Da raiz *'lh* resta supor uma forma tão autônoma como *'el,* ao que induzem além disso as formas paralelas em árabe, siríaco e aramaico. Mais explicações, em **J. Hehn**, *op. cit.,* p. 210.

[37] Explicada a maioria das vezes, como plural seguido *'ēl;* segundo **Procksch** (*Die Genesis*, 439), de *'lōah.* Não é recomendável deduzi-la, de uma raiz árabe *'aliha,* "assustar-se" cf. **Ed. Köning**, *op. cit.,* p. 135).

[38] Cf. Gn 1:26; 20:13; 35:7; 2Sm 7:23; Êx 32:4,8 etc.

[39] Operando certa redução, **Söderblom** (*Das Werden des Gottesglaubens,* 1916, p. 301) fala de um plural de "extensão", que mais ou menos significaria "bastante, muito" de uma coisa.

[40] Cf. os plurais *b'ālīm* e *^{a}dōnīm* para soberania, senhor, e além disso, *q'dōsīm* (Pv 9:10), *elyōnīm* (Dn 7:18) etc.

corresponde ao nosso "divindade" e é apropriado para sintetizar o poder divino em uma unidade pessoal.

Em todo caso, a utilização de '^{e}*lōhīm* nesse sentido dentro de Israel não é o resultado de uma lenta superação do politeísmo mediante a progressiva redução das diversas divindades locais à unidade;[41] as cartas de Amarna nos demonstram melhor que na mentalidade religiosa não somente da Babilônia, mas também da Palestina pré-israelita, era corrente a unidade superior dos deuses e a redução do panteão a somente um conceito. Assim, por exemplo, o deus lunar Sin é designado como *ilani ša ilani, literalmente* "os deuses dos deuses", quer dizer, o deus altíssimo, e encontramos também na Síria esse plural utilizado em relação como um deus em concreto e com o verbo construído no singular. E os vassalos cananeus do faraó chegaram a se dirigir a seu soberano, que desde a Antigüidade se apropriava de uma dignidade divina, não somente como a *ilia*, "meu deus", mas sim, superando ainda mais a lisonja, como a *ilania*, "meus deuses" no sentido de 'minha divindade' ou 'meu deus supremo'. Trata-se pois, de um uso lingüístico de profundas raízes pelo que, mediante a aplicação do plural 'deuses', se designa a uma pessoa divina concreta como detentora da plenitude da vida divina. Portanto, quando em Israel, mediante o termo de '*lōhīm* se quis pôr em evidência que o Deus do Sinai era o Altíssimo, não se fez mais do que recorrer a uma fórmula expressiva de amplo uso.

De fato, '^{e}*lōhīm* se converteu na designação mais freqüente da divindade. Pode ser que o sentido primeiro do plural de abstração de '^{e}*lōhīm* não estivesse presente na consciência de todo aquele que usava o termo; em qualquer caso, se diferenciava de '*El* pelo forte acento que punha na exaltação divina; precisamente por isso, no uso normal seria preferido ao termo mais modesto de '*El.* Isto pôde influenciar também em sua aplicação às divindades principais dos povos vizinhos.[42] Finalmente, em um passo de universalização muito mais acentuado, é empregado no sentido de "natureza divina".[43] Mas persiste também o uso como simples e verdadeiro plural, o mesmo que '*elim.*[44]

---

[41] Entre outros, **E. Meyer,** *Die israeliten,* p. 211, nota.
[42] 1Rs 11:5 (Astarte); 11:7 (Camos e Milcom).
[43] Assim se chama ao espírito da morte (1Sm 28:13); mas também os anjos são *b'nē 'lōhīm* (Gn 6:2.4; Jó 1:6 etc.), onde *b^{e}nē* não há de se entender em sentido genealógico, mas como expressão de pertença. O mesmo deve-se dizer de *ruah '^{e}lōhīm,* "espírito de Deus", em Gn 41:38; Dn 4:5s.15; 5:11.
[44] Êx 12:12; 18:11; 34:15 etc.

No momento da reflexão teológica consciente e da educação religiosa do povo, o termo aparece pela primeira vez na fonte eloísta do Pentateuco. O argumento que Elias havia movido em sua terrível luta contra o Baal tírio, somente um pode ser Deus, Yahweh ou Baal; e Yahweh é Deus!", será também, o princípio fundamental do Eloísta, que ele põe em evidência, de um modo característico, aplicando-o à Yahweh quase que exclusivamente o nome de *'ᵉlōhīm* . "Yahweh não é um *'ēl* particular, mas sim *'ᵉlōhīm* , a totalidade dos deuses, quer dizer, simplesmente a divindade, que, ao menos para Israel, exclui aos demais deuses".[45] Que essa denominação de Deus se mantivesse ainda mesmo depois da introdução do nome de Yahweh (Êxodo 3:13s), demonstra com que enorme firmeza defendeu o Eloísta a idéia de Deus nele contida.

Semelhante é o caso quando o autor de Genêsis 1 designa ao Deus da criação como *'ᵉlōhīm ;* ao escolher este nome que, como síntese de todo o poder divino, exclui aos demais deuses, retira de sua cosmogonia todas as idéias politeístas, apresentando, desse modo, o Deus da criação como o Senhor absoluto, diante do qual toda outra vontade é vã. Esse termo constituiu, portanto, num meio precioso para fixar claramente os limites conceituais que separaram à fé israelita do mundo religioso pagão.

II. Denominações especificamente israelitas de Deus

1. A nova concepção da natureza divina a que se chegou por obra de Moisés está estreitamente unida a um novo nome de Deus, Yahweh. E (Êxodo 3:14) e **P** (Êxodo 6:3) expressam essa realidade fazendo com que a decisiva revelação de Deus a Moisés culmine na comunicação de seu nome. De fato, a partir desse momento as diversas formas de expressão em torno da revelação de Deus irão unidas a esse nome, e será precisamente por venerar esse nome *e não outro* pelo que Israel se distinguirá de todos os demais povos. Talvez poderia se estranhar que nem sequer se pensou em dar ao povo uma explicação do novo nome de Deus; pois o que ele recebe é simplesmente uma mensagem: "Yahweh, o Deus de vossos pais..., me enviou a vós" (Êx 3:15), ou então "Eu sou Yahweh e os hei de tirar..." (Êx 6:6). Somente o fundador da religião recebe uma explicação de seu significado, e, por assim dizer, entre parênteses, já que

[45] **Eichrodt,** *Die Quellen der Genesis,* 1916, p.108s.

a ênfase recai sobre a mensagem da libertação,[46] podemos concluir, portanto, que em Israel há menos interesse pelo significado etimológico do nome de Deus do que pelo conteúdo concreto que o mesmo encerra, e que se deduz das demonstrações históricas de poder desse Deus. Contudo, não é fútil se perguntar pelo significado do nome de Yahweh.

É sabido que o nome aparece de uma forma *mais longa e outra mais curta:* como *tetragrama, yhwh,* e como *Yh, yhh, yhw*;[47] durante muito tempo a discussão girou em torno de qual delas era a forma originária e qual a derivada. Pelo que diz a tradição do nome dentro de Israel, se poderia considerar como algo já estabelecido que *ambas as formas nominais pertencem à época primitiva* e foram utilizadas uma junto da outra. De outro lado, seria mais difícil decidir sobre a questão de saber se a forma curta somente foi usual como quase exclusivamente a nós nos chegou, quer dizer, como elemento dos nomes próprios teóforos e como forma exclamativa, ou seja, principalmente na linguagem vulgar,[48] enquanto *yhwh* seria o nome usado no culto oficial, ou então se a função da forma curta era muito mais ampla, enquanto o tetragrama teria de ser considerado como uma forma preponderantemente literária. Em qualquer caso, o último é improvável pelo simples fato de que os testemunhos antigos que temos da fórmula plena, as inscrições da estela de Mesa, naturalmente não utilizaram o nome literário de Deus de Israel, a não ser o popular e de uso comum.

Quanto à relação lingüística de ambos os nomes, os testemunhos *extra-israelitas* são muito importantes, pois, parece que levam a pensar que a forma curta é de uma época muito anterior a Moisés. Por intermédio dos nomes babilônicos do

---

[46] Aqui reside a parte de verdade que contém a suposição de que se trata de uma interpretação posterior: como **P. Volz,** *Mose*, 1932, p. 58; **W. R. Arnold,** *The Divine Name in Ex. III, 14,* "Journal of Biblical Literature", 1905, p. 107s. Os tratados mais recentes sobre o tema abandonaram quase todos e com razão, essa suposição.

[47] Deve ser pronunciado *yāhu* como consta pela pontuação da onomástica israelita, sobretudo na escritura assíria dos séculos nove e oito, onde aparece como *ya-u.* A pronúncia mais amena *yaho,* não muito diferente da anterior, deve ter se estendido em época posterior e deve-se supô-la nos papiros egípcios-arameus (cf. contudo, **M. Noth,** *Die israelitischen Personennamen,* 1928, p. 104, que também neste caso leia-se *yahu*). Com isto concorda a expressão testemunhada pelos Pais da Igreja iaw. O *yw* que se acha em muitas asas de jarro e nas ostracas de Samaria é uma abreviatura de *yahu.*

[48] Desse modo pensa **H. Grimme** (*Sind yhw und yhwh zwei verschiedene Namen und Begriffe?,* "Bibl. Zs." 1925, p. 29s) e, ao menos pelo que se refere à posterior evolução da terminologia israelita, também **G. R. Driver** (*The original form of the name "Yahweh": evidence and conclusions,* ZAW, 46, 1928, p. 7s). De forma semelhante expressa-se **G. J. Thierry**, *The Pronunciation of the Tetragrammaton,* "Oudest. Studien" (V, 1948), pp. 30ss. Ao contrário, **A. L. Willians** (*Yāhōh,* "Journal of the Theological Studies, Vol. XXVIII, 1927, p. 276s) vê na forma abreviada o verdadeiro nome próprio.

terceiro milênio (por exemplo, *Lipušyaum, Yaubani, Addaya, Akya)* conhecemos a existência do elemento *ya'u ou ya'um;* independentemente de que se trate de um nome divino *stricto sensu* ou de uma substituição do mesmo mediante um termo auxiliar,[49] a partir desses testemunhos se torna difícil manter que a forma curta provenha do tetragrama (opinião lingüisticamente possível e que também prevaleceu durante muito tempo; a relação provável é, certamente, a inversa[50]). Assim sendo, como toda a tradição israelita[51] e no único testemunho extra-israelita, a inscrição da estela de Mesa, aparece a forma longa do nome como a própria, desde o princípio da religião israelita se deverá supor, com muita probabilidade de acerto, que o alongamento de *yh* ou *yhw* em *yhwh* continua unido à fundação da religião por Moisés.

Toda a questão se elucidaria muito mais se pudéssemos fazer afirmações seguras sobre a mudança de sentido que comportou o alongamento do nome. Mas, por infelicidade, não temos essa possibilidade; o sentido original da forma curta continua obscuro,[52] e a maioria dos estudiosos renuncia expressamente avançar por uma interpretação.[53] No que diz respeito ao tetragrama, Êxodo 3:14 demonstra, ao menos, que aquelas quatro letras soavam aos ouvidos israelitas ao verbo *hwh* ou *hyh.* A explicação proposta de um imperfeito *qal* arcaico deve

---

[49] O último defende sobretudo, **J. Hehn,** *Die biblische und die babylonische Gottesidee,* 1913, p. 222s.

[50] Atualmente os dados com que contamos não são suficientes para um juizo certo. **M. Noth** (*Die israelitischen Gottesnamen,* 1928, p. 108s) defende uma procedência totalmente distinta dos elementos babilônios nominais ya-um, ya-u e ya e dos nomes divinos do primitivo Israel, assim como a origem genuinamente israelita dos últimos. Contudo, resta perguntar se o material com o qual hoje se conta permite uma decisão desse tipo.

[51] Que esta não apresenta sinal alguma de posteriores correções reafirmou-a especialmente, e com toda razão, **F. C. Burkitt**, *On the Name Yahweh,* "Journal of Biblical Literature", 1925 (44), p. 353s.

[52] Veja uma última tentativa de explicação, ainda que não convincente, em **J. Hehn**, *op. cit.* Mais contribuições sobre essa questão: **Cohon,** em "Hebrew Union College Annual" 23, p. 579s; **Bowman,** em "Journal of Near Eastern Studies" 3 (1944), p. 1s; **G. Lambert**, *Que signifie le nom divin Yhwh?,* em "Nouvelle Revue Theologique" 74 (1952), p. 897s; **A. Murtonen**, *A. Philosophical and Literary Treatise on the Old Testament Divine Names El, Eloah and Yahweh,* 1952.

[53] **H. Gunkel**, art. *Jahve*, em RGS, III, p. 9s. Ao passo que **F. C. Burkitt** (*op. cit.*) segue postulando uma relação, impossível de especificar mas, com a antiga forma do verbo "ser" *hyh*, **G. R. Driver** (*op. cit.*) e igualmente **A. L. Williams** pensam que sua origem se acha num grito repetido, semiestático, próprio das celebrações festivas, como no caso do grego *Ιακχος* ου *Ευιος*.

ser considerada como a mais provável e vem, além disso confirmar a pronúncia de *yahweh,* que em mais de uma ocasião foi qualificada de insegura sem razão suficiente.[54] Contra uma possível derivação hifílica está o fato de que esta forma verbal nunca aparece em outros lugares aplicada às raízes *hyh* ou *hwh.* Além disso, para significar "chamar à existência, criar" o hebraico dispõe de outras raízes com *br'* ou *'sh.* A interpretação que pretende ver nesse termo o significado de "o que lança décima" no sentido de "o que lança o raio" ou "o que desencadeia os ventos" parte de uma acepção que ou caiu totalmente em desuso ou pelo menos foi sumamente rara; trata, em todo caso, de sentidos secundários da raiz. A tradução mais natural é, pois, a de "ele é", "ele existe", "ele está presente".[55]

Com relação à pergunta de como se enquadra esse significado na personalidade e na obra de Moisés se deve responder que encaixa de forma excelente em toda a situação e que, por isso, pode ser considerada sem dificuldade como uma nova formulação, frente ao antigo *yahu,* para expressar *a idéia de existência no nome divino.*[56] Não se fala, naturalmente, de um ser no sentido metafísico, como existindo por si mesmo, existência absoluta, auto-determinação total e coisas semelhantes, mas de explicar as intenções com que Deus se dirige a Moisés ao qual confiou sua mensagem, "Eu sou o que sou", quer dizer, com toda verdade e realidade eu estou presente, preparado para ajudar e atuar, como o tenho sempre estado. Do ser de Deus pode se falar de muitos modos. Há nomes babilônicos antigos que afirmam a existência de Deus em sentido geral: *basi-ilu e ibassi-ilu,* "deus existe"; somente o ateu e o néscio poderiam dizer, "não há deus". Yahweh é distinto: ele se sente com ardor e sua afirmação é enérgica; não se fala de

---

[54] Cf. **A. L. Willians**, *op. cit.*, p. 278s; **B. D. Eerdmans**, *The Name Yahu,* "Oudest. Studien." V (1948), p. 1s.

[55] Maior parentesco guarda a forma árabe do nome divino *agut e a'ūk* (**Wellhausen**, *Reste arabischen Heidentums,* p. 19s).

[56] Pensa com acerto **A. van Hoonacker** (*Une communauté Judeo-Araméenne à Eléphantine,* "Schweich Lectures", 1915, 99, p. 67-73): "Une modification, une adaptation du nom Yahou préexistent".

sua existência em geral e de modo atemporal, mas que se faz firme no aqui e agora; *o acento se coloca sobre uma existência não estática, mas sim dinâmica.*[57]

Assim sendo entendido, esse nome divino tem um significado específico para a missão histórica. O que poderia, com efeito, revestir de mais importância para ele e para seu povo do que a convicção da presença benéfica do Deus dos pais? Nesse momento uma especulação metafísica teria sido de tão pouco proveito quanto a revelação de um poder natural, se tratava do deus da tormenta que lança o raio ou do vento que desce a tempestade. Somente a convicção, profundamente enraizada no fundador da religião e em seu povo, de que a divindade se mostrava como imediatamente presente e atuante, podia constituir a base religiosa para um novo modo de ser para o povo.

Ademais, o novo nome de Deus, proclamado por Moisés, concorda de forma característica, com as antigas denominações de Deus entre os hebreus. Pois, participa daquela *oposição a tudo o que é mero naturalismo* ou pertence ao mundo do fenomenológico, que é próprio do culto a *'El.* Mais, às vezes, os nomes de Deus em voga até o momento se vêem superados em uma coisa: na afirmação da proximidade concreta e da presença ininterrupta de Deus, que contrasta com as expressões gerais acerca de sua providência e governo, sua exaltação e sua eternidade.

Finalmente, a idéia contida no nome de Yahweh insiste num risco essencial que aparece em qualquer aspecto da fé mosaica em Deus, estar sob o impacto da *presença,* algumas vezes terrível, outras benévola, mas *sempre comovedora e eficaz,* do Deus que com incríveis demonstrações de poder afirma seu senhorio e garante a vitória.[58]

Esse significado do nome de Yahweh, tão intimamente unido à revelação sinaítica, parece que segue manifestando ainda mais tarde. Certamente, junto à forma completa *"yahweh"* esteve sempre em uso a forma curta *"yahu",* especialmente na formação de nomes (no princípio do nome, convertido em *y'ho* ou *yo),* mas também na linguagem poética, abreviada em *yāh* (Êxodo 15:2; Salmo 5-19; 118:5-17s e outros). Mas o que preponderava era o nome completo. A marca afirma que o Deus de Israel se chama Yahweh ou que se mostrará como Yahweh[59] devia fazer referência a afirmação contida no nome de Yahweh, do Deus próximo e cuja ação é poderosa; igualmente a expressão tão freqüente "sabereis que sou Yahweh", tanto em tom de ameaça quanto de consolo,[60] alude sempre à *presença* de Deus, que aflige ou bendiz.

---

[57] Com toda razão, **J. Hänel** denomina "sublinhado o aspecto de realidade" à explicação que se dá do nome em Êx 3:14 em relação com as frases de igual construção de Êx 33: 19; Ez 12:25 (NKZ, 40, 1929, p. 614). De modo semelhante expressava-se já **J. Hehn**, *Die bibl. U. die Babyl. Gottesidee,* p. 215s. Mas além disso se deve acrescentar que em íntima conexão com o nome estão os aspectos de fidelidade inalterável e de intervenção portentosa. Cf. também **M. Buber Königtum Gottes**, 1936, p. 80s., e as sugestões no mesmo sentido de Th. C.Vriezen, *'Ehje 'aser-ehje,* em *Festschrft für Bertholet,* 1950, p. 498s.

[58] Cf. também cap. VI, I, p. 192s.

[59] Os 12, 6.10; 13, 4; Dt 7,9; Ml 3, 6. Em Os 1, 9 a frase singular *w'anoki lo'ehyeh silahani:* cf. **Hehn,** *op. cit.,* p. 183.

[60] O primeiro em Ez 6:13; 7:27; 11:10; 12:16, etc. O segundo em Ez 37:13s; 34:30.

No Deuteroisaías, pelo contrário, a utilização de Yahweh segue outra orientação. Ao dar um maior interesse às afirmações metafísicas sobre a transcendência divina, o nome de Yahweh se associa nele à *idéia de eternidade* e aparece, de forma marcante, como o nome do Deus que é o primeiro e o último, antes do qual nada foi formado e depois do qual nada será.[61] Neste contexto é lógico que o sentido do nome tenha passado desde a notação da experiência ativa à imutabilidade permanente de sua essência, preparando assim a interpretação da LXX, que com o termo o ων designam a imutabilidade divina como a propriedade principal de Deus.

2. Uma forma extensa do nome de Yahweh se dá em sua união com o plural *s'bā'ōt,* seja na forma *yhwh 'lō'hē* (*has*) *s'bā'ōt*[62] ou em justaposição direta: *yhwh s'bā'ōt.*[63]

Para interpretar esse sobrenome é importante se ter consciência de que ele guarda estreita relação com a arca[64] e, também, que seu uso é preponderante na linguagem profética:[65] o primeiro dá certeza de que o sobrenome *s'ba'ot* designava preferentemente ao Deus da guerra, já que a arca foi durante longo tempo como um estandarte de guerra.[66] Ao se ressaltar unilateralmente esta observação se corre o perigo de imaginar que os *s'ba'ot se* referem aos exércitos de Israel, aos quais o Deus da guerra acompanha na batalha: de fato, tanto a freqüente designação dos exércitos israelitas sob o título de *s'bā'ōt*[67] quanto o testemunho expresso de 1 Samuel 17.45 assim parece confirmá-lo. Esta hipótese, contudo, ainda prescindindo de outras falhas,[68] não explica o uso do termo na linguagem profética. Pressupor uma reinterpretação e espiritualização do nome de Deus relacionando-o com os exércitos celestiais se choca, em primeiro lugar, com o fato de que esses últimos não se lhes chama *s'ba'ot* [69] e, segundo, com

---

[61] Is 40:28; 41:4; 43, 10s; 44, 6; 48:12.

[62] Com art.: Am 3:13; 6:14; 9:5 LXX. É mais freqüente: 2 Sm 5:10; 1 Rs 19:10:14; Am 4:13; 5:14s; Jr 5:14 etc.

[63] Esta forma desfruta de uma preponderância total.

[64] 1Sm 4:3 — 5:7s; 2 Sm 6, 2.

[65] De um total de 278 casos em 147! (**E. Kautzsch**, *Zebaoth, HRE*, vol. XXI, p. 622).

[66] Nm 10:35s; Is 6:4s; 1Sm 4:3s.21s; 2Sm 11:11; 15:24s. O mesmo demonstra a utilização do nome em lugares como 1Sm 15:2; 17:45; 2Sm 5:10; 6:18; Sl 24:7s.

[67] Êx 7:4; 12:41, 51 etc.

[68] 1Sm 17:45 é uma passagem bastante tardia e a menção dos *sib'ōt yisrāēl,* que, além disso, a maioria das vezes refere-se à massa do povo em geral e não de forma específica aos exércitos de guerra, é própria de passagens das literaturas deuteronomistas, sacerdotal e dos salmos.

[69] Tanto para os anjos quanto para os astros se encontra somente e exclusivamente o singular *s'bā yhwh,* Js 5:14 ou *s'ebā haššāmayim,* 1Rs 22:19; Sl 148:2; Dn 8:10 e Dt 4:19; 17:3; 2Rs 17:16; Jr 8:2 etc.

a naturalidade com que os profetas, sem ulterior explicação, dão por suposta a familiaridade de seus ouvintes com o novo significado do nome, apesar de que a onipotência sobrenatural e a transcendência que para eles significava Yahweh Seba'ot estava em aberta contradição com seu caráter de mestre da guerra dos exércitos israelitas e devia dar ocasião a graves erros de interpretação. Se os profetas, precisamente em suas ameaças a Israel, referem-se a Yahweh *Se'ba'ot* como o juiz que está acima de seu povo e das nações, deve ser porque tanto para eles quanto para seus ouvintes nesse nome se encerra um conteúdo distinto do Deus nacional. Se não se quiser se renunciar a todo o significado,[70] somente resta admitir que *s'bā'ōt* não se refere a determinados exércitos, mas sim que significa exércitos, massas, multidões em geral, o conjunto de todos os seres terrenos e celestes,[71] como claramente o entenderam a LXX com sua tradução de *κυριος των δυαμεων*. a partir desse significado o uso profético da palavra requer nova luz e a idéia de Yahweh do antigo Israel adquire uma orientação universalista, pondo em manifesto que aquelas velhas idéias do *'El* altíssimo não haviam caído no esquecimento. Que Yahweh *Se'ba'ot* se pudesse aplicar por acréscimo também ao Deus dos exércitos israelitas ou ao Senhor dos astros, especialmente quando se havia perdido seu sentido original e as influências do culto astral pagão

---

[70] Assim H. Gressmann, Ursprung des isr-jüd. Eschatologie, 1905, p.71s; E. Kautzsch, op. cit., p. 626.

[71] Dessa forma, **R. Smend**, *Lehrbuch der AT Religions.*, 1899, p. 201s; **J. Wellhausen**, *Kl. Propheten,* 1898, p. 77, e aportando novas razões, **J. Hehn**, *Die bibl. U. die babyl. Gottesidee,* p. 250s, que traz a colação a designação de Deus Assíria *sar kissati,* "rei das massas, da abundância, da totalidade". Cf. também Gn 2:1; Sl 103:21. Que com o deus da guerra se fazia referência, sobretudo, aos poderes naturais causadores de perdição, é lógico e está testemunhado entre outros lugares por 1Rs 19:14; Is 2: 12; 29:6; 13:13. **B. N. Wambacq**, *L'Epithète Divine Jahvé Seba'ot,* 1947, quisesse explicar mediante uma lenta evolução do termo a mudança pela qual, de designar originariamente as filas de combate israelitas, passou a significar as forças da natureza e as nações do mundo; mas sua argumentação não logra convencer. Está mais próximo de nosso modo de ver as coisas **V. Magg** (*Jahwäs Heerscharen,* 1950, "Schweiz. Theol. Umschau", 1950, números 3/4), que refere os exércitos às potências naturais míticas próprias das crenças cananéias, desprovidas de seu poder na época dos juízes, vendo nisso um mito importante da afirmação da onipotência de Yahweh diante de todas as potências adversas. De forma muito original intenta **O. Eissfeldt** dar conta do nome, interpretando *s'bā'ōt* como plural de abstração ou de intensidade no sentido de "poder" ou em forma totalmente adjetiva, de "poderoso" unindo-o em subordinação atributiva a Yahweh: "Yahweh, o poderoso" ("Miscellanea Academica Berolinensia", 1950, p. 128s.). Infelizmente, essa evolução de *sābā* para um plural de intensidade no sentido referido não pode se encontrar em nenhuma parte, já que o termo somente pode se documentar no sentido de exército de guerra, serviço de guerra, vassalagem, ou também no de massa, muldidão.

exigiam que se lhes fizesse pacto, é totalmente compreensível. Igualmente, por sua relação com o antigo aparato da arca, existiu o uso da palavra como nome cultual nos santuários de Siló e Jerusalém.[72] Ainda não está claro quando e por quais influências apareceu esse nome expressivo da soberania de Deus. De sua ausência no Pentateuco e nos livros de Josué e dos Juízes só se poderia tirar certas conclusões se estivesse descartada toda possibilidade de pensar em uma exclusão redacional posterior; tal possibilidade, contudo, não pode ser rejeitada.[73] Também continua sendo obscuro se é preciso contar com influências estrangeiras.[74] De qualquer maneira, a escolha precisamente desse sobrenome para expressar todo o caráter da fé javista é altamente significativa.

III. Epítetos de Yahweh

1. Ainda que em época tardia *Se'ba'ot* perca cada vez mais seu sentido de epíteto e se converta em um nome próprio (assim o σαβαωθ das LXX), outros sobrenomes mantêm seu significado original. Entre esses está o de *melek.*[75] A idéia e a designação da divindade como rei pertencem ao semitismo primitivo, como demonstram suficientemente a série, até em épocas antiqüíssimas, de nomes de pessoas compostos de *melek.*[76] O antigo significado semita da palavra *melek* com o sentido de "chefe, conselheiro", torna possível seu uso até em povos que não conheceram a monarquia, teríamos, pois, que ter razões muito fortes para negar aos antigos hebreus

---

[72] 1Sm 1:3.11; 2Sm 6:18; Is 8:18; 31:4s; 37:16; Sl 46:8,12; 48:9 etc.

[73] Cf. **A. Klostermann**, *Geschichte des Volkes Israel,* 1896, p. 76.

[74] Nisso parece pensar **Hehn**, *op. cit.*

[75] Cf. com relação a isso **A. von Gall** *Uber die Herkunft der Bezeichnung Jahves als König,* em *Wellhausen-Festschrift,* 1914, p. 145s; **W. Caspari**, *Der Herr ist Köning,* em *Christentum und Wissenchaft,* 1928, p. 23s; **O. Eissfeldt**, *Jahve als König,* ZAW, 46, 1928, p. 81s; **M. Buber**, *Königtum Gottes,* 1936, p. 49s; **G. von Rad**, *melek und malkut im Alten Testament,* em TW N. T., vol. I, 1933, p. 563s; **A. Alt**, *Gedanken über das Königtum Jahves,* em *Kleine Schriften zur Geschichte des Volkes Israel,* I, 1953, p. 345s. Ver uma tentativa de visão geral do reinado de Deus em Israel em **E. Lipinski**, *La Royauté de Yahwe dans la poésie et le culte de l'Ancien Israel,* 1965, sobre a ideologia monárquica, cf. **A. R. Johnson**, *Sacral Kingship in Israel,* 1967.

[76] O material se encontra em **W. von Baudissin**, art. *Moloch* em HRE, vol. 13, p. 269-303; *Kyrios,* III, 1928, p. 44s, 97s.

uma familiaridade com esse modo de designar à divindade; e tais razões não existem.[77] É muito problemático, contudo, que possamos dizer algo acerca do caráter peculiar de um antigo deus hebreu chamado assim, já que no Antigo Testamento nada encontramos sobre o culto a um Deus-rei na época pré-histórica de Israel e o culto real que surge em Judá na época dos reis é com toda segurança algo importado.

No que diz respeito à idéia mosaica de Deus, é curiosa *a atitude de reserva frente a essa denominação de Deus.* Números 23, 21 e talvez também Números 24:7,8[a]; Êxodo 15:18 e Deuteronômio 33:5 fazer supor que já a época pré-monárquica conhecia o sobrenome de "rei" aplicado a Yahweh. Além disso, a idéia de *Yahweh-dominador* está demonstrada para a época mosaica pela existência do trono divino da arca sagrada {cf. cap. IV. II, 2}, e a idéia de uma corte celestial submetida às ordens de Yahweh, segundo algumas alusões da história javista (Genêsis 3:22; 6:1s; 11:7; 18:1s), é perfeitamente familiar aos tempos anteriores aos reis.[78] Portanto, afirmar que foi possível somente falar de Yahweh como rei depois da instauração da monarquia em Israel[79] não é uma conclusão obrigatória. Uma familiarização com o reinado Mítico-divino, próprio da religião cananéia, não se poderia excluir já a partir da conquista da Terra.[80] Contudo, não podemos afirmar que o nome de *melek* seja um marco principal do mais antigo culto a Yahweh. Sua rara utilização se deveu à firme convicção de que a realidade religiosa e política cananéia com seus deuses-reis e sua concepção monárquica era algo estranho. Até a época dos reis não se dá uma volta nesse sentido.

Distintas considerações levam-nos a pensar que com a instauração da monarquia se deu preferência ao título de rei aplicado a Yahweh. Em primeiro lugar, se deve recordar o nome, especificamente hebreu, do filho de Saul, Malquisua (1 Samuel 14:49), ao que talvez deva acrescentar, além disso, um

---

[77] Não é contrário a isto o que provavelmente a maioria dos nomes próprios hebreus com melek sejam tomados dos cananeus, já que também existem tais nomes de formação autenticamente hebréia como *malkīsūa*, em 1Sm 14:49. Em "Bíblica" 38 (1957), p. 472, **E. Vogt** insiste na necessidade de distinguir claramente entre o acádico *malik* (= "conselheiro") e o *malik* dos semitas ocidentais (= "chefe rei") e de não relacionar o primeiro vocábulo com o rei. Ou seja, que nós devemos eliminar o significado de "conselheiro" da utilização hebréia de *malik*.

[78] Cf. **A. Alt,** *op. cit.,* p. 351s.

[79] Assim, **von Rad,** *op. cit.,* p. 567s.

[80] Assim, **A. Alt**, *op. cit.,* p. 353s.

Malqui'el entre os descendentes de Jônatas (1Crônicas 8:35; 9:41 LXX). Em segundo lugar, deve-se fazer menção de um canto pertencente com toda segurança à primeira época dos reis (Salmo 24:7-10), em que o título de rei é aplicado com muito mais insistência a Yahweh. Como se trata de um hino durante a procissão da arca, conclui-se que o culto ao Deus Senhor que tem seu trono na arca é o lugar privilegiado para o uso freqüente do nome de rei. A relação de procissão da arca com a festa real de Sião[81] pode igualmente ajudar à nova atitude diante desse título, antes evitado. E vem a corroborar o que foi dito que são precisamente os cantos de culto os que oferecem a maioria dos testemunhos da designação de Yahweh como rei. Junto ao Salmo 24 há que citar passagens como Êxodo 15:18; Deuteronômio 33:5; Salmo 5:3; 29:10; 48:3; 68:25; 74:12 e 84:4, contra cuja existência pré-exílica não existem razões fundadas. Os ambientes a que esse vocabulário se arraigou foram, sobretudo, o sacerdócio da capital e a corte.

Muito mais impressionante é o silêncio dos profetas clássicos nesse terreno. Nem sequer a tão mencionada passagem de Isaías 6:5 é capaz de tirar força do fato de que o título de rei aplicado a Yahweh falte no resto dos discursos do profeta, até quando se esperaria sua menção, de forma que o caso da visão vocacional seria possível pensar em uma exceção ocasional devida a outras circunstâncias, por exemplo, uma liturgia festiva no templo.[82] Se nos atermos à interpretação mais provável, a passagem de Isaías 30:33 descreve a derrota do assírio como um sacrifício oferecido ao rei Yahweh. Com essa imagem, contudo, se pretende simplesmente contrastar a honra devida ao verdadeiro rei com os usos supersticiosos do vale Hinom, onde a idéia de *melek* fora deturpada com um sentido pagão. O uso desse nome (e nesta direção se teria de ler provavelmente *l'melek* em lugar de *lammelek*) está carregado, sem dúvida, de uma ironia polêmica contra os falsos sacrifícios a Melek, através dos quais — com um equivocado conceito de súplica — pretendiam arrancar o favor de Yahweh. A presença dessa passagem não nos autoriza, pois, a supor que Isaías aprove o uso desse nome em outros contextos. Aos quais se refere Jeremias, 8:19 contém sem dúvida um

---

[81] Cf. p. 103s.

[82] A suposição, algumas vezes expressadas, de que se trataria de um emprego do título de rei com uma intenção polêmica (**Eissfeldt**, *op. cit*, p. 104; **Baudissin,** *op. cit.*, p. 101) se vê desautorizada desde o momento em que se tenha em conta que a experiência visionária revistida de um caráter evidentemente passivo não permita, por conseguinte, vislumbrar nenhum tipo de polêmica consciente. Como redacional, Ez 20:33s. não entra em conta.

grito desesperado do povo, não do profeta. Existem, de outro lado, evidentemente profecias anônimas nas que se usa o nome de rei;[83] estas não devem, contudo, ser consideradas como ecos da profecia de Isaías; se inserem melhor dentro da política de independência nacional animada pelos sacerdotes que mantinham, naturalmente, a esperança na intervenção da ajuda poderosa de Yahweh rei. Neste caso, portanto, seguimos dentro do mesmo marco de mentalidade popular que anteriormente supúnhamos paladino da idéia de Deus rei. Contudo, 1 Samuel 8:7 e 12 parecem dar a entender que também os *n'bī'im* eram seguidores dessa idéia; a realidade é que a utilizam na polêmica contra as pretensões da monarquia terrena, trata-se de um método de luta que talvez em certos círculos proféticos mais antigos desfrutou de estima, até que se reconciliaram com a monarquia.[84] Ao menos, a partir de então, não voltaremos a encontrar com ele.

A atitude crítica do profetismo clássico frente à idéia de Deus rei, sem dúvida, se reafirmou e até encontrou aceitação em círculos mais amplos quando nos séculos oito e sete, por influências fenícias ou amonitas, se introduziu em Jerusalém *o culto a melek com seus sacrifícios de crianças.* Desde cedo, sua rápida introdução esteve condicionada pelo ponto de apoio que encontrou no culto a *Yahweh melek* e, por isso, pôde facilmente se assimilar ao culto divino israelita: cf. Miquéias 6:7; Ezequiel 20:25s. De acordo com 2 Reis 16:3; 21:6, foram precisamente os reis os mais zelosos incentivadores desse culto. Com a vitória dos partidários do autêntico culto a Yahweh na reforma de Josias acaba, logicamente, a antiga idéia israelita do Deus rei; por isso, na literatura deuteronomista está tão proscrita quanto entre os profetas clássicos.[85]

Nessa rejeição constante de um título divino comum entre os semitas, por parte precisamente dos mais sérios defensores da pureza da teologia javista, se manifesta uma sensibilidade digna de admiração para tudo o que não seja compatível com a fé israelita. Segundo sua opinião, a partir dessa perspectiva se corria o risco de uma desfiguração da imagem de Deus; porque a absoluta soberania de Deus, em cujo serviço estavam entregue, significava para eles

---

[83] Assim, Mq 2:13; 4:7; Sf 3:15; Jr 51:57 (46:18; 48:15).

[84] Segundo **A. Bentzen**, nos achamos aqui diante de sacerdotes provincianos cuja reação contra a polícia do sacerdócio seria compreensível (*Die josianische Reform und ihre Voraussetzungen,* 1926, p. 58s). Mas prefiro não seguir essa caracterização das primeiras fontes dos livros de Samuel.

[85] Não se pode afirmar com segurança que Êx 19:6, onde Israel é chamado "reino-sacerdotal", pertença aos escritos deuteronomistas. Em caso afirmativo, teríamos uma tentativa de explicar a idéia de Deus Rei relacionando-a com a realeza terrena e de interpretá-la em sentido puramente teocrático.

algo totalmente diferente do capricho despótico de um tirano. No Deus, rei do sacerdote e das classes dominantes, via *ameaçado o aspecto pessoal e social da relação com Deus* em proveito de um tipo de relação puramente formal, que por meio das fórmulas de uma devoção externa sufocava facilmente a entrega pessoal e privava numa solidão de penoso acesso a esse Deus que, todavia, existia e estava presente de igual maneira para todos os membros do povo. Ao se impor a atitude profética mediante o movimento de reforma deuteronomista, ficou livre o caminho para uma nova interpretação desse título divino que evitara os perigos do anterior culto a *melek* e apresentava de maneira mais pura a idéia de rei.

De fato, o deutero-Isaías, ao reabilitar a aplicação do nome de rei a Yahweh, se junta com o hino pré-exílico, mas, às vezes, dá luz a uma nova via no significado desse título. De acordo com toda sua pregação, o reinado de Yahweh tem a partir de agora o sentido de instauração da nova época, na qual todas as nações se submetem ao cetro de um mesmo Deus universal. Certamente há notas que soam a particularismo quando se fala do rei de Jacó ou de Israel (41:21; 44:6) ou quando o pronome possessivo salienta uma íntima relação de Deus com seu povo (43:15); também na expressão "tu Deus és rei" (52: 7) se mantém essa vinculação. Mas essas passagens não se podem separar da esperança profética de ecos universais: Yahweh se mostra como rei de Israel precisamente enquanto que, com a libertação de seu povo, traz a salvação a todas as nações (cf. especialmente 52:7 e 10). Essa estreita *vinculação do nome de rei com a salvação escatológica deYahweh,* são, verdadeiramente, obras desse profeta.[86] A festa da entronização de Yahweh, celebrada no novo templo sob a influência da mensagem do deutero-Isaías,[87] introduziu na comunidade a proclamação de Deus como rei nesse novo sentido.[88] Se for verdade que o velho uso teve suas manifestações esporádicas aqui e acolá,[89] seu papel foi praticamente nulo. O uso do título de rei, precisamente para significar o reino de Yahweh sobre as nações, foi enraizando cada vez mais.[90] E o título de rei se emprega, sem atender em absoluto ao círculo dos súditos, para significar, singela e simplesmente, a majestade absoluta de Deus (cf. Salmo 95:3

[86] O qual não exclui, naturalmente, que a idéia de Deus Rei apresente sempre uma "predisposição à escatologia"; assim, **Eissfeldt**, op. cit., p. 96.
[87] Cf. p. 106s.
[88] Sl 47:7s; 93:1; 95:3; 96:10; 97:1; 98:6; 99:1.
[89] Por exemplo, Sl 44:5; 146:10; Ob 21.
[90] Sl 22:29; Is 24:23; Zc 14:16s.

e Obadias 21). Não resta dúvida de que a antiga idéia do Deus rei se converteu em algo totalmente novo; seus defeitos foram superados pelo fato de se ver liberta da esfera do culto e associar-se indissoluvelmente à idéia de uma religião universal. Frente às pretensões de grande rei e senhor do mundo sob o qual tinha de viver o povo judeu, a aplicação do título de rei a Yahweh significava uma libertação interior.[91] Ao poderio do soberano do mundo se opunha, como em forma de lema, a convicção de uma ordem superior e de que ao final este venceria definitivamente. No título de rei aplicado a Yahweh se encontrou a *fórmula para se resumir toda a fé profética.*

Contudo, não se pode esquecer que esse novo aspecto da idéia de Deus Rei conheceu ainda outro movimento. Passagens como Malaquias 1:14; Jeremias 10:7; Salmos 103:19; 145:11-13 falam de um reino universal de Yahweh, e neste sentido prosseguem na linha iniciada pelo deutero-Isaías; mas, além disso, ressoa neles um novo matiz, porque o reino universal de Deus não aparece como um objeto de esperança, mas, também, como uma situação que ainda que nem todos a vejam está operando *no presente.* A ela se ajusta o homem que vive na obediência, e o homem piedoso a exalta com seu louvor confiante. Como resultado, se chega a conceber *um reino de Yahweh existente desde o princípio, iniciado com a criação,* assim o vemos expresso em lugares como 1Crônicas 29: 11; Daniel 3:33; 4:31-34, e que predomina no judaísmo tardio.[92] Agora, já não é um aspecto da ação de Deus, mas sua própria essência divina a que se resume na fórmula do reino de Deus: "Ser Deus e ser Rei é a mesma coisa".[93]

Esse uso absoluto do título de rei não pode ser deduzido simplesmente de uma debilidade e perversão da idéia da relação humana com Deus no judaísmo, que levasse a um exagero a respeito da onipotência divina. Se então isto pôde contribuir para que o título de rei adquirisse popularidade, seu novo sentido depois do exílio corresponde em última instância à necessidade de encontrar resposta à questão, delineada com renovada urgência, da relação de Deus com o mundo dentro da herança religiosa recebida.

2. Entre os modos de designar a Deus comuns aos semitas está também o de *ba'al, "o Senhor", "o dono"*. Utilizado algumas vezes como

---

[91] É lógico supor que esta situação histórica concreta influa grandemente num novo uso terminológico; mas deve-se duvidar que ela tenha sido sua única causa.

[92] Por exemplo, Sl 2:30; Eclo 51:1; 3 Mac 2:2; 5:35; 1 Enoque 9:4; 81:3; 84:2 etc.

[93] **Baudissin**, *op. cit.*, p. 219.

epíteto[94] e outras como nome próprio,[95] designa principalmente a um deus de determinada localidade. Como em sua propriedade ele não tem a ninguém que a ele seja equiparado, pode também ser chamado simplesmente *hab-ba'al* sem ulterior especificação.[96]

Esse modo de designar a Deus em nenhum lugar foi tão típico da religião do país quanto em Canaã. Todas essas inumeráveis aldeias, desse território, têm seu senhor chamado Baal ao que rendem culto como *dono da terra e dispensador de seus dons*. Por isso, o Antigo Testamento considera como sinal distintivo comum de todos os cananeus o culto aos *b'ālīm.*[97] Esta multiplicidade religiosa não pode, contudo, fazer com que se esqueça que os diferentes baais locais formem certa unidade em razão de traços fundamentais comuns. Está claro o caráter naturalista desses deuses, sua natureza está vinculada aos fenômenos naturais de seu lugar concreto, à vida vegetal e animal e às forças que a animam, as fontes, os rios, as tormentas e o sol. Por isso em seu culto têm um papel importante os ritos de fecundidade, nos quais se imita de forma material os fenômenos naturais. A mesma natureza sugere a existência de uma deusa da maternidade e do amor, que por vezes aparece como *Ba'alah* e outras como Astarte ou Asera.

Se é verdade que essa idéia do Baal enquanto *deus local da vegetação* sugere imediatamente o polidemonismo, no entanto, o nível em que nos encontramos é muito mais elevado. Pois atrás dos baais individuais se encontra a figura imponente de um grande soberano celeste, o *Ba'alšāmēm,* que a partir do segundo milênio desfrutou em toda a Síria de um reconhecimento cultual que lhe considerava acima de todas as divindades locais, como deus do trono governa sobre as tempestades e concede a fecundidade, mas, além disso, enquanto senhor do universo que tem compaixão para com os indivíduos, é o personagem mais destacado do panteão sírio.[98] Dele derivam os atributos, desde muito cedo aplicados

---

[94] Por exemplo, Melcart, baal de Tiro.

[95] Baal de Sidon, baal do céu em nomes próprios: Adonibaal, Anibaal.

[96] Jz 2:13; 6:25; 1Rs 16:31; 18:26 etc.

[97] Jz 2:11; 3:7; 8:33; 10, 6.10; 1Sm 7:3s; 12:10 etc.

[98] Cf. **W. F. Albright**, *From the Stone Age to Cristianity,* 1946, p. 176. Com toda razão **O. Eissfeldt** se referiu à importância desse deus para o culto baálico com que o javismo se encontra em Canaã (*Ba'alsamen und Yahwe, ZAW*, 16, 1939, p. 1s), ainda que se passe da linha ao se defrontar a questão do culto a baais locais autônomos. Os relatos sobre Baal em fontes não israelitas se acham reunidos em **M. J. Mulder**, *Ba'aliança in het Oude Testament,* 1912.

a Baal em Canaã, de deus do céu;[99] sua relação com o sol foi realizada sem dificuldades, por influência da doutrina religiosa egípcia, no século 14.[100] A partir do século 12 a. C.[101] se pode constatar sua importância por intermédio das inscrições sagradas fenícias, palmiranas, púnicas, assírias e arameias. De outro lado, a sublimidade desse senhor celeste conferiu aos baais locais, que na maioria das vezes não eram mais que expressões localistas de seu ser, um significado espiritual, convertendo-os em algo mais do que simples divindades da vegetação e que na hora do confronto com o mundo religioso israelita, imaginaram um adversário não desprezível.

Por isso, onde cananeus e israelitas viveram juntos foi possível uma ampla aproximação religiosa que nos fez notar, entre outras coisas, que *os adoradores de Yahweh aceitaram o nome de Baal.* Assim como o *ba'al b'rīt* dos siquemitas, guardião de alianças e juramentos à maneira do Ζευς ορκιος, pôde se comparar com o *'el b'rīt* dos israelitas,[102] assim se podia dar o outro passo de aplicar a Yahweh o nome de Baal, sempre no sentido denotativo, já que vinha sendo venerado como senhor do povo. Toda uma série de *nomes de pessoas* israelitas compostos com *baal*, sobretudo entre as famílias de Saul e Davi,[103] demonstram que entre os fiéis mais decididos de Yahweh não existia problema algum em utilizar o nome divino cananeu; e isto não significa de modo algum que passaram simplesmente ao culto de Baal (o que realmente ocorreu em casos isolados), ainda que, com o nome do deus, passassem a aderir a todo tipo de formas conceituais e cultuais. Não se chegou, contudo, a uma maior confusão entre as divindades; a causa foi a oposição instintiva entre o Deus do povo, Yahweh e o deus da natureza, não histórico, Baal. Com o aumento no país do elemento israelita na época dos juízes e, sobretudo, com a unificação nacional sob a monarquia se chegou a dar uma preponderância consciente ao Deus da nação; assim, a partir de Davi começaram a se impor nomes compostos com o termo "Yahweh". A consciência nacional reconheceu, sem dúvida, o caráter essencialmente espúrio do culto a Baal. Foi, portanto,

[99] *ba'alu ina same,* baal nos céus que se encontra nas cartas de Amarna e nos textos egípcios da época de Ramsés III, segundo demonstra **Gressmann**, *Hadad und Baal,* em *Baudissin-Festschrift,* 1918, p. 191s.

[100] Cf. **H. Gressmann**, *op. cit.*, p. 205s.

[101] *b'l šmm* na inscrição de Yehimilk de Biblos (**R. Dussaud**, "Syria" II, 1930, p. 306; **J. H. Hempel**, *ZAW*, 48, 1930, p. 310), *b'l šmyn* na Síria aramaica, na inscrição do rei Zakir de Jamat, do século oito (AOT, p. 443s) etc.; cf. **Eissfeldt,** *op. cit.*

[102] Jz 8:33; 9:6,46.

[103] Esba'al, filho de Saul, 2Sm 2 — 4; cf. 1Cr 8:33; Meriba'al, filho de Jonathan, 2Sm 4:4; cf. 1Cr 8:34. Be'elyada, filho de Davi, 1Cr 14:7. Encontram-se vários nomes pessoais formados com ba'al nas óstracas de Samaria que remontam com toda certeza à época de Acabe, cf. o texto em **H. Gressmann**, *Ausgrabungen in Samaria, ZAW*, 1925, p. 147s.

o movimento profético quem pôde manifestar essa realidade em toda sua profundidade religiosa, chegando, sobretudo, desde a luta inflamada de Elias, a calar a nação inteira. A polêmica apaixonada de Oséias segue na direção de proscrever as formas cultuais cananéias, ao banimento do nome de *ba'al.*[104] Desse modo, pois, a ingênua designação de Yahweh como "baal de Israel" foi considerada inaceitável e desapareceu da linguagem religiosa.[105] No judaísmo posterior essa rejeição do nome de baal se manifestou, até externamente, pela introdução da leitura *boset,* "opróbio",[106] e assim aparecem mudados também os nomes próprios nos livros de Samuel e Reis.[107] A persistência da antiga forma em Crônicas e a ausência de tal mutação na forma original das LXX parece indicar que esse nome divino execrado começou a se evitar escrupulosamente somente a partir do século dois a. C.[108]

3. O nome de *'Adon,*[109] *Senhor,* não está na lista dos que são comuns a todos os semitas; se emprega somente entre os hebreus e cananeus. Sua etimologia não permite assegurar uma derivação de raiz hebréia; isto significa que os hebreus receberam a palavra em Canaã e que talvez sua origem não seja em absoluto semita. Tanto em fenício, quanto em hebraico '*adon* não é empregado como nome próprio da divindade, mas sim como epíteto[110] ou em combinação com outros nomes divinos ou como substitutivo do elemento teóforo nos nomes de pessoas.[111] Na linguagem social corrente o termo aparece como tratamento cortês, para, de forma muito geral, designar ao outro como superior; de igual maneira, ao aplicar-se a Deus, tem somente

[104] Os 2:10.15,19; 13:1; cf. Jr 2:8; 7:9; 11:13, entre outras passagens Sf 1:4.
[105] Todavia há um eco em Is 54:5.
[106] Jr 2:24; 11:13 etc.
[107] Isbose, 2Sm 2 — 4; Mefibose, 2Sm 4:4 e outros; Jerubesete, 2Sm 11:21. A LXX lêram η αίοχύνη por *ba'al*, por exemplo, 1Rs 18:19.25 ou também h baal no sentido de η αίοχύνη, Os 2:10; 13:1 etc.
[108] Assim, Baudissin, *op. cit.,* III p. 63.
[109] Cf. sobretudo, **W. von Baudissin**, *Kyrios* II e III.
[110] Êx 23:17; 34:23. Como título que precede ao nome divino: Is 1:24; 3:1; 10, 16,33; 19:4.
[111] Em fenício: Adon-Esmun, Adon palat; em cananeu, Adoni-Zedeque: Js 10:3; em hebreu, Adoniram: 1Rs 4:6; Adoni: 2Sm 3:4.

um valor de título ou de atributo honorífico, e não se utiliza para expressar a soberania da divindade.[112] Por isso, é sobretudo, freqüente como fórmula para se dirigir a Deus na oração,[113] especialmente com o sufixo de primeira pessoa, *'ᵃdoni.* somente em época pós-exílica, e isto esporadicamente, se lhe encontra empregado de forma absoluta.[114]

Assim, pois, antigamente esse nome divino tinha uma importância limitada. Se os textos atuais, sobretudo, dos livros proféticos, dão outra idéia e apresentam com freqüência a forma com sufixo, *'ᵃdonay,* como verdadeiro nome de Deus, em lugar de Yahweh, ou como atributo unido a Yahweh até mesmo fora de todo contexto de diálogo direto ou indireto, deve — como recentemente foi demonstrado[115] — uma alteração posterior dos textos em razão de uma atitude distinta frente ao nome de Deus. O horror ao profanar o nome santo de Yahweh levou nos últimos séculos antes de Cristo a substituí-lo por outros nomes. Então se recorreu aos antigos títulos utilizados na oração. Favorecido também pela tradução usual de Yahweh por κυριος na versão da LXX, *o uso de 'Adonay em lugar de Yahweh se introduziu,* como que de repente, a partir do século um a.C., até nas Sagradas Escrituras, ficando livres dessa correção somente o Pentateuco, por seu especial caráter sagrado reconhecido desde a antigüidade, e alguns outros livros, como Crônicas, pouco utilizados ou admitidos no cânon posteriormente. A possibilidade de considerar a forma com sufixo como nome próprio válido se via favorecida pelo fato de que seu uso freqüente havia debilitado o significado do sufixo, trata-se de um processo que se pode observar em outras formas com sufixo, por exemplo, *rabbi.* Desse modo, *'adonay* perdeu a relação com o adorador que em princípio comportava e serviu para expressar a idéia da soberania universal de Deus com o sentido

---

[112] Isto somente acontece quando um atributo designa expressamente a idéia de senhorio, como no caso da justaposição *ᵃdon kol-há ares.* Js 3:11,13; Mq 4:13; Zc 4:14; 6:5; Sl 97:5. Portanto, pelo simples fato da freqüência deste nome no Antigo Testamento, não se pode afirmar que o senhorio de Yahweh é a característica principal da fé veterotestamentária — dela certamente recebe certas peculiaridades e nada mais —, prescindindo de que tal idéia é normal na idéia de Deus semítica (contrariamente a **L. Köhler,** *Theologie des AT,* 1953, p. 11s).

[113] Assim aparece por onde quer que for no Pentateuco e não menos nos profetas e Salmos. Cf. o quadro de **W. von Baudissin**, *Kyrios* II, p. 60. Na época tardia essa forma de dirigir-se a Yahweh torna-se mais rara; é um signo de antiguidade. A vocalização com "a" longa é uma diferença artificial reservada à forma nominal da divindade diante do profano *ᵃdonay* "minha soberania". Mas o surgimento dessa forma plural é originária, já que ao se dirigir a um homem o normal é o singular *ᵃdoni.*

[114] Ml 3:1; Sl 114:7.

[115] Isso tem sido estabelecido agora como trabalho de **W. Von Baudissin,** *op. cit.*

de "soberano"; se distingue claramente do κυριος da LXX, no qual sempre permaneceu vivo o significado pertinente do indivíduo, e que se adequou plenamente ao serviço da idéia de Deus do judaísmo posterior, caracterizada pela transcendência e pela universalidade.

Não faltaram aqueles que consideram curioso que, entre os numerosos nomes e sobrenomes de Yahweh, não se encontre nenhum que recorde a aliança e o designe como senhor dela. É muito fácil contestar essa questão. Um dos nomes de Yahweh mais freqüentes é o de "o Deus de Israel" nele se contém tudo o que se pode dizer do Deus da aliança, já que significa que este Deus se entregou a Israel ao entrar com ele numa relação especialmente estreita. Por isso, na oração o israelita pode se dirigir a ele singelamente como "meu Deus" ou "nosso Deus". Dizer que a palavra *b'rit* teria de aparecer de algum modo na designação de Deus é de um esquematismo que não se pode levar muito longe. De outro lado, talvez o nome do deus local siquemita, "*'El b'rit* ou *Ba'al b'rit* (Juízes 9), indique por que a invocação expressa do *b'rit* na hora de designar a Yahweh não exercia nenhum tipo de atrativo, o mais provável é que aquele nome significasse o deus dos contratos, uma espécie de *zeus horkios,* que era invocado como o fiador de todos os contratos que se realizavam entre os homens. Nesse contexto o uso de *b'rit* no nome de Deus conduzira a uma generalização sem cor e por conseguinte a uma falsa interpretação do verdadeiro sentido que a palavra tinha para Israel, no qual certamente não estava interessado o povo de Yahweh.

A designação de Yahweh como o Deus de Israel requer apenas um sentido especial enquanto manifesta a relação peculiar e única de Yahweh com um grupo terreno. Também nos povos vizinhos de Israel que fala do deus do país ou do deus da capital. Por isso, para os assírios Yahweh é o "Deus do país de Samaria" (2Reis 17:26s; 18:34s). Contudo, os israelitas não o designam desse modo apesar de que ao país de Canaã se lhe considera com orgulho como a herança própria. Os baais cananeus se distinguem segundo as cidades e as regiões, e assim há o baal de Acaron (2Reis 1), de Peor (Números 25.3), de Jasor (2Samuel 13:23), etc. De Yahweh, contudo, não se fala dessa maneira; ele não é o Deus de Jerusalém, ainda que não se tenha cuidado de se designar o templo como sua morada. Assim pois, no nome de Deus se manifesta o fato de que Yahweh entra numa relação pessoal com o povo, mas que não se pode localizá-lo em nenhum lugar da terra de forma que seja possível designá-lo como o Deus desse lugar. A designação de Yahweh como o Deus de Dã e de Berseba, que o profeta Amós censura (8:14), é muito claro que é um uso cananeu introduzido em Israel e que, por isso mesmo, o profeta considera como apostasia.

Tanto na cunhagem de seus nomes divinos peculiares quanto na escolha dos que vêm de fora ou se surgem dentro de seu seio, a fé israelita mostra uma constante e clara tendência a manifestar a *prodigiosa presença e a transcendência sobrenatural da divindade.* Assim se contrapõe às múltiplas forças da natureza e às vezes a concebe como uma *unidade* que reúne em si a multiformidade daquelas. As linhas do desenvolvimento de cada um dos nomes, deixam entrever, em que direção se conduzem as tendências que os conformam. Não se trata de conseguir uma formulação única e constante, mas que a riqueza de uma tensão sempre presente leva a formulações novas e distintas do conhecimento de Deus, em busca de uma realidade divina que está mais além da razão e que, por conseguinte, somente pode ser expressa com base em formulações contraditórias.

Capítulo VI

NATUREZA DO DEUS DA ALIANÇA

A) AFIRMAÇÕES SOBRE O SER DIVINO

I. Caráter pessoal da divindade

As expressões sobre o ser divino diretamente ligadas à fundação da aliança apontam em três direções. Em primeiro lugar, a divindade apresenta um *caráter expressamente pessoal*. Já a elevada estima em que se tem o nome divino e o modo como se faz uso dele se movem nessa direção. Mas o anúncio do nome divino continua tão intimamente unido à revelação do mesmo Deus que as diferentes épocas da revelação podiam se distinguir precisamente por nomes divinos diferentes.[1] Ao dar a si seu próprio nome, Deus se mostra assim mesmo como determinado, um Deus que pode se distinguir dos demais, individual. Com isso se afirma algo totalmente oposto a uma idéia abstrata de Deus ou um fundamento anônimo do ser, fica descartada uma falsificação tanto racionalista quanto mística de Deus.

Até que ponto essa proclamação do nome divino era tida como um fato pelo qual um Deus sai de sua condição oculta e se oferece em comunhão, o demonstra o uso zeloso que do nome de Deus se faz quando se quer ter segurança de sua presença e assistência eficaz. No nome de Yahweh, *b'šēm yhwh,* quer dizer, ao invocar-se este nome, se ora e jura-se, se bendiz e se amaldiçoa, se luta e se triunfa,[2] e se tem consciência de que com ele se invoca a presença de Deus. Assim como o próprio Yahweh anuncia sua presença fazendo ressoar seu nome[3] e consagra o lugar em que se ora para ele como lugar onde se lhe nomeia,[4] também seus fiéis confiam em que, ao conjuro do nome que ele lhes comunicou, moverão a Deus mesmo que intervenha com seu poder e sua

[1] Em **E** e **P**, no Pentateuco.
[2] Gn 4:26; 12:8; 13:4 etc., 1Sm 20:42; 2Sm 6:18; 2Rs 2:24; 1Sm 17:45; Sl 20:8.6.
[3] Êx 33:19; 34:5.
[4] Êx 20:24.

ajuda. Porque com o nome se lhes entregou o mesmo Deus, que lhes descobriu uma parte de sua própria natureza e abriu o acesso a ela.

A íntima relação que aqui se dá entre o nome e a natureza de Deus somente pode ser compreendida se entendendo o que supunha a fé primitiva em tal nome. O nome não é simples designação da pessoa, na verdade está intimamente ligado à existência da mesma, de forma que pode se converter em seu duplo.[5] Por isso o conhecimento do nome é algo mais que a diferenciação externa da pessoa; faz referência a sua natureza. Assim, pois, quando os sacerdotes bendizem a Israel no nome de Yahweh[6] se trata de algo mais que de autêntica virtude de bênção quando "estendem sobre o povo" o nome de Yahweh.

Está claro — e não faltam exemplos no Antigo Testamento — que tudo isto se aproxima perigosamente da magia e da feitiçaria que utilizam o nome para violentar a quem o detenha. Mas a transcendência da pessoa divina que se invoca no nome fica bem patente, primeiro, em que ela não tem necessidade alguma de manter seu nome em segredo,[7] mas que o comunica de forma expressa a seus fiéis para que o utilizem com plena liberdade[8] e, segundo porque ao mesmo tempo qualquer abuso do mesmo ameaça-lhe com castigo severo,[9] surgindo assim um tratamento verdadeiramente pessoal entre o homem e seu Deus. De fato, seria vão buscar no Antigo Testamento exemplos de um uso mágico do nome divino; tão contrária a isso resultava toda a atmosfera da fé em Yahweh que esse perigo não chegou a se desenvolver e somente pode encontrar certas pistas, mais com freqüência em toda linguagem religiosa, de testemunhos da superação de usos do gênero, anteriores ao javismo.[10] A

---

[5] Cf. **Fr. Giesebrecht**, *Die Alttestamentliche Schätzung des Gottesnames,* 1901, p. 68s; **B. Jacob**, *Im Namen Gottes,* 1903, p. 72s; **W. Heitmüller**, *Im Namen Jesu,* 1903, p. 132s; *e as obras de história das religiões que são neles citadas.*

[6] Nm 6:24s.

[7] Que teve especial importância na religião egípcia e também entre os romanos.

[8] Êx 3:13s.

[9] Êx 20:7.

[10] Resta interpretar desse modo a forma mais utilizada de invocação de Yahweh, *qārā b'šēm yhwh,* enquanto que literalmente significa: "chamar por meio do nome Yahweh" e que, empregada em substituição do simples *qārā' 'el- yhwh,* permite supor que o nome exercia uma força imperiosa sobre o que o levava. A tatuagem do nome de Deus, testemunhado provavelmente em lugares como Is 44:5; Zc 13:6, poderia ser uma relíquia de um uso do mesmo em forma de amuleto. As bênçãos e maldições em nome de Yahweh pressupõem que Yahweh atua autonomamente, cf. Sl 129:8; Nm 6: 27, assim como a maldição e a bênção em geral se colocam sob a vontade de Yahweh (Jz 17,2; Js 6,26). E em consonância com isso deve-se entender casos como 2Sm 6: 18; 2Rs 2:23s; Sl 44:6. Cf. cap. IV, II, 4c, p. 146s.

consciência de que no nome divino se tinha uma garantia da presença de Yahweh foi um dom do Deus soberano; e esse Deus está livre de toda pressão humana e até mesmo frente aos homens que o invocam conserva sua liberdade.

Finalmente, a estreita relação do nome divino com o culto[11] demonstra como era viva a consciência de que o nome do Deus da aliança que aquiescia a sua pessoa e experimentava sua ação. Por isso o nome se converte em um sinônimo de Yahweh.[12] Para o pensamento religioso se torna tao normal resumir nele a ação espiritual e pessoal de Yahweh, entendida quanto seu aspecto voltado para o mundo, que mediante esse termo o círculo deuteronomista assegura a presença, real presença, de Yahweh nos lugares de culto, quando pode evitar qualquer concepção física e sensível da mesma, um fenômeno que somente em Israel se pode constatar.[13]

Assim como o nome de Deus em geral, os distintos nomes divinos concretos, começando por *'ēl*, apontam ao caráter pessoal do Deus que designam. E, neste sentido, é de grande importância notar que não reflitam uma ação de Deus na natureza, mas que revelam a estreita relação da divindade com a regulamentação da vida de seus fiéis,[14] e com tal força que junto a ela não entram em consideração nenhuma outra vontade. Onde quer que o ser divino receba seu conteúdo e especificidade de forças misteriosas da natureza, corre o perigo ou de dividir-se ou de evaporar-se. Por seu próprio caráter polimorfo a natureza leva à afirmação de uma multidão de espíritos poderosos; a conseqüência é o polidemonismo e o politeísmo. E se na multiplicidade dos fenômenos se descobre uma unidade superior, então os diferentes poderes isolados se reúnem numa natureza divina universal: o panteísmo venera à uma vida divina que se manifesta por toda parte, com a qual deve chegar a se unir.

Mas as coisas sucedem de outro modo quando não é nos mistérios da natureza onde se encontra a Deus, mas quando é a própria configuração da vida

---

[11] Junto à habitual expressão *qārā b'šēm yhwh* para significar a oração deve-se citar a frase "profanar o nome divino" que muitas vezes aparece na lei de santidade e no costume freqüente, sobretudo, nos Salmos, de relacionar o nome e verbos de ação de graças, honra, bênção, glória e amor.

[12] Cf. Sl 5:12; 7:18; 9:3,11; 18:50 etc., e as formas de emprego do nome de Deus citadas na nota 11.

[13] Cf., também o cap. IX, I, 2b, pp. 365s. deste processo que aqui se inicia, de independência do nome como forma de revelação e aparição de Yahweh, nos ocuparemos em outro contexto, cf. vol. II, cap. XII. Sobre a significação do nome de Deus em geral trata o trabalho, verdadeiramente documentado e fundamental, de **O. Grether**, *Name und Wort Gottes im AT,* 1934.

[14] Cf. **A. Alt,** *Der Gott der Väter,* 1930, p. 46-66.

individual e social onde se enfrenta um com uma vontade sobrenatural que exige sujeição não em coisas vagamente gerais, mas nos detalhes concretos da vida diária, na migração e na guerra, na administração da lei e na confederação tribal, no matrimônio e na família e até na consecução do alimento necessário para a vida. Uma vontade divina que de modo expresso tenha como meta uma comunhão humana não pode entender-se como um poder impessoal obscuro nem como uma força inconsciente de vida; se deve concebê-la em analogia com a vontade humana, quer dizer, segundo o esquema da personalidade humana, como um ser que pensa a partir de si mesmo, que quer e atua.

A partir de Moisés essa forma de entender a natureza divina se faz mais clara e intensa, adquirindo um relevo especial ao longo do período clássico da religião israelita. Nem antes nem depois dessa época é sentida a ação divina de modo tão imediato, quanto a violência estremecedora e ardente da presença divina. Em outros períodos o poder divino da impressão de atuar de mais longe e, às vezes, até parece esfumar-se como uma vontade providente geral. De outro lado, é característica, sobretudo das afirmações sobre a ação de Deus influenciadas pela revelação do Sinai, a exigência divina cheia de terrível energia. O designar a Deus como *'ēl qannā'* (Êx 20:5; 34:14) é uma forma feliz de despertar essa impressão.[15] Mas até mesmo quando o termo não aparece expressamente, é sempre o Deus zeloso o que determina toda a natureza específica da religião mosaica com sua apaixonada defesa da soberania absoluta de Yahweh bem como da incondicional entrega do homem à sua vontade. Na figura de todos e de cada um dos homens de Deus, desde Moisés até Ezequiel, se reflete essa impossibilidade de escapar à presença poderosa de Deus. Quer se utilize a espada para fazer valer a vontade de Yahweh,[16] quer, como mais tarde sucede, se deixe sentir sua ação mediante a palavra poderosa, sempre, até nos profetas, a atitude fundamental é a de uma vigilância apaixonada para que o senhorio de Yahweh seja real e exclusivo, um senhorio que não admite compromissos e castiga qualquer ofensa desrespeitosa contra ele. Se há algo de

---

[15] Sobre o selo de Deus se fala em todos os períodos veterotestamentários: cf. Js 24:19; Dt 4:24; 5:9s; 6:15; 32:16,21; Nm 25, 11; Is 9:6; 37:32; Na 1:2; Sf 1:18; 3:8; Ez 5:13; 16:42; 23:25; 36:5s; 38:19; 39:25; Is 42:13; 59:17; 63:15; Zc 1:14; 8:2; Jl 2, 18. A estreita relação deste caráter intensamente pessoal de Deus com o conceito de santidade, **J. Hänel** a expressou dizendo que considerava característica distintiva da idéia de Deus mosaica "a santidade zelosa" (*Die Religion der Heiligkeit,* 1931, p. 49s; 196s). Se for verdade que devemos admitir sua teoria, não podemos estar de acordo com ele ao reduzi-la unicamente a um período da religião israelita; a de ser reconhecida como um componente essencial de toda a teologia veterotestamentária.

[16] Cf. Êx 32:19s, 27s; Nm 25; Dt 33:9; Js 6, 16s; Jz 20s; 1Sm 15:32s; 1Rs 18, 40: 19:15s.

estranho nessa concepção de Deus é a neutralidade do deísmo e o culto vago a uma ordem divina universal.

Ainda nos momentos em que esse sentimento da imediata presença de Deus se enfraquece, a marcante consciência de que a vontade divina é soberana se impõe com a mesma naturalidade com que se afirma que a existência divina é o fundamento de todo pensar, a pedra angular imóvel de todo o mundo e de toda vida, veja-os como se os vê. Ainda quando atravessem as mais angustiosas dúvidas e lutas sobre o comportamento de Deus — como no caso de Jó ou Eclesiastes — a existência de Deus fica sempre intacta, simplesmente, está fora de discussão.

II. Natureza espiritual de Deus

A partir dessa imagem concreta de um Deus pessoal se evita, evidentemente, confundi-lo com as forças da natureza que atuam cegamente e como por inércia; mas não devemos nos esquecer que vai nela latente o perigo de *antropomorfizar à divindade*. Involuntariamente se tende a trasladar à idéia de Deus as limitações que estreitam a vida da pessoa humana. Em outras palavras, a imanência de Deus ameaça macular sua natureza transcendente. Isso aparece com maior clareza nos antropomorfismos e antropopatismos tão evidentes que se aplicam a Deus. É sabido como a Deus não somente se lhe atribuem os distintos membros do corpo humano, mãos, olhos, ouvidos, face etc.,[17] mas que além disso, falando dele se lhe atribuem com toda tranqüilidade sentimentos humanos como o ódio, a ira, a vingança, a alegria ou o arrependimento e outros semelhantes[18] bem como ações físicas como rir, cheirar, assobiar etc.[19] Seria desprezar a importância que tais fatos encerram. Se neles não se visse mais que uma forma infantil e inocente de falar sobre verdades espirituais ou uma simples roupagem poética de verdades religiosas. É verdade que ambos os elementos intervêm e desempenham seu papel — que temos de ter consciência —, mas não é menos verdade que nos encontramos assim com um paralelo de um modo pagão de falar de suas forças da natureza personificadas. Nos ocultaríamos à realidade e nos fecharíamos ao caráter específico da fé israelita se dissimulássemos o que esta tem em comum com as concepções pagãs. De outro lado, se valorizássemos como é devido a

---

[17] 1Sm 5:11; Sl 8:4; Is 52:10; 2Rs 19:16; Nm 11:1; Gn 3:8; 32:31.
[18] Sl 2:4; 37:13; Gn 8:21; Is 7:18.
[19] Dt 16:22; Is 61:8; Êx 22:24; Gn 9:5; Dt 32:35; 30:9; Is 62:5; Gn 6:6.

antropomorfização da divindade no Antigo Testamento, isso nos levaria a reconhecer que a base da fé veterotestamentária não é a natureza espiritual de Deus, mas seu caráter pessoal vivo e sua plenitude de vida pessoal, que inconscientemente são interpretados em sentido humano. Não resta dúvida alguma de que a grande massa do povo, e sobretudo nos tempos mais antigos, concebeu à divindade como ligada a fenômenos e formas de vida físicos, interpretando os antropomorfismos de modo totalmente literal e concreto, adquirindo assim uma idéia insuficiente da superioridade divina.

Mas está claro que para os guias espirituais de Israel não foi essa possível falha a mais perigosa. Os profetas, mais exatamente, ao falar da ação de Deus, utilizam tal quantidade de expressões antropomórficas e antropopáticas que supõem um impedimento constante para uma pessoa afeita à reflexão filosófica. O deutero-Isaías faz Deus gritar e ofegar como a uma parturiente (42:14). E outros não se horrorizam nem sequer de aplicar a Deus ações próprias das feras, como quando Oséias fala do animal de presa ou da traça (Oséias 5:14, 12). Nada há de estranho que o receoso formalismo do judaísmo tardio e da filosofia alexandrina não foram capazes de chegar a termos de linguagem tão desenvolta e tentassem resisti-la através, sobretudo, de uma exegese alegórica. Falou-se a esse respeito de uma assistência especial divina para cuidar da natureza de sua revelação; de fato, está bem claro que aos encarregados de anunciar a vontade divina lhes parecia muito menos prejudicial que os homens vagassem na escuridão nas questões referentes à natureza espiritual de Yahweh, que manter a ignorância sobre o caráter pessoal de sua ação e de sua obra. Em vão buscaríamos em todo o Antigo Testamento uma doutrina de natureza filosófica sobre o caráter espiritual de Deus; somente em João 4.24, se torna possível a expressão: "Deus é espírito"...

Mas se de outro lado, dermos uma olhada na história das religiões, podemos fazer uma idéia da razão por que o Antigo Testamento não tinha motivo para se sentir obrigado a falar da natureza espiritual de Deus.[20] Na realidade onde quer que encontremos essa conceitualização de origem acadêmica vemos como perde imediatez a relação religiosa e oscila a autêntica comunhão com Deus. A religião se confunde com um frio deísmo ou com uma filosofia moral racional ou ainda cai em especulações panteístas e busca saciar a necessidade religiosa

---

[20] "O próprio Deus destrói os conceitos e imagens espiritualizantes em que os homens procuram plasmá-lo; vem a seu encontro em realidade, como pessoa viva. Aliena-se e abandona sua figura divina, rebaixa-se e toma a figura humana. Aparece aos homens não como um pensamento distante ou uma idéia elevada, não como o absoluto, o incompreensível e o infinito, mas como o mais próximo de todos, como o amigo ou inimigo mais pessoal" (**W. Vischer,** *Zwischen den Zeiten,* 1931, p. 365).

mediante uma mística sentimentalista. Somente a fé cristã é capaz de reconhecer o caráter espiritual de Deus sem que sofra em nada sua imediatez na religião, precisamente porque tem seu centro na pessoa de Jesus e encontra nela, como conseqüência, o testemunho infalível do Deus pessoal; contudo, os perigos que essa questão encerra mais de uma vez tornaram as coisas difíceis para o próprio cristianismo.

Por isso, consideramos um sábio método que Deus se manifeste primeiro como pessoa e faça o que bem entender, ficando, entretanto, sua natureza espiritual como encoberta por um véu. Mas, em todo caso, cuidou muito de que existissem *certos contrapesos* que não permitissem uma excessiva aberração pelos caminhos limitados do humano. Essa foi, principalmente, o que em todos os encontros com Deus no Antigo Testamento se fizera a íntima experiência da *infinita superioridade* do ser divino sobre todas as propriedades e capacidades humanas. Nada há neles, nem sequer nas imagens, tão especialmente confiantes das narrações patriarcais, desse tão amistoso nivelamento entre Deus e o homem, tão característica da mitologia grega, dos mitos hindus e dos muitos mitos babilônicos e egípcios. A total superioridade de Deus sobre qualquer realidade humana ressoa por onde quer que vá, com tal clareza que muitos cristãos nem se quer deixariam de ver as lacunas que ainda subsistem nessa imagem de Deus.

As experiências de Deus, precisamente pela profunda impressão que deixam — para cuja descrição se deve recorrer a imagens — são reproduzidas de tal forma que remetem a uma personalidade *suprahumana.* Conhece-se a Deus como o Altíssimo, El Shadai, Elohim, Yahweh Sebaot e, precisamente por isso, como livre de toda necessidade de satisfação física, já que possui uma vida inesgotável que não necessita de nenhum tipo de serviço humano. Neste sentido é interessante notar com que força é sentida a divindade como *vivente.* O mesmo nome de Yahweh põe o acento numa operação e atividade divinas diretas e sempre experimentáveis. E quando se recorre a Yahweh como testemunho da verdade do que se diz, então mediante a fórmula *hay yhwh* o que se faz recordar é sua presença viva. Por isso mesmo, desde logo Yahweh é chamado *'ēl hay* de forma enfática e a cada momento é honrado assim em sua absoluta superioridade.[21] Enquanto vivente, ele é a fonte de toda vida[22] e com seu incansável e grandioso operar demonstra a realidade de sua existência frente à nulidade dos inertes deuses pagãos.[23] Esta contraposição entre a vida

---

[21] Gn 16:14; Os 2:1; 1Sm 17:26,36; 2Rs 19:4,16; Dt 5:23; 32:40; Js 3:10; Jr 10:10; 23:36; Sl 42:3; 84:3.

[22] Jr 2:13; 17:13; Sl 36:10; Dt 30:20.

[23] Cf., sobretudo a prova que o deutero-Isaías atribui em prol da viva presença de Yahweh: Is 40 — 43; além disso, Sl 135:5s e Jr 10:1-16.

divina duradoura e vigorosa e a vida aparente terrena encontrou sua formulação conceptual em Isaías, quando este se opõe ao poder ameaçador do mundo, ao que chama *'ādām e bāšār,* a Deus, que é *ēl* e *rūah.*[24] Naturalmente, esse detentor do grau supremo de vida não pode se achar aprisionado no limite que demarcam à pessoa humana. Já a ridicularização que faz um Elias de Baal, que dorme ou que se acha em viagem ou tem a cabeça cheia de outras idéias, demonstra o esforço para entender ao Deus de Israel como o único *ser perfeito.* E o mesmo se expressa mais tarde em formulações apodíticas, Deus não dorme (Salmo 121:4), não tem olhos como os do homem (Jó 10:4s), pois ele penetra os corações e não tem necessidade de impressões externas (1 Samuel 16:7; Salmo 44:22; 139:23s.). Até nos relatos primitivos de Genênsis 1—11, que conduzem a um nível tão popular, traz um Deus que passeia pelo jardim, cerra as portas da arca ou sobe à torre de Babel, vislumbra o juiz supremo e senhor da humanidade que, ainda quando toma forma humana, está livre de todas as deficiências e limitações próprias do homem.

Junto a este tipo especial de experiência de Deus em Israel, que permite entendê-lo, simplesmente, como o supremo, o vivente e o perfeito, sem mais, surgem também *reações específicas contra toda tentativa de limitar e materializar a divindade,* que pudessem desprezar sua natureza supramundana.

Tais reações, podem ser conhecidas, estudando as formas em que a divindade se manifesta. Desde muito cedo surgiu em diversos círculos nacionais a intenção de criar formas de expressão como a de poder descrever a irrupção de Deus na realidade mundana e que foram adequadas à sua transcendência espiritual. Cada vez que se fala do *mal'āk Yahweh* de *pānīm, kābōd* ou do *šēm* da divindade, se está sentindo a tensão entre a imanência e a transcendência de Deus e se busca uma solução.[25]

Outra expressão dessa consciência de que o mundo não pode conter a Deus a temos na *proibição das imagens no Decálogo.*[26] Não se pode pôr em dúvida que, na rejeição de toda representação de Yahweh, atua a convicção de que o Deus próximo não pode ser representado com exatidão por nenhuma forma natural, ou melhor, que, enquanto se lhe quiser encerrar em uma forma, necessariamente se dará dele uma versão falsa e ficará quebrantada sua dignidade. E com isso não se quer dizer que Deus seja uma simples idéia, um puro conceito ou pensamento, como afirmaram às vezes os adversários da origem mosaica do Decálogo. Tampouco nesse caso se afirma a transcendência de Deus de forma

---

[24] Is 31:3; ver p. 189.
[25] Cf. vol. II, cap. XII.
[26] Êx 20:4.

abstrata e com uma lógica precisa; mas se deve a intenção expressa de evitar o perigo de uma localização ou materialização da divindade. Na mesma direção falamos mais tarde, precisamente na revelação do Sinai, apesar de ter nela os símbolos da natureza tão importante papel, se põe em evidência a invisibilidade de Yahweh (Êxodo 20:22; Deuteronômio 4:12.15-18).

De forma diferente defenderam a superioridade de Yahweh sobre todas as criaturas os escritores de primeira categoria do Antigo Testamento. Nos narradores do Pentateuco, tanto no Eloísta quanto no Sacerdotal, descobrimos uma preferência[27] pelo nome divino de *Elohim*, preferência que em ambos se deve à clara intenção teológica de designar a Yahweh como o único ocupante da esfera divina. A mesma idéia está expressa, com uma vigorosa carga de sentido, na oposição de Isaías antes citada entre carne e espírito:[28] tampouco neste caso se trata de Deus considerado como espírito frente à matéria como princípio do físico e finito. O espírito é a divina força inesgotável de vida que dá origem a toda a vida, enquanto *bāšār* é a vida terrena que perece, que, como tudo o que é criado e terreno, nada produz de vida. Esta antinomia aparece sob uma nova luz quando *rūah* se relaciona com o aspecto ético, a vida divina de Yahweh, acima de tudo o que foi criado, tem sua razão mais profunda na perfeição moral; a oposição entre mundo perecível e mundo perdurável requer suas ressonâncias mais profundas quando se convertem em oposição entre a vontade moral que tudo governa e a que se submete a fins egoístas e materiais.

Com essa clara consciência da superioridade da pessoa divina está em perfeito acordo o fato de que *os profetas* possuíam um fino olfato para detectar onde a humanização de Deus pode acarretar um obscurecimento de sua verdadeira imagem; será então quando os profetas farão ouvir seus protestos. O que lhes inquieta neste sentido não é o antropomorfismo em si. Para eles, o espírito e o mundo dos sentidos não são dois contrários que se excluem, e por isso continuam, na linha das antigas sagas, buscando como fazer exeqüível o supra-sensível por meio de formas sensíveis. Para dar-se uma idéia da magnífica despreocupação que mostram neste sentido basta ler a grandiosa descrição de Isaías sobre a aparição de Yahweh para o juízo (30:27s). Quando certos antropopatismos, todavia, ameaçam a pureza da idéia de Deus, escutamos réplicas expressivas: "Deus não mente como o homem nem se arrepende como o humano", Números 23:19, e em 1Samuel 15:29, para descartar o equívoco de pensar que Deus muda facilmente de opinião e

---

[27] Cf., p. 159s.
[28] Is 31:3.

que não deve se levar a sério suas ameaças e promessas. E frente à acusação de que seu Deus se deixa levar ao castigo por uma paixão caprichosa, Oséias protesta com as palavras: "não cederei ao ardor de minha cólera..., porque sou Deus e não homem, santo no meio de ti, e não venho destruir como um leão que ruge" (Oséias 11:9).

Mas com tais protestos eles não pretendem, nem muito menos, tirar valor de outras formas de falar sobre Deus. Pois, se torna claramente impossível descrever em uma linguagem popular uma vida consciente e pessoal sem recorrer às imagens que se empregam para a vida psíquica humana. O vivo dinamismo da ação divina com a humanidade desaparece quando toma a palavra a abstração filosófica. O profeta, de outro lado, procura descobrir o Deus pessoal, propagar seu amor pelos seus, que não pode ficar frio e indiferente diante da rejeição destes: assim, falam com freqüência e expressividade da ira e zelo de Deus, de seu amor e fidelidade. Torna-se fácil, pois, adivinhar os valores inalienáveis que se encerram nessa linguagem. "O arrependimento de Deus é a consciência de que a evolução humana não é para Deus um espetáculo vazio e indiferente, mas que precisamente a imutabilidade interna de seu ser exclui esse imobilismo inerte que aparece como externamente idêntico até quando as situações são mutantes. O zelo de Deus é expressão de que ele não é uma força natural cega que torna participante de sua plenitude a qualquer um, mas o que lhe interessa é o amor do homem. O temor de Deus quer dizer que Deus é um Deus com finalidades, que sempre mantém a evolução do mundo dentro dos limites de suas ordenanças, que sua sabedoria não permite que a curta visão do homem crie mais do que é. A ira e o ódio de Deus são expressão de sua majestade e da auto-afirmação de seu ser vivo".[29] Por isso, junto ao zelo pode persistir a atitude amistosa que alegra a vida e a bendiz; junto ao arrependimento, a imutabilidade de seu desígnio; junto ao temor, um Deus que triunfa sobre a fúria dos poderes do mundo, e junto à ira, o poder benfeitor de Deus. Seria por certo um grave erro querer alguém tirar suas próprias conclusões sobre a idéia de Deus a partir somente de uma série de expressões, esquecendo as outras; erro que nem sempre soube evitar a ciência veterotestamentária.

Esta é a atitude característica dos profetas. O interesse que predomina neles não é o da especulação, mas sim, o da piedade e, por isso, somente procuram manter longe de Deus aquelas limitações que possam atentar contra a confiança exclusiva nele ou no respeito que lhe é devido; mas quem o reconheceu como a vida e a verdade, esse pode concebê-lo sem problema algum em termos propriamente humanos.

---

[29] **H. Schultz**, *Alttest. Theologie,* p. 501s.

Em motivos radicalmente diferentes se baseia o pensamento sacerdotal com sua oposição decidida a esse tipo de antropomorfização de Deus própria da mentalidade popular. Nele ocupa um lugar fundamental a descrição, radicada em idéias tabuístas, da inacessível majestade de Deus, que resulta em uma expressiva distinção entre a realidade divina e todas as realidades profanas terrenas. A absoluta soberania de Deus, que também anunciam os profetas — só que sob a forma dinâmica da luta vitoriosa de Deus contra todos os poderes antidivinos — é aqui contemplada em uma tranqüilidade estática, como a superioridade do mundo do além, que vive numa luz que ninguém pode alcançar. Somente no recinto cuidadosamente delimitado do tabernáculo ou do templo se faz a presença de Deus sensivelmente exeqüível no *kabod, somente* na revelação de seu nome entra o Tu divino na esfera humana e pela oração se torna solidário da sorte do homem, e os desígnios divinos são realizados por mediadores supra-terrenos, anjos e enviados do Altíssimo, quando não é a simples palavra, ou seja, o elemento menos material do âmbito de nossa experiência, que os realiza, como sucedeu com a criação. Assim, dentro da corrente sacerdotal, como podemos segui-la na fonte **P** do Pentateuco e também nas Crônicas, nas memórias de Esdras e na lírica cultual, a transcendência de Deus alcançou uma elaboração intelectual de tal nitidez que reduziu ao silêncio ou, quando menos, aplicou um forte corretivo à ingênua humanização de Deus.

Não se deve esquecer tampouco que a forma sacerdotal de falar de Deus exigiu a formação de um pensamento teológico conceptual e fez as bases para um monoteísmo definido em termos abstratos. O perigo de perder com isso a proximidade de Deus de que desfrutava a fé e diante do soberano universal, se fundir no nada ou no desespero, a teologia sacerdotal pôde superá-lo porque para ela o Deus transcendente continuou sendo o Deus da aliança, cujas promessas asseguravam acesso direto a sua intimidade a todos os membros do povo e cuja lei tornava palpável em todas as circunstâncias concretas da vida sua vontade providente e benfeitora. Mas, quando se perdeu a energia necessária para considerar a lei como revelação da vontade pessoal de Deus e, dada a difícil situação da comunidade judaica depois do exílio, apareceu em seu lugar um legalismo formalista diante da letra da lei ou uma fuga enferma da dura realidade para os terrenos fantásticos da apocalíptica, então o exagero da transcendência divina se converteu em distância de Deus resultando com isso numa satisfação ilegítima da ânsia religiosa. Desse modo, aparece em primeiro lugar, na atitude receosa da reflexão bíblica de época posterior em contraste com os testemunhos da vigorosa vida de fé dos tempos proféticos. Já não se sabia o que fazer suas fortes expressões sobre o Deus próximo que penetra toda a vida. Pensava-se que era obrigado, dada a superioridade de Deus, separá-lo o mais possível de todo comércio com formas de ser e sentir humanos e descrevê-lo o mais elevado e abstrato possível.[30] Essa mesma idéia contaminou também a instrução popular quando, como conseqüência do desaparecimento da língua hebraica, a Sagrada Escritura teve de ser explicada em aramaico nos chamados targumes e oferecida à diáspora em sua tradução grega. Então se preferiu substituir as imagens concretas de Deus por nomes abstratos,[31] no lugar do Deus que se revela nos encontramos com o anjo de Deus,[32] o lugar sagrado[33] ou a glória.[34] Empregam-se desse modo, novos nomes de Deus, como se no nome concreto tivesse de ver uma falta de respeito à transcendência de Deus, se lhe buscam equivalentes como: "o céu", "as alturas",[35] "a palavra"; *mēmrā,* "a morada"; *hašš kīnāh,*[36] "o poder",[37] "a grande majestade". Mas o substitutivo mais freqüente foi "o nome", *haššēm.*[38]

O reverso desse processo, pelo que a ação real de Deus continua alheia do contexto natural do mundo, está em uma exagerada busca do maravilhoso e na consideração do nome divino como dotado de poder mágico. Se Deus intervém na vida isso há de suceder na forma mais inexprimível e inesperada possível.[39] E se o nome de Deus é tão santo que não deve ser pronunciado, então a superstição o aceita com especial prontidão, pois, se atribui a esse nome uma virtude oculta que pode se desencadear por si mesma somente desde que se observem algumas regras, tanto escritas quanto pronunciadas, seus serviços são especialmente eficazes diante dos demônios e dos espíritos.[40] Existe até mesmo a convicção que o juramento com o nome oculto de Deus tem uma eficácia máxima.[41] Assim, por um suposto respeito máximo a Deus surge algo que o

---

[30] Cf., por exemplo, a reprodução do relato do Gênesis nos jubileus.

[31] Cf. LXX: Js 4:24; Êx 15:3.

[32] LXX: Is 9:5; Sl 8:6; 137:1; Jó 20:15; além disso, Jub 3:1; 12:25; 16:1s; 18, 14; 48:13.

[33] LXX: Êx 24:10s; é freqüente na *Mishnah.*

[34] LXX: Nm 12:8; Targ. Onk.: Êx 3:1; Eclo 17:13; To 3:16.

[35] Dn 4:23; To 4:11. Muito freqüente nos livros dos Macabeus e na *Mishnah*. LXX: Sl 72:8; Lc 1:78; 24:49; Mn 9.

[36] Muito freqüente nos Targuns.

[37] Mq 14:62.

[38] Especialmente na Mishnah.

[39] Cf. 2 Mac 3:24s; 5:2s; 10, 29; 3 Mac 6:18s etc., e além disso, quando os fariseus um sinal do céu: Mt 12:38s.

[40]Cf. **W. v. Baudissin,** *Studien zur semit. Religiongesch.* I, 1876, p. 179s, e *Kyrios,* II, p. 119s, 206s; **O. Eissfeldt**, *Jahvename und Zauberwesen,* "Zeitschr. für Miss. U. Religionswiss", 1927, pp. 170s; **F. Weber,** *System der altsyn. Palästin. Theologie,* 1897, pp. 85, 257s.

[41] Cf. Enoque 69:14s.

Antigo Testamento desconhecia, o culto ao nome divino que havia sido exclusivo do paganismo. É algo muito instrutivo que até a religião que se distingue pela mais decantada transcendência da divindade, o Islã, tenha conhecido também um florescimento de culto ao nome.

Em qualquer caso, isto não é mais que uma corrente dentro do judaísmo, e seria injusto desconhecer que onde quer que tenha força a influência dos escritos veterotestamentários continua brotando ainda algo da vivacidade e o ardor da antiga fé em Deus (como em muitos lugares das Crônicas e de Daniel); também em Tobias e em Jesus, o Sirácida, nos encontramos com uma piedade de viés totalmente veterotestamentário, no qual por mais que se imponham os intermediários, não desapareceu totalmente esse sentido vivo da relação de Deus com o mundo.

III. Unicidade de Yahweh

A mesma coisa que acontece com a natureza espiritual de Deus sucede também em Israel com o conhecimento de sua unicidade. Não se pode falar, em absoluto, de que no princípio da história do povo existira um monoteísmo estrito no pleno sentido da palavra, quer dizer, que se pensara que fora de Yahweh não existiam outros deuses. De outro lado, o estudo da história das religiões demonstra claramente que a questão de nível de uma religião não pode decidir-se por sua relação com o monoteísmo, por mais digno que seja, esse conceito de Deus não pode ser considerado como critério decisivo da verdade de uma religião, como pensa o tratamento racionalista da religião que somente a considera como uma construção intelectual. Há religiões monoteístas ou próximas ao monoteísmo que, todavia, no mais íntimo de seu ser derivam de atitudes não monoteístas; por exemplo; a religião solar do Egito ou do Islã. Por isso, faz muito tempo que para nós a questão do monoteísmo na religião veterotestamentária deixou de ser tão pulsante quanto para as gerações anteriores, quando a resposta que a ela se desse, necessário era saber e decidir se a religião veterotestamentária tinha razão ou não ao proclamar-se revelada.

Em primeiro lugar, não é difícil demonstrar que no antigo Israel se contava com a realidade de outros deuses junto a Yahweh. Já o simples fato de que se eleja um nome concreto para a divindade — por mais que o significado de tal nome indique uma concepção muito elevada de sua natureza — significa que se sentia a necessidade de distinguir, mediante um nome, ao próprio Deus dos demais deuses cuja existência se pressupunha sem mais problemas. Mas existem, além disso, expressões inconfundíveis a respeito. Entre as mais conhecidas está a de Juízes 11:23,24, onde Jefté responde às pretensões dos moabitas a uma parte da Transjordânia dizendo que: a única posse justa de moabitas e israelitas é a que, respectivamente, receberam de Camos e Yahweh. 2 Reis 3:27, pressupõe que todo povo e país conta com suas próprias divindades protetoras, que pode se fazer valer até contra Israel. Segundo 1 Samuel 26:19, em terra estranha deve se servir a deuses estrangeiros. Poderia se fazer valer aqui a teoria de que em tais casos o que se expressa é esse nível inferior em que o povo vê as coisas, diante do que haveria que ter consciência para obter um quadro completo, a convicção de seus chefes religiosos; esta explicação não careceria de base enquanto, como veremos, tais testemunhos não são únicos nem esgotam o que são as relações de Yahweh com os deuses, ainda que — devemos reconhecê-lo — requererão um forte impulso nos hinos que cantam a Yahweh como ao supremo e inigualável dos deuses (como Êxodo 15:11; Salmo 89:7; 95:3; 97:9) ou descrevem seu juízo sobre os deuses (como Deuteronômio 32:8; Salmo 82:1).

Com esta aceitação, sem problemas, da existência de muitos deuses, coincide o fato de que nos escritos mais antigos do Antigo Testamento nunca encontramos em termos claros a idéia monoteísta. Até o século sete não se conhece a fórmula monoteísta que descreve a Yahweh como o verdadeiro Deus em todos os reinos da terra, que é o único Deus e diante do qual todos os reinos nada são (1Reis 8:60; 2Reis 19:15-19; Deuteronômio 4:35; Jeremias 2: 11; 10.7; 16.20 etc.). Será, sobretudo, o deutero-Isaías quem enfatizará, uma ou outra vez, essa idéia em seus cantos (41:29; 43:10; 44:8; 45:5,6,14,21s.; 46:9). Na forma de contrapor a Yahweh e aos deuses pagãos e de acentuar a nulidade destes diante do Deus de Israel se expressa a alegria triunfante por um novo e impressionante descobrimento que supõe uma libertação espiritual e é utilizado como arma eficaz para rebater a religião pagã.[42]

Mas antes de chegar a esse ponto teve de deixar para trás um longo caminho. Também a este respeito se deve notar que a revelação divina não destrói as leis pelas quais se rege o conhecimento do homem nem dispensa do trabalho o espírito humano; se conforma em proporcionar um material cuja aceitação voluntária supõe um esclarecimento e um enriquecimento do

[42] Cf., para toda esta questão, **B. Balscheit**, *Alter und Aufkommen des Monotheismus in der israelitischen Religion,* BZAW, 69, 1938. Quando **Albright** considera ao mesmo Moisés como representante do monoteísmo (*From the Stone Age to Christianity, II,* 1946, p. 207), poderia se dever a uma definição menos estrita do monoteísmo, a não ser que a frase decisiva, "o termo 'monoteísta' se aplica a que afirma a existência de um único Deus", inclui a negação da existência de outros deuses. Mas isto não se pode documentar precisamente com os relatos que sobre Moisés e a época israelita primitiva nos dá o Antigo Testamento. E se deve dizer o mesmo **E. Auerbach**, *Moses,* 1953, p.226 e 241.

conhecimento do espírito. O reconhecimento intelectual da singularidade de Deus pressupõe a experiência de sua realidade singular. Temos visto que já a religião dos patriarcas acentuava a exclusividade da relação com seu *El* e que atribuía um valor singular à divindade da tribo. Mas até a época mosaica não aparece de forma impressionante a convicção da *singularidade* de Yahweh. Também outros povos consideraram como único a seu próprio Deus e como funesto qualquer atentado contra sua soberania nacional. Mas o que dá a essa idéia *um peso incomparável em Israel* é que, primeiro, *exclui toda divindade rival;* segundo, que *não se limita unicamente ao culto oficial,* mas sim que todo indivíduo se sente responsável a esse respeito, e, terceiro, que em todas as épocas *se impõe com tal força* que nada semelhante podemos achar em nenhum outro povo civilizado.

No que se refere ao primeiro, o documento principal é o primeiro mandamento do Decálogo (Êxodo 20:3, com seus paralelos, no *Livro da Aliança,* Êxodo 22:19, e além disso Êxodo 34:14; Deuteronômio 12:29s; 13:1s). Até os pesquisadores que não reconhecem ao Decálogo um caráter mosaico admitem, todavia, que essa intolerância diante de toda deidade rival é uma distinção inalienável da religião mosaica. Tal é a clareza com que penetra os cantos e os relatos, a força com que aparece o poder de Deus abrangendo e determinando toda a vida. Esse poder da auto-afirmação divina aparece refletido, como em um espelho, na energia e na entrega sem conta que caracterizam a todos os chefes, começando por Moisés e seguindo por toda a lista dos profetas. A pior crise que conheceu o povo israelita, a guerra civil contra a dinastia dos Omridas no século nove, começou por causa da questão de se, junto a Yahweh, o baal de Tiro podia exercer seus direitos soberanos em Israel.

Também é digno de nota, neste sentido, que fique igualmente excluída toda a separação da divindade em um masculino e outro feminino. Yahweh nunca conheceu uma companheira de trono e com isso, rechaçou sempre esse complemento próprio de todos os principais deuses semitas. É algo muito significativo que em hebraico, até na linguagem falada, não existe um equivalente de "deusa": se deve ajustá-las com *El* ou *'Elohim* para designar às deusas pagãs. Não faltaram, em Israel, as tentativas de colocar ao lado de Yahweh uma deusa mãe; prova disso é o protesto contra o culto de Astarte ou de Asera que surgiu nos momentos de reforma cultual e nos profetas: cf. 1Reis 14:23; 15:13; 2Reis 18:4; 23:6; Deuteronômio 16:21; Jeremias 2:27 etc. Sempre se considerou como ilegítimo o erigir uma coluna sagrada, símbolo da deusa, entretanto, se permitiram de boa vontade as estelas. Os papiros de Elefantina, onde no século seis teve seu culto junto a Yahweh uma deusa, *Anat-Betel*, chamada também *Anat-Yahu*, é um testemunho de como essa tendência pagã pode chegar a se impor numa comunidade javista quando se separa da comunidade mãe.

Para a implantação total do reconhecimento exclusivo de Yahweh, foi importante o fato de que entre o culto oficial e o privado não existiram diferenças a esse respeito. O Decálogo e o *Livro da Aliança* dirigem-se aos israelitas, enquanto indivíduos, e também o do decálogo siquemita (Deuteronômio 27: 15-26) dirige seu anátema contra o indivíduo transgressor. Como a propensão para os deuses eloísta se manifestava sobretudo, na magia e no emprego de amuletos, se deve contar também neste capítulo as proibições de idolozinhos e feitiçaria (cf. Êxodo 20:4; 22:17 e paralelos). Em outros povos, ao contrário, houve sempre muita tolerância com os protetores divinos privados, mas de tal maneira que ficasse a salvo o respeito para com a divindade oficial.

Por último, o que deu uma intensidade devoradora à exigência religiosa convertendo-se em um testemunho permanente — no que nenhuma outra religião pode se comparar — foi a vivência do Sinai e suas conseqüências, o temor à majestade divina, que somente pode se venerar com temor, se impõe com toda sua profundidade. Da imagem mosaica de Deus lança uma chama de paixão de auto-afirmação e auto-imposição que em todo tempo suscita no homem, com freqüência medo, um agradecimento temeroso, e que o força a uma defesa aberta das pretensões divinas de soberania.[43]

Para o antigo Israel, a devoradora santidade de Deus, e a sobrevivência de sua aniquiladora majestade, eram um substituto dessa doutrina monoteísta que faltava. Somente assim foi possível que a falta de clareza na relação de Yahweh com os demais deuses não chegasse a converter num perigo para o papel supremo de Deus em Israel. Ao ampliar-se, todavia, o horizonte espiritual e desenvolver-se a cultura nacional puderam se dar sem dificuldades o reconhecimento da singularidade de Yahweh que serviria à configuração formal da imagem de Deus. É muito provável que antes já se despontavam em certos espíritos avançados a idéia de talante monoteísta; por exemplo, a um Moisés poderia lhe conceder tal conjectura sem mais problemas, somente que nós não possuímos tradição alguma com relação a isto. Além disso, todo aquele que discute que nos primeiros tempos israelitas existia uma concepção superior de Deus, teria de pensar pouco a pouco que na época em que, sob a égide de Salomão, o aspecto cultual da religião conheceu um grande avanço, encontramo-nos já com um escritor que testemunha um pensamento religioso muito desenvolvido: o javista. Seu Deus dos céus, Yahweh, se dirige aos seus em sonhos — Abraão — ou por meio de anjos, como Eliezer; mas ainda quando

[43] Veja p. 182s, e cf. **M. Buber,** *op. cit.,* p. 92.

visita a seus fiéis com forma humana, continua sendo senhor soberano do mundo e juiz dos homens, e não conhece limitações nacionais, tira a Abraão da Babilônia e o protege no Egito, acompanha a Eliezer e Jacó para o leste e diante dos senhores do mundo salva a seu povo da escravidão. Na realidade, para o javista não há nenhum competidor sério ao lado de Yahweh. É monoteísta com toda sua alma, ainda quando não tenha encontrado, todavia, a fórmula correta para expressá-lo. Não se pode culpá-lo quando, em mais de uma ocasião, nos apresenta algumas afirmações teológicas pouco desenvolvidas, próprias do tesouro de sagas que ele recebeu da tradição.

A luta de Elias contra Baal de Tiro[44] marcou época; as memoráveis palavras que nos chegaram do ponto culminante dessa luta são as seguintes: "Se Yahweh é Deus, segui a ele, e se o é Baal, ide após ele" e depois a oração, "Ouve-me, Yahweh, para que este povo reconheça que tu, Senhor, és Deus" (1Reis 18:21 — 37) demonstram claramente que se trata de algo mais que de uma luta de força entre duas divindades por seus respectivos domínios. Essa idéia, presente todavia nas palavras de Jefté em Juízes 11:24 já foi superada; trata de saber quem é "o Deus"; Yahweh ou Baal. Nas palavras de Elias manifesta a convicção de que na realidade, fora do Deus de Israel, não há mais nenhum deus que mereça tal nome, quer dizer, que estamos diante de um monoteísmo prático.

Se neste caso a luta contra uma religião naturalista ocasionou um mais profundo conhecimento da unicidade de Yahweh, sucederá o mesmo cem anos mais tarde ao ter de haver-se com potências que ameaçam esmagar a Israel. Nessa ocasião será Isaías quem, com uma fé imponente, anuncia a nulidade de todos os deuses, aos que pode já designar como simples '*ᵉlīlīm,* "nada" (Isaías 2:8 — 18; 10:10; 19:3). Numa imagem grandiosa descreve a aniquilação dos deuses por Yahweh, que impõe sua soberania universal (2:18s; 10:4);[45] assim como havia posto a Yahweh, como *'ēl* e *rūah* diante de todos os poderes (31:3), viu como no futuro o império desse único Senhor se estenderia a todos os povos (2:2-4), com o que se faria realidade a visão, do momento da vocação, do rei que enche com sua glória toda a terra (6:3).

---

[44] De acordo com **O. Eissfeldt** (*Der Gott Karmel,* 1953), o qual, contra o pouco valor que até agora se costumava atribuir à passagem, pelo contexto do relato de 1Rs 16:29 — 19,18, considera a luta de Elias como "um quadro ajustado à realidade histórica" trata-se em princípio de um deus local do Carmelo, mas que na época de Elias havia sido identificado como o *Ba'alsamen* tírio. E no mesmo sentido nos orienta o material do campo da história das religiões aportado às vezes por **K. Galling**, *Der Gott Karmel und die Aechtung der fremden Götter, em Alt-festschrift*, 1953, p. 105s.

[45] Segundo a leitura de **Euting** e de **Lagarde**, se refere a derrocada de Osiris e Beltis por Yahweh, cf. **Duhm**, *Jesaja,* ad locum.

Nada tem de estranho que, atrás dessa clara intuição profética da universalidade de Deus , aumentaram os testemunhos que, até no nome, negam os deuses pagãos de toda existência, *hebel; h^{e}bālīm* (originalmente "*alento", e* depois "*nada, ilusão*" se lhes chama em Jeremias 2:5; 10:8; 14:22; *hablē šāw'* Salmo 31:7; *lo' ^{e}lōhīm* Jr 2.11; 5.7. Suas imagens começam a ser cobertas de desprezo e ridicularizadas como obra de mãos humanas, *ma^{a}'sēh yādayim,* abominação, e *šiqqūsīm,* fetiches, são as expressões preferidas pelo estilo deuteronomista e por Ezequiel. Uma pura zombaria sobre a fabricação de ídolos encontramos em Jerermias 2:26-28; 10:1-16 (que não é de Jeremias); Isaías 40:18-20; 41:4-7; 44:9-20 (que não é do deutero-Isaías), e também em Salmo 115 e 135. Se for verdade que esta polêmica, com freqüência verdadeiramente dura, não faz justiça à idéia de Deus mais elevada dos povos pagãos, se ataca energicamente religião pagã vulgar. Deve-se levar em conta que ela pretende se manifestar diante de seus concidadãos a insensatez e o mau gosto de um culto às imagens que, por seu aparato externo, ameaçava deslumbrar a muitos judeus em um momento de desintegração política. Uma polêmica de nível especial nos apresenta o deutero-Isaías ao demonstrar a debilidade das divindades astrais pela prova viva do poder de Yahweh, que mediante sua palavra rege todos os astros (Isaías 40:26) e conforma a história desde há muito, em que a revolução universal de Ciro encontra desamparados os ídolos e seus fiéis (Isaías 41:1s.21s; 43:9s; 44:6s etc.).[46]

Estes desenvolvimentos aparecem em formas de confissões dentro do judaísmo na oração do *Sema'.* É também o conteúdo da primeira parte de Deuteronômio 6:4-9, que por isso começa com a frase, *š'ma yiśrā'ēl yhwh 'lō'hēnū yhwh 'ehād.* Esta frase remonta à época de Josias e conheceu várias interpretações,[47] mas em todo caso se transformou na confissão básica do monoteísmo absoluto. "Com isso, a unicidade de Deus se transformou no artigo mais importante e fundamental do conhecimento humano, não somente do ponto de vista simplesmente religioso, mas também, do teológico e do metafísico". A partir de Esdras, a ligação de Deus com

---

[46] Em todo caso, Jó 31:26-28, continua considerando o culto astral como uma séria tentação para os piedosos.

[47] Linguisticamente, pode se justificar a tradução: "Yahweh, nosso Deus, é um Yahweh único", quer dizer um ao qual não se poderia dividir em diferentes deuses e poderes, como os baais de Tiro, Assor ou Siquém etc., mas como uma pessoa que reúne em si tudo o que o israelita pensa que é próprio de Deus (**Dillmann**, 238). Mas também é possível outra tradução: "Yahweh é nosso Deus, somente Yahweh!", na qual teria mais em conta sua exclusividade diante das demais divindades. **C. A. Keller** chamou a atenção sobre a importância dos sinais cumpridos no Egito para o conhecimento da singularidade de Deus na literatura deuteronomista: *Das Wort Oth als Offenbarungszeichen Gottes,* 1946, p. 117s.

outros *'lōhīm* se torna cada vez mais incompreensível; prevaleceram nomes como: *Deus dos céus* e o nome *Altíssimo* se traduzem do cultivo consciente de um conceito monoteísta de Deus.[48] O judaísmo procura mais tarde dar uma explicação da origem da idolatria, demonstrando um esforço de criticismo lógico. Desse modo, os capítulos Sab 13 e 14 consideram o erro, daqueles que adoram como sendo poderes divinos o fogo, o vento, o ar, a água e os astros, menos censuráveis que a idolatria, cujas origens se explicam pelo culto aos mortos ou ao senhor ausente. De outro lado, aparece um novo realismo demonológico na interpretação dos ídolos como demônios, segundo se pode ver, em alguns apócrifos[49] e em diferentes passagens bíblicas na LXX como: Salmo 95:5; 105:37; Deuteronômio 32, 17; Isaías 65:11.[50] Aqui se volta a reconhecer aos ídolos certa existência, que acusa a enorme diferença existente entre a mentalidade judaica e a profética. Mas daí não podia surgir nenhum sério ataque contra o credo monoteísta fundamental.

Para que surgisse um monoteísmo vivo e ético — assim o demonstra o desenvolvimento da fé veterotestamentária — o fator fundamental foi, não a especulação filosófica, mas sim, ao contrário, a experiência do Deus vivo e realmente próximo. Se esse processo tivesse começado em Israel pela especulação, o monoteísmo não teria passado por ser uma abstração sem força interior. Assim o demonstram as idéias monoteístas sobre Deus alcançadas por via especulativa, desde o Aton de Amenófis IV até Brahman dos hindus ou o Πρωτον κινουν dos gregos somente a proximidade de um Deus, Yahweh, que domina em todos os níveis da vida, e a experiência imediata de sua realidade tornaram possível a imagem que Israel chegou a formar de seu Deus e que seus conceitos evoluíram sem perigo para a vitalidade interna da religião.

---

48 **H. Schultz**, *op. cit.*, p. 505.

49 Enoque 19:1; 99:7; Jub 11:4s; 19:28; 22:17.

50 Cf., já MT: Os 12, 12 (*laššedīm* no lugar de *šᵉwārīm*); Dt 32:17; Sl 106:37.

Capítulo VII

NATUREZA DO DEUS DA ALIANÇA

(*Continuação*)

B) AFIRMAÇÕES SOBRE A ATIVIDADE DIVINA

I. O poder de Deus

Desde os começos de Israel aparecem com mais forças, diante do observador, pelo eloísta as linhas fundamentais da atividade divina mais do que as do próprio ser de Deus. Se estas são essencialmente linhas de contorno sem uma maior profundidade especulativa ou metafísica, a descrição da atividade divina se faz em termos precisos e concretos de acordo com a natureza totalmente voluntária da revelação do Deus veterotestamentário, à que importa menos uma teologia que a manifestação da vontade divina.

Nos tempos remotos de Israel foi sem dúvida a atividade guerreira de Yahweh, na qual se fazia palpável o seu poder, o que suscitava nos homens a resposta mais vigorosa. Os mais antigos cantos exaltam ao Deus da guerra: ele sepulta os egípcios no mar,[1] a ele se seguem os poderes do céu e os exércitos da terra quando desce do Sinai para esmagar os cananeus diante de seu povo.[2] A tática da guerra obedece ao seu sábio oráculo,[3] a ele consagra-se despojos[4] e sua ira se acende contra os culpados cuja tradição arrebatou a vitória ao povo ou que resistiram ao seu chamado,[5] assim como esta assegura sua bênção para aquele que peleja com valentia.[6] São muitos os sobrenomes com que se honra a Yahweh nos quais está refletida a impressão que se produz nos piedosos essa experiência de Deus, nos hinos o Deus de Israel é

---

[1] Êx 15:21.
[2] Jz 5:20s; Js 10:11s; 1Sm 7:10; 2Rs 3:22; Êx 23:28; Deuteronômio 7:20.
[3] Jz 1:1; 20:18,23; 1Sm 14:37; 23:2; 28:6; 30:8; 2Sm 5:19; Nm 14:40s; 21, 2s.
[4] Js 6:17s; 1Sm 15:3; Dt 13:16s.
[5] Js 7:16s; 1Sm 14:37s; Jz 5:23; 1Sm 11:7.
[6] Gn 49:23s; Dt 33:21; Jz 5:9, 14s,24.

cantado como um herói de guerra cheio de força e apreciado acima de todos, temível e magnífico em sua santidade, poderoso e que opera maravilhas;[7] essa demonstração de poder em que faz na guerra encontrou uma especial expressão no sobrenome de "Yahweh dos exércitos". Sabe-se — e não é necessário ilustrar-se com exemplos — como esse aspecto da imagem de Deus se manteve vivo em todas as épocas da história israelita, adornado de ações míticas notáveis tomadas da luta com o caos e alcançando suas cores mais nítidas na linguagem florida dos profetas.[8]

O fato de que junto ao poder e a grandeza ressaltam tanto neste contexto as ações temíveis, ferozes e terríficas da imagem de Deus, tem sido causa de que muitos estudiosos tenham pintado ao Deus do antigo Israel como "um ser inclinado à ira por meio da qual se deixa levar de forma temível e espantosa", no qual em vão se buscariam propriedades de amorosa solicitude e misericórdia.[9] E, contudo, não deveria se esquecer que também aqui tem validade o que antes dissemos sobre o ser pessoal de Deus, o caráter terrível de Deus não é vivido como a cólera incompreensível de um poder caótico, como um mistério inexplicável, mas como a auto-afirmação de uma vontade pessoal e, prescindindo do homem e de seus desejos, é a tradução de um valor absoluto que, ainda com todo o medo que lhe inspira, bendiz ao homem mortal.[10] Deve-se acrescentar, de outro lado, que os testemunhos veterotestamentários alegados não procuram apresentar um deus qualquer de caráter "catastrófico", mas ao soberano divino do povo, que em virtude de sua aliança emprega a força em prol de Israel. E isso é desse modo até quando exerce justiça terrível contra seu próprio povo; também no temeroso respeito com que a gente se aproxima desse Deus se manifesta a consciência de que ele é um ser misericordioso, solícito e fiel; isto é o que torna possível a prazerosa afirmação de seu poder ainda em meio de seus arrebatamentos destruidores e terríficos. Assim, pois, exalta-se tanto seu poder guerreiro, não é somente porque se lhe reconhece quanto um bárbaro destruidor, mas porque ele constitui a prova mais impressionante e mais diretamente convincente de seus desejos senhoriais sobre Israel, cujos símbolos, o trono da arca, a vara de Deus e o oráculo da sorte, são os objetos

---

[7] Êx 15:21,3,11; Sl 24:8.

[8] Cf., por exemplo, o velho esboço de **Hempel**, *Got und Mensch im Alten Testament,* 1926, p. 30s; além de, **H. Frederiksson**, *Jahve als Krieger,* 1945.

[9] **B. Stade**, *Bibl. Theologie des AT,* 1905, p. 91; **H. Gressmann**, *Palästinas Erdgeruch in der israelitischen Religion*, 1909, p. 78, entre outros.

[10] Cf., também disse sobre a ira e a santidade de Deus, pp. 229s e 239s.

sagrados mais importantes da comunidade javista mosaica e cuja confissão está representada pelo júbilo das multidões que se reúnem para celebrar seu reinado.[11]

Por isso, com uma olhada mais atenta se descobrirá que a alegria pelas demonstrações de poder de Yahweh reconhece junto aos traços lúgubres, ásperos e destruidores, também os vivificadores e criadores de seu poder único. Prova disto é toda série de singularidades que serviram para preservar a vida do povo durante a travessia do deserto. Eles formam parte das afirmações posteriores sobre a atividade de Yahweh com a mesma naturalidade que as singularidades guerreiras.[12] E quando se desenha à bem-aventurança da salvação escatológica, aparecem já nos testemunhos mais antigos, as imagens aprazíveis da prosperidade natural, cuja coloração mitológica corrobora sua origem pré-profética desempenhando um importante papel junto aos triunfos guerreiros.[13] É natural que esse aspecto do poder milagroso divino se acentuara mais a partir da entrada em Canaã e do assentamento em uma civilização desenvolvida, e que fora iluminada com novos traços; não tem por que ser explicado recorrendo ao plágio das divindades dessa civilização. Caberia perguntar, ainda, se, quando Israel chegou a dar atenção a singularidade do governo divino na calada regularidade dos fenômenos naturais, na mudança das estações, no curso dos astros, na aparição da vida, foi precisamente devido a influências estrangeiras. Não resta dúvida que os mitos babilônios de criação[14] e o modo como os egípcios interpretavam a natureza[15] subministraram diferentes elementos e influenciaram de muitas maneiras, talvez por intermédio das festas cananéias e dos cantos cultuais,[16] no pensamento israelita. Mas não se deve esquecer

---

[11] Nm 23:21; 24:7; Êx 15:18; Dt 33:5.

[12] Êx 15:25; 16:1s; 17:6; Nm 11:31s; 20:11; Jz 15, 18s; 1Rs 17:2s, 8s; 18:34s; 2Rs 3:17; 4:16,34; 20:10; Is 38:8.

[13] Cf. Gn 49:11s; Nm 24:6; Dt 33:13s; e **H. Gressmann**, *Der Messias,* 1929, p. 149s.

[14] Cf., as demais idéias criacionistas babilônicas em Gn 1 e as concordâncias com as mesmas na linguagem poética de Is 51:9; Sl 89:11; Jó 9:13; 26:12 e outros lugares; e também os pontos de contato com a festa de entronização sugerida por **S. Mowinckel**, *Psalmenstudien,* II.

[15] Se se comparar seu documento clássico, o hino a Aton (**Ranke,** em *AOT,* 1926, p. 15s), com o salmo 104, não pode restar dúvida de influências egípcias. De forma distinta se expressa **G. Negel**, *A propos des rapports du Psaume 104 avec les textes égyptiens,* em *Bertholet-Festschrift,* 1950, p. 395s.

[16] Está claro que a aceitação das festas agrícolas em Canaã favoreceu tais relações. Sobre a questão das influências cananéias na lírica israelita, cf. **F. M. Th. Böhl,** *Theol. Lit. Blatt,* 1914 p. 337s; **Jirku**, *Altorientalischer Kommentar zum Alten Testament,* 1923, p. 220s; **A. Alt,** *Hic murus aheneus esto,* ZDMG, 1932, p. 33s; **W. v. Baudissin**, *Adonis und Esmun,* 1911, p. 385s.

que a base mais importante e fundamental para subordinar toda a vida natural ao governo poderoso do único soberano divino, como se deu na primitiva fé israelita, estava no Deus da aliança, que não somente precede a seu povo na guerra, mas também lhe entrega Canaã como sua herança e que naturalmente é venerado por isso mesmo como dispensador dos dons da natureza e de tudo o que traz consigo a vida em um país civilizado. A importância de tais pressupostos para o modo como os israelitas consideravam a natureza se torna patente a somente se ter consciência da formação autônoma de sua idéia de criação, que o narrador javista ressalta em sua enérgica exclusão de mitos politeístas e na deliberada relação da criação com a história. O resultado foi a natural repulsa das especulações pagãs sobre o mistério da vida e da morte, que não foram desconhecidas para Israel (o culto de Osiris e Adonis, o mito da ressurreição de Bel-Marduk). Em seu lugar se afirmou a imediata dependência em que o homem e toda a criação estão em relação à imperiosa vontade soberana de Yahweh, o único Deus eterno. Com isto se torna difícil hesitar na hora de especificar o fator decisivo naquela característica crença de Israel que subordinava a vida da natureza à soberania divina; não foi outra coisa, mas a experiência da providência histórica de Yahweh e de sua vontade previdente e perseverante na consecução de seus fins que não admite réplica possível a sua autoridade.

Por isso, para valorizar corretamente os testemunhos sobre o poder singular de Yahweh, é indispensável ter sempre presente o pressuposto de base, que trata sempre do poder do Deus da aliança. O relativo isolamento em que aparecem, às vezes, as expressões sobre esse poder deve ser considerado em relação com uma atitude característica do espírito israelita; que se entregar com total exclusividade a uma impressão ou imagem isolada, mas tendo presente ao mesmo tempo a totalidade da qual elas fazem parte e testemunham. Esse "impressionismo"[17] do pensamento israelita previne contra o perigo de elevar a um dogma o aparente isolamento de tais expressões, e exige uma cuidadosa atenção à atitude básica que há por trás de cada uma delas.

---

[17] Assim chama **J. Hempel** a especial estrutura do gênio israelita em seu estupendo estudo: "O lugar do Antigo Testamento na história da consciência religiosa como problema de teologia sistemática" (*Altes Testament und Geschichte,* 1930, p. 65s).

Julgamos essa premissa de fundamental importância, já que manifesta como a comunidade da aliança entre Yahweh e Israel encontrou sua expressão adequada não tanto nos atributos de poder — que aparecem mais ou menos iguais em todas as religiões — quanto em uma série de expressões diferentes. Entre essas está em primeiro lugar a misericórdia de Yahweh.

II. A misericórdia de Deus *(hesed Yahweh)*

Quando as relações entre os homens estão reguladas por um *b'rīt,* a conduta que geralmente se espera daqueles que se comprometeram se qualifica assim de *hesed.* Em razão da aliança que existe entre os dois, Davi espera *hesed* de Jônatas e o mesmo pede Jônatas a Davi para seu futuro reinado.[18] Trata-se da camaradagem e fidelidade fraternais que um membro da aliança há de prestar ao outro. Portanto, *hesed* "se constitui como o objeto próprio de um *b'rīt* e quase se pode dizer que é seu conteúdo. A possibilidade de que se conclua e persista uma aliança descansa sobre a presença da *hesed.*[19] Por isso também *hesed* e *b'rīt* são utilizados com freqüência como testemunho firme.[20]

Enquanto comunidade baseada em uma aliança, a relação de Israel com Deus também conhece conteúdos relacionados com essa forma da vida jurídica, ainda quando modificados pela grandeza do pactuante divino. Aqui também a estipulação do *b'rīt* levava intimamente semelhante à fiel predisposição a um mútuo serviço leal como conduta exigida pela relação estabelecida; sem a referência à *hesed* por ambas as partes era impensável a manutenção da aliança. Por isso em Israel aparece viva e bem arraigada a convicção de que o auxílio e a bondade de Yahweh eram algo que podia se esperar dele, dado que havia estabelecido uma relação de aliança. Assim como a salvação do Egito foi interpretada por um feito nascido desse amor solícito,[21] assim também o Deus do Sinai, com todo seu terrível poder, é o Deus amoroso e disposto a prestar seu auxílio, o Deus que permanece fiel a

---

[18] 1Sm 20:8,14s.

[19] **Nelson Glück,** *Das Wort hesed,* 1927, p. 13. Cf., também **W. F. Lofthouse**, *Hehn and Hesed in the Old Testament*, ZAW, 51, 1933, p. 29s.

[20] Dt 7:9,12; 1Rs 8:23; Sl 89:29; Is 54:10; 55:3 etc. todas as passagens estão citadas em **N. Glück,** *op. cit.,* p. 13, n. 1.

[21] Cf. Êx 3:7s.

suas promessas e faz intervir seu singular poder em prol do povo da aliança. Justamente no começo das cláusulas da aliança está a fórmula que expressa que ele quer ser Deus desse povo, "Eu sou Yahweh, teu Deus!" (Êx 20:2); seu eco se encontra nos esclarecimentos que esse Deus dá de si mesmo, pelos quais assegura sua fidelidade e lealdade à relação de aliança,[22] no modo singular como conduz a seu povo pelo deserto e no perdão de suas transgressões.[23] Sua vontade pode, desse modo, ser exaltada como uma vontade de benevolência que nada nem ninguém pode desviar,[24] contra a qual tem de se enfrentar necessariamente todos os planos inimigos de perdição e todas as potências demoníacas.[25] Em especial, Davi, e sua casa com ele, pôde contar com a bondade divina, porque com suas promessas Yahweh se comprometeu com ele numa relação especial.[26] Essa fidelidade do auxílio de Deus, que estabelece suas raízes na comunhão da aliança, tem uma expressão carregada de sentido na justaposição de *hesed* e *b'rīt* como sinais afins da benevolência divina.[27] Não exclui o castigo dos pecados, mas se manifesta precisamente no emprego do castigo para o restabelecimento da relação da aliança manchada.[28]

Por isso, nas situações difíceis se recorre a *hesed* de Yahweh (Gênesis 24: 12; 1 Reis 3:6); nas despedidas se deseja aos que partem que experimentem sempre essa fidelidade de Deus que assegura sua comunhão (2 Samuel 15:20) e o mesmo a aqueles que se comportaram fielmente (2 Samuel 2:6); se cita a despedida com agradecimento e confiança nas fórmulas fixas da liturgia, nas súplicas e ações de graças, "Dai graças a Yahweh porque é bom, porque é eterna sua *hesed*".[29] A impossibilidade de que sofra ruptura o amor divino tem um belo reflexo quando

---

[22] Êx 20:6; 34:6s.

[23] Êx 15:13; Nm 14:18-20; Êx 32:11s, 31s.

[24] Nm 23:8,19.

[25] Nm 23:21, 23;24:9; Jz 5:31.

[26] 2Sm 7:15; 22:51; 1Rs 3:6.

[27] Em paralelismo, 2Sm 7:15s; Sl 25:10; 4; 106:45; 103:17s; Is 54:10; 55:3. Igualmente, a justaposição de *hasīday* 89:28, 33s.; 49; cf. 51 e *kōrēte b'rīt,* Sl 50, 5. Como *hendíadis* com a significação de "fidelidade à aliança": Dt 7:9,12; 1Rs 8:23; Ne 1:5; 9:32; Dn 9:4; 2Cr 6:14. As conseqüências que para o significado de *hesed* tira **J. Elbogen** dessa justaposição não é sutentável, ainda que parta de uma observação correta (cf. *hsd, Verpflichtung, Verheissung, Berkräftigung,* em *P. Haupt-Festschrift*, 1926, p. 43s).

[28] Êx 34:7; Nm 14:20s; 2Sm 7,14s; cf., o contexto em em que se chama a fundação do santuário, Êx 33:5s.

[29] Jr 33:11s; Sl 100:5; 106:1; 107:1.8,15,21,31 etc. não é lícito interpretar *hesed* como graça, sinônimo de *rahamīn* (**J. Ziegler**, *Die Liebe Gottes bei den Prophenten,* 1930, p. 33).

a especial fidelidade de um homem é designada como *ḥesed 'lōhīm* ou *ḥesed yahweh,* fidelidade ao amor como o quer Yahweh e que ele mesmo o demonstra (2 Samuel 9:3; 1 Samuel 20:14). O mesmo sentido tem sua conexão freqüente com *'met,* fidelidade.[30]

Num primeiro momento estaria disposto a afirmar que essas expressões confiantes sobre a fidelidade e o auxílio de Deus se acham na mesma linha que os testemunhos existentes em outras religiões sobre a bondade e misericórdia divinas. Já as antigas inscrições sumérias demonstram que de um deus e, especialmente, do *deus* local se esperava uma assistência fiel, à qual, em certo sentido, o obrigava sua situação de fundador e protetor da cidade.[31] Entre as divindades babilônias estavam Samas e, sobretudo, Marduk, do qual se exaltavam como propriedades principais seu sentido de justiça e de compaixão; como filho de Ea, o supermago dos deuses e co-administrador de seus mistérios, converteu-se em deus redentor, capaz de deixar sem efeito qualquer feitiço maléfico e cuja justiça e misericórdia assistia com toda segurança a quem sofresse necessidade.[32] Nos oráculos, por exemplo, a mesma divindade relembra suas anteriores intervenções em situações difíceis e exige confiança em sua ulterior disposição para o auxílio.[33]

Apesar desses traços comuns na imagem da divindade, não se pode esquecer das diferenças que existem em ambos os casos, sobretudo, a conexão da *hesed* de Yahweh com a relação de aliança que dá à bondade divina uma base incomparavelmente mais firme. Israel podia falar de um Deus cuja exigente vontade pretendia configurar toda a vida com uma exclusividade zelosa, com isso a bondade auxiliadora desse Deus encontrava uma fundamentação interior que em vão buscaríamos entre os deuses babilônicos da natureza. A *insegurança*

---

[30] Gn 24:27; 32:11; 2Sm 15:20. Às vezes com maior interrelação e outras com menos, ambos os conceitos se encontram unidos com enorme freqüência nos Salmos, por exemplo: Sl 25:10; 40:11s; 61:8; 85:11; 89:15; e não raras vezes com uma referência expressa à relação de aliança existente. No lugar de *'met* aparece também com freqüência *'munah.* Todas as passagens, em **Bertholet**, *Bibl. Theol. des A. T.* , II, 1911, p. 244, n. 1.

[31] Isto aparece especialmente na oração de Gudea, rei de Lagas, à deusa da cidade, Gatumdug; cf. **Thureau-Dangin**, *Die sumerischen und akkadischen Königschriften,* 1907, p. 91s.

[32] Cf. a imagem que **Zimmern** faz desse deus em *Keilschriften un AT,* 1905, p. 372s. Um dos 50 nomes de Marduk é "misericordioso, de quem é próprio dar vida"; cf. **J. Hehn**, *Hymnen und Gebete an Marduk,* 1906, p. 288; além de p. 325, 328, 336, 372.

[33] Assim, no oráculo de Ishtar de Arbela a Esarhaddon, *AOT*, p. 281s; compare a coincidência formal das palavras de Deus em Gn 15:7 e 26:24.

que aqui persiste, apesar de algumas belas ações isoladas, aparece, em primeiro lugar, em que constantemente se conta com uma segunda vontade divina adversa capaz de malograr as intenções graciosas[34] e, segundo, em re-assegurar que sempre se tinha ao alcance na pessoa dedicada aos encantamentos por profissão, para não depender exclusivamente da livre vontade da divindade. O fato de que em Israel se proscrevesse a mântica e a magia fala de uma consciência cada vez mais arraigada de que o homem depende somente da bondade de Deus. De outro lado, ao estender de forma agradecida a ação diretriz e salvadora de Deus com seu povo até os tempos dos patriarcas, ação que tão importante papel tem em todas as obras históricas israelitas, o palco do fiel amor divino se amplia até abranger todo o curso da história e revela sua inalterável integridade de uma forma somente aqui conhecida. O caráter próprio das expressões israelitas sobre a bondade de Deus está constituído, pois, pela exclusividade e pela relação com a história.

Para ilustrar a conduta divina que *hesed* significa, servem também as imagens que descrevem a *Deus como pai e pastor de seu povo.* A relação pai-filho pressupõe em seus elementos a *ḥesed* como conduta obrigatória.[35] Desde logo, junto à idéia do amor, no conceito semita de paternidade está fortemente acentuado o aspecto de soberania, de autoridade e propriedade. Desse modo, é freqüente sua sugestão nos hinos babilônicos,[36] ao, passo que nas lamentações se apela à compaixão do "pai misericordioso".[37] Ambas as coisas aparecem por igual no precioso hino ao deus lunar Sin.[38] No emprego israelita de "pai" ressalta a idéia do criador da existência nacional, porque isso dá uma reivindicação legal sobre a adoração de seu povo enquanto lhes confere proteção.[39] Contudo, não falta o recurso à misericórdia do pai celestial quando se implora sua ajuda, e

---

[34] No oráculo citado, Istar tem de influenciar na vontade de Asur em prol de seu protegido; nada se sabe se isto acontece com todos os deuses.

[35] Cf. Gn 47:29.

[36] O deus soberano Enlil aparece como "Pai da pátria"; cf. **St. Langdon**, *Sumerian and Babylonian Psalms,* 1909, p. 103. O Deus da tormenta Adad recebe o nome de pai como o deus potente e altíssimo, *AOT*, p. 249.

[37] Cf. **Hehn**, *Hymnen und Gebete an Marduk,* n. 21, p. 365, e além disso, n. 14, p. 352.

[38] *AOT*, 241.

[39] Êx 4:22; Nm 11:12; Dt 32:6,18; Is 64:7; Ml 3:17. Fazem estabelecer na obrigação do povo, Is 1:2; 30:1,9; Dt 14:1; Is 45:9-11; Ml 1:6; 2:10. Igualmente deve-se contar também que aqui Yahweh é de forma especial o pai do rei (2Sm 7:13s; Sl 2:7); sobre esse elemento de estilo cortesão do antigo Oriente, cf. caps. IV, II, 3, p. 105 e XI, I, p. 427s.

então se lhe reconhece como pai dos que caminham na orfandade.[40] Sob a influência profética o mestre deuteronomista da lei dará um passo mais adiante descobrindo nos castigos de Yahweh a intenção de um pai que não pretende simplesmente castigar, mas sim educar castigando (Deuteronômio 8:5; aplicado ao caso individual, Provérbios 3:12). A mesma significação predomina no judaísmo tardio, no qual o emprego do termo "pai" chega a ser até excessivo, sendo de notar sua estrita conexão com a idéia do reinado de Yahweh, o amor fica obscurecido pelo senhorio divino.[41]

Também a imagem do pastor designa a bondade de Yahweh entendida como cumprimento de uma relação com Israel iniciada pelo mesmo. O recurso ao pastoreado para significar a tarefa real está bem estendido em todo o Oriente Próximo[42] e, em formas com freqüência estereotipadas, se predica tanto de reis quanto de deuses. Esse elemento de estilo cortesão tem um caráter absolutamente oficial, o amor e a providência aparecem como predicamentos lógicos de um fiel cumprimento do ofício e convertem-se, por conseguinte, em atributos autenticamente impessoais do princípio divino ou humano.[43] Também no Antigo Testamento o nome de pastor, de utilização constante desde o princípio até o final,[44] se converte muitas vezes numa fórmula estereotipada com a que se designa ao senhor divino do povo; mas deve-se acrescentar também que, graças a vivências pessoais fortes, essa forma de falar adquire em cada momento cores frescas e recobra seu calor originário, como aparece especialmente claro no deutero-Isaías;[45] com a convicção da grandeza inigualável do Deus de Israel, a consciência de se poder chamar "povo de Yahweh e ovelhas de seu rebanho"[46] esteve impregnada de um "*pathos*"

---

[40] Is 63:15s; Sl 89:27; 68:6. Sobre uma utilizaçào mais profunda dessa imagem, cf. *infra*.

[41] Jub 2:20; 19:29; Ap. Bar. 78:4; Sb 11:10; 14:3; 3Mac 2, 21; nesse contexto supõe um princípio cósmico Ap. Ms. 37:38, 42; Sib III, 550; V, 328. Também a designação rabínica "pai dos céus" significa sobretudo a soberania sobre o mundo; cf. **W. Bousset**, *Die Religion des Judentums,* 1926, p. 377s.

[42] Cf. **L. Dürr**, *Ursprung und Ausbau der isr.-jüd. Heilandserwartung,* 1925, p. 116s.

[43] Assim, por exemplo a bela frase do "pastor que reúne os dispersos", que aparece repetidas vezes no estilo cortesão babilônico dos primeiros tempos e dos posteriores; cf., a introdução do Código de Hammurabi, a inscrição da estela fronteiriça de Merodachaladan, II, e Mq 4:6.

[44] Gn 49, 24; Êx 15, 13; Os 4, 16; Mq 2, 12; 4, 6ss; Sf 3, 19; Jr 31, 10; Ez 34, 23; 37,24; Sl 44, 12.23; 48, 15; 74, 1; 77,21; 78, 52s, etc.

[45] Is 40, 11; 49:10; e também Ez 34:12s; Sl 80:2.

[46] Sl 79:13; 95:7; 100:3.

totalmente diferente do que cabia no politeísmo não israelita. Especialmente significativo para compreender a relação do uso da imagem do pastoreio com um forte sentimento de segurança é sua individualização no vocabulário das orações privadas, que parece remontar-se a época bem antiga.[47]

Essa relação de comunidade pela qual se rege a ação de Deus com seu povo, recebe uma nota peculiar na época do profetismo, quando se reconhece o pecado do povo em toda sua gravidade, quer dizer, como uma infidelidade irreparável que destrói sem remédio a relação de comunidade. Apresenta então nosso termo um movimento que carece de paralelo em todo o antigo Oriente. A amizade que Yahweh ameaça retirar do povo (Jeremias 16:5) tem por conteúdo *ḥesed e rah^a^mīm,* misericórdia e compaixão, e retirá-la significa acabar com a comunhão da aliança, o qual significa entregar o povo à morte. Se, apesar de tudo, Yahweh faz valer sua *hesed* em prol do pecador, com tanto que este se arrependa, é de supor que estamos diante de uma restituição dessa comunhão, devido à benevolência ou à graça. Ficam superados os limites da *hesed* no sentido antigo e resplandece agora a compaixão, *rah^a^mīm,* que não está submetida a nenhum tipo de dever e supõe uma manifestação espontânea do amor. Os profetas, contudo, continuam aferrados ao vocabulário antigo precisamente para assinalar como a grandeza de seu Deus está acima de toda medida humana, Yahweh demonstra o caráter divino de sua *hesed* ao restituí-la ao pecador. Dessa maneira Yahweh se casa com Israel, sua esposa infiel, em *hesed* e *rah^a^mīm,* que são às vezes o preço que ele paga por comprá-la e às que Israel responde com fidelidade do Senhor (Oséias 2:21). Segundo Jeremias 3:12s, a sua esposa Israel convencida já do próprio pecado, Deus a acolhe *hasid,* mostrando um amor à altura da aliança, mas acima de toda medida humana; e mais ainda, a essa esposa recuperada ele a quer com misericórdia eterna (Isaías 54.7s).[48] Essa transformação do termo *hesed* aparece também num aprofundamento característico da idéia de pai aplicada a Deus, essa palavra, ganha em ternura quando Oséias nos mostra como o pai que acolhe e estende seus braços ao filho[49] pequeno ou quando Jeremias descreve a queixa de Deus pela infidelidade de seu povo como a surpresa do pai que, tendo disposto a equiparar na herança a filha com os filhos — indo contra o uso jurídico — e esperando dela que lhe chame "meu pai", somente recebe

---

[47] Gn 48:15; Sl 23:1-4; 31:4; 107:41.
[48] Cf. também Mq 7:18; Is 63:7s; Jr 31:3; Sl 90:14; 25:6; 40:11s; 51:3; 69:14,17; 86:5.
[49] Os 11:1-3.

ingratidão.[50] E, todavia, o mesmo Jeremias utiliza a relação de paternidade para ilustrar o amor que nunca morre, capaz de abraçar, emocionado, ao filho que retorna arrependido, que é o primeiro a surpreender-se dessa compaixão que triunfa sobre as exigências justificadas da ira, sua própria conduta se torna um misterioso imperativo interior.[51] Se se tem consciência de que a *ḥesed* se volta sobre os homens que não têm nenhum direito a ela a não ser que, segundo a lei de talião, somente teriam de esperar a exclusão da comunidade, aparecerá com maior clareza sua condição de dom gracioso, a *ḥesed* que acompanha logicamente ao *b'rīt* se converteu numa fidelidade de amor mais forte quanto mais duras são as provas que atravessa, cuja maravilha não se explica pela condescendência do Deus altíssimo,[52] mas pelo mistério de uma vontade divina de comunhão. Sob a influência desse aprofundamento profético falar o autor de Deuteronômio 32 quando, para descrever as singularidades de Deus com seu povo, encontra a imagem íntima do filho predileto[53] que o pai cuida como à menina de seus olhos; e igualmente em Deuteronômio 1:31. A interpretação profética da imagem do pai refletida na oração individual aparece no Salmo 103:3, nos termos mais belos.

A esse processo de aprofundamento se acrescenta, além disso, a ampliação que a imagem conhece no judaísmo, quando a bondade divina é considerada como o conteúdo mais profundo da relação entre criatura e Criador, ou, dito de outra forma, quando a criatura é elevada a relações de comunhão. Então resta agora falar de que toda a terra está cheia da *ḥesed* de Yahweh (Salmo 33:5; 119: 64) e de que esta alcança a todas as criaturas (Salmo 36:7; 89.14; 145:9); mais ainda, a própria criação é uma obra da bondade divina (Salmo 136:1-9). Essa concepção universalista a *ḥesed* divina se manteve sempre o mesmo quando recebesse uma restrição importante do estabelecimento da ira divina e de seu juízo sobre o mundo presente.[54] Cabe admiravelmente na fé judaica no senhorio atual e eterno de Deus sobre o mundo — que havia encontrado sua melhor formulação no mundo sacerdotal —; mas seu caráter é muito mais racional que a idéia profética de *ḥesed,* transbordante de dinamismo e calor por seu fervor escatológico. Aparece aqui já esboçada ao longe uma polaridade da teologia israelita que encontraremos mais tarde configurada com maior precisão.[55]

---

[50] Jr 3:19.

[51] Jr 31:20.

[52] Cf., o canto às provas de *ḥesed* como maravilhas: Sl 4:4; 17:7; 31:22; 106: 7,8,15,21,31; 136:4.

[53] Dt 32:10: se leia com **Marti** *y'dīdō samo* em lugar de *y'lēl y'simōn* (*Die heilig Schrift des AT,* p. 319).

[54] Eclo 39:22; 50:22-24; Sb 11:24-26; 4 Ed 8:47.

[55] Veja caps. VIII e IX.

III. A JUSTIÇA DE DEUS

Uma das manifestações da fidelidade amorosa de Deus a sua aliança é a justiça. Assim como no homem a *hesed* de Deus participa e leva consigo aquele que pratica a justiça, por que respeitar o direito dos demais não é mais que um aspecto importante da misericórdia que inspira a comunhão,[56] assim também em Deus se demonstra sua benevolência realizando o direito e a justiça.[57]

Na hora de fixar o significado do conceito de justiça de Deus nos encontramos com a dificuldade de que resulta impossível estabelecer o significado original da raiz *sdq*. A forma de falar o Antigo Testamento faz pensar no geral em uma conduta ou condição retas que pode se atribuir às coisas, do homem e de Deus. Naturalmente, as expressões sobre a justiça humana são as que descrevem um terreno mais amplo, já que se referem a comportamentos sociais, éticos e religiosos, ainda que em qualquer caso o aspecto forense fica sempre bem marcado, pois a ele faz referência principal a raiz verbal *sdq*. Aplicado à ação divina, o termo sofre uma redução e se utiliza quase exclusivamente em sentido forense. A *'dāqāh* ou *sedeq* divinas são o meio ajustado à aliança com que Deus protege o direito. Essa constatação, contudo, não deve nos induzir ao perigo de pensar unicamente numa *iustitia distributiva* como costumamos concebê-la pelo Direito Romano. Em hebraico direito não é um conceito formal abstrato que tenha de submeter a uma norma objetiva e que pressuponha de uma idéia geral de justiça. O empenho de E. Kautzsch[58] de encontrar por esse caminho o critério único para interpretar todos os significados da justiça, onde a relação se estabeleceria ora com a norma objetiva da verdade ou com a subjetiva da retidão, ora com a lei divina ou com a consciência, ora, até, com a idéia de Deus ou do homem, introduz um conceito totalmente estranho ao mundo hebreu, que não encontra consistência alguma na mentalidade ingênua e realista do israelita. Já H. Cremer[59] se deu conta disso com visão genial e concebeu *sdq* como um conceito relacional, que indica uma verdadeira e autêntica relação entre os dois e significa uma conduta que corresponde e está à altura dos direitos que surgem dessa relação. Essa tese, vulnerável em pontos concretos, no fundamental foi brilhantemente

---

[56] Os 10:12; 12:7; Pv 21:21.
[57] Jr 9:23; 3:12s Sl 145:17s.
[58] *Die derivate des Stammes sdq im alttestamentilichen Sprachgebrauch,* 1881.
[59] *Die paulinische Rechtfertigungslehre im Zusammenhange ihrer geschichtlichen Voraussetzungen,* 1899.

confirmada pelos estudos de M. Weber[60] e de J. Pedersen[61] a partir dos pontos de vista sociológico e psicológico, ao pôr em evidência o primeiro a importância central da idéia de aliança para a vida e o pensamento israelita e ao assinalar o segundo, fixando as bases da psicologia israelita, a função da relação de comunidade em toda a concepção vital desse povo.

De acordo com isso, o que constitui a estrutura jurídica depende, logicamente, das circunstâncias concretas e das exigências que dela resultem; não de uma norma geral. Fixando-nos especialmente na justiça do juiz, não se trata somente de imparcialidade na aplicação de uma norma jurídica formal, mas de satisfazer verdadeiramente reivindicações de circunstâncias concretas bem determinadas; "direito", *mišpāt,* não é uma realidade abstrata, mas designam os direitos e deveres de uma pessoa, resultantes da relação concreta da comunidade em que ela se acha imersa. Desse modo, cada qual tem seu *mišpāt* especial, o rei, a divindade, o sacerdote, o primogênito, o conjunto dos israelitas etc. Fazê-lo valer — e fazer valer também os direitos que comporta — de maneira conveniente, de modo que o bem-estar de todos fique assegurado numa comunidade de direito, é a tarefa da justiça. E não devemos perder isso de vista porque *mišpāt* designa com freqüência o juízo ou a sentença, ou seja, além do mais, do que é o fim, o meio de fazer justiça, a atividade forense específica. A preservação, do direito, é uma atividade positiva construída em prol do bem-estar da comunidade; a *s'dāq* é *iustitia salutifera* (Gremer)[62]. Desse modo também o verbo *sāpat,* que com freqüência designa a ação de justiça, se refere, antes de tudo, a "fazer justiça", a atividade principal do príncipe, como também conota muitas vezes o significado de "governar".[63]

Se, portanto, ao falar de justiça de Yahweh se trata do comportamento justo que defende a lei em Israel mediante a ação judicial, a justiça de Israel está determinada, por sua parte, por sua condição de povo da aliança graças à qual pode contar com a intervenção protetora de seu Deus em todos os perigos que ameaçam essa sua situação. Apesar do que foi dito, parece que *nos primeiros tempos israelitas se* falou somente da justiça divina se referindo à proteção contra os inimigos exteriores. Yahweh guarda o "direito" de Israel enquanto

---

[60] *Gesammelte Aufsätze zur Religionssoziologie, III. Das antike Judentum,* 1921.

[61] *Israel, Its Life and Culture,* 1926.

[62] Isto mesmo foi ressaltado também, e acertadamente**, Ed. König**, *Theologie des Alten Testaments,* 1923, p. 178s.

[63] Cf. **Pedersen**, *op. cit.*, p. 336s, **H. W. Hertzberg**, *Die Entwicklung des Begriffes mišpāt im AT, ZAW 40-41*, 1922/23, p. 256s e 16s, e **K. Cramer,** *Amos,* 1930, p. 16s.

que protege a vida de seu povo proporcionando-lhe gloriosas vitórias sobre seus inimigos; por isso os triunfos militares de Israel são demonstrações da justiça de Deus, *sidqōt yhwh.*[64] Ainda quando o termo não aparece explicitamente, é freqüente a relação da atividade judicial de Yahweh com a derrota dos inimigos externos, Jefté, por exemplo, recorre à sentença judicial de Deus no conflito entre israelitas e moabitas (Juízes 11:27), e a vitória de Davi sobre Absalão é interpretada como que Deus protege seu direito (2 Samuel 18:31). Não de outro modo terá de explicar a execução da justiça de Yahweh por obra de Gad (Deuteronômio 33:21).[65]

Também é considerado Yahweh como protetor do direito contra qualquer perversão da justiça no seio do mesmo Israel. Posto que Moisés manipula e reordena a lei (Êxodo 18:13s) por autoridade divina, toda lei deriva em última instância da legislação divina promulgada no Sinai. Existe, é verdade, em todo o mundo antigo uma consideração da divindade como protetora da justiça que ficou expressa com especial beleza, por exemplo, nos hinos a Samas[66] e que permite traduzir uma idéia verdadeiramente elevada da justiça divina em muitas confissões de pecados;[67] mas em nosso caso fica superada pela valorização da lei da aliança como uma manifestação clara e unitária da vontade divina. Pois, enquanto aquela, dado o caráter de suas divindades — forças da natureza personificadas — nem oferecia linhas fundamentais unitárias em suas exigências nem excluía totalmente a possibilidade de arbitrariedades caprichosa, a lei da aliança oferecia, ao contrário, o conhecimento inequívoco da vontade de comunidade de Yahweh, de uma vontade não discutida por nenhuma outra. E precisamente a total inflexibilidade com que exigia obediência fez crescer, de maneira ocasional, a firme convicção de que seu próprio governo se atinha a essa norma. Por isso, enquanto na Babilônia encontramos, apesar de sua evoluída ciência dos oráculos e dos presságios, uma impressionante incerteza sobre o comportamento de Deus com o homem,[68] o israelita está plenamente seguro de que a conduta divina se limita a princípios jurídicos que são os mesmos que regem sua vida. E novamente é a história do povo, já desde a saída do Egito,

[64] Jz 5:11; mais tarde o vocabulário segue sendo o mesmo: Mq 6:5; 1Sm 12:7.

[65] Ao contrário, Êx 9:27, onde Yahweh é chamado *saddīq* pelo Faraó, há de ser entendido como "estar no justo", — ter razão". E igualmente em Jr 12:1, se não é que se deva ler *sādaqtā.*

[66] Cf. **A. Ungnad**, *Die Religion der Babyloier und Assyrer,* 1921, p. 185s.

[67] Cf., a bibliografia citada em 3, p. 61, n. 15.

[68] Cf., *infra,* pp. 230s.

a que lhe oferece exemplos desse princípio de reciprocidade. Foi possível, dessa maneira, unificar os diferentes atos concretos até configurar um modo unitário de comportamento divino. Apesar de sua rigidez, o grandioso esquema da história do deuteronomista não é mais que a conseqüência da contemplação, profundamente enraizada no povo, do justo juízo de Deus na vida da nação. A força dessa convicção de uma autoridade judicial de Deus pode ver-se no fato de que com esse mesmo tom se matizou sua ação sobre toda a terra, como aparece nos relatos do dilúvio, da torre de babel e da destruição de Sodoma.[69] E são numerosos os exemplos de que dispomos para poder afirmar que, afora a retribuição coletiva, não se esqueceu a relação de Deus com cada um dos membros do povo, tampouco o indivíduo hesitava em esperar de Yahweh a proteção de seus direitos.[70] E o mesmo interesse apaixonado pelo juízo imparcial de Deus se manifestava quando, um Davi ou um Abraão, basearam suas intercessões no inconveniente de que sofram os justos pelos pecadores ou Davi mesmo se oferece para receber o castigo como responsável.[71] Levada em conta sua concepção global de Deus, semelhantes orações eram impossíveis na Babilônia.

Se, apesar de tudo, nos casos citados não se fala da "justiça" de Yahweh,[72] há uma explicação, posto que na massa do povo predominava a convicção de que, não obstante seus muitos defeitos, era um povo agradável a Deus e para seus justos direitos só lhe era possível prever ameaças provenientes do exterior, em sua consciência esse aspecto da autoridade judicial divina não emergiu com tanta força quanto o da preservação dos direitos do povo da aliança. Na verdade o cisma político e social da nação na época do profetismo, pelo que se introduz a dúvida sobre o caráter de entidade única do povo da aliança para que se avivasse a consciência de uma justiça divina, se revela na própria vida interna do povo.

Esses são os fatos, de outro lado, que confirmam a opinião, expressa por alguns,[73] de que nos primeiros tempos israelitas a forma Yahweh não foi a

---

[69] Não seria argumento contrário que o título "juiz de toda a terra", de Gn 18:25, não se devesse ao yahwista, mas ao autor deuteronomista.

[70] Cf., por exemplo, Gn 16:5; 20:3s; 31:7,50; 1Sm 24:13s; 25:39; Êx 22:20-26 etc.

[71] 2Sm 24:17s; Gn 18:22s.

[72] A exceção de Gn 18:25, se deve ao vocabulário deuteronomista anteriormente mencionado.

[73] Cf., por exemplo, **Stade**, *Bibl. Theologie des AT,* 1905, p. 88s; **R. Smend**, *Lehrbuch der alt. Religionsgeschichte,* 1899, p. 105s; **W. Gossmann**, *Die Entwickung des Gerichtsgedankens bei den atl. Propheten,* 1915, p. 3s.

predominante. Certamente *o israelita dos tempos antigos não coloca a s'daqā no centro do governo de Deus,* mas a única razão é que ainda não viam ameaçados no interior os direitos do povo da aliança. Em todo caso, não resta dúvida que *iustitia distributiva,* que tanto atrai o interesse dos críticos modernos, atendida a estrutura total do pensamento israelita, nunca pôde desempenhar nele um papel determinante. Tendo em conta essa observação se soluciona toda uma série de problemas que se delineiam à moderna sensibilidade jurídica ao defrontar a forma com que naturalmente os narradores israelitas da ação de Yahweh consideravam em favor de seu povo, esta nem sempre corresponde, se deve repeti-lo, à justiça formal, mas para o homem piedoso do Antigo Testamento está sempre em consonância com a eleição de Israel, e orientada a conseguir um povo santo portador de bênçãos para todo o mundo; isto lhe permite superar os planos de uma simples *iustitia distributiva.*[74]

Quando aparece a *profecia* em Israel se fala de forma nova da justiça de Deus.[75] Esta se encontra com uma situação na que a existência do povo da aliança se vê ameaçada pela comoção sofrida em sua ordem interna. Por isso, ao descrever a conduta apropriada do Deus da aliança para tal situação, acha no conceito de justiça a fórmula compreensível também para o povo de designar o motivo e a finalidade da intervenção divina. Assim, Oséias, entre os presentes das bodas que Yahweh faz a seu povo com o qual estabeleceu uma nova aliança, menciona em primeiro lugar a justiça e o direito,[76] os quais, segundo a forma em que o profeta fala em outros lugares da renovação de seu povo,[77] não tendem a restaurá-lo frente aos demais povos, mas sim a *criar em seu interior uma situação conforme à vontade divina,* de acordo com seu caráter de povo da aliança. A melhor confirmação do que foi dito temos na atividade do Príncipe da paz de *Isaías* que consolida seu principado mediante o direito e justiça (Isaías 9:6), e que eliminará toda opressão e violência, de forma que o que dará coesão a seu povo será a harmonia com a vontade divina (Isaías 11:3-5,9). O reverso dessa ação de proteger a justiça consiste em castigar ao transgressor da aliança, um ato que aparece com maior força ainda quando Isaías descreve a ação salvadora de Yahweh ao instaurar seu reino. Porque então o profeta utiliza

---

[74] Cf., ademais, sobre este ponto, p. 253, *infra.*

[75] Cf. **F. Nötscher**, *Die Gerechtigkeit Gottes bei den Vorexilischen Propheten,* 1915.

[76] Os 2:19; a supressão, muitas vezes preferida, deste par de palavras não está suficientemente fundada. Naturalmente, não se trata todavia dessas propriedades do povo devidas ao dom de Deus que somente aparecem no v. 22.

[77] Os 10:12; 12:7.

o termo de justiça com um sentido característico parecido ao de santidade,[78] estabelecendo uma relação indissolúvel entre a boa nova da intervenção de Yahweh em prol de seu povo *e a profunda seriedade do juízo* que ameaça a esse mesmo povo, objeto de tais preferências.[79] Somente assim escapará da destruição decretada para todo o mundo (10:22) a comunidade unificada na fé (28:17), na que impera o antigo direito da aliança (1:27), e o Deus santo será reconhecido e venerado como o Senhor Todo-Poderoso (5:15s).[80] Pela união estreita entre justiça e santidade — aquela é manifestação desta — a intervenção de Yahweh para restaurar o povo da aliança fica ancorada na essência divina do Senhor do universo e às vezes se vê livre de todos os egoísmos nacionalistas e se ajusta dentro dos objetivos universais do governo divino. Que, apesar de tudo, a justiça continua sendo em sua tendência fundamental uma ação salvadora, o demonstra sua referência à fé como a conduta própria do homem frente a sua atuação (28:16s); e em geral por todo Isaías as exigências divinas culminam na exigência da fé.

Também em época posterior a justiça de Deus seguiu se referindo à instauração do direito dentro do povo da aliança, ação pela qual Yahweh protege ao indivíduo (Jeremias 11:20), salvaguarda a santidade de seus preceitos (Jeremias 9:23; Sf 3:5) e equipa ao rei para seu ofício de juiz (Salmo 72: 1). Assim como Isaías, *Jeremias* vê encarnada essa ação de Yahweh no rei messiânico (23:6), mas, ao pôr na boca do povo seu nome de *yhwh sidqēnū*, "*o Senhor nossa justiça*", acentua a obra mediadora do príncipe da paz que dá a Israel sua autêntica índole de povo da aliança para dentro e para fora, enquanto piedade e enquanto salvação. De outro lado, continua ainda conservando-se a antiga forma de falar eu parece ver a justiça de Yahweh na vitória de Israel sobre seus inimigos (Miquéias 6:5; Deuteronômio 32:4,36).

O termo justiça de Deus só chega a abranger em seu significado toda a ação salvadora de Deus a partir do *deutero-Isaías,* suprimindo perfeitamente as implicações presentes em Isaías.

---

[78] Cf., p. 248.

[79] **Cremer** fala, referindo-se a esse contexto, de uma "experiência surpreendente, inesperada, da justiça de Deus, de um aspecto fundamental da mesma com o que se contava" (*op. cit.,* p. 32).

[80] Is 1:27 e 10:2, consideram-se muitas vezes como não isaianos; contudo, essas suspeitas justificadas (sobretudo, 10:22, somente pode ser considerado como um fragmento reelaborado) podem ficar superadas se seu conteúdo ideológico se examina à luz da visão geral de Isaías. Ainda mais vale o dito de 5:15s, às vezes discutidos, cujo lugar original é atrás de 2:9.

O profeta ensina a considerar como atividade da justiça de Yahweh sua obra salvadora para restaurar o povo da aliança, estabelecendo para isso uma relação entre ela e os bens da aliança que são a misericórdia, a fidelidade e o auxílio divinos.[81] Certamente, essa justiça pode traduzir-se também em castigo condenatório dos pagãos,[82] com o que volta a se utilizar o antigo modo de falar; mas o decisivo é a salvação tanto de Israel quanto das nações[83] pela instauração da aliança. A ela corresponde por parte do homem uma nova situação de justiça, a saber: de prosperidade externa e de acerto na configuração da vida pública e na relação com Deus.[84] Ajusta-se, de outro lado, à concepção característica que o profeta tem na aliança[85] o que a atuação da justiça, nascida no princípio da relação de aliança, adquire agora um sentido universal e define a conduta do Senhor do universo. Diz-se que à luz da plenitude escatológica a relação do Criador com suas criaturas está dentro do terreno da aliança e que a maravilha do amor divino consiste em dar ao homem um título jurídico para poder reclamar seu auxílio. Ao mesmo tempo, o designar essa prontidão à ajuda como *s'dāqāh* faz com que se leve em conta de que se trata da coroação de uma relação de comunhão em que se manifestou a falha radical do homem, ainda que tenha aparecido com nova luz a continuidade da conduta divina, seu fiel respeito ao plano fixado. *A preservação da comunhão se converte desse modo, em justificação do ímpio, somente* o dom da justiça divina e não a obra humana, pode criar uma conduta verdadeiramente ajustada à aliança. Desta perspectiva a mesma relação de obrigação legal fica convertida em relação de graça.

Essa proclamação da justiça divina teve uma notória influência na *piedade do judaísmo* e encontramos seu eco em muitos salmos. Uma ou outra vez a justiça de Deus é exaltada como o refúgio da miséria, que põe nas mãos do juiz divino sua causa e seu direito, *rīb* e *mišpāt.*[86] Com freqüência justiça e graça[87]aparecem unidas, e com razão, porque ambas são expressões de uma forma de atuação divina ajustada à vida de comunhão. Além disso, *a justiça pode ser invocada até como fundamento para o perdão dos pecados:*[88] isto é

---

[81] Is 42:6,21; 45:8,13; 46:13; 51:6.

[82] Is 41:2,10s; 58:2; 59:16s; 63:1; os três últimos lugares são anexos do Livro da Consolação, que refletem uma situação distinta.

[83] Is 51:5; cf. 45:24.

[84] Is 45:8,24; 48:18; 51:7; 59:9; 60:17; 61:3,10s; 62:2.

[85] Veja p.46s.

[86] Sl 9:5; 35:23s; 43:1; 76:10; 94:2; 129:4; 143:1,3,11; cf Ml 3:20.

[87] Sl 31:2; cf. 8; 33:5; 36:11; 48:10s; 85:11; 89:15; 103:17; 143:11s; 145:17.

[88] Sl 51:16; 143:1,2; Mq 7:9; utilizando negativamente na petição de Sl 69:28, de que os inimigos não alcancem a justiça de Deus.

uma mostra impressionante, de até que ponto, já estaria enraizada a consciência de que o Deus justo é um senhor disposto a manter a aliança e restabelecer a justiça de todos os seus membros. Diante dele todo membro da aliança que conhece a dor e a opressão tem uma causa justa; até o pecador que se humilha diante do justo juízo de Deus e, mediante uma confissão sincera de seus pecados, pede para ser perdoado e tem direito de esperar da justiça divina absolvição e proteção. Precisamente porque até no pecado está pisando esse firme terreno da comunhão da aliança na qual o perdão e a graça são lei, diferentemente daqueles que ímpia e deliberadamente transgridem os preceitos das leis divina e humana. A esperança confiante que o deutero-Isaías ensinara a seu povo com relação a sentença divina definitiva se converteu agora em atitude do homem piedoso individual, que precisamente por isso pode contar-se entre os justos que Yahweh aceitará. Com isso, a justiça escatológica passou a ser a solução do conflito entre a sorte individual e o curso da história.

Se a idéia de Deus do deutero-Isaías, ainda com certas modificações, chegou a ser norma da comunidade enquanto se reconheceu na justiça de Deus uma ação salvadora, *não pode dizer-se o mesmo do aspecto universalista* que para o profeta está indissoluvelmente unido à *s'dāqāh*. Nas incansáveis lutas intrajudaicas muitas vezes se perdeu de vista esse aspecto e somente se pensava na restauração do povo da aliança. E com relação aos pagãos, a opressão por parte dos soberanos estrangeiros motivou a que se solicitasse à justiça divina o castigo das nações.[89] Apesar de tudo, também neste sentido seguiu exercendo sua influência o pensamento profético e encontrou muitas expressões maravilhosas sobretudo nos hinos.[90] Coisa tanto mais importante que na maioria das vezes se trata de cantos cultuais que, numa época de particularismo legalista, vêem na justiça divina o fundamento da salvação do mundo. E não devemos passar inadvertidamente deixando de pensar como as fronteiras entre o reino do Deus futuro e do presente se confundem, e evitando-se toda menção de uma clara ruptura com o presente.[91] A persistência de tais vozes no culto fica mais notória se se considera que o *judaísmo tardio* não foi capaz de adotar essa postura. É certo que também nele se encontram não poucas expressões sobre a justiça de Yahweh que atribui a salvação ao mundo inteiro e que está intimamente

---

[89] Sl 9:5; 43:1; 48:11; 76:10; 129:4; Mq 7:9.
[90] Sl 33:5; 36:11; 96:10,13; 97:2; 98:2; 145:17.
[91] Cf. pp. 382s., *infra*.

unida à graça[92] ou sobre a relação, com referência já a Israel, entre a justiça de Deus e sua misericórdia;[93] mas, de acordo com o caminho seguido pelas bases da piedade judaica ao se converter gradualmente em uma justiça das obras, também a *justiça divina recebe um sentido preponderante de iustitia distributiva* pela qual se administra imparcialmente a recompensa ou o castigo conforme à lei.[94] Para os pagãos, como pecadores sem lei, somente se considera seriamente a possibilidade da justiça punitiva.[95] Nada resta ao que acabamos de dizer da bela frase de Akiba: "o mundo será julgado conforme a graça divina".[96] De outro lado, ganha agora em importância uma idéia à qual antes se havia dado pouca atenção, a da *justiça educadora* com a qual Deus cuida de seu povo para devolvê-lo no momento devido ao caminho da lei e não ter submetê-lo, como aos pagãos, a seu juízo destruidor.[97] Naturalmente, a antiga idéia da *iustitia salutifera somente* fica recuperada numa pequena proporção e, além disso, desfigurada no sentido de uma retribuição imparcial.[98]

Desse modo, pois, a essência da idéia bíblica original de justiça divina não reside no postulado ético de uma ordem moral universal nem no ideal de uma retribuição imparcial que se impõe com necessidade intrínseca ou em personificar em Deus a idéia do ético. Reside, *acima de todas as idéias éticas abstratas, na fidelidade de uma relação de comunhão concreta;* naturalmente, que se acha fortemente vinculada à lei, enquanto é base da comunhão, mas não se esgota na função de justiça *retributiva.* Trata-se, portanto, de *uma qualidade pessoal acima de toda norma e lei* que dá consistência a uma comunhão que se quebra mil vezes diante da lei, centrando sempre um caminho novo para refazer os laços desfeitos, oferecendo desse modo ao homem a oportunidade de conseguir o objetivo da lei, o de honrar no nome de Deus mediante a entrega voluntária dos irmãos.

---

[92] Por exemplo, 4 Ed 11:46.

[93] Enoque 71:3; Jub 1:6; 4 Ed 8:36.

[94] Cf., as citações em **Couard,** *Die religiösen und sittlichen Anschauungen der atl. Apokryphen und Pseudepigraphen,* 1907, p. 43s; ademais, **A. Bertholet**, *Biblische Theologie des Alten Testaments,* II, p. 364, e **W. Bousset**, *Die Religion des Judentums,* 2, p. 385s.

[95] Cf., a justificação do castigo do Faraó em Sb 12:15s.

[96] *Pirke Aboth,* III. 16. A continuação "e tudo conforme à multidão das obras" indica que aqui, como em Sb 12:15, somente se pensa na resignação diante de uma onipotência que o destrói sem possibilidade de ser resistido.

[97] Cf. Sl 3:5; 8:26 e as citações atribuídas por **Bousset**, *op. cit.,* p. 385.

[98] Cf. Apoc. Bar. 13:1s.

Portanto, a justiça de Deus é um *conceito fundamentalmente religioso* que resiste a ficar sujeito a um quadro qualquer de idéias éticas, e cujo conteúdo somente se vê totalmente satisfeito quando se vincula, como seu efeito necessário, com a soberania de Deus.

IV O amor de Deus

A diferença das expressões sobre o ser de Deus diretamente implicadas na relação de direitos e deveres da aliança e que dão determinada orientação à vontade de comunhão divina, o amor se acha entre seus sentimentos espontâneos que, sem buscar sua justificação em outra coisa, fundamentam uma relação pessoal de autoridade imediata.

Dentro do rico *léxico* com o qual conta o Antigo Testamento para designar essa realidade, aparece em primeiro lugar a raiz '*hb,* que tem suas bases vitais na poderosa paixão entre homem e mulher[99] também se usa para indicar o mútuo afeto dos que estão unidos pelo sangue, a amizade desinteressada e a solidariedade social, ainda que conservando sempre o tom apaixonado de um total compromisso da vontade acompanhado de um sentimento profundo. De maneira semelhante se empregam também *dbq* e *hšq*: "aderir a alguém por meio do amor"; em troca *rhm*, que especifica o conceito de amor no sentido de misericórdia pelo necessitado, parece provir do sentimento de parentesco e, mais concretamente, do da mãe diante do filho desamparado.[100] A raiz *hnn*, usada com freqüência em sentido sinônimo designa atenção condescendente daquele que está numa posição superior,[101] especialmente a do rico para o pobre; enquanto *rsh* e *hps,* termos provavelmente do jargão do sacrifício e da etiqueta cortesã, respectivamente, parecem acentuar o apreço objetivo mais que o sentimento.[102]

É curioso que nos primeiros tempos de Israel se fizesse pouco uso de todo esse rico léxico para designar a conduta divina.[103] Não se ignora é

---

[99] Cf. Cantico dos Cânticos 8:6s.

[100] Cf., *rehem,* seio materno.

[101] Cf. **W. F. lofthouse**, *Hen and Hesed in the Old Testament, ZAW*, 1933, p. 30.

[102] Am 5:22; Jr 14:12; Ez 43:27; Lv 7:18; Gn 33:10; Ml 1:8; 1Sm 18, 22; 2Sm 15: 26; 20:11; 24:3 Et 6:6; Nm 14:8; Sl 18:20.

[103] De forma induvidável somente se nomeia a misericórdia de Yahweh em 2Sm 24: 14, e o afeto gracioso de Yahweh em Nm 6:25; Gn 33:5,11; 43:29. Êx 22:26; 33:19; 34:6, não se podem datar com segurança já que dispomos de um texto reelaborado.

verdade, o afeto de Deus por seu povo, que se manifesta em feitos salvadores e que desperta no povo uma entrega e um entusiasmo prazerosos; mas, para designá-lo se prefere recorrer a expressões, enraizadas na relação de aliança, como misericórdia, fidelidade e justiça, e evitam-se os termos da esfera de sentimentos livres. Não se chega ainda a refletir sobre o motivo que fundamenta a ação divina da eleição. Com total objetividade se observam ainda estritamente os limites do que Deus prometeu e ofereceu, sem que a sensibilidade religiosa permita se desdobrar em uma superabundância de sentimentos:[104] uma atitude importante diante dos namoros divinos cananeus.

Só o profetismo, pela influência impressionante da revelação direta de Deus, se atreve a ultrapassar os limites anteriores. E por certo que primeiramente dá este salto, em Oséias, encontramos a expressão de amor mais rica e mais profunda de todo o Antigo Testamento. Não dá para negar que a passagem da idéia de aliança à de matrimônio entre Yahweh e Israel estava facilitada pelo elemento de contrato bilateral que define a ambas as relações,[105] mas era necessária a experiência surpreendente de um profeta entregue de todo seu ser ao serviço de Yahweh para poder converter a aliança matrimonial de Yahweh com Israel na imagem central da relação com Deus. De outro lado, o emprego dessa imagem, que havia custado ao profeta sangue de seu próprio coração, traz ao primeiro plano *a força irracional do amor como base mais profunda da relação de aliança* e iluminou com a dialética própria da idéia de amor o conjunto inteiro da história nacional. A gravidade e profundidade da infidelidade que está na base do alheamento de Israel diante de Deus que merece o castigo mais terrível, a incompreensível condescendência de Yahweh e seu apego, impossível de transformar-se em categorias humanas, a um povo infiel, assim como a luta, dentro do mesmo povo e que tão profundamente afetou a sua história, com potências de culto naturalista estranhas a Deus, encontram sua expressão apaixonada na conduta do esposo que entrega ao castigo à esposa infiel, mas logo procura ganhá-la novamente, abrandando seu coração de mãe pela súplica dos filhos. O uso que o profeta faz da imagem do matrimônio traduz mais que uma relação jurídica, uma comunhão de vida e de amor que exige para si a totalidade dos amantes e não se conforma com o cumprimento externo dos deveres. O fato de que a vontade divina persista nessa comunhão até com relação à

[104] Na linguagem exaltada do hino se chega a designar a fidelidade de Yahweh como amor de Yahweh (Jz 5:31). Êx 20:6, tem um caráter deuteronomista.

[105] Cf. **J. Ziegler**, *Die Liebe Gottes bei den Propheten,* 1930, p. 73s.

adúltera e a prostituta indica com toda clareza a insuficiência das categorias jurídicas para descrever a relação com Deus; a conseqüência necessária é a re-elaboração dos direitos e deveres antes mencionados.[106] De outro lado, graças à estreita relação que guarda com a experiência histórica do povo,[107] o amor divino está preservado de toda falsa interpretação erótica, como a que poderia ameaçar-lhe de parte de cultos de fecundidade cananeus. O elemento instintivo e violento do amor natural fica deslocado por uma atenção e prontidão voluntárias, que se manifestam na eleição de um povo entre todos os demais e em sua educação fiel. Por isso, tampouco a imagem de Oséias[108] está fora de lugar.

Mas essa demonstração da idéia de amor na história está muito longe de transformar o amor de Deus em um princípio racional, em algo assim como uma "lei ética do universo". Esse processo se evita *acentuando fortemente o paradoxo inexplicável da capacidade amorosa de Deus,* que se descreve como o cortejo a uma prostituta, ou seja, como algo até grotesco, uma conduta que choca tanto à moral quanto ao direito, e também afirmando com a mesma intensidade e paixão na ira divina com suas ameaças expressivas e terríveis anúncios de castigos, uma ira que jamais encontrou tons mais altos em outro profeta.[109] O *amor indignado* de Deus é exposto integralmente, em toda sua realidade paradoxal, e até alcança a profundidade de uma luta dentro do mesmo Deus que aparece sofrendo e desconcertado pela falta de amor de seu povo (11:8; 6:4). A luta Acaba, prontamente, com a vitória do amor (11:9); mas, ao se encaixar esse amor irracional dentro da santidade e ser interpretado como sua nota mais específica, sua *incompreensibilidade entra para formar parte do mistério ainda maior da mesma pessoa divina e* surge como algo em

---

[106] Veja, p. 208s. Isto não significa menosprezar ou desfazer o aspecto jurídico da relação com Deus, mas interpretá-lo desde a base do amor que tudo domina. Oséias não ignora, desde logo, a existência da lei como mensageira da vontade divina (cf. 4:6s; 18:12s; 13:1, e quiçá também 6:5s). Mas "ele destrói o edifício da aliança descobrindo seu fundamento verdadeiro que é o amor de Deus, e depois o reconstrói sobre *seqed, misppat, hesed* e '*munah*" (Quell, em *Theol. Wörterbuch zum Neuen Testament, I*, p. 31).

[107] Os 11:1; 12:10; 13:4, Deus desde o Egito; 13:5 guia-os no deserto; 4:6; 6:7; 13: 1 a conclusão da aliança; 13:6 a conquista de Canaã; 4:6; 12:14, Deus guia mediante os profetas; 7:15; 11:7 fortalecimento do povo.

[108] Os 11:1,3,4.

[109] Cf. as imagens de Yahweh como traça, caruncho, leão, pantera, ursa da qual se roubam as crias (5:12-14; 13:7s) e as terríveis imagens da destruição do país (9:12,16; 10:13s; 14:1) e de seu aniquilamento mediante a morte e o inferno (13:12s).

contraste com todas as possibilidades humanas. Considerando a mensagem profética em sua totalidade, não se podem interpretar suas palavras como um ensino racional sobre a natureza; somente mediante a fé é possível penetrar através da ira, o *opus alienum* de Deus, até dar com o amor, que aparece como sua capacidade última e decisiva. Por isso junto às mais terríveis expressões sobre a ira e as mais belas imagens do perdão ao novo Israel se pode achar o, "não voltarei a amá-los" (9:15) e o "os amarei sem que o mereçam" (14: 5): uma mostra de que a fé profética não conhece termos médios, mas que se lança do deus irado ao Deus amoroso. É uma atitude que somente é possível na situação decisiva e característica que se cria diante da presença iminente de um grande movimento da história como o que anunciam os profetas.

Também em *Jeremias,* o único que acolheu a pregação de Oséias, se observa essa relação entre o amor de Deus, que desprezado por Israel se converte em ira, e a expectação do final. Por maior que seja o esplendor com que aparece no passado a época do primeiro amor,[110] o presente supôs a ruptura dos laços de amor entre Deus e o povo,[111] a amada é entregue nas mãos de seus inimigos,[112] o amor se transforma em ódio que não conhece misericórdia nem compaixão.[113] Naturalmente, até na rejeição continua presente esse amor que corteja a seu povo e sofre por sua dureza; será sempre o amor do esposo ou do pai, nunca uma fria autoridade, o que determina a sorte de Israel. Isto significa que é possível esperar pela maior das misericórdias, e que mesmo a nação rejeitada pode escapar do destino do julgamento, se puder encontrar em seu interior o mínimo 'Sim' ao propósito de Deus.[114] Mas a grandeza de sua oferta é o que torna tão perigosa a situação, porque o amor que exige até o último, a entrega da vontade pessoal,[115] destruirá ao que responde de má vontade, não esquecendo jamais a rejeição. Assim sendo, precisamente porque sua aceitação significa renunciar seus próprios direitos e reconhecer claramente que diante de Deus não valem méritos e direitos desse povo que se acha sob um enigmático destino de más inclinações não cabe esperar nenhum tipo de

---

[110] Jr 2:2.
[111] Jr 3:1.
[112] Jr 11:15; 12:7-9.
[113] Jr 12:8; 13:14; 16:5; 21:7.
[114] Cf. 3:1s; 12s; 22s; 4:1.
[115] A isto tende, tanto aqui quanto em Oséias, a exigência da *da'at Yahveh,* do conhecimento de Deus.

decisão saudável. Por isso, nesse presente que incorreu no juízo da ira divina, a única coisa que resta é o recurso ao amor criador de Deus que supera toda imaginação humana e que, apesar da ira, conseguirá o que é o objetivo de sua graça, um novo Israel, convertido interiormente.[116]

Ao anúncio entusiasmado desse amor de Deus, que agora vai levar à perfeição sua obra magna, está dedicado o livro da consolação do *deutero-Isaías*: com tonalidades sempre novas saberá cantar esse inesgotável amor salvador que tira a esposa repudiada de sua miséria, convertida em escrava, desonrada na prisão, coberta de opróbrio como viúva sem filhos, para enchê-la de felicidade superabundante como esposa amada e cheia de alegria, rodeada por seus filhos, como princesa que volta a ocupar seu trono de honra.[117] Jamais se falou com tanta ternura e carinho do amor de Yahweh, recorrendo especialmente à inigualável imagem do amor materno.[118] E, portanto, a consideração do amor divino não é tão profunda quanto nos autores anteriores, não penetra tanto em sua índole incompreensível e até paradoxal, desapareceu totalmente a imagem da prostituta recuperada e com freqüência se prefere designar o repúdio como uma postergação passageira,[119] e até chega a se acentuar expressamente que não há dificuldade jurídica alguma para a readmissão, posto que não há um documento de divórcio.[120] Não se dissimula, desde logo, a gravidade da culpa, como demonstram as admoestações que se intercalam,[121] nas que o profeta ressalta a grandeza do perdão a um povo pouco disposto à penitência e anima a seus obstinados e desalentados membros a que aceitem na fé a nova oferta de amor. Mas *as características "racionais" suscetíveis de compreensão por parte do povo são as que predominam em sua demonstração do amor de Deus.* No pacto matrimonial de Deus com Israel se manifesta também o aspecto jurídico, e, por isso, Yahweh é o *go'el,* o redentor, que está obrigado a pagar o resgate pelos membros da família;[122] a esposa afligida com duplo castigo necessita de promessas tranqüilizadoras para poder esquecer sua miséria;[123] o amor de Yahweh é um favoritismo que se traduz numa situação de privilégio de Israel frente às demais nações.[124] Ainda que, ao serem inseridos no mundo

---

[116] Jr 31:3s; 20:31s.
[117] 40:2; 49:14s; 20s; 50:1; 51:17s; 54:1s; 6; 60:4s; 15; 62:4.
[118] 49:15.
[119] 49:14; 50:1; 54:6s; 60:15.
[120] 50:1.
[121] 42:18-25; 43:22-27; 45:9-13; 48:1-11; 50:1s.
[122] 43:3; 49:26; 60:16.
[123] 40:2; 54:6s.
[124] 43:4; 49:22s; 52:4s; 60.

maravilhoso da escatologia, todos esses traços perdem seu sentido calculador, mas nem por isso deixam de indicar uma debilidade do mistério do amor divino, que torna a se assemelhar ao comportamento normal nas relações comunitárias humanas.

Isto aparece de maneira especialmente notória em *Ezequiel.* Já Jeremias, ocasionalmente, ao aplicar a imagem do matrimônio à relação de Yahweh com as duas irmãs Judá e Israel, o fez dando à interpretação desta imagem o sentido de uma parábola pedagógica.[125] Seus contemporâneos se serviram dela para anatematizar a idolatria e a política de Israel como adultério e prostituição.[126] Mais que o amor, aparece aqui o direito de propriedade de Deus sobre Israel. Na hora de descrever o dia da salvação, a imagem do matrimônio não terá já papel algum.[127]

Por influência dos profetas se introduziu *entre os doutores da lei deuteronômica a* idéia do amor, mas com um cunho próprio e característico. Diante da dissolução dos laços que mantinham vinculado ao povo o direito e à moral tradicional, o legislador procura devolver obrigatoriedade à ordem nacional destruída amalgamando-a na idéia do amor de Deus e da correspondência, igualmente amorosa, do homem. *A lei* não é um duro jugo de um tirano inflexível, uma rígida ordenança jurídica, mas *uma dádiva de amor,* no qual o homem se encontra com o Deus amoroso que lhe entregou seu favor.[128] Yahweh outorgou a lei com o fim de formar um povo no qual pode alegrar-se e cobri-lo de bênçãos.[129] Fixou-se precisamente em Israel, esse povo cheio de falhas e debilidades , demonstra sua capacidade de amor em toda sua incompreensível grandeza.[130] O amor aparece na fundamentação de toda a relação com Deus como a maravilha de uma condescendência generosa[131] que exige a entrega pessoal como nervo último de toda a obediência à lei,[132] mas é através da ordenança jurídica de aliança o modo como esse amor se expressa, se verifica e se capta. Ele é a força que inspira as prescrições saudáveis da aliança, quem garante seu êxito e cumula de bênçãos[133] ao que guarda seus

---

125 Jr 3:6s.

126 Ez 16 e 23.

127 Ez 16:60-63 não parece ser original. Cf. p. 46, nota 69.

128 Dt 4:5-8.32s.; 36s.

129 28:63; 30:9s. 11-14.

130 4:37; 7:6s; 10:14s; 23:6.

131 Note como se acentua o aspecto afetivo mediante *hšq:* Dt 7:7; 10:15.

132 6:4s etc.

133 7:13.

"mandamentos"[134] e "segue seus caminhos".[135] A idéia de amor aparece aqui em conexão com o conceito racional de direito, como demonstra o que se lhe pode mencionar em íntima conexão com o juramento feito aos Pais e à *hesed* que acompanha ao *b'rīt.*[136] Para que esse amor se realize, que é em si um capital disponível, somente é preciso o fato concreto de seguir a lei, assim surge, dentro da ordem do mundo terreno, um povo de Deus santo, separado das nações. Diferentemente do que aparece nos profetas, tende a uma nova ordem do mundo, o amor divino é aqui interpretado como a *força sustentadora da ordem presente,* que mantém firme a aliança como *restauratio,* não como *renovatio omnium,* ainda que os homens possam violar seus preceitos e, com isso, se ver privados de seu deleite.[137] Esse amor resplandece inalterável como o sol no firmamento, e é a força mais íntima da ordem eterna de Deus.

Essa interpretação do amor de Deus, bastante suavizada ao se comparar com a pregação profética e desprovida de sua grandeza escatológica, predomina também na *época pós-exílica.* É significativo com respeito ao sentido mitigado em que se costuma utilizar muitas vezes as raízes *'hb e rhm:* com freqüência tem a significação de *bhr* "eleger"[138] e, mais geralmente, se empregam para indicar a ação divina pela qual protege ao homem justo e põe fim ao tempo de aflição.[139] E quando se utilizam para significar o amor escatológico de Yahweh, pospõem o aspecto afetivo ao da mudança de situação externa, de maneira que quase são sinônimos de *sūb š'būt,* "mudar (a sorte)".[140] O fato de que agora o adjetivo *hannūn* se una invariavelmente a *rahūm* para significar com freqüência o amor de Yahweh[141] e que prontamente *rah^{a}mīm* quase constituía uma fórmula com *hesed*[142] há de ser interpretado como conseqüência de que o amor de Deus se concebe mais apropriadamente dentro da conduta própria da comunidade da aliança.

---

[134] Dt 5:10; 7:9; 11:1; 1Rs 3:3.

[135] Dt 10:12; 11:22; 19:9; 30:16; Js 22:5; 23.11.

[136] Dt 7:8s.; 12s. Também se deve citar aqui a idéia de pai enquanto que se refere à educação fiel do povo: Dt 8:5.

[137] Cf. p. 37s. Enquanto *ēl rahūm,* Yahweh mantém a aliança ratificada mediante juramento com os Pais, Dt 4:31: sua graça coincide com sua fidelidade à aliança.

[138] Is 48:14 (referido a Ciro); Is 14:1; Ml 1:2.

[139] Sl 146:8s; Pv 15:9; 22:11; Zc 1:12; 10:6.

[140] Assim Jr 30:18; Ez 39:25; e depois Dt 30:3; Jr 33:26; Jr 12:15 refere a misericórdia de Deus à volta à pátria dos exilados.

[141] Sl 86:15; 103:8; 111:4; 145: 8; Jl 2:13; Jn 4:2; Ne 9:17,31; 2Cr 30:9.

[142] Sl 25:6; 40:12; 51:3; 69:17; 119:76s.

Mais significativa se torna por isso a forte *referência que esse amor divino diz ao indivíduo na linguagem oracional.* A total dependência da misericórdia divina, que não somente regala ao homem a vida e a mantém, mas que até, quando pelo pecado separa-se de Deus, o salva em forma de graça de perdão e não o aliena de sua comunhão para sempre, que ainda no castigo lhe deixa entrever intenções de salvação, alcança agora expressão viva.[143] Com isso se converteu já em possessão da unidade num aspecto fundamental da proclamação profética do amor divino.

A época de encontro com o helenismo, que colocou uma vez mais o judaísmo no contexto do processo da história universal, deu a suas expressões sobre o amor divino maior amplitude e uma resoluta plerofória.[144] Com nova alegria a situação privilegiada de Israel entre as nações, por estar em posse da revelação divina, é cantada como dom do amor de seu Deus que o tornou objeto de sua eleição. Ele ama a sua criatura mais do que possa amá-la qualquer homem, e concretamente, ama a Israel.[145] E neste sentido a doação da *torah* é a melhor mostra de amor.[146] A delicadeza e a fidelidade desse amor expõem-se com grandiosidade, por exemplo quando o Cântico dos Cânticos exalta a Deus como o amado sempre próximo e pronto a ajudar ou quando se utiliza a imagem do rei que acolhe novamente em sua graça à esposa repudiada. Tanto no que foi dito, quanto no fato de que os tradutores da LXX prefiram o grego αγαπη e abandonem o ερως se manifesta uma clara consciência da diferença que separa o amor divino de todo erotismo místico, essa fidelidade de amor que não alforria aos seus o sofrimento nem sequer o martírio tende a uma comunhão de vontades levada até o extremo, mas, às vezes, presenteia ao que guarda fidelidade com toda a felicidade de uma bem-aventurança, a sua, que supera qualquer bem da terra. Essa íntima relação com o Deus de amor até na piedade individual encontra sua expressão num uso mais acentuado do nome "pai" na oração do indivíduo.[147]

---

[143] Além dos lugares citados nas notas 141 e 142, cf. Jó 33:19s; 36:15; Lm 3:22s; Eclo 2:5; 4:17-19; 36:1.

[144] Sobre esse período cf. **E. Stauffer**, em *Theol. Wörtesbuch zum Neuen Testament,* de **Kittel,** I, p. 38s.

[145] 4 Ed 8:47; Sb 11:24; Od Sal 18:3s; 3 Mac 2:10; Tob 13:10; 4 Ed 5:33; 8:30; Apoc Bar 78:3.

[146] Pirke Aboth III.15; Schab. 88b (Talmud bab.).

[147] Eclo 4:10s; 23:1,4; 51:10; Enoque 62:11; 3 Mac 5:7; 6:8; 7:6; Sb 2:16s; Jub 1:24s.

Contudo, a consciência do amor de Deus se foi vendo ameaçada dia a dia, na medida em que uma mais profunda consciência do pecado fez com que a justiça retributiva fosse convertendo-se no conteúdo decisivo da soberania de Deus sobre Israel. Ainda que a problemática que essa justiça delineava surgisse sobre o campo da revelação veterotestamentária, a solução, contudo, teve de ser ensaiada a partir de perspectivas diferentes.

V. A ira de Deus

Assim como o amor, a ira é um sentimento espontâneo que enche a alma com uma força fulminante se apropriando de suas reações. Como manifestação da vida da pessoa que se defende dos ataques do que lhe cerca, quando se predica da divindade, expressa de modo enfático seu caráter pessoal. Tanto a variedade dos termos que o Antigo Testamento emprega quanto sua freqüência manifestam a enorme influência dessa idéia na concepção de Deus, *hārōn* e *hēmā* descrevem a ira como um ardor interior; *rūah* e *'ap,* como um espumar ou borbulhar; *'ebrah, za'am* e *za'ap,* como a ruptura de algo que estava reprimido ou sob pressão.

Como a do homem, a ira da divindade se *refere em geral, a qualquer tipo de desagrado e a sua manifestação, sem refletir sobre suas causas específicas.* Por isso não dá para traduzi-la por "justiça punitiva";[148] pois, em princípio, indica simplesmente o contrário da complacência divina. Daí que qualquer infortúnio possa ser sentida como manifestação da ira divina, assim como na felicidade inalterada se manifesta a complacência de Deus. Em especial, qualquer desastre inesperado e terrível, como *nega'o maggēpā,* "golpe", é sinal da cólera de Yahweh.[149]

Essa interpretação da tragédia é natural em qualquer consideração religiosa do mundo. Mas, além disso, Israel participava da idéia de Deus comum ao Oriente, para a qual o motivo mais imediato da ira divina era uma transgressão humana, independentemente de que fosse consciente ou

---

[148] **Dillmann,** *Handbuch der alt. Theol.,* 1895, p. 260; e igualmente **Cremer,** *Biblisch-theol. Wörterbuch,* 1902, p. 767.

[149] As duas palavras são sinônimos de infortúnio, calamidade ou enfermidade de qualquer tipo: Êx 9:14; 1Sm 6:4; 2Sm 24:21.25; Nm 14:37; 25:8s; Sl 91:10; 106:29. É muito instrutiva a respeito da designação da lepra como *nega',* que se conservou até em momentos em que não havia uma conexão especial com a ira de Yahweh: Lv 13:2s; 14:3; Dt 24:8; e igualmente, da morte repentina como *maggēpā;* Ez 24:16.

não. A ligação entre a ira divina e o pecado é normal em toda religião de uma civilização nas quais a divindade seja considerada protetora da justiça e guardiã da lei. Mas enquanto nos demais lugares essa convicção não foi capaz de banir o medo à veleidade dos deuses e deixou, sempre dentro do possível, o desencadeamento da ira divina totalmente infundado ou devido ao ciúme ou antipatia de Deus para com o homem,[150] para Israel, por sua experiência do Deus do Sinai, aparece um novo fator na forma de julgar os acontecimentos. E não é somente a concentração de todo o acontecer nesse único Deus e em sua vontade que dera nova intensidade a essa consideração religiosa da desgraça, comum a outros povos; ao reconhecer-se como objetivo de toda ação divina a manutenção da aliança, à experiência da ira de Deus se foi unindo com firmeza cada vez maior a idéia de *uma ofensa à aliança ou a seu fundador* e da raiva do protetor divino ocasionada *por ela,* a ira é castigo pelos pecados cometidos. Assim aparece claramente no fato de que a intervenção divina seja designada como vingança pelo ultraje feito a ele ou a outros[151] ou como zelo[152] que vigia pela intangibilidade do ser e das ações divinas e aniquila tudo o que seja contrário a Deus. Com isso, a ira divina, considerada em sentido estrito, havia perdido todo elemento de coisa incalculável e caprichosa e apareceu como uma reação legítima contra a transgressão de estipulações bem conhecidas.

Em todo caso, no antigo Israel nem todas as desgraças se interpretaram necessariamente como castigos pelo pecado. Manteve-se *a ingênua idéia do mal inexplicável*, como uma parte da vida, impossível de conectar imediatamente com um juízo moral. Na guerra "a espada devora umas vezes a um, outras a outro" (2Sm 11:25), nem sempre podem se entrever as razões da vitória ou da derrota e até os inocentes podem se ver surpreendidos por um final terrível, por exemplo, Abner ou a casa de Eli.[153] Assim, tampouco a morte era considerada necessariamente como castigo da ira divina.[154]

De outro lado, também se falava de ira divina quando a desgraça ensinava na vida de maneira extraordinária e acima de todo o previsível. Amós considerava coisa natural pensar que toda desgraça provém da ira de

---

[150] O exemplo mais conhecido é a atribuição do dilúvio à ira de Enlil na Babilônia, na epopéia de Gilgamesh: cf. *AOT*, p. 178s.

[151] Mq 5:14; Dt 32:35, 41, 43; Jr 11:20; 20:12; Ez 25:12s; Lv 26:25; Nm 31:3; Is 34: 8; 47:3; 61:2; 63:4; Sl 94:1; 149:7; Jz 11:36; 2 Sm 4:8; 22:48.

[152] Êx 20:5; 34:14; Nm 25:11; Js 24:19; Dt 4:24; 6:15; Sf 1:18; Ez 5:13; 16:42; 23: 25; com relação aos pagãos: Na 1:2; Sf 3:8; Ez 36:5,6; 38:19; Is 42:13; 59:17.

[153] 2 Sm 3:33; 1 Sm 22:18; cf. Jz 9:5 e 2 Sm 20:10.

[154] Sobre Gn 3, cf. *infra*.

Yahweh.[155] O assassinato não premeditado atribui-se a Deus, assim como as pragas do campo imprevistas.[156] Não se deve, contudo, supervalorizar a importância religiosa dessa conexão da desgraça com a ira divina;[157] em muitos casos haveria que colocá-la na conta da forma plástica de falar do povo, que trocou o papel de um destino impessoal com a ação pessoal de Deus. Mas nos casos em que a relação pessoal com Deus se vê fortemente afetada, por exemplo, no de Davi, é de notar que jamais a ira divina comporta os riscos da μηνις, do ódio e da inveja pérfidos, que tão importante papel têm na implacabilidade dos deuses gregos e babilônios;[158] *a ira de Yahweh,* ainda que, se torne incompreensível, *não tem nada de satânica, mas a ira é sempre a manifestação de sua grandeza insondável,* que está acima dos pensamentos humanos, mas que às vezes, se irando, desperta no homem o sentimento de uma lei superior segundo a qual sua forma maravilhosa e misteriosa de governar escapa aos cálculos que se fazem segundo as categorias racionais de prêmio e castigo.

Tais experiências, de outro lado, nunca colocam em dúvida clareza ou validade das exigências divinas ou de seu sentido garantido pelo próprio Deus. Tons de ceticismo como os da lamentação do chamado "Jó babilônico"[159] são desconhecidos em Israel, apesar de que sua fé não tenha tido de recorrer para esse seu esforço em desviar a responsabilidade para os demônios. É também significativo que não se recorra aos encantamentos e à força mágica como meios para se proteger dos efeitos da ira divina, como se praticava nas religiões vizinhas. Inclusive nos casos de aflição incompreensível a transcendência divina fica a salvo, sem se degradar em gesto demoníaco contra o que seria lícito recorrer a qualquer meio. Precisamente os episódios de sagas antigas, os que primeiro deveriam ser interpretados como produtos de concepções demonísticas, com Êxodo 4:24s e Gênesis 32:25s, demonstram a capacidade transformadora da concepção israelita de Yahweh, neles o Deus que castiga, prova e abençoa, e ao reconhecer a consagração que há na circuncisão e na oração do crente, sai vitorioso da penumbra das lendas aetiológicas[160]

---

155 Am 3:6.

156 Êx 21:13; 8:15; 1Sm 6:5 comparando com o v. 9.

157 2 Sm 15:26; 16:10s.

158 Cf. a imagem da poderosa vontade divina impiedosa como veneno de escorpião, como inundação noturna, como rede traiçoeira etc., em **M. Jastrow**, *Die Religion Babyloniens und Assyriens,* II, p. 49s.

159 "O que é bom para o homem , é mau para Deus; o que aprova o seu coração isso é bom para seu Deus. Quem poderá conhecer a vontade dos deuses do céu?".

160 Em Êx 4:24s não trata senão de dar uma justificação da circuncisão dos meninos. Muitos exegetas não reconhecem isto.

e locais[161] de cunho popular. Nessa capacidade da tradição israelita para suportar situações tão embaraçosas e interpretá-las em seu sentido próprio, é precisamente onde se demonstra a força de sua concepção viva de Deus.[162] Falar aqui de veleidade despótica ou de selvageria demoníaca equivale a subestimar a envergadura da imagem israelita de Deus e a isolar, pelo interesse de um esquema de desenvolvimento particular, riscos concretos que somente recebem sua significação da totalidade. Já o simples fato de observar que *nunca a ira se converte num atributo constante do Deus de Israel,* como a santidade ou a justiça, poderíamos assinalar que somente se pode entender enquadrando-a na vontade de comunhão do Deus da aliança.[163]

E o mesmo vale, finalmente, para os casos, considerados sempre especialmente como chocantes, em que se atribuem à ira de Deus as ações *pecaminosas inexplicáveis* que atraem o castigo divino apesar de que os sujeitos em questão, a julgar pelo resto de sua conduta, não se achem entre os ímpios. Desse modo Davi, diante da implacável perseguição de que é objeto por parte de Saul, admite a possibilidade de que seja Yahweh quem tenha estimulado o rei quanto à sua injusta suspeita. E o censo realizado por Davi, pelo que provoca o castigo de Deus, é atribuído a uma incitação de Deus, anterior à ira de Yahweh.[164] Em tais casos o pecado aparecia como uma exceção radicalmente incompreensível dentro da conduta normal do homem, que somente podia encontrar explicação num poder sobre-humano. E como não se reconhecia um princípio do mal independente de Deus, mas se estava habituado a atribuir à causalidade divina todo acontecer sem exceção, se julgava que também nesses casos estava Deus atuando. Não resta dúvida de que com isso a natureza divina adquire traços demoníacos. Mas, apesar de tudo, nunca se fez de Yahweh um demônio, a força da idéia de aliança se

---

[161] A saga da luta com Deus deve-se ao nome do lugar, Penuel.

[162] Sobre Gn 32:25s cf. a estupenda exegese de **Procksch**, *Die Genesis,* 1924, p. 195s, 373s; também **K. Elliger** em "Zeitschrift, f. Theol. u. Kirche" 48 (1951), p. 1s; sobre Êx 4:24s**, F. M. Th. Böhl**, *Exodus,* 1928, p. 107s.

[163] A forma como Marcion concebe ao Deus irado dos judeus é uma falsa interpretação, na qual se recai sempre que o amor divino se converte num dogma lógico que obscurece o profundo da contraposição entre a absoluta autoridade de que desfruta o Criador e os direitos individuais da criatura.

[164] 1Sm 26:19; 2Sm 24:1. Menos dificuldades oferecem os lugares as vezes citados neste sentido; Êx 4:21; 9:12; Jz 9:23; 1Sm 2:25, nos quais após o endurecimento ou a tentação por obra do espírito maligno, pode se entrever claramente a idéia do castigo pelo mal sofrido.

demonstrava em que jamais desfaleceu a confiança na misteriosa providência divina, ainda quando semelhantes experiências dessem motivo para isso. *O avassalador e sinistro jamais adquiriu carta de cidadania na natureza divina;* por isso jamais a vontade divina foi ambígua para Israel. Em último termo, a idéia à que se subordinavam todos esses acontecimentos era a do infortúnio enviado por Deus. Precisamente os casos citados demonstram claramente por seus resultados finais que a misericórdia de Deus não ficava excluída deles, mas incluída no mais profundo de toda realidade. Mas, às vezes, inculcavam mais e mais no homem piedoso a idéia de que sua sorte pessoal, como a de seu chefe supremo da terra, havia de pôr-se à sorte do povo e que os súditos de Yahweh não desfrutavam de privilégio algum diante dos enigmas do curso do mundo e da vida do homem. Ao se comparar essa franca confissão da restrição que a majestade de Deus impõe até a sua vontade de eleição com a forçada artificialidade em que caiu o judaísmo em suas buscas de teodicéia, não se poderá negar que no antigo Israel existiam bases para uma concepção de Deus mais realista. Sua atrofia na doutrina da retribuição do judaísmo tardio chegou a constituir uma tara permanente.

Naturalmente, tampouco nessa época tardia, ficou totalmente apagada a idéia de que a grandeza da essência divina não se deixa encerrar nas categorias racionais de recompensa e castigo, mas que sua impressionante majestade escapa a toda compreensão humana e só pode ser honrada corretamente numa atitude de admirada adoração. Dessa maneira, o autor de Jó 38 — 41 derrama a ira de Deus contra Jó no molde admirável de uma essência divina que está acima de todo conceito humano; é o "mistério, em sua forma pura, não racional",[165] cujo "valor positivo, intrínseco a ele mesmo e totalmente inexprimível", resulta às vezes acessível de certo modo ao homem. E teria de recordar também que o autor do Qohelet, ao reduzir tão radicalmente *ad absurdum* os intentos de manejar o poder supremo de Deus mediante categorias da razão humana, ensina a venerar a incompreensível grandeza de Deus Criador na aceitação humilde da relatividade da existência humana.

Se for verdade que no antigo Israel se estava longe de limitar a ira divina à experiência de sua *justiça retributiva,* não é menos que, precisamente esta, encontrou seu terreno de ação mais apropriado. De outro lado, a forte exigência de uma interpretação racional unitária da atuação divina, tão típica da religião

[165] Cf. a respeito os argumentos de **R. Otto,** *Das Heilige,* 1923, p. 97s.

israelita, influiu no progressivo predomínio exclusivo dessa idéia. Desse modo tudo o que pode ser castigado pelo pecado aparece como obra da ira de Deus, e a conexão entre esta e a retribuição ou o juízo é algo constantemente presente na consciência nacional. A licenciosidade do povo, seu murmúrio no deserto, sua entrega a Baal Peor, o latrocínio de Acã[166] atraem sobre Israel o castigo de Deus, obra de sua ira. E a raiva divina pelos pecados não se reconhece unicamente, como às vezes se afirmou, no castigo subseqüente como se a consciência somente se avivasse pelos golpes especiais de Deus. De outro lado, se sabe que Yahweh amaldiçoou o assassino, ainda quando contra ele não se levanta mão humana alguma (Gênesis 4:11s). Por isso pode se dizer, diante de um mal não reparado, que "Yahweh o castigará" (2 Samuel 3:39). E porque se sabe que Yahweh julga o delito que se tenha escapado aos juízes humanos, teme-se sua ira antes que se faça visível o seu castigo (1 Samuel 24:6; 2 Samuel 12:13; 24:10).[167]

De outro lado, havia também casos em que a ira de Deus vingava delitos ainda desconhecidos. Sobretudo quando se davam calamidades nacionais surgia em seguida a questão de se, dada a solidariedade existente entre os membros do povo, o delito de um único indivíduo teria atraído a ira sobre o povo inteiro. Então se procurava, na medida do possível, encontrar o culpado e que ele pagasse o castigo exigido por Deus.[168] Quando se tornava impossível, o meio próprio de expiação era o sacrifício, ordenado pelo próprio Deus à comunidade.[169] Assim como a transgressão das cláusulas da aliança, também produz a ira divina a falta de respeito à natureza de Deus e à adoração que lhe é devida.[170] Com respeito à sorte dos israelitas também se fala com decisão cada vez maior do juízo irado de Deus não somente por sua condição

---

[166] Êx 32; Nm 11:1; 25:3; Js 7:14; Sl 80:5.

[167] À vista disto, frases como "O pecado do malfeitor se torna evidente por sua desgraça" ou "O juízo de Yahweh não se atinha a um código conhecido; muitas vezes as exigências que ele planejava ao homem se deduziam de sua forma de reagir diante das obras", ao menos expressadas dessa forma tão geral, não são sustentáveis (cf. **R. Smend**, *Lehrbuch der alt. Religionsgechichte,* 1899, p. 108). E o mesmo haveria de dizer da afirmação de Stade: "No entanto ele (o israelita) não reconhece numa desgraça ou numa negativa do oráculo que Yahweh está irado, não se conscientiza de seu pecado" (*Bibl. Theologie des AT,* 1905, p. 201).

[168] Js 7; 1Sm 14:37s; 2Sm 21.

[169] 1Sm 3:14; 26:19; também Nm 17:11; 18:5 (P) refletiriam melhor a concepção antiga.

[170] Cf. 1Sm 6:19s; 2Sm 6:6s; Êx 3:5; 19:12s; 21; 24:2; Gn 19:26, etc. e, nas páginas 239s, a seção sobre a santidade de Deus.

de opressores ou corruptores de Israel,[171] mas também porque se supõe que transgrediram as normas fundamentais da moralidade válidas para todas as nações.[172]

É digno de se observar que junto à concepção do desgosto divino como um ato passional nunca falta a convicção de *que em Deus não cabe o cego desencadeamento de uma vontade despótica caprichosa.* Certamente, interpretar as afirmações sobre a ira de Deus como simples e ingênua utilização de imagens para expressar a indefectível realização das leis divinas universais seria uma suavização indevida do sentido que originalmente elas têm. Transformar a reação divina ao pecado em uma ação de ordem impessoal, por meio de uma lei universal de necessidade objetiva — coisa tão querida para a mentalidade filosófica —, é algo alheio ao modo israelita de ver as coisas; este não fala de um ser divino imóvel, mas do potente dinamismo da auto-afirmação divina que situa o homem diante da vontade pessoal que lhe alcança e afeta de forma imediata. Se nas impressionantes imagens dessa experiência se utiliza o colorido de uma paixão humana e até demoníaca, não é lícito concluir que a imagem de Deus adquire um caráter demoníaco.[173] Não é Oséias o primeiro a rejeitar qualquer conexão do aspecto instintivo e caprichoso com a ira divina;[174] toda a forma como no antigo Israel se fala dos castigos de Deus demonstra que, ainda acatada a liberdade da majestade divina cujas decisões o homem não pode prever, esse povo tinha um fino sentido dos fundamentos morais do castigo. É consciente, por exemplo, de que nem sempre Yahweh descarrega sua ira imediatamente, mas a detém para castigar num momento em que resplandeça mais claramente a justiça de sua atuação, e também cuida de uma correta interpretação de sua operação anunciando previamente o castigo.[175] Para uma sensibilidade israelita, na retribuição coletiva se expressa a justiça do castigo, ao ter em conta os laços de solidariedade que unem aos membros da família, a tribo, a cidade e a nação; mas além disso, a limitação do castigo diante da amplitude da bênção demonstra que a graça põe limites à ira.[176] A forma em que se supôs falar da nobreza de sentimentos e da sabedoria pedagógica de José ao castigar a seus irmãos[177] patenteia uma extraordinária perspicácia para descobrir os valores positivos do castigo. Nos tempos de Miquéias se procura diminuir a ameaça

---

[171] Cf. 1Sm 5:6s; 6:3s; Êx 17:14s; cf. 1Sm 15:2s e em geral a realização do hērem.
[172] Gn 6s; 11:1s; 18s; Am 2:1s; Dt 29:22; Jn 3:9.
[173] Cf. **P. Volz**, *Das Dämonische in Jahve,* 1924.
[174] Os 11:9.
[175] 1Sm 15:23s; 2Sm 12:10s; 1Rs 21:19s; Am 7:1-6.
[176] Êx 20:5s; 34:7s; Nm 14:18; Dt 5:9s.
[177] Gn 42 — 44.

profética fazendo referência à paciência de Yahweh, que preservará a seu povo do castigo destruidor.[178] Dessa maneira, sopra a paciência de Deus,[179] inclinada à misericórdia, e *Yahweh.* "Deus tem misericórdia". É um dos nomes hebreus mais antigos. Já o caso de Davi (2 Samuel 12:15 s) demonstra que castigo e perdão não se excluem, mas que o castigo é sentido como uma libertação.

De tudo o que foi dito, fica como marca característica da antiga atitude israelita o ver *a ira de Deus atuando principalmente em atos de castigo individualizados.* Trata-se, além disso, de algo passageiro, enquanto a misericórdia e a justiça divinas representam o verdadeiramente permanente. É muito significativo, e, por sua vez, vem a confirmar o que antes foi dito sobre a interpretação da justiça, que a ira jamais se coloque em conexão com a justiça e que nas passagens mais tardias até considere-se como seu oposto.[180] O caráter isolado das distintas e concretas manifestações de ira requer especial evidência pela forma em que se relaciona sua irrupção ou seu final com o arrependimento de Deus; a ira é uma mudança repentina da atitude divina motivada pela conduta do homem.[181] Em nenhuma parte aparece pesando sobre Israel um *estado divino de ira* que seja preciso eliminar para que a graça tenha sua total hegemonia.[182]

Muitos testemunhos demonstram que já nos tempos antigos de Israel se preparava uma mudança nesse panorama e que o sentimento de poder contar, salvo em casos de enormes desgraças ou de ofensas extraordinárias, com a segura complacência divina cedeu ante a preocupação por uma culpa comum sem expiar.[183] Mas a *mudança total de atitude* só pôde produzir *a conseqüência da pregação profética.* Sob a impressão de um Deus que se aproxima para julgar, esses mensageiros da aflição resumiram toda a história do povo num grande quadro de rebelião obstinada contra Deus, rebelião que agora vai ser

---

[178] Mq 2:7.
[179] Êx 34:6; Nm 14:18.
[180] Sl 69:25, 28; Dn 9:16.
[181] Gn 6:6s; 1Sm 15:11; também os profetas são devedores dessa concepção popular: cf. Am 7:1-6; e para uma afirmação doutrinal: Jr 18:7-10.
[182] Também aqui aparece claramente até que ponto a concepção de Deus está determinada não por uma incerteza diante do governo divino, mas pela nitidez da idéia de aliança.
[183] Cf. cap. X, p. 414s.

descoberta e julgada como uma culpa terrível, irreparável. Dessa maneira, todo o passado se transforma em um tempo de paciência divina até chegar ao término do ajuste de contas definitivo. Todos os castigos anteriores entram para fazer parte de uma obra de purificação e educação de uma só vez, são o pré-anúncio da iminente revelação final da ira que, como obra da radical oposição entre Deus e a humanidade, realizará o juízo de destruição.[184] De tragédia esporádica, a ira divina se converte no *destino escatológico inevitável* que expressa algo definitivo da conduta de Deus. O dia de Yahweh se converte em dia de ira.[185] Está claro que se trata aqui de algo totalmente diferente da revolução cósmica apregoada pela mentalidade mítico-natural, da que é típica a alternância periódica de salvação e aflição (cf. também, o cap. X). A ira fatal de Deus, captada em toda sua necessidade intrínseca, somente pode ser evitada por obra do poder irracional do amor divino ou, ainda, se transformar em passagem para uma nova existência, como sucedeu na esperança profética.[186]

Mas até chegar a essa transformação verdadeiramente maravilhosa continua pairando sobre o presente a terrível ameaça do horror escatológico, qualquer uma das aflições iminentes pode representar seu início. Por isso agora é possível distinguir entre esse castigo de ira e um castigo *l'mišpāt,*[187] quer dizer, de forma misericordiosa, suave.[188] As sombras que cobrem o presente vão sempre acompanhadas pela lembrança viva do profundo abismo entre Deus e a humanidade descrita pelos profetas. E, desse modo, as idéias antes citadas adquirem um novo significado, a culpa deixa de ser um sentimento obscuro para se converter numa terrível realidade da qual ninguém pode escapar[189] e as fadigas e a decadência da vida consideram-se como manifestações diretas da ira divina.[190] Ao se levar isto a sério, *toda a ordem do mundo presente aparece sob o sinal do provisório;* somente o futuro proporcionará o verdadeiro

---

[184] Cf. p. 334s. *infra.*

[185] Am 5:18s; Sf 1:15; 2:2s; Lm 1:12. Em nada afeta esse ponto que às vezes se dê uma suavização do tema com uma finalidade pedagógica, por exemplo em Jr 18:7s.

[186] Veja, na sessão o amor de Deus, p. 343s, e cap. VIII, VI, 3b.

[187] Jr 30:11; cf. 10:24s; mais tarde, referido à sorte do indivíduo: Sl 6:2; 38:2.

[188] Traduzindo com propriedade, "como corrresponde à comunhão originária e a sua restauração".

[189] Cf. o eco da exposição de Ezequiel 20 na oração penitencial de Is 59:9s e Sl 106. Concorda com isso a firme convicção de estar submersos em pecados desconhecidos que Deus tira à luz (Sl 19:13; 90:80), e até de ser pecadores por nascimento (Sl 51:7; 58:4; 143:2).

[190] Mais expressivamente no Sl 90; além do Sl 102:11s, 24s.

mundo de Deus como foi desejado pelo Criador. Entrar nesse mundo significa libertar-se definitivamente da ira que consome ao antigo éon. Somente o povo de Deus santificado é digno dele, e pertencer a ele é o objeto da esperança messiânica.

Naturalmente, essas conseqüências radicais da mensagem profética tiveram suas dificuldades para se impor. Foram sobretudo momentos de apuro, quando tudo parecia cambalear, que abriram caminho progressivamente a essa corrente. A apocalíptica é seu leito próprio, a partir do qual todo o judaísmo tardio se foi deixando invadir pouco a pouco por essas idéias.[191] No *judaísmo pós-exílio,* a experiência da libertação do exílio e da reconstrução de Jerusalém e seu templo, exerceram um impacto poderoso que dificultou notavelmente a visão teológica natural dos profetas. Ao interpretar o deutero-Isaías essa mudança na sorte nacional como o final *do juízo irado de Deus sobre Israel,* fez com que se seguisse considerando como algo pendente o juízo dos pagãos[192] e, com respeito às lutas dos partidos dentro da comunidade, o dos ímpios.[193] O templo e seu sacerdócio eram sinais da imperecível graça da aliança de Deus e na lei e no culto proporcionavam os meios para a restauração de uma nação justa cujo futuro estava garantido pela justiça de Deus. Por isso nos tempos mais tranqüilos da soberania persa e ptolomaica, que contribuíram para o florescimento da comunidade, o cristianismo profético diante do presente terminou cedendo seu posto a uma nova ordem de vida agradável a Deus e cheia de energia missionária,[194] e a maior confiança no Criador e mantenedor

---

[191] Sobre a ação da ira de Deus no Juízo Final cf. Enoque 55:3; 90:18; 91:7,9; Sib 3, 556:561; 4, 159; 5, 508; Ass. Mos. 10:3; Apoc. Bar. I.12:4. Veja também Jub 24: 28,30; 36:10; Sb 5:20. O reconhecimento de um complexo de culpa se manifesta na moda predominante da penitência, que faz da oração penitencial "um distintivo da literatura dessa época" (**Bousset**), na doutrina dos maus instintos (que se pode observar, entre outros, em Eclo 21:11, e formulada da forma mais consequente em 4 Ed) e em atribuir a responsabilidade do pecado a Adão (segundo indicações isoladas, por exemplo, Eclo 25:24, e mais expressamente em 4 Ed e Apoc. Bar.) ou dos demônios (Jub 5:6s). A morte e a tragédia concebidas como castigos inflingidos ao gênero humano pelo pecado se encontram expostas da forma mais detalhada nos apocalipses de 4 Ed e Bar.

[192] Sl 9:8,17s, 20; 44; 56:8; 57:6,12; 76:8s; 79:6s; 89:39s. 47: Mq 7:9s,16s.

[193] Sl 5:11; 7:7; 10:1, 12:15; 11:5s; 28:4; 31:18s, 24; 94:1; 125:3s etc.

[194] Dela dá testemunho a extensão da comunidade judia pela Galiléia e o Leste do Jordão cf. **G. Hölscher**, *Palästina in der persischen und grieschichen Zeit,* 1903, p. 34s.

de seu povo pode traduzir-se em ricos testemunhos de sua misericórdia e de seu amor que perdoa o pecado.[195] Mas, ao mesmo tempo, voltaram a ganhar pujança as antigas linhas de uma ira interpretada mais parcialmente, ainda que modificada pela fé numa retribuição individual: *a ira de Deus aparece então limitada estritamente ao terreno da justiça retributiva* que fixa a cada indivíduo sua recompensa ou castigo.[196] Trata-se de uma redução racionalista que circunscreve a retribuição a essa vida; daí os tremendos conflitos que justificariam os protestos de um Jó ou um Qohelet. A insegurança que aqui se patenteia, revigorada pela inclinação progressiva do empenho piedoso para a justificação pelas obras e influências pelas crises contínuas desde a época da opressão síria prepara o terreno para essa tensão apocalíptica que se debate entre a esperança e o medo à μελλουσσα οργη,[197] com a qual irrompe na presente ordem de coisas a sentença final.

VI. A santidade de Deus[198]

Tanto pela freqüência quanto pela ênfase especial com que se usa o atributo de santidade ressalta entre todas as qualidades que se aplicam ao ser de Deus. A importância dessa forma de definir o ser divino se compreende facilmente ao se pensar que toda a religião veterotestamentária pôde ser caracterizada como a "religião da santidade" (Hänel).

Essa definição, apesar de tudo, pode levantar suspeitas ao se levar em conta o papel que esse atributo desempenha no mundo das religiões pagãs. Não se pode negar que o uso da terminologia de santidade no Antigo Testamento tem a mesma origem que outras formas iguais ou parecidas de chamar à divindade nas mais distintas religiões para evidenciar seu caráter de grandiosidade inacessível e que causa medo e terror. É simplesmente a experiência de uma força ou de um poder especial que marca determinados lugares, coisas

[195] Cf. especialmente o Sl 25:11; 30:6; 32:5; 51; 65:4; 86:5; 103:3; 130; 143; Mq 7: 18-20. Uma reconntagem exaustiva, em **Bertholet**, *op. cit.*, p. 238s.

[196] Sl 17:13s; 18:21s; 26: 9s; 35: 4s; 56:8; 59:14; 69:25; 94:1,23; 95:10s; Pv 11:4; 24:18; Jó 4:9; 20:23,28.

[197] Mt 3:7.

[198] Cf. a respeito **W. von Baudissin**, *Studien zur semitischen Religionsgeschichte,* II, 1878; **U. Bunzel**, *Der Begriff der Heiligkeit im Alten Testament,* 1914, e *qds und seine Derivate in der hebräischen und phönizisch-punischen Literatur,* 1917; **A. Fridrichsen**, *Hagios-Qados,* 1916; **J. Hänel**, *Die Religion der Heiligkeit,* 1931.

ou pessoas como misteriosos ou fora do normal e pertencente a um mundo maravilhoso, introduzindo desse modo na consciência uma estrita divisão entre o mundo ordinário e o mundo do mistério onipotente, terrível e digno de veneração. Essa demarcação de uma esfera santa e outra profana provocam a necessidade de alguns ritos determinados, que se deve observar estritamente para regular o trato do homem comum com esses poderes singulares; o conceito de santo adquire dessa maneira uma importância fundamental em todo o âmbito do culto.

As raízes empregadas nas mais diferentes línguas para designar esse âmbito, enquanto se podem extrair etimologicamente, fazem aparecer o santo como *o separado, o apartado, o subtraído do uso normal.* Vejam-se por exemplo, o grego τεμενος de τεμειν, o latim *sactus* de *sacire,* o *tabu* polinésio de *tapa,* "designar e, por conseguinte, distinguir, diferenciar". Conforme esses dados a etimologia pouco clara de *qdš* se deve colocá-la ao lado de *qd,* "separar", que com o conhecido em árabe e etíope *qd* ou *qdw,* "ser puro, limpo".[199]

Assim, pois, o termo de santidade, como resulta desse campo semântico, faz referência a um poder maravilhoso que vai além da vida comum, impessoal, ligado a objetos particulares, do que é possível defender-se ou ao que cabe utilizar ou até transferir mediante determinados métodos, especialmente adaptados, ritos que se devem cumprir minuciosamente. Quando o culto religioso continua dirigido à divindades individuais de índole pessoal, também o aspecto pessoal se acha inserido no círculo do santo. Naturalmente, continua atuando o caráter original do conceito santo, mas num grau muito diferente.

Deste ponto de vista é compreensível que, quando se referem a uma realidade santa localmente determinada e aos ritos com ela relacionados — por exemplo, as leis sacerdotais de pureza e santidade — ou quando parecem descrever os efeitos imprevisíveis de uma força impessoal — nos relatos sobre a arca[200] ou sobre os incensários[201] —, as expressões do Antigo Testamento sobre

---

[199] Da comparação com o equivalente assírio quddušu **U. Bunzel** (*Der Begriff der Heiligkeit im AT,* p. 22s), inclina-se pelo significado fundamental de "puro, esplêndido, resplandecente". Mas, ao fazê-lo, não tem consciência de que a utilização cultual da palavra em assírio-babilônio tem após toda uma história e que, portanto, não é prova do significado originário da mesma.

[200] 1 Sm 5 e 6, 2Sm 6:6s.

[201] Nm 16:10s, 35; 17:1s.

a santidade devem ser consideradas como exemplos das crenças que têm em comum com as religiões do Oriente Próximo mais que como testemunhos da idéia de Deus, própria do Antigo Testamento. De outro lado, também haverá de descrever a questão de se a concepção veterotestamentária vista dessa perspectiva não lançará sobre tais expressões uma luz diferente da que tem sido tomada isoladamente.

Neste sentido se deve observar, em primeiro lugar, que a potente energia com que, a partir de Moisés, o Deus soberano concentra em sua pessoa toda ação e pensamento religiosos e dá também às expressões de santidade um pano de fundo essencialmente diferente do que existe no resto do Oriente Próximo. O que dissemos manifesta-se já no simples fato de que as religiões não israelitas utilizam abundantemente do atributo "santo" para os objetos, as ações e as pessoas do culto, enquanto somente em casos raríssimos o aplicam à divindade. O Antigo Testamento, ao contrário, é a Deus ao que em primeiro lugar designa como o santo.[202] Não há dúvida de que dessa forma introduz-se *nas expressões de santidade* um *aspecto pessoal,* pelo qual estas se encontram elevadas da esfera de um poder simplesmente naturalista e dos cultos a uma realidade não pessoal num plano espiritual superior.

Assim também nos extratos de narrações mais antigos encontramos a expressão de santidade utilizada de uma forma que com toda clareza recebe seu conteúdo a partir de uma experiência da soberania divina, se chamam sagrados o lugar onde Deus apareceu[203] ou o povo que se encontra com Deus[204] ou o despojo de guerra, que é de Deus.[205] O que se transfere à esfera do santo é sempre algo que brota da ação divina.

Com isso, concorda o fato de que o primeiro documento em que se aplica a Yahweh o nome de Deus santo se refere a ele quando *Deus da arca.*[206] Tal aplicação não teria sentido se considerasse a arca como um simples objeto de culto que fosse meio de uma santidade impessoal e naturalista. Na realidade a arca, como trono do Deus invisível desde a época de Moisés é a presença palpável e material, do Deus soberano, ou bem de seu nome[207] que caminha com seu povo,[208] e a negligente identificação da arca e Deus na

[202] **Hänel,** *Die Religion der Heiligkeit,* p. 25s, acerta ao colocar isso em relevo.
[203] Êx 3:15; 19:23; Js 5:15.
[204] Êx 19:6,10,14; Nm 11:18; Js 3:5; 7:13.
[205] Js 6:19.
[206] 1 Sm 6:20.
[207] Nm 10:35s.
[208] 2 Sm 6:2.

série narrativa de 1Sm 4 — 6, é testemunho de quão viva era essa idéia na época antiga. Enquanto santo, Deus amedronta os filisteus, a seus deuses e também os israelitas e até a seu predileto, Davi, mediante castigos terríveis; vai se fomentando dessa forma essa atitude de humildade respeitosa diante de sua majestade.[209] "Quem pode estar diante de Yahweh, esse Deus santo?". Esta confissão da gente de Bete Semes[210] traduz acertadamente o sentimento do israelita piedoso frente ao Deus da arca e deixa entrever que aqui a santidade é entendida como a terrível majestade do rei inacessível, em outras palavras, como uma qualidade pessoal e não como o poder impessoal inerente a um objeto de culto e que irrompe com efeitos devastadores. Pode por isso valer como interpretação autêntica a equiparação da santidade com o zelo de Deus, como se encontra em Josué 24:19: "Yahweh é um Deus santo, um Deus zeloso".

Enquanto senhor de seu povo, Yahweh é também um *guerreiro terrível*,[211] e precisamente a arca, utilizada muitas vezes como estandarte de guerra, recorda esse aspecto de sua soberania. Como serviço prestado ao Deus santo, a guerra põe em contato imediato com a força destruidora de Deus e requer por isso no guerreiro uma viva consciência de seu estado de pessoa consagrada,[212] uma vez que tomou a decisão de "santificar" a guerra.[213] A proclamação do *hērem*[214] sobre os inimigos, suas fazendas e possessões, assim como as estritas regras que se aplicavam a quem atuasse contra o anátema recordavam com ênfase que não era a ânsia humana de rapina e de vitória, mas a vontade do Deus nacional que havia fixado os fins e objetivos da guerra. Os antiqüíssimos ritos e abstenções impostos ao guerreiro passaram assim de prescrições-tabus frios a atos de obediência reverente.

Assim como na idéia popular de santidade, essa poderosa influência da concepção pessoal de Deus se faz presente também *na imagem cultual-sacerdotal da mesma.* Os antigos cantos cultuais veneram como santo ao salvador que se mostra poderoso em seus prodígios: "terrível entre os santos, temível por suas proezas, autor de maravilhas".[215] E na lei cultual é sobretudo

---

[209] 1 Sm 4 — 6; 2 Sm 6:6s.
[210] 1 Sm 6:20.
[211] Êx 15:3.
[212] 1 Sm 21:5-7; 2 Sm 11:11; cf. também 1 Sm 14:24s.
[213] *quiddēš milhāmā,* "declarar a guerra santa": Mq 3:5; Jr 6:4.
[214] *hrm,* do hebraico primitivo tem o mesmo significado que a raiz cananéia *qds.*
[215] Êx 15:11; igualmente 1 Sm 2:2.

o nome de Deus o que recebe o atributo de "santo":[216] com isso o ser pessoal de Deus, como se manifestou em Israel, passa a ocupar o centro das expressões de santidade. Santo é Deus concebido como se manifestou a esse povo, ou seja — segundo o sentido da idéia sacerdotal de Deus —, *inacessível por sua total "heterogeneidade" e perfeição frente a todo o que foi criado.* Até que ponto a santidade traduz essa total superioridade, que ao mesmo tempo é considerada o valor supremo que dá a Israel sua posição singular de povo de Deus, o demonstram os relatos dos funestos efeitos que a aproximação ilícita acarreta à esfera divina, morrerá o estranho que se aproximar do tabernáculo;[217] terão a mesma sorte os levitas que a si mesmos se atribuam direitos sacerdotais,[218] e os filhos de Arão que apresentam diante do Senhor um fogo não ordenado por ele[219] são pasto da ira divina. "Santo" é *o epíteto preferido para expressar as propriedades e virtudes da pessoa divina resumidas em seu nome;* requer assim o sentido do propriamente divino, daquele que constitui o ser da divindade. Por essa razão, a santidade não fica reduzida ao culto, ainda que, naturalmente, seja antes de tudo nele onde tem sua principal esfera de operação para o sacerdote. O profeta sacerdotal Ezequiel foi o primeiro a notar as conseqüências do que Acabamos de salientar, quando, para descrever a ação de Yahweh mostrando sua própria superioridade sobre o mundo, ele a designa como um "mostrar-se santo" ao eloísta ou entre os pagãos.[220] Na lei sacerdotal Yahweh mostra-se como santo pelo sistema do culto.[221]

Assim sendo, uma vez que o centro da idéia de santidade passa a estar ocupado pelo Senhor do povo e das nações que está acima do universo, esse fato não tem outra solução que operar com certa retroatividade sobre regras e usos cultuais consagrados provenientes, em princípio, de outras raízes. O que neles tem verdadeira importância não é já sua virtude santificadora — a que neles habita, ou a que transmitem ou desviam —, mas também e sobretudo a relação com o Deus soberano que neles se estabelece e se mantém. *Todo o mundo do*

---

[216] Lv 20:3; 22:3, 32. a mesma idéia aparece quando se fala da profanação do nome de Deus: Lv 18:21; 19:12; 21:6.

[217] Nm 1:51, 53; 3:10, 38.

[218] Nm 16.

[219] Lv 10:2s.

[220] Em hebraico *niqdāš*, cf. Ez 20:41; 28:22, 25; 36:23; 38:16; 39:27.

[221] Êx 29:43; Lv 10:3; 22:32. Pontos de contato com outras expressões mais gerais se encontram em Êx 14:4, 17, onde o narrador sacerdotal designa a demonstração que Yahweh faz ao Faraó de seu poder divino com a expressão parecida "mostrar a própria glória". Para as estreitas relações existentes entre santidade e glória cf. 29:43.

tabu entra a serviço de uma idéia superior de Deus. Dessa maneira manifesta-se claramente no empenho consciente do autor sacerdotal por dotar de unidade à legislação cultual concebendo-a como expressão da absoluta autoridade de Deus sobre toda a vida e o ser de seu povo.[222] Pelo fato de ser uma peça da forma de vida querida por Deus para seu povo e, portanto, testemunho da soberania divina, até o rito mais externo requer um novo acento personalista que o eleva acima do caráter casual e caprichoso dos ritos de santidade naturalistas. Resta questionar se essa mudança de sentido impôs-se desde o princípio e com igual intensidade em todos os níveis da vida nacional. Certamente deve-se admitir, portanto, que muitos ritos, pertencentes sobretudo ao âmbito dos preceitos de pureza, seguiu exercendo sua influência uma idéia de santidade mais objetiva e impessoal, a qual viu-se acrescida de vez em quando pela familiaridade com os cananeus; isto sucedeu especialmente em certos círculos populares. Permanecem restos da idéia de santidade naturalista, sobretudo, na crença de que a santidade é uma força contagiosa e transferivel,[223] assim como na diferenciação de graus na mesma.[224] Para que a balança se incline para um ou outro lado depende fundamentalmente do grau que em cada momento a consciência do povo se ache penetrada pela idéia da suprema soberania de Deus. Em qualquer caso, não se pode duvidar de que com a concepção mosaica de Deus e sua adoção por parte da mentalidade sacerdotal nos encontramos, ao menos em princípio, com uma nova situação.

Em sua maneira de acentuar o aspecto de *majestade inacessível* de Deus a concepção sacerdotal da santidade coincide com a popular. O fato de que na forma de conceber a santidade das religiões pagãs e até primitivas se dê uma reação qualitativamente semelhante diante da divindade, pode induzir ao perigo de desvalorizar todo o âmbito teológico marcado pelo aspecto do santo, por tratar-se de algo proveniente das religiões naturalistas pagãs, dando-lhe carta de revelação a partir somente da nova reprodução com a qual marcará a pregação profética.[225] Mas isso equivale a rejeitar os fenômenos puramente religiosos pelo prejuízo injustificado de que somente a dimensão ética é o que dá a

---

[222] Cf. caps. IV e IX, I 2 b e c, p. 362s.
[223] Cf., por exemplo, Êx 29:37; 30:26-29; Lv 6:20s; Nm 31.
[224] Cf. o "Santo dos Santos", *qōdeš q°dāšīm* (de Êx 29:37; 30:29 etc.; Lv 21:22), e a diferença entre sacerdotes e povo (Lv 10:3), assim como levitas e sacerdotes (Nm 4:4-15; 18:3).
[225] Assim se viu com muita freqüência, cf. **Kittel,** *Heiligkeit, HRE*, VII, p. 570; **Begrich,** *Heilig, RGG*, II, 1719, e em parte também **Procksch,** *Theol. Wörterbuch zum Neuen Testament,* I, p. 91s.

determinado fenômeno seu valor religioso. Uma vez que a história das religiões nos demonstrou que precisamente o sentir em profundidade a contraposição entre o mundo divino e a existência humana faz parte das raízes necessárias para uma correta compreensão do ser divino[226]e a experiência que Israel tem do santo não pode se considerar como um elemento inferior dessa religião, mas como sinal seguro de sua força e autenticidade. Quando o santo, quer dizer, o divino em sua essência mesma, sai ao encontro do homem, a primeira coisa que tem a ressaltar é sua estranheza e soberania com respeito à criatura, tem de se abrir esse abismo que significa, às vezes, o mais profundo temor e a mais intensa atração.[227] Por isso *se descrevem mal as coisas* quando a questão da surpresa diante da majestade divina confunde-se com a de seu conteúdo ético. Trata-se, na verdade, de um conteúdo de consciência primordialmente religioso, que, diante da intensa impressão da presença de Deus, relega tudo o mais a um segundo plano. E precisamente o fato de que o poder que assim sai ao encontro do homem não se faça "inteligível", mas que escape a nossas categorias morais e naturais, como o absolutamente outro, é essencial para a total transcendência da realidade divina.

Assim, pois, o *aspecto singular das expressões veterotestamentárias sobre a santidade não reside em suas elevadas cotas morais, mas na índole pessoal do Deus ao que se referem.* Junto ao conhecimento do santo, fez Israel ter conhecimento de um tu divino que, como vontade pessoal concreta, exigia pôr a vida a seu serviço. A conseqüência foi que qualquer vivência da santidade divina, por misteriosamente terrível que pudesse ser, ia acompanhada de uma interpretação que impedia cair tanto na crença de um fado obscuro e caprichoso quanto na degradação de um frenesi orgiástico. Certamente, a presença do santo não acionou em primeiro lugar recursos éticos; caiu-se na esfera puramente religiosa, mas, enquanto se aproximava do Deus soberano, foi um estímulo para a decisão pessoal, ainda quando os atos de poder de Deus não puderam se interpretar em termos éticos.

Para uma justa apreciação da função dessa experiência do santo teria de recordar sua reaparição nos níveis superiores do profetismo e do cristianismo. "a experiência de Deus tida por um Lutero ou um Pascal lutando desde o abismo da desesperança"[228] demonstra que Deus não somente pode sentir-se

[226] Cf. **R. Otto,** *Das Heilige,* e **W. Hauer,** *Die Religionen,* I.

[227] Por isso, **Hänel** está totalmente certo quando procura valorizar positivamente em todos os níveis a vivência da santidade (*Die Religion der Heiligkeit,* p. 23s; 318), ainda que sua importância para a questão da revelação seja exagerada.

[228] **Söderblom**, *Das Werden des Gottesglaubens,* p. 322.

como o pai amoroso ou como o que julga os pecados, mas também por sua própria essência, como um poder ante o qual a criatura não pode resistir, que aniquila o homem, e que se trata de uma experiência eterna. Um cristianismo que tenha deixado de ser consciente da radical profundidade da contraposição entre Deus e a criatura perdeu essa urgência absoluta sem a qual a mensagem que lhe foi confiada se converta num palavrório superficial.

A idéia do ser divino, assim descrita, na qual se lhe designa como o ser totalmente outro, terrivelmente superior, dá certo direito para comparar *qādōš* com os conceitos de exaltação, terribilidade, magnificência, enquanto que se insiste, desse modo, em assinalar a diferença que separa tais termos dessa perfeição moral que normalmente costumamos incluir na noção de santidade. Nem assim é tampouco certo assim se dá total satisfação ao conteúdo do termo, porque nessas traduções falta precisamente o elemento de poder sobrenatural maravilhoso e dominador que é o que distingue a *qādōš* de *ddīr, 'bīr, bīr, nōrā* etc. Deve-se acrescentar também que tais traduções, mais que na essência própria da santidade, se fixam no âmbito de suas manifestações externas, para as quais o léxico veterotestamentário tem o vocábulo *Kābōd.* Utilizado originariamente para designar a luz ofuscante do fogo divino que acompanha à teofania,[229] o *Kābōd,* como fenômeno externo da suprema majestade de Yahweh,[230] mantêm certa relação com *qōdeš,* o ser de Deus sempre inacessível, ou seja por que é seu reflexo sobre o mundo terrestre[231] ou porque significa a magnificência esplendorosa supramundana, o radiante traje celeste da santidade que, mortífero para o eloísta da terra, há de inundar todo o mundo com a vitória do reino de Deus.[232] Em qualquer caso, *Kābōd* é um atributo cósmico da divindade, moralmente indiferente. Quando quer descrever o ser pessoal de Deus somente se fala de *qōdeš.*

Menos consistências têm ainda, as traduções citadas uma vez que *o conceito de perfeição moral ficou integrado na noção de santidade.* Esse novo movimento de nosso termo, relacionado sobretudo com o profetismo, se deve precisamente à enérgica relação das expressões de santidade com o Deus soberano do povo. Desse modo, as leis, intérpretes de sua vontade, entraram para tomar parte da absoluta autoridade própria do santo. Junto aos preceitos cultuais, surgiram também os preceitos morais e sociais como normas invioláveis no trato com a divindade, e quando se designava ao povo eleito por

---

229 Cf. sobretudo, Êx 24:16s.

230 "*Kābōd* é o peso ou o poder esplendoroso e, por conseguinte fenomênico de um ser" (**M. Buber**, *Königtum Gottes,* 1932, p. 214, n. 17).

231 Cf. 1 Rs 8:11; Ez 1.

232 Êx 33:18; Is 6:3; 40:5; 60:1s.

Deus como povo santo,[233] essa expressão não somente tinha sentido espacial de "admitido na esfera do mistério", mas também o pessoal "de acordo, por sua conduta, com a essência de Deus". Até que ponto esse aspecto pessoal esteve vigente na práxis do culto sacerdotal pode se ver nos Salmos 15 e 24: 3-6, designado com razão liturgias sacerdotais, nos quais recorda ao visitante do santuário as exigências morais que são condição prévia para sua entrada. Mas ainda, em maior medida, estão cheias do elemento moral as expressões de santidade quando o cumprimento inocente das obrigações sociais se entende como uma conduta que está de acordo com a santidade divina e até se lhe aplica o adjetivo de santa. Na chamada lei de santidade de Levítico 17-26 aparece, junto a santidade divina de sentido estritamente religioso, a *pureza imaculada,* que exclui e destrói toda impureza. Pelas prescrições que seguem, a passagem fundamental "Sede santos porque eu, o Senhor vosso Deus, sou santo", com essa santidade do povo exigida em nome da essência santa de Yahweh se refere à pureza e inocente conduta moral que obriga a respeitar ao pai e à mãe, que proíbe o engano, que não admite prevaricação alguma, que obriga à misericórdia para com o pequeno e o humilde e rejeita o adultério e a fornicação etc.[234]

Esse claro reconhecimento de que o Deus santo também o Deus moralmente perfeito está sem dúvida longe de ser removido dos pressupostos originais da idéia sacerdotal de Deus que, para entendê-lo, se deve recorrer à *influência do movimento profético.* Diante da mecanização da relação com Deus, própria de seus contemporâneos, os profetas anunciam com enorme força a vontade do Deus soberano como uma *vontade pessoal santa,* cujo objeto não está constituído pelo cumprimento objetivo de todo tipo de exigências legais, mas que quer para si mesmo, com toda exclusividade, a todos os membros do povo e, em definitivo, adentra-se pelo profundo das decisões que marcam a vida pessoal. Por sua condição de espaço onde a vontade humana há de tomar decisões que afetam a toda a existência e onde, portanto, aparece mais clara a oposição entre o querer pecador do homem e a vontade santa de Deus, o âmbito moral adquire na pregação profética uma importância decisiva. Como razão última da ruína de Israel se salienta sua prevaricação diante das normas morais e como primeira e mais importante parte do culto se apresenta a aceitação humilde das exigências morais de Yahweh, insubstituível por nenhuma outra coisa. Assim, de forma geral, quando se observa a essência divina, o que aparece *no primeiro plano é sua vontade moral,* sua oposição a todo imperfeito e impuro,

[233] Êx 19:6; Dt 7:6; 26:19; Lv 11: 44s; 19:2; 20:7, 26.
[234] Lv 19:3.11s, 15s; 20:7s, 10s.

assim como sua pureza e integridade resplandecentes, são consideradas como o aguilhão que estimula sua relação com o povo da aliança. E isto devia exercer também sua influência sobre as expressões de santidade, ficando implicada nelas de forma muito mais exaustiva, a perfeição essencial de Deus.

O impacto dessas idéias na linguagem tradicional podem se observar em *Amós.* A profanação do nome santo de Deus que ele expõe em 2:7, leva-se a cabo em lugares santos; mas não se enfatiza o acento no fato de que se profane um espaço sagrado, mas no audaz menosprezo do Deus santo, que nem sequer pela lembrança do nome que nesse lugar se invoca detém-se em seu desenfreado ato de infringir a ordem moral. E quando Yahweh jura por sua *qōdēs* pôr fim aos hábitos luxuriosos das mulheres de Samaria (4:2) para castigar a opressão desavergonhada aos pobres, a oposição entre a santidade e o que foi criado é sentida como a oposição que há entre a sublimidade moral e o egoísmo irresponsável.

Nessa mesma linhas avançou *Isaías,* convertendo o atributo *qādōš* em expressão do governo moral do mundo. Quando na hora decisiva de sua vida, ao achar-se no templo diante do seu Deus, tem de exclamar, "Ai de mim, estou perdido!",[235] o que lhe assusta não é a separação que há entre o homem e a esfera divina, coisa comum a todo o gênero humano, mas a contradição existente entre sua índole pecadora e o três vezes santo. E o rito de expiação nele realizado lhe torna consciente de que sua *'āwōn* e *hatā't,* ou seja, sua conduta pessoal contrária a Deus, foi perdoada. O que ele vê na assembléia celestial do conselho divino lhe dá a convicção de que seu povo irá à ruína, precisamente, por obra do Deus santo que pôs sua morada no meio dele. O nome *q'dōš yiśrā'ēl* que a partir de agora mostrará como sinal e estandarte de sua mensagem imita certamente outras formas parecidas de denominar a Yahweh nas que se ressalta especialmente sua íntima relação com o povo de Israel,[236] mas adquire fundamentalmente um significado de ameaça e castigo precisamente pelo uso original do termo no sentido de *majestade moral transcendente:* o que esse Deus, cuja santidade é fogo devorador de todo aquilo que é pecaminoso (10:17), seja Deus de Israel torna ameaçador o futuro desse povo e deve assombrar até aos criminosos mais indolentes e empedernidos. O modo como Isaías utiliza essa frase em discussões decisivas e o fato de que, precisamente por isso, torne-se

---

[235] Is 6:1s.

[236] Cf., por exemplo, *sūr yis'rā'ēl-* 2 Sm 23:3; Is 30, 29; *abīr ya'ᵃqōb,* Gn 49:24; Is 49:26; 60:16; Sl 132:2,5.

insuportável para seus inimigos demonstra que se trata de um significado novo totalmente aceito.[237]

Pelo testemunho dos profetas seguintes pode se ver até que ponto influenciou Isaías em sua época com sua forma de entender a natureza divina de Yahweh. Tanto em *Habacuque*[238] quanto em *Ezequiel*[239] aparece claramente o talante ético do conceito. De outro lado, no *deutero-Isaías,* apesar da coincidência formal ser maior, operam novos aspectos que mudam fundamentalmente o significado do *q'dōš yiśā'ēl* (veja mais adiante). E muito mais notório é o significado próprio da santidade em partes da lei sacerdotal a que antes nos referimos. É fácil compreender a influência de sua envolvente pregação, a afinidade dos círculos sacerdotais com a mensagem de Isaías. Sua pregação é um dos laços de união entre as categorias de pensamento sacerdotal e o profético, por exemplo, quando descreve a Yahweh principalmente como rei soberano que apesar de sua aflição protege a Sião em meio a fatal tormenta em que acha colocada ou quando, sem mais problemas, considera que o templo é a morada de Deus e concede a Sião, como monte santo, um caráter especialmente sagrado que até lhe torna participante do esplendor da majestade dos céus.[240]

Em *Oséias* o novo significado das expressões de santidade segue outra direção. Esse profeta que, diante da interpretação legalista e institucionalista da relação de aliança, se atreveu a expor a força da vontade de comunhão divina, em toda sua imprevisível espontaneidade, como amor indestrutível, reconheceu nesse amor o poder vitalizador contraposto a todas as possibilidades da ordem criada. O amor é para ele parte da perfeição essencial de Yahweh e um elemento fundamental da santidade. Esse poder íntimo do ser divino supera não somente os poucos merecimentos de seu objeto, mas também o juízo exigido por uma ira justa. Oséias o esboça com palavras surpreendentes: "Como poderei entregar-te, Efraim; e abandonar-te, Israel?... Se me aperta o coração, se me comovem as entranhas. Não cederei ao ardor de minha cólera, não voltarei a destruir Efraim; porque sou Deus e não homem, santo no meio de ti".[241] Com maravilhosa profundidade penetra-se aqui no mistério da pessoa divina, em sua incompreensível conduta com Israel, mistério que faz saltar todas as formas jurídicas às vezes que inculca, de modo indelével, a ruptura radical com o

---

[237] Trata-se excluindo a reelaboração que conheceram, dos seguintes lugares: 1:4; 5: 16,19,24; 6:3; 10:17; 29:19; 30:11s, 15; 31:1; 37:23; cf. 8:13s.

[238] Hc 1:12; 3:3.

[239] Ez 5:11; 23:38s; 28:22, 25; 36:25s; 43:7s.

[240] Is 6:5; 1:25s; 10:16s.32s; 28:16; 29:7; 30:27s; 8:18; 31:9; 11:9.

[241] Os 11:8s.

pecado e a pureza de coração como condição necessária para essa comunhão com o Deus santo. Desse modo, em nada fica reduzido o poder destruidor da santidade, nem se minimiza em Oséias a intensidade da ameaça de juízo; mas o que em definitivo se descobre com tudo isso é o *incomensurável poder criador do amor de Yahweh, o "totalmente outro"*, absolutamente contraposto ao mundo terreno das criaturas.

Essa singular concepção da santidade como a expressão mais vigorosa da vida pessoal é exclusiva de Oséias. No mais, resta descobrir um sopro da mesma no *deutero-Isaías* quando concebe ao *q'dōš yiśrā'ēl* como o Deus que não somente julga mas também salva. Mas, ainda quando nesse caso a santidade de Deus se atribui de boa vontade como um apoio para confiar em sua intervenção em prol do povo cativo,[242] o que então se sente como o mistério mais profundo do ser divino não é seu amor incomensurável,[243] mas a maravilha da obra divina, acima de toda imaginação humana, e sua soberana capacidade para dispor dos meios e caminhos para a salvação.[244] A santidade guarda assim uma maior relação com a majestade de Yahweh; é a *maravilha de seu modo de ser* mais que a de sua ação pessoal. Está clara a conexão com o pensamento sacerdotal, ainda que agora todo o dinamismo da relação entre o Santo e o mundo provém do plano escatológico de salvação.

A *coincidência,* que aqui pode se observar, *entre a corrente sacerdotal e a profética,* marcará também a época posterior. Algumas vezes, as expressões de santidade referem-se mais à realidade estática de Deus que caracteriza a Yahweh como ao totalmente outro, como ao Senhor de seu povo e do mundo, isento da imperfeição própria das criaturas; outras dizem maior relação com o dinamismo de sua conduta pessoal pelo que ele, moralmente perfeito, induz o homem a tomar sua radical decisão pessoal e castiga o mal com a destruição. Já advertimos como no profeta sacerdotal Ezequiel se unem ambas as coisas.[245] Nos cantos cultuais do saltério se reflete a importância que as expressões sacerdotais de santidade tinham para a piedade pessoal: não somente se nomeia expressamente o Santo de Israel,[246] seu santo nome[247] ou sua palavra

---

[242] Is 41:14; 43:3; 47:4.
[243] Precisamente nos hinos ao amor imperecível de Deus, Is 49 — 55, não se encontra referência alguma à santidade de Deus.
[244] Is 40:25; 41:20; 43:14s; 45:11.
[245] Veja p. 243 e p. 248.
[246] Sl 71:22; 89:19; 22:4.
[247] Sl 33:21; 99:3; 103:1; 105:3; 106:47; 111:9; 145:21.

santa,[248] mas também se tem uma elevada estima dos lugares santos com suas celebrações e ritos cultuais. Contudo, a interpretação profética do termo, apesar de reaparecer com escassa freqüência,[249] não ficaria ignorada; a persistência do pensamento profético nota-se especialmente na menção do Espírito Santo de Deus.[250] Em qualquer caso, preponderou o uso da palavra no sentido sacerdotal,[251] que se impôs também na linguagem da LXX e da literatura judeu-helenista, assim como no judaísmo rabínico.

VII. Relação entre a imagem de Deus no Antigo Testamento com a norma moral

Como conclusão do que dissemos sobre a natureza do Deus da aliança resumimos agora *algumas dificuldades principais* com que normalmente se enfrenta uma justa valorização da fé em Deus própria de Israel. Consistem em ressaltar algumas ações e ordens divinas que não parecem estar à altura da norma moral. Assim, por exemplo, é indiscutível que às vezes Yahweh apóie a Israel ainda quando este não esteja livre de culpa: a Abraão contra o Faraó ou contra Abimeleque (Gênesis 12 e 20) ou a Jacó contra Esaú (Gênesis 27s). Faz-se referência especialmente a sua crueldade na guerra, sua ordem de exterminar a Ameleque (Êxodo 17:14), o anátema etc. E um caso que é citado com preferência para demonstrar a relação de Yahweh com uma conduta diretamente imoral é a ordem de Deus aos israelitas, quando saem do Egito, de despojar aos egípcios de suas propriedades (Êxodo 3:22; 11:2; 12:35s).

Numa primeira aproximação, sem entrar nos detalhes de cada caso concreto e mantendo com o *significado geral* de todos eles, fica claro que no antigo Israel a convicção da natureza moral de Deus ainda não havia penetrado e corrigido todas as suas formas de conceber a ação de Deus. Devemos recordar uma vez mais que a obra de Moisés não era um sistema lógico perfeito e equilibrado em sua totalidade, mas sim a tradução de uma experiência vital de Deus que, resumida em umas poucas idéias fundamentais, atuou em todas as situações do povo como um agente impulsionador, como uma levedura, e contribuiu à elaboração de novas idéias morais. Pretender que por sua obra devessem ter suprimido de uma só vez, em Israel, todas as idéias que traduzem uma moral insuficiente da divindade seria uma exigência contrária ao devir da história e a toda experiência psiconatural. O que temos de fazer, se levamos a

[248] Sl 105:42.
[249] Sl 78: 41; 51:13
[250] Sl 51:13; Is 63:10.
[251] Cf. ademais Is 29:22s; 1 Cr 16:10, 35; 29:16; 2 Cr 7:20; Eclo 36:4.

sério a transmissão histórica da fé mosaica em Deus dentro de Israel, é procurar captar de acordo com a possibilidade *a luta do elevado mundo das idéias mosaicas com o mundo de concepções religiosas insuficientemente morais ou indiferentes na moral* que Israel, como qualquer outro povo, arrasta desde seu passado e que se acham reforçadas uma ou outra vez por seus contatos com o paganismo.

Como testemunhos desse processo espiritual hão de ser considerados os elementos narrativos nos quais as idéias moralmente subdesenvolvidas turvam a imagem do comportamento divino e fazem aparecer como penetrada pela imperfeição humana.[252] A crítica que os mesmos escritores do Antigo Testamento fazem indiretamente desses lugares demonstra suficientemente a luta espiritual que se está operando, sua fé viva em Deus sujeita a independência que o homem se atribui mediante a magia ou maldições e bênçãos ao poder do único Soberano divino, em cuja vontade encontra seus limites as palavras e feitos do homem, e submete toda ação defeituosa à retribuição de um pragmatismo moral que impregna todos os acontecimentos.[253] De outro lado, não deverá esquecer-se *a verdade religiosa presente em todos esses lugares eticamente imperfeitos,* a saber: que o Deus único revela-se de forma diferente nas distintas épocas históricas da humanidade e que, segundo a situação cultural geral, delineia exigências distintas à obediência dos seus, sem que por isso possa pôr-se em dúvida a realidade de sua comunhão. Deve-se recordar neste momento as palavras de Agostinho: "*Non noveram iustitiam veram interiorem non Êx consuetidine iudicantem, sed Êx lege rectissima dei omnipotentis, qua formarentur mores regionum et dierum pro regionibus e diebus, cum ipsa ubique ac semper esset, non alibi alia nem alias aliter, secundum quam iusti essent Abraham et Isaac et Jacob et Moyses et David et illi omnes laudati ore dei,... Numquid iustitia varia est et mutabilis? Sed tempora, quibus praesidet, non pariter eunt*" (Confissões III, 7).

Por isso seria um sistema totalmente equivocado querer reinterpretar nos relatos antes mencionado colocando entre parêntesis qualquer idéia pouco moral da divindade; semelhantes apologéticas, baseadas na falsidade, nada

---

[252] Gn 12:13; 20:2; 26: 7; Êx 1:19: as mentiras piedosas apoiadas por Yahweh; Gn 30 e 31: o ardil de Jacó para com Labão, que sai com êxito graças a intervenção de Yahweh; Gn 27:33: a eficácia, que nem sequer Deus pode voltar atrás de uma bênção obtida mediante um engano. Ademais, o espólio mencionado anteriormente das propriedades egípcias. Não entra aqui o pagamento do mal com o mal: Jz 9:23; 1Sm 2:25; Êx 4:21; 9:12 etc.; 1 Rs 22:23.

[253] Cf. **A. Weiser**, *Religion und Sittlichkeit in der Genesis,* 1928, p. 52s, 62s.

conseguem. Trata-se antes de interpretar qualquer traço que nos choque *como fenômeno concomitante da dura luta espiritual* surgida ao implantar-se em Israel a fé em Yahweh.

Para uma explicação objetiva dessas dificuldades torna-se imprescindível tratar de descobrir o marco histórico próprio. Muitos elementos impugnáveis, por exemplo, do antigo Israel podem ter sua explicação nessa *sua avassaladora e íntima experiência da majestade santa de Yahweh* não depurada ainda por nenhum tipo de reflexão ética. Já vimos, ao falar da santidade de Deus, como a dimensão moral passa a um segundo plano enquanto que o que ocupa realmente o primeiro lugar é o sentimento religioso da supremacia terrível de um ser totalmente diferente do homem. O homem piedoso encontra-se frente a frente com uma realidade não-racional que lhe torna impossível de resolver e explicar nas categorias que maneja e que exige simplesmente ser venerada como o enigma de uma ação imediata de Deus. Já falamos do valor desse emudecer diante da presença imediata de Deus.[254] Aqui somente convém acrescentar que tais vivências nunca estabeleceram em Israel um sentimento de insegurança e imprevisibilidade diante da forma de atuar de Yahweh, já que não eram elas o único que dele se sabia. Tinha-se uma consciência, igualmente firme de sua bondade e de sua moral, que seguiram mantendo toda sua força frente até ao incompreensível. Esse estado de coisas fica claro, sobretudo, quando no nome de Yahweh se exigia uma ação que para nossa sensibilidade torna-se imoral: por exemplo, a prática do *hērem* na guerra santa. Mencionamos anteriomente como a primitiva idéia religiosa de renúncia chegou a adquirir um novo significado a partir precisamente do conceito de juízo.[255]

Assim, o javismo jamais se converteu numa religião da espada, por exemplo, o Islã, apesar de que as batalhas de Yahweh, que até deram nome a todo um poema,[256] constituíam *os* momentos em que se tinha consciência de estar na proximidade imediata de Deus e em que se conheceram os impulsos mais fortes para uma maior entrega aos ideais religiosos. Isto somente pode se explicar admitindo que a dimensão essencialmente moral do Deus da nação estava já tão firmemente arraigada na vida do povo que nem sequer nas *épocas* nas quais a "moralidade parecia ficar substituída pela religiosidade pura"[257] chegaria a ficar eclipsada.

---

[254] Veja, p. 244s.
[255] Veja cap. IV, II, 4a, p.114s.
[256] Cf. Nm 21:14.
[257] Cf. **P. Volz**, *Mose*, 1907, p. 47.

Outro ponto de vista histórico que em muitos relatos determina claramente o juízo do hagiógrafo é o *da idéia de eleição*. Isto tem especial aplicação na história dos patriarcas. Nesse mesmo contexto deve também se colocar a simpatia que o narrador manifesta por Abel (Gênesis 4) ou a rejeição de Saul diante de Davi. Seria totalmente supérfluo, pois, entreter-se em refutar toda essa série de interpretações falsas, toscas e superficiais, que pensam que nos relatos dos patriarcas se exalta o imoral; para qualquer observador fica claro, pelo contexto em que tais histórias se encontram, a séria crítica que se faz das deficiências desses heróis[258] e a convicção da ação educadora que Deus leva a cabo com eles. Muito mais profunda é a objeção de que Deus mostra uma preferência sem base alguma em virtudes morais e que, portanto, seu amor torna-se caprichoso. Essa objeção, tomada em sentido estrito, ataca diretamente a idéia fundamental veterotestamentária da graça eletiva de Deus, pela qual *o amor divino revela-se elegendo livremente e sem submeter-se a condição alguma,* fixando-se um entre mil e aferrando-se a ele com exclusividade zelosa apesar de todos os seus defeitos. Os profetas, dentro de seu estilo simples e popular, recorreram como a argumento culminante em sua pregação do amor divino à análise do sentido profundo dos relatos em torno dos eleitos de Yahweh. É este um elemento do que não se pode prescindir se se quer interpretar a história de Israel como a história do povo eleito.

Uma terceira consideração que se deve ter em conta na hora de julgar as expressões moralmente inadequadas sobre a conduta de Yahweh é a da *energia com que se atribui a Deus, como causa última e única, qualquer que sucede no mundo.* As constantes referências a 2 Samuel 10:16s; 24:1 e outras passagens parecidas para demonstrar a ira de Deus até contra o inocente, supõe uma crítica que confunde uma imagem do mundo, indiferente culturalmente, com um juízo moral.

As diferentes considerações feitas coincidem todas numa coisa: *testemunham que a vivência religiosa precede ao conhecimento moral.* Com isto fica confirmado também o pressuposto fundamentalmente básico, de toda a teologia israelita: a vontade de Deus se conhece por feitos e provas, e não se elabora conceitualmente mediante especulações e deduções.

VIII. Síntese

A imagem de Deus do antigo Israel recebe sua peculiaridade fundamental da síntese entre o *poder divino ilimitado* e a voluntária

---

[258] Cf. a respeito **J. Hänel,** *Alttestamentliche Sittlichkeit,* 1924, p. 11s.

autolimitação de Deus ao fundar um *b'rīt* no que a divindade se revela como *vontade soberana e pessoal.* A idéia do poder divino recebe seu cunho próprio de sua associação com a *santidade,* que é aniquiladora, inacessível e totalmente distinta de toda coisa criada, e com a ira do Deus insondável em sua liberdade. Em frente se acha o livre laço com o qual mediante a comunhão de aliança estabelece a soberania divina com Israel pela qual, Deus como pai e pastor, dá a conhecer sua *misericórdia* e manifesta sua *justiça* defendendo-o vitoriosamente dos inimigos. Por estar essa conduta de Deus com seu povo orientada a instaurar a soberania de Deus no povo santo a vontade divina manifesta-se como *poder condutor da história;* isto implica uma *plenitude de vida pessoal* que é por princípio diferente de toda força simplesmente natural e rejeita como estranhas às primitivas concepções de Deus reduzidas à crença em espíritos, "poderes" e magia.

Essa síntese típica do Deus às vezes revelado e oculto em seu desígnio sobre o homem se afirmará nas épocas sucessivas, alcançando um alto grau de consciência e profundidade diante de uma visão da vida e do mundo enriquecida com elementos estranhos. A partir do momento em que, com uma natural, cada vez maior, se consideram à luz da presença divina não somente as situações e acontecimentos extraordinários, mas todas as incidências da vida, *a ira de Deus* entra numa relação cada vez mais estreita com a *justiça punitiva* e com *a retribuição individual,* enquanto a *santidade* é entendida como o *ser perfeito de Deus,* que se reflete na lei, modelo de vida do povo santo, e destrói tudo o que se oponha ao desígnio da mesma. Não se trata, contudo, de uma ordem universal impessoal, mas de uma *vontade soberana pessoal,* assim, demonstra que o amor seja considerado como a razão mais profunda da eleição e que a *justiça* se conceba e apresente-se como o poder que educa ao justo para que ande pelo caminho verdadeiro. A santidade traduz agora a afirmação da soberania divina para os pagãos; o conceito de pai chega a abranger toda a criação, e a idéia de amor agora é aplicada à relação de Deus com cada um dos membros da nação. Dessa forma, consegue-se uma nova visão da amplitude de olhares que o Deus da aliança pode ter em suas operações.

Essa linha de pensamento apresentava a atividade divina como adaptada a compreensão humana e às suas necessidades, de forma que o caráter absoluto da divindade ininteligível em seu ser passa a um segundo plano, na pregação profética se impõem com força a liberdade e transcendência de Deus com toda sua carga sobre-humana e enigmática e às vezes até irracional. O meio de consegui-lo não foi a volta às velhas concepções israelitas, mas a atribuição de um caráter sobrenatural às obrigações que o mesmo Deus se impõe; a *soberania de Deus* aparece em toda sua magnitude no anúncio da *ira escatológica,* que torna patente em toda sua profundidade o abismo existente entre Deus e o homem e que define a realidade mundana como algo provisório, incapaz de resistir a presença do Santo. Mas precisamente essa magna solidariedade no pecado, que destrói a união com Deus e lança a humanidade para longe dele, estabelece que as *livres obrigações que Deus se impôs* revelem-se como algo que está acima de todo cânon humano e que salienta todas a categorias humanas de retribuição: *a misericórdia, característica da aliança,* se converte em livre compaixão; a *justiça* em obra salvadora que torna justo ao ímpio e renova a Israel e a todo o mundo; a santidade alcança seu significado mais profundo como governo moral do mundo, como poder incompreensível do amor que está inquieto e sofre até que não haja resgatado à pessoa repudiada. O mistério mais íntimo da *pessoa divina* aparece assim como *amor irado* e justiça salvadora, como misericórdia que persiste apesar de se pisotear a aliança. As antinomias irresolúveis para o pensamento humano ficaram fundidas na verdade de um Deus vivo e pessoal que revela o mistério de sua vida somente àqueles que se abrem na fé à aceitação do mundo novo que fez irrupção no tempo presente.

Capítulo VIII

OS INSTRUMENTOS DA ALIANÇA

A) OS LÍDERES CARISMÁTICOS

I. O fundador da religião

Se J. Burckhardt estiver certo, quando afirma que as forças presentes no nascimento de uma religião continuam sendo decisivas para o resto de sua história,[1] a figura preponderante nos primórdios da religião israelita pode dizer-nos coisas determinantes sobre os mediadores do javismo que lhe sucederam. O que caracteriza a Moisés é o não se deixar encaixar em nenhuma de nossas categorias usuais de chefes de guerra de uma nação, nem como chefe militar, chefe de tribo, sacerdote,[2] vidente inspirado ou curandeiro. Tem algo de todas elas, mas nenhuma dessas categorias é suficiente para fazer-nos compreender seu papel. Efetivamente, às vezes temos a impressão de nos achar diante de uma autoridade régia, que determina a direção da marcha e fixa seu objetivo, legisla e administra a justiça, impõe uma ordem externa na convivência das tribos. Mas falta em Moisés justamente o que é característico do rei, o comando militar, a liderança na batalha. Também não encontramos preocupação alguma de sua parte para que seu posto passe a um filho ou a um descendente. Ele nos lembra a figura do sacerdote, quando o vemos outorgando a *torah* ou repartindo instrução no santuário e organizando o culto ali realizado; a magistratura suprema não pode, contudo, ser interpretada como função sacerdotal, nem nos é dito nada sobre um possível serviço de Moisés na oferta do sacrifício; para isso estão Arão e os levitas ou ainda leigos especialmente designados, como os jovens de Êxodo 24:5. Muitos traços particulares nos fazem pensar no vidente, as aparições de Deus, a permanência de 40 dias no monte santo, a proclamação das decisões de Deus; mas não se diz de Moisés precisamente o que se costuma atribuir especificamente aos videntes: a predição maravilhosa do futuro ou o elucidar com nitidez situações obscuras. Houve a intenção de explicar sua figura como

---

[1] Cf. *Weltgeschichtliche Betrachtungen,* ed. J. Oeri, 1905, p. 42.

[2] Os pontos que **P. Volz** enumera como características do sacerdote, não são, de modo algum, suficientes (*Mose,* 1907, p. 100. Seu juízo é totalmente diferente na 2a. ed. da mesma obra, 1932, p. 57, 91s, 125s); uma visão similiar de Moisés como sacerdote pode ser encontrada em **E. Meyer**, *Die Israeliten und ihre Nachbarstämme,* 1906, p. 72.

sendo a de um curandeiro ou mago;[3] mas ainda quando haja traços isolados que muito bem poderiam inclinar a fazê-lo, principalmente os diferentes relatos de milagres, essa concepção se torna absolutamente insuficiente para explicar toda a obra desse homem e a tradição que dele se ocupa. A mesma coisa sucede com o qualificativo de profeta que com freqüência lhe foi outorgado, dado que sua maior atribuição se desenvolve no terreno religioso. Neste sentido podem se atribuir, certamente, algumas citações veterotestamentárias da época monárquica tardia (Deuteronômio 34:10; 18:15,18; Oséias 12:14); mas se deve ter cuidado, porque de fato Moisés nunca foi para a totalidade da tradição israelita o profeta κατ'εξοχην, mas que, segundo suas obras algumas vezes é designado como intercessor, outras como taumaturgo e outras como legislador, e somente quando a reflexão tem oportunidade para estabelecer uma analogia entre ele e o profetismo, aparece expressamente como um pregador da vontade de Deus, superior a todos os profetas posteriores (cf. Êxodo 4:16; 7:1; 33:11, e Números 11:24-30; 12:1-8). De acordo com isso Deuteronômio 5:24-28, o caracteriza como *o mediador entre Deus e seu povo.* Desse modo, pois, não se faz justiça à realidade histórica total ao se pretender encerrar essa personagem eminente numa das categorias correntes de *homines religiosi;* há que admitir que a grandeza desse homem consiste precisamente em reunir em sua pessoa dotes que normalmente não se dão numa pessoa somente e em ser capaz, precisamente por isso, de levar a cabo uma obra duradoura nos campos mais diversos. Se nos fosse perguntado agora qual foi o *ponto unificante da obra* dessa personalidade, extraordinariamente dotada, e graças à qual livre de ser uma confusão de elementos associados, a resposta não poderá ser outra que a da *tarefa histórica concreta* que se lhe encomendou no mesmo momento em que tomava posse de todo seu ser um conhecimento novo de Deus. Colocar nas mãos da onipotência de Yahweh um povo sobre o qual pudesse implantar seu senhorio e deixar estampado seu próprio ser, um povo a se forjar como instrumento para realizar seu juízo entre as nações e implantar uma nova ordem universal:[4] e aí o fim principal de toda a vida desse homem conquistado por Yahweh. A serviço dessa tarefa põe toda riqueza de seus dotes, e se converte então em *mensageiro da vontade divina na vida política, social e cultural,* tanto convocando para sair do Egito e para a guerra santa quanto fazendo

---

[3] **Beer** pensa dessa maneira em seu estudo *Mose*, 1912.

[4] Cf. a idéia, desde cedo presente em Israel, de considerar suas batalhas como juízos de Deus contra seus inimigos: Nm 23:22s; 24:8s; 10:35; Jz 5:20,23,31; Gn 15:16; 1 Sm 15:2,33; Sl 2; 45:4s; 110 etc. A amplitude dessa nova ordem universal pode se discutir, mas, de qualquer maneira, a princípio excede os limites de Israel, e se aplica também das nações que lhe estão submetidas.

milagres e prodígios ao atravessar um deserto cheio de perigos. Somente as grandes personalidades de fundadores como Maomé ou Zaratustra, nos que igualmente a atividade religiosa se conjuga com uma ocupação política e nacional, poderiam resistir à comparação. E precisamente a analogia com tais líderes desaconselha rebaixar a Moisés ao nível de um servidor de Deus ou de um consagrado com influência em um círculo reduzido.[5]

Mas em seguida aparece claramente uma coisa, esse organizador sem poder político autêntico, esse chefe popular sem força militar, esse ordenador da liturgia sem caráter sacerdotal, esse fundador e transmissor de um novo conhecimento de Deus sem a legitimação de profecias, esse taumaturgo, de outro lado, muito acima da pura magia, nos enfrenta desde o primeiro momento com uma realidade. É que a religião israelita não é o fruto de uma tradição bem cuidada e aumentada por tradições históricas, nem se apóia tampouco em cargos sabiamente organizados; é *criação do espírito* que sopra quando quer e depreciando nossos cânones, da riqueza de personagens extraordinariamente dotadas, reúne o aparentemente díspar para prosseguir sua obra cheia de força e de vida. Em outras palavras: *nos primórdios da religião israelita encontramo-nos com o carisma,* o conjunto de dotes individuais e especiais de uma pessoa; nele está apoiada toda essa estrutura a tal ponto que sem ele seria impensável.

1. Desse modo, *a relação do homem com Deus se fundamentou na atividade* de um mediador, especialmente chamado e capacitado. Isto tem uma importância permanente para toda a índole da teoria e do culto a Deus, o fato histórico concreto no qual Deus sai ao encontro do povo converte-se, como o interpretou o mediador, em *ponto de referência da fé,* e assim a saída do Egito, com a interpretação que recebeu para sempre na estipulação da aliança sinaítica, vem a ser *o fundamento e, ao mesmo tempo, a linha orientadora para qualquer trato de Yahweh com seu povo* e, do povo com Yahweh. Já

---

[5] Uma interpretação compreensiva da figura de Moisés foi tentada de forma interessante, mas prescindindo totalmente da crítica das fontes precedentes, por, **M. Buber** (*Moses,* 1952). Por sua profundidade religiosa, essa exposição tem valor até para o que não esteja de acordo com o método empregado e com muitos de seus detalhes. Aproximando-se muito mais da investigação atual, caindo às vezes em simplificações violentas e numa interpretação evidentemente racionalista, mas sempre com um agudo sentido do insustentável da anterior crítica mosaica, **E. Auerbach** buscou descrever a imagem do "gênio mais poderoso" de Israel (Moses, 1953). Os autores, cada um a seu modo, colocaram em evidência a necessidade de uma nova compreensão dos relatos sobre o primeiro pregador da fé em Yahweh.

anteriormente explicamos[6] que esta relação com Deus, estabelecida dessa maneira, fundamentava-se numa revelação em sentido estrito, quer dizer, numa autocomunicação de Deus dentro da contingência de situações históricas, que exigia submeter-se a uma vontade de Deus manifestada aqui e agora e excluía, em contrapartida, qualquer doutrina sobre Deus fundamentada em conceitos abstratos ou em princípios extraídos da experiência humana. Também se expôs que desse modo ficava expressa, a princípio, a liberdade de Deus diante de qualquer vinculação de tipo naturalista. Aqui somente nos resta acrescentar que precisamente a intervenção de um mediador, dá maior firmeza a esses aspectos da nova relação com Deus, pois sua obra ressalta *a distância que há entre Deus e o homem,* uma distância que não desaparece para o povo eleito. E assim foi entendida de fato a mediação, como o demonstram não somente as numerosas interpretações de sua obra neste sentido,[7] mas também o predomínio, dentro da fé, de uma consciência da terrível inacessibilidade de Yahweh, que resiste fatalmente a qualquer aproximação direta. Os inumeráveis lugares que falam do incomparável trato de Moisés com seu Deus, base de sua situação de privilégio,[8] demonstram que sempre esteve viva a consciência do abismo entre Deus e o homem que é salvo por ele.

2. Mas além disso, o modo como Moisés aproximou Deus de seu povo requereu para o futuro uma importância exemplar: *as exigências de Deus na lei aparecem como uma vontade pessoal* que pretende ordenar todas as situações do povo e configurá-las conforme a sua intenção. Com isso toda a ordenança da vida do povo não somente ficava elevada à esfera de uma obrigação religiosa — por conseguinte não estava por princípio submetida ao bom senso humano[9] —, mas ficava, além disso, ligada ao modelo da legislação dada por Moisés. Independentemente de se considerar como tradição oral ou se reconhecer sua fixação por escrito, na *torá* de Moisés achava-se a fonte de toda lei pública e privada. Se o Deuteronômio deve sua forma peculiar, a de transmitir a lei como um discurso do fundador da religião, ao costume tradicional de recitar a lei nas assembléias locais,[10] não se pode negar a existência de uma dependência objetiva que encontrou sua expressão adequada numa forma já demarcada. A fórmula

---

[6] Cf. o cap. II: A relação de aliança, p. 24s.

[7] Êx 20:8s; 33:5; 33:7s; 34:9; 34:29s; Nm 11:2; 11:25s; 12:2s; 17: 27s; 21:7; Dt 5: 5,22s. Cf. também a forma como se apresenta a Moisés no papel de intercessor.

[8] Êx 4:16; 7:1; Nm 11:24-30; 12:1-8; Dt 5:24,28.

[9] Cf. caps. III: Os estatutos da aliança.

[10] Cf. **A. Klostermann**, *Der Pentateuch,* II, 1907.

constante "e disse Yahweh a Moisés", tanto nos trechos antigos quanto nos mais recentes da lei sacerdotal, demonstra também a convicção de que só em conexão com o primeiro legislador era possível regulamentar a vida cultual. Assim sendo, isto significa que desde os tempos mosaicos a vontade de Deus, que o fundador aplicava à nação, foi considerada como uma *vontade normativa para todas as relações humanas e permanecendo idealmente a mesma para sempre;* na proclamação dessa vontade e em sua aplicação às questões sempre novas, que a vida ia apresentando, que se realizava a sujeição do povo e se tornou realidade a aceitação da soberania divina. Aqui se fundamenta *toda a paixão que Israel sentia pela lei:* Israel sabia ser cumpridor de uma vontade divina permanente.

Mas ao mesmo tempo *a palavra divina,* dirigida à vontade, foi aparecendo como a base autêntica da relação com esse Deus, e dela recebeu sua sanção — e não de sua importância mística ou naturalista — toda ação sagrada, a obediência do homem piedoso passou a ocupar o primeiro posto como o que verdadeiramente conseguia dar legitimidade a qualquer realidade sacramental. A pessoa do mediador determinou para sempre o caráter pessoal da relação do homem com Deus.

3. Essa vontade divina, que aparece como normativa de toda a vida, designa também o lugar do *povo* dentro da relação com Deus, a ele atribui-se, de um lado, uma importância considerável enquanto, por outro, impõe-lhe claras limitações. Enquanto a aliança divina não se referia ao israelita como indivíduo ou às tribos isoladas, mas ao povo em sua totalidade, considerado como uma unidade, foi possível reconhecer *que a existência do povo estava baseada na vontade de Deus.* Dessa forma, a consciência nacional tinha tons absolutamente religiosos; se as tribos aprenderam a se responsabilizar umas pelas outras sob o comando de Moisés, não foram como israelitas, mas, sobretudo, como seguidoras de Yahweh. Os deveres nacionais eram, de forma expressa, deveres religiosos.[11]

É evidente que essa subordinação do povo aos alvos da teocracia foi mais fácil numa época em que só se reconhecia ao chefe carismático e se fazia a aprendizagem da unidade nacional sob seu mandato, no período em que se constitui em Estado-nação israelita. Os conflitos começaram a se manifestar em toda sua aspereza quando, sob uma monarquia forte, os valores nacionais conseguiram total segurança e independência e Israel tomara plena consciência de sua unidade nacional e de seu poder. Mas para as lutas, que por necessidade, deveriam surgir nesse momento, teria uma importância fundamental que a obra

---

[11] No cap. II, na relação de aliança, temos mostrado que isso não significa uma redução de Yahweh à esfera de simples divindade nacional.

do fundador da religião incluísse, entre seus traços principais, uma valorização clara dos limites e da grandeza da nação, assim como o saber que esta estava destinada a ser herança comum de um círculo mais amplo.

4. Por intermédio do que foi exposto parece clara a importância fundamental da atividade do fundador e mediador para toda a estrutura da fé israelita e de seu culto; isso não deve, contudo, obscurecer-nos o fato de que *toda a contínua influência posterior de Moisés* se diferencia essencialmente da de outros grandes fundadores. A revelação divina da qual Moisés é mediador não alcançou por meio dele uma configuração definitiva, esta representa somente um começo, à partir da qual haveria de desenvolver-se uma relação permanente entre Deus e o povo, ficando abertas todas as possibilidades de uma ulterior auto-comunicação divina. Se for verdade que a interpretação mosaica da vontade divina teve caráter indicador para todas as épocas posteriores, *jamais teve o caráter de uma revelação total e definitiva da natureza e da ação de Deus;* esteve sempre decididamente aberta ao futuro. Neste sentido é significativo que nunca se consideram como resumo da revelação tais λογια de Moisés, em sua condição de fundador da religião, como no caso, por exemplo, das *suras* de Maomé ou os *"ghatas"* de Zaratustra. A transmissão da lei, inclusive, se fez com espírito de liberdade, como o demonstram os freqüentes acréscimos, modificações e ampliações do *Livro da Aliança* e as diferentes formas do Decálogo e das outras leis fundamentais.

A fidelidade ao espírito religioso e social da lei de Moisés se ligava intimamente e perfeitamente com fato de que *o direito fosse desenvolvendo-se e adaptando-se continuamente* às diferentes situações históricas. Nem tampouco se pensou jamais que, com Moisés houvesse terminado a necessidade de almas proféticas que interpretassem ou revelassem a vontade divina; ao contrário, a abundância de novos homens de Deus considerava-se garantia de que Yahweh seguia regendo graciosamente o destino do povo. E jamais foi utilizada a figura do mediador como imagem sagrada, mesmo quando mentes piedosas e agradecidas se deleitassem, em casos isolados, em adornar de formas diferentes a tradição de suas façanhas. Ao contrário do caso dos patriarcas, nenhum vestígio ficou de culto a seu sepulcro ou a suas relíquias, e a tradição fez questão de demonstrar que não se conhece seu sepulcro. Isto também o diferencia de outras personagens bem conhecidas do mundo religioso primitivo, como o eram o cacique ou o feiticeiro, que nos fariam pensar em alguns relatos, como o dos prodígios diante do Faraó, o de sua oração poderosa no caso da derrota dos amalequitas ou o de curar a mordida de serpentes mediante um ídolo milagroso.[12] Precisamente aquilo que, em um povo tão suscetível para tais

[12] Cf. a respeito p. 93.

fenômenos, o poderoso estímulo de sua personalidade misteriosa não levara a tradição a considerar a Moisés como um mago ou um homem-tabu, dotado de qualidades taumatúrgicas, representam um claro testemunho de que sua figura pertencia a uma esfera totalmente distinta. Seu poder taumatúrgico teve um caráter muito diferente do da feitiçaria primitiva: esteve a serviço absoluto da obra de Deus e sua significação, ainda que com aparências muito similares, foi totalmente distinta. A morte do fundador religioso antes da conquista da Terra Prometida, cuja preparação havia dedicado tantos esforços, sempre pareceram diante da reflexão dos historiadores israelitas posteriores como a notoriedade, em sentido estrito, do primeiro servo de Yahweh, realizado por seu Senhor celestial, com a idéia de coroar somente sua obra de libertação. Nada se diz de uma volta de Moisés, como a de Maomé ou a de Zaratustra. Deus, que é quem dá a missão a seu servo, também nesse caso, salvaguarda sua soberania ao não ligar totalmente sua obra à pessoa do mediador. Chama-o a seu serviço e o revela com total liberdade, ainda quando de um ponto de vista humano, fosse mais imprescindível. Depois de sua morte, a obra do fundador da religião parece ficar no ar; na realidade, fica fundamentada sobre o *carisma,* sobre a ação livre de pessoas inspiradas por Deus ou, em outras palavras, sobre o próprio Deus.

II. Os videntes

Visto de fora *rō'eh* ou *ḥōzeh* israelita não mostra grandes diferenças com respeito a outras personagens encontradas no paganismo oriental. São homens que, como seu próprio nome indica, "vêem" mais que os demais mortais, e não somente o futuro, mas também o oculto em geral.

A personagem está perfeitamente descrita no caso de Balaão, em Números 24:3s: "O homem de olhos (exteriores) perfeitos que escuta palavras de Deus, que contempla visões do Poderoso, em êxtase, com os olhos abertos". Achamo-nos, claramente, diante de gente que possui o dom do discernimento, como, pode se confirmar com certeza nos tempos antigos e também nos mais modernos. Por isso, são designados também *'iš ᵉlōhim,* no sentido de participantes do poder divino e iniciados na esfera divina.[13] O dom da clarividência pode traduzir-se em fenômenos psíquicos muito díspares: pode vir acompanhado de transtornos da consciência de tipo extático, como segundo parece foi o caso de Balaão, que cai ao solo meio inconsciente com

[13] Cf. **Junker,** loc. cit., p. 77s.

os olhos fechados e tem assim experiências de visões e auditivas; mas também pode dar-se em estado totalmente consciente ou, enquanto o vidente dorme, em forma de sonhos, como parece ser o caso de Samuel. De acordo com 1 Samuel 3, este recebe a primeira revelação divina em sonhos; quando se encontra com Saul, o conhece por uma revelação do dia anterior, e lhe prediz três incidentes para a viagem, que se cumprem.

Tanto o grande quanto o pequeno poder podem ser objeto da visão: Samuel sabe como as mulas se perderam e, segundo o que conta o criado, com freqüência ocupa-se de semelhantes bagatelas, mas também sabe que Saul foi designado para o trono real. Em outra ordem de coisas, não se considera repreensível o cumprir essa tarefa por uma recompensa modesta, e alguns videntes célebres, como Balaão, o fazem até por verdadeiras fortunas.

Todos esses detalhes, também os encontramos no paganismo; e o próprio Antigo Testamento reconhece, com absoluta neutralidade, que os adivinhos dos filisteus eram capazes de antecipar acertadamente o futuro (1 Samuel 6:2s), assim como, considera inspirado pelo mesmo Yahweh a Balaão, que vem de Edom. A estela de Mesa nos confirma algo que está proposto pela história de Balaão, a saber, que nos povos vizinhos de Israel tais homens desfrutavam de uma situação segura e honorável. Com efeito, nela o rei dos moabitas nos fala de uma palavra de Camos que o animou a fazer guerra. O mesmo se deve dizer da inscrição do rei Zakir de Hamat (século oito a. C.), na qual encontramos aos *ḥāzīn* arameus (= videntes) em relação com um oráculo que promete a vitória. Coincide, além disso, com os relatos que temos dos *kahin* árabes que, ao lado dos sacerdotes, desempenhavam o cargo de videntes e ofereciam suas informações em rima. E na Babilônia parece que a classe sacerdotal dos *maḫḫu* teve funções parecidas.[14]

Uma vez mais constatamos que a antiga religião israelita e as instituições religiosas pagãs guardam, na sua forma, um grande parentesco. A marca religiosa de Israel é a mesma que a dos demais povos do Oriente Próximo. Mas a forma, a serviço de idéias e objetivos diferentes, recebe um conteúdo novo.

Em primeiro lugar, se deve notar que o vidente israelita não surge para satisfazer os pequenos assuntos e desejos, com os quais o povo costuma recorrer a seu saber sobrenatural; sua tarefa está em defender a herança da época mosaica, bem como em fazer valer o culto a Deus segundo concepção

---

[14] Cf. **B. Meissner,** *Babylonien und Assyrien,* II, 64. Nessa categoria de vidente, melhor que na de profeta — como pensam alguns —, haveria que enquadrar as mulheres que entoavam os oráculos no templo de Ishtar, em Arbela, das quais temos notícias no século sete a.C. que deveriam mais provavelmente ser incluídas na categoria de videntes, do que, como muitos preferem, ser consideradas profetas.

de Moisés, contra as influências estrangeiras. E nesse ponto, no conteúdo da consciência que se tem de Deus, aparece uma profunda diferença, apesar das semelhanças que há na forma externa, com a paixão por Yahweh, o Deus santo, que busca objetivos morais, o Deus dos Pais, sua tarefa é, com freqüência grande, sagrada e de importância para a história universal.

Desse modo, na figura de *Débora* encontramo-nos com uma mulher, na qual continuam vigorosamente vivas as idéias da religião mosaica. Juizes 4:4 a descreve, utilizando o vocabulário posterior, como "profetisa", mas está claro que o que se buscava nela eram sentenças em casos em que a jurisdição local não funcionava e que ela decidia com a autoridade de uma vidente inspirada por Deus. No canto que leva seu nome (Juízes 5) recebe o título honorífico, genuinamente antigo, de "mãe de Israel", que ao reconhecer-lhe uma autoridade religiosa a iguala ao sacerdote, a quem se dava o título de *'āb,* "pai". A influência que se reconhece é suficientemente forte para avivar nas tribos desunidas e desintegradas uma consciência de solidariedade sob o estandarte de Yahweh e animá-las a empreender a luta em prol do Deus da guerra, que vem do Sinai em sua ajuda. Segundo Juízes 5:12 Débora entoa o *canto de recrutamente* para a guerra; e segundo Juízes 4:6, ela também elege o chefe militar, o que garante a adesão das tribos pela fama de que ela desfruta. Que a libertação do domínio cananeu, conseguida por essa vitória, esteve ao serviço de uma idéia religiosa, está vivamente testemunhada pela introdução desse canto, composto quando ainda era recente a impressão do acontecimento: "quando tu, Yahweh, saía de Seir, quando subias desde os campos de Edom, tremeu diante de ti a terra, destilaram os céus e as nuvens desfizeram-se em água. Derretendo-se os montes diante da presença de Yahweh, na presença de Yahweh Deus de Israel". Esse Yahweh *que vem do sul é, sem dúvida, o que se deu a conhecer em Israel por suas revelações a Moisés,* que se manifesta, não em santuários de Canaã, mas no Sinai, para vir em ajuda de seu povo.

A vidente Débora desenvolveu uma rica atividade, tanto no terreno político quanto no da lei e da religião. Se alguém se fixar somente nos resultados externos, tende a considerar maior o êxito político. E, portanto, terá de dar, ao menos, a mesma importância à revitalização interior da consciência nacional graças a sua atividade religiosa e judicial; porque se é verdade que a vitória externa conseguiu criar a base necessária para um desenvolvimento livre do povo também em seu aspecto religioso, em tempos de paz teve uma importância decisiva à influência quieta e contínua da vidente para que a religião javista obtivesse a supremacia espiritual sobre a religião naturalista cananéia.

De outro lado, não se pode admitir que Débora fosse a única vidente desse tipo na época dos juízes. Assim como temos de postular, aparte dos chefes políticos, que ocasionalmente nos deu a conhecer o livro dos Juízes, a existência de outros muitos juízes de tribo, de importância para assegurar a supremacia do elemento israelita em Canaã, assim também podemos considerar como o mais verossímil que não faltaram nunca personalidades com o carisma da visão. De outro lado, Números 23:23 expressa a firme convicção de Israel de que nunca careceria o povo de homens que lhe dessem a conhecer a vontade divina. E, ao menos no final da época dos juízes, temos a continuidade disso na *figura de Samuel.*

O capítulo 9 do livro 1 de Samuel descreve-o como vidente numa pequena aldeia dos montes de Efraim. Mas, ainda nessa história popular, fica claro que a esfera de influência desse homem era muito mais ampla do que a sua modesta posição poderia sugerir. Isso é demonstrado não somente no fato de que ele exerça funções sacerdotais durante o sacrifício na medida em que era membro do santuário de Siló, mas também sua atividade judicial, intimamente ligada ao sacerdócio e prestigiada, no caso, pela fama própria do vidente. Não está, portanto, desencaminhada a narrativa deuteronomista de 1Samuel 7 ao pintar a Samuel como juiz, ainda quando deva considerar como não histórica a estilização que pretende fazer do vidente um príncipe sem coroa de todo Israel. Conhecida a consciência da amplitude de sua influência, se entende por si só o papel importante que Samuel desempenha na designação do futuro rei e a influência que exerceu sobre o ainda jovem movimento profético. Achamo-nos, pois, diante de um dos espíritos mais destacados da história israelita em um momento crucial. Uma prova a mais da grande importância, que nessa história tiveram os videntes. Recentemente A. Weiser em sua séria investigação *Samuel. Seine geschichtliche Aufgabe und religiöse Bedeutung,* 1962 (*Forschungen zur Religion und Literatur des Alten und Neuen Testaments,* 81) reivindicou e pôs em evidência o significado de Samuel.

Como último representante dos videntes primitivos caberia citar sem dúvida, *a Gad,* o vidente de Davi que é mencionado 2 Samuel 24:11. Ele recebe também o título de nā*bī,* mas isso se deve atribuir à concepção posterior, que identificou como *n*e*bi'īm* a todos os chefes espirituais, mais que a uma verdadeira informação histórica. Segundo 1Samuel 22:5, Gad acompanhou a Davi em sua fuga e pôs a seu serviço sua capacidade de vidente. Em 2 Samuel 24:11s. se defende diante da monarquia a antiga idéia dos direitos reais exclusivos de Yahweh: uma mostra interessante da postura dos videntes em geral com respeito ao antigo ideal teocrático.

Por tudo o que foi dito, se demonstra que os videntes do primitivo Israel receberam um cunho especial e característico por sua ligação com a obra do fundador religioso, quando o israelita reconhecia na resposta do vidente, coisas ocultas na vontade solícita de Yahweh, estava vendo nele algo mais que o descortinar momentâneo de um véu que o cobria; era *a continuação e confirmação de uma relação com Deus existente desde sempre.* Certamente, também o homem grego, ao ouvir o vidente de Apolo, podia ter uma idéia profunda do poder de reconciliação e ajuda do médico divino, e ver-se assim animado a render-lhe culto. Mas jamais podia ele ser base para iniciar ou confirmar uma relação exclusiva precisamente com esse deus, nem podia tampouco, reconhecer em semelhantes contatos com a divindade, a obra de uma vontade soberana que, conforme um plano, exercesse o governo sobre ele e sobre seu povo. De outro lado, ao atribuir seu oráculo ao Deus que se havia dado a conhecer, por obra de Moisés a partir do Egito e que era Senhor da vida nacional, ao falar em nome desse Deus, as palavras do vidente israelita apareciam como a continuação de um diálogo divino com seu povo, que encontrava seu fundamento e fim na relação de soberania de Yahweh sobre Israel, iniciada de uma vez para sempre. Precisamente porque é rei da nação, Yahweh comunica sua vontade em cada momento e com segurança (Números 21 — 23). E se alguma vez essa comunicação não chega, isto não se deve ao capricho de um Deus que somente se inclina para mostrar seu favor em determinadas ocasiões; é igualmente um indício certo, mas de sua repugnância pela infidelidade humana e de seu juízo ameaçador (1Samuel 3:1; 28:6). A abundância de videntes é, ao contrário, uma prova do favor do Deus da aliança (1 Samuel 3:19s).

Desse profundo significado que adquire o oráculo, por sua relação com a obra do fundador, estavam plenamente conscientes os videntes, ao menos os principais dentre eles. A comunicação do saber superior de que eles desfrutavam não representava um fim em si; viam nele *um meio para velar para que não decaísse em Israel a vigência da vontade soberana de Deus.* Não se tratava de um vago sentimento religioso, desencadeador de uma série de dons espirituais especiais, como observamos em outros povos; todos esses poderes maravilhosos se colocavam a serviço do fim específico que a nação de Israel havia recebido como parte de sua herança religiosa.

De acordo com o que foi dito, não é de estranhar que, no caso dos grandes videntes, nos é falado também de sua *atividade política* a serviço do povo. Assim como para o fundador da religião, todo o progresso externo da vida nacional formava parte do âmbito dos assuntos religiosos, os videntes não se viram livres da necessidade de intervir em acontecimentos políticos e dirigi-los em nome de seu Deus. São mensageiros de Yahweh, diante de seu povo, quando ele quer se pôr como seu cabeça na guerra santa; e despertam a consciência nacional expressando ao povo, em cantos e ditos, sua grandeza e seus deveres ou também a magnificência e bênção de sua vocação a serviço de Yahweh. Por conseguinte, serão também em tais círculos, onde apareçam os *primeiros pregadores de uma genuína esperança de salvação,* cantando por vezes a vitória esmagadora sobre as nações e outras, a vida de abundância paradisíaca com que Yahweh premiará a seus fiéis (cf. sobretudo os oráculos de Balaão, Números 22 — 24, e o oráculo de Judá em Gênesis 49:8-12). Trasladam assim, o tipo mitológico de esperança de salvação atemporal do antigo Oriente, à esfera da experiência histórica e o converte na segurança religiosa de um futuro atual; dessa forma proporcionam a seu povo um espelho no qual podia ver sua existência histórica orientada para uma meta superior e adquirir, dessa forma, uma consciência cada vez mais clara de sua tarefa histórica e de sua posição entre as nações do mundo inteiro. O que significou para a época de fundação religiosa de Moisés a posse da Terra Prometida, isso mesmo representará para os tempos posteriores a esperança da salvação final: um impulso forte para frente, plenamente consciente de que vai para um futuro que pertence totalmente a Deus.[15]

Nessa situação, era imprescindível que se afirmasse cada vez mais, *até na forma externa de sua atuação, o caráter peculiar do vidente israelita.* A diferença se dá, desde o princípio, no que se refere às instituições e meios propriamente técnicos, de tanta importância para o vidente pagão. Os gregos, tendo em conta esse aspecto, dividiam os presságios em duas classes: uns buscavam descobrir o futuro usando meios que podiam aprender-se tecnicamente, como o vôo das aves, os signos do zodíaco, a observação das vítimas sacrificais, lançando sortes etc.; outros não podiam ser aprendidos, porque pertenciam a dons especiais, com base numa iluminação interior para decifrar o oráculo. A estima das pessoas verdadeiramente inspiradas pela divindade, como a pitonisa, era muito maior que a dos intérpretes de sonhos, ventríloquos e agoureiros de artes duvidosas. Chama a atenção, diante de tudo isto, que em Israel *não encontramos nada absolutamente de um verdadeiro*

[15] Cf. cap. XI: A consumação da aliança.

estudo de agouros[16] nem tampouco, se estabelece relação entre outros meios técnicos e os antigos videntes.[17] Desse modo, por exemplo, no caso de Samuel, ainda que a tradição seja bastante rica e devida a muitos narradores diferentes, em nenhum momento nós o encontramos utilizando artes de presságio. Nem sequer o êxtase jamais intervém em seu caso; seu saber superior lhe advém do dom do discernimento, de sonhos e de audições. Segundo as palavras de Balaão (Números 24:1s.), parece que o receber oráculos divinos em êxtase foi coisa conhecida já nos tempos antigos; mas se deve observar que, nem então e nem mais tarde, utilizou-se classe alguma de narcóticos como meio de provocar o êxtase, nem nunca houve necessidade de um intérprete de semelhantes oráculos em êxtase, como era o caso de Delfos; um sinal claro de que a pessoa que vivia o êxtase dava sua informação em palavras inteligíveis.

Com isso não se nega, naturalmente, que *também em Israel houvesse aqui ou acolá personagens semelhantes aos videntes e adivinhos pagãos*. Segundo 1 Samuel 28:3 foi preciso uma ação especial de Saul para pôr fim a suas atividades. E se em Isaías e Miquéias o *qōsēm* aparece no mesmo nível que o sacerdote e o profeta (Isaías 3:2; Miquéias 3:7), talvez se deva pensar na introdução do adivinho técnico na cultura cosmopolita, própria da última época dos reis. Mas ela não impede que os homens nos quais Israel reconhecia como videntes enviados por Yahweh, se sentissem totalmente distantes da forma de adivinhar própria do paganismo. Por isso Números 23:23, em que ficam expressamente excluídos *naḥaš* e *qēsēm,* o presságio e a adivinhação no sentido pagão, expõe acertadamente o ideal do chefe espiritual: se tinha a convicção de obter notícias de Deus por uma via mais direta e segura.

---

[16] 2 Sm 5:24 é o fato mais singular que se pode ter em conta a esse respeito; cf. **Volz,** *Bibl. Altertümer,* 167. E o mesmo deve-se dizer de Jz 6:36s. Quando no caso de Balaão fala-se de advinhações, *n^eḥāšim* (Nm 24:1), faz-se com a finalidade exclusiva de ressaltar mais a diferença entre essa forma pagã e a própria do Deus de Israel. Cf. ademais o estudo fundamental de **C. A. Keller** mencionado na p. 198, n. 47.

[17] O oráculo dos *t^erāpīm,* objeto de pronta proibição e utilizado principalmente de maneira privativa, jamais se pôs em conexão com os videntes; o *efod* e os *urim* são aparatos exclusivamente sacerdotais. A música para provocar o êxtase e uma espécie de oráculo mediante flechas aparecem pela primeira vez em Eliseu (2 Rs 3:15; 13:15s) e deviam ser próprios dos círculos dos *n^ebī'īm,* mesmo que desde logo não pode se excluir, com segurança, que também os videntes utilizaram tais meios. A adivinhação mediante uma taça, que, conforme nos é apresentado em José como intérprete de sonhos, devia formar parte do repertório do vidente israelita, aparece claramente no relato como um uso egípcio e não permite fazer conclusões diretas sobre as condições israelitas. Gn 15 nos apresenta de certa maneira a Abraão como um vidente que espera conhecer o desígnio divino no sacrifício e estuda o comportamento da aves, temos aqui, mais que uma prática usual da época do autor, uma relíquia quase perdida — e não muito bem compreendida — de usos babilônicos da época pré-mosaica. Cf. p. 93s.

No mais, a tradição sobre Moisés ilustra até que ponto são fidedignos os relatos sobre esse ponto. Essa tradição não lhe atribui nem sequer um vestígio de predição maravilhosa do futuro, apesar de ser natural a tentação de exaltá-lo também dessa forma. Somente a época posterior o contará também entre os videntes, ao atribuir-lhe cantos e bênçãos em Deuteronômio 32 e 33. Apesar de que Números 12:2 poderia apoiá-lo, não pode afirmar-se se Miriam, a irmã de Moisés, exerceu como vidente na forma dos *rō'īm*. Em qualquer caso, praticamente nada podemos ler de uma atuação de videntes na época de Moisés.[18] Somente após ele ter desaparecido de cena, sem deixar um sucessor de seu quilate, e apenas então, começa a haver em Israel espaço adequado para a ação do vidente.

III. Os nazireus

Em um sentido distinto daqueles em que os videntes atuavam, havia, o segundo grupo de carismáticos, os nazireus.

Seu caráter carismático não é indiscutível, pois, muitas vezes, esse grupo não foi avaliado mais que um fenômeno particular de ascese religiosa, caracterizado pela abstinência de vinho, o evitar contatos com os mortos e a consagração do cabelo, o que poderia explicar-se como uma reação contra a civilização cananéia.[19] Mas essa interpretação, baseada sobretudo em Amós 2:11s. e Números 6, não explica suficientemente os relatos mais antigos de Juízes 13 — 15; 1 Samuel 1 e Gênesis 49:26; Deuteronômio 33:16, nos quais se ressalta o comportamento ativo dessas pessoas, especialmente favorecidas por Deus, sobretudo na guerra santa contra os inimigos de Yahweh. Ainda quando se crê que se deva deixar de fora a Samuel e a José e admita-se, no caso de Sansão, uma perda da imagem originária, obscurecida pela intervenção de tradições de outro tipo, restaria ser explicado como pôde se dar uma total distorção do nazireado nos historiadores antigos, mais próximos, sem dúvida, que Amós a essa instituição. Se a figura de Sansão demonstra que, para o nazireado antigo, junto à consagração do cabelo, não era tão importante o ascetismo quanto as façanhas guerreiras,[20] ganha importância histórica, ao menos, a designação da tribo de José como nazirea. É indiscutível que, no caso de Samuel, não estamos

---

[18] Nm 11:24 é um estudo posterior sobre a posse do *ruāḥ*.

[19] Dessa forma **Orelli.** HRE, XIII, 653s; **R. Smend**, *Lehrbuch der alt. Theologie,* 152s, e outros.

[20] Uma relação originária com a guerra santa é admitida também por **Stade,** *Bibl. Theologie des AT,* I, 1905, p. 132s, e **Sellin,** *Beiträge zur israelitischen und jüdischen Religionsgeschichte,* II, 1, 127s.

diante da forma pura do nazireado, mas sua consagração de vida a Yahweh e o ter deixado crescer o cabelo o aproxima tanto ao tempo do antigo nazireu que, a falta de uma atividade guerreira somente se pode lhe atribuir por sua entrada na ordem sacerdotal. Deixa-se levar por uma percepção correta a LXX quando os designam diretamente por nazireu. Finalmente, precisamente Amós 2:11s., onde a aparecimento de nazireus por obra de Yahweh é colocada em relação com a conquista da Terra, demonstra que todavia o profeta conheceu a importância guerreira desses carismáticos.

Só é possível conciliar os diferentes relatos que o Antigo Testamento nos dá sobre o nazireato se admitindo que, na época dos reis, o voto de nazireato conheceu uma mudança pela qual seu caráter perpétuo e a consagração da guerra santa foram substituídos por uma obrigação temporal, de matiz principalmente ascético, que obedecia às prescrições sacerdotais de abstinência (assim Números 6, cf. Levítico 10:8s e 21:11). O nazireu de época antiga se distingue por uma copiosa cabeleira, símbolo da total consagração de sua vida à divindade,[21] e realiza seu serviço a Yahweh guerreando contra os inimigos do povo, como chefe guerreiro, cujas temerárias façanhas impelem aos seus a uma luta heróica. O caráter carismático do nazireado aparece, sobretudo, no fato de que tais façanhas de guerra sejam descritas como ações do espírito de Yahweh (Juízes 13:25; 14: 6,19; 15:14). Semelhante maneira de descrever sua ação leva a pensar que o antigo nazireado se movia de modo parecido ao êxtase guerreiro estendido a outros povos, como nos consta, sobretudo, dos *berserkers* nórdicos.[22] O nazireu se distingue dos posteriores "homens do espírito" proféticos, por ser sua separação estritamente individual; não há nenhuma oportunidade de formação de qualquer grupo religioso. No que se refere à experiência espiritual de Israel, tem considerável importância o fato de que, desde o princípio, o êxtase operado pelo espírito, segundo se vê em seus principais expoentes, nada tem a ver com o se perder do místico na divindade, mas que aparece como um instrumento para uma atuação vigorosa em prol do Deus nacional. Toda a forma de guerrear desses

---

[21] Também a videira, proibida ao homem e que por isso não se pode cortar, chama-se *nāzīr*: Lv 25:5-11. Como isso em nada afetaria o significado atual do nazireado, podemos deixar de lado a questão de se esse uso tinha suas bases na idéia primitiva e manaísta de que a força vital divina habitava no cabelo crescido (assim **Orelli** e outros) ou se sua motivação fundamental era, simplesmente, "a renúncia a toda civilização pelo Deus da guerra e do deserto" (**Sellin**, *Geschichte des Volkes Israel,* p. 129).

[22] Esta idéia poderia sustentar-se ao supor que a consagração, por parte dos pais, não é mais que um elemento secundário da narração original, introduzido pelos relatos de juventude (Jz 13 e 1 Sm 1) com a intenção de edificar; na primeira versão se trata de um voto voluntário do jovem, feito por ele ao entrar na idade adulta (assim pensa Smend em relação com Am 2:11, *loc. cit.* p. 153). Cremos, do contrário, que as duas coisas puderam coexistir desde muito cedo.

homens consagrados nos permite reconhecer que, somente podiam desempenhar um papel na época agitada da conquista da Terra, quando não havia ainda uma força organizada encarregada da defesa do país; e torna-se lógico que, ao aparecer a monarquia, desapareçam de cena ou somente prossigam existindo de uma forma totalmente distinta.

É característica da antiga religião javista e uma prova, por sua vez, de sua força que, até a experiência de êxtase mais forte que ela conheceu não ultrapassou seus próprios limites e ajustou-se a sua fé em *Deus.*[23] Jamais o milagre do êxtase adquire um valor independente, como resultado que se cultivou por si mesmo; nem tampouco se estabelece uma divinização do homem porque suas proezas foram as celebradas como o centro de interesse. Também nisto o que predomina é a firme relação do homem com Deus, que chama o seu povo para o seu lado e o dota com dons e energias suficientes para poder afirmar sua causa diante de inimigos poderosos. O conceito de heróis é estranho para essa religião, até quando se trata de qualificar façanhas pelas quais a nação foi salva em momentos extremamente críticos; somente se sente admiração maravilhada diante de Deus, que com seu espírito capacita a homens débeis para levar a cabo feitos maravilhosos.

O nazireado tem uma importância direta no que se refere ao fortalecimento da consciência nacional e de sua fundamentação religiosa. Certamente, não foi pouca sua contribuição, para manter viva em Israel, a consciência de seu caráter específico como povo e da necessidade de manter-se alheio a tudo o que é cananeu, já que fora eleito pelo Deus zeloso. Dessa maneira, os nazireus foram um fator importante para que a religião israelita não caísse num fácil compromisso com a religião cananéia, para impulsioná-la a que afirmasse e sustentasse com energia sua própria peculiaridade. Mantiveram vivas e animaram, especialmente, as concepções religiosas da guerra. E nesse sentido representam uma importante sustentação do terceiro grupo de carismáticos que vamos estudar, os "juízes".

IV. Os juízes

Com esse nome designa o Livro dos Juízes — ou, melhor, o redator deuteronomista desse livro — a personagens muito diferentes, aplicando a todas elas a teoria, de pouca base histórica, de que os homens e mulheres

---

[23] Historicamente considerado, isto não é tão natural, adverte-nos **J. Hempel,** *Altes Testament und Geschichte,* 1930, p. 58.

assim designados exerceram em seu tempo, sobre todo Israel, uma soberania apoiada numa legitimação divina. Na realidade, as histórias que se conservam dos juízes, não obstante o esquematismo do livro, demonstram que, em Israel, existiram chefes muito diferentes, que exerceram sobre o povo ou sobre parte do mesmo, uma autoridade de maior ou menor grau. Alguns deles, como já vimos, figuram como "videntes" e "nazireus". O terceiro grupo está constituído por uma espécie de chefes ou pequenos príncipes, que obtiveram uma posição política destacada devido a sua coragem na guerra, mas, cuja influência apesar disso, raras vezes se estendeu além de sua própria tribo. Estes são os que vamos estudar agora como "juízes" no verdadeiro sentido da palavra.

Caberia perguntar, naturalmente, se é preciso contá-los entre os chefes religiosos, já que a função especificamente religiosa é neles secundária. Sua intervenção pode se dever a vários motivos: está em primeiro lugar a vingança particular por uma injustiça sofrida. Como se vê no caso de Gideão (Juízes 8:18s.) e parece provável, no de Baraque (Juízes 5:12). Pode também impulsioná-los a ações de libertação, o sentimento nacional, ferido pela opressão inimiga, como no caso de Otoniel (Juízes 3:10) e Eúde (Juízes 3:16s.). Ficaria unicamente isento do que acabamos de dizer somente Josué, que se converteu em chefe das tribos por designação de Moisés e levaria a cabo a conquista da terra, como uma tarefa expressamente religiosa. A aliança siquemita (Josué 24), cuja conclusão ele realizou solenemente, conforme o *Livro da Aliança,* no santuário de Gilgal, ajudou novamente a que Israel tomasse consciência de sua condição de confederação javista, com seu compromisso de servir ao Deus da aliança e de organizar toda sua vida sob a jurisdição desse Deus.

Mas a chefia de Josué não era hereditária; já em vida parece que foi eclipsada pelos governantes locais, e depois de sua morte, até o santuário da aliança perdeu sua importância central se convertendo em um simples santuário tribal efraimita. Mas, apesar do papel de Josué ter sido sem paralelo, não se deve desprezar a influência religiosa dos chefes políticos posteriores. Porque tampouco eles podiam realizar suas iniciativas prescindindo do lema santo "Yahweh e Israel". A isso estavam obrigados não somente pela estreita conexão entre liberdade nacional e liberdade religiosa, entre a idéia nacional e a javista; o dever de guerrear contra os inimigos do país, somente se podia tornar claro para um grande número de gerações e tribos israelitas, se a eles se apresentasse como autoridade religiosa marcada pela soberania da vontade de Deus.

Assim também depois, por ocasião das guerras de libertação, realizadas pelos capitães ou príncipes anteriormente mencionados, vemos como o sentimento de identidade nacional inflama uma e outra vez a consciência do dever religioso nos camponeses israelitas; a mobilização de guerra à serviço de

Yahweh ativa ao que tinha se esfriado e tornado indiferente, recordando que, no culto desse Deus se estabelecia à grandeza e a honra da nação, grandeza e honra que Israel não podia compartilhar com nenhum outro povo. Desse modo, os golpes dados pelos heróis tribais, não somente conseguiam ampliar o espaço vital para o livre desenvolvimento da minoria israelita, mas que também representavam um fortalecimento de sua capacidade espiritual de resistência ao despertar e revigorar sua vontade de afirmar sua idiossincrasia religiosa. Neste sentido é acertada a frase de Wellhausen:[24] "o campo de batalha, berço da nação, era, às vezes, o primeiro santuário. Nele estava Israel e também Yahweh".

Da influência religiosa desses chefes, superficialmente considerados como somente políticos, dá testemunho a história popular, ao pôr em relação suas intervenções com a concessão do *rūaḥ* de Yahweh (cf. Juízes 6:34; 11: 29).[25] Ou seja, que também nos homens que, segundo nossa idéia, são puramente "seculares", é o espírito poderoso quem opera os feitos salvadores, pelos quais a nação se mantém viva. E isto não tem por que estar em contradição com o fato de existirem algumas ocasiões naturais para sua intervenção, pois precisamente no êxito imprevisto de suas iniciativas reconhecia o israelita a ação de um poder superior. E ao designar esse poder como *rūaḥ,* convertia a seus chefes políticos em servidores diretos do Deus nacional, em instrumentos pelos quais Deus exercia sua soberania. Essa estreita relação entre a atividade política e guerreira e o poder do Deus soberano permite, ainda quando só se aceitava totalmente em alguns círculos concretos,[26] voltar a manifestar a intensidade da referência de toda a vida ao único Yahweh, que proíbe terminantemente isolar a vida política considerando-a como domínio exclusivo do interesse humano (cf. a fábula de Jotão de Juízes 9). Há aqui um pressuposto importante para entender a forma como conseguirá mais tarde a monarquia seu posto dentro do organismo total da nação. Nos casos em que não aparece a concessão do *rūaḥ,* como no de Baraque, requer maior evidência a iniciativa da vidente inspirada por Deus; só quando se assegurou que o poder divino, nela presente, seria colocado à disposição da confederação da aliança, se atreve nosso chefe tribal vacilante, a começar a perigosa batalha, quer dizer, a empreender o caminho seguro do êxito. Semelhante pacto entre vidente e juiz não devia ser um caso isolado naquela época (cf. mais tarde Samuel e Saul), e mostra um novo modo em que o fervor nacional, com

---

[24] *Israelitische und jüdische Geschichte,* 1914, p. 24.

[25] Certamente, os poucos testemunhos certos contra a origem dessa idéia poderiam criar a desconfiança a esse respeito.

[26] A relativa raridade de testemunhos poderia induzir a isso.

freqüência de uma expansividade vulcânica, se pôs a serviço do Deus nacional. Até na nação desintegrada da época dos juízes, o laço comum do único Yahweh, é suficientemente forte para que os chefes das diferentes tribos não servissem à vaidade de cada uma delas, se convertendo assim em sinais de contradição e inimizade, mas ao invés, para que em sua ação se manifestasse o poder desse Deus, que quer fazer de Israel um povo seu e unido.

Não parecia, desse modo, estranho que esses heróis guerreiros, com domínio dentro de limites com freqüência modestos, prepararam, em mais de uma ocasião, as cores apropriadas para formar o quadro do único grande salvador, que poria em ordem tudo que andava desordenado e implantaria o reino de Yahweh sobre um território destroçado pelas guerras (cf. a este respeito o cap. XI: A consumação da aliança). Quando a primeira esperança messiânica, em contradição com sua peculiaridade originária, inseria aspectos guerreiros na imagem do príncipe da paz, estariam influindo nela os feitos salvadores dos juízes; de outro lado, os historiadores populares adornaram a esses heróis com atributos que os aproximavam da personagem máxima da salvação e faziam que ele aparecesse como seu protótipo.[27] Para que fosse possível essa estilização das figuras dos juízes, era condição prévia que, à princípio, elas fossem consideradas como instrumentos do senhorio de Yahweh e, por conseguinte, apesar do aspecto limitado de sua significação histórica particular, como autênticos mediadores da verdadeira idéia de Yahweh.

V. O NEBIÍSMO

1. *Características fundamentais do fenômeno*

Quando a liderança carismática desorganizada da nação, começou a dar lugar a outra, na qual, homens de dignidade principesca e real seriam a confirmação de sua posição por um método de eleição e por acordo com os anciãos do povo, surgiu entre os carismáticos religiosos *um novo fenômeno,* que em seguida atraiu a atenção e suscitou tanta crítica quanto entusiasmo, o profetismo primitivo ou nebiísmo. Até agora os juízos sobre esse fenômeno são díspares, e onde uns não vêem mais que um entusiasmo pagão, outros consideram que aí se manifesta um tipo de forças essenciais ao próprio javismo.

[27] Cf. cap. XI, p. 426s.

a) O fenômeno do êxtase de grupo.

A verdadeira novidade que, imediatamente salta aos olhos no primeiro movimento profético, é o êxtase de grupo. Se for verdade que no fenômeno do vidente já se conheciam experiências de êxtase, nada sabe o javismo primitivo de que grupos inteiros de homens, que se viram arrebatados em êxtase e arrastaram em sua experiência até a espectadores alheios ao assunto.[28] Quais são as razões para o nascimento desse fenômeno religioso? Para um observador mais atento a *primeira causa de sua origem* parece se achar no *culto*:[29] no mesmo lugar em que, pela primeira vez na história israelita, fala-se de um grupo de profetas (*ḥebel*), se observa que desciam do lugar de sacrifício, ou seja, que vinham provavelmente de tomar parte de uma ação sacrifical (1 Samuel 10:5). E mais tarde, como morada de associações proféticas, somente se mencionaram lugares de culto: Jericó (2 Reis 2:5), Gilgal (2 Reis 4:38), Ramá (1 Samuel 19:18s.). De outro lado, ao se querer tirar conclusões sobre os profetas israelitas, a partir do comportamento dos de Baal (1 Reis 18:19s.), teremos mais outra indicação de sua intervenção nas celebrações sacrificais.

Observou-se, e com razão, que para o costume israelita, era totalmente estranho um culto de excitação com ajuda de narcóticos ou de automortificações corporais. É, por isso, falso argumentar, buscado na menção de tais práticas entre os cananeus (1Reis 18:28s.) ou no profetismo degenerado do período tardio (Isaías 28:7), que isso teria importância no profetismo antigo. Por outro lado, dispomos de dados suficientes sobre um elemento do culto israelita, que muito bem poderia dar lugar ao êxtase: *a dança sagrada* que era uma peça imprescindível da liturgia. A força e o entusiasmo aplicadas à execução eram proporcionais à seriedade que os celebrantes lhe dessem como parte de suas obrigações religiosas, e o grau no qual providenciasse um escape para seu entusiasmo pelo Deus que eles adoravam (cf. 2 Samuel 6:5).[30] Naturalmente, essa dança cultual foi cultivada também pelos *n*^e*bī'īm* com especial esmero; com ela desempenhavam um papel importante o canto e a música, que contribuíam a uma maior animação e entusiasmo. Pelas representações que temos de semelhantes costumes nos povos mais diferentes, seja a das sociedades de

---

[28] O caso isolado da história em Nm 11:23s. não é prova do contrário, na medida em que foi modelada por visões tardias de possessão.

[29] Cf. **Duhm**, *Israel Propheten,* 1916, p. 82s; **Hölscher**, *die Propheten,* 1914, p. 143s.

[30] **W. O. E. Oesterley**, *The Sacred Dance,* 1923, ressaltou com grande força o amplo significado da dança cultual. Sobre a grande extensão dos fenômenos extático-proféticos, que nos demonstram que se trata de algo comum a toda a humanidade, oferece-nos um panorama **J. Lindblom**, *Zür Frage des Kanaanäischen Ursprungs des Altisraelischen Prophetismus,* em *Eissfeldt-Festschrift,* 1958, p. 89s. Cf. também **M. Eliade**, *Schamanismus und archaische Ekstasentechnik,* 1957.

terapeutas de Filo, das danças dervixes do Islã antigo e moderno[31] ou das danças religiosas de caçadores, entre os basutos africanos, podemos fazer uma imagem bastante exata dessa prática cultual e a maneira pela qual sua realização podia levar ao êxtase.[32] Nela o sentimento religioso acha, de forma muito direta, um modo de expressar o culto ao poder divino;[33] no mais, depende da elevação de cada religião ao grau em que essa forma de expressão esteja dominada ou, ao contrário, desligada de uma concepção clara e consciente da natureza divina. Seja o que for, no caso do Antigo Testamento, está perfeitamente documentado que *a dança cultual seguia acompanhada de canto religioso* (cf. 1 Samuel 6: 5; Isaías 30:29; Salmo 26:6s; 118:27s) e não temos razão alguma para fazer, neste sentido, uma exceção com a dança cultual dos profetas.[34] Além disso, também em época mais tardia, sempre os cantos mais belos se encontraram na boca de algum profeta (cf. Êxodo 15; Juízes 5; Deuteronômio 32s; 2 Samuel 23:1s.). Não é preciso dizer que, no êxtase, o canto se faz em breves invocações ou até em gritos inarticulados; porém, faz muita diferença o modo pelo qual o êxtase é compreendido em uma religião particular, pois o estágio de abandono semi-consciente pode ser compreendido pelos extáticos como um fim em si mesmo ou como um meio mais elevado de expressar seu louvor à divindade. Seja lá o que for a precoce e rica formação de um gênero de canto cultual em Israel apoiaria, da forma mais enérgica, uma interpretação positiva do significado do êxtase.[35]

---

[31] Os seguidores do escritor islâmico Djelal-eddin-Rumi († 1273), chamado *ewlewis,* tinham "como característica de seus exercícios piedosos a dança acompanhada pela flauta" (**H. H. Schäden,** *Islam,* RGG, II, 418. Cf. **D. S. Margoliouth,** *Mawlawiya,* Enzykl. Des Islam, III, p. 486, e a bibliografia ali citada).

[32] Cf. **Oesterley,** *op. cit., passim;* além de **J. G. Frazer**, *Folklore in the Old Testament,* 1918, i, 224; III, 277. — Um interessante estudo sobre o desenvolvimento da dança cultual "a partir dos saltos festivos", que acompanhavam a homenagem e a entrega do tributo, em cujos movimentos violentos expressava-se um estado de empolgação, no-lo oferece **H. Kees**, *Der Opfertanz des ägyptischen Königs,* 1912, p. 110s. Poderia também servir de analogia o modo como o fundador do movimento *hasidic Baal shem-tob*, recebeu suas revelações e como seus fiéis acompanham seus atos de devoção com violentos movimentos corporais capazes de levar a uma espécie de transe e que lembram as danças dos derviches. Esses movimentos são considerados expressamente como emanação de profundos impulsos da alma: do *kawwana,* "devoção", e do *hitlahabut,* "entusiasmo".

[33] Tal é, segundo **Oesterley,** *op. cit.,* p. 22, o significado mais primitivo da dança cultual.

[34] Da importância da música e do canto para provocar o êxtase entre os *sufis* do Islão faz-nos uma descrição gráfica **R. Hartmann,** *Aliança-Kuschairis Darstellung des Sufitums,* 1914, p. 131s, 134s.

[35] Sobre isso chamou a atenção com acerto **H. Junker**, *Prophet und Seher in Israel,* 1927.

Ao que foi dito deve-se acrescentar mais uma coisa: o êxtase capacitava a muitos a *dar informações em nome de Yahweh,* de modo que revelava a presença de um saber superior. Com isso o êxtase deixa de ser uma simples desaparição da consciência normal para se converter numa realidade pela qual o indivíduo se vê dotado de poderes superiores. O *nābī* chegou a ser o "mensageiro",[36] *"par excellence"* não somente enquanto levava ao extremo o louvor e invocação de seu Deus, mas também enquanto porta-voz autorizado de Deus, que descobria sua vontade oculta. Desse modo, de um novo ponto de vista, o êxtase ultrapassou seu significado egoísta de vivência intensa de Deus ("o benefício de uma vida intensa na atmosfera divina", Duhm, *Propheten,* p. 82) e foi considerado como serviço supremo ao povo de Deus, se convertendo assim o *nābī'* no homem no qual reside a palavra de Yahweh (1 Samuel 28:6; 2 Samuel 16:23): indagar a palavra de Deus equivale a perguntar aos profetas; (1 Reis 17:24; Oséias 12:11).[37]

b) O caráter religioso geral do fenômeno

Ao se ter consciência dos elementos fundamentais do antigo profetismo até agora analisados, surge uma nova luz para algumas discussões anteriores. Assim a vinculação radical do êxtase profético com o culto israelita regular demonstra que a questão, tantas vezes ventilada, de que isso se trata apenas de um elemento cananeu, estranho ao javismo, introduzido na religião israelita,

---

[36] Tal é o significado mais provável da palavra *nabi'*. Para a discussão sobre o termo, cf. **H. Junker,** *Prophet und Seher,* p. 27s, 36s, e **H. H. Rowley,** *The Nature of Prophecy in the Light of Recent Study* (*The Servant of the Lord,* p. 96s). A palavra nabi' é interpretada por **W. F. Albright** (*Von der Steinzeit zum Christentum,* 1949, p. 301), do qual é devedor **J. Lindblom** (*Zur Frage des kanaanäischen Ursprungs des altisraelitischen Prophetismus,* em *Eissfeldt-Festschrift,* 1959, p. 102), no significado de "o chamado".

[37] A falta de uma clara distinção entre o êxtase especificamente místico e o arrebatar profético contribuiu grandemente para interpretar falsamente o nebiísmo estático. A idéia de que nem todo fenômeno estático pode ser considerado, sem mais, como expressão de uma religiosidade mística, é de importância fundamental para compreender a religião bíblica. No que se refere ao Novo Testamento, essa distinção foi acentuada por **Bultmann** (*Das Problem der Ethik bei Paulus,* ZNW 23, 1924, p. 134). Ao se querer buscar analogias, do êxtase profético na história das religiões, se deve recorrer aos slamãs da religião primitiva ao invés dos místicos da Índia ou da Pérsia. Por isso, tampouco é correto atribuir ao êxtase da profecia antiga um caráter de total passividade, como o faz **J. Köberle** (*Die alttestamentliche Offenbarung,* 1908, p. 113s). A vontade de entrega ao Deus de Israel impera também no arrebatamento. E, por outro lado, a liberação, num tal estado de energias espirituais extraordinárias, está tão bem testemunhada até fora de Israel, que não se pode equiparar apressadamente o *nabi'* com o psicopata inconsciente. Ademais, entre a atividade consciente e a passividade inconsciente é possível uma terceira possibilidade: a suspenção da autoconsciência pessoal, às vezes a agudeza de outras potências sensitivas por obra de um impulso dominante da vontade, que é característico do êxtase profético. Isto se fez cada vez mais claro na recente discussão em torno ao profetismo (cf. o informe de **H. H. Rowley**, *The Nature of Old Testament Prophecy in the Light of Recent Study,* "Harvard Theology Review", 1945, p. 26s, e o de **O. Eissfeldt**, *The Prophetic Literature. The Old Testament and Modern Study,* ed. **H. H. Rowley**, 1951, p. 137s), ainda que é de admirar que esse discernimento ficou reduzido à profecia clássica.

parte de um isolamento errôneo do fenômeno.[38] Não se trata de um fenômeno comum exclusivamente ao círculo cultural da Síria, Ásia Menor e Israel, que tivesse de ser explicado como empréstimo, mas como um fenômeno da dança cultual que se acha nos mais diferentes círculos culturais, independentes uns dos outros. O êxtase figura, pois, entre os elementos fundamentais do culto e somente precisa de certos estímulos para que se produza. Nem se trata de um elemento próprio do culto naturalista, nem de um elemento característico do javismo; é uma expressão primária do sentimento religioso, cuja significação depende das peculiaridades de cada marco religioso concreto em que se produz. Por isso, não se pode submetê-lo a um juízo de valor indiferenciado, encaixando-o em um dos binômios conhecidos: primeiro o físico-moral e segundo o psíquico-espiritual etc. Seu papel se deve interpretar no conjunto da relação com Deus, que pode ser extraordinariamente diferente e, assim, decisiva na hora de julgar.

É fácil notar, igualmente, que o êxtase de grupo, apesar de sua vinculação radical com o culto da comunidade, não oferece nenhum motivo para considerar aos seus sujeitos como servidores do culto. Essa tese, tão em voga recentemente,[39] não dá a devida atenção ao caráter carismático do movimento profético inicial e da relação dos *nᵉbī'īm* com o culto, com freqüência atestada, uma explicação que, por ser excessivamente ampla, se torna insustentável. Pelo que vemos no material oferecido pela história das religiões, para ilustrar o êxtase de grupo, seja nas sociedades primitivas místicas ou entre os dervixes islâmicos, assim testemunha a natureza carismática e irregular do fenômeno, deveria ter mais cautela, a partir do princípio, para não exagerar a natureza cultual do profetismo. Se bem que não se pode discutir a

---

[38] Com total acerto reconhece isso **H. Junker,** *op. cit.,* p. 102. O primeiro passo para romper com esse isolamento deve-se a **A. Haldar,** ao comparar o profetismo israelita com outros fenômenos parecidos de todo o antigo Oriente (*Associations of Cult Prophets among the Ancient Semites,* 1945, p. 118s).

[39] Depois que **S. Mowinkel** primeiro apresentou essa tese em seus *Psalmenstudien,* III, 1932, p. 16s, tentativas sérias foram feitas para confirmá-la por **A. R. Johnson** usando as indicações no Antigo Testamento (*The Cultic Prophet in Ancient Israel,* 1944), enquanto **A. Haldar** (*Associations of Cult Prophets among the Ancient Semites,* 1945) e **J. Engnell** (*The Call of Isaiah,* 1949) o fizeram mediante estudos comparados, como o material oferecido pela história das religiões. Para essa tarefa, foram trabalhos prévios fundamentais os reunidos nos dois volumes coletivos, *Myth and Ritual e The Labyrinth,* publicados por **S. H. Hooke** e outros estudos em 1933 e 1935.

existência de uma profecia propriamente ligada ao templo,[40] é sem dúvida, uma simplificação indevida dos fatos veterotestamentários, considerar aos *n*ᵉ*bī'īm,* em sua totalidade, como funcionários dos santuários. Esquece-se, sobretudo, *o tipo,* bem documentado, *do profeta ambulante,* que aparece personificado em Elias ou se indica na atuação de Amós, Aías e até de Samuel, se com razão se pode chamá-lo *nābī'*. Os que preferem escolher os santuários como cenário de sua ação, o que seria natural nesses homens inspirados por Deus, não sentem necessidade de ligá-los ao pessoal do culto, assim como não é necessário que o *kahin* árabe esteja circunscrito a um santuário, por mais que apareça com freqüência como sacerdote e guardião do mesmo.[41] A ação de Elias erguendo um altar a Yahweh sobre o monte Carmelo[42] demonstra de forma especialmente clara que pouca força tem o apelar a passagens concretas para demonstrar a função cultual dos *n*ᵉ*bī'īm.* Se, segundo a perspicaz explicação de A. Alt,[43] se trata nessa passagem de reafirmar os direitos do soberano Yahweh sobre um terreno fronteiriço que Israel recuperou da dominação de Tiro, mediante um sinal realizado pelo profeta, fica claro que o papel do altar a Yahweh está determinado pelas circunstâncias e não tem por que ser obra de um funcionário do culto. Evidentemente, o que se expressa na construção do santuário a Yahweh é o domínio exclusivo do Deus de Israel sobre um terreno discutido. Tampouco pode se demonstrar uma clara vinculação com o culto, no caso das associações de *n*ᵉ*bī'īm com vida comunitária.* Certamente, elege muitas vezes como residência, santuários importantes; torna-se, em todo caso, difícil atribuir essa categoria a Jericó (2 Reis 2:5); e Samaria, onde encontramos os 400 profetas da corte de Acabe (1 Reis 22), não parece que possuísse nenhum santuário javista.[44] O fato de que, com freqüência, se mencionem sacerdotes e profetas, como autoridades justapostas no que diz respeito à revelação da vontade divina, não permite concluir, portanto, uma equiparação na situação social de ambas as categorias. O peso de suas decisões é compreensível até mesmo quando, a relação do profeta com o santuário, não era assim tão estreita. De outro lado, as 30 passagens que falam de uma estreita cooperação entre sacerdotes e profetas

---

[40] Veja *infra*, p. 295.

[41] Cf. **J. Pedersen**, *The Role played by Inspired Persons among the Israelites and the Arabs. Studies in Old Testament Prophecy,* ed. Por **H. H. Rowley**, 1950, p. 127s. nesse mesmo contexto haveria que ter em conta também o posto que, nas tribos árabes, ocupa o poeta inspirado e o que pronuncia palavras cheias de poder, *op. cit.,* p. 136s.

[42] 1 Rs 18:17s é um caso instrutivo que, junto a outras passagens, é utilizado como prova por **Johnson,** *op. cit.,* p. 26.

[43] No artigo *Das Gottesurteil auf dem Farmel,* em *Festschrift für G. Beer,* 1935, p. 1s.

[44] Cf. **A. Alt**, *Der Stadtstaat Samaria,* 1954 ("Berichte über die Verhandlungen der sächsichen Akademie der Wissenschaften zu Leipzig, Philol.-hist. Klasse", vol. 101, n. 5).

procedem todas de Jerusalém e Judá,[45] aonde é bem possível que existissem circunstâncias especiais, devido, provavelmente, à reforma deuteronomista.

Ao discutir essa questão, jamais se deveria esquecer a concepção que tem o antigo Israel do *rūaḥ*, que aparece nos *nᵉbî'îm* como sua força inspiradora.[46] Ao se ter consciência da intervenção descontínua desse poder divino, sua forma repentina de apoderar-se do homem e submetê-lo totalmente a sua vontade soberana, surgiram fortes suspeitas para considerar como servidores do culto e não como carismáticos, aqueles que dependem desse dom e por ele são conduzidos de forma imprevisível.[47]

Assim, pois, a vinculação desses mediadores do espírito de Yahweh a determinado santuário, não pode ser considerada como uma regra natural e lógica de sua vida; o fato, quando se dá, deve ser considerado como uma mudança em sua forma de vida livre, determinado em cada momento, por condições históricas e locais, especiais, que em nenhum momento supôs o desaparecimento de comunidades proféticas independentes e de profetas ambulantes. Por isso, ao julgar a relação dos *nᵉbî'îm* com o culto, deveríamos evitar toda exclusividade rígida e admitir com flexibilidade as diferentes possibilidades de desenvolvimento desse novo fenômeno.

No que se refere ao caráter estranho desse fenômeno com respeito à tradição israelita anterior, mais de um aspecto leva a pensar que, na religião javista, o êxtase não foi considerado como um corpo estranho e molesto, mas como um novo impulso da parte de Deus. Um crítico tão inflexível da prática religiosa de sua época como Amós enumera aos antigos profetas, com os nazireus, entre os dons divinos com que Yahweh demonstrou seu zelo por Israel (2:11);[48] e igualmente Oséias.[49] E nenhum dos profetas posteriores, em seus conflitos com as associações proféticas de sua época, ousou anatematizar o êxtase[50] — como fizeram, por exemplo, com o culto sacrifical — como uma degeneração cananéia que nada tivera a ver com a verdadeira essência de Yahweh.

Deve-se ter consciência também daquilo em que se sentiram unidos os grandes profetas solitários de épocas posteriores com os grupos proféticos do

---

[45] Cf. **A. Jepsen,** *Nabi,* 1934, p. 161.

[46] 1 Sm 10:6,10; 19:23; 1 Rs 18:12; 22:21,24; 2 Rs 2:9s,16; Os 9:7 etc.

[47] Veja p. 284s.

[48] Não é lógico, desde já, restringir essa afirmação a homens como Elias e Eliseu, deixando de fora o grupos de *nᵉbî'îm,* como quisera **E. Fascher** (Προφητης, 1927, p. 125).

[49] Cf. Os 12:11; Os 12:14 que não são autênticos para muitos, pois colocam a aparição de profetas em relação com a libertação do Egito.

[50] Textos como Os 7:14; Jr 2:8; 23:13 referem-se, claramente, a fenômenos sincretistas de sua época.

passado: foi *a luta contra a religião cananéia e o anúncio da vontade de Yahweh* o que unia os homens mais diferentes entre si. Até mesmo a roupa do profeta, o saco,[51] relembra a posição que, o servo do Deus do Sinai, deve adotar contra uma religião sensualista e que fica confirmada pelo pacto ulterior com os recabitas (2 Reis 10:15s.). Além disso, o que lemos sobre os mais eminentes representantes do nebiísmo nos tempos de Saul e Davi, atestam a sua participação na luta nacional e de seu zelo por manter pura a antiga fé em Yahweh.[52] Finalmente, a atividade dos *n^ebī'īm* durante as lutas sírias do Reino do Norte permite conclusões importantes sobre a postura das associações proféticas, nos dias difíceis da opressão filistéia. Portanto, se deve admitir que a aparição do êxtase de grupo, precisamente nessa época difícil, não é uma causalidade, mas se deve a uma lógica interna dos acontecimentos, ainda quando o Antigo Testamento nada diz expressamente sobre ela.[53] Tanto antes, quanto agora, os tempos de forte opressão política ou social favoreceram, especialmente, a aparição de movimentos nos quais o sentimento religioso se renova de forma explosiva; deve-se pensar no movimento dos flagelados no século 14 a.C., nas Cruzadas ou nos dervixes islâmicos. Assim, no século 11 a.C., em Israel, estavam dadas as condições para o total desenvolvimento de um elemento contido, em potência, no culto regular.

Mas isso demonstra, ao mesmo tempo, que nas antigas sociedades proféticas não se cultivou jamais o êxtase para desfrutar misticamente a união com Deus; porque a mística sempre buscou o silêncio e evitou a luta religiosa, e por isso pôde conciliar-se com as mais diferentes concepções de Deus.[54] Quando as pessoas que vivem o êxtase lutam por Yahweh, não se trata de algo natural e lógico,[55] ou do resultado mais casual de coincidências políticas, mas

---

[51] 1 Rs 20:38s.; 2 Rs 1:8; Is 20:2.

[52] Cf. 2 Sm 7:1s.; 12:1s.; 1 Rs 11:29s. Ademais, as alusões a decisões divinas em favor de Davi poderiam se referir à interpretação dos *nebī'īm* em prol dele: cf. 1 Sm 20:14; 22:5; 24:21; 25:30; 26:25; 2 Sm 3:9s,18; 5:2.

[53] Essa conexão foi posta em relevo desde a antiguidade, até entre exegetas com poucas coincidências em outros pontos: cf. **A. Kuenen,** *De profete,* I, 49-52 II, 320-330; **E. Kautsch**, *Biblische Theologie des AT.,* 1911, p. 131**; E. Sellin**, *Der alttestamentliche Prophetismus,* 1912, p. 12.

[54] Cf. por exemplo, a mística islâmica: "O sufismo é mais tolerante que qualquer outra orientação; os sufis mais destacados não tiveram inconveniente algum em situar no mesmo plano todas as confissões de fé positivas", **Chantepie de la Saussaye**, *Lehrbuch der Religionsgeschichte,* I, p.747.

[55] Assim, **B. Duhm**, *Die Gottgeweihten,* p. 28.

de uma demonstração de que a idéia javista, contrária a toda mística, colocava as experiências supremas do sentimento religioso a serviço do Deus soberano. Seria correto traduzir essa diferença com respeito ao êxtase místico, chamando à experiência profética "êxtase de concentração" em contraposição ao "êxtase de identificação".[56]

O que foi dito fica confirmado tanto se analisamos a forma de união com Deus, que se dá no êxtase, quanto se observamos mais de perto as diferentes maneiras da atividade profética.

No que diz respeito ao primeiro, há a evidente consciência, demonstrada nos relatos veterotestamentários da absoluta subordinação do profeta a Deus, se falou de uma imersão no *nābī'* na esfera divina,[57] pensando nos meios pelos quais se provocava o êxtase, a dança e a música. E na mesma linha segue-se quando os dons proféticos liberados pelo êxtase, o discernimento, a predição e o poder de curar, se consideram submetidos à livres disposições dos que os possui e sob seu controle.[58] Mas se pode duvidar energicamente se esse julgamento interpreta de maneira correta o pensamento israelita. Porque este nada sabe de que, nessa forma, o profeta se converte em um ser com poder sobre Deus tornando-se capaz de forçar sua introdução no universo divino; Israel atribui o êxtase com todas as suas seqüelas à intervenção direta de um poder divino, *o rūaḥ*, que se apodera do homem e o torna prisioneiro.[59] É certo que alguns meios externos preparam para esse estado, mas o sentimento religioso israelita não vê neles as verdadeiras causas do fenômeno; eles não fazem mais que criar no homem a disposição apropriada para receber o espírito, o qual atua com total independência e até pode sobrevir sobre certos homens de Deus de modo absolutamente inesperado.[60] Os relatos de Elias, é verdade, fazem pensar que sua ação obedece ao caprichoso e enigmático, como se nada soubessem de um serviço do espírito e do profeta (2 Reis:10-16s.), mas já é outra coisa quando mais adiante ouvimos de profetas que, pela força do costume, perderam todo o medo do maravilhoso e se consideram possuidores autônomos do espírito (1 Reis 22:24; Isaías 28:9; Jeremias 23:21-30s.). Se ao profeta se é pedido conselhos

---

56 **J. Lindblom,** *Einige Grundfragen der alttestamentlichen Wissenschaft in Festschrift für A. Bertholet,* 1950, p. 325s.

57 **B. Duhm**, *Israels Propheten,* 1916, p. 81.

58 **A. R. Johnson**, *op. cit.,* p. 24.

59 Observe-se como nas expressões em que se fala disto acentua-se a soberania do *rūaḥ* em seu atuar: *pā'am,* golpear (Jz 13:25); *ṣālaḥ,* penetrar ou atuar com poder (1 Sm 10:6; 11:6); *lābēš, atrair* (Jz 6:34); *hāyāḥ 'al* (Jz 11:29).

60 No cap. XIII, A (O Espírito de Deus) veremos como nos relatos do Antigo Testamento não há nada que leva a pensar numa transmissão mágica dele por meio de ações sacramentais.

por seus dotes especiais, isso não significa que podem dispor livremente de tais dons; com muita freqüência ele não é capaz de dar a resposta esperada: [61] isto é uma amostra de sua dependência do poder divino, o único que pode capacitá-lo para cumprir o seu ofício.

Desse modo, se por um lado acentua-se a autonomia do poder que opera o êxtase, por outro sua clara diferenciação de Yahweh contribui para manter vivo, até nos casos de uma possessão do poder divino com referências físicas, o sentimento de distância entre Deus e o homem. A comparação com a profecia grega, de aspectos semelhantes, manifesta as coincidências e as diferenças. Também o paganismo tem *consciência da absoluta dependência do profeta com respeito ao Deus que o inspira,* segundo fica claro nos trágicos gregos.[62] Mas se desconhece essa diferença radical do homem, pela qual a revelação torna-se para ele algo sempre objetivo, com o que não se pode identificar; o homem grego favorecido por Deus é possuido e cheio pelo próprio Deus. Isto é impensável no caso do *nābī'* hebreu. Não é Yahweh, mas seu espírito que se introduz no homem, e isto somente temporariamente. Com isso fica excluída toda divinização do homem; se o homem de Deus pode, no máximo, participar de poderes maravilhosos e de um saber sobre-humano é porque se apodera dele uma vida superior, da qual somente Yahweh dispõe, em último termo.

c) Efeitos da possessão do espírito.

De todos os modos, *os efeitos da posição do espírito* lembram, muitas vezes as descrições que etnólogos e estudiosos das religiões nos oferecem sobre os "*dotados de poder*" das religiões primitivas. Porque entre os efeitos característicos do "poder" se encontram o descobrimento da vontade oculta da divindade e o uso de forças milagrosas. Tampouco pode se discutir, nesse caso, que muitos relatos de profetas, sobretudo, do círculo de Eliseu, entendem a capacidade milagrosa e a sabedoria extraordinária do profeta de forma que podem aparecer como propriedades inerentes ao mesmo, das que pode dispor ao seu redor. Mas, de qualquer maneira, não podem passar inadvertidas as constantes correções que, nesses relatos, operam expressões contrapostas, nas quais Yahweh aparece como o que faz a revelação e realiza o milagre, ainda quando reconhecemos a aparição de idéias mágicas ou manaístas na veneração que, pelos profetas, se professava

---

[61] 1 Sm 28:6,15; Jr 28:10s,12s.; 42:4,7. Cf. a espera do *'arrafa* árabe a quem chega o espírito de revelação; **J. Pedersen,** *op. cit.,* p. 133.

[62] Cf. **E. Fascher**, op. cit., 1927, p. 13s, 113. Isso ademais nos põe em guarda para nos apressarmos em interpretar o êxtase como um meio nas mãos do homem para dominar a divindade.

em muitos círculos.[63] Fica claro que em semelhantes concepções, ainda não purificadas de tudo pelo javismo, espreitava um perigo à obra das associações proféticas; mas esse perigo foi superado ao colocar de forma implacável, ao serviço exigido por Yahweh, até os poderes milagrosos.

No que se refere ao saber superior, a natureza peculiar da profecia javista aparece na forma simples e compreensível em que fazem os profetas seus comunicados.[64] E aqui se deve levar em conta *sua intensa relação com as preocupações do povo,* que impõe um constante controle, por meio da opinião pública e de uma forte responsabilidade, aos oráculos divinos do profeta.[65] Assim como os videntes, também os *nᵉbī'īm* superam, dessa forma, o perigo de ceder às mesquinharias cotidianas do indivíduo e de seu abuso egoísta; os *nᵉbī'īm* encontram-se vinculados aos interesses vitais da nação. O *conceito de Deus nacional* deu-lhes, ao mesmo tempo, a capacidade de aperfeiçoar e purificar sua consciência e também tirar sua visão e atenção profética no futuro da nação, passando assim acima dos interesses estritamente individualistas. Junto a Natã e Aías, Elias e Eliseu são os exemplos mais relevantes e 2 Reis 5:20s. mostra, de forma impressionante, como se concebia os autênticos profetas de Yahweh.

E aqui reside também *a diferença mais profunda entre o nebiismo e os agoureiros do tipo de Cassandra.* Certamente resta encontrar um paralelismo entre o *nābī* israelita, que anuncia seu *dᵉbar yhwh,* e o vidente de Apolo, no qual

---

[63] Cf. a respeito disso **G. Fohrer,** *Die simbolischen Handlungen der Propheten,* 1953, p. 70s.

[64] Cf. o que mencionamos na p. 268.

[65] Naturalmente, esse juízo somente é válido quando referido ao movimento profético em sua totalidade. No que se refere aos inícios do *nebiismo* parece mais correto admitir diferentes possibilidades. Com efeito, para os primeiros períodos não contamos com testemunhos diretos sobre oráculos que em tal ocasião ministraram, ao menos em certos grupos de *nᵉbī'īm* e, em muitos círculos populares devia-se dar uma grande importância aos estados de excitação psíquica, considerando-os como manifestação do poder divino. E também é perfeitamente lógico pensar que com a aparição do êxtase de massa os exageros foram mais inevitáveis do que mais tarde, quando pouco a pouco submeteu-se a uma disciplina. Deve-se advertir, de outro lado, que num movimento desse tipo tiveram de abundar os aspectos mais diversos e também, logicamente, os fenômenos mais díspares, desde a barbárie desenfreada até o controle espiritual inclusive das emoções mais fortes. Tão falso seria excluir o segundo para realçar somente o primeiro — que é o defeito da maioria das exegeses recentes — como afirma a existência exclusiva de uma forma *superior* de possessão estática, como fazem **H. Junker**, *loc. cit.* e **Ed. König**, *Theologie des AT,* p. 55s. Quando nos inclinamos a não compartilhar a opinião de que, a princípio, a profecia estática tivesse como finalidade exclusiva o delírio religioso, nos levam a isso duas coisas: a comparação com outros casos análogos tirados da história das religiões e no que podemos observar nos primeiros *nᵉbī'īm* que ocupam postos de importância. Tanto as sibilas e os báquidas gregos, quanto o êxtase cultual de Biblos, de que nos fala **Wen-Amon** se tem uma importância especial para os espectadores é porque repartem oráculos. Em Israel, ao contrário, não

as pessoas buscam seu χρησμος.[66] Tanto mais se poderia ainda fazer com as profecias de ministros, sacerdotais ou não, dos deuses Abad e Dagon, de cerca de 1700 a.C., encontradas entre os textos da cidade do norte da Mesopotâmia, Mari, e dirigidas ao rei dessa mesma cidade, que de forma enérgica, e em ocasiões até sob a ameaça de lhe tomarem o reino que se lhe confiou, estabelecem-lhe determinadas exigências e se parecem em sua forma externa a certas sentenças proféticas do Antigo Testamento.[67] Mas já nos mesmos *n^e^bī'īm* israelitas, sem necessidade de esperar os grandes profetas, torna-se clara uma diferença, e é *sua referência a uma vontade divina que afeta a todo um povo* e cria uma história internamente coerente.

---

somente no século nove *a palavra de Yahweh se acha na boca do profeta homem de Deus* (1 Rs 17:24), ao que se visita na lua nova ou no Sábado (2 Rs 4:23), senão que na época de Davi, *nābī'* começa a desfrutar de fama pelos oráculos divinos que transmite, como demonstram os casos de Natã e Aías. Dificilmente se pode considerar correto ver nesses chefes espirituais um tipo de "homem de Deus" totalmente diferente do *nābī'*, quando a única coisa de que se trata é de uma importância espiritual maior ou menor. (Lembre-se como Elias se confunde com os *n^e^bī'īm*, parecendo ser mais um deles — 1 Rs 19:14 — e que também em 2 Rs 2 aparece em estreita relação com eles.) Senão haveria de estabelecer também uma nítida separação entre os profetas clássicos maiores e outros colegas seus de menos importância, por exemplo, entre Jeremias e um profeta como Urias (Jr 26:20s.), vendo-nos na necessidade de construir novos tipos, o que é claramente impraticável. Na realidade, não há nenhuma dificuldade séria em considerar como homens de Deus proféticos aos muitos *n^e^bī'īm* anônimos, mesmo quando seus juízos adotaram com freqüência a roupagem de aforismos combinados com os hinos a Yahweh juiz e redentor. De qualquer maneira, e mesmo quando não se pode estender essa opinião até o *nebiísmo* inicial, não se poderá negar sua verdade enquanto referida a totalidade do fenômeno e à forma de atuar do *nebiísmo* em seu conjunto. A vista dessa complexidade do movimento *nebiísta*, **G. Quell** o chama "imagem incoerente" (*Wahre und falsche Propheten,* 1952, p. 139).

[66] Cf. **E. Fascher**, *op. cit.*, p. 150.

[67] Em torno desses testemunhos interessantes de um profetismo cultual consciente em Mari, cf. **A. Lods**, *Une tablette inédite de Mari, intéressante pour l'histoire ancienne du prophetisme sémitique,* em *Studien in Old Testament Prophecy,* ed. **H. H. Rowley**, 1950, p. 103s, e também **W. von Soden**, *Verkündung des Gotteswillens durch prophetisches Wort in den altbabylonischen Briefen aus Mari,* em *Die Welt des Orients, I,* 1950, p. 397s. Deve-se mencionar também a **M. Noth**, *Geschichte und Gotteswort im Alten Testament,* 1949, que oferece uma análise detida da importância dos descobrimentos para julgar a profecia veterotestamentária.

Essa influência da vontade divina, manifestada na história do povo, sobre o oráculo profético, é evidente, até na época em que ainda não temos testemunhos diretos sobre palavras de Deus através dos profetas; desse modo, demonstra o fato de que o entusiasmo profético esteja intimamente ligado, em toda sua forma de aparecer, ao louvor do Deus que é senhor da história (cf. p. 277s.) e que essa vinculação, com o correr do tempo, se reafirmou e estendeu-se cada vez mais. Os novos estudos sobre os Salmos assinalaram com acerto a função originária como cantos cultuais, de muitos deles[68] e chamaram a atenção sobre o transporte do estilo profético ao canto religioso.[69] As tentativas de incorporar aos *n^{e}bī'īm* no culto regular, para atuar junto ao sacerdote com intercessões e oráculos, e sua aparição como cantores do templo, na comunidade pós-exílica, pressupõem um permanente cultivo do canto religioso em suas associações. De outro lado, *a comunicação do oráculo,* importante desde o princípio, faz-se *em forma poética* e mostra um estreito parentesco com o hino; assim como, para época mais antiga, os oráculos de Balaão (Números 23s) e as "últimas palavras" de Davi (2 Samuel 23:1s), dão testemunho do que foi dito, para tempos antigos, assim também, muitas *profecias de salvação dos livros proféticos,* que ou bem se devem diretamente aos *n^{e}bī'īm* ou provêem testemunho para os períodos posterios. *A aparição dos profetas clássicos no santuário como mensageiros autorizados de Deus,* traduzindo suas palavras em forma poética, segue, sem dúvida alguma, o costume de seus predecessores; se não, Amasias não poderia falar de Amós, que anuncia as palavras de Deus em Betel, como de um *nābī'* pertencente a uma sociedade profética. E *a narrativa do Eoísta* é um testemunho a mais da preponderância, que nas sociedades proféticas, teve a ação por meio da palavra, ora como mensagem do Deus nacional, ora como testemunha de seus feitos. Saído sem dúvida de círculos proféticos, não somente corrobora uma vez mais, por sua riqueza de cantos, o cultivo do canto nacional-religioso por parte dos *n^{e}bī'īm,* mas além disso, demonstra que, nesses círculos, também se utilizou como importante meio propagandístico *o relato das façanhas de Yahweh no passado.* A idéia antiga, de que os livros históricos do antigo Israel foram compostos pelo gosto de escrever e estavam destinados a leitores assíduos, pode considerar-se já superada ao se levar em conta que são produto de uma importante finalidade prática, a disseminação de determinadas idéias por intermédio da agência de contadores

[68] Nesse sentido é especialmente enérgico **S. Mowinckel** em seus *Psalmenstudien,* III, IV e VI. Os estudos do Hexateuco, segundo o método da história das formas, de **v. Rad, Weiser,** Noth e outros lançaram nova luz sobre as relações dos salmos com o culto das festas da aliança: cf. **A. Weiser,** *Die Psalmen übersetzt und erklärt,* 1950, p. 10s.

[69] Sl 2:7-9; 20:7-9; 21:8-13; 32:8s; 40:4; 49:4; 50; 75:3-6; 82:2-7; 85:9s; 95:7s; 110 etc.

de histórias, ambulantes. A tese corrente da existência de verdadeiras escolas de narradores não faria mais que confirmar o dito; e a análise dos diferentes extratos, pelos quais passaram a composição da narrativa que hoje nos aparece como unitária, faz supor que, nos círculos proféticos, o cultivo da história sagrada remonta-se, na verdade, à época recente.

De tudo o que foi dito, se torna evidente que, o antigo movimento profético esteve profundamente marcado pelo caráter histórico peculiar da religião javista e que, apesar das semelhanças externas com outros fenômenos paralelos de povos não israelitas, era radicalmente diferente deles. A *intensa reciprocidade de influência entre a profecia e a história* impôs ao movimento extático uma notória orientação de serviço à nação.

Pode se afirmar que ficava já aberta *a perspectiva do final da história nacional* num tempo de salvação definitiva? Também neste caso se torna difícil dar uma resposta segura pela escassez de testemunhos diretos; é por isso, compreensível que, sempre que o profetismo antigo é considerado como produto de um misticismo exaltado, sem motivação moral, lhe seja negado uma esperança de salvação histórica. Procedendo de forma mais objetiva se encontrarão nele, ao menos, as mesmas razões que nos videntes,[70] para o anúncio de uma salvação futura. E os testemunhos de que dispomos levam, sem dúvida, para esta segunda hipótese. Tanto as "últimas palavras" de Davi (2 Samuel 23:1-7), quanto a promessa de Natã (2 Samuel 7:8-16),[71] fazem pensar numa antiga esperança por parte dos profetas. E, para época posterior, os chamados hinos reais do Saltério (sobretudo, Salmos 2; 45; 110), que adornam ao rei com os traços próprios do príncipe da paz escatológico e possuem um caráter totalmente profético, demonstram que havia no nebiísmo promotores e mensageiros do futuro reino messiânico. E quem, senão os grupos proféticos, chamando à luta por Yahweh e exaltando a grandeza do Deus nacional, inflamariam e estenderiam a esperança de salvação de que dá a fé de Amós (5:18)?

De outro lado, a análise de *fenômenos parecidos da história das religiões* ensina que os movimentos massivos extáticos são um terreno rico para esperanças exaltadas.[72] As energias que neles brotam fazem esperar numa nova e mais profunda comunhão com a divindade, numa revelação mais intensa dos portentos divinos. Com freqüência, a mística suspirando pela mais estreita união com a divindade, segue os passos dos movimentos extáticos e neles revela suas ânsias mais profundas: desse modo, sucedeu nos movimentos

---

[70] Cf. p. 267.

[71] Nem sequer haveria que advertir que esse parágrafo foi reelaborado no estilo de uma época posterior nada diz contra sua historicidade.

[72] Nisso insistiu com energia **E. Sellin**, *Der alttestamentliche Prophetismus,* 1912, p. 15s.

dionisíacos da Grécia, como nas Cruzadas ou nos movimentos de flagelados da Alemanha. E o dervixismo islâmico adquire seu maior impulso em conexão com a esperança do *mahdi* ou, em geral, numa instauração mais perfeita do reino de Alá. Precisamente quem estabelece as analogias do *nebiísmo* israelita com seus paralelos de outras religiões deveria ter consciência desses fatos. Que em uma religião tão fortemente voluntarista quanto a israelita, a ânsia de uma nova revelação divina tivesse de adotar outras formas é coisa natural. Não podia ser sua roupagem a da mística; tinha de se configurar como esperança religioso-nacionalista. Uma nova união de Deus com seu povo, seguindo a analogia da revelação sinaítica e da conquista da Terra ou, em outras palavras, acompanhada de uma renovação da situação interior e de um fortalecimento exterior dessa nação de Deus, por meio de triunfos militares, tal era a forma que, para encaixar na mentalidade religiosa de Israel, teria de adotar uma esperança com desejos de envolver as pessoas, ampliada em ocasiões e adornada com coloridos brilhantes, por influência da primitiva idéia do paraíso.[73] Do solo da crise presente surgiu, como meta última da salvação, uma nova forma de existência terrena, um mundo conforme o modelo magnífico do éden divino; e no ardor do entusiasmo, que animava às sociedades proféticas, apareceram os pregadores vocacionais dessa meta que não tardaram a transladar seus próprios sentimentos às massas. O ressurgir nacional da época do jovem Saul, e logo de Davi, foi possível e se fez realidade graças às energias dessa esperança.[74]

A íntima relação entre a esperança de salvação e a natureza essencial do movimento profético surge de um novo aspecto se analisamos a segunda característica dos possuidores do espírito que, com o saber superior, serve de fundamento a sua autoridade, *seu poder taumatúrgico*. Observou-se

---

[73] Trataremos muito mais sobre o tema mais adiante, cap. XI: A consumação da aliança.

[74] Não haverá dificuldade em admitir com isso que, aparte dos defensores de uma esperança futura entusiasta e de uma busca de Deus acima do tempo e do espaço, o *nebiísmo* encerrava também outras correntes que se conformavam com objetivos políticos efetivamente realizáveis e que consideravam como modelo do verdadeiro ideal religioso a implantação de um culto a Yahweh isento de toda influência cananéia. Precisamente essas correntes serão as que predominam quando conseguem estabilizar a situação política com uma monarquia forte, enquanto que o anúncio da esperança escatológica irá se reduzindo cada vez mais a um rescaldo que somente voltará a arder pelos sopros de novas e duras lutas. Enquanto portadora dos ideais nacionais e religiosos, a monarquia fez, também, com que o entusiasmo achasse uma nova forma de existência na veneração ao rei, como cumpridor de todas as esperanças do povo. Apesar de tudo, deve-se reconhecer que, uma das obras mais importantes do *nebiísmo,* consistiu em orientar com força todo o sentido religioso face a uma nova e inédita forma futura de relação com Deus, como poderá advertir-se com a aparição da profecia clássica.

acertadamente[75] que os efeitos do espírito se movem, sobretudo, e em primeira linha na esfera do milagre. Porque o *nābī'*, possuído pelo espírito, entra nessa esfera, participa de poderes superiores, que agora emanam dele e o capacitam a prestar auxílios milagrosos. Desse modo, se convertia em *mediador para ser um meio a um mundo normalmente fechado, o mundo da vida divina;* nele se via concretamente o significado das visitações de Deus a seu povo e não se descansava no relato de seus feitos. Naturalmente, também nisto havia o grave perigo de se pensar no profeta como um feiticeiro e de outorgar-lhe certo culto como o que foi popular, até nossos dias, no Oriente. Principalmente os relatos sobre Eliseu deixam entrever algo disso. Mas, numa recontagem total, tem maior peso as histórias que apresentam o homem de Deus *ajudando a seu povo* e não como feitor de maravilhas e alardeando poder; essas histórias assinalam a invocação a Yahweh como condição de sua capacidade taumatúrgica: 1 Reis 17:20; 2 Reis 4:33. Dessa maneira, por trás das maravilhas que o *nābi'* opera descobre-se a mão de seu Deus (1 Reis 17:16s,24; 2 Reis 2:13s; 7:1; 4:1s), que julga e ajuda, mesmo quando não se trata da luta por Yahweh e por seu culto exclusivo (1 Reis 18:39; 20:28; 2 Reis 5:8s; 6:15s etc.). Dessa forma, os conteúdos essenciais do tempo de salvação que se espera, se convertem, nos profetas, em realidade presente; são já *penhor e preparação do novo tempo* no qual Deus habita em meio de seu povo e põe a disposição deste, sem limitações, todo seu poder milagroso (Zacarias 12:8). A massa do povo era terreno, especialmente apropriado para que esses homens fizessem germinar nele a esperança da irrupção da salvação definitiva.

A isto se deve acrescentar que, *toda forma de vida externa* do *nābī'* pregava, por si mesma, o final da realidade presente e a aparição do grande e novo futuro que esperavam. É que apesar do escândalo, muitas vezes produzido pela ruidosa e impetuosa aparição desses homens, que se apartavam do ordinário e viviam exclusivamente para a religião, deixaram uma profunda impressão nas grandes massas, saindo-se do âmbito vital no qual até então se haviam movido e testemunhado, mediante suas vestimentas e sua vida em colônias fechadas, sua oposição à secularização e ao cultivo cômodo de seus próprios interesses, tratavam de pôr uma vez mais, com um incrível realismo, ante os olhos de um povo adormecido e fraco de pensamento, que "a vida não é o bem supremo", que há algo que supera

---

[75] Cf. **Gunkel,** *Die Wirkungen des Geistes,* 1899, p. 9s, 15s, 31. Cf., a este respeito, **J. Hempel,** *Heilung als Symbol und Wirklichkeit im biblischen Schriftum,* "Nachr. Der Akademie der Wiss. In Gött. I. Phil. Hist. Kl." 3 (1958), p. 237s.

ao progresso terreno, ao desfrute e o aumento dos bens deste mundo. Os profundos efeitos, que *semelhante protesto, contra a valorização excessiva dos bens materiais* pode ter sobre a vida religiosa de um povo, sabemo-lo não somente pelo monacato medieval e outros movimentos ascéticos parecidos, mas por fenômenos como o de João Batista, que, com seu retorno à forma de vida do antigo profetismo, conseguiria dar a suas palavras uma grande plasticidade e ênfase. Certamente, em determinadas circunstâncias a mudança de vida externa pode não ser mais que "uma tentativa de escapar do mundo" (Duhm), em vez de elevar-se sobre ele interiormente; mas seria desconhecer a força dessa linguagem simbólica, num movimento por outra parte tão ativo espiritualmente, ficarmos unicamente em seus traços mais externos.

Porque essa separação exterior da forma de vida de seus contemporâneos leva consigo uma *intensa e ativa influência no ambiente.*

Segundo os relatos do ciclo de Eliseu, parece que os círculos proféticos realizaram uma espécie de atividade pastoral com os membros do povo. Assim como o *guru* hindu ou ao *sheik* árabe, busca-se ao profeta em qualquer dificuldade e lhe pede conselho; ele é o grande intercessor, que pode intervir de forma decisiva até nas circunstâncias da vida individual. Mas sua influência aparece melhor na vida da nação em sua totalidade. Observou-se com razão que, diante do comportamento mais passivo dos homens de Deus, os quais, excetuando-se as assembléias e festas regulares, somente atuavam por petições especiais, os chefes religiosos caracterizam-se agora pelo risco antes inaudito de um comportamento agressivo. Encontramos, constantemente, representantes do nebiísmo que, de forma enérgica, intervêm no curso dos acontecimentos e, sem ter em conta seus perigos pessoais, anunciam os direitos de seu Deus diante de qualquer poder que a eles se oponha, sem excetuar ao próprio rei. Basta recordar os nomes de Natã, Aías, Elias ou Miquéias bem-Yimlá. De nada adianta discutir a profunda influência desse procedimento, que dava coragem ao povo, no mais íntimo de sua alma, e o animava aos confrontos de crueldade e paixão inauditas nos quais se debateram toda a existência nacional. Mas somente quando se insere no quadro total do movimento é que se consegue descobrir qual é, propriamente, a força que sustenta todas essas manifestações externas de sua vida e determina o sentido último a cada uma de suas ações concretas. Essa força não é outra coisa do que o empenho em implantar a soberania absoluta de Deus. Resulta, então, evidente que *o enorme dinamismo do êxtase de grupo* em Israel servia, em última instância, ao reino do Deus revelado na História, mesmo quando muitos de seus fenômenos concomitantes estiveram vestidos de uma religiosidade de viés cultual, naturalista ou sensual.

2. *O significado teológico do nebiísmo*

a) A partir desse ponto, já é possível descrever o lugar do nebiísmo na história religiosa de Israel e determinar melhor sua verdadeira importância teológica dentro da revelação veterotestamentária. O nebiísmo apresenta-se um lado, como uma *potente reação da fé javista contra todo o processo de cananização do espírito israelita;* em outras palavras: é *um novo marco da revelação de Yahweh em Israel* como não se conhecia desde os tempos de Moisés. A nota nova que caracteriza ao movimento, a comoção religiosa em grupo, dá a sua atuação uma intensidade e envergadura desconhecida pelos homens de Deus isolados. Toda a nação sente-se chamada, com um mandamento impossível de não ser atendido, pelas exigências categóricas de seu Deus, chamada a uma entrega consciente e decidida aos objetivos de seu Deus e confrontada com a seriedade radical dessa opção. As primeiras crises de sua vida pública, desde a divisão do reino davídico até a queda da dinastia dos Omridas, encontram sua interpretação religiosa na palavra e nos feitos dos profetas, e em sua força, que remove até o mais profundo, acha apoio *na tentativa de unir à massa do povo numa nova unidade religiosa.* Ao se levar em conta o grave perigo que, a absorção de seções inteiras do povo cananeu e o amplo amálgama com a religião e a cultura cananéias, representavam para a persistência da unidade nacional israelita e de seu gênio original, até o ponto de temer-se por sua próxima dissolução na civilização geral de todo o Oriente Próximo, aparecerá com maior clareza a magnitude desse empenho gigantesco por um renascer da nação sobre bases religiosas.

b) E esse empenho não se dirige unicamente contra os perigos de fora, de uma religião naturalista e da cultura que a acompanha, mas também contra a falsificação do caráter originário do javismo a cargo de instituições nacionais e religiosas geradas em seu próprio seio. Porque a época do profetismo coincide com o período em que, ou aparecem pela primeira vez ou mostram totalmente suas próprias peculiaridades, novas formações sociais de tipo político e religioso. Entre as primeiras está *a monarquia e as várias formas de organização do Estado, que foram consolidadas em maior ou menor associação com a mesma:* a divisão em distritos, a burocracia, a cidade em contraposição às províncias, os pactos internacionais políticos e comerciais. Assim sendo, enquanto iam adquirindo mais força em seu desenvolvimento, as novas formas políticas e maior autonomia iam exigindo dentro da estrutura total da nação, conforme a cultura política da Ásia Menor,[76] mais duvidosa se fazia sua subordinação às normas religioso-morais da religião javista. Revoluções, conspirações, guerras civis, a exploração das forças populares para fins dinásticos e para uma política de poder sem escrúpulos, o abuso de poder por parte do rei e de seus funcionários, em prejuízo dos cidadãos, a exploração comercial da miséria camponesa por parte das cidades ricas, a atenção exclusiva ao benefício material nas relações com os Estados vizinhos, fenômenos todos iniciados na época do profetismo antigo, são todos sintomas de um *progressivo abandono, por parte das instituições políticas, de sua responsabilidade diante do Deus nacional* e à norma de sua vontade. Nos movimentos proféticos, que se confrontam fortemente com todas essas manifestações de uma política de poder consciente, a religião de Yahweh impõe seu caráter de soberania e exclusivismo frente às instituições sociais que se formam; e o faz, em parte, postergando os interesses egoístas e subordinando a luta pela liberdade à serviço de Yahweh (cf. a luta contra Amaleque, 1 Samuel 15; contra Aram, 1 Reis 20:35s), e em parte, opondo-se abertamente à autocracia monárquica e até quebrando, em caso de necessidade, o instrumento de seu poder (Elias e Acabe, Eliseu e Jorão).

Mas, ao mesmo tempo, essa luta contra a monarquia representa, consciente ou inconscientemente, *a rejeição de uma concepção religiosa diametralmente oposta ao profetismo,* que pretende encerrar a religião javista nos estreitos limites de uma oficialidade religioso-cultual, arrancando-a de sua influência em toda a vida nacional ou, o que significava o mesmo, tornando-a ineficaz. Também, em torno do rei de Israel, vai se delineando cada vez mais, à partir de Salomão, *a aura da teocracia própria do Oriente Próximo;*[77] as idéias *manaístas* primitivas do chefe tribal, dotado de poderes especiais,[78] unem-se à pretensão dos grandes reis de levar o atributo de filhos de Deus, e procuram introduzir mudanças essenciais na idéia monárquica israelita. A secularização que assim ameaça à religião javista encontra, na radical subordinação de toda a vida à soberania de Yahweh, como a predizem os profetas, um adversário inevitável, disposto a fazer com que cambaleie a existência nacional em seu conjunto, antes de vincular o reino de Deus esperado às pretensões de um "reino divino".

E, desse modo, se forma também uma frente de luta contra uma classe social que agora chega ao poder pela primeira vez: *o sacerdócio.* Com

---

[76] Cf. a bela exposição que **Galling** faz da vida política em Israel, *Die israelitische Staatsverfassung,* 1929.

[77] Veja *infra,* cap. IX, II, p. 389s.

[78] Cf. **Pedersen,** *Israel,* p. 182s e *passim.*

o rei, o sacerdote tem interesse na estabilidade e continuidade de formas de vida comunitária firmes, e assim, na maioria das vezes, o sacerdócio e a monarquia se entenderam bastante na hora de submeter e disciplinar as incontroláveis e caprichosas forças da vida nacional e de estabelecer uma organização permanente. Assim como em outros povos, também em Israel o sacerdócio chegou ao poder lado a lado com a monarquia. E, de outro lado, a pretensão religiosa do rei, de ter uma autoridade ilimitada como filho de Deus e de centrar a vida da nação em torno de seu próprio serviço, podia conciliar-se melhor com a prática religiosa sacerdotal que com a profética, de modo que se observasse uma submissão simplesmente nominal ao Deus, representado pelo sacerdote, e se prestasse uma assistência suficiente ao culto.[79] Esse conluio com os poderes políticos e a dependência, como conseqüência, até no terreno puramente religioso, transformaram ao sacerdócio, cada vez mais, no antípoda do movimento profético. Essa oposição principal não irrompeu, contudo, em toda sua dureza, desde o primeiro momento; houve no começo pontos em comum e abertura suficiente para influências mútuas.

Não foi por acaso que o profetismo compartilhou uma origem comum com o culto. Mas *por sua atitude radical com relação à soberania de Deus, o profetismo* não teve outra saída do que se converter, sobretudo, os grandes santuários oficiais, em um obstáculo para as tendências sacerdotais. Pois o profetismo, com sua ousada crítica contra a ordem estabelecida e seu combate contra os intentos do poder estatal, para dominar as instituições religiosas do povo de Deus, proclamava a absoluta independência do Deus de Israel de toda tutela estatal e de toda política. Todo o movimento profético, com seus princípios de subordinação das questões políticas e nacionais à vontade soberana do Deus do povo, tinha de aparecer como um protesto público contra o submeter a religião aos poderes políticos e recordava ao sacerdócio sua vocação principal de guardiã da lei e da aliança de Yahweh. A atuação do sumo sacerdote de Jerusalém, Joiada, durante a revolução de Jeú, provocada pelos profetas (2 Reis 11) demonstra que, às vezes, a luta profética influenciou os sacerdotes.

E diante das práticas religiosas sacerdotais de um culto às coisas sagradas e de uma graça sacramental transmitida materialmente, a intervenção do profetismo significou também *a preponderância do indivíduo dominado por Deus diante de todo método de união técnica e impessoal dentro da vida religiosa.* Se for verdade que o antigo profetismo colaborou com naturalidade no culto, tanto no sacrifício, quanto no serviço do altar, não é menos verdade que sempre e com maior decisão considerou tudo isso como meio para a confissão,

---

[79] Para saber mais a respeito, Cap. IX, I, 2, p. 358s.

por parte da pessoa entregue a Deus com toda sua vida (cf. Elias no Carmelo), de que Yahweh é o único Senhor.

Esse elemento pessoal da relação com Deus está implícito também, *de modo essencial, na insistência no caráter carismático das virtudes proféticas,* diante dos que servem a religião como funcionários.[80] Nesse caso, o indivíduo se encontra vinculado ao tesouro tradicional da comunidade, pelo simples fato de pertencer ao estado sacerdotal e experimenta a relação com Deus mais como sujeição a um conjunto material de regras, ordens e instituições, ou seja, como algo essencialmente objetivo, sem comprometer-se em tomar decisões pessoais; em compensação, esse último é precisamente o fundamental, quando se trata da experiência individual do poder do *rūaḥ*. Mas, além disso, a consciência de funcionário, cada vez mais desenvolvida, encerra o perigo crescente de um enfraquecimento do sentido da distância entre Deus e o homem, com a convicção de ter-se o direito de controlar a divindade, enquanto no profeta, como a possessão do espírito e seus efeitos, que agora estão presentes mas logo desaparecem, a sensação fundamental é, necessariamente, *a de uma constante dependência de um poder divino* ao qual é impossível controlar.

O movimento profético aparece, pois, como um firme refúgio diante do absolutismo sacerdotal, que ameaçava como a nacionalização, a redução aos sentidos e monopolização do culto a Yahweh. Dessa maneira, se convertia no mais eficaz instrumento a serviço de Deus, para fazer valer sempre o caráter básico de sua revelação, não obstante as circunstâncias novas de um povo já estabelecido que alcançou politicamente sua maioridade, apesar das investidas da complexa gama de forças que formam a trama da vida nacional.

3. *A degeneração do nebiísmo*

A recém esboçada importância funcional do *nebiísmo,* no processo pelo qual a religião de Yahweh conseguiu plena consciência de sua própria individualidade, em meio de uma cultura em franco fortalecimento, pode se confirmar de forma negativa ao se analisarem as razões da degeneração e do desmoronamento desse importante movimento. Porque se verá que essas razões consistem, essencialmente, em *um processo de assimilação do profetismo às formas sociais* com as quais tiveram de entrar em conflito (sobre a degeneração do nebiísmo cf. G. von Rad, *Die falschen Propheten,* ZAW 51, (1933), p. 109s, e G. Quell, *Wahre und falsche Propheten,* 1952).

---

[80] Não negamos por isso o progressivo abandono do elemento carismático. Trataremos dele mais adiante.

A firmeza e a peculiaridade do movimento profético se apoiava em grande parte em seu caráter carismático, na experiência imediata do poder divino e de seus instrumentos, conseguia energia para atacar qualquer sutil humanização da relação com Deus, que pretendesse convertê-la numa instituição oficialmente normalizada e regulada, ligada à tradição e ao passado, a usos e costumes, a cargos e postos de autoridade. Mas, essa energia religiosa e espontânea, viu-se cerceada quando o movimento passou a ser *uma classe profissional nova,* uma *agremiação* de profetas, como estava caracterizado o *nebiísmo* já na época de Elias. Naturalmente que, também dessa forma, pôde predominar ainda o poder do extraordinário e forçar, a homens das mais diversas procedências, a romper com o passado e entregar-se a um novo modo de vida. Porém, de maneira geral, o caráter fluido ao movimento foi arrefecendo, devido à alternância entre choques e simpatias com diferentes camadas da sociedade, e foi dando lugar à afluência regular de novos membros. Atrás disso se ocultava o perigo de que o extraordinário se convertesse em coisa normal: a opção ardente por um novo tipo de vida, antes desconhecida, capaz de desafiar todo o estabelecido, cedeu o lugar à inócua eleição de uma nova profissão; o carisma converteu-se em rotina, a força interior em espírito grupal e técnica de oráculos. O impulso e a tensão para objetivos amplos e elevados ficaram paralisados e passaram ao primeiro plano, os interesses egoístas do grupo e do indivíduo.

Essa metamorfose gradual, através da qual um dinamismo cheio do Espírito, se transformou numa operação semi-comercial ou algo mecânico, já foi estudada repetidas vezes e com amplitude; mas não se observou o bastante até que ponto a mudança que nos ocupa está dominada por influências de condições religiosas opostas ao nebiísmo em sua estrutura *e em seu caráter espiritual.* E, no entanto, na imitação do caráter e dos métodos desses inimigos naturais do profetismo reside a verdadeira tragédia do progressivo estancamento e ineficácia de todo o movimento. Teologicamente falando, o caráter de soberania e exclusividade da religião de Yahweh é abandonado cada vez mais por esses seus mensageiros, em refúgios para conseguir *a afirmação independente do grupo religioso* que se associa aos guardiões oficiais da religião nacional. Com respeito ao sacerdócio, essa deserção para o campo dos guardiões oficiais do sagrado, aparece na *disposição para formar uma profecia sobre o templo,* que se incorpora ao culto regular e converte a proclamação profética da vontade divina em ofício de um funcionário do culto, que no momento indicado da liturgia, diz o que está prescrito por um calendário. Não resta dúvida que essa atividade tem algo a ver, diretamente, com a prática antiga dos hinos de louvor a Yahweh nas celebrações cultuais. E também é verdade que a suavização da voz profética, ao converter-se numa exortação sacerdotal com roupagem de profecia,[81] não tinha de supor necessariamente uma traição à autêntica inspiração livre, da qual era efeito secundário. De outro lado, nunca os profetas clássicos protestaram contra essa atividade do *nābī'*. O verdadeiro perigo somente aparece com a conseqüente *formação de um sentido de ofício e de poder* que acredita poder dispor da revelação divina e ser senhora de sua palavra. Esse desaparecimento da consciência da objetividade transcendente da mensagem divina, cujo anúncio somente podia fazê-lo quem para isso tivesse sido designado pelo governo soberano de Deus, é a causa principal de que o *nebiismo* renunciasse mais e mais a sua magna tarefa, porque já não é palpável a diferença entre a palavra de Deus e o que é simples pensamento humano. Contra esse objetivo a *profecia clássica* dirigirá seu enérgico *protesto*: a linha divisória entre sua profecia e a dos profetas do templo é colocada por Isaías no orgulho que eles manifestam por seu virtuosismo na técnica do oráculo, expondo ao ridículo, ao mesmo tempo, sua ousadia em crer que poderiam fazer presságios corretos, até com os sentidos ofuscados pelo vinho (28:7,9).[82] Também Jeremias se revolta contra essa impertinente familiaridade com a mensagem divina, no célebre ajuste de contas com os *n^ebī'īm* de seu tempo, no capítulo 23 de seu livro. Quem tem a ver com a poderosa palavra de Deus (v. 29), somente pode cumprir sua tarefa com temor e medo e em contínua autocrítica (v. 15,19), numa obediência constante (v. 28) e renunciando sempre a sua própria vontade (v. 21s, 32). Aqueles que querem dominar de forma segura e cômoda a palavra de Yahweh (v.18) se fecham voluntariamente para a verdadeira natureza desse Deus (v. 23s) e buscam seu juízo. Dessa falsa atitude, se compreende facilmente que a palavra de Yahweh fosse explorada para fins próprios do egoísmo humano (v. 14,17 e Jeremias 6:13), não hesitando até em misturá-la com mentiras e obscurecê-la com sonhos confusos (cf. 5:31; 23:26s,32), desaparecendo assim todo critério válido para distinguí-la dos caprichos do poder nacional (14:13 s; 23:14,17, e de forma semelhante Ezequiel 13: 3,6s, 16).[83] Com a mesma seriedade que Jeremias e talvez em dependência

---

[81] Cf. as citações de Salmos da p. 288, n. 69.

[82] Aqueles que ao interpretar a passagem consideram que, ao referir-se a sua atividade profissional, os *nebī'īm* saem da verdadeira questão (**Duhm, Guthe**), não chegam a captar as diferenças mais profundas entre Isaías e seus adversários.

[83] Portanto, Jeremias não nega que os *nebī'īm* pudessem anunciar a verdadeira palavra de Deus (como acentua **Johnson**, *op. cit.*, p. 42); o que ele afirma é que abusam desse dom. Sobre a diferença entre a profecia verdadeira e a falsa, cf. **v. Rad,** *Die falschen Propheten, ZAW*, 51,1933, p. 109s; **K. Harms,** *Die falschen Propheten,* 1947, **G. Quell**, *Wahre und falsche Propheten, Versuch einer Interpretation,* 1952.

dele, o Deuteronômio submete aos profetas à autoridade da palavra que lhes foi confiada (Deuteronômio18:20) e chega a ameaçá-los com a morte ao se acrescentar algo de sua própria origem. E quando Deuteronômio 13 considera a relação de exclusividade de Yahweh com Israel, como a norma absolutamente indiscutível da mensagem profética, que não poderia titubear, nem sequer por milagres proféticos (13:3), sua postura coincide em definitivo com a de Jeremias, que afirma a vontade histórica de salvação de Yahweh como a instância absoluta, da qual nenhum profeta pode emancipar-se em busca de uma autoridade independente, apoiada numa consciência de grupo e de poder proféticos. Nenhum sonho milagroso pode esquivar-se da séria obediência ao imperativo moral de Deus (Jeremias 13:5s).[84]

De outro lado, o que antes havia sido base exclusiva de legitimação, o estar dotado de carisma, se abandona em favor de um *estreito consórcio com a monarquia* e de uma adaptação a seus métodos e necessidades. Assim como os dos templos, tampouco os "profetas cortesãos" opõem-se, na teoria, ao que é a tarefa original do profetismo. Evidentemente a profecia teve desde o princípio uma ampla projeção sobre os assuntos públicos. Isto exigia do *nābī'* estar disposto a exercer uma função de controle sobre a autoridade civil, quando o exigissem as circunstâncias e a servir-lhe de guia em suas iniciativas, ajudando-lhe a discernir corretamente a vontade de Deus. As diferentes atitudes de Eliseu, ora como assistente do rei, ora como seu adversário perseguido, manifestam a gama de possibilidades que tinham diante de si os profetas da corte. Por isso se disse com razão que não há por que considerar necessariamente como falsos os 400 profetas de Acabe.[85] Mas, não se pode negar que, ao transformar-se numa instância política de alta consideração e regularmente consultada, o *nebiísmo viu-se fortemente influenciado pela vontade de poder nacional, encarnada pela monarquia,* e que a afirmação de sua própria realidade devia se tornar tanto mais difícil quanto mais dependessem materialmente as sociedades proféticas dos favores reais, e mais resolutamente se encaminhassem os governantes para o despotismo oriental. Do profeta se esperava a palavra prodigiosa que criasse o *šalōm* do povo e do Estado, sem que a ação política se visse estritamente determinada pelas exigências morais de Yahweh (Jeremias 23:17). Existia assim o grave perigo de que se pretendesse apresentar como guerras santas e justificá-las como tais, guerras empreendidas exclusivamente a serviço de interesses dinásticos, chegando a exaltar, sob uma capa de zelo santo, pela

---

[84] De forma semelhante, **Fascher**, *op. cit.,* p. 136s; cf. também v. Rad, *Das Gottesvolk im Deuteronomium*, 1929, p. 52s. **E. L. Ehrlich**, *Der Traum im Alten Testament*, 1953, p. 155s (BZAW, 73).

[85] Cf. **E. Sellin**, *Der alttestamentliche Prophetismus,* p. 20, n. 1.

glória do Deus de Israel, uma política imperialista sem escrúpulos que ia contra os interesses e o bem-estar interno da nação. É muito provável que Acabe, cuja política interior foi objeto das mais duras críticas por parte de Elias, fosse encontrando, além dos 400, novos profetas que lhe apoiassem em suas iniciativas guerreiras (cf. 1 Reis 20:13, 22, 28) e que somente se atrevessem a jogar-lhe na cara o defeituoso aproveitamento de sua vitória (1 Reis 20:35s). Ainda mais claro parece o abandono da orientação primitiva do *nebiísmo* nos chamados *salmos reais,* que cantam a entronização do príncipe como a chegada do príncipe da paz enviado por Deus.[86] O mais provável é que tais cantos se devam a profetas da corte. A divinização do soberano terreno, neles tão clara, é um sintoma da postura de muitos círculos proféticos, frente à monarquia e a suas pretensões de legitimação religiosa. A tensão escatológica, com o olhar sempre avançando em direção à salvação prometida por Deus, degenera assim, na idéia de uma salvação na instituição já presente do reinado divino. *Também nesse caso a religião institucional relega a um segundo plano a concentração propriamente profética no Deus futuro.* Além disso, enfatizar a ocupação militar do soberano contribuiu para exagerar um aspecto do serviço à Yahweh que, num falso isolamento, favorecia à perversão nacionalista da religião de Yahweh.

De outro lado, essa assimilação do profetismo às agremiações profissionais religiosas fez com que se desse maior ênfase do que antes no *chamativo* das aparências do *nebiísmo.* Uma vez que o *nābī'* havia consentido em submeter sua mensagem ao controle sacerdotal e aos desejos reais e a inserir-se assim no comércio religioso tradicional, era lógico que desse importância exagerada à única coisa que restava para distinguir-se de outros funcionários da religião, *a forma* de comunicar o oráculo. Desde sempre o êxtase em suas formas mais ou menos intensas, havia convencido ao israelita médio do caráter especial da pregação profética, o homem simples via a figura do *nābī'* ornada de uma especial santidade, os círculos de pessoas críticas ou religiosamente indiferentes lhe davam, ao contrário, fama de louco. Agora, como as palavras proféticas tinham pouco de originais, diante do resto da palavra de Deus, com vistas a demonstrar sua singularidade, exigiam maior importância as raridades que acompanhavam seu anúncio e assim vemos que *nos círculos de nᵉbī'īm* se mantém e cultivam-se com zelo *as formas mais estranhas de arrebatamento extático.* Nelas acreditavam descobrir, tanto eles quanto as multidões, os efeitos do *rūaḥ.* Não é raro que os inimigos dos grandes profetas procuraram se guiar por um comportamento o mais atraente possível, que nem sempre resistiu a suspeita de um artifício requintado (cf. 1 Reis 22:10-12; Jeremias 28:10s; 29:26).

---

[86] Cf. cap. XI: A consumação da aliança, p. 423s.

Nem os grandes profetas, é verdade, se negaram a acompanhar, às vezes, sua pregação com formas semelhantes, e muitas de suas maiores visões estiveram relacionadas com o arrebatamento extático. Mas, em conjunto, sua atitude é de uma grande reserva neste âmbito, e estão muito longe de utilizá-lo como instrumento de trabalho, como o fizeram os *n^e^bī'īm.*[87] Para eles a autenticidade do profeta não se demonstrava por experiências psíquicas maravilhosas; acima desses epifenômenos da vivência profética viam a autenticação de seu poder espiritual e intelectual em seus testemunhos. O depender de formas extraordinárias demonstra que não existe uma verdadeira consciência carismática; daí que se trate de buscar-lhe um sucedâneo externo.

Enquanto nos tempos pré-exílicos a polícia do templo se satisfez em manter o limite aos cultivadores obstinados do êxtase (Jeremias 20:1s; 29:26), a época posterior não pôde suportar essa *forma* de pregação independente da lei e intentou buscar-lhe um sucedâneo de outro tipo, a inspiração poética e musical, que é atribuída como um efeito do *rūaḥ*. Como os sinais principais da dignidade profética aparecem, antes de tudo, as intervenções improvisadas dos profetas do templo, na liturgia (cf. Salmo 49:4; 1 Crônicas 15:22-27;[88] 25:1-3; 2 Crônicas 20:14)[89]. Com isso fica consumada a total integração dos profetas entre os funcionários do templo.

A importância exagerada que o nebiísmo atribui à forma exterior do êxtase profético não é mais que um sintoma da estagnação de seu dinamismo vital após ter se instalado no profissionalismo. O esgotamento de sua força evolutiva e, da tensão diante do futuro, que o animara, em princípio, tem sua viva expressão na incapacidade manifesta desse movimento para atualizar sua postura diante das novas exigências dos tempos. Diante dos novos problemas sociais e do imperialismo nacionalista na política mundial, o nebiísmo não sabia o que dizer. Por um lado, a dependência daqueles que até o momento lhe haviam dado de comer se converteu numa grande dificuldade na hora de tomar posições independentes, com relação às misérias sociais (Miquéias 3:5); por outro, havendo colaborado amplamente na secularização da religião, dificilmente podiam distinguir entre o que era fidelidade a Yahweh e o que não passava de interesse nacional — ao contrário de seus melhores representantes, como Elias —, e procuraram lutar contra o imperialismo das nações com suas próprias

---

[87] **J. Hempel** assinala corretamente sua luta contra a tecnificação do êxtase como luta para manter puros, enquanto revelação, os fenômenos de êxtase (*Altes Testament und Geschichte,* 1930, p. 58).

[88] Cf. a respeito **S. Mowinckel**, *Psalmenstudien,* III, p. 17s.

[89] Trata-se aqui de um cantor levítico do templo. Parece que os profetas cultuais de depois do exílio passaram a engrossar as filas dos cantores levíticos.

armas, passou, cada vez mais, com maior paixão a ocupar o centro da esperança um império israelita universal, como meta da caminhada e realização do reino de Deus. Dessa maneira, a nação passou a ser o valor absoluto, uma idéia que estava mais próxima do pensamento pagão que da fé javista. Jamais se entendeu a questão levantada pela vitória da Assíria sobre Israel; como o governo de Deus se identificou com a persistência das condições profissionais religiosas dentro da naçao, o nebiísmo não chegou a uma crítica mas sim uma justificação metafísica do *"status quo"*, ficando incapacitado para perceber as perspectivas universais da soberania de Deus. Para que fosse possível um juízo imparcial sobre o presente e, por conseginte, uma nova interpretação da meta salvadora de Deus, na forma de uma esperança de salvação purificada, a chamada de Deus deveria recrutar a seus mensageiros de forma muito distinta, fora de seu povo, para dotá-lo de um olhar livre de todo vínculo natural, a única coisa capaz de compreender toda a miséria do povo e, ao mesmo tempo, toda a majestade do Deus nacional.

VI. A PROFECIA CLÁSSICA

É discutível se a fase mais recente do movimento profético, quando este chega a seu apogeu, pode ser considerada como uma unidade em si, bem delimitada, tanto para a frente quanto para trás, e se é possível entendê-la a partir de leis próprias e peculiares. De fato, o nebiísmo não desaparece subitamente, mas sua história prossegue até a época pós-exílica. Em suas relações com a profecia clássica não se constitui num adversário incompreensível, mas mantém múltiplos laços amistosos com ela, chegando até a formar ambos uma frente comum quando se trata de lutar pela exclusividade do culto a Yahweh, contra uma política religiosa sincretista por parte do soberano. De outro lado, em muitos dos representantes da profecia clássica não se pode ignorar uma estreita relação com o antigo movimento profético, ainda que facilmente possa ser passada por alto sua importância para a causa da forte luta, às vezes muito amarga, mantida entre os grupos.

1. *Relações com o nebiísmo.*

Apesar da decidida negativa de Amós[90] não se pode discutir o fato de que muitos profetas permitiram que fossem designados com o *título profissional*

[90] Am 7:14. Cf. a respeito **H. H. Rowley,** *Was Amos a Nabi?,* em *Festschrift Otto Eissfeldt,* 1947, p. 191-195, nota 92.

de nābī'[91] *e que talvez até fossem membros de sociedades proféticas.*[92] Com freqüência até sua *aparência externa* lembra diretamente a figura do *nābī'*, como o saco roto[93] e as raras ações simbólicas com as quais queriam atrair a atenção do povo.[94] O responder com oráculos a determinadas perguntas, algumas vezes para pessoas de povos estrangeiros, assim como a predição de determinados acontecimentos e também a legitimação por meio de milagres, levam-nos a pensar nos videntes dos tempos antigos ou nos adivinhos proféticos.[95]

Mas, aparte das aparências externas, resta aludir aqui *ao modo de receber a revelação.* A intensa sensação de violência no momento da vocação, que pode chegar a um total desaparecimento da vida volitiva normal,[96] e também em toda sua forma de pregação, que com o "assim disse Yahweh" converte ao profeta num simples porta-voz de um ser superior, é bem conhecida no mundo do *nebiismo.* Igualmente há uma coincidência nos fenômenos psíquicos da vivência

---

[91] Is 8:3; Os 9:7.

[92] Nos casos de Ageu e Zacarias sempre se admitiu sua pertença aos profetas do templo; no de Oséias, **Sellin** se inclina a afirmá-lo (*Das Zwölfprophetenbuch,* 1929, p.7). Sobre Sofonias, cf. **W. Caspari**, *Die israelitichen Propheten,* 1914, p. 76; **G. Gerlemann**, *Zephanja textkritisch und literarisch untersucht,* 1942; sobre Habacuque, cf. **P. Humbert**, *Problèmes du livre d'Habacuc,* 1944; sobre Naum cf. **A. Haldar,** *Studies in the book of Nahum,* 1947; sobre Joel, cf. **A. S. Kapelrud**, *Joel Studies,* 1948. E ainda levam a coisa mais longe algumas exegeses recentes, para as quais até os grandes profetas clássicos deviam pertencer a sociedades proféticas cultuais: sobretudo, **S. Mowinckel,** *Acta Orientalia,* XIII, 1935, p. 267, e J. B. L., 53 (1934), p. 210, em relação com Jeremias e Isaías, assim como **A. Haldar**, *op. cit.,* p. 112s. Mas esta tese parece enormemente influenciada pelos casos análogos de ambiente não israelita e não logra responder às objeções que lhe opõem os dados veterotestamentários. O pretender eliminar por ele uma frase como a de Amós (7: 14), passando a oração atributiva a tempo passado e traduzindo "Eu não fui profeta nem filho de profeta" (**H. H. Rowley**, nota 90), é uma coisa que oferece suas dúvidas. Em tal caso, seria totalmente imprescindível um *hāyītī,* como costuma aparecer em exemplos semelhantes; cf. **T. Boman**, *Das hebräische Denken im Vergleich mit dem grieschichte,* 1954, p. 31. A esta mesma direção aponta **C. Ratsschow**, *Werden und Wirken. Eine Untersuchung des Wortes Hajah,* BZAK, 70 (1941). Sobre a questão do profetismo cultual cf., também, **A. S. Kapelrud**, *Central ideas in Amos,* 1956, p. 11s e 68s, que considera Amós como membro do pessoal do culto, e **H. J. Stoebe,** *Der Prophete Amos und sein bürgerlicher Beruf,* "Wort und Dienst N. F.", 1957, p. 160-181, o qual após uma análise extraordinariamente meticulosa das razões em prol e contra, chega a conclusão contrária e assinala o perigo de dar uma excessiva importância às influências do mundo circundante sobre Israel.

[93] Is 20:2.

[94] Is 20:2s; Am 5:1s; Jr 19:10; 27:2; Ez 4; 5, etc.

[95] Por exemplo, Is 37:1s; Jr 37:7s; 42:1s; Is 14:28-32; 18; Jr 27:2s e Is 7: 7s,11; 37: 30s; Jr 28:15s; Ez 24:15s, 25s.

[96] Am 7:15; Os 1:2; Is 8:11; Jr 1:7; 6:11; 15:17; 20:7,9; Ez 1:28; 3:14 etc.

religiosa em: êxtase, visões e audições o profeta experimenta a influência poderosa da esfera divina, na qual ele caiu com a chamada de que foi objeto.[97]

E *pela própria mensagem que* foram enviados a pregar, provam que verdadeiramente suas relações com o *nebiísmo*, a defesa apaixonada da exclusividade do culto de Yahweh, intimamente ligada à uma severa rejeição de toda influência estrangeira, se encontra, aqui como lá, testemunhando o poder desse Deus zeloso que exige, para os seus, uma entrega total e uma decisão consciente. Podemos observar igualmente o protesto contra instituições sociais, cada vez mais arraigadas, que reivindicam o monopólio religioso e abusam da fé em Deus, convertendo-a numa explicação metafísica da dimensão temporal da vida nacional. Diante da monarquia e do sacerdócio, reaparecem aqui, novamente, aquelas mesmas tendências que estiveram tão arraigadas no nebiísmo primitivo, ainda que, mais tarde, foram se extenuando lentamente, especialmente sua capacidade de luta para manter a primazia dos valores religiosos.[98]

2. *A natureza singular da profecia clássica*

Apesar desse amplo parentesco, que poderia inclinar-nos a ver a singularidade da profecia clássica unicamente na grandeza individual de seus representantes, resta aqui reconhecer *certos aspectos comuns maiores,* pelos quais o movimento profético incipiente contrasta, como uma unidade compacta e independente, ainda que de caráter fundamentalmente semelhante ao *nebiísmo* e justifica um tratamento a parte que dê conta de sua natureza e estrutura próprias. Para iniciar, a profecia clássica apresenta um quadro bem diferente com relação ao valor dado aos fenômenos psíquicos anormais, porque, em geral, temos de reconhecer um forte declínio, com relação ao

---

[97] Am 7:1s; 8:1; Is 6:1s; 5:9; 22:14; 40:3, 6; Jr 1:2s; 4:19s; 23:9; 24:1s; Ez 1; 3:15; 4: 8; 6:11; 8:1s; 21:29; Zc 1 – 6 etc. Os fenômenos parapsíquicos da experiência profética são estudados com maior detalhe por **G. Widengren,** *Literary and Psychological Aspects of the Hebrew Prophets,* 1948. O excluir totalmenc o aspecto estático no caso dos profetas clássicos — como costumam intentar ainda hoje alguns investigadores (cf. **K. Cramer,** *Amos,* 1930, p. 19s; **A. Jepsen,** *Nabi,* 1924, p. 215s; **J. P. Seierstad,** *Die Offenbarungserlebnisse der Propheten Amos, Jesaja und Jeremia,* 1946, p. 156s) — não se ajusta a realidade nem demonstra nada a favor da elevação da mensagem profética. E, ao contrário, uma insistência excessiva nas vivências impulsivas psíquicas impede que seja visto com clareza as diferenças, que certamente existem entre os profetas e os *nᵉbīʾīm* (**H. Gunkel e H. Schmidt,** *Die grossen Propheten, em "Schriften* des AT" II, 2, 1915; **T. H. Robinson,** *Prophecy and the Prophets in Ancient Israel,* 1923).

[98] Essas afinidades foram expostas da forma mais sugestiva por **Gunkel**, *Die Propheten,* 1917, e *Schriften des AT,* II.2, p Xs.

período inicial, na valorização do elemento estático e visionário, como norma esses fenômenos se encontram na narração da vocação, sendo que, na vida posterior, apareceram raras vezes. Somente o profeta Ezequiel, é nisto uma exceção, mas sem dúvida devido a uma especial predisposição anímica por conseqüência de uma grave enfermidade.[99] O êxtase coletivo é um fenômeno que não aparece em absoluto nos profetas clássicos. De fato já nos grandes lideres do nebiísmo, Elias e Eliseu, que mantiveram estreito contato com as comunidades de profetas, não parece que esses meios de histeria coletiva tiveram uma influência particular. Além disso, é a visão, que constitui para os profetas posteriores, o fundamento de sua consciência de "chamados" e o que lhes permite considerarem-se acima da massa dos servidores de Yahweh e colocarem-se no grupo dos *n^ebī'īm*.

Em correspondência com a pouca importância que tem o aspecto estático está o fato de que, à medida que o tempo passa, os profetas, por princípio, cheguem a reconhecer e a dizer que o estado de exaltação do sentimento tem somente uma importância relativa. E assim, Isaías, em sua célebre invectiva contra os sacerdotes e os profetas (28:7s) demonstra estar claramente convencido de que todas as visões podem muito bem ser mentira, quando desaparece o sentido sério da verdade moral, nega rotundamente toda a capacidade para perceber uma autêntica revelação de Deus a esses profetas que, por sua intemperança, perderam até os últimos elementos de juízo.[100] Todavia, Jeremias salienta, com bastante clareza, a inconsistência de todos os sonhos e histórias daqueles que perderam o sentido da verdade e da justiça.[101] E Ezequiel o segue quando reprova aos profetas de palavras sonoras que dissimulam a profunda miséria do povo, por dizerem oráculos falsos e enganosas visões.[102]

Mas não são somente esses estados psíquicos extraordinários que perdem importância, como instrumentos do ministério profético; mas também, as demonstrações individuais de possuir um saber superior e um poder sobrenatural que desempenham um papel secundário, ainda que se recorram a elas em determinados casos. *O verdadeiro instrumento da eficácia*

---

[99] Por isso não é lícito recorrer a seu caso, totalmente peculiar para tirar conclusões sobre o caráter total do profetismo clássico e fazer um uso excessivo da vivência estática para explicá-lo. Dentre as numerosas opiniões sobre esta questão se deve ressaltar o tratamento profundo que dela faz **A. Guillaume**, *Prophétie et Divination,* 1941, onde se realiza uma análise da estrutura fundamental da fé dos profetas, atribuindo numerosos dados tirados da história das religiões.

[100] Cf. também Is 29:9s e 30:10.

[101] Cf. 23:9s.

[102] Ez 13.

profética é a palavra pronunciada e, não menos, a escrita. A palavra que sai da boca em forma de ameaça, exortação, advertência, queixa ou acusação e também sua publicação escrita em forma de folheto, oráculo breve, informe e, pouco a pouco, como coleção maior de palavras isoladas, acompanhará a ação como meio de seu serviço. De acordo com a importância decisiva desse novo instrumento de trabalho os profetas apresentam agora qualidades sobressalentes de oradores e muitas vezes também de poetas, somente assim se conseguia dar à palavra toda essa eficácia que a caracteriza, acima de qualquer outro meio em sua atividade pública.

Essa importância extraordinária da palavra pronunciada significa, simplesmente, que a ação profética eleva-se, de forma decisiva, *ao terreno da discussão espiritual e pessoal* e nele fica, não se sentindo o profeta sustentado pelo apoio de nenhuma organização e não dando força a seu discurso nenhum poder político. Criar aceitação, em semelhantes condições, requer um poder espiritual e uma convicção interior que elevem o indivíduo acima da massa e lhe dêem uma independência total. Por isso, entre os profetas, nos encontramos com homens que, ainda que externamente possam pertencer — quando as condições forem propícias — às associações proféticas, estão livres dos laços com qualquer classe ou grupo político e são capazes de passar pela vida como grandes solitários, ainda quando toda sua existência esteja plena da mais crua tragédia, como no caso de Oséias e Jeremias. *Os traços firmes de sua individualidade*, que os convertem, a nossos olhos, nas personalidades mais ilustres do antigo Israel, imprimem a toda sua pregação o selo da autenticidade e da originalidade sem paralelo. Inclusive quando empregam esquemas e concepções tradicionais, tudo fica fundido no fogo da experiência pessoal com Deus e sai com uma nova impressão. E quando concedem-nos a permissão para vermos a batalha moral que enfrentam, para que consigam a purificação mais radical de seu próprio eu, nos aparece à razão última de sua força e peculiaridade pessoais. A submissão das exigências existenciais de Deus é o que os livra de todo vínculo humano.

O fato de escolher um meio de luta encaminhado exclusivamente à discussão espiritual, assim como as condições pessoais dos sujeitos, dão ao movimento profético posterior um caráter próprio, que nos permite supor que, também no conteúdo, se diferencia essencialmente dos objetivos anteriores do *nebiísmo*. Toda essa mudança no delineamento do conflito resultaria de fato incompreensível, se fosse tratado somente, como até então, de fazer valer de maneira enérgica sua influência ou de recorrer até à violência, em determinadas circunstâncias para decidir assuntos políticos concretos, ou se tivesse sido somente questão de ações extraordinárias de socorro ou de castigo ou de oráculos para resolver problemas particulares; em uma palavra, ao se tratar de seguir conduzindo ao povo como por impulsos, atacando caso a caso. Não resta dúvida que o antigo sistema, quando, dessa maneira, tratava de mover a uma nova tomada de postura ou de atacar uma falsa concepção, podia pressupor um sistema de normas reconhecidas por todos, uma imagem ideal do povo de Deus universalmente aceita que, em cada momento, podia servir de ponto de referência. Todo o comportamento da "profecia da palavra" indica, todavia, que a situação mudou radicalmente: o que estorva a soberania de Yahweh não é esta ou aquela falta ou imperfeição, mas *toda uma forma equivocada de conceber a relação com Deus,* que obstrui o caminho para ver a debilidade do presente e condena ao fracasso as tentativas que continuam existindo para eliminar abusos isolados. Trata-se agora de *uma nova compreensão geral da vontade de Yahweh,* quer dizer, do conhecimento de uma realidade que abrange e sustém toda a vida, uma realidade que se perdeu de vista e ficou oculta sob as obras da própria espiritualidade, apesar de toda uma piedade consciente de si mesma e zelosa. Para revolucionar toda a concepção religiosa herdada dos antepassados e acusá-la de um erro tremendo, que oculta a verdadeira realidade de Deus, exigia-se um espírito de luta disposto às últimas decisões e ao confronto total. E, esse espírito, somente na Palavra encontra o meio totalmente adequado para impedir qualquer falsificação de seus objetivos, pois somente ela pode salvar o homem de adulterar sua visão do verdadeiro alvo, livrando-o das questões de poder, que governam os conflitos desse mundo e, assim, capacitando-o a ver as questões que são realmente cruciais, com absoluta clareza.

E, portanto, apesar de todas as notas distintivas que temos assinalado, ainda não tocamos no ponto em que o novo movimento profético alcança seu verdadeiro significado específico. Enfim, o que enumeramos não teria mais que uma natureza formal e, um confronto com a piedade popular, ficaria na esfera de uma nova fundamentação teórica do pensamento e do juízo religioso, sem chegar a impulsionar uma vida religiosa autenticamente criativa, se o juízo profético não estivesse sustentado e definido mais pela comparação do presente corrompido com a antiga imagem ideal da teocracia que podia ser consultada recorrendo-se à tradição. O que torna a pregação profética incomparável, original, a ponto de ser sem paralelo e poderosa em capacidade criadora é, precisamente, que *procede da experiência de uma realidade nova;* uma experiência que, por sua seriedade acolhedora e poder supremo obriga a falar, não dando lugar à disputa teórica, mas somente ao testemunho de uma certeza imediata.

A irrupção iminente de uma realidade divina não percebida por seus contemporâneos é o que, expressado da forma mais geral, constitui a verdadeira novidade do fenômeno do profetismo clássico, e que o separa de forma fundamental do *nebiísmo,* apesar dos vínculos múltiplos e estreitos existentes entre ambos, e o que tem de comum todos os seus componentes, por maiores que sejam as diferenças individuais. E esse traço comum salta aos olhos de modo mais patente, enquanto não se falseie o profetismo em seu ponto mais importante e não se queira buscar seu significado no 'sei lá o que' de idéias novas, como sucede, se deve dizer, na maioria das descrições que se fazem dessa linha principal da história da religião veterotestamentaria. Somente então poderia chegar-se a captar com acerto a peculiaridade estrutural do profetismo israelita, uma tarefa que, apesar dos muitos trabalhos prévios realizados, ainda não foi abordada seriamente e de cujo cumprimento depende a reelaboração correta de todos os juízos equivocados que são particularmente numerosos nesse âmbito.

3. *Estrutura religiosa da profecia clássica*

a) Nova experiência da realidade divina.

1. A vida do profeta e também o seu pensamento, se desenvolvem sob o impacto de uma nova realidade, que ameaçava tanto a sua vida pessoal quanto a de toda a nação, fazer essa afirmação supõe evidenciar as linhas predominantes da idéia profética de Deus e do mundo.

Desse poder experimentaram os profetas em sua vida, com tremor, como um sobressalto radical de tudo o que foi anterior, e disso são testemunho expresso seus relatos de conversão. Não há nenhum deles que não deva seu novo conhecimento de Deus à percepção do modo de vida roto que até então levaram, transformando em migalhas, os planos e pensamentos que, até então, haviam regulado sua relação com o mundo, descobrindo em seu lugar a irrupção de um poderoso imperativo divino que lhe convertia em obrigação algo que antes não haviam considerado nem como possibilidade.[103] E as mesmas forças revolucionárias que eles viram em suas próprias vidas, viram também agindo na vida da nação, por meio de uma ação divina terrível, se dirigindo com ímpeto irresistível contra a realidade totalmente diferente do mundo empírico e arremessando-a fora de seus caminhos. As ameaças e predições sobre o final do Estado e do povo, que apareciam, em princípio, como declarações de

[103] Essa importância fundamental da experiência da vocação é acentuada com ênfase por **S. Mowinckel,** *Die Erkenntnis Gottes bei den alttestamentlichen Propheten,* 1941.

aflição apodíticas, para as quais, não se davam razão alguma, partiam todas da mesma convicção imperiosa de que o presente se achava ameaçado em sua raiz pela irrupção de um poder contrário a ele. Isto quer dizer que a realidade divina que haviam visto, só podia captá-la e expô-la os profetas como uma realidade que irrompe com violência e tende a desordenar absolutamente tudo o que existe, que, se impondo com força, estremece os alicerces do mundo e da humanidade. Para eles todas as descrições, com pretensões de encerrar a Deus num aqui e agora, e de esboçar sua soberania sobre o mundo como um estado tranqüilizador e estático, resultariam insuficientes. O importante para os profetas não era a ordem eterna de Deus, presente na vida do homem e dos povos, mas o choque da realidade divina com esse mundo empírico e, por conseguinte, do risco desse mundo, por obra de um poder totalmente independente dele e com absoluta autoridade sobre o mesmo. As palavras que eles tinham de falar não se direcionavam a Deus como ele é, permeando todas as coisas, porém de Deus como aquele que virá, chamando todos os homens a responderem por seus atos, ou seja, para eles a relação de Deus com o mundo não era estática, mas preponderantemente dinâmica.

É claro que, se considerarmos as palavras proféticas a partir desse ponto de vista, elas aparecerão sob uma luz especial cujo esquecimento levará, necessariamente, a falsas interpretações. Delas faria parte a estranheza, com freqüência expressa, de que os profetas não pensam em dar conselhos concretos para refazer a vida do povo e do Estado, em melhorar as instituições e organizar a vida social. Quem considera que este é um defeito da mensagem profética, pode com toda lógica declarar que seus pregadores estão enganados são lunáticos. Mas isto significaria um desconhecimento absoluto da estrutura própria do pensamento profético. Partindo dessa afirmação, fica claro como as expressões proféticas guardam uma íntima inter-relação, às vezes, inobservável à primeira vista, mas que, muitas vezes, fundamenta de modo surpreendente sua aparente oposição.

2. Mas, procuremos definir com maior precisão os contornos dessa nova realidade divina que se torna tão ameaçadora para o presente. A primeira coisa que se destaca nela com uma evidência extraordinária é um elemento irracional, sua *transcendência incompreensível,* disposta a aniquilar a todo aquele que se atreva a intrometer-se em seus domínios sem haver sido chamado. Volta a aparecer aqui, com uma força surpreendente, a terribilidade numinosa que víamos, incontestavelmente unida, à experiência de Deus da época mosaica, e que no círculo mais amplo das religiões primitivas é considerada como um ingrediente básico da experiência do divino. Na época em que falamos da religião oficial de Israel, ao tempo em que evoluiu ao nível da religião das

civilizações superiores, experimentou a racionalização que é típica de muitas outras religiões populares. Devido a uma ênfase e um cultivo conscientes de suas relações positivas com a cultura profana, a realidade numinosa do Deus que ela adorava foi ficando cada vez mais oculta e privada de eficácia. Não significa outra coisa, todo esse processo de secularização da religião israelita de então, do que aquilo que temos falado várias vezes. Essa tendência a tornar inócua e menos terrível a absoluta seriedade da realidade, que tinha dado seu próprio selo ao javismo, encontra sua refutação no Deus que os profetas pregam, ficando assim, em evidência, como uma total perversão da natureza divina. Todos os interesses vitais do povo de Yahweh, com os quais estavam acostumados a considerar como sagrados, garantidos pelo mesmo Deus, o Estado e a monarquia, o progresso social e as vitórias militares, o respeito que rodeava os sacerdotes e a magnificência do culto do templo, a predição profética do futuro e os milagres impressionantes sucumbiram e perderam todo seu valor diante da presença do Deus de Israel, que faz migalhas de todas as pretensões.[104] E os meios com os quais até agora se havia feito presente à divindade e tomado familiaridade com ela — as imagens e símbolos sagrados, o sacrifício expiatório, os dias de expiação e penitência, a invocação de nomes divinos tão consoladores quanto: rocha de Israel, salvador, fortaleza, pastor etc.— aparecem neste momento como uma simples e monumental incompreensão da verdadeira natureza de Deus, cujo melhor destino é a destruição. Deus se revela agora como totalmente distinto de qualquer explicação ou idéia que o homem possa dar dele. E os mensageiros desse Deus maldizem o culto, fazendo frívolos jogos de palavras com os nomes dos lugares sagrados,[105] e convertem em seu contrário os nomes divinos que prometiam salvação.[106] Não há refúgio algum que possa parar esse torvelinho do poder destruidor de Deus, ninguém poderia desviá-lo para seu próprio proveito, todas as instituições sagradas são incapazes de torná-lo inócuo e convertê-lo numa força positiva de auxílio, sua natureza não resiste os limites de nenhum nome nem se vincula à invocação do homem piedoso.[107] Por que diante desse poder, que faz com que tudo cambaleie, não há atividade humana que sirva para algo. Mesmo ao homem justo não lhe resta senão reconhecer que

[104] Cf. a passagem clássica de Is 3:1s.

[105] Am 5:5; Os 4:15; 5:8; 10:5; Is 29:1s.

[106] Is 1:24; 8:14; 31:4 (o verso não pode ser interpretado, mas é uma ameaça); Os 5:12-14.

[107] Por isso se explica a total renúncia dos profetas em encerrar a natureza de Yahweh num nome determinado; ela é demasiado rica e polifacética para caber numa palavra.Somente Yahweh é o verdadeiro nome de Deus. Cf. **Baudissin,** *Kyrios,* III, p.200s.

nada pode oferecer e que somente lhe cabe prostrar-se, humilhado, diante desse desígnio de perdição.[108]

3. Mas a revelação divina que anunciam os profetas não permanece nesse positivismo teístico irracional. Carrega consigo, de maneira indissolúvel, um elemento racional. Porque nem sequer quando lançam as imagens mais atrevidas sobre o poder destruidor e selvagem de Yahweh.[109] têm os profetas, alguma vez, a mínima dúvida de que aquele à quem estão se referindo não é a uma força natural, impossível de definir melhor, ou a um destino impessoal, mas a um *Deus total e absolutamente pessoal,* cujo nome, "Yahweh", converte a esse poder estranho, desconhecido, numa vontade pessoal claramente identificável. Os profetas renunciam a pôr, ao Deus que se lhes revela, um nome no qual se traduza a novidade dessa revelação; por isso seguem mantendo o nome antigo de Yahweh. Nele fica implícita uma coisa indiscutível, que nesse nome é um tu divino que se dirige ao homem e mantém com ele relacionamentos. Não se trata simplesmente de um destino cego que joga com o homem, mas de uma pessoa que, ainda na repulsa e na rejeição, mantém com ele um relacionamento real e o leva a sério enquanto desfruta uma vontade pessoal própria. Contudo, o que é novo aqui não é a concepção em si mesma, porém, o modo como ela é aplicada a uma nova situação histórica. O caráter pessoal de Deus era um dogma da fé israelita, todas as expressões que procuravam recordar sua obra de salvação e guia a partir do Egito, designando-o como governador, legislador e deus guerreiro, se moviam nesse sentido. Nem é necessário dizer que, a equação de Yahweh com Baal, alterou grandemente a personalidade que o Deus de Israel tinha na concepção mosaica, porque o elemento de capricho arbitrário, que caracteriza as forças naturais, havia manchado também os aspectos de sua pessoa. Portanto, o que aparece com renovada energia na pregação profética é o senhor pessoal e soberano da fé mosaica, cuja fidelidade e constância se deram a conhecer na aliança e na lei. A insistência deliberada na história nacional demonstra suficientemente que, nesse ponto, eles não pretenderam cortar os laços entre o próprio presente e sua herança histórica.[110]

---

[108] A esta atitude passiva diante de Deus se referiu especialmente **Hertzberg, Prophet und Gott,** 1923, p. 23s, 38. Mais adiante veremos que com isso não fica dito tudo.

[109] Cf., por exemplo, Os 5:12,14; 13:7s.

[110] Tal é o erro de alguns tratados recentes, para os quais a única novidade da mensagem profética está em seu contraste com o anterior: cf., por exemplo, **Weiser**. *Prophetie des Amos,1929,* p. 76s e 301. A partir daí a relação dos profetas com a tradição se converteu num problema que exige ser reelaborado. De forma extrema, a dívida dos profetas para com a tradição do antigo Oriente foi defendida por **Haldar** e **Kapelrud** nas obras citadas na nota 92. **H. S. Nyberg** (*Studien zum Hoseabuche,* 1935) e **H. Birkeland** (*Zum hebräischen Traditionswesen: Die Komposition der prophetischen Bücher de AT,* 1938) se encarregou de ressaltar a importância dos

Precisamente essa herança podia contribuir para eliminar ou, ao menos, suavizar a terrível ameaça do poder divino; e de fato o conseguiu na fé do povo. Justamente porque se pensava conhecer tão bem a Deus, havia segurança em se contar com ele, acreditava-se que era possível se consolar pois: "negaram ao Senhor e disseram: Não é *ele*: não nos sobreviverá nenhum mal" (Jr 5:12; cf. 6:14). A tensão que com isso experimentaram os profetas entre a personalidade bem conhecida de Deus e sua realidade incompreensível ameaçadora — tensão antes inédita na religião mosaica — não se superou graças a uma harmonização; somente se conseguiu suportá-la vivendo *com igual vivacidade e atualidade os dois aspectos.*

4. De um lado, essa terribilidade numinosa eliminou todo o fatalismo. A intervenção do poder divino no mundo empírico não se realiza à maneira de um fardo paralisante, que se deve suportar sobre a própria vida querendo ou não, mas com o qual pode se manter em desacordo no mais íntimo de sua pessoa. Aparece no caminho *de cada indivíduo,* impossibilitando toda a fuga e obrigando-o a tomar uma postura. É uma *autêntica confrontação,* cujas palavras ameaçadoras não podem ficar invalidadas por nenhuma instância superior. A pessoa do profeta *obriga* a ouvir sua acusação e a tomar uma decisão frente à mesma.

O que assim se ouve com tanta força na pregação profética se estabelece também na experiência de uma realidade imediata: o profeta, no momento da vocação, sabe que está situado diante de Deus, tomado por sua mão, interpelado por uma palavra que vem diretamente dirigida a ele. E assim como, com relação à sua pessoa, rejeita a mediação de qualquer espírito ou anjo,[111] nos acontecimentos do mundo vê a obra do próprio Deus, e sabe expressá-lo de forma imediata, recorrendo à forma plástica e à força expressiva de uma linguagem cheia de realismo. Encontramos aqui uma característica decisiva da forma de falar

---

círculos de tradição profética para a forma e o conteúdo da pregação profética. Ao passo que essa tese, para a qual a mensagem profética está determinada em sua totalidade pela tradição, somente pode nos oferecer a parte de verdade que contém depois de uma ampla correção, alguns estudos concretos e bem elaborados chegaram a conclusões defensáveis, apesar de reconhecer novos delineamentos dos profetas, afirmam por sua vez claramente sua vinculação com a tradição de seu povo e de seu mundo, assim. **A. Peter**, *Das Echo von Paradieserzählung und Paradiesmythen im AT unter besonderer Berücksichtigung der prophetischen Endzeitschilderungen,* Tesis, Würzburg, 1947; **G. H. Davies**, *The Yahwistic Tradition in the eight-century Prophets Studies in OT Prophecy,* 1950, p. 37s, e L. Cerny, *The Day of Yahweh and some relevant Problems,* 1948.

[111] O enfraquecimento dessa imediatez nos últimos períodos da profecia é um sinal claro de sua decadência.

profética, sobretudo, em comparação com as muitas interpolações ulteriores. Eles não moralizam, mas apenas se situam diante da imediata e impressionante presença de Deus, e ao homem, que pretende andar solitário em seus caminhos, leva-o a tomar consciência da presença de um segundo, que o segue com um olhar atento, e o situa diante da questão decisiva de sua vida. Quando um Isaías fala dos olhos da majestade divina, que os judeus se atrevem a desafiar (3:8), quando expõe a ameaça da mão estendida de Deus (9:7s.) ou descreve como ele retira de Judá a venda dos olhos (22:8) para que tenha de aprender a olhá-lo de frente, e quando, de forma semelhante, Jeremias ilustra a seriedade com que o Senhor soberano busca e esquadrinha (5:3; 6:9), a presença próxima de Yahweh, sua imediata intervenção nos acontecimentos fica exposta de modo tão palpável que os traços antropomórficos não significam uma redução, mas um aumento de sua seriedade. Assim, pois, levado verdadeiramente a sério, o caráter pessoal de Deus conduz a um impressionante aprofundamento da *realidade do juízo,* ao atualizar para cada indivíduo o desígnio divino universal.

E, de outro lado, *essa pessoa divina* que, de forma tão ameaçadora se aproxima do homem é vivamente experimentada *em seu mistério*, em sua numinosa transcendência, de tal forma que, o estreitamento e os limites que pode evocar o conceito de pessoa, ficam aqui eliminados. De novo temos de voltar ao fato de que os profetas não intentam, em absoluto, encerrar a natureza divina em seu nome; por seu inesgotável polifacetismo o consideram tão irredutível a uma definição humana,[112] que nem sequer mostram preferências pela denominação de "Senhor", apesar de que esta se adequaria em pontos importantes a sua concepção de Deus. Todas as suas expressões estão abarrotadas *da incomensurável grandeza de seu Deus* que humilha no pó a toda grandeza humana (Isaías 2:6s), que dirige os caminhos, tanto de Israel, quanto das nações (Amós 9:7), que, escapa de qualquer tentativa humana de aproximação, enche o céu e a terra (Jeremias 23:23s), cuja intervenção visível no mundo do homem é o fundamento único e último do comportamento divino (Ezequiel *passim*), que, ao deixar em ridículo os planos humanos, faz justiça a incomensurável natureza de Deus (deutero-Isaías). O que para a fé da época antiga era o poder terrivelmente irresistível de Yahweh é agora concebido como supremacia acima do mundo, de acordo com uma imagem e concepção ampliada deste, ficando justificado de forma inteligível e concretamente patente essa sua heterogeneidade numinosa, que

[112] O uso de *qādōš* em Isaías somente é uma aparente exceção do que dissemos, porque não se trata de uma definição, mas de um modo que prenehe fórmulas a oposição entre o ser divino e o humano. Oposição que há de levar necessariamente ao juízo. Por isso a palavra aparece preferencialmente no confronto com os adversários.

antes constituía um simples dado. Mas não por isso se faz menor o mistério da natureza de Deus; suas dimensões aumentam porque essa supremacia sobre o mundo não é qualidade estática do ser divino — e, enquanto tal, objeto de contemplação e espanto silenciosos —, mas fogo abrasador de uma vontade apaixonada, que ameaça destruir todo aquele que se lhe oponha e que, portanto, somente pode ser bem conhecida pela vivência de sua irrupção na própria existência. Achamo-nos, pois, diante de uma reelaboração, mais profunda e mais rica, do fenômeno original da religião mosaica, no anúncio da grandeza de Yahweh, espelha uma realidade divina, que se impõe na consciência do profeta como totalmente singular e incomparável com qualquer coisa terrena. Neste, como em tantos outros pontos, o mundo conceitual deuteronomista utiliza a fé profética, quando ensina a considerar o encontro do pequeno Israel com o Deus supremo numa aliança, como o grande mistério da graça divina, que faz com que o homem reverencie e adore a um Deus que está acima de tudo que é concebível

5. Essa experiência da realidade divina, como *algo numinoso e terrível, definida em termos de personalidade e com uma grandeza que exclui qualquer outro rival,* constitui o acontecimento decisivo pelo qual faz reviver, no melhor da herança religiosa, o que os profetas compartilhavam com seu povo, tornando-o objeto de uma transformação criadora e dotando-o de uma eficácia inefável. Não é que os profetas preguem sobre Deus idéias antes desconhecidas.[113]

[113] Os esforços de certos trabalhos teológicos recentes para interpretar os profetas como pregadores de uma nova idéia de Deus — por exemplo, do Deus justo, do Deus santo, do Deus amor, do Deus Todo-poderoso ou, resumindo numa fórmula célebre, do monoteísmo moral — inseriram nessa questão muitos pontos de vista corretos e acertados, mas não fazem justiça ao profetismo, precisamente no que constitui seu aspecto fundamental. Ao enfatizar essa nova idéia de Deus, esses autores chegam, sem querer, a identificar a obra dos profetas como uma obra de pensamento ou até chegam a afirmá-lo expressamente, convertendo assim os profetas em gênios religiosos. Por isso todos os que se empenham em desdobrar a obra teórica dos profetas em seus componentes racionais e em mostrar os pressupostos psicológicos e intelectuais de sua ocupação, desde as tentativas mais simples de um **Wellhausen** ou um **Stade** até os mais complicados, já dentro da psicologia profunda, de um **Hölscher** ou um **Allwohn**, confundem a realidade religiosa a partir da qual os profetas falam, com uma idéia filosófica, na qual o pensador fundamenta sua nova concepção do mundo. (Naturalmente, a esses exegetas não lhes faltou sensibilidade para captar o mistério, a potência criadora que rodeia os profetas; mas o interpretam melhor como um fenômeno secundário, como a forma psicológica, talvez de mostrar um processo mental que, uma vez pensado, pode ser visto por qualquer um em sua necessidade intrínseca.) Para demonstrar, então, a novidade da idéia profética de Deus sente-se a necessidade de subvalorizar exageradamente a teologia pré-profética. É uma violência que a primeira coisa que faz é manifestar a íntima debilidade de todo esse empenho.

O que é propriamente novo e diferente dos períodos anteriores não está nas expressões isoladas dos profetas sobre a natureza e as propriedades de Deus; nelas aparece sua dívida com o passado, de maneira que, se pode dizer que os profetas nada de novo proporcionaram no que se refere a uma teologia ou uma ética.[114]

É certo que a pregação profética trouxe consigo de fato um conhecimento de Deus mais profundo e puro; mas não precisamente porque seus autores acreditavam ter a obrigação de desfazer uma imagem falsa de Deus anunciando propriedades novas dele, antes desconhecidas, mas, simplesmente, porque a nova *realidade de Deus,* que se manifestou a eles, a pôs em relação com todos os âmbitos da vida ou, em poucas palavras, porque levaram totalmente a sério a Deus, um Deus — advirta-se isto — cuja especial relação com Israel nunca colocaram em dúvida.[115] Esse Deus, com sua terribilidade não suavizada por nenhum tipo de instância religiosa, manifesta a partir de uma seriedade total e absoluta e, ao mesmo tempo, de uma majestade acima de qualquer tentativa de domesticação humana, os direitos sagrados de sua vontade pessoal. Apresenta-se, assim, como único senhor no mundo da religião da cultura nacional e torna patente o antiteísmo desta, ao mostrar a oposição entre seus deuses e o verdadeiro mundo divino. Toda a situação presente do povo eleito se vê envolvida, até ao pescoço; e somente nesse contexto se chega a dizer algo novo, de formulação rotunda e idéias claras, sobre a natureza e a vontade do Deus que julga;[116] somente em sua luta por dar uma explicação inteligível dos decretos divinos, conseguem seus mensageiros oferecer um testemunho da majestade divina, livre de toda mescla e confusão com elementos bastardos. Nele continuam as linhas anteriores do conhecimento de Deus e, com a vista colocada no juízo futuro, tiram as últimas conseqüências sobre a relação entre Deus e o povo. Essa referência à atualidade, própria das expressões proféticas sobre Deus, impede que se faça delas uma abstração para construir uma *teologia* autônoma e isolada como algo primário, que às vezes proíbe introduzir cortes na estrutura total do pensamento profético e comprimir em categorias estranhas.

---

[114] Sobre o último ponto se obteve um acordo cada vez maior, ao passo que o primeiro tem, todavia, muitas vezes, a firmeza de um dogma. Sendo assim, também nesse terreno se abre caminho a uma nova visão: desse modo é demonstrado pelo livro profundamente crítico de **Weiser** *Die prophetie des Amos,* 1929 (veja, por exemplo, p. 304s e p. 52 n. 1). Cf. ademais, a análise cuidadosa de elementos antigos e novos no ensinamento moral dos profetas, de **N. W. Porteous,** *The basis of the ethical teaching of the prophets, in Studies in OT Prophecy,* 1950, p. 92s.

[115] Interpreta mal a Amós 9:7, quem quiser ver aí uma tentativa de colocar em dúvida o fato de que a saída do Egito foi um ato da graça da parte de Yahweh: como, **Weiser,** *op. cit.,* p. 303.

[116] cf. cap. VII e p. 36s.; 43s.; 190s.; 197s.; p. 208s.; 215s.; 222s.; 236s.; 247s.

Somente quando se referem ao Deus que *agora* irrompe no mundo bem definido de Israel, para ajustar com ele suas contas, adquirem sua íntima verdade as interpretações proféticas sobre a natureza e a vontade divinas; somente a partir dessa realidade concreta se podem entender. Do contrário, extraídas desse fundamento e falsamente objetivadas, podem levar a interpretações inexatas de graves conseqüências.

Assim, pois, uma interpretação do pensamento profético que queira dar conta de sua peculiaridade estrutural terá de partir dessa realidade concreta e bem definida e não perdê-la de vista jamais.

b) Influência da experiência de Deus no pensamento profético

α) Nova compreensão da unidade da vida

É necessário pôr em evidência, antes de tudo, como na pregação dos profetas toda a vida humana adquire um novo ponto de união ao qual estão referidos todos os diversos fenômenos com energia concentrada. Uma característica da vida israelita da época era o ter perdido a unidade espontânea dos tempos primitivos. Como sucede em toda civilização desenvolvida se havia insistido na autonomia dos diferentes âmbitos da vida, sem conseguir resistir a essa pulverização, prejudicial e maléfica para o sentido de unidade nacional, com base em um princípio superior capaz de organizar e dar unidade a tudo. Pois nem sequer a nação, com sua cabeça representativa divinizada, o rei, era capaz de assumir todas as realidades da vida e ancorá-las num sentimento unitário de certa estabilidade, drasticamente dividida em campos hostis devido aos interesses conflitantes de partidos, tribos ou classes, cada um dos quais dando um sentido diferente ao termo nação e calculando o bem-estar da mesma de modos distintos. Nesse mundo dominado por forças centrífugas aparece o anúncio profético do advento do Senhor de Israel, obrigando as mentalidades e esperanças díspares de seus contemporâneos a olhar, todas, para este único ponto e a se defrontar com ele. E no momento em que a terrível realidade do Deus verdadeiro abre caminho por entre os ídolos religiosos, nacionais e culturais, que o ocultavam da vista dos homens, todos esses deuses, que têm dias reservados para si, aparecem sob uma nova luz, perdem sua pretendida autonomia e importância, para voltar a ser instrumentos subordinados ao serviço da vontade pessoal de Deus. Deus voltava a fazer dependente de sua vontade, da relação com ele, a existência da nação e do indivíduo. A partir daí toda a vida requereu um sentido unitário, ainda quando, a princípio, esse fosse muito mais negativo, como juízo, que positivo, como salvação. Deus, de cujos direitos soberanos, estão impregnadas todas as coisas e que obriga a um confronto pessoal com ele, destrona os deuses particulares da civilização, demonstrando uma vez mais que somente há uma questão que segue tendo verdadeira importância, a situação do homem diante de sua presença.

O aspecto peculiar dessa nova unidade de vida em função da pregação da realidade de Deus aparece, com maior clareza, ao *compará-la com outras duas formas possíveis de conseguir a unidade da vida nacional.* Resta pensar, de um lado, na possibilidade de forçar, numa civilização já complicada, uma *simplificação violenta.* Normalmente, essa simplificação seguiria o modelo das situações primitivas anteriores e conseguiria um sentimento unitário básico criando um meio que incorporava a todos os membros num quadro igual de obrigações. De fato em Israel os recabitas seguiram esse caminho — caminho que, no caso de tendências fundamentais religiosas, resulta na formação de seitas puritanas — e conseguiram salvar, para seu círculo, a unidade original que o povo, em sua totalidade, havia perdido. O que Jeremias reconhece neles (Jeremias 35) demonstra que os profetas compreendiam as tendências que aí operavam e a lealdade que dirigia seu intento, ainda quando não colaboraram no movimento enquanto tal.

A outra possibilidade é a de uma *civilização religiosa totalitarista,* como a que pretende impor o Islã ao oferecer seu sistema de leis como o único laço viável para unir a todos os seus fiéis. Ao reconhecer as formas sociais, mas ao mesmo tempo submetê-las totalmente às leis religiosas, surge uma verdadeira ética social religiosa, cujo instrumento é a lei. A religião não cria formas sociais próprias, mas adota o Estado como sua forma externa, impulsionando assim uma vida unitária imposta pela coação.

O profetismo mostra conexões com as duas possibilidades descritas, assim como os recabitas, olha a civilização com olhos céticos e prevê sua destruição; à semelhança do Islã, não conhece mais ordenação da vida inteira do que a que se apóia na autoridade das exigências divinas. Mas demonstra seu caráter peculiar, ao não cultivar o sonho romântico de um retroceder da história, pela renovação da forma de vida dos primeiros pais. Ao contrário, na vida presente, enriquecida, intenta captar a vontade do Criador. E, de outro lado, não apresenta a atitude otimista, de conciliação com a civilização e afirmação do mundo, que é própria da ética islâmica, considerando possível inserir as formas culturais na norma da vida religiosa, mediante uma legislação. O profetismo pensa que o orgulho antiteísta da civilização está tão imerso em um ato voluntário do homem rejeitando a Deus, que o dualismo subseqüente entre Deus e o mundo não pode desfazer-se senão por um juízo radical sobre as formas de vida atuais. Em ambos os casos o decisivo é o conhecimento da presença ameaçadora do Deus de Israel. Ela é, em definitivo, aquilo que obriga à pessoa a opções em que fique comprometida toda sua realidade e impede qualquer busca de antídotos externos — trata-se da simplificação ou da ordenança legal da vida nacional — para a "desgraça de Israel". Ela se estabelece para uma nova e radical fundamentação de toda a vida sobre a base da vontade humana renovada pela misericórdia divina.

β) A relação divino-humana transferida ao plano individual

Como opera essa nova visão do mundo nos problemas individuais da vida humana? Em primeiro lugar, aparece com nova luz *o entendimento do Deus da aliança com cada um dos membros da comunidade da aliança.* Como conseqüência, suscitam toda uma série de problemas religiosos que, mesmo que existissem antes, estariam ocultos pela superficialidade da consciência religiosa. Neste sentido e, de forma geral, pode-se dizer que a evolução cultural havia preparado o terreno para a pregação profética. Com efeito, os fortes abalos que a estrutura social da nação havia recebido das influências da civilização e do desaparecimento das formas econômicas antigas e firmes (mencionado anteriormente) tiveram um efeito mais profundo, pois haviam enfraquecido, de fato, os laços que uniam o indivíduo com a vontade coletiva e, ao obrigá-lo a escolher entre opções contrárias, motivando sua independência espiritual o haviam ajudado a tomar consciência da importância de sua própria opinião. É nesse contexto espiritual, que intervém a pregação profética do Deus que chama o povo, a cada um de seus representantes e também a cada um de seus membros a um acerto de contas. Essa pregação, apesar de ter sua vista colocada no povo enquanto totalidade, em razão das circunstâncias concretas, teve de se dirigir especialmente à capacidade de juízo e força de decisão do indivíduo. É compreensível, ao se levar em conta a grande tentação para a impiedade, que esses pregadores descobriam na prática religiosa da comunidade nacional, que pela força do costume e da tradição e pela sugestiva influência de seu caráter massivo absorvia o indivíduo em sua órbita. Agora o indivíduo tinha de ser situado, com uma crueza antes inaudita, diante de uma decisão que havia de separá-lo de seu grupo e dos demais compatriotas. *A pregação profética produz uma divisão dentro do povo.* Distingue entre o pertencimento ao verdadeiro povo de Deus e a cidadania nacional, exigindo, para aquela, condições do tipo individual.

Esse efeito individualizante, próprio de uma crítica profunda, que obriga a tomar decisões, aparece em nosso caso com especial acento, convertendo-se numa nova e permanente configuração da relação individual com Deus. Nele teve parte importante a clara definição do conteúdo da decisão que se exigia do indivíduo, produto da nova experiência da realidade divina. Porque esse Deus, que havia tomado posse da vontade e do pensamento inteiros do profeta, e que em sua atuação nele, tinha se mostrado como uma vontade pessoal disposta ao juízo e a uma nova criação, por meio de seus direitos soberanos sobre seu povo pretende, nada menos, que se ligar, com total exclusividade, a todos os membros do mesmo; dito em outras palavras: seu projeto é submetê-los com todos os seus pensamentos e decisões, com sua vontade pessoal mais recôndita. É *o caráter expressamente pessoal da relação com Deus* o que eleva a um novo nível, ao se levar até suas últimas conseqüências a relação do indivíduo com Deus, convertendo-a na realidade viva.

Em um primeiro momento pode parecer — é lógico — que, diante de Deus, toda atividade humana ficava anulada pela majestade acolhedora de Yahweh e que a única coisa que restava era a humilhação temerosa e a renúncia a todo propósito próprio. E de fato, o comentarista dos profetas se surpreende ao constatar que, às vezes, a única coisa que realmente vale é a iniciativa de Deus e que pouco vale a obra humana. Inclusive se pode falar de uma *passividade autêntica do homem diante de Deus;*[117] a melhor resposta que ele pode dar ao chamado divino parece ser a entrega incondicional à atividade de Deus, esperar de Deus, deixar que Deus o conduza pela mão.[118] O profeta desconhece por completo, o que seja especular ou criticar os pensamentos de Deus ou como ele realiza seus desígnios. Se for verdade que tem consciência de conhecer a vontade de Deus e de expô-la corretamente aos demais, isso irá sempre unir indissoluvelmente à convicção de que somente é possível anunciar esse desígnio enquanto ele mesmo for uma pessoa dominada por Deus.[119] Nessa atitude diante de Deus volta a aparecer com força e pureza o que é o espírito fundamental da religião mosaica. Algo que não fica numa disponibilidade simplesmente passiva, mas é acompanhado de uma *atividade espiritual consciente e autônoma.* Esse Deus que pulveriza todo o humano se mostra, às vezes, paradoxalmente, como uma força de caráter absolutamente pessoal a quem, de nenhum modo, lhe agrada um homem submetido como um autômato, sem plena consciência e vontade, reduzido a escravidão. Esse Deus pessoal convida o ser humano a que faça seus próprios juízos e tome suas próprias decisões. Trata-se de uma atividade bem

---

[117] **Hertzberg,** *Prophet und Gott,* 1923, p. 28, 38; **Hölscher,** *Die Propheten,* p. 250.
[118] Cf. Os 4:16; 11:1s.; 12:7; Is 7:1s; 18:4; 28:12; 30:15 etc.
[119] Cf., os relatos de vocação e Am 3:7; Is 8:11; Jr 6:11; 15:16; 17:16; 20: 9.

afastada, de outro lado, de uma espontaneidade espiritual que ajusta suas operações a normas naturais ou éticas imanentes; se define como *decisão pessoal:* o homem corresponde de forma consciente à revelação que se lhe oferece, diz sim ou não às exigências da realidade divina.[120] Quando Oséias assinala o amor como a conduta reta que Deus espera do homem,[121] potencializa ao máximo o caráter individual da relação com Deus, reduzindo-a a uma entrega pessoal, que exclui todo comércio de tipo impessoal. Quando Isaías, no confronto decisivo com os cultos insignificantes de sua época, utiliza a fórmula "fé" para definir a verdadeira conduta do homem justo,[122] não faz mais que resumir, num termo de concisão extrema, toda atividade espiritual concentrada: a fé, como percepção da mão invisível de Deus, passa a designar a função religiosa central. Quando Oséias e Jeremias enfatizam o conhecimento de Deus,[123] segundo todas as interpretações, não pretendem referir-se com seu *da'at Yhwh* à reflexão e ao conhecimento teórico da vontade divina; aludem a essa atitude, por meio da qual o homem acolhe em sua própria existência, a natureza e vontade divinas que lhe foram reveladas, fazendo com que a vida do homem apareça adiante

---

[120] É triste constatar que na obra citada de Hertzberg não há nenhuma referência à existência, já no profetismo antigo, desse aspecto ativo da "fé" e da "esperança". O esquece, ao centrar-se na comparação com a espiritualidade característica de Jeremias. Mesmo quando os profetas antigos não nos oferecem nenhuma reflexão a esse respeito, vivem na realidade. Essa "atividade" na passividade", presente na relação dos profetas com Deus foi assinalada, de maneira excelente, por **S. Mowinckel** (*Die Erkenntnis Gottes bei den alttestamentlichen Propheten,* 1941) e por **J. P. Seierstad** (*Die Offenbarungserlebnisse der Propheten Amos, Jesaja und Jeremia,* 1946). O primeiro define, acertadamente, o elemento violento que há na experiência da vocação, como um imperativo moral que emana de uma comunhão existencial entre Deus e o homem; o segundo ressalta a permanente determinação da alma do profeta, que emana de seu encontro com um Deus às vezes justo e gracioso, e que produz uma constante disposição à escuta e à obediência. Isso torna possível que o profeta viva a cada momento novas experiências do testemunho que Deus dá de si mesmo, experiências que situam a vontade divina no âmbito da vida pessoal responsável e livre e que, pela forma mais pessoal, dizem sim a essa vontade mediante a própria ação, os próprios sofrimentos e a oração, confundindo-se com a própria vontade do homem. Menos convincente é a tentativa de **A. Heschel** (*Die Prophetie. Das prophetische Bewusstsein,* 1936; edição ampliada e renovada em inglês: *The Prophets,* 1962) de definir esse elemento ativo acudindo à simpatia do profeta com o "pathos" e simpatia, devedora de certos pressupostos filosóficos, presta-se a dar forças à cuidadosa e clara distinção que **Heschel** faz entre a profecia e outros fenômenos parecidos e a abrir as portas a uma falsa interpretação no sentido da mística. Seguindo a **E. Jacob** (*Le prophétisme israélite d'après les recherches récentes,* "Revue d'Histoire et de Philosophie religieuses", 32, 1952, p. 64), responde melhor à natureza da profecia associar-se ao termo bíblico de da'at *ᵉlōhim,* que deve ser interpretado como uma relação de comunhão muito íntima. Cf., também **A. Guillaume,** *op. cit.,* p. 343, que com todo acerto ressalta como Deus responde com o ato de revelação ao submetimento do homem na oração.

[121] Cf. Os 4:1; 6:4,6; 10:12, e a parábola do matrimônio nos capítulos 2 e 3.

[122] Cf. Is 7:9; 28:16; 30:15.

[123] Cf. Jr 2:8; 4:22; 9: 5; 22:16; 31:34; Os 2:22; 4:1,6; 5:4; 6:3,6; 13:4.

dominada e determinada pelo ser de Deus. E Amós, mesmo quando não utiliza a palavra "ingratidão", procura tornar claro para designar com isso o significado desse termo (2: 9-12), enquanto descreve uma conduta de insensibilidade, diante de todo tipo de favor, como o próprio cerne do pecado contra Deus. E que outra coisa significa tudo isso senão que *o conhecimento de Deus somente pode conceber-se como uma autêntica ação do homem como um todo*? Trata-se, em outras palavras, de uma verdadeira decisão, um autêntico reconhecimento pessoal e que não se conforma com a privação do simples conhecer. Essa reativação das energias ordenadoras da personalidade, sob a convocação do Deus dos profetas, é em essência, uma continuação da relação com o Deus do primitivo Israel.

No contexto em que nos movemos é de fundamental importância se ter consciência de que esse "individualismo" profético — se é que convém empregar termo tão equívoco — vai intimamente ligado a um reconhecimento sem par do caráter primordial do *povo de Deus*. A pregação profética não pôs em dúvida em nenhum momento que a ação de Deus era dirigida a uma comunidade e que, se buscava o indivíduo e o convidava a uma decisão, enquanto fosse membro dessa comunidade. Isto nos dá, de modo exato, a chave para explicarmos que, quando a alma do profeta se acha oprimida, como no caso de Amós, pelo horror de uma possível ameaça total contra a existência mesma da nação enquanto tal, pouco ou nada se diz de uma conduta positiva do indivíduo com possibilidade de se obter a benevolência divina.[124] É somente quando há a visão de uma nova existência para a nação, situada além da aniquilação da presente ordem, que os imperativos divinos são proclamados mais enfaticamente. E está claro que, até então, não se trata para os profetas, de um isolamento da pessoa, como vista do ângulo divino, com respeito à comunidade nacional. Jamais pode a pessoa, desde que tomou nova consciência, converter-se num fim em si mesma, porque sua relação com Deus somente alcança autenticidade e realidade no serviço imediato ao irmão. Este é justamente o escape pelo qual a decisão pró ou contra Deus livra-se de toda ninharia e requer toda sua seriedade prática. Delineada assim, a relação com Deus não admite mais nenhum tipo de

[124] Aqui reside o que há de verdadeiro na frase de **Weiser,** que facilmente se presta a falsas interpretações (**Weiser,** *op. cit.,* p. 306): "É característica da luz, através da qual Amós olha para a situação humana, que ele não faça qualquer tentativa séria para indicar qualquer caminho que possa restaurar os vínculos entre o homem e Deus". O que obriga os profetas a guardar silêncio sobre as ações individuais não é o considerar o homem como uma pobre criatura que, diante da realidade divina, está de todas as formas condenada à simples passividade (seria isto uma construção artificial e teórica de uma cosmovisão profética atemporal, esquecendo-se do valor real da pregação profética), mas sua evidente imersão na comunidade nacional, condenanda agora à aniquilação.

jogo espiritual ou de narcisismo quietista.

Ao mesmo tempo, com reconhecimento do indivíduo como um "Eu" capaz de uma ação responsável em resposta ao desafio do "Tu" divino, nós chegamos *a uma compreensão única da personalidade divina.* O ser pessoal fica aqui muito longe de uma concepção imanentista, deduzida dos dados que oferece o mundo espiritual (a base psicológica da personalidade) e da pretensão de encontrar sua dignidade numa alma indestrutível que, segundo quer o animismo, participa do ser divino (base metafísica). *É somente pelo ato de Deus que a existência da pessoa humana, como uma entidade única, pode ser assegurada;* pois, por um lado, só isto exclui as possibilidades de um falso isolamento e independência, e por outro, a desintegração nas mãos de uma análise destrutiva e naturalista do conceito de alma.

γ) Crítica profética dos problemas do mundo

A consideração da reformulação distintiva do relacionamento divino-humano, até aqui esboçada, também sugere novas perspectivas sobre *a crítica profética da conduta ordinária no mundo.*

Na maioria das vezes costuma-se pensar que o específico, na forma profética de ver as coisas, se encontra no fato de que sua pregação surge de um juízo moral,[125] e diz-se que o peculiar de sua teoria está no reconhecimento de uma ordem moral universal como o objetivo próprio e total da ação divina,[126] sendo esta a base que os conduziram ao monoteísmo moral. Não se pode negar, que há percepções corretas, em tais afirmações, mas temos sérias dúvidas sobre o valor que se lhes dá, e a forma como se as utilizam para explicar as predições proféticas. Porque se corre o perigo constante de enfatizar, com parcialidade, a pregação profética sobre a severidade de suas exigências morais e esquecer que estas não conformam senão parte de uma realidade total que, em toda sua extensão, se orienta melhor por uma nova face da realidade divina.[127]

A força com que se impõe, na mensagem profética, esse sentido puramente religioso, desse contato imediato como o divino, está testemunhada por aquelas *ameaças e promessas que, ainda sem possuir uma motivação*

---

[125] **Oettli,** *Amos und Hosea,* p. 24 e outras.

[126] Kittel, *Geschichte des Volkes Israel,* vol. II, p. 325s. **H. Schultz,** *Alttestamentliche Theologie,* 1896, p. 197. **Hänel,** *Das Erkennen Gottes bei den Schriftpropheten,* 1923, p. 202s. e *Prophetische Offenbarung,* 1926, p. 10s.

[127] Isto foi exposto de forma atraente po **M. Buber**, *Der Glaube der Propheten,* 1950.

moral, dificilmente poderiam ser classificadas de "inautênticas" por uma crítica sensata.[128] Nelas ficam demonstradas, com toda a clareza desejável, que a nova realidade de Deus, cuja irrupção assistem os profetas, não pode reduzir-se a um denominador ético comum.

E o que acabamos de dizer se expressa claramente no *conteúdo mesmo das exigências morais* proféticas. Em vão se pretende encontrar nelas uma moralidade diferente da do antigo Israel. Acontece, é verdade, uma progressiva transformação da moral individual, no sentido de que falta o estabelecimento, nas virtudes passivas do pacifismo e da resignação, e simultaneamente, adquirem absoluta preponderância os valores e ideais de tipo espiritual e moral; mas esse processo de esclarecimento e purificação das antigas idéias israelitas não significa, em absoluto, uma nova e fundamental orientação da moralidade. Deve-se dizer mais ainda que os profetas têm consciência de estar defendendo, com suas repreensões e advertências, princípios morais de validade geral, que não precisavam, necessariamente serem, justificados diante do povo. Atentos às circunstâncias de sua época, os profetas proclamam — e anunciam o juízo de Deus para os transgressores — *as velhas obrigações da solidariedade e da fraternidade,* no comportamento para com os demais membros do povo, como haviam sido sancionadas nos antigos livros da lei. Aqueles que consideram como coisa nova o fato de se aplicar também o mesmo padrão moral aos povos estrangeiros, esquecem com excessiva rapidez, que as antigas sagas e histórias já não limitavam exclusivamente a Israel a validade das normas morais, mas que em certos preceitos fundamentais, reconheciam uma obrigatoriedade extensiva também aos de fora. Por último, quando os profetas chegam a princípios universalistas, não é tanto seu sentido moral particular, quanto a grandeza de seu Deus, que os guia e impulsiona.

Portanto, a importância da influência profética nas idéias éticas de Israel deve ser buscada, principalmente nessa *operação, pela qual o sentido de estar o homem imediatamente possuído pela presença de Deus translada-se também ao âmbito da conduta moral.* E o que provoca sua rebelião irada é observar que, assim como em outros campos, tampouco no das exigências morais, Israel leva a sério a vontade de Yahweh. Está disseminada entre o povo a idéia de poder tirar proveito da presença protetora de Yahweh, de poder embriagar-se até com a comunhão divina que o culto opera, sem necessidade de ter de se preocupar com os preceitos fundamentais do Deus soberano que estão unidos à vida prática. Se quisesse resumir em duas palavras o cerne da crítica profética

[128] Cf. Am 3:12; 5:1-3,18s; Os 5:8s; Is 3:1s; 7:20s; 10:27s; 32:9s; Jr 4: 5s; 6:1s; 6:22s. etc.

contra a situação moral do povo, poderiam valer as seguintes: "que se deve levar a sério e sem condições, o Deus justo",[129] e não é lícito convertê-lo no bicho-papão inofensivo que somente é capaz de intimidar às crianças. O que dissemos fica claro na forma como nossos homens falam da majestade da lei moral. Sua argumentação não gira em torno do que é bom em si; é também relativamente raro encontrar em suas palavras o termo "bom".[130] O justo e o bom estão constituídos pelo que Yahweh ordena, e precisamente porque ele o ordena é que é de uma obrigatoriedade absoluta. Não seria ele o soberano que pretende impor sua vontade como um fogo abrasador na alma do profeta, se frente a seus preceitos fosse possível imaginar uma atitude diferente da de uma obediência absoluta. Nem seria, tampouco, o incomparável, que reduz ao pó todos os grandes da terra, se junto a sua vontade existisse alguma coisa pela qual o homem tivesse de reger sua conduta.

Quando, em determinados momentos de grande polêmica, a pregação profética dá a impressão de abandonar um pouco os aspectos de Criador e Rei, que caracterizam a imagem de Yahweh, para pôr vigorosamente a tônica sobre sua soberana vontade ética, está atuando aí, com toda profundidade, a experiência dos profetas. Porque esses homens que haviam vivenciado a Deus como a um tu pessoal, que os estimulava a considerar as opções pessoais últimas, na hora de definir o âmbito em que havia de se traduzir, principalmente a atitude diante da nova realidade divina, somente podiam pensar na *esfera* em que a vontade humana, confrontada com a opção última, tem de conformar a vida a partir dos próprios fundamentos da pessoa e da colocação de toda a existência em jogo; ou seja, no âmbito moral. É que se por alguma coisa se caracteriza e se torna excelente a vontade moral, é porque abrange a pessoa como um todo na opção existencial, tornando impossível substituir o compromisso pessoal por atos objetivos. Por isso, o combate em defesa dos direitos soberanos de Deus, que é uma realidade pessoal, teve de limitar-se, preferencialmente, e com sutileza, no terreno da moral.

Nessa luta apaixonada os profetas viram aumentar *a figura de Yahweh, a ponto de converter-se numa vontade exigente de proporções colossais.* Amós fala a seu povo da justiça de Deus, mas não se conforma com isso; também nesse ponto põe em evidência a grandeza inigualável do Deus poderoso,

---

[129] **Weiser,** *op. cit.*, p. 317, sobre a questão da ética dos profetas, cf. **E. Würthwin**, *Amos-Studien, ZAW,* 62 (1950), p. 10s; **R. Bach**, *Gottesrecht und weltliches Recht in der Verkündigung des Amos, em G. Dehn-Festschrift,* 1956, p. 23s; **A. S. Kapelrud**, *Central Ideas in Amos,* 1956, p. 59s.

[130] Is 5:20; Am 5:14s; Mq 3:2; 6:8. Cf., ademais, **Baudissin,** *Kyrios,* III, p. 212.

cujos imperativos de justiça alcançam o universo todo e cujos preceitos são invioláveis, não somente para Israel, como também para toda a humanidade. Quando Oséias enfrenta a seu povo com o amor solícito de Yahweh, descreve essa qualidade divina, cheia de uma magnífica exclusividade e de uma riqueza sobrenatural, que a distinguem de qualquer amor humano uma vez que aponta o aspecto singular da grandeza de Deus, a quem nada pode comparar-se sobre a terra. E a ninguém se oculta a força com que Isaías supôs cunhar, novamente, o velho atributo divino *qādōš* para que passasse a significar a superioridade ética de Deus; pois, esse termo basta, por enquanto e por si somente, para significar a absoluta transcendência da natureza divina, tanto no aspecto de perfeição moral, quanto no de majestade superior a toda realidade mundana. Dessa forma, a grandeza eminente do Deus misericordioso encontra uma expressão adequada. Os profetas posteriores, contemplam, pois, a riqueza da pessoa viva de Yahweh de forma tão plástica que não têm necessidade de exagerar numa qualidade concreta. E precisamente porque têm consciência de que a natureza divina não pode ser esgotada por nenhuma expressão procuram superar, por sua vez, a pobreza de uma imagem nacionalista de Deus, um monoteísmo abstrato e inerte, que, apesar de proporcionar o marco de uma definição concreta, se dilui em conceitos sem vida. Inclusive nos casos em que encontramos a linguagem formal do monoteísmo, como em Jeremias e o deutero-Isaías, palpita o dinamismo vital, próprio da pessoa divina, que, precisamente em sua inexprimível plenitude interna, é uma afirmação da majestade de Deus.

Tal é, pois, o vigor da nova idéia de Deus, que dá maior profundidade e toda sua força radical ao juízo ético. Dessa perspectiva deve se entender o fato de que os profetas jamais "citem" o Decálogo ou a lei da aliança como meios seguros de ameaça ou castigo, quando falam de rebelião contra a vontade de Deus, apesar de que possam encontrar-se algumas alusões isoladas a esse respeito.[131] Para explicar este fato, tão surpreendente à primeira vista, não se deve recorrer a argumentos externos de crítica literária, referentes a uma aparição mais tardia das leis; tem uma base de explicação mais que suficiente nos pressupostos internos da mesma pregação profética. Somente quem pretenda ver na valorização ética o ponto de partida da pregação profética poderá surpreender-se de que seus autores passem por alto pelo imperativo categórico da lei. Mas esse fato fica plenamente justificado ao se ter consciência do *caráter primordialmente religioso da crítica profética.* Porque a partir dessa perspectiva, a relação entre Deus e o homem não se esgota na lei, como se com seu cumprimento legalista se bastasse; seu conteúdo mais autêntico está na

---

[131] Os 4:2s; Jr 7:9.

entrega pessoal de *todo* o homem. Para explicar essa exigência ao povo, seria um meio pobre para os profetas recorrer à leis dessa forma; teriam conseguido unicamente desviar a atenção do autêntico dinamismo das exigências de sua mensagem e induzir ao erro de pensar que o cumprimento de alguns deveres definidos encerravam a garantia firme da benevolência divina. A realidade que os profetas haviam visto em seu Deus não era a de um legislador rígido, mas a de uma vontade viva, que pretendia abranger a vida em todas as suas relações e exigia configurá-la, desde o mais profundo da pessoa, conforme seu desígnio. Por isso podiam eles atuar com tanta liberdade com respeito a lei, expressão dessa vontade, e defender, por exemplo, contra a lei cultual, a primazia do serviço ao próximo.[132]

δ) Atitude profética frente ao culto

A *atitude profética frente ao culto não* pode ser entendida partindo-se da simples alternativa "moral ou sacrifício" com a qual se enfrentariam os profetas, enquanto representantes da "religião moral". Com tal pretensão se voltaria a aprisionar a esses homens em horizontes estreitos e se exageraria, além disso, o posto que o culto ocupa em sua pregação. As tão citadas passagens[133] em que se quis ver afirmada uma contraposição entre a atividade cultual e a conduta moral não autorizam a considerar como ideal profético uma religião moral sem culto algum.[134] Uma vez mais a atitude profética há de ser entendida a partir da revelação divina que a domina. E então não se tarda a descobrir que o mesmo fator que situa, com tanta energia, as exigências morais no centro da vontade divina é o que opera aqui de forma decisiva no sentido de uma subestimação do culto. Esse fator não é outro do que *o caráter pessoal da relação com Deus.* Precisamente porque tinham experiência do tu divino, se revoltam os profetas, com tanta paixão, contra qualquer tentativa de despersonalizar a relação com Deus. Porque quando o temor de Deus desaparece da relação entre os homens, e se busca a Deus unicamente no culto, se está convertendo-o numa fonte impessoal de poder mágico com a qual se pode manter uma relação quase que comercial e rotineira e sem respeito, e o centro mesmo da pessoa e a existência humana, com sua vontade, escapam às exigências do Deus soberano. Em sua

---

[132] Cf., a respeito, **B. Balscheit** e **W. Eichrodt,** *Die soziale Botschaft des AT für die Gegenwart,* 1942, p. 33s.

[133] Am 4:4; 5:21; Is 1:10s,15s; Jr 7:9s e outros.

[134] Há ainda menos justificação para isso se o protótipo dessa antítese, entre justiça e culto devesse ser encontrado na sabedoria proverbial. Cf. **Gressmann**, *Die vorexilische Spruchdichtung,* ZAW, 42, 1924, p. 286s.

luta contra o culto, os profetas apontam contra a fuga mística para Deus; por sua vez, surge neles, com nova força, o papel preponderante da vontade na religião mosaica.

Que isso se levasse a cabo de forma mais radical que nunca, esteve condicionado em boa parte — é o mínimo que podemos dizer — pela *corrupção que a vida cultual padecia na época profética.* A situação dessa época se diferencia da do Israel primitivo por uma hipertrofia da atividade cultual, que fez com que "a religião de Yahweh degenerasse numa religião do culto".[135] A visita zelosa aos lugares sagrados em romarias e festas era unida, logicamente, a uma maior importância dos objetos sagrados, que aumentava, de outro lado, graças a influências estrangeiras, o retorno de idéias aborígines cananéias. A ligação do sagrado com o sensível avivou, como não podia deixar de suceder, a ânsia de domesticar a expressiva ingerência do elemento diretamente pagão em imagens e símbolos da divindade e em usos orgiásticos, para que olhos atentos descobrissem toda a gravidade dessa situação religiosa. Mais provocativa devia ser ainda, no marco do autêntico culto de Yahweh, essa forma de atividade cultual pagã de si mesma,[136] que fazia com que seus representantes não temessem já diante da majestade do Deus incompreensível por crerem, que dispunham de seu poder, que, contaminava os verdadeiros sentimentos religiosos do povo, desviando-o da entrega interior e substituindo por ações formalistas e cumprimento de obrigações (Isaías 29:13), ou ensinando-lhe até a ficar satisfeito com uma união orgiástica com a divindade. Diante de uma corrupção tão profunda e total da religião, esses homens, os profetas, que viviam da experiência imediata de Deus, estavam obrigados a viverem em uma oposição, e a uma oposição por princípio e de intolerância máxima. Ao verem uma religião falsificada pela obra do culto, a ponto de se transformar em comércio, não podiam deixar de repudiar esse culto e enfrentar seu poder enganador, na obediência às exigências morais de Deus, inequívoca pedra de toque da autêntica atitude diante dos imperativos de um Deus pessoal. Neste sentido *era necessário, para evitar toda escapatória do adversário, chegar a uma alternativa bem clara:* situar diante da opção ineludível, ou de uma obediência humilde ao Deus soberano ou de um caminho para Deus baseado na idéia do mérito e na mística sacramental.

Mas aparte de uma atitude combativa, historicamente condicionada,

---

[135] **B. Duhm,** *Israels Propheten,* p. 117. Cf. cap. II, II, 1, p. 32s.

[136] **Weiser** esboçou o tema acertadamente, restringindo-se ao caso de Amós (*op. cit.,* p. 319); mas as passagens de Amós 2:8; 4:4s; 5:21, 27, podem equiparar-se a outras de outros livros proféticos, que ressaltam com energia, essa mesma oposição existente entre seus sucessores: cf. Is 28:7,9,15,18; Jr 8:8; 6:13s,19s; 5:31 etc.

conseguiu-se com isso expor princípios claros sobre a relação entre o culto e a religião javista. Não deve entender-se isto, todavia, como se nas duras antíteses em que se move a polêmica profética em seus momentos mais altos, estivesse implicada a doutrina e ensino de uma religião sem culto; somente quem desconhece totalmente a situação interior e exterior de que são devedoras suas palavras, tentará buscar nos profetas coisa semelhante. Os profetas não se pronunciam sobre o que é o que se deve fazer com o culto. Porque também nesse terreno têm consciência do Deus que está para vir, e por isso todos os planos organizativos resultam-lhes estranhíssimos, diante da exigência atual de uma disposição total à obediência.[137] De todos os modos, a poderosa paixão com que lutam pelo caráter pessoal da relação com Deus, torna implícito um juízo sobre o culto: este tinha de abandonar, de uma vez por todas, sua pretensão de ser canal de preferência do conhecimento de Deus e meio privilegiado da união da comunidade com Deus. Se dali para a frente o culto tivesse uma razão para existir, esta não residiria nem em ser uma prestação a Deus com esperança de bons retornos nem em constituir um meio seguro de acesso à vida divina, garantido pelo próprio mecanismo da ação e com independência da atitude de quem realiza. A grandeza de Yahweh, tão envolvida na pregação profética, e o caráter pessoal da comunhão com ele, excluem um e outro e obrigam o culto a submeter-se à norma de um tratamento espiritual e pessoal com Deus.[138] Enquanto ação comunitária, na confissão e oração da assembléia litúrgica, ou enquanto sacramento da bênção divina, ao culto lhe cabe, no mais, ser manifestação de uma entrega e uma aceitação pessoais, símbolos de uma graça de aliança *preexistente,* mas de nenhum modo, causa de sua concessão. Desenvolvia-se assim a semente contida na pregação mosaica. Por isso, onde o espírito profético continuou fomentando, o culto se converteu em expressão balbuciante do temor de Deus e do desejo de entrega a ele, sinal cuja aceitação e bênção não eram mérito seu, mas, da graciosa

[137] Nas últimas décadas tem mudado muito o pensamento sobre a atitude dos profetas frente ao sacrifício, graças às investigações em torno ao culto em Israel. A velha postura, porém, que acreditava poder afirmar uma absoluta rejeição do culto sacrifical, possui ainda aqueles que a manifestam. Cf., por exemplo, **J. P. Hyatt,** *Prophetic Religion,* 1947, p.125s. colocava em dúvida a idéia de um desprezo radical do culto nos profetas. Com a tendência a considerar a todos os profetas membros de associações proféticas cultuais, esse tipo de opinião ficou atualmente exilado, até o ponto de existir o perigo de considerar como bagatelas as críticas que os profetas fazem ao culto. **Cf. A. Haldar,** *Associations of Cult Prophets*, 1945, p. 113; *Studies in the Book of Nahum,* 1947, Addic., n. 2, p. 155s; **A. Guillaume**, Prophétie et divination, 1941, p. 436s, em que textos como Os 6:6; Am 5:25s, são interpretados em toda sua crua oposição aos sacrifícios.

[138] Cf. cap. IV, p. 81s.

condescendência de Deus. Isaías 40:16; 43:22s; 52:11; Salmo 40:7s; 50:51: 18s. explicitam de forma viva essa idéia sobre o culto contido na polêmica profética.[139] E o passo mais lógico pelo qual o poder de expiar do sacrifício foi limitado a transgressões inadvertidas, estabelece, sem dúvida, a influência que a crítica feita ao culto, pelo profetismo, exerceu nos círculos sacerdotais.[140]

Acabamos de observar como se chegou a superação da degeneração cultual da religião. Essa vitória interna sobre a idéia equivocada da religião é ainda mais notável, quando consideramos que a estrutura espiritual do profetismo poderia ter, bem facilmente, tendido a uma iconoclastia pura e a um radicalismo divorciado da história. Talvez este seja o germe de verdade, na visão de que os profetas fossem, por princípio, anti-cúlticos e moralistas. Pode-se dizer com toda razão que, tomada consciência de toda sua constituição interna, os profetas não podiam ser aficionados ao culto. Na rudeza com que se opõem ao culto de sua época, na forma como o criticam, sem nenhuma atenção para com os valores que pudessem encerrar, está expressando-se também essa atitude radical de espírito que, voltando-se do presente, alcança o Deus que está para chegar. Dessa perspectiva, é digna de ser rejeitada, em si mesmo, qualquer tentativa de tornar presente a Deus dentro desse mundo condenado a desaparecer; fica descartada toda pretensão de "possuir" a presença de Deus como meio de escapar ao conflito e ao juízo. Porque todos são meios demasiado mesquinhos para resistir a confrontação com Deus, com esse Deus diante de cuja presença, o mundo se desvanece e o homem desmorona, na consciência de sua culpa inexpiável. Toda a intenção de apagar a distância entre Deus e o homem pelo cômodo recurso de um "deus a nossa medida" tem de ser considerado como um atentado contra a majestade de Deus. Por isso o culto, enquanto pretendido instrumento para assegurar-se a benevolência divina, não tinha mais solução senão ser estigmatizado como arrogância e engano.[141]

Há aqui possibilidades suficientes para uma rejeição teórica de todo tipo de culto. Que isto não sucederia, de fato, vem demonstrar, com maior clareza ainda que necessária, até que ponto os profetas adaptam sua tarefa à situação concreta, evitando na pregação toda teoria sistemática que, o máximo que poderia conseguir, seria desvirtuar a eficácia imediata da experiência que haviam tido de Deus.

---

[139] Num sentido parecido se expressa **S. Mowinckel,** *Psalmenstudien,* VI, 1924, p. 51s, e recentemente, **V. Schönbachler,** *Die Stellung der Psalmen zum alttestamentlichen Opferkult,* 1941.

[140] Cf. Nm 17:6-13 e cap. IV, p. 137, n. 326.

[141] Cf., a respeito, o profundo estudo de **M. Schmidt**, *Prophet und Tempel: Eine studie zum Problem der Gottesnäbe im Alten Testament,* 1948.

ε) Atitude profética diante da religião nacional

O mesmo se deveria dizer da crítica que, ao longo de sua atividade, os profetas se viram impelidos a fazer da religião nacional em sua totalidade.

Existe a tentação freqüente de interpretar a severidade com que os profetas desatam o laço de união entre o povo de Deus em seus anúncios de juízo como uma rejeição total da fé israelita na eleição, base da consciência que o povo tinha de Deus e que fazia que Deus e a nação formassem uma unidade inseparável.[142] Mas, isso somente seria provável caso essa fé não existisse, senão na forma equivocada à qual os adversários dos profetas defendiam e que a havia convertido numa caricatura de sua imagem original. Se o dogma da eleição se entende como expressão de que a relação Deus-Israel está ligada à história,[143] saindo assim da esfera de toda ligação naturalista com a divindade, então, é possível dar fácil e completa explicação das numerosas expressões proféticas sobre a relação especial que há entre Israel e Yahweh[144] e até se pode tirar delas um argumento importante que nos leve ao conhecimento da característica própria de todos os conhecimentos proféticos, influenciados pelo impacto direto de uma nova experiência de Deus.

1) *Pressupostos comuns*

A base comum, tanto da fé do povo quanto da pregação profética, está na fé em uma autocomunicação a Israel, por parte de um Deus antes desconhecido; em outras palavras, no reconhecimento do fato da revelação. Por esse fato o povo usufrui, na verdade, de uma situação especial dentro do resto das nações. Ainda quando não se utilize o termo "eleição", seu significado está presente nos momentos em que os profetas falam da salvação do Egito e da promessa da terra de Canaã. Jamais ocorreu a um profeta combater essa fé como a mesma se tratasse de uma falsa suposição, que aprisionasse a mobilidade da ação do Deus transcendente. De outro lado, a condescendência do poderoso Senhor do universo, manifestada no fato da eleição e na história que surge desta, é o ponto pelo qual, de preferência, os profetas enfatizam a autêntica grandeza e dignidade da nação mesmo com sua grave responsabilidade.[145]

---

[142] Em último termo, **Weiser**, *op. cit.,* p. 319s.
[143] Cf. p.29s.; 32s.; 310s.
[144] Cf. Am 2:10; 3:11s; 4:10; 5:21s; 9:7; Os 2:17; 9:10; 11:1; 12:14; 13:4; Is 1: 2; Jr 3:4,19; 2:2s; Mq 6:4s.
[145] Isto foi exposto de forma especialmente sugestiva po **K. Cramer**, *Amos,* 1930.

A partir disso, os profetas não se privam de falar de uma *presença real de Deus no meio de seu povo,* que se manifesta em sinais e milagres. Para eles todo o passado está cheio de tais manifestações divinas, e longe de criticar o povo quando este espera atos divinos especiais, o acusa de pecado quando trata com pouca seriedade a intervenção divina real em sua sorte passada e presente, procurando, em seu lugar, colocar sua segurança nos protetores terrenos. E mais ainda, há profetas, e por certo não os de menor importância, que até chegam a afirmar, de forma explícita, a vinculação dessa real presença divina a um lugar sagrado, coisa que tão importante papel desempenhava na fé do povo. Há um raro acordo entre Isaías e Ezequiel quando ambos falam com vivos tons a respeito da morada de Yahweh em Sião,[146] e não somente no presente, cuja sorte se caracteriza por Yahweh abandonar sua morada terrena, mas também no futuro, em Sião estará o centro do reinado perfeito de Deus, assegurando entre Deus e homem uma comunhão antes inalcançável.[147] Pobre interpretação seria, conformar-se em acusar Isaías de vestígios de particularismo nacionalista e a Ezequiel da estreiteza que caracteriza os círculos sacerdotais.[148] Este fato, surpreendente para qualquer teorização idealista da religião profética, encontra seu fundamento no reconhecimento do típico caráter histórico da revelação, que atribui importância específica ao aqui e agora. E isso, precisamente porque, esse caráter histórico não conhece conteúdo algum de revelação que possa ser pregado como uma verdade atemporal (com isso desapareceria, justamente, o conceito estrito de revelação). A revelação somente se dá em inter-relação inevitável com o dado histórico revelador. A afirmação de que é Deus quem fala a Israel, quer dizer, o Deus pessoal real ao Israel real, imerso em sua existência histórica, e que, por isso, o diálogo não se estabelece entre uma idéia geral e a alma humana, dando base para se fazer alusões marcadas e específicas ao lugar onde essa revelação se deu historicamente. Isso contribui para estabelecer uma clara distinção entre a obra histórica e real de Deus com seu povo e qualquer re-interpretação moralista ou sublimação mística da mesma. Se a revelação total de Yahweh vincula-se a Jerusalém e não a qualquer outro lugar ou não se vê isenta de todo tipo de relação localista, se deve a uma razão bem clara pois assim o caráter pessoal dessa revelação fica protegido de toda degradação sincretista, manifesta-se melhor a soberania, bem entendida, da auto-comunicação divina que, ao deixar claramente estabelecido seu caráter não repetível e temporal,

---

[146] Is 8:18; 31:9; Ez 8 – 11; Cf. Sf 3:5.

[147] Is 2:2-4; Ez 37:26s; 43:1s.

[148] Os distintos intentos de liberar Isaías desse escândalo por meio de uma crítica literária, demonstram que se sente o irreconciliável de tais reprovações com sua postura normalmente universalista.

impede que se lhe confunda com idéias religiosas humanas de tipo geral. Está claro que os profetas tiveram menos medo do perigo de uma interpretação fetichista de semelhante vinculação a um local, do que se tivessem suposto considerar a revelação, desvinculada de sua mediação histórica. É explicável, porque dessa forma a religião israelita teria ficado muito mais exposta aos ventos de divinização da vida natural e instintiva dessa concepção religiosa, típica da Ásia Menor, que então sopravam tão fortemente sobre Israel.

2) *A reelaboração profética da religião nacional*

Esse naturalismo na idéia de Deus foi o que mais ameaçou a pureza da fé na eleição e preparou o caminho a todo tipo de falsificação. Por um lado, a aliança se converteu num relacionamento de direitos e deveres no que a ação cultual, como uma técnica de funcionamento perfeito, assegurava o contato com a fonte do dinamismo divino; por outro, se abusou da idéia de aliança para dar uma interpretação religiosa do egoísmo nacionalista.[149] Não é necessário detalhar o quão difícil tornava-se a postura profética frente a essa adulteração progressiva de dogmas, com um sentido primário totalmente diferente. Precisamente porque unia o povo na base da fé comum, não podiam os profetas estabelecer um corte radical assegurando assim sua pureza, entre sua própria concepção de Deus e a do povo; estavam obrigados a uma crítica e um confronto profundos. Uma vez mais, impõe-se aqui a experiência específica que os profetas têm de Deus. Porque Deus lhes aparecia como uma vontade pessoal moral de poder e autoridade ilimitados, a comunhão que ele oferecia não se podia interpretar em primeiro lugar como desfrute dos bens naturais do senhor divino da terra, mas como uma relação de serviço e fidelidade à qual haviam de submeter-se todas as situações da vida. Uma vez que os israelitas se assentaram na Terra, puderam atribuir a Yahweh, seu Deus, traços que antes lhe eram estranhos, próprios das divindades da região;[150] mas, de qualquer modo, enquanto se manteve viva sua natureza de senhor da federação social e guia de seus destinos, o poder de sua vontade direcionadora da história condenou, várias vezes, ao fracasso, os intentos de fundi-lo com as divindades da fertilidade. Se, apesar de tudo, pela razão indicada, a série inumerável de bens de civilização logrou introduzir-se no domínio do Deus nacional, o processo somente foi possível graças a utilização dessas duas categorias, a de criador e a de senhor da terra.

---

[149] Cf. p. 32s.; 292s.

[150] A essa capacidade de assimilação da fé yahvista refere-se corretamente **J. Hempel**, *Gott und Mensch im AT,* p. 38s.

A primeira é rara entre os profetas antes do deutero-Isaías:[151] sua atenção está demasiadamente ocupada com as amostras de misericórdia divina para com Israel para entreter-se em descrever sua atividade criadora em geral. Do contrário, utilizam-se com freqüência e em suas diferentes matizes, a categoria de senhor da terra, assim, fica descrito Yahweh na imagem do príncipe de Isaías, do esposo de Oséias, ou do príncipe amante de Ezequiel. E dessa perspectiva, os mesmos bens naturais requerem uma significação religiosa característica como sinais e penhor da misericórdia divina, aos quais corresponde, por parte da nação, observar uma relação de serviço e fidelidade. Assim o encontramos descrito, de forma clássica, em Oséias 2:4s. Desse modo fica uma vez mais assegurado o caráter pessoal do relacionamento com Deus, o bem autêntico consiste em desfrutar o relacionamento com o Senhor do povo — relação que fica patenteada pela da prosperidade — e no contato com a vontade soberana que é a que rege seus destinos.

Essa barreira contra todo eudemonismo inferior, contido, já em essência, na idéia de Deus própria do primitivo Israel, requer nos profetas maior vigor e profundidade em diversos sentidos. Desse modo, em contraposição com todo tipo de mediação mágico-física, dependente da magnitude da obra realizada e de sua correta realização, eles descrevem o acesso ao próprio Deus da relação de aliança como uma *comunicação espiritual de caráter pessoal*, que se realiza na fé, no amor, e na obediência. À tentação de converter o relacionamento com Deus em um *direito e dever* de tipo legalista, se contrapõe assim o caráter vivo de uma inter-relação pessoal. Mas, de outro lado, a real presença divina, garantida pela aliança fica a salvo de toda tentativa direta de monopolização humana. Essa presença real não é algo para dispor constantemente de um poder capital divino, mas um encontro com a pessoa de Deus, através de sua palavra e de sua vontade, como se manifestam ao homem na lei e na profecia, quer dizer, por vias fundamentalmente indiretas. Somente esse tipo de auto-comunicação indireta, que exige do homem humildade e abandono de sua própria vontade, está a altura da majestade desse Deus e exclui toda pretensão de dominar sua natureza. De outro lado, essa revelação indireta acaba com a auto-suficiência ímpia, que mostravam em Israel, daqueles que pensavam poder presumir da presença solícita de Yahweh. Enquanto manifestam os pressupostos pessoais, necessários para a experiência da auto-comunicação divina, a relação de aliança perde todo caráter de compromisso divino automático do qual se pode ter segurança em toda circunstância.

Outra conseqüência inevitável desse ponto de vista predominante, de que a vida deve ser configurada em resposta à vontade divina, foi liberar a

[151] Cf. Os 8:14; Is 29:16.

relação de aliança dos interesses estreitos de um egoísmo nacionalista. Diante do fogo devorador de Deus, que humilha toda grandeza humana, empalidece a figura ornada do rei terreno, que se converte também ele, num homem necessitado de graça e perdão; sua dignidade fica reduzida a poder ser o primeiro servidor de seu Deus, mas, assim como os demais homens, está submetida à comunicação indireta de Deus.[152] Os objetivos da vida nacional não devem ser determinados por um representante divino autônomo. O Deus transcendente é quem se encarrega de chamá-lo a si e de chamar à nação para seu serviço, e aos dois, ao rei e ao povo, lhes ensina a descobrir, na mesma relação da vida nacional sujeita a Deus, o verdadeiro fim da eleição. Se o fim último da aliança está em sujeição à soberania divina, então, para que se mantenha a relação de aliança, é preciso que o homem esteja pronto para tal submissão. Onde falta essa submissão, necessariamente o dogma da eleição ver-se-á suspenso no juízo. Essa terrível conseqüência assegura a liberdade divina garantindo-a contra todo tipo de falsificação antropocêntrica por obra de uma idéia de aliança desfigurada, é possível e suportável pela contemplação de um Deus que, em sua grandeza, sobrepuja a todas as coisas. Ao fazer com que brilhem os fins universais divinos, essa grandeza consegue, o que na época mosaica havia conseguido, o poder terrível e inexplicável da presença divina, liberar a soberania divina de toda intenção de controle humano, mesmo quando este se disfarçara da roupagem de uma fé de tempos anteriores.

Com tais pressupostos entende-se perfeitamente por que os profetas falam tão pouco da aliança de Yahweh com Israel e das exigências que ela comporta. O conceito de aliança havia adquirido o significado de uma relação acabada de uma vez por todas, encerrava uma constatação de tipo jurídico, demasiadamente fria, para dar conta do *caráter vivo e pessoal da relação com Deus* e que havia sido decisivo para os mesmos profetas.[153] Para eles a eleição não é mais que o início de uma relação duradoura, cuja verdade depende de uma opção por Deus constantemente renovada. Trata-se de uma vinculação permanente do homem a Deus, que obriga a dar atenção obediente a uma vontade, a divina, que chama continuamente à novas tarefas.[154] Para os sacerdotes e o povo, ao contrário, tratava-se de ordenanças firmemente estabelecidas, das quais se podia dispor e que, ocasionalmente, até podiam-se fazer valer contra Deus. Por isso, apelar às leis da aliança não significa uma solução frente a uma compreensão tão falsa de Yahweh. Precisamente os zelosos pela lei não conhecem a Yahweh (Jeremias 2:8). O homem havia chegado a

---

[152] Is 11:2s, é o que formula isto de forma mais acentuada.
[153] Cf. p. 36s.
[154] Jr 2:6,8.

aprender o modo de, mediante um hábil manejo da lei, fazer sua própria vontade. Se os profetas tivessem tentado fazer valer as exigências da aliança, não teriam faltado espíritos juristas sutis que, apoiados precisamente de tais exigências, rebateriam as pretensões dos "homens do espírito". Daí, as palavras severas contra os escribas peritos na lei (Isaías 10:1s; Jeremias 8:8) que, mergulhados na auto-suficiência de seu próprio saber, se voltavam contra o ensino profético. Explica-se assim que, as passagens nas quais se concebe a salvação futura em forma de aliança,[155] advertem com a insistência suficiente que então as leis haverão dado passagem à abertura interior à vontade divina, fazendo com que o caráter vivo da relação com Deus triunfe sobre todo comportamento legalista superficial.

ζ) Pecado e juízo

Se com o que dissemos acertamos na descrição da atitude positiva dos profetas ao julgar a configuração individual e coletiva da relação com Deus, no presente, deve-se ver agora se o quadro descrito é correto também em referência ao aspecto negativo da mensagem profética, quer dizer, em suas *afirmações sobre o pecado e o juízo*. Não há mais a necessidade de demonstrar que, ainda quando ressaltam de forma concreta condutas pecaminosas isoladas, adaptando-se nisto à mentalidade moral de sua época, por vezes, os profetas entram até o recinto pessoal da atitude de espírito, que é fonte da transgressão da lei e da moral. O conceber a relação com Deus como algo que alcança à pessoa humana em toda sua profundidade, traduz-se aqui no empenho de interpretar o pecado, em sua raiz última, como um ataque voluntário a essa relação ou até como uma dissolução da mesma. Desse modo, Oséias pôde resumir a realidade do pecado na idéia de ingratidão,[156] cujo fundamento acha-se, em definitivo, numa aversão contra o ser e a vontade de Deus.[157] E quando quer contrapor a essa atitude a conduta reta, a chama amor, fidelidade e conhecimento de Deus:[158] comportamentos íntimos, frutos de uma decisão pessoal. Isaías designa o pecado como rebelião contra o Deus soberano, como ruptura da relação de piedade entre pai e filhos, devida ao orgulho e falta de fé, que não se humilham, nem querem deixar-se guiar pelo Deus soberano.[159]

---

[155] Jr 31:31ss; Ez 34:25; 37:26; Is 42:6; 49:8; 54:10; 55:3: cf. p. 43s.
[156] Os 2:10s,15; 4:1; 5:4; 9:17; 13:6.
[157] Os 6:4,7; 7:14; 8:11; 9:8; 12:11,14s.
[158] Os 4:1.
[159] Is 1:2,4; 2:6s; 5:12,21,24; 9:8s; 28:1,10s,14,22 etc.

Todas estas expressões vêem-se repetidas e completadas com matizes diferentes nos demais profetas como em Jeremias requererão ternura e intimidade, e com Ezequiel o conflito chega ao paroxismo nas palavras dos capítulos 16 e 23. Sempre andam intimamente unidas ambas as coisas: a qualidade concreta e pessoal da acusação e a concepção profundamente espiritual da natureza do pecado. Fica assim superada, tanto uma idéia originada em tabus quanto uma valorização moralista e jurídica do pecado. Desta perspectiva as transgressões cultuais somente podem ser consideradas pecado enquanto significam uma negativa à obediência ou à piedade,[160] ficando excluído todo tipo de atentado mecânico e impessoal, contra a esfera do cumprimento simplesmente externo de deveres, juridicamente estipulados, para converter-se em manifestação vital de uma vontade moral ou amoral. Diante de uma consideração casuística das condutas pecaminosas, que impede que se veja a importância da atitude espiritual em seu conjunto, fica aqui preservada a unidade da vontade moral pessoal e, por sua vez, ao se evitar uma interpretação materialista do pecado, pois se o considera como alteração ou até a destruição de uma relação total e absolutamente pessoal com Deus, se lhe reconhece toda sua seriedade existencial. A última conseqüência é obtida por Ezequiel ao formular curta e claramente a responsabilidade moral que toca o indivíduo em todos os seus feitos. Responsabilidade que ninguém pode assumir por ele, assim como tampouco ele pode ser considerado responsável de culpas alheias.[161]

Se ao fixar-se no *caráter pessoal do pecado* podem os profetas realçar sua gravidade, isso lhes permite, por sua vez, esclarecer seu *terrível poder e magnitude* e tornar impossível não dar importância ao problema de sua superação e reparação. Assim aparece no simples fato de vê-los sabendo expressar, de forma impressionante, como o pecado acarreta um transtorno no conhecimento da norma moral e uma atrofia da vontade, quer dizer, corrói a verdadeira energia da vida pessoal. Esse efeito continuado da primeira decisão, Isaías descreve como um sono profundo, infundido pelo próprio Deus, como teimosia por parte de Deus em realizar o juízo.[162] E Jeremias fala da violência

---

[160] Esta orientação é a que inspira as duras reprovações pelo lento avanço das obras de reconstrução do templo (Ag 1:2s; Zc 8:9s) ou pelos defeitos nas práticas cultuais (Ml 1:6s; 2:1s), muito diferentes das manifestações ulteriores dos profetas do templo sobre a transgressão do Sábado (Is 56:1s; 58:13s; Jr 17:19s etc.).

[161] Cf. Ez 18. Não resta dúvida de que um exagero dessa máxima moral, no sentido de uma liberdade de decisão do indivíduo em cada ação sua, pode levar novamente ao perigo de uma atomização da conduta moral. Mas Ezequiel é muito consciente da solidariedade no pecado (cf. Ez 20) e do poder da inclinação pecaminosa (cf. 36:26s).

[162] Cf. Is 29:9s; 6:9s; 28:22; 28:7,13; 5:18s.

do mau hábito que destrói todo bom propósito e varre toda esperança de conversão.[163] A desobediência às exigências divinas converte-se, dessa forma, numa inimizade aberta com Deus contra a qual nada podem fazer os milagres e as profecias e cuja expiação por meios humanos há de aparecer como um intento ridículo, porque supõe um total desconhecimento de seu verdadeiro caráter.

Essa atitude diante do Deus nacional atribui-se agora com uma severidade crescente a todo o povo. A ampla observação combina-se agora com uma análise profunda e penetrante, chegando a descrever que o *afastamento de Deus, presente em toda a história nacional,* se leva inscrito como um selo na pele. Já no patriarca Jacó, Oséias vê prefigurado o caráter radicalmente falaz de Israel, desde a época do Egito o povo fugiu da direção de Yahweh, e também a entrada em Canaã esteve marcada por uma apostasia do povo de Yahweh;[164] todos os acontecimentos históricos demonstram a ingratidão e a teimosia do povo;[165] a desobediência atual não é mais que manifestação de uma atitude de espírito constante.[166] Agora o que os antigos chamavam solidariedade no pecado passa a significar, não laços naturais devidos ao sangue, mas ao parentesco espiritual numa mesma atitude de inimizade para com Deus, ganhando assim em força. A atitude do povo abrange a todos os indivíduos e a todos arrasta numa mesma conduta pecadora. O presente deixa de estar isolado, perde seu caráter qualitativo de toda a história anterior. Não que se queira dizer com isso que o presente esteja determinado pelas gerações que o precederam, vendo-se ele livre de toda responsabilidade pessoal, mas que ele resume e revela o que, como elo misterioso e radical da atitude humana, tinha atravessado todo o período de uma relação baseada na eleição e havia introduzido a Israel num tempo marcado pela paciência e pela tolerância divinas. Ao observar-se no presente e no passado a mesma reação contrária à conduta de Deus, se descobre a atitude última e original do homem diante de Deus. Por conseguinte, o que Deus faz agora com seu povo também sai do âmbito contingente do temporal e de sua manifestação histórica, para passar à esfera do conflito e a oposição absoluta entre Deus e o homem. O juízo se transforma em revelação e também em efeito inevitável da oposição radical e última entre Deus e o homem.

---

[163] Jr 13:23; cf. 2:24s; 6:7; 8:4s.
[164] Os 12:4,13; 11:1s; 9:10.
[165] Am 4:6s; Is 9:7s.
[166] Ez 20; Jr 7:24s.

Esse *poder do mal,* contra o qual nada pode o transcorrer do tempo, é detectado por muitos profetas também no *mundo das nações,* fora das fronteiras israelitas. A grande profecia do juízo, com a qual se abre o livro de Amós, não é uma simples ampliação da convicção, já existente em Israel, de que Yahweh visitaria às nações para castigá-las por seus pecados especiais. O fato de que essa convicção apareça intimamente ligada a afirmações sobre uma decisão radical, na disputa entre Yahweh e Israel, faz com que aquilo que pudesse ser um castigo temporal e histórico de Deus às nações, se converta em um ajuste de contas definitivo com a humanidade,[167] cujo pecado, assim como o de Israel, significou sempre uma traição à obediência exigida por Deus. Certamente, os profetas não se estendem em discutir as relações entre Deus e a humanidade. Mas, ao recorrer à idéia mitológica do monstro do caos e de sua destruição pelo Criador universal, e trasladá-la à vitória de Yahweh sobre as nações e seus príncipes,[168] de um poder universal demoníaco, no qual se resume toda oposição a Deus e que disputa junto ao Deus de Israel o reinado sobre a terra.[169] Nessa perspectiva chega a aparecer toda a amplitude do pecado de Israel. Esse pecado reduz-se a uma intervenção, numa conflagração universal, pela qual o povo eleito se alinha do lado das nações, por ele desprezadas, em luta contra Deus e que, logicamente, condena a ele com a mesma sorte que aquelas.[170] O dualismo da cosmovisão israelita, anterior à época profética, com a clara distinção entre povo de Deus e nações, converte-se agora, requerendo amplitude e profundidade novas, em contraposição entre Deus e a humanidade pecadora. Adquire assim, esse caráter moral e pessoal, que o distingue claramente de toda negação pessimista do mundo, oculta no naturalismo místico.

De acordo com o aprofundamento e a ampliação do conceito de pecado acabamos de observar que, nos profetas, *também a idéia de juízo* é levada até suas últimas conseqüências. Viram-se com tanta clareza o poder do pecado, dentro de seu próprio povo e no mundo de fora, que não podiam se dar por satisfeitos em postular ações de castigo isoladas, como havia sido na história anterior do povo, se é que queria chegar-se a inculcar verdadeiramente as

---

[167] Que essa idéia existia também fora dos círculos proféticos, pode deduzir-se do fato de que, em muitos lugares, se fale como coisa normal, do juízo das nações, ainda quando o considere simplesmente como pano de fundo do juízo de Israel: cf. Is 3:13; 2:12; 1:2; 28:22. Cf. cap. X, pp. 409s.

[168] cf. Is. 17:12s.; 14:12s.; Naum 1s.; Ez 38s.

[169] Nesse contexto é de absoluta importância a imagem mítica que os profetas têm do que, segundo suas esperanças, realizará o juízo: Is 5:26s; 8:9s; 14:26s; 28:14s; 29: 1s; Jr 4–6; Sf 1:2s,14s; Jl 2:1s; Is 13. Cf., a este respeito, a exaustiva exposição, que dos oráculos proféticos de desastre, se faz no amplo tratado de **W. Stärk**: *Zu Hab. 1, 5-11. Geschichte oder Mythus?,* ZAW, 1933, p. 1s.

exigências radicais de obediência a Deus. Um povo que escapa da vontade de seu Deus com tal teimosia, em toda sua forma de vida — estado, concepção social e organização cultual — se converteu numa conspiração contra Yahweh (cf. Jeremias 11:9), numa rejeição sistemática de sua singular soberania, perdeu o direito à existência; um mundo que se rebela, com tão gigantesca obstinação contra o Deus soberano do universo, não tem outra solução do que se encontrar com seu juízo de destruição.[171] Por isso os profetas anunciam a ruína do Estado e da monarquia, a dissolução de toda ordem social, a destruição dos lugares sagrados e o final do culto; em outras palavras, a aniquilação, nem mais nem menos, do povo na totalidade de sua presente estrutura. E se, apesar de tudo, esse anúncio pode às vezes parecer condicionado, se o juízo dos profetas sobre uma possível recuperação da benevolência divina parece oscilar em mais de uma ocasião,[172] acima de tudo, isso não deixa resquício de dúvida numa coisa, que como agora é, seu povo não pode esperar mais do que a destruição implacável. O caráter inevitável desse final aparece cada vez mais, com maior força, nas mais diversas imagens.[173] De Israel não restará mais que imundície.[174]

De outro lado, se põe uma ênfase especial na necessidade de um acerto de contas definitivo entre Deus e o povo, descrevendo diversos aspectos do *castigo divino*. Em primeiro lugar, deve-se observar que os profetas, apesar da sinceridade com que designam como açoite de Deus, desgraças externas (catástrofes naturais, guerras, revoluções), mostram suas preferências por

---

[170] Em qualquer caso, esta relação do pecado de Israel com o pecado do mundo a maioria das vezes não aparece de forma expressa, excetuando a Isaías, o qual fala explicitamente da hybris como da verdadeira raíz do pecado em seu povo e entre os pagãos.

[171] Somente em Isaías e Ezequiel encontramos uma consideração conjunta, de ambos os juízos de Yahweh, considerando que os dois têm uma base intrínseca coincidente. Nos demais casos predomina, às vezes, um ponto de vista, e em outros, outro. De todas as formas, não se pode duvidar de que ambos entram, igualmente, dentro da lógica da cosmovisão profética.

[172] Coisa estranha seria se as diferentes condutas históricas do povo ou seus momentos especiais de crises não acendessem nos profetas a esperança numa conversão voluntária e profunda. Assim, nos primeiros dias de sua missão, Isaías, segundo 1:21s; 32:1s, podia ainda esperar numa reforma de todo corpo, da cabeça e dos membros, e durante a crise assíria, a derrota de Ezequias e a humilhação do partido da guerra parecia abrir novas perspectivas: 1:18s; 37: 31s. O mesmo se pode observar em Jeremias em momentos distintos: cf. 3:19s; 18:1s; 26:13; 30:18s. Mas, de qualquer maneira, isso não deve fazer-nos esquecer que o anúncio do desastre era totalmente sério e que em nenhum momento ficou debilitado, convertendo-se em algo assim como um juízo purificador (assim pensa **Kautsch,** *Bibl. Theologie des AT,* 1911, p. 256s). A esperança de salvação escatológica não minimiza em nada a seriedade do juízo, mas o faz aparecer em toda sua força e severidade. Porque seu objeto é uma autêntica nova criação, pela obra de Yahweh, uma vez que tenha ficado totalmente aniquilada a antiga. Por isso o "resto", o grupo de discípulos de Isaías, os poucos sobreviventes da batalha, não se pode interpretar seriamente como a nação purificada pelo juízo. Israel sabia muito bem, porque o havia

expressões impregnadas de caráter pessoal, Oséias, por exemplo: recorre ao caso do marido e sua esposa adúltera, para ilustrar o castigo de Yahweh;[175] Isaías traz à memória o pai cujos filhos lhe são desobedientes, o amo da vinha que se revolta contra seu vinhedo, o mestre de obras que põe sobre Sião sua pedra angular, o forjador que purifica a prata, o barbeiro que raspa até a calvície total, o artesão que utiliza a ferramenta a seu bel-prazer.[176] E os profetas seguintes, ou empregarão as mesmas imagens, ou proporcionarão outras novas.[177]

Dessa forma fica sempre claro que, até no castigo, trata-se da reação pessoal, de um Deus desonrado, que retira a confiança anteriormente manchada e rompida por Israel, não com a frieza severa de um juiz, mas com a dor e a ira de quem se sente enganado em sua busca da entrega pessoal. E como nesse campo, tudo está fundamentado nas leis interiores de uma relação pessoal, os profetas são os melhores arautos de que, o mais duro castigo, nasce precisamente de uma necessidade moral que ignora que seja capricho. Com a imagem do matrimônio, Oséias ilustrou, de forma surpreendente, como o castigo externo não é mais que a conseqüência necessária de uma alienação interior prévia. Falando com propriedade, a separação arbitrária de Deus leva já em si mesma o juízo. Pecado e castigo não são coisas heterogêneas que possam aparecer unidas exteriormente de mil modos distintos; um e outro continuam intimamente unidos.[178] Essa indissolúvel vinculação entre pecado e castigo deixa, entrever Isaías, em seu jogo de palavras com "crer" e "subsistir", assinalando como, na total incompreensão da mensagem profética por parte do povo, este mostra

---

visto com seus próprios olhos, qual era o futuro que se apresentava aos países cerceados em sua população pela guerra e pela deportação. Portanto, a esperança dos profetas é um "esperar contra toda esperança", e se move num plano totalmente distinto da falsa esperança de poder sair-se bem do juízo. As exortações dos profetas ao povo, que pressupõem a possibilidade de evitar o juízo, não podem atribuir-se como prova de que o juízo é simplesmente causal, desprovido de caráter absoluto; quando não respondem a situações temporais específicas ou não tem um caráter pedagógico (por exemplo, Am 5:4,14s), não são senão testemunhos de que os profetas jamais consideraram o juízo inevitável, como um fato cego, porque para eles a relação com Deus manteve sempre esse caráter vivo e a ordem moral, toda a sua validade. Porém, à parte disso, essas suas exortações nada acusam de como eles consideraram *possíveis*, vista desde a parte do homem, uma conversão total. Suas afirmações ocasionais sobre a forte tendência ao pecado deixam entrever mais certo ceticismo que um cândido otimismo.

[173] Cf. Is 9:7s e 5:25s.

[174] Cf. Is 30:14,17; 7: 21s; 5:17,24 etc; Jr 19:11.

[175] Os 2:5,12; 3:3s.

[176] Is 1:2; 5:1s; 28:16s; 1:25; 7:20; 10:15.

[177] Jr 3:19,22; 2:2,32.

[178] Cf. Os 9:15; 10:13; 12:12.

sua obstinação culpável, para a qual não há salvação possível.[179] A crença do antigo Israel na justiça da lei de talião, aparece aqui traduzida na lógica interna que inspira o comportamento divino, com um povo que, de forma petulante, rompeu sua relação com Deus.

η) Concepção profética da história

A luz de um novo conhecimento da realidade divina faz com que os profetas submetam a uma crítica radical a conduta de cada dia e as idéias fundamentais que a inspiram. Ela lhes oferece, além disso, *uma perspectiva totalmente nova,* que torna possível pela primeira vez questionar a própria existência histórica de Israel.

Em primeiro lugar, a profundidade com que se capta a oposição entre Deus e o homem, como se expressa no binômio pecado e juízo, permite eliminar o monismo de uma cosmovisão, para a qual, o mundo torna-se numa unidade com fundamento em si mesma. O estado atual do mundo caracteriza-se, por estar operando nele poderes antideus, sendo assim, uma potência compacta do pecado, que se contrapõe as pretensões divinas de uma soberania exclusiva e, com uma titânica obstinação, se atreve a contestar os direitos de Deus. Assim sendo, o cenário em que se decide essa luta é a história.[180]

O caráter decisório que, assim recebe a história, estava já preparado, pela concepção que dela tinha a religião do antigo Israel. A história nunca foi para essa religião uma simples sucessão de acontecimentos, mas sim, o lugar em que se revelavam as provas da graça e do poder divinos, com as quais o Deus soberano verificava por vezes seu juízo e se operava, noutras, uma nova bênção. De outro lado, a crença, profundamente enraizada, na retribuição deu a essa experiência uma seriedade total, ao atribuir uma grave responsabilidade à colaboração humana no acontecer histórico.

Apesar dessa concepção da história ser a que, por capacitá-la para um aprofundamento metafísico das experiências históricas, fornecendo à vida do povo uma rica tensão, continuava estando demasiadamente vinculada aos feitos concretos de modo a poder estabelecer uma interpretação da vida toda.[181] É certo que essa fé baseada em garantias históricas, havia se

---

[179] Is 7:9; 28:16; 28:11,22; 29:9s; 6:10s; cf., também Jr 2:25; 5:3; 6:7,10,15; 8:4s; 13:23.

[180] Cf. **C. R. Noth**, *The Old Testament Interpretation of History,* 1946; **E. Jacob**, *La tradition historique en Israël,* 1946.

[181] De forma sugestiva, **J. Hempel** intenta buscar a raiz dessa forma de ver as coisas, na constituição geral da psique israelita (*Altes Testament und Geschichte,* 1930, p. 65s).

habituado a recorrer a história do povo até chegar a seu ponto de partida e a tirar dela estímulos potentes para a ação. Mas, enquanto que, as grandes obras históricas, autorizavam a pensar que, com a conquista de Canaã (**E** e **P**), ou com a consolidação da monarquia davídica (**J**), haviam alcançado o objetivo e o cume dessa história, conduzida por Deus, o tempo subseqüente aparecia sob aspecto de conservação do já alcançado e perdia essa força impulsora que caracteriza um movimento em direção a um fim. Decorrente de ágil curso, a história converte-se num lago fechado. Se bem que as correntes, tempestades e transbordamentos desse lago não permitem nele o estancamento, operam-se sempre dentro de limites inalterados. A história não diminui a altura dos diques de uma relação com Deus, vivida de forma exemplar, de uma vez por todas, sua finalidade reduzia-se a manter o círculo de vida fixado ou a refazê-lo de novo no caso de se destruir. O primeiro movimento profético, com sua constante insistência numa nova e mais perfeita comunhão com Deus, havia fixado na história desse povo, aprisionado em si mesmo, um novo objetivo, colocando-se em tensão com todas as suas forças, na esperança de uma salvação perfeita. Mas com a consolidação da monarquia chegou uma nova calmaria, e estendeu-se o hábito de ver, no estado de coisas presente, o final alcançado pela história nacional, necessitado imediatamente de melhoras em certos detalhes, mas definitivo em seu conjunto. Dentro dessa atmosfera a história podia ser em qualquer momento a "grande prova de Deus",[182] na qual o homem pode encontrar uma ratificação da segurança de contar com Deus, mas nunca o cenário de decisões últimas e radicais.

Tudo isso tinha de mudar, desde o momento em que o estado atual de coisas estava se vendo submetido a um verdadeiro estremecimento pela ação de um novo conhecimento da realidade divina. A partir de agora todos os acontecimentos do passado se ordenam em grandes séries, conectadas umas às outras, que tendem à decisão e ajuste de contas finais. Precisamente porque essa decisão parecia aos profetas como definitiva, tinha de convocar para sentença a todo o presente e, por sua vez, guardar certa relação com todos e cada um dos pontos do passado. Se todos os acontecimentos da história tinham até agora sua face voltada para o passado, a partir desse momento dão uma guinada em direção a um acontecimento que, mesmo que todavia ainda não tenha ocorrido, torna-se já singular na simples percepção de sua chegada que é anunciada pelos profetas. Ao designar a história nacional como uma história de pecado, quer dizer, de decisões contra Deus, que resultam na negativa total dos direitos divinos, mostrando assim seu verdadeiro caráter, se nos oferece

---

[182] **J. Hempel,** *op. cit.,* p. 34.

uma das conseqüências dessa nova orientação na forma de olhar o passado. Não se trata somente de uma nova construção da história, como infra-estrutura teórica da pregação profética, mas de uma concepção totalmente distinta da natureza da história. Agora, pela harmonia íntima de todos os seus elementos, ela não tem só um valor paradigmático mas uma real *significação de presente.* Nela se desenvolve a luta de Deus para implantar seu reinado, e cada uma de suas fases não são mais que preparação da decisão final. Dessa maneira, cada momento da história tem um peso próprio e inalienável, e a conduta humana se vê confrontada, a cada instante, e com o dever incontestável da decisão: sobre ela pesa a responsabilidade da história. Nada é indiferente, tudo está de um lado ou do outro e constitui um esboço dentro da grande cadeia da história que caminha para o desenlace final do grande drama universal. Daí a gravidade sem conta da exigência de decisão que os profetas desenharam para seus contemporâneos; daí as terríveis ameaças de Amós a Amasias, de Isaías a Acaz e de Jeremias a Zedequias. Agora o tempo parece concebido, com toda seriedade, como a realidade que, ordenada de uma vez por todas pelo Criador, urge à decisão. O terrível imediatismo do Deus próximo não permite descansar na possessão segura de uma graça divina, historicamente garantida, nem aludir à tomada de postura ou agarrar-se à posição divina de privilégio, outrora outorgada ao povo de Deus; exige tomar partido com a consciência de estar fazendo algo último e definitivo.

Restaria o perigo de pensar que, dessa forma, o homem se transforma com sua decisão no fator determinante da história,[183] mas para evitá-lo a atenção está colocada no soberano senhor da história. O Deus distante e o Deus próximo se ajustam. A grandeza envolvente de Yahweh encarregar-se-á de alcançar seu objetivo — o reinado perfeito de Deus — até contra o homem. Ele pode derrotar a todos os poderes inimigos, ao juízo contra seu povo desobediente não somente recorrem às potências naturais, mas também as nações poderosas da terra, porque todos eles não têm outra solução senão obedecerem a um gesto de seus olhos. Se, a superioridade indiscutível de seu poder se demonstra em que seja capaz de fazer com que as potências inimigas se incorporem a seu plano histórico, de forma que, até em sua teimosia contra Deus, elas colaboram no cumprimento de seus decretos. Assíria e Babilônia põem-se a seu serviço, nas expedições de conquista, que as leva a uma avareza insaciável ou a uma ânsia titânica de poder. Sua rebelde independência não faz mais que lançar maior luz sobre o poder superior e sabedoria de Yahweh, que as ajusta a seu tempo

---

[183] Essa idéia expressada por **J. Hempel** (*op. cit.,* p. 15s) podia aspirar a ter validade, pelo menos, ao se referir à doutrina mecânica da retribuição do judaísmo tardio.

e as converte em nada.[184] Por isso, em meio às tempestades do juízo, Yahweh pode ser considerado como o mestre construtor que coloca em Sião uma pedra angular, preciosa (Isaías 28:16), levando à consumação o reino de Deus, ainda que, aparentemente, tudo fique feito em pedaços. O Deus do universo, cujo plano estende-se sobre toda a terra (Isaías 14:26), faz uma grande unidade das sortes das mais diferentes nações e conduz, conforme a um plano misterioso e maravilhoso, os caminhos intrincados da história, ordenando-a a seu próprio objetivo.[185] Assim, entrelaçada com a história do juízo, se realiza uma história de salvação, perceptível somente aos olhos da fé, cuja meta é o novo mundo de Deus.

θ) Escatologia

Com o que foi exposto, podemos afirmar que essa nova consideração da história se une indissoluvelmente *à idéia de que a história será definitivamente consumada e assumida através de um novo éon.*

A íntima relação dessa expectativa com a estrutura geral da cosmovisão profética, é evidente e não precisa ser demonstrada. Porque seria impossível pensar numa interpretação teológica do processo histórico, se houvesse a necessidade de considerar, como resultado final da direção da história, por parte de Deus, uma confrontação entre Deus e o homem que acabasse destruindo o mundo empírico. Mais ainda, essa concepção dualista da história entraria em contradição insolúvel com o poder e a grandeza de Deus, se, após o presente estado universal de coisas, não fosse previsível um mundo diferente, que correspondesse totalmente à vontade do Senhor da humanidade. A possibilidade de uma fé otimista no progresso, com a esperança de uma superação progressiva das contradições, foi eliminada pela crítica radical dos profetas ao mundo presente, desde a perspectiva de Deus não existe justificação possível deste mundo e de sua existência. As contradições deste mundo são de tal natureza que não se podem superar nem se conciliar com as exigências divinas por uma nova forma de ver as coisas. Neste contexto o intento de uma teodicéia está fadado ao fracasso e, por isso, não participou das intenções dos profetas.[186] A

[184] Is 10:5s; Jr 27:5s; 25:8s; e Is 30:27s; 37:22s; 14:5s; Jr 25:15s; 51: 59s. Cf., também Is 44:24–45:13; 46:9s; Ag 2:6s,20s; Zc 2:1s. Cf. **E. Jenni,** *Die politischen Voraussagen der Propheten,* 1956.

[185] Is 10:12; 28:23s; 18:7; 45:22s.

[186] O que em Ezequiel pode parecer algo desse intento, somente pode chamar-se tal impropriamente, pois trata-se aí não é do governo universal de Deus, mas da responsabilidade pessoal do homem e da justiça do Deus juiz.

única via que lhes resta é retornar a Deus, o qual é capaz, não somente de fazer as coisas passarem mas também de criá-las novamente. A primeira prova de sua forma superior de conduzir a história reside em que, em meio à destruição do mundo velho, deixa aparecer os renovos da nova ordem, as sementes de um novo mundo, que ele pode muito bem consumar, convertendo-o numa segunda criação.

Por isso, quem se empenha em ver na escatologia um apêndice indiferente ou até mesmo de menor valor do pensamento profético,[187] interpreta falsamente as próprias raízes do profetismo. Neste sentido convém detectar, sob suas múltiplas formas, historicamente condicionadas, o verdadeiro significado das chamadas profecias messiânicas, o interesse que as domina, se não queremos rebaixá-las ao nível de uma simples esperança nacionalista, incapacitando-as de serem os meios de expressão de um pensamento autenticamente profético. Uma análise mais aprimorada de tais passagens permite ver que, apesar de na linguagem e no conteúdo conceitual[188] haver muito de uma antiga tradição mitológica, ao ficar isto subordinado à perspectiva de um reinado de Deus absoluto — como cada profeta o pinta, com seus traços mais que peculiares —, a antiga herança converte-se em intérprete do grande desígnio de Deus sobre o mundo e a humanidade, que marcou o rumo de toda pregação profética.[189] Efetivamente, nas imagens escatológicas chega a seu auge a mensagem profética, na medida em que nelas se dá resposta às questões importantes do imperialismo universal, do futuro do povo de Deus e da afirmação do indivíduo, recorrendo não a reflexões de filosofia da história sobre as possibilidades terrenas, mas o conhecimento de um Deus criador que culmina com êxito seu plano sobre a humanidade. De outro lado, os traços místicos, que guardam um paralelismo estrito com a alusão à luta com o caos na mensagem do juízo, resultam indispensáveis, porque são sinais infalíveis de que, ao falar do mundo futuro que surge, não se pensa no resultado de uma evolução terrena natural, mas sim numa transformação do mundo, por obra de criação e mediante a aparição de novas realidades divinas. Essas novas realidades são as que dão ao reino de Deus seu caráter supra-temporal. Não é que com isso a história

---

[187] **Gunkel, Volz,** e outros.

[188] Isso foi primeiro assinalado por Gressmann, "Ursprung der israelitschjudieschen Eschatologie", 1905, e depois afirmado, já de forma segura e definitiva, em sua obra póstuma ' Der Messias', 1929.

[189] Cf. **Sellin,** *Der attestamentliche Prophetismus,* 1912; **Eichrodt,** *Die Hoffnung des ewigen Friedens,* 1920.

do fim se dissolva num mito dos últimos tempos.[190] Para evitá-lo, a referência a uma relação de comunhão pessoal e na história é evidente e vívida pois o reinado futuro de Yahweh não será outra coisa que a consumação de seu reinado sobre Israel. Dentro da grande assembléia litúrgica das diferentes nações, os caracteres individuais de cada uma delas prestam um colorido e uma vida que nada tem a ver com o mundo da magia. A comunidade em que se vê inserida a vida do indivíduo — o eterno problema da história! — não se dissolve numa multiplicidade de almas individuais bem-aventuradas, mas que chega a sua perfeição. Justamente, por essa estreita relação com a revelação de Deus, patente na história, a imagem do futuro está muito acima dos níveis de uma vaga esperança, convertendo-se em revelação da meta final da ação divina, à cujo serviço se encontram, tanto o presente quanto todos os períodos anteriores. Dessa forma, a escatologia é para a história o que o cumprimento é para a profecia: sua justificação e ao mesmo tempo o seu sentido .

Assim sendo, enquanto que esse final da história é caracterizado, por sua vez, como nova criação, vem a confirmar, de forma radical e para sempre a crise a que submetem os profetas à realidade presente, partindo de seu novo conhecimento de Deus, e abre um abismo insuperável entre esse éon e o futuro. É certo que o que está mais além dessa imponente fronteira de forças, com sua perspectiva, para suportar a imperfeição do presente, não permite adormecer nos lauréis do já dado. Empurra insistentemente a uma crítica implacável da imperfeição que o presente encerra e mantém uma constante disposição a abandoná-lo e entregar-se com todas as forças a essa ordem de coisas duradoura garantida pela promessa de Deus.

ι) *Síntese*

Numa retrospectiva, podemos agora definir *a estrutura geral do espírito da profecia clássica como a dinâmica desencadeada por um novo conhecimento da realidade divina.* Dinâmica que se apega, com força envolvente, à vida e ao pensamento israelitas e que, diante de toda estagnação, dá origem a um movimento dinâmico que não pode ser reprimido ou paralizado. Porque do que se trata agora é da "confrontação" definitiva e mais profunda entre o divino e o humano. E a religião israelita, na medida em que havia se convertido em simples filha do nacionalismo e da cultura da época, encontra-se com uma sentença

[190] Isto foi rejeitado com razão por **Hempel**, *op. cit.*, p.28.

sem apelação.[191] Alcança agora sua plenitude a crítica com que o nebiísmo havia confrontado as pretensões de autonomia das instituições sociais humanas, com o fim de preservar os direitos soberanos de Deus. Mas a profecia oferece, todavia, mais precisamente no relampejar da tempestade universal que está se desencadeando, ela descobre, com uma clareza absolutamente nova, a figura do Deus de Israel. Tudo o que anteriormente havia sido dito sobre seu poder, justiça, bondade, misericórdia e santidade, acha-se agora submetido à luz ofuscante de uma majestade transcendente, acima de todo humano. Para dizer de outra forma, tudo isso sai agora do âmbito estreito da relatividade humana, para participar das notas absolutas de uma soberania de alcance universal. Vê-se obrigada a desaparecer essa ousada familiaridade que pretende utilizar o Deus da aliança a serviço de fins humanos, prostituindo-o assim com outros fatores terrenos. Pelo fogo devorador de seu juízo ele aparece como uma realidade totalmente outra, uma realidade que, apesar de misturar-se com a existência terrena pela eleição, a aliança e a condução histórica de seu povo, não se confunde com este mundo, mas, ao contrário, o submete a seu senhorio para levá-lo a uma vida nova e superior.

A cosmovisão profética não se conforma com a distinção externa, de matizes espaciais, entre o mundo e o reino de Deus, conhecida já pelo antigo Israel; ela avança até uma distinção interna e qualitativa, entre o ser humano, inclusive o ser humano israelita, e a realidade divina, que abrange a todo o mundo. Essa realidade, conduzida por uma vontade e diante de objetivos, realiza um plano e faz uma aliança; lança um poderoso ataque contra a realidade do mundo, que acabará inevitavelmente defrontando-se consigo.

Assim, pois, essa forma de existência terrena é algo provisório. E por isso, a conduta humana que se rege por ela, na medida em que tende a explorar suas possibilidades humano-terrenas, tem de perder todo seu valor. Todos os esforços humanos para vencer esse caos que se apresenta, não são mais que estultícia; a única maneira pela qual a ação humana pode escapar da futilidade e compartilhar da gênese da nova realidade é tomando uma decisão em vista do advento divino.

[191] Isto não somente vale dizer da profecia de desastre, mas também da profecia de salvação da época do exílio e do pós-exílio. Não é necessário demonstrar que todo o livro do deutero-Isaías está escrito pelo autor com a consciência de achar-se no umbral do novo éon. Mas, também, tampouco a entrega enérgica de Ageu e Zacarias às tarefas práticas do presente nem a luta de Malaquias contra anomalias dentro da comunidade, significam uma tentativa de instalar-se neste mundo como em sua casa, mas que se realizam num contexto total e absolutamente, escatológico que há de começar a reconstrução do templo; há de terminá-lo e dar início ao culto, e isto como uma obra de fé no Deus que está à porta e que trará consigo a grande mudança dos tempos. A comunidade recém-fundada de Jerusalém não pode ser mais que uma coisa provisória, que não tem sentido em si mesma, mas apontando para a vinda da consumação.

É significativo que, a partir de Isaías, a conduta verdadeiramente dirigida pelos planos de Deus se considere dentro da categoria do *rūaḥ*, quer dizer, que apareça como efeito do maravilhoso elemento vital divino, enquanto que todo o puramente humano faz parte do *bāśār*, da criatura que perece. Portanto, uma vida humana plena, de acordo com os fins do Criador, somente é possível se participa da real maravilha do mundo divino. Também a idéia do povo de Deus fica imersa na esfera do maravilhoso, do *rūaḥ*. A realização do reino de Yahweh não é algo empírico-racional, mas do numinoso-pneumático, cuja natureza somente pode descrever-se, de forma adequada, com a linguagem da antiga mitologia.[192]

Fica, portanto, claro que o aspecto característico da atitude profética está em que, ainda que firmemente enraizada na história, que é o produto da operação de Deus, é capaz de se elevar acima dela, ao sentir-se dirigida em uma perfeição nova, na qual chegará por fim a encontrar o cumprimento e o verdadeiro significado do presente. Uma atitude, que há de persistir em forte tensão entre o presente e o futuro.

Mas na realidade, a última razão dessa tensão está em haver descoberto com clareza que a tão maravilhosa novidade *não é uma idéia moral ou religiosa, filha de um pensador genial,* à parte de uma cosmovisão racional e com possibilidades de ser explicada logicamente. Ainda que num primeiro momento pudessem ser revolucionárias, idéias desse tipo acabariam com o tempo, incrementando o acervo de concepções comuns e, justamente, de algo totalmente distinto, *de Deus mesmo e de sua iminente vinda* à casa de seu povo. Isto é o verdadeiramente revolucionário, o que para o pensamento comum é impossível conceber, algo que resiste a se ajustar em uma cosmovisão de tipo geral. Porque diante do Deus que chega, de nada vale nem o poder da razão nem a construção intelectual; somente é possível captá-lo na fé ou rejeitá-lo na descrença. Assim, pois, a força e a debilidade da mensagem profética estão em que não se pode recorrer nem a nada nem a ninguém que não seja à vontade revelada de Deus, que exige obediência ao impor-se aos pensamentos autônomos do homem e confrontá-lo com a inexplicável realidade do mundo divino. Vistas as coisas por essa perspectiva, a tensão em que vive o profeta não é tanto a do "todavia não" temporal, mas sim o que caracteriza a contradição atemporal existente entre a religião familiar tradicional e compreensível à mente humana, e a revelação voluntária do mundo divino, somente perceptível na fé. Em outras palavras: entre o âmbito de uma teologia empiricamente demonstrável e documentada e o da revelação, entre o Deus conhecido e o desconhecido, entre o Deus já presente e o que há de vir.

---

[192] Cf. **R. Otto**, "*Prophetische Gotteserfahrung*", *Die Christliche Welt 37,* 1923, p. 437s.

Quando se compreende *toda a dificuldade dessa vida em tensão,* na qual nunca é permitido o descanso tranqüilo ou a fixação numa posição segura, em que sempre há de estar a existência projetada, na fé, na direção de alguém que vem e que não se pode ver, é possível entender a força com que falam os profetas, de como Yahweh os envia, os autoriza e os conduz constantemente. Sem essa consciência de serem mantidos, levados, guiados, suportados por um poder superior, caminhar por entre um povo de Deus desprezado e outro criado de novo, entre um presente que se destrói para sempre e um futuro que aponta no horizonte, entre esse éon e o outro, seria para os profetas uma tarefa impossível. Corria o perigo, por um lado, de cair num louco fanatismo, incapaz de ver agora a realidade do presente, e de sucumbir, por outro, à tentação de uma revolução violenta da ordem de coisas dominante, às quais sua crítica religiosa radical havia arrebatado, previamente, todo direito de existência, ou à de um pessimismo desesperado, diante da pressão constante de uma realidade sem Deus.

Esses perigos tornaram-se agudos na época seguinte, quando a mensagem dos profetas já conseguia influenciar, decididamente, a vida religiosa, sem contar com o firme contrapeso de uma viva experiência do governo divino universal, sentido como realidade presente. Pela apocalíptica o homem piedoso foge de um presente, que se fez ininteligível, para o éden de um mais além romântico e ineficaz, que deixa campo livre à especulação religiosa e aos sonhos da fantasia. Ao contrário, nos grupos pós-exílicos de fanáticos[193] e entre os zelotes judeus, o que aliena é a impaciência pela forma entrelaçada como Deus conduz a História e isso é o que impulsiona a tentar pela própria força uma vitória mais rápida das coisas boas. Toda iniciativa fracassada sofre uma reação mais forte. Logicamente, em lugar da reverência própria do crente diante do plano universal de Deus que se oculta com segurança após o mistério, encontramo-nos com a resignação indolente ou com a queixa vociferante.

A contemplação dessa ameaça à vida de fé sã, que segue os passos da profecia, pode dirigir nossa atenção para a importância desses outros fatores da religião israelita que, muitas vezes, são considerados como antípodas dos profetas, porque, ao contrário destes, defendem que a promessa e a vida divinas estão ao alcance de todos os membros do povo e constantemente garantidas. Apesar de tudo, se olhamos a coisa em sua totalidade e não ficamos em situações históricas isoladas, esses fatores — os instrumentos oficiais da aliança de Yahweh, o rei e o sacerdote — representam o complemento necessário da profecia e seu firme apoio. Neles vamos nos centrar no próximo capítulo.

---

[193] Cf. Ne 6:10s.; tais correntes vêem-se proscritas em Zc 2:5s.; 4:6.

CAPÍTULO IX

OS INSTRUMENTOS DA ALIANÇA
(Continuação)

B) LÍDERES OFICIAIS

I. OS SACERDOTES

1. *A formação do sacerdócio na história de Israel*

A diferença entre os chefes carismáticos, e os funcionários oficiais da religião javista, introduz na religião da aliança mosaica uma figura que, até certo ponto, tinha já sua própria autonomia e configuração. Efetivamente, o sacerdócio e a monarquia são instituições cunhadas em formas fixas no mundo ao redor de Israel, e mesmo que não se possa negar que sofreram toda sorte de aperfeiçoamentos e modificações, passaram à comunidade recém-fundada sem mudar em nada o fundamental. Dessa maneira, pois, na hora de analisá-las se deve distinguir bem entre a tendência fundamental permanente, essencial dessa instituição, e as mudanças que conhecem em sua configuração e em suas funções por obra da nova religião.

Essa forma de ver as coisas parece cair por terra, no que se refere ao sacerdócio, quando se lê o relato de Êxodo 32. Pelo que nele se narra, os levitas se acham investidos do sacerdócio oficial como prêmio por sua fidelidade, pondo-se claramente a tônica na novidade que representa o introduzi-los numa função pública antes desconhecida. Mas seria apressado pretender concluir daí que o sacerdócio aparece na religião javista apenas como uma criatura historicamente condicionada, de caráter predominantemente carismático. Trata-se de fato da entrada dos levitas nesse cargo, ficando de forma implícita, mas lógica, o desaparecimento daqueles que antes o haviam possuído. Assim, pois, Êxodo 32 contradiz a hipótese de que antes o sacerdócio tinha seu lugar dentro da religião javista. Com isso concorda que, antes até da revelação do Sinai, ouvimos falar a respeito de sacerdotes no povo[1] e que a Arão se lhe chame,

---

[1] Êx 19:22,24.

por vezes, "o levita", o qual, na passagem referida,[2] não significa outra coisa que "o sacerdote".

No mais, nenhuma informação encontramos sobre como se criou esse sacerdócio, e, por isso, nos vemos obrigados a fazer deduções. E uma primeira base a esse respeito no-la oferece a estreita relação, testemunhada pela tradição, de Moisés com o sacerdote midianita Jetro e que se estende até a reorganização da administração da justiça. Segundo isso, se pode imaginar, com certa probabilidade, relações da organização cultual israelita com as antigas instituições das tribos midianitas amigas. Para confirmá-lo, nos encontramos com a notícia do oráculo da sorte sacerdotal dos *'urim* e dos *tumim*,[3] cujo procedimento nos faz lembrar o oráculo de flecha árabe. E, finalmente, apesar das muitas dúvidas, temos também o parentesco do levita hebreu com a forma minóica, muito parecida para designar o sacerdote.[4] Segundo o que foi dito, desfruta verosimilhança a tese de que a tradição midianita colaborou na configuração da imagem do sacerdócio israelita.

Sobre se essa influência foi maior ou menor, as conclusões diferiam segundo se estabelecesse uma relação mais ou menos estreita entre o sacerdócio levítico e a tribo de Levi. E precisamente nesse ponto surgem dificuldades importantes. A tradição veterotestamentária[5] nos leva diretamente a pensar que essa tribo, espalhada por uma catástrofe externa, entregou-se voluntariamente ao serviço de uma tarefa que Moisés lhe atribuiu. Mas tal sucesso se choca com fortes dúvidas; dificilmente pode conceber-se a entrada de toda uma tribo, mesmo que dizimada, no ofício sacerdotal, sobretudo quando a situação real não oferecia bases suficientes para a manutenção de um número grande de sacerdotes.[6] Outro argumento contrário, ainda mais forte, é que, segundo o esquema das 12 tribos empregado em Gênesis 49 e que se deve, na realidade, à época dos juízes,[7] a tribo de Levi continua existindo, todavia, enquanto tal

---

[2] Êx 4:14.

[3] Dt 33:8; cf. 1 Sm 14:41; 28:6.

[4] Cf. **D. H. Müller**, *Denkschriften der Wiener Akademie,* Phil. Classe 37,1889; **J. H. Mordtmann**, *Berträge zur minäischen Epigraphik,* 1897, p. 43; **F. Hommel**, *Altisraelitische Uberlieferung,* p. 278. De outra forma pensa **Rhodokanakis** (AOT, 2, p. 464, 1) e **K. Mlaker** (*Die Hierodulentisten von Ma'in,* 1943, p. 57s), que pensam em pessoas que ficavam como penhor no templo por dívidas de dinheiro ou de espécies.

[5] Gn 49:5-7; 34; Êx 32.

[6] **Wellhausen**, *Prolegomena,* p. 145.

[7] Cf. **M. Noth**, *Das System der zwölf Stämme Israels,* 1930, p. 28s.

depois do assentamento em Canaã.[8] Ainda quando se considere a possibilidade de que um esquema semelhante possa muito bem ter continuado refletindo-se na tradição, inalterado até depois de que um ou outro membro da confederação, assim descrita, se visse desprovido de título para exercer plenamente seus direitos,[9] não parece possível conciliar o testemunho desse esquema das 12 tribos com o fato de que, já na época de Moisés, a de Levi desaparecesse. Assim sendo, talvez seja melhor renunciar supor uma coincidência, de origem, da tribo de Levi e a ordem religiosa dos levitas, admitindo para essas realidades, origens diferentes. Sem dúvida, seria então maior a possibilidade de uma relação dos levitas com o sacerdócio de Cades. Essa relação se entrevê em Deuteronômio 33:8,[10] e terá de levar em conta também que, na tradição o fato de que Moisés chame aos levitas está em aberta oposição com o sacerdócio anterior representado por Arão.[11] Ao se observar, por um lado, a importância de Cades como antigo centro de culto para um grande círculo de tribos, onde se distribuíam oráculos e se administrava muito antes da chegada de Israel, e se recorda, por outro, a estreita relação de Moisés com Midiã, não parece ousadia pensar em um acordo de Moisés com as famílias sacerdotais de Cades, para enfrentarem, juntos, a resistência dos antigos sacerdotes hebreus. E assim é como esses "levitas", quer dizer sacerdotes, são admitidos na nova religião da aliança e se lhes confia a custódia do santuário da aliança.[12] A coincidência do nome Levi (o dos funcionários) com o da tribo,[13] assim como o ulterior reconhecimento das pretensões de Arão ao direito sacerdotal, facilitaram, sem dúvida, a identificação de duas realidades originariamente distintas, depois do desaparecimento da tribo de Levi.

Mas a insegurança nessas questões não pôde ocultar à nossa consideração o fator tão importante que trouxe, à religião fundada por Moisés, a assistência de uma comunidade religiosa encarregada de cuidar do novo santuário da aliança.

---

[8] Por isso, discutir a existência de uma tribo de Levi (**E. Sellin,** *Geschichte des Volkes Israel,* p. 41s; *Sichen*, 1922, p. 56s; **A. Menes,** *Die vorexilischen Gezetze Israels,* p. 2s; **Mowinckel,** artigo *Levi* em RGG, 2, III, p. 1601s; **B. D. Eerdmans,** *Die Godsdienst van Israel,* I, p. 61s) carece de base.

[9] Sobre isso chamou a atenção **M. Noth**, *op. cit.,* pp. 33s, 40s.

[10] A confusão por parte de **E. Meyer** (*Die Israeliten und ihre Nachbarstämme,* p. 78s) das relações dos sacerdotes levitas com o lugar onde morava a tribo civil de Levi é tão pouco convincente que ele mesmo recomenda separar os dois "Levis".

[11] Cf. Êx 4:13-16; 32; Nm 12:1s e **R. Kittel**, *Geschichte des Volkes Israel,* 5, p. 307s, 373.

[12] A partir daí poderia se explicar melhor sua situação posterior dentro da totalidade da nação, como uma tribo-hóspede que vive dispersa entre as demais tribos.

[13] Em mais de uma ocasião se disse que o nome da tribo coincide em definitivo com o de Lia "cf. **R. Kittel**, G. V., I, 5, p. 299; **Wellhausen**, *Prolegomena,* p. 145 ("Talvez trata-se, simplesmente, de um patronímico de sua mãe, Lia").

Junto à personalidade carismática do chefe e de seus sucessores aparece o *ministério,* ao qual é confiado o controle de instituições estáveis, do culto sacrifical já existente, ainda que simples, no santuário da aliança, do manejo do oráculo da sorte e todo o ritual relacionado com a tenda e a arca. Como conseqüência, as manifestações cultuais da nova fé em Deus viram-se providas de autoridade de normas sagradas, e além disso, ficou garantida, até certo ponto, a integridade dos laços que se remontavam até Moisés e salvaguardada a continuidade futura da nova fundação, frente aos declínios históricos e aos ânimos inconstantes do povo.[14]

Ao admitir em seu organismo o ministério, à singularidade da religião javista se adverte que, certos aspectos da atividade sacerdotal requerem uma importância principal e se desenvolvem mais as custas de outros. Sobretudo, e já desde época antiga, alcança uma importância central *o serviço de conselheiro e do sábio.* É certo que esse objetivo estava, de antemão, implícito na administração do oráculo sagrado, que é em todas as partes uma das tarefas do sacerdote, mas em Israel, em conseqüência da lei da aliança, adquire uma importância especial para a interpretação racional da lei de Deus, enquanto aconselha que: sobre as exigências rituais e éticas para um reto serviço a Yahweh e sobre os meios para aplacar e ganhar a benevolência de um Deus ofendido pelas transgressões da lei, o sacerdote desfruta de uma influência cada vez maior. Assim, na bênção de Levi de Deuteronômio 33:8-11, da época dos juízes sem dúvida, somente em último lugar aparece mencionado o serviço sacrifical, depois da divisão do oráculo e do ministério de custódia sobre os *mišpātim* e a *tōrāh,* quer dizer, sobre os preceitos ético-sociais e rituais.

A singeleza da fórmula do oráculo da sorte, que respondia às perguntas formuladas com um sim ou um não, e a exclusão, ulteriormente mantida de

---

[14] Não podemos aqui deixar de demonstrar nosso total acordo com **Noth,** quando adverte com toda energia que, com o conceito abstrato de "javismo" ou de "unidade real de Israel", não se chega a citar um laço que a une a todas as tribos de Israel. "No caso que nos ocupa não se pode absolutamente se falar de 'religião' sem referir-se, principalmente, a suas manifestações no marco de formas determinadas e concretas, a um culto vinculado a lugares específicos e submetidos a regras... Uma vez que se leva com toda seriedade a afirmação de que, para o primitivo Israel, nem sequer se pode falar de religião se não existem formas cultuais externas, então, logicamente, deve-se admitir uma segunda tese: que sem formas comuns e em um santuário comum é impensável a existência de uma liga religiosa das tribos israelitas. Falar de um sentimento de solidariedade religiosa ou ideal de coisas parecidas é atribuir à mentalidade do antigo Oriente conceitos do Ocidente modernos. Esquece-se com isso a importância decisiva, que para a manutenção de concepções ideais ou religiosas tinham as instituições fixas, como manifestações e, às vezes, como condições necessárias do mesmo" (*op. cit.,* p. 63s).

qualquer outro meio técnico de consulta a Deus impediram que pudesse se desenvolver um tipo de sacerdócio esotérico de cunho mistagógico ou mágico. O que verdadeiramente se pedia à formação do sacerdote era que ele fosse capacitado para uma correta ánalise da questão, em cada caso concreto, o que significava ordem e clareza intelectuais nas perguntas.[15] Quando as coisas se complicaram, as análises racionais dos fatos, e seu julgamento por meio da lei sagrada da tradição vigente, tinham de abranger um âmbito tão amplo que o oráculo técnico, cuja prática correta cercou de tanta estima os levitas, foi perdendo importância; passou ao primeiro plano o ensino racional baseado no conhecimento dos preceitos de Yahweh, convertendo-se na verdadeira fonte da fama dos levitas. O culto israelita sempre repudiou energicamente o orgiástico, o culto à morte e a terapia mágica. Longe de evidenciá-lo em seu caráter, ele contribuiu para fazer do conselho ético-parenético aos leigos o instrumento principal da influência dos sacerdotes.

É natural que também a exatidão e correção na *oferta dos sacrifícios* estivesse entre os objetos do ensinamento ritual do sacerdote. Mas num primeiro momento, esse aspecto de sua atividade não conta muito. Isso se deve a que a função do levita no santuário da aliança não se ocupava em nada da oferta do homem privado; ele se encarregava somente dos sacrifícios oficiais. Os relatos da época dos juízes e dos reis demonstram-nos que o "pater-familias" (o pai da família) seguia exercendo o ofício sacerdotal de oferecer o sacrifício, sem requerer a ajuda de um ministro de culto. E se do privilégio dos levitas, quando se tratava do serviço do *'ōhel mō'ēd,* não surgiu um culto sacrifical complicado, acompanhado de um monopólio sacerdotal e de um grande aparato ritual, deveu-se a que depois da entrada em Canaã ocorreu uma enorme descentralização, que acabou com a antiga coesão das tribos e fez com que cada uma estruturasse livremente sua própria vida às custas do conjunto. A separação da tenda e da arca, cujas causas ignoramos, e o traslado da arca de Gilgal para Siló, contribuíram também para diminuir a importância do santuário da aliança. Por isso assistimos a continuação, com muito empenho, de certas tribos ou chefes de tribos para criar-se um centro cultual próprio, de grande importância.[16] Não voltou a se falar de uma compacta organização dos levitas no santuário central,

[15] Cf. a respeito, as reflexões de **M. Weber,** *Das antike Judentum (Gesammelte Aufsatze zur Religionssoziologie.* III), p. 191s. Também **A. H Gunneweg** (*Leviten Und Priesten,* 1965) insiste com vigor no fato de que a tarefa própria dos levitas era, originalmente, o ensino.

[16] Cf. Jz 8:24s (Gideão e o efod de Ofrá); 18:14s (os danitas e o santuário de Micá).

a partir do qual pudessem exercer seu poder; viram-se obrigados a levar a vida de uma “tribo-hóspede”, cujos membros dispersaram-se entre as distintas tribos como *gērīm,* como clientes e peregrinos, necessitados de proteção, tendo de se contentar com o fato de que as famílias já estabelecidas oferecesse um posto de sacerdote doméstico ou, se por acaso, quando os santuários tribais maiores os chamassem para confiar-lhes sua administração. É possível que em semelhante situação muitos abandonassem a vida ritual e que, mesmo quando continuassem chamando “levitas”, como designação de casta, nada houvesse ainda de um serviço propriamente sacerdotal.[17] Sua situação externa parece ter estado submetida à ordenanças jurídicas muito diferentes segundo os lugares, atribuindo-lhes lugares concretos de residência, como imigrantes, em determinadas condições.[18]

Sua situação piorou ainda mais quando começaram a fazer-lhe competição outras *famílias sacerdotais mais antigas.* Se for correta a idéia de que, a princípio, Levi tomou para si o cargo do serviço no santuário central em oposição a Arão, ou seja, para as famílias sacerdotais antigas de Israel, a persistência de uma rivalidade entre esses pretendentes ao ministério sacerdotal pode ser a chave para explicar certos elementos estranhos que aparecem nos relatos que temos. Efetivamente, que Jeroboão chame para o culto oficial a sacerdotes não levitas,[19] assim como a aparição dos zadoquitas — de origem não levita — na Jerusalém da época davídica, demonstram-nos que jamais Levi esteve só em suas aspirações às prerrogativas sacerdotais, que as conseguiu somente paulatinamente e com lutas. É uma pena que não saibamos mais dos detalhes dessas lutas, porque a posterior inclusão artificial e esquemática de todos os sacerdotes entre as famílias de Levi simplificou enormemente a realidade.[20] Por isso, tampouco podemos dizer, a partir de que momento Levi obteve a proeminência, sobre as outras famílias sacerdotais rivais. Somente podemos citar algumas razões que motivaram o final da luta.

---

[17] A referência do Deuteronômio ao dever de assistência fraterna ao levita poderia se entender a partir dessa situação. Cf. Dt 14:27,29; 16:11,14.Veja ademais, **M. Weber**, *op. cit.,* p. 183s.

[18] Cf. Nm 1:49; 2:33s; 35:2s; Lv 25:32s; Js 14:4.

[19] Cf. 1 Rs 12:31.

[20] Veja a frase final da bênção de Levi de Dt 33:11: “Fere os lombos de teus rivais, para que seus inimigos não se levantem”. E também Nm 16. O direito sacerdotal tomou formas diferentes nos distintos lugares de culto. Assim o demonstram as diversas codificações de **Dt** e **P** e também a antiga descrição de 1 Sm 2:13-16, na qual se reflete, sem dúvida, o direito de Siló.

Em primeiro lugar, está claro que Levi conservou, com maior vigor que as demais famílias sacerdotais, a *conexão com a época mosaica,* adaptando, portanto, seu serviço com mais fidelidade às intenções do fundador. Que o ensino sacerdotal estivesse totalmente estruturado no sentido de conseguir uma correta explicação e aplicação das obrigações da aliança no âmbito ritual e ético-social fez com que, ao ensino racional e à simples obediência, dentro da liturgia da religião javista, se desse uma evidente preponderância sobre qualquer tipo de culto místico-extático. Desse modo, parece também que os levitas e aqueles sobre os quais eles exerciam influência resistiram por mais tempo que seus rivais à penetração de hábitos cultuais cananeus, como o demonstram, sobretudo, a ausência de imagens no culto à Arca, a sentença da prostituição sagrada e a rejeição do culto à morte e da magia. E nesse aspecto estavam, também, mais preparados para se associarem com a reação profética contra a cananeização da religião javista, como podemos ver na remoção dos Omridas em Jerusalém, por obra do sumo sacerdote do local. Em troca, parece que as famílias sacerdotais, assentadas no norte de Israel, colocaram menos resistência ao desmoronamento da religião javista pelas influências cananéias e que, precisamente por isso, entraram mais rapidamente e com maior violência em conflito com os profetas.

A esta maior adesão às tendências fundamentais da religião javista, ao menos nos tempos de Davi e, depois da divisão do reino, também no Sul, acrescentou-se o *favor da monarquia.* O santuário real de Jerusalém, de enorme influência, formou-se sob mandato levítico e se converteu em refúgio dos ideais levíticos. Poucas mudanças trouxeram consigo, nesse sentido, a introdução dos zadoquitas. E a ruptura com o Reino do Norte obrigou a Judá, onde há muito tempo a influência levítica havia sido muito grande, para uma constante afirmação de seu próprio caráter também na esfera cultual. De outro lado, a queda dos Omridas no Norte facilitou, por sua vez, o caminho para a implantação também ali, sob a dinastia de Jeú, dos ideais levíticos. Com as reformas de Ezequias e Josias impuseram-se as melhores tradições do sacerdócio levítico. Somente então começam a ver-se molestadas as aspirações monopolistas de Levi, em parte pela corrupção de sacerdotes não levitas, e em parte, também, por sua inclusão na genealogia dos levitas.

Naturalmente, a aliança com a monarquia ocasionou uma *mudança* não desprezível *no sacerdócio levítico.* Os empregados do culto do templo real experimentaram um rápido *aumento de poder,* que lhes concedeu uma palpável preponderância sobre seus colegas provincianos, menos agraciados, e ocasionou tensões e lutas pelo poder. As fabulosas e caras festas sacrificais do santuário real, que exerciam sobre a massa uma forte atração, exigiam um sacerdócio numeroso e à disposição, organizado hierarquicamente, favorecendo uma maior complicação das ordenanças cultuais e do direito sacerdotal. Muitas das coisas que agora lemos, em uma formulação tardia, no Código Sacerdotal, deveriam ter vigência, em época verdadeiramente antiga, no santuário real.[21] E por várias passagens sabemos que o mesmo rei promoveu reformas cultuais.[22] Não é de estranhar, por tudo isso, que os santuários locais fossem ficando cada vez mais eclipsados pelo culto central, chegando a ficar praticamente desertos. Daí seus esforços para atrair de novo as pessoas, acolhendo em seu seio hábitos cananeus profundamente arraigados. Esse contraste entre o sacerdócio provinciano e os sacerdotes da corte deixaria suas marcas em antigos relatos[23] e seria um obstáculo para a tarefa religiosa do sacerdócio.

E o mesmo deve-se dizer da nova *preponderância que requer todo o aparato cultual,* especialmente o sacrifício. Foi uma conseqüência lógica da preocupação real pelo culto e pelo esplendor de seu aspecto externo, mas também uma tendência natural na evolução de todos os grandes centros de culto. Por conseguinte, a anterior relação entre sacrifício e ensinamento da *tōrāh* ficou invertida. Por atender ao rentável negócio do templo, foi perdendo importância e interesse a administração da palavra de Deus,[24] e o ofício sacerdotal foi perdendo profundidade. É natural, nesse sentido, que a prática dos grandes santuários deixasse sua marca nos santuários de província.

Finalmente, as famílias sacerdotais que exerciam seu ministério nos grandes santuários reais foram conseguindo um *poder político* crescente. Os exércitos, cada vez maiores de empregados ao culto, dependentes delas; sua riqueza, sua influência no povo, suas estreitas relações com o governo e, por sua vez, lutas políticas, fizeram com que sua atuação respondesse em muitas ocasiões a motivos espúrios. O fato de que, em suas lutas contra as decisões políticas do governo, fez com que os profetas se chocassem uma ou outra vez com os sacerdotes, não faz mais que lançar ainda maior luz sobre esse processo de secularização do sacerdócio.

---

[21] Dessa forma se deveria interpretar, sobretudo, a lei de santidade de Lv 17–26, mas também os estratos que sublinham a outras leis sacerdotais.

[22] 1 Rs 8:22,64; 9:25; 2 Cr 4:1; 1 Rs 16:14.

[23] Cf. Nm 16 e 1 Sm 2:35s (sobre as pretensões de soberania dos zadoquitas) e 2 Rs 12:4-16; Êx 32 e Nm 12 (sobre a resistência contra tais pretensões por parte do sacerdócio provinciano).

[24] Pelo que se precede vê-se claramente que aqui não se pensa no zeloso registro de novas leis (coisa que certamente, já se fazia então: cf. Jr 8:8; Is 10:1; Sf 3:4), mas de outra coisa distinta. Cf., também, Os 4:6; Is 28:7,9; Jr 2:8; Ez 22:26.

Parece que, ao final da época dos reis, os sacerdotes mudaram para oposição à monarquia. Se dermos crédito a certas alusões das Crônicas[25] e se levarmos em conta situações parecidas na mesma época no reino assírio, parece que tratavam de ampliar seu poder à custa do príncipe. Ezequiel 44:1-3; 45: 9-12; 46 mostram suficientemente que idéia tinha o sacerdócio de Jerusalém do lugar do rei no culto e no ritual do templo e é de se supor que, na época de Josias, não se estava já muito distante desse ideal. De todos os modos, somente o total desaparecimento da monarquia depois do exílio deixou o caminho livre para o poderio absoluto do sacerdócio.

A forte oposição do profetismo e a experiência do exílio corrigiram, em parte, esse abandono da prática e da tradição levítica e fizeram com que os espíritos destacados do sacerdócio vissem sua tarefa mais importante no *cultivo da tōrāh,* a qual converte-se agora, cada vez mais, numa lei escrita. Na pessoa de Esdras o sacerdócio volta a encontrar, com toda força e pressão, seu papel tradicional de guardião da aliança divina e de seus preceitos; e na lei dá à comunidade de Jerusalém, que acaba de reorganizar-se, uma nova forma de vida. Forma de vida que não somente a capacitou para superar momentos dificílimos, mas que a dotou, além disso, de força para um novo crescimento e um desenvolvimento inimaginável. Mas ao mesmo tempo, a obra de Esdras fixou ao sacerdócio e à sua influência, limites bem evidentes, em primeiro lugar, porque adiante haveria de ficar sujeito à lei e a seu controle e, depois, porque com a introdução da lei nasceu um novo grupo religioso cujos membros tomaram seu lugar ao lado dos sacerdotes, como porta-vozes credenciados para exercitar e advertir o povo, a saber, os escribas. Se bem que, depois da queda da casa de Davi, o sumo sacerdote chega a converter-se num príncipe eclesiástico, equiparado em categoria ao governador e que, ao desaparecer a dignidade do governador judeu, deseja alcançar até o poder mundano de um etnarca, são os doutores da Escritura quem encarnam a vontade da comunidade religiosa de reconhecer unicamente a autoridade da lei e até de respeitar o sacerdócio, somente enquanto esteja amparado por essa autoridade. Nos tempos do Novo Testamento encontramos doutores das Escrituras destinados ao templo, com a missão de doutrinar aos sacerdotes no exercício legal de seu ministério e que viviam do soldo das entradas do templo. Assim, pois, à época em que o sacerdote reuniu junto ao poder espiritual o externo é, também, a época em que se vê sujeito a uma autoridade muito mais severa e estrita que a dos reis e profetas, à autoridade da lei, na qual a comunidade venerava à palavra de Deus. O fato de que não poucos sacerdotes que se entregaram ao estudo da lei

[25] 2 Cr 24:17s; 25:14s,27; 26:16s.

e entraram nas filas de doutores das Escrituras[26] pode ser considerado como um reconhecimento, por sua parte, dessa nova situação e como uma volta ao que havia constituído sua tarefa principal.

Isso foi tanto mais importante em vista do fato de que os homens mais destacados nem sempre souberam resistir às tentações que era submetida sua situação política. Os grandes conflitos do período da suserania persa tinham já ameaçado sua posição; e as lutas religiosas do século dois a.C., aliadas ao mau exemplo dado por alguns deles, ao apoiar o partido helenista, privaram-nos de todo o reconhecimento de sua posição como líderes da congregação. Na seqüência, o povo viu seus chefes espirituais nos doutores da lei, e eles foram os que deram sua reprodução à vida religiosa. Assim, a que havia sido desde sempre a função mais importante do sacerdócio dentro da religião javista, o ensino da *tōrāh*, ficava fora do grupo sacerdotal. E o papel que ainda lhe restou, o do serviço do culto, não lograria conservar-lhe sua posição por muito tempo. Pouco a pouco foi deixando de ser considerado como um elemento de vital importância para a comunidade, e a passagem ulterior a uma época sem culto, depois da destruição do templo, daria-se sem maiores preocupações por parte da comunidade. O que constituía a espinha dorsal da comunidade não era o sacerdócio, mas a manutenção da lei, sob a direção dos doutores da Escritura e dos fariseus.

2. *Estrutura religiosa do sacerdócio*

a) Princípios gerais

Quem pretenda descrever a peculiaridade estrutural do sacerdócio israelita há de contar com duas dificuldades principais: uma consiste no grande espaço de tempo que deve abranger e no qual, por meio de aspectos verdadeiramente diferentes, deve-se vislumbrar as tendências fundamentais permanentes da concepção religiosa sacerdotal. A outra reside na complexidade da realidade que se trata de descrever.

No que se refere à primeira dificuldade, está claro que uma consideração sistemática e compreensiva não pode seguir com o mesmo detalhe todas as

[26] A partir de agora essa tradição não acabará nunca. Todavia na comunidade de Qumran, que rompeu com o culto oficial, segundo o testemunho das regras da seita (*Manual de Disciplina*), os sacerdotes seguem tendo um papel preponderante no estudo da torah. Inclusive os aaronitas parece que passaram a esse movimento de oposição, encabeçado pelos seguidores mais zelosos da lei: a isso nos induz sua repetida aparição na regra da seita e no *Documento de Damasco*.

fases do desenvolvimento, mas também há de conformar-se com reduções inevitáveis. O estudioso terá, então, de ter presente, constantemente, o perigo de que semelhantes reduções induzam a erros na imagem total e procurar superá-lo com um cuidado sempre vigilante.

A segunda dificuldade surge do fato de que, diferentemente dos expoentes carismáticos da concepção javista, o sacerdócio, como já indicamos (p. 349), não aparece como um fenômeno típico da história singular do javismo, em cujas manifestações vitais teria de se refletir constantemente a natureza peculiar da raiz de onde nasce, mas que se incrusta no círculo vital da religião javista como algo especificamente estabelecido. No cotejo com as forças básicas do organismo, a cujo serviço se coloca também o sacerdócio muda de forma, e quem quer fazer a descrição de seu próprio caráter terá de ter diante de seus olhos esse processo de transformação e não ceder à ilusão de considerar, como característico da instituição toda dentro do javismo, o que não passa de um fenômeno isolado e ocasional.

Por isso é conveniente, antes de tudo, recordar algumas características distintivas dessa classe religiosa da qual são partes de instituição de sacerdócio como tal, e compará-la com o caráter específico da fé mosaica, à cujo serviço havia de se colocar no sacerdócio israelita.[27]

Deve-se observar, em primeiro lugar, que o sacerdote não provém do grupo dos representantes oficiais da tradição religiosa, mas que, assim como o vidente ou o profeta, aparece no princípio como carismático e que, enquanto dotado do poder do espírito, é o guia e o conselheiro em todo tipo de ações religiosas. Enquanto tal, é o *mediador ineludível para se acessar a esfera divina*, que interpreta, para um extenso círculo, a vontade de Deus. Onde quer que se alcance um nível cultural superior, depois de um período de desenvolvimento histórico, essa situação leva à *formação de uma tradição sagrada*, em que se reúnem as normas provadas e reconhecidas que regem o tratamento para com a divindade. E o sacerdote se converte em guardião desse saber sagrado, que somente ele conhece à perfeição e conserva por encargo da comunidade. A unidade originária característica da vida primitiva faz com que esse saber não se limite ao âmbito religioso em sentido estrito, mas que abarque todos os âmbitos da vida, de forma que o sacerdote tenha uma influência decisiva, também no direito e na política, na arte e nas ciências profanas.

---

[27] **E. O. James,** *The Nature And Function of Priesthood. A Comparative and Anthropological Study,* 1955, nos oferece, sobre uma ampla base de conhecimentos da história das religiões, um estudo que há muito tempo vinha se deixando de lado: uma análise da instituição do sacerdócio a partir do ponto de vista da fenomenologia da religião.

Assim sendo, quanto mais diferenciado se torna o saber do qual ele é guardião, mais multiplicam as formas pelas quais deixa sua influência na vida da sociedade e com mais clareza continua eclipsando o caráter primitivamente carismático do sacerdote para abrir caminho ao *administrador oficial dos preceitos recebidos.* E se continua considerando a mântica como tarefa principal do sacerdote, é porque ainda persistirá por muito tempo a consciência da função original desses ministros de Deus; continua aí presente a lembrança de que o sacerdote é um ser de Deus especialmente favorecido, e que o poder divino, caprichoso e imprevisível em sua ação, dota de novas e incalculáveis virtualidades religiosas de vida por meios maravilhosos e jamais imagináveis. Mas na medida em que as técnicas exeqüíveis pela aprendizagem vão limitando cada vez mais, até substituí-la, essa realidade pessoal e intransferível que é o carisma, no âmbito da atividade sacerdotal implanta-se *uma nova atitude espiritual* porque: retrocede o elemento verdadeiramente criador, para converter-se na tendência predominante a salvaguarda do recebido pela tradição da qual ele é fiel ministro e pelo caráter oficial que a comunidade religiosa lhe concede. Às vezes, o que ocupa o centro de sua tarefa é o cuidado do depósito religioso comum a todos; o verdadeiramente essencial, enquanto que o individual, passa a um segundo plano. Por isso, até a explicação das idéias e sentimento religiosos far-se-á dentro do possível, em formas que estejam ao alcance de generalidade, em símbolos cheios de plasticidade, e o empenho por objetivar a experiência religiosa subjetiva faz com que o interesse centre-se numa reelaboração da religiosidade interior.

Pressuposto fundamental para toda essa atitude é ter a convicção de *que a forma externa não é, em absoluto, indiferente* às relações mais profundas da religião, mas que é mediadora eficaz da presença divina. *A natureza dessa mediação,* certamente, pode ser concebida de muitas maneiras. O culto, por exemplo: pode aparecer como uma forma de serviço exigida pela divindade mesma e a quem o cumprimento vincula a esta com a concessão de sua graça (concepção sacramental), ou bem pode ser utilizado como técnica eficaz para obrigar às forças superiores, e enquanto tal, apóia-se na iniciativa do homem e influi eficazmente na divindade (concepção sacrifical). Ainda que seja verdade que, tanto uma concepção quanto a outra, somente raras vezes dão-se de forma pura, sendo o mais freqüente que elas apareçam intricadas em toda sorte de combinações, a preponderância de uma ou de outra será o que imprime seu caráter à atuação sacerdotal. Ainda que, em todo o caso, o decisivo será a idéia que se tenha de Deus sendo que a concepção sacrifical preferirá ver em Deus um poder sagrado, enquanto que a sacramental o considerará como uma vontade pessoal.

Com esses simples indícios fundamentais e gerais fica clara *a importância que o sacerdócio pode ter para qualquer religião.* Por um lado, surgem em seu seio educadores de ampla aceitação, cuja atuação é de importância decisiva, tanto para a formação da vida religiosa quanto para a influência da religião na vida do povo. De suas mãos depende a sistematização teológica do pensamento religioso e a modelação do comportamento religioso em formas litúrgicas, e a ele devem seus impulsos mais evidentes a literatura, a história escrita, o direito e a política.

Por um lado, o sacerdócio pode converter-se também na origem dos *obstáculos mais duros para o desenvolvimento de uma vida religiosa vigorosa.* Há um rápido florescimento e ascensão da classe sacerdotal, que é propensa a separar-se da comunidade e se converter numa casta, situada entre a vida profana e a vida religiosa da sociedade, dificultando, mais que mediando, o tratamento direto com Deus. A necessidade de poder da casta aproveita o controle da liturgia para situar à comunidade numa total dependência do sacerdote, em quem tem que encontrar satisfação de suas necessidades religiosas. Ao pôr-se a serviço da conquista de um poder moral e material o culto vai sofrendo uma secularização cada vez maior e perdendo seu autêntico conteúdo religioso. Por outro lado, porém, a elevada estima que se tem da tradição colabora para uma manutenção tenaz de formas, há muito substituídas, que dificultam qualquer tipo de reforma religiosa. E como, conseqüência, a influência da religião na configuração da vida pública ou toma caminhos falsos, ou se interrompe totalmente.

Assim, pois, com a entrada do sacerdócio a seu serviço aparece na religião javista *uma instituição com uma natureza bem definida.*[28] Resta supor, de antemão, que essa classe religiosa, com sua própria configuração, assumiu e reelaborou as idéias fundamentais da religião mosaica de forma peculiar e de acordo com sua própria natureza. E, tanto mais tinha de ser assim, quanto a revelação divina pregada por Moisés, com toda sua inequívoca simplicidade e, com freqüência, com todo seu ímpeto religioso, havia de dotar à vida cultual de um conteúdo absolutamente singular, impossível de ser encaixada nas formas tradicionais, que obrigava à uma nova concepção e configuração da liturgia.

---

[28] Para seu estudo não se deve limitar exclusivamente às tradições históricas e legislativas de P e as Crônicas, mas deve-se ter consciência de que os fragmentos que temos de uma história do santuário de Sião (Gn 14; 1 Sm 4–6; 2 Sm 6; 2 Rs 11s; 22s), as chamadas fontes araméias da construção do templo (Ed 4–6 e as memórias de Esdras e Neemias) e, com certas limitações, também o Deuteronômio, fortemente influenciado por idéias proféticas; mas, sobretudo, deve-se recorrer à lírica cultual, a qual, em seus hinos e liturgias, em suas ações de graças e súplicas, foi formando as idéias típicas da prática religiosa sacerdotal para as celebrações litúrgicas.

O que se pode perceber disto, no marco geral do culto israelita, pertence ao estudo dos estatutos da aliança de Yahweh.[29] Trata-se agora de analisar a concepção peculiar que o sacerdócio israelita teve da relação com Deus. Também aqui se observa uma importante evolução histórica que, na mesma linha do movimento espiritual geral de Israel, trouxe consigo novas idéias e aperfeiçoou outras antigas de forma ainda mais clara e precisa. Por isso, o aspecto espiritual específico do sacerdócio que, na confrontação com outras correntes espirituais, segue sempre e indefectivelmente uma linha bem determinada, justifica o esforço de resumir a atitude religiosa básica que fica evidente.

b) *Características próprias da concepção sacerdotal*

Já constatamos como um elemento fundamental e dominante na experiência mosaica de Deus *a terrível inacessibilidade de Yahweh,* a qual, uma vez que convertia sua autocomunicação numa maravilha ao alcance unicamente de quem a recebesse numa atitude de humilde reconhecimento, tornava impossível todo tipo de abuso. A mentalidade sacerdotal era propensa a interpretar esse poder terrível que atravessava todas as revelações de Yahweh *em termos de tabu,* o gesto de preservação do Deus soberano com um significado originário verdadeiramente pessoal, acabaria por ficar vinculado ou até confundir-se com a zona de perigo de um poder impessoal, ligado a um espaço determinado. De fato, essa forma de pensar, muito ao estilo da mentalidade das massas, contribuiu grandemente para que a experiência profética se convertesse num fator determinante da atitude religiosa radical para um círculo mais amplo; ao evidenciar de forma bem definida, diante do âmbito vital profano, um recinto sagrado e objetos santos e, ao proclamar certas regras de abstinência e pureza que, disseminando toda vida, apóiam-se num terrível sentido do tabu, o sacerdote conta com um instrumento eficaz para expressar a inacessibilidade de Yahweh em termos de experiência sensível. Assim, um âmbito importante e não desprezível do ministério religioso sacerdotal pode coligar-se diretamente com o culto a Yahweh. Para isso basta relembrar os preceitos correspondentes da lei sacerdotal no *Êxodo, Levítico,* e *Números,* devedores sem dúvida de regras primitivas. A história das religiões conscientizou-se a tempo da

[29] Vale a pena mencionar alguns estudos monográficos a esse respeito: **R. Rendtorff**, *Die Gesetze in der Priesterschrift. Eine gattungsgeschichtliche Untersuchung,* 1954; **K. Koch**, *Die Priesterschrift von Exodus 25 bis Leviticus 16. Eine überlieferungsgeschichtliche und literarkritsche Untersuchung,* 1959; **Henning Graf Reventlow,** *Das Heiligkeitsgesetz pormgeschichtlich untersuch*, 1961; *ch.* **Feucht**, *" Untersuchungen zun heiligkeitsgesetz"*, 1964, Cf. cap. IV, p. 81s.

enorme importância dessas idéias para aprofundar a convicção da realidade do poder divino e da importância de não se quebrar as normas que regem o seu trato.[30] Mas, além disso, numa religião superior o sentido do tabu pode servir, de maneira prévia e introdutória, à idéia de que todo o mundo das leis, incluídas as leis morais e sociais, se estabelecem no sobrenatural e de que, portanto, deve-se reconhecer-lhe uma autoridade absoluta enquanto expressão do sagrado. Com isso persiste, naturalmente, o perigo que ameaça a toda concepção superior de Deus a partir disso, o progressivo enfraquecimento do aspecto pessoal da idéia de Deus e a vinculação do sagrado à limites especiais determinados, com o qual se cria um impedimento verdadeiramente sério para que toda a vida possa ficar submetida à vontade soberana de Deus.

A energia com que a pregação mosaica sobre Deus insistia nas pretensões de soberania da divindade fez que até tabus com uma consideração de origens diferentes em outros lugares fossem interpretados em Israel como preceitos dessa vontade soberana pessoal, ficando assim renegado a um segundo plano o aspecto impessoal da norma no trato com Deus. De outro lado, o mais característico da idéia de tabu, é o considerar a realidade divina como um ser vinculado a um espaço determinado, que sempre marcou a mentalidade religiosa geral do sacerdócio.

Isto aparece na forma em que se descreve a *inacessível majestade e transcendência absoluta da natureza divina:* não, como vitória, em luta terrível, sobre todos os inimigos e competidores, como fizeram-no os profetas, mas como *estrita separação do único santo e de seu povo, diante de todas as demais divindades e seus domínios.* Esses hão de ser evitados como coisa impura (cf. os severos preceitos em torno da destruição dos lugares de culto pagãos: Êxodo 23:24; Deuteronômio 12:2s; 16:21, à parte da proscrição da carne de porco, considerado em outros lugares como animal de sacrifício aos numerosos preceitos sobre usos ligados ao culto aos espíritos dos mortos[31]). A idéia de que o povo deva ser santo, quer dizer, separado e diferenciado de todos os demais, encontra na lei sacerdotal sua formulação mais vigorosa: cf. Levítico 17–26 e Êxodo 40–48.[32] Quanto mais perfeitamente se levou, até suas últimas conseqüências, essa idéia da estrita separação da natureza divina de qualquer realidade não divina, se fez um caminho mais seguro para a concepção da absoluta transcendência de Deus. Tanto diante do mundo do homem quanto diante da

---

[30] Cf. **W. Hauer,** *Die Religionen,* I, 1923, p. 151s.

[31] Lv 11:7; Is 65: 4; 66:17 (profecia de templo!); Dt 14:1s; 26:14; Lv 21:1s,11; 19: 27s; 10:6; Nm 19:14,21 Cf. cap. IV, II, 4a, p. 112s.

[32] Israel como povo separado aparece em Nm 23:9; Êx 19:5s; Sl 16:4 e principalmente em Dt.

esfera celeste, o único modo de salvar a majestade do solo santo pareceu ser a clara separação, a tendência popular das *teofanias,* que apresentam a natureza divina sob a forma humana ou semelhante, à qual a mentalidade profética cultiva sem dificuldade especial, fica excluída da literatura sacerdotal. Deus não é perceptível, nem em figura de anjo nem em sonhos. E até já dentro do mundo celeste, ele é totalmente único, "temível no conselho dos anjos, grande e terrível para toda sua corte";[33] não admite comparação com nenhum dos filhos de Deus. Nem sempre essa idéia de excluir todo tipo de *seres* intermediários da natureza divina foi levada ao extremo (como acontece em **P**, onde qualquer alusão possível ao aspecto sofreu uma forte correção: cf. Gênesis 1:26; 11: 7). Mas até quando persiste a idéia dos anjos, que é o caso mais freqüente,[34] longe de forçar a Deus para dentro deste mundo, não se faz senão acentuar que, na realidade, não existe um acesso direto ao santo; de outro lado, qualquer intromissão concreta de sua parte na esfera terrena se considera uma contradição com sua natureza. Somente no âmbito cuidadosamente limitado e consagrado do Sinai, do tabernáculo ou do templo faz Deus sensivelmente palpável a sua presença na aparição de seu *kābōd* ou no trono da nuvem[35] e precisamente esse teologúmeno sacerdotal do *kābōd* denuncia claramente um esforço para eliminar a possível percepção sensível de Deus até transformá-la em um simples símbolo de sua presença. Efetivamente, o fenômeno luminoso ou ígneo em que se apresenta a glória divina é um esplendor sem figura que se corresponde maravilhosamente com um forte sentimento da intangibilidade de Deus. Com esse penhor da real presença divina fica, assim, vigorosamente acentuada sua inacessibilidade, somente Moisés pode aparecer diante ela; o povo não. E o próprio Moisés nem sempre é capaz de fazê-lo. Os sacerdotes de outro lado, diante dessa presença, terão de suspender seu serviço no templo.

Aparece ainda sublinhada com mais força a transcendência divina, quando a autocomunicação fica reduzida à *revelação de seu nome e à presença permanente do mesmo.* É sobretudo a literatura deuteronomista a que prefere chamar o templo, lugar onde Yahweh coloca seu nome ou o faz habitar.[36] Curiosamente, em **P** não encontramos essa fórmula, se bem seja verdade que Levítico 20:3, fala, quase que de forma intercambiável, da profanação do nome e do santuário, e que Números 6:27, referindo-se aos sacerdotes que abençoam, os descrevem como os que invocam o nome de Deus sobre

---

[33] Sl 89:8.
[34] Ez 9:2; 1 Cr 21:1,15s; 2 Cr 14:12; 20:22; Zc 1:8s; 3:1 etc.
[35] Êx 24:16s; 40:34s; Lv 9:23; Nm 14:10; 16:19; 17:7; 1 Rs 8:10s.
[36] Dt 12:5,21; 14:23,24 etc; 1 Rs 8:16,29 etc.

os israelitas. Também se deve observar o fato de que a revelação de Deus a Moisés resume num novo nome divino (Êxodo 6:3). De qualquer maneira, essas idéias, intimamente ligadas umas com as outras não nos impedem, em absoluto, de supor que a teoria mais desenvolvida do Deus que se revela em seu nome tenha uma origem sacerdotal, ainda que fosse em círculos distantes no tempo ou no espaço. A hipótese está sugerida já pela lei sobre o altar do Êxodo 20:24b; também na época posterior deuteronomista a idéia de designar o santuário pelo nome de Deus desfruta de grandes preferências entre os círculos sacerdotais, como se percebe no vocabulário das Crônicas.[37] Se bem que não se deve esquecer que a raiz dessa antiga valorização do nome está na fé primitiva,[38] o característico da mentalidade sacerdotal é que, por considerá-lo como o resumo das propriedades e ações pessoais da divindade, o nome possa substituir de modo tão normal à mesma manifestação concreta de Deus. Também aqui volta a aparecer diante de nós a linha que vimos seguindo que é: a delimitação clara do Tu pessoal divino em um nome *torna impossível qualquer tipo de redução da divindade à esfera da imanência humana em formas místicas.* O que busca a Deus não se prende no âmbito de um ser divino infinito que lhe permita aprofundar-se em sua maravilhosa realidade mediante uma união beatífica ou um êxtase estático, *um beatífico humilhar-se na divindade.* Nada disso. Longe de que o homem possa participar da natureza divina, a pessoa divina aparece diante do âmbito humano como uma realidade absolutamente outra, à qual somente se pode reconhecer por seu nome e que, precisamente nesse nome, se oferece para um tratamento espiritual e pessoal. Tratamento no qual, de todos os modos, a consciência de uma distância permanente e irremediável se mantém sempre viva.

Se, ao separar a natureza divina de tudo o que não seja Deus, leva a utilizar o nome de Deus de forma que o modo do ser divino apareça descrito como a superioridade da pessoa transcendente acima deste mundo, o autor sacerdotal encontra outra forma, igualmente adequada, de apresentar a mesma idéia em sua *descrição da Palavra Criadora.*[39] Por meio dela o Soberano do universo regula suas relações com o nosso mundo, sem ficar envolto senão em suas leis ou atado à sua ordem. Nela a transcendência de Deus com relação ao mundo da matéria alcança a forma mais rigorosa de oposição a qualquer tipo de confusão panteísta ou a qualquer dedução evolucionista. A vontade divina

---

[37] Com independência dos livros dos Reis, que influíram muitíssimo nas Crônicas, pode-se citar: 1 Cr 22:7,8,10,19; 28:3; 29:16; 2 Cr 1:18; 20:8,9.

[38] Cf. **Giesebrecht**, *Die alttest. Schätzung des Gottesnamens,* 1901, p. 68s; **J. Pedersen,** *Israel,* I, II, 1926, p. 245s.

[39] Gn 1.

introduz-se neste mundo pelo elemento mais imaterial ao alcance de nossa experiência. Com uma plenitude de vida absolutamente autônoma a divindade está acima do cosmos, enquanto sua majestade inacessível surge simplesmente de sua natureza essencial de ser puramente transcendente.

Assim, os peculiares rumos pelos quais o pensamento sacerdotal vai fazendo sua apropriação conceitual da revelação mosaica de Deus conduzem a uma contraposição entre o ser divino e este mundo que tão longe está da divinização da natureza quanto da humanização de Deus, estabelecendo bases firmes para uma concepção monoteísta.

c) *As relações entre Deus e o mundo*

Não é necessário dizer que a aparição de uma transcendência bem acentuada no conceito de Deus deve também condicionar, forçosamente, a forma em que se descrevam as relações de Deus com o mundo. Nesse terreno a base do pensamento estava constituída pela *absoluta soberania do Senhor Deus sobre todo o povo eleito,* tão fortemente proclamado, por Moisés. Quanto mais decididamente se implantasse, nas condições concretas da vida nacional, essa soberania divina, mais firme tinha de se fazer a relação de Deus com o mundo e, por conseguinte, mais necessário seria para o pensamento sacerdotal insistir na transcendência divina (que podia muito bem converter-se numa separação total e absoluta entre Deus e o mundo), e falar de uma autêntica comunicação entre o mundo divino e o humano, de uma influência real do poder divino no mundo. E havia uma necessidade de se encontrar um conceito de ligação, inseparavelmente unido ao fundamento mosaico: a *lei.* Em que medida esse conceito enquadrava-se com os pressupostos naturais do sacerdócio torna-se claro levando-se em conta o que dissemos nas páginas anteriores sobre a relação do sacerdócio com a tradição e com a ordem estabelecida (páginas 358 e 366s.). Por isso, desde o princípio, a guarda e o desenvolvimento da lei da aliança, recebida dos líderes devia encontrar no sacerdócio um colaborador bem disposto. Mas além disso, como instrumento útil para a prática religiosa sacerdotal, a lei ajudou de forma eminente à exposição do conceito sacerdotal de Deus, enquanto que, sem prejuízo da transcendência da natureza divina, permitiu representar-se de certa forma a realidade da soberania divina. Com a lei a vontade soberana de Deus fez-se concreta, passou da transcendência da pessoa divina, ao mundo terreno. Enquanto poder espiritual que se manifesta na palavra, a lei, que dava testemunho da imaterialidade da natureza divina, inacessível ao mundo terreno, e de seu caráter pessoal, compreensível somente ao espírito humano, manifestava, de outro lado, com um evidente vigor, a autoridade real de Deus sobre o mundo. Enquanto legislador, o Deus de Israel demonstra seu poder sobre o mundo e sobre a humanidade, assinalando-lhes a ordem à qual obedece a sua existência e mantendo-os, por conseguinte, numa constante dependência de sua vontade.

Naturalmente, *Israel é a principal esfera do domínio da lei.* Na lei da aliança o caráter absoluto dos direitos divinos se lhe apresenta com um peso quase esmagador. Se as antigas coleções legais haviam criado o sentido profundo da inviolabilidade da lei, a legislação sacerdotal coloca agora toda a ênfase na majestade da vontade divina, que se expressa por meio da lei. Na promulgação da lei aparece o caráter absoluto do Senhor, que não necessita contar com o consentimento de seus súditos ou atraí-los com promessas para que respeitem sua lei. Mesmo quando se fala de feitos salvadores realizados por esse Senhor, como no caso da saída do Egito, nunca se deixa de observar que Deus não tem necessidade de seu povo. A "fundação" da aliança, fundamento da ordenança legal, é uma decisão divina totalmente autônoma.[40]

A partir daí, o conteúdo da lei cultual segue um desenvolvimento lógico da idéia diretriz de que, no seio de Israel, tudo pertence exclusivamente a Yahweh: espaço e tempo, propriedades e vidas. Os sacrifícios e as festas, os ritos de purificação e as cerimônias cultuais são um reconhecimento dessa ilimitada autoridade divina. Já que tudo faz lembrar ao israelita que sua vida inteira está consagrada a Deus, à qual encontra seu único sentido em manifestar, até externamente, seu caráter de povo propriedade de Yahweh. E isso somente se pode conseguir mediante uma profunda humildade diante do único santo. Daí a importância do tema da expiação, que em **P** atravessa de ponta a ponta a realidade do culto. Mas, de outro lado, também o fato de ressaltar a santidade do sacerdote, característico de **P** em contraste com Deuteronômio,[41] sublinha a inacessível superioridade do Deus soberano, cujo trato com o homem implica sempre um encobrimento devido à imperfeição humana.

Foi dito que, por mais que essa reverência se diferencie do sufocante terror do pagão diante da divindade, essa afirmação da soberania divina, tão acentuada na lei, não permite *o surgimento de um autêntico sentimento de comunhão com Deus.*[42] Mas ao pensar assim fica-se excessivamente devedor das conclusões que se podem tirar, estabelecendo uma comparação particular com a confiança ingênua que reveste o trato com Deus no *Gênesis* e, de outro lado, dando-se atenção exclusivamente à característica peculiar que as idéias

---

[40] Êx 6:4; 31:16; Gn 17:7,19,21.
[41] Cf. Lv 10:7; 21:7; Nm 16:7 etc.
[42] Cf., por exemplo, **Holzinger**, *Einleitung in den Hexateuch,* 1893, p. 376.

sacerdotais tem em **P**. Certamente, para o pensamento sacerdotal, torna-se intrinsecamente impossível essa ingênua justaposição e até confusão entre o mundo divino e o humano, que, para o espectador com inclinações estéticas, é uma encantadora característica das sagas antigas; foi por isso que os sacerdotes revisaram tão extensamente parte da história de Israel e sua experiência com Deus. Mas para ver que a seriedade enérgica com que o narrador sacerdotal manifesta o abismo existente entre Deus e o homem, ou com que rejeita qualquer tipo de confiança no trato com Deus, não elimina em nada a alegria de sentir-se propriedade desse Deus, nem diminui o orgulho de mostrar a lei como expressão do lugar privilegiado de Israel, basta dar uma olhada nos cânticos cultuais do Saltério, com seus fervorosos louvores ao Senhor Todo-Poderoso, ou às Crônicas, com sua permanente confiança nas promessas de Yahweh garantidas pela lei. E no mesmo **P** não deveríamos deixar de ouvir o acompanhamento que serve de apoio para toda sua obra, o entusiasmo de sua adoração ao único Deus supremo. Se o estado de ânimo que inspira o hino israelita, à vista precisamente da transcendência de Deus, é o esquecimento de si mesmo, que se converte em entrega ao Deus terrível e glorioso, o leitor atento de Gênesis 1 teria de observar que esse espírito não é alheio ao autor dessas passagens de estrutura pesada e estilo rígido. E que a lei enobrece o homem enquanto que o submete a Deus, torna-se claro desde o momento em que sua pretensão é fazê-lo santo ao modo como Deus é santo (Levítico 19:2 e outros).

Assim como no caso de Israel, *também no do mundo e da humanidade,* a sujeição de tudo o que existe se realiza por intermédio da lei. Os sacerdotes babilônicos já haviam considerado coisa importante, enquanto manifestação do poder divino, o fato de que o Criador formasse o cosmo dentro de uma ordem racional e encaminhasse sua vida por vias fixas. E, segundo demonstram os hinos egípcios, o deduzir a ordem universal a partir de uma vontade criadora poderosa foi uma parte da sabedoria sacerdotal internacional. A absorção amável no maravilhoso organismo da vida da natureza e o seu testemunho quanto ao poder de seu Criador divino, forma um elo entre a religião de Israel e o conhecimento de Deus, que é próprio das religiões mais elevadas do paganismo. Porém, essa concepção somente pôde ser plenamente desenvolvida, aonde ela foi combinada com o reconhecimento de que Deus era um ser transcendente, junto ao qual nenhuma força natural pode sustentar pretensões de dignidade divina e que, por sua vez, não corre em absoluto, perigo de diluir-se numa espécie de energia animadora do universo. Somente então, a dependência absoluta do mundo com respeito a Deus, esteve assegurada até o ponto que representa a idéia da *creatio ex nihilo,* e somente então, também a maior das criaturas, o homem, entra numa relação com Deus, duradoura, decisiva, de uma vez para sempre, que abrange toda sua vida. Enquanto imagem de Deus Senhor sobre as demais criaturas, ele encontra sua vida colocada a serviço de uma grandiosa tarefa, que faz precisamente com que sua grandeza consista na sujeição a Deus. O eco jubiloso que Gênesis 1 encontra em muitos salmos[43] mostra o efeito libertador que emana da idéia de criação de cunho monoteísta: o homem fica exaltado ao máximo a partir dessa sua união radical. Então, as mesmas maravilhas da criação podem se cantar como mostras de favor divino,[44] e a profunda e intrínseca unidade existente entre a criação do cosmos e a salvação de Israel será objeto de variações tonais sempre novas, como obra de um Deus que reduz a totalidade das coisas às vias de sua ordenança salvífica.

Esse modo de apresentar o poder soberano de Deus encontra sua melhor forma quando *sua relação com o mundo das nações* é descrita em termos de lei. Se os profetas vêem a história como uma construção orgânica do reino de Deus, que atravessa a todos os obstáculos com que se depara, para o sacerdote ela é uma entidade ordenada, cuja variedade está contida dentro dos limites fixados por Deus e está a serviço de sua vontade. Não somente os israelitas, mas também os pagãos, se movem numa ordem de vida estabelecida por Deus, ordem que regula suas relações com o mesmo Deus: a aliança de Abraão se insere dentro da de Noé, que abrange a todos os homens. E dentro dessa magna ordenança, estatutariamente fixada, desenvolve-se toda a vida. A tarefa do homem reduz-se a observar essa ordem e a cumprir obedientemente a função que Deus lhe atribuiu. Até que ponto podem ser positivos os tons que assume assim a relação dos pagãos com Deus pode ver-se em Ezequiel 5:6s. A atitude de Israel para com a lei sinaítica é equiparada com a dos pagãos para com as leis pelas quais se regem. E, todavia, mais expressiva é a respeito, a frase de Malaquias (1:11), que se move no âmbito da lei: "Do Oriente ao Poente meu nome é grande entre as nações; em todo lugar oferecerão a meu nome uma oferta pura".[45] Porém, ainda um dito com Deuteronômio 4:19, que é uma dura crítica à adoração pagã, que atribui o culto astral a uma ordem estabelecida por Deus para as nações, considera que o fundamento da dependência das nações de Yahweh tem sua base na autoridade legal do governador do universo.[46] Dessa perspectiva se compreende, de outro lado, por que, nos círculos sacerdotais, concede-se tão pouca atenção ao mundo dos pagãos, sua situação está totalmente

[43] Cf. Sl 8; 19; 89; 104 etc.
[44] Cf. Sl 136:4s; 135:6s; 89:2-19.
[45] Segundo Sl 83:19; 86:9, também os pagãos veneram o nome de Deus.
[46] De maneira parecida Dt 32:8s.

sujeita a uma ordem universal presente, concebida como estabelecida pela lei divina. Uma ordem na qual já estão bem distribuídos os direitos e deveres, na qual cada um tem de manter-se em seu lugar. Aqui também o pensamento é muito mais firme e definido em termos espaciais do que em termos temporais. Por trás de toda transitoriedade se manifesta essa ordem permanente, em meio de todo devir caótico e de toda fugacidade opera uma razão universal, que vai construindo conforme um plano e uma meta que cria as condições de necessário equilíbrio; centro de toda atenção, cuja beleza é modelo para a construção de tudo. Por isso, a tônica é colocada em seguida, de forma especial, sobre a persistência inalterável da ordenança do mundo, estabelecida de uma vez por todas, e o termo *'ōlām,* eternidade, se converte no bordão preferido quando se trata de expressões sobre a ordem divina universal, seu *b^erīt* é um *b^erīt 'ōlām,*[47] ele exerce sua soberania como um rei eterno,[48] suas leis tem uma vigência eterna,[49] e também sua graça e suas promessas são para sempre.[50] Assim, pois, a soberania do Deus transcendente, expressa na lei, vê-se coroada pelo fato de que suas ordens em nada são afetadas pela mudança dos tempos e possuem uma vigência que dura eternamente.

d) O lugar do homem no mundo

α) A conduta humana correta

Uma vez que o governo de Deus sobre a humanidade é descrito da forma que acabamos de ver, o juízo sobre a conduta correta do homem tomará também sua direção nesse mesmo sentido. E, de fato, nesse terreno, como em outros, o pensamento sacerdotal conseguiu criar um modo de expressão peculiar, cujas diferenças com a atitude profética foram percebidas e observadas há muito tempo. Naturalmente, já não pode se dizer que essas diferenças se movam tão na superfície, quanto poderia parecer, por meio de algumas formulações das quais se têm feito uma interpretação unilateral, sobretudo ao tratar dos escritos sacerdotais do Pentateuco. É impossível se caracterizar adequadamente a tomada de postura sacerdotal nessa questão, quando se define aos sacerdotes como a homens do legalismo externo, que se conformam com que os fiéis cumpram

---

[47] Gn 9:16; 17:7; Êx 31:16s; Lv 24:8; Nm 18:19; 25:13; Sl 105:10. Cf. cap. II, p. 41s.
[48] Sl 29:10; 93:2; 104:31; 145:13; Êx 15:18.
[49] Lv 3:17; 6:11,15; 7:34, 36; 10:9, 15; 16:29,31,34 etc. Ez 46:14.
[50] Sl 89:3; 103:17; 2 Cr 13:5; 1:9; 6:17; 21:7.

exteriormente certos preceitos, sem fazer questão de sua entrega pessoal nem de sua atitude diante da obra externa.[51]

Por isso chegou-se a admitir muitas vezes, sem chegar, naturalmente, a um acordo com os críticos que o negam, que "também em **P** tem vigor a ética profética"[52] e que se em **P** os preceitos morais passam a um segundo plano não é porque os considere de menor importância, mas "porque os pressupõe, e somente por isso não os acolhe na lei, porque os considerava coisa mais que sabida".[53] Fica reconhecido, com isso, que a lei sacerdotal não se move num plano moral mais baixo que o dos profetas, no qual o culto arrebataria o posto dos deveres éticos, mas que em ambas as formas de moral, a profética e a sacerdotal, nós encontramos com uma base evidentemente comum.

Seria um abuso querer daí concluir que não existiu absolutamente *uma diferença essencial entre a mentalidade religiosa dos profetas e a dos sacerdotes.*[54] Trata-se então de definir mais exatamente essa diferença e de investigar seus fundamentos. Para isso é necessário partir de duas críticas principais que se tem feito à forma sacerdotal de conceber a correta conduta do homem. Uma sugere que, no ideal de piedade sacerdotal, ocupe o primeiro plano a obediência de fato diante da lei positiva,[55] enquanto que se dá pouca importância à atitude de coração, até o ponto de se tornar, desse modo, impossível conceber uma autêntica conduta moral nascida da livre decisão. A outra crítica sublinha o lugar de paridade que, na concepção sacerdotal da lei divina, se concede aos preceitos éticos e aos cultuais. Isso acusaria pouca clareza de princípios sobre o caráter absoluto do que é moral.

No que se refere a primeira censura, temos de dizer que alude a uma característica da concepção moral sacerdotal, que somente é possível apreciar em seu justo valor, tendo consciência da concepção sacerdotal, em todo seu conjunto, da posição do homem diante de Deus. Se a conduta de Deus com respeito ao mundo entende-se como a implantação de sua lei, então, logicamente, também terá de dar uma ênfase especial à ordenança jurídica da vida do povo. *No direito, a vontade divina torna-se carne e sangue,* coloca-se dentro da

---

[51] Como uma das muitas manifestações nesse sentido, ver de **Gunkel**, Genesis p. 141: "**P** não se fixa em absoluto na piedade pessoal; a única coisa que interessa é o objetivo da religião".

[52] **Kautzsch**, *Bibl. Theologie des Alten Testaments,* p. 351.

[53] **Holzinger**, *Einleitung in den Hexateuch,* p. 384s.

[54] Assim pensa **Eerdmans**, *De Godsdienst van Israel,* I, p. 188.

[55] Isto, **P**, por exemplo, gosta de expressá-lo mediante a fórmula cunhada *kᵉkōl 'ašer siwwā 'ōtō 'ᵉlōhīm kēn 'āsā* (Gn 6:22; Êx 7:6; 12:28,50; 25:9 etc.). Cf. também a insistência com que se fala da *torah* como sinalizadora da direção que quer seguir uma conduta agradável a Deus.

história. Assim o homem encontra-se numa relação absolutamente imediata com seu Deus, e sua atitude diante do direito requer uma significação diretamente religiosa. Quem submete sua vida à ordem jurídica está prestando obediência às exigências do próprio Deus. Surge aí da maneira mais inequívoca até que ponto está alguém disposto a dobrar-se ao senhorio de Deus. A disposição interior não é indiferente, mas de outro lado tampouco é possível aventurar-se em conjecturas a esse respeito. De qualquer maneira, normalmente uma conduta conforme à lei pode valer como manifestação palpável e visível da disposição interior correspondente. Ao hipócrita, se ele mesmo não quer manifestar-se tal qual é, deve deixar-se nas mãos de Deus. Ao adotar essa atitude o sacerdote coincide amplamente com a mentalidade geral do povo, cuja convicção comum é que *o homem piedoso e justo, é o que obedece aos mandamentos de Deus.* "Para os hebreus a piedade não é questão de sentimentos ou de formas decorosas; é questão de comportamento moral diante dos olhos do juiz supremo. Porque o próprio Deus é o Deus da justiça".[56] Isto pode converter-se, certamente, numa simples exterioridade que, como ideal de piedade, se dê por satisfeita com uma integridade cidadã de tipo geral e resiste a quem pretender formular exigências profundas à vida pessoal. Mas, precisamente em Israel, esse perigo fica consideravelmente dissimulado, porque o direito está constituído em boa medida pela eqüidade e o respeito aos outros membros do povo. Virtudes que sempre levam a profundas tomadas de postura pessoais e à superação do próprio egoísmo.

Para os sacerdotes, de qualquer maneira, era especialmente lógico insistir na observância da lei em seu ensinamento da moral. Não em vão, à partir daquela sua tarefa primitiva de entregar o oráculo, se viram cada vez mais obrigados a ensinar e decidir em casos concretos da vida prática e chegaram à estar em estreitíssima conexão com o cultivo do direito nacional ao representar a instância suprema na solução de casos difíceis. Mas, além disso, seu alto apreço pela tradição sagrada e sua capacitação em codificá-la de maneira ordenada, graças ao manejo da arte de escrever, os enganou de forma mais que natural com a tarefa de transmitir o direito, e nessa direção apontam certas alusões ocasionais do Antigo Testamento.[57] Mesmo, que sua atuação como juízes de ofício possa ser colocada em dúvida, por falta de relatos veterotestamentários bem definidos,

---

[56] **L. Köhler**, *Die hebräische Rechtsgemeinde*, p. 22.

[57] Cf. a união de sacerdotes e escribas (2 Sm 8:16-18; 1 Rs 4:2s), a deposição do decálogo na arca e quando Samuel fixa por escrito e coloca diante Yahweh os direitos do rei (1 Sm 10:25). Também se deve contar aqui a atividade de Samuel como juiz e a competência que Dt 17:8s reconhece aos sacerdotes. Dt 17:18 pressupõe que a custódia da lei pelos sacerdotes é anterior, e não uma inovação da época de Josias.

seu ministério e sua inclinação os levam a ocupar-se intensamente do direito do povo. Isto lhes facilitava o caminho na hora de definir em que consiste a sujeição do povo à vontade de Deus e de determinar o cumprimento exato do direito divino, na obediência estrita aos preceitos concretos de Deus. *A lei converte-se, assim, para o sacerdote na exteriorização viva* pela qual se torna palpável a realidade total do povo de Deus, por intermédio da obediência dos indivíduos.

Nenhum crítico imparcial poderá afirmar, por isso, que na concepção sacerdotal, falte uma idéia de conduta moral capaz de ultrapassar os mesquinhos limites da letra material da lei. É justamente o contrário, o autor sacerdotal, já antes de nos introduzir na lei do culto, sabe nos falar da conduta moral dos patriarcas, e ao nos oferecer seu relato abreviado da história nacional deixa de lado tudo o que está em contradição com seu ideal moral. As alianças fundamentais estão impregnadas de conteúdo moral, por mais importante que seja em sua descrição o papel de certos elementos do direito cultual. A expressão "caminhar na presença de Deus",[58] com a que se define a piedade de Noé e também, quase do mesmo modo, a de Abraão pretende, sem dúvida, reduzir todos os diferentes fatos da vida numa escala única e unificante, fruto da decisão pessoal.[59]

A diferença mais profunda com relação à atitude profética está em que o ensino moral do sacerdote procura conduzir a um povo com uma forma de vida na qual a vontade eterna de Deus para o homem passa a ter uma forma visível. Por isso, *o estado de moralidade define-se dentro dos limites de uma comunidade terrena,* quer dizer, em forma de direito, sem prestar uma atenção expressa ao compromisso moral da pessoa, que se considera fundamento necessário e subjacente. Por achar-se sob a graça da eleição, apesar de todos os seus defeitos, essa conformação terrena do povo de Deus alcança um valor supra-temporal, contra o qual nada podem as mudanças da história. De outro lado, o profeta move-se sempre em sua forma de ver as coisas em torno da postura que há que tomar diante da nova realidade de Deus, que nesse momento preciso, põe nas entrelinhas a própria existência do povo. No contexto desse juízo radical, que não se detém nem sequer diante das leis que regem o povo de Deus porque, ao estar misturadas com o pecado, constituem uma blasfêmia contra o único santo, somente resta esperar a decisão existencial do eu humano. Qualquer apelação ao direito sagrado, à existência de uma constituição sancionada por Deus, seria trair aos direitos de soberania divina que acabam de ser promulgados por um Deus que rompe com tudo o que é anterior para construir uma realidade nova.

---

[58] Gn 6:9; 17:1.

[59] Pense-se na concepção do amor como norma de ética social (Lv 19:18; cf. p. 76s.).

Não é de se estranhar que, diante desta atitude interna frente à vontade divina, o valor autônomo de uma conduta externamente conformada com o direito seja nulo.

β) Atitude diante do culto

Deve-se partir dessa mesma perspectiva, que acabamos de descrever, se quisermos entender *a igualdade de que desfrutam,* no sistema sacerdotal, *a lei cultual e a lei moral.* Se o povo de Deus há de conseguir uma imagem externa, por meio da qual se distinga dos povos circundantes e para que, até na configuração de sua existência terrena, faça uma confissão de sua fé, logicamente a forma e a maneira da liturgia não podem ser indiferentes. Assim como ao corpo, bem entendido, é expressão do ser pessoal, *o corpo das formas litúrgicas tem de responder a esse espírito de fé*, que é o princípio animador da existência nacional.[60] Até o momento ninguém foi capaz de dizer como pôde Israel conservar intacta sua fé sem a proteção de formas jurídico-cultuais firmes, pelas quais o indivíduo via-se ligado à comunidade com uma obrigatoriedade absoluta. Uma vez que o sacerdote não tem seus olhos colocados em uma seita, mas sim num povo de Deus com todas as suas circunstâncias e manifestações terrenas, para ele a lei do culto tem o mesmo caráter de autoridade que a lei moral; além disso, ambas interpretam-se mutuamente.

De fato, não é difícil demonstrar que o culto de Israel esteve, sempre, intimamente ligado ao conteúdo mais profundo de sua fé. E nesse sentido o ponto mais importante não é que as *formas cúlticas tivessem, com freqüência, o efeito de educar o homem na conduta moral,* ainda que o fato pudesse passar desapercebido facilmente. Por exemplo, basta dar uma olhada em um caso desse gênero de oração cultual, que é a intercessão,[61] para ver até que ponto o israelita era consciente de sua responsabilidade diante do Deus justo. Sobretudo nos casos em que se falava da execução da sentença divina sobre o inocente, a contemplação de Yahweh, como juiz incorruptível, supunha uma séria exortação ao exame da própria consciência.[62] E em geral, ao acostumar os que nele participavam na confissão de seus pecados, como se vê, por exemplo, no Salmo 32, o culto criava neles uma consciência mais sensível. E os sermões dos sacerdotes aos visitantes do santuário, como aparece por

---

[60] Cf. cap. IV, p. 81s.
[61] Cf. somente Sl 5; 7; 17 etc.
[62] Cf **H. Schmidt**, *Das Gebet der Angeklagten im Alten Testament,* 1928.

exemplo em Salmo 15 e 24: 3-6, ofereciam constantes ocasiões para insistir nas normas morais da convivência. Lendo o Salmo 50 — um sermão cultual de influências proféticas —, pode-se ver o desenvolvimento que podiam seguir tais práticas. O voto feito também nos momentos decisivos da vida traz à memória os deveres para com Deus.[63] E as mesmas práticas cultuais da bênção e da maldição unem, a religião e a moral, enquanto sua validade está vinculada aos santos mandamentos de Yahweh.[64]

Ainda que seja verdade que nelas ressalta a união indissolúvel do culto e da ética, as formas básicas do culto mostram, de outro lado, uma aptidão maior como meios de expressão da relação com Deus, da comunidade e do indivíduo. Essa observação refere-se, sobretudo, *ao papel que desempenha na liturgia a palavra cantada e falada.* A ação cultual encontra sua interpretação no canto, na oração, na profecia específica do templo e na bênção; em lugar de um δρωμενον místico, nos encontramos com uma disposição de palavra, e ação plena de sentido: a palavra faz à ação inteligível, e esta dá maior vigor que aquela. O pouco que podemos afirmar com segurança sobre a formação progressiva da liturgia israelita, nos mostra não somente uma diferenciação e aumento de sacrifícios e ritos, mas também uma utilização cada vez mais rica da palavra, mediante a introdução da profecia no culto e um amplo cultivo do canto no templo. De outro lado, a interpretação histórica das festas antigas, convertendo-as em dias de comemoração da vocação e salvação do povo, dá também à palavras um enorme destaque.[65]

Com isso a liturgia vê-se introduzida na esfera do espírito consciente e dos conceitos claros. Isso mesmo pode ser observado na *clara vinculação de outros atos cultuais com a idéia da soberania divina*, prescindindo das raízes de onde partiram originariamente os mesmos. Assim, a circuncisão se interpreta como um ato de purificação e consagração, por meio da qual se realiza a entrada na comunidade do povo puro e, simultaneamente se assume o compromisso de cumprir as leis divinas que têm vigência nessa comunidade.[66]

Os preceitos de pureza, cujas origens animistas ou manaístas são às vezes sumamente palpáveis, recebem seu sentido inequívoco ao ficarem relacionados com a santidade de Yahweh, que reclama um povo absolutamente alheio da impureza. E na conexão das antigas festas agrícolas com os feitos da história da salvação, com os quais Yahweh implantou sua soberania em Israel

---

[63] Cf. o voto real do Sl 101, onde aparece um ideal de rei verdadeiramente notável, e veja também cap. IV, II, 4b p. 123s.

[64] Cf. **S. Mowinckel**, *Psalmenstudien,* V, p. 134s e veja o cap. IV, II, 4c, p. 147s.

[65] Cf. cap. IV, II, 3, p. 100s.

[66] Gn 17. Cf. p. 116s.

— conexão à qual aludimos anteriormente — pode-se observar o mesmo. No mais, permitam-se aqui remeter às observações das páginas 362s e as reflexões sobre os estatutos da aliança referentes ao culto (cap. IV).

Desse modo, pois, a lei do culto colabora da forma mais estreita possível com as normas morais a fim de vincular a consciência nacional à única vontade de Deus. A eficácia de tal intento nos abre caminho pelos testemunhos conservados no Saltério,[67] de visitantes do templo e peregrinos que nos relatam as experiências que o culto lhes depara. Não se trata somente do sentimento dominante de pertencer ao povo de Deus e, por conseguinte, poder esperar do Deus de Israel proteção e vida, nem tampouco da firme sensação de felicidade, provocada por uma consciência de comunidade envolvente, como a que origina-se no culto. Nem cabe mencionar, como o mais importante a esse respeito, a criação de laços íntimos de amizade, em razão de uma experiência cultual comum.[68] Nada disso carece de valor. Mas o que é verdadeiramente importante no culto, é que nele toma-se consciência, com uma rapidez impactante, *de que a comunidade nacional terrena está firmada sobre um fundamento eterno, no qual toda a existência terrena finca suas raízes na graça salvadora de Deus,* que desce ao homem nessas formas de vida concretas, às vezes manifestando a íntima relação de vida que há entre a fé em Deus e a ação litúrgica.

Esse efeito subjetivo do culto não se vê absolutamente desprezado porque, no sistema sacerdotal, cada um dos seus elementos se acha independente da participação espontânea da comunidade e chega a ter significação e valor por si mesmo. Todos nós sabemos que no Código Sacerdotal o holocausto diário constitui o elemento fundamental da liturgia, um elemento que tem todo seu valor pelo simples fato de se realizar sem a necessidade de que a comunidade esteja presente e participe. E o sacrifício privado, sobretudo, o de animais acompanhado de seu alegre banquete sacrifical, muito mais dependente da particular inclinação e decisão do homem, vai passando claramente a um segundo plano e perdendo em importância. Assim *o sacrifício converte-se predominantemente numa instituição de regularidade estatutária* que, independentemente da espontaneidade do indivíduo, leva a cabo a expiação das culpas do povo e garante, por conseguinte, a presença de Deus. Assim sendo, nessa forma de se expressar a idéia de santidade sacerdotal nos abre caminho — e isto costuma ser esquecido na maioria das vezes — ao caráter absoluto da graça divina: dada a ênfase que reveste a consideração da instituição do culto como um dom da graça, não resta dúvida que a independência, diante

---

[67] Deve-se mencionar aqui sobretudo Sl 27:1-6; 42s; 84; 122; cf. também 36:11s.
[68] Sl 55:14s.

da comunidade, desse elemento fundamental há de se converter à força em símbolo da soberana condescendência, por meio da qual Deus introduz sua graça nessa instituição concreta, dotando-a de uma eficácia permanente, sem ter consciência da disposição e atitude do homem. Estamos, com isso, na realidade em uma situação nova, criada pela revelação de Yahweh para todos os membros da comunidade, situação na qual eles têm garantido e selado um acesso livre e aberto ao perdão e à salvação de seu Deus, acesso que fica moldado numa instituição concreta. Ao homem somente lhe resta a obediência, o colocar-se no organismo ordenado por Deus, como se expressa na obrigação de pagar um tributo igual para todos, pela manutenção do culto[69] e aceitar na fé a promessa com a que este vem respaldado.

Uma tendência parecida, de ressaltar a base objetiva da consciência israelita de eleição, aparece também na *incorporação da profecia no serviço do templo* e em sua progressiva transformação numa peça da liturgia com um calendário fixo.[70] O que a princípio se considerava originado por dotes carismáticos incontroláveis, a saber, que o mesmo Deus em pessoa assegurasse seu auxílio, passa a converter-se em elemento fixo do culto da comunidade: com isso a consciência triunfante da fidelidade de Yahweh para os seus, quando estes se dirigem a ele, com súplica penitente, obtém uma forma de expressão característica. A comparação com as promessas de graça, feitas pelos ministros do culto atuais, à comunidade é algo que se impõe espontaneamente, prevenindo-nos às vezes contra o perigo de ver nisso uma forma de auto-suficiência clerical, por meio da qual o sacerdote dispõe da graça de Deus; perversão que pode espreitar sempre de modo perigoso.[71]

Caberia, nesse ponto, delinearmos a questão de *como essa conformação da graça divina em instituições que entram pelos sentidos concilia-se com o sentimento evidente da inapreensibilidade e da superioridade de Deus, acima de toda esfera sensível,* tão importante na mentalidade sacerdotal. Não assistimos com isso a um claro abandono da linha mosaico-profética para descer ao nível da mística sacramental sacerdotal, que pretende fazer o supra-sensível acessível aos sentidos? Não resta dúvida de que a prática cultual sacerdotal muito interessada na real presença da divindade na comunidade, reunida em assembléia, e daí deve surgir, necessariamente, certa tensão com a inacessível majestade do Deus da aliança. Mas não se deveria esquecer que já na concepção mosaica do Deus zeloso da aliança havia algo dessa tensão. O pensamento sacerdotal supera

---

69 Êx 30:11s.
70 Sl 12:6; 60:8; 75:3s; 81:6s; 85:9s; 95:8s.
71 Sobre este ponto, ver mais adiante.

essa tensão valendo-se de idéias auxiliares que também aparecem em outras teologias do antigo Oriente, quer dizer, mediante os conceitos correlativos de original e cópia que o tabernáculo, protótipo do templo, com todos os seus utensílios, está preparado conforme o modelo celeste que Moisés contemplou.[72] Ou seja, que também aqui se utiliza essa idéia comum a todo o Oriente de que todo santuário terreno é cópia do santuário sacerdotal, como podemos ver pela forma em que Ezequiel descreve a aparição de Deus no rio Quebar: o que aqui lhe aparece não é imagem original do *k*ᵉ*bōd yhwh,* mas seu reflexo no relâmpago do electro,[73] que está em clara relação com a Arca.[74]

Também aparece essa idéia no Cronista, ao falar dos preparativos de Davi para a construção do templo e atribuir o modelo do santuário a um escrito proveniente da própria mão de Yahweh.[75] O Cronista deixa transparecer também o grande apreço que sente pela forma sacerdotal de conceber a Deus, ao combinar a transcendência divina com uma especial insistência no real oferecimento que Deus faz de si mesmo no culto. Enquanto cópias de originais celestes, o templo e seu culto são reveladores de idéias divinas, portadores e mediadores de poderes celestiais. Todas as suas obras encontram seu sentido, sua unidade e suas limitações na medida em que contribuem para implantar a soberania divina sobre o povo santo. Enquanto meios de expressão da soberania divina, acham-se livres do abuso de uma especulação ou de uma magia degradada, extremos nos quais facilmente cairia, por si só, a atitude sacerdotal de valorizar demasiadamente o culto.

Segundo o que vimos, portanto, ao equiparar os preceitos morais e os cultuais, o sacerdote obedece o propósito concreto de configurar a vida de uma nação santa em sua existência histórica; em troca, a crítica profética do culto é resultado de um momento concreto da história universal, em que a religião israelita vê-se literalmente invadida por um culto que não resiste a conformar-se em ser forma externa de expressão, mas que exige que se lhe reconheçam direitos de autonomia, convertendo-se em parque para todos os demônios do instinto religioso natural, onde as fronteiras entre Deus e o homem tornam-se maculadas e a soberania de Deus se vê ameaçada. Em tal situação, não há outra

---

[72] Êx 25:9-40. Cf. o plano da construção de um templo comunicado pelo mesmo Deus a Gudea de Lagash (**Thureau-Dangin,** *Die sum. und akkad. Königinschriften,* "Vorderasiat. Bibl.", I, p. 95s) e a estátua de Gudea de Telloh, em **A. Jeremias,** HAOG, 1925, p. 12.

[73] Ez 1:4.

[74] Cf. **Procksch,** *Die Berufungsvision Hesekiels,* "Suplemento de ZAW" 34, 1920, p. 141s.

[75] 1 Cr 28:19.

solução senão chegar a um confronto definitivo entre a majestade de Deus e o abuso humano da vida cultual, e o resultado não pode ser outro senão, que também o culto, terá de comparecer ao julgamento e sofrer as conseqüências. Com a destruição das formas de vida terrena da nação derruba-se também o culto, vendo-se obrigado a refugiar-se na esperança de uma nova criação de Deus. É a única possibilidade que fica aberta para tudo quanto foi alcançado pelo juízo divino.

Essa diferença nos delineamentos fundamentais do profetismo e do sacerdócio reaparecerá de forma muito evidente em suas respectivas *posturas diante do problema do tempo.*

γ) A existência humana no tempo (História e Escatologia)

Quando as normas morais e cultuais se resumem na unidade superior de uma vontade imutável de soberania divina que se manifesta na lei, na vida e na nação, no tempo ou, o que é a mesma coisa, na sua existência histórica, será avaliada de uma forma totalmente diferente quando a realidade ameaçadora do Deus juiz fizer com que abale toda constituição concreta dessa nação. E não é que se negue à história seu valor de âmbito da revelação divina, para substituí-la pelo artifício de leis universais atemporais, o esquema histórico de **P**, e até o das Crônicas, está dominado pela convicção de que Deus não se acha fora da história, mas que, por sua revelação, infiltra-se nela e a preenche com um novo conteúdo; os grandes feitos da história humana se tornam visíveis na revelação gradual de seu desígnio de salvação, desígnio que, seja no culto do tabernáculo (**P**) ou na fundação do trono de Davi (Crônicas), faz com que o mundo celeste irrompa dentro desse terreno e que a pobreza humana veja-se invadida por forças divinas. Em qualquer caso, esse desenvolvimento histórico não é considerado como o prelúdio de uma decisão final ainda que distante, mas se aproxima irremissivelmente, senão como *o ir tomando corpo de uma ordem cósmica pensada para sempre e para que se cumpra,* naquilo que se curva o arco-íris da aliança divina de paz, que anuncia a aceitação divina da criação. Mas, de outro lado, isso que se configura desse modo no tempo, acha-se presente, de fato, desde o princípio, porque está contido na palavra criadora do Deus eterno, que se move acima do tempo. A intervenção de Deus nos diversos momentos da história do gênero humano revela uma verdade existente desde sempre, por estar fundada na vontade de Deus, e que se torna efetiva em cada uma das realidades concretas. A observância do Sábado na própria obra da criação e a construção do tabernáculo ou do templo seguindo um modelo celeste são outros tantos testemunhos dessa forma de ver as coisas. A cronologia parece ser, igualmente, um instrumento altamente significativo, reproduzindo através de suas numerações cíclicas a formação bem equilibrada e arquitetonicamente perfeita do edifício universal, cujos pontos cardeais reconhecem-se na aparição da lei no mundo e na construção da casa de Deus em Jerusalém.[76] Na teoria do Cronista essa forma de considerar a história expressa-se de outro modo: para ele não há uma fundação histórica do *b*ᵉ*rit* de Yahweh com Israel, mas pressupõe uma existência eterna da eleição, desde Adão. Essa concepção parece andar com a teoria filosófica, a qual considera que a verdade é uma, e a mesma sempre, e que a única coisa que se poderá assistir na história será a uma maior eficiência de uma ordem permanente, estabelecida de uma vez por todas, que vai pouco a pouco superando todos os obstáculos, sem que possa falar-se, de verdade, da aparição de realidades novas.

Essa concepção básica da história está destinada a ter, depois, seus efeitos lógicos em cada passo concreto. Em primeiro lugar, com respeito *à forma de expor a história,* ela prepara o terreno para *um elemento construtivo importante.* Posto que em todo momento se trata de uma ordem divina sempre igual, eternamente válida, a seqüência temporal do desenvolvimento de seus detalhes carece de importância diante de seu sentido e meta permanentes. Para o narrador será muito mais recompensador apresentar o plano divino numa trajetória transversal a mais completa possível, e que não se entretenha num corte longitudinal historiográfico e cronológico. Por isso, na legislação mosaica, podem incluir-se com o mesmo direito coisas de antes e de depois, porque tudo é expressão de uma mesma e única verdade. E o mesmo se pode dizer sobre as ordenanças de Davi para a construção do templo[77] ou sobre a apresentação de sua soberania sobre Israel desde o princípio.[78]

Ao voltar o olhar para o passado não se busca tanto documentação sobre a origem e evolução dos acontecimentos concretos quanto notícias sobre a autoridade legítima, com a qual Deus distinguiu a seu povo, e sobre seu lugar dentro de toda a ordem cósmica. Por isso, *até as circunstâncias que acompanharam os fatos dos fundamentos da história da salvação* se selecionam

---

[76] Portanto, no caso de **P**, e da diferente periodização posterior (ver p. 420), a cronologia não pode se considerar sinal de uma atitude escatológica total, como supõe **Nöldeke**, *Untersuchungen zur Kritik des A. Testaments 1869,* p. 111; ao contrário, conta como um elemento da estabilidade deste mundo. Cf. **F. Bork**, *Zur Chronologie der Biblischen Urgeschichte, ZAW,* 47, 1929, p 206 s.

[77] 1 Cr 28:19.

[78] 1 Cr 12:23s.

tendo em conta, principalmente, que podem expressar de forma plástica a dignidade e a importância dessa revelação decisiva. O lugar central de Israel dentro do desígnio histórico de Deus, que aparece em cena com a revelação sinaítica, há de manifestar-se, até externamente, pelo grande número dos que compõem o povo e pela suntuosidade de seu santuário. Igualmente, o templo de Jerusalém, cuja construção, por obra de Davi, representa para o Cronista a instauração da ordem definitiva do povo de Deus, há de desfrutar de fama e causar admiração em todo o mundo.[79] O que muitas vezes permanece velado, pelos defeitos do presente, irradia brilhos de esplendor por um glorioso futuro e aponta ao mesmo tempo para a imagem do futuro ideal, cuja realização está garantida por essa vontade divina que é eternamente a mesma.

Mas, tampouco o presente em que vive o narrador, escapa à ação corretiva e normativa da ordem divina, firme por princípio. Sendo conseqüente com as linhas de força de seu sistema, o historiador *pretende submeter a essa vontade divina que abrange a tudo, até a realidade que ainda está por formar-se,* e por isso pode apresentar como presentes, situações que ainda não desfrutam de verdade empírica, consciente de estar tirando do discurso uma realidade profundamente fundamentada e garantida. Mesmo que a lei sobre o ano jubilar,[80] de uma estrutura fortemente manipulada, ou sobre a distribuição da terra aos levitas,[81] não possam ser considerados como uma ordenança de vigor real e efetivo, não se trata para o autor de simples literatura piedosa. E o mesmo deve-se dizer do novo projeto de santuário e de transformação da terra do autor de Ezequiel 43–48. São a plenitude de uma realidade efetivamente existente, as que fazem mais clara em seu sentido e finalidade.

Com tais pressupostos, a conclusão é que a história sacerdotal deve ser interpretada numa linha totalmente diferente da que queria nosso conceito de historiografia. Para o pensador sacerdotal o mundo é algo totalmente diferente de como o historiador de hoje o vê, para o qual a única base documental é o empírico; para ele, o mundo está submetido a um plano divino e adequa-se a ele mais cedo ou mais tarde. Por isso o empírico é algo secundário, quando comparado com a ordem eterna do Criador, que sozinha é real e garantia de toda realidade.

Assim, a principal tarefa do governo divino do mundo é *manter essa ordem e restabelecê-la,* contra todas as tentativas ousadas dos detratores para alterá-la. Por isso a história sacerdotal, quando descreve os acontecimentos seguintes à fundação dessa ordem, tem como tema preferido o da alternância

---

[79] 1 Cr 22:5.
[80] Lv 25. Cf p. 78s.
[81] Nm 35; Js 21.

regular de pecado e castigo, com a conseqüente restauração da situação desejada por Deus.[82] Dessa maneira procura-se também superar essa profunda falha de toda a vida nacional suposta pelo exílio e apresentar a nova forma de vida da comunidade cultual de Jerusalém como uma *restitutio in integrum,*[83] para o qual oferece boa ajuda a profecia sobre o templo, de Ageu e Zacarias. Também nos hinos e orações cultuais se expressa claramente essa forma de valorizar o governo divino da história. Exaltam-se as proezas realizadas por Yahweh, para fazer sua aliança com o povo[84] ou para sustentar sua monarquia.[85] Roga-se a Yahweh para que tenha em conta sua "criatura" em sua atual "degeneração" — ou seja, que socorra à comunidade afetada pela destruição do templo[86] — e volte a restabelecer uma situação de graça.[87] Vemos aqui que a inter-relação de história e soberania divina, decisiva no pensamento profético, também se manifesta com vivacidade em toda a concepção sacerdotal do universo. E precisamente nisso, distingue-se profundamente a poesia cultual israelita da Babilônia ou do Egito, nas quais em vão buscaríamos uma réplica desse perigo de centralizar tudo na evolução do reino de Deus, através da revelação histórica do Senhor do universo.[88] Assim sendo, no ambiente sacerdotal essa relação com a história tem seu caráter peculiar enquanto está determinada, em último termo, pela revelação divina que se realiza na lei. E por isso, também para o pensamento sacerdotal torna-se especialmente fácil contemplar, ao mesmo tempo, a soberania de Deus sobre a natureza e o mundo das nações e conjugar seu poder na criação com a realização de sua promessa a Israel,[89] o que em ambas as realidades executa-se é uma mesma ordem permanente. Desse modo, o Deus de Israel e do universo são concebidos como essencialmente coincidentes[90] e com isso o louvor ao Criador alcança um notável realismo, não sendo simplesmente estético, mas sim carregado de eficácia e vitalidade religiosas. A vinculação localizada da divindade no templo fica constantemente superada e absorvida na lembrança da soberania universal e da transcendência de Deus.

A sujeição da história à soberania de Deus manifestada na história, profundamente arraigada na mentalidade sacerdotal e que esta utiliza para apresentar a mensagem divina de Moisés, encontra sua plena confirmação em

---

[82] Cf. 1 Sm 4–6; 2 Sm 6; 2 Rs 12; 22; 2 Cr 15:8-18; 17:7s; 19:4s; 29s; 34s.
[83] Cf. Esdras–Neemias.
[84] Cf. Sl 81:2s; 66:5s; 105:8s; 114; 135:8s; 136:10s.
[85] Cf. Sl 9:12s; 48:3,5s; 68; 96:3s; 136:23; 145:11s; 147:13.
[86] Cf. Sl 74:18s.
[87] Cf. *Sūbēnū:* Sl 85:5-8.
[88] Cf. **Gunkel,** *Einleitung in die Psalmen, 1928,* p. 46, 78.
[89] Cf. Sl 89; 65:5 e 6s; cf. também p. 369, n. 43 (os lugares nela citados), e a expansão da promessa de Jeremias ao longo das linhas proféticas de pensamento em Jr 33:19-26.
[90] Cf. a respeito especialmente o Sl 24, com sua estrutura trimembre.

Esdras e em sua obra.[91] Aqui "a história reduz-se à lei, e a lei converte-se no princípio conformador da história" (Schaeder). A história vem ilustrar um fato que é permanente, a saber: que Deus é justo e gracioso, e que isso deve determinar a vontade e a conduta do homem. O presente é colocado em referência com o passado, mas de tal forma que, o conjunto de tradições que toda geração traz consigo, "o que faz é elevar constantemente ao plano da consciência a norma da vida moral", sem se converter nunca numa metafísica da história que se move no vazio. O ideal sacerdotal consiste numa configuração obediente do presente sobre a base da vontade divina revelada e na forma espiritual do povo da lei, que vai representando o reino de Deus sobre a terra de modo cada vez mais perfeito.

Na linha de toda essa forma de compreender o mundo e a história não é possível *uma subordinação do presente a uma meta grandiosa escatológica,* que suponha a conclusão desse éon. Para ela, essa absorção do presente no futuro não somente é desnecessária, mas contraditória. Porque o mundo tem já atualmente um sentido, enquanto expressão essencial da idéia eterna de Deus. Assim como o Criador fez este mundo como bom, depois da catástrofe do Dilúvio, foi preservando com suas ordenanças, a existência do mesmo, de ameaças tão terríveis[92] e estabeleceu sobre ele seu domínio para sempre. Por isso os cantos de louvor cultuais exaltam o poder e bondade do Senhor do universo e louvam o esplendor de seu reino eterno e a sabedoria de suas leis. É desnecessário lembrar aqui da trágica tensão em que se move a vida presente diante da visão do juízo final; tensão que dilui-se atrás da contemplação do senhorio realmente inviolável e universal do Deus do universo, que mantém a tudo com suas mãos. Certamente, por influência profética, introduz-se nos hinos a esperança na vitória final de Yahweh sobre todos os inimigos, criando uma forma nova e vigorosa de canto de louvor cultual.[93] Mas, com uma lógica ainda mais característica, até nesse caso a futura soberania de Deus volta a fazer-se presente ou ao menos confunde-se com a soberania presente.[94] Certamente, o anúncio profético

---

[91] Cf. a respeito **H. H. Schaeder**, *Esra der Schreiber,* 1930. Ainda que Ne 9 e Ed 9 não sejam reconhecidos como *ipsissima verba* de Esdras (para o que, de todos os modos, não há razões suficientes), deve-se admitir que neles manifestam-se as idéias diretrizes daquele que, no Pentateuco, deixou à comunidade jerosolomitana a Carta Magna de sua constituição futura.

[92] Gn 9:12s. O arco-íris é o sinal de uma ordem de graça eterna de Yahweh com relação às nações, assim como o serão mais adiante a circuncisão, a Páscoa e o sábado para Israel (cf. **C. A. Keller**, em seu estudo mencionado na p. 198, n. 47.)

[93] Cf., entre outros, Sl 46 e 76.

[94] O melhor exemplo é representado nos chamados salmos de entronização (Sl 93; 96; 97; 99), nos quais muitas vezes não se podem distinguir se está fazendo-se referência ao reinado eterno de Yahweh, fundado na criação e que se implanta cada vez mais mediante seu justo juízo, ou numa instauração escatológica de seu trono. A questão não fica resolvida, recorrendo-se à idéia de uma presencialização profética, do que constitui a esperança do futuro, para ver o transplante que se opera com o tempo presente, da idéia do reino escatológico, resulta especialmente de forma instrutiva o Sl 99:6, onde os sacerdotes Moisés, Arão e Samuel aparecem como os protótipos dos verdadeiros súditos do Rei celestial. Compare-se com Sl 9:5,8s; 65: 6,9; 113:3s; 145:11-13; 146:10; 148:11,13.

do novo tempo e sua apresentação do perfeito reinado de Deus que então se daria, pôde fazer com que, também nos hinos sacerdotais, se ressaltasse com maior vigor a universalidade do reino de Deus; no Salmo 66 a soberania universal de Deus utiliza-se, até para introduzir um canto cultual de ação de graças. Mas, de qualquer modo, se deve dizer que, com isso, não ficou em absoluto debilitada a concepção propriamente sacerdotal. Esta tem seus dois pés bem plantados na realidade terrena que, como se lê no Salmo 115:16, Yahweh deixou nas mãos dos filhos do homem enquanto ele mantém-se no céu; e não se vê impelida pelo anseio dos novos céus e da nova terra. Outro hino, o Salmo 75, enriquecido com formas proféticas,[95] mas devedor, em sua essência, da prática cultual,[96] não desconhece o dia de Yahweh, com seu juízo sobre os ímpios (v. 3, 9), mas o coloca em conexão, de forma característica com a constante ação judicial de Yahweh (v. 8), e descreve a realização do juízo como uma restauração de suas ordens eternas, assim como — coisa significativa — costumavam representar sua obra de governo, os reis do antigo Oriente.[97] Assim, pois, quando a obra de Esdras aparta-se conscientemente do profetismo e de sua grandiosa esperança no futuro, não se trata somente de algo condicionado por circunstâncias temporais, mas está baseado em toda a estrutura da piedade sacerdotal, quando a lei é considerada como o ponto central do processo histórico, com a exclusividade com que o foi na edificação da comunidade de Jerusalém, baseada na *tōrāh,* então a idéia sacerdotal de um reinado divino, que havia de realizar-se sobre a terra, tinha por necessidade fazer passar a um segundo plano as referências proféticas à consumação no futuro. E a esta linha permanece fiel também a esperança de salvação do Cronista: a ênfase peculiar com que ele insiste no caráter eterno da aliança davídica pode chamar-se messiânico, na medida em que inclui a restauração do reino de Davi e, de outro lado, identifica esse reino com o de Yahweh, ressaltando sua natureza divina.[98] Mas ainda neste caso, o tempo de salvação apresenta-se como um simples efeito de continuidade, uma suspensão dessa ordem divina que atua já no presente".[99]

---

[95] **Gunkel** o chama "uma liturgia profética" (*Die Psalmen übersetzt und erklăt,* p. 327).
[96] Cf. **Quell**, *Das kultische Problem der Psalmen,* p. 105.
[97] **Gunkel**, *loc. cit.*
[98] 2 Cr 9:8; 13:4s; 21:7; 23:3; 1 Cr 28:4,7; 29:23.
[99] Cf. **von Rad**, *Das Geschichtsbild des Chronisten,* p.128.

De outro lado, essa redução e concentração consciente do depósito da fé à verdade revelada em outro tempo e que é norma de uma vez para sempre — verdade na qual se encontrou a força para, apesar de todos os retrocessos, cumprir, sem fraquejar, as tarefas práticas — não se pode considerar, do modo como se fez mais de uma vez, como uma trivial resignação com o estritamente possível, pela qual renunciava-se às maiores esperanças. Certamente, evitando a tensa expectativa da revelação final futura, a vida de fé via-se livre de uma carga perigosa, podendo dedicar todas as suas energias a atender as exigências da situação presente. Manter, porém, com uma confiança inquebrantável, e defender vigorosamente a convicção de um reinado ilimitado de Yahweh, durante séculos de impotência política e de dependência à soberania de nações pagãs, somente foi possível obtê-la graças a uma energia de fé, não menor do que a da promessa profética de uma grande mudança futura dos tempos. E deve-se insistir nessa verdade, tanto mais, quanto a concepção sacerdotal do reino de Deus não só tornou mais acessíveis as perspectivas universais da esperança profética, pelo simples recurso a um particularismo limitado, mas que além disso defendeu com energia *a idéia de universalidade,* ainda que, naturalmente, na única forma que estava ao alcance da concepção sacerdotal do mundo. O Deus que elegeu a Israel e o distinguiu com sua lei de aliança, é o mesmo que criou o mundo, que o governa com suas leis eternas e até rege sobre os pagãos como a seus súditos. Ou seja, que a idéia de criação, em união com a de soberania, é a que preserva à fé de ficar presa nos curtos laços do particularismo. E por isso, precisamente no conhecimento de Deus transmitido pelo culto, encontramos testemunhada uma vigorosa consciência israelita do caráter universal do reino de Deus e da meta, universal também, do governo divino. Assim o consegue de forma bela o salmo 57, em cuja ação de graças cultual procura expressar-se vigorosamente a concepção universalista de Deus.[100] E também no salmo 66, liturgia para a apresentação de um voto particular, encontramos o princípio com uma exposição vigorosa da idéia de um reino de Deus já existente entre as nações, que serve para pôr em evidência a relação entre a atenção que Yahweh dá à oração do indivíduo e seu governo, o qual ele exerce com justiça sobre todo o mundo. O mesmo pode-se observar nos cantos de lamentação do indivíduo, nos quais, a maioria das vezes o olhar dirige-se ao juiz universal.[101] Assim, pois, a fé sacerdotal vê sempre a eleição de Israel sobre o pano de fundo do reinado

---

[100] "A idéia cultual pertence a vivência do sobrenatural" (**Quell**, *Das kultische Problem der Psalmen,* p. 127).

[101] Cf. Sl 7:7-9; 56:8; 59:6,14; Sl 22:28-32 poderia proceder de uma mentalidade profética.

universal de Deus e, na oração, esse reinado aparece como motivo para pensar que as súplicas serão atendidas.[102]

O que reconhecidamente falta nesse tipo de universalismo, é uma *referência clara à idéia de uma salvação divina das nações pagãs.* É certo que a ordem divina universal é uma ordem de salvação para todos, uma vez que a todos garante o ser imagem de Deus e o ter uma relação direta com ele. Mas quanto ao fato de que a salvação plena de que desfruta Israel esteja dirigida a todas as nações, somente encontramos alusões mais ou menos claras, sem chegar a afirmações inequívocas. Podem se atribuir, certamente, as bênçãos aos patriarcas, que se transmitiram nos santuários israelitas e que apresentam, como intenção da eleição divina, uma bênção cujo efeito, partindo de Israel, alcança a todas as famílias da terra.[103] Resta referirmos, também, a concepção da salvação, de natureza sacerdotal, de Isaías 61:5,6,9, segundo a qual o povo sacerdotal de Israel é mediador para o acesso dos pagãos ao Único Santo. E Ezequiel 5:5 parece falar de uma missão de Israel com respeito às nações circunvizinhas, que Deus lhe haveria atribuído, ao fixar sua morada no centro do mundo, ficando indicada, também, uma espécie de mediação. Mas a realidade é que esses delineamentos não encontram um desenvolvimento ulterior. Deve-se dizer, ainda, que junto a eles encontramos as expressões mais inequívocas sobre a permanente situação de privilégio de Israel na relação com Deus. As promessas patriarcais a que nos referimos contêm a idéia da sujeição das nações pela guerra;[104] e as orações cultuais, sobretudo os cantos populares de lamentação, manifestam com freqüência a convicção da inocência de Israel, enquanto os pagãos merecem a ira divina; contudo, a honra de Yahweh exige uma rápida redenção de Israel;[105] a ruína de Jerusalém, de outro lado, deve ser interpretada, no mais, como castigo pelos pecados dos antepassados.[106] É certo que não é lícito descartar essa forma de expressão, como particularismo barato e estreito, porque em seu âmago manifesta-se na maioria das vezes, a idéia da realização do reino de Deus por meio de Israel.[107] Mas a convicção de leis divinas universais, eternamente válidas ao considerar a ordem divina, representada em Israel, como um valor insubstituível diante do caos do paganismo, exclui qualquer outra possibilidade do paganismo diante da plena revelação de Deus que não seja a do proselitismo. Uma mudança neste sentido

[102] Cf. também o que foi dito em p.369s. sobre a existência de uma ordem de Yahweh no mundo das nações.

[103] Cf. Gn 12:3; 28:14.

[104] Cf. Gn 22:17; 27:29.

[105] Cf. Sl 44; 79:6s,12; 80; 83.

[106] Cf. Sl 79:8.

[107] Cf. Sl 83:17,19.

somente era possível ao suspender-se totalmente as bases últimas do pensamento sacerdotal, ou seja, acabando-se com a antiga aliança e substituindo-a por outra nova. A crítica profética se encarregaria de predizê-lo como algo necessário e querido por Deus, mesmo que sem descobrir outro caminho, por enquanto, que o da espera confiante da hora de Deus. Somente quando o novo mediador da aliança, enviado por Deus, reuniu ao seu redor um novo povo, por meio de um sacrifício eterno, e lhe outorgou uma nova forma de vida na "lei de perfeição", pôde o antigo povo da aliança deixar de lado, por "antiquada e envelhecida" (Hebreus 8:13), a primitiva ordem divina. Ou melhor: essa ordem, realizada já em seus fins e propósitos mais profundos, pôde apresentar seu conteúdo de sempre numa forma nova, a forma do consumado.

e) Síntese

Diante do dinamismo da cosmovisão profética, a estrutura espiritual do sacerdócio mostra um caráter abertamente estático: todas as suas afirmações sobre Deus e o homem encontram seu ponto nevrálgico *no conceito de uma ordem permanente.* A lei divina moldada no cosmos é, de outro lado, a expressão perfeita de um poder criador de Deus que mantém todas as coisas em suas mãos, como guia seguro diante da unidade vital inviolável, na qual encontram cumprimento o sentido e o fim da existência humana. A peculiaridade própria da revelação mosaica, ao ser acolhida pela mentalidade sacerdotal, sofre uma reelaboração característica, graças à qual os aspectos essenciais de seu conteúdo aparecem sob uma nova figura e vinculados de forma peculiar a outras concepções. A idéia de Deus experimenta uma correção formal, no sentido de uma acentuação da transcendência e do caráter absoluto da divindade: com isso fica decididamente separada de toda religião pagã naturalista. A pretensão de validade absoluta da forma de vida, baseada nessa idéia de Deus, perde todo matiz de coisa caprichosa e casual por seu arraigamento numa ordem cósmica, que articula tanto o indivíduo quanto o povo num sistema universal, que revela o sentido do devir do mundo. O culto se converte numa forma de expressar, dentro de seus limites, a situação de privilégio do povo de Deus, perfeitamente em razão da graça da eleição divina e, ao mesmo tempo, numa forma de vida que capacita ao povo real a resistir, ainda que se quebrem todas as bases políticas.

Nem sequer é preciso insistir em que essa atitude fundamentalmente peculiar do sacerdócio, diante da revelação feita por Deus a Israel, tem também *perigos e defeitos* específicos. A formação de uma idéia transcendente de Deus pode resultar num afastamento deísta de Deus com relação ao mundo e diminuir o caráter imediato da religião, se não suprimi-lo totalmente. O reduzir a soberania divina, à lei e à ordem nacional, leva a um evidente elemento de racionalização ao qual se torna estranho o Deus oculto, tendendo a substituir sua vontade por postulados humanos. E se a racionalidade e inteligibilidade da ordem do universo são os critérios que documentam sua origem divina, conforme vão se reconhecendo as clamorosas objeções que o mundo empírico apresenta contra esses princípios, torna-se inevitável, na idéia de Deus, uma profunda comoção, que não se consegue superar recorrendo-se ao artifício de uma teodicéia. Dentro da ética, essa tendência para o racional traduz-se na teoria, evidentemente individualista, da retribuição, que atribui à ação humana uma importância tão decisiva para o destino individual que quase não resta lugar para a graça, sem contar que não consegue entender-se o elemento numinoso-pneumático da verdadeira comunhão com Deus. E no culto, a concepção sacrifical, própria do paganismo, já superada, ameaça voltar a introduzir-se de forma mais refinada, ao paralisar-se a espontaneidade religiosa, a conseqüência imediata costuma ser uma mecanização do que, na realidade, é uma ordem divina de graça, a ponto de converter-se num sistema de técnicas sacerdotais, e a obediência temerosa, que recebe na experiência cultual o impulso para se tornar em entrega agradável, se vê substituída pela ânsia egoísta de ativar o recurso energético divino e a conseqüente crença orgulhosa de poder dispor ao próprio desejo vivo de salvação de Deus. A submissão da história à lei, de outro lado, encerra o perigo dela erigir-se num sistema de verdades eternas, resistindo a toda possibilidade de realidades e conhecimentos novos e revolucionários. A conseqüência disso é um ajustamento dentro de uma realidade artificial, em lugar de ver-se o homem remetido à história e impelido a configurá-la. Finalmente, a exclusão da escatologia, encobre facilmente abismos intransponíveis, e produz dolorosos desvios da vida tanto natural quanto humana, levando ao otimismo falso de pensar que nas circunstâncias atuais da ordem estabelecida, é possível que surja um mundo grato a Deus. Com isso se pode perder o sentido das questões últimas e decisivas e, com o esquecimento da fragilidade presente até nas melhores iniciativas humanas, aviva-se esse orgulho frente ao mundo não israelita que, como fundamento do lugar privilegiado de Israel, não está disposto a fixar-se na graça imerecida de Deus, mas sim na própria superioridade.

Todos esses perigos das idéias especificamente sacerdotais contam com exemplos facilmente detectáveis na história israelita. Isso demonstra que não se trata de simples possibilidades teóricas. De outro lado, se deve deixar bem claro que não são desenvolvimentos necessários, instalados na mesma essência dessa configuração específica da fé israelita em Deus; na realidade, só se dão quando se paralisa essa energia religiosa plena de vida que, suscitada pela mensagem mosaica, havia sido a alma da idéia sacerdotal de Deus. Faz-se, pois, uma falsa e funesta interpretação da classe sacerdotal, quando na investigação moderna se lhe julga, na maioria das vezes, pelos erros e abusos, em que, como todo tipo religioso, caiu, mas que não constituem sua essência. Com isso se perde a possibilidade de entender sua verdadeira força e sua inalienável importância para a religião veterotestamentária em seu conjunto, abrindo-se caminho para uma hiper-valorização unilateral do profetismo. Na realidade, o sacerdócio cumpre em Israel uma função tão vital quanto o profetismo e é da maior importância para a conservação e para tornar efetivas certas verdades, das quais não se pode prescindir dentro da idéia israelita de Deus. Ao passo que o olhar do profeta está sempre fixo na luta entre o reino de Deus e o reino do mundo e, por essa oposição dualista, esquece facilmente a referência ao Deus do mundo presente ou adota frente a ela uma postura simplesmente negativa, a cosmovisão sacerdotal defende energicamente o interesse da religião revelada por uma soberania absoluta de Deus sobre o mundo e a humanidade, que existiu, de fato, desde toda a eternidade e que continua sendo atual. E isso, mesmo quando a humanidade apartou-se de Deus. A afirmação de que o mundo foi formado por criação, a inalterabilidade com que Deus mantém o mundo a todo momento em suas mãos e o governa com suas leis, a auto-afirmação de Deus frente a *toda* a humanidade, sua vontade de dar forma concreta às suas leis santas, convertendo numa unidade o culto, de um lado, e a atuação poderosa e ininterrupta da história..., tudo isso são afirmações irrenunciáveis sobre o caráter do verdadeiro ser divino, que o sacerdócio fez valer com grande ímpeto e harmonia.

Assim, pois, não devemos considerar o sacerdócio como o inimigo da mensagem profética que deve ser superado aos poucos. Nem é, tampouco, guardião historicamente necessário de um tesouro religioso pleno de futuro, ainda que incompreendido até que não chegue o momento de sua maturidade e manifestação definitiva. Deve-se vê-lo como uma forma, oposta ao profetismo, de viver a revelação divina; uma forma que, para fazer frutificar em Israel toda a riqueza do tesouro dessa revelação e torná-la eficaz, jamais pode bastar-se por si só, mas que deve ser constantemente completada e fecundada por seu antípoda. Somente pela coexistência de profecia e sacerdócio obteve a religião veterotestamentária toda sua rica tensão, tensão que na primitiva mensagem cristã, ao invés de ficar absorvida numa unidade superior, volta a manifestar-se em formas sempre novas. Trata-se, em definitivo, da tensão entre o Deus já presente e o que está por vir, entre o Deus revelado e o oculto, entre o que tomou forma humana e o que se senta no trono da glória eterna, essa é a tensão que, acima de toda compreensão humana, mostra-se patente em Cristo. Essa ambivalência da manifestação de Deus no mundo consegue, por um lado, manter na intranqüilidade perpétua a reflexão do homem e, por outro, a quem a aceita na fé e na obediência, o leva a reconhecer o cumprimento da revelação bíblica por obra de Deus.

II. O REI

A monarquia israelita é um fenômeno muito complexo. Não basta representá-la como o fim da política da nação ou como o resumo máximo das forças nacionais. Quem se detém aqui, jamais compreenderá seus conflitos e destino. Deve-se chegar a entender que se tratou de *uma instituição preponderantemente religiosa,* e precisamente por isso, muito mais profundamente vinculada à vida íntima da nação do que qualquer instituição política e que, por isso mesmo, ressentiu-se fortemente dos diferentes movimentos religiosos e, inversamente, exerceu também sua influência sobre eles. Os primeiros passos para essa valorização da monarquia deveram-se, sobretudo, a Pedersen e Mowinckel: partindo de uma profunda observação das idéias primitivas de Israel, perceberam as concepções originariamente religiosas, contidas na realidade da monarquia e as utilizaram para explicar a questão do rei.[108] A partir de então, esse problema foi ocupando um lugar cada vez mais central na investigação, com a intenção de explicar o tema da monarquia sagrada sobre a base mais ampla dos dados da religião comparada.[109] Se bem que na, realidade, deva-se agradecer os resultados assim conseguidos, sobretudo no âmbito da história das religiões, muitas questões concretas continuam sendo ainda discutidas, assim como sua importância para a compreensão da monarquia israelita. Com bastante facilidade se esquece a força espiritual da idéia de Yahweh e sua capacidade para transformar as idéias transplantadas a Israel, quando, para explicar a concepção israelita da monarquia, se recorre,

---

[108] Cf. **Pedersen,** *Israel, its Life and Culture,* 1926, p. 254, 275s, 306 etc.; **S. Mowinckel,** *Psalmenstudien,* II, p. 299s.

[109] Somente nos é possível aqui, oferecer uma seleção de uma literatura cada vez mais abundante: **S. H. Hooke**, *Myth and Ritual of the Hebrews in Relation to the Cultic Pattern of the Ancient Near East,* 1933; e, *The Labyrinth: Further Studies in the Relation between Myth and Ritual in the Ancient World,* 1935**; J. Engnell**, *Studies in Divine kingship in the Ancient Near East,* 1943; **A. Bentzen**, *Messias – Moses redivivus – Menschensohn,* 1948; **Th. Gaster**, *Thespis,* 1950; **G. Widengren**, *Sakrales Königtum im Alten Testament und im Judentum,* 1955; o VIII Congresso Internacional de História das Religiões, de Roma (1955), fixou como tema central de seus estudos, o da monarquia sagrada (cf. toda a documentação em *Atti dell'VIII. Congresso Internazionale di storia delle Religioni,* 1956). Veja também a próxima nota.

com preferência, a um esquema de reinado divino de base mítico-cultual, ao parecer comum a todas as culturas do antigo Oriente. Não podemos pretender aqui adentrar-nos numa discussão que ainda continua a assinalar os limites de validez das teses ultimamente lançadas. Nas páginas seguintes, a única coisa que faremos será desenvolver pontos de vista que são importantes para a relação da vida do povo da aliança com a instituição da monarquia e com a ordem de sua ocupação conforme à soberania de Deus.

1. *Origem da monarquia*

Não resta dúvida de que a instituição da monarquia tem a mesma raiz que o sacerdócio e o profetismo, a saber: *o ofício do chefe primitivo, dotado de poder divino,* que exerce funções sacerdotais, proféticas e reais. A separação dessas tarefas e de sua atribuição a pessoas diferentes costuma fazer-se de forma que o rei dedique-se ao exercício do poder guerreiro, restando-lhe, dentre as funções religiosas, somente as sacerdotais e estas dentro de certos limites. De qualquer maneira, continua mantendo o caráter de chefe religioso, e dependerá das correntes do momento e da complexidade geral do gênio nacional em maior ou menor intensidade com que esse apareça. Enquanto os primeiros reis da Babilônia atribuíam a si mesmos, em vida, uma dignidade e adoração divina e preferiam, antes de todos, o título de sumo sacerdote, a partir da dinastia de Hamurabi, isso passa a um segundo plano para dar a precedência à idéia de soberania universal. Os reis sírios, por sua parte, preferiam ressaltar a posse de um poder militar efetivo. Ainda que sempre existisse o gosto por manter a auréola que rodeava à antiga função religiosa do rei, e assim, o exercício de um poder e de uma atividade religiosos que estabelece o dogma de uma eleição especial e mandato divinos do príncipe, ou até mesmo — como foi o caso constante do Egito — de sua procriação misteriosa pela mesma divindade: seja por adoção ou por geração, o soberano, é filho de Deus e, enquanto tal, está acima de todos os demais oficiais religiosos.

Essa afirmação dogmática da dignidade real não foi uma tese vazia, substituição ineficaz, ainda que soe bem, de uma situação real, como o demonstra a sobrevivência inalterável da primitiva experiência vital, por meio da qual o rei aparecia como depositário de um poder divino eficaz e misterioso. O rei continua sendo a pessoa detentora do *mana* até muito tempo depois de as religiões racionais politeístas ultrapassarem já suas concepções primitivas. O dogma de sua filiação divina não é mais que outra forma de expressar aquela idéia primitiva do poder do rei. Sobre isto chamaram a atenção, com todo acerto, Pedersen e outros. Assim sendo, a incorporação do rei no culto continua, para que essa idéia primitiva seja preservada, e dessa maneira ele se torne ou o representante da divindade (como na Babilônia) ou a encarnação do próprio Deus (como no Egito), transmitindo a seu povo as forças divinas, sem as quais seria impossível viver, realizando os ritos das grandes festas anuais e mantendo a ordem cósmica.[110]

Esse lugar do rei pouco pode significar para o desenvolvimento das idéias religiosas nas religiões politeístas do Oriente, que não conhecem a história. Quando a monarquia faz sua aparição, seu quadro de idéias já está pronto e fixo, e sua elasticidade lhes permite introduzir em seu sistema o caráter divino do rei com uma ênfase maior ou menor, mas sempre com facilidade. O rei, por sua parte, não tem a ambição de influenciar profundamente o mundo das idéias religiosas ou do culto; o que de verdade lhe preocupa é utilizar a religião como instrumento de governo (prescindindo de algumas exceções, como a do rei herege egípcio Aquenaton). Enquanto os demais mediadores da religião comportam-se no sentido de servir a essas intenções, o rei não tem razão alguma para não deixá-los atuar livremente em seus domínios. Somente será possível chegar ao choque quando o sacerdócio pretender usufruir do poder político, ou seja, o conflito entre o rei e os demais representantes da religião não se dá — coisa curiosa! — no âmbito da religião, mas no da política.

Mas tais circunstâncias têm de tomar em seguida um aspecto diferente quando transferem-se a uma religião tão eminentemente histórica quanto a israelita, com todo seu acúmulo de energias internas. A unidade nacional, na forma do *'am yhwh,* era religiosa em sua estrutura; ela foi uma confederação religiosa com considerável independência para seus membros;[111] e essa já delineava a questão de se a mudança para um Estado-nação com o governo centralizado nas mãos do rei e de seus ministros poderiam ter lugar sem que houvesse atrito. Certamente, o caráter religioso da monarquia oferecia um caminho para sua inserção na constituição do povo de Deus, enquanto servidor do Deus da aliança, o rei estaria encarregado de manter a ordem fixada pelo próprio Deus. Mas, como seria isto possível, se as necessidades da política chocavam-se com essa ordem e a instauração do poder real se realizaria à custa da intangibilidade do mesmo? Está claro que nessa comunidade nacional, cuja configuração externa estava a serviço de uma vontade divina que, com exigências soberanas de obediência, pretendia que se lhe estivessem submetidos em todos os âmbitos da existência não admitia a concorrência de nenhuma

---

[110] Cf. a este respeito **H. Frankfort**, *Kingship and the Gods,* 1955; C. J. Gadd, *Ideas of Divine Rule in the Anciente East* 1948.

[111] Cf. cap. II, p. 26s.

outra autoridade humana, mas que, por sua vez, podia contar, com defensores e advogados totalmente compromeitodos à essa causa. Numa comunidade, repetimos, governada por uma vontade desse tipo, a monarquia trouxe consigo uma atmosfera carregada de elementos conflitantes.

Em tais circunstâncias poderia ser uma tentação desarmar a seus adversários colocando uma maior ênfase em seu caráter religioso. Mas nos momentos em que se fez isso, conforme o antigo reinado divino oriental — e a tentação era grande a esse respeito —, então o que era ameaça de conflito teve de irromper com toda sua força, porque a intromissão de um homem nos privilégios reservados somente a Deus foi considerada como uma coisa insuportável. De outro lado, quando a monarquia procurou estabelecer seu poder baseado no carisma, que havia caracterizado os chefes anteriores, era necessário pressupor a possessão de um poder e de uma atividade religiosos que, normalmente, não se poderia encontrar numa dinastia hereditária.
A vontade do Deus de Israel não somente dava a seu povo ordenanças de regras gerais, mas lhe atribuía tarefas históricas determinadas e desejava ser reconhecida e interpretada a cada momento nos acontecimentos históricos. Para isso eram necessárias uma disposição e adaptação constante, com o intuito de responder a essa vontade divina e não perder as arrecadações do governo nas mãos de outros servidores do Deus da aliança. E isso não se conseguia com uma simples observância externa de formas religiosas. Nessa religião, carregada de vida e tensão internas, tudo se leva a sério, e a trama não pode se manter por muito tempo. Por isso, a pretensão religiosa da monarquia esteve constantemente pesada na balança e foi-lhe negada a todo momento a segurança que lhe haveria dado o dogma, cultualmente arraigado, da filiação divina do rei. Fracassando no aspecto religioso, de nada podia lhe servir o êxito político e perdia sua primazia dentro do Estado.

Vemos, pois, como uma comparação muito geral entre o que a monarquia sofria por natureza e as exigências próprias da religião israelita demonstram que ser rei de Israel não era coisa fácil; mais ainda, que humanamente falando era coisa impossível. E esta é a razão de que, ao final, não somente muitos reis, mas a própria instituição da monarquia se destroçaram contra os obstáculos insuperáveis com que tropeçavam em seu caminho.

2. *Avaliação ambivalente da monarquia feita pelas fontes*

Há um valor sintomático no fato de que, desde o princípio, os testemunhos das fontes nos mostram a monarquia israelita não como uma realidade vista de um só ângulo, mas de dois. Com a mesma intensidade com que se sentiu sua necessidade para a política consideravam-na dificilmente conciliável com as leis religiosas. Quando essa postura crítica diante da monarquia procura basear-se, exclusivamente, nos posteriores fracassos da mesma e se pretende solucionar a questão, assinalando como data de composição dessas fontes críticas a época tardia dos reis, demonstra-se não compreender em nada os conceitos fundamentais da religião israelita. A aparição literária, relativamente tardia, de tais fontes, somente trouxe consigo uma leve acentuação dos reais problemas existentes para conformá-los com as idéias da época, mas os problemas enquanto tais existiam e se viam desde o princípio. E o centro dos mesmos originavam-se na *oposição da religião javista, autenticamente mosaica, a todo ministério não carismático.* Até a época de Samuel, a chefia carismática havia sido norma, exemplo: a forma em que surgem os chamados juízes, que movem as massas só por sua iniciativa pessoal e pela impressão fascinante que deles emana, o modo em que vão dando forma ao destino político do povo, fez com que o carisma, decisivo até então no âmbito religioso, passasse a preponderar também no plano político, adaptando-se nisto toda a estrutura interna da religião de Yahweh. Querer implantar uma instituição política fixa, em lugar dessa força que emergia esporadicamente, podia ser considerado como uma desconfiança para com Yahweh; 1 Samuel 8:6s nos transmite, com toda fidelidade a impressão que tinha de predominar nos círculos dos carismáticos. Mas não se tratava somente disso, já que o que surgia com a monarquia era uma instituição não somente política, mas também eminentemente religiosa. Se o rei ostentava o mesmo posto que lhe era comum no resto do Oriente próximo, então desfrutava também do *ius in sacra* e, enquanto intérprete infalível da vontade divina, podia confrontar-se com os anteriores mediadores do Espírito. E como dispunha do poder, podia muito bem reduzi-los ao silêncio ou, ao menos, estorvar notavelmente sua liberdade de movimentos, ainda quando não dispusesse ele dessa forte energia espiritual, por meio da qual era, até então, reconhecida a autoridade do enviado de Deus. Haveria de reconhecer esse predomínio sobre a livre ação do Espírito a um ministério que, segundo os dados da experiência, aspirava introduzir o caráter hereditário e a atribuir-se uma autoridade inalterável sem ter consciência de nada a respeito das qualidades pessoais de quem a ostentasse? Israel estava acostumado a reconhecer a obra de Yahweh por sua irrupção imprevisível no curso das coisas, em proezas explosivas de um ímpeto estarrecedor. E por isso tornava-se para ele tanto mais difícil reconhecer quanto representante principal da fé de Yahweh a um homem que exercesse seu ofício sem nenhum tipo de referência a essa forma divina de atuar.

Em tais circunstâncias, o conflito entre entusiamo e posição oficial estava destinado a acirrar-se; dando lugar também à reflexões com relação ao abuso do poder real. E esse medo era produzido não somente quando se pressentiu a possibilidade de um aproveitamento despótico das forças do povo, como faz 1 Samuel 8:10s, apresentando-o como inevitável, com o fim de estigmatizar, como espírito servil o desejo de se ter um rei; se trata, certamente, de um sentimento popular de raízes profundas, como demonstra já a fábula de Jotão de Juízes 9. Mas, por detrás disso, aos olhos dos chefes religiosos anteriores aparece outro perigo: o de que a religião possa ser utilizada como meio para um fim, assim como um cavalo para a carruagem, de interesses nacionalistas e dinásticos. Enquanto a monarquia pudesse lançar sobre a balança uma situação de privilégio dentro da religião, via-se ameaçada a pureza do lema religioso "Yahweh somente". E nesse sentido o exemplo dos reis cananeus e fenícios, se auto-divinizando, oferecia lições bem amplas.

3. *A monarquia como ofício religioso na história do povo da aliança*

Como esses conflitos, implícitos na própria realidade das coisas, se comportam ao longo do desenvolvimento do povo da aliança? Segundo nos é possível alcançar, os videntes e profetas, uma vez que se convenceram da inviabilidade política da monarquia, somente a admitiram, enquanto acompanhada de determinado caráter de carisma. Pode ser que para explicar o apoio de Samuel a *Saul*, se recorra, com Procksch, a uma primeira batalha relâmpago contra os filisteus ou a uma impressionante aparição sua na campanha contra os amonitas;[112] ou se, que segundo nos parece melhor, deve admitir uma eleição de prova, para ver como responderia ao Espírito que o capacitará. O certo é que, o fator decisivo na mente do historiador antigo era o caráter carismático daquele homem, seu "entusiasmo pessoal". Por obra do Espírito de Yahweh se converte em outro homem (1 Samuel 10:6), aquele moço humilde, filho de um camponês de Gibeá, passa a ser o chefe do exército do povo, consciente de sua força e com toda a autoridade de seu mandato, que faz retroceder aos altivos amonitas em seu próprio deserto e comete a ousadia de enfrentar os poderosos dominadores estrangeiros filisteus. Não é o talento militar, nem os dons de um estadista, ou o desfrutar de um poder reconhecido dentro da política interna; nada disso. O que cria o rei é sua *demonstração pessoal de que está cheio de poder divino* e que, por isso, é mais capaz que outros. Essa

[112] Cf **Procksch**, *König und Prophet in Israel,* 1924, p. 5. **H. Wildberger**, *Samuel und die Entstehung des israelitischen Königtums,* THZ 13 (1957), p. 442s; **A. Weiser**, *Samuel,* 1962.

capacidade especial, esses dons carismáticos extraordinários aparecem com tanta ênfase e clareza que Pedersen creu poder explicá-la pela idéia primitiva da habitação de um poder de bênção ou de uma força da alma.[113] Mas o intento choca-se com o fato de que os relatos com que contamos atribuem com toda clareza a capacidade de chefia de Saul a Yahweh ou a seu Espírito, não a uma força impessoal, e nunca deixam entrever que atrás deles se manifestem vestígios de uma concepção popular. O contraste implícito, no qual se move a descrição de Saul, não é o que se dá entre o homem dotado de poder e o homem médio, mas o que há entre o homem que é movido pelo Espírito divino e o tipo normal, que tem um ofício. Saul demonstra sua aptidão para ser chefe em que, invadido pelo espírito profético, sente-se transformado em todo seu ser e mediante ações extáticas, como o esquartejamento dos bois antes da incursão contra os amonitas ou sua terrível ameaça contra qualquer um que se negue a prestar seus serviços, denota achar-se sob o impulso do Espírito de Yahweh. Também, mais tarde, atua por arrebatamentos impulsivos e momentâneos que vêm a dar fé do mesmo: podem valer como exemplos o voto de abstinência durante a batalha com os filisteus, levando a aumentar a consagração guerreira e, por conseguinte, o êxito de seus soldados; o ataque surpresa a Gilgal pelo zelo de Yahweh e também (se com alguns autores lemos em 1 Samuel 13:3 Saul em lugar de Jônatas) o *coup de main* contra a guarnição filistéia de Gibeá. Essa fonte mais antiga nada sabe de uma base política da nascente monarquia, e se deveria ter extremo cuidado em não querer completá-la com pressa excessiva. O jovem rei, lançado pelo vidente Samuel e por seu constante contato com grupos de profetas, em princípio, teve como apoio a poderosa energia de seu ser, rompendo a armadilha do desalento que vinha paralisando a Israel e o leva a uma intrepidez inaudita. Somente assim, consegue reconciliar aos reticentes, com a nova instituição da monarquia: demonstrando que o antigo Espírito de Yahweh é capaz de penetrar e pôr a seu serviço essa instituição pagã à qual logicamente, se olhava com desconfiança. É uma demonstração com fatos, que chegam a reconhecer até mesmo os carismáticos, que foram até agora os chefes religiosos, os videntes e os profetas. No título de *nāgid,* aureolado de um sentido religioso (e provavelmente com o significado de "o anunciado" ou "o designado" por Yahweh),[114] que é o que se aplica de preferência ao novo rei,[115]se expressa claramente à concepção israelita da monarquia, em contraposição com o *melek* cananeu.

---

[113] *Israel,* I-II, p. 184s.
[114] **A. Alt**, *Staatenbildung der Israeliten in Palästina,* 1930, p. 29.
[115] 1 Sm 9:16; 10:1; 13:14.

Mas já na primeira tentativa demonstra-se, e aqui está a tragédia da monarquia de Saul, que nessa forma uma monarquia não tem viabilidade. O que foi possível durante o mandato dos juízes, com sua mais breve duração e tarefas mais modestas, não bastava para uma monarquia pensada para sempre e encarregada de dar solução às questões decisivas do destino nacional. Era preciso uma base existencial mais ampla que o vigor de uma forte personalidade. Era impossível prescindir, por tempo indefinido, de uma base constitucional, por intermédio de acordos com os anteriores detentores do poder político que, até nos intervalos de paz entre as grandes batalhas, pusesse sua influência e lhe permitisse, sobretudo, formar um exército permanente de soldados de ofício. O peso da guerra filistéia devia convencer dessa idéia aos próprios governadores locais, e o partido profético, por sua parte, tampouco pôde prender-se a ela por muito tempo. E aqui se insere a significação histórica do segundo relato da eleição do rei (1 Samuel 8; 10; 12), o qual se fixa com certa unilateralidade nas conseqüências jurídicas da monarquia. É verdade que Samuel somente consentiu porque se viu obrigado pelas circunstâncias e nada pode objetar-se à afirmação de que ele colaborou na fixação dos direitos do rei (1 Samuel 10:25). Com isso se tinha dado um passo cheio de conseqüências, e tinha de demonstrar se o poder oficial colocado nas mãos do rei responderia às necessidades da religião de Yahweh ou ao contrário, se voltaria contra elas.[116] A tragédia de Saul aconteceu porque não se conseguiu conjugar as duas faces contrapostas da monarquia. Como demonstram as diferentes tentativas de explicação do fato, já sua ruptura com Samuel avivou a imaginação de seus primeiros historiadores; no entanto, ainda hoje se tenta dar uma interpretação desse acontecimento de diversos ângulos. Mas ainda que em certos detalhes muitas coisas tenham de permanecer obscuras, talvez para sempre, com toda segurança houve uma profunda razão para que esse passo do homem carismático se desse em oposição, em relação ao chefe oficial. Ao conseguir assegurar o poder, muda a forma de governo de Saul e talvez, também, seu caráter. Com a abrupta transformação que se pode observar nele em outras ocasiões, procura agora buscar um novo afiançamento religioso de seu poder, consegue o apoio do sacerdócio de Nobe com seu *efod,* desterrando assim da base de seu ministério os feitos pessoais de poder para substitui-los por consagrações sacramentais. Mas depois sacrificará, a favor de sua própria situação de poder pessoal, o respeito ao antigo e sagrado direito de Yahweh sobre o anátema durante a guerra dos amalequitas, dando, assim, preferência ao seu recém-alcançado poder político, em detrimento da atitude

[116] **A. Alt,** *op. cit.,* p. 34, chama a atenção abertamente sobre a mudança que se manifesta no caráter da monarquia e sobre a tensão resultante.

de serviço à religião que deveria caracterizar ao homem dotado do Espírito. A soberba humana confronta a Deus e não quer seguir servindo-lhe na obediência. Situa-nos no verdadeiro caminho o relato de 1 Samuel 15, quando descobre nesse ponto, o motivo profundo da ruptura de Samuel: os fiéis zelosos de Yahweh nada têm em comum com uma monarquia que, em lugar de buscar sua última legitimação no cumprimento generoso da vontade de Yahweh, alardeia seu poder oficial. O culto sacrifical oficial utilizado como tela, somente fará manifestar, cada vez mais, a distância que separa o detentor do ministério real, da entrega incondicional às exigências de Yahweh, própria do homem possuído pelo Espírito.

E a mudança de caráter de Saul demonstra-se no fato de que sua predisposição para realizar ações impulsivas em prol da idéia de Yahweh descarrega-se agora em extremos ataques de furor, de loucura e no comportamento nascido de transtornos afetivos. Nada voltaremos a ouvir daquelas proezas, que no princípio de seu mandato, desencadeavam no povo o temor de Deus e o colocavam após seus passos para segui-lo onde fosse. Nos encontramos, de outro lado, com sua tentativa de assassinar a Davi, com sua matança dos sacerdotes de Nobe, com seus ataques de fúria contra seus fiéis, até mesmo contra seu próprio filho: feitos todos que traduzem, com uma cruel clareza, o transtorno de uma alma, que antes havia estado dominada pela entrega a uma grande idéia e havia chegado a atuar com energia em prol dela. Numa palavra, para Saul foi fatal achar-se investido de um poder oficial, que não requeria ser obtido a cada momento mediante um esforço supremo de espírito e um empenho obediente de toda a personalidade; esse poder colocava em suas mãos atribuições que, apesar de evitarem a violência de ter de decidir, vez após outra e, sempre desde o mais íntimo do seu ser, facilitaram-lhe o caminho para o autoritarismo egoísta.

Que, a despeito desse enorme desengano, os estritos adoradores de Yahweh não chegassem a acabar de maneira radical com monarquia, deve-se agradecer exclusivamente a *Davi.* Na época de Saul, os profetas se voltam para ele e lhe dedicam promissores anúncios de Yahweh, ele é o homem de sua confiança. Mas, de outro lado, ele mantém com o sacerdócio de Nobe excelentes relações, e não tardam estes em assisti-lo em sua fuga de Saul. Já nessas pinceladas dos primeiros tempos de Davi, demonstra este haver compreendido como tem de tratar aos dois representantes, até certo ponto antagônicos, da fé de Yahweh, e saber dar a cada um o que é seu. Depois, durante seu reinado, conseguirá, como monarca, conjugar a concepção carismática da religião e da instituição e reconciliá-las com uma monarquia que, de outro lado, ficará muito mais segura e inexpugnável do que a deixara

Saul. Não resta dúvida de que para essa obra lhe foi condição *sine qua non* uma piedade purificada pelas mais difíceis provas. Mas, de outro lado, seu comportamento revela uma amplitude de sentimento e de mentalidade, com uma capacidade de articular e conjugar coisas normalmente irreconciliáveis, que somente pode ser encontrada em poucos homens. Viu com toda clareza os laços sociológicos que uniam o sacerdócio à monarquia e, como por isso, aquele se tornava imprescindível para ele; inscrevendo-o para que colaborasse em sua tarefa religiosa. Para comprovar sua firme vontade de vincular estreitamente a monarquia ao ministério religioso, basta recordar o traslado da Arca para Jerusalém, onde se erige um santuário, entre cujos ministros estão seus oficiais e homens de confiança mais importantes, o zelo com que ele mesmo cumpre o ministério sacerdotal da oferta do sacrifício ou com que participa nas danças de círculos cultuais ou na divisão de bênçãos ou compondo e interpretando cantos religiosos, a entrada de seus próprios filhos no sacerdócio e, finalmente, sua idéia de empreender a construção de um templo. E, como se pode ver nos relatos do Cronista, o sacerdócio lhe respondeu considerando-o verdadeiramente como um dos seus. De outro lado, a construção de seu reinado sobre alianças com os anciãos, a anexação dos Estados vizinhos submetidos, a acertada escolha de sua residência, a organização do exército permanente, a instituição de aparatos de funcionários e da corte, tudo isso responde ao propósito de tornar o mais seguro possível as bases constitucionais e políticas da monarquia. Apesar de tudo, conseguiu também manter adepto à causa do rei o partido profético (!). Chamando constantemente como conselheiros aos profetas e acolhendo às suas exigências, mesmo quando vão contra sua idéia sonhada de construir um templo singular ou lhe expõem seus pecados (2 Samuel 12 e 24). Não resta dúvida, absolutamente, da autêntica seriedade de sua alta estima por estes representantes carismáticos da vontade de Deus, com os quais ele teve, além disso, um íntimo parentesco. As chamadas "últimas palavras de Davi" (2 Samuel 23:1s) nos mostram o rei em pessoa — tenham saído de sua boca ou não, isto não vem ao caso — como um vidente inspirado por Deus. E o profetismo lhe anuncia complacência divina em seu empenho por dar estabilidade à monarquia, prometendo a sua dinastia uma duração eterna (2 Samuel 7) uma concessão por parte dos carismáticos que, depois do desapontamento com Saul, parecia algo impossível. A bênção visível que o reinado de Davi trouxe para todo o povo venceu as últimas dúvidas sobre a complacência de Deus na monarquia como instituição duradoura, e as experiências da rebelião de Absalão fizeram, também sua parte, para que até o partido profético tivesse de se inclinar diante das vantagens palpáveis de uma dinastia firme. Está claro que não se capitulou, por isso, de forma incondicional diante da monarquia, mas o reinado de Davi havia demonstrado ao menos a *possibilidade* de uma adequação do ofício real dentro da religião de Yahweh.

Assim, pois, a autêntica façanha de Davi consistiu em unir sob a égide da monarquia, as forças religiosas tão díspares existentes em Israel e em obter, ao mesmo tempo, a base constitucional imprescindível para uma eficácia segura do ministério real.

Coisa funesta foi que já o seu sucessor, *Salomão,* não teve a visão suficiente para dar conta da importância vital, que para a monarquia, tinha em Israel essa fundamentação religiosa. Seu ideal foi o absolutismo dos faraós egípcios ou dos reis tírios, pelo qual lutaria, querendo assegurar o lugar religioso da monarquia, mesmo que de forma parcial, mediante uma forte vinculação da mesma com o aspecto sacramental-cultual da religião. A construção do templo é o feito característico dessa postura, e a união do palácio real com o santuário, dentro de *um mesmo* muro, é o símbolo visível da situação privilegiada do rei em razão da santidade de seu próprio ministério, independentemente da pessoa que o ostente. Ao contrário, não vemos a corrente profética exercer nenhum tipo de influência; e se, alguma vez, lembra a antiga idéia do rei dotado de carisma, como quando o sonho de Gilgal, mais que de inspiração profética trata-se de uma busca do oráculo ao modo da prática sacerdotal.

Esse empenho por conseguir uma inviolabilidade da posição real, revigorada pela religião, podia dispor e utilizar os elementos da concepção primitiva que continuavam persistindo. Eles reivindicavam para o rei uma *natureza* divina, cuja conduta, ao estar embasada em tal fonte, fica fora de toda crítica humana. A clausura do rei, sua aparição rodeado sempre do esplendor da majestade real, muito diferente do trato com o povo de Davi ou Saul, a linguagem simbólica do trono dos sete degraus que situava ao soberano em paralelismo com o rei dos céus e o fazia aparecer como cidadão de um mundo superior, tudo isso tinha de alimentar as idéias referentes a um poder sobrenatural e colaborar em atribuir, também ao rei israelita, a consideração de um ser sobre-humano, semidivino, normal para a mentalidade cananéia de há muito tempo antes. Já na época de Davi, encontramos vestígios dessa ressurreição de primitivas categorias religiosas, que nada têm a ver com o javismo: pense-se na comparação de Davi com o anjo de Yahweh (1 Samuel 14:17-20) ou em Davi como portador da bênção, na boca de Saul (1 Samuel 26:25). Mas agora, em verdade, se introduz, nos textos que acompanham as celebrações da festa do rei, os salmos reais,[117] a idéia própria do antigo Oriente do soberano divinizado, aproximando-se a figura do rei israelita dos atributos de um salvador sobrenatural, que exerce seu

---

[117] Cf. p. 426s. e p. 105s.

poder longe de todo juízo humano. De qualquer modo, nem o javismo primitivo, nem seus representantes proféticos, podiam ver nesse caminho a via para um afiançamento da honra do rei, não tinham outra solução que considerá-lo um abandono da contínua postura de obediência diante de Yahweh para conseguir uma posição de poder humano inviolável. Assim, no parecer dos profetas, a monarquia vem a tomar, por obra de Salomão, os caminhos que se tinham sempre como desvio perigoso. Torna-se, portanto, perfeitamente lógico que, ao final do reinado de Salomão, encontremos o profetismo ao lado dos inimigos da monarquia. É verdade que essa crítica não é de forma alguma um repúdio radical da nova instituição. Até um Aías de Siló reconhece a monarquia como de vital necessidade para Israel, e a única coisa que deseja é que, em lugar de um déspota, assente-se sobre o trono um melhor protetor de seu povo. E nos anos que se seguem essa oposição será mantida em tais casos: ainda que se lute, de fato, com toda crueldade contra alguns reis, como fará por exemplo, Elias, mas jamais se chegará a combater a instituição enquanto tal.

A situação muda quando a profecia clássica, a partir de sua nova e mais profunda experiência de Deus, submete a crítica toda a realidade nacional e todo aquele que não for capaz de resisti-la será colocado em juízo. Ela dirá da monarquia, ao ser posta na balança, pesou pouco! O confronto mais radical com a monarquia se encontra em Oséias. É coisa compreensível, na época em que Efraim aproximava-se a passos largos de sua ruína, os danos que a monarquia acarretou apareciam com toda nitidez. Com uma clareza fundamental o profeta assinala, valendo-se do caso de Saul, que o primeiro pecado da monarquia está no orgulho do que detém o poder político diante do único Deus poderoso:

> *Toda a sua malícia se acha em Gilgal, porque ali passei a aborrecê-los;*
> *por causa da maldade das suas obras, os lançarei fora de minha casa; já não os amarei todos os seus príncipes são rebeldes. Ferido Efraim, secaram-se as suas raízes; não dará fruto... O meu Deus os rejeitará, porque não o ouvem* [118]
>
> (Os 9:15-17)

Ou seja, se a desobediência de Saul em Gilgal (1 Samuel 15) encerra em si toda a deserção posterior, então a árvore fica ferida em sua raiz e condenada à esterilidade.

---

[118] Trad. João Ferreira de Almeida.

Essas ânsias obstinadas de auto-afirmação diante dos direitos de soberania absoluta de Deus converteram a monarquia, de uma bênção, em uma maldição para o povo, porque fizeram com que Israel se virasse de seu único auxílio, Yahweh, e se abandonasse às mãos do rei (como expõe com vigor o parágrafo de Oséias 13:4-11). Por isso Deus, que não tolera nenhum competidor, converteu a monarquia em instrumento do castigo de sua ira para com o povo: "Irado dou-te reis e arrebato-te príncipes com cólera". (De forma parecida, em 10:13b-15.)

Também continua implícito nesse primeiro pecado que a monarquia fracassará diante de todas as suas tarefas e arbitrará sempre os meios menos corretos. Com um jogo de pactos com as grandes potências pagãs e uma política enganosa, tentará solucionar as calamidades do presente (10:4; 8:9; 5:13s). Mas a crítica mais feroz é a de 10:3s; ao grito desesperado do povo "Não temos rei!", o profeta responde: "E o que poderá fazer-nos o rei? Pronunciam discursos, juram em falso, firmam alianças, pisoteiam o direito!" Seu total abandono das tarefas religiosas tornou o rei incapaz também para todos os demais deveres e lhe tapou os olhos para ver os caminhos de salvação desejados por Deus. Em lugar de guia para uma compreensão da vontade de Deus, sempre nova nas situações políticas mutantes, o rei converteu-se num cego que cai e faz cair ao povo no pecado de uma política egoísta e brutal, baseada no poder, de uma política que tem como único lema o da auto-afirmação por todos os meios, e por isso não tarda em fracassar.

Para essa instituição, corrompida em seus próprios fundamentos, não há compaixão alguma. Nenhuma consagração religiosa pode servir-lhe de apoio. E a sacramental santidade da qual procuram se cercar os déspotas, perdeu toda força até entre o povo, convertendo-se em simples fingimento: "Em sua maldade ungem aos reis, em sua falsidade aos príncipes". Se, precisamente nessa falsa e hipócrita divinizaçao da monarquia há outra razão mais para a vingança de Yahweh, não é casual que em várias ocasiões Oséias estabeleça um paralelismo entre as imagens divinas e os reis (cf. 3:4; 8:4s; 10:1s): assim como naquelas, a relação pessoal com Deus degenera em adoração de uma força mágica impessoal, assim a monarquia, que se afasta de Deus, procura revestir-se com a aparência de uma natureza divina; em ambos os casos, renunciam ao autêntico culto de Yahweh. Assim, pois, a essa instituição, tão profundamente minada, não lhe resta outra saída que a total aniquilação. Oséias adverte quanto a isto com toda clareza (3:4; 10:7s,15). Os belos modelos, que não se ativerem às exigências de autenticidade do Deus de Israel, serão destruídos.

Essa postura do profeta do Norte continua também nos homens de Deus do reino de Judá, de forma que a atitude de Oséias não se pode explicar como simples resposta a uma situação histórica concreta. O que nela se expressa são as convicções fundamentais do javismo. Isaías tem diante de seus olhos a destruição da dinastia davídica quando fala do tronco de Jessé (11: 1); Jeremias e Ezequiel vêem a monarquia de sua época, à qual não concedem nenhuma possibilidade de futuro, ser substituída por uma nova fundação, na qual o soberano que será colcocado pelo próprio Yahweh, diferentemente da monarquia política e militar do presente, será um ministro teocrático (cf. Jeremias 23:5s; Ezequiel 17:22s; 34:23s e sobretudo 37:24s). Ainda que esses homens vissem instalar-se no trono real, déspotas como Acaz, Manassés e Jeconias, vontades egoístas inimigas de Yahweh, não faltou em sua época soberanos simpáticos e piedosos como Ezequias, Josias ou Jeoaquim. O primeiro pôde contribuir para agravar ainda mais sua crítica profética, mas não o segundo. Portanto, se a maneira como esses profetas julgaram a monarquia foi sempre a mesma, independentemente de quem estivesse no poder, resta apenas uma explicação que: eles também viam na instituição como um todo, como havia chegado a ser, um atentado contra o único Deus soberano e contra seu reinado em Israel. Estava demasiadamente contaminada por toda uma mentalidade equivocada que, ao pôr excessiva confiança em arsenais poderosos, um exército pronto para a guerra e uma política de alianças acertadas, esquecia-se daquele que é o único condutor da História. Excessivamente contaminada para poder todavia justificar suas velhas pretensões a um posto privilegiado e de comando no âmbito religioso. Por isso, os profetas, esses intrépidos lutadores da grandeza de Yahweh, colaboraram para acabar com essa situação que se desmoronava já por si só, com o propósito de poder levar, por fim, seu povo ao reconhecimento dos absolutos direitos de soberania de Yahweh.

Não foi em todos os círculos populares de fiéis javistas que se chegou a essa rejeição radical da monarquia. Deve-se dizer, contudo, que nos grupos populares mais influentes, a separação cada vez mais clara entre religião e Estado estimulou a tentativa de restaurar o caráter espiritual de 'povo santo',[119] revivendo o velho ideal do povo da aliança da época pré-monárquica, no qual a política estaria totalmente subordinada à tarefa religiosa. Neste sentido considerou-se como tarefa principal do rei vigiar o cumprimento dos preceitos santos da aliança divina, enquanto ele deveria ficar longe de toda ânsia de poder político graças a leis estritas.[120] Ao final da época dos reis impõe-se uma corrente extraordinariamente forte nesse sentido, que teve seu apoio nos sacerdotes, e encontrou no Deuteronômio seu modelo mais influente e pode ser

---

[119] Cf. Dt 7:6; 14:2,21; 26:19; 28: 9. Cf. a expressão "povo da herança (de Yahweh)", '*am s^{e}gullāh* ou *naḥ^{a}lab*: 4:20; 7:6; 9:26,29; 14:2; 26:18.

[120] Cf. Dt 17: 14-20; Ez 44:1-3; 45s; cf. cap. III, p. 74s.

visto todavia nos suplementos de Ezequiel e na lei sacerdotal. A substituição do título de *melek* pela antiga designação oficial espiritual de *nāsi*[121] constitui a rubrica específica da tentativa de dominar a nova situação ressuscitando formas antigas. Na lei sacerdotal, que considera como estado ideal do povo, que este seja governado pelo sacerdócio e por *n^esī'īm* delegados das 12 tribos,[122] ao rei não lhe restaria, nesse "conselho anfictiônico" senão o posto de um *primus inter pares*. É certo que essas tentativas de reorganizar a vida nacional, nas quais já o ideal da comunidade religiosa bate à porta do Estado nacional, não conseguiram salvar a sorte da monarquia. Mas sim, indicaram o caminho pelo qual, depois da catástrofe, Israel poderia encontrar uma nova forma de existência como povo de Deus.

Até mesmo a crítica mais dura não pode ignorar tudo o que na realidade a monarquia fez à vida do povo. Nem sequer os profetas negaram seu reconhecimento a essas atribuições, como é demonstrado que, em sua imagem ideal do futuro, lhe é reservado, na maioria das vezes, um lugar importante. De fato, apesar de seu fracasso final, a monarquia produziu efeitos religiosos duradouros, nos quais teremos de nos fixar.

4. *Os efeitos religiosos da monarquia*

a) Em primeiro lugar, devemos considerar os efeitos que a experiência humana da monarquia, como ofício religioso supremo, tiveram sobre *a forma de conceber a vontade e os objetivos da ação divina.*

Na religião javista, de tom carismático, na hora de conceber a atuação do poder divino, pensava-se de preferência num comportamento baseado em ações extraordinárias, que se manifestavam em acontecimentos totalmente fora do curso normal das coisas, e assim costumavam pintá-la. Assim como o carismático sente a irrupção do poder divino sobre sua pessoa como uma experiência esporádica, mas singular, claramente distinta do resto de suas experiências, assim também, para o povo, a irrupção de Deus em sua sorte e na revelação de seu poder aparece, sobretudo, em catástrofes terríveis, nos horrores de fenômenos naturais ou guerreiros, na força impressionante do tabu, nos tremendos milagres dos homens de Deus e nas proezas de seus juízes e nazireus. É claro que se reconhece também a ação de Deus nesses acontecimentos tão corriqueiros — e contudo tão maravilhosos — como o nascimento e a morte, a enfermidade, a fertilidade, etc.; mas o aspecto característico, próprio do culto a

---

[121] Cf. Ez 44:3; 45:8s e outros.

[122] Cf. Êx 16:22; 34:31; Nm 1: 5-15,44; 7; 10:14-27; 13:2-15; 17:17,21; 34:19-28, etc.

Yahweh, estava em que Deus tinha uma forma de atuar abrupta, fora do normal. Inclusive quando a vontade divina se mostra como constante, como criadora de uma ordem— e assim é no momento de promulgar a lei — o faz com trovões e raios, com fumo e fogo, diante dos quais nenhum mortal pode resistir, a não ser um homem que desfrute da graça de Deus.[123] Foi dito, com freqüência, que com a entrada em Canaã e a familiarização de Israel com sua cultura já desenvolvida, essa concepção de Deus sofreu uma modificação essencial. Mas a realidade é que, enquanto Canaã abriu os olhos dos israelitas para detectar com nova clareza, a regularidade da ação de Deus na *natureza* — levando-os, com frequência, a um extravio em direção a uma concepção naturalista de Deus — a monarquia influenciou com eficácia incomparavelmente maior para o descobrimento da regularidade da ação divina na *História.* E a originária concepção carismática do ofício real, que venerava no rei a um mediador do espírito, abriu o caminho para chegar a ele, com efeito, as tarefas permanentes de defesa contra os inimigos exteriores, da administração da justiça e da paz social no interior tiveram de aparecer como intimamente relacionados com a ação do Espírito, colaborando, por conseguinte, a que concebesse a este como um poder construtivo, sempre ativo, ainda que silenciosamente, e afiançando as bases morais da nação. Por falta de testemunhos, somente podemos seguir esse processo imperfeitamente. O abandono da linha carismática e a passagem a uma possessão objetiva do "poder" deveriam retardar sua marcha. Contudo, esse processo continua, assim o demonstram, sobretudo, dois testemunhos importantes que representam o começo e o final de uma linha: na primeira época dos reis, as chamadas "últimas palavras de Davi" (2 Samuel 23:1-6), nas quais o cantor real, inspirado por Deus, sintetiza a imagem ideal do soberano no temor de Deus; e ao final da época monárquica, aquela profecia de Isaías (11:1-9) que apresenta ao juiz real como dotado do Espírito de Yahweh. Aqui se torna claro como, precisamente por obra da monarquia, a ação do Espírito sai da esfera exclusiva do milagroso e se encontra relacionada aos acontecimentos morais da vida em seu âmbito político, social e ético. Com toda a vida envolvente que a impregna e com todo o caráter absoluto que a distingue, a religião infunde o conceito de política e de direito e, por isso, se impõem em seu âmbito os valores éticos com nova força.

Isto se aplica não somente ao modo, mas também para os *propósitos* da ação divina. O poderoso desenvolvimento e a diferenciação que a sociedade humana conhece sob a estrutura da monarquia abre os olhos para os grandes objetivos da justiça social. O mesmo rei é juiz supremo que encarna a majestade

---

[123] Cf. Êx 20:18s.

judicial de Deus. É o guia que orienta a esperança de um Estado ideal do povo. E em seu confronto com a idéia de Estado, representada pelo rei, chegaram os profetas a compreender a justiça social em seu sentido mais amplo, como um plano divino universal, que devia determinar, de forma decisiva, toda conduta terrena que fixa a sorte do povo. Ao passo que com mais clareza via-se que Deus se agradava da atividade pacífica do rei e que suas iniciativas de guerras e seus desejos de poder, puramente políticos, não acarretavam desastres maiores, com maior ênfase descrevem os profetas o objetivo do governo divino — e, por conseguinte, como meta da própria monarquia — o reino do direito e a justiça tanto na estrutura do Estado e de sua legislação quanto na vontade moral do indivíduo. Na imagem que eles apresentam do futuro messiânico, pode apreciar-se claramente essa mudança na concepção dos objetivos da ação divina. A obra de Yahweh para a inauguração do novo tempo não consiste já no esmagamento militar das nações inimigas, mas na construção do reino de Deus, mediante a conversão interior do homem e a criação de situações justas. Por isso também a figura do Messias não é já a do poderoso rei dos exércitos, mas a do juiz justo ou, todavia mais, a do salvador que sofre por seu povo.[124]

b) Junto a esse importante enriquecimento da idéia de Deus a monarquia contribui também, de modo essencial, ao *desenvolvimento das formas de vida religiosas*. Por toda sua dívida sociológica ela não tem outra solução do que se esforçar, por obter formas políticas firmes, por desenvolver formas permanentes de vida religiosa. Suas necessidades requerem um meio de consulta a Deus do qual se possa dispor constantemente: para isso pode-se utilizar, sem dúvida, tanto a técnica de oráculos de origem sacerdotal quanto a inspiração intermitente de homens proféticos. Por isso tanto Saul quanto Davi se apressaram em cercar o *efod* de uma grande consideração. Mais tarde, a técnica do oráculo dos *n^e^bî'îm* aparece colocada a serviço do rei (cf. 1 Reis 22). Em casos de calamidade no país, era imprescindível uma classe sacerdotal fixa para realizar e vigiar os ritos de proteção. Também se necessitava do trabalho dos sacerdotes para educar ao povo nas idéias fundamentais comuns, para criar essa atmosfera religiosa unitária tão importante para uma consciência política nacional. E, do mesmo modo, os símbolos e ritos de culto sacerdotais, são muito mais aptos para regular e formar a atividade religiosa dos leigos, que as incontroláveis pregações dos profetas e videntes. Numa palavra, como esboçamos brevemente ao falar do sacerdócio,[125] a monarquia pede a colaboração das formas sacerdotais de conceber e praticar a religião. Desse modo, a religião, como instituição, pode

[124] Cf. cap. XIs.
[125] Cf. p. 354s .

fazer grandes progressos. Por um lado, faz-se possível uma configuração religiosa da vida nacional, manifestando-se por onde quer que a relação com o Senhor Deus aconteça; mas, por outro, traz o perigo de criar um particularismo nacionalista que, por uma falsa primazia das formas externas, faça esquecer o caráter de serviço da existência nacional e paralise as forças universalistas da religião.

Desse modo, temos na monarquia uma promoção vigorosa dessa tendência, inerente a toda religião, a formar e a robustecer suas próprias instituições. A inclinação a conceber a religião como uma relação estática com ordenanças estabelecidas de uma vez para sempre, como uma forma de vida com a lei por norma — inclinação existente desde o princípio e representada pelo sacerdócio — busca, com a ajuda da monarquia instalar-se plenamente na religião de Yahweh. E com isso criam-se, simultaneamente, as condições para um confronto profundo entre a compreensão estática e a compreensão dinâmica da religião, o confronto que se dará na época do profetismo clássico.

Ao desaparecer do cenário a monarquia, deixa atrás de si uma hierarquia tão bem estabelecida que, depois do exílio, a vida nacional poderá seguir existindo sob o refúgio provisório da Igreja. Se compararmos o fracasso do sacerdócio, no aspecto político, depois da entrada em Canaã e da dissolução da solidariedade tribal, com seu trabalho na reconstrução nacional, depois do aniquilamento do Estado por obra do exílio, poderemos ter uma idéia viva da importância da monarquia na formação da vida religiosa de Israel.

Capítulo X

VIOLAÇÃO DA ALIANÇA E JUÍZO

I. O juízo, garantia e instrumento de restauração da aliança

1. Já no próprio conceito de aliança — o estabelecimento de relações em função de um ato livre de graça divina e de acordo com certas condições — está implícita *a possibilidade de sua dissolução;* e, dessa possibilidade, se está tanto mais consciente quanto maiores são as exigências contidas nas cláusulas da aliança. Assim como, quando se trata de concluir uma aliança humana, não se concebe prescindir da *'ālāh,* da maldição contra o transgressor,[1] assim também não se concebe no caso do *b^erīt* sinaítico, e de fato essa maldição aparece como *item* final nas coleções legais[2] e na proclamação cultual das estipulações da aliança.[3] De outro lado, a imponente seriedade com que se foi marcando, na consciência do povo israelita o caráter intocável dessas estipulações e da zelosa vigilância de Yahweh para que sempre as respeitassem,[4] tornou difícil a tranqüilidade egoísta que supunha considerar a possessão da aliança como uma relação com Deus, independente de todo esforço e de toda graça e dotada de uma eficácia automática. Efetivamente, a terrível possibilidade de uma dissolução da aliança por parte de Deus ficou descrita de forma expressa na tradição da época mosaica.[5] E a ameaça desta, conseqüência da possível desobediência, produzia uma impressão tão profunda que, quando a aliança corrompida exigia expiação, não se retrocedia nem diante dos mais severos ataques contra o bem estar do povo.[6]

De outro lado, a confiança na vontade da comunhão de Yahweh, proclamada solenemente ao concluir a aliança e a segurança na própria

---

[1] Cf. Gn 31:49; 1 Sm 20:16 (omitido *'ōy^ebē*) e o instrutivo pacto do rei assírio *Assurnırarı* V (753-745 a.C.) com Mati-ilu de Agusi, em **B. Meissner**, *Babylonien und Assyrien,* I, 1920 p. 140.

[2] Lv 26:14s; Dt 28:15s.

[3] Dt 27:15s.

[4] Cf. p. 59s.; 182s.; 194s.;, p. 235s.

[5] Êx 32:10.

[6] Êx 32:25s; Nm 25:1s; Jz 20; 1 Sm 15:17s; 1 Rs 19:15s.

capacidade para cumprir as especulações da mesma, são tão grandes que, dificilmente pode sentir-se essa possibilidade última como uma ameaça constante, capaz de provocar um estado de insegurança permanente. Havendo no povo boa vontade, a fidelidade de Yahweh à aliança, seu *ḥesed*, cuidará de que, apesar das transgressões individuais, a continuidade da aliança não seja abalada.[7] Ele mesmo procura até os meios de expiação e colabora com seus fiéis para encontrar e castigar aos culpáveis que, de outra maneira, ficariam impunes.[8] Por isso, a expectativa de seu castigo é viva, mas se refere sempre a *castigos divinos isolados,* que não têm por finalidade um juízo aniquilador, que dissolva a aliança, mas ao contrário, tendem a manter precisamente a relação de aliança eliminando as realidades que a estorvam.[9]

2. Dessa maneira, prepara-se pouco a pouco *uma nova avaliação da aliança divina:* na qual a possibilidade de sua dissolução vai perdendo importância diante da convicção de que, Deus utiliza-se desse meio para alcançar seu objetivo na História, a saber, a instauração de seu reino, não permitindo, no entanto, que esta forma de manifestar seu senhorio possa ser vilipendiada por nenhum tipo de infidelidade humana. Nessa mudança de atitude teve não pouca influência, deve-se reconhecê-lo, *a forte impressão do lugar mundial alcançado por Israel graças a Davi*, era uma brilhante demonstração da bênção divina e de que Deus utilizava ao povo da aliança para estender seu reinado. Que essa mudança da sorte nacional, se fundamenta numa aliança eterna de Deus com a casa de Davi[10] (idéia que logo surge) é a prova mais palpável da influência evidente que o desenvolvimento político teve sobre a concepção da aliança. Mas, de outro lado, também a formação da idéia de eleição na história patriarcal, desenvolvida pelos grandes narradores do Pentateuco, devia ter aí seu ponto de partida, fazendo ao mesmo tempo, que aparecesse com clareza a tendência de fundamentar a situação de privilégio de Israel diante de Yahweh numa decisão eterna da vontade divina.[11] Seguir esta linha e desenvolvê-la em todas as suas conseqüências é o que faz que na literatura deuteronomista e sacerdotal surja *o dogma da aliança eterna de Deus*[12] que expressa do mesmo modo a soberania divina, de tantos interesses em Israel, e a constância do governo universal de Deus. Por conseguinte, as intervenções de Yahweh como juiz, deveríamos atribuir, o caráter exclusivo

[7] Cf. cap. VII, II; p. 205s.
[8] Cf. Js 7; 1 Sm 14:38s; 2 Sm 21 etc. Cf. cap. VII, V, p. 235s.
[9] Cf. cap. VII, III e IV, p. 214s e 235s.
[10] Cf. cap. II, p. 48s.
[11] Cf. cap. II, p. 35s.
[12] Cf. cap. II, p. 39s.

de atos transitórios e condicionados por situações passageiras, incapazes de pôr em perigo o destino eterno do povo de Deus. Não havia espaço para uma expectativa de um desastre de tipo escatológico.

3. Na mesma linha de pensamento *a esperança na derrota e no castigo de todos os inimigos de Israel* fez crescer, com uma lógica cada vez maior, a perspectiva de que "em seu dia" Yahweh chegaria a um ajuste de contas definitivo com as nações. Desde o princípio a presença poderosa de Yahweh como Senhor e protetor nunca fora sentida com tanta intensidade quanto no dia da batalha; por isso se chamava "seu dia". Então se tinha uma agradável consciência de seu ilimitado poder, com o que colocava em fuga aqueles que lhe odiavam e pulverizava os ataques contra sua soberania.[13] No santuário da arca, Israel sabia que Yahweh estava no meio de sua vida, era o penhor material dessa presença e de outra parte os ritos de consagração da guerra fizeram com que a atenção se concentrasse na presença do Deus guerreiro. Por isso, a idéia de guerra santa é coisa preferida de épocas em que sentiu um laço especialmente estreito com o Deus soberano e experimentou-se sua presença salvadora.

Nesse contexto tinha de parecer muito mais doloroso o sentimento do afastamento de Deus, quando através de duras derrotas ou uma opressão permanente do inimigo, criavam a convicção de que Deus havia se apartado e se irado com seu povo. Nesses momentos de calamidade, que pareciam arruinar toda a glória da aliança, o verdadeiro fiel de Yahweh colocava sua esperança numa *nova vinda do Deus da aliança* para o seu povo, na qual se demonstrasse como soberano invicto, capaz de acabar de vez com as potências que ameaçam seu reino. Grandes coisas foram realizadas por ele na saída do Egito, quando teve de lutar para tomar a Terra Prometida, quando fez guerras para chegar a implantar o reino davídico; isso fazia com que quanto mais ameaçador tornava-se o poder dos povos estrangeiros, maiores eram as esperanças de restauração

---

[13] Cf. Nm 10:35s; 23:21; 24:7s; Jz 5:1s, 4s, 20s; Êx 15. Com relação ao termo técnico "o dia de Yahweh", **G. Hölscher** (*Die Ursprünge der jüdischen Eschatologie*, 1925, p. 13) chama a atenção sobre a expressão "dia terrível", corrente nos conjuros babilônicos, pela qual se espera a epifania do Deus invocado para a destruição dos inimigos. Originariamente poderia tratar-se também de um "termo fixo do jargão cultual oriental", que se refere a aparição de Deus para salvar e julgar. De qualquer maneira, em Israel essa expressão toma um novo caminho enquanto significa *a esperada aparição de Deus na história* e, precisamente por isso, pode converter-se a um termo técnico da escatologia. Com todo acerto **L. Cerny**, *The Day of Yahweh and some relevant Problems,* 1948 assinala a singularidade sem par do termo apesar de todos os seus contatos com outras idéias não israelitas; mas sua tentativa de querer lhe dar uma interpretação escatológica a partir do culto sofre das mesmas dificuldades que a explicação cultual da escatologia em geral. Cf. p. 445s.

de sua soberania e tomasse cores mais maravilhosas o tempo de sua vitória definitiva. Enquanto *yahweh ṣ^{e}bā'ōt,* ele convocava para a batalha todas as forças do céu e da terra; a tormenta, o fogo, o terremoto eram seus arautos e as estrelas lutavam desde suas órbitas por sua causa. Não somente os homens, também a natureza sofre de impaciência por sua chegada, e todas as nações, até os extremos da terra, se derretem diante da torrente de sua presença; com elas também os deuses vêem-se destituídos de seus tronos, e o Deus de Israel ocupa solitário o trono universal. É certo que, para cada um desses detalhes contamos somente com escassos testemunhos,[14] mas essa escassez encontra um paliativo perfeitamente válido nos anúncios proféticos de aflição, nos quais há — inseridas num contexto novo, perfeitamente reconhecíveis — fragmentos de esperanças populares pertencentes a antigas tradições inconfundíveis.[15] Sobretudo a relação do juízo de Deus com a destruição da natureza[16] não é criação dos profetas, mas provém de idéias antiqüíssimas sobre a participação do cosmos no destino do homem. Basta pensar no juízo do dilúvio e comparar sua exata correspondência com a forma em que se esboça o tempo de salvação (cf. Cap. XI). Para maior confirmação, as esperanças históricas vêm associadas com traços míticos, que apresentam a inimizade dos reis pagãos como revolução de um príncipe angélico contra o senhor divino do universo[17] e pintam a queda das nações soberbas e de seus príncipes, como o triunfo do Criador universal sobre o monstro do caos.[18]

4. Nessa antiga visão israelita da aflição do mundo das nações surge, sem barreiras e de forma vigorosa, o universalismo da fé javista, que na maioria das vezes, em cada momento empírico, vira-se sufocado e reprimido pela situação presente. Não é impossível que, para que essa idéia se liberasse em toda sua potência, colaborassem também *influências estrangeiras;* temos testemunhos, tanto no Egito quanto na Babilônia, da expectativa de uma aflição universal.[19] Mas, enquanto estas têm relação com a doutrina dos ciclos dos

---

[14] Cf. Dt 33:17; Nm 24:8s; Sl 29; 82; Êx 15:10; cf. 18:11; 1 Rs 19:11; Jz 5:20; Is 2: 18s; 10:4 (corrigido).

[15] Veja uma demonstração mais exata em **H. Gressmann**, *Der Ursprung der israelitisch-jüdischen Eschatologie,* 1905.

[16] Cf. sobretudo Is 2:6s; Am 1:2; Os 4:3; Mq 1:4; Jr 4:23-26; Na 1:3s.

[17] Cf. Is 14:12s; Ez 28:11s.; Parece que em Ez 38s, Zc 14 e Jl 4 utiliza-se o mito de uma leva de exércitos demoníacos que irrompem contra um monte sagrado situado no centro da terra.

[18] Cf. Is 17:12s; Sl 46; Na 1s; Hc 3:4s; Ez 32:1s; Is 51:9s; 27:1. Sobre o problema da postura de Israel diante das nações, Cf. **W. Eichrodt**, *Gottes Volk und die Völker*, 1942.

[19] Cf. as profecias egípcias (*AOT*, p. 46s), o mito de Ira com todo o material relacionado com ele e com as profecias de aflição (*AOT*, p. 212s; **O. Weber**, *Die Literatur der Babylonier und Assyrer*, 1907, p. 104s).

astros ou utilizam a idéia de períodos alternantes do universo para glorificar a um governante célebre, cujo governo supõe o final, muito tempo antes anunciado, de uma época calamitosa,[20] a esperança israelita desfruta de um caráter totalmente diferente, nela a idéia de uma ira divina, que se manifesta em atos históricos, requer matizes escatológicos e fica assim intimamente relacionada com a consumação do reino divino. Com isso, a esperança sai da esfera do mito e fica convertida em esperança histórica.[21]

5. O que dissemos fica confirmado pelo fato de que, às vezes, o definitivo ajuste de contas de Yahweh com seus inimigos é descrito como *realização de um juízo justo,* de forma que o dia de Yahweh aparece como o grande dia do juízo. Assim como os feitos de Yahweh no passado eram interpretados como ações judiciais contra a maldade e a transgressão da lei,[22] dessa forma também a idéia da retribuição moral relaciona-se com a instauração de sua soberania absoluta. Por isso, o Salmo 82 entende a queda dos deuses de seus tronos como uma ação judicial, e o solene anúncio da sentença judicial divina sobre as nações em Amós 1 e 2, pressupõe que essa forma de predição da aflição era conhecida de Israel. Senão, a sentença divina contra Israel, que aparece ao final, careceria de força, já que as premissas em que se baseia poderiam ter se negado sempre. Mas o fato é que todos os demais anúncios proféticos do juízo sobre Israel, no marco do juízo geral das nações,[23] o qual está claro que se havia convertido em uma forma estilística fixa, nos levam à convicção de que, já no primitivo Israel, a revelação final do poder divino foi concebida como realização de um juízo. Nada há de estranho, uma vez que tenhamos descoberto seus pressupostos espirituais na influência que exerceram na festa da aliança e nas idéias religiosas.[24] A condenação dos inimigos, testemunha do modo mais vigoroso, o poder superior do Deus da aliança, no momento em que vem para assegurar de novo sua comunhão da aliança com seu povo.[25]

---

[20] Desse modo na profecia do sacerdote, sob o reinado do rei Snefru, composta em honra de Amenemhet I em torno de 2000 a.C. (*AOT*, p. 46s).

[21] "O mito é a linguagem da fé sobre a chegada do reino de Deus no momento em que mudam os tempos. Em toda a Bíblia essa fé não tem outra linguagem, nem pode tê-la tampouco, já que lhe é impossível desarraigar-se de suas raízes ideológicas na teologia dos éons do antigo Oriente" (**W. Stärk**, *art. cit., ZAW*, 1933, p. 21).

[22] Cf. cap. VII, p. 214s.

[23] Cf. Os 4:1s; 8:13; 9: 9; 12:3,15; Is 1:18s; cf. 1:2; 3:13s; Mq 1:2-4; 6:1s; Sf 3: 8; Is 51:4s; Jl 4:2s; Ml 3:2s,5; Dt 32:1,8; Sl 50:1-4; 96; 98.

[24] Cf. cap. IV , II, 3, p. 102s.

[25] Cf. **A. Weiser**, *Die Psalmen,* 1955, p. 20s, sobre a festa da renovação da aliança.

Assim pois, a idéia da aflição final no Israel antigo leva a marca do aspecto genuinamente israelita e não necessita recorrer a elementos de fora para explicá-la.[26] É característico dela o estar estreitamente vinculada com a esperança de salvação, a condenação das nações significa salvação para Israel. Na definitiva vitória de Yahweh sobre seus inimigos consuma-se a soberania divina fundada sobre a aliança.

II. O juízo como revogação da aliança

1. Já na época pré-profética preparou-se *uma transformação dessa limitada visão do futuro.* Essa transformação partiu daqueles setores nacionais, que com maior profundidade, haviam sentido a seriedade estarrecedora das exigências divinas de obediência e que, portanto, julgavam com mais severidade a seu próprio povo; esses setores foram o *nebiísmo* e seus parentes espirituais. Como demonstra toda a historiografia eloísta, nesses círculos, profundamente desorganizados e revoltos pela crise filistéia, esteve sempre vivo o sentido da terrível seriedade do juízo, com o qual o Deus santo protegeria sua aliança contra todos os transgressores e do perigo constante que, por isso, ameaçava ao povo de cair numa vingança divina irremissível, se mostrasse negligência e infidelidade em seu serviço. Presos a uma época decisiva de mudanças nacionais internas e externas e envolvidos em sérios conflitos com os chefes do povo, vem com muito maior penetração, do que os representantes da religião oficial, o perigo que ameaça a existência de Israel de dentro para fora, pela tentação de igualar todas as suas formas de vida com as das nações vizinhas, com o conseqüente desvio dos objetivos que devem reger a vida do povo santo.[27] Por isso, em tais círculos em que exista a intranqüilidade de uma possível ruptura do *b^{e}rit,* cultiva-se, sobretudo, a tradição de uma ação implacável de Yahweh contra seu próprio povo,[28] enfatiza-se a perigosa presença do Deus santo da aliança, como causa de um tratamento, com ele somente mediado[29] e nem sequer sentem os riscos de considerar que se põe em jogo a própria existência de Israel, se a unidade religiosa interior não pode conseguir senão um florescimento político.[30]

---

[26] Desse modo o advertiu com acerto **E. Sellin** (*Der alttestamentliche Prophetismus,* p. 121s), contra a interpretação de **H. Gressmann,** que recorre ao mito do antigo Oriente sobre a destruição universal para derivá-lo daí.
[27] Cf. cap.VIII, V, 2, p. 292s.
[28] Cf. p. 409s.
[29] Êx 33:3s.
[30] Cf. Aias de Siló (1 Rs 11:29s), Elias e Eliseu (1 Rs 19:15s; 2 Rs 8:7s e 9:1s).

Surge assim *o sentimento de um pecado nacional de Israel,* pelo fato de haver adotado a cultura cananéia e nas deformações que apresentam tanto seu culto quanto sua vida social. Esse sentimento é capaz de chegar até à rejeição total e absoluta de todas as formas de vida do presente, como pode se observar, inclusive no fenômeno singular da seita dos recabitas que voltam à forma de vida nômade. Não resta dúvida, portanto, de que os efeitos espirituais, nascidos de tais grupos, tiveram de imaginar um abalo — ao menos, dentro de certos grupos — na segurança reinante de que, excetuando-se certas desgraças especiais, normalmente a nação não era objeto da ira divina.

E isso se tornou possível por causa de certas características observáveis, mesmo no panorama popular da vida, em que havia certos delineamentos que, por certo otimismo superficial, levavam a uma visão mais profunda das coisas. Dessa forma, na *atitude geral diante do lado obscuro da vida,* diante da morte, o transitório e a fadiga, surge logo certo aceno pessimista que, dentro da alegria de viver, característica do ânimo de um povo consciente de seu poder, constitui-se numa atitude dominante que não pode ser ignorada. A história javista das origens da humanidade,[31] com suas comoventes lamentações sobre a maldição que sofre a existência humana — atribuída a uma decisão original e deliberada contra Deus e ao correspondente castigo divino —, é um documento da religiosidade do antigo Israel cuja importância não deveria se ignorar. É certo que a mentalidade de cunho nacionalista segue outros rumos e está longe de tirar todas as conseqüências que se derivariam de semelhante interpretação da existência humana. Mas essa falta de harmonia e de visão de conjunto sistemático permite que, junto ao movimento vital preponderante, que conta com a complacência do Deus gracioso da aliança, exista uma consciência de pecado e de um destino de castigo da humanidade, que pode ser observado em certos estados de ânimo manifestados de vez em quando.[32] Se a isso se acrescenta a dissolução social da época tardia dos reis, com uma miséria das massas acentuada pela crise política, compreender-se-á que, apesar do dogma da eleição, estejamos diante de um solo fértil para o anúncio profético do juízo sobre Israel.

2. *No profetismo, essa transformação na forma de conceber a aflição final* está presente, desde o princípio, com uma ênfase evidente e sem a menor hesitação.[33] A aflição futura não se concentra principalmente sobre os pagãos,

---

[31] Gn 2–4, 6–9 em parte; 11:1-9.

[32] Cf. 2 Sm 14:14. **J. Köberle** (*Sünde und Gnade,* 1905, p. 59s) assinalou acertadamente essa justaposição de idéias não dogmaticamente equilibradas.

[33] Cf. a respeito **W. Cossmann**, *Die Entwiklung des Gerichtsgendankens bei den alttestamentlichen Propheten,* 1915.

mas sobre o povo da aliança. Por isso, o dia de Yahweh é "dia de trevas e não de luz", como reza a aparente antítese com que Amós dirige-se a seus concidadãos.[34] E tanto ele quanto seus sucessores tentam, mediante reviravoltas e imagens sempre novas, deixar gravada no coração e na consciência de seus ouvintes *a inevitabilidade da perdição que se aproxima,* como Deus lhe anunciou na hora decisiva. A maneira vívida com que os profetas falam da catástrofe que está já para se produzir ou acaba de se produzir fez pensar — sem razão alguma, como demonstra o papel totalmente secundário de Asur, Egito e Babilônia nas profecias mais antigas — que o que realmente despertava seus temores era algum inimigo exterior que se achava em suas fronteiras.[35] Trata-se, ao contrário, da idéia da ira divina, uma idéia baseada diretamente no encontro com seu Deus e, portanto, de caráter religioso; ela é a que os leva a falar com tanta segurança e convicção, muitas vezes contra as aparências, de uma ruína da glória nacional tão próxima que pode se apalpar. Assim Amós entoa a elegia sobre a virgem Israel decaída[36] e é capaz de descrever, com realismo aterrador, o avanço da morte por onde quer que Yahweh passe diante de seu povo como Deus da peste.[37] E Oséias nos deixa desenhada, de maneira inesquecível, a destruição invisível, corrosiva, e a cruel vontade de aniquilação do Deus vingador nas imagens da traça e da fera provocada, ansiosa por sangue.[38] O poema da luta titânica de Yahweh até dar seu golpe[39] e os chamados cantos das cidades,[40] que com uma energia visionária fazem reviver diante dos nossos próprios olhos a queda inesperada sobre uma Jerusalém distraída, são os mais impressionantes documentos desse tipo em Isaías e Jeremias, respectivamente. Mas a imagem que os profetas preferem é a do processo judicial, no qual a sentença punitiva de Israel ocupa o centro do juízo universal das nações, enquanto, de outro lado, a decisão do insubornável juiz divino exclui toda possibilidade de apelação.[41]

O anúncio profético da aflição, alcança toda sua seriedade irrevogável, na imagem expressa do *golpe de graça terrível,* com o que Yahweh pune a seu povo infiel. Por haver sido distinguido dentre todas as demais nações,

---

[34] Cf. Am 5:18.
[35] Cf. **J. Wellhausen**, *Israelitische und jüdische Geschichte,* 1914, p. 104; **R. Smend**, *Lehrbuch der alttestamentlichen Religionsgeschichte,* p. 180, e outros.
[36] Cf. Am 5:1s.
[37] Cf. Am 5:16s; 6:8s.
[38] Cf. Os 5:12s; 13:7s.
[39] Cf. Is 9:7s.
[40] Cf. Jr 4:5-31.
[41] Cf. Am 1:3–2:16; Os 4:1s; 8:13; 9:7,9; 12:3,15; Is 1:2,18s; 3:13s; Jr 1:14s; 25:15s,31s; Mq 1:2-4; 6:1s; Sf 3:8s; Jl 4:2s; Ml 3:2s,5.

Israel tem de sofrer o juízo de Deus com uma especial severidade.[42] Todas as pragas da natureza, todos os horrores da guerra, todos os poderes da morte e do mundo inferior hão de prestar sua colaboração para eliminar da terra a esse povo malvado;[43] Yahweh empenha todo seu poderio universal, de forma que não lhe escape nem um que seja culpado.[44] E a esperança do povo, de ser ele o restante respeitado no juízo, fica convertida, com um rude sarcasmo, no seu oposto, já que a miséria do resto será o melhor testemunho do caráter total do aniquilamento.[45]

Mas, de outro lado, os profetas ensinam a ver a íntima necessidade desse definitivo ajuste de contas de Yahweh com seu povo ao descobrir *a profundidade do abismo que separa* a Israel de seu Deus. Assim como, para eles, a situação privilegiada de Israel, com base na salvação e na eleição divinas, alcança seu verdadeiro e próprio sentido na entrega confiante do homem a Deus na fé, no amor e na obediência, e na conseqüente forma de vida, assim também, a essência do pecado não é em definitivo mais que um afastamento voluntário do povo com respeito a seu Deus. Esse afastamento leva a alienação interior, que se manifesta na falta de respeito a seus imperativos de comunhão moral e que, preferencialmente, se descreve como ruptura das relações pessoais próprias do matrimônio e do noivado, ou de pai e filho ou senhor e servos (e, no caso de Oséias, Jeremias e Ezequiel, também como ruptura da aliança).[46] Descobre-se assim o terrível poder e magnitude dessa perversão interior, que amadurece até converter-se numa impulsão demoníaca e num câncer que corrói toda a história nacional; toma-se consciência, ao mesmo tempo, da aterrorizadora ruína que supõe a falta de fidelidade e vê-se com toda clareza que não pode haver descontinuidade entre o pecado e o castigo. Israel aparece no mesmo plano que as nações e por isso, no dia em que Yahweh implantar seu reinado universal, há de esperar não somente o castigo dos pagãos, mas também sobre si virá sua própria condenação.

Graças a esse radicalismo da visão escatológica da aflição que, pode-se corrigir de algum modo, nunca será por meio de categorias racionais, mas por obra da promessa divina de uma nova criação, acima de todo pensamento humano, que a idéia de aliança recebe suas últimas defesas contra todo abuso

---

[42] Cf. Am 3:1s; Is 5:1s.

[43] Somente uns poucos exemplos, da imensa quantidade de testemunhos, podem ser citados aqui: Am 5:3,16s; 7:1s,4; 8:8s; Os 5:12s; 9:6,11s; 10:14; 11:6; 13: 8s,14s; Is 3:1s, 25s; 5:9s, 26s; 7:18s; 8:5s; 28:17s; 29:2s; Mq 1: 6s; 3:12; Jr 1:15s, 4, 5s; 6:22s; 7:30s; 9:9s, 20s; 16:1s etc.

[44] Am 9:2s.

[45] Am 3:12; Is 17:6; 30:17.

[46] Cf. cap. VIII, V, p. 331s e cap II, p. 43s

humano e a interpretação religiosa da história, sua purificação de toda esperança egoísta. O cerne do anúncio profético da aflição é que "naquele dia somente o Senhor será exaltado".[47]

3. A verdade dessa visão foi confirmada e selada pelo exílio, que sepulta a Israel como nação.[48] Pouco a pouco os exilados chegaram a um reconhecimento geral dos anúncios proféticos do juízo. Os profetas aprofundaram e tornaram frutíferos esse reconhecimento, falando de uma nova forma ao resto do povo sobre o juízo de Deus. Com uma seriedade tremenda e capaz, por vezes, de avivar as consciências, Ezequiel aponta aos que, sob o ruído ensurdecedor da ruína nacional, tendem à dúvida ou até ao ceticismo total da justa retribuição que Yahweh realiza, a cada momento, na vida do indivíduo e que demonstra que cada membro do povo é objeto não somente da ameaça de um juiz, mas também da promessa de um salvador.[49] E como prelúdio de uma nova aliança o profeta situa o juízo final purificador, pelo qual Yahweh limpará o seu povo eleito de todo elemento impuro,[50] com a finalidade de instaurar nele seu reinado. Ao passar *seu centro de gravidade à retribuição individual* — ligada em todo caso à consumação do reino de Deus —, a idéia profética do juízo encontrou a forma pela qual seguirá operando na fé judaica.

III. Elementos individuais e universais na expectativa do juízo

1. A volta do exílio e sua interpretação como a volta de um povo morto à vida,[51] após uma completa expiação por sua culpa,[52] permitiram que, a princípio, se considerassem cumprido, no essencial, os anúncios proféticos sobre o juízo e a nova criação, e direcionando a energia incontida das esperanças humanas, ao remover os obstáculos remanescentes à realização do domínio divino no mundo. Agora poderia surgir com novo vigor a interpretação da aliança como situação de graça eternamente inalterada;[53] a restauração do templo era penhor da indefectibilidade da graça da aliança de Yahweh[54] e preparava o terreno

---

[47] Is 2:11.
[48] Cf. Ez 37:11.
[49] Ez 18, cf. 13:9; 14:13s; 33; 34:17s. Cf. a esse respeito **W. Eichrodt**, *Krisis der Gemeinschaft in Israel,* 1953.
[50] Ez 20:33s.
[51] Ez 37:1s.
[52] Is 40:2; 51:17; 54:8s.
[53] Cf. cap. II, p. 48s.
[54] Cf. Ez 37:27s; 43:1s; Ag 2:1-9; Zc 3:9s; 4:6s; 6:12s; Jl 4:17s.

para a comunidade da lei, a qual creu ver sua tarefa na realização do reino de Deus sobre a terra e vivia da convicção de que a justiça e misericórdia de seu Deus haviam de ser uma experiência diária.[55] Não há que se estranhar que, a partir de agora, a idéia da aflição se refira principalmente à humilhação dos pagãos que, por sua vez, significa exaltação de Israel.[56] Como resultado desse modo, a vitória absoluta de Yahweh sobre todos os poderes inimigos, à qual os profetas haviam defendido com tanto ímpeto nos oráculos contra as nações, cai no perigo de enganar-se e degenerar em ânsias de vingança nacionalista. Certamente, o reconhecimento da majestade divina continua sendo o fim principal do juízo das nações,[57] mas, sob a impressão das humilhações e opressões sofridas, os ataques a Israel são vistos como rebelião dos pagãos contra Yahweh,[58] os abusos desses como executores da sentença divina consideram-se um pecado de suma gravidade[59] e a mesma nação envergonhada recebe a tarefa de executar o castigo[60] (dando isso motivo para que às vezes se expresse, de forma elegante, um sentimento de vingança insatisfeito).[61] Em todas essas afirmações costumam aparecer inimigos históricos e opressores de Israel, que dificultam sua restauração; mas a oposição ao mundo das nações alcança sua expressão mais dura quando elas são consideradas como uma *massa perditionis*, cuja destruição como ato escatológico geral, constitui o ponto final desse período.[62]

2. Se, apesar de tudo, a expectativa escatológica do juízo nunca se desvinculou totalmente do destino de Israel, se deve agradecer ao efeito contínuo do anúncio profético do juízo, que serviu para aprofundar a consciência de pecado e vinculou a vingança divina dos pagãos com a purificação do povo de Deus. Essa idéia impõe-se claramente na história deuteronômica, que julga com extrema severidade todo o passado nacional e considera como a única razão de existência de Israel a gratuita misericórdia divina; impõe-se igualmente na soberania absoluta do conceito de expiação na lei sacerdotal. Também no hino cultual há um tremor de medo que produz a contemplação

[55] Cf. cap. VII, p. 211s., 218s, 237s e cap IX, I, 2d, p. 381s.
[56] Cf. Is 63:1s; Ag 2:21s; Zc 2:1s; Is 30:25s.
[57] Cf. Jl 4:17; Zc 14:9; Ob 21.
[58] Cf. Is 61:7; Zc 1:15; Jl 4:2s.
[59] Os começos já se encontram em Ez 25; 27:26; Is 47:1s; e também em Mq 7:7s; Is 14:2; Ob 9s; Jl 4:4s.
[60] Cf. Ez 25:14; Zc 9:13s; 10:3s; 12:6; Is 11:14; Jl 4:8.
[61] Cf. Is 49:26; 66:23s; Ml 3:20s; Zc 14: 12s.
[62] Cf. Ez 38s (um acréscimo de época posterior às profecias de salvação de Ezequiel): Zc 12:2s; 14.

do grande dia do juízo de Yahweh sobre Israel e as nações.[63] E a profecia pós-exílica encarregou-se de que, dentro do povo da aliança, todos e cada um dos indivíduos tivessem em mente a obra judicial de Deus,[64] preservando a esperança de salvação de toda falsa auto-suficiência. Embora seja verdade que, no que se refere a Israel enquanto totalidade, seguiu intacta a convicção da eleição e da obra de aperfeiçoamento de Deus, a separação, dentro desse círculo, que seguia existindo ainda, entre justos e pecadores,[65] converteu-se num elemento inseparável da esperança de salvação e, até para os fiéis de Yahweh, a ação judicial de Deus, longe de carecer de importância, converte-se num exigente instrumento educativo.[66]

3. Na medida em que essa visão da aflição se adaptava à atitude fundamentalmente individualista da comunidade pós-exílica, os velhos princípios da concepção profética sobre a aflição ressurgem agora com novo vigor, como conseqüência do período de opressão da Síria e das perseguições religiosas que o acompanharam, surge agora em toda sua força *a Apocalíptica,* pondo em sua órbita o mundo da fé judaica. Novamente o mundo presente vê-se depreciado diante da contemplação dos horrores futuros, e a firme confiança num reino eterno de Deus, e no seu estabelecimento em Israel, acaba-se graças à tensa expectativa de uma revolução total, por meio da qual o reino de Deus irrompera. A convicção da inevitável proximidade do fim volta a se apoderar dos ânimos[67] e os mantém em tensão. E aqui encontra sua porta de entrada um elemento, em princípio estranho à escatologia, *a antiga doutrina dos períodos,* que na realidade baseia-se na idéia de um ciclo de origem astrológica. Em todo caso, por exemplo, no uso que dela faz Daniel,[68] a mentalidade israelita, essencialmente histórica, consegue dar nova expressão à interpretação religiosa da história: toda a história flutuante dos reinos do mundo aparece como uma grande unidade submetida a um plano superior, e assim se pode dar uma melhor explicação tanto da lei interna da história universal quanto do livre jogo de forças independentes que nela atuam, enquanto, de outro lado, a expectativa impaciente do fim alcança desenvolvimentos e horizontes maiores. Além do mais, floresce, com um novo vigor, a certeza de que, no plano universal de Deus, está concretamente decretada a instauração de um reino que submeterá a todos os demais e que

---

[63] Cf. Sl 75 e as considerações a esse respeito no cap. IX, I, 2d, p. 384. E, também, Sl 50; Jl 1:15; 2:11,14. A referência ao juízo universal parece ser uma forma estilística convencional no Sl 7:7s; 56:8; 59:6,14.

[64] Cf. Ml 1:6s; 2:10s,17s; 3:3,5,13s; Zc 13:2s; Jr 17:19s.

[65] Cf. Zc 5:1s; Is 65:11s; Ml 3:2s,19s.

[66] Cf. Ag 1:4s; Ml 2:12; 3:3; Zc 10:9; Is 26:1-19; Dn 9:24.

[67] Cf. Enoque 51: 2; Bar 4:22; 4 Ed 4:44s; 5:50s.

[68] Cf. Dn 2 e 7.

terá duração eterna. Mas certamente a pretensão de poder desvelar, por meio do cálculo dos períodos, o mistério do governo divino universal, pode levar a que se intente substituir a certeza profética por uma impaciência e insegurança, somente um pouco dissimuladas. Uma impaciência e insegurança que não se adequam à fiel confiança de que Deus intervirá no momento oportuno, mas que querem alcançar — ou aparentar diante dos demais — uma ciência secreta, que jamais se convencerá de sua ignorância, por maiores que sejam as falhas da mística de números empregadas.[69]

Desse modo, a nova elaboração das idéias proféticas fundamentais costuma ser acompanhada de certa turvação das mesmas. Enfatiza-se tremendamente o *caráter irrevogavelmente definitivo e total da próxima catástrofe universal,* utilizam-se cada vez mais imagens novas para esboçar a radical destruição de todo o cosmos,[70] ou se representa, também, como um dilúvio ou como um incêndio universal.[71] Inclusive os seres celestes são alcançados por essa retribuição,[72] assim como o juízo final adquire em algumas passagens um caráter supraterreno.[73] A esperança do juízo recebe renovada intensidade da nova idéia da ressurreição, segundo a qual até os mortos terão de aparecer diante do tribunal divino.[74] Essa ampliação da imagem profética do juízo, quando chegou a alcançar toda sua força, fez com que a oposição entre Israel e os pagãos aparecesse como algo quase insignificante diante da retribuição divina, que ameaça por igual a todos os homens, aproximando-se muito do universalismo da antiga idéia da aflição.[75] Mas, simultaneamente, volta a surgir o empenho de excluir Israel do juízo como povo eleito e de converter a perdição simplesmente no reverso da salvação, e então, em essência, o juízo é somente aniquilação das nações pagãs,[76] na qual os judeus têm parte ativa,[77] ou a sorte de Israel desvincula-se totalmente do juízo universal e considera-se o reino messiânico como um reino de transição até a dissolução de toda a ordem terrena.[78]

---

[69] Cf. os diferentes cálculos de Daniel (7:25; 8:14; 9:27; 12:7, 11, 12) e em Enoque 18:16; 21:6; 89s; 2 Enoque 33:1; 4 Ed 12:11; 14:11; Ap Abr 29 etc.

[70] Enoque 1:7; 52:9; 83:3s,7; 102:2; Jub 23:18; Sib, III, 82s; V, 159, 447, 477s; As Mos 10:4-6; Test. Lev. 4; 4 Ed 8:23; Apoc. Bar. 31;5.

[71] Enoque 54:7-10; 66; Sib, III, 84s; IV, 160, 172, 175s, V, 155s, 211s.

[72] Is 24:21-23; Dn 4:32; Enoque 10:6,13; 19:1; 55:4; 64 etc.

[73] Dn 7:9s; Enoque 91:15; 4 Ed 7:33s.

[74] Dn 12: 2; Is 26:19; 2 Mac 7; Sl Salom 3:11s; Enoque 51:1-3; 45:1-3; 61: 5; 103: 8; 104:5; Sib, IV, 180ss; Ed 7:32s,78s; Apoc Bar 50:2; 51:1s; 85:12s. sobre a origem dessa concepção e sua importância para a revelação individual com Deus, cf. III parte, cap. 24.

[75] 2 Enoque 39: 8; 4Ed 3:33; 7: 47, 64s, 118s; Apoc Bar 14:14; Berakoth 28b. Hagigah. 4bs.

[76] Enoque 56:7; 90:18; Sib, III, 672s, 689s; Jud 16:18; Ass. Mos. 10.

[77] Enoque 90:19; 91:12.

[78] Enoque 93:1-14; 91:11-19; Sib, III, 652s; 4 Ed 7:28s; 12: 34; Apoc Bar 30: 1; 40:3.

Na apocalíptica, manteve-se também a tendência de considerar a perdição escatológica como conseqüência da *oposição absoluta entre o Deus santo e o mundo pecador;* oposição que até chega a fazer-se com maior ênfase, ao ficar resumido todo o poder do mal na figura do grande oponente de Deus, o *anticristo*, cuja derrota constitui o ato decisivo para a instauração do reino de Deus e o enfraquecimento total do pecado.[79] O que já na profecia havia sido percebido como uma oposição radical chega agora a encarnar-se numa forma característica. Mas, ao mesmo tempo, volta-se ao perigo de excluir do povo eleito a oposição ao Deus santo e projetá-la somente ao mundo dos pagãos; com isso nega a solidariedade de todos os homens no mal e a idéia de juízo se priva de sua característica mais precisa. Para poder assistir à condenação sem rodeios e implacável desse tempo teria de esperar que a paradoxal unidade de perdição e salvação, revelada aos profetas no amor irado de Deus, fosse experimentada como uma realidade concreta na mensagem do Novo Testamento baseado na cruz e na ressurreição de Cristo.

[79] Dn 11:36-45; Ass. Mos. 8; Sib, III, 63s; V, 33s, 214s; 4 Ed 5:6 e o Novo Testamento.

Capítulo XI

A CONSUMAÇÃO DA ALIANÇA: O REINADO PERFEITO DE DEUS

Já vimos como a esperança escatológica adequa-se à estrutura inteira do pensamento profético, porque é a única capaz de dar resposta ao problema da história, percebido em toda a sua profundidade. E de outro lado, uma autêntica esperança final torna-se estranha à mentalidade sacerdotal.[1] Mas a escatologia profética conta com um estágio prévio na esperança de salvação do antigo Israel,[2] que, mesmo que tenha muito a ver com esperanças populares limitadas amplamente ao elemento temporal,[3] compartilha também de certos traços fundamentais com a esperança final do profetismo, de forma que tampouco a ela se possa negar um caráter escatológico.[4] Inclusive na época pós-profética a escatologia continuou influenciando, de forma decisiva, na religião da piedade legalista sob a roupagem da fé israelita, ainda quando seu cultivo ficasse reservado a certos grupos do povo enquanto outros a ignoravam. Por isso, a questão de sua função dentro da totalidade da cosmovisão religiosa não pode mais ser adiada, desprezando-a como um acessório secundário sem maior significado.[5]

---

[1] Cf. p. 343s e 379s.

[2] Sua existência, que foi colocada em dúvida durante muito tempo, atualmente está demonstrada, com toda segurança, depois dos estudos expostos por **H. Gressmann** em suas duas obras *Der Ursprung der israelitisch-jüdischen Eschatologie,* 1905, e *Der Messias,* 1930.

[3] Enquanto que nelas tem certo papel a idéia da exaltação nacional e do triunfo militar.

[4] Cf. p. 424s, 427s e 439s.

[5] Como formulação típica dessa concepção pode servir a seguinte frase: "Não resta dúvida de que os profetas...estiveram fortemente condicionados no sentido escatológico. Mas em minha opinião eles tomaram a atenção escatológica de sua época e da piedade popular. Sua contribuição essencial e melhor, neste aspecto, não está no escatológico, mas na realidade do presente: esse Deus, que irrompe na presente realidade do coração, o reino de Deus implantado no aqui do homem de fé" (**P. Volz**, *Der heilige Geist in den Gathas des Sarathuschtra,* em *Eucharisterion H. Gunkel,* 1923, p. 345).

I. Formas principais da esperança de salvação no Antigo Testamento

Na época dos juízes e no período antigo da monarquia, encontramo-nos com *dois tipos de esperança de salvação:* uma militar, que se encontra nos chamados oráculos de Balaão,[6] e outra pacifista, que temos na bênção de Jacó e Judá.[7] Se na primeira, a felicidade paradisíaca de Israel, esboça-se com cores escatológicas,[8] a força militar do povo e de seu Deus (ou do príncipe enviado por Deus) é base e garantia da paz dourada, na segunda, o reino de paz do Salvador, que aparecerá ao final da cadeia de príncipes judeus, está em aberta oposição com a ascensão de Judá à soberania por meio da guerra.[9] Além dessa diferença fundamental, reforçada, também, pelo domínio mais ou menos amplo que, em cada caso, abrange o reino (na primeira trata-se somente de Israel, enquanto, na segunda também as nações participam do estado de salvação), existe uma notável coincidência em crer que a meta final do governo divino será a volta ao paraíso[10] e, que aparecerá um príncipe sobrenatural.[11] Surgem assim dois temas, que a partir de agora impregnarão toda a história de esperança de salvação. Se é verdade que com eles não se esgota todo o conteúdo da esperança para o futuro, ainda sim, têm uma importância toda especial, já que por seu caráter evidentemente mitológico, documentam a absoluta heterogeneidade da situação, que é objeto de esperança, frente a qualquer

---

[6] Cf. Nm 23:7-10,18-24; 24:5-9,15-18.

[7] Cf. Gn 49:8-12.

[8] Aqui entram uma natureza exuberante (Nm 24:6s.), que recorda o Paraíso, o lugar separado, habitado pelo povo numeroso (Nm 23:9s), a ausência de pecado e fadigas (Nm 23:21), a impotência de feitiçarias e conjuros contra o povo (Nm 23:23). Cf **A. Von Gall**, " *Zusammensetzune und Herkunft der Bileamperikope in Nu 22-24*", 1900, p. 30, 55s; **W. Eichrodt**, "*Hoffnung des ewigen friedens* ", p 101 s; **H Gross**, "*Die Idee des Ewigen und Algee meinen Weltfriedens im Alten Orient und im Alten Testament*", 1956, p. 81, 137, 167s.

[9] Cf. **E. Sellin**, *Die Schiloh-Weissagung,* 1908, p. 9. Se bem que a bênção de Judá não conheceu sua atual redação até a época de Davi ou de Salomão (antes é impossível falar da soberania de Judá sobre seus irmãos), pode-se utilizá-la sem reparos para a análise de esperança de época pré-monárquica, já que toda sua forma de falar pressupõe que o que há de vir é uma figura já conhecida. Não nos parece sustentável a tentativa de interpretar a pregação de Siló como um pronunciamento do governo davídico, como a fez **J. Lindblom**, *The political background of the Schiloh-oracle,* "Supplements to 'Vetus Testamentum'", vol. I, 1953, p. 78s.

[10] Cf. *Hoffnung des ewigen Friedens,* p. 102s, 114s; **H. Gressmann**, *Ursprung der israelitich-jüdischen Eschatologie,* p. 208s, 287s; **H. Gross**, *op. cit.*, p. 66s.

[11] Não se pode esquecer contudo, das diferenças de ambas as imagens; sobretudo, o Príncipe da Paz de Gn 49 tem um caráter absolutamente particular enquanto que, em sentido estrito, não atua como salvador, mas esgota-se na alegria dos bens paradisíacos, ou seja, que é mais um tipo de mediador da Época Dourada.

transferência de poder imaginável pelo homem sobre a base do mundo em que vive. A transformação da natureza e a origem divina do Salvador esperado dão ao reino futuro um caráter sobrenatural e, como conseqüência, uma pretensão de algo definitivo.[12]

Para confirmar essa antiga esperança de salvação, aparecem como testemunhos inequívocos, toda uma série de passagens que dão fé dessa esperança, por vezes em formas diferentes e outras só mediante alusões. Sobre *as chamadas últimas palavras de Davi,*[13] dado a má conservação do texto, o juízo que se fizer dele deve ser feito com muitas reservas. Em todo caso trata-se de um canto antigo.[14] Nos versículos 3 e 4 parece que se compara ao futuro príncipe divino com o sol em seu nascimento (ao estilo do IV oráculo de Balaão),[15] outras vezes é descrito como ideal de justiça e de temor de Deus. Sua separação da guerra (a qual nos v. 6s é descrita melhor como juízo de Deus) situa-se na mesma linha do príncipe pacífico de Gênesis 49, do qual se diferencia, ao contrário, por exercer ativamente sua função de príncipe.

De forma totalmente singular, na *bênção de Moisés a José,*[16] a tribo personificada aparece sustentando a audaz esperança de um reino universal dotado, algumas vezes, de poder militar e de abundância paradisíaca. Essa notável mudança da esperança no salvador significa uma estreita vinculação da mesma, com a hegemonia política e, desse modo, o começo de sua perversão nacionalista. Os atributos mitológicos começam a diluir-se agora em imagens poéticas.[17]

De maior valor que essa passagem, cuja interpretação não é absolutamente certa, temos o fato indisputável de que, nos relatos do antigo Israel, utilizam-se para pintar aos grandes heróis uma *série de motivos*

---

[12] Isto em nada afeta, o fato de que, no estilo cortesão do antigo Oriente utilizem-se sentidos mitológicos; inclusive nesse caso a finalidade última não é uma exaltação qualquer de tipo poético hiperbólico, mas a tendência da soberania para implantar-se com validade absoluta e para sempre.

[13] Cf. 2 Sm 23:1-7.

[14] Cf. **O. Procksch,** *Die letzten Worte Davids,* cm *Alttestamentliche Studien, R. Kittel dargebracht,* 1913, p. 112s.

[15] A esta exegese leva a introdução, bastante misteriosa, que designa o vindouro como revelação especial do profeta inspirado, e não permite por isso pensar numa exposição doutrinal das condições para o *berīt* divino ou num reflexo, bastante estranho, por certo, do rei no poder. Cf. **A. Klostermann**, *ad locum.*

[16] Cf. Dt 33:13s.

[17] Por isso a data desse oráculo, que de per si poderia fixar-se livremente entre o breve período de esplendor de Gideão e a nova glória de José depois da divisão do reino, deve-se situá-la num período posterior. Com isso não se pretende pôr em dúvida, naturalmente, a importância do canto de louvor para a esperança popular mais antiga.

estereotipados, com os quais se coloca na mesma linha que aos salvadores e redentores chamados e extraordinariamente dotados e guiados por Deus. Entre tais motivos, que chegaram a criar em parte um estilo estereotipado,[18] é preciso ainda contar, por exemplo, a chegada de uma nova era universal pré-anunciada por mensageiros divinos ou profetas, provocada por um menino cujo próprio nascimento já está cercado de mistério ou de uma humildade especial, cuja juventude manifesta já seus extraordinários dotes e cuja idade madura, graças a todo tipo de milagres e de manifestações de poder, consegue a salvação e a redenção num reino universal que é descrito como época de felicidade.[19] Essas notas que não aparecem todas juntas, senão de forma bem dispersa, como uma espécie de linguagem simbólica,[20] conduzem em sua totalidade a uma imagem do salvador, bem conhecida do povo e em quem todas elas encontram sua unidade ideal. O que dissemos fica confirmado pelo descobrimento de uma série de expressões semelhantes sobre o rei redentor em todo o Oriente Próximo, que entram para fazer parte de uma biografia sagrada e demonstram que Israel não faz mais que participar de uma herança oriental comum.[21] Tomada a coisa separadamente por si mesma não significaria muito; significaria simplesmente que a superação das desgraças populares e a aparição de tempos melhores, eram costumeiramente esboçadas por meio de certas expressões estereotipadas que se convertem em elementos de um ideal popular do salvador. Esse ideal do salvador toma um caráter escatológico só a partir do momento em que não se aplica a uma ou outra figura histórica, senão que, enquanto realidade futura, constitui objeto de anseio e esperança. Quando assim é — como nos testemunhos citados no princípio — a constatação, então, de um "estilo heróico", torna-se um modelo não desprezível para a interpretação das idéias relacionadas com cada profecia que não pode ser subestimada.

Outras formas revestem a esperança que se expressa *nas bênçãos do Gênesis.* Nelas, além das bênçãos que prometem uma prosperidade simplesmente nacional, surgem outras que anunciam o papel decisivo de Israel como mediador de bênção para todo o mundo, fixando assim na história do povo uma meta de caráter absoluto.[22] O que aqui se expressa é a firme certeza

---

[18] Cf. Is 7:14 com Gn 16:11 e Jz 13:3, também **R. Kittel**, *Die hellenitische Mysterienreligion und das Alten Testament,* 1924, p. 9s.

[19] Cf. **A. Jeremias**, *Das Alten Testament im Lichte des Alten Orient,* 1930, p. 473, 480, 489, 533, 673s; **E. Sellin**, *Die israelitisch-jüdischen Heilandserwartung,* 1909, p. 9s.

[20] Cf. Gn 30:22; 49:24; Êx 2:1s etc.; Js 10:12-14; Jz 6:15s; 11:1s, 20; 13:2s; 14: 6; 15:14s; 1 Sm 1:2s; 7:10; 9:21; 17:46.

[21] Cf. **E. Norden**, *Die Geburt des Kindes,* 1924**; W. Weber**, *Der Prophet und sein Gott,* 1925, p. 80s, 119s. Sobre os limites dessa coincidência ver o que dizemos mais adiante.

de que a história terá uma consumação. Mas o que caracteriza esta esperança diferenciando-a da que vimos antes é o de ser *devedora de uma mudança típica no sentido da história,* o futuro aparece encerrado na própria força da bênção, não é algo novo devido à ação pessoal e criadora de Deus, mas que já está realmente estabelecido e garantido no presente como constituição inalterável do universo e vai-se configurando e se impondo graças à eficácia irresistível da bênção. Se for correta a suposição de que tais bênçãos pronunciaram-se com preferência nos santuários de Siquém, Betel, Hebrom e Berseba e que tinham, portanto, um significado cultual, voltamos a nos encontrar com aquela cosmovisão tipicamente sacerdotal para a qual, graças à ação do Deus eterno em sua lei, o futuro forma com o passado um eterno presente.

Essa transformação da esperança escatológica, numa realidade possuída potencialmente já no presente, aparece ainda com maior clareza em sua vinculação com a monarquia. Como demonstram *os salmos reais,*[23] a figura do soberano israelita exercia uma enorme força de atração sobre a esperança do povo. Acolhido como filho de Deus,[24] sabendo tudo o que sucede sobre a terra como um anjo de Deus,[25] revestido do caráter intangível do santo graças à unção,[26] fazendo tudo o que cai em suas mãos segundo o Espírito de Deus, do qual está dotado e, por conseguinte, operando sempre o que é justo,[27] o soberano, é para o povo, um guia no qual as melhores esperanças cumprem-se. Por isso, nas grandes festas com que se celebra seu reinado — na de entronização, na festa do ano novo, na das bodas reais e na festa da vitória — é saudado com cantos que o celebram como o salvador divino, adotado por Yahweh como filho é o representante do Deus soberano universal ao que lhe é lícito, por direito, reclamar a soberania sobre as nações.[28] Ele administra a lei de Deus sobre a terra[29] e seus fiéis o vêem adornado por uma beleza de um mensageiro celestial,[30] ao passo que cai sobre seus inimigos na forma de um fogo terrível;[31] ele acompanha nas teofanias ao próprio Deus,[32] pulveriza com suas armas aos adversários e os faz desaparecer

---

[22] Cf. Gn 12:2s; 18:18; 22:15-18; 27:27-29; 28:14.
[23] Cf. Sl 2; 21; 45; 72; 110.
[24] Cf. 2 Sm 7:14.
[25] Cf. 2 Sm 14:20.
[26] Cf. 1 Sm 26:9; 2 Sm 1:14.
[27] Cf. 1 Sm 10:6s.
[28] Cf. Sl 2:7s.
[29] Cf. Sl 45:5,8; 72:1s,12s.
[30] Cf. Sl 45:3; 110:3.
[31] Cf. Sl 21:10. Este texto, muito glosado, deve ser reconstruído de acordo com o contexto, eliminando a glosa marginal esclarecedora, *yhwh y^e^ball^e^ēm* e o duplo *'ēš,* ficando *taṣṣitēmō k^e^tannūr l^e^'tē pāneykā ūb^e^'app^e^kā tōk^e^lēm*; cf. **Gunkel,** *ad locum.*

da terra[33] ou os colocam a seus pés como a escravos temerosos.[34] Seu trono, de outro lado, tem uma consistência eterna. Dele reina como um ser divino e situa a seus filhos como príncipes da terra,[35] enquanto as nações o elogiam[36] e a natureza bendiz seu reinado com uma abundância sem limites.[37]

Para explicar a avalanche de atributos de honra que se acumulam, desse modo, sobre a cabeça do rei, recorreu-se ao *estilo cortesão do antigo Oriente,* e com toda razão. Porque atuam aqui formas estilísticas comuns a todo o Oriente, especialmente na Babilônia, e que são naturais ao culto a um soberano divinizado.[38] Mas a aplicação de tais fórmulas, compreensíveis num império, ao monarca do diminuto reino israelita, não pode se explicar recorrendo ao fanatismo patriótico e ao orgulho político de Israel[39] (fanatismo e orgulho que, tampouco, faltaram em outros povos da Ásia Menor, e não produziram, contudo, um fenômeno parecido); a única coisa que possibilitou essa aplicação foi a fé na eleição divina, que despertou a convicção de ter uma missão especial, para se cumprir o serviço do Deus de Israel, com um sentido absolutamente singular. Por isso, pode atribuir ao rei israelita, como "filho" do Deus da aliança, o direito a uma soberania universal sem cair em megalomanias.[40] Como elementos das celebrações cultuais dos dias de festas reais,[41] os salmos citados anunciam a salvação, que Yahweh quer dispensar, por meio de seu rei eleito.[42] O que aqui se expressa *não é uma imitação do*

---

[32] Is 10:16s; 29:6; 30:27s; 1 Rs 19:12; Sl 18:9; 50:3; 97:3 etc.

[33] Sl 2:9; 21:11s; 45:6; 110:5s.

[34] Sl 72: 9; 110:1.

[35] Sl 45:7, 17

[36] Sl 45:18; 72:17.

[37] Sl 72:3, 16.

[38] O exemplo mais notório é o da fórmula utilizada para expressar a extensão do reino messiânico, "de mar a mar, desde o grande rio aos confins da terra" (Sl 72:8, cf. Zc 9:10), que só pode ter sido cunhada na Babilônia. A prova detalhada pode ser vista em **H. Gressmann**, *Der Messias,* p. 1s. Cf. também, **A. R. Johnson**, *The Role of the King in the Jerusalem Cultus,* em *The Labyrinth,* 1935, p. 73-111, e a bibliografia citada na p. 390s.

[39] Gressmann, *loc. cit.,* p. 17, 200s, 230.

[40] "Essa pretensão dos reis israelitas à soberania universal não é uma realidade político-histórica, mas uma exigência ideal-religiosa" (**S. Mowinckel**, *Psalmenstudien,* III, p. 84).

[41] O mesmo também vale para o Sl 45, como demonstrou **S. Mowinckel**, *Psalmenstudien,* III, p. 96s.

[42] Por isso também costuma-se descrever a Yahweh como a aquele que está sempre em ação: Sl 2:4s; 21:3s; 45:3, 8; 72:1; 110:1s.

reinado divino, mas uma concepção religiosa do final da história[43] e, por isso intimamente relacionada com a esperança escatológica. O que sucede é que, o que essa esperança vê como salvação futura de Yahweh, contemplam esses cantos como atuando na vida presente na figura do rei. No rei tem-se diante dos olhos a garantia e, algumas vezes, o despontar da ação salvadora de Deus.

E foi somente por essa razão, a saber, que ela era uma esperança fundamentalmente escatológica, que foi aqui imaginada em formas cúlticas, que essa expectação, ligada ao rei, foi capaz de sobreviver em seu pleno vigor, a despeito dos desapontamentos freqüentes com os representantes da monarquia. Porque, definitivamente, suas raízes não se estabeleciam no rei empírico e em seus anseios de poder, mas na salvação do Deus da aliança, que havia criado a consciência de um final histórico, antes mesmo que aparecesse a monarquia. Assim a esperança pôde passar sem dificuldades do pai ao filho, e inclusive renovar-se com cada novo rei.

Essa vinculação da obra de salvação divina com a monarquia assumiu uma forma peculiar em *Judá:* aqui, e não em cada rei individual, mas na dinastia por ele fundada, viu-se elevada, graças aos pronunciamentos dos profetas, à categoria de instrumento eleito por Deus para realizar sua salvação, por conseguinte como um elemento imprescindível do povo de Deus.[44] Num primeiro momento, isto não mantém nenhuma relação com a esperança escatológica, porque está claro que a única coisa que se tem consciência é a existência terrena e natural de Israel, sem levar em conta uma consumação da história. Mas não tardaria muito tempo em juntar com a esperança messiânica: na bênção de Judá o restaurador do paraíso aparece como o último membro da brilhante dinastia davídica. E, de outro lado, ao ser a promessa divina a Davi, interpretada como o estabelecimento de uma aliança, paralela à aliança de Deus com Israel,[45] *também neste caso a consumação messiânica foi entendida como cumprimento de uma ordem estabelecida de uma vez para sempre e que agora impregna toda sua vida.* Sobre a irrevogabilidade dessa ordem constitui-se a fé.

Essa atualização da salvação na instituição da monarquia foi acompanhada, em todo momento, por uma esperança propriamente escatológica, que esperava que o tempo da salvação se iniciasse com uma irrupção maravilhosa de Yahweh no curso da História. A esse respeito temos que nos referir exclusivamente a testemunhos indiretos, já que não se nos conservou nada das promessas dos *n^{e}bī'īm* sobre o futuro, quando foi nesses

---

[43] Cf. **H. Gross**, *Weltherrschaft als religiöse Idee im Alten Testamet,* 1953.

[44] Cf. 2 Sm 7:11-16.

[45] Cf. 2 Sm 23:5; Sl 132; Is 55:3; Jr 33:14-26; Sl 89:4,29,35,48; 2 Cr 7:18; 13:5; 21:7 etc. Cf. cap. II, p. 48s.

círculos mais exatamente onde a esperança escatológica encontrou seu verdadeiro Fim.[46] Caberia citar, em primeiro lugar, a luta que encontramos em Amós,[47] contra uma esperança popular, cujo objeto é algo materialmente palpável, os contemporâneos do profeta esperam o dia de Yahweh como revelação de uma felicidade gloriosa, cuja realização eles nunca poderão desejar com o ardor suficiente. Também nos dias prósperos de Jeroboão II estendeu-se o anelo de uma salvação, que nem sequer um rei com êxito, seria capaz de tornar realidade. E a idéia de um restante adotada pelos profetas[48] traduz também uma esperança de salvação, ainda que de sinal negativo, como se pôde ver por nossas reflexões anteriores.[49] As predições dos profetas dão-nos bastante informação sobre o conteúdo da glória desejada. Basta ter-se consciência de que nelas aparecem, num novo contexto, numerosos elementos da esperança popular.[50] O elemento central *é a volta do paraíso:* nela disporá o homem de modo ilimitado de uma abundância de bens naturais,[51] os animais perderão sua ferocidade[52] e as nações converterão suas armas em instrumentos de paz,[53] o rei do paraíso exercerá um governo tranquilo[54] e a nova Jerusalém assentar-se-á sobre o monte de Deus com sua corrente de vida,[55] de forma que a certeza central da fé israelita — "Deus no meio de nós" (*yhwh b^{e}qirbēnu)*[56] — converter-se-á num espetáculo glorioso. É muito provável que fosse, sobretudo, o pequeno camponês israelita, especialmente afetado pelas duras guerras araméias, o qual, levado por seus anseios de paz, cultivou essa forma de esperança tão notavelmente contraposta às expectativas vinculadas com a monarquia.

O ataque do movimento profético, do século oito a.C. adiante, foi direcionado contra essas formas da crença israelita na salvação, substituindo o consolo da revelação da salvação divina, tão agradável ao ouvido, pela certeza do juízo que se aproxima. "O dia de Yahweh é treva e não luz." A partir desta convicção fundamental, os profetas deixam descoberto a fraqueza e inclusive

---

[46] **Gressmann,** *Ursprung der israelitisch-jüdische Eschatologie,* p. 155. Cf. p. 287s.
[47] Am 5:18, cf. 6:3; 9:10.
[48] Am 5:14s; Is 7:3; cf. 1 Rs 19:18; Gn 45:7 e **W. E. Müller**, *Die Vorstellung von Rest im Alten Testament,* Tese doutoral, Leipzig 1939.
[49] Veja p. 417 e comparar com p. 337s.
[50] Essa idéia foi fundamentada de forma sitemática por **Gressmann**, *loc. cit.*
[51] Am 9:13s; Os 2:23s; Is 7:15; 29:17; 32:15, 20; Jl 4:18; Dt 32:13; Ez 34:26s; 36:8s, 35s etc.
[52] Os 2:20; Is 11:6-8; 65:25, com suas repercussões em Ez 34:25s, Is 35:9; Lv 26:6.
[53] Os 2:20; Is 2:4; 9:4; Mq 5:9s; Zc 9:10; Sl 46:10; 76:4.
[54] Is 7:14s; 9:5s.
[55] Is 2:2; Sl 48:3; 46:5; Ez 40:2; 47:1s; Zc 14:8,10.
[56] Am 5:14; Is 8:8,10; Sl 46:4, 6, 8, 12; Mq 3:11; cf. Nm 23:21.

a impiedade da anterior esperança de salvação. Numa de suas formas essa esperança vê na era dourada, enquanto soma de todos os bens materiais, a satisfação ideal a que aspiram suas necessidades materiais, sem produzir já o desejo de uma entrega obediente e confiante ao Senhor do novo mundo;[57] na outra procura legitimar os soberbos anseios de poder e a decidida auto-divinização dos governantes recorrendo à bênção divina, mas prescindindo impiamente das fundamentais exigências sociais do Deus da aliança. Diante de ambas, os profetas, ao reduzir a pó toda grandeza humana diante do Deus juiz, deixavam o caminho aberto à nova criação do redentor. Desde esta perspectiva de refinamento e depuração podiam, sem nenhuma dificuldade, ser também empregados os elementos da antiga esperança, enquanto descreviam a ação de Deus em todo seu significado cósmico e, ao mesmo tempo, em sua concreta imanência, como renovação do universo e do povo. Mas as tônicas se deslocaram e *o que ocupa o centro absoluto é a consumação do reinado de Deus*. Diante dessa idéia central o mito perde seu poder; em nenhum lugar voltaremos a encontrar a imagem perfeita do paraíso, porque se dividiu em peças que os profetas utilizam com grande liberdade, umas vezes num contexto outras em outro, quando com elas podem dar plasticidade e colorido a sua idéia centrada na história definitiva e torná-la, ao mesmo tempo, mais exeqüível ao povo. Dessa maneira, em Oséias esses elementos do mito compõem a bela roupagem com que se veste o novo amor de Yahweh a Israel;[58] em Isaías, o manto de glória que cobre o mediador messiânico da justiça[59] ou a ilustração colorida do reinado do Deus do universo;[60] o mesmo acontece com os demais profetas.[61]

Desse modo, aparece com clareza o empenho próprio da esperança profética, a instauração do reino de Deus; a estreita vinculação dessa esperança

---

[57] Neste sentido se deve interpretar a célebre passagem do "Emanuel" de Is 7:14s: trata-se de um desvio irônico da esperança popular do paraíso para convertê-la em seu contrário com a ajuda dessa equivocidade que permite conceber o leite e o mel como alimento divino e também como alimento em casos de extrema necessidade. Cf. **Gressmann**, *Der Messias,* p. 235s A. Jeremias, ATAO, p. 672s; **E. Sellin**, *Heilandserwartung,* p. 25s, e a aguda demonstração de **R. Kittel** em *Die hellenitische Mysterienreligion und das Alten Testament,* p. 1s. De outra forma opina **J. J. Stamm,** *La Prophétie d'Emmanuel,* 1944.

[58] Os 2:16s.

[59] Is 9:1s; 11:1s. Sobre a interpretação política que de Is 9: 1s faz **A. Alt**. *Isa.* 8:23-9:6, *Befreiungsnacht und Krönungstag,* em *Bertholet-Festschrift,* 1950, p. 29s, cf. a correta crítica de **H. Gross**, *loc. cit.*, p. 139s, e também a exegese correspondente de **W. Vischer**, *Die Immanuel-Botschaft im Rahnmen des königlichen Zionsfest,* 1956.

[60] Is 2:2s.

[61] Cf. Mq 5:1s; Zc 9:9s; Is 19: 23; 40:3s; 41:18s; 43:19s; 49:2; 55:1,13; 60: 13,19s etc.

com a experiência específica que os profetas têm de Deus e com seu polêmico anúncio da vontade divina demonstra que se trata de um elemento integrante da mensagem profética.[62] Desse modo, o novo noivado de Yahweh com Israel, pelo qual, segundo Oséias, Deus quer unir-se com um povo que dependa dele por puro amor,[63] enquadra-se perfeitamente com toda a mentalidade desse profeta que luta por seu povo infiel e apresenta de forma tão singular o amor incansável de Yahweh. Isaías, por sua vez, situa no centro da imagem, que apresenta do futuro, a soberania da lei e a justiça na comunidade moral do povo e das nações,[64] descobrindo com isso a meta de sua luta por Deus, que se lhe havia revelado como o santo. Sofonias segue seus passos quando faz com que os humildes, os que renunciaram a confiar em si mesmos, sejam os que vivam a nova comunhão com Deus e a paz das nações.[65] Esse mesmo espírito, que encontramos no restante dos discursos de Jeremias, é o que o move, quando ao povo que deturpou a aliança, anuncia-lhe uma aliança nova pela qual a lei divina ficará gravada no coração e no espírito do homem e as pessoas de todos os estados e idades alegrar-se-ão igualmente de seu Deus.[66] Essa mesma linha central, fundamentalmente religiosa, atravessa as palavras de Ezequiel e do deutero-Isaías. Segundo Ezequiel, Deus transformará o coração de pedra em um coração de carne, pela habitação do Espírito de Deus no homem; dessa nova criação interior passa logo o profeta a uma criação mais exterior:[67] Yahweh, o grande pastor de seu povo, iluminará, com efeito, uma nova era de paz na natureza e na humanidade e garantirá sua graciosa presença num novo templo. De forma ainda mais arrebatadora o deutero-Isaías sabe esboçar, em seus hinos de júbilo, um reino pacífico de justiça que abrange a todas as nações, situado acima do tempo e do espaço e ao qual não afeta em nada a ruína do mundo terreno.[68] Em todos esses autores, ainda que de formas diferentes, segundo os indivíduos, o delineamento é comum. Sua íntima coincidência, apesar das diferenças externas, é uma prova da importância central dessa mensagem escatológica no conjunto da profecia.[69]

Essa subordinação de todos e cada um dos traços concretos da idéia de consumação do reinado de Deus traduz-se, de forma especialmente

[62] A prova dessa íntima conexão da pregação profética com o restante da pregação aparece em meu estudo *Die Hoffnung des ewigen Friedens.* Oferece também elementos notáveis a este respeito **W. Stärk,** *Das assyrische Weltreich im Urteil der Propheten,* 1908.

[63] Os 2:21s.

[64] Is 9:5s; 11:3-5; 2:2-4; 29:20s; 32:16s.

[65] Sf 3:9s.

[66] Jr 31:31s.

[67] Ez 11:19s; 36:25s; 37; 17:23s; 40s.

[68] Is 45:20-25; 51:4-8.

[69] Cf. também a reelaboração escatológica da idéia de aliança pelos profetas mencionados em último lugar: cap. II, II, 2, p. 43s.

impressionante, *na figura do rei salvador,* em certos profetas,[70] não aparece em absoluto e em outros fica enormemente obscurecida pela intervenção pessoal de Deus.[71] Mas ainda nos casos em que ocupa um lugar importante na imagem do futuro vê-se submetida a sérias mudanças. Entre as tarefas que se haviam atribuído ao salvador dos últimos tempos, por essa sua vinculação com o ideal do rei, segue mantendo a de sua atividade moral e social, a de seu justo juízo sobre todos os pecadores dentro de seu próprio povo e seu auxílio a todos os oprimidos e pouco favorecidos socialmente. Mas ao mesmo tempo, esse ofício se compreende agora num plano superior, ao acentuar-se seu ofício de mediador, que permite ao povo e a cada indivíduo dentro dele uma justiça perfeita,[72] assegurando com isso a cada indivíduo uma nova relação de aliança e paz entre ele e seu Deus.[73] Essa função de mediação baseia-se na expiação voluntária através do sofrimento até a entrega da própria vida e na superação e conversão interior do pecador, ao aceitar na fé a intercessão por ela conseguida;[74] a perfeita comunhão com Deus, dos fiéis dentro da história, fica assim liberta definitivamente de toda concepção mágico-materialista e afirmada, no sentido mais pleno, como uma relação pessoal entre Deus e o homem.[75] Isso leva consigo, de modo lógico, a renúncia a imaginar ao salvador

---

[70] Nos casos de Oséias, Amós e Sofonias.

[71] Cf. Jr 23:5s com os caps. 30 e 31; Ez 17:22s.; 21:32; 34:23s; 37: 22, 24s em conexão com os caps. 34–37.

[72] Jr 23:5s.

[73] Is 42:6s; 49:6,8.

[74] Is 50: 4-9; 53:1-12; um eco dessa imagem em Zc 11: 4s; 13:7-9; 11:15s; 12:10-14; cf. **O. Procksch**, *Die kleinen Propheten nach dem Exil,* 1916, p. 107s.

[75] Partimos aqui do pressuposto, que não precisa ser aqui substanciada com mais detalhes, de que o *'ebed-yhwh* do deutero-Isaías assim deve ser interpretado em sentido individual mas não como profeta (**Mowinckel**), nem tampouco, como doutor da *torah* (**Duhm** e outros), mas como figura real, que em todo caso assumiu riscos provenientes de outros âmbitos. É curioso que **H. Gressmann**, que no princípio buscou a solução por caminhos totalmente diferentes, em último termo voltara-se (*Der Messias,* p. 285s) a esta concepção, defendida primeiramente, e de forma especial por **E. Sellin** (*Das Rätsel des deuterojesajanischen Buches,* 1908). E semelhante é também a idéia de **J. Engnell** (*The Ebed Yahweh Song and the Suffering Messiah in Deutero-Isaiah,* 1948, p. 54-93), o qual vê nos cantos do servo de Deus, o anúncio profético do Messias vindouro, em conexão com a liturgia da festa anual do Rei e em relação direta com o Messias davídico de outras profecias. Para a formulação desse anúncio deve ter contribuído, segundo ele, o mito do Deus que morre e ressuscita. Também **V. de Leeuw** vê no *'ebed* uma figura real (*L'Attente du Messie,* 1954). Menos ênfase põe no elemento messiânico **Bentzen**, o qual se fixa mais nas repercussões de uma espera de Moisés e nos protótipos dos patriarcas e dos profetas, ao passo que busca interpretar o *'ebed* como uma personagem histórica (*Messias-Moses redivivus-Menschensohn,* 1948).

À vista do estado atual da discussão é duvidoso que as tentativas realizadas por **H. Wheeler Robinson** (*The Hebrew Conception of Corporate Personality,* em *Werden und Wessen des Alten Testaments,* 1936, 49s) e por **O. Eissfeldt** (*Der Gottesknecht bei*

que chega como uma figura militar.[76] A realização do juízo entre as nações fica reservada ao próprio Deus.[77] Aqui encontra sua nova forma profética, a figura popular do rei pacífico do paraíso, forma que, naturalmente, também introduz o elemento naturalista da abundância paradisíaca, sob a figura da nova vida pessoal-moral tornada realidade no Messias. A profundidade dessa transformação da esperança de salvação tradicional se demonstra em muitas passagens, pelo fato de que a ação do rei salvador limita-se a Israel enquanto que a soberania universal fica reservada exclusivamente a Yahweh.[78] Com isso o orgulho nacionalista acha-se desprovido de seu suporte mais importante e o universalismo religioso fica purificado de toda miséria. Mas inclusive quando o rei salvador aparece como soberano universal, o caráter pacífico de seu

---

Deuterjesaja, 1933) para iluminar o problema, recorrendo à idéia de uma "personalidade corporativa", testemunhada entre os povos primitivos, fazem avançar a questão muito mais de onde a levara **W. Vischer** (*Der Gottesknecht. Ein Beitrag zur Auslegung von Jes. 40 –55,* "Jahrbuch der Theolog. Schule Bethel", 1930 p. 59-115), em seu estudo da representação do povo pelo indivíduo. Cf. um bom resumo de toda a discussão em **C. R. North**, *The Suffering Servant in Deutero-Isaiah,* 1948 e em **H. H. Rowley**, *The Servant of the Lord and other Essays on the Old Testamet,* 1952, p. 1-88. Enquanto que os primeiros insistem na interpretação coletiva do *'ebed* e utilizam os limites confusos existentes entre o indivíduo e o grupo de preferência para delimitar os traços individuais de nosso personagem, os últimos vêem na descrição do profeta o passo, historicamente condicionado, da imagem de Israel como servo a cargo de um indivíduo, que participa menos da constante oscilação entre indivíduo e grupo. **M. Buber**, apesar de rejeitar a interpretação coletivista do *'ebed,* aproxima-se mais da tese de uma "personalidade corporativa", quando vê no *'ebed* a uma pessoa polifacética, que combina em si mesma a todos os profetas colocados na luta e no sofrimento e, ao consumar sua tarefa, não só representa ao verdadeiro Israel, mas é também idêntico a ele (*Het Geloof van Israel,* em *De Godsdiensten der Wereld,* 1948, I, p. 148s, e *Der Glaube der Propheten,* 1950, p. 309s). Resta duvidar, com toda razão, de que mediante essa interpretação, para a qual o sofrimento expiatório do *'ebed* só se aplica aos pagãos, se chega a captar o mistério da reconciliação em toda sua profundidade neotestamentária.

O separar Is 53 do restante dos cantos do servo de Deus (cf. **P. Volz**, *Jesaja II übersetzt und erklärt,* 1932 com um valioso resumo das interpretações que se deram até agora) dificilmente pode ser correto. Que há diferenças com relação ao resto do livro, não pode ser questionado, contudo eles podem ser explicados de outras maneiras. Para entender a figura do rei sofredor é importante conhecer os usos da festa de ano novo babilônica, que mostram ao rei como um penitente: cf. **L. Dürr**, *Heilandserwartung,* p. 133s. Na discussão em torno da relação do servo de Deus como um personagem histórico, saber qual dentre as numerosas interpretações seja a que acerte com a personagem correta tem menos importância que a exposição do nexo entre essa personagem e as idéias escatológicas. Neste sentido a orientação verdadeira teria de provir da combinação desejada por **R. Kittel** (*Geschichte des Volkes Israel,* III, 1, 1927, p. 22s) e **W. Rudolph** (ZAW, 43, 1925, p. 90s; 1928, p. 156s) e da lembrança de como se mostram os feitos nos salmos reais.

[76] Is 9:5s; 11:1s; o príncipe da paz; Zc 9:10; Mq 5:1s; Jr 23:5s; Ez 34:23s; 37: 22,24s.

[77] Is 9:3s; Zc 9:1-8; Mq 4:6s; 5:9s; Jr 23:1-4; 30:16; Ez 34:1s; 35.

[78] Sobretudo, Isaías (9:1-6, cf. 2:2-4) mas também Miquéias, Jeremias e Ezequiel.

mandato é um testemunho inequívoco contra toda pretensão de uma soberania dominada pelo nacionalismo ou pela ânsia de poder.[79]

Todas essas imagens referentes ao futuro estão em total contradição com as pretensões messiânicas dos representantes históricos da monarquia, à qual os profetas despem de seu ornamento divino para que toda esperança, deixando de se fixar nessa instituição, volte-se para o salvador enviado por Deus. Até que ponto, por efeito dessa polêmica, mudou também a esperança de salvação vinculada ao rei, no-lo demonstra o cântico real do Salmo 72 que exalta a entronização do juiz e príncipe da paz e vê o principal apoio da monarquia na oração do pobre implorando a vinda do rei salvador.[80]

Apesar dessa oposição teórica, *a partir do exílio, começam a introduzir-se na escatologia profética elementos e tendências da esperança de salvação popular.* Devido em parte ao desenvolvimento lógico da fé na retribuição,[81] incapaz de representar a graça de Yahweh sem reflexos palpáveis no acontecer exterior — o qual exige para o novo Israel uma brilhante posição dentro do mundo — e em parte por influência da exaltação poética da grande mudança produzida na sorte de Israel, da qual são exemplos inigualáveis as belas imagens, amplamente desenvolvidas no deutero-Isaías, sobre a libertação e restauração da princesa Jerusalém, cativa e degradada,[82] *a soberania universal israelita,* em cujo serviço colocam-se as nações e à qual aflui toda a riqueza do mundo, volta a conseguir um lugar de destaque na imagem do futuro.[83] Quando Ageu saúda a Zorobabel como rei salvador e soberano universal eleito por Yahweh,[84] volta à linha dos antigos cantos reais e à conexão que eles estabelecem da salvação do rei do presente. Junto a esse perigo de reduzir a salvação num sentido particularista e nacionalista, aparece também sua *vinculação com o culto.* É certo que Ageu e Zacarias adotavam uma atitude autenticamente profética, quando viam as tarefas históricas de urgência imediata sob uma luz escatológica e pregavam, por isso, que a reconstrução do templo era uma confissão de

---

[79] Zc 9:9s; Is 42:1,4,6; 49:6s; 52:13; 53:12. No livro da consolação do deutero-Isaías, junto à esperança de uma salvação universal apolítica (45:20-25; 51:4-6), que se encontra também a de matiz político-nacionalítica (45:14s; 49: 22s; 55:4s).

[80] Cf. v. 15 (ler o versículo 15a, em parte, segundo a proposta de **Buhl-Mowinckel**, "quc viva o pobre e que ore, e ele lhe dará coisas melhores que o ouro de Sabá: *wīḥī he'ānī w^{e}yōdennu w^{e}yitten-lō mizz^{e}hab š^{e}ba'*).

[81] Cf. Pv 1:19, 31s; 2:21s; 3:33s; Sl 37; 39; 49 e os conselhos dos amigos no livro de Jó. Além disso, veja também parte III, cap. XXII, III, 3.

[82] Is 49:14s; 51:17s;.52:1s; 54:1s; 60; 62.

[83] Is 60:4,10s,14,16; 61:5,6b; 66:12; Ag 2:7s e a peculiar fundamentação das bênçãos messiânicas em Ez 34:29; 36:20-23,30,36 e 36 e 36:1-15.

[84] Ag 2:21-23, cf. Zc 4:1-6,10 – 14.

esperança e condição exigida para a volta de Yahweh no tempo de salvação.[85] Mas o culto via-se revestido de um caráter absolutamente desconhecido quando, como sucedeu nos apêndices de Ezequiel,[86] a comunidade suscitada por sua restauração era descrita, simplesmente, como messiânica. Aqui se constata como a consumação futura frente à qual a única coisa que resta é esperar, transforma-se numa ordem divina que se realizará no presente. E também as promessas — a princípio de sentido escatológico — feitas a Israel enquanto povo sacerdotal mediador do tempo de salvação,[87] que herda a promessa de graça de Davi[88] e leva as nações ao reto conhecimento de Deus,[89] podem explicar-se e cabem perfeitamente no âmbito mental do que vimos entendendo como "atualização" do *eschaton*.

De qualquer maneira, devido às difíceis situações nas quais se viu constantemente embaraçada a esperança da comunidade judaica, permaneceu sempre viva *a ansiosa expectativa do final.* Mas depois de não terem se cumprido as esperanças em Zorobabel, a figura do rei messiânico passou ao segundo plano e a fé orientada para o futuro centrou-se por completo na intervenção maravilhosa de Yahweh, cuja soberania seria a única que garantiria a bem-aventurança futura. Com Malaquias, Joel e o pequeno apocalipse de Isaías 24-27, encontramo-nos diante de fases concretas, de data dificilmente identificável, da esperança escatológica, a última das quais penetra até a época grega. Nelas voltam a manifestar-se as melhores idéias dos profetas; a mesma corrente de particularismo nacionalista, que não faltou nessa época, como aparece na última parte do livro de Isaías e em Zacarias,[90] não faz senão manifestar com maior clareza o vigor dessa esperança de horizontes universais.

Mas enquanto as imagens escatológicas tornam-se muitas vezes embaraçadas e complicadas e acusam o abuso de apoio mitológico, *a soberania perfeita de Deus,* objeto de seus anseios, reflete-se com clareza em toda uma série de hinos cultuais que celebram o reinado de Yahweh, com a mensagem real do deutero-Isaías.[91] Com uma fé entusiasta, canta-se neles a universalidade do reino de Deus como satisfação cumprida dos anseios do cosmos, transferindo-a, por sua

---

[85] Ag 2:4-9,15s; Zc 1:16s; 2:14s; 4:6s.

[86] Ez 40 – 48, deve ser em grande parte, de época posterior ao restante do livro. Talvez possa considerar-se como linha divisória o final de 43:11a. Sobre esta questão, cf. **G. Hölsher**, *Hesekiel, der Dichter und das Buch,* 1924, p. 189.

[87] Is 61: 6-9. Continua nessa mesma linha quando em Zacarias o sumo sacerdote é às vezes tipo e penhor do Messias (3: 8-10; 6:9s).

[88] Is 55:3s.

[89] Zc 2:14s; 8:23. Cf. Is 45:14; 19:23. Também os cantos do servo de Deus puderam ser interpretados desde um tempo remoto com referência ao povo.

[90] Is 65s; Zc 9:11-11:3; 12:1s; 14:1s; cf. também Ob 15s.

[91] Sl 93; 96; 97; 99; veja, p. 383s e 105s.

vez, da esfera puramente escatológica à realidade presente do culto e atribuindo-lhe assim um valor atemporal.[92] Neles a idéia sacerdotal na soberania divina, enriquecida pela esperança profética, encontrou sua mais pura expressão.[93]

No judaísmo tardio, até a época grega, pode-se observar, ainda que somente em fracos vestígios, uma mudança ideológica, que logo influenciaria, também, a mentalidade escatológica. Trata-se da *implantação de um dualismo transcendente* que, por influências estrangeiras e sobretudo persas, projetava sobre o mundo espiritual as antinomias da vida humana terrena, outorgando ao mundo do mais além uma preponderância cada vez maior, considerando-o como autenticamente verdadeiro e importante diante do mundo daqui debaixo.[94] Dentro dessa corrente, a obra de Deus converte-se numa luta contra o demônio, luta que se decide pelo juízo sobre ele e as potências angélicais.[95] Também o Messias, enquanto "Filho do homem", recebe um caráter mais notadamente transcendente, e começa a ter seu papel a idéia de sua preexistência, assim como a da transitoriedade de sua passagem pela terra[96]. Essa transcendentalização, à qual resultou numa total espiritualização da esperança escatológica encontrou, todavia, um obstáculo insuperável nas idéias concretas sobre o fim próprias do Antigo Testamento. Por isso, só teve viabilidade de forma parcial e, com

---

[92] Por isso, chamá-lo "hinos escatológicos"está justificado somente em parte. Cf. p. 383, nota 94.

[93] A que mais se aproxima dele é uma expressão como a de Ml 1:11.

[94] Cf. a respeito **W. Bousset**, *Die Religion des Judentums,* p. 202s.; **N. Messel**, *Die Einheitlichkeit der judischen Eschatologie,* 1915**; P. Volz**, *Die Eschatologie der jüdischen Gemeinde im neutestamentlichen Zeitalter,* 1934.

[95] Cf. p. 420s.

[96] O testemunho mais antigo da idéia do Filho do homem como figura messiânica é Dn 7:13, já que a interpretação, no v. 27, do Santo do Altíssimo como o povo é, sem dúvida, uma reelaboração do sentido primitivo. As imagens de Enoque e da visão do Filho do homem de II (4) Ed 13 nos descrevem detalhadamente todo o ciclo do Filho do homem preexistente, oculto no céu e que desce dele para celebrar o juízo universal e instaurar o reino de Deus. Não resta dúvida de que há aí influências estrangeiras, sobretudo persas; mas tampouco se deve desprezar a idéia, enraizada em Israel desde a antiguidade, do homem primigênio (Ez 28: 12s; Jó 15:7; Pv 8:22s e provavelmente também Am 4:12s), o qual, contrariamente a Adão de Gn 2s, é um ser sobrenatural, que habita com Deus, antes da criação do mundo, e que intervém no conselho divino. Cf. **H. Gunkel**, *Schöpfung und Chaos,* p. 148; *Genesis,* p. 33s; **E. Sellin**, *Der israelitische Prophetismus,* p. 177s; **H. Schmidt**, *Der Mythos vom wiederkehrenden König im AT,* p. 16s. 29. Sobre toda essa questão veja H, Gressmann, *Der Ursprung der israelitisch-jüdischen Eschatologie,* p. 334s; *Der Messias,* p. 341s; **W. Bousset**, *Die Religion des Judentums,* p. 262s (mais referências bibliográficas a esse respeito nas notas da p. 235s. e também os trabalhos de **Reitzenstein**. Além disso, **E. Sjöberg**, *Der Menschensohn im äthiopischen Henochbuch,* 1946; **T. W. Manson**, *The Son of Man in Daniel, Enoch and the Gospels,* 1950).

diversa intensidade, em diferentes camadas do povo. A articulação mais ou menos desodernada das novas idéias dentro do antigo depósito fez-se sempre numa situação de compromisso. De outro lado, esse depósito manteve-se com muito maior tenacidade no judaísmo palestino do que na diáspora. O efeito consistiu por um lado, em ampliar o dualismo escatológico existente desde sempre, face ao aspecto cósmico, antropológico e demonológico. Isso ocasionou uma queda das esperanças de caráter excessivamente material e a introdução de notáveis conteúdos de fé novos, como a superação da morte pela ressurreição e a retribuição no mais além.[97] Ficaram, dessa maneira, resolvidos muitos enigmas angustiantes delineados pela esperança de um final histórico, ou pelo menos tornaram-se suportáveis. De outro lado, a aparição desse dualismo transcendente aumentou a desordem e a confusão no exagero de idéias escatológicas, dificultando um possível esclarecimento e unificação nesse terreno.

E ainda se agravou mais a situação quando, por resultado da guerra dos Macabeus, *uma nova onda nacionalista* invadiu todos os âmbitos da vida e, por conseguinte, também o campo das idéias sobre o fim. Se já na época pós-exílica não havia conseguido alçar-se com exclusividade a firme orientação profética, tendo de aceitar conviver com uma ressurreição das esperanças populares, agora, durante as perseguições religiosas sírias, voltam a coincidir os interesses religiosos e os nacionalistas e de novo se justifica a presença na escatologia do particularismo nacionalista. Apesar de que a orientação universalista da antiga esperança não se nega e requer, inclusive, novo vigor pela apropriação de novas idéias, como a da ressurreição dos mortos, a tônica principal recai sobre o conteúdo nacionalista da imagem do futuro. Dessa forma, a soberania divina é, ao mesmo tempo e sempre, soberania do povo de Israel até mesmo no sentido político;[98] diante da felicidade de Israel, apenas o tema da salvação do mundo das nações apresenta interesse,[99] e da nova vida, interessam, sobretudo, os bens materiais e naturais.[100] A idéia messiânica, que requer uma nova intensidade, fala do príncipe da paz sem pecado, que elimina da terra toda treva;[101] mas o príncipe de salvação aparece considerado sobretudo como rei de seu país e administrador das bênçãos messiânicas, e inclusive seu antigo caráter militar volta a reviver de vez em quando.[102] É muito mais frágil

---

[97] Cf. 420s.

[98] Dn 2: 44; 4:14s; 7: 27; Ass. Mos. 10:8s; Enoque 90:30; Jub 23:30; 32:19 etc.

[99] Cf. Tobias 14:6; Enoque 10:21; 48:4s; 90:33s; Sib III, 616s; 716s etc.

[100] Enoque 5; 10:17s; Jub 23:27s; Sib III, 743s,772s; V, 275s; Apoc Bar 29; 73. Cf. **P. Volz,** *loc. cit.*, p. 386s.

[101] Sl Salom 17:32s; 18:6s; Test Levi 18; Judá 24; Enoque 45s; 4 Ed 12:31s.

[102] Sl Salom 17:21s, 30; 4 Ed 13:1s, 39s; Apoc Bar 35-40; 72-74; Sib V, 414s; Targ Ps. Jonat. sobre Nm 24:17; Êx 40:11 (aqui o Messias provém da casa de Efraim).

a melodia de fundo que fala do grande juízo universal sobre vivos e mortos, do novo céu e da nova terra em que habita a justiça, e da paz, conseqüência da perfeição moral, tanto na vida social quanto na individual.[103] As imagens que nos apresentam os Evangelhos ou, em referência concretamente aos grupos imbuídos culturalmente de helenismo, como é o caso de Fipo, nos demonstram a força que haviam tomado as correntes particularistas nacionais dentro da esperança de salvação judaica e sua conseqüente incapacidade para limpar de toda mancha o que constituía seu centro, a soberania de Deus. *Assim, ao final de sua história, a esperança veterotestamentária está pedindo com clamores uma crítica e uma nova elaboração* que, de todo o marasmo oscilante que a envolve, sejam capazes de retirar o que constitui sua verdade imperecível e situá-la como centro de interesse que domine a tudo. Uma crítica e uma reelaboração que consiga ao mesmo tempo unir as antinomias que nela se enfrentam: o apego a um presente atemporal e a tensa esperança de uma consumação ao final da história. Ambas as coisas conseguem-se, quando no Novo Testamento confessa-se a Jesus como o Messias.

II. Importância da esperança de salvação para a doutrina de Deus

Basta se observar, com certa profundidade, a formação da esperança de salvação veterotestamentária para dar-se conta de que nela repercutiram as lutas históricas em prol de uma correta compreensão da revelação divina e de que nela emergem, com especial clareza, os motivos últimos que incitam essas lutas, ao verem-se elevados ao plano do acontecer absoluto e definitivo.

1. Em primeiro lugar, *requer clareza inconfundível o caráter fundamental da revelação de Deus veterotestamentária.* Com efeito, as diferentes formulações da esperança de salvação coincidem num ponto: para todas elas o centro de sua crença está *numa verdadeira irrupção de Deus na história*. O mito ameaçava diluir um acontecer, de *per si* histórico, em frívolas fantasias e paisagens mágicas, a estreita relação da esperança com as idéias de aliança e eleição ou, o que é o mesmo, na relação da consumação esperada, com a realidade concreta e terrena da comunidade nacional, que evitou perfeitamente esse perigo. Até mesmo quando se fala da felicidade do paraíso, se pensa, algumas vezes, num povo cuja vida se conforma segundo a exigente vontade divina. Nos casos em que, eventualmente, não foi assim, como no da esperança nacionalista da época dos reis, a época seguinte se encarregaria de fazer as correções básicas oportunas. De outro lado, a consciência de que

[103] Cf. **P. Volz** *loc. cit.,* p. 272s, 338, 391s.

a meta verdadeira era a soberania divina, soube impedir, constantemente, sutileza e abstração intelectuais. Esse perigo, sempre ameaçador para uma mentalidade que procurava também se estabelecer na transcendência divina e que, no judaísmo tardio, pela influência do helenismo, jamais conseguiu impor-se. A esperança israelita foi sempre fiel à terra. Sua figura, cheia de sangue e vida, jamais pôde encontrar cumprimento num reino de espíritos; necessitava de uma corporeidade renovada. E com isso ficava também descartada a individualização da esperança. É certo que, a partir de Jeremias, a relação do indivíduo com a comunidade converteu-se num problema que se procurou solucionar e que afetou de algum modo a forma de conceber o final. Mas a salvação do indivíduo, mediante sua absolvição e renovação interior, que na esperança da ressurreição traspassou até as barreiras da morte, esteve sempre subordinada à criação de um novo povo, no qual haveria de alcançar sua meta, a história iniciada aqui. Está claro que, na figura do Messias, achou um apoio valioso esse interesse por uma historicidade real da consumação: sua aparição como homem terreno e sua tarefa de rei de seu povo fora sempre um veto decidido para que a escatologia não pudesse refugiar-se em especulações cosmológicas. Dessa maneira manteve-se firme o interesse pela renovação ético-histórica do povo e do universo. Somente o judaísmo tardio conheceu esse fenômeno fantasmagórico de um Messias celestial, sem elo algum que o ligasse à vida da terra.

2. Frente a essa forte tendência a acentuar a intramundanidade concreta da salvação, era de grande importância que sempre se tivesse consciência *do caráter sobrenatural do reino messiânico.* Nele desempenham um papel decisivo os traços míticos das imagens escatológicas, que nunca foram corrigidos com seu aprofundamento na ordem moral. Com efeito, eles são os que, desde o princípio, muito antes que se designassem os termos tempo presente e tempo futuro, descrevem a heterogeneidade qualitativa existente entre o mundo esperado e o atual. Não se apresenta com a potência de uma realidade sobrenatural, divina, que deixa fora de combate as idéias e os cálculos humanos e que, por isso, é totalmente independente da vontade do homem, podendo aparecer, justamente como luz sobre a desgraça humana mais horrorosa e a ruína de toda ordem terrestre. Dessa maneira, os atributos míticos, tão diferentes entre si, convertem-se em veículos de uma mesma missão intelectual que preserva o caráter absolutamente heterogêneo da consumação histórica do Deus da aliança. Sem esse caráter, essa consumação não poderia ser obra de Deus.

3. Ambas as coisas, a imanência histórica e seu caráter de realidade absolutamente outra, acima da história, conjugam-se a partir do momento em que a esperança escatológica oferece *a solução de questões prementes*

da fé. Desde o primeiro momento, *o lugar de Israel no mundo das nações* deveria ser um capítulo importante dentro do problema teológico geral. Uma vez elevado à categoria de povo exclusivo de um Deus, superior a todos os demais deuses, e com a consciência de desfrutar da bênção desse Deus, que põe nas mãos do povo a pátria do paraíso,[104] Israel jamais poderá conformar-se com a existência vulgar de um povinho qualquer, mas que verá sua própria sorte vinculada à do mundo das nações.[105] Se o poder alcançado nos tempos de Davi parecia tornar realidade sua vocação de bênção para as nações, o choque com o Império do Tigre produziu o mais duro conflito entre a certeza de sua vocação, que lhe inspirava altos vôos imaginários e o que era a realidade brutal. Aos profetas, a vitória da Assíria e a destruição de Israel não lhe fizeram duvidar do singular governo universal de seu Deus, mas, de outro lado, lhes trouxe uma nova revelação do mesmo; não podiam considerar como meta da ação divina a ruptura de todo laço com a História, mas uma nova instauração de sua soberania. Assim Isaías, diante da presença do castigo assírio, que sob os escombros de Judá parecia enterrar também toda possibilidade de um reino de Deus historicamente real, encontrou a solução num plano maravilhoso de seu Deus que, precisamente por meio da destruição, criava uma nova vida.[106] As vigorosas imagens em que ele via realizada a soberania de Deus descreviam com rara clareza e força intelectual esse "apesar de tudo" divino, em termos de um reino de justiça e de paz; isto conseguiria dar à luta profética sua justificação e seu significado mais profundo. Da mesma maneira, em outras passagens a esperança de salvação profética, especialmente em sua dimensão messiânica, ao tornar palpáveis as metas divinas de universalidade, ofereceu adequada resposta à angustiante questão reveladora, que seria o destino da revelação divina diante do auge do império do mundo; com isso, satisfazia-se um interesse religioso vital. Somente a partir desses pressupostos foi possível a concepção do reinado eterno de Yahweh nos Salmos.

O mesmo deve-se dizer do *problema que se suscitou em relação com a esfera mais reduzida da vida interna nacional.* Já o tipo mais antigo de esperança de salvação via o glorioso futuro do povo em estreita conexão com

---

[104] Cf. a descrição de Canaã como "terra que mana leite e mel", quer dizer, como paraíso, inclusive em escritos em prosa (Êx 3:8,17; 13:5; 33:3 etc.) e o que dissemos a respeito em *Die Hoffnung des ewigen Friedens,* p. 106s.

[105] Cf. junto às bênçãos aos patriarcas, a convicção, ironicamente expressada por Amós, de ser as primícias dos povos: Am 6:1.

[106] Is 28:23s.; 10:5s.; 14:24-27.

o cumprimento, por sua vez, da vontade divina.[107] Somente enquanto porta-estandarte da luta divina contra a injustiça e a violência, conseguiu a monarquia o voto favorável dos chefes religiosos do povo.[108] Mas, quando povo e rei falharam, Deus mesmo teve, segundo a convicção de seus mensageiros, que criar um povo que lhe fosse agradável, no qual seus preceitos, em cuja defesa haviam lutado os profetas tão infatigavelmente, apareceram diante de todo o mundo como fontes de vida e de bênção. Toda a dura luta entre o egoísmo nacionalista e a vontade soberana de Deus tem de terminar com a vitória de Deus, refletida numa vida nacional nova. Por isso o Messias acaba com a monarquia, que com suas guerras e revoluções se converteu numa maldição, para substituí-la por um reino de paz, que não conhece nem a guerra nem a violência e não busca sua glória na consecução de um poder nacionalista, capaz de sacrificar a vida e a felicidade dos súditos, mas na instauração de uma ordem moral e de uma justiça social. Os membros do reino messiânico, guiados pelos que desfrutam o Espírito divino, coincidem na harmonia de uma mesma vontade moral.[109] Isto dá ao rei salvador um valor exemplar, enquanto realizador fiel e obediente da vontade divina; sua ação na direção da instauração de uma verdadeira comunidade humana aparece exposta com a maior profundidade quando, como varão que padece e expia voluntariamente, cria uma nova unidade entre as comunidades do país separadas por um egoísmo suicida. Unidade fundada sobre a humildade e a adoração do Deus que julga e salva.[110]

Nessa resposta à questão nacional, delineada pelo juízo inevitável de Deus sobre o Estado e o povo, está implícita, em parte, a solução dos problemas referentes à *relação do indivíduo com a comunidade.* A forma autoritária com que, segundo Isaías, o príncipe de justiça conduz aos indivíduos, tem como fundamento mais profundo a purificação e libertação religiosas devidas ao servo de Deus do deutero Isaías. Aqui a idéia do sofrimento vicário para o cumprimento da justiça introduz uma nova dimensão na relação do indivíduo, tanto com Deus, quanto com a comunidade. Mas disto nós nos ocuparemos num momento posterior.[111] E o mesmo pode dizer-se da ressurreição dos mortos.

---

[107] Nm 23:21s; 24:7.

[108] É importante observar que até na gama de louvores que se fazem ao rei nos salmos reais mencionados antes, o soberano é defensor da justiça e da verdade (45:5, 7s; 72:1s, 4, 12s; 110: 6), representa a Deus Sl (21:8) e executa sua vontade (2:6, 11; 45:8; 72:1; 110:1s, 4).

[109] Is 11:1-9; 9: 6; Jr 23:6; Zc 9:9.

[110] Is 50: 4-9, cf. v. 10; 53:4-6,11. Deve-se acrescentar a apropriação dessa idéia no Sl 22.

[111] Cf. caps. XXI–XXIII.

Essa demonstração da central importância religiosa da esperança de salvação veterotestamentária, como resposta às intrigantes questões de fé, em torno da soberania divina na vida nacional, na comunidade nacional e na existência individual, pode também proporcionar, uma nova luz sobre o problema, tantas vezes tratado, da origem dessa esperança.

III. Origem da esperança de salvação no Antigo Testamento

Fundamentalmente são três os caminhos pelos quais, atualmente, se busca explicar a origem da esperança de salvação veterotestamentária: o mítico, o nacionalista e o cultual.

1. Os elementos *míticos* das imagens escatológicas do Antigo Testamento — extremamente destacados nelas —, por estarem repletos, com freqüência de maneira desordenada, de aspectos da história nacional israelita, parecem primitivamente independentes e só ulteriormente articulados dentro do pensamento histórico.[112] Graças à interpretação obtida nos últimos decênios do mundo dos mitos do antigo Oriente, esses elementos viram-se favorecidos por um esclarecimento surpreendente. Por toda a parte aparecem conexões que, desses elementos veterotestamentários supostamente estranhos a seu ambiente, nos remetem ao depósito cultural comum às nações que rodeavam a Israel.[113] Não há, assim, nada de estranho, que se tenha tentado várias vezes descobrir a fonte da mitologia israelita na mitologia do antigo Oriente, mais concretamente na imagem mítica de um salvador divino, sem que tenha maior importância se a raiz última há de se buscar na Babilônia,[114] Egito[115] ou Pérsia.[116] A idéia poderia ser formulada como

---

[112] É preciso citar aqui, sobretudo, a paz entre as feras, a comida celestial constituída pelo leite e o mel, uma fertilidade maravilhosa, a destruição das armas, o nascimento sobrenatural do salvador, o reinado de Deus, cujas raízes estão asseguradas nos mitos não israelitas por numerosos documentos, por vezes muito antigos. Cf. nossa obra *Hoffnung des ewigen Friedens*, p. 111s, 145s, 155; **H. Usener**, *Religionsgeschichtliche Untersuchungen*, 1899, Parte III, e *Milch und Honig*, em "Rhein. Museum für Philologie" 57 (1902), p. 177s; **H. Lietzmann**, *Der Weltheiland*, 1909, p. 4, 40s; **L. Dühr**, *Ursprung und Ausbau der israelitisch-jüdischen Heilandserwartung*, 1925, p. 74s. Um bom resumo sobre o material procedente da história das religiões, que cresceu bastante, pode se encontrar em **H. Gross**, *Die idee des ewigen und allgemeinen Weltfriedens*, 1956.

[113] Cf. p. 425.

[114] Cf., por exemplo, **A. Jeremias**, *Handbuch der altorientalischen Geisteskultur*, 1929, p. 313s, e *Die ausserbiblische Erlösererwartung*, 1927.

[115] Norden, *op. cit.*, e **H. Gressmann**, *Der Messias*, p. 415s.

[116] **A. von Gall**, *βασιλεια του θεου*, 1926.

fez Kittel:[117] "Horus, Osiris, Emmanuel, Hélios ou Aion representam aspectos de uma única e mesma cadeia que percorre séculos e milênios".

Para julgar essa forma de pensar, deve-se diferenciar claramente entre a proveniência do material mitológico de que se reveste a esperança de salvação israelita e a origem dessa esperança em si mesma. Ninguém se atreveria hoje a discutir seriamente que o primeiro não tem em Israel sua pátria primeira. Mas com isso nada se diz sobre a segunda questão, que não deve se confundir com a primeira. Sendo assim, para responder a essa segunda questão a simples constatação histórica nos adverte da necessidade de uma precaução extrema, já que, com efeito, nas religiões superiores do Oriente Próximo, que nos são bastante conhecidas, não é possível encontrar testemunho escatológico seguro, e no Egito a única coisa que achamos é o mito que descreve o drama dos deuses e o do rei. Das profecias descobertas que lembram as profecias do Antigo Testamento, todas podem ser interpretadas com segurança como vaticínios produzidos *a posteriori* para honrar a determinado soberano histórico.[118] Assim, pois, mesmo que a historização do mito, como meio para aplicar a figuras históricas expressões mitológicas, seja um fenômeno regular de certas situações culturais, repetido em todas as partes,[119] ao que devem sua existência essas "biografias santas" antes mencionadas,[120] isso não implica de *per si* uma projeção face ao futuro no sentido de uma *firme expectativa do final*. Com efeito, a teoria dos períodos, que pretende fazer uma dissolução quase regular dos períodos de desgraça em períodos de salvação, e vice-versa,[121] é um produto pseudoescatológico desse anseio de salvação e dessa esperança que, como está claro, existem por onde quer que for; mas falta-lhe justamente o sinal distintivo da escatologia que é: o caráter de coisa definitiva, seu sentido ao presente e sua heterogeneidade qualitativa.

Até a época helenística não nos encontramos com uma esperança propriamente referente ao futuro que lembre a escatologia veterotestamentária. Aparece de certa maneira, no âmago de alguns mistérios, nos quais celebra-se a inauguração de uma nova era universal, graças ao nascimento de um menino pródigo divino (Horus, Aion, Hélios), e em algumas profecias de matiz

---

[117] **R. Kittel**, *Die hellenistische Mysterienreligion,* p. 65.

[118] Isto já foi demonstrado de forma irrefutável, primeiro por **E. Sellin** (*Der alttestamentliche Prophetismus,* p. 234s) e recentemente por **L. Dürr** (*Heilandserwartung,* p. 1s) e **A. von Gall** (op. cit., p. 48s).

[119] **H. Schmidt**, *Der Mythos vom wiederkehrenden König im AT,* 1925, p. 20.

[120] Cf. p. 425.

[121] Cf. **A. Jeremias**, *Handbuch der altorientalischen Geisteskultur,* 1929, p. 295s; **Chantepie de la Saussaye**, *Handbuch der Religionsgeschichte,* I, p. 508; **P. Hensel**, *Die Lehre vom grossen Weltjahr (Erlanger Aufsätze aus ernster Zeit,* 1917, p. 38s).

astrológico, as mais importantes das quais são as Sibilinas e a Égloga IV de Virgílio. Mas, no primeiro, caso não se trata de experiências escatológicas, mas sim de mítico-cultuais, que se ocupam do movimento para um "novo tempo" provocado não em forma histórica, mas mágica. A única conexão com a história — e bem fraca, por sinal — é a idéia, latente em seu fundo, de eras do mundo que se sucedem destruindo-se umas as outras, que provavelmente tem sua origem no Irã. Pelo que se refere às profecias propriamente ditas, houve uma precipitação excessiva em se admitir que seria uma herança puramente pagã. Com razão se chegou a definir a questão em sentido oposto:[122] não será preciso levar em consideração uma influência, que através do elemento judeu, especialmente do influente e culturalmente ativo judaísmo egípcio, ao qual deveríamos atribuir a inserção desse evidente sentido de esperança. Mas ainda quando houvesse que responder com um não rotundo, seguiria existindo uma profunda diferença entre essa escatologia pagã e a bíblica, já que aquela não trata, como sucede nesta, de uma *consumação da história*, à qual esta tende em toda sua evolução e na qual encontra seu fim definitivo.[123] A escatologia pagã fica numa transformação abrupta, mágica, sem uma íntima relação com a vida histórica. E isso tem um fundamento muito profundo, porque no paganismo ninguém, nem sequer os seus mais insignes representantes, nada sabem de um Deus da história que, estando acima do acontecer mundano, que da mesma forma uma vez chamou o mundo à existência, lhe haja delimitado a meta de sua consumação.[124]

2. A *derivação cultual* da esperança de salvação[125] parece responder muito melhor a seu caráter essencialmente religioso. Porque parte de uma experiência cultual vigorosa que, com a festa da entronização, para que a bênção e a soberania de Deus e de seu representante na terra, aparecessem com uma impressionante capacidade de impacto, convertendo assim o conteúdo principal da fé religiosa numa realidade presente. A paralisação da força originária dessa experiência cultual, ao desaparecer a precipitação e a ingenuidade do sentimento vital primitivo como conseqüência da diferença cultural, seria a razão de que esse anseio se voltasse para o futuro e nele ficassem projetados

---

[122] A questão foi delineada por **R. Kittel,** *Die hellenistische Mysterienreligion,* p. 61s.

[123] **Ed. König**, *Die Messianischen Weissagungen,* 1925, p. 54.

[124] Só a religião de Zaratustra pode se considerar uma exceção nisto que dissemos; de modo característico também ela, como a mosaica, é uma religião que tem um fundador, em contraste com as antigas religiões cultuais. Sua influência na religião do judaísmo tardio, à que nos referimos antes, é difícil demonstrá-la em detalhe. O intento de **A. von Gall** (*op. cit.,* p. 83s, 175s) de derivar toda a escatologia judaica da persa, falha em sua própria base.

[125] Este caminho foi defendido, em primeiro lugar e de forma programática, por **S. Mowinckel** (*Psalmenstudien,* II, 1922). E depois então, foi com frequência adotado.

esses valores vitais incontestáveis e inalcançáveis no culto. Dessa forma, o Deus experimentado no presente converte-se no Deus futuro, e o rei atual, detentor da bênção, passa a ser o messias futuro.

A realidade é que a importância da festa da entronização para a vida religiosa, na forma suposta, é muito duvidosa.[126] Para julgar a tese exposta, podemos inclusive prescindir deste dado. Mais interessante é advertir que, em todos os casos, em que numa religião primitivamente naturalista, desaparece a imediatez da experiência cultural, a preponderância perdida do culto oficial é substituída, entre os mais capacitados, por uma filosofia racionalista da vida entre as massas, pelas correntes subterrâneas primitivas e jamais exterminadas totalmente, da magia, da mântica e da fé nos espíritos; mas em nenhum caso pode encontrar-se uma esperança escatológica israelita de regra geral auxiliando a uma vitalidade especial, a uma indestrutível força religiosa que impulsionaria a esse povo;[127] e isso seria substituir uma incógnita por outra.

E se alguns não levam totalmente a sério nossa observação, é porque, no fundo, ainda não têm esclarecido *quão profundamente diferentes são as dimensões da vivência religiosa* que intervêm na experiência cultural e na esperança escatológica. Essa contraposição tem sua réplica na que caracteriza aos dois tipos religiosos do sacerdote e do profeta.[128] Neste caso não é possível derivar um do outro, mas sim, que cada um deles finca suas raízes numa experiência singular de Deus que lhe impõe sua própria configuração. É certo que há influências de um no outro, mas todas elas ficam inseridas na orientação própria do tipo em questão. E assim o vemos claramente na evolução histórica da mesma esperança escatológica.[129] O mesmo pode advertir-se fazendo um trajeto pela única religião que, junto à israelita, produziu também uma escatologia. Com efeito, não é nenhuma casualidade que tenha sido outra religião de origem profética, a de Zaratustra, que, de maneira similar à de que tratamos, não considera a história como um desenvolvimento cíclico ou como um devir encerrado em si mesmo, mas como uma peregrinação entre perigos e abismos em face de uma grande meta. Aqui a experiência religiosa é diferente, por toda sua estrutura, da ação cultual, que têm como fundamento a presença divina suficiente para tudo. Esta além disso, quando perdeu valor por amor do individualismo religioso, encontrou sua réplica na mística que, indiferente

---

[126] Veja p. 103s.
[127] **Mowinckel,** *op. cit.,* p. 323.
[128] Veja, caps. VIII e IX.
[129] Veja, p. 423s.

frente às formas de existência terrena, refugia-se numa salvação supra-mundana e supra temporal. Falar então de uma "evolução" em face da atitude escatológica é desconhecer a disposição religiosa que lhe serve de base.

3. Aproxima-se muito mais da realidade *a derivação nacionalista da esperança israelita*. Já pela simples razão de que a vida nacional constitui uma parte do acontecer histórico no qual Deus atua, parece que uma consumação da mesma pode estar dentro das convicções fundamentais da religião. Mas deve-se acrescentar, também, que desde o princípio se dão na escatologia traços políticos e que desde muito cedo se considerou ao Messias como um da casa de Davi. E que coisa mais natural há que considerar a era gloriosa de Davi como fonte da esperança messiânica israelita, de forma que a luta entre a pobre e triste realidade depois da divisão do reino e as altas pretensões políticas do orgulhoso povo de Israel criara força capaz de impulsionar para cima a corrente subterrânea e convertê-la numa fonte inesgotável de grandes esperanças?[130]

Mas, na realidade, tampouco essa solução adequa-se totalmente com os fatos. É que sem necessidade de esperar a influência profética, desde o princípio é inegável o caráter supranacional do esperado, o que, enquanto portador do paraíso, nada sabe de guerras nem de imposição pela violência. A isso conduz não só a possível conclusão dos traços mais antigos da profética figura messiânica, mas também o testemunho direto da bênção de Judá, que promete ao pacificador a obediência das nações.

E para maior abundância neste sentido, o salvador esperado nunca — nem no princípio, nem no final, quando o ideal do rei é o que dita os contornos de sua figura — recebe o título de *melek* ou *māšîaḥ*. Por haver sido assim, se deveria ter indicado que essa esperança procedia da política. Portanto, a idéia do príncipe da paz escatológico tem de ter nascido de outra fonte.[131] Ao pensar nisso somos induzidos a sua estreita vinculação com o mito do paraíso, que

---

[130] Esta idéia, defendida por **R. Smend** (*Lehrbuch der alttestamentlichen Religionsgeschichte,* p. 232s), **P. Volz** (*Die vorexilische Jahvesprophetie und der Messias,* 1897), **K. Marti** (*Geschichte der israelitischen Religion,* 1907, p. 100) e outros autores, também têm influência naqueles que defendem a derivação mitológica da esperança de salvação, Cf. **H. Schmidt**, *Der Mythos vom wiederkehrenden König im AT*, e **H. Gressmann**, *Der Messias,* p. 200s.

[131] Isto se deve dizer, sobretudo, contra a tentativa de **Gressmann** de se considerar ao Messias como uma figura política que depois devia tomar do estrangeiro a imagem do soberano universal e rei paradisíaco (*Der Messias,* p. 272s). Postular uma figura de Messias cananeu-amorita, que por sua vez houvesse sido tomada da Babilônia ou do Egito, é refugiar-se no vazio.

em si é apocalíptico e internacional. Por isso, definitivamente, tudo se reduz a uma só questão: como é possível que uma figura mítica se converta num salvador escatológico?

4. Sendo assim, essa pergunta não pode ser resolvida partindo simplesmente da figura do Messias. Para fazê-lo, temos de centrar nossa atenção no *núcleo religioso de toda a esperança de salvação.* Esse núcleo está constituído pela *chegada de Yahweh para estabelecer seu reinado sobre o mundo.*[132] Essa vinda de Yahweh, portanto, foi representada como a volta do paraíso. Assim como a posse de Canaã foi descrita como a entrada no paraíso,[133] assim também, durante as difíceis campanhas da época dos juízes, nas quais com freqüência pareceu correr perigo a própria existência do povo santo, na terra da herança de Yahweh, a restauração e consumação de sua soberania, sobre Israel, foi cantada como se fosse a volta do éden divino com toda sua felicidade. Não sabemos quem foi o primeiro que formulou essa audaz esperança; mas de qualquer maneira, sua obra demonstra o mesmo entusiasmo exuberante pela ação de Deus — que ultrapassa toda medida humana — que pode se observar nas terríveis imagens do juízo divino, nas quais o caos volta a desencadear-se com fúria atroz para destruir os inimigos de Yahweh. Segundo nos dizem os testemunhos mais antigos, os cantos de louvor nacionais e tribais foram os primeiros nos quais a esperança encontrou guarida. O mesmo podemos pensar sobre os cantos de vitória e recrutamento da guerra santa, e buscar nos círculos de Débora e seus parentes, os videntes e cantores, as pessoas que tiveram uma parte decisiva no nascimento e desenvolvimento da esperança de salvação. Porque neles foi onde teve vida o entusiasmo religioso, que é solo fértil das grandes esperanças.[134] De qualquer modo, teve de ser um espírito profético e ao mesmo tempo um poeta da graça divina o que se atreveu a descrever *a ação salvadora de Yahweh como uma nova criação,* convertendo assim *o mito na roupagem de uma esperança de base histórica.*

Mas no *desenvolvimento dessa esperança* se demonstra verdadeiramente a capacidade transformadora da fé em Yahweh. Em princípio, na imagem do paraíso, a figura do rei paradisíaco não era mais que um elemento decorativo sem maior importância, uma peça mais de adorno, assim como depois, na bênção de Judá, onde não cumpre outra função que a de representar, de forma evidente, com sua presença, a abundância da época dourada. O caráter verdadeiramente histórico da mentalidade religiosa israelita não podia suportar,

---

[132] Isto foi acertadamente ressaltado por **E. Sellin**, *Der alttestamentliche Prophetismus*, p. 132s, 160s). Cf. também p. 410s.

[133] Cf. p. 441, nota 104.

[134] Cf. p. 267s e 287s.

contudo, por muito tempo essa inoperante figura mitológica[135] e a pôs a serviço do Deus solícito. Neste sentido podiam servir de modelos os salvadores e juízes nos quais vinham experimentando a mão providente de Yahweh desde a época de Moisés; e de fato, a partir de muito cedo, parece que se atribuiu ao rei paradisíaco o papel de porta-estandarte, que conduz ao povo de Yahweh na guerra santa e lhe consegue a vitória.[136] Essa transformação, possível já na época dos juízes, sem dúvida foi fortalecida pela monarquia, assim como a vinculação do príncipe da salvação com a dinastia davídica, convertendo-o em seu último representante, reafirmou a referência à história. A partir daí, também podiam se contar, entre as atividades do que havia de vir, as tarefas de juiz e libertador; a profecia encarrega-se de demonstrar-nos o frutífero que foi esse ulterior desenvolvimento.[137] Desse modo pois, a segunda etapa importante na conexão de mito e esperança do fim está representada pela *transformação de um símbolo mítico num instrumento do Deus que modela o curso da história.*

Essa conversão da esperança de salvação numa expectativa de base fundamentalmente religiosa permite ver agora em seu justo valor os aspectos de verdade de sua interpretação nacionalista. Não cabe discutir, em absoluto, certa coloração nacionalista da felicidade esperada; é natural, ao se pensar naqueles primeiros tempos em que povo e religião ainda não tinham se separarado e se contrapostos como duas realidades autônomas, mas que o povo é produto precisamente de uma religião comum ou, como diz Wellhausen, "o povo não é mais que uma idéia e, enquanto tal, equivalente a Yahweh".[138] Mas precisamente porque assim é, não sendo o instinto nacionalista o que, com seu predomínio, dirige desde o princípio a história de Israel, mas a fé religiosa a que vincula as tribos entre si, tampouco se pode considerar o sentimento nacionalista como o lugar em que fixa suas raízes a ousada visão israelita do futuro; esse lugar é sua fé em Deus. Atribui-se a Deus uma ação restauradora no futuro, não porque Israel pretenda ser uma nação ou procura quando em apuros a unidade nacional perdida, mas porque conhecia a Deus e havia tido experiência viva de seu poder soberano e de seu direito à soberania. Por isso nos momentos de crise seu olhar pôde se fixar numa consumação da história consistente na

---

[135] Essa concepção parece seguir influenciando ainda no Emanuel de Isaías, assim como quando os profetas apresentam ao rei salvador constantemente afastado das grandes guerras do último dia e do juízo universal.

[136] Nm 24:17.

[137] Menos importante nos parece, de outro lado, a necessidade de um representante de Yahweh, para preservar à divindade de uma confusão excessiva com a imanência (**Sellin**, *loc. cit.*, p. 174, 182). Deu-se, sem dúvida, uma exagerada importância à reflexão; além disso, não se entende bem a constante justaposição de Yahweh e seus representantes.

[138] **Wellhausen,** *Israelitische und jüdische Geschichte,* 1914, p. 37.

instauração do reino de Deus. Quem conhece a Deus, conhece também o futuro divino.

IV. Profecia e cumprimento

O que temos exposto sobre a esperança israelita de salvação torna fácil compreender as dificuldades com que há de tropeçar o problema do cumprimento do vaticínio profético veterotestamentário a partir de um enfoque atual do mesmo. De outro lado, as diversas vias de solução ensaiadas até agora ficaram decididamente superadas. Daí que esse ponto, considerado até agora como um dos mais firmes pilares nos quais se apoiava o sistema de relações entre o Antigo e o Novo Testamento, apareça hoje sumamente inconsistente.

1. *Diversas tentativas de solução*

a) Depois do que expusemos, hoje nem sequer nos ocorre ressuscitar a idéia da antiga ortodoxa[139] de que as profecias messiânicas são a exposição feita com anterioridade de uma imagem de Cristo perfeita. O querer organizar, para demonstrar a verdade da mensagem do Novo Testamento, uma "prova das profecias", reunindo por intermédio do Antigo Testamento os diversos traços do rei messiânico e da salvação de que ele é mediador, para formar com todos eles uma imagem de conjunto, cairia em contradições insolúveis com a história das predições veterotestamentárias e com seu significado dentro do profetismo do Antigo Testamento. Um conhecimento adequado da história veterotestamentária nos permitirá descobrir nela a presença encaminhada para instaurar seu reino, sendo a predição um dos instrumentos a serviço dessa ação. Isto nos permite compreender *a grande importância da profecia para a época histórica em que se pronuncia*. Assim como a ocupação de todo o profetismo em geral faz primariamente referência a seus contemporâneos, para os que interpretam a vontade de Deus na história, a predição que participa dessa ocupação, trata de manifestar e tornar compreensíveis as especiais implicações da ação divina para a época correspondente e para seus esforços específicos. Com tal objeto ela tem de tomar uma figura temporal concreta, tem de se encarregar dos pressupostos, das concepções, dos conhecimentos, das calamidades e dos problemas próprios de seu tempo e, por conseguinte, assumir muitos aspectos de caráter temporal e

---

[139] Cf. a respeito **L. Diestel**, *Geschichte des Alten Testament in der christlichen Kirche,* 1869; **C. von Orelli**, *Die alttestamentliche Weissagung von der Vollendung des Gottesreiches,* 1882, p. 72s.

especialmente limitado sem os quais lhe seria impossível falar a linguagem do momento. A investigação moderna, por um estudo mais detalhado do material de idéias e imagens da linguagem escatológica do Antigo Testamento e de sua dívida para com mundos ideológicos extra-israelitas, permitiu aprofundar mais *nos conhecimentos temporais da pregação,* prestando, assim um serviço à compreensão da relação. Com efeito, o caráter histórico da predição, do que essa investigação nos dá novas idéias, lembra com ênfase que a revelação, em geral, tem uma forma histórica, evitando a tentação de querer reconstruir uma imagem perfeita e coerente do tempo de salvação, a partir de elementos isolados da pregação artificialmente reunidos. Essa operação de transferir mecanicamente, à pessoa e a obra de Cristo, as afirmações veterotestamentárias sobre o tempo de salvação aparece, pois, como algo que está contra a natureza específica da revelação bíblica, a qual não pretende transmitir um corpo doutrinal completo, mas uma realidade divina que se revela aos poucos na história. Portanto, deve-se encontrar outro caminho para responder à questão do significado da predição para épocas que não sejam aquelas nas quais se pronuncia.

b) Uma vez que se viu claramente o condicionamento temporal da pregação, surge a distinção entre um aspecto temporal-passageiro e outro atemporal, sempre válido, dentro da esperança de salvação, e então, pode se ser facilmente tentado a considerar que o que tem valor na esperança de salvação veterotestamentária consiste numa *progressiva interiorização e espiritualização.* Deste modo, passaria de seu caráter histórico-temporal para chegar ao seu significado permanente.[140] Mas se é verdade que, nos profetas, as esperanças terrenas, nacionalistas e cósmicas, retrocedem para deixar no primeiro plano, aspectos pessoais e morais do novo mundo divino, não nos é lícito considerar aos primeiros como resquícios, com tendência a um desaparecimento progressivo, de uma visão popular ingênua e impura que, conforme a pregação se desenvolve, vão cedendo o posto ao que é o verdadeiro cerne da esperança de salvação, "uma comunhão com Deus interiorizada".

---

[140] Esta tentativa a encontramos realizada de forma instrutiva por **Ed. König**, *Die messianischen Weissagungen,* p. 365s. De forma parecida **P. Volz** (*Die vorexilische jahvehprophetie und der Messias,* 1897, p. 89) vê nas bênçãos da vida exterior, enquanto marco da esperança de salvação israelita, uma limitação do Antigo Testamento diante de valores religiosos superiores. Com especial ênfase **F. Baumgärtel**, em sua penetrante obra *Verheissung. Zur Frage des evangelischen Verständnisses des Alten Testaments,* 1952, esclarecedora em mais de um sentido, qualifica a essa limitação como linha divisória principal entre a esperança do Antigo e do Novo Testamento (p. 16s, 49s, 63), caindo naturalmente no perigo de espiritualizar, de modo inadmissível, o caráter histórico e o realismo da salvação que é objeto dessa esperança.

Na realidade, os anseios de renovação de todas as condições terrenas, tanto da vida do povo quanto das nações, sempre estiveram presentes na esperança de salvação israelita. E o fato sem igual de que, na época pós-profética, convivam os aspectos nacionalistas-particularistas e universalistas espiritualizados da esperança de salvação nos desaconselha que, *recorrendo à evolução histórica,* ditemos que o sentido da história está na espiritualização do reino de Deus. No fundo a palavra decisiva dessa opinião partiria de certos pressupostos éticos e filosóficos, e ninguém que não os compartilhe considerará convincente a prova derivada deles.

c) A vista dessa dificuldade surge a questão de se a verdade mais profunda da predição não deveria ser reduzida a *uma disposição geral para a esperança* que faz com que o povo espere numa salvação e num salvador, preparando-o assim para a redenção que se lhe oferecerá em Cristo. Em tal caso, os traços concretos da pregação teriam de ser separados da questão de seu cumprimento, já que seu valor próprio está na disposição psíquica que criam, receptiva diante do milagre divino de uma nova criação e incapaz de dar-se por satisfeita com o sistema de vida já conseguido no presente.[141] Não se pode discutir que, com semelhante modo de ver as coisas, não há por que seguir falando de um "cumprimento" da profecia veterotestamentária, já que ficam encerradas as conexões entre a esperança do Antigo Testamento e a realidade de salvação do Novo.

d) E, contudo, em busca de outra solução, essa poderosa simplificação das linhas que separam a predição de seu cumprimento poderia servir-nos de advertência para recordar um ponto de importância decisiva. Ponto esse, que com a obsessão de encontrar o cumprimento de cada predição importante, facilmente se perde de vista. Trata-se de que toda mentalidade escatológica concentra-se numa grande novidade que trará consigo o futuro: *a consumação*

---

[141] É o que significa, no fim das contas, o juízo negativo de muitos estudiosos modernos sobre o valor da profecia veterotestamentária; cf. **P. Volz,** *Jüdische Eschatologie von Daniel bis Akiba*, 1903, p. 9; **G. Hölscher,** *Die Ursprunge der jüdischen Eschatologie,* 1925. Para **A. von Gall,** que rejeita a mesma denominação de 'profecias messiânicas" (βασιλεια του θεου, p. 3), naturalmente, não existe o problema de profecia e cumprimento da mesma. Após uma demonstração extensa, por meio de reflexões históricas e teológicas., **F. Baumgärtel** exige, como princípio hermenêutico para a discussão teológica, excluir as profecias do Antigo Testamento, da esperança cristã e, por conseguinte, renunciar ao esquema "profecia-cumprimento" (op. cit., p. 28s, 75, 132s, 137). Também eu, em minha obra *Les Rapports du Nouveau et de L'Ancien Testament* (em *Le Problème Biblique dans le Protestantisme,* 1955, pp. 109ss) rejeito uma utilização mecânica desse esquema, porque, se não, se corre o perigo de exagerar cada profecia concreta e de escravizar-se à letra da mesma. Mas nem por isso exclui-se absolutamente uma valoração legítima da profecia bíblica e de seu cumprimento.

do reino de Deus, seja qual for a variedade com que se descreve em cada caso concreto.

Acabamos de enunciar, assim, uma idéia de importância fundamental, que vincula indissoluvelmente a profecia do Antigo Testamento a seu cumprimento no Novo. O fator decisivo para a esperança israelita não é a superação das calamidades materiais ou a consecução de certas metas políticas, por mais fortes que sejam as influências que ela sofreu desses dois terrenos. O núcleo e o ideal externo da profecia veterotestamentária (e a chave também para compreender seu cumprimento no Novo Testamento)[142] é que por fim esse Deus, tão bem conhecido de Israel pelos termos da aliança e por suas intervenções históricas para conduzi-lo, chegue a submeter a seus pés a todos os inimigos e instaure seu reinado sobre todo o mundo.

Com isso temos, *certos traços fundamentais fixos da salvação, objeto de esperança,* pelos que esta se distingue claramente de qualquer outra esperança religiosa. Está em primeiro lugar *a ligação da redenção ao tempo e à história, ao espaço e à forma.* Em contraposição clara com a filosofia religiosa dos gregos, não se trata de uma idéia atemporal, de um estado de alma, de uma interpretação não histórica do mundo, mas de um *acontecimento decisivo, realizado de uma vez para sempre,* graças ao qual a situação da humanidade transforma-se a partir dos seus fundamentos, e todo o futuro requer uma nova

---

[142] Quando **Baumgärtel** designa essa idéia como a promessa fundamental e considera que seu conteúdo é o da afirmação divina da aliança "eu sou o Senhor, teu Deus", não podemos dar-lhe razão. Cada uma das profecias deve se interpretar como colocada a serviço dessa promessa fundamental. Nenhuma delas, portanto, se esgota na simples predição de um acontecimento futuro, mesmo quando indiquem corretamente o momento de sua aparição (e este caso não, é em absoluto, tão raro quanto poderia parecer pela forma de **Baumgärtel** se expressar), mas que, dentro de um momento histórico determinado, todas elas são, por sua vez, ilustração e explicação do grande plano histórico e salvador de Deus. Por isso, a profecia é o instrumento precioso pelo qual o povo de Deus é conduzido através dos enigmas da história, e portanto desfruta sempre de uma verdade própria e intrínseca, mesmo quando não se cumpra ao pé da letra. Por conseguinte, não se pode separar a profecia da promessa fundamental, como se fosse um elemento estranho a ela, nem se pode concebê-la como uma pura conjectura humana que falseia a vontade de Deus (**Baumgärtel**, p. 32s). Negar que a profecia seja inspirada por Deus é uma clara ousadia que não só está contra a mentalidade do Novo Testamento, mas que também ignora toda a luta dos profetas contra as falsas profecias de seus adversários e acaba, em definitivo, tornando duvidosa a própria promessa fundamental. Por isso nós temos de seguir falando de autêntica profecia e de autêntico cumprimento, mesmo com a convicção clara de que o essencial e importante — mais ainda, o critério próprio de autenticidade — é a promessa fundamental. Sobre a crítica de **Baumgärtel** em torno da concepção da história e da idéia de salvação do Antigo Testamento, que não pode conjugar-se nem com nossa mentalidade científica nem com nossa atitude de fé, cf., minhas reflexões no artígo Ist die typologische Exegese sachgemässe Exegese?, *TLZ*, 81, 1956, p. 641s.

figura. Esse caráter historicamente concreto da salvação alcança sua expressão plena na figura do rei messiânico, em quem fica garantido tanto o caráter único quanto o humano da salvação.

E precisamente esta *reelaboração compreensiva* é a que constitui a segunda característica fundamental da esperança veterotestamentária. Não se trata de uma oportunidade privativa do indivíduo, nem tampouco de uma nova ordem que só se realiza no reino do espírito; a questão afeta sempre ao povo e às nações, e ao indivíduo enquanto membro do povo. Mas, além disso, a sujeição da humanidade à soberania de Deus inclui também uma renovação do próprio corpo, e inclusive de todo o cosmos e de suas leis.

Sendo assim, o núcleo dessa nova ordem que tudo abrange, está constituído *por uma verdadeira comunhão com Deus e o homem,* que se torna impensável sem a determinação de uma vontade pessoal. Assim como na relação de aliança, a palavra de Deus é um lugar decisivo, por ser a expressão mais perfeita da comunhão estabelecida e, ao dirigir-se ao homem, como a um ser espiritual e moral, e chamá-lo à responsabilidade, assegurava o caráter pessoal dessa comunhão com Deus, assim também a consumação do reino de Deus é impensável sem a instauração de *uma comunhão pessoal de vontades* entre Deus e o homem. Esse caráter de uma nova relação com Deus ressalta-se vigorosamente cada vez que, do tempo da salvação, espera-se o cumprimento perfeito da vontade divina, tão desprezada no presente, seja por intermédio do rei messiânico que aparece como garantia desse cumprimento,[143] seja por meio da ação direta de Deus mesmo mediante a renovação dos corações.[144] Mas de qualquer modo, inclusive onde não aparece explicitamente expresso, esse caráter constitui a condição lógica que subjaz a tudo. E aparece em toda sua profundidade quando se descreve *sua realização por meio do sofrimento,* seja o sofrimento do amor divino, por aqueles a quem perdeu, como em Oséias e Jeremias,[145] ou do sofrimento do mediador chamado por Deus, como no caso do servo de Yahweh do deutero-Isaías ou no bom pastor de Zacarias, ou — finalmente — do sofrimento dos justos que permanecem fiéis a Deus em todas as provas.[146] Como neste caso, contra todas as aparências, o homem mantém-se preso ao verdadeiro objeto de amor e esperança, renunciando a suas próprias e bem justificadas pretensões, revela-se, então, a vontade de uma comunhão pessoal da maior pureza e com a força mais envolvente. A correspondência negativa é o *abandono do pecado* (que é o abismo que

---

[143] Is 9:6; 11:1s; Jr 23:6; Zc 9:10; Ez 37:24 e os salmos reais.
[144] Is 2:2s; Jr 31:31s; Ez 36:25s.; Is 43:22s.
[145] Cf. cap. VII, IV, p. 221s.
[146] Sl 22.

estabelece uma separação decisiva entre Deus e o homem)[147], cuja realização se espera ou de uma obra purificadora divina ou da expiação do Messias por meio do sofrimento.[148]

De tais pressupostos recebe também seu fundamento mais profundo *a renúncia à ordem universal presente,* cada vez mais expressa na esperança veterotestamentária. As dissonâncias existentes no mundo da criação, boas em sua origem, apesar de tudo, cederão diante da paz do paraíso; mas nem por isso pareceriam insignificantes para a esperança escatológica, mas que foram consideradas como expressão da ira e do distanciamento de Deus.[149] Seu desaparecimento só é possível por meio do juízo e da nova criação de Deus, e não pelo progresso gradual.

Precisamente aí tem suas bases a disposição de deixar totalmente nas mãos de Deus os caminhos pelos quais há de aparecer a salvação esperada. A convicção de que se trata da *soberania divina* e de que nenhum poder humano pode opor-se *à sua implantação*, cria, em todo momento, apesar de todas as dúvidas e de todas as orações para que se termine de uma vez a obscuridade que recobre o final, a disposição necessária para dobrar-se diante dos desvios inesperados e misteriosos, na realização da salvação, objeto de esperança e para deixar-se doutrinar constantemente pelos novos rumos da história. Não em vão as profecias de salvação anunciam a mudança vindoura, e, sobretudo, a seu portador messiânico, como um mistério[150] que, acima de toda capacidade humana, surge desde a profundidade misteriosa da divindade. O canto do servo de Deus que sofre, dá curso a sua mensagem, com plena consciência do duro paradoxo que contém; e quando, como sucede no deutero-Isaías, o milagre inaudito da nova criação divina constitui o tema de todo um livro profético, enfrenta-se séria e decididamente a tendência humana de saber mais e perguntar para satisfazer sua curiosidade.[151] Mas onde com maior intensidade aparece essa postura de submissão humilde às decisões divinas, que chega a acalmar todas as objeções contra o governo de Deus, é no livro de Jó; nele se adota uma postura decisiva para compreender a forma como o judaísmo entende o governo divino e também o seu modo de ver o final. Graças a essa postura

---

[147] O pecado aparece em Gn 3 como a verdadeira raiz de todo mal, assim como em toda a história bíblica das origens, nas leis do povo da aliança aparece condenado e combatido, no culto sacrifical é reconhecido abertamente como um perigo que ameaça constantemente e que só é possível evitar mediante a graça da aliança.

[148] Ez 36:26s; Is 53; Zc 12:10; 13:1.

[149] Cf. cap. X, p. 415s e cap. VII, V, p. 235s.

[150] Cf. o que diz **H. Gunkel** sobre o estilo misterioso da profecia (*Die Propheten,* 1917, p. 125s).

[151] Cf. Is 42:18s; 44:24s; 45:9s; 46:10s; 48:1s; 17s; 50:10; 55:8s.

foi possível superar os múltiplos desenganos que a esperança de salvação atravessou.

Essas linhas fundamentais são as que, apesar de suas formulações históricas verdadeiramente díspares, dão à esperança uma *uniformidade essencial*, subordinando-a à única idéia do reinado soberano do Deus da aliança. E nesse ponto de vista deve-se situar quando delineia a questão do cumprimento dessa esperança. Porque seguindo essas linhas fundamentais, indissoluvelmente unidas à imagem veterotestamentária de Deus, e não por outros detalhes, é que pode resolver-se a questão de se o Novo Testamento tem direito a ser entendido como a autêntica resposta à profecia do Antigo.

2. *Dupla relação entre profecia e cumprimento*

a) Enquanto se considera o problema desse ângulo, aparece a existência de uma dupla relação entre a salvação do Novo Testamento e a esperança do Antigo. Não se pode negar que a obra redentora de Jesus, enquanto revelação da real soberania e presença divinas, *cumpre os propósitos essenciais da profecia veterotestamentária,* juntando intrinsecamente com ela, e não com outro tipo qualquer de esperança religiosa. Tanto na mensagem de salvação do Novo quanto na mensagem de esperança do Antigo Testamento as notas fundamentais são a natureza histórica e universal da salvação, com sua fundamentação numa renovação da vontade, para uma comunhão pessoal com Deus, e a referência ao esclarecimento simultâneo de uma nova forma de universo, que acaba com esse tempo e com suas leis, aparentemente indestrutíveis, assim como a concentração desses bens de salvação na figura de um mediador e salvador no qual o próprio Deus atua e governa de forma imediata. Mais ainda, inclusive pode-se ressaltar que o profundo abismo existente entre a escatologia veterotestamentária e a mitologia, o nacionalismo e a experiência cultual, como o expusemos ao falar das diferentes teorias sobre a origem da esperança messiânica,[152] tem seu paralelo no comportamento da mensagem de Cristo diante desses níveis tão importantes em toda religião. Também a pregação neotestamentária do reino de Deus, em seu desenvolvimento histórico, teve de combater constantemente contra três perigos principais: a mentalidade mitológica, que ameaçava dissolvê-la em simples especulação; o nacionalismo que, desde a luta do judaísmo contra a missão de Paulo entre os gentios, jamais deixou de ameaçar o caráter supra-nacional da obra de Jesus; e finalmente, contra a redução cultualista que, em íntima aliança com a mítica, pretenderia

---

[152] Cf. p. 443s.

encerrar no âmbito da alma individual o reino celestial que de *per si* abrange a história e a natureza, e que, além de insistir na participação sacramental da vida divina, esqueceria a relação pessoal de serviço e fidelidade da comunidade cristã com seu Senhor excelso.

b) Contudo, junto a essa coincidência íntima, existe *uma diversidade fundamental* entre essas realidades, que não convém ocultar se não se quiser falsear radicalmente a essência do "cumprimento" neotestamentário; a universalidade da nova criação e, em estreita relação com ela, o final da antiga ordem de coisas não termina com o fato, historicamente uno, da redenção, mas que provisoriamente atrasam, enquanto metas ainda não palpáveis da nova revelação divina; ainda que pré-significadas e garantidas já pela ressurreição e pela alegria do Espírito, que são seus penhores, estão, contudo, vinculadas a parusia de Jesus Cristo e enquanto tais convertem-se em objeto de esperança.

Esse *retardamento e reordenação, totalmente inesperados, do conteúdo da nova vida prometida na profecia* pela obra redentora de Jesus, foi vivenciado pela comunidade primitiva com intensidade e dor, mas esta os superou, adotando a atitude de fé do Antigo Testamento que reconheceu, de boa vontade, a soberana liberdade do Deus maravilhoso e único sábio para dispor sobre a forma de realizar a salvação. Finalmente, essa forma foi concebida em termos de amor e paciência do Deus soberano "o qual deseja que todos os homens se salvem e cheguem ao pleno conhecimento da verdade".[153] A isso colaborou uma compreensão mais profunda do poder deste mundo graças ao contato com Jesus e à apropriação de sua pregação, que se expressa nas cartas dos apóstolos. Essa compreensão viu, com nova clareza, que o único caminho para vencer realmente ao mundo era o sofrimento do redentor e a fé da comunidade de seus fiéis. A obra de Deus dá plena solução ao problema do pecado, aparecendo, assim, como a única pedra angular sobre a qual é possível fundamentar a renovação divina da criação. Na oferta do mediador que aceita o sofrimento vicário, em que o próprio Deus atua algumas vezes como justo e misericordioso, para ganhar à humanidade afastada dele pelo pecado, se chega a uma nova comunhão entre Deus e o homem, cuja característica consiste em que o pecado, o verdadeiro poder separador, fica total e absolutamente debilitado, ficando assim aberto o caminho para a renovação tanto do indivíduo quanto do mundo inteiro. Torna-se, com isso, realidade, um ponto central da esperança de salvação veterotestamentária, mas de tal forma que os outros requisitos necessários para um reinado perfeito de Deus — o acabar com a antiga ordem do mundo e a nova criação cósmica — seguem sendo objetos

---

[153] 1 Tm 2:4.

do anseio humano, enquanto aspectos da salvação que só mais adiante se realizarão. De qualquer modo, esses mesmos requisitos já estão garantidos enquanto realidades incipientes; mas só para a fé que aceita com humildade as pretensões do crucificado e ressuscitado, de ser ele o que, eleito por Deus, leva ao cumprimento a promessa fundamental do Antigo Testamento. Com isso o "cumprimento" fica fora de todo conhecimento lógico racional e só está ao alcance do conhecimento pneumático, assim como, do conhecimento acompanhado e possibilitado por uma decisão pessoal. A comunidade, que confessa o reinado oculto de Cristo e assume a responsabilidade de estender esse reino por meio do anúncio querigmático de seus mensageiros, sem recorrer a meios externos de poder nem a uma transformação visível do mundo, proclama *essa linha fundamental de mistério,* que atravessa toda a esperança de salvação veterotestamentária e nega ao homem o direito de marcar os rumos da atuação divina, desde o conhecimento das predições proféticas. Isto quer dizer que essa comunidade entendeu o "cumprimento", não de forma mecânica, como constatação correta de um cálculo matemático, mas de *forma orgânica, como desenvolvimento e revelação de um mistério de criação submetido à onipotência divina,* como reestruturação soberana, que por fim traz à plena luz a vontade divina compreendida na profecia, e está relacionada a toda predição, como o claro conhecimento está relacionado ao pressentimento balbuciante.[154]

c) Mas isto não é uma conclusão lógica que se deduza simplesmente do conhecimento das pregações veterotestamentárias, mas que nasce de uma nova decisão pessoal. Assim o demonstra, com clareza, o fato de que os chefes da comunidade judaica rejeitaram a Jesus. Junto ao dom por parte de Deus aparece neste caso, como em toda a história israelita, a possibilidade da ofensa. E esta só é possível superar mediante o ato de fé decidido. Com isto, volta, ou revela-se, a partir de um novo aspecto, que *a salvação não pode separar-se de uma comunhão pessoal de vontades entre Deus e o homem*, e essa comunhão de vontades realiza-se na fé que não pode ser vista.

Diante das excessivas, e muitas vezes contraditórias, idéias do judaísmo tardio sobre a esperança, que nunca lhes permitiram construir uma imagem unitária da mesma, resta dizer certamente, que a realização da salvação oferecida por Jesus representa uma síntese criadora de um conglomerado inorgânico de elementos essencialmente diferentes[155] e que sua coerência

---

[154] Espero que com os esclarecimentos feitos anteriormente tenha ficado explicado o erro em que incorre **Baumgärtel** ao utilizar essa passagem para fazer a crítica de minha forma de conceber o "cumprimento" (cf. *Verheissung*, p. 97).

[155] Cf. p. 435s.

inegável e sua força vital são um testemunho valioso a seu favor. Mas, mesmo reconhecendo isso, ninguém se livrou dentro do judaísmo de ter de descrever *a questão decisiva,* a saber: se teria de reconhecer a Jesus o direito de fazer essa síntese, ou seja, se veria nele a Deus atuando ou somente a um homem, genial, mas impelido por sua própria vontade e propenso a autodivinizar-se. Aos angustiados por essa questão, de qual o próprio Jesus não lhes prestou mais auxílio, do que a prova de sua total obediência filial ao pai dos céus, demonstrada em todas as suas palavras e ações. Por vontade, pois, de Jesus, a atitude diante de sua pessoa, que implica necessariamente uma decisão pessoal, é de onde se deve deduzir, em definitivo, a aceitação ou a rejeição do "cumprimento" da profecia veterotestamentária, na mensagem do Novo Testamento.

Índice Analítico

TEOLOGIA DO ANTIGO TESTAMENTO

Vol. II

Sumário

PRÓLOGO

Depois da reedição alemã do nosso volume I surgiu o tão esperado trabalho de G. von Rad,[1] que tem a intenção de abrir novos caminhos para a solução do problema — candente para toda teologia do Antigo Testamento — da relação entre a história e a teologia. Ao redigir o prólogo do primeiro volume, só dispúnhamos de um artigo programático publicado pelo mesmo von Rad em "Evangelische Theologie" 12 (1952-53), 17s; dele nos servimos então para fazer a resenha de suas idéias sobre o tema (Cf. vol. I p. 30). Agora nos referimos a essa importante obra e à sua posição dentro da investigação teológica do Antigo Testamento, a fim de refletirmos sobre o recente desenvolvimento da pesquisa.

Naturalmente, não pretendemos aqui avaliar esse esquema primoroso e original de Teologia do Antigo Testamento, nem no que se refere a suas estruturas formais, nem no tocante ao seu conteúdo, como tampouco nos é possível adentrarmos nas numerosas questões que o mesmo suscita. A profundidade teológica e o brilhantismo com que o autor expõe suas idéias centrais e as mensagens dos escritores inspirados são realmente dignas de louvor, elas pressupõem um perfeito conhecimento da fé e das categorias bíblicas e chegam para complementar os esforços realizados nesse campo. Mas o que nos interessa, neste momento, é determinar e especificar quais são os pontos decisivos em que deveria se basear uma nova definição de Teologia do Antigo Testamento; assim poderemos logo comparar ela com nossa própria exposição.

A este respeito, devemos ver, antes de qualquer coisa, que ligação existe entre as afirmações teológicas contidas nas tradições históricas de Israel e nos atos da história israelita. Os estudos dos últimos 100 anos têm manifestado a discrepância que existe entre a imagem histórica elaborada pelos historiadores e a história da salvação traçada pelas afirmações de fé do Antigo Testamento; discrepância que cria um verdadeiro problema para entender a mensagem veterotestamentária. G. von Rad esboça um esquema histórico (I p. 13s), que em suas "observações metodológicas prévias" (I, p. 111s), lhe serve de

[1] *Theologie des Alten Testaments,* vol. I: *Die Theologie der geschichtlichen Überlieferungen Israels,* 1957; vol. II: *Die Theologie der prophetischen Überlieferungen,* 1960.

base para aprofundar essa divergência a tal ponto que parece desfazer toda conexão interna entre os dois os aspectos da história de Israel. A história real de Israel fica diluída, por obra dos autores veterotestamentários, numa literatura religiosa separada da realidade; as *gestas divinas* a que eles aludem incansavelmente (vocação dos patriarcas, libertação do Egito, concessão da terra de Canaã etc.) não são senão imagens que Israel forjou de sua própria história, em contradição com a realidade, para apresentar nelas a glória excelsa de Yahweh e de sua obra salvífica. Essa literatura, pois, não nasce de um empenho histórico, mas da dimensão cognoscitiva da fé, a qual, ao esboçar uma "história da salvação" se assegura da peculiar relação de Deus com o seu povo. A realidade literária dessa "história da salvação" não deve confundir-se com a realidade histórica: aquela se move em um plano diferente e somente tem validade para quem esteja disposto "a formular perguntas e receber respostas nesse mesmo plano". Quem quer que subscreva esse modo de ver as coisas terá estabelecer uma nítida separação entre a lógica do Antigo Testamento e o estudo da história de Israel a partir de uma perspectiva da crítica histórica, e terá de centralizar a primeira nas relações de Yahweh com Israel e com o mundo, como as apresentam os diversos autores de acordo com os objetivos de sua pregação ou "intenção querigmática" (p. 112). De acordo com isso, o melhor método para se fazer uma idéia realista do perigo a que esteve submetida constantemente a fé de Israel a fim de poder confessar a Yahweh e conservar em todas as situações históricas os bens da salvação garantidos por ele, consistirá em "contar de novo" (ou seja , em refletir com a máxima exatidão possível) as sucessivas tentativas de interpretar a existência israelita partindo da ação histórica de Yahweh.

Essa concepção básica do caráter teológico dos livros históricos do Antigo Testamento permite confrontar, de um lado, a mensagem desses livros acerca de Israel como povo de Deus e, de outro, os Salmos e os escritos sapienciais, os quais seriam a resposta da comunidade santa à revelação de seu Deus. Assim, mesmo em seu segundo volume, von Rad pôde expôr separadamente a mensagem dos profetas como crítica radical e reestruturação dessa fé para terminar com uma análise global das relações entre o Antigo e o Novo Testamento.

Contudo, é preciso reconhecer que assim se renuncia a todo o fundamento histórico real da adesão a Yahweh como o Deus de Israel; ou seja, a desintegração crítica da tradição mosaica impede que se perceba a origem histórica da fé javista e obriga a colocar a gênese do testemunho sobre Yahweh — cuja singularidade absoluta com relação às religiões que a cercavam von Rad não leva em consideração — numa associação casual de idéias religiosas surgidas aqui e ali.

E isso, não importando o quão insatisfatória e sem precedentes seja o resultado dessa gênese de uma concepção religiosa tão singular e forte quanto a fé israelita. Sendo assim, ao se pôr em dúvida o valor dos testemunhos históricos tardios do Antigo Testamento, surge a questão de se um testemunho de fé praticamente desvinculado da realidade pode se apresentar como válido para uma revelação histórica. Ainda que reconheçamos nesse empenho um sério esforço por manter a referência e vinculação da fé na história, será difícil não defini-lo como uma filosofia da fé. Este tipo de exposição lembra muito a corrente de investigação do Novo Testamento inspirada por Bultmann, na qual igualmente se torna problemática a ligação do querygma com a realidade histórica.

Esse ponto de vista se vê fortalecido ao se abordar uma segunda questão, a de se a mensagem dos testemunhos do Antigo Testamento pode se integrar num mundo religioso compacto. A nítida peculiaridade que, de acordo com von Rad, apresentam as diversas confissões de fé javista, obriga a dar uma resposta claramente negativa. De fato, se os testemunhos de fé veterotestamentários não fornecem mais do que "uma multiplicidade de atos de revelação diferentes e heterogêneos, não redutíveis a um denominador comum" (I, p. 121),[2] não se poderá falar de uma continuidade nas relações de Deus com Israel. A teologia encontra-se, assim, não diante de um povo de Deus que, à margem de toda vicissitude histórica, conserva sua coesão graças à continuidade do amor divino, mas diante de uma série de fórmulas relativas ao Deus de Israel, teologicamente importantes, que giram em torno da concepção religiosa do povo eleito. O ato de refletir seus conteúdos de fé não enfatiza sua compreensão orgânica mediante uma exposição sistemática da fé israelita, senão que rejeita essa exposição como uma abstração perigosa que só levaria aos "esquemas mortos" de categorias religiosas.

Uma terceira questão — intimamente ligada à anterior — é que, quando se aborda o problema da relação entre os dois Testamentos, se empreende decididamente o caminho da tipologia. Regredindo a uma forma muito antiga de conceber essa relação, e limitando-se estritamente a ela, von Rad não entende a confirmação e o desdobramento efetivo que as expressões de fé do Antigo Testamento encontraram no Novo e em Cristo como o "cumprimento", no qual termina o perene caminhar da fé veterotestamentária. De outro lado, a descontinuidade das relações experimentadas por Israel, cujo isolamento histórico não pode ser reparado pela argamassa de concepções religiosas, nos leva a pensar que as desconexas "ações de Deus" recebem seu sentido último

[2] Deve-se perguntar, além disso, como podem se chamar revelação as "reflexões de Israel sobre si mesmo" (I, p. 124), feitas em diferentes épocas.

exclusivamente enquanto sejam representações prévias do fato de Cristo, representações que se entenderão, em todo caso, não como "dados estáticos", em sua pura possibilidade, mas atendendo a seu peculiar "movimento" em direção a um cumprimento futuro (II, p. 384). Sendo assim, essa interpretação necessita de base metodológica (II, p. 387). Assim como, já no Antigo Testamento a interpretação tipológica de determinados acontecimentos de salvação ou perdição se realiza de forma livre e carismática (p. 334s), assim também, no Novo Testamento, não existe norma absoluta alguma para uma compreensão cristã do Antigo Testamento que se ache confirmada pelos diferentes modos de interpretação dos autores neotestamentários. Por conseguinte, teremos de renunciar a uma interpretação normativa do Antigo Testamento e deixar tudo à liberdade carismática e eclética do intérprete, a qual achará, por múltiplos caminhos, relações sempre novas entre os dois Testamentos.

A íntima coerência dessas três respostas a algumas questões de grande importância para a teologia do Antigo Testamento aparece com clareza se levarmos em conta sua relação com *a interpretação existencial dos testemunhos bíblicos*. Se tanto no Antigo Testamento quanto no Novo trata-se da interpretação da sua existência, feita pelo crente, e não dos pressupostos e conteúdos concretos de sua fé, se torna, evidentemente, secundária a relação de seu testemunho com a história; pois, neste caso, a tarefa própria e essencial da teologia se limita a seguir essa interpretação da existência. A partir de tal perspectiva se deve evitar, como sem fundamento, a questão de se há uma linha contínua que una os diferentes Testamentos, já que isto nos desviaria do que é verdadeiramente importante e poderia eliminar a unidade estrutural e material de cada um dos Testamentos. Por fim, no que se refere à relação com o Novo Testamento, a única coisa que deve importar é a análise da forma concreta de cada um dos testemunhos, nos quais se movimenta a interpretação da existência. Mas então, o "cumprimento" do Novo Testamento se reduz ao reflexo do "tipo" veterotestamentário na realização de fé neotestamentária, de maneira que a correspondência entre esses modos de interpretar a existência pode se explicar de maneiras muito diversas e deve se deixar à perspicácia carismática do intérprete.

Diante de tudo isto, como deverá ser definida a posição da teologia do Antigo Testamento que aqui oferecemos? Inicialmente, essa teologia não admite que a verdadeira função reveladora dos testemunhos bíblicos consista em iluminar a existência. Semelhante hipótese restringe, de maneira inadmissível, os amplos horizontes da mensagem bíblica e oculta a importância que, para a fé da comunidade, tem a soberania de Deus no cosmos e na história humana. Além disso, são extremamente severos os sacrifícios que impõe a aplicação taxativa desse modo de ver as coisas. E não pensamos em renunciar à convicção de que a fé israelita tem um fundamento realmente histórico. De fato, as divergências que aparecem entre os testemunhos históricos do Antigo Testamento e o estudo crítico da história de Israel não devem ser interpretadas, obrigatoriamente, em sentido negativo, como prova de que necessita de importância a relação das afirmações de fé com a história. De outro lado, essa apreciação negativa se choca contra o fato de que os testemunhos históricos do Antigo Testamento não representam uma correção anti-histórica da história real — como se esta fosse transformada num conto ou numa novela —, mas uma interpretação dos acontecimentos, proveniente do contato com o mistério criador do Deus que dirige a história e da constante experiência de sua ação salvífica. Tal interpretação, ainda que reflita o passado de maneira unilateral ou com certos exageros, pode captar e oferecer o verdadeiro sentido dos acontecimentos muito melhor que uma crônica rigorosa do curso histórico dos mesmos,[3] pois nela se encerra um elemento profético que não tem nada a ver com a fria reflexão sobre a própria situação dentro de um acontecimento, ou seja, com uma atividade pensante puramente antropocêntrica. Portanto, a Teologia do Antigo Testamento não pode esquecer a relação entre testemunho de fé e o fato histórico, mas há de manter os olhos fixos nessa relação, a menos que a pretensão da fé israelita, de estar fundada em fatos históricos, se reduza a um simples artifício para solucionar o problema da história, artifício que, no fundo careceria de toda força que as una.

De outro lado, o veredicto contra uma exposição sistemática da fé israelita perde consistência a partir do momento em que os diversos testemunhos veterotestamentários — que, como é natural, se deve analisar cuidadosamente dentro de sua própria situação — não se consideram como uma linha descontínua de acontecimentos revelatórios, mas como expressões que reflitam, a partir de diferentes pontos de vista e também com uma íntima coerência, a percepção de uma mesma realidade complexa. De fato, não há razões válidas que nos impeçam de perguntarmos pela coincidência intrínseca desses testemunhos de fé tão cuidadosamente analisados, em que pese a sua grande diversidade e as suas tensões internas.Aparecem neles certas linhas comuns que se juntam em um mundo religioso, cuja estrutura e orientação unitárias não têm paralelo na história das religiões. E não é válido dizer que esse trabalho resultaria numa simples abstração. É preciso notar-se, com efeito, que a exposição sistemática de fé israelita não consiste em estruturar um universo de conceitos religiosos

[3] Este modo de ver as coisas também aparece ocasionalmente na obra de **von Rad** (por exemplo II, p. 11s), mas sem influir de forma importante em sua concepção fundamental.

que, em um sistema conceitual sem desequilíbrios nem lacunas, ofereça um "conjunto doutrinal" absolutamente perfeito; trata-se, portanto, de se obter uma visão global dos conteúdos de fé implicados em uma relação com Deus e que temos de considerar como um processo em movimento, situados em diversas modalidades históricas e com momentos de maior ou menor riqueza e profundidade, mas cujos traços fundamentais mostram uma curiosa coerência, em virtude da qual esse processo surge como uma realidade *sui generis* dentro de seu ambiente religioso. Claro que, para obtermos esta visão, temos de recorrer, com freqüência, a deduções com o objetivo de traçar o perfil de um universo de fé que as fontes não nos apresentam diretamente, contudo, isto não é anormal e errado *a priori*; constitui, ao contrário, o procedimento obrigatório para seguir cientificamente os conteúdos das fontes, procedimento do qual não se pode dispensar, ainda que nos concentremos nas intenções querigmáticas, dos testemunhos veterotestamentários, e que leva forçosamente à uma exposição sistemática (cf. o parágrafo "os ungidos de Israel", em G. von Rad, I, p. 304s). O maior ou menor uso da dedução é, obviamente, de importância secundária. Se, ao invés disso, movidos por uma carga de preconceitos a este respeito, nos limitamos a algumas afirmações teologicamente importantes sobre o Deus de Israel, em lugar de nos perguntarmos pela unidade que as entrelaça, se tornará impossível concluir delas algo que tenha caráter de unidade para a comunidade Cristã. Tal atitude se aproximaria perigosamente da adotada por L. Köller, para quem no Antigo Testamento não há senão um conjunto de "intuições, idéias e conceitos"[4] — teologicamente importantes — cuja disparidade torna difícil, se não impossível, falar de uma clara relação do Antigo Testamento com o Novo, já que a partir desse conjunto não se pode chegar a descobrir uma realidade divina peculiar revelada a Israel e que tenha força unificadora. Isto não será possível a menos que, na revelação veterotestamentária, se descubra um denominador comum que afete a tudo e impeça de se estabelecer atos de revelação isolados e desconexos. Se o Antigo Testamento trata do encontro de Deus com o homem dentro da situação histórica deste (um encontro por meio do qual um povo eleito é chamado à vida), então, o ponto central de sua mensagem deve consistir nessa concreta relação de comunhão pela qual Deus sai do seu segredo e se dá a conhecer. Aí reside a fonte de toda ulterior relação para com Deus na história, assim como a possibilidade — e também norma — de toda afirmação sobre a vontade e a ação divina. Por isso, a aliança de Deus com Israel, como se explicou no vol. I, p. 9s, constitui o ponto onde se cruzam as principais linhas da concepção israelita de Deus, assim como no

[4] *Theologie des Alten Testaments,* 1949, p. V.

Novo Testamento esse ponto consiste na encarnação da Palavra, o fato salvífico central no qual se estabelece o novo povo de Deus.

Pelo que foi dito, se entende também que nosso trabalho não pode aceitar essa definição unilateral da relação entre os dois Testamentos baseada na tipologia. Por mais importante que seja a relação tipo-antítipo para facilitar a interpretação de certas afirmações de fé e certas representações institucionais da relação com Deus no Antigo Testamento, ela só, não pode fazer justiça ao que o Novo Testamento entende por cumprimento.[5] Em nossa opinião, se nos fixamos no povo eleito dos dois Testamentos e na vocação dos mesmos para uma comunhão de vida com Deus, chegaremos a um realismo histórico que escapa facilmente às estreitezas da analogia de uma interpretação existencial.[6] Se a afirmação de que o Antigo Testamento está aberto ao futuro — tantas vezes afirmado a partir de Bultmann — não há por que se reduzir somente ao âmbito antropológico. Isso só poderá significar que os testemunhos veterotestamentários descobriram como Deus atua visando a um objetivo; que, fiel à sua obra iniciada, supera as dúvidas relativas à sua ação salvífica com Israel, mediante a alternância entre perdão e juízo, e conduz a história para uma consumação na qual triunfa sua vontade de comunhão. Essa finalidade pode tornar-se cada vez mais patente conforme o homem vá se aprofundando no conhecimento da natureza divina, não só no que se refere a seu ocultamento, mas também ao desvelamento progressivo de seu mistério pessoal; mas que nunca pode ver-se submetida a um processo de espiritualização que a prive de sua natureza que dá forma ao mundo histórico. A chamada profecia messiânica recebe sua importância disto e de sua relação real com a obra de Cristo (cf. vol. I, p. 450s). Com efeito, essa profecia não é uma simples predição do "típico" (von Rad, II, p. 398), mas fala, por meio de imagens, da realidade da salvação, mesmo quando sua realização se faça efetiva no sentido de uma modificação soberana cheia de riqueza criadora.

Mas, além disso, a concepção veterotestamentária do mundo e do homem, forjada pelo contato com a manifestação da vontade divina nos acontecimentos históricos pelos quais conduz a Israel, encontra no Novo Testamento uma confirmação, e, por sua vez, um desenvolvimento de seus temas mais profundos; confirmação e desenvolvimento que dificilmente podem se descrever com uma palavra que não seja a de "cumprimento". Efetivamente, a salvação revelada em Cristo não só oferece uma solução surpreendente à

---

[5] Cf. meu artigo *Ist die typologische Exegese sachgemässe Exegese?:* VT, Sppl. IV, 1957, p. 161s, e agora também em *Probleme alttestamentlicher Hermeneutik*, 1960, p. 205s.

[6] Ocasionalmente também em **von Rad**, cf. II, p. 344s.

tensão interna que se dá entre a pregação dos sacerdotes, profetas e sábios; pois a intervenção divina modelada no acontecimento salvífico do Novo Testamento supera também ao conflito a que chegou o judaísmo tardio em sua tentativa de atualizar a herança veterotestamentária, a ponto de se impor uma fragmentação interna da vida e, mediante essa superação, o povo eleito do Novo Testamento surge como o herdeiro legítimo do povo da antiga aliança. Essa réplica da existência de Israel que se dá certamente na comunidade cristã (von Rad, II, p. 397), em direção também a uma consumação final, não traduz, de modo pleno, a íntima relação que une os dois Testamentos já que é preciso enquadrá-la no horizonte global de uma nova criação por obra de Deus, na qual alcança a sua meta a história da salvação no Antigo Testamento.

As anotaçoes precedentes sobre o pensamento de von Rad a respeito da tarefa inerente à teologia do Antigo Testamento se propõem a oferecer uma breve visão dos passos que estão atualmente sendo dados nesse campo teológico e, ao mesmo tempo, explicar a razão das coincidências e divergências que se observam nas atuais exposições de conjunto. Nosso objetivo seria plenamente alcançado se, além disso, tais reflexões ajudassem a entender por que o autor considera como tarefa irrenunciável da teologia do Antigo Testamento o descobrir, por meio dos testemunhos veterotestamentários, um mundo de fé que tanto por sua estrutura unitária quanto por sua atitude fundamental, constitui um caso único na história das religiões.

W. EICHRODT

Münchenstein (Basiléia) dezembro de 1960

DEUS E O MUNDO

Capítulo XII

FORMAS DE MANIFESTAÇÃO DIVINA

No que se refere às relações de Deus com o mundo, Israel herdou de seu passado pré-mosaico todo tipo de idéias, semelhantes às de seus vizinhos pagãos. De acordo com o caráter fundamental da mensagem mosaica,[1] essas idéias não foram desaparecendo graças a um trabalho de purificação sistemática do dogma, mas a progressiva experiência do Deus da aliança e de sua natureza foi ditando o critério para reformá-las ou formulá-las de novo. Não é de estranhar, portanto, que precisamente nesse terreno, nos encontremos com uma incomparável variedade de expressões e conceitos e com numerosos elementos comuns a todo o antigo Oriente Próximo. Mas justamente sua natureza variada é o que dá maior relevância à diretriz única que atravessa totalmente esse mundo conceitual, o propósito de subjugar o mundo inteiro e tudo o que nele acontece ao único Deus, o do Sinai. Desta forma, as antigas expressões, nascidas em um ambiente politeísta, se vêem dotadas de um conteúdo novo e transformadas em instrumentos válidos para proclamar a soberania universal de Yahweh.

O que acabamos de dizer se aplica claramente às expressões veterotestamentárias sobre as formas de manifestação divina. Neste contexto, a concepção que o homem tem da relação de Deus com o mundo se vê obrigada a traduzir-se em imagens muito concretas, surgidas, às vezes, da própria experiência imediata. E, por isso, também é nesse terreno onde melhor se pode observar a influência que a experiência veterotestamentária de Deus exerce sobre as concepções tradicionais da relação de Deus com o mundo. Desse modo, a relação entre Deus e o mundo fica definida em um sentido absolutamente peculiar.

---

[1] Cf. vol. I, cap. II, Ia, p.34s.

I. MANIFESTAÇÕES DIVINAS NA NATUREZA E NO HOMEM

Deus pode manifestar-se visivelmente na terra sem prejuízo a sua majestade é uma convicção que tanto Israel quanto os demais povos consideram a mais natural. E a prova de que, nisto Israel participa de idéias comuns: eis aí que considera possíveis as manifestações de Deus tanto nas forças da natureza quanto em forma humana.

A) A mentalidade israelita

Em claro contraste com as concepções cananéias e babilônicas, não considera meios de manifestação da divindade os fenômenos naturais com os quais o homem está diretamente familiarizado e aos quais saúda como benfeitores — o sol, a lua, a fonte e o rio, a árvore ou o bosque —, mas aquelas forças da natureza que causam medo e ameaçam com a destruição, aquelas que, acima de tudo, atuam de forma inesperada e repentina: o resplendor do raio, a nuvem escura tempestuosa ou a furiosa tempestade. Tudo isso se resume no *majestoso fenômeno da tormenta*. Assim, desde os tempos mais remotos até os mais recentes, o Deus que avança tanto para o juízo como para o auxílio, aparece na tormenta,[2] vem sobre a nuvem espessa como sobre um carro de batalha ou sobre cavalos de corrida,[3] faz retumbar sua voz no trono,[4] lança os raios como flechas ou dardos[5] ou arremessa fogo do céu quanto sopro abrasador ou línguas flamejantes;[6] com assopros irados envia o castigo da inundação;[7] o granizo e a ruidosa tempestade não são mais que golpes de seu punho.[8] A idéia da majestade divina se converte assim em vivência concreta. O melhor exemplo do que dissemos é a descrição da teofania do Sinai.[9] Torna-se mais que lógico que também outros fenômenos semelhantes do tipo terrífico ou sinistro —erupções vulcânicas,[10] fogo subterrâneo,[11] etc — foram entendidos como manifestações da presença divina, mesmo quando ficaram deixados à um segundo plano por sua menor importância para a Palestina.

---

[2] Êx 19:9s; 20:18s; 24:12s; Dt 5:21s; 33:2; Jz 5:4s; Sl 18:8s; 68:8s; 77:17s; 97:2s.

[3] Sl 18:11; 104:3; Is 19:1; 66:15; Hc 3:8.

[4] Êx 19:19; 20:18s; 1 Sm 7:10; Am 1:2; Is 30:27; Sl 29:3s; Jó 37:5; cf. *nātan* (*b*e) *kōl* significando *"tronar"*: Sl 18:4; 46:7; Jr 25:30.

[5] Sl 18:15; 77:18; Hc 3:9s,14; Zc 9:14.

[6] Sl 18:9; Is 30: 27.

[7] Is 30:28.

[8] Am 9:5; Is 2:10,19; 9:9,11; 10:33; 18:5; 28:2; 30:30.

[9] Êx 19:16s; 20:18s.

[10] Os testemunhos claros são raros; cf., por exemplo, Is 30:33. Em Êx 19:16s. detalhes individuais provenientes de uma descrição de uma erupção vulcânica podem ter sido interpolados na narrativa de uma teofania em forma de tempestade. Em Is 29:6; Hc 3:6s; Jz 5:4s; Sl 29 e 77:18s. não se trata de fenômenos vulcânicos, mas da conexão entre tempestade e terremoto; dos quais o último fenômeno é especialmente freqüente na Palestina, país onde os fenômenos sísmicos são comuns. Cf. ZDPF 50 (1927) 290s; 51 (1929), p. 124s.

[11] Êx 3:2s; 13:21; 14:19s; Nm 11:1s; 14:14.

Nem a tempestade comum, por mais estragos que ela pudesse provocar, nem o terrível terremoto adquiriram um significado semelhante àquele da tempestade de raios como meio favorito para a teofania, devido ao fato de que a sua força destrutiva permanecia invisível. Por isso, aparecem de preferência como acompanhamento, para tornar a tormenta mais impressionante, ainda que algumas passagens sugiram que em outro tempo desfrutaram de um papel mais independente como instrumentos da presença divina.[12] De outro lado, desde os tempos mais remotos, as estrelas são sempre servas sujeitas a Yahweh que, ainda que possam intervir na batalha como soldados a seu comando (Juízes 5:21) e despertem uma espantosa admiração no homem por sua vida e movimentos cheios de mistério (Salmo 19:1s; 8:4), estão sempre sujeitas à majestade e ao poder de seu Senhor que habita na escuridão (Sl 19:2-5, 1 Rs 8:12, LXX). Deste modo, mesmo nos momentos em que a capacidade de sedução dos cultos de fertilidade cananeus alcançava seu auge, o modo de manifestação do Deus de Israel foi sempre muito diferente do das divindades locais da vegetação.

Por essa estreita relação de Yahweh com o poder elementar do fogo, mais de uma vez se procurou ver sua origem em um demônio do fogo, ou seja, tratou-se de interpretá-lo como uma forma de divindade semelhante às outras.[13] Mas, na realidade, isso somente é possível por meio de uma seleção artificial isolada de certas expressões que perdem de vista a imagem geral que as fontes nos oferecem do Deus da aliança. Ainda que não nos esqueçamos de suas conexões com a concepção de Deus dos midianitas ou com as idéias naturalistas dos habitantes das estepes,[14] devemos dar importância para o fato evidente de que, em todas as épocas, a teofania por meio do fogo fosse considerada como algo especialmente relacionado com a idéia de Yahweh. A teofania mediante o fogo não surgiu dentro da concepção que Israel tinha sobre Deus, como um acidente casual provocado pela natureza ígnea de um demônio primitivo; foi à

---

[12] A união da tempestade, trovões e terremoto é especialmente impressionante nos Sl 18:8s e nas passagens já mencionadas nas notas 2 e 10. Além disso, 1 Sm 14:15; 1 Rs 19:10s. sugerem de forma especial um significado próprio e independente entre o furacão e o terremoto.

[13] Por exemplo, Ed. **Meyer**, *Die Israeliten,* 1906, p. 70**; G. Hölscher**, *Geschichte der isr..jüd. Religion,* 1922.p. 67.

[14] Cf. **B. D. Eerdmans,** *De Godsdienst van Israel,* 1930, p. 35s. **H. H. Rowley**, *From Joseph to Joshua,* 1950, p. 149s. Também caberia fazer alusão ao deus da tempestade Hadabe, entre os arameus com antepassados comuns aos israelitas, cf. vol I, p. 174s.

experiência da inacessibilidade sagrada e do poder terrível do Deus da aliança que permitiu descobrir, em um elemento que irrompe de improviso e que destrói toda defesa humana, o símbolo apropriado e a imagem correta da natureza divina. De outro lado, está dentro da lógica mais elementar que o grandioso espetáculo da tormenta adquirisse importância significativa, tão impressionante para os olhos quanto para os ouvidos, e junto a eles os fenômenos, tão inexplicáveis como ameaçadores, quanto o do vulcão e o do fogo subterrâneo, cuja erupção altera radicalmente um mundo que vive confiantemente. Também foi natural que essa interpretação se servisse, não da chama silenciosa do forno caseiro ou do altar,[15] mas sim do fogo enquanto poder elementar superior ao homem e isto fez com que o furacão e o terremoto fossem interpretados com freqüência como seus acompanhantes.

Essa concepção do fogo divino viu-se reforçada, e ao mesmo tempo interiorizada, pela experiência visionária, na qual um dos elementos mais freqüentes é a luz ofuscante ou o fogo.[16] Deste modo, o que era um simples símbolo tirado da natureza recebeu vida própria e uma confirmação contundente e se viu reinterpretado para significar a forma na qual a divindade surge na vida psíquica do homem.[17] Esse papel muito mais metafórico do elemento ígneo devia levar a uma nova forma de se considerar o modo da presença de Deus no fogo.

Pois é suficientemente claro que, originalmente, isso foi compreendido nas formas de pensamento da mitologia da natureza. E, por isso, temos de esclarecer se em Israel acreditava-se que era na realidade o mesmo Deus que era visto em tais fenômenos naturais ou se havia a convicção de que se tratava simplesmente de uma visão figurativa da percepção da divindade em uma espécie de imagem. Em geral, a mentalidade popular não conhece essas distinções teológicas tão agudas e, no caso concreto de Israel, é evidente que se considerou a visão da divindade em um sentido bem real. A coisa torna-se clara no relato que o javista faz do banquete da aliança sobre o Sinai:[18] é permitido à Moisés e aos 70 anciãos do povo ver ao Deus de Israel sem sofrer os efeitos mortais que tal visão poderia provocar. Certamente, também nesse caso, está presente a idéia de que o homem só pode acessar a majestade divina de maneira imperfeita: há uma ausência total de detalhes na descrição da aparência divina, que fica caracterizada exclusivamente como uma luz fulgurante; mas é um fato indiscutível que no relato primitivo não se trata de uma visão real.

---

[15] Talvez haja referências a isto em Jz 6:21; 13:19; 1 Rs 18:24,31.
[16] 2 Rs 2:11; Is 6:1; Hc 3:4; Ez 1:28; Dn 7:9; 10:6; cf. também Ap 1:14s.
[17] Is 33:14s; 6:6s; Ez 2:1s; 3:12s.
[18] Êx 24:9,11.

Quando o fenômeno do fogo viu-se vinculado à visão, na qual o profeta tinha a experiência íntima do domínio soberano do Deus no juízo e na renovação, e que este, assim como o furacão e o terremoto, adquiriram um significado preponderantemente simbólico com referência à irrupção divina na história e na sorte do indivíduo, passando a um segundo plano sua função de fazer realmente visível ao Deus invisível. Neste sentido, a interessante narração do encontro de Elias com Deus no monte Horebe[19] é o primeiro testemunho claro de uma mudança de atitude. Diz-se expressamente que Yahweh não está nem no furacão, nem no terremoto, nem no fogo. A delicada e suave brisa que anuncia a Elias sua presença e de onde Yahweh lhe dirige a palavra não são mais que um símbolo descritivo do sussurro pelo qual os profetas sentem a voz de Deus como a de um que lhes fala da maneira mais próxima possível.[20] Se a manifestação de Deus no fogo manifestava o fato da realidade divina ser incompreensível e impossível de ser restringida em formas fixas, agora essa realidade divina fica absolutamente invisível, de onde surge a palavra divina como a única coisa que os sentidos humanos podem captar da natureza de Deus. As forças elementares não são já uma forma de tornar visível a Deus, mas simples fenômenos que acompanham a atuação divina,[21] são sua "roupagem",[22] sua glória, *kābōd*,[23] seus mensageiros.[24] A ação de Yahweh na palavra profética e nos testemunhos do Espírito divino, da qual Israel teve uma experiência tão envolvente no fenômeno da profecia, tirou o poder do padrão de pensamento mitológico e fez com que as formas nas quais esta se expressava não fossem mais que instruções simbólicas do tratamento de Deus para com o mundo.[25]

---

[19] 1 Rs 19:10s. A repetida interpretação desse relato no sentido de uma reformulação da natureza de Yahweh (assim recentemente **J. Hempel**, *Gott und Mensch im AT*, p. 43s.) carece de apoio no contexto e está em contraposição com toda a concepção profética de Deus. O Deus que aqui se revela não é o que atua no anonimato, mas o Deus espiritual e pessoal dos profetas que se dá a conhecer no sussurro de sua palavra.

[20] Cf. como Deus fala b^{e}'ōzen ao ouvido de seu enviado: Is 5:9; 22:14; Ez 3:10; 9: 1,5; Is 50:4s e, além disso, 1 Sm 9:15; 2 Sm 7:27; Jó 33:16. Se a presença de Yahweh na brisa suave é o símbolo natural de sua revelação na palavra, esta concepção distingue-se radicalmente da idéia egípcia de Amon, considerado como deus do ar. A semelhança externa de ambas as concepções foi manifestada por **K. Sethe**, *Amun und die acht Urgötter von Hermopolis*, 1929, p. 119s. Cf. também **E. Sellin**, *Israelit. -jüd. Religiongeschichte,* 1933, p.17.

[21] Assim, nas teofanias de tempestade nos profetas: Is 30:27s; 19:1 etc.

[22] Sl 104:1.

[23] Por exemplo, Êx 24:17; 33:18; Ez 1:28; 3:13.

[24] Sl 104:4.

[25] Cf. cap. XIII e XIV: "Forças Cósmicas de Deus".

B) O Deus da antiga crença

À primeira vista, torna-se mais difícil introduzir na experiência israelita de Deus a antiga crença de que *Yahweh se faz visível na forma humana.* É verdade que, neste sentido, não se deve dar excessiva importância ao tipo de contato do homem com Deus, testemunhado por Gênesis 2s., em que Deus aparece passeando pelo paraíso, já que nesse texto se pressupõe uma situação anterior ao tempo e a história, e que nada tem a ver com o presente; desse modo, a conclusão é clara: o que era possível no paraíso torna-se impossível uma vez que este foi perdido. Também é preferível deixar de lado as aparições no sonho, porque nelas não se trata de uma visão própria e verdadeira.[26] De outro lado, as antigas sagas populares falam de encontros com a divindade na figura de homem, e tanto Gênesis 18s como 32:24s., estão impregnados, em sua descrição, de um realismo tal que não podem senão trazer-nos à memória as conhecidas histórias pagãs dos deuses. Até mesmo os relatos mosaicos, influenciados pelo pensamento profético, consideram como um privilégio especial do fundador da religião seu contato direto com Yahweh "face a face", que inclui também o ver sua "figura",[27] ainda que aqui a idéia de um Deus que participa num banquete ou que luta com um patriarca já tenha dado uma concepção mais espiritual.

Não é lícito querer evadir-se da força de tais passagens citando-se outras nas quais Israel, no Horebe, ouve a voz de Deus, mas não vê figura alguma.[28] Só caberia argumentar, desse modo, admitindo-se o pressuposto insustentável, do ponto de vista histórico, de que todo o Antigo Testamento teria de oferecer em suas expressões um "corpo de doutrina" unitário, quando, na realidade, estamos convencidos de que, ao contrário, em épocas diferentes, encontraremos em Israel afirmações divergentes sobre a forma de relação de Deus para com o mundo, de acordo com um conhecimento cada vez mais profundo de Deus. O verdadeiramente significativo e característico da concepção veterotestamentária de Deus é que, de fato, a atribuição de um corpo humano a Deus tenha tão pouca importância e que nas escassas passagens em que aparece abertamente traz pouco prejuízo para a absoluta superioridade do ser divino. Graças à

---

[26] Cf., por exemplo, Gn 28:10s; 1 Sm 3:10 e, sobre o tema, de maneira geral, **E. L. Ehrlich,** *Der Traum im Alten Testament,* (BZAW 73), 1953.

[27] Nm 12:8; Êx 33:23; Dt 34:10. Ainda quando há que conceder que a expressão "face a face" não se interpretou, na maioria das vezes, no sentido literal, mas metafórico, referindo-se a um tratamento de confiança (assim, **König,** Theologie., cap. 41.1), contudo, o significado realista de passagens como Gn 32:31; Jz 6:22 e Nm 12:8, às quais podemos adicionar Êx 4:24,26 e 24:9,11 é incontestável. Cf. **F. Michaeli,** *Dieu à l'image de l'homme*, 1950. p.63s.

[28] Dt 4:12,15:18. Cf. a esse respeito **E. König**, *Theol.,*3,4,1923, cap. 42.1.d, e **A. Dillmann**, *Handbuch der at Theologie.,*1895, p. 229.

consciência de achar-se na presença imediata do Senhor vivente, fica sem eco em Israel qualquer tentativa de pensar numa familiaridade pouco respeitosa com a divindade ou de reduzi-la aos estreitos limites do humano e do terreno.[29]

Talvez se estranhe que, mesmo nas visões proféticas, a aparição de Yahweh em forma humana repita-se com maior freqüência — ainda que, com extrema precaução, o fato seja mais sugerido do que descrito[30] — e que esse mesmo antropomorfismo se reafirme nas imagens escatológicas.[31] Se for certo que, no último caso, seja necessário dar uma satisfação recorrendo-se a concepções estrangeiras recém trazidas,[32] isto não é solução quando se trata do pensamento profético. Deve-se recorrer mais ainda à observação que já fizemos no volume anterior:[33] que a imediata presença e realidade de Deus, que tão facilmente nos podem fazer perder de vista conceitos espiritualizantes, ocupa o primeiro plano dentro da revelação veterotestamentária e obriga a revestir a presença divina de uma figura humana. Mas com ela não se procurava dar no Antigo Testamento uma descrição exaustiva do ser divino; assim o demonstra a forma na qual se fazia a descrição — mais velada que analítica —, que acentuava o caráter metafórico da aparição, a *d^emūt k^emar'ēh 'ādām* (Ezequiel 1:26).

C) O Deus invisível

3. Em vista do caráter concreto e realista que distingue as idéias israelitas com relação à manifestação de Deus na natureza, torna-se curioso e digno de análise *que a imagem animal ficasse sempre excluída dos meios pelos quais Deus se fazia visível.* Tanto mais quanto se leva em conta a difusão do culto animal nos reinos vizinhos, sobretudo, no Egito. As tentativas que se fizeram, em certas ocasiões, de deduzir a existência de um culto animal primitivo em Israel, dos relatos veterotestamentários, sobre o culto à imagem do bezerro ou da serpente de bronze, devem-se considerar fracassadas.[34] Mais

---

[29] Sobre a intensidade desse sentido da autoridade pessoal de Deus, cf. o que dissemos sobre o caráter espiritual da concepção de Deus: vol. I, cap. VI, p. 185s.

[30] 1 Rs 22:19; Am 9:1; Is 6:1; Ez 1:26s.

[31] Zc 14:4; Dn 7:9.

[32] Com respeito à imagem característica do "ancião dos dias" **R. Kittel** as deriva de representações do *χρόνος ἀγήραος* (*Die hellenistische Mysterienreligion und das Alte Testament, 1924*).

[33] Cf. I, p. 185s.

[34] Cf. **Stade,** *Bibl. Theologie des AT*, 1905, p. 39, 51. As imagens do bezerro de Êx 32:4s; 1 Rs 12:28 nada têm a ver com o culto egípcio ao touro (**Hitzig**. *Geschichte des Volkes Israel*, 1869, p. 169), que era direcionado ao animal vivo, porém, representava um símbolo divino muito usado na Ásia Menor: cf. I, cap. IV, p. 96s. Sobre a serpente de bronze, cf I, cap. IV. p 93s. A serpente de pedra de Jerusalém, *'eben hazzohelet*, de 1 Rs 1:9, devia ter se derivado a um santuário cananeu, sem que nos seja possível dizer se sua utilização se implantou em Israel e isso em que medida.

adesão encontrou a concepção de que o totemismo era o fundamento da fé israelita.[35] Mas, a partir do momento em que um estudo mais profundo dos povos primitivos demonstrou estar errada a tese de que o totemismo é uma fase necessária do desenvolvimento de todas as religiões, perdeu-se também o interesse nessa idéia, já que os argumentos alegados, a seu favor, foram sempre reconhecidos como pouco prováveis.[36] De fato, a crença de que cada tribo israelita se considerasse ligada a determinada espécie de animal e relacionada com ela numa mística comunhão de vida permanente não podem se demonstrar, tão-somente, porque se utilizam como nome de pessoas os dos animais,[37] ou porque se cultive o sacrifício animal,[38] ou porque se distinga entre animais puros e impuros,[39] ou ainda porque exista um princípio matriarcal.[40] Conclui-se, portanto, que a divinização do mundo animal não exerceu influência alguma na relação existente entre Yahweh e a natureza.

II. ESPIRITUALIZAÇÃO DA TEOFANIA

Mas, ao lado de todas essas concepções ingênuas encontramos, também, desde o princípio, um sentimento de que era impossível se falar de uma visão verdadeira e própria de Deus; e isso, não só entre os líderes espirituais, mas também dentro da própria mentalidade popular. Para isso apontam as tentativas de apresentar a teofania como uma aparição indireta, suavizada e diferente do verdadeiro ser de Deus. Classificaremos essas tentativas segundo o grau de espiritualização que evidenciam, começando pelo que mais se aproxima da fé popular ingênua.

---

[35] Quem mais brilhantemente defendeu foi **W. R. Smith**, *Animal worship and animals tribes among the Arabs and in the Old Testament*, 1880, e *Die Religion der Semiten,*1899, p. 87s. A tese foi seguida, entre outras, por **B. Stade,** *Theologie,* p. 142. e atualmente continua mantida por **G. Hölscher,** *Geschichte der israel.jüdischen Religion* 1922. caps. 3 e 9.

[36] A maior prova foi fornecida por **V. Zapletal**, *Der Totemismus und die religion Israels,* 1901.

[37] O fato foi ressaltado, principalmente, por **G. Kerber**. *Die religionsgechichtliche Bedeutung der hebräischem Eigennamen des AT*, 1897. Contra esse argumento expressou-se **Th. Nöldeke**. *ZDMG*.,1886, p. 156s. Sobre a utilização do nome como amuleto cf. **J. Wellhausen**, *Reste arabischen Heidentums*.1887, p. 200, e **A. Bertholet**, *Über den Ursprung des Totemismus* em *Festgabe für J. Kaftan*.1920. p. 8s.

[38] Já expusemos antes que uma variedade de motivos subjazem nos sacrifícios animal, e que é impossível arranjá-los numa seqüência cronológica (cf. vol. I, cap. IV, p. 119s.).

[39] Já foi indicado que também aqui operam diversos motivos (cf. vol. I, cap. IV, p.112s.).

[40] Até uma exegese generosa não pode achar senão restos incompreensíveis desta instituição no Antigo Testamento: cf. **J. Benzinger**, *Hebräische Archäologie,* p. 113s. E por isso também **Stade** prefere prescindir desse argumento em favor da hipótese do totemismo (*Theologie*, p. 40).

A) O "mal'āk" de Yahweh

O anjo de Yahweh ou de Deus — como costumamos traduzir o termo hebraico[41]— ocupa um lugar principal entre os seres celestiais[42] que formam a corte do grande Deus (cf. cap. XVIII, II, 1). Trata-se de um termo estrangeiro, adotado por Israel,[43] que designa o mensageiro em geral. Ao unir-se ao nome divino ou outros similares, fica caracterizado como o mensageiro celestial de Yahweh e cumpre diferentes tarefas que, em certa medida, fazem passar para um segundo plano seu caráter originário de mensageiro. Esse anjo atua, de maneira muito geral, como guia e protetor dos que temem a Deus e em especial dos profetas (Gênesis 24:7-40; 1 Reis 19:5s; 2 Reis 1:3,15), ou no papel de exterminador trazendo a peste e a destruição como castigo do rei celestial (2 Samuel 24:26s; 2 Reis 19:35s), ou se lhe considera como juiz celestial (2 Samuel 14:7,20; 19:28; Zacarias 3:1s). Enquanto mensageiro enviado de Yahweh pôde aparecer como auxílio especial que Deus mandou a Israel durante o caminho do deserto (Êxodo 14:19; 23:20,23; 32:34; 33:2; Números 20:16). Não se diz que se trata sempre do mesmo anjo; valeria a pena pensar também em diferentes tipos de tarefas designadas, em princípio, a seres divinos diferentes e atribuídas depois ao *mal'āk yhwh;* isso é provável, sobretudo, no que se refere a sua função destruidora e a seu ofício de juiz.[44] Também pode ser, que essa designação única, se refira a diferentes potências celestes, cuja unidade, em tal caso, não é somente de aparência externa, mas principalmente interior, já que o *mal'āk* aparece em quase todas as suas manifestações como um poder benfeitor que, por incumbência de Yahweh, assiste a seu povo para ajudá-lo.

Dos relatos que se ocupam dele, destaca-se um grupo no qual já não é fácil distinguir o anjo de Yahweh do próprio Senhor, porque tanto em sua

---

[41] A maioria das vezes, na forma *mal'āk yhwh*: Gn 16:7,9-11; 22:11,15; Êx 3:2 etc. Em poucas passagens, quase sempre eloístas, *mal'āk hā'elōhīm*: Gn 31:11; Êx 14: 19; Jz 6:20; 13:6,9; 2 Sm 14:17,20; 19:28. Somente duas vezes aparece na forma de *mal'āk 'elōhīm*: Gn 21:17; 1 Sm 29:9.

[42] Para a forma plural *Mal'akim:* Gn 19:1,15; 28:12; 32:2; Sl 78:49; 91:11; 103:20; 104:4; 148:2; Jó 4:18. O anjo de Yahweh ou de Deus como mensageiro: Gn 24:7,40; Nm 20:16; 1Sm 29:9; 2 Sm 14:17,20; 19:28; 24:16; 1 Rs 19:7; 2 Rs 1:3,15; 19:35 etc.

[43] **W. Baumgartner ("Schweiz**. *Theol. Umschau*" 14 [1944] 98) ressaltou de modo especial o fato de que o verbo subjacente *l-'-k*."enviar", só apareça em árabe, etíope e ugarítico.

[44] **F. Stier** (*Gott und sein Engel im Alten Testament.*1934) dá atenção especial à concepção proveniente à idéia do Antigo Oriente, de um vizir celestial, que no Egito e Babilônia se designava a determinados deuses.cf.cap. XVIII. p. 654.

aparição quanto em suas palavras, coincide com as formas de Yahweh nas quais Yahweh se manifesta e fala. Assim, por exemplo, no relato da fuga de Hagar (Gênesis 16), o *mal'āk yhwh* surge junto a uma fonte no deserto e anuncia à fugitiva o destino de seu filho; depois que ele desapareceu, Hagar cai em si e diz ter visto o próprio Yahweh (16:13).[45] Coincide com isto a frase que, em Gênesis 31:11,13, o *mal'āk hā'ᵉlohim* diz a Jacó: "Eu sou o Deus de Betel", identificando-se com Deus. Por conseguinte, a forma de falar do *mal'āk* em Gênesis 21:18 e 22:11, usando o Eu divino, não deve ser interpretada como uma ingênua auto-identificação do enviado com o que o envia,[46] mas como uma prova da presença de Deus na aparição do anjo. Pode-se chegar à mesma conclusão pelo estudo detalhado de uma série de passagens pertencentes às sagas populares transmitidas por **J** e **E** e ao núcleo mais antigo do livro dos Juízes[47] que, por conseguinte, devem refletir fielmente a fé popular israelita. A partir da época dos reis, não ouvimos mais falar acerca dessa estreita relação entre Yahweh e seu *mal'āk;* mesmo nos lugares em que se fala da intervenção de um mensageiro divino, como nos livros dos Reis e nos escritos pós-exílicos, trata-se sempre de um servo de Yahweh, claramente distinto de seu Senhor.

Várias tentativas foram feitas com a pretensão de suprimir toda importância teológica dos fatos que acabamos de descrever, interpretando-os por outros fenômenos já conhecidos, mas sem que se tenha conseguido nada de convincente. Desse modo, quis-se ver no *mal'āk* um substituto mais recente do próprio Yahweh, recorrendo-se a textos isolados: por exemplo, Êxodo 12: 23, em que uma vez é Yahweh e outra seu anjo o que mata os primogênitos do Egito; ou o duplo relato do censo de Davi, onde temos, em 2 Samuel 24: 1, que é Yahweh, e segundo 1 Crônicas 21:1, que é Satanás, quem instiga o rei para seu desígnio maléfico. Teríamos nesses relatos a segunda fase de uma evolução religiosa que já não se atreve a falar da aparição do próprio Deus em figura humana, como se sucedia na fase anterior, e a substitui pela manifestação de um ser da esfera celeste que está a seu serviço. A terceira

---

[45] Tirar a força da palavra "ver" aqui e, explicá-la como uma "visão de Deus" figurada, com o sentido de uma experiência do seu socorro – um uso para o qual um número razoável de exemplos pode ser encontrado nos salmos (cf. F. Stier, *op. cit.*, p. 38) – não fará justiça à característica da narrativa.

[46] Assim **Ed. König**.*Theologie des Alten Testament*, 1923. p. 191s. Mas a verdade é que a passagem de Homero (Ipiad IV, 204) e os profetas (Jr 13:18s) só tem uma semelhança muito remota e não afeta em nada o ponto crucial que nos ocupa: a permutação de Yahweh com seu *mal'Ak* no relato.

[47] Gn 21:17s; 22:11s; 48:15s; Êx 3:2s, 4a, 5,7 (**J**); Nm 22:22 – 35; Jz 6:11 – 24. Em Jz 13:22, apesar de tudo, o ver a *ᵉlohim'* poderia ser interpretado, com **Stier**, no sentido mais geral de "ver ao *mal'āk*" como um ser divino.

fase teria sido alcançada no momento em que a ação de Deus no mundo só poderia ser pensada em termos de intermediários.[48] Dessa maneira, pois, concluem, trata-se de "uma evolução que se deu realmente na fé judeu-israelita" (Baumgartner), ainda que suas provas testemunhais, irrefutáveis, se dispersem em relatos ou extratos narrativos, separados, às vezes, por vários séculos. Mas, o fato de que as duas primeiras fases desse processo pudessem ser encontradas numa narrativa produzida por um mesmo autor é coisa rara e difícil de se admitir. Se pudesse ser demonstrado que em tais relatos o *mal'āk* é um acréscimo secundário e, fosse verdadeiro o pensamento de que a causa para que essa interpolação não se levasse a cabo de forma conseqüente, foi a simples negligência, caberia, em tal caso, sustentar semelhante tese. Mas as premissas ainda não foram demonstradas: o próprio Gunkel admite que o *mal'āk* é parte integrante do texto. E, de outro lado, o recorrer a uma falta de consistência do redator ou do próprio autor, não é um bom método para explicar o estado atual de alguns relatos devidos a autores diferentes. Além disso, um hino tão breve como o de Gênesis 48:15s, com três afirmações paralelas sobre a ação protetora de Deus, mostra-nos essa mesma variação entre Deus e o anjo, e atribui ao anjo precisamente a ação salvadora mais importante.[49] Seria absurdo colocar a culpa em uma emenda do texto.

Tampouco, toca a verdadeira questão o fato de se recorrer à forma pré-israelita da saga, que pôde, em alguns casos, falar de um *'El*, de um ser divino e, que depois, em Israel, se converteu no anjo de Yahweh ou no próprio Yahweh. Ainda que pudessemos retroceder a variação entre Yahweh e seu anjo até a tradição oral das sagas (para o que, em todo caso, é difícil contar com provas suficientes), só poderíamos responsabilizar o último autor pelo intercâmbio que se dá na forma atual das mesmas, e continuaria em pé a questão do que foi que o levou a fazer isso. Dizer que, para explicar nomes de pessoas e lugares etiologicamente vinculados a muitos relatos, viu-se obrigado a fazer uso de sentenças colocadas diretamente na boca de Deus (cf. *yhwh šālōm*, Juízes 6:24; Ismael, Gênesis 16:11), não é razão para operar a substituição total de sujeitos: e, além disso, dada a liberdade com que o autor de Gênesis 16 explica o nome de *Ismael* como "Yahweh ouve", não é preciso se valorizar demasiadamente essa necessidade.

---

[48] Assim **B. Stade**. *Biblische Theologie des Alten Testaments,* 1905, p.96s; **K. Budde**, *Das Buch der Richter,* 1897, p.53, **H. Gunkel**, *Genesis,* 1910, p.186s.,e, recentemente, **W. Baumgartner**, *Zum Problem des "Jahve-Engels". "Schweiz Theolog. Umschau"* 14, 1944, p. 97s.

[49] A isto alude com toda razão **von. Rad**. (*Theologie des Alten Testaments*, I,1957. p. 286.

A intenção de explicar a forma de falar do anjo na primeira pessoa, com o Eu de Yahweh, como um simples procedimento estilístico, só tem um interesse limitado. Tratar-se-ia do estilo próprio do mensageiro no Antigo Testamento: o mensageiro fala as palavras daquele que o envia, utilizando o eu deste, depois de haver deixado bem explicado, por meio de uma fórmula — "assim fala N" —, comparável à fórmula de anúncio profético "Assim disse Yahweh."[50] Se, por um tipo de elipse, a fórmula do mensageiro é omitida, então, o " Eu" da divindade aparece diretamente nas palavras do mensageiro celeste. Mas a realidade é que, ainda que em alguns casos esse processo possa ter ocorrido (por exemplo, em Gênesis 21:18 ou Números 22:35), não se pode deduzir disso um princípio geral de explicação; em detrimento de que não haveria motivo para a mudança de sujeito fora do discurso direto.

Dessa maneira, se atribuirmos um pleno valor aos testemunhos dos narradores antigos, devemos observar que, em alguns casos, viram no *mal'āk yhwh* o próprio Deus, atuando de forma tão imediata, que estaria fora de alcance qualquer outro ser celestial, mas, de outro lado, não como se fosse o próprio Senhor do céu, em pessoa, que tivesse descido a terra; na verdade, é Yahweh o que está aí, mas se servindo de uma máscara ou de um representante para estabelecer contato direto com seus eleitos. Em outras palavras, estamos diante de uma forma de aparição que, respeitando expressamente o ser transcendente de Yahweh, sua especial atuação entre os homens em cumprimento de sua vontade salvadora, a reduz a uma presença imediata, porém, oculta. Com freqüência, pode encarnar-se em uma figura quase humana do mensageiro para assegurar aos seus sua presença imediata.

A situação, que aqui percebemos, desfruta de grande valor para os que queriam explicar a concepção dos anjos do antigo Israel, a partir de idéias animistas.[51] Entendem estes os anjos como "potências provindas de Deus" (van der Leeuw) — semelhantes às forças espirituais que o homem primitivo considera potências livres de sua própria alma — dotadas de poder para atuar ao seu redor, e que, apesar de tudo, continuam vinculadas a ele como partes de sua própria natureza. Deve-se entender o *mal'āk* como a *alma exterior* (Lods) da divindade e compreende-se, portanto, que, algumas vezes, diferencie-se e, que em outras, identifique-se com Yahweh. Na medida em que detecta a falta de uma distinção expressiva entre o eu e o derredor dentro da mentalidade primitiva, essa tentativa de explicação talvez nos torne mais compreensíveis à facilidade com que o israelita pula do *mal'āk* ao

[50] Assim **F. Stier**.*loc. cit.*.p. 9s.

[51] Cf. **G. van der Leeuw**. *Zielen en Engelen.*"Theol. Tijdschrift new series." 11 (1919). e *Phänomenologie der Religion*, 1933, p.123s; **A. Lods,** *L'ange* de *Jahvé et l'âme extérieure*. BZAW 27 (1914).

próprio Deus. Mas, ao se reduzir os mensageiros de Deus a energias liberadas do poder divino, esbarramo-nos com toda a pré-história do termo *mal'āk,* que supõe, desde o princípio, a figura de um mensageiro ao qual se deu uma missão, tendo que deixar para trás, pouco a pouco, idéias animistas. É compreensível, por isso, que o *mal'āk yhwh* fale também de Yahweh na terceira pessoa.

Assim pois, a origem dessa forma peculiar de apresentar a teofania não pode estar nem na adoção de uma imagem estrangeira do mundo celeste, nem em uma concepção animista da alma, mas na revelação específica de Deus a Israel, na qual a majestade transcendente do Senhor da aliança conjugava-se com a energia intramundana de sua obra. Por isso, já o israelita primitivo teve dificuldades em conciliar, na escrita, um Deus incompreensível para a mente humana com o Deus que se revelava de fato e verdadeiramente no mundo dos fenômenos, e procurou corrigir essas dificuldades recorrendo ao *mal'āk yhwh.* Sua aparição servia para facilitar a intervenção de Yahweh no âmbito da história humana e para pronunciar palavras na primeira pessoa divina (somente em Êxodo 3:4a, 5 e Juízes 6:14,16,23, apresenta-se ao próprio Yahweh falando), ao passo que, simultaneamente, o "ato da vontade divina que atua até mesmo de longe",[52] seu escutar, seus olhos abertos, sua salvação, atribuem-se diretamente a Yahweh.

A tentação de querer explicar, por meios especulativos, essa forma característica de apresentar a ação salvadora de Deus e a de reconhecer no anjo de Deus, segundo a colocação de Filo, o '*logos preexistente',* existiu na Igreja cristã desde os tempos dos Pais e perdurou até o século passado.[53] Mas com toda razão esta interpretação foi, em geral, abandonada, porque o Deus que se revela no *mal'āk* de nenhuma maneira está presente num corpo humano ou como um ser pessoal permanente, mas que só aparece num período de tempo determinado, a saber, na época do antigo Israel, e de formas diferentes (às vezes, como chama, outras com contornos humanos, ora em sonho, ora em audição). Tampouco, é oportuno ver na teofania do *mal'āk* a "forma originária de revelação,"[54] característica já da época dos Patriarcas, pois, esse meio de revelação ainda tem seu lugar na época pós-mosaica. Além disso, conhece-se deste sempre e, às vezes, o *mal'āk* como mensageiro criado. E assim, a distinção entre o *mal'āk* como portador específico da revelação divina, e os mensageiros divinos criados nem sempre pode ser feita com igual clareza:[55] os contornos aparecem atenuados, sem

---

[52] Assim **E. Kautzsch**. *Biblische Theologie des Alten Testaments,* 1911, p. 84.

[53] **E. W. Hengstenberg**, *Christologie des Alten Testaments*, 1854, I, p. 219s. **G. F. Oehler**, *Theologie des Alten Testaments*, 1891. p. 208s.

[54] Assim **O. Procksch**, *Christus im Alten Testament.* NKZ, 1933, p. 61; *Theologie des Alten Testaments*, 1950, p. 421s.

[55] O que mais se parece ao primero é o anjo enviado para ajudar a Israel na saída do Egito e a travessia do deserto: Êx 14:19; 23:20,23;32:34; 33:2s; Nm 20:16. Sobre a união do anjo com o nome de Deus em Êx 23:20s. veja p. 507.

conseguir articular-se numa concepção dogmática bem firme. Por isso, junto ao *mal'āk* podiam acontecer outras formas de aparição de Yahweh, sem que com isso existisse o perigo de confundi-las todas, igualando-as. O florescimento vigoroso da experiência do Espírito que dominou a primitiva profecia e fez sentir a poderosa presença de Yahweh de uma nova forma foi, sem dúvida, a razão pela qual sua automanifestação no *mal'āk* caísse no esquecimento.

Deve-se dizer, contudo, que nessa concepção imperfeita, aqui e ali manchada de insegurança, a fé israelita tornou-se, desde o começo, em algo que constituía um interesse vital de sua certeza sobre Deus, interesse que de fato estava próximo ao objetivo principal da doutrina cristã do Logos. O abismo que a religião naturalista descobre entre a distante superioridade do grande Deus e a necessidade de uma real intervenção de sua parte na miséria terrena, costuma se corrigir graças a uma fantasia que introduz uma nova figura divina como portadora da revelação: na Babilônia, Marduk é o "enviado" de seu pai, *Ea*, de cuja natureza está dotado e ao qual, por isso, o homem chama em seu auxílio invocando a *Ea*; na Fenícia, implora-se a Astarote ou Tanit como mediadora entre Baal e seus fiéis.[56] Em Israel, o pensamento teológico conseguiu evitar uma desintegração da unidade divina, refletindo nisso o impacto produzido pela experiência viva do Deus único que se havia manifestado a seu povo como a vontade que dava fundamento e dominava toda a sua existência.

B) O kābōd (a glória) de Yahweh[57]

Assim como a idéia do *mal'āk* yhwh, a do *kābōd* de Yahweh também continua sendo relacionada a formas ingênuas de imaginar a teofania. *Kābōd* significa aquilo que tem "peso" ou "pesado"; e quando se refere a uma "coisa de peso", que distingue a uma pessoa e lhe dá fama, primariamente, pensa-se em algo que aparece e é visível externamente, seja essa a riqueza — da qual *kābōd* se utiliza precisamente como sinônimo[58] — o lugar de honra dentro da sociedade, o poder e o êxito.[59] Assim, também o *kābōd* de Deus, sua "honra" ou "glória",

---

[56] Cf. a respeito das idéias do antigo Oriente sobre um vizir celestial expostas por **F. Stier.** *loc.cit.*. p. 134s e p.503s. e p. 507.

[57] Cf. **W. Caspari**. *Studien zur Lehre von der Herrlichkeit Gottes im AT*,1907, e *Die Bedeutung der Wortsippe kbd im Hebräischen*, 1908; **John. Schneider**. Δοξα, 1932. **B. Stein**. *Der Begriff Kebod Jahweh und seine Bedeutung für die alttestamentliche Gotteserkenntnis*, 1939.

[58] Gn 31:1; Is 10:3; 66:12; Sl 49:17.

[59] Gn 45:13; 1 Rs 3:13; Pv 21:21 etc. Portanto, a tradução da palavra por δοξα (literalmente, "aparição") nas LXX ressalta fortemente um aspecto presente no hebraico.

inclui esse elemento de aparência, de algo que é apreendido pelos olhos. Isso acontece, sobretudo, quando o *kābōd* constitui o conteúdo próprio da teofania, como os escritores gostam de fazer, por exemplo, no caso da tormenta.[60] Nessa conexão, em adição a muitos dos Salmos[61],as várias descrições da revelação do Sinai são especialmente características (Êxodo 24:15s[**P**] cf. 20:16-19 [**JE**] e Deuterômio 5:22s). Na primeira passagem, a aparição do *kābōd* sobre o Sinai é descrita da seguinte maneira: "A glória do SENHOR repousou sobre o monte Sinai e a nuvem o cobriu durante seis dias. Ao sétimo dia chamou a Moisés desde a nuvem. A glória do SENHOR parecia aos olhos dos israelitas como fogo devorador sobre o cume do monte" (v.16,17). A relação entre o *kābōd* e a nuvem tormentosa está indicada também pelo fogo que sai dessa última, que devora o sacrifício de Arão[62] ou aniquila os sacrilégios,[63] e que, na realidade, não é possível distinguir bem do raio. Neste caso, pois (e provavelmente sempre, em suas origens[64]), *kābōd* é "o resplendor que parte de Yahweh e é percebido pelos olhos"[65] quando ele aparece na tormenta, a luz ofuscante e fascinante que anuncia que Deus vem no fogo e obriga o homem a retirar o olhar.

Tampouco aqui tem sentido perguntar-se pelo grau de relação que havia entre a glória transcendente de Yahweh e esse resplendor. O homem simples do povo — é evidente, assim o crê — pensaria a respeito disto de forma muito diferente da do homem culto.[66] Mas mesmo existindo semelhante concepção,

---

[60] Cf. p.482s.

[61] Cf. especialmente o Salmo 29, por ocasião de uma tempestade, com seu louvor ao *'el hakkābōd* e a aparição da glória de Deus em Sl 97:1,6.

[62] Lv 9:6,23s.

[63] Nm 16:19,35

[64] Assim, **A. von Gall**, *Die Herrlichkeit Gottes* 1900, p. 23s. Não é tão seguro que Êx 33:18s e Sl 19:2, possam ser considerados exceções a respeito, como supõe **G. von Rad** (*Kābōd im AT*, TWHT. II, 1934, p. 242s).

[65] **Kautzsch,** em *HRE*, 19, p. 666.

[66] O realismo extremo das concepções originariamente ligadas ao *Kābōd* está testemunhado pela tradição do resplendor que o mesmo reproduzia no rosto de Moisés (Êx 34:29s.). A tentativa de interpretar o *Kābōd* como algo puramente espiritual — como a soma, por exemplo das propriedades da natureza divina (**Dillmann,** *Alttest. Theol.*, p. 283), como a singular majestade do ser revelado (**H. Schultz**, *Altest. Theologie,* p. 440) ou como a pureza, da santa vontade amorosa de Yahweh (**R. Krämer**, *Bausteine zum Begriff: Die Herrlichkeit Jahwes,* em *Aus Theologie und Geschichte der reformierten Kirche, Festgabe für E. F. K. Müller,* 1933, p. 7s) — ignora o aspecto essencial de aparência visível implicado no *Kābōd*, esquecendo da oscilação de significados dessa palavra. **B. Stein** (cf. nota 57) queria igualmente que o *Kābōd* fosse experimentado originariamente na esfera da atividade salvadora de Deus e trasladada depois, secundariamente, ao mundo da natureza; mas não há razões convincentes para manter essa tese.

implantou-se progressivamente à convicção de que a majestade de Yahweh estava acima das coisas do mundo. E isso se estabelece para acentuar ora *a absoluta transcendência do kābōd*, de tal forma que o homem mortal fique sempre alheio a ela, ora para reduzir o *kābōd* a um modo de Yahweh surgir geográfica e historicamente limitado, pelo que o Deus transcendente manifesta aos seus sua presença pessoal. Temos o primeiro caso quando, de acordo com o Eloísta, Moisés faz a Yahweh a súplica de que lhe deixe ver sua glória, como penhor de sua graça (Êxodo 33:18). É impossível que a súplica se cumpra, já que essa visão tem um efeito mortal; é, portanto, uma graça toda especial que, ao final, Moisés possa, pelo menos, ver um pouco da glória de Deus, que passa enquanto ele tem os olhos tapados: é uma graça o que se lhe permite — em outras palavras — ver as orlas e o último filete da glória divina. A partir dessa concepção, que vê no *kābōd* a glória divina, inacessível à vista humana, nascerá a esperança de que no futuro, quando Deus vier a chamar à existência o novo mundo, seu *kābōd* se fará visível não só em Israel, mas em todo o mundo. Essa idéia encontra uma magnífica expressão em Isaías, quando os serafins, em seu canto de louvor, dão como certo que toda salvação já foi cumprida: "A terra está cheia de sua glória!" (Is 6:3). Aos do céu lhes é dado ver o que aos terrenos não lhes é possível, senão ansiar e implorar: uma imagem grandiosa do final, do governo universal de Deus, do qual a fé está tão segura. Mas o profeta que utilizou essa terminologia mais de acordo com suas idéias e esperanças próprias foi o deutero-Isaías: com efeito, para ele, que sabia estar às portas de um novo éon, a revelação do *kābōd* de Yahweh sobre todo o mundo equivale à reconciliação de Deus com a humanidade pelo qual se restaura o paraíso e, com ele, uma nova vida na presença de Deus.[67] E assim também o autor do Salmo 57 clama pela pronta revelação do *kābōd*, quer dizer, pela vitória do reino de Deus. Há mais passagens em que toda a esperança da salvação condensa-se nesse conceito.[68]

A esse significado, que poderíamos chamar profético, contrapõe-se outro, o sacerdotal: o *kābōd* converte-se aqui no *resplendor do Deus transcendente*, no sinal da glória pelo qual Yahweh anuncia sua graciosa presença. Na "tenda da congregação",[69] Yahweh se reúne com seu povo, porque é ali que o seu *kābōd* desce, envolto pela nuvem[70] e revela sua vontade. Depois de construído o templo, o próprio Yahweh consagra esse edifício como lugar preferido de

---

[67] Cf. Is 40:5 e também 59:19; 60:1s; 66:18s.

[68] Cf. Nm 14:21; Hc 2:14; Sl 72:19. O Sl 19:2. Fala da glória transcendente de Deus no céu dos céus.

[69] Cf. vol.I, p.90s.

[70] Êx 16:l0; 29:43; 40:34s; Lv 9:6,23s; Nm 14:l0; 17:7; 20:6. Essa realidade não se pode confundir com a coluna de nuvem e fogo que guia o povo.

sua revelação, já que a nuvem cobre o santuário, como antes cobrira a tenda (1 Reis 8:10s; 2 Cr 7:1). Devido ao fato do *kābōd,* na figura de uma massa de fogo rodeado por uma nuvem, ser interpretado como uma *forma especial de teofania com vista à revelação*, o pensamento sacerdotal tem a possibilidade de falar de uma real intervenção do Deus transcendente no mundo visível, sem que sofra detrimento algum sua transcendência. A descrição do *kābōd* em Ezequiel (1:28) deixa entrever que também aqui, assim como no caso da tenda da época fundacional e do Templo, pensa-se na réplica de um modelo celeste.[71]

Mas, de modo diferente da concepção sacerdotal, o profeta não nos apresenta o *kābōd,* que contempla em visão, num resplendor luminoso sem figura, mas como um trono de impressionantes proporções e maravilhosas cores sobre o qual se assenta o Senhor do universo.[72] Observe, contudo, que o que Ezequiel vê é mais um reflexo da glória celeste de Yahweh do que a própria glória.[73] Dentro da linguagem simbólica do antigo Oriente isso ilustra a transcendência do Senhor do universo que se assenta no trono de seu reinado, com chamas de resplendor e fogo e com uma santidade inacessível, sobre a abóboda do céu e sobre o universo inteiro, simbolizado pelas colunas que sustentam o trono e pelos quatros querubins. O *kābōd* aparece ao profeta como απαυγασμα τησ αυτου (Hebreus 1:3) — algo totalmente distinto da forma originária e eterna da divindade[74] — para convencê-lo da proximidade de seu Deus, apesar de estar exilado em um país pagão e impuro e, também, da profanação e destruição iminentes do templo. Portanto, não passa de uma forma usada pelo Deus transcendente, quando quer fazer uma de suas revelações especiais ao mundo terreno. Se for verdade que a natureza antropomórfica dessa imagem a separa do tipo habitual de descrição sacerdotal, tão indefinido em seus traços, não perde nada de grandeza a imagem divina que aqui se faz visível de forma simbólica; antes, ao contrário, frente ao perigo de uma abstração do termo, serve para ressaltar o realismo histórico da

---

[71] Cf. vol.I, p. 374.

[72] De qualquer maneira, a grandiosa imagem da visão de Ez.1 sofreu uma reelaboração que também pode ser seguida no cap. l0, já que a Arca e seu carro alimentaram a especulação em torno da *merkābāh*. Por isso, 1:15-21,23,24 e pequenos trechos dos versículos precedentes serão considerados secundários, como procurou demonstrar, primeiramente, **S. Sprank** (*Ezechielstudien*, BWANT III, 4,1926).Também, em outras partes, podem se observar vestígios de elaboração posterior (cf. **W. Eichrodt**, *Der Prophet Hesekiel,* ATD 22:1,1959, p. 51s).

[73] A isso alude a freqüente aparição dos temos *demūt* e *mar'ēh*, que insistem no caráter simbólico do que se está vendo, e também o simbolismo do Deus que tem seu trono sobre o firmamento. Cf. a respeito **O. Procksch**, *Die Berufungsvision Hesekiels*, BZAW 34, p. 141s, e **W. Eichrodt**, *Der Prophet Hesekiel*, p. 7s.

[74] Contrariamente a **Kautzsch,** que quis ver aqui a manifestação e a figura diretas da divindade (*op.cit.*, p. 89s).

revelação, um realismo tão concreto quanto o que testemunham outros profetas, cujos olhos espirituais vêem com contornos humanos o Deus que intervém na história (Isaías 6; Amós 9:1).

Uma vez mais aparece o *kābōd* em Ezequiel 43:1-4, dessa vez como garantia da plenitude escatológica; quando põe sua morada no novo Templo de Sião, exaltado agora a monte celeste.

Em contraste com a separação que constantemente faz o profeta entre a presença de Deus e o Templo de Jerusalém, os redatores sacerdotais de seu livro se aproximaram mais da concepção corrente do pensamento sacerdotal, apresentando o *kābōd* como a glória divina que se revela nos lugares sagrados:[75] assim como o *kābōd* distingue o *sancta santorum* do Templo, com sua presença nele, normalmente invisível, assim também se retira dos lugares de sua morada, quando tem de fazê-lo, de forma regular, abandonando, primeiramente, o recinto do templo e depois a cidade santa.[76] Assim na visão do *kābōd,* em Ezequiel 1, o relato encontra um modo de responder à angustiante pergunta de como continuará estar o trono da Arca[77] no *sancta santorum* depois de destruídos o templo e a cidade (pergunta da qual faz eco também Jr 3:16).[78]

A concepção do *kābōd* de Deus *no judaísmo tardio*, de um lado, continua seguindo a linha sacerdotal descrita: põe-se agora, em estreitíssima relação com a glória de Deus, a *shekina*, o sinal visível da presença de Deus que desce à terra desde seu esconderijo celeste e aparece aos homens como um clarão da glória celestial, especialmente para abençoar aos piedosos quando oram ou estudam a lei na sinagoga, ou nas escolas rabínicas.[79] Mas, de outro, pode se observar também que a *linha sacerdotal desemboca na profética*: a forma de Deus aparecer, quando encontra seu povo, como seu Senhor, soberano no juízo e na graça, no momento da consumação do reino de Deus na história, será definitivamente a figura humana. Em

---

[75] Ez 8:4; 9:3; 10:4,18s. Sobre o caráter secundário destas passagens cf. **W. Zimmeli**, *Ezechiel,* p. 203s (em Biblischer Kommentar AT XIII. 3, 1956), e **W. Eichrodt**, *Der Prophet Hesekiel*. p. 52s.

[76] A idéia que está na base dessa afirmação, a de que o *kābōd* de Yahweh mora permanentemente no *Sancta Sanctorum,* dificilmente pode ser designada como contraposta aos relatos sacerdotais em que só se fala de aparições concretas do mesmo, já que nestes se trata da Tenda e não do Templo e, além disso, Ez 43:7 deve ser considerado como uma afirmação de tipo escatológico.

[77] Cf. vol.I, p.89s.

[78] Cf. **W. Eichrodt**, *Der Prophet Hesekiel*. p. 54.

[79] Cf. **F. Weber,** *Júdiscbe Theologie,*1897, p. I85s.

outras palavras, o Messias converte-se em uma figura de glória divina; o resplendor desta se estende sobre ele. O Filho do homem recebe do Ancião de Deus "poder, glória e império",[80] o Messias assenta-se sobre "o trono da glória",[81] e os redimidos desfrutam da glória divina que o primeiro homem perdeu pelo pecado.[82] No κυριοσ τησ δοζεσ[83] do Novo Testamento, que faz participar de sua glória aos crentes como ελπισ τησ δοζεσ,[84] encontra esta linha seu ponto final.[85]

Junto ao uso de *kābōd* para significar a glória transcendente e a forma de Deus manifestar-se, não é preciso se dizer que a palavra foi empregada também, com freqüência, para designar a *honra e a glória em geral,* aparecendo então, muitas vezes, em conexão com os milagres e sinais pelos quais Yahweh demonstra seu poder.[86] Mas agora não podemos nos ocupar mais desse uso do termo, que deve se distinguir, desde logo, das expressões teológicas importantes que acabamos de estudar.

C) O pānīm (o rosto) da divindade

Também nesta expressão nos achamos diante de um modo bem concreto e originariamente ingênuo de apresentar a auto-manifestação da divindade. No paganismo era possível falar do rosto divino com um realismo total; já no Templo, o rosto da estátua do deus estava sempre ali, diante do homem. Daí que frases como "ver", "aplacar" ou "buscar" o rosto de Deus,[87] sem dúvida estiveram originariamente associadas a essas idéias do tipo concreto. De qualquer maneira, no próprio paganismo, era possível uma concepção mais espiritual[88] se a pessoa religiosa, ao invés de pensar que, na estátua, tinha diante

---

[80] Dn 7:14: **O. Procksch** (*Christus im AT*, NKZ, 1933, p. 80s) detecta certa relação entre a aparição da glória divina em Ezequiel e a figura celeste do Filho do homem de Daniel.

[81] Enoque 45:3; 51:3; 55:4; 61:8 etc.

[82] Cf. a respeito **G. Kittel**, Δοεα, *T WNT*, II, p. 249.

[83] 1 Co 2:8; Tg 2:1.

[84] Cl 1:27.

[85] **G. Kittel**, *loc. cit.*, p. 251s.

[86] Nm 14:22; Sl 24:8; 66:2; 79:9;3; 96:31; Is 42:8; 48:11 etc.

[87] *Rā'āh 'et-penē yhwh*: Êx 23:15,17; 34:20,23s; Dt 16:16; 31:11; Is 1:12; Sl 42:3. Os massoretas costumam pontuar o verbo como nifal, devido a preconceitos dogmáticos; dever-se-ia introduzir a pontuação de *qal*: *hillāh ('et-) penē yhwh*: Êx 32.11; 1 Sm 13.12 etc. Cf. nota 98. *bikkēš ('et-) penē yhwh*; Sl 27:8s etc., e nota 97.

[88] Na Babilônia, por exemplo, se dá numa expressão tão realista quanto "agarrar as roupas de deus", com o significado de "suplicar urgentemente". Cf. **F. Nötscher**, "*Das Angesicht Gottes schauen" nach biblischer und babylonischer Auffassung*, 1924, p. 66.

de si o próprio deus, a considerasse como uma representação da divindade soberana invisível, cujo rosto se fixava nela também fora do templo e cuja ajuda e guia ela suplicava.[89] Esse uso abstrato do termo *pānim,* significando a presença e a solicitude graciosa da divindade, estava destinado a disseminar-se numa sociedade como Israel que rejeitava totalmente uma representação plástica da divindade.[90]

1) Não se pode negar que também nos relatos populares do Israel antigo encontramos *uma concepção concreta do pānīm*. Assim, Jacó admira-se de que ainda continue vivo, apesar de ter visto face a face o ser divino com o qual havia lutado, e chama ao cenário de episódio Penīel (rosto de Deus).[91] E a mesma idéia deve estar presente em Juízes 6:22. Mas não foi necessário muito tempo para que surgissem objeções contra essa visão ingênua: segundo Êxodo 33:20, ninguém, nem sequer um eleito de Deus, como Moisés, jamais pode ver o *pānīm* de Deus.

2) De outro lado, não havia dificuldade alguma, logicamente, para falar de "ver o *pānīm* de Yahweh" *em um sentido metafórico*. Por isso, é muito freqüente que a expressão signifique "entrar no santuário".[92] Essa aplicação particular da frase, apesar de que no culto israelita não existisse nenhuma imagem visível de Deus, via-se facilitada pelo fato de que, na vida profana, o ser recebido em audiência por uma autoridade expressava-se ao dizer que "se via o rosto da pessoa em questão",[93] um uso que tem seu exato paralelo na linguagem babilônica.[94] A expressão foi assim refinada para indicar que o propósito do encontro era testificar a alguém a sua posição de sujeição enquanto este implorava por auxílio; desse modo, entende-se facilmente, por que não houve escrúpulo algum em transpô-la ao vocabulário religioso.[95] Dessa maneira, o termo cultual fica mais vinculado à idéia da presença graciosa e do auxílio de Deus, ressaltando então, sobretudo, o pensamento de que ver a Deus equivale a experimentar sua ajuda ou a viver em sua presença, sem referência alguma ao lugar de culto. "Quero ver teu rosto em

---

[89] Daí, a freqüente súplica à divindade para que tome a mão de quem pede sua ajuda (**Nötscher,** *op. cit.,* p. 70s).

[90] Sobre o significado da expressão "ver o rosto de Deus" e de outras parecidas, cf. **W. W. Baudissin**, *Gott schauen in der alttestamentlichen Religion,* "Archiv für Religionswissenschaft", 1915, p. 173s; **J. Böhmer**, *Gottes Angesicht*, "Beiträge zur Forderung christlicher Theologie", XII, 4, 1908; **P. Dhorme**, *L'emploi métaphorique des noms de parties du corps en hébreu et en accadien,* III: *Le visage*, "Revue biblique",1921, p. 374s; **F. Nötscher**, veja nota 88.

[91] Gn 32:31.

[92] Êx 23:15,17; 34:20,23s; Dt 16:16; 31:11; Is 1:12; Sl 42:3.

[93] Gn 32:21; 43:3,5; 44:23,26; Êx 10:28s; 2 Sm 14:24,28,32.

[94] Assim nas cartas de Amarna, cf. **Nötscher**, *op. cit.*, p. 77s.

[95] Veja outra causa que facilitou esse passo.

justiça", disse o cantor do Salmo 17, referindo-se com isto, à experiência da misericórdia divina pela íntima comunhão com seu Deus, que o consola de todo o sofrimento e da miséria de sua vida.[96]

Da mesma forma, o sentido cultual passa a um segundo plano, quando se fala de "buscar o rosto de Yahweh",[97] em que se salienta principalmente o recurso à divindade em caso de necessidade para implorar sua ajuda ou fazer penitência. E, do mesmo modo, é corrente ouvir falar também de que "o homem aplaca o rosto de Deus"[98] e de que "Deus faz resplandecer o seu rosto sobre alguém",[99] para significar a instauração de relação graciosa entre Deus e o homem, sem que se pense, em absoluto, em uma figura visível. Em um sentido metafórico, semelhante às orações babilônicas, falam do rosto ou dos olhos da divindade.[100] E quando se diz que, com Moisés, Deus "falou face a face",[101] não se trata senão de uma metáfora hiperbólica; para mais riqueza, acrescenta-se "como um homem fala com seu amigo" (Êx 33:11). É o encontro, a conversa direta e pessoal, com o Deus invisível, e que se descreve como um "falar face a face".[102] E neste sentido Ezequiel anuncia que Yahweh pleiteará com Israel face a face (20:35s).

Pode se dizer o mesmo quando o que *pānīm* faz é manifestar o caráter pessoal do compromisso do que atua, ressaltando sua intervenção imediata. Assim como a presença pessoal de Absalão entre seu exército descreve-se como uma participação de seu rosto na batalha,[103] o salmista canta a onipresença de Deus como a proximidade de seu rosto, do qual nada pode escapar.[104]

3) Muitos quiseram interpretar, de maneira semelhante, a curiosa passagem de Êxodo 33:14s, na qual Yahweh promete a Moisés a companhia

---

[96] Sl 17:15; Jó 33:25s; Sl 11:7; de igual maneira, Sl 27:13: "ver a misericórdia de Yahweh"; Sl 140:14; "habitar diante de tua presença"; Is 38:11: "ver a Yahweh"; Cf. **J. Lindblom,** *Bemerkungen zu den Psalmen,* ZAW 58 (1942 /3, p. 11s).

[97] No sentido cultual: Sl 24:6; 1 Cr 21:30; no sentido figurado: 2 Sm 21:1; Sl 27:8; 105:4b; Os 5:15; 2 Cr 7:14.

[98] Êx 32:11; 1 Sm 13:12; 1 Rs13:6; 2 Rs 13:14; Jr 26:19; Zc 7:2; 8:21s; Ml 1:9; Sl 119: 58; 2 Cr 33:12; Dn 9:13.

[99] Nm 6:25s; Sl 4:7; 31:7; 67:2; 80:4,8,20; 119:135; Dn 9:17.

[100] Cf., por exemplo, a bênção: "Que Ea possa orgulhar-se de ti! Que Damquina, a rainha das águas profundas, te ilumine com seu rosto!; Que Marduk, o grande guardião do Igigi, mantenha erguida tua cabeça" (**A. Jeremias**, *ATAO*, 1930, p. 443, e ademais, **Nötscher**, *op. cit.,* p. 142s).

[101] Êx 33:11; Dt 34:10. Igualmente, de Israel: Dt 5:4; Ez 20:35s. Também pode se dizer "boca a boca": Nm 12:8.

[102] É dito expressamente em Dt 4:12; Cf. 5:4.

[103] 2 Sm 17:11.

[104] Sl 139:7. Do contrário, não se pode dizer que *pānīm* seja substitutivo do pronome pessoal, já que em passagens como Gn 32:21; Ez 6:9: Pv 7:15, e outros, a concepção materialista do rosto continua influenciando nas idéias de reconciliação, encontro ou afronta (**Nötscher**, *op. cit.*, p. 52).

de seu *pānīm*. Mas, se é verdade que, em termos simplesmente lingüísticos, as palavras admitem essa interpretação, com isso não se chega a fazer justiça à ênfase característica que *pānīm* tem nessa passagem. Trata-se aqui do problema de como será conduzido o povo em sua travessia do deserto, questão à qual se dão várias respostas. Enquanto em **E** a tarefa fica a cargo do anjo de Deus,[105] em **J1** se suplica ao próprio Yahweh que conceda sua companhia[106] e, em **J2**, de outro lado, intervém o seu rosto[107] para que guie seu povo. Neste último caso, a expressão é menos forte que em **J1**, mas demonstra um vínculo de Deus com o povo muito maior do que o pretendido pelo envio do anjo de **E**. É quase impossível não concluir que nós temos aqui outra *forma* de *manifestação do Deus transcendente*; por ela o homem pode suportar sua presença, e, por sua vez, esta lhe está garantida. É bem possível que essa forma de manifestação se encontrasse originariamente mais ligada a um substrato material, a Arca de Yahweh. Ainda que se tenha perdido o relato javista sobre sua construção, Números 10:29s. demonstra que a função da Arca era a mesma que a do *pānīm*: fazer-se de guia pelo deserto. Quando nos lembramos do caráter da Arca, testemunhado por outras tradições — a do trono vazio de Deus, que garante sua presença em meio ao povo[108] — torna-se ainda mais provável a interpretação javista desta presença por meio do *pānīm*. De outro lado, a fé na presença do *pānīm* de Yahweh, na Arca, pode muito bem ter estimulado a implantação dessa terminologia, que descrevia a visita ao santuário como um "ver o rosto de Deus".

É lógico pensar que o predomínio do emprego metafórico do *pānīm* eclipsasse seu significado originário de forma de manifestação divina, e o fizesse cair rapidamente no esquecimento. Esse significado só aparece relativamente em poucos lugares.[109] O processo devia se ver favorecido pela reclusão da Arca no recinto sagrado ou "cela" do templo e seu conseqüente desaparecimento da vida litúrgica. De qualquer modo, o *pānīm* nada tem a ver com o *kābōd*: cada

---

[105] Êx 33:2.

[106] Êx 33:16s.

[107] Êx 33:14s. *pānay yēlēkū* deve ser completado, sem dúvida, com *lepāneykā* e vocalizar *hinḥōti* em lugar de *hinḥētī*: "Meu rosto irá diante de ti e assim te conduzirá". Também **H. Middendorf** se inclina a pensar que essa forma de falar é excepcional, na qual ele vê uma expressão do direcionamento especial de Deus ("*Gott sieht*". *Eine terminologische Studie über das Schauen Gottes im AT*, tese doutoral, Freiburg, 1935, p. 102s).

[108] Cf. vol. I, p.89s.

[109] Dt 4:37; Is 63:9 (corrigido segundo a LXX: *lō' sīr ūmal'āk pānāw hōši'ūm*, "não foi um mensageiro nem um enviado; seu rosto os ajudou"); Sl 21:10; 80:17; Lm 4:16 (as passagens dos salmos são duvidosas, mas não parece necessária sua emenda para *'pk* ou *pyk*. Cf. **A. Weiser**, *Psalmen*, 1955, *ad locum*).

um desses conceitos provém de uma raiz totalmente diferente e jamais foram utilizados em combinação.[110]

Em qualquer caso, o teologúmeno do *pānīm* merece uma atenção especial porque ressalta com vigor a mentalidade peculiar da fé israelita. O rosto de Deus tem um papel semelhante na cultura fenícia, como demonstram as pequenas tábuas votivas de Cartago, dedicadas a Baal e Tanit, nas quais a última é designada regularmente como *pn b'l*, quer dizer, como *p^e ne ba'al*, rosto de Baal.[111] Isto significa que ela representa a Baal como manifestação de seu ser, manifestação na qual o próprio Baal aproxima-se do homem. Fica claro que o grande Deus mantém-se afastado de seus fiéis e se faz representar por Tanit, assim como o soberano terreno não é acessível a seus súditos, mas estes devem dirigir-se a seus ministros. Fica claro também, de outro lado, que a deusa foi convertida na divindade protetora preferida e de maior confiança, até o ponto de, nas inscrições, aparecer sempre em primeiro lugar; quem a vê, vê ao rosto de Baal. O melhor comentário dessa concepção é Gênesis 33:10, em que Jacó diz a Esaú: "Quando me aceitas com tal benevolência, vejo o teu rosto como quem vê o rosto de Deus". Segundo estas palavras, o rosto gracioso de Deus manifesta-se em um homem quando este exerce a graça no lugar de Deus, podendo então se converter na representação de Deus.

Naturalmente, essa concepção se depara em Israel com algumas dificuldades peculiares: com efeito, enquanto que nas religiões pagãs outra divindade pode fazer uso dessa representação, a concepção veterotestamentária de Deus não admite a possibilidade de se introduzir a um detentor do rosto divino, de forma que se vê obrigada a hipostasiar o próprio rosto. Em todo caso, esse processo não chegou a consumar-se, permanecendo em alguns modos de expressão típicos e titubeantes que falam da ação pessoal de Deus de forma velada.[112] Enquanto a religião pagã conseguiu superar essa dificuldade básica, recorrendo à diferenciação sexual da divindade, vendo-se reafirmada em sua mentalidade politeísta, Israel renunciou às vantagens do caráter gráfico dessa concepção em favor da idéia da unidade de Deus. Nessa enérgica acentuação da natureza unitária de Yahweh podemos ver claramente a força da tendência que impulsionava na direção do monoteísmo à religião do antigo Israel.

---

[110] A hipótese de **König**, de que o "rosto de Deus" esteve presente em toda parte onde se experimentou simplesmente sua glória (*Theologie,* p. 127), não tem sustentação alguma nas fontes.

[111] Veja uma coleção das inscrições que interessam em *Repertoire d'Epigraphie sémitique*, II, 1907-14, p. 452.

[112] **König** procura explicar isto dizendo que se trata de "um centrar-se nas margens da esfera espiritual divina", tornando ainda mais difícil de entender o que isso quer dizer [op. cit. p. 126].

D) O nome de Yahweh

Nas formas de revelação, até aqui descritas, já aparece bem amortecida a tendência a humanizar a divindade, pois nem o *kābōd* nem o *pānīm* têm necessariamente a figura [ou forma] humana. De qualquer maneira, e conforme vimos no primeiro caso, pelo menos, a idéia de uma forma de aparição acessível aos olhos humanos continua tendo influência; com o *pānīm,* no entanto, começa a se tornar duvidosa. Com o teologúmeno do nome se exclui por completo qualquer elemento desse tipo.

a) Para entender tal teologúmeno se deve fazer uso da viva inter-relação que, segundo os antigos, existe entre o nome e quem o possui.[113] Quando se pensa que a natureza de algo é compreendida por seu nome, então, por um lado, se acentua a idéia de que o conhecimento do nome possibilita uma relação imediata com a natureza de seu portador e, por outro, se vê no nome uma *expressão das peculiaridades individuais* de quem o leva, até a ponto de que se pode muito bem substitui-lo, se convertendo em um conceito intercambiável com o *sujeito*.

O fato de Adão dar nome aos animais serve, ao mesmo tempo, para expressar a natureza dos mesmos, e demonstra sua soberania sobre eles.[114] No caso dos nomes de pessoas, essa fé traduz-se no fato dos senhores darem um novo nome a seus vassalos e o mestre a seus discípulos, deixando claro que estes passaram a um novo modo de existência.[115] Da mesma maneira, por meio do nome pode o homem tentar transmitir sua própria natureza aos filhos e aos netos ou às gerações futuras;[116] e a expressão "nomear" é muito utilizada para expressar uma nova forma de vida.[117] E, de outra parte, o nome está tão intimamente ligado ao que é específico na pessoa que uma mudança no comportamento geral desta exige um novo nome,[118] a concessão de uma graça divina especial pode designar-se como um conhecer ou chamar por um novo nome[119] e o termo *šēmōt* (forma plural) pode significar "pessoas, indivíduos".[120]

---

[113] Cf. neste ponto, as reflexões feitas no vol.I, cap. VI, p. 181s., e além disso, **G. Contenau**, *De la valeur du nom chez les Babyloniens et de quelques-unes de ses conséquences,* RHR 81 (1920) 316s.

[114] Gn 2:19s.

[115] 2 Rs 23:34; 24:17; 2 Sm 12:25.

[116] Gn 48:16; Dt 25:6s; Nm 27:4; Rt 4:5,10s; cf. Is 56:5.

[117] Os 2:1; Is 1:26; 9:5; 44:5; 62:2; 65:15; cf. Ap 2:17.

[118] Rt 1:20s.

[119] Êx 31:2; 33:12,17; Is 45:3s; 49:1.

[120] Nm 1:2.

b) No *caso do nome divino*, temos o eco dessa concepção na *idéia do nome de Yahweh* como garantia da presença divina[121] e na utilização do nome de Deus como termo intercambiável para sua pessoa. Ao passo que o valor do nome *humano* não teve em Israel a mesma importância que em muitos povos primitivos, em que o nome da pessoa podia se converter até em uma entidade paralela de grande influência na felicidade ou na desgraça do indivíduo em questão,[122] no caso do *nome de Deus*, o pensamento israelita avança bastante por esse caminho, atribuindo-lhe certa independência com respeito ao próprio Yahweh, independência que lhe confere um caráter um tanto hipostático. Esse processo chegou a tal ponto que a crença na possibilidade de provocar, *em cada caso concreto*, a presença de Deus invocando seu nome, converteu-se, ao ampliar-se a importância dos lugares de culto e da invocação que neles acontecia, na convicção de que, no lugar de culto, *Deus estava constantemente presente revelando-se em seu nome.* Em um estágio remoto, a linguagem cultual já fala da disposição de Deus de descer onde quer que seus fiéis pronunciem ou façam um memorial de seu nome,[123] e Isaías pôde falar de Sião como o lugar do nome do Senhor dos exércitos, onde até mesmo as nações gentias[124] o encontrarão. Em Jeremias, o lugar central do culto parece designado como o local onde Yahweh fez habitar seu nome, tratando-se já de uma forma de falar corrente.[125] Na Lei de Santidade, também a profanação do templo e do santo nome de Yahweh andam juntas.[126] Essa associação do nome de Yahweh com o santuário, para designar neste a presença especial de Deus, (um uso detectado em todos esses exemplos) é formulada em Deuteronômio quando se diz que Yahweh faz habitar ou coloca seu nome no local escolhido.[127] O nome chega, desse modo, a alcançar uma função mais independente, como *representante do Deus transcendente*, pelo qual este assegura ao homem sua presença e sua ação permanentes, enquanto que, ao mesmo tempo, o faz lembrar de sua soberana majestade, que não admite nenhum tipo de vinculação aos deuses egoístas do homem. Desse modo, mediante uma evolução ousada das concepções rudimentares já existentes, se consegue uma forma de manifestação na qual atua o próprio Yahweh, mas com as limitações desejadas também por ele, e que pode ser expressa numa linguagem hipostática.

---

[121] Cf. I, vol.I, p.181s. e **O, Grether**, *Name und Wort Gottes im AT*, 1934, p. 18s.

[122] Cf. **F. Giesebreecht**, *Die alttestamentliche Schätzung des Gottesnamens und ihre religionsgeschichtliche Grundlage*, 1901, p. 75s, 91s; **J. G. Frazer**, *Der goldene Zweig, Das Geheimnis von Glauben und Sitten der Völker*, 1928, p. 355s.

[123] *hizkīr*: Êx 20:24.

[124] Is 18:7.

[125] Jr 7:12.

[126] Lv 20:3; que se trata de uma linguagem pré-deuteronomista é demonstrado em Am 2:7.

[127] Dt 12:5,11,21; 14:23s; 16:2,6,11; 26:2; 1 Rs 11:36; 14:21; 2 Rs 21:4,7; 2 Cr 6:20; Ne 1:9.

A importância teológica dessa formulação é patente. Por um lado, o perigo de uma concepção materialista da divindade, inerente à antiga concepção comum de que Deus habita no santuário,[128] é subjugada pela clara distinção feita entre a autoridade personificada no nome em determinado lugar, como transmissor da revelação e da plenitude transcendente da natureza divina. Dessa maneira, dado que à idéia dinâmica de que se pode provocar a presença de Deus pela invocação de seu nome[129] contrapõe-se a outra idéia estática, cujo interesse centra-se na permanência inalterada da presença divina, fica à salvo o propósito principal da religião sacerdotal, ou seja, o da presença real de Deus no santuário.[130] Por outro, evita-se uma concepção mágico-mística de sua imanência: o deus diante do qual apresentam-se aqueles que lhe elevam orações e sacrifícios é um Deus que se revelou como um tu pessoal ao comunicar seu nome. Tentativa semelhante de preservar a transcendência de Deus não pode ser encontrada em nenhuma religião pagã, nem sequer naquelas nas quais o nome de Deus ocupa um lugar principal no culto.

c) Um segundo caminho para esse processo de hipostatização do nome divino parte, não de seu uso dinâmico nas invocações, mas *da equação do nome e da pessoa*.[131] A melhor ocasião para empreender essa via foi oferecida pela destruição do templo, a representação de Yahweh na terra perde sua sede, e a concepção de que habita no templo acha-se desprovida de significado real. Então se encontra um bom recurso no emprego do nome como termo intercambiável com Yahweh e resumo de sua revelação. Liberto da terra, o nome aparece exaltado, junto ao Yahweh celestial, como destinatário da adoração cultual; esta, por ora, não se dirige ao Deus inacessível, na plenitude de sua natureza transcendente, mas somente ao Deus que se oferece ao homem em seu nome. Assim, os números extraordinariamente grandes de expressões — a ação de graças, o louvor, a bênção, a veneração e o amor — que remetem o culto humano ao nome de Deus,[132] demonstram um crescimento da inacessibilidade divina, com a subseqüente necessidade de acentuar muito mais o auto-oferecimento desse próprio Deus transcendente em seu nome, para assegurar melhor ao homem a realidade de seu contato com ele. Essa forma de pensar tem sua expressão mais clara nos casos em que *o nome de Deus torna-se sujeito de*

[128] Cf. vol. I, cap. IV, p. 85s.
[129] Sobre seu ulterior desenvolvimento em Êx 23:21 e Is 30:27, cf o parágrafo que segue a continuação.
[130] Cf. vol.I, cap. IX, p. 385s.
[131] Cf. O. Grether, *op. cit.,* pp. 26s; 35s.
[132] Cf. 1 Rs 8:33; Sl 148:5; 118:26; 86:9; 5:12 etc. Todas as passagens podem se ver em **Grether,** *op. cit.*, p. 37s, 47s.

uma ação ou de uma atitude, mesmo quando não haja intenção de mencioná-lo: "Louvarei teu nome, Senhor, porque és bom, porque me livrou de toda miséria".[133] E também trilham nesta mesma linha muitas passagens que falam do nome de Yahweh como do *instrumento de sua obra*, por exemplo, a oração: "Oh Deus, ajuda-me por teu nome, venha a mim por teu poder".[134] É verdade que nem sempre os limites podem ser demarcados com exatidão, pois temos aqui, sem dúvida, a transição da utilização do nome como termo intercambiável com a pessoa divina para o seu emprego para significar o poder divino, uma hipóstase pela qual Yahweh dirige o curso do universo sem abandonar sua glória transcendente.

Em comparação com a hipostatização cultual do nome de Yahweh, esta segunda hipótese se mostra superior pelo fato de não estar ligada a um lugar, com a possibilidade de propagar por toda a terra o poder e o auxílio divinos. Assemelha-se, neste sentido, ao *mal'āk yhwh*, e é compreensível que fosse colocada em relação com esse modo de manifestação divina. Assim, um teólogo da escola deuteronomista fundamenta a autoridade do anjo-guia, que, segundo **E**, Yahweh envia a seu povo para a travessia do deserto, dizendo que o nome de Deus está nele.[135] Volta a manifestar aqui a recordação, quase desaparecida, de que o anjo de Yahweh é algo especial, mas, por sua vez, seu significado peculiar se explica por ser o portador do nome divino, ou seja, porque torna realidade a presença oculta do próprio Deus da aliança.

Como ocorreu, nesse caso, com o *mal'āk,* assim também outro autor posterior, explica a célebre teofania da tormenta de Isaías 30:27s, com sua plástica descrição do surgimento da ira de Yahweh, dizendo que não se trata do próprio Yahweh, mas do seu "nome".[136] Enquanto que o próprio Isaías não tem problema algum, como pode ser visto em outras passagens, de fazer com que Yahweh intervenha em pessoa,[137] para a fé do judaísmo no Deus distante, essa sua intervenção direta só é admissível na medida que em se mencione a maneira com que se manifesta a majestade supramundana da divindade.

Também no caso do teologúmeno do nome o *estudo comparado de passagens paralelas na história das religiões* confirma o caráter peculiar da fé israelita, segundo a inscrição de Eshmuna (aproximadamente de 450

---

[133] Sl 54:8s; cf. Sl 20:2; 75:2; 89:25; 124:8; Pv 18:10.

[134] Sl 54:3; cf. Sl 89:25; 44:6; 118:10-12.

[135] Êx 23:20s.

[136] Possivelmente, tudo o que foi necessário para se conseguir isso, foi uma nova vocalização do *šām* (ali), uma leitura que é perfeitamente concebível dada as vivas cores com que se descreve a entrada divina; assim **Grätz.**

[137] Cf. Is 9:7s.

a.C.),[138] havia em Sidom um templo dedicado à deusa Astarote, à qual dava-se o sobrenome de *šēm Baal*, que significa "nome de Baal". Fica claro que com isso era designada como a representante preferida do Deus Altíssimo, o qual evitava o contato direto com seus fiéis. Pelo fato de levar consigo o nome de *Baal*, ela era capaz de tornar visível sua natureza e de fazê-la atuar, exatamente como o ministro autorizado pelo rei pode dispor do selo com o brasão do monarca e legitima, dessa maneira, suas ordens como vontade real. O que aqui se apresenta na forma de duas pessoas divinas, dado o caráter objetivo do pensamento politeísta, em Israel se traduziu pela distinção entre o Deus transcendente e seu modo de manifestar-se no mundo terrestre; assim, a hipostatização do nome encontra sua razão de ser na própria revelação divina e, por isso, não pode implicar nenhuma ameaça para a unidade de Deus.

Somente no *judaísmo tardio* a função reveladora do nome de Yahweh começa a perder importância, o qual chega a se converter em um misterioso ser divino, cuja atividade mediadora não serve senão para tornar verdadeiramente palpável a separação entre Deus e o mundo. Já não é o próprio Deus quem atua por meio de seu nome, mas sim, o próprio nome passa a ser um substituto do Deus que se revela. E assim na Mishná e nas similitudes de Enoque, que muitas vezes mantêm a linguagem do Antigo Testamento, o emprego do nome já tem um sentido diferente. A fé no aspecto mágico apodera-se também da concepção do poder inerente ao nome de Deus, buscando aproveitar-se de suas forças.[139] Sendo originariamente um termo da história da revelação, agora o nome passa a ser um vocábulo ontológico; até que ponto, no-lo demonstra o fato de que aos nomes do Filho do homem e dos justos, em geral, se lhes é atribuído uma existência autônoma no céu já antes da existência de seus proprietários na terra, os quais se vêem investidos, portanto, de uma espécie de preexistência.[140]

Só no Novo Testamento o nome de Deus retomará sua antiga função reveladora. Por isso, a obra redentora de Jesus pode se resumir, por se dizer, que ele revelou aos homens o nome de Deus.[141] E ele mesmo considera como objetivo de sua vida a glorificação do nome divino.[142] E como essa revelação do nome de Deus não se realiza somente por sua palavra, mas também pela obra de toda sua vida, ela encontra sua expressão mais abreviada no nome de

---

[138] Cf. *AOT*, p. 446s.
[139] Cf. vol.I, cap. VI, p. 192s.
[140] Enoque 48:2s; 69:26; 43:4; 70:1,2. Nesse assunto, cf. **Bousset**, Die *Religion des Judentums*, 1926, p. 349.
[141] Jo 17:6-26.
[142] Jo 12:28.

Jesus, ao que o Apóstolo pôde transladar a promessa veterotestamentária de que as nações reconheceriam o único Deus.[143] Mas como o nome de Jesus, por seu turno, sempre confronta a consciência humana com uma pessoa historicamente bem definida, a função do nome de Yahweh, na pessoa de Jesus, alcança sua plenitude como forma de manifestação divina.

[143] Fl 2:9s.; cf. Is 45:23.

Capítulo XIII

FORÇAS CÓSMICAS DE DEUS

O Antigo Testamento apresenta concepções bem diferentes sobre o modo e a maneira como Deus realiza sua vontade no mundo. Junto à afirmação, singela e simples, de que ele faz, cria ou envia isto ou aquilo, agindo de forma quase humana — o modo de expressar-se mais exeqüível para uma fé que não fez excessivas reflexões sobre sua própria realidade —, há outras concepções mais complexas de como se realiza a vontade divina. Nelas manifesta-se um pensamento mais evoluído, que procura dar conta do caráter peculiar dos diferentes processos aí implicados, ainda que, sem se ver livre totalmente de elementos conceituais arcaicos. Ocupa um lugar destacado, entre as formas de expressar a ação divina, a idéia do *rūaḥ,* do espírito.

A. O ESPÍRITO DE DEUS

A nossa compreensão desse conceito torna-se muito mais facilitada pelo fato de que ainda podemos captar o sentido literal que está em sua base, efetivamente, *rūaḥ,* sempre conservou — semelhante a isto o πνευμα grego — a significação de "vento", incluindo em seu campo semântico tanto o ar que se move fora, na natureza, quanto no homem, sua respiração.[1] Dessa maneira, como na fé popular dos antigos, os ventos eram algo misterioso, portador da vida e da fecundidade, assim também ao homem primitivo a respiração precedia-lhe como transmissora imprescindível da vida, cuja origem era inexplicável. Não é de estranhar, portanto, que o homem antigo entrevisse no sopro do vento ou no ritmo da respiração humana um mistério divino e reconhecesse nessas realidades da natureza, tão inacessíveis quanto familiares, um símbolo da presença e da misteriosa obra de Deus. Por isso, nas religiões teístas, o vento, por ser portador de vida, se converte facilmente em sopro de vida que é exalado por Deus para animar a natureza e transmitir a vida também ao homem. A respiração de cada homem pode assim se considerar efeito desse sopro vital divino, como no Egito

---

[1] Sl 135:17; Jó 9:18; 19:17.

e em Israel, onde a divindade insufla no homem o sopro de vida e o converte, com esse ato, num ser vivente. Ou pode ser também que esse sopro vital divino dote o homem de energias vitais acima de toda medida humana, concretamente de uma vida longa, de capacidade para superar a enfermidade ou de um saber superior para dominar presságios e oráculos: tal é a orientação das concepções, especialmente, babilônicas.[2]

I. O ESPÍRITO DE DEUS COMO PRINCÍPIO DE VIDA

Em Israel essas duas maneiras de se conceber o sopro da vida, uma num sentido mais estrito e outra num mais amplo, que fazem lembrar as correspondentes concepções dos primitivos sobre o *mana*, fundiram-se até se nos tornar impossível determinar se a princípio somente a concepção babilônica era conhecida e, então, em Canaã, foi ampliada pela egípcia, ou se esse complexo conceitual seguiu outro desenvolvimento diferente. Assim como o homem só alcança a vida porque Deus o enche com seu sopro de vida,[3] sua persistência na vida depende de que nele, o *rūaḥ* não se ache diminuído ou desapareça de todo,[4] como também, no caso de se esvair, volte outra vez.[5] Graças ao mesmo princípio vital[6] o mundo animal também foi chamado à existência. Por isso, toda a vida que há no mundo depende do fato de que Deus deixe sair constantemente seu sopro de vida para que o mundo

---

[2] Cf. **K. Sethe**, *Amun und die acht Urgötter von Hermopolis*, p. 90s ("Abhandlungen des Preuss. Akademie der Wissenschaften", 1929, "Philos.- hist. Klasse", 4); **J, Hehn**, *Zum Problem del Geistes im Alten Orient und im AT*, ZAW (1925) 210s. Ao faltar-lhe a base de um estudo do conceito veterotestamentário desde o ponto de vista da história religiosa, o trabalho de **A. R, Johnson**, *The Vitality of the Individual in the Thought of Ancient Israel,* 1949, p. 26s, por demais meritório, esquece-se por vezes da absoluta superioridade do espírito enquanto potência.

[3] Gn 2:7; Jó 33:4. A *niṣmat ḥayyīm,* mencionada na primeira passagem, desempenha em **J** o mesmo papel que o *rūaḥ ḥayyīm* em **P** (cf. Gn 7:22 comparando-se com 6:17 e 7:15) e desde então é a forma mais antiga e popular de designar o sopro de vida; por isso, no texto, citado de Jó, aparecem com toda razão ambas as expressões, utilizadas em paralelismo sinonímico. *Rūaḥ* como sopro, também em Is 42:5; Lm 4:20; Jó 9:18; 19: 17; 27:3, e talvez em 1 Rs 10:5; como ira de Deus, em Êx 15:8; Is 30:28; Sl 18:16; Jó 4:9. Um panorama completo do material de textos pode ser visto em **Fr. Baumgärtel**, *Geist im AT* (TWNT VI, p. 357s.).

[4] Js 5:1; 2 Sm 13:39 (LXX, de Luciano); Is 65:14; Sl 143:7; 146:4; Jó 11:1; Pv15:4.

[5] Gn 45.27; Jz 15.19; 1 Sm 30.12.

[6] Gn 6:17; 7:15,22; Ec 3:19,21. Parece duvidoso que Gn 1:2 refira-se ao Espírito de Deus movendo-se sobre as águas, já que esta idéia não se encaixa muito bem dentro da mentalidade dos relatos sacerdotais da criação. Traduzindo *rūaḥ elōhīm* por "furacão divino", no sentido de "furacão potente", aparece claramente a intenção do autor. Cf. p. 566.

do criador se renove;[7] toda a criação se vê condenada a uma morte sem solução enquanto Deus lhe negar seu espírito de vida.[8] Assim, pois, esse *rūaḥ* é sempre muito superior ao homem,[9] como um poder divino embutido em sua carne mortal e cujo dono e senhor é unicamente Deus.[10]

Na palavra "espírito" fica, também, encerrado todo o mistério da vida, que na natureza supera a morte de mil maneiras, que dentro do gênero humano está intermitentemente lhe suscitando novas gerações e que no caso do indivíduo o livra da enfermidade e do perigo da morte para devolvê-lo constantemente a uma existência de forças e energias renovadas. É evidente a importância que essa crença no sopro divino de vida, compartilhada por Israel com os demais povos, devia requerer ao se encontrar vinculada com o Deus da aliança, um Deus concebido como zeloso e plenamente pessoal. Por não existir uma multidão de deuses, a concepção do espírito de vida facilitou grandemente a manutenção de uma interpretação unitária do cosmo, no qual o paganismo vê toda uma série de espíritos e potências vitais diferentes, ao israelita apenas o poder universal de um só Deus é revelado, o qual, graças a seu sopro de vida, faz depender de sua pessoa toda a variedade do universo e refere-se a ela sem arrebatar-lhe por isso sua própria vitalidade polimórfica nem convertê-la em um mecanismo morto. E se a *rejeição de uma cosmovisão politeísta* evitou a queda num deísmo bizarro, a vigorosa personalidade incontestável de Yahweh impediu que se abusasse do termo "Espírito" para uma *interpretação panteístico-mística do mundo*, que aproveitara o dom dado por Deus à criatura, de participar do espírito de vida divina, para atrever-se a afirmar uma unidade natural entre Criador e criatura. Se não se chega a essa divinização da natureza, é porque a interpretação que dela se faz, como de outras coisas, está também presidida pela experiência histórica da soberania de Yahweh, à qual só resta responder com o reconhecimento da absoluta autoridade de Deus sobre o espírito de vida, como uma prova de que a cada instante a criatura depende do Criador.[11] O texto clássico para documentar

---

[7] Sl 104:30; cf. também Nm 16:22; 27:16 (**P**); Gn 45:27; Ez 37:14: Jó 10:12; 17:1.

[8] Gn 6:3; Sl 104:29; Jó 34:14; Ec 3:19-21; 12:7.

[9] Ez 2:2; 3:14; 11:5a; 37:1,5s,8-10; Zc 12:1; Jó 12:10.

[10] Esse Espírito de Deus que dá vida e transcende ao indivíduo deve ser distinguido claramente do espírito individual do homem, que às vezes designa-se com a mesma palavra *ruaḥ*. Este último, enquanto órgão da vida psíquica, é o centro das idéias, das decisões e dos estados de ânimo; é, por conseguinte, um conceito psicológico que se opõe ao cosmológico do sopro de vida (cf., por exemplo, Is 57:16; Sl 31:6; Nm 14:24: Jz 8:3; Êx 6:9 etc.). Cf. ademais cap. XVI, p.509s.: "Partes constitutivas do ser humano".

[11] Desta reelaboração da idéia de natureza, por influência do conceito de soberania divina, ainda teremos de nos defrontar quando nos ocuparmos da idéia bíblica de criador. Cf. cap. XV, p. 555s.

essa atitude é a história dos filhos de Deus e das filhas dos homens,[12] na qual um antigo mito pagão é utilizado como base para que Deus pronuncie seu juízo, com o fim de estabelecer de uma vez por todas que a participação da criatura no *rūaḥ* é um dom constantemente revogável por parte de quem é o senhor vivente do espírito de vida. Em contraposição ao pensamento pagão, com suas inumeráveis tradições de gerações de heróis, emprega-se aqui o mesmo material para assinalar, de maneira taxativa e inequívoca, o abismo insuperável que separa a criatura do Deus eterno.[13]

Da mesma forma, a associação do espírito de vida com a palavra criadora, foi outra maneira de declarar a soberania do Senhor divino sobre as forças que dominam a natureza. A intrínseca homogeneidade de ambos os conceitos já está indicada pelo primeiro significado, material, dos termos que permitia designar com uma mesma expressão o Espírito de Deus, concebido como sopro de vida que ele respira, e a palavra enquanto hálito de sua boca.[14] Se no paganismo já se podia falar da palavra divina como de um "sopro de vida",[15] essa associação primitiva somente se tornaria efetiva quando Deus se fizesse conhecido, não como uma força da natureza, mas como uma vontade pessoal . Assim, o salmista, em dependência do relato sacerdotal da criação, pôde formular esta breve confissão de fé: "A palavra do Senhor fez o céu; o sopro de sua boca, seus exércitos".[16] Enquanto possuidor do Espírito de vida, Deus pronuncia a palavra de criação. Da mesma maneira, o profeta Ezequiel, enquanto comissionado por esse Deus, amparado somente pela força do Espírito divino que empresta a seu frágil corpo energias sobrenaturais para cumprir seu ministério profético,[17] pronuncia essa sua ordem que, como veículo do sopro

---

[12] Gn 6:1-4; apesar do texto estar fragmentado e mal conservado e de ser difícil dizer exatamente o que significa o termo *yādōn*, a importância da passagem dentro do contexto da obra do javista, dificilmente pode ser colocada em dúvida.

[13] Isso é tanto mais notável, na medida em que *rūaḥ* serve para designar a própria natureza divina e torna mais fácil o perigo de divinizar a criatura; cf. **P. Volz**, *Der Geist Gottes*, 1910, p. 70.

[14] Como *rūaḥ sepātāw* em Is 11:4; como *rūaḥ pīw* no Sl 33:6.

[15] Os egípcios dizem de Isis: "Sua conversação é sopro de vida; suas palavras afastam a enfermidade". E os babilônios podem louvar a Marduque com os termos: "O abrir de tua boca (quer dizer, tua palavra) é brisa benfeitora, a vida do país". Cf. **J. Hehn**, *op. cit*, p. 218s.

[16] Sl 33:6.

[17] Ezequiel está, a esse respeito, seguindo a mesma linha que os profetas escritores pré-exílicos, isto é, que não é o Espírito que lhe concede o dom de profecia (cf. p. 520). Contudo, em sua obra o Espírito desempenha um papel desconhecido nos demais profetas, como mediador de força divina para os mensageiros de Deus destroçados por suas experiências e fisicamente paralisados; é também a força que os faz entrar em êxtase (Ez 2:2; 3:12,14; 8:3; 11:1,24; 37:1; 43:5) e lhes facilita essa palavra, carregada de poder capaz, num momento, de tornar realidade sua eficácia vivificadora ou, também, mortífera. Não há dúvida de que seguem aqui influindo as antigas idéias israelitas sobre o sopro divino de vida.

vitalizador de Deus, faz com que os ossos dos mortos se levantem novamente como homens viventes.

II. O ESPÍRITO DE DEUS COMO INSTRUMENTO DA HISTÓRIA DA SALVAÇÃO

Pelos exemplos vistos, e em razão de sua imagem geral de Deus, podemos observar que Israel desvia-se daquela maneira característica da concepção de Espírito, comum a todo o Oriente; no entanto, a concepção veterotestamentária do Espírito só alcança sua plena peculiaridade por uma conexão com a experiência histórica. A atividade de Deus na história, que tinha como objetivo criar um povo santo, não se descobria somente em acontecimentos maravilhosos isolados, mas também na aparição de homens e mulheres especialmente dotados. Essas pessoas, demonstrando sua liderança de palavras e obras, promovendo guerras de libertação contra o inimigo exterior e instaurando no interior uma ordem social e moral conforme a vontade divina, atraíam para si a grande massa do povo e destruíam todos os obstáculos suscitados contra sua obra, pela incursão de idéias e costumes pagãos. E foi na atividade desses mediadores e órgãos do desígnio divino de aliança e salvação, na qual o povo israelita reconheceu a presença, dentro da triste história terrena, da vida divina transcendente; o admirável poder que irradiava desses líderes e os capacitava para cumprirem suas façanhas não foi possível de ser explicado senão por ser designado como sopro de vida ou Espírito de Deus. (O procedimento pôde estar favorecido pelo conhecimento de uma linguagem babilônica semelhante[18]). Novamente, o que agora é mais ressaltado é *o mistério da vida divina.* Se, em situações de miséria nacional, surgem pessoas anteriormente desconhecidas e insignificantes, como Gideão[19] ou Jefté,[20] que estimulam e arrastam à guerra a um povo oprimido, se o nazireu, Sansão,[21] ostenta as forças de um gigante, se um jovenzinho, como Saul,[22] é capaz de obrigar todo povo a aceitar seu comando e de forma decisiva derrotou o insolente rei dos amonitas, em todos esses feitos descobria-se uma comunicação de vida divina; exatamente como sucedia no êxtase dos grupos de profetas, quando entre cantos e danças de louvor generoso ao Deus de Israel

---

[18] Cf. p.512.
[19] Jz 6:34.
[20] Jz 11:29.
[21] Jz 13:25; 14:6,19; 15:14.
[22] 1 Sm 10:6; 11:6.

levava ao arrebatamento a todos os participantes[23], quando os olhos carnais se perdiam na noite da inconsciência permitindo que se abrissem os olhos internos para que se contemplassem os mistérios do mundo divino e os anunciassem no oráculo,[24] quando se liberavam forças taumatúrgicas surpreendentes o enfermo ficava curado, o faminto satisfeito e que o morto voltava à vida.[25] Um desaparecimento repentino, a milagrosa divisão das águas do Jordão ou a espetacular interpretação de um sonho são outros tantos feitos que se atribuem ao poder milagroso do Espírito.[26] O que esses fenômenos, tão diferentes, têm em comum é que em todos eles se vê brilhar uma vida superior que põe o homem em relação imediata com o mundo divino e, também, que todos estão a serviço da instauração do reino de Deus em Israel. Por isso, pontos de vista estranhos seriam adotados, se supuséssemos uma concepção de Espírito diferente segundo a qual os efeitos atribuídos ao mesmo fossem políticos ou religiosos.[27] Desde o início da vida de Israel, não foi pouca a influência do nebiísmo no conceito do Espírito,[28] porém, tanto no espírito heróico quanto no profético, primordialmente o *rūaḥ* não é outra coisa que a causa supra-sensível do milagroso. O qual está de acordo com o fato de que o poder do Espírito surge, como as erupções vulcânicas súbitas e, aqui ou ali, conforme Deus vai chamando os seus para que operem prodígios especiais. A mesma coisa refletem as fórmulas com as quais se expressa a vinda do Espírito, como quando se fala do "golpear", do "arremeter impetuoso" ou da "atração" do Espírito.[29] Dado que, em muitas passagens, assume riscos quase pessoais e aparece atuando de forma independente, e até mesmo castigando por incumbência de Yahweh,[30] o *rūaḥ* poderia fazer-nos pensar em um demônio; mas esse tipo vivo e personificante

---

[23] Cf. vol. I, p.275-278.

[24] Nm 24:3s,15s; 2 Sm 23:2s.

[25] 2 Rs 5; 1 Rs 17:14s; 2 Rs 4:1s, 38s, 42s; 7:1s; 1 Rs 17:17s; 2 Rs 4:18s; 13:21. De qualquer modo, é de se notar que tais milagres não se atribuem diretamente ao *rūaḥ*, mas, em geral, àqueles homens, que também por outros detalhes, conhecem-se como mediadores do Espírito.

[26] 1 Rs 18:12; 2 Rs 2:16; 2:9s; Gn 41:38. Sobre a primeira passagem, cf. também p.519s. o que se diz com respeito à ação do Espírito para o mal.

[27] Assim **A. Jepsen**, *Nabi*, p. 19s. A tentativa de derivar o espírito do nabi do Espírito mau, que atua no louco, é demasiadamente externa, (por exemplo: a presença de delírios em certos loucos nos *nebiim*) e não percebe que o espírito da profecia nunca foi considerado um espírito mau, mas sempre mostrou caracteres plenamente positivos.

[28] Cf. p.517s.

[29] *Pā'ām*: Jz 13.25; *ṣālaḥ*): 1 Sm 10:6; 11:6; *lābēš*: Jz 6:34.

[30] 1 Rs 22:21s; 2 Rs 2:16; 1 Sm 16:14s.

de narração não nos permitem concluir que o conceito do Espírito conhecesse um estado primitivo demonístico.[31] Em tais ocasiões, o que mais claramente ressalta-se é o aspecto alienante e coativo: o Espírito surge como uma força divina intermitente, que, estando fora do alcance do homem, repentinamente se apossa dele. E precisamente por isso, quando sofrem tais experiências, o homem percebe-se defrontando diretamente o Deus soberano cuja majestade provoca nele, não só felicidade, mas também medo e temor.

Pelo que foi dito compreende-se melhor por que a partir do surgimento da monarquia, os grandes fatos políticos deixam de se relacionar com o *rūaḥ*. A monarquia introduziu-se como uma instituição permanente, tanto quanto possível, com uma linha sucessória segura, e desprovida, portanto, do caráter carismático próprio dos líderes anteriores. Retirou-se, portanto, do âmbito do inexplicável e milagroso que era a característica do *rūaḥ*.[32] Não precisamos estranhar, pois, o fato dos carismáticos religiosos considerarem a época dos juízes como o tempo ideal da liderança divina direta, e atribuírem as vitórias daquele povo, jovem e sem aparelhagem, sobre todas as potências inimigas, à intervenção desse Espírito de vida divino que opera milagres. O deslocamento importante das forças políticas que a monarquia trouxe consigo[33] encontra, desse modo, uma expressão religiosa, na qual recorre Isaías quando contrapõe a monarquia de seu tempo com o salvador enviado por Deus, sobre o qual Yahweh derrama a plenitude de seu Espírito.[34]

Mais durável foi a influência do conceito de Espírito na mentalidade religiosa, segundo o modelo demarcado pela experiência que do poder do Espírito teve o primeiro movimento profético. O impacto com que o êxtase de grupo irrompeu na vida do povo, dando um poderoso impulso à luta por Israel e por Yahweh, fez com que círculos bastante amplos sentissem a ação imediata de Deus por meio de seu Espírito como a certeza mais natural do mundo. Como conseqüência, as antigas idéias sobre as formas de manifestação da divindade tornaram-se supérfluas, na medida em que não se espiritualizaram. Se Yahweh estava presente em toda parte com seu sopro de vida e podia impor seu poder por toda a parte, então, os relatos de seus passos pela terra já não eram imprescindíveis para o interesse religioso de sua presença. A fé na presença invisível de Deus adquiriu, desse modo, um aliado cujo valor seria difícil

---

[31] Assim, **P. Volz**, *Der Geist Gottes,* 1910, p. 2s. Não se discute com isso que às vezes o *rūaḥ* desempenhe funções que em outras religiões realizam os demônios. Sobre a razão disso, cf. p. 518s.

[32] Cf. vol.I, p. 274s, 393s.

[33] Cf. vol.I, p. 395s.

[34] Is 11:2.

exagerar e que combateu eficazmente a propensão de limitação local inerente a uma concepção tão concreta e viva da pessoa divina. A transcendência de Deus tornou-se mais clara e, sem que por isso fosse colocada em dúvida sua imanência.

Esse esclarecimento mais formal da fé javista viu-se favorecido pelo fato de que, no mundo maravilhoso do *rûaḥ*, o que mais se sobressai é *a ação espiritual e pessoal do Deus da aliança*, com seu convite ao compromisso e à decisão. Entre as maravilhas do Espírito, o lugar central foi ficando reservado, cada vez mais, para a proclamação da palavra de Yahweh. Que os "homens do Espírito"[35] foram, ao mesmo tempo, os portadores da palavra[36] — e por certo, não só nas ocasiões em que um oráculo divino atribuía-se expressamente ao Espírito[37] — lhes permitiu exercer, tanto no indivíduo quanto na nação, como um todo, essa influência pela qual contribuíram de forma decisiva para a confirmação do pensamento religioso. E, de fato, foi precisamente por isso que as obras maravilhosas de poder espiritual foram interpretadas como sinais de que o Deus da aliança era capaz de auxiliar e estava disposto a fazê-lo. Certamente, existiu sempre em Israel a tendência de se abusar do poder taumatúrgico dos profetas para se utilizar a própria ação milagrosa, reduzindo-a desse modo, a ação do Espírito ao âmbito do auxílio simplesmente externo, e em alguns círculos proféticos essa tendência encontrou provisão facilmente.[38] Se, apesar de tudo, os profetas não caíram no ambiente nebuloso da magia e da taumaturgia, isto deveu-se principalmente porque a palavra de Deus se fez ouvir, repetidas vezes, por aqueles a quem o Espírito movia.

Aquilo, sobretudo, para o que o Espírito preparava o homem, era para o ministério de mensageiro e porta-voz de Yahweh. E, por isso, *o que de fato distinguia o homem do Espírito* não era tanto o haver sido introduzido na esfera divina, mas sim por *sua função específica*; o exercício dessa função, dado o caráter repentino da ida e vinda do Espírito, lembrava-o constantemente de sua dependência do Deus que o havia enviado. Algumas expressões dispersas, é verdade, começam a falar de uma relação permanente com o Espírito. Diz-se isto explicitamente de personagens como Moisés e Elias[39] Mas, o fato de que se afirme essa relação de homens cuja singularidade ressalta-se já de outras formas,[40] demonstra que a aparição inesperada e repentina do *ruaḥ* continuava

---

[35] Os 9:7.
[36] Cf. a discussão detalhada no vol.I, p.278, p.285s.
[37] Nm 24:2s; 2 Sm 23:2; 1 Rs 22:24; cf. Gn 41:38.
[38] 2 Rs 2:23s; 4:1s,38s; 5:8s; 6:1 s e também I, vol.I, p.285s., 288s.
[39] Nm 11:17,25; 2 Rs 2:9,15.
[40] Nm 12:6 s.; 2 Rs 2:11.

sendo considerada como a regra geral. Tampouco era possível uma herança ou transmissão do Espírito para que o homem fizesse perdurável seu poder.[41]

Podemos entrever o significado de tudo isso ao fazermos um breve percurso pelas experiências estáticas dos povos pagãos. Também entre eles considerava-se o êxtase como uma liberação de poderes divinos,[42] mas ao não notar, por trás da experiência, o Deus único e inacessível, podiam ver naquele que estava em êxtase, um ser possuído ou cheio da divindade, chegando-se à divinização do próprio homem.[43] Essa destruição da distância entre o divino e o humano fez, logicamente, com que o homem acreditasse ter capacidade para se servir do poder divino e controlá-lo, principalmente quando, mediante recursos simplesmente externos, como narcóticos e coisas parecidas, se podia provocar o estado de possessão e manipulá-lo a seu bel-prazer. Israel se viu livre desse enigmático jardim encantado de forças e poderes ocultos, porque, no êxtase, reconheceu o Espírito do Deus vivo, que não se dedicava a criar espetáculos para a curiosidade humana nem a suscitar emoções por meio de poderes mágicos, mas que com suas maravilhas a única coisa que pretendia era pôr o homem a seu serviço e equipá-lo para o cumprimento agradável de sua vontade.

A ação do Espirito encontrou em Israel um respeito e um temor santo. E a isso, contribuiu em parte, algo que a nós, em uma primeira aproximação, nos parece muito estranho: o poder do Espírito para o mal. Não nos referimos principalmente aos casos em que o *rūaḥ* é qualificado como poder destruidor, mediante o adjetivo "mau" (*rā'ā*)[44] ou outras determinações mais precisas, como espírito "de prostituição"[45] "de letargia"[46], "de zelos"[47] ou "de embriaguez"[48]. O uso de *rūaḥ* neste sentido tem seu exato paralelo na Babilônia, onde o vento bom contrapõe-se ao vento mal[49] enquanto transmissor de enfermidade, e é

---

[41] Nm 11:14s fala que Yahweh reparte o Espírito que descansava sobre Moisés. Nesta concepção do *rūaḥ,* como Espírito vinculado a um ofício, observa-se claramente, o estrato mais tardio de E; na idade de ouro também os chefes políticos tinham de ser homens do Espírito (cf. Êx 18:13s). Há aqui um ponto de união com a idéia sacerdotal de um *rūaḥ* vinculado ao ofício e que se torna efetivo, logicamente, pela transmissão de tal ofício (mediante a imposição de mãos ou a unção): cf. Dt 34:9; 1 Sm 16:13. Seria metodologicamente falso concluir, por essas passagens mais tardias, a existência de idéias primitivas sobre a possesão do espírito (cf. **Jepsen,** Nabi, p. 23).

[42] Para o caso da Babilônia, cf. J. Hehn, *op. cit*., p. 223s; para o da Fenícia, o relato de **Wen-Amon**, ANET, p.25s.

[43] Cf. vol.I, p. 282s.

[44] 1 Sm 16:14s; 18:10; 19:9; Jz 9:23.

[45] Os 4:12; 5:4.

[46] Is 29:10.

[47] Nm 5:14.

[48] Is19:14.

[49] Cf. Is 40:7.

personificado como um demônio.[50] A concepção veterotestamentária diferencia-se da pagã porque o espírito maligno fica submetido ao Deus que castiga[51] e não se manifesta como um demônio imprevisível que atua de forma autônoma.

A coisa mais difícil de se compreender é que o mesmo Espírito de profecia aparece como um "espírito de engano" (*rūaḥ šeker*), como é narrado na história de Miquéias, filho de Imlá.[52] O que está oculto por trás da expressão de que Deus enviou seu sopro de vida para a ruína[53] é a terrível experiência de uma falsa profecia exercida no nome do Deus santo. Procurava-se traduzir assim em palavras a convicção de que o poder bondoso de Deus pode atuar como veneno ou narcótico em pessoas falsas ou, como diz o Salmo 18:27, que o mesmo Deus é sincero com o sincero e sagaz com o astuto. Com efeito, não é dito de modo algum que os 400 profetas de Acabe portaram-se sempre como falsos profetas; mesmo quando opera para a ruína, o *rūaḥ* é algo que se dá em um momento determinado e logo desaparece. E neste caso concreto, atua para a ruína, porque Yahweh quer enganar a Acabe e preparar sua queda.[54] De qualquer maneira, não se pode negar que, por trás do relato sobre o espírito enganador, opera uma grave desilusão pelo fracasso do profetismo[55] em uma hora decisiva, que supôs um forte desestímulo para com a confiança no Espírito de profecia. Não se discute, portanto, que o *rūaḥ* possa continuar revelando o bom e verdadeiro, mas o único profeta ao qual se pode dar fé íntegra é aquele que foi admitido diretamente na companhia de Yahweh.

Após o que se afirmou até aqui se pode compreender o fato surpreendente de que, em toda a série de mensageiros divinos a partir de Amós, o *rūaḥ* não volta a aparecer como o poder que arma ao profeta e legitima sua ação.[56]

---

[50] Cf. **J. Hehn,** *op. cit.,* p. 221.

[51] Isto se dá expressamente em todos os lugares, com exceção de Oséias e Nm 5.14, nos quais, a não ser de se tenha que postular um ponto de vista diferente, a questão não é considerada. Cf. também Is 40:7.

[52] 1 Rs 22:21s.

[53] A personificação do Espírito profético nesse maravilhoso relato de uma visão não pode ser utilizada, em absoluto, como argumento para defender o caráter originariamente demoníaco do *rūaḥ*. Trata-se, melhor, de uma utilização pictórica da idéia que, no antigo Oriente, se fazia da corte do soberano celestial. Explica-se, por isso, que no v. 23 Yahweh volta a aparecer como o único que atua.

[54] De qualquer maneira, a observação de que já, desde antes, Acabe sentia aversão por Miquéias, devido à suas profecias de infortúnio dá a entender que os profetas da corte, que normalmente transmitiam ao rei oráculos favoráveis, tinham deixado de ser recipientes puros do *rūaḥ*.

[55] Sobre a degeneração do nebiísmo e suas causas, cf. vol.I, p.295-301.

[56] Em Mq 3:8, *'et-rūaḥ yhwh* é claramente uma interpolação, realizada provavelmente pela lembrança de Is 11:2. Em Os 9:7 a designação do profeta como *'iš hārūaḥ* aparece na boca do povo. Em Is 30:1 o *ruaḥ* não se relaciona com a autoridade profética. A única exceção é Ezequiel (veja nota 17).

Eles sabem que são chamados, iluminados e comissionados por Yahweh,[57] e quando querem descrever os efeitos envolventes da ação de Deus sobre suas pessoas durante o êxtase, recorrem à expressão "a mão de Yahweh" (*yad yhwh*); expressão já utilizada antes ocasionalmente,[58] mas que agora torna-se mais apropriada que o *rūaḥ* para significar o caráter imediato de sua experiência de Deus.[59] Não que convertam agora o *rūaḥ* em objeto de discussão ou queiram difamá-lo como um poder destruidor,[60] ao contrário, é curioso observar que nas mais duras discussões com os grupos de profetas nunca fazem questão da possessão do espírito. Está claro, pois, que evitam esse termo, com referência a suas pessoas, porque caiu em descrédito por obra de seus adversários e utilizá-lo não faria senão complicar mais suas disputas com eles. Mas jamais ocorreu aos verdadeiros profetas adotar uma atitude puramente negativa em oposição ao poder vitalizador do *rūaḥ* a melhor prova do que dissemos é o papel que esse conceito tem no pensamento de Isaías e Ezequiel.

III. O ESPÍRITO DE DEUS COMO FORÇA QUE OPERA A CONSUMAÇÃO DO TEMPO NOVO

Os profetas dos séculos sete e oito, ao anunciar como inevitável o furacão iminente de destruição sobre um mundo maduro para o juízo e a aparição de uma nova realidade divina, tiveram de mostrar tanto maior vigor em mudar, refundir e encher de novo conteúdo, partindo de sua nova visão de Deus, as anteriores expressões da fé sobre a ordem divina. Assim como já podemos observar muitas vezes a respeito do conceito de aliança e à imagem de Deus no profetismo,[61] assim também o conceito de Espírito encontra-se implicado em um processo de refundição e renovação. Em primeiro lugar, o Espírito de Deus tornou-se mais próximo do próprio Deus, sendo concebido, com mais profundidade, como *o poder, próprio da natureza divina,* e não como uma simples força que emana dela. Nisto Isaías avança mais que todos os demais: em sua denúncia contra a política egiptófila de Judá na época de Senaqueribe caracteriza a contraposição entre essas intrigas políticas e Yahweh como inimizade para com seu Espírito:

---

[57] Cf. sobretudo os relatos de vocação de Am 7; Is 6 e Jr 1.

[58] 1 Rs 18:46; 2 Rs 3:15.

[59] Is 8:11; Jr 15:17; Ez 1:3; 3:14,22; 8:1; 33:22; 37:1; 40:1; cf. também **Volz** *op. cit.*, p. 70, nota 1.

[60] É insustentável a interpretação, pela qual **Jepsen** pretende descobrir essa idéia em Is 29.10; Mq 2.11; Jr 5.13. A primeira passagem não se refere, absolutamente, só aos profetas; e em outras duas, *rūaḥ* significa vento, nada.

[61] Cf. vol.I, p.42s., 195s., 209s., 215s., 221s., 236s., 246s.

"Ai dos filhos rebeldes!
— oráculo do Senhor —,
que fazem planos sem me levar em conta,
que firmam pactos sem se valer do meu profeta,
acrescentando pecado sobre pecado."[62]

Aquilo que aqui é visto como oposto ao Espírito de Deus é a mentira e a soberba dos líderes políticos de Judá, unidas a uma exploração sem escrúpulos do povo. Por isso, neste contexto, o Espírito só pode referir-se ao poder espiritual da verdade, da pureza e da justiça, nas quais revela-se o Deus santo.[63] A vida imperecível, da qual Yahweh dispõe, e que em outra passagem Isaías[64] contrapõe, como *rūaḥ* ao *bāsār*, ou seja, ao caráter limitado do que é terreno, manifesta-se aqui estreitamente relacionada com a elevação moral de Deus, introduzindo, desse modo, a majestade da norma ética como um princípio de controle dentro da esfera maravilhosa do Espírito. E na promessa ao resto do povo (28:5s.) volta à tona o Espírito de justiça indissoluvelmente unido à glória divina enquanto poder moral pelo qual o próprio Deus se faz presente a seu povo.[65]

Essa associação direta, do Espírito com a vontade santa e pessoal do Deus do universo dependente, evidentemente, do caráter nitidamente imediato com o qual os profetas costumam ver a Deus em ação, e representa um aspecto da enorme condensação da concepção de Deus que eles praticam em sua pregação. Todavia, podemos seguir a seu eco no deutero-Isaías e no Saltério.[66] Mas, outra conseqüência dessa associação é que, a partir de agora, o homem pode falar das *obras do Espírito* de uma forma nova e mais completa; já não se atribui apenas ao Espírito a ação extraordinária

[62] Is 30:1.

[63] É exegeticamente impossível que *rūaḥ* se refira aqui ao Espírito de profecia, já que a parte principal dessa frase encontra-se em paralelismo sinonímico com a precedente e, por outro lado, encontra-se distante do v. 2 que não pode aludir como explicação à consulta da boca de Yahweh nela mencionada. À parte disso, semelhante interpretação se acha em contradição com o silêncio generalizado do profeta sobre a possessão do Espírito.

[64] Is 31:3.

[65] De outro lado, não fica bem dizer que *rūaḥ* é a "divindade"ou "eternidade" de Yahweh (**P. Volz**, *Der Geist Gottes*, p. 73), e também apaga as linhas de demarcação entre esse termo e *kābōd* e *kōdeš*. Trata-se aqui, certamente, de um poder de Deus que atua no mundo, mas do poder, precisamente, de sua majestade moral. O *rūaḥ* é, por assim dizer, a força do *kōdeš* (da santidade).

[66] Is 40:13s.; Sl 139:7.

e milagrosa, mas que além disso, ousa-se esperar como fruto do Espírito, quer dizer, como efeito de uma nova e mais profunda comunhão com o Deus santo, o reto cumprimento da vontade divina, com humildade religiosa e obediência moral. Foi precisamente na luta contra o egoísmo de seu povo, que o profundo discernimento dos profetas foi descobrindo em crescente medida a incapacidade humana para viver na presença de Deus e para converter em obras a seus preceitos. Por isso, só se considera garantida uma fidelidade de fé e de obras se Deus transforma o coração humano ou se o homem entra no campo de ação do Espírito.[67] Essa intervenção de Deus é o que sustentava sua esperança de que, do caos do presente, surgisse um cosmos novo. E assim, cada vez em maior medida a ação do Espírito se centraliza na comunicação de poder religioso e moral. O lugar onde primeiramente isso se manifesta é na descrição do rei messiânico que se apresenta, por antonomásia, como portador do Espírito,[68] de cuja fonte de vida tira não só sabedoria e força sobre-humanas, mas também conhecimento e temor de Deus. Semelhantes são os traços com que nos pinta o deutero-Isaías ao Servo de Yahweh.[69] Mas não só o que é guia de salvação, mas também os guiados devem participar do Espírito de Deus, para que seja factível uma verdadeira renovação. Cada vez com maior segurança promete-se aos habitantes do reino messiânico uma relação íntima com o Espírito de Deus, seja porque este se derramará sobre eles,[70] seja porque Deus colocará seu Espírito no interior do homem, mudando assim seu coração de pedra em um coração de carne.[71] Passou-se, pois, da apresentação de um poder que atuava por fora a outro que toca aos últimos fundamentos da vida pessoal; a relação com Deus não depende mais dos esforços do homem, mas é um presente do espírito. E tudo isso surge como *o milagre central do novo éon;* o Espírito encontra seu próprio lugar dentro da escatologia como o poder vivificador da nova criação.

Junto ao que acabamos de dizer, a ação do Espírito não mais se concebe como algo que ocorre repentinamente, em acontecimentos isolados, para desaparecer logo em seguida; assim, como a nova vida é uma vida na

---

[67] Objetivamente, mesmo quando não fale do Espírito, Jr 31:31s. não se refere a algo diferente do que dizem Jr 32:15s.; 11:9 ou Ez 36:26s., a saber, a uma nova possibilidade, criada por Deus, de que a vontade divina se realize na vida humana. Nesta mesma direção apontam também Zc 12:10; Jl 2:18s.; 3:1s; cf. nota 108.

[68] Is 11:2, Cf. **R. Koch**, *Geist und Messias, Beitrag zur biblischer Theologie des AT,* 1950, p. 71s.

[69] Is 42:1, com o que se deve comparar 61:1, um fragmento talvez dos cantos do Servo de Yahweh.

[70] Is 32:15; 44:3; Ez 39:29.

[71] Ez 11:19; 36:26s.

presença de Deus, esse poder da natureza divina, o Espírito realiza *no homem uma ação permanente*: repousa nos instrumentos eleitos por Deus, ou habita no coração ou, como a chuva na terra, penetra nele criando uma união permanente do mesmo com Deus e, por conseguinte, dota-o de força para modelar sua vida conforme a sua vontade.

Para a profecia clássica, de acordo com a idéia de que sua época está totalmente alheia a Deus, o Espírito de Deus desaparece da imagem do presente (o desprezo que nele se faz do Espírito seria a prova máxima de que este mundo está pronto para o juízo); e revela seu poder de vida só na nova era,[72] na qual torna-se possível uma comunhão plena do homem com o Deus santo. No judaísmo antigo, essa mensagem profética não só encontrou boa acolhida, mas também, em combinação com as demais experiências do Espírito do passado, sofreu uma reformulação nova e muito importante.

IV. O ESPÍRITO DE DEUS COMO FORÇA QUE SUSTENTA A VIDA DO POVO ELEITO

Alguém pode até ter a sensação de que é justamente no judaísmo que se começa a desfrutar de verdadeira vitalidade e de influência imediata na vida prática tudo o que as gerações anteriores haviam aprendido e dito sobre a ação do Espírito divino. Se outros muitos capítulos importantes do ensinamento profético passaram a um segundo plano, foram pouco entendidos ou até mesmo esquecidos, a compreensão da importância do Espírito se ampliou e se aprofundou de maneira inimaginável.

Assim pode ser observado, sobretudo, no processo de nítida independência do Espírito de Deus, o qual a partir de agora começa a ser apresentado como o que poderíamos chamar de *uma hipóstase*, quer dizer, como um ser autônomo que atua por sua própria conta e que, às vezes, afeta as ações humanas.[73] Mas isto não quer dizer que o Espírito volte a separar-se da esfera divina; ao contrário, sua realidade permanece sempre à sombra do Deus da aliança e só existe como um modo de sua revelação. Em qualquer caso, ao converter-se em sujeito pessoal, a natureza divina, contida nele, requer uma

---

[72] Isto foi colcocado em dúvida por **F. Baumgärtel** (Geist im AT, *TWNT* VI,363), ainda que não cite nenhuma passagem que atribua o juízo do presente ou a obra divina no passado à ação do Espírito. Em Is 31:3 e 30:1 deixa claro que se refere à destruição da incredulidade por sua resistência a admitir a natureza espiritual de Yahweh, mas não se apresenta ao Espírito como o poder que leva a cabo o castigo.

[73] Cf. **H. Ringgren**, *Word and Wisdom*, 1947, p. 165s.

eficácia especial, adquirindo uma espécie de posição intermediária entre Deus e o homem.[74] E assim, o Espírito de Deus participa também da santidade, ou seja, da majestade inacessível de Deus; convertendo-se no Espírito Santo de Deus. A atitude que se adota com relação a ele determina a atitude para com Deus; a desobediência o entristece e faz com que ele se retire, ficando assim interrompido o fluxo de vida divina.

De acordo com essa crescente importância do espírito dentro da imagem de Deus *o âmbito de seu domínio amplia-se consideravelmente*. Sua obra não se descobre apenas no passado, nas grandes façanhas salvadoras dos homens de Deus, nem tampouco se espera dele exclusivamente na consumação do reino de Deus, mediante a transformação interior do coração humano no tempo da salvação futura; mas por ele ser o verdadeiro condutor de Israel no passado, no presente e no futuro. Por ele, o Espírito, Deus transcendente o qual habita em luz inacessível se faz realmente presente no meio de seu povo. E, desse modo, o lamento nacional de Isaías 63:11s, representa uma consciência totalmente nova da ação condutora do Espírito: "Penso nos tempos antigos, em Moisés e em seu povo: onde está o que tirou das águas ao pastor de seu rebanho? Onde está o que pôs em seu peito seu santo Espírito? O que esteve à direita de Moisés conduzindo-o com seu braço glorioso? O que dividiu o mar diante deles, obtendo renome perpétuo? O que os fez andar pelo fundo do mar como cavalos pela estepe e, como o gado que desce o caminho, não os deixou tropeçar? O Espírito do Senhor os levou ao descanso... mas eles rebelaram-se e irritaram ao seu santo Espírito; então ele tornou-se inimigo e guerreou contra eles".

Aqui, como em outras passagens,[75] o Espírito é o meio pelo qual se faz realidade a presença de Deus no meio do seu povo, no qual se resume todos os dons e poderes que Deus derrama sobre seu povo. Em várias passagens fica claro que se pensa a este respeito, nos dons e na obra dos profetas;[76] mas na realidade a eficácia do *rūaḥ* ultrapassa esse âmbito e abrange a todos os poderes maravilhosos que sustentaram a vida nacional de Israel ao longo de sua história.

O que é completamente novo, contudo, é que esse Espírito seja considerado também como *guia e protetor no presente*.

A época da comunidade pós-exílica foi um tempo de pequenas coisas, no qual muitas esperanças de vôos altos tiveram de ser enterradas e continuar

---

[74] Is 63:10s; Sl 51:13.

[75] Sl 106:33; Zc 7:12; Is 34:16; Ag 2:5.

[76] Zc 7:12; Ne 9:30; 2 Cr 15:1; a glosa de Mq 3:8 com a expressão *'et-rūaḥ yhwh;* 2 Cr 20:14; 24:20.

aguardando a realização de promessas proféticas que eles acreditavam ser de realização imediata; mas houve um fato que os repatriados não permitiram que se perdesse e com respeito ao qual as palavras dos profetas lhes asseguraram que as antigas predições estavam na iminência de se cumprirem: a presença do Espírito de Deus cumprindo fielmente sua tarefa de guia e condutor. E, além disso, a experiência dessa ação do Espírito converteu-se, virtualmente, para a comunidade judaica, em penhor de que, apesar de tudo, se achavam nos umbrais do tempo de salvação, de que o desconsolo e a miséria de sua situação externa não eram senão o véu atrás do qual se ocultava a herança gloriosa que Deus tinha destinado a seu povo. Ageu, desse modo, anima a seus contemporâneos que se desconsolam com a construção do templo: "Coragem, meu povo — oráculo do Senhor — e ao trabalho!, pois eu estou convosco, diz o Senhor dos Exércitos... e meu Espírito habita em vós; não tenhais medo".[77] Ao governador Zorobabel, que para fazer frente a seus inimigos não dispõe nem de tropas nem de aliados, Zacarias o consola com estas palavras: "não por força nem com violência, mas pelo meu Espírito, diz o Senhor dos exércitos".[78] E em sua última visão noturna, na imagem dos carros celestiais que partem para os quatro ventos, o profeta contempla o poder vivificador do Espírito de Deus realizando sua obra criadora também no mundo das nações, inclusive na Babilônia, considerada como o inimigo mais obstinado de Deus, para que a comunidade formada pelos pagãos se una ao povo do Deus da Judéia.[79] Assim como o resto das visões noturnas, também essa última nos mostra a tensão com que a comunidade pós-exílica relacionava a plena consumação da história universal com seu próprio presente, vendo, em ambas as realidades, a obra do mesmo Espírito o qual tinha conhecimento de que estava atuando dentro de seu próprio seio. Por isso, o Espírito é também digno da aliança eterna que Yahweh concluiu com Israel;[80] e enquanto Espírito de juízo e destruição, prepara aos redimidos de Israel para a presença visível de Deus no meio deles.[81]

---

[77] Ag 2:4s. A frase do v. 5a "de acordo com a palavra que vos dei quando saíste do Egito" falta na LXX e trata-se, portanto, de uma corrupção do texto (cf. as propostas de emenda em **O. Procksch,** *Die kleinen prophetischen Schriften nach dem Exil,* 1916, p. 19, e **K. Elliger**, *Das Buch der zwölf kleinen Propheten,* II, 1956, p. 91), intercalado como glosa a rūḥī.

[78] Zc 4:6b.

[79] Zc 6:18. A interpretação desta visão é discutida. **Sellin, Elliger** e **Horst** aderem ao parecer de **Rothstein** (*Die Nachtgesichte des Sacharja,*1910) de que se trata da reunião da diáspora judia. Esta interpretação, por não ser atrativa, convence que a ênfase especial colocada no carro, que se encaminha ao norte, significaria um estreitamento repentino da visão universalista do v. 7 (como aponta corretamente **Horst**); também 2:14s e 8: 20s fazem esperar uma imagem da salvação de viés universalista.

[80] Is 59:21.

[81] Is 4:4.

Não só a comunidade, mas *também os próprios indivíduos se reconfortam com a ajuda e a assistência do Espírito*. Quando, profundamente impressionado por seus pecados, o homem implora um coração novo e, se possível, um novo Espírito, acrescente-se logo: "Não me retires teu Santo Espírito".[82] E quando abandona seu futuro nas mãos condutoras de Deus, roga: "Teu Espírito, que é bom, me guie por um caminho reto e plano".[83] Até mesmo a doutrina das escolas sapienciais, de estilo individualista, convence-se de que o Espírito guia à comunidade: o sábio, para quem o temor de Deus é o princípio e fim da verdadeira sabedoria,[84] sabe que esta só se pode conseguir se é o Espírito quem o dirige. Porque é o sopro do Todo-Poderoso o que dá inteligência ao homem, Eliú, convencido de estar iluminado pelo Espírito, pôde falar com autoridade mesmo aos anciãos.[85] Por fim, a sabedoria personificada derramará seu Espírito[86] sobre todos os que a ela dão ouvidos.

Essa experiência, da obra condutora do Espírito no presente, é acompanhada do *empenho em submeter ao domínio do mesmo Espírito parcelas cada vez maiores da vida*. Assim, a conduta política[87] e todo o terreno de arte, desde a poesia inspirada[88] até ao artesanato,[89] são incluídas na ação do Espírito, e qualquer habilidade nesses âmbitos venera-se como uma dádiva do mesmo. Lançam-se com ele bases firmes para, em um passo seguinte, entender-se *toda* a vida como oriunda do poder do Espírito, cuja finalidade consiste em que todos os aspectos da existência sejam a realização da vontade divina. Para conseguir o grande objetivo, de chegar a ser um povo santo, todas as energias e atitudes têm que sofrer a influência renovadora do Espírito. Que essas tendências sejam percebidas precisamente em escritores sacerdotais não é nenhuma casualidade: dentro de sua forma geral de entender a realização do reino eterno de Deus na terra, se adequa admiravelmente a idéia do Espírito como poder divino atuando no presente; por sua vez, o caráter estático de sua imagem da história se via

---

[82] Sl 51:11.

[83] Sl 143:10.

[84] Pv 1:7; 9:10; 12:27; 15:33; Eclo, 1:16,18.

[85] Jó 32:8s.,18. Também, deve-se enumerar aqui a Daniel enquanto é descrito como um homem sábio, cf. Dn 4:5s,15; 5:11s. De outro lado, a ligação da sabedoria com o Espírito de Deus, está abundantemente atestada na literatura sapiencial não canônica; cf. por exemplo: Eclo 16:25; 39:6s; Sab 7:7; 9:11, e com freqüência em Filon.

[86] Pv 1:23. Certamente que, neste caso, pode-se defender, também, a tradução de *rūaḥ* por ira; mas a reunião de Espírito e palavra parece defender em prol de nossa interpretação. Cf. o que segue.

[87] Dt 34:9 (cf. Nm 27:18); 1 Cr 12:19.

[88] 2 Cr 25:1,3.

[89] Êx 23:3; 31:2; 35:31 (estrato tardio de **P**).

enriquecido por um elemento dinâmico que afirmava plenamente a natureza sobrenatural e maravilhosa do reinado de Deus.

Apesar dessa impressionante tendência, de contar em todas as situações da vida com o poder do Espírito presente em cada momento, o perigo, que fora tão lógico, de um subjetivismo exagerado e de uma piedade de caráter místico, nunca chegou a agravar-se. Se for verdade que no judaísmo helenístico o florescimento de um misticismo intrusivo pôde apossar-se da idéia do Espírito em algumas ocasiões, deve-se reconhecer, de outro lado, que figuras como Filo ou comunidades como a dos terapeutas constituíram fenômenos muito isolados e não exerceram influência alguma no judaísmo palestino. A razão disso deve-se buscar, principalmente, *na estreita associação do Espírito e da palavra*, associação que requer agora nova vida e conjuga-se bem com o fato de que toda a vida religiosa baseia-se na lei. Por isso, nessa época, com grato júbilo, descobre a palavra de Deus na lei e nos profetas, cujos escritos foram sendo salvos de todas as catástrofes como um legado precioso. O presente sente-se cada vez menos capacitado para pronunciar a palavra viva de Deus por inspiração direta, e por isso vê, no testemunho escrito das grandes façanhas de Deus no passado, a norma e diretriz de sua própria situação. Mas, é precisamente o Espírito o poder que devolve vida à palavra do passado e a implanta no presente dotada de uma autoridade imediata. Por isso, quando se trata de indicar à comunidade judaica qual é a base permanente de sua vida sobre a qual pode edificar e progredir para uma nova e prazerosa estruturação, mencionam juntos o Espírito e a Palavra. Junto ao Espírito, que Deus faz repousar sobre seu povo, as palavras que ele pôs em sua boca constituem o conteúdo da aliança eterna que vincula Israel com seu Deus.[90] Tanto para o bem quanto para o mal, Zacarias relaciona o cumprimento da palavra dos profetas anteriores — à qual ele se refere a cada momento e na qual inclui também a lei (1:6) — com a obra do Espírito no interior da comunidade.[91] A oração de arrependimento de Neemias sabe que o Espírito ensina mediante a palavra da lei e dos profetas[92], e a glosa a Ageu 2:5 relaciona a presença do espírito na comunidade com a palavra que Yahweh deu a Israel ao tirá-lo do

[90] Is 59:21. Não se pode ignorar a reminiscência de Dt 30:14.

[91] Zc 1:6; 4:6; 7:12: o Espírito fez surgir a palavra de Deus no passado, à qual continua tendo um caráter normativo no presente e é por sua vez a energia vital da comunidade. Se a visão das oliveiras (4.11s.) procura apresentar o governador e o sumo sacerdote como mediadores do Espírito de Deus (assim **Sellin**, em seu comentário *ad locvm*), também é neles onde se realiza a união entre o espírito e a palavra, já que são garantidores da autoridade da palavra.

[92] Ne 9:20,30.

[93] Cf. também a relação lógica de Espírito e palavra em Pv 1:23.

Egito.[93] Assim pois, na ação do Espírito, da qual desfruta e pode reconfortar-se, o próprio Deus está falando à comunidade, o qual elegeu o insignificante, teimoso e desobediente povo de Israel e o guiou durante séculos, e a cuja história e tradição relaciona agora sua revelação. A experiência do Espírito não abre uma fenda diante do tratamento místico e imediato com Deus, no qual poderia o homem lançar no esquecimento seus pecados, e a majestade divina; ao contrário, remete constantemente ao aprendizado obediente da palavra de Deus, palavra que fala de seu juízo e de sua misericórdia; sob sua direção a palavra converte-se no meio pelo qual Deus põe em ação seu poder de vida, preparando à comunidade para que seja seu instrumento.

Dessa forma, na vida de fé da comunidade judaica, o Espírito de Deus alcança uma autêntica significação existencial: graças a ele a história da revelação se converte em energia vital, com base em uma existência que vive da fé. Possuindo-o, teria o αρραβϖν τηο κληπονομια,[94] o penhor dessa herança cuja possessão plena continuaria a esperar Israel enquanto peregrina como escravo entre as nações.

O *judaísmo tardio*[95] manteve esse depósito de fé; desenvolvendo-o em alguns sentidos, mas debilitado em certos aspectos. O *rūaḥ* desempenha um papel especialmente importante enquanto Espírito de profecia, e os targuns gostam de introduzi-lo nos relatos antigos — mesmo quando este se refere a outra coisa — com essa designação (*rūaḥ nᵉbūā*).[96] Sua ação se estende, também ao processo pelo qual nascem os escritos sagrados, convertendo-se em inspiração dos escritores bíblicos;[97] inspiração que se mantém também nos tradutores da LXX. A partir de agora, uma citação da Escritura pode ser introduzida com a fórmula "diz o Espírito (santo)",[98] e assim a união entre palavra e Espírito torna-se mais estreita, ainda que também mais superficial. Algumas palavras da Escritura até seriam afirmações diretas do Espírito Santo.[99] Se esta teoria rabínica ligou-se ao cânon, os escritores apocalípticos, por sua parte, chegaram muito mais longe, reivindicando, também, para suas visões a autoridade do Espírito.[100]

Mas, de outro lado, o Espírito apareceu também como poder de vida efetivo realmente presente na comunidade e no indivíduo. Neste sentido, é

---

[94] Ef 1:14.

[95] Cf. a resp. a detalhada exposição de **P. Volz**, *Der Geist Gottes*, 1910, p. 78s.

[96] Por exemplo, Gn 45:27; Jz 3:10; 1 Sm 16:13; Êx 35:31.

[97] Cf. **Volz**, *op. cit.*, p. 83s.

[98] Assim, o Sl 119:165, em Ber. rab. 44:17; Debarim rab. 23a; Sl 31:19 em Shemot rab. 39:33; cf. Heb 3:7; I Clem. 13:1.

[99] Cf. **Volz**, *op, cit.*, p, 167.

[100] Enoque 71:5,11; 91:1; II (4) Esd 5:22.

significativo que a comunidade tome consciência da ação do Espírito nela, principalmente no culto, na qual se vê arrebatada pelo entusiasmo extático do louvor, e concebe, além disso, à principal personagem do culto, o sumo sacerdote, como imbuído da força do Espírito.[101] No que se refere ao indivíduo, o Espírito conduz, sobretudo, os sábios, cuja sabedoria, por ser conhecimento e obra de Deus, tem um caráter religioso e continua o ministério profético enquanto é, instrução do povo;[102] mas, de outro lado, também no simples homem piedoso se reconhece a presença do Espírito como poder que capacita para toda boa obra e conduz à decisão moral.[103] Além disso, o conceito de Espírito desenvolve-se até converter-se em uma força moral universal que, por sua vez, como um elemento cósmico de caráter panteísta, coopera na conservação do mundo: operam já aqui influências estóicas que preparam o caminho para uma cosmovisão racionalista e idealista.[104] O judaísmo se mantém muito mais na linha da concepção veterotestamentária do Espírito quando a função cósmica do mesmo descreve-se como a do arquiteto do universo,[105] e é neste contexto, no qual se considera também sua obra na ressurreição dos mortos, preliminar indispensável para a criação de um mundo novo.[106]

Como já, indicávamos, junto a este desenvolvimento das concepções antigas, pode se observar também aqui e ali certa debilitação na concepção do Espírito. Tal coisa sucede, por exemplo, quando a consideração da ação maravilhosa do Espírito fixa-se preponderantemente no externo e no visível; já não se considera garantia suficiente seu trabalho reservado no seio da comunidade, e se sente a necessidade de identificar os grandes mestres, que são notáveis por profecias e milagres, como os homens do Espírito, exaltando sua memória com inumeráveis lendas.[107] Nesse processo, o perigo de distorcer-se a humildade reverente, própria de quem se submete ao Espírito como instrumento, em uma tentativa de controle arrogante sobre esse maravilhoso poder, nem sempre foi evitado. Já em tempos anteriores, a certeza de achar-se às portas do novo tempo e de possuir as primícias do Espírito se viu às vezes sufocada pela angustiante experiência da própria pobreza espiritual e substituída pelo anseio expectante pelo dia no qual o Espírito seria derramado, no princípio da

---

[101] **Volz**, op cit., p. 136s, 133s.
[102] Cf. nota 86.
[103] Cf. sobretudo os Testamentos dos Patriarcas e Filon.
[104] Assim, na Sabedoria de Salomão e Filon.
[105] Jdt 16:15; Bar (Sir) 21:4; 23:5; cf. Enoque 60:12s.
[106] Sota IX, 15; cf. Sanedr. X, 3.
[107] Taanijoth III, 8. Cf. **F. Weber**, *Jüd, Theol.,* 1897, p. 125. Sobre a transmissão do Espírito mediante a imposição de mãos dos rabinos, *ibid.*, p.126s. Além disso, **A. Schlatter**, *Geschichte Israels*, 1925, p. 312; **Strack-Billerbeck**, *Kommentar zum NT aus Talmud Midrasch* II, 1924, p. 128s, 133s.

salvação final.[108] Além disso, a freqüente concepção do Espírito, como causa de vida piedosa, viu-se contrabalançada pela idéia, igualmente generalizada, da atividade dos maus espíritos, os quais são considerados cada vez mais responsáveis dos maus pensamentos e das más ações. Agora, quando se fala do Espírito de Deus, se expressa mais um pensamento especulativo que uma autêntica experiência religiosa.

Como atualmente tem-se por certo que a ampla expansão da crença nos espíritos dentro do judaísmo se deveu à instrução de superstições persas,[109] existe uma fácil propensão a se atribuir a importância crescente da concepção do Espírito no judaísmo tardio à *influência de semelhantes concepções religiosas do zoroastrianismo.* Os cantos religiosos mais antigos do reformador persa, os Gathas, falam muito do espírito que é santo ou divino, *spenta mainyu*, e lhe atribuem tarefas bem parecidas às quais os judeus atribuem ao *rūaḥ*. Também no zoroastrianismo se repete a oscilação entre a concepção do Espírito como princípio divino de vida e a de como ser independente dentro do mundo divino. Em ambos os casos, se mantêm uma relação estreitíssima com o deus do bem *Ahura Mazdah*, relação muito mais estreita que todas as demais hipóstases, entre as quais destacam-se os sete *amesha spentas.* Se estes, de um lado, são manifestações parciais dos poderes e bens do mundo divino, *spentas mainyu*, de outro, é o mediador da atividade de Deus e, enquanto tal, faz parte, ele próprio, do ser divino, colaborando tanto na criação do universo quanto na finalização de seu tempo. Enquanto se opõe ao espírito mau, é, além disso, quase um princípio cósmico ético, segundo o qual os bons se vêem dotados de forças e recompensados e os maus são entregues ao juízo; por isso, na oração, jamais é invocado diretamente como uma pessoa divina. A crença nesse espírito bom parece fincar suas raízes numa concepção totalmente dualista do mundo, devendo-se a Zaratustra sua articulação dentro da fé monoteísta no deus único e bom *Ahura Mazdah.*

A possibilidade de uma influência de tais idéias na fé judaica no Espírito merece, sem dúvida, a mais séria consideração.[110] Não é nenhum disparate que os judeus, por desejo de entendimento com seus dominadores persas, falassem intencionalmente da ação do Espírito, assim como o faziam de Yahweh como Deus dos céus. Contudo, são realmente sérias as objeções contra uma suposição

---

[108] Jl 3:1s.; Zc 12:10.

[109] Cf. p. 665s.

[110] **H. Ringgren** mantém como provável pelo menos uma aceleração e intensificação do processo de hipostatização do Espírito por influência iraniana (*Word and Wisdom*, 1947, p. 171).

desse tipo: porque dentro das amplas camadas populares a consideração do Espírito como hipóstase não chega a se estabelecer, senão na época helenística, quando o judaísmo, com exceção ao da diáspora babilônica, não podia ter grande interesse por adaptar-se às idéias religiosas persas. Em segundo lugar, dentro da própria evolução da religião persa, essa concepção do Espírito como hipóstase, própria da pregação de Zaratustra, foi perdendo importância até que o Espírito chegasse a ficar absorvido em *Ahura*.[111] Esta evolução do conceito de Espírito, totalmente oposta à história do mesmo no judaísmo, desaconselhará sempre a que se estabeleça relações causais entre as pneumatologias judaica e persa. Finalmente, na hora de fazer afirmações a este respeito, torna-se recomendável uma atitude de prudência quanto ao fato de que, dentro da mesma seiva vital judaica, podem entrever-se razões próprias que expliquem uma formação e uma evolução especificamente judaica da concepção do Espírito.

[111] Cf. **P. Volz,** *Der heilige Geist in den Gathas des Sarathuschtra* (em Eucharisterion Gunkel dargebracht., 1923, p. 339s).

Capítulo XIV

FORÇAS CÓSMICAS DE DEUS
(Continuação)

B. A PALAVRA DE DEUS

Ao tratar dos ritos sagrados e do nome divino e sua significação, já dissemos que, para o homem antigo, a palavra pronunciada tem uma importância muito distinta daquela que poderia possuir para o moderno.[1] Independentemente, de relacionarmos o fato com uma idéia manaísta ou com uma crença em espíritos, a palavra parece ser considerada em toda a Antigüidade como veículo de poderes que intervém eficazmente nos acontecimentos do mundo.

I. O Significado da Palavra no estudo comparado das Religiões

Não, certamente, qualquer palavra, mas sim, a que se pronuncia com grande ênfase e marcada por intenção. E desse tipo são, principalmente, a maldição e a bênção.[2] Assim o atesta o amplo campo da palavra mágica. Naturalmente, também adquire a palavra uma eficácia especial ao se invocar à divindade, e dessa maneira a maldição e a bênção se convertem, nas mãos dos pobres e desamparados, em armas ante as que, até o mais forte, sente verdadeiro temor. Para a crença popular, esses tipos de palavras desfrutam vida própria; é uma espécie de seres autônomos que esperam a ocasião para intervir na realidade. E, mesmo quando essa oportunidade lhes é negada, constituem um perigo duradouro, como uma velha mina esquecida no mar ou uma granada oculta no campo. O documento israelita mais claro a respeito dessa crença pode ser extraído da história de Davi, a maldição de Simei está suspensa como uma nuvem ameaçadora sobre a cabeça do rei, e seus raios mortais não o alcançam em vida, mas podem cair sobre seus descendentes. Essa ameaça também pode se voltar contra a cabeça do indivíduo que a pronuncia: a mina — para seguirmos a imagem — explode, mas sem fazer danos a quem era dirigida. Entende-se,

---

[1] Cf. vol.I, p.147s., 181s.

[2] Cf. **J. Hempel**, *Die israelitischen Anschauungen von Segen und Fluch*, *ZDMG* (1925) 20s.

assim, a finalidade do ignominioso testamento de Davi a Salomão.[3] A maldição pode manter-se invalidada por uma bênção, como se espera dos gibeonitas.[4]

Se a simples palavra do homem pode ter tanta importância, uma palavra divina a terá em muito maior medida. A religião babilônica oferece um claro testemunho do vivo sentido do poder da palavra divina, poder que se exalta em hinos especiais, como os chamados hinos *enem*.[5] Estes descrevem, principalmente, o poder destruidor da palavra na natureza e no mundo humano, ressaltando, sobretudo, que é impossível captar tanto o significado interno, quanto a aparência externa da palavra; ela apanha sua vítima como uma rede oculta, porque sua natureza é a de um feitiço poderoso, oculto para o homem. Por isso, ela não necessita nem de adivinhos, nem de videntes, e se vier a revelar-se a alguém, só resta a este o fato de lamentar-se, pois ela se apossa dele totalmente e destrói toda sua força. Tudo isto coincide com o papel que desempenha a palavra divina no estranho episódio da IV tábua da epopéia babilônica da criação *enumaeliš*. Neste episódio, relata-se como Marduque dá prova de força, demonstrando assim sua habilidade no emprego do poder recebido dos deuses para sua luta contra o Caos, sua palavra era capaz de destruir um vestido e de fazê-lo de novo, o qual arrancava aplausos dos deuses.[6] Tem a palavra divina efeitos benéficos em um hino ao deus lua Sem,[7] no qual se lhe atribui não só a concepção da comida e da bebida, de estábulos e rebanhos, e a multiplicação dos seres viventes, mas também o senhorio da verdade e da justiça. Como o que aqui se exalta é o ofício do governo, a palavra, enquanto anuncia a vontade real, adquire um caráter moral, transcendendo os limites do mágico. Mas isso só se dá nesse documento isolado; não há rastros de uma concepção já estruturada da função moral da palavra divina. Da mesma forma, no Egito, a palavra aparece, na obra da criação do mundo, como instrumento de Thot, mas também aqui se trata do grande transmissor do elemento mágico,

---

[3] 1 Reis 2:8s.

[4] 2 Sm 21:3; cf. Jz 17:1s.

[5] Cf. **St. Langdon**, *Sumerian ad Babylonian Psalms*, 1909, p. *XIXS* e notas I, II, III, IV, VIII, IX. **M. Jastrow,** *Die Religion Babyloniens und Assyriens* II, p. 24s. 1904 **H. Zimmern**, *Babylonische Hymnen und Gebete*, 2. *Auswahl*, 1911, p. 21s.

[6] ANET, p.66.

[7] *AOT*, p. 242. Partindo destas e de outras descrições da palavra, **L. Dürr** (*Die Wertung des göttlichen Wortes im AT und im Alten Orient*, 1938) e coincidindo com o **H. Ringgren** (*Word and Wisdom. Studies in the Hypostatization of Divine Qualities and Functions in the Ancient Near East*, 1947, p. 65s) concluíram que nos acharíamos na presença de uma hipóstase divina; mas é duvidoso que o material existente autorize semelhante suposição.

portador de todo o poder do feiticeiro divino.[8] O mesmo ocorre com a palavra do sacerdote, que possui um caráter mágico, quando o mesmo recita o ritual ou pronuncia uma oração.[9]

II. A Palavra de Deus em Israel

Em Israel também se considera a palavra como o poder cósmico do Deus criador, mas jamais aparece como transmissor do elemento mágico, oculto para o homem; é sempre uma manifestação clara da vontade do Deus soberano.

1. Documento clássico neste sentido é o relato sacerdotal da criação, que apresenta o cosmos, com toda a sua estrutura maravilhosamente ordenada, saindo de uma ordem divina, como expressão da afirmação livre de uma vontade que tem seus próprios fins. Semelhantes concepções expressam os hinos do deutero-Isaías,[10] assim como os salmos que exaltam a glória de Deus na criação;[11] em conseqüência, os céus anunciam a glória de Deus e o próprio balbucio das crianças transforma-se no testemunho de sua grandeza.[12]

2. Mas essa clara visão que tem os testemunhos veterotestamentários do significado da palavra divina como expressão da soberania de Deus, apóia-se, em última instância, *na experiência da palavra divina dentro da história*; a ela deve sua força e harmonia. Efetivamente, a relação especial de Israel com seu Deus baseia-se, desde o princípio, na palavra de Deus. A lei fundamental da aliança sinaítica, o Decálogo, se designa com o nome de *'ᵃśeret haddᵉbārīm* "as dez palavras",[13] como a proclamação vigorosa da vontade divina que determina a vida do povo e cria as bases de toda legislação ulterior. Quando o Deuteronômio chama *dᵉbārīm* a todo tipo de material legal,[14] "a palavra", enquanto designação de toda a legislação nacional, requer uma importância nova, que por sua vez faz a toda essa legislação participante da função reveladora da lei sinaítica. Assim, toda a vida do povo de Deus apóia-se em sua palavra,

---

[8] Cf. **H. O. Lange**, "Die Agypter" (em Chantepie de la Saussaye, Lehrbuch der Religionsgeschichte, I, 1925, I, p.483). Coisa parecida acontece com Die Ägypter a sentença do soberano universal que só se encontra em uma refundição mais tardia da saga da criação: "Numerosas são as criações que saíram de minha boca" (cf. **Lebmann-Haas**, *Textbuch zur Religionsgeschichte*, p. 254).

[9] Sobre as analogias existentes desde o ponto de vista da História das religiões, cf. **J. Szeruda**, *Das Wort Jahves*, tese doutoral (Basilea, 1921), p. 45s.

[10] Is 40:26; 44:24; 48:13; 50:2s.

[11] Sl 33:6,9; 104:7; 147:4s,15s; 148:5s.

[12] Sl 19:2s; 8:3.

[13] Êx 20:1; 34:1-27s; Dt 4:10,13,36; 5:5-19; 9:10; 10:2,4.

[14] Dt 1:18; 12:28; 15:15; 24:18,22; 28:14; 30:14; Êx 12:24.

na qual se resume a clara e inequívoca vontade do Senhor. A energia intrínseca da qual essa palavra recebe toda sua eficácia procede da majestade terrível daquele que a pronuncia; e as ameaças e promessas que marcam a lei[15] — às quais se reconhece, como acontece na conduta do homem, um efeito automático, semelhante o das maldições e bênçãos — permitem que seu dinamismo arraigue-se na vontade do legislador e não se relaciona, portanto, com o caráter coercitivo de forças naturais ou de um feitiço mágico.

Junto a essa palavra de Deus, na lei, válida para todos os tempos, aparece *a palavra profética de Deus* o *d^e bār yhwh*, que é uma proclamação da vontade divina em situações concretas. O efeito dessa palavra profética não se opõe ao *dābār* da lei, senão que encontra nesta sua base e trata de fazer valer seu verdadeiro propósito frente a todo abuso ou falsa interpretação. Ao se suprimir ou se subordinar, primeiramente, o sistema oracular de tipo mecânico (*os urim* e *tummim*, o *efod*) e, logo, as formas psiquicamente extraordinárias de profecia (sonhos, visões e audições), o *dābār* profético revela com clareza e urgência especial o caráter pessoal e espiritual da comunicação divina e sua absoluta superioridade com respeito às artes mânticas e mágicas. No trato com seu povo é Deus quem tem a iniciativa, e ao poder de sua palavra tem de se render toda autonomia humana, tanto do profeta que a recebe, quanto daqueles de a ouvem. De outro lado, graças à palavra que lhes é confiada, os profetas têm em suas mãos um poder que se revela superior a todos os poderes políticos e militares, não só em determinados acontecimentos maravilhosos, nos quais sua palavra é seguida pelo milagre, ou pelo castigo (como nos descrevem tão impressionantemente as narrações de Elias), mas também em toda a orientação e desenvolvimento da história de sua própria nação e dos demais povos. Isaías vê a seu Deus lançando, como uma arma, uma palavra contra Israel; ao cair, fere a Jacó, provocando efeitos destruidores que, como uma série cada vez mais intensa de castigos divinos, vão desintegrando o povo desobediente.[16] Jeremias é chamado para profeta das nações: Deus põe a palavra em sua boca e desde esse momento tem poder para edificar e plantar, assim como para arrancar e arrasar.[17] E quando Ezequiel traz a palavra em forma de rolo escrito, adverte que opera dentro dele um poder realmente eficaz, diferente de sua própria pessoa, capaz de matar e criar de novo, para converter "a casa

[15] Dt 28; Lv 26; designam-se como *debārīm* em Dt 4:30; 30:1; Js 21:45; 23:15; 1 Rs 8:56.

[16] Is 9:7s; cf. Os 6:5. No caso de Isaías trata-se do oráculo profético de perdição de tempos anteriores, e não de uma palavra de conteúdo indefinido (Cf. **H.Grether,** *Name und Wort Gottes*, im AT, 1934, p. 104s).

[17] Jr 1:5,9s.

rebelde" no povo de Deus.[18] O deutero-Isaías vê a palavra de Deus partir como um mensageiro veloz que vai impor, com toda autoridade, sua vontade e logo voltar, outra vez, a seu ponto de partida.[19] Assim pois, para esses homens, a palavra, enquanto poder cósmico de Deus, ocupa precisamente o lugar que na mentalidade popular tem o *rūaḥ*, e lhes permite detectar a intervenção direta de Deus na orientação da história.

Com base nesse valor atribuído pelos profetas à palavra se estrutura a *interpretação deuteronomista da história*, cujos autores procuram apresentar sistematicamente o destino do povo como obra da palavra de Yahweh. A um nível mais externo, a ação constante da palavra divina, na história de Israel, ficava assegurada pela promessa de uma cadeia ininterrupta de profetas, que teve início em Moisés.[20] O nível mais interno está refletido no esforço, presente tanto na introdução do livro da lei,[21] quanto na redação deuteronomista dos livros históricos, de interpretar qualquer acontecimento como pronto cumprimento ou desprezo desobediente dos mandatos divinos. Paralelamente a isso, as palavras divinas de promessa e bênção — seja a promessa da possessão de Canaã[22] ou a promessa de uma duração eterna da dinastia davídica[23] — desfrutam um poder totalmente independente em relação ao homem, o qual é decisivo para o estabelecimento de toda a história, e que encarna o controle absoluto de Deus sobre as forças desta. Em todas essas situações, a palavra revela-se como a força que dirige a história. Além disso, a palavra profética concreta, enquanto torna presente uma vontade divina, cujos objetivos são sempre os mesmos, pode formar uma realidade única com a palavra da lei. Reflexo claro dessa idéia é a apresentação de Moisés e de sua obra em termos de ministério profético.[24] Assim, *a palavra converte-se em expressão da vontade salvadora e do plano universal de Deus que se encontra acima da história*, traduzindo-se, algumas vezes, na inalterabilidade estática da lei e, em outras, no fluido dinamismo da palavra profética, para fazer sempre da história esse processo orgânico que vai delineando os objetivos cósmicos de Deus. Nessa mesma linha, a exortação final do Deuteronômio[25] insiste na presença imediata e no poder vivificador da palavra divina, na qual, o próprio Deus da revelação, vive próximo de seu povo e mantém contato com ele.

[18] Ez 2:4s; 3:1s.
[19] Is 55:10s.
[20] Dt 18:15,18.
[21] Dt 1-3
[22] Dt 7:8; 8,18; 9:5; Js 21:44s; 23:14; 1 Rs 8:56. Mais tardio, Sl 105:8s,42ss.
[23] 1 Rs 2:4; 8:20; 11:12s,32,36; 15:4; 2 Rs 8:19; 2 Cr 21:7; 23:3; Sl 89:2s, 25s; 132:10s.
[24] Cf. Dt 18:15,18 e quando a proclamação da lei é descrita como "comunicação dos *debārīm*": Dt 1:18; 4:2; 6:6; 12:28; 13:1; 15:15; 24:18,22; 28:14; 30:1; 32:46.
[25] Dt 30:11s.

3. Essa importância da palavra para a atividade reveladora de Deus em seu *povo* iluminou e deu vigor às afirmações sobre *a relação de Deus com o mundo* por meio da palavra, que não surgem até o século sete; graças a isso, também, se diferenciam claramente tais expressões de outras análogas pertencentes ao paganismo.[26] *A partir desse momento os acontecimentos naturais também entram na categoria da livre atitude moral, de uma vontade que estabelece seus próprios fins,* ficando assim fora da esfera do determinismo naturalista ou do capricho mágico e o mais vinculado possível com a história. Não é casual que no relato israelita das gêneses do mundo a ordem da palavra criadora de Deus constituía o começo de uma obra histórica que, com uma rigidez e lógica sem precedentes, põe como base de suas afirmações sobre Deus a absoluta superioridade deste sobre a natureza. A atividade de Deus na natureza, criando as bases para a existência natural do homem, é vista pelo deuteronomista como o pronunciamento dessa ordem divina da qual dependem, de igual modo, a natureza e a história:[27] "O homem vive de tudo o que sai da boca de Yahweh". Quando o deutero-Isaías fala que Yahweh reconta o exército do céu, ao qual ele lidera e clama por seu nome,[28] ou exalta o poderoso que chamou a terra e o céu e os dois surgiram juntos,[29] seu discurso sobre o Deus criador caminha na mesma e ampla perspectiva da instauração e consumação do reino de Deus, que a palavra divina pregada pelos profetas. Sim, com total tranqüilidade o profeta pode situar ambas as coisas, uma junto à outra, como membros de uma série que encontra sua unidade na vontade redentora do Santo de Israel.[30]

Tem sua importância observar, nesse contexto, como *o antigo dinamismo da palavra profética* passa também à palavra enquanto poder cósmico: Deus ordena aos abismos "secai!", chama os céus e a terra, sua ordem deixa seco o mar, e até mesmo o deslocamento dos astros por suas órbitas — exemplo universalmente considerado como o mais típico de um sistema acabado e fixo de uma vez para sempre — converte-se no comportamento obediente de um exército que Yahweh põe em movimento com sua voz de comando.[31] Ecos desta visão podem ser encontrados nos Salmos, onde, em parte seguindo ao deutero-Isaías[32] e, em parte com uma formulação independente,[33] os processos da natureza aparecem como o movimento de forças vivas desencadeando-se a um tempo

---

26 Veja p. 534s.
27 Dt 8:3.
28 Is 40:26.
29 Is 48:13.
30 Is 44:24s; 50:2.
31 Is 44:25; 48:13; 50:2; 40:26.
32 Sl 104:7; 147:4.
33 Sl 147:15s; 148:8.

pela palavra de Yahweh. De outro lado, *a descrição sacerdotal da palavra criadora* tem já a concepção estática de *uma ordem que,* uma vez proclamado no passado, *permanece igual para sempre*: atribuindo à terra algumas forças de atuação regular,[34] deixando aos corpos celestes o senhorio do dia e da noite[35] e, mediante a bênção pronunciada sobre os animais e sobre o homem,[36] liberando um poder que, adiante, atua como que de maneira automática e graças ao qual todo o futuro está predeterminado em uma direção concreta. Fica claro que ao considerar, deste modo, a obra criadora de Deus, esses homens são levados a essa concepção estática de ordem natural, na qual tudo fica submetido ao cajado do legislador divino.A influência dessa concepção podemos encontrar, não só em muitos salmos, que exaltam a ordem dada em determinado momento pelo Criador, como um mandamento de natureza eterna,[37] mas também no deutero-Isaías, quando contrapõe a palavra eterna de Deus ao caráter perecível da realidade humana.[38] E, do mesmo modo, ancorada na promessa feita, de uma vez para sempre, a Davi, descobre-se a palavra de Deus que dirige a história.[39]

4. Essa concepção sacerdotal da palavra de Deus viu-se consideravelmente reforçada pela *crescente prática de reduzir a palavra de Deus na lei à Sagrada Escritura.* Se já o Deuteronômio, ao utilizar o termo *dābār*, pensava às vezes na lei fixada por escrito,[40] na época pós-exílica esse emprego do vocabulário aumenta de forma significativa,[41] até que, finalmente, se aplica à lei o termo típico com que se designava a palavra profética, *d^ebar yhwh.*[42] Além do mais, também a palavra profética converteu-se cada vez mais em algo fixado por escrito. Já a atividade literária dos profetas havia contribuído para criar, junto à palavra imprevista pronunciada para um momento histórico específico, essa outra palavra fixada eternamente e que conserva sempre a mesma vigência; mas agora a compilação das palavras proféticas em livros entitulados *d^ebar yhwh 'ašer bāyāb 'el*, "Palavra de Yahweh que veio a...", faz com que floresça plenamente a palavra profética escrita.[43] Como no exílio foi muito mais premente situar no centro da liturgia a leitura da Sagrada Escritura, fez-se mais natural considerar a palavra como

---

[34] Gn 1:11,24.
[35] Gn 1:16s.
[36] Gn 1:22,28.
[37] Sl 33:6,9; 148:5s
[38] Is 40:8.
[39] Is 55:3.
[40] Dt 4:2; 30:14; 32:47.
[41] Is 66:2,5; Sl 12:7; 50:17; 119:9,57,101,161; 147:19; Pv 16:20; 30:5; Jó 23:12; Ed 9:4; 2 Cr 34:21.
[42] Nm15:31; 1 Cr 15:15; 2 Cr 30:12; 34:21;35:6.
[43] Os 1:1; Jl 1:1; Mq 1:1; Sf 1:1; Ag 1:1; Zc 1:1.

uma realidade fixada em um livro sagrado. Os profetas do pós-exílio assinalam expressamente as palavras de seus antecessores, ao alcance de todos, como norma válida[44] na qual também o eu encontra sua orientação e meta; assim, os escritos proféticos[45] ou a lei e os profetas se recitam como *dābār*.[46] Com isto alcança seu objetivo a idéia sacerdotal segundo a qual a palavra equivale à ordem eterna estabelecida pelo legislador divino, que submete à sua vontade, por igual, a vida humana e a natureza.

5. Não se pode negar que o fato de substituir o conceito dinâmico da palavra pelo estático da lei implica no perigo de distanciar a Deus do acontecer mundano, conforme quer o deísmo. E não faria diferença se continuassem a existir antigas idéias que viam na palavra um transmissor da revelação suscetível de ser experimentado no presente[47] ou a contemplavam em todo seu poder criador.[48] Mais importância teria, neste sentido, a vinculação da palavra com o Espírito de Deus,[49] que salvaguardou seu vivo dinamismo e a livrou de tornar-se petrificada em uma ordem universal impessoal. Mas ainda teve maiores conseqüências o *processo de hipostatização da palavra*, levado a cabo com firmeza, que confirmou e revigorou sua função como poder cósmico divino.[50] Com efeito, esse processo não só apresenta a conseqüência negativa de vincular o mundo ao Deus transcendente por mediação de uma hipóstase, mas que demonstra, na mesma medida, uma experiência da palavra como realidade viva e presente, em cujos efeitos, que são possíveis de ser rastreados diariamente, o homem é confrontado com a própria obra do Deus vivo. Os pressupostos necessários para tratar a palavra como um ser independente, que se encontravam já na admirável ênfase com que aludiam os profetas ao caráter objetivo da palavra; o estranho poder da palavra de Yahweh, que atua por si própria e subjuga todos os pensamentos humanos, são apresentados por eles com imagens e analogias tão sugestivas[51] que, às vezes, se quis ver já nessa etapa uma hipóstase da palavra. É preciso dizer, sem dúvida, que os limites

[44] Ez 38:17; 39:8 (aqui fala um profeta do pós-exílio); Zc 1:6; 7:7,12; cf. Ag 2:5. Veja p. 582s.

[45] Sl 12:16; 147:19.

[46] Sl 51:6 (leia-se *bidbārekā*); Is 59:21.

[47] Jó 4:12; 15:11.

[48] Enoque 5:3; Apoc Bar 21:4.

[49] Cf, p. 528s.

[50] Cf. **L. Dürr**, *Die Wertung des göttlichen Wortes*, 1938, p. 122s; **H. Grether**, *Name und Wort Gottes im AT*, 1934, p. 150s; **H. Ringgren**, *Word and Wisdom*, 1947, p. 157s.

[51] A palavra como arma que se lança (Is 9:7), como fogo flamejante (Jr 20:9), como martelo destruidor (Is 23: 29), como mensageiro veloz (Is 55.10s), como ser independente que dá ordens (1 Rs 13:9,17,32; 20:35; 2 Rs 20:4; Jr 39:16). No momento de relacionar essas expressões objetivantes se deveria contar também com o uso do "e veio a palavra de Yahweh a..." em lugar de "E disse Yahweh a...". Não parece correto ver em tais passagens uma hipostatização da palavra, como pretende Ringgren (veja nota 50).

da personificação poética só foram ultrapassados muito mais tarde, quando se atribuía à palavra uma eficácia autônoma, sem dotá-la de um conteúdo concreto, nem vinculá-la a uma pessoa comissionada para comunicá-la. Assim, por exemplo, Deus envia sua palavra e esta devolve saúde aos enfermos;[52] sua palavra corre veloz pela terra e espalha a neve e o gelo ou traz o calor que os derrete.[53] Mas o que o judaísmo tardio atribui à palavra enquanto força que atua independentemente é, sobretudo, a intervenção de Deus na história de seu povo: o que salvou os israelitas mordidos por serpentes, não foram nem ervas nem emplastro algum, mas a "tua palavra, Senhor, que a tudo cura".[54] Como um guerreiro implacável, a palavra onipotente salta desde o céu, de junto ao trono divino, para o meio do Egito, entregue à destruição, para golpear a seus primogênitos.[55] Logicamente, também, reconhece-se um papel de todo especial à palavra inspirada: quando Abraão é inspirado, a voz do Poderoso fala desde o céu, dizendo sua palavra e chamando-o desde uma nuvem carregada de fogo;[56] do mesmo modo como sucede nos casos de Enoque e Baruque.[57] E nos textos sagrados, os targuns preferem substituir a Deus pela palavra, chamada então *mēmrā'* ou *dibburā*, concebida como um poder divino independente: na revelação do Sinai, Moisés leva o povo para diante da presença da palavra de Deus, e pelo deserto é a palavra que guia o povo; é possível até mesmo irritar a palavra.[58]

Em todas essas afirmações, o que de verdade importa é o ponto de vista da história da salvação, quer dizer, a presença do Deus transcendente no destino de seu povo; de outro lado, o que é decisivo no conceito que Filo tem da palavra é o interesse especulativo. Por influência da filosofia grega, e, sobretudo, da estóica, o *logos* se converte na razão cósmica, enquanto a revelação histórica passa a um segundo plano.

---

[52] Sl 107:20. O esperar pacientemente no dābār (como no Sl 119:81,114,147; 130:5) e o elogio do mesmo (no Sl 56:5,11), sugere que a palavra é considerada representante do poder de Deus na história, do qual se aguarda o auxílio.

[53] Sl 147:15s.

[54] Sab 16:12.

[55] Sab 18:15. Segundo uma glosa de Bar 4:37; 5:5, os filhos de Israel foram reunidos em Jerusalém pela palavra do Santo.

[56] *Die Apokalypse Abrahams* (ed. Bonwetsche), 1897, IX, p. 20; XIX, 5, p. 30; Jub 12.17, cf. 5.7.

[57] Enoque 91:1; Ap. Bar 1:1; 10:1; cf. a inspiração da Sibila, Sib III, 162, 297, 491.

[58] Targum de Onquelos, a Êx 19:17; Dt 1:30; Targum de Jonatān a 2 Rs 19:28. Sobre esse uso de *mēmrā* e *dibburā* veja outros exemplos em **H. Ringgren**, *op. cit.*, p. 161s. Cf. Também **Bousset,** *Die Religion des Judentums*, p. 347; **Szeruda,** *op. cit.*, p. 66s; **F. Weber**, *Jüdische Theologie*, p. 180s.

a. espírito e palavra

No processo que acabamos de ver, ao fazer parte da atividade da palavra a inspiração, o controle da história e a criação, era inevitável que, muitas vezes, as expressões sobre a palavra se sobrepunham às expressões sobre o Espírito.

De fato, o pensamento judeu jamais foi capaz de traçar limites claros e definitivos entre ambas as realidades. Talvez se possa dizer que se fala de uma ou de outra hipótese, na medida em que aquele que fala se situe em um ou outro ponto de vista como: se a idéia do Espírito está relacionada com a da vida de Deus no mundo, a da palavra se refere à revelação do Deus que dirige a história e a sua vontade. Os princípios determinantes são o do poder que dá a vida, permite a expressão de pensamento e dá vontade, repectivamente. Mas é claro que, em casos particulares, essa distinção não está mais presente na consciência dos escritores.[59]

O *pensamento neotestamentário* retorna com muito mais força às características essenciais originais da palavra e do Espírito. A palavra recupera sua função peculiar de reveladora da vontade divina. E isto não se reduz só à forma em que a boa nova da redenção divina, dotada de seu próprio dinamismo, demonstra seu poder, estende-se, corre, não pode ser presa e, enquanto juiz dos pensamentos e intenções do coração, situa o indivíduo diante da necessidade de se decidir.[60] A evidência é maior, sobretudo, quando, *por ter sido identificada com Jesus*, a palavra converte-se em uma pessoa independente e entra assim em uma forma de existência aparentemente oposta à que havia tido anteriormente. A designação de Cristo como o *logos* em João 1 está tão decididamente ligada com a concepção veterotestamentária da palavra, da mesma forma quanto é enérgica sua oposição à idéia helenística do *logos*. Com efeito, no Cristo-*logos,* não há vestígio algum de uma razão cósmica de sentido panteísta, nem de uma idéia redentora no sentido místico-idealista; nele toma a carne, em uma vida pessoal humana, a vontade universal e soberana do Deus pessoal com todo seu inquieto dinamismo. Para resumir as características fundamentais da

---

[59] Talvez seja válida uma tentativa de conciliação entre as duas realidades no curioso postulado da bat kōl, da voz de Deus, pela qual, segundo a crença judaica, comunicam-se, em circunstâncias especiais, breves palavras ou frases de revelação. Podia dizer-se que o Espírito Santo iluminava com luz sobrenatural os instrumentos de Deus, fazendo-os desfrutar uma instrução permanente e coerente; a tarefa da palavra, que procedia da voz de Deus, estava em guiá-los nas decisões, dar-lhes força e garantir-lhes a revelação em casos concretos. Então a palavra pode ser mencionada em combinação com o Espírito, quase como um complemento de si. (Cf. F. Weber, *Jüdische Theologie*, p. 194s). Apesar de tudo, não se vê reduzido em absoluto o papel da palavra hipostatizada.

[60] At 1:20; 6:7; 12:24; 2 Ts 3:1; 2 Tim 2:9; Hb 4:12s.

revelação bíblica em *uma* palavra são necessárias várias condições: por um lado, essa palavra tem de revelar a vontade divina de um modo que confirme a natureza pessoal e espiritual das relações de Deus com o homem, enquanto opostas a toda divinização física ou unificação mística, deixando, por sua vez, a salvo o caráter oculto da majestade divina. Por outro, deve-se combinar em uma mesma unidade a criação e a redenção, uma ordem eternamente válida e a nova criação, o estático e o dinâmico, o presente e o futuro. E tudo isto só era possível aplicando toda a riqueza da idéia veterotestamentária da palavra de Deus à pessoa do Redentor; por isso, esse desenvolvimento do Novo Testamento só pode ser entendido plenamente a partir do Antigo.

Além disso, *a associação de espírito e palavra*, nas diversas formas imaginadas pela idéia veterotestamentária de Espírito, alcança uma plenitude incomparável na fé neotestamentária no Espírito Santo, por cujo poder levou a termo Jesus sua obra profética, e no Paráclito, enviado por ele, que renova a cada momento sua obra na comunidade e concede aos membros do Corpo de Cristo participação numa vida de seiva divina. Agora, tanto as múltiplas coincidências quanto a essencial diferença do Espírito e da palavra encontram um fundamento racional na relação de λογοσ e πνευμα enquanto pessoas da Trindade da qual, saindo de sua glória transcendente, o Deus único rebaixa-se até o homem e se lhe torna acessível, mas sem renunciar a sua absoluta transcendência. Desse modo, o que na antiga aliança tivera uma importância certa para a escatologia e para a história da salvação, dando, porém, muitas vezes, a impressão de interiorizar certa contradição e uma tensão insolúvel, vive-se na nova aliança como a riqueza insondável da natureza divina e aparece, por conseguinte, em sua unidade última.

C. A SABEDORIA DE DEUS

Durante muito tempo, a sabedoria de Deus, enquanto sua propriedade intelectual, não teve praticamente papel algum na vida de fé de Israel. Naturalmente, assim como Deus supera o homem em tudo, também é possuidor da sabedoria suprema; se não, como poderíamos atribuir a sua instrução a habilidade do camponês, a destreza do rei ou do juiz e os dotes do artista?[61] Mas, para o interesse central de Israel, a plenitude de vida divina ou a comunicação de Deus na palavra e no Espírito eram muito mais importantes que a sabedoria.

---

[61] Is 28:23s; 2 Sm 14:17,20; 1 Rs 3:9,12,28; 5:9s; Êx 28:3; 35:31; cf. Is 31:2; 40:13s.

a. a sabedoria como conhecimento prático

Quando Israel começa a interessar-se mais de perto pela sabedoria, o contexto é fortemente profano, sendo muito frágil a conexão do tema com a fé religiosa. A prática de uma sabedoria gnômica nos círculos salomônicos[62] era interessada, principalmente, no conhecimento das coisas práticas e, depois, em todo tipo de enigmas e fábulas sobre o reino animal e vegetal; mas não em uma investigação abstrata sobre a sabedoria ou uma contemplação filosófica do mundo. Toda a atenção fixa-se em um conhecimento diligente da riqueza e na variedade de situações que apresenta a vida humana, e no intento de estabelecer algumas regras que asseguram o êxito na vida diária.[63]

Com essa introdução em matérias práticas Israel penetrava num âmbito que já há tempos estava ocupado por seus vizinhos.[64] Os egípcios, sobretudo, eram cultivadores diligentes da sabedoria proverbial, e suas coleções, que remontam ao terceiro milênio, são, por sua vez, belos testemunhos de uma mentalidade piedosa e reverente. Quando, no período salomônico, Israel se abriu para as culturas estrangeiras e uma íntima relação foi estabelecida com o Egito, pelo matrimônio do rei, é mais que compreensível que com prazer se fizesse uso da produção desse ensino sapiencial estrangeiro,[65] assim como se teria em elevada estima a sabedoria proverbial edomita e árabe.[66] Com o que se conhece desta situação histórica, compreende-se por que a literatura sapiencial israelita não concede o lugar central à religião nacional de Yahweh, com seu culto, suas esperanças messiânicas, senão que parta de pontos de vista humanos mais gerais. Acresce-se, além disso, que os representantes da literatura sapiencial internacional pertenciam a uma classe muito determinada — a dos escribas e funcionários de alta categoria, ministros ou oficiais —, cuja sabedoria, naturalmente, estava bastante marcada pelos interesses e pelas experiências de seu grupo e não se distinguia por um agudo sentido de solidariedade *nacional*.

---

[62] 1 Rs 5:9s; 10:1.

[63] No capítulo “A antiga sabedoria de Israel”, de sua *Theologie des AT* (1957) p. 415s, **G. von Rad** trata de forma engenhosa essa sabedoria como de “um tipo elemental de domínio da vida” recorrendo a “uma interpretação e ordenação racional do universo”.

[64] Cf. **J. J. A. van Dijk**, *La sagesse suméro-accadienne. Recherches sur les genres littéraires des textes sapientiaux*, 1953.

[65] O exemplo mais claro de transplante de sabedoria proverbial egípcia é oferecido por um cortejo entre Pv 22:17:23:11 e o livro de provérbios de Amenemope, que data de cerca de 1000 a. C. Cf. **H. Gressmann**. *Die neugefundene Lehre des Amenemope und die vorexilische Spruchdichtung Israels*, *ZAW* (1924) 272s. Sobre toda essa questão veja também **P. Humbert**, *Recherches sur les sources égyptiennes de la littérature sapientiale d'Israel*, 1929.

[66] 1 Rs 5:11; Pv 30s.

De outro lado, porém, essa importância secundária do sentido nacional tem sua base na mesma natureza das coisas: a preocupação pela vida individual e sua configuração foi atender mais ao que é comum à humanidade em questão de caráter, atitudes e circunstâncias; e é preciso estabelecer diretrizes e princípios práticos ao mais universal possível, não rodear demasiado os objetos supra-individuais de uma história nacional. Não exclui isto, logicamente, a possibilidade de que tais objetivos determinem indiretamente o conteúdo e a orientação dessa doutrina prática (como de fato sucedeu, ainda que já na etapa final do estudo da sabedoria no judaísmo tardio). A princípio, de outro lado, foi constante a dependência dos modelos estrangeiros,[67] aparte de não existir ainda uma consciência clara de que as bases morais em Israel e nos demais povos haviam de ser necessariamente diferentes.

Assim, se chegou a uma situação em que, sem maiores problemas, importava-se a sabedoria estrangeira. Apesar de se reconhecer que ela facilitou a entrada de motivos de inferior categoria moral, não se pode depreciar a importância que teve essa participação nas idéias comuns dos homens civilizados. Ela suscitou o firme convencimento de que também os demais povos teriam parte na verdade e se evitou, desse modo, a exclusão apressada de tudo o que é de fora, com o perigo de um estreitamento e de uma fossilização nacionalistas. Na comum possessão da sabedoria, os israelitas se reconheceram iguais a outros muitos não israelitas.

Tal atitude foi, na verdade, muito comprometida se não extinta, pelas vicissitudes políticas de Israel. As duras lutas políticas e religiosas, nas quais se tratava de conservar os mais importantes valores nacionais, não ofereciam o marco apropriado para o cultivo de uma sabedoria internacional, ainda que, em épocas mais tranqüilas, se voltasse de novo à tarefa, segundo sugeria a atividade "dos homens de Ezequias" de que fala Provérbios 25:1. De qualquer modo, só quando Israel renunciou a uma vida política independente e se constituiu em Estado eclesiástico sob a soberania persa e muitos de seus membros chegaram a altos cargos do governo, e quando, com a chegada do helenismo, sopraram novos ventos que favoreceram a compreensão entre os povos, só então, voltou a florescer esse ramo sem vida da vida espiritual. De novo, se começou a se aprender de modelos estrangeiros, mas dessa vez selecionando-se mais cuidadosamente o que melhor se adequava com o modo próprio de ser.

---

[67] Sobre essa evolução gradual da sabedoria israelita oferece uma panorâmica bastante completa **J. Fichtner**, *Die altorientalische Weisheit in ihrer israelitisch-jüdischen Ausprägung. Eine Studie zur Nationalisierung der Weisheit in Israel,* 1933. Cf. também **J. C. Rylaarsdam**, *Revelation in Jewish Wisdom Literature, 1946.*

Graças a uma longa história de sofrimentos, Israel tem agora uma consciência orgulhosa de suas peculiaridades e não está disposto a perder nada delas. Os testemunhos, desse novo florescimento da sabedoria, os temos na primeira parte do livro dos Provérbios (1–9), em Jó, no Eclesiastes e em alguns livros deuterocanônicos como o Eclesiástico, Baruque e a Sabedoria de Salomão.

b. a sabedoria como princípio da ordem cósmica e como hipóstase

A primeira coisa que ressalta ao lermos essa literatura é que o *conceito de sabedoria ampliou-se enormemente*. Como efeitos da sabedoria consideram-se agora não só a antiga *habilidade* nos assuntos práticos, mas também *a ordem e os fins observáveis no cosmo*. O canto à sabedoria de Jó 28 acentua principalmente esse aspecto ao mostrar a sabedoria em estreita conexão com a obra da criação:

"Deus conhece o seu caminho, (o da sabedoria)
só ele sabe onde ela habita,
Quando ele determinou a força do vento
e estabeleceu a medida exata para as águas,
quando fez um decreto para a chuva
e o caminho para a tempestade trovejante,
ele olhou para a sabedoria e a avaliou;
confirmou-a e a pôs à prova.[68]

Nesses versos preciosos, o autor põe o mistério da natureza em relação com a sabedoria divina que, como um modelo do que havia de fazer, achava-se diante de Deus e determinava a ordem natural. Já antes, é verdade, havia falado que o mundo foi feito com sabedoria;[69] mas agora, com uma ênfase peculiar, a *ḥokmāh* surge por sua própria essência original como princípio cósmico. E de forma bem semelhante fala o autor de Provérbios 8 desse princípio cósmico divino. Aqui, a sabedoria apresenta-se como mestra, mas para legitimar sua autoridade recorre-se à sua existência *antes* de tudo o que foi criado e à sua familiaridade com o Deus criador:

---

[68] Jó 28:23,25-27. Ainda que o texto seja discutido, merece preferência a interpretação de **Budde.** A seu comentário obedece a tradução que damos. De forma semelhante, **H. Ringgren**, *op. cit.,* p. 91s.

[69] Sl 104:24.

O Senhor me estabeleceu como primeira revelação de seu poder[70]
no princípio de suas obras antiqüíssimas.
Em um tempo remotíssimo fui formada,
antes de começar a terra.
Antes dos abismos fui engendrada,
antes dos mananciais das águas.
Todavia não estavam aplainados os montes,
antes das montanhas fui engendrada.
Não havia feito ainda a terra e a erva,
nem os primeiros montes do orbe.
Quando colocava os céus, ali estava eu;
Quando traçava a abóbada sobre a face do abismo;
Quando sujeitava o céu nas alturas
e fixava as fontes abismais.
Quando sujeitava os céus nas alturas
e as águas não ultrapassavam suas ordens;
quando assentava os fundamentos da terra,
eu estava junto a ele, como aprendiz,
eu era seu encanto cotidiano,
todo o tempo jogava em sua presença:
jogava com a bola da terra,
brincava com os filhos dos homens".[71]

Também nesse texto, pois, a sabedoria é a idéia cósmica que tem sua origem em Deus e põe ordem e atua de forma criadora; uma idéia que

[70] Traduzimos desse modo seguindo a **J. B. Bauer** (VT VIII, 1958, p. 91s), o qual se apóia no significado de "soberania, poder" que drkt tem nos tabletes de Ras Shamra.

[71] Pv 8:22-31. Para a tradução e sua justificação, cf. **C. Steuernagel**, em Kautzsch-Bertholet, *Die heilige Schrift des AT*. De todo modo, no v. 30 o termo *'āmōn* não deve traduzir-se por "criancinha", mas que designa ao "que inspeciona", ainda que em outros lugares o termo está vocalizado de forma diferente (*'ommān* em Cântico dos Cânticos; *'ummān* na Mishná). Contrariamente a essa tradução, costuma-se usar as expressões dos v. 30s. que falam que a sabedoria joga, o qual estaria em contradição com a idéia do arquiteto cósmico. Mas quem assim objeta não faz senão esquecer-se que a imaginação poética — incluída também, talvez, pelas descrições mitológicas de um filho divino — não se preocupa se as imagens que ela emprega convencerão a um entendimento rígido. As afirmações do v. 25 são muito mais apropriadas para que o poeta fale dela como de uma pessoa madura. Também, a imagem do filho julgando é uma representação insuperável da facilidade com que Deus ou sua sabedoria dominam a tarefa ingente da criação. O contraste, pois, não dificulta, mas fortalece o efeito poético. Como, de outro lado, Jó 28 nos demonstra que o considerar a sabedoria como mediadora na obra da criação era coisa comum naquela época, não há por que renunciar a isso. Na mesma linha, Sab 7:22 fala da παντῶν τεχνιτισ Também **H. Ringgren** inclina-se a essa tradução para *'myw* (*op. cit.*, p. 99s).

objetivamente ocupa o lugar do mesmo Deus. Mais adiante, como demonstra a literatura do judaísmo tardio,[72] a sabedoria aparecerá sempre indissoluvelmente vinculada a essa operação de criar e conservar todas as coisas.

Cabe perguntar por que razão a *ḥokmāh*, que até então tinha sido, principalmente, o conjunto de normas para uma vida reta, começa agora a ser interpretada com especial insistência como sabedoria criadora. Ao responder a essa questão se deveria pensar, não tanto em influências de mitos babilônicos, egípcios ou persas,[73] quanto em contatos com o helenismo e sua filosofia natural. Os doutores judeus do século três, como o célebre Aristóbulo de Alexandria, revelam-nos a força com que devia influir na mentalidade judaica, sobretudo a física aristotélica. Mas, já antes desses teólogos judeus, representava um ponto de contato com o helenismo o sentido de maravilha que impregnava sua contemplação do cosmos e que se introduziu no conceito de sabedoria.

Além dessa ampliação do campo de ação da sabedoria, deu-se também por essa época, como segundo elemento enriquecedor do conceito, *sua elevação à hipóstase.* Dado o caráter peculiar da linguagem poética oriental, é compreensível que se tenha suscitado com freqüência a dúvida de se não se tratará de um simples artifício de personificação poética, sem mais conteúdo dogmático. A dúvida[74] estaria apoiada, à primeira vista, pelo fato de que a maldade e a insensatez personificam-se nos Provérbios;[75] mas a única coisa que isto demonstra é que o supradito artifício estilístico teve um amplo

---

[72] Eclo 1:2-6; 24:5s; Enoque Esl 30:8; Sab 7:12,17s, 21s; 8:1,4s. 9:9, e igualmente en Filon, cf. **W. Schencke**, *Die Chokma (Sophia) in der jüdischen Hypostasenspekulation,* 1913, p. 69.

[73] **Schencke** e também **Bultmann** (*Der religionsgechichtliche Hintergrund des Prologs zum Johannesevangelium*, 1923 — em *Eucharisterion für Gunkel* —, p. 1s) defenderam que, sob a hipóstase da sabedoria, pulsa um verdadeiro mito de uma deusa da revelação e da criação. Parece-me que tal tese é indemonstrável. Na Babilônia, o que tem analogia mais surpreendente com o pensamento israelita é a forma em que se descreve a sabedoria de Marduk, criador universal, e as relações com seu pai, Ea, sem que, por isso, se torne provável uma influência direta entre ambos os mundos (cf. **Heinisch,** *Die persönliche Weisheit des AT in religionsgeschichtlicher Beleuchtung,* 1923, p. 47s). Muito mais débeis são as analogias com os deuses egípcios Ptah e Thoth IV e com as idéias persas sobre os *amesha spentas*: Vohumaneh (o bem-pensar) e Armaiti (a humildade), o primeiro dos quais, como logos, foi instrumento de Ahura para a formação da terra, e a segunda, como esposa e filha de Ahura, converteu-se em mãe do primeiro homem e, por ele de todos os homens. Mais positiva haverá de ser a resposta a questão da influência que a fé persa exerceu sobre a tendência crescente à especulação em torno das hipóstases em geral.

[74] Cf. **E. König**, Theologie., p. 187; **J. Fichtner**, *op, cit.*, p. 119; **W. Frankenberg**, Die Sprüche, 1898, p. 60s etc.

[75] Pv 7:10s; 9:13s.

uso e continuou sendo empregado até quando, como no caso da sabedoria, a personificação havia alcançado o nível de hipostatização. Já nas descrições de Jó 28 e Provérbios 8, a vontade e o pensamento divino aparecem claramente como poderes pessoais autônomos, com realce próprio dentro da imagem geral de Deus; mas quem, contra toda evidência, não quisesse ver nisto mais que uma forma simbólica de falar, teria de ceder ante às pinceladas com que se apresenta a sabedoria nos deuterocanônicos. Aqui sua existência independente não deixa lugar a dúvidas, ela saiu da boca do Altíssimo,[76] é um sopro do poder de Deus, uma emanação da glória do Todo-poderoso, um resplendor da luz eterna, uma imagem da misericórdia divina,[77] e participa da majestade, da santidade e do amor de Deus. Tem sua morada no céu entre os anjos;[78] além disso, assenta-se no trono de Deus[79] e pescruta as obras divinas.[80] Deus deu-lhe o encargo de criar o homem.[81] Assim pois, nas descrições mais antigas da sabedoria, deve-se reconhecer esse caráter hipostático e, junto ao desejo lógico de manter o Deus transcendente distante do acontecer mundano, é preciso considerar como causa de tal processo a consciência que os sábios tinham de si mesmos: não queriam eles que sua autoridade estivesse sob os profetas, que se apoiavam no Espírito e na palavra de Deus. A sabedoria tem poder, inclusive para premiar e castigar, como o próprio Yahweh.[82] Essa evolução do conceito teve sua importância, já que permitiu reconhecer a parte de verdade que possuíam outras nações, ao ser considerada a sabedoria como participação na *ḥokmāh* divina. Nada mais lógico com efeito, porque essa sabedoria, que se manifesta já na criação, está ao alcance de qualquer nação. Sua conexão tradicional com a prudência prática podia realizar-se agora considerando a esta última como dom gracioso da sabedoria. Como criadora do homem, ela o ama[83] e deseja torná-lo feliz. O estimula a fazer consigo uma aliança[84] e o convida à sua casa. É ela quem outorga poder e prudência para governar os reis e grandes da terra.[85] "Toda voz que instrui e anima o bem é sua voz; qualquer descoberta da verdade ou prática da virtude se deve a sua influência, é obra sua. Quem a rejeita, perde a vida; quem

---

[76] Eclo 24:3.
[77] Sab 7:25s.
[78] Enoque 42:1s.
[79] Sab 9:4; cf. 8:3.
[80] Sab 8:4.
[81] Enoque Esl 30:8.
[82] Pv 1:22s; 3:16s; cf. 3: 6,11s; também, 1:28; cf. Am 8:12; Is 55:6; 65:1.
[83] Pv 8:17,31b.
[84] Pv 8:1s; 1:20s.
[85] Pv 8:15s.

a possui, encontrou a vida".[86] Dessa forma, se havia descoberto um amplo setor no qual era possível entrar em entendimento com a sabedoria prática estrangeira e apropriar-se de seus tão admirados acertos, os conhecimentos da natureza e a concepção da vida individual são uma ponte de ligação entre Israel e o mundo pagão. Ninguém pensou que por ele se visse ameaçado o acervo nacional, mas sim, que se acreditou possível persistir na fidelidade a Yahweh.

E, no entanto, essa aproximação à sabedoria estrangeira levava em seu bojo seus perigos. Ao passo que, quanto maior importância foi requerida pela sabedoria divina inscrita e acessível na natureza, mais forte tornou-se a crença de que, partindo dessa sabedoria natural, era possível um conhecimento de Deus ao alcance também do pagão; e, ao aumentar a confiança em que a sabedoria desfrutava de tais virtudes, tão logo surgiu a propensão a aguardar dela a solução do resto dos enigmas da vida. O primeiro se dá mais na teologia judeu-alexandrina, com sua racionalização das verdades reveladas,[87] e nos escritos apócrifos, como a sabedoria de Salomão;[88] o segundo perigo apresentou-se de forma aguda na comunidade palestina quando, na luta por defender sua idéia da soberania de Deus, seus homens piedosos, de mais vitalidade, tenderam a formular uma interpretação dogmática do mundo bastante distante da realidade.[89] Daí que, para a doutrina sapiencial, fosse de uma importância decisiva que de suas próprias filas surgisse uma rejeição pronta e firme de todo intento de equipará-la e nivelá-la ao paganismo, e uma volta enérgica às diretrizes cosmológicas contidas na fé israelita. E, desse modo, o autor de Jó 28 busca, precisamente, utilizar-se da importância cósmica da sabedoria para demonstrar que seus vestígios podem se encontrar de onde se quiser, pois com ela ninguém pode tropeçar em parte alguma da terra. Até mesmo o mundo inferior e o reino dos mortos proclamam que "nos chegou seu rumor!"; mas Deus é o único que a conhece e a possui, porque na hora da criação foi ele quem a iluminou como idéia ou modelo para a construção do cosmos, quem a definiu e fixou todos os seus mistérios.[90] Esse mesmo Deus fez com que essa sabedoria, da qual o universo

---

[86] **A. Dillmann,** *Handbuch der alttest. Theologie,* p. 347. **G. von Rad** insiste, com muito acerto, que esta invocação implorante da sabedoria, que oferece a salvação com especial urgência diretamente ao indivíduo, significa a introdução de algo novo na vida do judaísmo (*Theologie des AT*, I, p. 441s).

[87] Cf. **A. Schlatter**, *Geschichte Israels von Alexander dem Grossen bis Hadrian*, 1925, p. 77s.

[88] Sab 7:17s.

[89] Cf. as palavras dos amigos de Jó e a doutrina da retribuição mecânica: Pv 1: 19,31s; 2:21s; 3:33s etc., e Sl 37;39; 49;73;128. Veja **Eichrodt**, *Vorsehungsglaube und Theodizee im AT*, em *Procksch-Festschrift*, 1934, p. 62s.

[90] Jó 28:27.

está saturado e cujas ordens obedece, fosse inacessível ao homem, garantindo, em troca, como uma prolongação da mesma, outra sabedoria apropriada a ele: "Adverte-o: temer a mim é sabedoria, e evitar o mal, conhecimento".[91] Essa luta sem concessões do autor de Jó contra o orgulho humano, que se imagina ter audiência no conselho divino, é, claramente, um protesto intencional contra a doutrina sapiencial em uso, com toda sua presunção, como está representada pelos amigos de Jó.[92] Frente a ela insiste o autor em que nem toda a sabedoria está ao alcance do homem, até o ponto de que seja possível deduzi-la da simples leitura das obras da criação. Precisamente porque o homem descobre somente vestígios da sabedoria, mas não a própria sabedoria, segue havendo no futuro cósmico enigmas que ele não pode penetrar, senão unicamente aceitar com respeito e humildade, como provenientes do único sábio, do Criador. E as palavras colocadas na boca de Deus[93] falam ainda com mais energia dessa resignação silenciosa diante das maravilhas e dos mistérios da criação, que, longe de conduzir a um submetimento servil, conduz a uma entrega confiada à revelação que o Senhor do universo faz de si mesmo. Destronar toda classe de sabedoria presunçosa é também o empenho de Koheleth quando, sem deixar de reconhecer na sabedoria, com suas limitações, um bem supremo,[94] fala por outra parte de sua "vaidade", que fica descoberta enquanto se aprofunda no poder criador de Deus.[95]

c. a sabedoria como princípio da revelação[96]

Essa crítica da doutrina sapiencial, em princípio tão clara e lógica, não conseguiu, no entanto, impor-se em toda sua severidade. Mas, de qualquer modo, contribuiu de forma inegável para que *os sábios buscassem com renovado vigor uma conexão com a idéia veterotestamentária* de Deus e a que se tomasse uma clara consciência de que qualquer esforço humano em busca da verdade é basicamente devedor da revelação. Já nos Provérbios, sabedoria e temor de Deus

---

[91] Jó 28:28.
[92] Jó 5:2s; 8:8s; 15:2s,7s,17s; 11:4s etc.
[93] Jó 38–42.
[94] Ecl 2:13s, 26; 4:13; 7:45,11s; 9:16s.
[95] Cf. a respeito **H. W. Hertzberg**, *Der Prediger übersetzt und erklärt*, 1932, p. 42s. A maioria das vezes se presta pouca atenção ao aspecto positivo que encerra a atitude crítica de Qohelet. Assim pode ver-se, por exemplo, em **A. Lauha**, *Die krise des religiösen Glaubens bei Kohelet*, p. 183s.
[96] **J. C. Rylaarsdam** (*cf. p.545, nota 67*) estuda a posição entre a doutrina sapiencial racional e a teológica e o trânsito de uma e outra.

haviam sido empregados, às vezes, como termos intercambiáveis,[97] e o temor de Deus foi designado *rē'šit*, quer dizer, como parte principal, essência, núcleo e também princípio da sabedoria,[98] ainda que, desde logo, não se chegassem a tirar sempre as conseqüências que tal identificação continha. No Sirácida, encontramos uma nova tentativa de ajustar-se à herança típica de Israel, por um lado, é verdade, segue mantendo a existência de verdades transmitidas pela sabedoria e não quer, portanto, romper com a doutrina sapiencial pagã. Deus derramou sabedoria em todas as suas obras; todo homem recebeu dela o que sua generosidade lhe concedeu.[99] Mas, em primeiro lugar, a sabedoria, por ser a razão do universo inteiro, existente antes que qualquer coisa, desfruta uma profundidade insondável para o homem e reservada só a Deus.[100] Além disso, Deus a concede abundantemente somente àqueles que o temem; na verdade, ela é criada com o justo já no seio materno. Israel, por outro, desfruta de um privilégio indiscutível que fica definido em uma linha determinada, a saber, que *Deus se revelou nele*. E é que o Criador de todas as coisas mandou à sabedoria: "Faça tua morada em Jacó e que Israel seja teu patrimônio!" E ela cumpriu o mandato,[101] primeiro na tenda, e depois, sobretudo, no monte Sião, onde se assentou no meio do povo agraciado.[102] Encarnou-se de modo especial na lei mosaica, desde onde irradiou seu ensinamento.[103] Aqui, portanto, nos confrontamos com uma *sabedoria no seu sentido mais estrito*, que coincide com a revelação de Deus a Israel, compendiada para os judeus, sobretudo na lei.

Essa orientação, segundo a qual a sabedoria ajusta-se cada vez mais à lei, se encontra também em poemas didáticos do Saltério[104] e em Baruque,[105] e aparece no ápice de seu desenvolvimento nas Pirke Abot, para as quais o autêntico sábio é o doutor da lei e a lei constitui a norma única e absoluta.[106]

Essa mudança no caráter dos sábios, que se realiza sobretudo na comunidade palestina, teve também sua ressonância na diáspora, ainda que, desde logo, nela não chegou a ser universal. Assim como o livro da Sabedoria de

---

[97] Pv 13:14 e 14:27.

[98] Pv 1:7; 9:10. **Budde** (Hiob, 1913, p. 170) interpreta essas frases como se nelas se falasse só de uma etapa inicial da sabedoria, que o sujeito interessado tem de superar esforçando-se por conseguir um reconhecimento mais perfeito. Fazendo, assim, este autor tira vigor do que na realidade diz e esquece o significado muito mais rico de *rē'sit*.

[99] Eclo 1:10.

[100] Eclo 1:2-8.

[101] Eclo 1:10,14.

[102] Eclo 24:8s.

[103] Eclo 24:23s.

[104] Sal 111; 119:97s.

[105] Bar 4:1.

[106] Pirke Aboth I,11s; II,8; I, 2.

Salomão exalta a fé dos patriarcas como a autêntica sabedoria, Filo apresenta a Moisés como um sábio a quem se revelara em êxtases as palavras divinas e cujas leis, em conseqüência, resumem o mais sublime juízo e são obrigatórias para todos. De qualquer modo, isto não impediu que fosse considerável a influência de caráter platônico e estóico, como pode ser visto em certas idéias filosóficas, como: uma cosmovisão dualista, a preexistência da alma, o caráter eterno da matéria, a razão cósmica imanente que aparecem na Sabedoria de Salomão, ou na estrutura toda da ética, como se vê no livro IV de Macabeus, ou também na aproximação da fé veterotestamentária à fé filosófica do helenismo, como faz Filo que recorre à exegese alegórica da Escritura. Apesar de um compromisso formal com a revelação veterotestamentária, em todos esses capítulos estava triunfando a sabedoria do paganismo.

Para tornar as coisas mais difíceis , intervém outro fator: ao se ampliar ao conceito de sabedoria *interferiu-se, inevitavelmente, com as hipóteses Espírito e palavra.* Especialmente Espírito e sabedoria convertem-se facilmente, dada a semelhança de suas funções, num conceito homogêneo: às vezes, aparecerão juntos como sinônimos (Daniel 5:11s; Sabedoria 9:17); outras, enfim, se identificarão plenamente, como na Sabedoria de Salomão, na qual a sabedoria, sopro de Deus, assim como o Espírito, representa o poder divino dentro do mundo tanto físico quanto moral, ou educa os homens enquanto πνευμα φιλαντρωπον. Se nesse documento, todavia, a palavra se distingue claramente da sabedoria e aparece como um ser angélico independente,[107] para o Sirácida a sabedoria é filha da palavra,[108] ao passo que em Filo, de outro lado, aparece como mãe do *logos,* cujo pai é Deus. Os doutores judeus não obtiveram jamais um sistema único onde inserir essas diferentes hipóstases.

d. importância do tema da sabedoria para o problema da verdade

De qualquer modo, não se pode depreciar a importância que a hipóstase da sabedoria teve para o diálogo da fé veterotestamentária com a cultura grega. Seu valor dentro da comunidade havia aumentado grandemente pela vinculação com a lei que, aparte do conteúdo que já tinha — como sabedoria prática e conhecimento da natureza havia convertido, ademais, em conhecimento de Deus. Mas esse mesmo supôs, de outro lado, uma plataforma desde a qual era possível responder à questão da verdade delineada pela sabedoria helenística,

---

[107] Sab 9:1; 16:12; 18:15s.
[108] Eclo 1:4; 24:3.

sem que ao fazê-lo se evaporasse ou diminuísse a fé na revelação de Deus a seu povo. A questão de se os pagãos também tinham acesso à verdade divina havia se contestado, já afirmativamente, mediante o argumento da colaboração da sabedoria divina na obra da criação, que tinha como conseqüência uma comunicação dessa sabedoria a todas as criaturas. Mas como se conciliava isso com os direitos absolutos da revelação de Deus a Israel? Esta segunda questão se resolveu afirmando, junto a *revelatio generalis*, uma *revelatio especialis* que constituía a herança peculiar de Israel.

Obtinha-se com isso uma fórmula prática para expressar tanto o que Israel tinha de comum com os demais povos quanto o que o diferenciava deles. Ao mesmo tempo, evitava-se o perigo de que, necessariamente, supunha-se uma total equiparação da sabedoria divina presente em Israel e no paganismo. A sabedoria pagã não tinha o direito de ir contra o tesouro revelado de Israel, com a pretensão de encaixá-lo em suas categorias, como intentavam os teólogos judeus de Alexandria; antes, de outro lado, à revelação divina doada a Israel, por ser a sabedoria superior, lhe cabia o direito de julgar sobre a verdade e a falsidade das conquistas do pensamento pagão. O judeu, pois, não tem por que ceder ao chamado "das coisas ocultas", dessa informação "supérflua" que, mediante fantasias e ilusões, levam ao erro ao inquieto afã de saber;[109] no temor de Deus, que se traduz em obediência à lei, tinha ele não só o princípio e a raiz, senão também a plenitude e coroação da sabedoria.[110] Ficava assim satisfeita uma necessidade vital da ânsia de saber israelita.

[109] Eclo 3:22-24.
[110] Eclo 1:14,16,18,20.

Capítulo XV

COSMOLOGIA E CRIAÇÃO

A cosmologia israelita mostra, como era de se esperar, uma ampla coincidência com as idéias gerais do mundo antigo sobre a matéria, sem que se intentasse, de outro lado, reduzi-la a um sistema unitário.

I. A COSMOLOGIA DE ISRAEL

Para a mentalidade antiga o céu não era algo etéreo e imaterial, mas, ao contrário, uma estrutura maciça cuja estabilidade superava à da terra. Era o primeiro, que no momento da criação, havia saído do caos aquoso, quando é descrito como *rākīa'*,[1] literalmente "bater ou cunhar" (em grego, στερεω̄μα; em latim, *firmamentum*). Fundado sobre colunas, cobre a terra como uma abóbada,[2] firme como um espelho fundido;[3] a hipérbole poética pode ver nele o véu ou toldo que Yahweh estendeu sobre a terra.[4] Sua utilidade na criação é do aspecto mais incontrovertível, já que tem por função nada menos que separar o oceano celestial do oceano terrestre. A reunião das massas de água celestes[5] e terrestres originaria uma volta ao caos. Por isso as janelas e portas do grande depósito do céu[6] estão fechadas e só se abrem para que se administre a chuva.[7] O que sucedeu, no juízo do dilúvio, foi que os caudais dos oceanos celestiais se derramaram livremente, e cobriram a terra com sua avalanche; enquanto não se fechasse as janelas do céu, não se poria fim àquela catástrofe.[8] O relato babilônico do dilúvio descobre com especial vivacidade o alcance cósmico

---

[1] Gn 1:6.

[2] Jó 26:9,11. Os quatro querubins da visão de Ezequiel (Ez 1:5s), que suportam a *rāḵīa*[e]' e que representam os quatro pontos cardinais, fazem alusão de que as colunas sustentadoras eram quatro.

[3] Jó 37:18.

[4] Is 40:22 e, talvez também, 42:5; 48:13; 51:13; Jó 9:8. De qualquer maneira, as imagens não pretendem mais que deixar estabelecida a transcendente facilidade da ação criadora divina.

[5] Gn 1:7; 7:11; Sl 104:3; 148:4.

[6] Jó 38:22.

[7] 2 Rs 7:2,19; Sl 78:23.

[8] Gn 7:11; 8:2.

dessa catástrofe: até o mundo celeste viu-se ameaçado, de forma que os deuses, assustados, fugiram para o piso superior do céu para se refugiarem junto ao pai dos deuses.[9] Também o Antigo Testamento faz referência a esse trono altíssimo de Deus, que está acima do oceano celestial, assim como o terraço sobre as vigas.[10] Isto supõe que o mundo celeste compreende esferas diferentes. De fato, também o israelita dá a entender que conhece vários recintos celestiais quando fala do céu e do céu dos céus — *haššāmayim usᵉmē haššāmayim* —[11] significando com *sᵉme haššāmayim* precisamente o céu mais elevado.[12] De qualquer modo, o Antigo Testamento nada diz sobre o número de círculos celestiais. Os babilônios contavam três céus e no mais elevado se achava o trono do pai dos deuses, Anu; mas também falavam de sete esferas celestiais.[13] Idéias parecidas podem encontrar-se em outros povos. A característica de Israel nesse terreno é que atribui pouca importância à divisão do céu,[14] sem dúvida, porque para ele todo o mundo celestial achava-se submetido a um *único* Senhor. A questão era distinta para os babilônios, para os quais as diferentes esferas celestiais teriam sua importância como moradas ou tronos dos deuses diversos.

Assim como o céu, também a terra se apóia como uma edificação compacta sobre fundamentos ou pilares que se afundam nas águas abismais,[15] e que talvez coincidam com as raízes das montanhas.[16] Ela descansa sobre o oceano inferior — *yammīm* ou *tᵉhōm* —, que, por sua vez, a cerca por todos os lados.[17] Por isso, o salmista admira-se enormemente de que Yahweh tenha colcado a terra sobre o mar, com todas as suas correntes e redemoinhos, e ela se mantenha segura mesmo assim.[18] E se alguma vez vacila quando os elementos se agitam, Yahweh mantém firmes seus pilares.[19] Só em uma passagem nós encontramos uma idéia distinta e surpreendente da posição da terra: esta aparece suspensa sobre o nada como um disco flutuante.[20]A terra está misteriosamente ligada às

---

[9] *AOT*, p. 178.

[10] Sl 29.31, 104.3. Cf. na Babilônia a existência do deus Samas, que tem seu trono sobre as águas celestiais (**Guthe,** *Kurzes Bibelwörterbuch*, 1903, p. 67). É mais primitivo situar a morada celeste da divindade no alto de um grande monte (Sl 48:3; Ez 28:2,14s; cf. Êx 24:9s), onde se coloca também o paraíso.

[11] 1 Rs 8:27; Dt 10:14; Ne 9:6.

[12] Sl 148.4.

[13] Cf. **B. Meissner**, *Babylonien und Assyrien*, II, 1925, p. 108s.

[14] Até o judaísmo tardio não encontramos a cifra três aplicada ao céu (2 Co 12.2).

[15] Pv 8:25,29; Jó 9:6; 38:6; Sl 18:16; 104:5.

[16] Sl 46:3; Jn 2:6.

[17] Sl 139:9; 104:6s.

[18] Sl 24:2; 136:6; cf. 93:2s; 96:10; Is 42:5; 44:24; 45:18.

[19] Sl 75:4; 46:3.

[20] Jó 26:7s. Também na Babilônia a terra está atada ao céu por cordas e estacas. Um aposento do templo de Enlil é chamado "laço do céu e da terra" e é imaginado como cópia da Via Láctea, que é a corda celestial (cf. **B. Meissner**, *op. cit.*, p. 111).

águas inferiores mediante fontes e correntes pelas quais estas emergem. Por isso a antiga bênção deseja à tribo de José abundância do abismo das águas que há debaixo.[21] Mas essa comunicação pode também se tornar fatal, se "as fontes do grande abismo forem abertas"[22] e as massas de água transbordarem, como sucedeu no dilúvio.

Além da terra habitada pelo homem, a terra superior, os babilônios distinguiam uma intermediária e outra inferior, residências respectivas do deus das águas Ea e do deus dos mortos. Esta última idéia é a única corrente também em Israel, como demonstra o fato do mundo inferior ser chamado de "terra".[23] O termo comum *šᵉ'ōl*, de etimologia e significados incertos,[24] já nas menções mais antigas que dele se fazem[25] evoca a idéia de um recinto subterrâneo a que o homem é conduzido depois da morte. Também, em outros lugares se alude ao caráter abismal do *šᵉ'ōl*:[26] segundo Jó 26:5, encontra-se debaixo das águas, e para Jó 11:8 representa o lugar mais oposto ao céu. Naturalmente, está ocupado pelas trevas,[27] e às vezes se parece como uma prisão com seus portões e ferrolhos;[28] em outros lugares é apresentado como um lugar espaçoso[29] com sulcos feitos pelas "torrentes de Belial"[30] e fechado pelo mar.[31] Na linguagem poética, de outro lado, o vemos personificado como um monstro que abre sua garganta insaciavelmente e com crueldade[32] ou como um caçador que lança seu dardo ou sua rede.[33]

O Salmo 18 (5-17) nos apresenta a cosmologia israelita em um quadro impressionante e majestoso: o cantor, que luta com as correntes do mundo inferior, a saber, que se debate em uma crise mortal, eleva sua petição de auxílio até ao palácio celestial de Yahweh. Deus sai para lutar, e seu passo imponente faz com que se abalem as colunas e os fundamentos do céu e da terra; Yahweh logo desce, majestosamente, em seu querubim, e arremete-se contra as potências do mundo inferior, de forma que o grande oceano retrocede assustado e deixa descobertos os fundamentos da terra. Agarrando-o desde cima, o salvador divino retira seu protegido das águas da morte e desaparece com ele no horizonte.

---

[21] *Tehōm rōbeṣet tāḥat,* Gn 49:25.
[22] *ma'yenōt tehōm rabbāh*, Gn 7:11.
[23] Sl 61:3; Jn 2:7.
[24] Veja cap. XIX: "O mundo inferior" p. 667.
[25] Gn 37:35; 42:38; 44:29,31; Nm 16:30,33.
[26] Sl 88:7.
[27] Jó 7:9s; 10:21; 38:17; Sl 88:13; 94:17; 143:3; Lm 3:6.
[28] Is 38:10; Jó 17:16; 38:17; Sl 9:14; Jn 2:7.
[29] Jó 10:21s; Sl 88:13.
[30] Sl 18:5.
[31] Jn 2:6s; Sl 69:15s.
[32] Is 5:14; Hc 2:5; Pv 27:20; 30:16; Ct 8:6.
[33] Sl 18:6; 116:3. Sobre as condições no reino dos mortos, cf. cap. XIX.

O colorido mitológico desse quadro segue sendo, todavia, recente e habilita-nos a ver claramente seu parentesco com os mitos da natureza dos babilônios e outros povos. Contudo, tudo isso já foi manipulado para converter-se em uma imagem que o torna o mais palpável possível a magnitude tanto da crise do homem quanto da onipotência de Yahweh.

Para o pensamento moderno, a ingenuidade dessa cosmologia, devedora das limitações em que se encerrava a compreensão da natureza da Antigüidade, não é mais que um reflexo imperfeito e pueril da realidade. Mas, quando se trata de expressar as relações de Deus com esse mundo, pouco importa a maior ou menor perfeição de determinada cosmologia, porque ela não é mais que a transmissora de um juízo religioso que se alimenta em fontes totalmente diferentes. E assim, precisamente, quando se observa o que tem em comum com outras culturas a imagem do mundo que acabamos de ver, surge com maior clareza a magnífica independência e autonomia com que Israel julgou o mistério da gênese e da dissolução deste mundo.

II. CARÁTER PECULIAR DA FÉ ISRAELITA NA CRIAÇÃO

Se múltiplas são as expressões do Antigo Testamento sobre as relações de Deus com o mundo, todas coincidem em insistir que a ordem terrenal depende absolutamente de Deus.[34] Sendo assim, essa idéia encontra sua tradução mais vigorosa quando se diz que *o mundo foi criado por Deus*. Que esta é uma crença antiqüíssima de Israel, não se pode discutir, apesar das vacilações que algumas seguem mostrando.[35] Com efeito, está contido nos relatos da criação propriamente ditos de Gênesis 1 e 2 (cujas formas básicas, segundo demonstrou a investigação, remontam a uma época muito anterior a sua atual redação) e também em afirmações ocasionais dos livros históricos e dos salmos,[36] assim como em numerosas alusões à luta contra o caos nos profetas, nos salmos e nos escritos sapienciais.[37] Duvidar que a idéia de criação fosse conhecida em Israel já desde cedo, torna-se superfluo se tem-se em conta que o estudo comparado das

---

[34] Como testemunhos mais antigos cabe mencionar: Js 10:12; Jz 5,20; Gn 49:25; Êx 15:8,11; Nm 16:30; Dt 33:14s; Sl 29. Cf. também vol.I, p. 201s.

[35] **B. Stade,** por exemplo, se inclina a negar ao antigo Israel todo interesse cosmológico e a atribuir a crença na criação a uma apropriação de idéias assírias não realizada antes do séc. oito a.C. (*Bibl. Theologie des AT*, 1908, 8, p. 92s; 238s). Comparar com esta postura o que pensa **Gunkel**: "O mito da criação se conta entre os elementos mais antigos da tradição de sagas israelitas" (*Gênesis*, 1910, p. 119).

[36] Gn 14:19; 1 Rs 8:12, LXX; Sl 8:19; 24; 104.

[37] Is 17:12,14; 27:1; 51:9s; Jr 5:22; Hc 3:10; Na 1:4; Sl 46; 89:11; Pv 8:29; Jó 9:13; 26:12; 38:8s etc.

religiões oferece mais de um exemplo para demonstrar a expansão de semelhante crença no ambiente oriental de Israel. E a atividade criadora nem sequer se atribuía necessariamente ao Deus supremo, já que, por exemplo, os egípcios relacionam a criação do homem com Snum, uma divindade subordinada. Por isso, atualmente há uma tendência muito forte para reduzir a fé israelita na criação ao nível das religiões pagãs submestimando o seu significado religioso.[38] Assim, é patente o parentesco entre determinadas concepções expressas nos relatos bíblicos da criação e nas idéias afins da Babilônia, Fenícia ou Egito.[39] Contudo, já desde o princípio, inclusive a mais ingênua das idéias de Israel sobre a criação é radicalmente diferente de qualquer concepção cosmogônica pagã e a similitude no material de base pode servir, justamente, para marcar com mais vigor essa diferença.

A) *A criação como ato livre de uma vontade pessoal e espiritual*

Deve-se ressaltar, primeiramente, que, se o israelita crê na criação, *não por isso a vê implicada no devir cósmico*; frente a este, ela conserva sua total independência.

1) Influência da idéia de aliança

Inclusive na formulação mítica da idéia de criação mediante a luta contra o caos — que nos é possível reconstruir pelas alusões da poesia mais recente —,[40] Yahweh ocupa o lugar central como o único que possui o poder; não se conhece seriamente nenhuma outra vontade que possa competir com ele. Assim como na realidade presente se experimenta a Yahweh como a única vontade divina que tem poder em seu povo, assim também quando se volta o olhar para trás se descobre que tudo o que foi criado está submetido a sua autoridade sem limites. Em outras palavras: o fato da fé estar centrada no único Deus da aliança dá à afirmação da criação um significado totalmente distinto do que pode ter no politeísmo. E esse senso, de que havia uma só vontade imperando no universo, foi uma poderosa influência na preparação do caminho para a idéia da unidade do mundo.

Se o conceber a criação como obra do Deus da aliança lançou luz sobre a compreensão do mundo, também investiu à vontade criadora dos *riscos próprios de uma atividade pessoal e espiritual* e de uma intencionalidade moral. Uma vez

[38] Assim, por exemplo, **G. Hölscher**, *Geschichte der israelitischen und jüdischen Religion,* 1922, p. 41s.

[39] Cf. sobre isto **Gunkel,** Genesis, 1910, p. 4s, 101s; **W. Lotz**, *Die biblische Urgeschichte*, 1907; **E. Sellin**, *Die biblische Urgeschichte*, 1913.

[40] Veja nota 37.

que se reconhece a Yahweh como o criador, não podiam valer como razões da atividade criadora nem o impulso caprichoso nem o jogo incalculável e arriscado das forças divinas amigáveis ou hostis, senão que, partindo da soberania divina experimentada na realidade presente, havia de concluir que a ordem criada só pôde nascer de uma razão e uma força moral transcendentes.

2) Exclusão de toda teogonia

Essa mesma orientação de princípio é a que impera cada vez mais nas afirmações explícitas que faz o Antigo Testamento sobre a criação. Podemos vê-la refletida negativamente na constante exclusão de um elemento importante nas cosmogonias orientais, o nascimento das divindades. Israel nunca manifestou como seu Deus havia chegado à existência. Mas não existiu época alguma em que Yahweh não existisse, inclusive antes que se formulasse essa expressão máxima do caráter eterno de Deus, que lemos em Isaías 41:4: "Eu sou o primeiro e o último, o mesmo em todo o tempo". De outro lado, nas religiões das antigas culturas orientais a cosmogonia implicava sempre uma teogonia. Neste sentido pode considerar-se exemplo clássico a introdução do poema épico babilônio *enumaeliš*.[41] Pelo fato de os deuses nascerem do caos primigênio do cosmos são, por isso, marcados como forças naturais divinizadas; esse caráter não conseguirá ser arrancado nem mesmo por sua relação com os valores culturais e morais dos quais esses deuses se apresentam, às vezes, como guardiões. A única coisa que há de eterno é a massa cósmica, a matéria; e o deus criador não pode ser mais que um arquiteto cósmico, um demiurgo, que forma o universo a partir do material caótico preexistente. As expressões do Antigo Testamento, ao prescindir por completo de toda teogonia, deixa bem assentada a absoluta dependência do mundo com respeito a Deus, livrando sua forma de conceber a relação de Deus com o mundo de dois erros inevitáveis, onde quer que a matéria apareça com autonomia frente a Deus: do dualismo, que postula além de Deus um segundo princípio de interpretação do mundo, e do panteísmo, que identifica Deus e o mundo e converte a divindade em uma força impessoal que, pulsando em todas as partes, em nenhuma pode ser captada. Assim, a afirmação da criação tem em Israel um sentido novo que não se encontra em nenhum outro lugar: essa criação é *o ato livre de uma vontade que carrega em si sua própria norma.*

[41] "Quando o céu no alto não se chamava de nenhuma maneira e abaixo as rochas não tinham nome, Apsu, seu procriador, e Mummu-Tiamat mãe de todos eles, misturaram suas águas até formar uma unidade compacta. Quando os deuses não existiam, os arbustos não formavam moitas, era impossível ver canaviais, nem ninguém os chamava por seu nome, nem estavam determinadas suas sortes; então foram criados os deuses..." (e segue uma genealogia de deuses). Cf. *AOT*, p. 109.

3) O Criador como Senhor, criação pela palavra

Esse novo sentido que, em Israel, recebe a tradição herdada não só se manifesta, de modo negativo, na rejeição de idéias básicas do antigo oriente, mas também, de forma positiva, nos traços peculiares com que se descreve a criação. Por ingênuos que pareçam os moldes dos quais o Javista se serve, em Gênesis 2, para descrever a formação e animação do homem, dos animais e da mulher, até o ponto em que o Criador quase faz o papel de artista, que só consegue seu objetivo após vários ensaios,[42] ficam assegurados a absoluta autoridade de Yahweh sobre sua obra e o mais impenetrável mistério de seu insondável poder criador. E na proto-história, tão intimamente unida com a criação, na qual sabe tão bem apresentar, por meio dos relatos de Caim, do dilúvio e da torre de Babel, o Senhor mantendo com o gênero humano relações de juízo e de graça, o autor se preocupa com que desde o princípio as relações do Criador com suas criaturas não possam ser interpretadas no sentido de uma interdependência naturalista, de um parentesco ou laços físicos. De fato, o que se faz é ressaltar a vocação a uma comunhão moral com seu Criador, de uma criatura que por si mesma é totalmente fraca e sem direito algum à vida. Essa mesma idéia encontramo-la exposta, com termos mais vigorosos, no relato sacerdotal da criação: *ao transferir o ato de criação à palavra, a origem da criatura fica atribuída total e absolutamente ao milagre da vontade criadora transcendente.* Esta permanece oculta e insondável em seu mistério e não se revela como um fundamento da existência sempre ao alcance da criatura;[43] mais ainda a faz tomar consciência constantemente da radical diferença que há entre ela e o "totalmente outro" e lhe designa como única via de acesso à comunhão com ele a assistência de suas palavras de bênção e promessa.

4) Coesão intrínseca entre criação e história

Por ser a criação o ato livre pelo qual o contingente é lugar na existência pelo Absoluto, não é concebível a vida da criatura como um desdobramento autônomo de

---

[42] A arte verdadeiramente excelente do narrador ao pôr por escrito seu material se observa no fato que quando alguém lê seu relato não é essa impressão a que predomina; esta fica profundamente encoberta por outras idéias, como podem ser a superioridade do homem sobre os animais, a perda de seus poderes espirituais, o pôr nome sobre as coisas ou o fato de que seu eu só se veja completado de verdade pela personalidade da mulher que é de sua própria espécie.

[43] Cf. **H. W. Schmidt**, *Die ersten und die letzteren Dinge*, 1930, p. 211s. A categoria intelectual do narrador sacerdotal aparece claramente ao se observar como manipula os dados conforme uma intenção bem definida, repetindo constantemente as palavras da criação: cf. **L. Rost**, *Der Schöpfunsgsbericht der Priesterschrift* em "Christentum und Wissenschaft" (1934) 172s.

sua própria natureza atuando por própria autoridade, senão que o centro de gravidade de sua existência é a vontade do Criador, que está frente à criatura como um "Tu" e a considera digna de diálogo. Assim a criação fica integrada, desde o início, num processo espiritual no qual cada sucesso concreto recebe seu valor do superior sentido da totalidade; em outras palavras, a criação fica integrada na história. Só num contínuo intercâmbio com a vontade de Deus, que é sua limitação, ao invés de sua renovação, pode a criatura encontrar seu destino. Daí que, não por casualidade, de maneira lógica, de acordo com o que acabamos de dizer, tanto o Javista quanto o escritor sacerdotal apresentam *a criação como o ponto de partida de uma história* que oscila entre a intenção orgulhosa da criatura de safar-se de sua essencial relação vital com Deus e a atividade desse Deus que configura a história com uma riqueza inesgotável para atrair aqueles que andam perdidos e longe dele. Fica assim claramente formulada a convicção de que a criação, enquanto um ato livre, pertence à história: "Neste relato da criação nos é apresentado uma série de acontecimentos históricos que se desenvolvem sobre um substrato da natureza".[44] O que regula, basicamente, as relações entre o Criador e a criação não é o princípio de causalidade; ele não é "causa" no sentido de elo de uma cadeia, ao que poderia se chegar retrocedendo-se por meio de um contínuo. Ele é a "fonte" do cosmos, no sentido de uma norma auto-suficiente que se expressa numa ação autônoma.

5) *Creatio ex nihilo*

A última conclusão desse processo, segundo o qual o universo deriva-se do milagre de um ato criador é a *creatio ex nihilo*. Agora, certamente, é justo perguntar se a forma de pensamento, na qual essa expressão é moldada, não é especificamente ocidental e não pode ser assumida sem muito alarde no pensamento do Oriente Antigo. Caberia argumentar, inclusive, que quando o Antigo Testamento parece admitir a existência de um caos aquoso anterior à criação, teológica e psicologicamente, pela maneira como fala da questão, seu verdadeiro interesse está em revelar a absoluta onipotência de Deus, lugar que esse poder não consente, por sua vez, a nada de igual categoria ou comparável que possa desempenhar um papel semelhante, o objetivo último dessa classe de relatos coincide com a intenção de nossa fórmula *creatio ex nihilo*.[45] Não se pode negar que o Antigo Testamento nada conhece desta fórmula e que o Livro

[44] **R. Hönigswald**, *Erkenntnistheoretisches zur Schöpfungsgeschichte der Genesis*, 1932, p. 20.

[45] Assim o concebe **P. Reymond** em seu belo estudo *L'eau, sa vie et sa signification dans l'AT* (1958) p. 173s, ao considerar que o verdadeiramente importante para a mentalidade antiga não era a oposição entre a existência e a não existência, mas entre revelação de uma pessoa ou poder e a ausência de tal revelação. Mas caberia perguntar então se, com isso, não está ele esquecendo-se de uma possível raiz da idéia —ao parecer tão teórico e abstrato — da *creatio ex nihilo:* a que reside nas antigas crenças mágicas. Cf. **J. S. van der Ploeg**, *Lês sens du verbe bará,* 1946, p. 143.

2 de Macabeus, influenciado pelas idéias helenísticas, é o primeiro que se atreve a dizer: εξ ουκ οντϖον εποιησεν αυτα ο θεοσ (7: 28). Como objeto dessa ação divina se mencionam "o céu, a terra e tudo o que neles há" e, portanto, não é lícito restringir a afirmação "aos astros e as coisas da terra",[46] senão que abrange ao cosmos inteiro.

Mas, desde tempos remotos, há nos hinos e na doutrina sapiencial afirmações sobre a criação com um caráter de totalidade que denuncia um hábito natural de falar do poder criador de Yahweh na forma mais ampla. O qual não impede que uma análise detalhada da terminologia nos revele em tais expressões uma falta de precisão conceitual que autoriza a concluir que ainda não se havia desterrado do todo a existência de um material básico da criação independente de Yahweh. De qualquer modo, chama a atenção que o caos aquoso, que nos mitos acádicos se supõe preexistente a toda criação[47] e que no Antigo Testamento aparece com o nome de *t^ehōm,* — da mesma família que o *tiamat*, com que se designa o caos original na Babilônia — se incluem entre os objetos da criação. Quando a sabedoria se apresenta como a primeira das obras de Yahweh,[48] conta entre os objetos que naquele então ainda não existiam as *t^ehōmōt*; por seu paralelismo com as *ma'y^enōt*, não são simples fontes,[49] senão que deve ver neles (seguindo a Köhler, LVT) as torrentes originárias de que se alimentam as fontes.[50] No Salmo 148:3-5, não só o sol, a lua, os astros e o céu, senão também a água que há acima dos céus — ou seja , a parte superior do *t^ehōm*, dividido em duas partes — são convidadas a exaltar a Yahweh, porque todos foram "criados" ao comando de sua palavra.

---

[46] Assim, **Reymond**, *op. cit.,* p. 176. Tampouco nos parecem totalmente convincentes as teses de **A. Ehrhardt** (*Creatio ex nihilo*, "Studia Theologica" IV, 1951-52. p. 26s), mesmo que em Jub 2:2; 14:4 e Ap Bar 48:8 encontramos idéias parecidas. Mas que também no judaísmo rabínico estivesse disseminada tal concepção não é argumento para pôr em dúvida sua existência na época imediatamente anterior.

[47] Segundo a epopéia cosmogônica, desse caos procedem também os deuses (cf. *AOT*, p, 109s; *ANET*, p. 60s). O caos aquoso é a encarnação do vazio informe anterior a todo processo cósmico.

[48] Pv 8:22.

[49] Contrário a **Ph. Reymond**, *op. cit*., p. 61,175.

[50] Cf. Gn 49:26; Dt 33:13; onde *tehōm rōbēṣet taḥāt* aparece como fonte de fecundidade. Também em Dt 8:7 *tehōmōt* se refere às águas da corrente originária que faz brotar as fontes, Em Am 7.4 o fogo enviado por Yahweh devora ao *tehōm rābbāh* e seca as terras da lavoura por ele regadas.

Tememos, pois, que sem ênfase especial alguma, mas com o vigor de uma afirmação feita com naturalidade, o termo específico com que se designa a maravilhosa atividade criadora de Deus — *bārā'*, um verbo que jamais aparece com o acusativo do material utilizado no ato criador[51] — se emprega aqui para descrever a origem de uma parte principal do caos primigênio. Que a palavra imperativa mencionada como o instrumento de criação serve, igualmente, para sublinhar a peculiar independência do Criador. Também o Salmo 33:6,9 exalta a palavra como único instrumento do poder divino. Levando-se em conta que a mentalidade antiga costumava relacionar a palavra poderosa da divindade com a aniquilação e a criação como seus efeitos imediatos, teremos de conceder que, ainda quando nelas operem antigas concepções mágicas, essas expressões não se acham muito longe da *creatio ex nihilo*.[52]

Menos claras são as afirmações repetidas[53] de que Yahweh "fez" o mar e a terra. A imprevisão dessa expressão, que pode referir-se também à criação do limitado mar terrestre mediante a divisão do *t^ehōm*, desaconselha insistir excessivamente nela, ainda quando os hinos de louvor possam sugerir um amplo, ao invés de estreito, significado para a frase. De qualquer modo, o uso da palavra *yām* reflete o mistério do mar e deixa entrever os perigos do grande inimigo original de Yahweh desde a criação, quer dizer, torna viável uma relação com o *t^ehōm*[54] nessas passagens.

Os conceitos encerrados nessas expressões sobre o singular poder criador de Yahweh, cujas operações não podem ser limitadas por nenhuma vontade inimiga, ficaram esclarecidos no relato da criação, do autor sacerdotal. Ao passo que o relato do Javista, que é anterior, ilustra o estado do mundo no começo, antes que o Criador o formasse, fazendo uma simples narração do que ainda não existia,[55] **P** não só define com cuidado a ordem que observou a obra da criação, senão que, além disso, elege com esmero as expressões para descrevê-la. Já na primeira frase se pronuncia com grande ênfase uma palavra que, ao mesmo tempo que demonstra a segurança com que o autor formula idéias metafísicas, encerra o motivo principal de tudo o que venha a continuar:

---

[51] Cf. **F. Böhl**, *br'-bārā, als Terminus der Weltschöpfung im alttestamentlichen Sprachgebrauch*, 1913, p. 42s; **P. Humbert**, *Emploi et portée du verbe bārā', créer, dans l'Ancien Testament*, "Th. Ztschr." 3 (1947) 401s.

[52] Cf. p. 534s. Pensar que encontramos aqui uma influência especificamente egípcia, como faz **E. Jacob** (*Theologie de l'Ancien Testament*, 1955, p. 120), não nos parece necessário. Ainda que, dada a notória coincidência das literaturas sapienciais israelitas e egípcias, não seriam nada estranho.

[53] Sl 95:5; Jn 1:9.

[54] Cf. **P. Reymond**, *op. cit.*, p. 182s.

[55] Gn 2:4b.

com o termo *bᵉrē'šīt* se afirma um começo absoluto da criação,[56] um começo normativo, e não causal, na concepção da gênese do mundo.[57] Frente a isso o pensamento pagão mitológico e filosófico fala que o mundo não tem princípio".[58] Ao designar a Deus com o termo *'Elōhim* todos os poderes divinos se reúnem numa unidade pessoal contrapondo assim o Senhor absoluto do mundo divino com o pensamento politeísta das cosmogonias pagãs.[59] E para indicar a obra criadora de Deus não se esconde nenhum dos muitos verbos que significam "formar" e que costumam utilizar-se em uma linguagem mais primitiva (*'śh*, fazer; *yṣd*, configurar; *kōnēn*, estabelecer; *qnh*, preparar; *hōlid*, engendrar); sabendo que nenhum desses termos expressa suficientemente o verdadeiro sentido do milagre da criação, o narrador recorre ao verbo *bārā'*, termo técnico para indicar a ação maravilhosa de Deus que produz algo surpreendentemente novo.[60] E, como complemento direto desse verbo, aparece *ēt-haššāmayim wᵉēt hā'āreṣ* o céu e a terra; frase freqüente em outras passagens para significar o universo ou cosmos,[61] para os quais o hebreu carece de vocábulo específico. O estudo da formulação bem pensada desse versículo demonstra que não se trata de uma introdução do que se segue, estilisticamente pesada e objetivamente desafortunada,[62] mas sim que cumpre a função de um título, de brevidade singular e cheia de conteúdo e que destaca com força incomparável o caráter de totalidade da criação.

Partindo da intenção que preside claramente essa afirmação, torna-se fácil concluir que seu verdadeiro significado é a *creatio ex nihilo*. Dizer

---

[56] A tentativa de **P. Humbert** (Trois notes sur Genèse 1, em *Interpretationes ad Vetus Testamentum pertinentes S. Mowinckel septuagenario, missae*, 1955, p, 85s.) para demonstrar como é impossível a interpretação de *berē'šit* no sentido de início absoluto do tempo, de um lado valoriza excessivamente a estatística lexicológica e, de outro, presta pouca atenção ao contexto das passagens apresentadas. Em adição a Is 46:10, teria de contar também o termo similar *mērō'š*, de Is 40:21. Cf. a respeito **W. Eichrodt,** *'In the Beginning', em Israels Prophetic Heritage* (Nova York 1962).

[57] Cf. **R. Hönigswald**, *Erkenntnisthoretisches zur Schöpfungsgeschichte der Genesis*, 1932, p. 20.

[58] Nos mitos, existe no princípio o caos ou a matéria primigênia, e é impossível chegar mais além. Para Platão e Aristóteles a existência do mundo desde a eternidade é um pressuposto básico.

[59] Cf. vol.I, p.159s.

[60] Cf. nota 51. Essa palavra emprega-se com o mesmo significado em Êx 34:10; Is 48:7; Jr 31:22; Sl 51:12.

[61] Em nenhum caso se pensa no caos informe (**Wellhausen,** *Prolegomena zur Geschichte Israels*, 1905, p. 296), o qual estaria em contradição com a linguagem normal e ignoraria também, que o caos se chama *hā'āreṣ* em v. 2,8,10.

[62] Tal é a explicação que aparece nos comentários de **Dillmann, Holzinger** e **Skinner,** e recentemente em **P. Humbert**, *Trois notes sur Genèse* 1, veja nota 56.

que, com semelhante interpretação, estaríamos diante de uma idéia de criação que não se pode demonstrar com certeza em nenhum outro lugar do Antigo Testamento não é razão para rejeitá-la como impossível, já que precisamente esta "superação do nível geral"[63] é sinal característico de uma mentalidade criadora e, além disso, estaria muito de acordo com a orientação geral do pensamento de **P**. De qualquer modo, cabe perguntar se o quadro que se nos apresenta no v. 2 admite essa interpretação tão definida. Sempre se diz que a falta de forma própria do caos está expressa pelas palavras *tōhu wābōhu*. Se compararmos a frase com Isaías 34:11; Jeremias 4:23 e Isaías 40:17, vemos claramente que esse par de palavras refere-se à negação de todo verdadeiro ser, ao nada, em contraposição à vida criada. Além disso, o *teʰōm* ou corrente originária coberta de trevas — cujo parentesco com o monstro babilônico do caos, o *tiamat*, está claro — perdeu nesse contexto concreto todo conteúdo mitológico: já não representa o hostil a Deus, aquilo que não têm existência, senão que serve para significar a falta de forma e de vida que precede à obra divina, sem nenhuma classe de tangibilidade e objetividade. Por último, o *rūaḥ ᵉlōhim* que sopra com força esse vento potente que vai de um lado para outro sem descanso nem objetivo concreto,[64] vem a expressar o caráter impalpável de uma situação desprovida de todo potencial criador, e completa a imagem de "não existência" que, claramente, pretende transmitir-nos o autor.

Apesar de empregar termos pertencentes à imagem do caos, esse autor tem uma grande capacidade de abstração, como demonstra uma comparação de sua obra com a tradição que mais se lhe aproxima, a fenícia; nesta, os fatores primários são um ar tenebroso criado pelo espírito e um obscuro e lamacento caos. Ambos se misturam, como num abraço apaixonado e criam, desse modo, o ser caótico, *Mot*, do qual surge o universo. Os ingredientes desse mito que são utilizados em Gênesis 1 aparecem, justamente, desprovidos de toda capacidade criadora: o nada completamente informe, as trevas e o vento forte servem para compor essa imagem do *nada*, que constitui a base da criação. É certo que o autor tinha ainda uma linguagem abstrata; mas a forma em que soube expressar, com

---

[63] Argumentar dessa forma aqui e em outros casos, como na análise dos Salmos, nos parece um sinal altamente suspeito da tendência a converter a mediocridade em norma.

[64] Essa forma de traduzir *rūaḥ* — conhecida já pelos Pais da Igreja e os Reformadores — foi defendida recentemente por **P. Heinisch**, **B. Jakob** e **G. von Rad** em seus comentários ao Gênesis. E sobre a interpretação de e*lōhim* no sentido do superlativo (cf. Gn 38:8; Sl 35:7; 80:11), parece que o primeiro que voltou à aceitá-la nos tempos modernos foi **J. B. Peters** (*The Wind of God*, 1914. p. 81s), **Galling** oferece uma razão detalhada: *Der Charakter der Chaosschilderung in Gen* 1.2.Z T K. (1950), 145s.

os meios a seu alcance, a idéia que ele pretendia, a do nada, a da não realidade, não pode senão suscitar nossa admiração. Se bem é verdade que o sustento material de seu pensamento, e sobretudo a corrente originária do *t^e^hōm*, podia ter em si o perigo constante de que sua descrição fosse mal-interpretada, como se afirmasse a existência de uma matéria primigênia. Contudo o irresistível ato criador de Yahweh, independente de todo pressuposto terreno e que se revela em sua palavra criadora como o poder espiritual supremo e a autêntica fonte de vida, constitui o centro de sua atenção, tão decididamente, que fica alcançado o propósito ao qual obedece a fórmula *creatio ex nihilo.* Dessa forma o conceito de criação é levado em Israel até a suas últimas conseqüências e, por sua vez, fica neutralizada a concepção deísta de Deus como *prima causa*, pela qual a divindade se incorpora, como outro elo do processo, à cadeia de causas e efeitos. Tudo, graças à afirmação vigorosa da liberdade absoluta com que Deus atua. O mundo não tem seu centro de gravidade em si mesmo mas, em Deus; não possui uma existência autônoma. Até o tempo e o espaço aparecem pela primeira vez com a criação. Antes do primeiro dia da criação nem sequer se pode pensar em tempo.

6) O Deus Criador escatológico

Enquanto nas passagens, que nós temos considerado, o pensamento sacerdotal direcionou suas conclusões para a crença do Antigo Testamento sobre Deus, primeiramente com referência a ordem mundial, e usou o conceito da criação para forçar uma defesa contra qualquer assimilação de Deus e do mundo, o pensamento profético expressou de outra forma a absoluta soberania de Deus sobre tudo o que foi criado, ao atrever-se a falar de um *novo céu e uma nova terra.*[65] Para o profetismo, que via a marca do mundo presente na rebelião da criatura contra seu criador mais que em seu absoluto submetimento à onipotência divina, a situação do mundo de então havia perdido todo seu valor e suas bases religiosas apresentavam muito menos interesse do que o momento da grande mudança da história universal. O fato de que a proclamação profética do juízo cheguem a predizer a aniquilação total desse tempo e a irrupção do caos,[66] poderia parecer que apregoassem que o laço de união entre Deus e o mundo rompeu-se definitivamente, que para Deus torna-se estranha sua própria obra e se tenha apoderado da criação o poder dos inimigos de Deus. Mas essa ruína

---

[65] Is 51:6; 34:4; 65:17; Sl 102:26-28.

[66] Am 7:4; Jr 4:23s; Sf 1:2s,14s; Is 51:6; cf. **H. Gressmann**, *Ursprung der israel-jüd. Eschatologie*, 1905.

tão radical da majestade divina era impossível na forma profética de entender a Deus, e por isso são constantes as tentativas de se conseguir uma compreensão mais profunda da coerência entre o juízo aniquilador e a graça vivificante.[67] Quanto mais obscuro parece o futuro imediato, maior se torna a certeza de que a instauração do reino de Deus sobre a terra não pode ficar frustrada por nenhuma resistência humana, até que por fim, a conciliação tão almejada entre o juiz implacável e o salvador poderoso se descubra na *declaração da nova criação*. Portanto, desde o momento em que o novo céu e a nova terra não se descrevem mais como um fantástico mundo encantado mas que culminam numa revelação divina ligada à história do reinado de Yahweh sobre Israel e as nações,[68] fica mantida a continuidade com o mundo criado do presente, naquilo que constitui seu ponto decisivo: a sujeição absoluta aos desígnios cósmicos de Yahweh. O Deus criador escatológico não é inimigo da primeira criação, mas a completa. E os milagres maravilhosos de sua nova criação, que inclui todo desenvolvimento progressivo, se relacionam de forma clara e exata com a idéia de *creatio ex nihilo* que a cosmologia sacerdotal utilizou para expressar a liberdade absoluta do Criador.

B. Autotestemunho do Criador

Que a idéia de criação seja um baluarte contra o erro de confundir Deus com o mundo não exclui, de nenhuma maneira, que se possa explorar a *riqueza contida na relação criatura-Criador* como testemunho, dentro do mundo, da sabedoria e misericórdia divinas; na realidade, isto é o que dá lugar a uma verdadeira interpretação religiosa do universo.

a) Perfeição original da criação

Daí que a fé israelita, na criação, leve a firme convicção da *perfeição original do criado*. No relato javista isto não se diz expressamente, mas se pode ler nas entrelinhas, sobretudo na exclamação de regozijo do varão quando descobre na mulher seu melhor complemento: “Esta é carne da minha carne e ossos dos meus ossos!” É impossível encontrar algum vestígio da idéia de que a criatura leva inerente a imperfeição, porque, ao estar envolvida na matéria estaria separada da vida divina. Por mais profunda que seja a sensibilidade

---

[67] Isaías, em especial, acentua o caráter verdadeiramente milagroso da conduta de Yahweh, na qual se combinam inseparavelmente graça e juízo (Is 28:11,16s,21,23m; 29:14; 31:8), Cf. também vol.I, p.340s., 343s.

[68] Cf. vol.I, p.344s.

israelita frente ao abismo que existe entre o mundo divino e o humano, jamais procura explicar esse abismo pelo caráter material da natureza, como se ele já fora por si mesmo causa de uma existência imperfeita. Deve-se dizer, ainda, que a mentalidade israelita se distingue por um notório otimismo frente ao criado, ao menos enquanto sai íntegro da mão criadora de Deus. Uma vez mais é em Gênesis 1 em que isto se sublinha pela primeira vez de modo expresso: o autor sacerdotal acentua que a opinião de Deus, sobre a obra que havia feito foi "*ṭōb, mᵉ'ōd ṭōb* ", "bom, muito bom!" O que quer dizer que correspondia em todas as suas partes à vontade do Criador, cujas intenções não podiam ser estorvadas por nenhum poder adverso.

Essa avaliação do mundo deixa entrever, sem lugar a dúvidas, que não existe a crença em uma matéria independente de Deus que fosse pressuposta da criação, como sucede nas cosmogonias pagãs. Porque é precisamente a matéria à qual se costuma considerar princípio de imperfeição. Mas como, segundo a crença de Israel, tanto a matéria quanto a forma devem-se ao poder criador de Deus, as duas têm ser boas, quer dizer, conformes ao propósito divino. Neste sentido deve interpretar-se o adjetivo "bom", e não no de um estado de perfeição ilimitada: assim o demonstra a naturalidade com que em outros lugares se atribuem diretamente a Yahweh o bem e o mal e a luz e as trevas, e se evita a intervenção no mundo de qualquer outro poder estranho.[69] É precisamente essa convicção a que torna possível uma atitude radicalmente positiva inclusive frente ao mal presente no mundo. Enquanto que as teorias sobre a criação, próprias do paganismo e da filosofia, costumam levar o vírus do pessimismo, graças a sua fé na criação Israel pôde chegar a uma vigorosa afirmação do mundo. No momento de entender o ideal veterotestamentário de vida piedosa deve-se levar em conta as conseqüências que essa forma de pensar encerra para a concepção da vida: nunca a piedade se verá obrigada a uma atitude ascética ou de oposição frente aos dons da criação.[70]

b) Presença de uma teleologia na estrutura do cosmos

Pelo que temos dito, está claro que tais afirmações sobre a bondade do mundo criado não representam uma observação empírica da experiência, uma conclusão a partir da entrega entusiástica das bênçãos da natureza na vida diária, confirmada por um senso juvenil de poder de uma nação crescendo diariamente em força; se não, não passariam de uma superficialidade. O que elas traduzem é essencialmente um pronunciamento de fé que, por nascer

---

[69] Am 3:6; Is 41:23 45:7; 54:16; Lm 3:38; Ec 7:14.
[70] Cf. cap. XXII: "Influência da piedade na conduta", p. 763.

do conhecimento da misericórdia e fidelidade do Deus da aliança, pode dizer também sim às obras do mesmo. Esse mesmo princípio explica as idéias de Israel sobre *a grandiosa teleologia que atravessa de parte a parte toda a criação*. A maravilhosa finalidade, presente na estrutura do cosmos, se manifesta, em primeiro lugar, no sentido de que todo ele está ordenado ao homem. Esta é a orientação que segue o relato da criação do javista quando considera que os animais foram criados para o bem do homem e apresenta o primeiro homem na função de guardião e jardineiro do paraíso. Por ingênuas que sejam as formas em que essas idéias se expressem, fica claro a verdadeira intenção do narrador vertida nesses moldes de saga primitiva, a superioridade do homem sobre o animal. O homem só pode encontrar um complemento de sua mesma categoria no homem; tudo o que não seja homem não pode manter com ele mais que uma relação de serviço.

O que neste relato se descobre nas entrelinhas, no-lo oferece o autor de Gênesis 1 com uma clareza total, com sua bem delineada e arquitetônica organização dos trabalhos da criação, cujas definições e classificações sugerem a unidade dentro da multiplicidade, obtém uma exposição impressionante da finalidade do universo. E nos assinala, por sua vez, a intrínseca necessidade da mesma, ao atribuir cada obra da criação à palavra de Deus, deixando de lado, intencionalmente, as idéias mais primitivas de uma direta intervenção criadora e configuradora da mão divina. Essa palavra criadora implica não só facilidade e naturalidade na ação, mas também em pensamento sistemático e vontade consciente, que é radicalmente diferente de uma origem inconsciente ou de uma emanação quase que instintiva.[71] Ao ser criado à imagem e semelhança de Deus, o homem não só recebe a máxima dignidade, mas também o poder necessário para sua tarefa no universo, cujo programa vai incluído na bênção divina: "Sejam férteis e se multipliquem, encham a terra e submetam-na". Com isso a vida humana fica impregnada de uma enorme força impulsionante que a move para grandes fins, e se exclui a idéia de um destino humano feito de idas e vindas inúteis. A realização das tarefas designadas por Deus integra o homem dentro de um grande movimento teleológico universal que leva necessariamente ao conceito de história. É possível que, quando o estivesse escrevendo sua primeira palavra, *bᵉrē'šit*, no princípio, rondava já em sua cabeça a meta distante do processo universal, *'aḥᵃrīt hayyāmīn*, o final dos dias.[72]

---

[71] Isso pode ser comparado com a história fenícia da criação atribuída à Sancuniaton, e que nos foi transmitida por Eusébio. Aqui, o aspecto instintivo é inserido dentro da competência da obra do Espírito, por meio do elaborado plano para o despertamento do ποθοσ, o instinto sexual Cf. **A. Jeremias,** *Das AT im Litchte des Alten Orients,* 1930', p. 24.

[72] Assim **O. Procksch**, *Die Genesis übersetzt und erklärt*, 1924, p. 441.

O deutero-Isaías oferece-nos as mesmas idéias quando atribui não só o propósito do curso geral do universo, mas também o destino de Israel em particular à ação sistemática de Deus. É especialmente significativa a seguinte declaração divina:

> Pois assim diz o Senhor,
> que criou os céus (Ele é Deus!);
> que moldou a terra e a fez,
> ele fundou-a;
> não a criou para estar vazia,
> mas a formou para ser habitada;
> ele diz: 'Eu sou o Senhor,
> e não há nenhum outro.
> Não falei secretamente,
> de algum lugar numa terra de trevas;
> eu não disse aos descendentes de Jacó:
> procurem-me à toa.
> Eu, o Senhor, falo a verdade;
> eu anuncio o que é certo.[73]

Surge aqui claramente a oposição entre Yahweh e as potências do caos que governam sem qualquer plano. Sua idéia ao criar é a salvação do homem e a vai realizando mediante seu governo sistemático.

Maior evidência dessa admiração maravilhada que, ao contemplar um cosmos artisticamente ordenado, rompe em uma exaltação ao Criador, que parece ter-se dado nos hinos já desde a antigüidade,[74] que mostram a fina sensibilidade israelita para captar a maravilhosa estrutura do universo. Que o céu e a terra falam da incomparável inteligência do Criador é coisa clara e corrente para a época pós-exílica;[75] inclusive se apresenta como arquiteto, quando se lançavam os fundamentos do mundo, à sabedoria hipostatizada.[76] No livro sapiencial tardio de Eclesiastes a misteriosa ordem pela qual todas as coisas estão em seu justo lugar encontra todavia uma célebre expressão: "Todas as coisas as fez apropriadas em seu tempo".[77]

É suficientemente compreensível que tais idéias surgissem, sobretudo, na literatura sapiencial. E, no entanto, não é seu desejo intelectual racionalista que aqui predomina, fazendo da maravilhosa estrutura do universo uma instituição útil para o homem e um cômodo campo de operações para sua

[73] Is 45:18s; cf. também Is 45:7,12; 50:2s; 51:13,15.
[74] Sl 8; 24:1s; 19:2,7.
[75] Sl 136:5; Pv 3:19s; Jr 10:12.
[76] Pv. 8:22s; cf. p.546s.
[77] Ec 3:11; 7:29.

especulação sobre a natureza e o governo de Deus. Nas raízes da idéia bíblica de criação está profundamente talhada a convicção de que, pelo livre ato de criar, o Criador não se entrega ao manejo da criatura, mas segue sendo o transcendente. E assim, junto à idéia de que o mundo encerra uma teleologia palpável, manteve-se sempre vivo o sentido do mistério impenetrável que supõe a criação e às vezes até se defrontou vigorosamente com essa ousadia profana pela qual o homem quer utilizar o milagre da criação para um acesso direto ao Criador. Quando se faz resistência, por exemplo, na oposição a insignificância do homem ou à curta duração de sua vida e a enorme massa do céu e a terra, os enigmas dos fenômenos físicos ou os tempos sem fim dos ciclos da natureza, não se pretende apenas acentuar a presença, na natureza, de elementos misteriosos, impressionantes e temíveis, ou a existência nela de uma intencionalidade muito concreta (tudo que convenceria ao homem de sua completa incapacidade para entender as ações de Deus);[78] em determinadas passagens se ressalta expressamente a existência na natureza do que é contrário a toda razão, intencionalidade ou lei",[79] coisa que dá fé do caráter taumatúrgico e insondável do Criador,[80] o qual se torna impossível encaixar como "razão universal" dentro de um sistema racional cósmico; a ele só pode experimentar-se como Criador que se entrega pela fé à palavra, na qual se auto-comunica indiretamente. Assim a teleologia da criação, como a entende o Antigo Testamento, fica bem diferenciada de uma manipulação filosófica da estrutura racional do universo com o fim de elucidar o plano divino universal, exercício que de forma arrogante aparece em muitos escritos do judaísmo tardio.[81] Só quando se enquadra essa teleologia na liberdade insondável do Criador pode ser uma mostra da misericórdia do Senhor universal para com todas as suas criaturas.[82]

c) Unidade do universo

Essa celebração intencional do valor do testemunho da criação serviu, por sua vez, para assegurar outra idéia que, com a fé na criação, pertence ao patrimônio inalienável da cosmologia israelita: *a afirmação da unidade do universo*. A idéia já se encontra em Gênesis 2, apesar de que neste capítulo se faça uma enumeração arbitrária de muitas coisas, sem nenhuma pretensão de

---

[78] Is 40:12,14; Jó 38:5; 37:15s; 38:12s,22s; Sl 107:27; 147:15s; Jr 14:22; Sl 90:2s.
[79] **Hempel,** *Gott und Mensch im AT*, p. 71.
[80] Jó 38:42; Ec 6:10; 9:1; cf. Eclo 43:5,28s.
[81] Cf. Sab 7:14,17s; 8:8; 9:16s; 13:1s.
[82] Cf. meu estudo sobre *Vorsehungsglaube und Theodizee im AT* no volume *Procksch Festchrift*, 1934, p. 65s.

exaustão ou classificação. Se todo o visível aparece como uma unidade, é porque todo o criado tem com Deus a mesma relação. Mas onde pela primeira vez encontramos claramente expressa essa idéia é em Gênesis 1. Neste capítulo, a ampliação do horizonte, devido aos movimentos políticos dos séculos oito e sete, nos quais se desenvolvera mais a concepção de Deus como ser transcendente ao mundo[83] facilitou ao homem descobrir no mundo uma unidade ordenada, com grande coerência interna entre todas as suas partes, devido a uma vontade única. Consegue-se, assim, uma visão da natureza que é a única capaz de saciar a reflexão, precisamente porque é a única própria da clareza religiosa. Mas deve ficar bem claro que semelhante idéia tira sua força interior, fundamentalmente, da experiência do direito de Yahweh a uma autoridade ilimitada, e só por ela pode manter-se, face às contradições existentes no curso do universo. Neste sentido teve especial importância o fato da crença na criação possuir um baluarte seguro contra qualquer tentativa pseudo-religiosa de facilitar a fé mediante uma harmonização racionalista do cosmos. Com efeito, ao ser impossível eliminar o empenho tão humano de calcular tudo conforme a conveniência, a permanente ambigüidade da vida da natureza não significaria, para a fé, uma carga insuportável, mas que remeteria com mais força ainda às bases sólidas da interpretação religiosa do mundo. Desta forma, ademais, ficava obstruída toda entrada por onde pudessem juntar-se à fé veterotestamentária tanto uma pluralidade mítica de potências criadoras quanto a redução deísta da idéia de criação numa unidade cósmica externamente regulamentada.

Essa visão do universo como entidade unificada encontrou sua mais bela expressão na lírica religiosa do Antigo Testamento. Junto a outros salmos dedicados à natureza,[84] se deve citar especialmente o salmo 104, cuja visão do mundo está dominada pela idéia de unidade, de coerência, de ordem harmoniosa. Ainda que se tenha de levar em conta a inspiração que o cantor encontra na lírica egípcia,[85] não se pode desconhecer a força com que a fé javista penetra esse material e o reconfigura de acordo com seus pressupostos, até o ponto de nos vermos obrigados a afirmar que verdadeiramente, nesse texto, o sentido israelita de ordem natural encontrou a tradução ajustada às pretensões absolutas da fé em Yahweh.[86]

---

[83] Cf vol.I, p. 366s.

[84] Sl 8; 19:1-6; 29.

[85] Veja sobre isto mais adiante cap. XVII, p.612s.: "Existência de leis na natureza".

[86] Veja o que pensa sobre isto **Alexander von Humboldt** (*Kosmos* II, 1847. p. 46s): "Poder-se-ia dizer que só no Sl 104 apresenta-se o quadro do cosmos inteiro ... admira ver como em uma poesia lírica tão reduzida se esboça em breves traços o universo, o céu e a terra". Um belo comentário em **O. Eissfeldt**, *Alexander von Humboldts Kosmos und der 104 Psalm*, "Fotschungen und Fortschritte" 33 (1959) n° 4. p. 113s.

C. *Comparação com o mito babilônico da criação*

O fato de que a imagem israelita do mundo tenha muitos traços comuns com a que predominava no Oriente próximo, e especialmente com a babilônica, nos leva a perguntar que relação guarda a idéia veterotestamentária da criação com as idéias não israelitas sobre o mesmo tema. E como só no caso da Babilônia teremos relatos de uma epopéia pormenorizada da criação que, de outro lado, supera o resto dos relatos babilônicos da criação[87] tanto por seu caráter detalhista quanto por seu — digamos — cunho oficial (pois era o texto litúrgico que se recitava regularmente na festa de ano novo), temos de nos referir a ela, em primeiro lugar, no momento de estabelecer uma comparação com os relatos bíblicos da criação.

No próprio cerne da epopéia de *enumaeliš* encontra-se a luta do deus Marduque contra as potências do caos, às quais vence. O cadáver do monstro Tiamat serve de matéria para a construção do mundo. Não há nenhuma dúvida de que também em Israel se tinha conhecimento dessa imagem vigorosa de uma luta divina no começo da criação. Em exemplos ocasionais se nos conservaram expressões sobre uma batalha de Yahweh contra um monstro do mar ou do caos ao que se chama Raabe ou Leviatã. Assim em Isaías 51:9, lê-se: “Não foste tu que despedaçaste a Raabe e que atravessou o dragão?” e no Salmo 89:11: “Tu desprezaste a Raabe como a um despojo, destroçaste a teus inimigos com teu braço potente”.[88]

Não é improvável que também em Israel se conhecesse um mito análogo ao babilônico, sobre Yahweh lutando contra o caos; ainda que na realidade não teremos provas de sua existência. Seja o que for, o verdadeiramente importante é que na interpretação israelita do cosmos não exerceu influência profunda nenhum mito desse gênero. Não se pode esquecer, de outro lado, que nas passagens citadas, quando tais idéias mitológicas seguem unidas a afirmações sobre a criação — como o caso do salmo 74 e 89 —, não formam com essas uma unidade intrínseca senão que as utilizam como elementos de ornamentação poética para apresentar o poderio de Yahweh com as mais vivas cores. E o mesmo deve-se dizer, porém de forma mais acentuada, dos casos em que não se pensa tanto na ação direta de criar, quanto na demonstração de força que Yahweh realiza ao libertar a seu povo do Egito, nos quais recorre, como protótipo, à

---

[87] Pode achar-se uma coleção dos relatos babilônicos existentes da criação em **A. Jirku**, *Altorientalischer Kommentar zum AT*, 1923. p. 1s; também cf. *AOT*, p. 108s, onde também outros comentários e traduções são oferecidos.

[88] Cf. também Jó 9:13; 25:12; Is 30:7; Sl 74:13s.

luta contra o caos[89] (Is 51:9s.) ou se exemplifica a ira impiedosa de Yahweh (Jó 7:12; 9:13). De outro lado, a personificação do mar — tão preferida pela poesia mas já isenta de todo caráter mítico — como um monstro que Yahweh afugenta e submete com sua simples voz[90] devia contribuir especialmente a que se mantivesse vivo o mito da luta contra o caos. Desse modo, nos profetas escutamos às vezes seu eco.[91] Mas já aqui o mito carece de vida própria, e nada explica acerca da concepção israelita do mundo; pertence ao precioso tesouro da poesia, ao qual recorrem de boa vontade os poetas e os profetas para revestir suas idéias de uma roupagem atraente.[92] Naturalmente, não nos é possível especificar em que momento se produziu essa debilitação do mito; entre outras coisas, o processo não devia ser igual e simultâneo em todas as classes do povo. De qualquer modo, é digno de ter-se em conta que já o javista não faz nenhum uso desse mito no relato da criação. Decididamente, quanto mais consciência tomava a fé israelita de sua própria natureza, menos espaço havia para um verdadeiro mito cosmogônico.

Se a forma básica do épico babilônico, o conflito divino, não pôde deixar raízes em Israel, conseguiram manter-se, no entanto, coincidências em outras idéias importantes. Alguns detalhes externos do processo de formação do mundo são comuns a ambas as tradições; mostram-se como exemplos a terra emergindo da água, a divisão do mundo celeste e terrestre, a importância da luz, a formação do homem à semelhança da divindade. Até em certas idéias mais profundas, referentes já à natureza do mundo, a cosmovisão babilônica e a israelita se tocam: também o poema babilônico reconhece no cosmos a obra de uma inteligência superior, contraposta a um informe instinto de vida ou a um capricho caótico; e, ao reconhecer que, no nascimento e manutenção do mundo, atuam potências celestes, testemunha um sentido profundo da totalidade

---

[89] Essa historificação do mito chega ainda mais longe quando Raabe se converte em simples pseudônimo dos egípcios: Sl 87:4; Is 30:7, enquanto que Leviatã designa os assírios (Is 27:1).

[90] Jó 7:12; Is 17:12-14; 50:2; Na 1:4; Hc 3:10; Jó 38:10s; Sl 18:16; 45:3s; 77:17; 104: 7; 106:9; 114:3,5; cf Sl 106:9, onde se repreende o mar Vermelho.

[91] Que a realidade do mar favorecia essa personificação de tipo poético ou mítico, compreende-se perfeitamente tendo-se em conta a enorme impressão que causa a uma pessoa o desencadeamento de uma agitação das ondas do mar. Por isso, numa ocasião o encontramos presente também como um pequeno gigante que sai do seio materno e cujos panos são as nuvens e as trevas (Jó 38:8s).

[92] A mesma coisa vale com respeito ao Sl 90:2 em que a terra surge como produto do parto de um ser originário e de onde as montanhas nascem. Na Babilônia não se encontra um mito paralelo a este. Podemos observar idêntica aplicação em outros mitos, como da estrela da manhã (Is 14:12s), ou o do querubim sobre o monte sagrado (Ez 28) etc. Veja **M. Noth**, *Die Historisierung des Mythus*, em *"Christentum und Wissenschaft"* 4 (1928), 265s, 301s.

cósmica, que admite também fins e orientações na vida humana. Além do mais, a convicção profundamente religiosa de que o mundo terrestre é uma cópia do celeste estabelece uma íntima relação entre o destino do homem na terra e os poderes divinos, e ensina ao homem a comportar-se e entender sua vida em constante referência à autoridade celestial.

Não temos, pois, muito mais a dizer acerca dos profundos valores espirituais e religiosos da cosmogonia babilônica. Mas devemos insistir com maior clareza nas diferenças que caracterizam a cosmovisão veterotestamentária. Essas diferenças têm sua base primeira na própria idéia de Deus, que determina de forma decisiva a atitude frente à natureza. Enquanto que o Deus da aliança israelita revela-se em um comportamento pessoal e moral e, portanto, pode ser concebido como uma pessoa espiritual independente da natureza, a imagem babilônica de Deus fica presa nas redes da natureza. A epopéia cosmogônica da Babilônia é um mito claro sobre a natureza, cujas forças aparecem personificadas e atuando. Por isso, os deuses não são eternos, senão que, como tudo mais, surgem da matéria caótica primordial. E, por isso, também, é impossível superar o politeísmo e a conseguinte fragmentação religiosa: a multiplicidade da natureza obscureceu a unicidade do Criador. Desse modo, a divindade criadora há de permanecer um simples demiurgo com figura humana. Nessa perspectiva não entra, em absoluto, a criação pela palavra.

Sendo assim, se a natureza se mostra mais forte que a divindade, é mais que lógico que, em último termo, seja ela que aporte o princípio de organização que domina no céu e na terra. Daí que seja a lei da repetição cíclica, deduzida sobretudo do movimento dos astros no céu, a que determina a orientação e o fim de tudo o que acontece, e a que inspira a mesma epopéia da criação que, como texto litúrgico, celebre a renovação do senhorio cósmico de Marduque, o grande rei dos deuses. O pensamento do antigo Oriente está marcado por esse eterno retorno das mesmas coisas. Então sua incapacidade para conceber a história, já que esta é um acontecer linear dentro do tempo e com uma finalidade, suscetível de um sentido global; se lhe torna impossível também conceber a criação como ponto de partida de um movimento histórico, ainda quando a cidade da Babilônia e a supremacia de que desfrutou graças a Hammurabi contribuíram decisivamente para que se formasse a epopéia como vitória do deus local babilônico Marduque.[93]

Por conseguinte, as idéias mais fundamentais no conceito de criação veterotestamentária são alheias ao pensamento do antigo Oriente, e que dada

---

[93] Isto foi manifestado, com toda razão, por **A. Weiser,** *Glaube und Geschichte im AT,* 1931. p. 24s.

a sua natureza, não havia como não sê-lo. Justamente porque Israel descobriu no Deus da aliança (por cuja eleição se sabia ele destinado a uma missão especial) um Deus bem diferente daqueles conhecidos dos demais povos do antigo Oriente, sua atitude frente à natureza foi também totalmente distinta e pôde romper com moldes que geralmente pareciam irrompíveis. A liberdade e a soberania de Deus frente ao mundo, ao mesmo tempo na relação indissolúvel do mundo com Deus, afirma-se com uma força tal frente à qualquer concepção mítica, deísta ou panteísta da natureza que nem sequer atualmente poderíamos nós acrescer algo de importância. Achamo-nos, além disso, diante de um dogma fundamental da imagem cristã do mundo, que tem importância decisiva não só para o Antigo, senão também para o Novo Testamento, e da qual tampouco podemos prescindir nos dias atuais.

Capítulo XVI

LUGAR DO HOMEM NA CRIAÇÃO

Israel, assim como os outros povos, têm a convicção de que o homem ocupa um lugar especial na natureza que o cerca. Isso pode ser visto principalmente na idéia de que alguns âmbitos da natureza estão submetidos a uma ordem e leis próprias, que o homem deve reconhecer e que não pode controlar a seu desejo.

I. DIGNIDADE PECULIAR DO HOMEM FRENTE ÀS DEMAIS CRIATURAS

Protegidos, a maioria das vezes, pelo poder supra-sensível, oculto a eles e delimitados por proibições tabuísticas apropriadas, tais âmbitos suscitaram muito rápido, no homem, a suspeita de uma natureza que não mantinha com ele laços claros de afinidade, mas que se mostrava dotada de seus próprios mecanismos de defesa e suas próprias leis.

A. Evidências indiretas

No caso de Israel, ao se combinar essa idéia com a fé em um Deus, cujo senhorio alcança de forma efetiva tanto à história quanto à natureza, essas ordenanças que limitavam a ação humana passaram a fazer parte das condições fixadas pela ação criadora e deram ao respeito obediente do homem o caráter de sujeição à vontade pessoal do Criador. Incorporados depois à lei da nação,[1] constituíram parte integrante da ordem social — vinculada à história — do povo de Deus e, ao inculcar determinados deveres para com a natureza, levaram ao reconhecimento de uma ordem cósmica natural que o homem teria de respeitar, precisamente, enquanto súdito do Deus da aliança e membro do povo escolhido. E assim face a sua associação com Deus, adquirem importância e sentido para o homem a distância da natureza, seu caráter estranho e sua "alteridade".

[1] Êx 23:19; 34:26; Dt 22:9s; Lv 19:19; 22:24s,27s; cf. a proibição da mutilação (Dt 23:2) e as leis de proteção aos animais (Dt 22:6s; Pv 12:10).

O homem situa-se frente à natureza autônoma em sua condição de chamado por Deus. Essa forma de entender as relações com a natureza, como uma atividade pessoal, se firma na concessão de Canaã como herança divina. Ao condicionar a possessão da terra a fidelidade à aliança,[2] Deus inclui a relação com a natureza na esfera da conduta responsável do homem, tornando-o consciente de sua posição especial no mundo das criaturas. Por seu pecado fica manchada[3] a terra e ela mesma vomita fora o povo que foi infiel a sua responsabilidade moral.[4]

Nesse mesmo sentido, operou o fato de que a fé se centrava num Deus único; assim se excluía, com uma lógica cada vez maior, a possibilidade de reconhecer na natureza ou em qualquer outra coisa uma divindade que não fosse Yahweh. Do mesmo modo que em sua forma de dirigir a história experimentava-se o caráter exclusivo da vontade de Yahweh, assim também se converteu em vassala sua natureza.[5] Essa desdivinização não só libertou a Israel de práticas cultuais que costumavam degenerar-se numa tentativa de união mística com as forças da natureza, mediante aberrações sexuais e a devoção a ídolos mortos,[6] senão que também abriu seus olhos para compreender que o abismo entre o homem e a natureza estava enraizado no mais profundo de seu ser espiritual e pessoal. Daí que, de outro lado, se tornou impossível ao homem encontrar entre os seres da natureza alguém de sua categoria e que, além disso, adquiriu em sua relação com Deus a prazerosa ciência de sua dignidade do eu pessoal responsável. Assim como Deus não é uma força da natureza, mas o Senhor vivente que só se relaciona com o homem pela comunhão da palavra, assim o homem se autodescobre como superior a todas as coisas e forças naturais, como totalmente outro, como um ser cuja essência e condição só encontra garantia em Deus.

B. Formulações diretas

Esse sentido do lugar privilegiado do homem dentro do mundo criado, alimentado pela lei e pela história, encontra uma formulação básica plenamente consciente nos dois relatos da criação e no hino à natureza do Salmo 8.

---

[2] Cf. o relato dos exploradores (Nm 13s), a exclusão de Moisés da posse da terra (Dt 34:4), a conexão entre aflição e apostasia e a maldição dos infiéis no canto de Débora (Jz 5:8,23), a atmosfera dos ciclos de Samuel e Saul, a ênfase com que Deuteronômio insiste na posses da terra como prova da autêntica bênção de Yahweh para o verdadeiro povo de Deus e as leis sobre o sábado e o ano de jubileu (Lv 25:4s; Êx 23:10s).

[3] Dt 24:4; Jr 2:7; 3:1s,9; 16:18; Ez 36:17s; Lv 18:25,27; Ed 9:11.

[4] Lv 18:25,28; 20:22.

[5] Cf. vol.I, p.160.

[6] Am 2:7; Os 4:14; 1 Rs 15:12; 22:47; Dt 23:18.etc. Entra aqui também a proibição da bestialidade (Êx 22:19; Dt 27:21; Lv 18:23; 20:15s). Sobre a luta contra o culto de objetos sagrados cf. Os 13:2; Jr 2:27; Is 44:17s.

1) Os três testemunhos coincidem em considerar o homem como a criatura preferida de Deus, à qual o Criador designou, por isso mesmo, o lugar de príncipe deste mundo. Mas os três textos pensam nessa situação de privilégio de modo diferente. Aproximam-se muito entre si o Salmo 8 e Gênesis 2, quando ressaltam, de forma especial, *a diferença de poder que há entre o homem e as criaturas*. Trata-se, claramente, da forma de ver predominante na mentalidade geral do antigo Israel. Dentro disso, o Salmo 8 nos apresenta a versão mais ingênua, ao atribuir a posição do homem simplesmente à soberana vontade do Deus Todo-poderoso, situando-o assim fora de toda discussão: assim como Deus é o rei do universo celestial, o homem é, em sua representação, o rei cercado de glória e honra do mundo terreno e, por isso, é apenas um pouco inferior aos seres celestiais. Também apresenta um caráter antigo essa confiança em equiparar o homem aos *ᵉlōhīm*, dos quais não se diferencia senão em certo grau.[7] O quase arrogante sentido de poder e o ingênuo deleite nas coisas de que o homem é capaz, como aparecem na descrição entusiasta de seu reinado,[8] recordam o sentimento de autoconfiança própria do homem antigo,[9] e sua única diferença com respeito a esse é que são acompanhados de uma profunda reverência diante do Senhor onipotente da criação. Ao revestir da dignidade real a uma frágil e nula criatura, que de *per si* não serviria senão para testemunhar a total fragilidade do criado, esse Senhor não faz senão mostrar, de forma mais evidente, sua própria liberdade e autoridade. Dado que o poder incompreensível e maravilhoso de Deus é a única base do sentimento humano de autoconfiança, surge de maneira ainda mais clara o sentido da posição de privilégio do homem em contraste com os corpos que brilham no espaço celeste. Temos, pois, que o que determina a própria estima do homem é, em último termo, um fator espiritual: a convicção de ter com Deus uma relação da qual não é digna nenhuma outra criatura.

2) Contudo, isto parece mais claro mesmo no relato da criação do Javista, quando o autor descreve como se converte o homem em um ser vivo e ressalta com ênfase particular o fato de que a vida é um presente divino, que Deus a concede de forma direta *inspirando* a *nišmat ḥayyim*, o sopro de vida.[10]

---

[7] Só isto bastaria para não se querer interpretar o salmo como se dependesse de Gn 1 (**Duhm, Kittel** etc.). A semelhança do homem com os *'elōhīm* inferiores é coisa muito diferente do ser criado à imagem de Deus, e identificar a primazia que daí deriva com o senhorio sobre a terra é coisa muito mais simplista que atribuir tal senhorio a uma bênção especial que, simplesmente, lhe é acrescentado, como um *accidens*, ao caráter do homem de ser imagem de Deus. Também **Gunkel** se inclina a datá-lo à época pré-exílica.

[8] Cf. V. 7–9.

[9] Não é raro ver comparada essa descrição com o hino de Sófocles ao poder do homem em Antígona.

[10] Gn 2:7.

Certamente, também a vida dos demais seres vivos procede desse sopro de vida divino[11] e os animais aparecem, assim como o homem, como *nepeš ḥayyāh*.[12] Mas é clara a intenção do narrador de sublinhar o fenômeno do homem, já que só em seu caso relata a transmissão direta do sopro divino. Enquanto que os animais e suas vidas são obra, assim por dizer, do sopro divino geral que atravessa toda a natureza, ou seja, que só participam da vida como espécie, o homem recebe sua vida de um ato especial de Deus e aparece, assim, tratado como um eu espiritual independente, ao qual se reconhece uma relação com Deus mais estreita do que a do animal. O que dizemos fica confirmado pelo desenvolvimento ulterior do relato, no qual tudo tende a demonstrar que o homem é superior ao mundo animal, já que ele, com seu ato de dar nome, é desse modo, capaz de interpretar a natureza própria das criaturas. Só em um ser semelhante a ele pode encontrar um complemento digno. É certo que não se eliminou de todo a forma mítica das antigas tradições, a mulher não aparece junto ao homem senão só depois de um novo ato de criação. Mas seu lugar de *'ēzer k*ᵉ*negdō* ou ajudadora dele, que é o fundamento da relação tu-eu, que situa o homem, essencialmente, acima do nível do animal e faz com que sua natureza só esteja acabada em associação com outra igual. Com tal fim se reconhece ao homem até o direito de subordinar os laços de sangue a essa nova comunidade, ficando assim debilitada a ordenação patriarcal da família como seus rígidos imperativos de *pietas*. Essa valorização da relação entre os sexos, tão distinta da concepção antiga da mulher instrumento de prazer e meio de procriação, eleva tanto o varão quanto a mulher, enquanto únicos seres capazes de vida individual, acima do resto da criação, e os situa ao mesmo nível de Deus. De acordo com isso, o homem aparece no pico de toda a criação; a ele se dá o encargo de guardião do paraíso.

3) À mesma orientação seguem as afirmações do primeiro relato da criação de Gênesis 1, só que aqui já se chega a formular conceitos teológicos. E precisamente, a expressão "imagem de Deus" resume tudo o que o autor sacerdotal disse sobre a dignidade que o homem tem recebido de Deus.[13] No primitivo relato israelita, que subjaz nesse ponto, a *ṣelem* ᵉ*lōhīm*, imagem de Deus, deve ser imaginada de uma maneira absolutamente concreta. Assim é sugerido não só pelos relatos de aparições divinas em forma humana,[14] mas

[11] Cf. cap. XIII, A, I: "O Espírito de Deus como princípio de vida", p. 512s.
[12] Gn 2:19.
[13] Gn, 1:26s.
[14] Cf. p. 485s.

também pelas narrações da criação do homem precedentes do âmbito cultural babilônico, que muitas vezes apontam para uma semelhança corporal.[15]

Além disso, como foi demonstrado com meritória clareza por Humbert[16] e Köhler,[17] o termo que o autor emprega para significar a similitude com Deus, *ṣelem*, aponta literalmente nessa mesma direção. Com efeito, essa palavra significa uma estátua, uma representação plástica, e também uma imagem bidimensional ou um desenho. Portanto, se o homem é criado *bᵉṣelem ʾᵉlōhīm*, à imagem de Deus,[18] originariamente pretendia-se dizer que a forma externa do homem era uma cópia da de Deus, e os aspectos principais dessa semelhança se manifestavam na postura ereta e no movimento do mesmo.[19] É de todo improvável que essa idéia fosse de origem do narrador sacerdotal (Köhler); como muitas outras coisas, entra em seu relato a partir de tradições mais antigas, cuja existência vem testemunhada pelas narrações babilônicas anteriormente mencionadas. O que dissemos é também corroborado por outro fato: não parece ao autor que a palavra mais importante (*ṣelem*) descreva suficientemente a imagem do homem que ele tem em mente, e por isso se apressa a defini-la melhor. Ao acrescentar *kidmūtēnū,* o significado de *bᵉṣalmēnu* fica às vezes limitado. Essa forma abstrata da raiz *dmh* significa "semelhança" ou "similitude"; acrescentada como determinação explicativa, sua função é descartar a idéia de uma verdadeira cópia de Deus, reduzindo o conceito a uma semelhança. Para ilustrar esse emprego de *dᵉmut* é proveitoso recorrer a Ezequiel, cujo vocabulário costuma ter muitos pontos de contato com o autor sacerdotal: utiliza-se desse termo para sublinhar a correspondência simplesmente aproximativa entre sua descrição do Senhor universal entronizado (no cap. 1) e a realidade, já que, ao explicar-nos como são as figuras misomorfas dos que sustentam o trono e do Deus que aparece sobre elas, intercala continuamente a palavra *dᵉmut* no sentido de "algo parecido a...". Por meio desse procedimento, tudo fica "no plano do não sensível, do espiritual, do que só em imagens se pode captar, do que é às vezes irreal e mais que real" (Köhler). Também em outros contextos a expressão serve para "suavizar o grau de semelhança" (Köhler).[20] Isto nos indica que o escritor sacerdotal não quis entender *ṣelem* como uma simples cópia

---

[15] Isto vale, sobretudo, para a liturgia suméria da deusa Nintu de Kish (que se encontra em **A. Jeremias,** *HAOG*, p. 88), a qual cria um ser masculino a imagem do deus Asshirgi e outro feminino à imagem própria. Nesse mesmo sentido, deve-se interpretar a criação de Enkidu na epopéia de Gilgamesh (I, p. 30s), como um ser igual a Anu.

[16] Études sur le récit du paradis et de la chute dans la Genèse, 1940, p. 153s.

[17] *Die Grundstelle der Imago-Dei-Lehre, Genesi* 1.26, *TZ 4,* (1948), 16s.

[18] Trata-se do *bēt* normativo e não do *bēt* de essência.

[19] Assim **Köhler,** *op. cit.*, p. 19s.

[20] Cf. 2 Rs 16:10; 2 Cr 4:31; Dn 10:16.

da figura externa de Deus, senão que ao escrever "cópia ou imagem" pensava em algo que só podia expressar-se por aproximação, numa correspondência entre o homem e Deus que só impropriamente podia se refletir ao dizer que o homem estava dotado da condição de imagem de Deus. Por isso, em Gênesis 5: 1, em que volta a aludir à criação do homem, se contenta com a palavra *d*^{e}*mut*, deixando a de *ṣelem*.

De fato, o campo semântico de "imagem" era suscetível de semelhante ampliação. Assim, no idioma babilônio, surge com o sentido de forma fenomênica ou representação, de substituto ou equivalente, e além disso, pode ser substituído pelo termo *sikru*, "nome no sentido de essência".[21] Nessa mesma linha terá algo a ver com a espiritualização que o escritor sacerdotal tem em mente,[22] porque está de acordo com todos os perfis de seu gênio, ele, que pretende ressaltar como nenhum outro, tanto nessa passagem quanto no resto de seu relato, o caráter absolutamente transcendente do ser divino, que até mesmo nas teofanias evita todo antropomorfismo e não reconhece nenhuma classe de anjo como mediador entre Deus e o homem, simplesmente porque recusa, com todo rigor, degradar a esfera divina ao âmbito da criação, não podendo falar alegremente de uma cópia corporal de Deus. Viu-se obrigado a conceder a *ṣelem* um sentido mais amplo, para passar do plano da imagem material ao da similitude analógica.[23] O movimento lhe foi facilitado pelo modo israelita de entender a natureza humana, no qual o corpo era a forma de expressão da vida psíquica. A mentalidade israelita não conhece a separação entre corpo e espírito: o homem *não tem* um corpo e uma alma, mas é o lugar das duas coisas a um só tempo.[24] E assim, ao dizer que o corpo humano é *ṣelem* *’*^{e}*lōhīm*, era

---

[21] Veja os argumentos em **J. Hehn**, *Zum Terminus "Bild Gottes"*, em *Sachau-Festschrift,* 1915. p. 41s.

[22] Por essa razão é impossível seguir **Köhler** quando define o enfraquecimento que **P** faz do termo antigo como significando que os homens foram criados com a figura (ereta) de Deus, não totalmente, mas apenas na medida suficiente para que parecessem ter essa figura. Semelhantes distinções não se enquadram em um termo tão claro.

[23] Há quem não se importe com esses fatos e prefira defender, apoiando-se na simples filologia, que **P** não pretende apontar senão a simples similitude corporal entre Deus e o homem. A razão que os move é o horror ao que se chama "traspassar níveis", horror que lhe faz olhar com desconfiança qualquer refundição criadora das heranças culturais. Recorrer às teofanias e antropomorfismos do Antigo Testamento para justificar uma interpretação física do *ṣelem* '*elōhīm*, se bem que esta pode caber dentro do significado originário do termo (cf. p. 482), nada diria sobre seu emprego em **P**, já que aqui não se omite essa classe de afirmações sobre Deus por casualidade, mas com conhecimento de sua insuficiência.

[24] Cf. o parágrafo II deste capítulo p. 590: "Partes Constitutivas do Ser Humano". Esta mesma idéia foi manifestada recentemente por **J. J. Stamm**, *Die Gottebenbildlichkeit des Menschen im AT*, 1959.

possível ressaltar, como aspecto verdadeiramente importante, sua função de transmissor de vida espiritual e pessoal.

Para interpretar o termo *ṣelem* não com o significado de semelhança, mas com o de correspondência espiritual, o autor sacerdotal não oferece outras provas sem o uso de *d^emut*. Em primeiro lugar, está o fato de eleger o sufixo do plural para a declaração tão importante de "façamos o homem à *nossa* imagem". Não importa se o plural da frase se explique como um convite dirigido à corte celestial que rodeia a Deus,[25] ou se, tendo em mente a ausência desse uso em **P**, prefira-se dizer que se trata de um plural de deliberação com um só[26] ou de reflexão,[27] talvez nessa "suavização" do eu em "nós" se queira ver expressada a unificação personalizada de uma multidão de potências[28] ou, finalmente, que se admita que **P** emprega a linguagem vulgar que substitui o "eu" por um impessoal ou um "nós", e que o faz para evitar um uso prematuro da primeira pessoa,[29] a verdade é que o fato de criar "a nossa imagem" em lugar de "a minha imagem" é um meio de evitar uma conexão excessivamente estreita com a própria figura de Deus[30] e de converter a concepção ingenuamente materialista dos tempos antigos em uma correspondência indefinida entre o ser de Deus e o ser humano[31].

Essa mesma linha segue a maneira em que o autor sacerdotal nos fala da transmissão da imagem de Deus de Adão a seu filho Sete.[32] Sua insistência em que Sete foi gerado à semelhança e conforme à imagem de seu pai, colocando *d^emut* em primeiro lugar, não se deve a uma casualidade, senão que, tratando-se de um estilista atento ao detalhe, a inversão de termos obedeceria à intenção de afastar o leitor de toda idéia de semelhança puramente corporal — que, ao dar-se também entre pais e crias do mundo animal, não pode ser considerado como algo especialmente maravilhoso — fazia uma definição espiritual da imagem humana,

---

[25]Assim expressou-se, recentemente, **A. Alt,** *Gedanken über das Königtum Jahves,* 1953, p. 352.

[26] Cf. **H. Holzinger**, *ad locum,* em **Kautzsch-Bertholet**, *Die heilige Schrift des AT*, 1922.

[27] Cf. **F. Horst**, Face to Face, The Biblical Doctrine of the Image of God, "Interpretation", 4 (1950), 259s.

[28] **A. Dillmann**, *Die Genesis*, 1892, *ad locum*. Essa interpretação está muito próxima da antiga idéia trinitária que **K. Barth** ressuscitou, de forma original, supondo que de quem se fala é de um Deus que, sendo um, leva em si a diferença entre um eu e um tu (*Kirchliche Dogmatik*, III, 1, p. 215s.).

[29] **L. Köhler**, *op. cit*., p. 22.

[30] Assim também, **W. Baumgartner**.

[31] Isto é mais compreensível, quanto está claro que o pensamento pagão, a propósito da criação do homem, vincula o protótipo divino à diferenciação sexual do ser humano. Na liturgia suméria, antes mencionada, o varão é criado à imagem do deus e a mulher à imagem da deusa.

[32] Gn 5:3.

na qual se resumia o propriamente humano. Assim, é corroborado pela forma em que o autor explica a inviolabilidade da vida humana em comparação com a do animal.[33] Ao apresentar como motivo a proteção divina do homem o fato dele ser *ṣelem ʼᵉlōhīm*, fica claro que o autor não pensa principalmente, ou nem sequer de modo absoluto, na diferença entre o corpo animal e o humano, mas na totalidade físico-espiritual da existência humana, que leva em si o selo de um tipo de vida essencialmente diferente e, faz por isso, referência a seu Criador.

Assim pois, para definir corretamente o conteúdo de *ṣelem ʼᵉlōhīm* não podemos nos conformar com os dados lexicográficos, mas temos que nos perguntar, antes de tudo, como se revelou ao autor sacerdotal a natureza divina. Sendo assim, seu relato cuida de todos os detalhes para apresentar-nos, desde a primeira linha, como uma vontade consciente e autárquica se revela cada vez mais claramente numa criação sem resistência e intencionada por meio da palavra. O caráter pessoal de Deus,[34] ao qual Israel havia reconhecido como a característica principal da natureza divina, graças à manifestação do próprio Deus na aliança, e que tinha sido compreendido de modo cada vez mais profundo na experiência histórica de sua soberania, recebe vida, por meio do autor sacerdotal, com cores atraentes como a força determinante da criação. À luz da posição designada ao homem dentro do cosmos, o Criador aparece como um Tu pessoal que se revela com o fim de desfrutar uma comunhão com sua mais nobre criatura; e desse Tu pessoal recebe seu selo tudo o que tem aspecto humano. Quando se diz que o homem foi criado à semelhança de sua imagem, não pode significar senão que também o ponto distintivo de sua natureza é o de ser pessoa. O homem participa do ser pessoal de Deus; enquanto ser capaz de autoconsciência e autodeterminação, está aberto ao diálogo divino e pode ter uma conduta responsável. Esse caráter pessoal impregna a totalidade de sua existência físico-espiritual; é o resumo de tudo o que é humano, o que distingue o homem das demais criaturas.

A importância desse ponto fundamental da natureza humana fica salientada, além disso, por seu caráter universal. Se tanto o varão quanto a mulher saem da mão de Deus e são criados igualmente à sua imagem, a diferença de sexos nada significa diante Deus. Estamos, assim, longe das fábulas dos antigos relatos de criação que falavam de mutações ou de fusões das distinções sexuais masculinas e femininas nas primeiras criaturas; desse modo, se elimina toda ambigüidade na relação entre os sexos.[35] Ao mesmo tempo, perde toda

[33] Gn 9:6.

[34] Cf. o que se disse a esse respeito no vol. I, p. 181s.

[35] Apesar da clareza com que se expressa essa passagem, alguém disse que em Gn 1: 27 fala-se de um único ser bissexuado, de um andrógino (**F. Schwally,** *ARW* 9, [1906] 172s), como parece ser o caso no relato da criação de **Beroso** (cf. *AOT*, p. 137). Mas

justificação o desprezo do feminino como algo de menor valor, quase próximo ao animal. A relação entre o varão e a mulher apói-se na mesma base que a do homem e Deus e seu encontro como seres pessoais leva a uma convivência de mútua cooperação que acha força em seu comum encontro com Deus.[36]

A conexão da criação do homem à imagem de Deus com a situação de domínio do homem no mundo das criaturas é bem menos direta. Na frase em que se expressa a decisão divina de criar o homem, esse domínio é mencionado como uma conseqüência da relação especialmente familiar que essa criatura terá com seu Criador, mas posteriormente, na exposição detalhada do plano divino, aparece como algo bem diferenciado dessa relação, que tem de ser objeto de uma bênção divina especial.[37] A sujeição da terra e o domínio de suas criaturas são tarefa universal comum do gênero humano, e em seu cumprimento tornou-se visível a natureza especial do homem, já que ele o converte no representante responsável de Deus, o Senhor do universo. Foi dito, com razão, que essas breves palavras encerram todo um programa da história cultural da humanidade.[38] Verdadeiramente, esse programa é tão mais valioso que não exclui, mas inclui um reconhecimento visível do valor do trabalho. O autor, ao distribuir toda a atividade criadora ao longo de uma semana, concluindo com um dia de descanso que se converte assim em um preceito permanente[39]—, atribui a uma decisão divina primitiva a crença de que o homem não está na terra só para uma vida prazerosa e sem preocupação, como dizem numerosos mitos sobre os primeiros tempos da humanidade, mas que desenvolveu suas aptidões e potencialidades mediante um trabalho útil, o qual possui um reflexo da atividade criadora e da alegria do próprio Deus. O trabalho não é, pois, como se costumava considerar

---

se deve levar em conta que a tradução de 1:27c por "homem e mulher *o criou,* à parte se deve dar uma emenda textual caprichosa (*'ōtō* em lugar de *'ōtām*), desconhece o significado dos termos *zākār* e *neqēbā,* os quais, em ulteriores passagens do sacerdotal, não se referem às qualidades "masculina" e "feminina", mas, de maneira muito concreta, à parte masculina e feminina da espécie (cf. Gn 17:10s; Êx 12:48; Lv 6:11 etc.). Por isso a tentativa de encontrar aqui relíquias mitológicas foi, em geral, abandonada. De qualquer maneira, nosso texto não oferece base alguma para as especulações do judaísmo tardio sobre a natureza andrógina de Adão (**Böklen**, *Adam und Kain,* em *Myth Bibl.* I, 2.3; **E. Bischoff**, *Babylonisch-Astrales im Weltbild des Talmud und Midrasch,* 1907, p. 100; cf. **E. König**, *Genesis* 2.3, *ad locum.*)

[36] Assim também **F. Horst**, *op. cit.*, p. 266-268 e **J. J. Stamm**, *op. cit.*, p. 19s.

[37] Por isso é impossível dizer, com os exegetas antigos (cf. **H. Holzinger**, *Genesis*, 1898. p. 12, e também **Lutero)**, que a semelhança do homem com Deus se reduz a sua soberania. Aqui está a clara diferença dessa passagem com respeito ao Sl, cf. p. 580s.

[38] **H. Gunkel**, *Genesis* [3],1910, p. 113.

[39] Gn 2:1-3.

na Antigüidade, uma maldição ou a sorte miserável do escravo, mas uma tarefa atribuída ao homem pelo próprio Deus. De outro lado, o dia de descanso tende a dar consciência ao homem de que não está preso ao trabalho numa servidão inacabável, mas que, assim como Deus, pode desfrutar de suas obras. Também com relação ao trabalho há de ser senhor, e não decair à condição de escravo.

Como coisa claramente distinta de seu caráter de imagem de Deus, fala-se da capacidade de procriar concedida ao homem, pela qual tomou posse da terra. Do mesmo modo como os animais, também lhe foi concedida essa capacidade mediante uma bênção especial. Desse modo, fica exaltado como um grande dom divino, frente à qual não cabe nem a degradação ascética nem a possibilidade de uma divinização dessa faculdade. É um dom divino, certamente; mas não um sinal da semelhança do homem com Deus, no qual aquele pode reconhecer seu parentesco com a divindade e controlar um poder divino. Dessa forma, estigmatiza-se, como uma torpe desfiguração da vontade do Criador, a tentativa de mesclar a sexualidade na relação com Deus, uma aberração da maioria das religiões agrícolas e com a qual Israel encontrou-se ao entrar em contato com o mundo religioso cananeu.[40]

De outro lado, como conseqüência do peculiar caráter criador, que se reconhece a todos os homens por igual e que todos herdam sem distinção,[41] as diferenças nacionais e raciais, de tanto significado para a mentalidade antiga[42] carecem de importância no Antigo Testamento. Esse desconhece a preocupação com o conceito de raças inferiores, por princípio, e indignas de serem chamadas humanas. De fato, o Antigo Testamento reconhece as diferenças entre as raças, entre suas atitudes e destino, mas não deixa lugar para o orgulho ou a petulância racial: todas são iguais perante Deus, o Criador e o destino de cada uma delas é decidido por suas atitudes para com ele. Não está isto em contradição com a ênfase com que se fala em muitos lugares do Antigo Testamento do lugar privilegiado de Israel: é um posto histórico e não de princípio, e se atribui a uma ação de Deus e não à presença de valores especiais na natureza e constituição de Israel.

Pelo que dissemos fica claro que, quando se fala que o homem é a imagem de Deus, não se pode entender isso como tratando-se de uma qualidade concedida ao homem, de um elemento especial acrescentado à natureza humana,[43]

---

[40] Cf. à respeito as corretas reflexões de **W. Zimmerli**, I. *Mos* 1-11, *Die Urgeschichte,* 1, 1943, p. 86s.

[41] Cf. p.584s.

[42] Pense no abismo insolúvel que havia entre gregos e bárbaros no mundo helênico.

[43] Dada minha insistência em que o corpo é veículo de vida espiritual e pessoal e que é a totalidade da existência humana que leva em si a imagem divina, não se entende por que minhas reflexões, nesse sentido, sejam mal-interpretadas, como faz **J. J. Stamm**, *Die Gottebenbildlichkeit des Menschen im Alten Testament*, 1959, p. 8.

como as potências da alma, a razão, o sentido do eterno, o bom e o verdadeiro como a inteligência e a imortalidade.[44] Tampouco é admissível relacionar *ṣelem* a uma realidade e *d^{e}mus* a outra totalmente distinta, à semelhança física e espiritual do homem com Deus,[45] por exemplo, ou à razão e à liberdade, por um lado, e à perfeição ética por outro.[46] E o mesmo há que se dizer de uma interpretação que teve enorme importância na teologia dogmática: "a imagem e semelhança de Deus" se referiria a uma especial perfeição moral (ou *iustitia originalis*) do primeiro homem, perdida com o pecado. Essa idéia encerra parte de verdade, na medida em que nosso conceito de pessoa, enquanto tal, implica numa capacidade de juízo moral que se revela no sentido de responsabilidade. Mas isto não constitui mais que um pressuposto da conduta moral; não é ela mesma. Para ver o quão longe está tal idéia da mente de nosso narrador basta observar que, para ele, o homem jamais perdeu o privilégio de ser portador da imagem divina, mas esta, na verdade, constitui em todo momento a base de sua situação especial com respeito aos animais.[47]

Assim pois, para o desenvolvimento de uma doutrina dogmática sobre o estado original do homem não se deveria recorrer ao fato de que esteja dotado da *imago Dei*.[48] De outro lado, a passagem que comentamos requer toda sua importância em relação ao problema de uma revelação universal. Com efeito, a proeminência do homem com respeito a toda criatura diferente dele, o faz estar, até mesmo como pecador, numa relação especial com Deus, a ele chega a voz — de juízo ou de misericórdia — do Senhor, de cuja imagem está revestido

---

[44] Cf. **A. Dillmann,** *Die Genesis,* 1892. p. 32s; **E. König**, Theologie 3,4, p. 214s.

[45] **O. Procksch**, *Die Genesis* 2,3, p. 448s.

[46] Assim o afirma a teologia católica como o formulou o Concílio de Trento.

[47] A interpretação que aqui damos do *ṣelem* '*elōhīm* coincide com a proposta por **K. Barth** (*Kirchliche Dogmatik*, III, 1, 1945, p. 205s) em um ponto decisivo: na ênfase com que se afirma que o homem, enquanto portador da imagem divina, é um ser "ao qual Deus se dirige como a um tu e que pode responder como um eu" (*op. cit.*, p. 225). De outro modo, quando, em razão de sua peculiar interpretação do plural de Gn 1:26 (cf., nota 28), conecta a imagem divina primitiva com a relação tu-eu exemplificada pela confrontação e ajuda mútua do homem à mulher (*op. cit.*, p. 208), quando concebe *ṣelem* e *demūt* no sentido de arquétipo e modelo, respectivamente, e desenvolve uma *analogia relationis* entre a existência humana e a dinâmica interna da natureza divina, suas afirmações sobre o relato da criação carecem já de base filológica e nada tem a ver com a imagem do Deus que, normalmente, apresenta-nos o pensador sacerdotal (cf. a respeito a cuidadosa crítica de **J. J. Stamm**, *Die lmago-lehre von K. Barth und die alttestamentlicbe Wissenschaft, em Antwort, Festchrift für K. Barth*, 1956, p. 84s, e *Die Gottenbenbildlichkeit im AT*, [*Theologische Studien* 54] 1959).

[48] **F. K. Schumann** enfatizou vigorosamente como esta utilização de Gn 1:26 oferece dificuldades dogmáticas até em sua aplicação, tão utilizada a *iustitia originalis* (*lmago Dei, Beiträge zur Theologischen Anthropologie*, 1932, p. 173s).

e é chamado à responsabilidade. Isto tem conseqüências decisivas para os conceitos de pecado e redenção.[49] A este respeito, no entanto, há que se ter em conta que, junto às passagens neotestamentárias, que se limitam a seguir a Gênesis 1:26 o descrever ao homem como portador da *imago Dei* (Tiago 3: 9 e, num sentido mais amplo, Atos 17:28), há outros que consideram que tal imagem não se dá no pecador, e entendem a redenção como sua restauração.[50] Isto tem uma relação muito clara com o fato de que, no sentido mais profundo do conceito, Cristo seja descrito como a manifestação da imagem de Deus,[51] da qual os demais homens só participam por uma aproximação analógica ao original. Por isso, a esperança de Paulo tende a uma conformação de nosso ser com a imagem do Filho de Deus[52] e, por conseguinte, a uma nova glória dos redimidos — desconhecida no Antigo Testamento —, que os converte em εικϖν και δοξα θεου.[53]

A importância do pensador sacerdotal fica testemunhada pelo fato de que nenhum outro autor veterotestamentário alcançou o topo de sua concepção, nem procurou jamais um ulterior desenvolvimento da mesma; só nos livros deuterocanônicos se farão ensaios de uma interpretação erudita dessa imagem e semelhança de Deus.[54] De qualquer maneira, é preciso ser dito que essa concepção não é a idéia luminosa e irrepetível de uma cabeça brilhante, mas que resume da forma mais eficaz os juízos religiosos que aparecem ao longo do Antigo Testamento acerca do homem como criatura de Deus.

Na continuação nos deteremos nas análises de um novo aspecto da imagem veterotestamentária do homem: a concepção de sua estrutura psíquica.

II. Partes Constitutivas do Ser Humano

Diferenciar no ser humano um aspecto espiritual, interior, e outro corporal, como aparece nos dois relatos da criação, não é só uma opinião peculiar desses relatos, senão um elemento constitutivo de toda a visão veterotestamentária do homem. Ainda prescindindo das afirmações sobre esse duplo aspecto do ser humano,[55] encontramos em toda parte a idéia de que, por

---

[49] Cf. a respeito **E. Brunner**, *Natur und Gnade,* 1934; **P. Althaus**, *Uroffenbarung*, em "Luthertum",1935, p. 4s, e nossas próprias reflexões no cap, XXIII: "Pecado e perdão" p.823s.
[50] Cl 3:10; Ef 4:24; Rm 8:29.
[51] εικοϖν του θεου (2 Co 4:4; Cl 1:15); χαρακτηρ τνσ υποστασεϖσ (Hb 1:3).
[52] Rm 8:29; 1 Co 15:49.
[53] 1 Co 11:7.
[54] Eclo 17:3s; Sab 2:23.
[55] Sl 90:3; 146:4; Jó 4:19; 10:9; 33:6; 34:14s; Ec 12:7.

um lado, o homem é feito de matéria terrestre, que é pó e cinza,[56] enquanto que, por outro, pode apresentar como sua uma potencialidade espiritual que o converte em um eu consciente. Esse segundo aspecto, o espiritual, é designado com toda uma série de expressões que o apresentam desde pontos de vista diferentes. Uma das denominações mais usuais é a de *rūaḥ*.

A. O espírito individual do homem (rūaḥ)

Já temos indicado que o espírito individual do homem designado por *rūaḥ,* extingui-se claramente do conceito do Espírito de Deus.[57] O novo significado do termo está, indubitavelmente, em relação com a consideração de toda vida terrena como uma derivação dessa força vital divina, supra-individual, que, como sopro de Deus, atravessa toda a criação. Mas, ainda que nesse sentido o *rūaḥ* se apresentasse ao homem como uma realidade superior a ele, não submetido a seu controle, ao referir-se à energia vital presente nele mesmo, o homem poderia falar de "seu" *rūaḥ* e atribuir alterações graves de seu estado físico ou psíquico a uma deterioração ou diminuição desse *rūaḥ,*[58] ou explicá-las como desassossego ou perturbação de um elemento vital próprio desse espírito. É verdade que em um primeiro momento o *rūaḥ* continuou sendo algo independente da subjetividade humana, posto que em todos esses casos se trata de fortes influências externas que operam no homem e o dominam; mas, ao passar sua influência dos estados físicos aos psíquicos, inicia-se um processo pelo qual o *rūaḥ* chega a ser empregado como um termo psicológico. Certa união do aspecto físico e vital com o espírito estava sugerida pelo fato de que uma sensação espiritual forte teria sua tradução física, gestos bruscos, faces ruborizadas, fortes batidas do coração etc. Assim, a ameaçadora inimizade dos efraimitas contra Gideão é chamada *rūaḥ e,* quando ele quer expressar de forma plástica a bonança de algumas energias vitais previamente desatadas, recorre ao verbo *rāfāh,* "dormir, deitar-se".[59] A inquietude atormentadora que sofre o

---

[56] Gn 18:27; Sl 103:14; derivar *'ādām* de *'adāmā*, caracterizando o homem como nascido da terra (uma visão mantida por **E. König,** *Genesis,* 1925, p. 158s; Theologic, p. 210s.) têm sido atualmente abandonada, de maneira generalizada. Melhor há que pensar, com **L. Rost** (*Die Bezeinchnung für Land und Volk im AT, em Procksch Festschrift,* 1934. p, 125s), em uma raiz comum de ambos vocábulos, cujo significado fundamental teria referência a cor vermelha escura. Comparável com a descrição do homem como "pó e cinza" é sua designação como *bāśār*, "carne", que sobressai a debilidade de sua natureza terrena (Gn 6:3,12; Is 31:3; 40:5s; Jr 45:5; Sl 56:5).

[57] Veja p. 513, nota 10.

[58] Cf. p.512s.

[59] Jz 8:3; com o mesmo significado, Sl 76:13; Pv 16:32; 25:28; 29:11; Jó 15:13; Is 25:4; Ec 10:4.

faraó por causa de seus sonhos tenebrosos descreve-se dizendo que seu espírito "era incitado",[60] e qualquer revolta nacional se atribui a um desassossego dos espíritos, que, como as águas de um tanque, agitam-se contra as paredes que as contém. Quando Acabe se acha em seu leito, cheio de irritação e desgosto porque sua oferta foi rejeitada por Nabote, e nega-se a comer, sua atitude se explica recorrendo-se à teimosia e rebelião de seu *rūaḥ*.[61] Assim, pois, com o elemento do *rūaḥ* associam-se, de preferência, emoções que podem mais que o homem e o faz atuar de maneira contrária à sua maneira habitual de ser.[62]

Posteriormente, com uma melhor compreensão da autonomia e unidade da vida psíquica, em virtude de uma generalização simplista dessa descrição de certas emoções psíquicas como manifestações do *rūaḥ* presente no homem, passou-se a convertê-lo em responsável por *todos* os afetos humanos e a considerá-lo até mesmo como o *órgão da vida psíquica.* A partir de Ezequiel, já se observa esse uso extensivo de *rūaḥ* como fator principal da psicologia humana: isto ocorreu, portanto, em fins da época monárquica. Assim, Ezequiel fala de *ma'ᵃlōt ruḥᵃkem*, "as coisas que emergem em vosso espírito", para designar os planos secretos de seus adversários.[63] E quando quer descrever a nova condição interior da humanidade nos tempos messiânicos, não só diz que os homens estarão cheios do *rūaḥ* de Yahweh, senão que, também, lhes promete a possessão de um novo *rūaḥ*, quer dizer, de um novo *habitus* espiritual.[64] Nessa passagem a palavra pode ser traduzida por "mente" ou "sentimento", e os escritores posteriores preferiram utilizá-la com esse significado.[65] Tem importância o fato de que esse novo órgão da vida psíquica apareça, sobretudo e principalmente, como uma direção ética da vontade,[66] e por isso, poderá ser utilizada também para designar diferentes qualidades morais.[67] Além do mais, quando se faz referência ao espírito do homem no sentido mais amplo, pensa-se, sobretudo, nas funções espirituais mais elevadas: o espírito investiga os caminhos de Deus,[68] desespera-se porque não chega o socorro divino;[69] Davi

---

[60] *Wattitpā'em* rūḥō, Gn 41:8, cf. Dn 2:3.

[61] 1 Rs 21:5 (é melhor derivar *srh* de *srr* do que de *swr*).

[62] Cf. também Gn 26:35; 1 Sm 1:15; 1 Rs 10:5, e em época posterior: Is 54:6; 65:14; Pv 15:4,13; 16:18,32; 17:22; 18:14; 25:28; 29:23; Sl 34:19; 51:19; Êx 6:9; Jó 7:11; 17:1.

[63] Ez 11:5b, e também *hā'ōlā 'al-ruḥakem* em 20:32. Igualmente Ez 13:3; Sl 77:7 ("meu espírito tem de investigar"); Pv 1:23; 16:2; Is 26:9; Ml 2:16.

[64] Ez 11:19; 18:31; 36:26; 39:29.

[65] Ez 13:3; Jó 20:3; 21:4; 32:18; Êx 35:21; Nm 14:24; Ec 7:9.

[66] Assim também Is 29:24; Sl 51:12s; 32:2; 78:8; Pv 11:13.

[67] Paciência: Ec 7:8; humildade: Is 57:15; Pv 16:19; 29:23 e integridade; Nm 14:24; Sl 32:2; 51:12,14; 78:8; Pv11:13; soberba: Pv 16:18; Ec 7:8; Sl 76:12; impaciência: Pv 14:29; Jó 21:4; Mq 2:7; Êx 6:9.

[68] Sl 77:7; Is 26:9.

[69] Is 57:16; 61:3; 66:2; Ez 21:12; Sl 77:4; 142:4; 143:4,7.

concebe em seu espírito os planos para a construção do templo em todos seus detalhes.[70] Compreende-se, por isso, que ao atuar diretamente sobre o homem Yahweh busque primordialmente o *rūaḥ* como órgão das atividades psíquicas mais elevadas: o desperta ou o lança para uma ação importante,[71] ou pode também endurecê-lo e conduzi-lo assim ao castigo.[72] De qualquer maneira, em tais casos é mais corrente falar do coração, como mais adiante veremos.

É evidente que a idéia de espírito está perdendo aqui seu caráter de força independente supra-individual, para se incorporar plenamente à vida psíquica do homem. De qualquer maneira, continua presente seu significado primitivo enquanto designa, preferentemente, o nível mais elevado da vida interior do homem. De outro lado, ao designar-se com o mesmo termo que o *rūaḥ* divino — apesar de o *rūaḥ* humano não comportar diretamente nenhuma conotação religiosa —, faz lembrar constantemente a conexão que tem, pela criação, o mundo do homem com o mundo supra-sensível de Deus, tanto mais que, às vezes, a mesma natureza pessoal interior de Deus, por uma simples translação da condição humana, é designada mediante o termo *rūaḥ*.[73] Está, além disso, fora de dúvida que nem aqui nem em outros lugares *rūaḥ* jamais signifique um *alter ego* espiritual do homem que, por constituir seu eu superior, possui uma existência mais duradoura, não submetida à morte. Todas essas idéias são produto da forte influência da teoria animista de Tylor, insustentável em nossos dias, e não podem contar com mais fundamento que a de uma confusão inadmissível entre afirmações propriamente psicológicas sobre o *rūaḥ* e outras de vontade diferente.[74]

B. A "alma" Nepeš[75]

A tese de que também na fé israelita podem-se encontrar idéias parecidas às da alma-sombra e alma-sopro de Wundt prende-se fortemente, mais que ao *rūaḥ*, ao termo *nepeš,* sobretudo devido ao fato de que sua infleliz tradução do termo por " alma" abriu as portas, desde o início, para as crenças gregas na

---

[70] 1Cr 28:12. cf. Êx 35:21.

[71] Ed 1:1,5; Ag 1:14; Jr 51:11; 1 Cr 5:26; 2 Cr 21:16; 36:22.

[72] Dt. 2:30.

[73] Mq 2:7.

[74] Cf., por exemplo, **P. Torge**, *Seelenglaube und Unsterblichkeitshoffnung im AT*, 1909, p. 22.

[75] Cf. sobre esta matéria as seguintes obras monográficas: **G. H. Bekker**, *Het Begrip Nefesj in het Oude Testament*, 1942; **A. R. Johnson**, *The Vitality of the Individual in the Thought of Ancient Israel*, 1949, p. 9-26; **D. Lys**, *Nephesh. Histoire de l'âme dans la révélation d'Israel au sein des religions proche-orientales*, 1959.

alma. Afortunadamente, nesse vocábulo também se observa apenas seu *básico significado físico,* quer dizer, "pescoço", "garganta", "faringe",[76] e depois, por extensão, ao que sai da garganta, "respiração ou sopro de vida".[77] O primeiro significado é todavia claramente discernível em expressões em que se fala da fome, da ânsia, da avidez e do cansaço da *nepeš*[78] ou de que ela está ameaçada por armadilhas, espadas ou inundações;[79] o segundo encontramo-lo sobretudo quando se descreve a impaciência como uma "diminuição" da *nepeš*[80] ou no uso dessa raiz na forma nifal *yinnāpeš* para significar "tomar fôlego" ou "recuperar-se".[81] Como nota característica de vitalidade, tanto no caso do homem quanto no do animal, a respiração pode aparecer como "esse algo especial que o ser vivo possui",[82] o que o distingue do morto, convertendo-se assim em uma substância inerente ao ser vivente enquanto tal, prescindindo da respiração, ou seja, na *"vida" própria.*[83] Mas isso também é um predicado do animal: a mesma coisa se fala tanto de *nepeš b*ᵉ*hēmāh* quanto de *nepeš 'ādam.*[84] Enquanto que o termo paralelo, *n*ᵉ*šāmāh,* respiração, conservou sempre conotação física, no caso de *nepeš* não foi o mesmo, e em lugar da respiração como sinal de vida aparece a própria vida.[85] De qualquer maneira, é importante notar que não se trata de

---

[76] Isto ficou esclarecido no notável estudo de **L. Dürr** (Hebr. *nepeš = akk. napistu = Gurgel, Kehle,* ZAW, 1925, p. 262s. **G. H. Bekker** (*op.cit.,* p. 120s) discute essa derivação, propondo como significado fundamental o de "respiração", mas suas razões não são convincentes.

[77] Este significado ocorre também em assírio, siríaco e árabe. **T. C. Vriezen**, à luz das raízes verbais semelhantes ao nosso termo *nšp,nšm* e *nšb*, não considera que seu significado fundamental seja o de alento, mas o da ação de soprar ou respirar (*An outline of old testament theology*, 1958, 1954, p. 214 nota 3).

[78] Is 29:8; 32:6; Pv 10:3; Jr 31:25; Pv 25:25; 28:25; Is 5:14; Hc 2:5 etc.

[79] Pv 18:7; 22:25; Sl 124:4s etc.; Jr 4:10 etc.; Sl 69:2; Jn 2:6 etc. as opiniões podem diferir sobre muitas passagens; às vezes está justificado traduzir também por "vida" ou "ânsia".

[80] *tiksar napši*: Nm 21:4; Jz 10:16; 16:16; Zc 11:8.

[81] Êx 23:12; 31:17; 2 Sm 16:14.

[82] **J. Köberle**, *Natur und Geist nach der Aufassung des AT*, 1901, p, 180s.

[83] A *nepeš* é salva do perigo de morte (1 Sm 19:11; 2 Sm 19:6; Am 2:14s etc.), os inimigos buscam a *nepeš* (Êx 4:19; 1 Sm 20:1), procuram fazer emboscada (Sl 59:4); a *nepeš* do condenado a morte deve ser redimida (Êx 30:15s; Nm 31:50); *benepeš* é uma expressão perfeita para significar o pagamento de algo até a custo da própria vida (2 Sm 14:7; 18:13; 23:17 etc.), Cf. uma lista exaustiva das citações em **J. Schwab**, *Der Begriff der nefe in den hg Schriften des At*, tese doutoral (Munique 1913).

[84] Lv 24:18; cf. Gn 9:4; Lv 17:11,14; Dt 12:23.

[85] É interessante que em Homero e no vocabulário grego mais antigo encontremos um estado de coisas parecido: ψυχη sempre que faz referência ao homem vivo, significa "vida" e nunca "alma" no sentido de um *alter ego* espiritual do homem. Além disso: luz ψυχη perdeu totalmente o significado de "respiração, alento"; em seu lugar Homero utiliza *ἀυτμή*, e *πνοίη*, assim como o hebraico *n*ᵉ*šāmā.* Cf. **Walter Otto**, *Die Manen*, 1923.

um conceito abstrato, senão de uma realidade substancial, que caberia traduzir por "matéria vital". Seu parentesco com o *mana* dos primitivos é claro e dá a *nepeš* um caráter dinâmico.[86]

Mesmo estas simples observações nos mostram quão perigoso é para a compreensão da psicologia veterotestamentária traduzir *nepeš* por alma. O termo significa, principalmente e antes de tudo, vida, e, ainda mais, encontra distinção com *rūaḥ*, quer dizer, *a vida enquanto está vinculada a um corpo*. Por conseguinte, *nepeš* deixa de existir com a morte, assim como sem ela o corpo animal converte-se em um cadáver. É possível, portanto, dizer que a *nepeš* morre;[87] e é corrente a idéia de que, com a morte, ela deixa o homem,[88] sem estabelecer a pergunta para onde; desaparece, e só. Com mais freqüência diz-se que é arrebatada.[89] Só o ser vivo possui *nepeš* [90] e, por isso, quando alguém mata, deve entregar sua própria *nepeš* pela da vítima.[91] É compreensível que o sangue seja considerado como o veículo principal da *nepeš* .[92] Quem perde o sangue, perde a vida. De nada serve querer evitar a cândida identificação de ambas as realidades, concebendo *nepeš* como o princípio da vida intimamente relacionado com o sangue.[93] Há que dizer, ainda, que tanto o desejo peculiar do pensamento israelita quanto qualquer outra mentalidade primitiva não fazem distinção alguma entre um princípio espiritual e sua manifestação física, mas que consideram que a vida se manifesta em sua totalidade no sangue, assim como pode estar representada também por outras partes do corpo (*vija* o que diremos mais adiante sobre a carne, o coração etc.).[94] Do mesmo modo, a raiz *nafs* é utilizada em árabe para designar o próprio sangue.

---

[86] Isso é sublinhado especialmente por **D. Lys** (*op. cit., passim*); por isso Vriezen prefere antes falar de "movimento vital" do que de "vida" (*op. cit.*, p. 214).

[87] Nm 23:10; Jz 16:30.

[88] Gn 35:18; 1 Rs 17:21; por isso se fala de uma volta da *nepeš* quando ressuscita um morto (1 Rs 17:17s). **Lys** encontra nisto um resto da idéia primitiva de uma alma externa (*op. cit.*, p. 125).

[89] Com *lKḥ* e *'sp*: 1 Sm 24:12; 1 Rs 19:4; Jn 4:3 etc,; Sl 26:9.

[90] 2 Sm 1:9.

[91] Ex 21:23; cf. 1 Rs 19:2; Jz 9:17; Js 9:24.

[92] Dt 12:23; Lv 17:14. Também se diz que a *nepeš* está no sangue (Lv 17:11; cf. Gn 9: 4). **Lys** quer ver aqui o início de uma mudança semântica pela qual *nepeš* se converteria numa substância sagrada dentro do homem, que o indivíduo piedoso deve procurar, como uma de suas principais tarefas, manter limpa de toda imundície. Essa substância não se perde com a morte, mas que dá ao homem piedoso um caráter especial então (*op. cit.*, p. 163s.169s.). Mas, dado que essa idéia não é encontrada por nenhuma parte no judaísmo tardio, cabe perguntar-se se não será um exagero identificar *nepeš* com o sangue.

[93] Assim **J. Schwab**, *op. cit.*, p. 23s.

[94] Cf. **J. Pedersen**, *Israel*, I-II, 1926, p. 171s.

A relação com o conceito de *rūaḥ* como hálito de vida universal, de caráter supra-individual, é muito clara nesse ponto: *nepeš* é a vida individual ligada a um corpo concreto, enquanto que *rūaḥ* é a força vital presente em toda parte e independente do indivíduo determinado[95]. Poderíamos dizer que a mesma força é considerada desde pontos de vista diferentes: o elemento vital como *principium*, como poder atuante, se chama *rūaḥ*; e o mesmo, enquanto aparece como algo realizado, ainda que ativo, como *principatum*, em uma criatura concreta, é *nepeš*.[96] Se a *nepeš* é individual e acaba, portanto, com a morte do indivíduo, o *rūaḥ* é universal e não se vê afetado pelo desaparecimento da criatura: não morre.[97]

Nos encontramos com uma ampliação do campo semântico de *nepeš*, que implica, desde logo, na lógica interna do conceito, quando chega a designar não a vida que há no indivíduo, mas *ao próprio indivíduo vivo*.[98] Ao descrever a execução do anátema sobre as cidades conquistadas, as vítimas do extermínio podem identificar-se como *kol-hannepeš*, "todos os seres viventes".[99] E nos censos nacionais, as pessoas contadas se chamam simplesmente *nepeš*, assim como nós estamos acostumados a falar de "tantas almas".[100] Neste sentido, emprega-se em hebreu o termo referido especialmente aos escravos;[101] mas também aparecem com esse nome os indivíduos em textos legais.[102] Manifesta-se aqui de tal forma o aspecto característico do individual, que *nepeš* passou a significar indivíduo e nada mais, prescindindo de se estar vivo ou não: fala-se, simplesmente, do indivíduo. A lembrança de seu significado originário vai apagando-se até chegar um momento em que se faz necessário especificar se esse

---

[95] Cf. p. 512s.

[96] Cf. **A. Dillmann**, *Handbuch der alttest. Theologie*, p. 359. De qualquer maneira, isto não pode ser entendido simplesmente como se *nepeš* fosse um efeito do *rūaḥ*. Este tipo de conexão entre ambas as realidades, à qual alguém se inclina espontaneamente, não se dá de modo explícito no Antigo Testamento. Os dois conceitos aparecem como independentes, um junto ao outro.

[97] Por isso o que **Lichtestein** (*Das Wort nepeš im der Bibel,* 1920, p. 62) disse da *nepeš* ("é imperecível, de vida eterna"), na realidade só pode ser afirmada do *rūaḥ*, e exatamente enquanto possui um caráter supra-individual.

[98] Gn 14:21; Dt 24:7; Jr 2:34; 43:6; Ez 17:17; Pv 28:17.

[99] Js 10:28,30,32,35,37 etc.

[100] Gn 46:15,18,22,25-27; Êx 1:5; Dt 10:22; Nm 31:35,40; Jr 52:29,30.

[101] Gn 12:5, *hannepeš 'ᵃšer 'āsu bᵉhārām*: as almas (quer dizer, os escravos que tinham adquirido em Harã. Igualmente Gn 36:6; Ez 27:13; Lv 22:11.

[102] Gn 17:14; Êx 12:15,19; 31:14; Lv 4:2; 5:1,2,4 etc.; Nm 19:13 etc. Esse emprego aparece com notável freqüência em Ezequiel e no Código Sacerdotal. Sem dúvida, o termo refere-se especialmente ao indivíduo enquanto responsável diante de Deus, cuja "potência", dom de Deus, não deve ver-se manchada pelo pecado.

indivíduo está vivo ou morto, frente a *nepeš hayyāh*, o ser vivo, nos encontramos com *nepeš mēt*, o que está morto, o cadáver.[103] O lugar clássico desta fase semântica é Gênesis 2:7, onde se descreve como o homem, graças à insuflação do sopro divino, converte-se em ser vivente, *l^e nepeš hayyāh*. Naturalmente, *nepeš* não significa aqui uma realidade intermédia entre espírito e corpo, mas se refere a essa totalidade composta de um corpo formado da terra e do sopro divino insuflado. No mesmo sentido, diz-se *nepeš hayyah* quando se fala dos animais.[104]

Esse predomínio da referência individualista do termo alcança seu auge ao ser utilizado no *lugar do pronome pessoal ou do reflexivo*. E não é que se converta em um simples pronome sem mais conotação; em tais casos, pode observar-se sempre certa solenidade ou uma ênfase especial. Assim, ainda que *nepeš* seja encontrado nesse sentido em todos os escritos veterotestamentários, é sobretudo nos livros poéticos que aparece, quando o cantor quer nos falar de suas experiências, de seus sofrimentos e vitórias,[105] ou nas exortações de profetas e legisladores.[106] É particularmente característica do salmista dirigir-se a si mesmo como *napši*, como se um *alter ego* seu falasse consigo mesmo (Salmos 42:6,12; 43:5; 62:6; 103:1s etc.). Logicamente, a intenção de se dar ênfase solene ao orador encontramos, principalmente, nos lugares em que é Deus quem fala de sua *nepeš* ou jura por ela.[107]

O uso de *nepeš* para significar a vida individual dá lugar a *uma segunda linha de desenvolvimento semântico do termo*, na qual o que se manifesta não é o aspecto da individualidade, mas o da vida. Enquanto expressão do fato de ser um vivente, *nepeš abrange qualquer classe de desejo, ânsia e impulso vital*. Assim, *nepeš* manifesta-se na necessidade de comida e bebida,[108] no instinto reprodutivo[109] e em qualquer classe de desejo,[110] e também se derivam dela as

---

[103] Nm 6:6; Lv 21:11 (emend.); cf. Nm 19:13. *Nepeš* é usado sem qualificação, para significar o cadáver: Lv 19:28; 22:4; Nm 5:2; 9:6,7,10. A tradução crônica "a alma de um morto" pode ser concebida, somente ao se desconhecer a oposição entre nepeš *hayyā e nepeš mēt*; em nenhuma dessas passagens se fala de um espírito dos mortos, além disso, os espíritos dos mortos nunca são chamados *n^e pāšōt*. Veja mais sobre isto no cap. XIX. A união de *nepeš* com o masculino mēt indica o caráter substantivo deste, que significa, portanto, "morte". Cf. **Lys**, *op. cit.*, p, 164.

[104] Gn 1:20s,24; 2:19; 9:10,12,15; Lv 11:10,46. O fato de que **P** não utilize a expressão referida ao homem demonstra que a emprega com um matiz especial, segundo o qual *hayyā* aparece com um sentido substantivo, significando "vida", Cf. **A. R. Johnson**, *op, cit.*, p. 23. nota 2.

[105] Gn 49:6; Sl 3:3; 11:1; 35:7; 88:15; 120:6; 142:5; Lm 3:58 etc.

[106] Is 3:9; Jr 3:11; 37:9; 42:20; Ez 4:14; Lv 11:43s; 20:25; Dt 13:7; Pv 11:17.

[107] Jr 5:9,29; 9:8; Am 6:8.

[108] Dt 12:15,20s; 1 Sm 2:16; Mq 7:1; Pv 10:3; 12:10; 25:25; Sl 107:9 etc.

[109] Jr 2:24.

[110] Dt 14:26; 18:6; 1 Sm 23:20; Pv 21:10; Sl 10:3 etc.

sensações de fartura e saciedade.[111] A *nepeš* ao ser considerada como a causa de impulsos físicos pode chegar a designar o desejo próprio ou, passivamente, a sensação. "Rapidamente a vida, o caráter vivente do homem, passou a ser identificada com seu desejo ou sensação".[112] Por isso, chamam ao homem voraz *Ba'al nepeš*,[113] ou ao homem cobiçoso ou que tem grande avareza '*az nepeš*.[114] Quando o salmista se amedronta diante do ódio desmedido e da ânsia de vingança de seus inimigos, pede a Deus que não o abandone à *nepeš* de seu adversário.[115] Mas também pode chamar-se *nepeš* o fato de se ver afetado de uma forma passiva por algo, ao que nós dizemos "sentimento, emoção, estado de ânimo": Ana derrama sua *nepeš* perante Deus na oração,[116] e o legislador procura suscitar a compaixão para com o estrangeiro desamparado recordando a Israel sua própria experiência: "Vós conheceis a *nepeš* do estrangeiro".[117]

O aspecto vitalista de *nepeš* acentua-se ainda mais quando o termo se refere a *sentimentos* e *emoções do tipo espiritual*. Tristeza e dor,[118] alegria e sossego,[119] saudade e amor,[120] ódio e desprezo,[121] repugnância e fastio[122] são sentidos e expressados por *nepeš*. Onde quer que surjam tais emoções há sinal da presença de *nepeš*. Em português pode-se traduzir com freqüência por "ânimo" ou "coração"; e é certo que, se utilizada para indicar o sujeito de sensações psíquicas, *nepeš* transformou-se em algo como *um poder espiritual* do homem o qual se aproxima muito do nosso conceito de "alma". Apesar de tudo, fica claro que quando um hebreu fala de *nepeš* não lhe passa pela imaginação pensar na alma com sentido de um *alter ego* espiritual da pessoa física; o que o hebreu procurava expressar era que os impulsos e as emoções são mais que manifestações da energia vital da pessoa, intimamente ligadas à vida do indivíduo e só existentes nela. E o mesmo vale, finalmente, para a mais elevada expressão psíquica que se atribui à *nepeš*, a saber, a busca ofegante por

---

[111] Sl 23:3; 35:17; 63:6; 107:9; Pv 6:30; Jr 31:14; Lm 1:11,16,19.
[112] **J. Köberle**, *op. cit.*, p. 208.
[113] Pv 23:2.
[114] Is 56:11.
[115] Sl 27:12; 41:3; Pv 13:2; cf. Sl 17:9; 35:25.
[116] 1 Sm 1:15.
[117] Êx 23:9.
[118] Cf. os casos em que se combina com *mrr*, "ser amargo" : 1 Sm 1:10; 30:6; Ez 27:31; Jó 27:2; Pv 3:6 etc. A *nepeš* humilhada e angustiada: Sl 42:6,7,12; 43:5; 107:26; Pv 21:23; Sl 6:4; 143:12; Is 15:4.
[119] Sl 86:4; 94:19; Jr 6:16; Lm 3:17.
[120] Sl 63:2; Gn 34:3; 44:30; 1 Sm 20:17; Ct 1:7; 3:1s.
[121] Is 1:14; Sl 11:5; Jr 15:1; Ez 25:15; 36:5; Is 49:7.
[122] Jó 10:1; Jr 6:8; Ez 23:17s.

Deus;[123] ela pode esperar e aguardar a Deus com impaciência,[124] até consumir-se e sentir sede de Deus;[125] mas quando a consola, ela se alegra[126] e nele descansa.[127] É verdade que em muitas dessas passagens *nepeš* não faz mais que enfatizar o sujeito que fala — ou seja, que faz às vezes de um pronome —, deve-se notar que seu uso dá maior intensidade a tais afirmações.

Há aqui um claro paralelismo com um emprego parecido de *rūaḥ*,[128] até o ponto de que em época tardia nem sempre se conservasse clara, em tais casos, a diferença entre ambos os conceitos. De qualquer maneira, ao se seguir com atenção a história do vocábulo, também aqui há que se descobrir, como idéia de fundo, um forte impulso de desejo ou emoção e a de sua satisfação, indicando assim, com toda nitidez, os limites que continuam separando — ainda que em alguns casos não sejam discerníveis — do conceito de *rūaḥ*. Assim, os estados afetivos atribuídos a *rūaḥ* não mostram nenhum tipo de conotação física ou animal: e até mesmo quando o *rūaḥ* aparece como o poder que sustenta a vida dos animais, jamais é associado ao sangue, nem se fala nunca do *rūaḥ* individual de um animal. Além disso, quando se trata de atividades superiores, o *rūaḥ* transcende os simples desejos e sentimentos — como próprio da *nepeš* — e se apresenta como "o impulso e a energia do querer e da obra",[129] algo que impele de maneira ativa para o bem ou para o mal e fica submetido diretamente à influência divina como sede de atitudes éticas.

Podemos, pois, discernir claramente os riscos fundamentais das mutações semânticas da palavra *nepeš*, ainda que persista a dificuldade de definir seu significado exato em algum caso concreto. O motivo principal está em que, na maioria das vezes, os diferentes significados não pertencem a épocas distintas, mas que se entrecruzam e se interpõem, até que, se alguém não estiver atento, pode chegar a afirmações contraditórias. De qualquer maneira, uma coisa é segura: em nenhum momento se oculta atrás da palavra *nepeš* esse *alter ego* imaterial que o primitivo se vê obrigado a deduzir de fatos como a respiração e a sombra, assim os sonhos, visões, enfermidades e morte. Essa teoria, não foi confirmada nem no caso dos povos primitivos, nem pode ser demonstrada em Israel. Nunca teve a ver nada, de outro lado, a palavra *nepeš* com o significado de uma substância luminosa, presente no homem, que sobrevive à morte e

---

[123] Sl 25:1; 86:4; 143:8.
[124] Sl 33:20; 130:5s.
[125] Sl 42:2s; 63:2; 84:3; 119:81; 143:6; Lm 3:25.
[126] Sl 34:3; 35:9; 103:1,22; 104:1,35; 146:1; Is 61:10.
[127] Sl 62:2,6; 63:9.
[128] Cf. p. 591s.
[129] **R. Smend**, *Lehrbuch der alttestamentl. Religionsgeschichte*, 1899, p. 441.

constitui a base para um culto aos mortos do tipo como o que floresceu em Canaã entre os vizinhos de Israel. A força vital implicada em *nepeš* não tem um caráter numinoso independente, mas é um dom do Criador à criatura; permanece exposta às garras da morte e é incapaz de oferecer um refúgio seguro contra essa limitação última imposta a uma vida em comunhão com Deus. Apesar de tudo, o uso de *nepeš* reflete toda a glória e riqueza da vida concedida ao homem e não permite cair em uma atitude pessimista frente à criação. De outro lado, traz nova luz ao problema da preexistência ou da imortalidade do homem, ou de uma parte do mesmo. Neste último trataremos mais adiante;[130] sobre o primeiro, deixemos estabelecido que não há testemunho algum de uma *preexistência da nepeš* no sentido da teoria platônica das idéias. Herder[131] e outros, levados por certas imagens poéticas, deixaram-se seduzir por essas teses, e assim, no louvor do poder de Yahweh capaz de tirar do *š*ᵉ*'ōl* e lançar novamente a ele[132] viam implicada uma preexistência no reino das sombras, quando, na realidade, o autor não pensava senão na salvação de um perigo mortal. E a queixa de Jó pela sorte do homem: "Nu saí do ventre de minha mãe, e nu retornarei para lá"[133] não se refere com o termo vago de *šommāh,* à terra designada por um gesto, nem ao seio materno — o qual daria a entender uma reencarnação ou um renascer — mas ao mundo dos mortos, cujo nome prefere sugeri-lo simplesmente, em lugar de mencioná-lo de forma expressa. Do mesmo modo, quando se exalta a maravilha da criação divina dizendo, "Meus ossos não se ocultavam, quando eu era formado em segredo, tecido no profundo da terra", achamo-nos entre uma comparação poética do seio materno com as profundidades obscuras da terra; comparação que, certamente, pode proceder de um mito sobre a origem da vida humana no seio da "mãe terra".[134] Em qualquer caso, o fato de que o Antigo Testamento, ao falar tanto da história da criação quanto do homem que nasce por geração normal, só se refira à *nepeš* em combinação com o corpo,[135] confirma o significado que temos podido consignar ao estudar a história dessa palavra, uma potência vital indissoluvelmente unida ao corpo.

---

[130] Cf. caps. XIX e XXIV.
[131] *Der Geist der hebräischen Poesie* I, p. 64s.
[132] 1 Sm 2:6.
[133] Jó 1:21.
[134] Sl 139:15. Cf. os comentários de **Gunkel** e **Kittel** aos Salmos (*ad locum*). Também Eclo 40:1 parece ser reflexo de uma idéia semelhante. Que a idéia da terra como mãe universal pudesse surgir no judaísmo por influência da cultura grega, é também admitido por **Torge,** *op. cit.*, p. 33, nota 2. De outro lado, não é possível demonstrar que essa mesma idéia fosse preponderante no antigo Israel.
[135] Sobre a mudança semântica no judaísmo tardio, cf. mais adiante.

Pelo que temos visto a respeito do *rūaḥ* e da *nepeš* fica demonstrado que não se trata de termos bem definidos pertencentes a uma psicologia sistemática, mas de expressões referidas a uma mesma e única realidade psíquica considerada, às vezes, desde um ponto de vista, e outras, desde outros termos psicológicos que, ainda não tão freqüentemente, empregam-se de forma bem característica para a descrição de fenômenos psíquicos.

C. A respiração (n^e^šāmāh)

A palavra usual para designar a "respiração", *n^e^šāmāh*, só raras vezes aparece como uma metáfora para significar realidades psíquicas. Encontramo-la como um termo coletivo que se refere a todos os seres viventes no mesmo sentido que *kol-nepeš*,[136] e em uma ocasião, talvez em um uso deliberadamente buscado, significa a autoconsciência humana, e em outros lugares, como *rūaḥ*[137]. Esse uso do termo não pode aduzir-se como prova de um desenvolvimento semântico fundamental do mesmo, já que em todas as demais passagens em que aparece se distingue por conservar sempre seu básico significado físico.[138] Enquanto respiração divina, compartilha com *rūaḥ* o significado de poder vivificador criador[139] ou de ira divina destruidora.[140] Em tais casos parece que o primeiro teve de se utilizar como expressão popular concreta, e logo como sinônimo poético de *rūaḥ*. Alento divino enquanto tal, é *nišmat ḥayyim,* sopro de vida, e o Javista o emprega no mesmo sentido que tem em **P** *rūaḥ ḥayyim*.[141] A equiparação com *nepeš*, quando se utiliza como coletivo para indicar todos os seres viventes, é puramente superficial, e esse emprego talvez deva se atribuir ao empenho em buscar uma expressão mais seleta. De qualquer maneira, para a psicologia veterotestamentária o termo nunca teve grande importância.

D. O coração (lēb)

A intensidade dos sentimentos e sua influência em todos os processos interiores ficam refletidas na grande importância que o coração, *lēb*, chega a ter como expressão do psíquico. O fato de que as paixões fortes fossem sentidas também fisicamente no coração, seja porque suas palpitações diminuíam

---

136 Dt 20:16; Js 10:40; 11:11,14; 1 Rs 15:29; Sl 150:6; Is 57:16.
137 Pv 20:27.
138 1 Rs 17:17; Gn 7:22; Is 2:22; Dn 5:23; 10:17.
139 Gn 2:7; 7:22; Is 42:5; Jó 26:4; 27:3; 32:8; 33:4; 34:14.
140 2 Sm 22:16; Is 30:33; Jó 4:9.
141 Cf. Gn 2:7; 7:22 (de onde se deve tirar *rūaḥ*) com 6:17; 7:15.

ou aumentavam, seja porque parecia que se parava ou que doía, deve ter influenciado logicamente, para que se fixasse a atenção nesse órgão e se lhe reconhecesse um papel importante na descrição de estados psíquicos. De fato, toda sobrevivência lingüística[142] tem mostrado que existe um árduo processo espiritual, o qual não trouxe conexões com o coração. E o uso paralelo que o acadiano faz do cognato *libbu*[143] demonstra quão natural era para o homem primitivo o emprego deste termo. A conseqüência em hebraico é um admirável contato entre *lēb* e *nepeš* quando se trata de sentimentos, para expressar a alegria e a dor pode recorrer-se, do mesmo modo, às perífrases "robustecer o coração"[144] ou "refrescar a alma", "aliviar o coração"[145] ou "aliviar a alma". Foi também inevitável o entrelaçamento com *rūaḥ*, o mesmo se pode falar de um espírito libertino, de um coração libertino[146] e chamar ao orgulho altivez do coração[147] ou do espírito. Mas, de qualquer maneira, tais casos não constituem o aspecto característico do emprego de *lēb*; o que deixa entrever o significado próprio do termo dentro da mentalidade hebréia é seu uso dominante em relação aos processos intelectuais e volitivos.[148] Quando Oséias quer caracterizar a torpe política do Reino do Norte, diz que Efraim não tem coração, ou seja, que não tem compreensão;[149] e se Jeremias propõe-se a anatematizar os sacrifícios infantis israelitas como algo totalmente contrário à vontade de Yahweh, dirá que ele não ordenou nada disso, nem jamais surgiu em seu coração tal desejo.[150] Isto demonstra onde reside a verdadeira ênfase, até mesmo quando *lēb* se utiliza de forma complexa para designar a pessoa inteira, sua vida interior, seu caráter:[151] há uma referência clara à atividade espiritual, voluntária e consciente, de um eu humano considerado como completo, que se contrapõe de modo patente tanto à atividade da *nepeš*, de caráter fortemente animal e instintivo, quanto à do *rūaḥ*,

---

[142] Cf. **Frz. Delitzsch,** *Biblische Psychologie,* 1861, p. 248s. **F. H. von Meyenfeldt** (*Het hart — leb, lebab — in het Oude Testament,* 1950, tese doutoral da Univ. de Amsterdã) oferece um estudo completo das vezes que a palavra aparece no Antigo Testamento, com uma breve exegese e uma classificação de seus distintos significados.

[143] Cf. a prova disto em **Frd. Delitzsch**, *Assyrisches Wörterbuch*, 1887-90, p. 367.

[144] *sā'ad lēb:* Gn 18:5; Jz 19:5,8; Sl 104:15; *yīṭtab libbekā* 1 Rs 21:7.

[145] *šāpāk lēb* Sl 62:9; Lm 2:19.

[146] Sl 34:19; 51:19.

[147] Ez 28:2,5,17; Sl 131:11 Pv 18:12.

[148] Com este sentido **Wheeler Robinson** enumera 204 e 195 casos, respectivamente; com referência à vida emocional 166 casos, e à esfera da personalidade e do caráter uns 280 (*Hebrew Psychology*, em *The People and the Book*, 1925. p. 353-382). Cf. também **C. Tresmontant**, *Essai sur la pensée hébraïque*, 1956, cap. 3: *Le coeur de l'homme*, p. 119s.

[149] Os 7:11; cf. 4:11; Jó 12:3; Pv 15:32; Jr 5:21.

[150] Jr 19:5; cf. 1 Rs 8:17; 10:2; Is 10:7.

[151] Is 10:7; Pv 3:1; 24:17.

que atua de forma prepotente e domina o homem por completo. Por isso, as operações de *lēb* comportam de forma especial *o aspecto da responsabilidade*: o que sai do coração é verdadeiramente característico de todo o homem, e dele é responsável enquanto um eu que atua conscientemente. Daí que Isaías resume as censuras feitas ao povo, por seu culto sem alma, dizendo que seu coração está cheio de Yahweh.[152] E o ato de se referir aos açoites com que avisa o coração, enquanto sede da responsabilidade, é uma forma plástica de descrever o despertar da consciência (1 Samuel 24:6; 2 Samuel 24:10; 1 Reis 8:38). A censura da consciência é, por um lado, um "golpear ao coração" (1 Samuel 25:31) e é no coração onde se guarda a recordação atormentadora das próprias más ações (1 Reis 2:44; Eclesiastes 7:22); por outro, o coração do inocente não descobre em si nada de mau (Gênesis 5:20: Jó 27: 6). Para acolher interiormente a vontade divina, revelada na lei, carece-se, sobretudo, de um coração novo,[153] e a resistência e confiança sossegada de uma pessoa auto-suficiente descreve-se dizendo que tem um coração firme, *lēb nākōn*.[154] Do contrário, o caráter volúvel e sagaz chama-se *lēb wālēb*, coração duplo.[155]

Partindo do que acabamos de ver, podemos compreender melhor o matiz que *lēb* salienta, especialmente nos casos citados em que seu uso coincide com o *nepeš* e *rūaḥ*, tanto em matéria de sentimentos quanto de conduta moral, o que é determinante no emprego de *lēb* é a direção interior da vontade, ainda que em casos concretos já não seja consciente dele. Assim como se fala de um endurecimento do coração e não da *nepeš*,[156] assim a firmeza operada por um poder superior se chama *rūaḥ nākōn*,[157] coração puro, enquanto que "coração firme" se refere mais às manifestações da vontade pessoal.[158] E a atividade intelectual do coração realiza-se em forte conexão com o entendimento e a vontade, de forma que o conhecimento não é nunca o de um espectador frio, senão que vem exigido por uma enérgica participação e decisão interiores.[159] Expressamos aqui eloqüentemente o consabido domínio da vontade dentro da psicologia hebréia; mais precisamente: da vontade moralmente controlada e responsável. A partir desta perspectiva todos os processos psíquicos requerem uma luz peculiar.

---

[152] Is 29:13. Cf. também as frases freqüentes com lēb para significar qualidades morais: lēb ne'ᵉmān, lēb nākōn, lēb ṭāhōr, lēb yāšār, lēbāb "ᵉḳḳēš etc., **Delitzsch,** *op, cit.*, p. 250.

[153] Ez 11:19; 36:26.

[154] Sl 57:8; 108:2; 112:7.

[155] Sl 12:3; 1 Cr 12:33.

[156] Dt 2:30; Êx 7:3; Sl 95:8.

[157] Sl 51:12.

[158] Daí o uso de *lēb nākōn* no sentido de sinceridade: Sl 78:37.

[159] Gn 6:5; 8:21; Dt 29:3; Is 32:4; Pv 8:5; 14:10; 24:32.

E. Outras partes do corpo como órgãos de processos psíquicos

Com o coração aparecem com freqüência unidos os *rins*, *k^elāyōt*. Dada a situação interior especialmente profunda desse órgão dentro do corpo, ele serve para designar certos fenômenos psíquicos, enquanto provenientes do mais íntimo, ali onde o homem não pode chegar com sua investigação. Só Deus pode ver e examinar o coração e os rins,[160] e o faz; assim é demonstrado pelo fato de que não lhe interessem as obras externas, senão a entrega do homem interior. Não é casual, portanto, que justamente Jeremias mostre preferência por essa expressão.[161] Do mesmo modo, são desgraças especialmente profundas as que afetam ao homem em seus rins;[162] e tanto a instrução que procede de nosso interior quanto o sentimento de alívio de preocupações angustiantes, os devemos aos rins.[163]

Muito semelhante é o uso do *intestino* (*mē'īm rah^amim*) como sede das emoções que se agitam nessas profundidades e, às vezes, chegam a produzir dor física. Assim o vemos nos gritos de dor de Jeremias ante o puro panorama da perdição iminente.[164] Por isso, se fala que as entranhas fervem, fermentam e se alteram.[165] É de notar a possibilidade de um uso exatamente paralelo de *lēb* e *nepeš*.[166] Também, assim como no caso de *nepeš*, o nome do órgão pode ser utilizado para representar a emoção própria, de forma que *r^aḥ^amīm* signifique, por si mesmo, compaixão.[167]

Em um sentido mais geral, nos encontramos com o coletivo *kereb, as partes interiores* (em poesia, *beṭen*). Como sede[168] e órgão[169] dos processos próprios,[170] esse termo os contrapõe ao mundo exterior enquanto acontecimentos que se dão no interior do homem, aludindo assim à autonomia e peculiaridade do âmbito espiritual.[171] Muito menor é a importância do *fígado*, *kābēd*, que parece ter merecido pouca atenção no hebraico, em contraposição curiosa com seu

---

[160] Jr 11:20; 17:10; 20:12; Sl 7:10; 26:2; Pv 17:3; 21:2.

[161] Cf. também Jr 12:2. onde se contrapõem boca e rins, assim como em Isaías, lábios e coração (Is 29:13).

[162] Sl 73:21; Jó 16:13; 19:27; Lm 3:13.

[163] Sl 16:7; Pv 23:16.

[164] Jr 4:19.

[165] Jó 30:27; Lm 1:20; 2:11; Is 16:11; Jr 31:20; Ct 5:4. Cf. no *Mignonlied* de Goethe: *"Es schwindelt mir, es brennt mein Eingeweide!"* (lit. 'minha cabeça roda, há um fogo em minhas entranhas').

[166] Jr 4:19; 48:36; Sl 42:6,12; 43:5.

[167] Gn 43:14; Dt 13:18; 2 Sm 24:14 etc.; cf. vol .I, p.221.

[168] Zc 12:1; Is 26:9; Sl 51:12; 1 Rs 3:28.

[169] Is 16:11.

[170] Sl 5:10.

[171] **J. Köberle**, *op. cit.* p. 192.

freqüente emprego acádico. Às referências existentes[172] podem ser adiocionados casos nos quais *k^ebōdī* foi substituído por um *k^ebēdî*, original, testemunhado também pela LXX.[173] Enquanto centro vital e sede de sensações psíquicas, essa palavra não designa tanto a paixão sensível[174] quanto um conceito paralelo de *lēb* ou *nepeš*, dos quais se emprega como sinônimos.[175]

Curiosamente, na lista de termos psicológicos falta por completo o *da cabeça*. Só em Daniel se fala de "visões da cabeça",[176] mas nesta passagem, mais que na fantasia, pensa-se na sede dos olhos e, por conseguinte, no órgão da visão. O centro da reflexão é sempre o coração. Do contrário, *os ossos*, *'eṣem 'aṣāmīm, 'aṣāmōt*, podem aparecer surpreendentemente, como órgãos de vida psíquica. Seja que, por constituir a parte mais sólida e permanente do corpo, prestavam-se para designar adequadamente o elemento básico da natureza psíquica,[177] seja, pelas manifestações de solidez, que se convertessem diretamente em expressões de energia psíquica.[178] Em qualquer caso, estamos frente a uma ilustração palpável da imediatez com que o hebreu concebia o físico como expressões do psíquico. Os golpes psíquicos que fazem vacilar as melhores reservas do espírito humano são os que atribuem aos ossos.[179] De qualquer maneira, também é corrente seu emprego para significar o homem interior em geral.[180]

À vista do grande valor que se reconhece ao aspecto físico do homem, não se pode estranhar que também *a carne*, *bāśār*, apareça como sujeito de atividade psíquica: suspira por Deus, se alegra com Deus e, no mundo inferior, sente dor.[181] Assim, acaba por designar à pessoa;[182] e dizer "toda carne" significa todo ser vivente, homens e animais.[183] *Kol-bāśār* e *kol-nepeš* são empregadas no mesmo sentido.[184] Para indicar a parte carnal do corpo o hebreu utiliza *š^e'ēr* e para o cadáver *gupā, g^ewiyyā e peger*; *Bāśār*, de outro lado, é o corpo vivo controlado pela *nepeš*. Por conseguinte, assim como sucede com *nepeš*, pode-se dizer que "o homem *é bāśār*". Nos dois casos, trata-se da mesma realidade, a do homem vivo.

---

[172] Lm 2:11; Pv 7.23.
[173] Sl 7:6; 16:9; 30:13; 57:9; 108:2; Gn 49:6.
[174] Só Pv 7:23 exige consideração neste sentido.
[175] Com *lēb* no Sl 16:9 como eu autoconsciente; igualmente, no 57:8s e 108:2; com *nepeš*, no Sl 7:6. no sentido de vida.
[176] Dn 2:28; 4:2,7,10; 7:1,15.
[177] Assim **J. Köberle**, *op. cit.*, p. 193.
[178] Assim **J. Pedersen**, *Israel*, p. 172.
[179] Is 38:13; 58:11; Jr 23:9; Sl 6:3; 31:11; 32:3; 51:10; 102:4; Jó 4:14; 30:17 etc.
[180] Sl 35:10; 38:4; Pv 3:8; 16:24.
[181] Sl 16:9; 84:3; 63:2; 119:20; Jó 14:22.
[182] Lv 13:18; Ec 4:5; 5:5; Ne 5:5.
[183] Gn 6:13,17; 7:15; Sl 136:25.
[184] Gn 6:13,17; 7:15,21.

F. Avaliação sintética da psicologia veterotestamentária

Pela riqueza de expressões com que o hebreu designava os fenômenos psiquícos torna-se claro que, para a mentalidade hebraica, não há interesse em analisar teoricamente tais fenômenos, mas que pretende, por todos os meios possíveis, apresentar com a maior vivacidade a diferença causativa entre os distintos processos psíquicos e manifestar os sentimentos que a comportam. Resulta daí todo um tesouro de metáforas que se entrelaçam, uma abundância de termos psicológicos que permitem refletir grande número de finíssimos matizes nos fenômenos psíquicos, mas que resistem a uma estruturação e unificação, simplesmente sistemática. Só é possível deduzir certos princípios básicos característicos da concepção hebraica do homem.

Em primeiro lugar, chama a atenção que, ainda que a visão israelita do ser humano tenha clara consciência do caráter peculiar da vida psíquica diante dos fenômenos físicos externos, até o ponto em que *bāśār* possa aparecer como oposto em certos sentidos a *rūaḥ*, *nepeš* e *lēb* , ignora, não obstante, totalmente um dualismo estrito no qual carne e espírito, corpo e alma, seriam opostos irreconciliáveis. O corpo vivente e suas diferentes partes são considerados órgãos e veículos de vida pessoal, até um extremo no qual em cada parte pode ser expressa e captada a totalidade da pessoa.[185] Portanto, o fato de os distintos órgãos e energias psíquicas atuarem com aparente independência não pode nos levar a pensar que, para esta concepção, a vida pessoal do homem fosse um simples composto de centros diversos sem relação entre si, como resultado de que estes "estados unidos",[186] tão devidamente federados, não tivessem permitido senão um fraco sentido de unidade, e que o conceito de pessoa não dá provas de grande firmeza. É preciso dizer, contudo, que o aspecto característico do pensamento hebraico a esse respeito está em descobrir o todo em cada parte; mesmo quando parece descrever algumas expressões individuais de vitalidade que seguem sua própria lei, a mentalidade hebréia pensa na vida pessoal como totalidade.[187]

---

[185] A idéia que o hebreu tem da pessoa é a de um corpo animado, e não a de uma alma encarnada (**Wheeler Robinson**, *op. cit.,* p. 362). Cf. nota 148.

[186] Assim **Wheeler Robinson**, *op. cit.*, p. 354.

[187] Nisto insiste muito, e com acerto, **J. Pedersen**, *op. cit.*, p. 170s. Igualmente **A. R. Johnson** (*The Vitality of the individual in the Thought of Ancient Israel*, 1949) reconheceu ser de grande importância demonstrar a relação das mais diferentes descrições da vida corporal e psíquica com uma totalidade espiritual, uma unidade pessoal que preside a tudo. Por isso não se pode manter a dissolução dessa unidade pessoal em esferas espirituais independentes, segundo o princípio introduzido por **W. Robinson** da "*diffusion of consciousness*".

A partir de um ponto de vista formal, a psicologia israelita concede importância à distinção entre atividade e passividade espirituais. Seus conceitos psicológicos principais desenvolvem-se claramente no sentido de um perceptível contraste entre a atividade instintiva, condicionada pela vida animal (*nepeš*), a atividade espiritualmente consciente (*lēb*) as duas dominadas por umas forças provenientes de fora (*rūaḥ*). Essa distinção consciente entre o impulso e a vontade dentro das decisões e ações humanas, demonstra que o israelita havia chegado a formar para si claros conceitos éticos.

Temos, de outro lado, uma linha que insiste, sobretudo, no especificamente individual, representado por *nepeš*, e passa rapidamente ao que se dá em forma coletiva e está ao alcance de todos sem distinção, ou seja, o *rūaḥ*. O fato de que, a maioria das psicologias se dedique tão-somente a descrever o individual e subjetivo, é uma simples conseqüência do método hebraico de observação, centrado no fenômeno concreto.

Ainda que *nepeš* e *rūaḥ* apareçam aqui claramente como duas realidades diferentes, é impossível concebê-los como duas partes do ser espiritual do homem. São estupendas descrições de diferentes classes de fenômenos psíquicos, mas não representam capacidades ou áreas distintas dentro da psiquê. Referem-se sempre à vida total da pessoa, considerada a cada vez de um ponto de vista diferente. Nem uma psicologia dualista do homem, nem uma psicologia tricotômica podem encontrar justificação nas idéias veterotestamentárias.

Aquilo que tem mais importância na psicologia bíblica é seu realismo, que apresenta o corpo em inter-relação orgânica com a vida psíquica. Há aqui uma afirmação total, com todas as conseqüências, da existência corporal humana. Não é o corpo um objeto que possuímos, mas que fica fora de nosso autêntico ser, e também não a simples base natural ou o instrumento com o que temos de contar necessariamente, mas que não forma parte de nosso eu essencial. É a forma viva de nosso eu, a expressão necessária de nossa existência individual, na qual encontrou realização o sentido de nossa vida. Mas esse corpo não pode ser depreciado como cárcere da alma, nem temido como inimigo do espírito. De outro lado, também não pode ser considerado, em um sentido materialista, como o homem autêntico, um ser que pode encontrar nos acontecimentos físicos a meta e o sentido de sua existência. Ademais, há que entendê-lo em todas as suas partes como veículo de uma vida pessoal e espiritual,[188] devedora de uma vocação de Deus e que acha sua nobreza em ser imagem de Deus.

---

[188] A afirmação de que a alma do homem é carne segue indissoluvelmente unida com sua contrária: que a carne é alma" (**Pedersen**, *op. cit.*, p. 178).

As repercussões dessa visão totalizante da natureza humana na configuração das relações do homem com Deus e com o mundo podem ser detectadas por toda parte. Efetivamente, aqui, quando nada se sabia de uma alma (substancial) imortal, necessariamente teria o homem de tomar consciência particularmente clara de sua constante dependência de Deus como única fonte de vida, em qualquer perigo. Igualmente, quando consideramos sua relação direta com as realidades psíquicas, aparece sob uma nova luz o grande valor que se reconhece aos bens terrenos. Da mesma forma, torna-se pleno o quão profundamente enraizado é o forte senso de solidariedade que une o indivíduo à sua família, raça e nação, quando é percebido que o parentesco, de acordo com a carne, era para o hebreu, ao mesmo tempo, uma comunhão no reino da alma e, todas as suas forças as quais concediam importância decisiva para sua vida humana.

Mas, além disso, essas linhas se alongam até penetrar na concepção israelita do pecado e da redenção. Com efeito, das idéias israelitas sobre a vida psíquica deduz-se que o pecado não pode ser explicado só como desejo da carne, como *concupiscência*, mas que se há que entendê-lo como uma realidade da psique toda, que arrasta também o corpo. Por isso, a redenção terá ser realizada também em um acontecimento corporal. O verdadeiro culto a Deus reivindica não só a participação da alma, mas também a do corpo, dando a toda ação cultual um caráter especial, e a ajuda divina efetiva há de abranger todo o âmbito da vida psíquica e, portanto, também o corpo; e se a esperança se estenda até incluir a superação da morte, esta não poderá ser concebida como imortalidade de uma porção espiritual do homem, mas como uma nova forma de existência de todo o ser humano.

Estava reservado à filosofia grega abrir uma brecha, na época helenística, dentro dessa visão tão travada.[189] Assim, para o autor do livro II dos Macabeus, desaparece o *rūaḥ* como princípio de vida que habita no homem, para fazer um uso dicotömico dos termos *nepeš* e *bāśār*, como duas partes constitutivas da natureza humana. Na Sabedoria de Salomão, *nepeš*-ψυχη converte-se na substância imperecível que, como princípio de vida indestrutível, garante ao homem a imortalidade:[190] preexiste e, se está adornada de boas qualidades, recebe como morada um corpo sem mancha.[191] Mas este é considerado como uma parte inferior da natureza humana, que torna difícil a atividade própria da alma e supõe uma carga para o espírito.[192] Esta aliança entre as idéias

---

[189] Cf. a respeito **J. Schwab**, *Der Begriff der nefes in den Heiligen Schriften des AT,* 1913. p. 79s.

[190] Sab 2:22s; 3:1s; 4:14; 5:16.

[191] Sab 8:19s.

[192] Sab 9:15.

veterotestamentárias e as da filosofia platônico-alexandria chega, com Filo, a uma completa capitulação ante a imagem grega do homem. Mas precisamente essa invasão de um espírito estranho no mundo veterotestamentário faz com que surja, mais claramente, a irreconciliável oposição entre a interpretação israelita da natureza humana e a psicologia filosófica com todas as suas conseqüências lógicas, e nos facilita, por isso, uma avaliação objetiva das idéias do Antigo Testamento.

Capítulo XVII

CONSERVAÇÃO DO MUNDO

O Antigo Testamento, numa questão, não deixa lugar a dúvidas: na criação a criatura foi investida de poderes e dons no desenvolvimento e uso dos quais é chamada para dirigir sua própria vida. Assim como se concedeu à terra e ao mar a capacidade permanente de produzir, dentro de sua própria esfera, plantas e, até, animais,[1] assim também o homem dispõe de um amplo campo no qual governa com poderes absolutos: instalado como senhor do mundo criado[2] graças à bênção divina no momento da criação, é chamado a povoar a terra em virtude de sua fecundidade natural, equipado com as armas suficientes para superar qualquer obstáculo à expansão de sua soberania.[3] Que relação há entre essa vida própria da criatura, fixada já desde a criação, e Deus? A esta pergunta já oferece certa resposta a mesma idéia de criação tal e como está concebida no Antigo Testamento, por um lado, o conceito de criatura, inseparável do de criação, pressupõe que o mundo está em constante dependência de Deus, sem que se pense que o que foi criado se separe de quem o criou;[4] por outro, considera conseqüência necessária do fato criador um processo histórico cujo motor ativante está na permanente relação vital da criatura com o Criador. Igualmente, o testemunho que o Criador dá de si mesmo em sua obra, por meio da teleologia visível na estrutura do cosmos, aponta alguns valores permanentes, por cuja relação se esforça toda vida criatural e que excluem a possibilidade de que sejam forças caprichosas as que governam o processo do mundo.[5]

Fica assim indicada a direção que seguirá o pensamento israelita sobre a história posterior do mundo criado. Contudo, eram ainda várias as possibilidades, e distintas em seu valor religioso, no momento de definir e desenvolver mais exatamente os elementos básicos de fé contidos na idéia de

---

[1] Gn 1:11,20,24; cf. a idéia popular de que o ciclo fixo dos fenômenos da natureza se deve a um decreto divino: Gn 8:22.

[2] Sl 8:6-9.

[3] Gn 1:28.

[4] Cf. p. 560s.

[5] Cf. p. 569s.

criação. Os pontos mais importantes a respeito estão contidos nos conceitos de lei natural, milagre e providência.

I. Existência de leis na Natureza

Para conceber uma vida própria da natureza é importante observar a regularidade de seus fenômenos. Sendo assim, o modo como o israelita defronta-se com a natureza não parece favorecer essa observação e a descoberta que comporta, já que não a vê de forma objetiva e fria, mas a partir de um ponto de vista predominantemente *subjetivo*, como implicada em todos os acontecimentos da vida humana, e a julga de acordo com isto.

A. Aplicação popular dos profetas antigos

Já temos visto como a natureza impõe certas exigências ao homem, regulando assim, de algum modo sua conduta.[6] Mas não fica no simples cenário de seu trabalho, é às vezes acompanhamento e reflexo de sua atividade e experiência. Assim como é considerada comprometida no próprio destino nacional, lutando como aliada de Israel,[7] alegrando-se e aplaudindo sua libertação,[8] horrorizando-se por sua apostasia,[9] do mesmo modo ela surge com o povo quando chega o momento de seu repúdio e ânsia, desde a desolação, e que se renove a abundância paradisíaca, quando forem restabelecidos os laços de união que foram desfeitos entre Deus e seu povo.[10] Além do mais, a natureza ajusta-se em sua conduta ao modelo da atividade divina, negando ao homem seus dons ou os fornecendo como servidora obsequiosa.[11]

Essa *admirável idéia da natureza como coisa viva*, pela qual se reconhece toda a criação não humana uma relação com seu Senhor divino análoga à que se dá no povo de Deus, já é uma mostra da forte e direta vinculação dos fenômenos naturais com Deus, de cuja atividade são o acompanhamento da história e da vida do povo. Por isso, não vemos em parte alguma o reconhecimento de que as forças da natureza tenham uma vida mitológica própria que lhes permita serem apresentadas como entidades independentes contrapostas a Deus. É verdade que Israel conheceu algumas dessas concepções mitológicas, em parte por seu próprio passado e em parte pelos povos vizinhos; no entanto, da mesma maneira que só utilizou o material tradicional como ornamentação poética,

---

[6] Cf. p. 579s.
[7] Jz 5:20; Js 10:12s.
[8] Is 35:1s; 43:20; 44:23; 49:13; 55:12; Jl 2:21s; Sl 96:11s; 98:8.
[9] Is 1:2; Jr 2:12; 6:19; Mq 6:1s; Dt 32:1.
[10] Cf. vol.I, p. 469s.
[11] Os 2:20,23s; Jó 31:38; Sl 65:13s.

sua personificação da natureza não se mostrou capaz de produzir novas idéias míticas desse tipo.[12]

Seguindo essa mesma lógica, foi fácil a Israel o contrário: descrever os fenômenos naturais, os que geralmente se reconhecia uma vida antropomórfica, como *um ato direto do Deus* que controla a natureza e a história, enchendo tudo com sua onipotência. Assim a chuva e a fertilidade são dons de Yahweh, o campo com a chuva é uma bênção,[13] produz a vegetação e dá aos animais seu alimento;[14] com os produtos do campo dá de comer a seu povo[15] ou o castiga retirando-os.[16] Do mesmo modo que se lhe deve pedir sempre a bênção dos filhos, que ele concede ou nega,[17] assim forma ele a cada homem no seio materno, reveste-o de pele e carne, dota-o com seu hálito de vida e dá a cada nova geração a ordem para que surja.[18] O enfermo reconhece na enfermidade sua visitação[19] e o naufrago vê que é ele quem remove o mar, a nuvem tempestuosa.[20] O terremoto se deve a um golpe de seu punho,[21] e ele amassa a montanha fumegante do vulcão.[22] Faz com que a manhã suceda a noite[23] e fixa aos astros sua saída.[24] A volta regular das estações do ano, com suas colheitas e a reconfortante luz do dia atrás da obscuridade da noite, se devem à solicitude paterna do Criador que, até mesmo depois do juízo do Dilúvio, quis preservar a sua criatura.[25] Seus milagres podem ser reconhecidos em toda parte;[26] saltando por cima das causas intermediárias, o homem piedoso descobre a Deus criando o universo em todo momento. Esta concepção se traduz de forma impressionante no fato de que o hebreu não conhece uma palavra especial para expressar a conservação do universo, senão que com o termo *bārā'* designa tanto a criação do mundo quanto a conservação do mesmo.[27] Não é nenhum exagero chamar a esta concepção

[12] Cf. os fragmentos de um mito da luta contra o caos de que temos falado na p. 574s.
[13] Gn 27:27; Sl 65:7-14; Jr 5:24; 10:13.
[14] Sl 147:8s; 145:15s; Jó 38:39s.
[15] Gn 26:12; 27:28; 49:25; Os 2:10s; Sl 107:35s.
[16] Am 4:6s; Sl 107:33s etc.
[17] Gn 15:5s; 18:10s; 25:21; 30:2,8.
[18] Sl 22:10s; 90:3; 139:13s; Jó 10:8-12; 31:15; Is 41:4; Ml 2:10.
[19] 1 Rs 17:17s; 2 Rs 20:3; Sl 6:2s etc. Cf. 107:17s.
[20] Sl 107:23s; Jn 1:4.
[21] Is 9:7s; Na 1:5; Jó 9:6.
[22] Sl 144:5; 104:32.
[23] Am 5:8.
[24] Jó 9:7,9; Is 40:26; Sl 147:4.
[25] Gn 8:22.
[26] Jó 9:10; Sl 107:24.
[27] Êx 34:10; Nm 16:30; Is 43:1,15; 45:7; 48:7; 54:16; 57:19; 65:18; Ez 21:35; Sl 51: 12; 102:19; Ec 12:1.

veterotestamentária da conservação do mundo *creatio continua*.[28] Também nos hinos egípcios e babilônicos há expressões semelhantes,[29] no entanto, as afirmações do Antigo Testamento recebem, logicamente, um sentido totalmente novo por sua referência a um único Deus criador e por sua forma peculiar de concebê-lo. Nelas não só se expressa a fé popular do antigo Israel, mas também a idéia dos profetas sobre a natureza, na qual viam a Deus atuando tão próximo e diretamente quanto na história.

B. Jogo de ação humana e divina

De acordo com o gênio peculiar dessa concepção da ordem natural, que se centrava por completo no fenômeno concreto e o articulava, por sua vez, no portentoso jogo de ação humana e divina, tornava-se difícil para o homem adotar uma atitude distanciada e asséptica frente à toda a vida da natureza e suas leis básicas. Essa situação muda *quando a natureza recebe a atenção por si mesma como obra do Deus que cria e ordena*, ficando assim substituída a consideração antropocêntrica por outra cósmica. Esse deslocamento desse ponto de vista se observa, de forma mais atraente, no relato da criação de **P**, dominado pelo conceito de *universum*. "Seguindo uma hierarquia totalmente estruturada, os diferentes elementos do mundo surgem neste relato como outras tantas realizações da idéia divina de criação, para formar entre todas a totalidade cósmica".[30] Dentro desse cosmos integra-se também, como mais uma parte, ainda que a mais excelsa, o homem, e nele é onde se lhe designam suas tarefas.

1) Pelo que foi dito sobre a estrutura religiosa do sacerdócio e especialmente sobre sua predileção pelo conceito de ordem regular,[31] parece mais que lógico que foi em seus círculos onde se prestou mais atenção à vida independente do universo, dando base a formular idéias dessa classe. Do mesmo modo, é natural que o resto dos testemunhos principais dessa visão da natureza encontrem-se *na poesia hínica*, a qual, se nem sempre foi utilizada diretamente para fins cultuais, é devedora de formas estilísticas desenvolvidas no culto. Dentre tais hinos, Salmos 8:19a e 29 podem ser considerados com toda probabilidade anteriores a Gênesis 1, enquanto que o Sl 104 e 148 é de época posterior. Todos

---

[28] Assim, com razão **G. F. Oehler**, *Theologie des AT*, 1891 p. 188. Que o sobrenaturalismo do tipo antigo só reconhecia aqui uma ação mediata de Deus, demonstra quanto se distanciava da idéia bíblica de criação; cf. **E. König**, Theologie, p. 208s.

[29] Cf. **G. Röder**, *Urkunden zur Religion des alten Ägypten*, 1923, p. 7s; 22,62s. **A. Falkenstein** e **W. von Soden,** *Sumerische und akkadische Hymnem und Gebete*, 1953, p. 80,241,249s, 254s.

[30] **P. Kleinert**, *Die Naturanschung des AT, em Theol. Studien und Kritiken,* 1898. p. 16.

[31] Cf. vol.I, p.358s.

estes hinos se caracterizam pelo fato de que, prescindindo do homem, fazem uma descrição entusiasta da vida maravilhosa da natureza, chegando a vislumbrar a magna totalidade da ordem natural. É claro que seus autores deviam ficar impressionados pela constatação, apesar das mudanças, de uma indefectibilidade e perene estabilidade, de um permanente retorno de acordo com um sistema preciso. Parece que esse desenvolvimento foi também favorecido por certos modelos estrangeiros da poesia hínica do Oriente antigo,[32] que fizeram com que os poetas israelitas se aplicassem a um tema originariamente estranho a seus interesses. A verdade é que souberam adaptar rapidamente o novo tema à idiossincrasia israelita, penetrando-o do gênio próprio da fé Javista. Enquanto no Salmo 29 o caráter próprio do antigo Israel mostra-se, todavia, com vigor no louvor da glória divina que se manifesta na tormenta, os demais hinos expressam um sentido da grandeza, da beleza e da ordem assustadoras do cosmos, tão acima do cálculo do homem que a este só lhe resta a resposta de sua veneração maravilhada na contemplação solene do curso regular dos astros,[33] da maravilhosa música das esferas,[34] do firme controle das forças naturais, que só lhes permite se mover de acordo com algumas ordenanças bem definidas,[35] e da riqueza misteriosa que há na magna economia da natureza.[36] À vista da incomensurável grandeza e poder dessas obras da criação, ao homem não resta senão tomar consciência de sua infinita pequenez e cair humilhado por terra.[37]

Essa visão cósmica implica, assim como na idéia da natureza, característica do Israel antigo, a constante referência de todas as coisas ao Criador como origem e fonte de vida universal. Este é, precisamente, o ponto em que os autores dos hinos fazem uma transformação radical nos modelos do antigo Oriente que eles teriam em mãos: a vontade pessoal do Deus transcendente deixa desprovido de todo significado independente até mesmo aos fenômenos mais sublimes da natureza, convertendo-os em testemunhas do poder e da sabedoria sem fim do único Senhor. E o que dissemos vale igualmente para o caso do hino ao sol de Aquenaton, o documento mais grandioso da contemplação

[32] No Sl 19 parece ter servido de modelo um antigo hino ao sol; Sl 29 pode ser equiparado a um hino dedicado ao deus babilônico da tempestade, **Adad** (**M. Jastrow**, *Die Religion Babyloniens und Assyriens,* I, p. 482s), ainda que seja preferível pensar em um hino cananeu a Baal do tipo dos que nos sugerem sobretudo os paralelos ugaríticos (cf. **H. J. Kraus,** *Psalmen* 1959, *"Erklärung und Literaturangaben"*, p. 233s). No caso de Sl 104 está demonstrada, com toda clareza, a influência, talvez indireta, do célebre hino ao sol de Aquenaton.

[33] Sl 8:4; 19:2,5-7; 104:19; 148:3.

[34] Sl 19:3-5.

[35] Sl 104:9; 148:6.

[36] Sl 104:2s:25s; 148:7s.

[37] Sl 8:5; cf.; Is 40:15,17; Jó 38:4s.

do universo do antigo Oriente. Não cabe discutir a força incontestável desse grandioso panorama de um mundo permeado pela bondade divina, no qual toda vida, e não só a do homem, conta com sua própria lei e justificação. Mas nele fica obscurecida a transcendência da vontade divina criadora, sua radical diferença de todo poder intramundano; por isso, aqui não é possível chegar a uma verdadeira comunhão espiritual, em uma relação de responsabilidade moral e decisão, com esse conservador divino do universo, nem é concebível o contraste ético que surge ao final do Salmo 104.[38]

E, no entanto, a relação entre Deus e o mundo admitida nessa concepção cósmica da natureza também apresenta uma diferença característica com a visão popular desenvolvida pelos profetas. Com efeito, para ela *a soberania divina é algo muito mais direto*, e se realiza pela conduta de algumas forças que foram fixadas de uma vez para sempre e em determinado sentido. A contemplação de um universo articulado, com multiplicidade de fenômenos em interação mútua e, portanto, estruturados em um sistema, havia de sugerir necessariamente a existência constante de alguns complexos maiores e criar assim a consciência mais ou menos clara de que no cosmos funcionam ordenanças e leis fixas.

2) Que essa visão do universo não se tornasse algo banal, mas causasse influência em outras áreas do pensamento, pode se observar claramente em diversas passagens. O que já foi mencionado acerca da proto-história javista, onde se fala que Deus retorna a uma iniciativa de graça com a terra depois do Dilúvio,[39] nos faz lembrar a linguagem elevada do hino, e em sua intenção se estende muito mais além das conseqüências imediatas do Dilúvio, louvando as estações, sempre pontuais, como as grandes ordenanças fundamentais da vida. Só a inserção dessa proclamação das leis permanentes do universo no contexto do presente é o que evita que sua objetividade se torne absoluta, e a converte em expressão da solicitude de Deus pelo homem. [40]E assim a aliança escatológica com os animais que encontramos em Oséias,[41] que indubitavelmente pressupõe uma aliança realizada ao começo do tempo, deve ser interpretada não como uma tentativa de explicação da regularidade dos fenômenos naturais,[42] mas, a um nível muito mais primitivo, como uma explanação do aspecto distintivo

---

[38] Sl 104:35.

[39] Gn 8:22.

[40] **Procksch** (*Die Genesis*, p. 70) deixa entrever a idéia, não incorreta, de que o conteúdo conceitual desse elemento não é simplesmente o do Javista.

[41] Os 2:18 (MT 2.20).

[42] Assim pensa **Gressmann,** *Der Ursprung der israelitisch-jüdischen Eschatologie*, 1905, p. 206.

dos animais.[43] De outro lado, a partir da *época de Jeremias,* observa-se uma curiosa propensão a fixar-se na regularidade da ordem da natureza; é como se em meio as tormentas, que levaram à ruína do Estado e espalharam insegurança em toda situação vital, a reflexão tornara-se especialmente sensível à serena uniformidade da economia da natureza. Assim Jeremias exalta as *ḥuḳḳōt ḳāṣir*, as firmes ordenanças das colheitas, marcadas no ciclo regular das chuvas de outono e da primavera, como um dom especial da misericórdia divina,[44] e ao seu povo, inconstante e volúvel, aponta como exemplo a regularidade com que as aves migratórias chegam e vão.[45] Além disso, o imutável desígnio de amor de seu Deus é comparado com as ordenanças eternas, *ḥūḳīm*, que se manifestam no curso dos astros e no movimento do mar.[46] O profeta considera até mesmo a ordem divina do cosmos dotada de tal autonomia que não só pode aplicar-lhe o mesmo vocábulo com que se designavam os estatutos da ordem israelita baseado na aliança, mas que, além disso, o compara como um todo às normas pelas quais se rege o mundo dos homens e o apresenta como uma garantia de que a soberania divina também será implantada na história humana. Desse modo, o paralelismo que a mentalidade popular estabelecia entre a natureza e a vida humana deixa de constituir uma conexão ingênua e arbitrária para converter-se em uma relação cuja necessidade intrínseca é inerente à essência dos mundos mantidos por uma mesma vontade soberana.

3) Não é casual que essa aparição ocasional do elemento cósmico na pregação de Jeremias coincida com a idéia que claramente preside *o relato sacerdotal da criação* de Gênesis 1: o cosmos é um organismo com vida e leis próprias. Esse relato não só considera que a natureza e o homem estão dotados de capacidades permanentes; também não só apresenta como lei universal a recíproca complementaridade e o mútuo serviço, pois todos os trabalhos da criação aparecem sabiamente condicionados uns a outros, mas que, também, estabelece uma clara diferença entre a origem e a persistência do mundo, entre sua criação e sua conservação, ao encerrar a obra criadora com o dia de descanso.[47] Isso resulta na formulação de um conceito de grande importância teológica: o *da perpetuidade da vontade criadora de Deus.* Ao conceder à obra de suas mãos uma vida própria, o Criador estampa nela o selo de sua aprovação e, de produto efêmero e insignificante, o converte em outro, de existência duradoura. A criação não é simplesmente um jogo de capricho que poderia igualmente desaparecer sem deixar rastros, nem uma fantasia divina ao estilo

[43] **Eichrodt**, *Die Hoffnung des ewigen Friedens,* 1920, p. 89s.
[44] Jr 5:24.
[45] Jr 8:7.
[46] Jr 31:35s.
[47] Gn 2:1-3.

de como a concebe a mentalidade hindu; não, ela possui um direito à existência que lhe foi dado por Deus. O ato criador de Deus fica, assim, confirmado como obra de uma vontade constante e intencionada.

Essa idéia *se opõe* claramente *à concepção pagã do universo*, segundo a qual a atitude frente ao mundo é sempre incalculável e caprichosa. A diferença se percebe com especial clareza ao se comparar a saga bíblica do Dilúvio e a babilônica. Na Babilônia trata-se da vingança irracional de um deus contra a criação, que chega a pôr em perigo o próprio mundo celestial; só a maior astúcia de outro deus evita que a criação fique aniquilada. A mentalidade bíblica, do contrário, vê no Dilúvio o meio pelo qual se leva a cabo o plano de Deus na criação. Não se pode falar aqui de um ataque à ordem do universo, ao cosmos; a ação judicial de Deus só se dirige contra o homem.

É igualmente clara a diferença com respeito a uma idéia das leis da natureza ao estilo da que servia de base à crença antiga no destino. Para esta o *fatum* está acima da divindade; um mecanismo incompreensível, mas regular mantém em ordem o universo, para levá-lo ao final à sua dissolução. Contudo, o pensamento do crente do Antigo Testamento se eleva até a um fundador divino da ordem natural que o emprega para a consecução de seus fins cósmicos e que, por conseguinte, permanece sempre acima da dita ordem.

4) Onde essa visão cósmica da natureza causa mais influência é no *Deutero-Isaías*. Quando põe diante dos olhos de seu povo a glória da obra da criação, não só oferece uma prova de que o poder do Deus de Israel é incomparavelmente maior que o dos deuses pagãos,[48] mas que reconhece também nela uma fonte de revelação da qual pode se alimentar a fé no poder e na vontade de salvação de Deus.[49] Porque o mesmo Senhor, de cujo controle não se atreve a sair nenhum dos astros que se movem sem parar, e diante do qual os homens parecem gafanhotos e os povos mais poderosos são como uma gota dentro de um oceano, é aquele cuja justiça integra na graça de sua aliança a todas as criaturas e faz brotar um mundo novo no qual se consuma a salvação.[50] Por isso, é possível que a ordem maravilhosa e a teologia dos fenômenos da natureza se convertam, com toda sua sólida realidade e grandeza objetiva, em objeto do hino do profeta. Apesar de tudo, o deutero-Isaías não abandona a antiga linguagem que falava de uma ação de Deus nos acontecimentos da natureza; mas também nisto se nos mostra como herdeiro de um grande passado, capaz de unir intenções contrárias.[51]

---

[48] Is 40:15s,22.
[49] Is 40:26.
[50] Cf. vol.I, p. 217s.
[51] Is 41:18s; 43:19s; 44:3; 48:21; 49:10s; 50:2. Sobre a natureza participando feliz na salvação de Israel: cf. 42:10-12; 44:23; 49:13.

Essa nova visão do mundo influi de forma frutífera e libertadora na fé em Deus, como demonstra o gosto palpável dos escritores proféticos por intercalar referências à ordem natural e à sua uniformidade. Lado a lado com os fragmentos de hinos litúrgicos[52] encontramos metáforas mais estereotipadas que, à maneira do deutero-Isaías, utilizam a grandeza da criação como argumento contrário aos fabricantes de ídolos ou para dar ânimo ao homem piedoso.[53] De maneira muito característica fala-se também de um *bᵉrît* de Yahweh com o dia e a noite, que promete uma segurança semelhante à aliança com Davi.[54] Além disso, são mencionadas também as *ḥuḳḳōt šāmayim wā'āreṣ*, leis que abarcam o céu e a terra; com essa frase parece haver chegado o autor à nossa concepção de leis naturais.[55] É claro que o verdadeiro interesse de tais afirmações reside em sustentar não tanto a independência de uma ordem cósmica quanto a total submissão do mesmo ao poder de Deus, o qual está expresso com mais propriedade na vida de uma lei imposta à natureza. Por isso, pode se dizer que a ordem da natureza só é considerada como "expressão da liberdade onipotente" de Deus.[56]

5) *A literatura sapiencial* faz sua a visão cósmica da natureza, mas de forma nova: apresentando à sabedoria, hipostatizada, como arquiteto do universo.[57] É facilmente compreensível que, neste contexto, os sábios dessem especial atenção ao que de objetivo e autônomo há na maravilhosa estrutura do mundo, ainda quando em outros momentos cultivasse, de boa vontade, o uso popular da vida da natureza como espelho e mestra da vida humana.[58] Com efeito, por dominar os milagres e mistérios do cosmos, a sabedoria teria de sair ganhando em dignidade e autoridade e seu ensinamento haveria de encontrar mais pronta acolhida.[59] De outro lado, essa ênfase na vida autônoma da natureza, incompreensível para o homem, converteu-se numa arma estupenda contra aqueles que viam no arrogante racionalismo dos sábios perigos para um claro conhecimento de Deus e para a autenticidade da entrega de fé.[60] Com essa intenção o autor de Jó 28 apresenta a seus contemporâneos a natureza da sabedoria divina como algo inacessível a todo o mundo terreno e, portanto, também ao homem; e nos discursos que o mesmo livro põe na boca de Deus

---

[52] Nesta categoria entram, com segurança, as três passagens de Amós: 4:13; 5:8 e 9: 5s. Cf. **F. Horst**, *Die Doxologien im Amosbuch*, *ZAW* 1929, p. 45s.

[53] Cf. Jr 10:12s; 32:17.

[54] Jr 33:20.

[55] Jr 33:25.

[56] **H. Schultz**, *Alttestamentliche Theologie*, p. 453.

[57] Cf. Jó 28:23s; Pv 8:22s e cf. também p. 546s.

[58] Pv 6:6s; 11:22; 16:24; 17:12; 19:12; 20:2.

[59] Sab 6:22; 7:17s.; 8:3s.

[60] Cf. p. 548s.

insiste-se com especial predileção justamente naqueles aspectos da natureza que supunham uma zombaria das idéias e dos cálculos humanos e coloca em dúvida a existência de uma lei racional na ordem cósmica, sugerindo, também, que a vida do cosmos desfruta de um valor autônomo, independente do homem, e que precisamente por isso é capaz de convencê-lo de que a glória inefável do Criador constitui o milagre de todos os milagres.[61] Justamente ao aprofundar-se no estranho caráter da estrutura cósmica, em cujo descobrimento ressoa a chamada do Deus universal ao homem, o autor remete-se à natureza *absoluta* do milagre da criação, até mesmo a preservação do mundo só pode ser aceita interiormente como testemunho do Criador por aquele que a compreende no contexto da relação de aliança, e seja capaz de afirmá-la em um ato de fé.

6) A mudança na avaliação da autonomia da natureza, que foi realizada na obra do deutero-Isaías, recebeu sua expressão mais refinada no livro de Eclesiastes. Aqui a natureza *incompreensível* e *estranha do cosmos* intensifica-se até que a regularidade de suas leis não sejam mais objetos de admiração e alegria, mas sim de "fadiga", de desilusão e de profundas derrotas: essa regularidade parece o movimento exato de um mecanismo de precisão sem alma, sem parte nos sofrimentos e desejos humanos, nos tormentos e esperanças do homem.[62] Tal é a "vaidade" de uma leitura natural dos enigmas do universo. Assim a uniformidade própria do processo natural é utilizada para demonstrar que ela será sempre ambígua para uma sabedoria auto-suficiente; o que volta a nos demonstrar a eficácia da resistência, implícita sempre na concepção veterotestamentária da criação, a converter-se na idéia de uma mente racional cósmica.
O autor de Eclesiastes leva assim a cabo, como ninguém antes dele, a despersonalização da ordem natural, e é o que mais se aproxima do moderno conceito de lei natural (só que, naturalmente, para ele isto não representava um triunfo, mas uma limitação do espírito humano encerrado em seus próprios recursos).[63]

C. Características da visão do Antigo Testamento

Consegue-se combinar os dois tipos fundamentais *de interpretação da mesma*. Pôde reconhecer a autonomia da natureza até o ponto de considerá-la totalmente estranha à inteligência humana, porém sem renunciar, por sua vez, em afirmar uma intervenção direta de Deus nos acontecimentos naturais.

---

[61] Com mais detalhe, em meu estudo *Vorsehungsglaube und Theodizee im AT,* em *Procksch-Festschrift*, p. 65s.

[62] Ec 1:4s.

[63] Sobre a atitude do judaísmo tardio frente ao cosmos, cf. **A. Bertholet,** *Bibl. Theologie des AT*, II, 1911, p. 406.

Tal percepção a livrou dos perigos que a ameaçavam quando se procurava transformar algo numa visão do universo fechada em si mesma. Em primeiro lugar em um divórcio externo entre Deus e o mundo, como no deísmo, que só conhece o deus que "atua de fora" e, desta forma, abandona o mundo às suas próprias leis, em segundo lugar, dessa entusiasta mitificação da natureza, que desenvolve suas leis em atos caprichosos da divindade e não reconhece nenhum valor revelatório à ordem grandiosa que preside a criação. Se no primeiro caso desaparece o interesse vital religioso do tratamento direto de Deus com suas criaturas; no segundo, o fanatismo pode romper os diques que a mesma criação pôs entre o Deus que, ainda revelando-se, não se abandona aos desejos do homem e da criatura que têm de reverenciar o mistério da majestade divina mantendo-se dentro de sua ordem.[64] As duas concepções da natureza — a estática, da classe sacerdotal, e a dinâmica, do profetismo —, ainda que não se harmonizassem conceitualmente, na prática se uniram *como dois aspectos inseparáveis e mutuamente indispensáveis de uma interpretação religiosa da natureza baseada na revelação do Deus da aliança.* Essa maravilha nasceu da experiência de uma realidade divina que transcendia a mente humana. Por isso, também neste caso, nos encontramos com um estado de coisas que em outros contextos já reconhecemos como uma característica da fé veterotestamentária.[65]

II. O MILAGRE

O âmbito do milagre é bem amplo em todo o Antigo Testamento. O próprio curso da natureza é um milagre.[66] O termo *b*ᵉ*ri'āh* (literalmente "criação": o que foi produzido por criação[67]).

A. A independência da fé israelita

Manifesta a relação do milagre com o Deus criador. Outras denominações do milagre o caracterizam como manifestação do poder soberano de Deus em acontecimentos extraordinários: desse modo, por exemplo, é chamado *pele'* ou *niplā'ā* enquanto suscita admiração[68], *nōrā'* enquanto produz *terror*,[69] *g*ᵉ*burā*,

[64] Sobre estes perigos cf. nossas considerações em torno dos tipos sacerdotal e profético: vol.I, p. 374s.

[65] Cf. especialmente vol.I, p.254s.; 245s.; 387s.

[66] Sl 89:6; 106:2; 139:14; Jó 5:9s.

[67] Nm 16:30; Êx 34:10; Jr 31:22; Is 48:7.

[68] Êx 15:11; Is 25:1 e Êx 3:20; 34:10; Js 3:5; Jz 6:13; Sl 71:17; 75:2, etc.

[69] Êx 34:10; 2 Sm 7:23.

enquanto é obra de poder, δυναμισ,[70] assim como *g^e^dōlā*, fato grandioso,[71] e é freqüente também designá-lo simplesmente "feito ou façanha", *'^a^lilā, ma' ^a^lāl, ma'^a^seh.*[72] Outras denominações freqüentes são *mōpet* e *'ōt* no sentido de sinal que remete a um poder invisível.[73]

B. Onde está a verdadeira importância do milagre para a fé

Não em sua facticidade material, mas em seu *caráter* de *testemunho.* De fato, não se dá um critério para reconhecer um milagre, exceto que o fato em questão é novo e surpreendente para o homem. Até mesmo nos fenômenos cotidianos descobre-se a ação milagrosa de Deus (em que o vento do leste sopra no momento oportuno, contendo assim as ondas do mar Vermelho), ou nos pequenos incidentes da vida: no amor de uma jovem, na insensatez de um filho desleal ao rei ou na derrota inesperada do inimigo.[74] Por isso, o que converte um acontecimento em milagre não é o conceito aparente de que vai contra as leis da natureza, mas a clara impressão de que está diante de uma ação pela qual Deus mostra seu auxílio ou sua retribuição. Ou, ao menos, há que se dizer que aos homens piedosos do Antigo Testamento não lhes ocorria considerar a ruptura das leis naturais como *conditio sine qua non* para que, em determinado acontecimento, se desse o caráter milagroso, ainda que não se desconheça, de todo, o milagre nesse sentido.[75] Nossa mentalidade científica está convencida da existência de uma ordem natural inquebrantável, à qual há de ater-se a mesma ação divina; para o israelita isso não existe: que o sol pare ou volte para trás significa para ele o mesmo que o afastamento do mar Vermelho graças ao vento do leste mandado por Deus ou o granizo que impede a fuga dos filisteus. Certamente que, com tais pressupostos, uma visão ingênua e imperfeita das forças e leis cósmicas pôde dar vazão, em certas ocasiões, à falsas interpretações c à explicações errôneas de acontecimentos vivenciados pelo autor ou relatados pela tradição;[76] mas o israelita está certo que no soberano controle de Deus sobre

---

[70] Dt 3:24; Sl 20:7; 106:2; 150:2.

[71] 2 Sm 7:23; 2 Rs 8:4; Sl 71:19; 136:4; Jó 5:9; 9:10.

[72] Dt 3:24; Sl 86:8; Is 12:4; Sl 9:12; 77:13 etc.

[73] Is 8:18; 20:3; Dt 13:2; Êx 4:21; 7:3,9; 11:10; 12:13; 13:9; Jz 6:17,36s; Sl 105:5; 135:9 etc.

[74] Êx 14:21; Gn 24:12s; 2 Sm 17:14; 1 Sm 7:10s; 14:23,45.

[75] Nm 16:30; Js 10:10s; 2 Rs 20:10.

[76] Assim pode ser que uma interpretação literal da imagem puramente poética contida em Js 10:12,14, antigo fragmento de uma canção, inspirou o célebre milagre do sol; após o sinal do sol de Isaías, de 2 Rs 20:8-11 parece operar um eclipse solar. Todos sabemos que no caso de outras maravilhas (tome-se como exemplo as pragas do Egito, a travessia do mar Vermelho e o maná) trata-se de uma elaboração por parte da tradição oral, de simples fenômenos naturais. Em todo caso, essa reelaboração secundária dos relatos de milagres não atenta contra seu cerne verdadeiro. A falta de conhecimento da natureza, que em tais casos opera, não pode ser confundido com juízos religiosos errôneos.

a natureza, que se manifestava também em seus milagres, vê uma prova de que o mundo criado depende totalmente da vontade que o chamou à existência. E não duvida ao afirmar que não há lei natural capaz de impedir a Deus de servir-se das forças da natureza. Para a divindade, simplesmente, não existem limites de poder, como se observa na pergunta: "Há algo impossível para Deus?"[77]

Se o verdadeiro sentido do milagre está, pois, em apontar assim como um dedo estendido o poder invisível de Deus e revelar-nos, assim, a Deus como sempre próximo e controlando a tudo, compreende-se por que a todo tempo a fé experimentou e segue experimentando milagres, enquanto os que estão alheios a Deus os buscam ansiosamente e queixam-se de não vê-los em parte alguma. Quem conhece a Deus distingue seus passos entre o barulho do acontecer diário, sente sua solícita presença e ouve sua resposta à súplica da oração em mil acontecimentos, talvez pequenos e insignificantes externamente. Numa palavra, quem conhece a Deus o descobre onde qualquer outro não vê mais que coincidências curiosas, casualidades surpreendentes ou raras guinadas dos acontecimentos. Por isso, as épocas de vida de fé vigorosa e de entrega entusiasta a Deus foram sempre ricas em milagres, mesmo quando não se registrassem fenômenos estremecedores, e, ao invés disso, épocas de vida religiosa mais frágeis, nas que Deus se converteu ou em um poder distante do mundo em meio a uma majestade inacessível ou em um conceito vazio, foram insaciáveis em seu desejo de milagres e se tornaram insatisfeitas mesmo quando estavam cercadas pelas coisas mais maravilhosas.

Essa segurança na presença de Deus é o que nos explica por que o israelita piedoso não prescreve a seu Deus como um milagre deveria ser realizado a fim de ser contado verdadeiramente como tal, mas que descobre o verdadeiro valor do milagre em seu caráter de σημειον. Além disso, estava vacinado contra a tendência ao sensacional graças a sua convicção de que também outras forças distintas de Deus podiam operar coisas surpreendentes e fascinantes — como os feiticeiros, por exemplo, ou outros *'elōhim*[78] — e de que ocasionalmente Deus podia capacitar para fazer milagres até mesmo a um homem perigoso, com o fim de pôr à prova a seus seguidores e ver se observavam seus mandamentos em qualquer circunstância ou se deixavam seduzir.[79] E assim, na lei, se diz expressamente[80] que em si e por si só um milagre não é

---

[77] Gn 18:14; Dt 8:3s.
[78] Êx 7:11,22; 8:7,18; 9:11; 2 Rs 3:27.
[79] Dt 13:2-4.
[80] Veja a nota anterior.

prova suficiente de que um homem seja enviado de Deus. Seu testemunho se legitima por sua conformidade com a natureza de Yahweh conhecida por outras fontes. Por isso, o milagre se coloca em conexão com a santidade divina, com a natureza divina própria de Yahweh.[81]

C. Ambas as coisas

Distinguir milagres realizados por Yahweh de outros, realizados por poderes inimigos e interpretar o milagre em um sentido amplo até abarcar qualquer acontecimento no qual se manifeste o poder de Yahweh — preservam a fé israelita da crassa afeição milagrosa e do milagre sem mais valor nem sentido que sua realidade maravilhosa. A nota distintiva do milagre está em sua firme conexão com a atividade redentora de Deus que se conhece por sua palavra. Insere-se no contexto da história dirigida por Deus, de maneira que nunca se dá como realidade isolada, mas *como parte do serviço de uma totalidade maior*.[82] Quando Deus quer fazer progredir seu reino contra as dificuldades que se amontoam, para avivar a fé e exercer sua ação salvadora em tempos difíceis, vemos que o milagre adquire maior importância na religião israelita. Por isso, sua função é mais vigorosa e palpável nos momentos críticos do reino de Deus: quando Israel sai do Egito, quando se une para formar uma nação a serviço de Yahweh, quando Elias e Eliseu têm de lutar contra a tentação do culto tírio a Baal, que se apresenta com todo o feitiço e o esplendor de uma civilização cosmopolita, e quando Jerusalém se vê ameaçada pelo imperialista Senaquerib. Ao mesmo tempo, são exatamente esses acontecimentos, que saem do curso normal das coisas, os que manifestam que Deus não opera milagres para dar satisfação ao curioso e para favorecer a conveniência humana, nem sequer para preservar os seus de todo tipo de sofrimento, mas para educá-los numa confiança incondicional, que deverá ser conservada também em tempos difíceis, sem que para isso sejam necessárias ajudas milagrosas especiais.

A situação parece resumir-se num paradoxo: Deus opera milagres para erradicar de seus fiéis o anseio de milagres. E, se Deus não alcança esse objetivo, o milagre recai com pesada responsabilidade sobre aqueles que o vivem e para eles se converte em juízo. Nos milagres da época de Moisés, de Elias e de Isaías observamos que, depois de ter-se produzido, o juízo de Deus descarrega sobre seus contemporâneos, que não vêem em tais acontecimentos maravilhosos senão um motivo de regozijo público e querem utilizá-los para

[81] 1 Sm 6:20; 2 Sm 6:6s; Êx 15:11; Sl 77:14s; Lv 10:1s.

[82] A mesma situação pode ser detectada quando, de forma muito geral, se analisa a concepção veterotestamentária do poder divino e o modo em que se desenvolve, cf. **Grundmann**, em *TWNT*, II, 1934, p. 292s.

desafogo de seu orgulho, esquecendo frivolamente qual era seu verdadeiro sentido: o de conduzir os homens para Deus.

D. O milagre se insere dentro da concepção israelita da natureza

Sem menosprezo da vida autônoma da natureza enquanto possui energias divinas, o milagre é uma confirmação da constante relação de dependência que há entre o criado e seu Criador. Assegura e garante, por sua vez, ao homem uma conexão direta com Deus que não pode ser obstruída por nenhuma força elementar ou lei da natureza. Desse modo, emprega uma linguagem ao alcance de qualquer um, que nem necessita de uma ciência esotérica especial para ser decifrada nem depende de convicções subjetivas.

De outro lado, a fé israelita superou com êxito *os perigos* que a ameaçavam, precisamente por essa crença nos milagres: não abandona por ela sua idéia da regularidade do curso da natureza, nem deprecia a vontade do Criador que se expressa na ordem da natureza, nem renega as leis naturais como algo inferior e indigno de Deus. O que lhe permitiu evitar tais erros foi, sem dúvida, o fato de que junto aos acontecimentos extraordinários, valorizasse e analisasse com carinho, como testemunhos da atividade divina, também os fatos cotidianos da natureza e da vida humana. A natureza não oculta a Deus, como se sua presença só pudesse ser detectada no que cai fora da natureza ou é contrário à mesma, mas que o glorifica. E, igualmente, se evita também o outro perigo inerente a uma crença em milagres: a de que o homem pretende uma situação excepcional, dentro da ordem natural, ao intervir cada vez mais no poder soberano de Deus para sua própria conveniência e por horror ao sofrimento. Nesse sentido, supôs ter um baluarte seguro ao admitir que o milagre se achava, antes de tudo, a serviço dos objetivos de Deus (implantar seu reino) e da educação do homem na fé, supondo uma séria responsabilidade para todos aqueles a quem se concedia.

Essa linha tão clara conheceu raros desvios no Antigo Testamento. Só mínimos relatos de milagres merecem pouco crédito se lhes são aplicados os critérios do próprio Antigo Testamento: assim, por exemplo, 1 Reis 13 ou alguns milagres do ciclo de Eliseu,[83] na qual observa-se a influência de certos círculos do nebiísmo propensos às lendas acerca de milagres. De qualquer maneira, é um tanto característico que só se dá uma verdadeira afeição ao milagre quando remete a energia religiosa: a literatura apócrifa[84] e em parte também as Crônicas[85] deixam

[83] Por exemplo, 2 Rs 4:1s,38s; 6:1s.

[84] 2 Mc 1:19s; 3:23s; 10:28s; 3 Mc 2:21s; 1 Enoque 106; Vita. Ad. 46; adições a Dn: oração dos três jovens (3:24s) e Bel e o Dragão (14:1,22,23,42); 4 Ed 13:44,47 etc.

[85] 2 Cr 13:15; 14:12; 20:22s; 25:10s; 32:20s.

entrever como, pela convicção de que a revelação ficou concluída, se exige a prova do milagre para qualquer manifestação direta de Deus. Tendo-se perdido o contato com o mundo divino na vida cotidiana, pensa-se que só é possível encontrá-lo no sobrenatural e no mágico. O judaísmo da época de Jesus nos oferece uma mostra palpável nesse sentido como também de que esse afã pelo milagre é insaciável, porque, uma vez que o experimenta, aumenta o desejo de sua repetição.[86]

III. A PROVIDÊNCIA

A contemplação da obra de Deus na natureza, especialmente quando as leis da mesma passam a um primeiro plano, conduz, da forma mais natural, os homens, a um conceito que sempre desempenhou um papel importante em teologia: o da providência divina. Por certo, é verdade, que esse conceito se aplica às vezes a toda atividade de Deus para a conservação do mundo, é mais prático reduzi-lo agora à ação pela qual Deus dirige os destinos do homem.

A. Evolução da fé na Providência

1) No Antigo Testamento a providência divina aparece formulada conceitualmente somente uma vez, em Jó 10:12, em que se fala da *p^e^ḳuddā* de Deus, quer dizer, de sua vigilância ou cuidado, pelo que mantém as criaturas.[87]

---

[86] Mt 12:38s; 16:1; Lc 11:16; Jo 4:48. Naturalmente é supérfluo insistir que nossas afirmações sobre o conteúdo teológico da fé veterotestamentária nos milagres pressupõe o trabalho necessário, crítico e histórico, sobre a tradição dos relatos de milagre, pois isto se subentende em qualquer capítulo dessa obra. De qualquer maneira, convém ressaltar aqui, para evitar a discussão de muitos problemas concretos. Quem quer que, ao se deparar com os textos paralelos se tenha prevenido do crescimento e elaboração graduais dos relatos de milagres, não citará como casos típicos da fé veterotestamentária neles nem o milagre do sol quando da enfermidade de Ezequias (2 Rs 20:8-11 e Is 38:7s), nem os relatos de Crônicas e Daniel, nem em geral fará depender seu juízo total de um relato particular e de sua autenticação externa. Para avaliar o milagre na chamada proto-história (Gn 1-11) é decisivo levar em conta que essa série de relatos não nos oferece, propriamente falando, uma tradição histórica, mas uma interpretação profética da história que, de um material mitológico preexistente, fez algo totalmente novo e desconhecido em qualquer outra nação, a saber: uma visão grandiosa dos pressupostos básicos da história humana, ainda que se apóiem em decisões transcendendo a história. Por isso a parte desses relatos que se referem à ordem natural está fora do horizonte de uma avaliação histórica. Assim sendo, por participar do defeituoso conhecimento da natureza geral no mundo antigo, podem referir certas coisas sem mostrar um maior sentido de sua enormidade; coisas cuja impossibilidade está clara para um conhecimento mais maduro (vale como exemplo uma análise detida dos detalhes do relato do dilúvio).

[87] Nos deuterocanônicos aparecem as expressões προνοια e προνοειν: Sab 6:7; 14: 3; 17.2.

Mas nesse caso, como em tantos outros, ainda que falte expressamente o termo, seu conteúdo é encontrado mais vezes. E, por certo, o homem piedoso do Antigo Testamento, no momento de definir o que era a providência divina[88] *se inspirou, antes de tudo, na história de seu próprio povo.* Com efeito, a saída do Egito, a travessia do deserto e a conquista de Canaã conformam, desde logo, as grandes façanhas fundamentais da fé israelita, nas quais se manifesta não só o poder vitorioso de Deus, mas também sua solicitude pelo povo — uma solicitude que se estende até o indivíduo —, e se fundamenta a confiança em que ele prestará sua ajuda e liderança em outras ocasiões. A partir dessas experiências fundamentais da comunidade nacional requer-se de todos os acontecimentos históricos posteriores o seu significado das ações de Yahweh dirigidas ao estabelecimento de sua soberania. Por isso, todos os relatos históricos de Israel estão impregnados de espírito religioso, e até em ocasiões em que o religioso e o edificante ficam tão dissimulados quanto, por exemplo, em grande parte, na história de Davi (2 Samuel 9–20), se pode detectar com toda clareza essa admiração respeitosa para a forma superior em que Deus governa a história. Mas onde os narradores israelitas mostraram especial predileção por apresentar a seu povo a providência divina foi nos relatos dos patriarcas. Jamais se cansarão de contar como no destino dessas personagens favoritas da saga popular os males da vida e até os pecados e perversidades dos homens acabam em bem. A história dos patriarcas está cheia de tais exemplos: basta recordar somente o rapto de Sara (de Gênesis 12 e seus paralelos Gênesis 20 e 26), todo o ciclo de Jacó, com seus temas de provação, purificação e bênção, e a história de José. Em cada caso concreto poderá recair o acento do relato sobre pontos diferentes (enquanto que nas histórias de Abraão e Jacó, às vezes, o javista deixa em segundo plano o elemento moral para ressaltar o simples prazer pelo triunfo do amigo de Deus, a história de José é o exemplo clássico de uma fé na providência de grande profundidade moral: "Tínheis maquinado o mal contra mim, mas Deus o converteu em bem com o propósito de realizar o que agora vós mesmos experimentais: que muitos homens conservam a vida!"), mas todos coincidem em uma coisa: em reconhecer que o agente do plano histórico divino acaba por se salvar graças a uma especial proteção do Deus que lhe confiou sua missão. O que desfruta da *providência especial* de Yahweh não é um favorito da divindade, mas um homem a quem se confiou uma missão histórica importante. Se o historiador javista se propõe formalmente a apresentar-nos a história de Abraão como uma série de surpresas pelas quais Yahweh reduz constantemente a

---

[88] Continuo aqui minhas considerações anteriores sobre o mesmo tema em *Vorsehungsglabe und Theodizee im AT* (*Procksch-Festschrift*, 1934. p. 45s). Cf. também **F. Nötscher,** *Gotteswege und Menschenwege in der Bibel und in Qumram*, 1958.

nada expectativas e esperanças humanas, para logo operar ele mesmo a salvação de modo totalmente inesperado, é porque deseja ilustrar-nos claramente os propósitos de Deus com o agente de seus desígnios salvíficos. E o mesmo há que dizer da infância de Moisés (Êxodo 2) ou de Samuel (1 Samuel 1) ou das animosidades entre Saul e Davi etc. Certamente que, no geral, os grandes generais e responsáveis pelo futuro nacional encarnavam também personagens morais, mas não é nesse aspecto que recai o acento principal, mas na ação planificada de Deus para levar em frente seus desígnios.

2) Essa fé na providência, nascida da experiência do comportamento histórico de Yahweh com seu povo, influiu também na *idéia do Israelita sobre o mundo das nações*. Desde logo, o movimento a uma concepção unitária do governo universal de Deus, aplicando à vida das nações estrangeiras o experimentado na própria, não foi imediato; geralmente, a convicção de que Yahweh era também o que guiava a sorte desses povos só foi entrando na esfera da fé na medida em que Israel foi estabelecendo um contato direto com eles. Mas, feita essa ressalva, na prática todas as afirmações referentes ao governo de Yahweh sobre as nações nascem da experiência de seu modo de dirigir a própria história: se os cananeus conheceram em sua própria carne o poder soberano de Yahweh e suportaram o castigo de sua impiedade,[89] é porque Canaã foi prometida a Israel como morada; e se Faraó é humilhado por Yahweh,[90] é por opor-se à saída de Israel. Aqui e acolá se encontra também a idéia de que as nações estão obrigadas para com Deus, por uma lei moral universal, que as coloca a todas sob a influência de Yahweh: assim, a expulsão dos cananeus se justifica em razão de seu pecado,[91] e se Yahweh age contra os sodomitas é porque chegou até ele o clamor de suas iniqüidades.[92] Indubitavelmente essa idéia de uma obrigação moral comum a todas as nações constituiu-se num elemento importante para chegar mais tarde a uma concepção compreensiva de sua sorte. Nesse mesmo sentido apontam a extensão da autoridade judicial de Yahweh a toda a terra nos relatos proto-históricos do Dilúvio e da Torre de Babel, e a convicção de uma origem comum de todos os povos, em virtude do qual todos formam na realidade uma grande família (e que dá base à tentativa, única na Antigüidade, de uma genealogia de todas as nações, que temos em Gênesis 10). De qualquer maneira, na maioria dos casos, a coisa não deixa de ser uma aplicação casual e isolada dessas idéias aos destinos dos povos vizinhos. Na prática não se ultrapassa o nível alcançado por outros povos antigos, com suas crenças em certas leis divinas básicas e universais.

---

89 Gn 15:16; Dt 9:5.
90 Êx 7:14s, 23; 8:4s, 24s etc.
91 Gn 9:22; Lv 18:24s; Dt 12:29s; 18:12; 20:18.
92 Gn 18:20s.

Essa visão atomicista do juízo de Yahweh sobre as nações, fixando-se simplesmente naquele que era o adversário do momento, sem referência à totalidade de seus destinos passados e futuros, fica superada curiosamente em um ponto significativo a saber: quando se trata do final da história. Certo que, também nisso, a relação de Yahweh com as nações segue sendo, por vezes, bem negativa (as antigas bênçãos de Números 23 e 24 não falam mais do que em sua derrota, e os Salmos, que celebram o rei como redentor divino e portador do tempo de salvação, falam, não tanto que Yahweh dirija positivamente o destino das nações, mas da necessidade de que estas se humilhem diante do representante de Yahweh na terra, para escapar de seu juízo[93]); porém, junto à idéias desse tipo, existe, desde o princípio, a concessão de bênçãos às nações, como demonstram com grande ênfase as bênçãos de Deus aos patriarcas[94] e reconhece a esperança messiânica em sentido estrito.[95] Em outras palavras, precisamente no ponto que a fé que Israel tem faz as suas afirmações mais atrevidas com relação ao fato da história achar-se sob a direção divina, ela considera o destino dos demais grupos humanos como fortemente vinculado com o seu, crendo que, também eles, pelo menos no final da história, aparecerão como objetos da providência divina. Contudo, no presente, Deus deseja que as nações sigam seus próprios caminhos; como se vê em uma passagem,[96] atribuindo-lhes como deuses os astros, abandonando-os dos exércitos dos céus. Só por influência do profetismo Israel aprendeu que Yahweh acolheu as nações a seu serviço também no presente. O terreno havia sido adubado pela aliança mais estreita com o grupo sírio de estados que marcou a política externa israelita desde os tempos de Omri e Acabe. A tendência internacionalista do momento não só teve como conseqüência um maior intercâmbio econômico e cultural, mas que, além disso, deixou livre espaço para influências e reações religiosas,[97] facilitando uma nova visão de valores positivos inscritos nas características das nações estrangeiras. De qualquer maneira, o fator verdadeiramente decisivo foi o reconhecimento profético de que, quando Israel não cumpre sua tarefa de realizar os planos de Deus no mundo, como agente do reino de Yahweh, este chamava a seu serviço outros povos. Já entre os círculos de Elias e Eliseu não se considerava os arameus como simples inimigos nacionais, mas foi visto neles o chicote com que Yahweh castigaria a seu povo degenerado;[98] e na continuação

---

[93] Sl 2:9s; 21:10s; 45:6; 110:5s.
[94] Gn 12:2s e paralelos.
[95] Gn 49:10.
[96] Dt 4:19; cf. 32:8s.
[97] Cf. junto à invasão do Baal tírio a influência profética na Fenícia e Damasco: 1 Rs 17:8s; 2 Rs 5 e 8:7s.
[98] 1 Rs 19:15s; 2 Rs 8:10s.

Amós inseria a história de Israel dentro da dos demais povos, salientando expressamente que também esta era dirigida pela vontade de Yahweh. Israel e os pagãos se achavam em igualdade de condições ante o juízo de Deus (Amós 1 e 2); mas também os pagãos se equiparam a Israel como objeto da solicitude divina: "Acaso vós, israelitas, não sois para mim como os cusitas? Eu não tirei Israel do país de Egito, e aos filisteus de Caftor, e aos arameus de Quir?" (Am 9:7).

Contudo, foi Isaías, que permanecendo na Torre de Vigia mais alta já ocupada por qualquer ser humano, quem teve a visão da divina providência em sua total universalidade. No específico momento histórico em que o poder conquistador da Assíria destruía a antiga arquitetura política do Oriente Próximo para construir o próprio Império, para esse profeta, foi lhe concedido reconhecer naquela terrível obra de destruição, um plano divino de amplos horizontes, pelo qual Yahweh buscou, não converter a todas as nações em escravos do imperador assírio, mas de as levar à casa paterna do Soberano universal. E nesse plano não só Israel teria sua tarefa especial. Também para Assur tinha sido reservado uma missão especial que lhe concedia um lugar dentro da grande οικονομια του κοσμου (Isaías 10:5s.); mas ambos rejeitaram a missão que se lhes tinha sido confiada. E por isso a sabedoria divina utilizou até mesmo os que se opunham e resistiam como instrumentos para alcançar seus objetivos.[99] Desse modo, o que o profeta vivia em casos concretos lhe foi revelado como o sentido de toda a história universal: esta se encontrava penetrada por um movimento sistemático que incorporava todas as nações na construção da βασιλεια του θεου o reino da paz e da justiça,[100] como aparece na grandiosa visão de Isaías 2:2-4. Dentro dessa reforma universal das coisas a importância de Jerusalém está unicamente em ser o lugar onde se lançam as fundações do grande edifício: com efeito, a comunidade crente forma a preciosa pedra angular que apóia a obra de Yahweh. Nessa visão a crença israelita na providência está dotada de um conteúdo universal e possibilita uma avaliação positiva da história graças a qual não só é possível suportar as catástrofes mais terríveis, mas, até mesmo, estimá-las como fatores construtivos do acontecer universal.

Também os sucessores de Isaías adotam esse grande angular ao julgar como Deus dirige a história. Jeremias, desse modo, pôde anunciar a ruína de seu povo dizendo que Yahweh encarregou a seu servo Nabucodonosor da destruição de Jerusalém (Jeremias 25:9; 27:6; 43:10): o rei pagão aparece com o honroso título de *'ebed,* que normalmente se aplica ao rei israelita enquanto

---

[99] Is 29:15s; 10:15s,23; 37:28s; 9:3s.
[100] Is 10:12; 14:26; 18:7; 22:11; 28:16s, 22, 23–29.

é íntimo de Deus e ministro plenipotenciário de Yahweh. Ezequiel, em sua visão, contempla as nações estrangeiras avançando como anjos de Yahweh que, a uma ordem dele, invadem a Cidade Santa com suas armas de destruição (Ezequiel 9:1s.), e em seu grandioso quadro do juízo final (Ezequiel 38s.) ,[101] voltando a utilizar-se de uma imagem de Isaías,[102] novamente, apresenta a Gogue de Magogue como uma fera selvagem que Yahweh leva pelas rédeas: em todos os seus empreendimentos, as potências imperialistas inimigas de Deus necessariamente contribuem para a instauração do Reino de Yahweh. Do mesmo modo, o deutero-Isaías vê como o Santo de Israel dirige a história universal para os seus próprios fins, fazendo com que Ciro resplandeça como um meteoro no céu internacional, para que, com suas vitórias sem precedentes se estenda a fama de Yahweh até às ilhas distantes, e a queda do império babilônico prepare os israelitas exilados para a entrada no novo éon.[103]

Essa fé na providência, de ousadias sem precedentes, sofreu em Daniel e nos apocalípticos uma importante modificação ao incorporar-se à doutrina das épocas do mundo.[104] Nós não sabemos que tipo de influência fora a causa de semelhante modificação.[105] Em qualquer caso está claro que com ela um elemento da concepção do mundo da Antiguidade — a interpretação da história como uma sucessão de períodos que terminam em intervalos regulares — introduziu-se na concepção profética e chegou a misturar-se com ela. Mas o fato verdadeiramente importante não está na origem desse elemento, mas sim na forma como chegou a unir-se com as idéias tradicionais de Israel.

Na verdade, em um ponto decisivo, os apocalípticos transformaram completamente o antigo sistema de períodos. Em vez da Era de Ouro substituir a Era de Ferro, iniciando-se um novo ciclo, algo novo é introduzido: o Reino Eterno, que desce do céu, levando a uma conclusão, a história terrena. Essa concepção permanece fiel às idéias proféticas fundamentais, na medida em que as enriquecem com a experiência de séculos: enquanto que para os profetas que sabiam estar diretamente nas portas do novo éon, a ordem antiga não teria nenhum interesse intrínseco, esta requer dos apocalípticos uma maior importância, graças a uma apresentação detalhada do desenvolvimento de sua história. Surge com mais força a necessidade de uma história especial do

[101] Existem dúvidas justificadas que procedem de Ezequiel.
[102] Ez 38:4; cf. Is 37:29.
[103] Is 41:25; 43:14; 44:28; 45:1,7; 46:10s.
[104] Dn 2:31s; 7;8.
[105] É discutido se deveríamos a uma religião astral caldeu-iraniana, à gnose e à mística eônica egípcia ou à idéias filosóficas gregas; cf. **H. Gressmann**, *Die hellenistische Gestirnreligion*, 1925; **W. Baumgartner**, *Das Buch Daniel*, 1926. p. 18s.

mundo terreno, que se ajuste aos moldes característicos: esse mundo tem de se aperfeiçoar e chegar à maturidade antes que Deus o leve à sua consumação.

Próximo desse tipo de crença na providência, filha do profetismo, que tirava sua força da convicção de que o éon presente corria rapidamente ao seu fim e da revelação do Deus que estava para chegar, a confiança de que Deus dirigia a história humana criou, por si mesma, em Israel, *outra forma* cuja peculiaridade foi geralmente pouco acentuada: a que se fundamentava na concepção sacerdotal do *mundo.* É verdade, porém, que esta se desenvolveu tendo pontos de contato com a pregação profética, e uma natureza absolutamente peculiar, a cujo serviço colocou, conscientemente, de todos os estímulos que dela recebeu.[106] Sua base é constituída na afirmação de que todas as relações entre Deus e o mundo estão reguladas pela lei; nestas se torna realidade a sujeição de tudo o que existe à vontade soberana do Deus transcendente. Dado que a lei é, por sua própria natureza, um mandamento estabelecido uma vez para sempre pelo Deus soberano, é explicável, portanto, que se saliente, de modo especial, a inalterável validade da constituição do mundo nela fundamentada. Nenhum acontecimento histórico pode sair desse marco; tudo aquilo que acontece não é concebível senão dentro desses limites, como desenvolvimento de algumas condições básicas dadas de uma vez para sempre. E isto só é possível porque a previdente sabedoria do Criador e Legislador ordenou tudo com um acerto surpreendente, e ao homem, como imagem de Deus e Senhor das criaturas, lhe nomeou um lugar em que lhe é possível, para preencher o sentido de sua vida, completando as tarefas que lhe foram designadas. Daí que a relação de Deus com Israel e as nações apresente o caráter de uma ordem de vida eternamente válido modelado na aliança de Noé, que se liga a todos os homens, e na de Abraão que se liga a Israel. Dentro desse contexto o objetivo do governo universal de Deus não pode ser outro que a conservação de suas ordenanças eternas e sua restauração no caso de se verem quebradas por uma humanidade distante de Deus. Por isso, a forma em que se expressa o governo da providência divina não é da irrupção do reino de Deus em um mundo hostil a ele e que deve seu lugar aos pés do único Senhor do universo em meio a lutas terríveis, nem tampouco a visão de uma idade futura de soberania divina perfeita cuja gênese orgânica constituiria o sentido oculto do éon presente, condenado a desaparecer em outro melhor; tudo é centrado agora na realização constante do juízo de Yahweh, pelo que ele mantém firmes os pilares da terra (Salmo 75) e, entre tantas situações confusas, mostra-se vez ou outra como Senhor de seu mundo eterno e Rei do universo.[107] Por isso, o sentido da história há de se buscar,

---

[106] Cf. vol.I, p. 366s. e p. 379s.
[107] Sl 9:12s; 48:3,5s; 68; 74:18s; 85:5,8; 96:3s; 136:23s; 145:11s; 147:13.

como demonstra a historiografia sacerdotal,[108] na sucessão regular de pecado e castigo e na restauração, desse modo operada, do estado de coisas requerido por Deus. A resposta do homem à ação divina terá de consistir na obediência agradecida ao Senhor divino do cosmos, que no presente, já garante acesso a sua pessoa tanto a Israel quanto às nações e que, se os homens cumprirem suas respectivas tarefas, nele os faz desfrutar seu governo.[109]

3) Com uma lentidão superior à do mundo dos gentios, a fé veterotestamentária na providência tardou em acolher em seu peito o problema *do destino do indivíduo*. Por ser seu ponto de partida básico a soberania de Deus sobre Israel, e por centrar toda sua atenção no destino do povo, fez com que os interesses pessoais dos membros do mesmo permanecessem por longo tempo em um segundo plano. Em qualquer caso, dado o notável espírito de solidariedade que distinguiu o período antigo, era mais que lógico que, frente aos direitos da totalidade nacional, ocupassem um lugar secundário os interesses individuais. Com todo o vigor intacto do espírito primitivo, a vida do indivíduo se considerava imersa no grande organismo da vida da comunidade, sem a qual, cada um em particular não era nada, uma simples folha ao capricho do vento, e em cujo seio, de outro lado, — e só desse modo — era possível encontrar o caminho do próprio desenvolvimento. Por isso sacrificar o indivíduo à totalidade era coisa natural, e considerá-lo atado à sorte da comunidade, um processo vital lógico. Onde mais claramente essa mentalidade aparece é na afirmação da retribuição coletiva: o indivíduo está incluído na culpa da coletividade e, ao contrário, a ação do indivíduo influi na sorte da comunidade.[110]

Porém, não é lícito, como foi feito algumas vezes,[111] interpretar essa situação como se até a época do profetismo fosse impossível falar da necessidade de uma confiança pessoal em Yahweh por parte do israelita como indivíduo. Até mesmo nas leis mais antigas o Deus exigente chama para as contas o *Tu* do indivíduo, e também — ao contrário — o indivíduo tem a segurança de poder esperar de Yahweh a proteção de seus direitos.[112] Nomes próprios tão usados quanto Jônatas (Deus tem dado), Joiada (Yahweh ajudou) etc., manifestam a convicção de que também a vida do indivíduo encontra-se sob a égide de Deus. E as imagens vivas do "laço da vida," do "livro da vida" e das "asas de Deus"[113]

---

[108] 1 Sm 4-6; 2 Sm 6; 2 Rs 12; 22:2 Cr 15:8-18; 17:7s; 19:4s; 29s; 34s.

[109] Sl 9:5,8s; 57; 65:6,9; 66; 93; 96; 97; 99; 113:3s; 145:11-13; 148:11,13.

[110] Êx 20:5; 34:7; Nm 14:18; Dt 5:9; Js 7:1; Sm 14; 2 Rs 9:26 etc.

[111] Cf., por exemplo, **R. Smend**, *Alttestamentliche Religionsgeschichte*, 1899, p. 103, e igualmente **B. Stade**, *Biblische Theologie des AT*, 1905 p. 194.

[112] Cf. Gn 16:5; 20:3s; 31:7,50; 1 Sm 24:13s; 25:39; 2 Sm 18:.31; 16:12; Êx 22:20,26 etc.

[113] 1 Sm 25:29; Êx 32:32s; Is 4:3; Ml 3:16; Sl 69:29; 139:16; Dn 12:1; Sl 17:8; 36:8; 57:2; 63:8; 91.4.

demonstram até que ponto a mentalidade popular gostava de representar a solicitude de Deus com cada membro do povo.[114]

Essa fé na providência conta, certamente, com paralelos ocasionais entre os pagãos, mas o que lhe dá estabilidade inabalável e vigor peculiar é que para ela todo acontecimento, sem exceção é explicado como ação divina, até o ponto em que é descartada até mesmo a casualidade aparente e mesmo o mal são atribuídos em última istância à vontade divina. Realmente, quando às vezes fala-se espontaneamente de um *miḳreh*, de um acidente,[115] mais se faz no sentido de que não interveio qualquer intenção humana, mas também em tal caso considera-se em ação a mão diretriz de Deus. Na realidade, seu controle descobre-se até na ação infeliz do homicida, e por isso para este é garantido o direito de asilo.[116]

Este exemplo nos lembra que o infortúnio e o mal de qualquer tipo consideram-se como obra de Deus, levada a cabo e enviada por ele.[117] O zeloso e ciumento exclusivismo e o absoluto poder soberano de Yahweh não deixam lugar nem para uma vontade divina independente e adversa nem para as ações caprichosas de demônios, que tão importante papel desempenham nas religiões pagãs vizinhas. Desse modo, para todo evento não existia mais que uma causalidade divina *sem igual*. E a falta de atenção em atribuir ao único Senhor divino o aspecto sombrio e enigmático do devir do universo — atitude cuja formulação breve e precisa temos nas famosas profecias, de Amós 3.5s. e Isaías 45.7 [118] — deixa bem estabelecido que a providência divina não encontra limite algum.

Então, enquanto por um lado a antiga crença israelita na providência distinguiu-se por uma profunda solidez interior, conformou-se, por outro, em detectar em geral a solicitude divina, sobretudo, no evento isolado e concreto, sem chegar a descobrir na vida individual a encarnação de um plano divino que fosse capaz de unir o início e o fim dentro de um todo bem entrelaçado. O que era possível imaginar no caso dos grandes chefes nacionais, não podiam pretender todos os israelitas para sua vida particular. Em Jeremias é onde, pela primeira vez, nós achamos o testemunho direto de uma fé na incorporação plena da vida do indivíduo a um plano divino.[119] E de fato sua época, na qual

---

[114] Cf. reflexões do cap. XX sobre "O indivíduo e a comunidade na relação veterotestamentária dos homens com Deus".

[115] 1 Sm 6:9; Rt 2:3; cf v. 20.

[116] Êx 21:13.

[117] Cf. **J. Scharbert**, *Der Schmerz im AT*, 1955, p. 194s.

[118] Cf. também Is 54:16; Lm 3:37s; Ec 7:14.

[119] Jr 1:5; cf. Is 49:2.

ao dissolver-se a antiga ordem nacional, o indivíduo viu-se forçado a aderir cada vez mais a seus próprios meios, foi o que criou as condições necessárias para que o indivíduo alcançasse uma nova interpretação de si mesmo sobre a base da fé na providência. Por isso, é que nós encontramos, em mais de uma passagem[120], a contemplação admirada de uma solicitude divina que toma cuidado igualmente do grande e do pequeno. A relação com Deus alcança agora uma nova intimidade, da mesma maneira como demonstra o fato ousado que se aplique à atitude de Deus para com o indivíduo piedoso a relação pai-filho[121] e de que, seguindo a mesma lógica, a própria dor é avaliada como uma correção paterna, fazendo-a parecer como medicina e até mesmo como prova de um favor divino.[122] De outro lado, também o estender o poder e a ação diretriz do Espírito divino até a vida individual é prova de uma nova certeza da presença imediata e a ação condutora de Deus.[123]

Como resultado a fé na providência pôde incluir em seu seio todos os fenômenos da vida, inclusive o mal.[124] Como conseqüência, essas concepções da atividade divina para a conservação do mundo faziam-se com uma linguagem que permitia aplicar à vida prática o princípio da absoluta soberania de Deus sobre o universo, expresso desde o início da idéia da criação.

B. Providência e liberdade

Quando, como no caso de Israel, a fé na providência nasce de um sentido da realidade divina que determina toda a vida nacional, não se dá atenção, logicamente, ao problema que a mesma suscita para a psicologia individual. Efetivamente, parece que ele entrara, necessariamente, em conflito com a liberdade da pessoa individual, a partir do momento em que tudo que acontece se subordina à ação planificada de Deus. A partir de um princípio, a fé de Israel no poder divino dentro da história e da vida individual, transcende o plano do simples cumprimento geral de seus preceitos, para afirmar que Deus aproveita para seus fins a mesma resistência do homem e leva a cabo seu domínio real a despeito de toda oposição externa. Ao poder divino que tudo penetra submetem-se até as zonas mais íntimas da vida humana. Não é só que

---

[120] Pv 20:24; Jó 5:19-27; 14:5; Sl 16:5s; 37:5,18,23; 73:23s; 139:16. No judaísmo tardio, por exemplo, Jub 16:3; 32:21s; 2 Enoque 53:2.

[121] Pv 3:12; Sl 68:6; 103:13; Sab 2:16s; 5:5.

[122] Pv 3:12; Jó 36:5s; Sl 66:10; 118:18; 119:67,71; Lm 3:27. Cf. **E. F. Sutcliffe**, *Providence and Suffering in the Old and New Testament*, 1955.

[123] Cf. p. 524s.

[124] Sobre o pecado e o mal na vida do indivíduo e de como configuram, de forma especial, a vida de fé, cf. cap. XXIII.

Deus permita ao homem pensar dessa forma e não de outra, mas que também ele mesmo atua nesses atos da liberdade pessoal: ele faz com que Absalão despreze o bom conselho de Aitofel para que o mal recaia sobre ele,[125] sugere a Roboão que não atenda às petições do povo,[126] impele a Davi para que inicie seu censo funesto.[127] Ele parece estimular a Saul em sua implacável inimizade contra Davi,[128] e é o que endurece o coração de Faraó[129] ou o de Sião[130] ou o dos cananeus em geral.[131] Chega até a enviar a seus profetas com esta ordem precisa: "Endurece o coração deste povo, cega seus olhos e tampe seus ouvidos, para que não vejam nem ouçam nem encontrem a salvação."[132] Ele espalha sobre seu povo um espírito de profundo torpor[133] e endurece seu coração.[134]

Para fazer justiça à profunda concepção da realidade divina que tais expressões encerram, não podemos nos conformar em explicá-las como documentos de uma vontade permissiva de Deus. Essa suavização teológica, à parte de não conseguir o que quer, corre o risco de converter em lugar comum o que é um fenômeno histórico peculiar. Deve-se dizer também que nas passagens citadas trata-se de um ato real de Deus, em cujas mãos estão os homens, exatamente como a argila nas mãos do oleiro.[135] A convicção do poeta de Provérbios ("O coração do rei é como um riacho nas mãos de Yahweh, que ele dirige para onde quer"[136]), tem exatamente a mesma validade já no antigo Israel. O fato verdadeiramente notável é que isto não desembocou jamais num determinismo crasso, que depusesse o homem de toda responsabilidade em suas ações. A capacidade do homem para decidir é afirmada a todo momento. Toda a pregação ética dos profetas baseia-se na convicção de que o homem tem em suas mãos a possibilidade de decidir. E a mesma lei, que coloca diante do homem a eleição entre a vida e a morte, parte desse pressuposto.[137] Assim, pois, junto à afirmação religiosa de que Deus intervém com sua ação em todas as coisas, mantém-se com mesmo vigor o postulado da liberdade moral do homem, sem que se intente estabelecer entre as duas realidades um

---

[125] 2 Sm 17:14.
[126] 1 Rs 12:15.
[127] 2 Sm 24:1.
[128] 1 Sm 26:19.
[129] Êx 4:21; 7:3; 10:1,27; 14:4,8.
[130] Dt 2:30.
[131] Js 11.20.
[132] Is 6:9s.
[133] Is 29:10.
[134] Is 63:17.
[135] Jr 18:6.
[136] Pv 21:1; cf. Sl 33:15; Zc 12:1.
[137] Cf. Êx 20:12; Lv 26; Dt 20:13s.

equilíbrio harmônico. O fato de que a fé veterotestamentária fosse capaz de afirmar ambas as coisas e, por sua vez, de suportar a tensão que sua coexistência implica, sem debilitar em nada a plena validade nem de uma nem de outra, é um testemunho de sua força envolvente.

De qualquer maneira, esse estado de coisas pode tornar-se no mais compreensível se analisarmos mais de perto os casos em que se insiste, especialmente, na causalidade divina. Descobriremos, então que, muitas vezes, essa insistência não significa outra coisa que a *força do mal para crescer e estender-se*, amadurecendo assim o juízo. A energia divina que a tudo sustenta age até no mal nascido de uma perversão da vontade da criatura. Isto é o que se quer dizer quando se fala do endurecimento do coração de Faraó: se reconhece sua própria maldade, já que se repete que ele mesmo endureceu seu próprio coração e até, em ocasiões, que reconheceu sua culpa.[138] Também na passagem citada de Isaías e no caso de Absalão seria correta essa interpretação.[139]

Mas nem sempre é suficiente essa explicação. Em mais de um caso, uma exegese neutra não pode encontrar no homem uma culpa que tenha levado Yahweh a operar estritamente desse modo (cf., sobretudo, 1 Samuel 16:14s; 26:19; 2 Samuel 24:1). Então não há dúvida de que o israelita defronta-se com a realidade como ela é, com mais imparcialidade que qualquer teoria da retribuição. Essa má ação do homem operada por Yahweh faz parte, para ele, do capítulo das desgraças enviadas por Deus que não se podem explicar racionalmente, mas que se encontram entre as coisas reservadas à majestade divina. De qualquer maneira, é significativo — e logo não deve se passar por alto — que em tais casos trata-se sempre de um acontecimento extraordinário.[140] "Se com uma cegueira incompreensível um homem traía-se a si mesmo, até o ponto de que seu comportamento acarretasse sua própria desgraça e a do povo santo, isso era também obra de Deus. Como se poderia explicar, se não fosse assim? O antigo Israel não conhecia absolutamente um mundo de espíritos maus (em sentido moral) que, à parte de Deus, influíssem nas ações humanas como tentadoras, em cujo contexto tais condutas consideravam-se não-livres, condicionadas sobrenaturalmente. Não restava, pois, outra solução, para se expressar o poder misterioso, imponente e 'demoníaco' do pecado do que reconhecer também nele uma obra de Yahweh, ainda que fora de sua ira."[141]

---

[138] Êx 8:28; 9:7,34; 9:27; 10:16.

[139] O mesmo deve ser dito de Jz 9:23s; 1 Rs 12:15; 22:21.

[140] Cf. a respeito as considerações feitas em vol.I, p. 231s.

[141] **J. Köberle**, *Sünde und Gnade im religiösen Leben des Volkes Israel bis auf Christum*, 1905, p. 51s.

Essa interpretação ingênua do mundo, própria dos tempos Antigos, capaz ainda de descobrir casos que não cabia nem a categoria de culpa nem a de castigo, *ficou esquecida no judaísmo.* Nos encontramos aqui com um inegável estreitamento do horizonte. Ainda que se deixasse como estava a relação metafísica entre a causalidade divina e a liberdade humana, o problema da culpa começa a parecer um espinho pontiagudo. O indivíduo, ao ver-se obrigado a cingir-se de seus próprios recursos — após a ruína da nação — e ter de buscar novas bases para a sua fé, exigia no âmbito de sua própria vida, com muito mais urgência que em tempos anteriores, provas do governo universal de Deus; e, assim, agarrou-se à doutrina da retribuição individual como um esquema racional para explicar o mundo, o único que prometia proteger sua segurança pessoal, com relação a Deus, de todas as dúvidas. Dessa forma qualquer caso particular que se tornasse impossível adequar dentro do dogma da retribuição podia ser considerado facilmente como uma ameaça à fé. Por conseguinte, a relação entre a causalidade divina e a humana, entre a intervenção efetiva de Deus em todas as coisas e o comportamento do homem, só estava bem definida na qual se respeitava fielmente o princípio de prêmio e castigo. Mas ao fazer assim, postulava algo que a realidade encarregava-se de contradizer a cada momento, estabelecendo uma deformação do pensamento religioso que o autor de Jó sabe nos apresentar de forma exemplar nos discursos pedantes dos amigos e que aparece também em muitos salmos.[142] O recurso a um poder maligno, possibilitado pelo desenvolvimento de uma angelologia e uma demonologia, no judaísmo tardio, e que podemos observar, por exemplo, pela forma em que o Cronista altera o relato antigo de Davi,[143] supôs uma saída problemática desse lodaçal. Desse modo, a constante ameaça que esse ponto representou para a fé converteu-se no recurso de um vigoroso movimento interior que distanciou a religião judaica do trabalho de explicar teoricamente o enigma inerente à liberdade humana e a conduziu a uma concepção mais profunda da mútua ligação das condutas humana e divina, enraizada, em último termo, no poder soberano de Deus como criador e salvador. A volta à mensagem dos profetas sobre o Deus que vem, sobre a maravilha de uma possível comunhão pessoal com Deus, já no presente e sobre o mistério da criação, que implica uma conexão intrínseca de Criador e criatura, resultou na prazerosa afirmação da liberdade divina; uma liberdade, todavia, que é tudo menos capricho e que, também, revela-se a quem nela confia como socorro e graça.[144] Iniciava-se

[142] Sl 7:4s; 35:11,19; 41:7s; 69:5,22; 70:3s.
[143] Cf. 1 Cr 21.1 com 2 Sm 24.1.
[144] No cap. XXIII: "Pecado e Perdão", estudaremos com mais atenção o tema que agora só abrangemos brevemente, p. 823s.

assim o caminho para chegar-se a compreender a teonomia característica da conduta humana, acima de toda autonomia ou heteronomia. Paulo poderá mais tarde enunciá-la, de acordo com os delineamentos veterotestamentários, como εννομοσ χριστου.[145]

C. Desenvolvimento da imagem de Deus por meio da fé na Providência

Ao se desenvolver, com toda lógica, os diferentes aspectos implícitos na fé na Providência, esta foi tendo influência, de maneira cada vez mais notória, no esclarecimento e ampliação conceitual da imagem de Deus e contribuiu muito para varrer os últimos obstáculos para uma universalização da idéia de Deus tanto nas expressões quanto nos conceitos. A partir de agora se fazem formulações teóricas cada vez mais claras de algo que a fé prática vinha mantendo, ainda sem encontrar expressão adequada. E dessa maneira chega-se a definir de modo correto o que nós costumamos chamar *atributos metafísicos de Deus.*

Assim a fé do antigo Israel não fala da onipotência de Deus, nem sequer os profetas cunharam um termo para expressar esse conceito; contudo, em nenhuma época o israelita piedoso poderia imaginar que a Deus houvesse algo impossível. Simplesmente, seu interesse prático ficava satisfeito ao pensar que Deus era mais poderoso que qualquer um de seus adversários. Já falamos anteriormente do papel que a confiança no poder de Deus teve tanto para a consciência histórica de Israel quanto para sua atitude frente à natureza.[146] Os nomes com que se designava o Salvador divino como o supremo (por exemplo *'elyōn* ou *šadday*)[147] evidenciavam já uma espécie de confissão do poder ilimitado de Deus. O mesmo objetivo cumpriam, em menor grau, as expressões gerais com que se designava ao Deus altíssimo ou forte: *rām, niśśā', niśgāb, gā'ōn, 'ᵃbir, ya'ᵃḳōb* etc.,[148] cujo significado, só pelo contexto, adquiriria sua autêntica força. Também se sabe que a maneira popular de falar, ao se descrever o poder de Yahweh viu-se pega com demasiada freqüência em recursos antropomórficos, que ocultavam seu alcance real.[149] Só quando a experiência da solicitude divina chegou a abranger o universo inteiro, e não só nos detalhes da história, mas também nos acontecimentos da natureza,[150]

---

[145] 1 Co 9:21.
[146] Cf. vol.I, p. 201s.
[147] Cf. vol.I, p. 155s.
[148] Is 2:11; 57:15; Sl 99:2; 113:4; Êx 15:7; Jó 37:4; 40:10; Am 8:7; Gn 49:24; Is 1: 24; 49:26; 60:16; Sl 132:2,5.
[149] Cf. Gn 2:20; 7:16; 32:27; Êx 17:11s; Jz 11:24; 2 Rs 3:27; Os 5:12; 13:7s; Is 42:13s.
[150] Especialmente Gn 1; Sl 104; Jó 38s, e a conexão de criação e história que faz o deutero-Isaías. Cf. vol.I, p. 198.

reconheceu-se a presença do único Senhor soberano dirigindo, de acordo com sua vontade, tanto a totalidade do cosmos quanto a vida humana considerada de menor expressão, foi possível formular essas sentenças clássicas em que se resume com acerto e brevidade a onipotência divina: "Ele fala e assim se faz, dá uma ordem e se cumpre" (Sl 33:9); "tudo o que Deus quer o faz, no céu e na terra" (Sl 115:3; 135:6); "eu sei que tu podes tudo" (Jó 42:2).[151]

O mesmo sucede com a idéia da *onipresença divina*. O israelita piedoso jamais duvidou que Deus estivesse presente em qualquer lugar em que se lhe dirigisse uma oração confiada.[152] A qual não está em contradição com o fato de que o culto não se pudesse realizar em qualquer lugar, mas só em determinados lugares eleitos pelo próprio Yahweh, porque isto não significa que a divindade se encontre localmente circunscrita a tais lugares. A única coisa que limita à divindade é a liberdade soberana de sua revelação,[153] à qual, encontra uma singular expressão no dogma da presença do nome de Deus nos lugares de culto.[154] Também as referências espontâneas à morada de Yahweh no Sinai ou no céu, que se combinam com as expressões cultuais ditas anteriormente,[155] mantiveram viva a idéia de que a presença dinâmica de Yahweh não é idêntica à sua vinculação com um lugar determinado. Em qualquer caso, todas estas maneiras de falar eram inadequadas e, devido à influência da religião cananéia, em mais de uma ocasião foi grave o perigo derivado de interpretá-las no sentido de uma circunscrição localizada. Foi, assim, um aumento na clareza espiritual o fato de que, ao conseguir-se uma imagem mais ampla do mundo e tomar-se consciência de que Deus transcendia em suas ações o tempo e o espaço,[156] se romperam também os moldes estreitos da terminologia tradicional e a presença de Yahweh se definisse a onde quer que existam termos menos equívocos: "O céu e o céu dos céus não podem te conter" (1 Rs 8:27); "o céu é meu trono, e a terra o escabelo de meus pés" (Is 66:1); "acaso sou eu um Deus só próximo e não um Deus remoto?, não encho eu o céu e a terra?" (Jr 23:23s), e assim o autor do Salmo 139 pode descrever essa contínua presença de Deus como o milagre inacessível e impenetrável que coloca o homem a cada momento sob o olhar penetrante do grande tu divino.[157]

---

[151] Cf. também Gn 18:14; Zc 8:6; Is 43:13.
[152] Gn 24:12; Jz 16:28; 1 Sm 26:23s; 30:6ss,23,26; 2 Sm 15:8.
[153] Cf. vol.I, p. 84s.
[154] Cf. p. 505s.
[155] Cf. p. 644s.
[156] Am 9:2,4; Is 6:3; Sf 1:12; Is 43:2; Zc 4:10.
[157] Para a comparação com o hino a Varuna do Atarvaveda hindu, cf. **E. Sellin**, *Theologie des AT*, 1933, p. 26.

Também parece estar em aberta contradição com a *onisciência divina* o fato de Yahweh tenha que se convencer pessoalmente da verdade de uma notícia.[158] E, portanto, isso não exclui a crença de que para ele não há nada oculto. Ele conhece o futuro assim como o passado, e precisamente nisto apóia-se a crença na profecia e nas decisões mediante a sorte. Os profetas, por seu turno, insistirão sem desfalecer que todo futuro atenderá ao plano e ao desígnio de Yahweh;[159] o Criador conhece de sua criatura até o mais profundo de seu ser.[160] Mas as últimas conseqüências de semelhante crença só se alcançam quando, a partir de Jeremias, afirma-se com força especial que diante dos olhos de Deus até o mais recôndito é diáfano, que ele conhece os abismos, o mundo dos mortos e o próprio coração do homem.[161] De novo é o deutero-Isaías que encontra as formulações mais vigorosas para expressar esse conhecimento divino que abrange a tudo.[162]

Depois das reflexões feitas a esse respeito,[163] não é preciso ressaltar como, com a interpretação profética da história, ficou aberto o caminho para entender-se a *sabedoria divina* no sentido de uma ordenação sistemática de todos os acontecimentos. Quando o período antigo falava da sabedoria divina, o fazia mais no sentido de um conhecimento milagroso: tal é o caso quando se menciona o anjo de Yahweh como encarnação da sabedoria.[164] Mas só nos profetas encontramos expressa, com claras palavras, a visão geral de todo o acontecer cósmico como uma obra maravilhosa da sabedoria divina que designa a cada coisa o seu lugar e faz todas as coisas "em seu justo momento". Assim Isaías ilustra com os exemplos da semeadura e da colheita os dons sábios de seu Deus,[165] e o deutero-Isaías não se cansa de contrapor a superior inteligência e insondável sabedoria do Deus de Israel ao desconcerto dos ídolos e da torpeza de seus adoradores.[166] Num sentido distinto orientou-se, segundo vimos,[167] a tentativa dos sábios por entender a sabedoria divina: o campo de sua atividade não é para eles a história, mas a natureza, em que o homem pode apenas notar uma grandeza e mistério definitivamente insondáveis; o âmbito da vida humana,

---

[158] Gn 11:5; 18:21.

[159] Is 5:19; 14:26; 19:17; 28:29; Mq 4:12; Jr 27:1s; 49:20; 50:45.

[160] Is 29:16.

[161] Pv 15:11; Jó 26:6; 1 Rs 8:39; Jr 11:20; 17:10; 20:12; Sl 139:1-4; 11:4; 33:15; 51: 8; 94:11.

[162] Is 41:22-24; 43:10-13; 44:6-8; cf. Zc 4:10; Jó 28:24.

[163] Cf. p. 628s.

[164] 2 Sm 14:17.

[165] Is 28:23s; cf. 14:24s; 22:11; 29:14; 31:2; 37:26.

[166] Is 40:12s,28; 41:4s,2 2s; 42:5s; 43:9s; 44:6s,24s; 45:7,9s,18s; 46:10, 55:8 etc.

[167] Cf. p. 546s.

é o lugar onde melhor se pode conhecer sua obra e o modo como capacita o indivíduo dos meios necessários para levar uma vida que seja agradável a Deus. E quando se fixa o olhar na história, o que se exalta como revelação da sabedoria divina não é a dinâmica orientação do movimento da história para um fim remoto, mas a lei que ordena estaticamente a vida nacional. Precisamente por esse caminho, enquanto hipóstase, converte-se a sabedoria em instrumento para incorporar dentro da revelação do único Deus o depósito de verdade que possuem os povos pagãos.

Em todo esse processo de esclarecimento conceitual da imagem de Deus o fato mais decisivo não é tanto o empenho em compreender e definir especulativamente a natureza de Deus quanto a necessidade de confirmar a fé nele: "Aqueles homens piedosos não estavam atrás do conceito de absoluto, mas atrás do poder efetivo da pessoa divina... e o que lhes impressionava era precisamente a liberdade de Deus frente ao tempo, ao espaço e a toda criatura, a qual convenceu os crentes de que ele era singela e simplesmente o Deus absolutamente fidedigno da aliança de seu povo, situado sempre acima de toda condição".[168] Sua onipotência é a garantia de que para Deus não há nada impossível; sua onisciência refere-se concretamente aos sentimentos mais recônditos do homem; graças a sua onipresença Deus está próximo do homem piedoso, e sua eternidade está em íntima conexão com sua imutabilidade e fidelidade. Em outras palavras: os atributos metafísicos de Deus nascem da experiência de sua ação pessoal de juízo e perdão, e a partir dela chegam à sua peculiar formulação.

[168] **H. Schultz**, *Theologie*, 1889, p. 533.

Capítulo XVIII

O MUNDO CELESTIAL

A escola da perspectiva histórica de Wellhausen afirmou durante muito tempo, praticamente sem discussão alguma, que o Deus de Israel, Yahweh, "não foi elevado ao céu"[1] até o tempo de Ezequiel graças a uma mescla de idéias babilônicas e israelitas antigas. Antes não se podia falar de Yahweh como um deus celestial.

I. A HABITAÇÃO DE YAHWEH NOS CÉUS

Atualmente, semelhante concepção sofreu um duro golpe, mesmo que seja apenas por termos um melhor conhecimento da religião de Baal, na qual o deus é uma divindade celestial; fato tanto mais importante quanto mais vigorosamente defendeu-se a tese de que, depois da conquista, a religião israelita foi assimilada completamente pela religião nativa de Canaã.

Mas, à parte disso, os testemunhos veterotestamentários tampouco permitem manter a idéia da escola de Wellhausen. Argumentava esta partindo de uma coleção dos textos que falam da habitação ou presença de Yahweh em determinado lugar da terra. E, na realidade, em uma primeira aproximação, tais afirmações parecem acusar uma concepção muito estreita da relação de Yahweh com o mundo espacial. Há, sobretudo, duas séries de testemunhos em relação mútua que parecem se basear em idéias muito primitivas: em primeiro lugar, os relatos de aparições de Yahweh no Sinai (especialmente Êxodo 19 e 1 Reis 19:11); depois, as referências à sua presença nos santuários de Canaã.[2] Viu-se neles de boa vontade a prova de uma evolução do inferior ao superior, de acordo com o seguinte processo: o Sinai foi o antigo monte dos deuses e, portanto, a habitação natural de Yahweh; mais tarde, com a entrada e o assentamento em Canaã, essa habitação foi separada do Sinai e transferida para Canaã, onde, por uma fusão de Yahweh com os Baais, foi identificado com os santuários agrícolas cananeus. Como conseqüência, a conexão de Yahweh com seu país tornou-se tão estreita que chegou a ser impossível imaginá-lo sem ele e a relação toda de Israel com

---

[1] **B. Stade**, *Bibl. Theologie des AT,* 1905. p. 291.
[2] Êx 23:15; 34:20; 2 Sm 15:25; 2 Rs 17:33; Dt 16:16.

ele ficou condicionada ao fato de habitar em sua terra; em outras palavras, chegou-se a uma completa identificação com a religião secular cananéia. Estas formas pagãs de pensar sofreram um golpe duro quando surgiu o conflito entre os profetas e o povo. Para arrebatar o povo dessa acomodação de sua fé na qual, para seu próprio bem, Yahweh não podia senão proteger a terra que era, por sua vez, sua habitação, assim recorreram novamente os profetas à antiga idéia da habitação de Yahweh no Sinai (por exemplo, Elias) e até chegaram a dizer que Yahweh jamais tinha emigrado com o povo para a Terra Prometida, mas que tinha permanecido no Sinai.[3]

Por mais bem traçada que esteja essa linha de evolução, ela não resiste a uma análise detalhada. Em primeiro lugar, não se pode estabelecer provas conclusivas de que na época primitiva o Sinai, como monte dos deuses, fosse considerado verdadeira e própria habitação de Yahweh; embora, é verdade, que a designação *har hā'elōhīm* dá a entender que o monte teria um caráter sagrado já em tempos antigos, isso nada nos diz, em absoluto, sobre a natureza da revelação divina feita a Moisés. De um lado, o estrato javista da narração, para não falar do eloísta,[4] só diz que Yahweh vem ou desce ao Sinai, mas não fala nada de uma permanência dele nesse lugar.[5] E como essa concepção está de acordo com o uso de santuários ambulantes na época mosaica,[6] é metodologicamente inadmissível desprezar o testemunho das fontes, com o propósito de postular um nível prévio de mentalidade para a qual só pode ser aduzido como argumento a analogia de certos usos pagãos,[7] enquanto, de outro, esquece-se conscientemente de que o caráter singular dos efeitos da revelação mosaica faz pensar em suas fontes peculiares. Também, em épocas posteriores jamais ouvimos falar de peregrinações a uma suposta habitação de Yahweh, coisa que seria de esperar nas camadas populares, influenciadas pelo espírito profético.[8]

De outro lado, se à idéia popular da presença de Yahweh nos santuários do país os profetas tivessem contraposto o teologúmeno de sua habitação no Sinai, teriam chegado a nós os ecos de sua polêmica! Na realidade, nem Elias nem nenhum dos profetas posteriores polemizam contra essa concepção popular; ao contrário, precisamente nos profetas escritores encontramos

---

[3] 1 Rs 19:8s; Êx 33:1-5.

[4] Sobre as formas como Yahweh aparece em **E**, cf. vol. I, p.90s..

[5] Êx 3:7s; 19:11,18,20; 34:5.

[6] Cf. vol. I, p. 89s.

[7] Já no vol. I, p. 86, nota 14, mencionamos pontos de contato com outras concepções já existentes no Antigo Oriente Médio.

[8] Não se pode citar nesse sentido a marcha de Elias ao Horebe, já que a finalidade do relato é apresentar o lugar peculiar de Elias colocando-o no mesmo nível de Moisés.

repetidas expressões sobre Canaã como habitação de Yahweh.[9] E, certamente, não dão mostras de estar dizendo algo novo nem de ressuscitar uma velha idéia. É necessário dizer que as duas concepções — relação especial de Yahweh com o Sinai e com os lugares de culto cananeus — dão-se justapostas e, com freqüência, nos mesmos escritores. Uma vez mais, essa teoria evolutiva, de tão bela construção, escapa-lhe por entre os dedos.

O que podemos nos perguntar, em todo caso, é se tais idéias não circunscreviam o poder de Yahweh em limites espaciais muito estreitos. Certamente, essa tentação sempre existiu, e chegou a ser especialmente perigosa quando a amálgama com os cananeus foi maior. Talvez tenha se dado principalmente no sentido de uma divisão dentro da concepção unitária de Deus, de forma que, assim como Baal, teria em cada cidade seu caráter peculiar, Yahweh apareceu nos diferentes lugares como uma figura distinta.[10] Assim podemos nos referir, por exemplo, ao Yahweh de Siló, em que, de acordo com 1 Samuel 1:3, sobe anualmente Elcana para render-lhe homenagem e oferecer-lhe sacrifício, ou ao Yahweh de Hebrom, ao qual, de acordo com Sm 15:7, Absalão fez um voto que claramente só poderia cumprir-se no devido lugar do santuário hebronita: daí o costume difundido de interpretar Deuteronômio 6:4 como um protesto contra a desintegração de Yahweh em diversas divindades locais, resultando então a seguinte tradução: “Yahweh, nosso Deus, é um Deus único”.

Seja lá o que for, a verdade é que na mentalidade dos espíritos proeminentes de Israel não há sinais dessa desintegração da divindade. Quando se fala que Deus habita ou aparece em determinado lugar, absolutamente não se pensa em uma *circunscrição* de Yahweh a esse lugar. A demonstração é clara: já Juízes 5, um dos hinos mais antigos, nos apresenta Yahweh desde o Sinai, indo em auxílio de seu povo que luta em Canaã, dando fé de que, até mesmo na época mais antiga, não se imaginava a Yahweh especialmente limitado ao monte santo do sul, mas se acreditava que ele escutava e atendia as orações dos seus na Terra Prometida. E de acordo com 1 Reis 19:11, Elias recebe sua revelação enquanto Deus passava parecendo esse, portanto, como alguém que vem e não está enclausurado em seu *māḳōm*. Mas, também, anteriormente todo o mundo participava dessa idéia, como demonstra o relato javista de Êxodo 33:12-23, e 34:8s., onde Yahweh revela-se a Moisés no Sinai de uma maneira muito similar e lhe faz uma promessa de que irá com ele à terra de Canaã.

De outro lado, a crença em uma presença especial de Yahweh nos lugares de culto cananeus não reduziu a esfera do poder e da existência divina

---

[9] Cf. Os 8:1s; 9:3,15; Is 6; 8:18.
[10] Cf, a respeito vol. I, p. 85s.

às fronteiras do país. Juízes 16:28 mostra-nos Yahweh, chamado por Sansão, exercendo sua vingança na Filístia; Gênesis 24:12 relata como os pedidos de Eliezer são ouvidos em Aram; de acordo com 1 Samuel 30:6s.; 23:26, Davi, segue sendo na Filistéia um fiel adorador de Yahweh, assim como Absalão em Gesur, de acordo com 2 Samuel 15:8. Ainda que, geralmente falando, um culto regular nesses locais fosse inviável, (embora também houvesse as exceções, como demonstra o caso de Naamã de 2 Reis 5:17s.), também em países estrangeiros teve-se a certeza da presença efetiva de Yahweh. Caso contrário, teria de ser admitido que também Oseías nega a existência de Yahweh fora de Canaã, quando descreve o país pagão como impuro e como um lugar onde é impossível o culto.[11] Finalmente, para dar-se conta da absoluta inviabilidade da tese de uma eficácia limitada de Yahweh,[12] basta revisar toda narrativa histórica antiga; nela se supõe que Yahweh não só atua no Egito e no deserto, mas que demonstra sua superioridade também contra os amalequitas, moabitas, filisteus, arameus e edomitas, em Damasco ou na Fenícia; por fim, contra todos os ídolos e nações estrangeiras. Assim, em 1 Samuel 14:6, que remonta com toda segurança a um estrato pré-javista, expressa-se com magnificência a fé de que para Deus nada é impossível: não há impedimentos que bloqueiem o auxílio de Yahweh, nem muito nem pouco.

Temos, pois, que as duas séries de idéias, a da revelação de Yahweh no Sinai e a da sua habitação nos lugares de culto cananeus, nem se contradizem nem necessariamente supõem uma limitação espacial da divindade.[13] Além disso, o fato de que ambas existissem simultaneamente teve importância para que fosse constante a diferenciação entre Yahweh e os demais deuses antigos. Efetivamente, está nisso implícito o reconhecimento de que, quando ainda não se havia tomado posse da terra de Canaã, existiu um tempo em que Yahweh exercia seu domínio sobre Israel, ao que, só depois, concedeu a terra da promessa mediante atos históricos concretos (cf. Juízes 1:4,19,22). Por conseguinte, a existência de Yahweh desfrutava de uma certeza que não dependia do país que agora se designava como sua herança particular e a sua estreita conexão com Canaã explicava-se como um ato livre seu. De acordo com isto, a designação de Canaã como casa e herança de Yahweh tem em Israel um significado totalmente diferente do que a mesma terminologia apresenta, por exemplo, em Moabe. Quando Moabe é chamada terra de Camós, faz-se isso

---

[11] Os 9:4; cf. 3:4; Dt 28:36; Jr 16:13.

[12] Nada demonstram em contrário, passagens como Gn 11:7; 18:21. Em parte podem representar ecos da forma mítica original e em parte podem ser devidas a um desejo de vivacidade descritiva.

[13] Cf. vol. I, p. 84s.

no sentido de uma vinculação natural entre o país e o seu deus: os moabitas rendiam culto para o seu Camós como à divindade vinculada desde sempre à terra que habitavam. De outro lado, Canaã chama-se casa de Yahweh porque ali é onde ele se estabeleceu para revelar-se. Em outras palavras: quando se fala da habitação de Yahweh, não se trata de uma presença corporal, fisicamente definida, mas de uma presença dinâmica, de sua presença pela revelação. Então, se no período antigo não existia um verdadeiro dogma da onipresença de Yahweh, havia sim a convicção de que ele podia ser achado onde quer que fosse necessário. Em outras palavras: a fórmula de um atributo divino metafísico estava substituída, neste caso, pela revelação de Yahweh como um Deus próximo, em sua aplicação prática.

Havia uma terceira concepção da morada de Yahweh que agia contra uma interpretação localizada de sua presença na terra: a fé de sua residência no céu. Uma vez que pelo estudo dos nomes divinos temos comprovado que Yahweh era considerado como o Altíssimo e o Criador e que, enquanto *'ᵉlōhīm*, resumia em sua pessoa a todo o panteão,[14] a crença em sua habitação celestial só pode ser considerada como conseqüência natural e necessária. Testemunhos expressos da época dos Juízes ou da primeira monarquia são: Gênesis 11:5; 19:24; 21:17; 22:11; 24:7; 28:12; Salmo 2:4; 18:7; Êxodo 19:18; 1 Reis 8:12.[15]

Na época profética, ao serem ampliados os horizontes da imagem do mundo e ser adquirida uma idéia mais profunda do poder universal de Yahweh, houve mais disposição para captar sua superioridade e, como conseqüência, abundam os textos que falam do céu como sendo a autêntica habitação de Yahweh. Já no Sinai falou com seu povo desde o céu,[16] e agora é nele onde tem seu palácio como rei do universo.[17] De lá ele atende às orações do seu povo, quando — como se lê na oração de Salomão[18] no temploz — este ergue as mãos para o céu. E, com toda a razão, na época persa a designação favorita

---

[14] Cf. vol. I, p. 155s.

[15] Hoje nos parecem curiosos os artifícios exegéticos com que se procurava antes desautorizar esses testemunhos. Por exemplo, quando **Stade** pensa que, como "mito estrangeiro" Gn 11 nada pode demonstrar com respeito à fé do Israel antigo, continua preso à ingênua opinião de que até à época assírio-babilônica Israel não conheceu "mitos estrangeiros" e que então estes irromperam em bloco! Uma coisa boa do estudo das sagas foi proporcionar outras idéias sobre o transplante de seu material e sua lenta e progressiva assimilação por parte de mentalidades estrangeiras. Portanto, se Gn 11 é um material narrativo estrangeiro devia ter curso em Israel bem antes da época do Javista. A exegese moderna costuma reclamar a caprichosa supressão de *min haššāmayim* em passagens como p. 505s. 19:24; 21:17; 22:11, simplesmente porque não encaixa na teoria.

[16] Êx 20:22; Dt 4:36.

[17] Is 31:4; Mq 1:2; Dt 26:15; 1 Rs 8:30; Hc 2:20; Sl 11:4.

[18] 1 Rs 8:22,32,34. Cf. também o que se disse sobre o templo como morada do nome de Yahweh em vol. I, p. 84s. e, neste mesmo volume, p. 505s.

para Yahweh é a de "Deus do céu",[19] o nome de Elyon,[20] permitia conectar com os elementos de verdade contidos na concepção pagã de Deus.

Nessa situação de Yahweh o que impera não é o desejo metafísico de especulação, mas um interesse religioso: ao se dizer que Yahweh tem seu lugar sobre a terra, expressa-se de forma plástica a idéia de que ele vê tudo e não se lhe escapa nem a maldade nem a piedade do homem.[21] Com essa idéia se explica tanto sua onisciência quanto sua onipotência: Isaías 40:22 apresenta os homens como gafanhotos diante do Deus que se assenta sobre a redondeza da terra.

Se levarmos em conta que essas declarações da habitação de Yahweh nos céus aparecem com freqüência nos mesmos autores[22] que falam de sua revelação em lugares concretos da terra, não é preciso admitir que não existe em tais expressões interesse nenhum por uma localização particular de Yahweh. O que prevalece em todas elas são as necessidades religiosas, que às vezes, fazem lembrar aos homens que Deus está próximo ou do privilégio de sua revelação entre o seu povo, e ainda outras o Deus transcendente, para educá-los no temor e na confiança. Que a idéia de um Deus celestial não representa por si mesma um baluarte seguro contra o perigo de rebaixar à divindade ao nível humano, fica demonstrado em Jó 22:12-14, em que os ímpios tentam se tranqüilizar com estas palavras: "Acaso Deus poderá julgar através das nuvens? Nuvens espessas o envolvem e ele passeia pela esfera celestial!" Mas poderia ser igualmente perigosa para uma piedade viva enquanto a habitação celestial de Deus implicasse sua separação da terra num sentido deísta, perdendo-se o sentimento da presença divina imediata. Contra tais erros lançam-se freqüentes protestos. E é interessante notar que, ao fazer isto, nunca se afirma que a natureza de Yahweh seja puramente espiritual[23] — o que implicaria uma abstração sempre difícil para a mente humana —, mas que se nega, simplesmente, é que os céus sejam capazes de conter a Yahweh, porque ele é demasiado grande (1 Reis 8:27). Por isso, fala-se em tom de igualdade dos dois grandes domínios da soberania de Yahweh: de Yahweh é o céu, e o céu dos céus, e a terra e tudo aquilo nela há (Deuteronômio 10:14); ele é o único Deus acima no céu e embaixo na terra (Deuteronômio 4:39; Jó 2:11); e também, ele enche o céu e a terra (Jeremias 23:24).

[19] 2 Cr 36:23; Ed 1:2; 5:12; 6:9s; 7:12,21,23; Ne 1:4s; 2:4,20; Dn 2:18s, 28,37,44.
[20] Cf. vol. I, p. 155s.
[21] Sl 11:4; 14:2; 33:13s; 102:20s; 113:5-7; 138:6; Is 57:15; Jó 28:24.
[22] Cf. Is 6:1; 8:18; 31:4; 18:4; Jr 7:14 e 23:24; Sl 20:3,7.
[23] Cf. vol. I, p. 185s.

Não é necessário explicar que a importância religiosa de tais afirmações não se diminui porque a imagem que Israel tem do cosmos e do lugar do céu contenha características de autêntica ingenuidade e coincida, em boa medida, com as concepções cosmológicas de outros povos.[24] Tais fatos em nada restringem a supremacia das idéias dinâmicas da presença de Yahweh sobre a concepção estática e localizada da mesma, como não removem nem uma vírgula do caráter singular da fé israelita na criação. A presença dessa supremacia evidencia-se quando ela manifesta até as mais elevadas expressões sobre a presença de Yahweh e jamais deixa o Senhor, que tem seu trono no céu, abandonado ao jogo caprichoso da fantasia mítica. Efetivamente, o conceito que com freqüência associa-se à morada de Yahweh no céu é o de "soberano" e "rei"; assim o demonstram tanto as descrições mais antigas quanto as mais modernas, mesmo aquelas que não empregam expressamente o título de *melek*. É necessário que se cite a este respeito, antes de qualquer outra passagem, Isaías 6, o profeta, que está no templo, vê ampliado o santuário terrestre até converter-se na sala do trono celestial, onde Yahweh, rei, mantém conselho no meio de sua corte celestial. O fato de tratar-se de uma experiência visionária, na qual sabemos que as imagens tradicionais têm um papel importante, não exclui a possibilidade de que certos elementos da imagem, e especialmente o do reinado de Yahweh, já se achavam presentes de antemão na consciência do profeta. 1 Reis 22:19 nos oferece uma confirmação de que assim devia ser efetivamente: Yahweh, como rei do céu, mantém conselho com todos os exércitos celestiais, à sua esquerda e à sua direita, sobre o melhor modo de enganar Acabe.

E o mesmo pode-se dizer dos antigos contos populares de Jó 1 e 2, que apresentam uma cena bem similar. É preciso citar também Êxodo 24:10, onde a teofania aos anciãos de Israel é descrita com estas palavras: "Seus pés apoiavam-se sobre algo semelhante a pavimento de safira, de tanto resplendor como o céu". Em muitos poemas cultuais[25] encontra-se essa mesma associação da real soberania e da grandeza celestial de Yahweh. De qualquer maneira, a réplica terrestre do trono celestial é a arca de Yahweh com os querubins: ela é do gênero dos tronos divinos vazios e, enquanto Deus da arca, Yahweh tem o sobrenome *Yōšēb hakk*ᵉ*rūbīm*, "o que tem seu trono sobre querubins".[26] A classe de concepções cosmológicas relacionadas com as afirmações de que Yahweh tem seu trono no céu está indicada de forma instrutiva na visão de vocação de Ezequiel 1. Também, neste caso, tomam nova vida velhas tradições procedentes do mundo de idéias sacerdotais. Está claro que nesse trono de querubins opera a recordação do Yahweh que tem seu trono na arca, ainda que agora a forma tenha

---

[24] Cf. a respeito disso as considerações de p. 555s.

[25] Cf. Sl 29:10; 48:3; 68:25; 74:12.

[26] 1 Sm 4:4; 2 Sm 6:2; 2 Rs 19:15; Sl 80:2 etc.

mudado. A plataforma do trono, chamada *rāḳīa'*, é o reflexo da *rāḳīa'* celestial da cúpula celeste, em sua cavidade encerra, como esta, raios e chamas. O que tem seu trono sobre esta *rāḳīaᵉ'* é uma *dᵉmūt* ou *mar'eh*, uma reprodução do Yahweh que tem seu trono sobre o cimo da cúpula celestial; desse modo, fica expressa plasticamente a transcendência ou o caráter sobrenatural de Deus.[27] O significado cósmico de toda a imagem está confirmado pelos quatro querubins que, como os pilares angulares da abóbada celeste, representam os quatro pontos cardeais (em termos astronômicos: Touro, Leão, Escorpião e Aquário).

O fato verdadeiramente novo e peculiar na imagem do profeta não é que possua essas idéias do trono cósmico de Yahweh, mas que elas tenham um papel tão importante em seu pensamento. Deve-se, sem dúvida, ao fato de que o sacerdote que teve de viver a destruição do templo encontrou na transcendência de Deus uma âncora para a fé, sem a qual teria ido à deriva. Mas, ao mesmo tempo, esse rei celestial é para ele um Deus que atua no presente, que até no país impuro do exílio chama seu mensageiro e prossegue sua obra. Uma vez mais, o que marca o matiz peculiar das frases não é a especulação teológica, mas o interesse da presença em sua revelação. Só com o judaísmo se introduz, na visão profética, o elemento teórico-construtivo, sistematizando a imagem do *kābōd* de acordo com as necessidades da idéia judaica de santidade: inventa-se uma arca celestial que possa substituir como santuário a que foi destruída na terra.[28] É necessário dizer, porém, que, até mesmo nesse momento, trata-se de dar expressão prática às idéias da fé e não de simples fantasmagorias sem base alguma.

II. AS POTÊNCIAS CELESTIAIS COMO SERVAS DE YAHWEH

A idéia de Yahweh como Deus do céu está indefectivelmente unida a toda uma série de personagens do mundo supra-sensível que podemos reunir sob o nome de anjos. Seu nome hebreu é *māl'ākīm*, e também *bᵉnē hā 'ᵉlōhīm*.

1) Os anjos

São mencionados, também, como *ḳᵉdōsīm* (Salmo 89:6,8; Jó 5:1; 15:15; Zacarias 14:5; Daniel 4:14), *bᵉnē 'elyōn* (Salmo 82:6), *'abbīrīm* (Sl 78:25),

---

27 Cf. **O. Procksch**, *Die Berufungsvision Hesekiels, em Budde-Festschrift,* 1920. p. 141s.

28 Isto se fazia por uma reelaboração de Ez 10, que foi sempre a fonte de onde derivam os v. 15-21 do cap. 1; cf. o estudo de **S. Sprank**, *Ezechielstudien*, 1926. Igualmente **W. Zimmerli**, *Ezechiel* (*ad locum*) que, no entanto, considera como primários Ez 1:15s.

rāmīm (Jó 21:22) ou *gibbōrīm* (Salmo 103:20; Joel 4:11). O conjunto que formam aparece expresso nos coletivos *s^ebā' yhwh* (1 Reis 22:19; 2 Crônicas 18:18; Salmo 148:2), *maḥ^aneh* (Gênesis 32:2s), *ḵehal* ou *sōd ḵedōšim* (Salmo 89:6,8) e *^adāt 'el* (Salmo 82:1). Que esses seres provêm da fé popular pré-mosaica não resta dúvida alguma. Onde se vê isto com maior clareza é em Gênesis 6:1-4: aqui se pode verificar sem dificuldade a relação entre *b^enē '^elōhīm* e a mitologia pagã. De acordo com Jó 1:6; 2:1; 38:7, eles são a mesma coisa que os *māl'ākīm*. Esses seres "celestiais" ou "divinos" pertencem ao grande exército de divinos espíritos anônimos, os quais, em todas as religiões, são ativos intermediários entre os grandes deuses e a humanidade e, devem sua origem, em parte, à necessidade de criar-se uma imagem dos poderes de Deus pela equiparação Dele com a corte celestial, e, em parte, à crença animista em espíritos que sempre subjazem em tais idéias. Raramente no Israel pré-mosaico tais seres não desfrutavam de carta de cidadania.[29]

Portanto, é totalmente desnecessário suspeitar que sob esses seres angélicos havia deuses de tempos antigos, que o mosaísmo teria privado da situação soberana e degradado ao lugar de servos de Yahweh. De outro lado, os antepassados de Israel deviam ter uma monstruosa multidão de divindades! Mas, também, cada vez mais mostra-se errôneo imaginar que a fundação de uma religião implica necessariamente a assimilação das divindades precedentes acolhendo-as em seu seio e lhes oferecendo posições de destaque. Esse processo pode ser verdade em algumas religiões cuja formação lenta foi permitindo uma retirada imperceptível das divindades principais antigas; mas não é aplicável nas religiões que devem sua existência a um fundador, que tiveram de conhecer duras batalhas para se estabelecer. Todavia, Bousset,[30] por exemplo, via nos Amesha Spentas do Zoroastrismo um exemplo clássico de como deuses concretos podiam evaporar-se em figuras abstratas; atualmente, reconhece-se que a evolução foi de fato ao contrário, quer dizer, da personificação de alguns conceitos abstratos a espíritos concretos protetores, ao passo que as divindades persas foram duramente combatidas por Zaratustra.[31]

Tampouco pode considerar-se válida a idéia, atualizada por E. König, de que foi o conceito de "anjo de Yahweh" — uma forma de manifestação de Yahweh quase hipostática — o que originou a concepção de numerosos anjos.[32] Semelhante processo não se justifica ao se levar em conta que Israel participava da antiga mentalidade. Diferente é a questão se o plural *māl'ākīm*

---

[29] Cf. **G. W. Heidt**, *Angelology of the Old Testament*, 1949.

[30] *Kyrios Christos*, 1926, p. 306.

[31] Demonstrado por **B. Geiger**, *Die Amesha Spentas. Ihr Wesen und ihre ursprüngliche Bedeutung*, 1916 ("Sitzungsberichte der Akademie der Wissenschaften in Wien. Phil.-hist. Klasse", 176.7).

[32] *Theologie des AT*, p. 196.

não se formou secundariamente a partir do singular *māl'āk*, que originariamente representava o conceito abstrato de "enviar". Contudo, isso é improvável;[33] e, de qualquer maneira, a derivação da palavra não nos informa nada sobre a sua origem, especialmente porque há também outras designações para essa palavra.

Considerando que também no paganismo existe a concepção de mensageiros divinos, a priori não podemos considerar correta a interpretação racionalista de que os anjos não são mais que simples forças naturais personificadas. Embora seja verdade que, às vezes, personifica-se a gosto algum fenômeno natural fascinante (cf. a coluna de nuvem e de fogo), jamais se considera os anjos como simples fenômenos ou forças da natureza, mas como seres pessoais de caráter sobrenatural.[34]

É mais natural comparar-se a idéia dos anjos do céu com os astros. Jó 38:7 apresenta paralelamente os *kōkᵉbē bōḳer* e os *bᵉnē ᵉlōhīm*. Com freqüência os astros e as divindades astrais se designam como anjos, {*kol-*} *ṣᵉbā' haššamayim*,[35] especialmente como objetos do culto pagão.[36] De fato, frente a passagens como Juízes 5:20 (os astros lutam...), Josué 14s. (*śar sᵉbā'*), Isaías 24:21 (o castigo de *sᵉbā' hammārōm*) e Isaías 40:26,[37] surge a pergunta de se, para diferenciar aos *bᵉnē ᵉlōhīm* dos *māl'ākīm*, não teremos de imaginar os primeiros como astros animados. A imemorial conexão das tribos hebréias com a Mesopotâmia, onde o culto astral estava arraigado desde há muito tempo, poderia apoiar a resposta. Esses seres supraterrestres posteriormente se chamarão *māl'ākīm* desde o ponto de vista da fé javista, convertendo-se assim em seres enviados, submetidos ao único Deus, sem importância, por si mesmos. Tampouco se pode descartar a incorporação à corte de Yahweh de divindades de origem cananéia, sobretudo, se consideramos o "conselho dos deuses" do Salmo 82:1. Esse "conselho" é conhecido também nos textos ugaríticos, ainda que neles a presidência seja ostentada pelo pai dos deuses, *'El*.

---

[33] Sobre a etimologia de mal'āk, cf. p. 489 e notas.

[34] Sl 104:4, com muita freqüência se costuma citar a respeito, facilmente induz ao erro por uma tradução incorreta. Nele não se diz "converte a seus anjos em ventos e a seus servos em chamas", mas "faz dos ventos seus mensageiros, e das chamas suas servas" (*'ōseh mal'ākāw rūḥōt mešāsaretāw 'ēšlōhēt*, quer dizer: as forças da natureza que põe a seu serviço, como se fossem seus anjos).

[35] Is 40:26; 45:12; Jr 33:22; Sl 33:6; Ne 9:6.

[36] Dt 4:19; 17:3; 2 Rs 17:6; 21:3,5 etc.

[37] Um eco dessas idéias também se encontra em Gn 1:16, em que o sol e a lua aparecem investidos de soberania. Seria preciso citar também passagens como Dt 32:8; 4:19; 29:35, segundo as quais o próprio Yahweh colocou as nações pagãs sob o domínio de deidades astrais; em Is 24:21-23 Yahweh submete a juízo a esses deuses. Cf. p. 654s.

Achamo-nos, pois, diante de um conceito que o javismo assimilou apôs tê-lo encontrado na tradição do passado nacional. Fica dito, ao mesmo tempo, que a idéia de anjo é algo complexo, na qual operaram tendências diversas, por um lado, atuam nela concepções pagãs que o javismo não pôde assimilar plenamente. Assim encontramos anjos que se casam com as filhas dos homens (Gênesis 6:1-4) ou que aceitam a hospitalidade de Abraão em Manré ou de Ló em Sodoma e comem alimentos terrestres (Gênesis 18:8; 19:3). Os anjos, mencionados como astros em Jó 38:7 e Isaías 14:12s. são reflexo de uma fé astral primitiva e respectivamente do mito do astro resplandecente, *hēlāl*. De qualquer maneira, a origem dos seres angelicais como estranhos ao genuíno javismo não só é demonstrada por essa intrusão do físico dentro da esfera divina, mas também pelo perigo que eles comportam de obscurecer o caráter único do Deus de Israel. Em 2 Reis 18:4 ouvimos falar, por pura casualidade, de um *n^eḥuštān*, uma serpente de bronze, que provavelmente pertence à categoria dos anjos, à quem se queimava incenso em Jerusalém até que Ezequias a destruiu.[38]

De qualquer maneira, parece que de fato não surgiu nesse terreno um perigo verdadeiro e próprio para a fé javista; não se pode dizer a mesma coisa da própria idéia do antigo Oriente *de um vizir celestial* que, como representante do deus supremo, impõe suas vontades na terra. Esse personagem da corte celestial, que para nós adquire características concretas, principalmente nas figuras de Nebo, na Babilônia, e de Thot, no Egito, parece que não foi ignorado em Israel,[39] segundo fazem supor as menções isoladas de um anjo investido de autoridade similar.[40] Sendo assim, enquanto em épocas tardias esse vizir celestial desempenha um papel importante,[41] nos relatos da história

---

[38] Sobre o cajado-serpente de Moisés cf. vol. I, p. 93s. Como demonstram as escavações de Gezer e Beth shan, parece que na Palestina era popular considerar as serpentes como espíritos protetores e gênios a serviço da divindade (cf. AOB, il. 398,672s, e **Alan Rowe**, *The Topography and History of Beth-Shan,* em "Publications of the Palestine section of the Museum of the University of Pennsylvania" I [1930] p. 1 e 10s). Entre os achados de Hazor há um estandarte cultual que nos mostra a imagem de uma deusa cercada por duas serpentes (cf. The Holy Land. New Light on the Prehistory and Early History of Israel, 1957, p. 167 e fig. 10, em Antiquity and Survival, vol. II, p. 2,3).

[39] É mérito de **F. Stier** ter desenvolvido sistematicamente e dotado de uma elevada dose de probabilidade essa tese, mesmo quando sua demonstração não seja sustentável em todos os pontos (*Gott und sein Engel im AT*, 1934).

[40] São, sobretudo, as expressões de Js 5:13; Êx 23:20s, e Jz 5:23, que, comparadas com Ez 9:2 (o anjo como instrumento de escrever) e Ml 3:1 (o anjo da aliança), fazem pensar na existência da idéia de um vizir celestial. Se essa linha de interpretação está correta, é preciso se considerar, logicamente, dentro dela também Êx 14:19; 32:34; 33:2. A idéia de um príncipe celestial deve oferecer, segundo as considerações que já fizemos na p. 648s, o ponto de contato requerido para a figura de um plenipotenciário celestial desse tipo. À parte disso, no nebiismo existiu a tendência inegável de acentuar o abismo entre o senhor celestial e seu povo, e por isso a maioria de nossos exemplos provém do Eloísta, muito chegado a esses círculos.

[41] Dn 12:1s; Test Dn 5s; Test Levi 5; Asc. Mos 10:1s etc.

israelita antiga não aparece, já que a atividade poderosa do Deus da aliança não deixa lugar para uma personagem desse tipo, paralelo e competitivo. Inclusive parece até como se os grandes historiadores tivessem maltratado conscientemente a predileção de alguns círculos por essa personagem. A resistência dos profetas e também do escritor sacerdotal a admitir esses tipos de mediadores é demasiadamente conhecida. Daí que os intermediários celestiais, por mais que tivessem encantado ao povo, não puderam desfrutar do culto e tiveram de se conformar com uma existência obscura. Só com os epígonos do profetismo voltam a aparecer, para elevar rapidamente sua importância no judaísmo tardio. Assim em Ezequiel encontramos a figura de um escrivão celestial[42] que, com outros seis seres, leva a cabo a sentença divina e que em seu exterior recorda muito a Nebo, sem que por isso desfrute de maior importância. Em Zacarias um anjo intercede pelo povo, em grande parte já castigado, e recebe a segurança de uma compaixão de Yahweh.[43] Também um anjo aparece como presidente do tribunal e pronuncia a absolvição do sumo sacerdote diante da corte celestial.[44] Em Malaquias o anjo da aliança ocupa um lugar semelhante na visão do juízo final: como representante do rei celestial, encarrega-se de realizar o ato judicial do qual há de sair purificado um novo povo da aliança. Essa ligação do anjo com a aliança divina lembra a idéia que aparecerá nos apócrifos e no Novo Testamento, quando a aliança do Sinai é atribuida à mediação de anjos.[45] A figura do espírito protetor especial e do defensor de Israel recebe em Daniel uma luz considerável: sob o nome de Miguel tem um papel principal na redenção do povo no final dos tempos.[46] Sua importância é ainda maior no resto da literatura apocalíptica,[47] e talvez se identifique com o "Filho do homem" ou o "semelhante a um homem" de Daniel e das parábolas de Enoque.[48]

Papel bem parecido desempenhou na fé popular israelita a idéia dos anjos das nações.[49] Havendo sido, com toda probabilidade, deuses nacionais

---

[42] Ez 9:2.
[43] Zc 1:12.
[44] Zc 3:1-8.
[45] Jub 6:19,22; 14:20; Gl 3:19; At 7:53; Hb 2:2.
[46] Dn 10:13,21; 12:1s.
[47] Cf. nota 41.
[48] Assim **Bertholet,** *Daniel und die griechische Gefahr*, 1907, p. 51s (RGV 11.17) e **F. Stier**, *op. cit.*, p. 96s. Sobre o *mal'ăk yhwh* no sentido especial do termo cf. p. 489s.
[49] Cf. **Bertholet**. *Der Schultzengel Persiens*, em *Oriental Studies in honour of Dasturji Saheh C.E.P.,* 1934. p. 34s.

no princípio, uma vez degradados à categoria de seres angélicos; servem para universalizar a fé javista ao ilustrar a ilimitada soberania universal do Deus de Israel já no presente. Yahweh, que é o que nomeia a cada um deles sua esfera de domínio,[50] toma conta de seu mau governo e finalmente dita contra eles pena de morte.[51] É possível, que essa concepção, tenha sido encorajada pela analogia do grande rei que governava as distintas regiões de seu império por meio do vice-rei. Mas, enquanto que na época do Israel antigo e do profetismo, essa concepção foi mais ou menos marginalizada, porque esteve paralisada pela crença no exercício direto do poder por parte do Deus que estava próximo,[52] na época persa e helenista conhece um florescimento sem impedimentos. Ela encontra seu mais estranho desenvolvimento em Daniel, no castigo de Nabucodonosor a decisão dos "vigilantes" e a sentença dos "santos"[53] tem um papel tão importante que parece que a eles foi transferido o verdadeiro governo do mundo. Recordam os sete príncipes que rodeiam o trono do grande rei persa[54] (inclusive levam o mesmo título, *śārīm*, Daniel 10:13,20) ou os sete Amesha Spentas que atendem a Ahura Mazda. Segundo Ezequiel 9:2s. e Zacarias 3:9; 4: 10, também em Israel pode-se falar que eles são sete: com efeito, nesses textos mencionam-se os sete olhos de Deus que vigiam toda a terra.[55]

No Apocalipse das Bestas de Enoque há 70 pastores que, debaixo da vigilância de Miguel, governam as nações. Na literatura do judaísmo tardio é uma idéia completamente comum que os príncipes angelicais exerçam o governo universal.[56] Está claro que, ao acentuar-se cada vez mais o caráter transcendente de Deus, prolifera uma angeologia que implica uma obscuridade da idéia de Deus.

O mesmo se deve dizer da *inserção de um anjo mediador nas relações entre o crente e seu Deus*. Esse *mal'āk mēliṣ* intercede perante Deus pela pessoa enferma, adquirindo para ela graça e salvação.[57] Segundo outros textos, são os sete anjos superiores os que transportam para Deus as orações dos santos e têm acesso a ele.[58] Assim como o anjo da guarda protege ao indivíduo enquanto

---

[50] Dt 4:19; 32:8s: Sl 89:6.

[51] Sl 58:82; Is 24:21.

[52] Cf. dissemos na p. 626s sobre a fé na providência.

[53] Dn 4:14.

[54] Et 1:14.

[55] O número sete aparece também no Test Levi 8; Tob 12:15. e Ap 1:4,16,20; 2:1; 3: 1 (sete espíritos e sete estrelas).

[56] Cf. **Strack-Billerbeck**, *Kommentar zum NT aus Talmud und Midrasch*, II, p. 360; III, p. 48 e **W. Bousset-H. Gressmann**, *Die Religion des Judentums im späthellenistischen Zeitalter*, 1926 p. 322s.

[57] Jó 5:1; 33:19-23.

[58] Tob 12:15; 3:16, cf. 12:12; também, Test Dn 6; Jub 30:20.

estiver em vida,[59] depois da morte a alma é escoltada por um anjo.[60] Neste caso não é preciso duvidar da influência de concepções pagãs.[61]

Um dos sinais externos da importância excessiva que requer agora o mundo angelical é aquele que dispõe de uma lista abundante de nomes, enquanto que em épocas antigas os anjos eram personagens anônimos: Daniel 8:16 nos fala de Gabriel, e Tobias 3:17, de Rafael; Enoque e Esdras 4 estão cheios dos nomes de anjos que designam, as vezes, sua categoria. Depois, entre os essênios e entre os gnósticos cristãos, mencionadas no Novo Testamento ,[62] encontra um autêntico culto aos anjos, uma divisão dos mesmos em árvores genealógicas e especulações sobre sua intervenção no curso da história profana e sagrada.

Nem é preciso dizer que, essas entidades tão complexas, que retiveram sempre seus elementos pagãos, somente puderam ser empregadas por uma fé javista consciente de sua própria natureza como uma idéia auxiliar, sem nunca alcançar importância central. Assim tal idéia auxiliar, serviu, em primeiro lugar, para ilustrar a superioridade de Yahweh. Neste capítulo abrange-se tudo aquilo que nós dissemos sobre o tribunal do rei celestial, assim como os coros que exaltam a majestade de Deus no palácio celestial (Salmos 29; 103:20s; 148:1s) e o escoltam em sua teofanias (Jó 38:7; Deuteronômio 33:3; Zacarias 14:5; Salmo 68:18; Daniel 7:10). Por serem participantes da glória celestial, é característico neles, uma espécie de natureza ígnea e luminosa (cf. 2 Reis 2:11; 6:17). E Jó 15:15 compara-os, em sua pureza e luminosidade, com o próprio céu. O que é singular, pois, diferentemente dos querubins, eles são sempre imaginados em termos antropomórficos e, por causa disso, sem asas (cf. Gênesis 28). Outra coisa que serve para tornar palpável a superioridade divina é que os anjos desfrutam algumas forças intelectuais superiores às dos homens. Ao falar de um homem inteligente isto normalmente é dito de um modo proverbial: "É sábio como o anjo de Deus, que conhece tudo aquilo que há sobre a terra" (2 Sm 14:20; 19:28). Mas, ao mesmo tempo, mantém-se em todo seu rigor o abismo que os separa de Deus, acentuando-se assim a superioridade deste: "Nem sequer de seus santos se fia, e a seus olhos nem o céu é puro" (Jó 15:15). À parte da superioridade de

---

[59] Test Jos 6; *Targ Psed Jon* em Gn 33:10; 48:16; At 12:13s; Mt 18:10.

[60] Test Aser 6; Test Levi 5.

[61] Na Babilônia, desempenham um papel importante as divindades intermediárias, sejam deuses inferiores ou sejam espíritos guardiães enviados pelo deus supremo, cf. **B. Meissner**, *Babylonien und Assyrien*, II, 1925. p. 79 e 136, assim como as representações que aparecem nos cilindros-selos: AOB, il. 323; **O. Weber**, *Altorientalische Siegelbilder*, "Der Alte Orient" 17-18, 1920.

[62] Sobre os essênios cf. **K. Schubert**, *Die Gemeinde vom Toten Meer*, 1958. p. 57s; **Millar Burrows**, *More Light on the Dead Sea Scrolls*, 1958, p. 280s. No Novo Testamento cf. Cl 2; Jd 8.

Deus, os homens se alegram ao descobrir nos anjos seu poder que está sempre disposto a socorrer. Em um texto tão antigo quanto Juízes 5:20, os encontramos intervindo como soldados de Yahweh, prestando sua colaboração na luta contra os cananeus. Segundo Êxodo 23:20-23; 14:19, Israel foi escoltado por um anjo durante sua marcha desde o Egito para Canaã (ainda que essas passagens podem muito bem estar referindo-se ao *mal'ākyhwh*). O indivíduo também tem colocado sua confiança na proteção angelical, como fez, por exemplo, Eliezer em seu caminho para Aram (Gênesis 24:7).[63] E na oração, a presença da proteção divina associa-se com anjos.[64]

Finalmente, a idéia dos anjos representa um vivo sentido do poder de Yahweh para castigar. Em Êxodo 12:23 é um anjo que extermina os primogênitos egípcios; em 2 Samuel 24:16 e 1 Crônicas 21:25 o anjo da peste castiga os israelitas por causa do censo davídico; 2 Reis 19:35 atribui a um anjo a terrível mortandade do acampamento de Senaqueribe. Em tais contextos o ser angelical chama-se às vezes *māšḥīt*, "destruidor"; Provérbios 16:14 e Jó 33:22 falam do *m*ᵉ*mītīm*, do "portador da morte" e Salmo 78:49, do *mal'*ᵃ*kē rā'im*, do "anjo da morte." Isto não pode ser entendido como se tratasse de uma classe especial de anjos, de uma espécie de potências satânicas. O que sucede é que, como Yahweh envia o bem e o mal, também o *māšḥit* pode, em outra ocasião, ser portador de uma bênção.

Onde quer que a crença nos anjos tenha mantido seu caráter de conceito auxiliar não costuma representar, normalmente, perigo algum para a pureza da idéia de Deus, ao contrário, pode tornar mais distinta e mais clara a crença de sua providência e de seu poder. De outro lado, a certeza de que existe um mundo celestial contraposto ao terrestre não poderá renunciar à idéia dos anjos se quisermos dar uma viva impressão da riqueza e complexidade desse mundo. A melhor ilustração do que dizemos no-la oferece o Novo Testamento: a convicção de Jesus de que o céu está completamente incluído na obra que ele realiza na terra pressupõe a idéia dos anjos de seu tempo. E, no entanto, em nenhuma parte nós o vemos referir a um anjo nem usar o nome de um anjo para dar autenticidade à sua missão ou para reforçar a credibilidade da sua palavra. A fé sempre deve estar côncisa de que, nesse contexto, existe o perigo de deslizar por uma ladeira de uma fantasia mitológica.

2. Querubins e Serafins

Com os querubins e os serafins nós encontramos um conceito de anjo pintado com matizes mitológicos mais fortes, que exigem uma breve análise.

---

[63] Cf. 1 Rs 19:5; 2 Rs 1:15 (Elias); 1 Rs 13:18 (um profeta); Dn 3:25; 6:22.
[64] Sl 34:8; 91:11s.

A própria forma híbrida em que se apresentam, meio homem e meio animal, nos demonstram desde já que eles procedem de uma mentalidade mitológica. Uma das fontes mais importantes de informação acerca dos querubins temos nas descrições de Ezequiel 1 e 10, que reproduzem certamente idéias mais antigas. Eles são seres mixtormorfos que têm a forma do corpo, a face e as mãos, do ser humano e, as quatro asas, os seus rostos e pés, dos animais. Há ampla evidência de seres híbridos similares nas representações babilônicas que têm vindo à luz como resultado de escavações arqueológicas. Como demonstram os descobrimentos fenícios de selos e marfins,[65] a arte fenícia desempenhou um papel importante na transmissão das idéias babilônicas para Canaã. Os marfins palestinos, descobertos em Megido e Samaria, demonstram que a concepção bíblica, por sua vez, sofreu muitas influências da arte fenícia (cf., especialmente a obra de A. Jirku mencionada na nota 66.). Diferentemente dos anjos, a função desses seres vivos não é a de mensageiros, mas a de sentinelas que se encontram junto ao trono de Deus. Desse modo, é demonstrada não só na descrição de Ezequiel, mas também na utilização dessas figuras mixtomorfas como emblemas para a decoração do santuário, onde há estátuas de querubins sobre a arca da aliança, e suas imagens aparecem esculpidas ou bordadas em cortinas, panos, folhas de portas e paredes.[66] Também lhes compete a guarda do paraíso (Gênesis 3:24), enquanto concebido como a morada de Deus.

Outra função atribuída aos querubins parece, à primeirra vista, incompatível com a anterior; a saber, a de " carros" de Deus. Na descrição de Ezequiel, a *rāḵia'* que sustenta o trono de Deus repousa sobre querubins e também, na cena do Salmo 18:11 que tem aparência de muita antigüidade, Yahweh viaja ou cavalga sobre um querubim.

A coincidência de ambas as funções, em um mesmo tipo de ser, não é possível explicar-se pelo nome. Este não deriva nem do hebreu nem do árabe; com toda probabilidade, é necessário ver nele um empréstimo do termo *kuribu*, com que são designados na Babilônia tais seres híbridos.[67] Sua relação com o grifo indogermânico é problemática. Esses seres, de formas

[65] Para as imagens babilônicas cf. *AOB* figs. 378-382; 390s. **J. B. Pritchard**, *ANEP*, 1954, p. 212-217; para a arte fenícia cf. **H. Frankfort**, *Cylinder Seals*, 1939, p. 256s. **W. F. Albright**, *Die Religion Israels im Lichte der archäologischen Ausgrabungen*, 1956, T. IV; **A. Jirku**, *Die Welt der Bibel*, 1957, T. 63 e 98.

[66] 1 Rs 6:23s; 8:6s; Êx 25:18s; 26:31; Ez 41:18s. O exemplo mais belo do trono de querubins existe no sarcófago do rei Ajirán de Biblos, cf. **A. Jirku**, *op. cit.*, T. 22. **G. E. Wright**, *Arqueologia Bíblica* (Ed. Cristiandad, Madrid 1975), busca uma reconstrução dos querubins do templo.

[67] Cf. **Meissner**, *OLZ*, 1911, p. 476s. *Babylonien und Assyrien*, II, 1925, p. 50.

mistas e alados, eram bem conhecidos na Babilônia como espíritos do vento ou da tempestade.

Este último modelo e as cenas veterotestamentárias em que se lhes apresentam voando pelos ares fizeram supor que, em princípio, os querubins não eram mais que uma personificação das nuvens tempestuosas. No contexto do Salmo 18 este dado é muito esclarecedor, pois, o fato de Yahweh estar cavalgando sobre um querubim aparece diretamente relacionado aos fenômenos prodigiosos da tempestade: "faz da escuridão sua cobertura, sua cabana; as terríveis trevas de água o esconderão, nuvens escuras sem esplendor; diante dele marcharam as nuvens, o granizo e as chamas" (v. 11,12s.). Compare com essas expressões paralelas, com o Salmo 104:3: "faz das nuvens o seu veículo"; Isaías 19:1: "Yahweh viaja em uma nuvem rápida e vem ao Egito", e também Deuteronômio 33:26. No mesmo sentido, o livro de Ezequiel compara o ruído de suas asas com o trovão e fala que entre os quatro querubins há um fogo intermitente.[68] A imagem da nuvem tempestuosa, atravessada de vez em quando pelo raio, harmoniza-se muito bem com Gênesis 3:24: o jardim de Deus no alto do monte cósmico é guardado da invasão dos homens pelo querubim que tem em sua mão uma espada ardente, quer dizer, por uma nuvem tempestuosa que está baixa. Finalmente, os carros-cisternas do templo salomônico não representam outra coisa senão nuvens carregadas de água e que estão adornadas com querubins (1 Reis 7:29,36), eles também apontam para essa imagem tirada da natureza.[69] Esse símbolo natural foi tomado por Israel de seu ambiente cananeu, como demonstra o epíteto ugarítico de Baal, "o que cavalga sobre as nuvens", que se pode comparar com Salmo 18:11 e 68:5.[70]

Que esse símbolo natural se tornasse logo em guardião da divindade, é facilmente compreensível uma vez que Yahweh tem sua morada no céu. Assim se entende por que tais seres de fábula serviram logo de sustentáculo para todo tipo de material mitológico, de provável origem fenícia; um exemplo foi conservado em Ezequiel 28:14s. em que o rei de Tiro é comparado ao querubim que passeava pelo monte dos deuses e, tendo se envaidecido por sua sabedoria, foi lançado de sua altura.[71] "A enigmática personagem dessa invenção da fantasia representa o caráter misterioso e insondável de Deus; graças a ele

---

[68] Ez 1:24; 10:5 e 1:13; 10:6s. Fora de 1:13, todas estas passagens são reelaborações, cf. **W. Eichrodt**, *Der Prophet Hezekiel,* 1959 ad locum.

[69] Cf. **R. Kittel**, *Studien zur hebr. Archäologie und Religionsgeschchte*, 1908, p. 236s.

[70] Cf. **R. G. Driver**, *Canaanite Myths and Legends*, 1956, p. 81s.

[71] Cf. **O. Eissfeldt**, *Baal Zaphon*, 1932, p. 14,18s e **G. Fohrer**, *Ezechiel*, 1955, *ad locum.*

recebem viva realidade a presença divina e sua inacessibilidade".[72] Podem ser feitas considerações semelhantes sobre os serafins. Somente mencionados uma única vez, em Isaías 6:2s, mas como algo perfeitamente conhecido. Como criados celestiais, aparecem em uma postura de profundo respeito, cobrindo suas faces e pés com as asas, próximos a Deus que está no trono. Por ter voz e mãos humanas eles se assemelham aos querubins, sendo desses distintos por seu corpo de serpente; pelo menos, isto nos é sugerido pelo *s̄ārāf m*ᵉ*ōpēp* que Isaías 14:29 e 30:6 mencionam junto a outros répteis do deserto e que não pode referir a nenhum outro animal. Também entra nesta categoria a *nāhāš s̄ārāp*, as serpentes *s̄ārāp* de Números 21:6, que são enviadas aos israelitas como castigo durante a viagem do deserto.[73] Então, é lícito supor que dentro da fé popular do Israel antigo existiram répteis demoníacos com a função de guardiões da divindade. Já em Isaías esses animais não são senão símbolos da santidade consumidora e do poder onipresente de Yahweh.

3. *Satã*

Os demônios não podem ser incluídos na corte celestial de Yahwewh. Eles certamente possuem um papel dentro da fé popular, mas eles não se associam com o Senhor do céu. Por isso, teremos de nos ocupar deles em outro lugar.

Isso, contudo, não se aplica à figura de Satã. Ele é membro de pleno direito da corte celestial de Yahweh e por natureza não tem nada a ver com os demônios.[74]

Originariamente *has̄s̄āṭān* designa um anjo de Yahweh encarregado de certa tarefa: é o fiscal ou acusador público que faz lembrar diante de Deus a culpa do homem; como resultado disto a LXX também designa κατηγϖρ e διαβολοσ adversário, perseguidor ou acusador. Esta ocupação, necessariamente, não pressupõe uma má condição, como nos demonstra o fato de que também dos homens de Deus espera-se que descubram a culpa do homem, *yazkīrū ʻāwōn* (1 Reis 17:18, Elias). Então, quando satanás ou acusador, em Zacarias 3:1-5, ataca o sumo sacerdote Josué,[75] que como demonstram as manchas de

---

[72] **H. Schultz**, *Altestamentliche Theologie*, 1896, p. 488s.

[73] É interessante que certos seres híbridos descobertos em um sepulcro da XII Dinastia, em Beni-Hassan, se chamem em demótico, o dialeto profano egípcio, *serref*.

[74] Uma análise instrutiva dessas antigas concepções encontramos em **R. R. Schärf**, *Die Gestalt des Satans im AT*, Tese doutoral, Zurich 1948.

[75] Carece de importância ver o sumo sacerdote como representante de uma comunidade impura, já que a absolvição lhe outorga um privilégio pessoal; a culpa do povo aparece na visão de Zc 5.1s.

sua roupa, não é completamente inocente, ou em Jó 1:6-12; 2:1-7, participando no conselho celestial, como um dos *b^enē ^elōhīm*, defende que a piedade de Jó está necessitando ser provada, não faz mais que cumprir com seu dever e pertence à mesma classe que o *mal'āk mašḥīt*.[76] Se é justificada a correlação com a função de acusador público das cortes reais asiáticas, que aparentemente têm um reflexo no *mazkīr 'āwōn* de Ezequiel 21:28 e 29:16, então nós teríamos no satã, assim como no vizir celestial, um empregado ou funcionário da corte celestial calcado no modelo dos reinos terrenos. Explicar sua procedência desse modo é mais lógico que recorrer ao babilônico "acusador" particular de cada homem, o *bel dababi* que é o tipo oposto ao deus protetor individual (KAT 1903, p. 461, 463).[77]

Não só o fato que dessa descrição do acusador estar de pleno acordo com a angelologia hebréia, mas também a clara raiz hebraica do nome *śāṭān* impedem de ver nessa personagem um empréstimo estrangeiro. Tanto o verbo *śāṭān* ("perseguir", "hostilizar" e depois "perseguir com acusações", "acusar") quanto o substantivo *śāṭān* ("oponente", "adversário") se aplica também aos homens.[78] De outro lado, o anjo de Yahweh, que, de acordo com Número 22:22,32, defronta-se com Balaão, o faz como *śāṭān*: *l^eśāṭān* = como um adversário. Essa idéia genuinamente hebréia do *śāṭān* é bastante antiga, como se compreenderá ao se considerar que a introdução do livro de Jó está baseada em um relato popular mais antigo.

Temos, pois, que essa figura representa um elemento qualitativamente novo dentro da angelologia geral. Contudo, vale a pena notar que é a religião popular a que introduz a figura de Satã na literatura e que a profecia não faz uso dela senão em sua última fase. Na antiguidade, não se percebe entre os chefes espirituais de Israel a necessidade de falar dessa personagem, indício de que não era ainda de importância fundamental.

Uma pequena mudança é observada no relato de 1 Crônicas 21:1, onde a tentativa de Davi de recensear o povo não é atribuída a Deus, como na

---

[76] Não se pode dizer, como faz **Dillmann** (*Alttestamentliche Theologie,* p. 338), que a acusação do sumo sacerdote em Zc 3 vai contra os planos de Deus: ele não faz senão cumprir seu dever, mas é repreendido porque Deus quer mostrar sua graça mais que sua justiça. No relato de Jó poder-se-ia descobrir mais facilmente certo traço de malícia no zelo do acusador: o ofício aí deteriora o caráter. Mas basta recordar que nos achamos diante do detalhe ilustrativo de um relato popular para negar todo valor teológico a esse aspecto.

[77] Segundo **B. Landsberger**, trata-se de um homem. Cf. **G. von Rad**, *TWNT*, II, p. 74 n° 16. É totalmente insustentável a interpretação psicológica de Satã como a voz personificada da má consciência, como faz **K. Marti**, *Geschichte der isr. Religion*, 1903, p. 249.

[78] Primeiramente no Sl 38:21; 109:4. Logo em 1 Sm 29:4; 1 Rs 5:18; Sl 109:6 etc.

passagem paralela de 2 Samuel 24:1, mas a Satanás. Dois casos convêm salientar aqui: primeiro, que o acusador tem um nome próprio, *śāṭān*, e não *haśśāṭān*. Isto demonstra que no século quatro a.C a idéia de um adversário sobrenatural acabou sendo concretizada em Israel numa figura muito determinada e bem definida.[79] Em segundo lugar, a tentação para o mal está agora associada com esse ser. A fé da época antiga, por sentir a necessidade de imaginar a ação divina mais compreensiva possível, atribuía a injustiça ao próprio Deus. Agora essa porção das operações divinas fica separada de Deus em certo grau, convertendo-se em uma hipóstase independente.[80] Ficam desse modo estabelecidos os pré-requisitos para que se introduza na mentalidade religiosa um espírito mau, um causador da injustiça, como foco sobrenatural de todo pecado.

Isso é tudo o que se pode dizer sobre esse ponto. A elaboração e a formulação dogmática dessa idéia não se deu, estritamente falando, dentro do Antigo Testamento, mas nos deuterocanônicos e apócrifos.[81] Certamente é possível referir-se a algumas passagens do Antigo Testamento nas quais parece ser vista a idéia de um ser sobrenatural hostil a Deus. Tal é o caso de Gênesis 3, onde, embora seja verdade que na intenção do autor a serpente não é mais que um dos animais do campo, dotado — isso sim — de uma astúcia especial, sugere-se certo caráter demoníaco. Se não, seu conhecimento dos efeitos da árvore da ciência e sua inflamada inimizade para com Deus ficariam sem explicação nesse estado atual do texto, à parte do que nos faz lembrar espontaneamente os demônios em forma de serpente que figuram na mitologia de quase todos os povos. Neste sentido não está muito enganado o autor da Sabedoria de Salomão quando explica Gênesis 3 dizendo que na serpente agia o διαβολοσ (Sabedoria 2:24). E a exegese da Igreja acrescentou àquela interpretação baseando-se em Apocalipse 12:1; 20:2.

Outra passagem à qual recorreu, não sem razão, a fé da Igreja, foi a já mencionada de Gênesis 6:1,4. Seria absurdo querer achar aí uma teoria sobre a origem do mau e, de outro lado, é evidente o caráter fragmentário e intencionalmente pouco claro do relato. Mas também é lícito dizer que a ação do *b^enē ^elōhīm* não se submete a nenhum tipo de norma ética. Essa ação é considerada — não resta dúvida — como um insulto a Deus; e quando ao

---

[79] **Kaupel** (*Die Dämonen im AT, 1930,* p. 104s), seguindo a **F. H. Kugler**, busca em vão subtrair a importância desse texto recorrendo a 1 Rs 5.18 e Sl 109.6.

[80] Cf. p. 635s. **R. R. Schäf** tem, portanto, razão de chamar a Satã "uma função personificada de Deus, que progressivamente vai se tornando independente e se desenvolvendo fora da pessoa divina" (*op. cit.*, p. 60). Não vamos discutir aqui sua interpretação psicológica da figura de Satã valendo-se da doutrina tipológica de **C. G. Jung**.

[81] Cf. Sab 2:23s; Test Dn 5; Test Neft 3; Test Aser 3; Jub 19:28; Mart. Is 2:2-7. E também, **H. Bietenhard**, *Die Himmlische Welt im Urchristentum und Spätjudentum*, 1951. p. 113s; **W. Förster**, *Die spätijüdische Satansauffassung*, *TWNT* II, p. 74s.

desenvolver-se a idéia de Satanás chegou-se a pensar que a origem do mal se deveria buscar no mundo dos anjos, os olhos deveriam se voltar, necessariamente, a esse relato. Certamente isso excedia a intenção de seu antigo autor, mas a nova interpretação explicitava com acerto o sentido original da narração, na realidade, que ele, de fato, havia evitado.

Finalmente, é necessário fazer-se menção do *hēlāl* de Isaías 14:12: o luzeiro brilhante e filho da aurora que queria ganhar o céu para pôr seu trono mais alto que as estrelas de Deus. Não resta dúvida de que essa personagem que assalta o céu em um esfôrço titânico é usada por Isaías como símile poético simples da arrogância blasfema do conquistador terreno; mas também aí está operando o mito de origem pagã, da rebelião de um anjo contra o deus supremo, que termina por ser lançado ao mundo inferior. Quando esse luzeiro brilhante é vertido ao latim como *Lúcifer* e, Tertuliano e Gregório Magno o identificam como Satanás pensando em Lucas 10:18, volta a ter vida novamente a influência da concepção pré-israelita.

Muito mais espiritualizado nos é apresentado o conceito de uma potência sobrenatural do mal no termo, dessa vez genuinamente israelita, *rūaḥ hattum'āh* (Zacarias 13:2). Está relacionado com o *rūaḥ zᵉnūmīm* de Oséias 4.12; 5:4 que aparece como um poder espiritual do mal que age independentemente, antecipando, em certo sentido, o conteúdo da idéia de Satanás. Assim enquanto antítese do *rūaḥ* hipostático pelo qual a comunidade recebe de Deus abundância de vida e força de moral, governa entre os homens como potência permanente da impureza, que só será extirpada quando a salvação de Yahweh chegar. O povo não é capaz de repeli-lo por suas próprias forças, já que é de natureza sobrenatural. Está relacionada com isso a visão de Zacarias 5:7s., na qual a maldade surge como uma mulher que, pelo poder dos anjos, é exilada do povo da salvação. Curiosamente, nenhuma das duas idéias influiu em desenvolvimentos ulteriores. O processo espiritual que levou às formulações dogmáticas da idéia de *śāṭān* pode ser caracterizado afirmando-se que, conceitos suprimidos no Antigo Testamento despertam para uma nova vida no judaísmo tardio. Em Enoque (15s) nós acharemos, finalmente, uma descrição detalhada da queda dos anjos e de seu castigo.[82]

---

[82] Cf. **H. Bietenhard**, *Die himmlische Welt im Urchristentum spätjudentum und,* 1951, p. 205,211. **L. Jung**, *Fallen Angels in Jewish, Christian and Mohammedan Literature,* 1926. Sobre o papel de Satã como anjo das trevas nos escritos da comunidade de Qumran, cf. **F. Nötscher**, *Geist und Geister in den Texten von Qumran, em Mélanges Bibliques,* **A. Robert**, 1955, p. 305s. **H. W. Huppenbauer**, *Der Mensch zwischen zwei Welten. Der Duaslismus der Texte von Qumran (Höhle I) und der Damaskusfragmente. Ein Beitrag zur Vorgeschichte des Evangeliums,* 1959. *ATANT* 34, 1959.

Que em todo esse processo influenciou também a religião persa, na qual tão importante papel teria o espírito mau *angra mainyu,* é algo que não se pode rejeitar sem reflexão. Pelo menos o livro de Tobias mostra uma indubitável influência das crenças demonológicas persas; no espírito mau *Asmodeus* há uma readaptação do nome persa *aeshma daeva.* Esta mesma classe de influências não pode ser descartada nem depois quando, no tempo helenístico, a figura individual de Satanás se vê rodeada de todo um exército de espíritos a seu serviço, até se tornar uma réplica do mundo divino transcendente, no qual acham seu verdadeiro apoio e sua fonte de energia todas as forças do mal que há na terra.[83] De qualquer maneira, o dualismo nunca superado pela religião persa, implícito no caráter eterno tanto do espírito mau quanto do bom, jamais caracterizou a idéia de Satanás; também, Isaías 45:7, entre outras passagens, parece polemizar diretamente contra semelhante concepção.[84]

É indubitável que o recurso para a idéia de Satanás ofereceu uma adequada explicação metafísica do problema da antítese ética entre o bem e o mal, antítese essa que, desse modo, adquiriu uma força e profundidade completamente nova. Isto representava um novo impulso ao sentido de responsabilidade do indivíduo e oferecia a base no que se acreditava ser interpretação genuína dos textos veterotestamentários. Aqui é onde devemos situar o verdadeiro valor — também reconhecido no Novo Testamento — dessa explicação do problema do mal. Não se deve, pois, buscar nessa teoria explicação de qualquer outro tipo de problemas do mundo. Para concluir tudo quanto dissemos, devemos afirmar que as especulações acerca da queda dos anjos esboçam uma questão totalmente distinta e devem ser rejeitadas como apresentações extrabíblicas.

---

[83] Cf. vol. I, p. 421s., 436s.

[84] Uma discussão mais detida da possibilidade de influências persas pode ser vista em **E. Langton,** *Essentials of Demonology*, 1949. p. 61s.

Capítulo XIX

O MUNDO INFERIOR

Em adição ao mundo celestial e o da terra, Israel conhece um mundo inferior. E se as concepções dos dois primeiros, apesar de certas afinidades claras com as idéias correspondentes do paganismo, foram muito influenciadas pela espiritualidade peculiar de Israel, não sucedeu o mesmo com o mundo inferior, ao menos na medida em que é apresentado independentemente da fé na redenção. São claras as suas relações, principalmente, com as idéias babilônicas.[1] Também das crenças dos povos primitivos podem entender-se paralelos suficientes para demonstrar que a este respeito as religiões das grandes civilizações não proporcionaram grandes inovações.

I. O Šᴱ'ŌL

Como a maioria dos povos, Israel admite a existência de um lugar dos mortos que aparece como uma espécie de mundo inferior, enquanto que para ir a ele há que baixar (o verbo padrão é *yārad*): trata-se do *šᵉ'ōl*. O termo parece ser antiqüíssimo; é dessas palavras que não levam artigo, ou seja, que se converteram em nomes próprios. A etimologia é duvidosa.[2] Suas menções mais antigas encontram-se em Gênesis 37:35; 42:38; 44:29,31; Números 16:30,33. O que se deduz dessas passagens é a idéia de um lugar debaixo da terra ao que se baixa e no qual não se dá entre os mortos uma comunidade que permita esperar

---

[1] Cf. **A. Jeremias**, *Die babylonisch-assyrischen Vorstellungen vom Leben nach dem Tode,* 1887*; Hölle und Paradies bei den Babyloniern,* 1903.

[2] Geralmente se renunciou, por considerá-lo lingüisticamente impossível, a derivar o termo de uma raiz *š-'-l* "ser oco". **L Köhler** (TZ II, 1946, p. 71s) lançou a hipótese de explicar o termo sobre a base da raiz hebraica *š-'-h*, "estar deserto", reforçada pela letra *l,* designando assim o espaço desolado, "o que não é mundo". A essa derivação, que considera possível **W. Baumgartner** (TZ II, 2, 1946, p. 233s) contrapõe comomais provável, a tese, lançada por **W. F. Albright** em 1926, de que a palavra proviria do babilônico *shu'ara*; este termo designava originalmente a morada de Tammuz no mundo inferior, passando logo a significar esse mesmo mundo. No mais, a passagem de *R* para *L* é freqüente nas línguas semitas, e a ausência do artigo em *še'ōl*, que o faz parecer nome próprio, fica bem explicada por transplante desde a mitologia babilônica.

um reencontro com os que se conviveu na terra. O quadro coincide plenamente com as afirmações anteriores sobre o tema, de forma que é presumível uma imagem do *šᵉ'ōl* durante séculos bastante inalterada.[3]

Em geral a existência no *šᵉ'ōl* é uma cópia exata, ainda que tenebrosa, da existência terrena: também ali se sentam os reis em seus tronos (Isaías 14:9s) e o profeta segue com seu manto (1 Samuel 28:14); ou seja, que seguem existindo a categoria e a profissão. Mas é, por sua vez, um lugar de silêncio e quietude, onde a falta de força daqueles seres de sombra exclui toda manifestação alvoroçada da vida real. De fato as próprias sombras têm o nome de *rᵉpā'īm*, "os débeis ou sem força". Por isso, os espíritos dos mortos, aos quais se conjura, só podem cantar como os grilos (Isaías 8:19; 2:4). A descida ao mundo inferior é chamada um "debilitar-se" *ḥullāh* (Isaías 14:10) e o estado dos mortos é comparado ao dos que dormem (Naum 3:18). Isaías 14 apresenta a comoção de todo o mundo dos mortos quando o opressor das nações, que põe à prova o mundo, chega também abaixo como uma sombra sem forças. Trata-se de uma descrição poética que, precisamente por contraste, confirma o estado habitual de silêncio que ali impera. Em geral nada sabem os mortos do que acontece no mundo de cima "os seus filhos recebem honras e ele não o sabe"(Jó 14:21); "Os mortos não sabem o mínimo"(Ec 9:5).

As imagens do mundo dos mortos, que aparecem no mito da descida de Ishtar aos infernos e na epopéia de Gilgamesh,[4] deixam entrever a afinidade radical das idéias bíblicas com as babilônicas. Segundo esses textos, o mundo inferior é um reino cerrado por muralhas e portas, cuja entrada dá ao oeste da terra e só é acessível após passar o rio do mundo inferior. É descrito como o país da obscuridade, como a morada que não abandona nada que nela entra, cujos habitantes carecem de luz e têm por miserável alimento, terra e por comida, barro. Vestidos como pássaros com uma roupagem de plumas, vivem em trevas, enquanto o pó se amontoa sobre portas e ferrolhos. Nessa casa do pó habitam o sacerdote e o ajudante, o exorcista, o intérprete de sonhos e o sacerdote que unge os grandes deuses, como Etana e outros sábios dos tempos antigos. Persistem, portanto, as diferenças da vida terrena. Mas a existência lá embaixo carece de paz e alegria, de forma que, como disse Enkidu, o amigo de Gilgamesh, o que se submete à ordem do mundo inferior tem de estar todo o dia sentado e chorando.

Está claro que tais imagens são produto de uma imaginação que, por um lado, reúne todo o triste e desagradável e, por outro, se vê obrigada a utilizar

---

[3] Sobre a imagem física do šeʼōl cf. p. 557.

[4] Cf. **A. Ungnad**, *Die Religion der Babylonier und Assyrer*, 1921, p. 142 e 118, *AOT*, p.206s. e 185s.

as condições próprias da terra para modelar de algum modo o imaginado. Além disso, a vida no mundo inferior está influênciada por acontecimentos do mundo de cima, na medida em que há uma relação entre o tratamento que se deu ao cadáver do morto e sua condição lá embaixo. Segundo a epopéia de Gilgamesh, ao que morre em batalha é permitido ficar deitado em uma cama e beber água pura na medida em que seus parentes se preocupa em ajudá-lo. De outro lado, o espírito do que não desfruta de túmulo não conhece o descanso, anda constantemente errante de cá para lá e tem de conformar-se em comer os restos que ficam nos potes e as coisas jogadas na rua.

Também em Israel parece ter existido essa relação entre um destino pior no mundo inferior e um cuidado funerário deficiente ou inexistente. Em Isaías 14 a negação de um enterro honroso ao tirano (v. 19s.) tem como conseqüência sua desonra também no mundo inferior (v. 11); e o mesmo acontece em Ezequiel 32:23, em que o assírio se vê relegado ao esconderijo mais afastado do mundo inferior. Por isso, o israelita atribui tanto valor a um enterro digno (cf. Gênesis 23 e a atenção que se presta ao enterro dos patriarcas) e considera uma ameaça terrível o anúncio de que os sepulcros serão profanados e divididos os ossos dos mortos (cf. 2 Reis 9:10; Jeremias 8:1; 16:4; 22:19[5]).

II. A Tumba e a Sobrevivência nela

Por conseguinte, a sobrevivência do defunto depende, em certa medida, da sorte de seu cadáver. Isso é algo surpreendente quando associado com a crença num *šᵉʾōl* distante e suas imagens sumárias; mas o fato imediatamente é compreendido, se o que originariamente se considerou como mansão do morto foi o sepulcro. De fato, a idéia do *šᵉʾōl* aparece combinada com outra que vê no sepulcro a morada do morto, e também, segundo todas as aparências, esta é mais antiga. Não só se chama à tumba "morada do morto" (Is 22:16), mas grande valor é atribuído ao ato de ser enterrado ao lado dos membros de sua família (cf. 2 Samuel 17:23; 19:38; Gênesis 47:30; 50:25). Considera-se, por isso, ignomínia ser enterrado em uma vala comum, como fez Joaquim com o profeta Urias (Jeremias 26:23). Isto explica também as expressões freqüentes de "reunir-se com os pais" ou "marchar ao lado de, ou dormir junto aos antepassados" (*šākab ʿim-ʾᵃbōtāw; neʾᵉsap ʿel-ammāw*).[6] A exprcssão "somar-se ao banco

[5] Cf., também, 1 Sm 17:44,46 e **A. Bertholet**, *Die israelitischen Vorstellungen vom Zustande nach dem Tode, 1899;* **G. Beer**, *Der biblische Hades, em Theol. ,Abbandlungen zur Ehren H. J. Holtzmanns,* 1902. Sobre a questão do juízo dos mortos, cf. cap. XXIV p. 931s.

[6] Gn 25:8; 35:29; 49:29,33; Dt 32:50; Jz 2:10; 1 Rs 2:10.

sepulcral", que alude a um dos sistemas de valas mais com freqüência usados no antigo Israel, deve ser entendida literalmente; em um primeiro momento os mortos da família eram depositados simplesmente dentro da cova funerária, em bancos de pedra alinhados junto às paredes; logo, os ossos se reúnem em uma cavidade artificial mais profunda. Assim a família continuava unida até mesmo na morte. Naturalmente, essa forma de falar chegou a generalizar-se, aplicando-se também a casos em que não existia uma tumba ancestral, como quando se trata de Abraão, Moisés ou Arão.

Esse esforço por se unir aos pais e demais membros da família se deve, certamente, à crença de que no sepulcro o morto sobrevive de alguma forma. E, efetivamente, tal é o tipo mais antigo de crença em uma vida de além túmulo, que encontramos também entre os povos primitivos. Estritamente falando, se acha em contradição com a idéia do *š^{e}'ōl* como lugar universal de reunião dos mortos; mas seria equivocado querer salvar essa contradição recorrendo à hipótese de um desenvolvimento pelo qual do sepulcro teria se chegado a um mundo inferior que, passando pelas etapas intermediárias, por meio da reunião de muitos sepulcros e finalmente até uma grande sala funerária. Essa mesma contradição se encontra também entre os primitivos. A concepção do *š^{e}'ōl*, filha da fantasia, não foi capaz de acabar, é claro, com a crença da presença do defunto no sepulcro, simplesmente porque esta teria, de sua parte, a verificação ocular. O costume de dar comida ao morto, que persistiu em Israel até época muito tardia apesar de ser proibido (cf. Deuterômio 26:14; Eclo 30:18; Tobias 4:17), é boa prova da teimosia da crença. Ainda hoje podem ver-se nas tumbas maometanas pequenas vasilhas com água para que os defuntos bebam, ainda que as pessoas não gostem de falar disso. E algo parecido subjaz no costume europeu de colocar árvores de Natal nas tumbas das crianças; e ocorre falar, por isso, de um culto aos mortos. Pela mesma razão seria errôneo aplicar essa definição ao costume de deixar comida ao morto israelita.

Sendo assim, o que vive no túmulo não é uma alma, que já estava presente anteriormente no homem vivo, mas todo o homem. Por isso, aos mortos não se lhes chama nem *n^{e}pāšōt* nem *rūaḥ*, mas *mēsim* ou *r^{e}pā'īm*, "mortos" ou "débeis".[7] Nisto Israel compartilha plenamente com a fé dos primitivos de que, da pessoa do

---

[7] Esta tradução explica o termo sobre a base da raiz rph, "afrouxar-se". Nas inscrições fenícias tardias a palavra é também utilizada no sentido de "sombras" ou "espíritos". A dificuldade do emprego veterotestamentário do termo está em que no AT esse mesmo termo aparece empregado para designar um povo dos tempos primitivos (Gn 14:5; Dt 2:11,20; 3:11,13; Js 12:4; 13:12; 17:15), sem que se possam supor raízes diferentes para ambos os significados (assim **L. Köhler**, *LVT*). A interpretação fica ainda mais complicada porque a palavra aparece nos textos ugaríticos designando a um grupo de (7 ou 8?) servos da deusa do sol Sepes ou de Baal, que morre e ressuscita. Também são

defunto se separa uma imagem sombria que segue levando uma vida miserável, e somos nós os que distorcemos essa idéia ao aplicar-lhe nosso conceito de alma. Efetivamente, a morte consiste em que Deus recolhe seu hálito de vida, seu *rūaḥ*; como conseqüência, o homem expira e volta a ser pó, quer dizer, matéria inanimada (Gênesis 3:19; Jó 34:14s; Eclesiastes 12:7). Neste aspecto o homem é o mesmo que o animal, e por isso Eclesiastes (3:18-21) se pergunta desesperado se entre os dois há alguma diferença depois da morte. Igualmente a *nepeš*, a vida ou existência individual, acaba. Se, às vezes, se diz que a *nepeš* baixou ao *šᵉ'ōl* ou foi salva dele, não há nenhuma referência ao momento da morte. Mas que se trata de uma forma poética de expressar o perigo de morte, significando *nepeš* a vida que já parecia haver sucumbido à morte ou substituindo, simplesmente, o pronome pessoal (dizer "minha alma" equivale a dizer: "eu"; cf. Salmo 16:10; 30:4; 49:16; 86:13; 89:49; Provérbios 23:14). Portanto, o que segue vivendo não é uma *parte* do homem vivente, mas uma sombra do homem *total*. Não vamos analisar aqui as origens dessa curiosa crença, mas talvez tenha algo que ver com a experiência, que é em si própria, inexplicável, do *fantasma* ou *aparição*.

Entre os povos não israelitas essa crença com freqüência exerceu uma forte influência na vida religiosa. Que também em Israel tenha existido essa possibilidade é demonstrado pelo fato de que os mortos foram chamados *ᵉlōhīm*, "seres divinos" (1 Samuel 28:13), aos quais se reconhecia certo conhecimento do futuro. Há também necromânticos chamados *yiddᵉ'ōni* "os que sabem"[8] (Isaías 8:19; Levítico 19:31; 20: 6; Deuteronômio 18:11; 1 Samuel 28:3,9, etc.), que manejam a arte de fazer com

chamados *'lnm*, provavelmente "os divinos", de forma que as interpretações sempre oscilam entre alguns seres divinos autênticos (assim **Ch. Virolleaud,** *Les Rephaim: fragments de poémes de Ras Shamra,* "Syria" XXII [1941] 1-30; Dussaud e outros) e alguns funcionários do culto que, como acompanhantes do rei-deus, possuíam autoridade divina para realizar os ritos de fecundidade (assim, sobretudo, **J. Gray**, *The Rephaim*, "Pal. Expl. Quart". 21, 1949, e *The Legacy of Canaan,* 1957, p. 153s). Em ambos os casos o significado da palavra poderia ser o de salvadores, possuidores de poderes salvíficos"; mas também são possíveis outros significados (cf. o conto em **G. R. Driver**, *Canaanite Myths and Legends,* 1956. p, 155; cf. p. 9s). Não está ainda suficientemente esclarecido como a partir daí passou a palavra a significar os espíritos dos mortos (caberia pensar originariamente em algumas divindades ctônicas, que se relacionavam igualmente com o mundo dos mortos e com a fecundidade da terra) e os povos de tempos primitivos. Para explicar isto costuma-se pensar num desvio euhemerístico. Muitas referências tenho-as de agradecer a **Walter Baumgartner;** cf. o estudo provisório deste autor em Th. R. 13 (1941) p. 89.

[8] Há quem veja nesta palavra a designação do espírito do morto. A explicação atrativa de ambas as expressões como referindo-se a alguns aparatos com os quais se interrogava o espírito do morto, ou seja os tabletes vibrantes, que nos são bem conhecidos nas religiões primitivas, opinião que foi proposta por **H. Schmidt** (*Marti-Festschrift. Beiträge*, em ZAW 41, 1925, p. 253s.), não resiste a uma análise rigorosa (cf. **K. Budde**, *Iesajas Erleben*, 1928, p. 92. nota 2 e ZAW 46. p. 75s.).

que os mortos apareçam e falem. Em tal caso o morto é chamado *'ōb* (Levítico 19:31; 20:6,27; Deuteronômio 18:11), um termo que pode significar simplesmente apareção, fantasma (cf. a raiz árabe *'wb*, "voltar"; *sabeu y'b*). Segundo Levítico 20: 27, o morto pode também entrar em um homem ou em uma mulher, tomar posse dessa pessoa e falar por meio dela; trata-se de uma elaboração animista da crença no retorno do morto.

Também os costumes de luto próprios de Israel, uns proibidos, outros permitidos pela lei, aludem em parte à possibilidade de uma mútua influência entre vivos e mortos. Em sinal de luto o israelita rasga as vestes, senta-se na cinza, lança terra sobre sua cabeça e em lugar da roupa normal veste um saco. A origem de semelhantes costumes, que coincidem com os usos dos povos primitivos, não pode ser outro que o de procurar passar desapercebido para o morto, por temor à sua inveja e malevolência. A prescrição da lei (Números 19:15) de que todo recipiente que não esteja fechado por uma tampa fixada por uma corda se torna impuro pela proximidade de um cadáver, deve-se derivar do temor de que o espírito do morto procure esconder-se na casa para não ter de ir ao sepulcro com seu cadáver. Por essa mesma razão, entre os batak de Sumatra é costume fazer muito ruído durante o enterro e é costume que o cadáver seja retirado por um vão feito na parede da cabana e não passe pela porta, para que o espírito do morto não possa encontrar o caminho de volta.

Não queremos dizer com isso, certamente, que os israelitas tivessem sempre consciência do sentido originário de tais costumes. Na maioria dos casos sucedia o que se passa também em nossos costumes: que o significado primeiro das mesmas se perdeu totalmente. Por isso, tais usos não têm interesse nem para a religião nem para a teologia bíblica, mas só para a arqueologia.[9]

III. O problema do culto aos antepassados

Tudo seria diferente se sobre a base de tais costumes pudesse demonstrar-se a existência de um culto aos antepassados, como acreditavam principalmente J. C. Matthes[10] e Fr. Schwally.[11] Em tal caso, a prática, por exemplo, de ferir-se com incisões e cortar-se ou arrancar-se os cabelos da cabeça e a barba, ou a de cobrir-se a cabeça ou a parte inferior do rosto, seria um

---

[9] Assim, com acerto, **E. Kautzsch**, *Biblische Theologie des AT*, p. 13.

[10] *Rouw en doodmvereering in Israel*, em Theol. Tijdschr. (1900) p. 97s; 193s.

[11] *Das Leben nach dem Tode nach den Vorstellungen des alten Israel und des Judentums*, 1892. Cf. também **J. Lippert**, *Der Seelenkult in seinen Beziehungen zur althebräischen Religion*, 1881. **P. Torge**, *Seelenglauben und Unsterblichkeitshoffnung im AT*, 1909.

rito de consagração a serviço dos mortos, com o que uma pessoa se declarava escrava do espírito do antepassado, venerado agora como um deus. Contudo, a comparação precisamente com as idéias primitivas demonstra o equívoco dessa interpretação. Efetivamente, as incisões e a oferenda do cabelo não tem originariamente um sentido sacrifical mas são meios de reanimação que se aplicam aos que acabam de morrer com a intenção de transmitir-lhes a energia vital contida em tais coisas.[12] Essa interpretação se vê apoiada na prática documentada de injetar sangue ao enfermo para dotá-lo de novas forças. De outro lado, a lei israelita teria taxativamente proibido esses costumes funerários,[13] e não tanto porque estivessem enraizados no povo desde a antiguidade quanto porque constantemente procuraram introduzir-se por influência dos cananeus e outros povos vizinhos.

Por essa mesma razão estabelece a lei uma clara linha divisória entre os mortos e a religião de Yahweh. Qualquer familiaridade com o cadáver e inclusive sua proximidade é causa de impureza.[14] O legislador era claramente consciente do perigo que podia supor a mínima tolerância com essa classe de costumes tão difundida, sendo como era tão persistente a influência religiosa do ambiente. De qualquer maneira, não teremos razão alguma em atribuir a impureza proclamada pela lei a uma santidade especial reconhecida ao culto aos mortos no antigo Israel.

Tampouco o costume de deixar comida aos mortos[15] tem a ver, o mínimo que seja, com um banquete sacrifical em honra de alguns mortos deificados, nem se encontram no Antigo Testamento testemunhos que podem alegar-se nessa direção. Salmo 106.28 fala dos *zibhē mētīm* que se comiam em conexão com o culto de Baal Peor, e eram, portanto, um elemento estrangeiro e importado. O costume de dar comida e uma taça de consolo aos que estão em luto, para que possam acabar seu jejum, nada tem de ver, naturalmente, com um banquete sacrifical; é uma simples expressão de compaixão para com o amigo.

Se tivéssemos de proporcionar uma prova, até certo ponto válida, da existência de um culto aos antepassados, a única aceitável seria a grande estima

---

[12] Menos provável é explicá-los como rito defensivo, pelo que o interessado queria fazer-se irreconhecível para o espírito do morto. A antiga supervalorização do animismo como princípio de interpretação está superada hoje, ao descobrir-se que as crenças manaístas representam um elemento mais primário e compreensivo dentro da mentalidade primitiva: cf., por exemplo, **N. Söderblom**, *Das Werden des Gottesglauben,* 1926; **K. Beth**, *Religion und Magie bei den Naturvölkern*, 1927; **C. H. Ratschow**, *Magie und Religion*, 1947; **G. van der Leeuw**, *Phänomenologie der Religion*, 1956.

[13] Dt 14:1s; Lv 19:27s; 21:5.

[14] Lv 21; Nm 5:2; 19:11s,14s.

[15] Cf. p. 669s.

que se tem aos túmulos dos ancestrais. O gênesis, sobretudo, está carregado de tradições sobre os túmulos dos patriarcas e suas famílias, e concede clara importância ao fato de que todos os antepassados encontrarão em Canaã seu lugar de repouso definitivo e também é verdadeiramente notável que no tempo do autor se reconheçam ainda seus túmulos. Assim nos é dito com detalhes como Abraão comprou de Efrom o sepulcro de Macpela (Gênesis 23) e nele foram enterrados, junto a Sara, ele mesmo (25:9), Isaque e Rebeca (35:29; 49:31) e Jacó e Lia (49:29s; 50:12). Conhecemos também o sepulcro de Raquel no caminho de Betel a Efrata (35:19), o de Débora, ama de leite de Rebeca, junto à azinheira de Betel (35:8), e também nos chegaram relatos sobre os lugares de enterro de Arão (Deuteronômio 10:6), Gideão (Juízes 8:32), Jefté (12:7), Sansão (16:31), Miriã (Números 20:1), José (Josué 24:32), Josué (Josué 24:30) e os chamados juízes menores (o dos dois primeiros provavelmente, fora de Canaã).

Contudo, o curioso é que, no caso dos sepulcros dos patriarcas, a fonte escrita que nos oferece essa informação detalhada é a mais recente, ou seja, a sacerdotal, cujo monoteísmo claro e sereno nos impede de antemão suspeitar que se queira render culto aos lugares de um antigo culto aos mortos. Só temos relatos dos sepulcros de Débora e Raquel em uma fonte mais antiga, a eloísta. E exatamente nesses casos está excluído completamente um possível culto aos mortos, porque teriam normalmente direito ao culto dos antepassados varões, mas não a ama de leite da mãe da tribo! Não faltaram de fato aqueles que queriam ver na narração de **P** uma polêmica contrária ao culto dos mortos, dizendo que, ao não falar nada de um culto nos sepulcros, quer o autor manifestar o absurdo de tal culto, dizendo que um sepulcro é um sepulcro e nada mais! Sendo assim, pouco crédito merece, por ser torpe, essa forma de polemizar que se entretém em relatar a compra de sepulcros; melhor teria feito **P** se não dissesse nada acerca dos sepulcros dos antepassados, seguindo o exemplo das fontes escritas mais antigas. Parece muito mais acertado pensar que ele teria um interesse positivo neles e, mais concretamente, em relação com os direitos de propriedade dos mesmos, trata-se da nova situação jurídica de Abraão em Canaã (que, ao comprar uma porção de terreno, passava de cliente sem direito a equiparar-se, como proprietário, aos nativos) a do direito de propriedade sobre Hebrom depois de estabelecer-se ali os edomitas no século seis a.C. Em tal caso, e seja qual for a solução que se escolha, Gênesis 23 e as passagens dele dependentes hão de se considerar como documentos de um interesse mais recente na história de **P**.

Mais complexa é a questão no caso dos sepulcros dos Juízes, dos quais falam fontes mais antigas e, sobretudo, o Eloísta. Também é verdade que nem aqui se pode supor um verdadeiro culto aos mortos, mas sugere-se um culto aos heróis. Também, em seu *Völkerpsychologie*[16] observa Wundt que esses heróis, seres intermediários entre os deuses e os homens, obtiveram seu caráter como tais pela fusão de alguns antepassados venerados como deuses, com deuses locais da natureza, mediante um duplo processo: ou alongando a lista de antepassados até a divindade, considerada em tal caso como o primeiro antepassado; ou também porque um chefe político se proclama diretamente filho de deus, saltando-se as gerações intermediárias. A mitologia da natureza, por sua parte, assimila os elementos do culto aos antepassados antropormorfizando a seus deuses e convertendo-os em portadores de cultura e fundadores do Estado. Essa modificação teve seu modelamento clássico entre os gregos. Sendo assim, dado conta de que essas são as condições para que nasça o culto aos heróis e o conhecimento que temos das religiões cananéia e israelita, deve-se dizer que a existência de semelhante culto torna-se muito improvável em Canaã. Porque ali, à parte de que as divindades locais da natureza estejam estreitamente vinculadas com o deus do céu, Baal, e isso dificulta sua degradação ao lugar de portadores humanos de cultura, falta ao culto aos antepassados a condição fundamental para que ocorra esse fenômeno religioso.

Efetivamente, os dois últimos argumentos, que podem ser aduzidos em favor de um culto aos antepassados, ambos muito fracos, pouco acrescentam ao que já foi dito. Trata-se da importância cultual dos laços familiares e da instituição do matrimônio de levirato. Certamente pode se observar que em Israel a família constitui, até época tardia, um grupo não só social, mas também cultual. Assim, por exemplo, segundo 1 Samuel 20:6,29 é possível desculpar-se a Davi o abandono da corte real porque tem de ir a Belém para o sacrifício anual de seu clã. Além disso, lemos que esse mesmo *zebaḥ hayyāmīm* é oferecido por uma família em santuários importantes, como Siló (cf. 1 Samuel 1:21; 2:19) e é lógico pensar, portanto, que o grupo cultual da família foi considerado como a unidade natural dentro do culto a Yahweh. Afirmar que tal costume só pode originar-se por um culto anterior aos antepassados comuns e que sua base não pode estar na importância da família como a célula social primária, é uma pura e simples *petitio principii.*

Finalmente, a instituição do matrimônio de levirato explica-se por uma antiga fé manaísta mais do que por um culto aos antepassados. Deuteronômio 25:7s. exige que o irmão de um homem morto sem filhos se case com a viúva e que o primeiro nascido desse matrimônio se registre dentro da família como filho do morto. De outro lado, Gênesis 38, atesta que se trata de um velho costume. Portanto, explicar esse tipo de matrimônio pelo desejo de garantir ao defunto uma prole que lhe renda culto é, sem dúvida, uma idéia que seduz, já que o matrimônio entre cunhados se dá também em povos em que está

[16] **W. Wundt**, *Völkerpsychologie,* 4.1. p. 452s.

arraigado o culto aos antepassados: hindus, persas, afegãos entre outros, são alguns exemplos. No entanto, não se pode deduzir grande coisa deste fato, porque, ainda que não se reconhece como o original o motivo que proporciona a lei — manter dentro da família e da tribo a herança do defunto — pode-se admitir outro motivo, a saber, que não desapareça de Israel o nome daquele que morre sem filhos. Assim o confirma a ação de Absalão que, ao não ter filhos, temendo que seu nome seja esquecido, erige para si, em vida, um monumento (2 Samuel 18:18). Está bem claro que em tal caso é absurdo falar de um culto aos antepassados, já que não se vê como o monumento possa ser substituto do culto ao morto. Mais fácil e lógico resulta ver aí a operação de uma idéia primitiva de que o homem continua vivendo em sua progênie e de que seu nome constitua uma espécie de *alter ego* que, com certa independência com respeito ao que o ostenta e desde logo com influência em seu destino, desfruta de sua própria existência. Segundo os estudos mais recentes, essa crença deveria ser incluída no capítulo de crenças manaístas, pois a idéia que nela predomina não é tanto a da sobrevivência da alma quanto a da retenção de uma energia vital dentro da família. Com o correr do tempo essa base primitiva pôde muito bem se espiritualizar de forma que a conservação do nome leva a pensar também em assegurar a memória da pessoa em questão; de outro lado, o fato de que, na instituição do matrimônio entre cunhados viesse a somar-se um direito firme de herança deu a este costume uma existência duradoura, ainda depois de evaporar-se as idéias que originariamente a inspirou.

Assim pois, os testemunhos com que contamos são fundamento muito débil para admitir um culto primitivo aos antepassados em Israel; mas, além disso, deve-se levar em conta um argumento positivo, no qual às vezes pouco se nota: o silêncio da lei religiosa com respeito a esse culto.[17] Enquanto proíbem outros abusos religiosos o culto aos antepassados não merece nem menção. Porque nem a *consulta* aos mortos que se proíbe tem qualquer relacionamento com um *culto* aos antepassados ou com algum tipo de *culto* aos mortos. Contudo, se o culto aos antepassados tivesse sido de verdade florescente entre as tribos hebréias de época pré-mosaica, caberia ter esperado da religião javista uma atitude totalmente diferente da que de fato constatamos.[18]

---

[17] Ressaltado especialmente por **Ed. König**, *Theologie*, p. 31.

[18] Contra a existência de um culto aos antepassados em Israel se manifestam **J. Frey**, *Tod, Seelenglaube und Seelenkult im alten Israel*, 1898; **K. Grüneisen**, *Der Ahnenkultus und die Urreligion Israels*, 1899. Todavia **G. Hölscher** (*Geschichte der israelit. und jüd. Religion*, 1922, p. 30s,37s) mantém a tese de um antigo culto aos antepassados em Israel. Adota uma postura de reserva **R. Martin-Achard**, *De la mort à la résurrection d'aprés l'Ancient Testament,* 1956, p.21s.

IV. Importância para a religião israelita das crenças relacionadas com os mortos

Quanto ao que temos dito sobre as práticas israelitas relacionadas de algum modo com a vida depois da morte, deixa bem claro ao menos o seguinte: dentro da mentalidade israelita havia pontos de sobra nos quais podia ter-se inserido um autêntico culto aos mortos ou a partir dos quais a vida dos mortos pôde, ao menos, ter sobrecarregado penosamente a vida e as idéias religiosas. E Isaías 65:4 demonstra que as deformações religiosas desse tipo saíram à luz precisamente em épocas de calamidade exterior: "Gentes que irritam a Yahweh, que se sentam junto aos sepulcros e passam as noites nas tumbas". Torna-se ainda mais digno de nota que a religião israelita conseguisse superar quase por completo os perigos que a ameaçavam desde esse flanco. A insignificância dos mortos para a vida normal do israelita é um fato inegável, que das histórias das antigas religiões, somente encontramos um paralelo na Grécia homérica. Nos dois casos a causa é, naturalmente, muito distinta. Na sociedade feudal do período homérico foram umas vontades enganadoras de viver as que, com algumas condições externas especialmente favoráveis, criaram uma religião social que fechou aos mortos a entrada no mundo presente e os confinou ao Hades. De qualquer maneira, sua religião jamais se livrou do feitiço das crenças relacionadas com os mortos.

Em Israel, de outro lado, foi a experiência estarrecedora da vontade soberana de Deus o que fechou as portas do reino dos mortos e prescreveu qualquer trato com os que já haviam passado para outra vida. Os direitos exclusivos de soberania de Yahweh não só alcançavam os deuses estrangeiros, mas também os poderes subterrâneos que pudessem ser oferecidos ao homem como auxílio. Por isso, sua soberania se centrava com toda intenção neste mundo; o reino de Deus deveria instaurar-se na terra. Canalizar para essa meta todas as energias pessoais dava à vida do homem conteúdo e valor. Daí que Yahweh reclamará para si os vivos e os reunirá a seu povo; os mortos não teriam já relação com ele.

É certo que o reino dos mortos jamais foi imaginado como algo independente de Yahweh, com soberania própria. Não obstante ser em Amós 9:2 em que pela primeira vez se fala expressamente do poder de Yahweh sobre o *šᵉ'ōl*, foi esta uma idéia da qual não se devia duvidar nunca; só que não teve ocasião de dizê-lo, já que o mesmo Yahweh não mostrava preocupação pelos mortos. O *šᵉ'ōl* era o país do esquecimento (Salmo 88:6,11s), onde se estava apartado das maravilhas de Deus. Não se põe em dúvida, naturalmente, que Yahweh tenha poder para despertar a alguém da morte. Os milagres de um Elias ou de um Eliseu ou a proposta de Isaías de mostrar a Acaz um sinal do *šeʾōl* (Isaías7:11), dão testemunho do que dissemos. Além disso, nas histórias de Enoque e Elias arrebatados por Yahweh para arrolá-los como soldados em seus exércitos celestiais, há um prenúncio da imortalidade. Mas tudo isso não passava de uma exceção à regra, segundo a qual, o israelita comum via na morte uma separação de Yahweh. Assim pois, a religião mosaica manteve os portões do *šeʾōl* hermeticamente fechados. Por isso, quando na enfermidade ou em perigo de morte o israelita que ora implora a Yahweh misericórdia, e lhe recorda que com sua morte perderia um adorador e se veria privado do louvor do redimido (Salmos 6:6; 30:10; 88:10-13; 115:17; Isaías 38:18).

Portanto, a idéia do *šeʾōl* teve um valor para a religião javista, na medida em que era apta para eliminar qualquer relação do indivíduo com os mortos; trasladar a sobrevivência no túmulo, a um reino distante e tenebroso, contribuiu para salientar mais o abismo entre este mundo e o outro. Se a consciência religiosa foi capaz de suportar essa atitude simplesmente negativa para com o mundo dos mortos, isto foi devido ao forte sentido nacional e comunitário em que o israelita crescia. Frente ao problema da sorte nacional, o valor do indivíduo passava a um segundo plano. Yahweh era o Deus do povo e da história, e quando o povo perdeu sua independência nacional foram os firmes e estreitos laços da família os que asseguraram ao indivíduo algum consolo: nela encontrava certa sobrevivência e uma espécie de participação nos destinos da totalidade, porque nela se prolongavam seus nomes. De fato, não devemos imaginar como uma perda demasiadamente importante a ocasionada para a consciência religiosa por esta decidida separação do mundo dos mortos; o que as religiões pagãs teriam em sua relação com esse mundo era mais um peso que uma riqueza, e lhes acarretava mais tormentos e medos do que liberação. Daí que a expressa falta de interesse da religião mosaica nesse sentido tivesse muitas vezes um efeito libertador.

O valor positivo dessa atitude consiste no seguinte: em primeiro lugar, facilitou o estabelecimento de uma convicção mais profunda da fé no Deus próximo e em sua retribuição nesta vida: em segundo lugar, capacitou o indivíduo para se educar, não em atribuir importância primordial e egoísta a seu pequeno eu, mas em considerar, como o fundamento principal, tudo que se refere ao reino de Deus e a seu povo. Por isso, a religião javista renunciou a apropriar-se das idéias que, por exemplo, nos cultos de Adonis ou Osíris pretendiam uma superação da morte. Estas idéias foram conhecidas em Israel, como resultado lógico por sua estreita relação com a Fenícia. Porém, há também o testemunho expresso de algumas passagens proféticas, como Oséias 6:2; Isaías 17:10; 10:4. Graças a qual supôs manter-se firme a rejeitar tais elementos, apesar de levar em seu seio algumas idéias afins, a religião javista evitou a invasão de uma mística naturalista nesse terreno e preparou o caminho para que não se buscasse nem aceitasse uma solução do enigma da morte fora do terreno moral.

V. Os demônios

Ainda que em geral os demônios não tenham relação alguma com os mortos, no caso de Israel as idéias sobre eles devem ser tratadas como um anexo do mundo dos mortos, pela simples razão de que estes não formam parte nem do mundo celestial nem do terreno. De outro lado, isto está de acordo com a pouca importância que tem na vida religiosa de Israel. Trata-se, de fato, ou de relíquias rudimentares do passado pagão deste povo ou de uma série de diversas superstições que se introduziram em época posterior.[19]

A verdade desta afirmação percebe-se claramente pelo fato de que os demônios não têm nenhum tipo de vínculo nem com Yahweh nem com as potências angelicais. A teoria de um pecado no mundo espiritual, por meio do qual teriam surgido as potências satânicas, é estranha ao Antigo Testamento. Quando Salmo 78:49 fala de *mal'ᵃkē rā'īm*, refere-se não a anjos maus, mas a anjos funestos.[20] A crença popular, em qualquer caso, conhece toda sorte de fantasma, entre os quais parece que tiveram grande importância os *śᵉ'īrīm*. Pela etimologia (*śᵉ'īr* = caprino), provavelmente trata-se de seres com forma de bode, uma espécie de demônio dos campos que nos recordam os sátiros gregos e são considerados gênios da fertilidade. Por isso, lhes são oferecidos sacrifícios, sobretudo, na época sincretista de Manassés (cf. 2 Reis 23:28). Levítico 17: 7 proíbe essa classe de sacrifícios como um pecado de idolatria que se teria cometido já no deserto; 2 Crônicas 11:15 reprova esse pecado a Jeroboão. Em outras passagens os *śᵉ'īrīm* aparecem como habitantes de ruínas desoladas (Isaías 13:21; 34:14); aqui dá a impressão de que o termo se converteu no nome coletivo para designar toda sorte de demônios.

Na última passagem citada se fala também de um fantasma noturno feminino: *līṯīt*. Procede claramente da Babilônia, onde se dispunha de uma rica coleção de monstros desse tipo: *līṯīt* aparece ali, com o mesmo nome, como demônio da tormenta, que habita no deserto e deste sai para atacar também os

---

[19] Um tratamento mais exaustivo da idéia dos demônios se encontra em **E. Langton**, *Essentials of Demonology. A Study of Jewish and Christian Doctrine, its Origin and Development*, 1949.

[20] Cf. p. 657s. Personagens semelhantes são os anjos da morte de Jó 33:22. com os quais se deve comparar 2 Sm 24:16; 2 Rs 19:35; Êx 12:23. Continua indefinida a interpretação de Pv 16:14. Sobre o *rūaḥ*, às vezes falsamente interpretado demonísticamente, cf. p. 516s., 518s. A palavra *rūḥīm*, "espíritos", para designar seres demoníacos aparece pela primeira vez na literatura midráshica do judaísmo tardio.

homens. Um fantasma parecido deve ser a *ᵃlūqāh* de que nos fala Provérbios 30:15: por ser do tipo do vampiro,[21] esse monstro pertence a mesma classe que a *lamia* dos romanos e a *gule* dos árabes. Não é impossível que os *mᵉ'ārᵉbīm* ou "os que estão de embosca" — que, segundo 2 Crônicas 20:22, o pedido dos israelitas, semeiam a discórdia na liga formada por amonitas, moabitas e edomitas — representem também seres demoníacos desse tipo.

Dentro dessa classe de fantasmas deviam ocupar um lugar especial os *šᵉdīm* mencionados em Deuteronômio 32:17 e Salmo 106:37.[22] Com o mesmo nome são conhecidos na Babilônia como demônios que atuam algumas vezes como deuses protetores e outras como espíritos adversos. Como se refere a sacrifícios israelitas a tais demônios, poder-se-ia pensar que foram originariamente deuses que em épocas de sincretismo adquiriram certa importância e logo foram degradados à categoria de maus espíritos. Os sacrifícios infantis, mencionados em relação com estes, fazem pensar especialmente em Milcom ou nas divindades da natureza do tipo de Baal da religião cananéia.[23]

Enquanto o culto a esses demônios ou é combatido diretamente ou é desaprovado com o silêncio — não chegando por conseguinte a ter grande importância dentro da parte mais fervorosa e religiosa do povo —, um deles alcançou um lugar fixo na prática religiosa: o *'ᵃzā'zēl* de Levítico 16. Na festa anual da expiação, um dos dois bodes destinados ao sacrifício expiatório do povo era sorteado pelo sumo sacerdote para Yahweh (*lyhwh*) e o outro para Azazel (*la'ᵃzā'zēl*): este deve ser conduzido a um lugar distante do deserto, enquanto o primeiro deve ser oferecido a Yahweh como sacrifício de expiação. Certamente que esta prática não pode ter sido uma descoberta do exílio, mas que representa um elemento primitivo. Por isso, vale a pena perguntar se é possível, todavia, encontrar seu significado original, que provavelmente já havia sido esquecido quando ficou registrado na Lei. O simples nome de Azazel estabeleceu muitas conjecturas, sem que se tenha obtido um resultado convincente. De qualquer maneira, não pode ser um cognome; só pode se tratar de um nome próprio, já que, segundo Levítico 16:8, designa um ser contraposto a Yahweh.[24] De outro lado, o significado simbólico da ação que se leva a cabo com o bode é

---

[21] Em árabe o nome da sanguessuga se forma dessa mesma raiz.

[22] É possível ler-se também o nome em Os 12:12 e Sl 91:6 com uma ligeira correção textual; Cf. **Wellhausen**, *Die kleinen Propheten*, 1898 p. 131, e **B. Duhm**, *Die Psalmen*, 1922, p. 345.

[23] **C. Steuernagel** (*Deuteronomium*, 1900, p. 117) e **H. Kaupel** (*Die Dämonen im Alten Testament*, 1930. p. 12s) preferem ver nesta passagem autênticos demônios.

[24] A palavra é interpretada como um apelativo por Lutero, que, seguindo o texto da vulgata, traduz *caper emissarius* por **lediger Bock**; também **E. König** (*Theologie*, p. 230) e **H. Grimme** ("*Archiv für Religions-wissenchaft*" 1911, p. 130s.) buscam interpretá-lo como apelativo. **R. R. Schärf** (*op. cit*., p. 138, nota 74) aceita a antiga derivação de *'zz* e *'ēl*, no sentido de "O poderoso de Deus".

bastante claro: carregado com o pecado da comunidade (v. 21), é levado a um lugar distante (*'eres g^ezērāh*, v. 22) onde não seja possível encontrar o caminho de volta. Isto representa de forma plástica como a comunidade fica livre do lastro do pecado, imaginado de maneira absolutamente material, como acontece também na visão de Zacarias (5:5,11).[25] Parece, pois, que subjaz aqui a idéia de um país no qual existe tudo que é inimigo de Deus, e que esse país é de caráter demoníaco. Nós não sabemos por que é precisamente o demônio Azazel quem tem aqui o papel principal. Atua em tudo isso, uma velha superstição das tribos nômades do deserto, podendo pensar-se principalmente em Cades: para o habitante do oásis o inóspito deserto é a morada dos demônios. Pelo que dissemos de Azazel fica totalmente descartada a idéia de que seja uma encarnação de Satanás.[26] Efetivamente, não desempenha nenhum papel ativo, mas, simplesmente, recebe submisso sua provisão. Só no judaísmo tardio seu nome foi aplicado ao chefe dos anjos decaídos, cujo castigo, ateve-se ao modelo da morte do bode expiatório relatada pela Mishná.[27] Esse processo de sistematização de idéias divergentes transforma a um demônio quase esquecido num princípio expressamente oposto a Deus.

Como se vê, nem no caso desses poucos demônios com nome próprio encontramos relatos detalhados, mas traços descoloridos e indefinidos de personagens que são mencionadas acidentalmente.O empenho de reunir informações por outras alusões do Antigo Testamento pouco poderá alterar esse resultado. Certamente em alguns costumes cultuais[28] e em certas leis referentes à comida e a pureza[29] encerram-se ritos primitivos de defesa contra os demônios; mas o legislador não é consciente de seu significado primário; sua inserção na religião javista não demonstra senão que o Deus da aliança desbancou a todas as demais potências e concentrou em sua pessoa toda ação cultual. Assim os demônios se encontram despojados de sua força, até no terreno de influência

[25] Cf. também Lv 14:1-9,49s. e, também, vol. I, p. 139s.

[26] Por isso, é exagero chamar antagonista de Deus, a uma figura tal como Satã (Galling, RGG II, p. 964, e igualmente **Kaupel**, p. 91, 123 s, cf. nota 23).

[27] Cf. Enoque 10:4s.

[28] Cf., por exemplo, Êx 28:33-35 e os comentários de **Wellhausen**, *Skizzen und Vorarbeiten* III, p. 144; **A. Jirku**, *Die Dämonen und ihre Abwehr im AT*, 1912. p. 82,85; **H. Duhm**, *Die bösen Geister im AT*, 1904, p. 7.

[29] Pense, por exemplo, nas leis referentes ao alimento de Lv 11 comparadas com Is 65: 4 e na atitude hostil para com as relações sexuais em Lv 12 e 15 (Ct 3:8 parece referir-se aos demônios como perturbadores da noite de bodas), ou na água de purificação feita com as cinzas da novilha vermelha de Nm 1:10s. Consultar a este respeito **J. Döller**, *Die* Reinheits- *und Speisegesetze des AT in religionsgeschchtlicher Beleuchtung* 1917, p. 116s.269s., ou **N. Peters**, *Die Religion des AT*, 1912. p. 639s.; veja também o que se disse sobre a páscoa, vol. I, p. 138s.

que lhes é mais próprio, o das enfermidades, ainda que seja Yahweh quem envia a enfermidade e a sana.[30] Se bem que seja verdade que às vezes aparece a idéia de demônios da enfermidade, a presença de uma enfermidade[31] não sugeria em seguida, como na Babilônia, a ação de potências demoníacas.[32]

A tremenda energia com que o Senhor divino do povo centrou em si mesmo toda a vida e todo o pensamento do mesmo despojou de sua importância também os demônios, livrando assim a Israel de um dos mais perigosos anseios da vida religiosa dos povos pagãos.[33] Por isso, no culto israelita, não há nem orações nem cerimônias para espantar os demônios; nem ocorre ao israelita em sua oração contrastar o poder de Yahweh com os demônios para assegurar sua fé. Como sucedia, por exemplo, nas orações e exorcismos babilônicos com os deuses principais. Manifestada em proibições e críticas,[34] a fé javista supôs manter uma atitude intransigente de rejeição diante do perigo constante de importar de fontes estrangeiras idéias deste tipo. E quando no judaísmo pós-exílico, junto à fé nos anjos, começou a proliferar a crença nos demônios[35] por ter se enfraquecido o sentido da presença imediata de Deus, a idéia de Yahweh como criador do universo, que entretanto teria se arraigado com grande profundidade, bastou para impedir com firmeza qualquer reconhecimento de autonomia aos mesmos. Disso dá testemunho expresso uma fórmula araméia contra demônios astrais, que casualmente chegou até nós.[36] Por isso, se disse: "seria possível eliminar do Antigo Testamento todas as idéias cacodemoníacas sem que se alterasse em nada o caráter fundamental da antiga religião popular, e muito menos o da profética".[37]

---

[30] Cf. Lv 26:16 e a frase "golpe de Yahweh", vol. I, p. 229, nota 149.

[31] Assim, talvez Jó 18:13; 19:12; Sl 91:5s. No entanto, aqui o conceito de demônio serve mais para personificar poeticamente a peste e a epidemia. Com que valentia se considerava também a essas personagens como servas de Yahweh, nos é demonstrado por Hc 3:5, onde, também a peste personificada, se coloca no séqüito de Yahweh ao deus cananeu da morte, *Resef.*

[32] As tentativas de **S. Mowinckel** (*Psalmenstudien* I, 1921) e **M. Nicolsky** (*Spuren magischer Formeln in den Psalmen*, 1927) de demonstrar a presença de uma ampla atenção aos demônios no culto regular não tiveram êxito: mas se aproxima à verdade **A. Lods** (*Les idées des Israëlites sur la maladie, sés causes et ses remédes*, em *Marti-Festschrift*, BZAW 41, p. 181s.). Cf., também, **Kaupel,** *op. cit.* p. 36s e as minhas considerações em *Theologie der Gegenwart*, 1928, p. 242.

[33] Sobre a importância do conceito *rūaḥ* para a idéia do poder universalmente efetivo de Yahweh, cf. p. 516s. e vol. I, p. 229s. Sobretudo este tema cf. também **P. Volz**, *Das Dämonische in Jahve*, 1924.

[34] Dt 18:9ss; Nm 23:23; Os 4:12; Is 2:6; 17:10s; Ml 3:5.

[35] Cf. **W. Bousset-H. Gressmann,** *Die Religion des Judentums im späthellenistischen Zeitalter*, 1926, p. 331s.

[36] Cf. Jr 10.11 e **B. Duhm**, *Das Buch Jeremia erklärt*, 1901, p. 101s.

[37] **H. Duhm**, *op. cit.*, p. 65.

Só na época do judaísmo tardio, por influência de uma nova concepção do mundo, infiltra-se nos domínios da fé um novo realismo demonológico. Como coisa característica desse período, os demônios, que antes só eram associados com o mal físico, são agora responsáveis pelo mal ético, do pecado. Isto só consegue tornar verdadeiramente intransponível o abismo entre o serviço a Deus e o serviço aos demônios. Efetivamente, agora já não se tratava como em tempos antigos, de potências subordinadas ao lado de Yahweh; sua oposição ética a Deus e a seu reino transformou os demônios em diabos, e os cercaram das mais severas proibições. Ainda que agora a literatura apócrifa judaica e o Talmude deixem que sua imaginação se estenda em descobrir o mundo dos demônios, ordenando-os em diversos grupos e classes e reconhecendo-lhes até mesmo um reino próprio,[38] não há mais qualquer perigo de que isto possa prejudicar o culto exclusivo a Yahweh; e mesmo o próprio dualismo, com sua capacidade de obscurecer a idéia do monoteísmo, foi constantemente rejeitado. É inegável, de outro lado, que se deu um considerável estreitamento dos horizontes vitais. A liberdade e a forte fé, características da época profética, capazes de transcender o mundo, só puderam se recuperar por uma *nova* tomada de consciência da presença do Deus salvador da aliança. Daí que também esse aspecto da fé veterotestamentária aponte para mais além de si mesmo, para o tempo da nova aliança.

---

[38] Cf. a respeito vol. I, p. 198s. e p.422.

Capítulo XX

O INDIVÍDUO E A COMUNIDADE NA RELAÇÃO VETEROTESTAMENTÁRIA DO HOMEM COM DEUS

Uma das reprovações mais freqüentes que se faz contra a piedade veterotestamentária é a de que não se chegou a superar a relação com o coletivo, mas que se estagnou nesse nível da antiga evolução humana, na qual se considera que o indivíduo tem menos valor que o povo; por isso, mesmo o culto e a oração só podiam ter por objeto o Deus do povo e não o Deus do indivíduo. A partir deste ponto de vista, a vinculação à comunidade não representa senão uma limitação, e o critério para se avaliar a piedade é sua maior ou menor consonância com uma atitude fundamentalmente individualista para com a vida. Quando isto é combinado com uma valorização do Novo Testamento quanto ao reconhecimento de uma relação Deus-homem que é supostamente individualista, então toda a ênfase, mesmo sobre uma consideração positiva da piedade do Antigo Testamento, é elevada para demonstrar a vitória do pensamento individualista sobre todas as atitudes de orientação comunitária que constitui a meta e o apogeu de seu desenvolvimento.[1]

Uma dificuldade importante que surge no tratamento desta questão é carecer, de antemão, de uma delimitação precisa e definida dos conceitos "coletivismo" e "individualismo". Costuma-se entender por coletivismo uma atitude impessoal para com o sagrado, baseada em instintos de massas ou tradições sagradas, que exclui toda configuração individual da mentalidade e do comportamento.[2] O individualismo, de outro lado, teria de se definir como uma atitude espiritual que afirma sua própria existência e procura dar forma à sua relação com Deus e com o mundo, prescindindo de todo laço coletivo de povo ou de comunidade cultual. A distinção entre essas duas formas de vida e sua mútua contraposição desenvolveu-se no solo do idealismo filosófico, e

---

[1] Essa é ainda a posição adotada em um trabalho notável por seu exaustivo e sério tratamento, **F. Baumgärtel**, *Die Eigenart der alttestamentlichen Frömmigkeit,* 1932. Diferente é a idéia de **J. Hempel**, *Das Ethos des AT,* 1938. p. 32s.

[2] Assim **R. Smend** (*Lehrbuch der alttestamentlichen Religionsgeschichte*, 1899. p. 103): "os assuntos do indivíduo não se apresentavam diante de Yahweh com a mesma confiança que os do povo inteiro. Eram demasiadamente pouca coisa para fazê-lo".

transferi-las para as condições sociais da antiguidade não poderia acarretar senão equívocos. Até a tentativa de refinar a diferenciação desses esquemas mediante os termos de personalismo e impessoalismo[3] não poderia senão mitigar sua enorme simplificação do viver antigo, mas não uma justa explicação do mesmo.

Em vez de utilizar tais categorias conceituais, melhor será manter uma forte consciência de solidariedade quanto ao aspecto mais atraente das formas comunitárias da antiguidade, e em especial a das israelitas; essa consciência, ainda que se adapte sob formas diferentes a situações sociais mutantes, constitui sempre seu núcleo mais característico. Alternando com essa idéia de solidariedade, aparece o individual, que, de modo diferente do individualismo, poder-se-ia entender como a capacidade de responsabilidade pessoal da qual o indivíduo configura sua própria vida. A qual não está em oposição, mas em frutífera tensão, com o dever de solidariedade, e é dessa forma que afeta o indivíduo e motiva sua conduta.[4]

I. A IDÉIA DE SOLIDARIEDADE NO AMBIENTE ISRAELITA

Nos povos do antigo Oriente Próximo a consciência de solidariedade adota formas diversas conforme seja devedora de condições de vida nômades ou floresça nas cidades de agricultores assentados.[5] A forma de vida nômade caracteriza-se pela idéia de clã, o clã, enquanto unidade fechada, não só determina as estruturas externas da sociedade, mas assegura que a convivência de seus membros desfrute uma base espiritual e psíquica em virtude da qual cada indivíduo representa a totalidade e, em contrapartida, suas atitudes privadas

De maneira parecida se expressa **B. Stade** (*Bibl. Theologie*, 1905, p. 191s): na religião de Israel trata-se da relação não de cada israelita, ou de cada homem simplesmente, com Deus, mas do povo de Israel com Yahweh... A unidade religiosa é o povo e não o indivíduo... Ainda não existe um sentido desenvolvido da individualidade, predominando o sentido comunitário... Todavia menos que o povo, pode o indivíduo esperar uma experiência constante do auxílio de Yahweh... Em qualquer momento Yahweh pode converter-se em inimigo do homem; e o indivíduo piedoso há de resignar-se com essa possibilidade como tratando-se de um decreto do destino".

[3] Assim **A. V. Ström**, cf. **J. Scharbert**, *Solidarität im Segen und Fluch im AT und in seiner Umwelt*, 1958. p. 6s.

[4] Cf. também **C. Ryder Smith**, *The Bible Doctrine of Man*, 1951; **E. Wright**, *The Biblical Doctrine of Man in Society*, 1954; **H. H. Rowley**, *The Faith of Israel. Aspects of Old Testament Thought*. IV. Individual and Community, 1956. p. 99s. **J. de Fraine**, *Adam et Son Lignage*, 1959. **R. de Vaux,** Les Institutions familiales de l'Ancien Testament. I, Le nomadisme et ses survivances: institutions familiales, institutions civiles, 1958 (, *Instituições* do *Antigo Testamento*, trad. por ed. Teológica, 2002).

[5] **J. Scharbert** (*Solidarität in Segen und Fluch im AT und in seiner Umwelt*, 1958), acertou ao chamar a atenção sobre isto, à parte de romper mediante seus amplos estudos novos caminhos para a investigação do sentido de solidariedade no antigo Oriente. As considerações que aqui fazemos devem a seus estudos grande quantidade de dados e a agradável confirmação de suas linhas fundamentais. Cf. também **S. Nyström**, *Beduinentum und Jahvismus*, Lund, 1946.

estão modeladas pela comunidade. Esse sentido típico de mútuo pertencimento nasce da estrutura da sociedade patriarcal, na qual o pai da tribo modela a vida exterior e interior de sua grande família e tem uma importância decisiva no destino da tribo. Pelo fato de serem seus descendentes, os membros da tribo estão aparentados numa comunidade familiar e formam uma unidade social fora da qual não existe "vida razoável"para o indivíduo, o qual estaria abandonado a todos os perigos, sem proteção jurídica alguma.

Essa estreita vinculação do indivíduo e da comunidade significa que entre os princípios fundamentais do conceito de direito estão a responsabilidade coletiva da tribo nos delitos de seus membros e a intervenção da tribo em defesa de um membro prejudicado por um estranho. As leis da vingança de sangue e da hospitalidade, que só podem conservar seu caráter inviolável em circunstâncias sociais semelhantes, constituem as expressões mais atraentes dessa estrutura social. Mas de igual importância é também a *patria potestas* do pai da tribo, base de todo direito e fonte da tradição legal. A hierarquia dentro da tribo, provém do pai da mesma, é intangível e obrigatória para todos e cada um dos membros; garante, por sua vez, o bem-estar e a paz para todos os que formam a comunidade. Assim também, a conservação do sepulcro dos antepassados como lugar sagrado, mediante peregrinações e monumentos, mantém viva a relação pessoal com o patriarca. E, em virtude dessa relação, o indivíduo tem a esperença de que as bênçãos e a energia vital do patriarca sejam efetivas também em sua própria vida.

A influência do pai tribal alcança a maior profundidade quando é, também, o fundador da religião, por considerarem-no o primeiro adorador do deus da tribo.[6] No que se refere à consideração do mundo e da história, a mentalidade de clã tem importância porque o sistema tribal de grupos e suas estruturas fundamentais de parentesco terão depois sua proteção sobre os povos, sobre sua história e mútuas relações.[7]

Apesar de tudo, por mais sujeita que esteja a vida do indivíduo ao domínio da comunidade em tais circunstâncias, não se pode falar de coletivismo no sentido antigo (cf. nota 2). Dentro dos limites que impõe o direito consuetudinário, o pai pode decidir de modo discreto sobre as formas de vida pessoais e as de sua família, sem reconhecer nenhum juiz superior. Até lhe

---

[6] Cf. **A. Alt**, *Der Gott der Väter Kleine Schriften I,* 1953, p. 1s e especialmente 31s.
[7] Cf. Gn 9:24-27; 10:1,32 e a organização dos povos que compõem o reino davídico dentro de um sistema genealógico na obra do historiador Javista do Pentateuco.

é permitido sair de uma confederação tribal e passar para outra. Mais limitada é a liberdade dos membros da família submetidos à *patria potestas,* ainda que o direito e o costume os protejam de uma tirania caprichosa e lhes exija o interesse diretamente pelo bom andamento da tribo. Neste ponto fica excluída, naturalmente, uma postura individualista; mas o sentido da unidade espiritual de todos os membros da tribo mantém em cada um deles uma responsabilidade vigilante e o desejo de empenhar-se para bem da totalidade.

A consciência de solidariedade desenvolve-se nas civilizações sedentárias de forma claramente distinta desta.[8] Nelas desaparece o sistema fechado do clã, e em lugar das tribos e clãs surgem as comunidades locais: aldeia, cidade e povo. Essas comunidades compõem-se de famílias, e é na família onde se centra agora o sentido de solidariedade. No direito traduz-se esse estado de coisas na proibição da vingança de sangue; em seu lugar nos encontramos, no Código de Hammurabi e nas coleções legais da Assíria antiga, a lei de talião, que torna responsável pelo delito aquele que o comete. Quando o castigo não recai na pessoa do infrator pagará por seu delito um membro de sua família ou um de seus servos;[9] isso é feito com o propósito prático de obter uma reparação objetiva mediante algo que pertença ao culpado. Para isso, só se pode ter em conta à família mais direta e por isso cabe falar de "castigo do pai".[10] Neste sentido, podem se descobrir em muitos pontos resquícios do direito nômade. Mas a responsabilidade do clã, em sentido estrito, deixou já de funcionar.

De qualquer maneira, a responsabilidade de clã é mais notável na prática dos *hititas,* principalmente no direito sagrado e naquele relacionado com o homicídio e com os delitos de lesa majestade.[11] Contudo, observa-se uma clara tendência a mitigar essa responsabilidade coletiva, e parece que durante um bom período de tempo, coexistiu com ela, o castigo individual, o qual foi se impondo pouco a pouco.

---

[8] Cf. **J. Scharbert**, *op. cit.,* p. 24s.

[9] Isto pode se dar tanto em casos de assassinato quanto em outros relativos a propriedade ou ao comércio: cf. as cláusulas que estabelecem um talião indireto no Código de Hammurabi (cf. no vol. I, p. 59s.) e em AAG (caps. 49,50,54,55). Mas em tais casos é preciso observar-se a forma em que o castigo reverte sobre o próprio culpado; esta é a nota predominante do cap. 49. O fato de que para castigar os rebeldes os reis executaram também a seus familiares (Cf. **G. Furlani**, RLA, III, 1957, p. 16s) poderia se dever ao fato de que o delito de alta traição era julgado com maior seriedade que o resto dos crimes, já que se equiparava ao sacrilégio; por isso era castigado com especial severidade. Em Israel esta idéia parece estar confirmada por Êx 22:19,27; Cf. 21:17. Por isso se ressalta com tanta ênfase a suavização do castigo no reinado de Amasias (2 Rs 14:6), cf. vol. I, p. 62, nota 19.

[10] Cf. **D. Daube**, *Studies in Biblical Law*, Cambridge 1947, p. 154-189, sobre a distinção entre o "castigo do governante" e o "castigo do pai" (**J. Scharbert**, *op. cit.*, p. 20s).

[11] **G. Furlani**, RLA III. 1957, p. 18s. **J. Friedrich**, *Hethit. Gesetze*, AO 23/2, 1922, caps. 1–4; 44; 173; 174; ANET, 207-210.

Quando se espera a intervenção punitiva da parte da divindade, não é raro que no castigo do crime esteja incluído o extermínio de sua família. Mas isto não é tanto um caso de responsabilidade coletiva quanto de castigo do *paterfamilias,* o indivíduo perde desse modo sua família e, por conseguinte, sua posteridade. Desconhece-se um vínculo orgânico permanente dos descendentes com o *paterfamilias,* de forma que estes participem de suas atitudes especiais ou sofram como resultado de sua culpa.[12]

Dentro dos Estados altamente civilizados fica claro que o sentido de solidariedade se atém à família estritamente, considerando-se coisa natural que cada membro, e, sobretudo, o pai, represente à família toda, e que a sorte da comunidade sofra as conseqüências do pecado do cabeça da família. Mas a verdadeira responsabilidade coletiva está já em claro recesso e na consideração da culpa, é a responsabilidade individual o princípio de mais peso. A culpa objetiva, até no caso de inocência subjetiva, é uma idéia intensamente vinculada com a família e se considera como uma conseqüência, não injusta, mas natural do coletivismo familiar (ainda que com base em uma interpretação tabuísta do pecado, sua importância seja maior no campo religioso que no jurídico).

II. LIBERDADE E SERVIDÃO DO INDIVÍDUO EM ISRAEL

Não deixam dúvidas de que a sociedade da antiga Israel estava dominada pelo *traço saliente do clã.* É evidente um forte sentido tribal e uma resistência a qualquer limitação séria da independência da tribo.

A. As evidências do Antigo Testamento

Que a vida da tribo está caracterizada pela tradição devida ao patriarca tribal e pelas ordens emanadas dele, até no que diz respeito ao caráter peculiar de sua religião, é coisa confirmada a cada passo. Israel, portanto, participa do senso comunitário típico de uma cultura nômade, como correspondia à forma de vida das tribos itinerantes de seus primeiros tempos. Por essa razão,

---

[12] Isto não impede que a razão de determinada desgraça seja procurada em um delito dos antepassados, quando, como sucede nos textos de exorcismos acádicos ou nas orações hititas contra a peste (**A. Götze**, *Die Pestgebete des Muršiliš,* KF I, 1929. ANET 394/6), quer-se achar uma solução à maldição que pesa sobre o que ora. Pulsa aqui uma concepção tabuísta do pecado e de sua natureza contagiosa. A relação com os parentes ou os antepassados é totalmente externa e casual. As bênçãos para os descendentes em orações ou em inscrições de dedicatória não pressupõem uma mística unidade orgânica entre gerações, mas que traduzem a preocupação do paterfamilias pelos seus, expressa de um modo religioso, ou também o desejo de que seu nome perdure além da morte.

o indivíduo em Israel só pôde conceber sua existência como membro de sua tribo, desconhecendo a possibilidade de uma vida fora desse círculo.[13] Sendo assim, quando a vida do indivíduo está unida à da totalidade, até o ponto de se tornar vã toda pretensão de autonomia, também o pensamento e a conduta estão determinados em grande medida pela comunidade: o que nela é uso e costume, o que a ela é proveitoso ou prejudicial, é na maioria dos casos, de importância decisiva. Cada membro em particular não pode ordenar sua vida de maneira independente de acordo com seu critério; se não ficaria fora da comunidade nacional e se desvincularia das raízes de sua própria existência. Queira ou não, exerce nele a mentalidade tribal uma influência decisiva: "Isto não se faz em Israel!", quer dizer, na confederação tribal que leva tal nome, tudo é um lema de conduta privada.[14] É lógico que em tais circunstâncias, qualquer novo artigo de legislação que corrigisse em pontos importantes as idéias tradicionais de certo e errado, tivesse de sustentar uma longa batalha com os costumes tribais e nacionais. De outro lado, a nova autoridade do Deus da aliança, que apoiava essas novas leis, oferecia uma boa oportunidade para quebrar o egoísmo tribal e criar a consciência de que na configuração da vida diária havia uma instância superior à tradição tribal.

De qualquer maneira, nenhuma ordenação legal pôde acabar com a poderosa *influência da mentalidade tribal*. Assim, por exemplo, a *vingança de sangue*, expressão mais vigorosa da unidade vital do clã, é reconhecida como medida legítima até na época dos reis,[15]estando assim, estritamente falando, em contradição com a ética de um Estado centralizado e de sua prática legal sistematizada. Na mentalidade tribal não só o indivíduo transgressor, mas toda a comunidade a que ele pertence é considerada responsável de sua ação. Daí que, em contrapartida, o indivíduo esteja disposto, nas relações com o clã, a oferecer os membros de sua família como penhor do cumprimento de suas obrigações.[16] Quão seriamente a resistência da tribo a uma autoridade superior colocou em perigo a obediência às ordens do Deus da aliança, no-lo demonstra a solidariedade de Benjamim para com os de Gibeá que quebraram a lei;[17] por

---

[13] Assim também **J. Scharbert**, *op. cit.*, p. 78. Parece querer colocar em dúvida esse condicionamento social. **J. de Fraine** (*Individu et societé dans la religion de l'Ancien Testament,* "Bíblica" 33 [1952] p. 326); mas com isso seu estudo, por demais meritório, esquece-se do pano de fundo histórico da mensagem mosaica, a qual dificulta a compreensão de seus efeitos.

[14] Gn 34:7; como exemplo da influência desse princípio na vida estatal cf. 2 Sm 13:12.

[15] Cf. **E. Merz**, *Die Blutrache bei den Israeliten*, 1916; e Gn 4:23s; 9:6,34; 1 Sm 25:33; Êx 21:14.

[16] Gn 42:37s.

[17] Jz 20:13s; cf. 15:9-13.

conseguinte, toda a tribo está sujeita às medidas coercitivas decretadas pela liga sagrada, já que o grupo é considerado responsável pelas faltas de seus membros. A solidariedade do clã também é demonstrada pelo fato de que toda uma família é perdoada pelos méritos de um de seus membros.[18] A ambição de Rúben, que era em princípio a tribo principal, põe em perigo a coalizão tribal ao passar a liderança a José;[19] e semelhante é a ameaça que representam os atos sangrentos de Levi e Simeão, ao querer vingar a ofensa infligida à sua honra familiar.[20] A mesma anfictionia, que reconhece sua obrigação de oferecer a proteção da lei nos assuntos internos, permite atos de violência contra o estrangeiro no caso de ele poder ser praticado sem prejudicar os interesses da própria confederação.[21]

Se for verdade que os efeitos dessa mentalidade centrada no tribal pudessem, como nós vimos, paralisar e pôr em perigo a instituição da aliança, poderia também proporcionar estímulos positivos e por ela a estrutura tribal da sociedade poderia ser fortalecida. Efetivamente, a solidariedade entre os membros da aliança se baseia, de fato, sobre a base da solidariedade do clã, podendo se considerar como uma ampliação orgânica da mesma. Assim como na vida profana o parentesco de sangue podia se ampliar, no sentido de uma consangüinidade fictícia, por meio do matrimônio, pacto ou adoção. A unificação das tribos como povo de Yahweh significou uma ampliação do círculo daqueles que se sentiam unidos pela solidariedade, criando uma nova realidade física e psíquica, na qual laços interiores de qualidade superior, mantinham juntos os membros da aliança com a estabilidade de uma comunidade tribal. Aqui a idéia de solidariedade, que deriva da experiência comum da divina redenção e da realização de uma aliança, foi suportada genealogicamente pelo fato de que na história dos patriarcas todos os israelitas descobriram-se irmãos procedentes de um mesmo pai. Por isso, a ênfase com que Deuteronômio descreve a todos os membros da aliança como irmãos é muito mais que uma fórmula de associação religiosa; é alimentada pela força do hábito israelita de imaginar a sua própria coesão em termos de laços genealógicos. Era desse modo determinada a condição necessária para que, por meio das sucessivas gerações, ao considerar-se a si mesma *uma unidade genealógica*, aprendesse a olhar para si como uma *realidade constante*, assim como a comunidade tribal transmite de geração em geração sua forma orgânica, seu caráter espiritual, e se mantém em virtude dessa herança comum. Sendo assim, com a relação de aliança que configura seu desejo espiritual, o elemento de *responsabilidade* intervém na

[18] Jz 1:24s; Js 6:22-25.
[19] Nm 16.
[20] Gn 49:5-7,34.
[21] Jz 18:14s.; Gn 12:12; 19:4s.; 49:17,27.

consciência que o povo tem de si mesmo, com uma força antes desconhecida, já que a mentalidade genealógica se alia com o princípio da retribuição divina, preparando, desse modo, o caminho para a concepção da culpa corporativa que abre novas perspectivas à consideração das ações de Deus para com a comunidade.[22]

A comunhão com Deus a qual aquiesce o indivíduo na aliança, articula-se, sem dificuldade, dentro dessa idéia do povo de Deus. Porque o fundamento, das relações do homem com Deus, não é constituído por sua pessoa, mas sim pela experiência da comunidade nacional que o sustenta. Como membro do povo ao qual Deus se revelou e ao qual deu suas promessas, pode ter a audácia de acreditar que o poder, a sabedoria e a misericórdia de Deus também intervêm em sua própria vida. Deste modo, a solidariedade provê a descoberta de uma relação com Deus absolutamente pessoal. Incorporado à comunidade cultual da anfictionia, o israelita vive nos atos de culto a real autocomunicação de seu Deus pela proclamação sacerdotal de seus preceitos sagrados e desfruta o favor e as promessas da aliança. Nas festas, que acontecem nos santuários de acordo com as formas prescritas, ele dá graças e ora, pronuncia seu louvor e faz confissão de seus pecados e, em comunhão com a comunidade, forma-se esse sentimento de achar-se religiosamente em casa, que o capacita para entregar confiante sua pequena vida nas mãos de Deus. Os laços coletivos vêm a fortalecer a capacidade do indivíduo para configurar a sua própria vida.

Imerso nesse mundo sustentado e atravessado, de parte a parte, por ordenanças cultuais, o indivíduo, quando experimenta infortúnios pessoais e sente que sua oração não foi ouvida, não vê afetada sua confiança em Deus. Embora fosse grande a sensibilidade do antigo Israel para com as misérias e calamidades da vida, nunca para o indivíduo piedoso ocorreu querer que a realidade e a presença de Deus tivesse de se demonstrar precisamente em sua vida individual. Se ele não era mais que uma folha da grande árvore do povo, não havia dificuldade alguma em que a folha murchasse contanto que a árvore continuasse. E, por isso, tampouco ocorre ao indivíduo rebelar-se contra o fato de encontrar-se incluído nos infortúnios ou aflições do povo, da tribo ou da família, como se tratasse de um desígnio divino injusto. Para ele, que os pecados dos pais se castiguem nos filhos,[23] é uma manifestação lógica e natural da justiça divina, assim como constitui uma demonstração particular da misericórdia divina o

---

[22] Cf. vol. I, p. 26 e 414s. Daí a importância das narrações patriarcais para a experiência histórica das gerações seguintes: "A narrativa israelita dos patriarcas é a história condensada de muitas gerações" (**J. Pedersen**, Israel, I-II, p. 476).

[23] Êx 20:5; Nm 14:18; Dt 5:9. Para exemplos históricos concretos cf. Nm 16; 1 Rs 14:10: 1 Sm 2:31; 2 Sm 12:10,14; Am 7:17 etc.

castigo passageiro frente à duração ilimitada da bênção que desfruta o homem piedoso. Só quando o povo se via dominado pelo infortúnio, arruinado sob a tirania de inimigos poderosos ou dizimado pela fome e pela peste, poderia o israelita se perguntar: Yahweh nos abandonou?, seu poder diminuiu, não nos pode ajudar? Então, quando está em perigo o autêntico espaço vital do indivíduo — a comunidade chamada para ser povo de Deus — pode achar-se seriamente comprometida a confiança nele e até mesmo chegar à conclusão desesperada de que Deus abandonou o seu povo ou é fraco frente aos deuses dos inimigos.

B. Tipo de solidariedade

Caracterizado pela idéia de clã, o assentamento em Canaã introduz algumas *mudanças significativas*. A comunidade urbana e regional vai pouco a pouco substituindo o clã, e a cultura cívica dissolve os antigos laços sociais. A igualdade existente entre os irmãos de raça é afetada por uma desigualdade de posses, e a dependência econômica ameaça aos pobres com a perda de sua liberdade. A obrigação de redenção do parente, a *g^e'ullāh*, perde seu caráter de dever incondicional nem mesmo a lei deuteronomista pode conter sua dissolução.[24] As viúvas, que antes podiam voltar à casa paterna, ao desaparecer esse costume encontram-se em difíceis situações[25] se não possuem bens próprios.[26] Em vez do clã, agora é o tribunal local o que se encarrega da proteção do indivíduo; e até mesmo o rei pode intervir em seu favor.[27] Mas as constantes reclamações pela discriminação de que são objetos as viúvas e órfãos fazem supor que semelhante proteção era insuficiente; e depois do grande número de existências arruinadas, dentre as quais Davi recruta suas tropas de salteadores,[28] é necessário ver não somente a crise criada pelos filisteus, mas também a diminuição da segurança coletiva que provia o clã.

No que diz respeito ao lugar do indivíduo dentro da comunidade, a mudança está em que o sentido de solidariedade passa do clã para a família e dentro desse núcleo mais reduzido se poderia fazer valer mais a individualidade de cada membro. Uma conseqüência é que na vida jurídica a responsabilidade coletiva deixa de funcionar. O Livro da Aliança nada revela sobre o castigo dos filhos do culpado; o assassino, o adúltero etc., responde apenas por si mesmo;

---

[24] Dt 25:5-10.

[25] Êx 22:22-24; Dt 16:11,14; 24:17,19,21; Is 1:17; Jr 7:6.

[26] Jz 17:2; 2 Rs 8:1-6; Rt 4:3; 2 Sm 14:5s. nos mostra a viúva vivendo com seus filhos.

[27] 2 Sm 14:5s; 2 Rs 8:6; 4:13.

[28] 1 Sm 22:2; 23:13.

a família destes não é afetada. Em Israel, não se dá, como entre o hititas, uma continuação da responsabilidade de um membro da família por outro, que continua existindo até mesmo em casos de talião indireto mesmo nas civilizações vizinhas mais desenvolvidas.[29] A implicação da família no castigo do culpado só se mantém em casos especialmente sérios do direito sagrado e no delito de alta traição,[30] e então, algumas vezes, opera a idéia tabuísta de que a família ficou manchada por sua cabeça[31] e, outras, a presunção de uma cumplicidade dos membros da família.[32] Mas, até mesmo em tais casos logo surge a tendência para limitar o castigo do real culpado.[33] Igualmente a vingança de sangue encontra-se limitada pelo direito de asilo.[34] É certo que em direito civil, da mesma maneira como no resto do direito do antigo Oriente Próximo, é habitual a representação do devedor por um membro da família, cujo trabalho destina-se ao pagamento da dívida;[35] mas considera-se injusta a pretensão do credor a requerer o que é seu nos filhos em caso de morte do devedor[36] e também tem-se o perdão da dívida por ocasião do ano sabático ou de outros momentos especiais.[37] É impossível deixar de se observar em todas essas coisas um aumento do valor do indivíduo.

C. Sociedades tribais

Não resta dúvida de que, para prover maior proteção jurídica ao indivíduo, ameaçado pelo desaparecimento da solidariedade tribal, representou um estímulo enérgico a memória do Senhor da aliança e dos seus desígnios benfeitores para com todos os membros da comunidade da aliança. Na realidade, já nas leis mais antigas, chama-se a atenção sobre os afligidos e economicamente fracos e adverte-se que não se lhes oprimam, porque esse comportamento causaria a vingança de Yahweh. Agora então, esse socorro do Deus da aliança ao indivíduo, mediante o desenvolvimento da lei, não é mais que o resultado de uma proteção mais ampla da solidariedade enquanto tal no momento em que o povo assentou-se no meio da civilização: realmente, quando se afrouxaram os laços tribais, a ordem religiosa da vida manteve firme entre os membros da

[29] Cf. vol. I, p. 61, 62s. e nota 19.
[30] Js 7:24s.; 1 Sm 22:12s.; 2 Rs 9:26; 2 Sm 21:6s. reflete, todavia, a existência do princípio da vingança de sangue.
[31] Parece pressupor-se em Dt 22:8; cf. também 2 Sm 20:14,21.
[32] Esta consideração é decisiva em Dt 13:7s.
[33] 2 Rs 14:6.
[34] Êx 21:12-14; Nm 35:13-29; Dt 4:41-43; Js 20. cf. **A. Alt**, *Die Ursprünge des israelitischen Rechts*, p. 308-312.
[35] Cf. Cód. de Hammurabi, §§ 115-117, AAG cap. 48. Tabletes de Nimrod 3433.3441 (**D. J. Wiseman**, *Nimrud-Tablets*, "Iraq" 15 [1953] 135-160, p. 136,142s); Lv 25:1; Ne 5:2-5.
[36] 2 Rs 4:1; Mq 2:8s.
[37] Êx 21:2; Lv 25:39s.; Dt 15:12s.; Is 34:8s.,14.

aliança a estreita coesão nascida da mentalidade de clã. A reunião de todo o povo em uma grande família, imbuída da bênção patriarcal na qual têm parte todos os indivíduos, situando a todas as gerações em uma mesma atitude de responsabilidade ante Deus e mantendo vivo pelos anos seu sentido de unidade, parece um dique consistente contra a decisão da confederação tribal em partes territorialmente distintas e sujeitas a interesses diferentes, cada uma em busca de seu próprio caminho (da mesma maneira como aconteceu no tempo dos juízes com os habitantes dos montes de Judá que tinham se instalado no centro do país, e as tribos moravam na região da Galiléia e ao leste do Jordão). Esse perigo de divisão, causado pela mesma natureza geográfica do país, somente poderia ser contido se a obrigação contraída com o Deus da aliança elevasse a um nível superior os arcaicos laços tribais e tornasse ineficazes as forças centrífugas presentes na mentalidade de clã. A relação coletiva baseada na revelação de Deus e expressada na fórmula da aliança: "Vós sereis meu povo e eu serei vosso Deus", reunia a todos os indivíduos, prescindindo de sua filiação tribal, enquanto encarregados de uma tarefa religiosa comum, e os sujeitava diretamente ao mandamento de Deus. Na realidade, esse povo de Yahweh absorveu, em alguns momentos, elementos estranhos fáceis de adaptar à vida de Israel. Desse modo, contiveram-se eficazmente os efeitos perigosos da mentalidade de clã, que favorecia a formação de um egoísmo tribal inflexível. Também, à parte da bênção dos patriarcas tribais, na qual a fidelidade de Deus manifesta-se a seu povo, existia a bênção derivada da aliança sinaítica, na qual o povo todo unia-se como herdeiro legítimo da promessa divina. Enquanto essa bênção transcendia os laços de sangue (Jetro: Êxodo 18:10s; Hobabe: Números 10:29s.), mostrou que, até mesmo quando havia um parentesco de sangue, era a comunhão de sentimentos o elemento constitutivo que, portanto, estar associado ao Deus das bênçãos significava, na realidade, enfrentar uma tarefa que em cada momento se apresentaria de novas maneiras.

III. A IDÉIA DE SOLIDARIEDADE NA ÉPOCA MONÁRQUICA

1. Essa expressão vigorosa da vida individual dentro de uma confederação tribal, caracterizada, principalmente, por um sentido coletivo, resultado da instauração e consolidação do Estado por obra de Davi e Salomão, conheceu uma *notável modificação*.

A. História da sucessão

Tanto a história da sucessão no livro de 2 Samuel quanto toda a obra histórica do javista mostram ter se emancipado em grande medida da concepção sagrada da natureza de vida do antigo Israel e não vê inconveniente ao julgar positivamente o pragmatismo racionalista da política dos monarcas. Com isso, dão prova de um novo desejo de vida: o homem ocupa o centro de tudo aquilo que acontece e é apreciado em sua singularidade pessoal. Em conexão com essa mudança a atividade divina, livra-se da esfera do milagroso e da intervenção cultual imediata, para ocultar-se amplamente numa condução indireta da história.[38] Porém, o escritor javista sabe expor, com freqüência, corretamente a superioridade, até mesmo milagrosa, do governo de Deus, tirando proveito premeditadamente diante da vontade do homem (cuja enorme responsabilidade, em face da vontade de Deus, não diminui, mas alcança toda sua importância), consegue seu objetivo de salvação. Por conseguinte, essa nova forma de entender a história que foi designada, às vezes, como humanismo salomônico, não possui nenhum traço de racionalismo. Realmente, a relação coletiva da aliança divina, que tinha colocado toda a existência da nação a serviço do plano de Deus, também exerce sua influência nesse novo modo de ver as coisas e bloqueia qualquer intenção de secularizar a vontade de Yahweh ou de converter o conceito de sagrado, do povo, em profano. Esta era a barreira com que se conheceram os desejos de poder de Davi,[39] e essa era a diretriz que guiou a luta de Elias e de seus sucessores para impedir a intrusão de uma monarquia secularizada no mais íntimo da vida de Israel.[40] Nessa mesma base, apoiou-se o legislador deuteronomista quando concedeu à idéia da aliança o forte zelo personalista que distingue o método parenético de ensinar a lei e sua concepção teocrática de Estado.[41] A hipertrofia do culto na época monárquica tardia pôde suprimir da piedade popular o sentido de vocação pessoal; a mesma monarquia pôde inclinar-se a submeter as exigências morais de Deus ao egoísmo nacionalista e a substituir, desse modo, o sentido de responsabilidade pessoal pelos imperativos da solidariedade nacional; mas, em alguns momentos, a natureza orgânica do coletivo viu-se restringida pela força com que os chefes espirituais proclamaram que o controle da nação estava nas mãos do desígnio de Yahweh, chamando o indivíduo a uma entrega desinteressada para a causa do Reino de Deus.

Já indicamos em outro lugar, como esse despertar e fortalecimento da individualidade também influenciou na configuração da piedade popular.[42] Nós só teríamos de acrescentar agora que essa influência manifesta-se também

---

[38] Sobre isto foi **von Rad** o primeiro a chamar a atenção expressamente (*Das formgeschichtliche Problem des Hexateuchs*, 1938. p. 62s.).

[39] 2 Sm 24:1s.

[40] 1 Rs 19:18: sete mil bastam para representar ao verdadeiro povo de Yahweh!

[41] Cf. vol. I, p. 40s e 61s.

[42] Cf. vol. I, p. 114s.

no comportamento ético e faz com que as relações entre homem e homem se ajuíze a partir de pontos de vista mais elevados que os mais usados na moral popular comum.[43]

Apesar de tudo, nesse mesmo tempo continua tendo importância decisiva *para a compreensão da história a concepção genealógica*, ao apresentar como um fator fundamental do drama histórico o poder da comunidade para determinar seu destino. Efetivamente, a narrativa javista é dominada pela convicção de que os laços genealógicos dos povos e da humanidade se expressam em uma solidariedade de pensamentos, em virtude da qual a oposição a Deus é uma atitude básica do gênero humano como um todo. Assim como na proto-história (Gênesis 1-11) se manifestam os grandes fatores fundamentais do destino da humanidade, enquanto que a bênção e a maldição dos antepassados determinam o destino de seus descendentes que são sujeitos ao mesmo destino, do mesmo modo, a história de Israel está determinada pelas decisões dos patriarcas tribais e recai sob a bênção a eles prometida. Essa bênção mostra o caminho específico do povo, que forma com seus antepassados, uma unidade física e psíquica. Mas nem por isso carecem de importância as decisões pessoais de cada membro do povo; a história não é fixada por um determinismo coletivo, mas deixa margem para a obediência ou desobediência do homem diante do desígnio divino. Porém, enquanto nos patriarcas tribais se manifestam os tipos de atitudes corretas e incorretas para com Deus, aí é onde estão os critérios para a interpretação da história futura, e as metas que lhes foram fixadas vão sendo alcançadas por um esforço sem fim graças à união indissolúvel das gerações. Assim a concepção genealógica opera, dentro de uma visão da história, como força de coesão; isto oferecerá aos historiadores posteriores, como o deuteronomista e o sacerdotal, a possibilidade para unir o passado e o presente em uma grande e única história espiritual.

2. Isso que estava vivo no antigo Israel, apesar das limitações palpáveis de sua consciência nacional, alcança um revigoramento e um desenvolvimento das mais ricas conseqüências *por obra dos grandes profetas*. Precisamente nessa época o controle ilimitado que vinham exercendo os usos e costumes, considerado antes como algo natural, se viu movido pela fragmentação social do povo e pelo impacto da civilização internacional. A unidade do povo começou a oscilar pelas lutas entre as classes privilegiadas e as oprimidas, e o abandono da antiga moralidade patriarcal e da anterior economia rural terminou com a solidez do sistema de vida.[44] Mas os efeitos desse relaxamento das normas antigas de

[43] Veja p. 766s.

[44] Também a constituição da cidade cananéia, com sua forma de governo aristocrático dos *ba*'al*ē hā'īr*, e a extensão do domínio da cidade até o campo, que levou ao latifundiarismo e entrou em conflito com o antigo conceito israelita do camponês-proprietário, foram fatores importantes nessa revolução social e espiritual (carta de **L. Rost** ao autor).

vida estabelecidas só chegaram a se sentir de verdade como conseqüência de que os profetas proclamaram, com uma energia e dureza sem precedentes, *a exigência divina de conversão* que, embora dirigida à totalidade do povo, apelava à capacidade de decisão do indivíduo, chamando-o a uma aceitação consciente de suas obrigações como indivíduo, mesmo quando isso significasse romper com a tradição sagrada.[45] É que os profetas entendiam por conversão não a restauração forçada das condições antigas e primitivas, mas a sujeição de todos os campos da vida às pretensões de soberania do Deus santo. Esse Deus, que tinha vindo ao encontro de suas vidas com uma imediatez consumidora, ligando-o à sua vontade como a única bússola autêntica, é contraposto a qualquer propósito autocrático nacional, como vontade soberana que exige decisões últimas e pessoais. Com isto, a autonomia espiritual do indivíduo se viu sujeita a uma tensão extrema e ao mesmo tempo encontrou na promessa divina seu fundamento inabalável. Iniciaram-se conflitos e divisões dentro do povo de Yahweh de teriam que lançar nova luz sobre *a importância do indivíduo nas relações com Deus e dar caráter personalista às idéias fundamentais da revelação divina.* Assim, com respeito à maravilhosa natureza de Deus, o mistério recentemente capturado de seu ser pessoal fez com que se transcendessem todas as categorias mágicas e jurídicas e que a sua santidade fosse reconhecida como vida pessoal.[46] De igual modo, a pessoa humana, ao ser considerada como um tu chamado por Deus, adquiriu todo seu valor singular;[47] isto deu à esfera das últimas decisões pessoais, quer dizer, à moral, essa grandeza peculiar da que derivam tanto a dignidade quanto as limitações do culto e da lei.[48] Dentro dessa mesma linha, como os pecados do povo fundamentam-se na vida pessoal, descobre-se que o juízo, que a salvação e a renovação do indivíduo — quer dizer, a reforma da relação integral do indivíduo para com seu Deus — são os meios indispensáveis para a salvação do povo. Realiza Deus a nova criação de sua comunidade formando um indivíduo novo, e não de outro modo.[49] Apesar

[45] Cf. p. 902s.
[46] Cf. vol. I, p. 247s.
[47] Cf. vol. I, p. 317s.
[48] Cf. vol. I, p. 321s.
[49] Cf. p. 893s. e p. 901s. Não é lícito ignorar esta concentração crescente no individual pelo fato de que normalmente se dirijam ao povo as censuras que se encontram na pregação profética. Decisivo a este respeito é o fato que, por toda parte, tudo é visto em termos da pessoa. Por outro lado, a forma de designar ao povo preferida a partir de Amós — *benē yiśra'ēl*, em lugar do simples *yiśra'ēl* ou *'iš yiśra'ēl* — pode estar nos indicando igualmente um desmonte da antiga consciência coletiva.

de tudo, segue-se mantendo a solidariedade do povo na responsabilidade, e a "casa de Israel" designa a entidade na qual constantemente, desde a eleição, leva Deus a cumprir o desígnio de salvação.

IV. O COLAPSO POLÍTICO E O NOVO MODELO DA VIDA INDIVIDUAL

A. Indivíduo e a comunidade

1. Esse novo enfoque da relação entre o indivíduo e a comunidade significou a salvação da missão confiada a Israel no momento da dissolução interna da unidade nacional no século sete a.C, quando sob o regime despótico de Manassés, a civilização e a religião da Ásia Menor invadem Judá e tentam destruir e arrasar todo o nativo e todo genuinamente israelita, causando o fim catastrófico do Estado, e aquele povo, já sem pátria por dentro, também foi roubado de sua pátria externa. Efetivamente, tais desastres fizeram com que *o indivíduo se separasse dos antigos laços sagrados da comunidade*; essa separação não produziu um revigoramento da independência espiritual, mas só a libertinagem desaforada de um individualismo autodestruidor. As camadas inferiores da sociedade, uma vez liberadas do controle espiritual da fé dos ancestrais, foram caindo cada vez mais em uma repugnante superstição e em um grosseiro culto naturalista; as classes dirigentes procuraram sua salvação em um cosmopolitismo incolor que se preocupava em ter nos deuses dos dominadores de então alguns protetores em momentos de necessidade e, ao mesmo tempo, continuar reverenciando a Yahweh, ainda que, no fundo, não acreditassem de verdade em nenhum deus e olhassem com um sorriso cético o entusiasmo religioso do povo, acreditando superficialmente em idéias tão estreitas e não reconhecendo nenhuma ordem social que lhes aconselhe explorar maliciosamente às classes inferiores para seu próprio bem-estar.[50] Uma vez que o exílio desatou completamente os laços entre o povo e o Estado, que até então tinham cercado e protegido a vida do indivíduo, e terminou, por conseguinte, com a comunidade cultual do templo, à qual constantemente havia atraído o indivíduo para sua esfera de influência e lhe mostrado o sentimento de estar em sua casa em questões religiosas, parecia que a perda do autocontrole já era irreparável.

Em tal situação, tudo dependia de que a fé israelita fosse capaz de suportar a ausência dos apoios naturais que eles tiveram na moralidade patriarcal, na consciência nacional, no Estado, na monarquia e na vida cultual, e que se criasse um *novo tipo de relação vital entre a comunidade e o indivíduo*, ou ela também

---

[50] Cf. o obscuro quadro de Mq 6s. e Sf 1.

se deixaria arrastar pelo processo de dissolução. A resposta a essa alternativa foi dada pela vida, o trabalho, os sofrimentos e as lutas de dois homens, nos quais o personalismo da pregação profética alcançou sua forma definitiva e chegou a configurar um tipo de individualidade que estava destinado a constituir o núcleo indestrutível de uma comunidade nova: *Jeremias e Ezequiel.*

Na vida do primeiro, rompem-se as falsas pretensões de personalidade inspiradas pelo gênio de sua época e nasce um novo tipo de pessoa, graças ao arrependimento e ao perdão, uma pessoa nova. Desse modo, demonstram sobretudo suas próprias confissões[51] e os relatos de seu discípulo e amigo Baruque. A essa grande experiência do profeta é somada outra: para esse eu pessoal entregue pelo próprio Deus à morte, mas curado e restaurado também por ele, está garantida uma relação nova com Deus que não poderia ser destruída nem mesmo se lhe retirassem as garantias coletivas da presença de Deus — a comunidade nacional e a cultual do templo — como conseqüência de sua excomunhão. Também do exilado está próximo seu Deus e lhe faz experimentar a força de sua comunhão, convertendo-o desse modo em coluna de ferro e muro de bronze. Sendo assim, esse novo culto no qual o indivíduo é quem adquire segurança em seu Deus, significa pureza e oração de coração. Pureza de coração que, até mesmo quando a consciência está tranqüila, tem a profunda convicção de que só Deus é capaz de superar a íntima resistência contra ele que o homem abriga no peito e de criar um coração puro: "O coração é insondavelmente profundo e insanável, quem o conhece?" Tal é sua reclamação. Mas lhe responde: "Eu, Yahweh, conheço os corações e perscruto os rins". E por isso pode orar com confiança: "Salva-me Yahweh, e serei salvo; ajuda-me tu, e serei salvo, pois tu és minha única esperança!".[52]

Isso lhe foi concedido, quando do exílio do ano 598, foi liberto de seus inimigos mais inflamados e e ele foi vindicato de uma forma palpável, podendo transmiti-lo também a seu povo. Na carta que, aproveitando a embaixada do rei Zedequias para a Babilônia, envia aos exilados,[53] manifesta a idéia não só de um crescimento e florescimento de seu povo lá, mas também de uma relação regular do mesmo com o Deus, legitimado pelos testes palpáveis de graça do próprio Yahweh. No país pagão, o qual Oséias e Amós tinham chamado impuro e que fazia impuro até mesmo o alimento por ele produzido,[54] *a oração e a obediência bastaram como principais manifestações da fé.*

A força desse novo culto manifesta-se no fato de que ousa *transpôr o abismo entre judeus e pagãos*, coisa que tinha sido impossível sob o predomínio

[51] Jr 15:10s.; 17:9s.; 20:7s.
[52] Jr 17:9,10,14.
[53] Jr 29.
[54] Os 9:1s.; Am 7:17.

do coletivismo. O profeta recomenda orar pelo país pagão, "o único lugar do Antigo Testamento em que se recomenda orar por inimigos e não crentes".[55] Embora se mencione expressamente como motivo o do próprio interesse, deve-se observar como ficam superados o desejo de vingança pessoal e o desejo nacional de retribuição, culminando na formação de uma nova comunidade com os pagãos por meio da oração.

B. Relação do homem com Deus

2. Não resta dúvida de que aqui se davam os primeiros passos para dotar de nova base e melhores forças o elemento individual da relação do homem com Deus, até o ponto de ser capaz de enfrentar-se com êxito o individualismo cosmopolita do céticos e hedonistas,[56] indicando ao indivíduo o caminho para uma comunhão com o Deus pessoal e independente. Esse foi o trabalho do projeto do exílio, Ezequiel, supri-lo, além disso, com o suporte de uma comunidade, e desta maneira, garantido-lhes um futuro. Diante dos restos da nação que vegetavam em uma indiferente apatia ou na desesperança total, concedeu-se a esse homem a autoridade de proclamar uma oferta divina de graça pela qual se abriria o caminho para um novo tempo de Deus. Disso, e não de uma doutrina da retribuição, é do que se trata no capítulo 18 de seu livro, quando com a linguagem solene da *tora* do templo, anuncia o final da comunhão coletiva no pecado em virtude da qual os filhos pagaram pela culpa dos pais. Ao indivíduo, chamado pela palavra de Deus, é mostrado o caminho até uma "nova casa de Israel", que há de fazer realidade, em uma forma renovada, a antiga comunidade da aliança. O Deus "que não se satisfaz na morte do ímpio, mas em que este se converta e viva",[57] quer dar ocasião a cada membro de seu povo pecador para que, livre das cadeias de uma culpa herdada, possa entrar em uma relação pessoal de serviço e fidelidade com o Deus dos pais.

Das exigências sociais e religiosas da lei,[58] que podem cumprir-se no exílio, procede uma chamada direta à consciência e à decisão voluntária do indivíduo para um novo tipo de solidariedade com seus próximos. O cidadão não está já respaldado por uma ordem jurídica sólida garantida pelo Estado; mas sobre a base da antiga lei da aliança se erige uma norma de vida moral e social

---

[55] **P. Volz**, *Jeremia,* 1921, ad locum.

[56] A importância de Jeremias a respeito foi resumida corretamente por **A. C. Knudson** com as seguintes palavras: "Temos aqui, é certo, não uma doutrina formal do individualismo, mas sim o individualismo expresso de forma viva e concreta" (*The religious teaching of the Old Testament*, 1926. p. 342s).

[57] Ez 18:23,32.

[58] Exemplarmente descritas em Ez 18:5-8,10-13,15-17.

que leva, pela comunhão com a vontade moral de Deus, à liberação interior e estabelece, em um país estrangeiro, uma nova comunidade de fé e propósitos.[59] A base das convicções profundas dos indivíduos obtém um modelo comum de conduta que já não tem conexão com o ideal de uma comunidade nacional, mas que tende à criação de uma comunidade do povo de Deus, comunidade que, se já havia formado antes o núcleo central da nação,[60] agora é chamada a seu pleno desenvolvimento. Mais além da oposição entre coletivismo e individualismo, o eu íntimo do indivíduo descobre assim um encontro com Deus que coincide com o início de um novo tipo de relação com o próximo.

Assim sendo, essa comunidade não pôde pretender encontrar o objetivo de sua existência em si mesma, mas só na consumação prometida por Deus, pois sabe que foi fundada com o propósito dessa consumação.[61] O imperativo da luta pela renovação soma-se ao indicativo de uma renovação que é dom de Deus.[62] E assim a promessa profética chama os homens a avançar deixando para trás os consolos de uma pobre integridade legalista para que centrem toda sua atenção nessa mudança radical e definitiva de sua situação na qual chegará a plenitude a nova comunhão com Deus iniciada no presente. O personalismo integral da nova comunidade faz da antiga esperança de Israel algo totalmente novo, já que considera como o dom e o presente mais importante do tempo de salvação o renascimento espiritual de cada um dos indivíduos membros do povo.

Sob a influência dessa pregação profética, na mesma época em que a antiga cidade santa de Jerusalém conhecia sua ruína, surgiram na Babilônia os primeiros retornos à uma vida de comunidade, que convertia em realidade a chamada de Ezequiel. É certo, desde logo, que, à parte da atividade do profeta, existiram reuniões cultuais voluntárias em lugares de oração junto a água ou em casas de escribas, e que nessas reuniões ressoaram muitos dos cantos de Sião (cf. Salmo 137:1s.) e se apresentaram perante Deus as desgraças do povo acompanhadas de jejuns, lamentações penitenciais e súplicas. É também muito provável que em tais ocasiões instruíssem os sacerdotes sobre como viver em um país impuro e como preservar os antigos costumes. Mas com tudo isto não se desejava muito mais que a prática e o submetimento, em forma muito empobrecida, do antigo depósito tradicional, enquanto o tom dominante era a esperança de um rápido retorno à pátria. Em tal ambiente não era impossível transmitir novos impulsos.

---

[59] Cf. **W. Eichrodt,** *Der Prophet Hezekiel*, 1959, p. 148s.

[60] Cf. p. 518s., e também **H. W. Robinson**, *The Hebrew, Conception of Corporate Personality*, BZAW 66 (1936) p. 54s.

[61] Ez 34–37.

[62] Cf. 18:31 comparado-o com 36:26.

Porém, as coisas eram bem diferentes onde quer que o excitamento da mensagem profética era capaz de ser sentido em tais assembléias e tomar conta delas. Neste sentido, teve importância o fato de que surgira um novo foco de vida comunitária, na mesma casa do profeta onde se reuniam os anciãos e outros membros da colônia babilônica para escutar a palavra de Yahweh ou buscar conselho em todo tipo de problemas.[63] Aqui o indivíduo se viu defrontado constantemente com a necessidade de tomar decisões que teriam de mudar toda sua vida e imprimir-lhe um novo rumo. Apesar da torpeza inicial de seus ouvintes, Ezequiel encontrou seguidores que estenderam sua mensagem, introduzindo nas reuniões dos que seguiam à fé dos pais, um potente fermento que acabaria por mudar o caráter das mesmas. À vista de Ezequiel 33:1s. pode-se supor sem dificuldade, sobretudo, depois de que os acontecimentos confirmaram sua ameaça de ruína, que mesmo Ezequiel teve de atuar como mestre nessas reuniões cultuais. Nada sabemos em concreto do rumo dos acontecimentos;[64] tampouco temos relatos autênticos de até que ponto o ensinamento profético foi capaz de superar as resistências que, sem dúvida, surgiram, sendo capaz de controlá-las ou se só encontrou uma débil acolhida e teve de admitir ver-se assimilada a outras tendências. Em tudo isto só são possíveis conclusões mais ou menos prováveis.

C. A época do exílio

3. Mas o que, na verdade, é seguro, é que a época do exílio foi para a comunidade que o sofreu, um tempo extraordinariamente frutífero de reflexão e de estabelecimento de novos fundamentos em sua vida espiritual: nesse período pode-se datar a coleção meticulosa e a revisão da herança espiritual de Israel — documentos legais, obras históricas, oráculos proféticos e livros de poesia —, pensadas não para leitores entusiastas, mas para ouvintes atentos e desejosos de aprender. Nessas coleções pode se observar a influência de idéias proféticas transmitidas de maneira variada na literatura deuteronomista, lado a lado com uma escola sacerdotal em sentido estrito, tendente sempre a normalizar juridicamente a vida da comunidade.[65] Esses movimentos, que se prolongam até a entrada da época pós-exílica, permitem concluir que a reconstrução espiritual no exílio esteve marcada por uma mútua confrontação dos mesmos, enquanto

---

[63] Cf. Ez 8:1; 12:9; 14:1; 20:1; 24:19; 33:30s.

[64] **A. Menes** (*Tempel und Synagoge*, ZAW 50 [1932] p. 268s.) vai demasiadamente longe quando, de Ez 11:16; Js 22 e da tradição talmúdica, quer concluir que o nascimento da sinagoga na Babilônia pertence a essa época.

[65] Precisamente na coleção das notas e discursos de Ezequiel se observam bem claramente essas duas correntes encontradas.

que seus expoentes eram dirigentes destacados da comunidade exilada. Sob a influência de Ezequiel, podemos supor, pois, um despertar da responsabilidade e uma educação para uma maioria de idade religiosa dentro de um culto passado essencialmente na apresentação e exposição da palavra. A instrução do tipo de sermão do Deuteronômio, cuja prática nunca se interrompeu, e a pregação levítica, que se encontra entremeada nos livros das Crônicas[66] e que deve ter se desenvolvido muito antes que aparecesse o Cronista, assim como a parênese deuteronomista dos livros históricos, nos dão uma idéia da exegese homilética que, já no exílio, se fazia da palavra escrita nas assembléias da comunidade, e demonstram como os conteúdos principais da fé se transmitiam por meio das tradições sagradas da comunidade. Assim, até o leigo poderia chegar a um grau de formação religiosa que logo teria ocasião de empregar em seu trato com pagãos, apóstatas e prosélitos.

A elevada estima das normas externas emanadas das prescrições da lei, tão do gosto da corrente sacerdotal principalmente, não teve de entrar em conflito com a anterior. Ezequiel está familiarizado com ela.[67] Também, os homens aprenderam a ver a lei com novos olhos, como um meio para proteger-se do contágio de práticas supersticiosas em uma atmosfera pagã e para levar um sistema de vida próprio e peculiar. Agora reivindicam importância singular o sábado, a circuncisão e as leis de pureza, articulando-se dentro da religião como meios para um fim.[68]Ao mesmo tempo, na obediência da lei sentia-se o individual de uma comunidade que, precisamente por aderir-se a ela por decisão pessoal e não pela força do hábito ou da tradição, resultava mais íntimo e firme, e colocaria a seu alcance os meios para que atuasse sua fé.

E isto tanto mais quanto que a prática sacerdotal da lei não ignorava a influência da pregação profética. Embora seja verdade que revigorou de modos múltiplos os laços coletivos que introduzem novas instituições e normas, expandiu ao mesmo tempo em Israel uma compreensão do caráter pessoal da vontade de Deus e ensinou a entender a lei como expressão de uma soberania pessoal. Isto pode ser observado pela forma em que no direito cultual põe-se a múltipla relação em analogia com a vontade exigente do Deus da aliança e formam assim uma unidade espiritual. Já em outro lugar, temos salientado[69]as

---

[66] Sobre isso chamou a atenção **G. von Rad** em *Procksch-Festschrift*, 1934. p. 118s.

[67] Ez 4:14; 18:6; 20:7,25s,28,30s,40s etc. As passagens do cap. 20 referentes à santificação do sábado se devem, de outro lado, a um sentido posterior.

[68] Cf. a profunda interpretação das duas primeiras instituições na narração sacerdotal de Gn 2:2s; 17:9s. E veja a respeito **E. Jenni**, *Die theologische Begründung des Sabbathgebotes im AT*, 1956.

conseqüências que isso tem para nossa estima do culto sacrifical, dos ritos de pureza, dos lugares e tempos sagrados e da prática da oração. Juntamente a isso, deve-se assinalar a energia com que precisamente a prática sacerdotal da lei inculcou no povo que a piedade era algo que teria de se traduzir em conduta moral.[70] O fato de que, dentro da tradição legal sacerdotal, toda a ordenação jurídica social pudesse derivar-se do amor como força suprema de vida pessoal e moral[71] e de que nos escritos sacerdotais a concepção do homem como imagem de Deus fosse utilizada como chave para interpretar a história humana, demonstra que profunda influência exerceu na mentalidade sacerdotal a natureza santa e pessoal do Deus da aliança.

V. O INDIVIDUO NA COMUNIDADE DA LEI

A. Israel e sua nova situação histórica

1. A nova situação histórica que devolveu para a comunidade sua pátria e seu templo, a colocou diante de novos problemas e decisões. E, por certo, as novas coisas que se tinham adquirido na dura prova do exílio não resultaram num peso enfadonho para a reconstrução da comunidade judaica em Jerusalém. Ao contrário, tinham sido consideradas sempre como preparação e transição para esse novo momento. Nem Ezequiel nem Jeremias tinham dúvida em afirmar que a nova prova de graça divina, na qual pediam que se esperasse com fé, comportaria a total restauração do povo em seu próprio país.[72] Por isso os seus desejos de restaurar a comunidade no exílio nada têm há ver com a idéia de procurar um substituto para o modo de vida que, até então, era o da nação, mas que buscavam a emergência de uma nova nação por meio do poder miraculoso de Deus. De qualquer maneira, esse novo povo e país eram, na realidade, algo distinto do antigo Estado-nação, não importa que às vezes se utilizassem sem inconveniente as cores e contornos desse último para descrevê-lo. Efetivamente, agora o *conceito de povo entrou no circulo iluminado pela escatologia* e se projetou, portanto, a outro plano. O cumprimento da promessa profética não podia consistir simplesmente em uma restauração das condições anteriores, mas exigia o nascimento de um povo provido de todas as maravilhas do mundo divino, rejubilando-se com seu rei messiânico em comunhão direta com seu soberano Senhor na terra paradisíaca, cercado pelas nações que também estavam renovadas e unidas ao serviço a Yahweh. Agora então,

[69] Cf. vol. I, p. 81s.
[70] Cf. vol. I, p. 370s.
[71] Lv 19:18, cf. vol I, p. 75s.
[72] Jr 31; Ez 37.

ao contemplar-se o povo do futuro como uma parte da nova ordem de Deus[73] e ver, portanto, sua própria razão de ser na execução do plano moral de Deus sobre o mundo, a limitada concepção popular da relação do homem com Deus consegue, já livre das restrições do nacionalismo, centrar-se por completo na obediência à vontade criadora e reveladora de Deus. Porque o Deus que julga e salva é o Criador, a esperança em uma grande mudança dentro da situação humana deve ser centrada, necessariamente, em uma nova encarnação do povo, em que todo o empenho da história alcance sua meta.[74]

Ao desprender-se assim do presente empírico para converter-se em um elemento da esperança de salvação, o conceito de *povo exerceu uma influência característica na formação da comunidade.* Por um lado, a comunidade do exílio nunca pôde entender-se a si mesma como a figura exclusiva do povo de Deus na história, mas teve de se considerar sempre como simples *peça de transição para uma existência nacional, como prenúncio do cumprimento futuro.* A recuperação da terra santa não faz mais que garantir a autenticidade desse seu caráter de transição, assegurando a continuidade da obra histórica de Deus por meio de todas as mudanças. O fato de que o novo templo, como sinal do retorno da graça divina, não possa ser erguido a não ser em Jerusalém não faz senão manifestar, uma vez mais, que a revelação não é outra coisa que eleição, e eleição dentro da realidade histórica espaço-temporal.

De outro lado, a comunidade chamada para essa função *rejeita de antemão uma arbitrária restauração do povo e do Estado ao tomar vantagem de um golpe favorável de destino.* A comunidade conheceu a si mesma pelo objetivo para a qual ela foi destacada, objetivo este que nenhuma habilidade — terrena — pôde alcançar. Se os profetas esperam a vocação de Zorobabel como rei-salvador messiânico, também esperam decididamente que Yahweh remova céus e terra,[75] e põem-se em guarda diante de qualquer intenção precipitada de valer-se por si mesmo.[76] Sua atitude hostil frente à intenção de aliança com os samaritanos que parecia pôr ao alcance da mão a realização de uma nova e mais forte comunidade nacional, será um claro testemunho de sua convicção de que a propriedade do país não assegura a

---

[73] Veja a respeito sobretudo as floridas imagens do profeta do exílio, deutero-Isaías!

[74] Cf. vol. I, p. 439s. A partir daqui podemos ver em que escassa medida pôde aplicar-se à fé israelita o critério da "dissolução do apego à nação e ao povo". Tomando a esperança veterotestamentária como um todo, a restauração do povo significa quase sempre algo mais que um puro e simples nacionalismo, mesmo quando também este a corrompa de vez em quando. O objetivo de uma fé que é consciente da obra criadora de Deus não pode ser salvar o homem do apego nacionalista, como quisera uma interpretação da fé exclusivamente individualista, mas a salvação do povo e das nações gentias por meio de um novo ato criador de Deus.

[75] Ag 2:6s,21s; Zc 1:11s; 2:17.

[76] Zc 2:5s.: contra a construção das muralhas; cf. 4:6.

propriedade do povo de Deus.[77] Com um universalismo surpreendente, abrem de par em par as portas de acesso à comunidade com a única condição de que se garanta "guardar a aliança" (Isaías 56:4,6), quer dizer, incorporar-se voluntariamente à comunidade construída sobre a lei. Os estreitos laços que pertenciam a uma raça[78] comum ficam aqui abolidos em favor de uma unidade de fé, a qual teria, como conseqüência, uma forte afluência de adeptos do paganismo.[79] Não poderia se afirmar com maior clareza o princípio de que não faz parte do povo da promessa tudo aquilo que leva sangue israelita nas veias, mas só quem se apropria da herança espiritual confiada a Israel e a respeita em sua vida. Até mesmo "o nascido judeu há de ser judeu novamente".[80]

Após o fracasso de Zorobabel, Zacarias aceita a direção do sacerdócio e, em conseqüência, a existência contínua da comunidade como a única ordem requerida por Deus; mas ele percebe que sua significação mais nobre é a de ser substituto do Messias e um anúncio profético da sua chegada.[81] Depois de um período longo de oscilações, durante o qual os poderes mundanos e os sumos sacerdotes tenderam, acima de tudo, às soluções racionais da política natural,[82] a decisão profética foi imposta definitivamente à comunidade pela autoridade de Esdras e Neemias. Com rejeição de todos os sonhos messiânicos,[83] reconheceu-se que era necessário deixar o Estado até que Deus mesmo criasse um novo Israel, e acatou-se resolutamente como *tarefa imposta por Deus a de modelar a vida de acordo com a norma da lei,* a qual é entendida agora como o princípio configurador da história que une o presente e o passado.[84] A partir desse momento, desenvolvem-se, com uma lógica cada vez maior, as ordenações fixas de vida comunitária, fazendo da comunidade um bastião inexpugnável frente ao paganismo que acossa em todos os lugares, a educadora fundamental de seus membros e a pátria espiritual de uma diáspora amplamente dispersa e de um círculo de prosélitos cada vez maior.

---

[77] Ag 2:10-14, segundo a exegese mais provável. Semelhante rejeição de uma nação mista se dá em Is 57 e 65; naturalmente, essa exclusão se aplica aos elementos pouco seguros dentro do mesmo Judá que se tinha aberto às influências do ambiente pagão.

[78] Dt 23:4,8s. Cf. **J. Jeremias**, *Jerusalem zur Zeit Jesu*, vol. II, 1929, p. 103; 111.

[79] Cf. Ed 6:21; Ne 10:29s.

[80] **J. Wellhausen**, *Israelische und jüdische Geschichte*, 1914, p. 200.

[81] Zc 3:8-10; 6:9s. Cf. **W. Eichrodt**, *Vom Symbol zum Typos. Ein Beitrag zur Sacharja-Exegese*, TZ 13 (1957) p. 509s.

0 Sobre o jogo de forças políticas nesse período cf. o estudo de **A. Alt,** *Die Rolle Samarias bei der Entstehung des Judentums*, em *Procksch-Festschrift*, 1934, p. 5s.

[83] Ne 6:10s.

[84] Cf. **H. H. Schäder**, *Esra der Schreiber*, 1930.

B. Israel, independência e responsabilidade

2. Chegou assim a estabilizar-se uma forma de comunidade que fundamentalmente era baseada na independência e responsabilidade de seus membros, porque souberam entrever com toda clareza que a chamada de Deus a seu povo também foi dirigida ao indivíduo. Mas nos séculos seguintes a vida da comunidade demonstrou que era necessária uma constante e denodada luta para evitar que as poderosas interações entre indivíduo e sociedade a desequilibrassem para um dos dois lados. Na realidade, conseguiu-se não cair nem na escravização do indivíduo à sociedade, nem na hipertrofia desenfreada do individualismo. Isto demonstrou a consistência dos fundamentos sobre os quais as comunidades judaicas tinham sido construídas.

Existia a ameaça de pôr em perigo a individualidade se a esperança em um novo tipo de existência nacional se perdesse em idéias nacionalistas e o novo povo de Deus se julgasse como uma entidade política com uma forte carga de domínio.[85] Em tal caso, o indivíduo seria incapaz de levar a sério a pertinência a Deus como uma decisão de fé e a deixaria reduzida ao fato externo de ser o membro da nação. Tanto mais transcendental foi, por isso, que não se calaram de todo nas ocasiões que, com a consumação de Israel, proclamavam a salvação das nações e sua integração no reino de Deus, e recebiam com alegria, já no presente, a participação dos pagãos na salvação de Israel e na misericórdia divina.[86] Essa atitude universalista revela a convicção da primazia da opção individual em favor ou contra Deus sobre todo laço coletivo e, por conseguinte, a fé em um desígnio salvador de Deus não sujeito às fronteiras nacionais, que abria ao indivíduo o acesso a sua pessoa.

Também havia uma resistência clara contra a tentação que ameaçava do lado do elemento cultual da vida de comunidade, a saber, a de conformar-se com o poder expiatório do culto do templo, garantido, pela lei e pela hierarquia. Assim se condena por princípio o jejum que, como obra piedosa, pretende substituir o compromisso pessoal e responsável na vida da sociedade;[87] e quando a integridade externa de uma perfeita observância quer ser imposta em detrimento da entrega interior, é rejeitada clara e conscientemente.[88]

De qualquer maneira, seria muito esperar que a comunidade inteira chegasse a se encher desse espírito. Além disso, a resistência a submeter-se

---

[85] Cf. Obadias; Is 34s; Zc 9:13s.; 10:3s.; 14:12s.; Jl 4; Sl 149; Ester e veja vol. I, p. 418s.

[86] Zc 2:14s; 6:1-8; 8:20s.; Ml 1:11; Is 24–27; Sl 93; 96; 97; 99 e as duas obras narrativas de Jonas e Rute, onde se apresenta os pagãos como modelos de fé e confiança em Deus.

[87] Cf. o grande discurso sobre o jejum de Is 58 e a crítica de Zacarias em Zc 7.5-10.

[88] Cf. Sl 50; 139:23s; 1 Cr 29:17.

às exigências feitas por Deus fez na realidade com que os desobedientes se unissem em grupos combativos, e assim a comunidade encontrou-se dividida em campos hostis. Certamente, esse processo de desabar na tentação livrou os que permaneceram fieis à lei, sempre presente, de considerar como novo Israel os que estavam unidos no marco externo da comunidade; e se manteve dessa forma o caráter interino da comunidade. Mas uma vez convertidos em partido, os líderes do ideal de comunidade não puderam evitar que em seu próprio meio brotasse certa mentalidade de "gueto", para a qual a conformidade externa com o convencional se converteu em critério de piedade. Então a preocupação do homem piedoso por sua boa fama ameaçou fazer prevalecer o respeito humano sobre a independência de conduta.[89]

Apesar de tudo, foram esses círculos, imersos em lutas e sofrimentos, os que contribuíram para que, nas grandes questões de fé, vencesse uma consciência adquirida transmitida na base do esforço pessoal. Neles continuou viva a concepção profética do pecado como o verdadeiro obstáculo à obra graciosa de Deus;[90] e, por isso, também continuou a ser exaltado entre eles o perdão como libertação milagrosa de toda vida pessoal por parte da misericórdia insondável de Deus,[91] em canções de louvor sempre novas, que brotavam das profundidades da experiência pessoal. Eles foram efetivamente os que puderam elogiar a absolvição levada a cabo no santuário mais íntimo do coração, como um acontecimento nascido exclusivamente de uma soberana decisão divina e essencialmente independente do aparato institucional do culto sacrifical.[92] Assim foi como encontrou novos defensores e proclamadores a mais profunda de todas as interpretações proféticas do sofrimento, a saber: a que via nele uma ação vicária pela salvação dos pecadores e o meio mais eficaz para a construção do reino de Deus.[93] E, principalmente os Salmos, os documentos que com toda imparcialidade nos mostram o lado obscuro do caráter de "gueto" de tais círculos, são, ao mesmo tempo, testemunho de uma vida de oração individual cheia de energia e fervor, na qual o indivíduo busca a comunhão direta com seu Deus e se vê, pelo chamado, a refletir e examinar a si mesmo.[94] Característica é a respeito, a forma em que o orador se dirige a sua própria pessoa, "minha alma", pondo enquanto crente seu próprio ser, que é responsável diante de Deus, em frente a si mesmo.[95] Nesse esforço para encontrar novas formas de expressar

[89] Pv 10:7; 22:1; 5:14.
[90] Sl 25:11; 32; 51; 65:4; 130.
[91] Sl 25:8s; 32:1s,11; 86:5,15; 103:3; Mq 7:18-20.
[92] Sl 40:10s; 50:14,23; 51:17s; 141:2.
[93] Zc 11-13; Sl 22.
[94] Sl 139:23s; 73:21s; 19:13s; 62:11 etc.
[95] Cf. p. 597s.

a relação com Deus, utilizam-se até mesmo conceitos de vida cultual como imagens da relação individual com Deus.[96] Mas, de outro lado, não se chega em absoluto a uma situação de divórcio do indivíduo com respeito aos modelos comunitários de piedade. Aí está para demonstrá-lo a ampla tipificação da linguagem da poesia lírica, que só raras vezes expressa o individual e irrepetível, mas que, ao contrário, tende a formar uma imagem ideal do homem piedoso.[97] A experiência pessoal não sai violentamente do contexto de comunidade para converter-se a si mesma em objeto de atenção, mas funde seus novos conteúdos com a linguagem da comunidade, fertilizando, assim, a mesma de uma maneira efetiva.[98]

Essa comunidade, que lutava desse modo para preservar e para purificar sua fé, abriu suas portas aos pagãos tementes a Deus que quisessem se unir a ela;[99] as idéias missionárias que falavam de uma expansão da comunidade conseguida com base no ganho de indivíduos, sem olhar se pertenciam ou não ao povo, acabavam por entusiasmar a todos.[100] Mas o melhor testemunho da força desta vida de fé espiritual é a nova convicção de que nem mesmo a morte pode acabar com a comunhão entre Deus e os que acreditam nele. Talvez o aspecto mais atraente e mais rico em conseqüências, transportado para o mundo da fé por esse individualismo vital, esteja constituído pela forma com que, baseado em uma segurança de salvação pessoal, cultivou a idéia que até mesmo na morte se estava protegido pela mão de Deus e era chamado a sua glória;[101] idéia que pouco a pouco estava tomando a forma de uma fé na ressurreição.[102]

C. *Israel, comunidade e confiança*

3. Se nos casos que nós vimos o indivíduo sente-se substituído por uma forte vida de comunidade e alimentado pela seiva abundante da história de salvação de seu povo, esses laços se afrouxaram notavelmente em um setor bastante influente da comunidade, nos expoentes da doutrina sapiencial. Como já temos visto,[103] sua vinculação de radical com a literatura sapiencial internacional

---

[96] Sl 16:1; 61:5; 141:2; cf. Dt 10:16; 30:6; Jr 4:4.
[97] Assim o assinalaram com razão recentes estudos sobre os Salmos.
[98] O caso similar do tesouro poético da Igreja demonstra que aqui não se pode ver somente empobrecimento ou atrofia.
[99] Sl 115:11-13 118:4; 135:20.
[100] Sl 145:12; Eclo 10:19; 15:20; 24:19. Também no farisaísmo houve uma forte tendência para conversão dos pagãos; representantes seus foram Hillel e Simão ben Gamaliel. Cf. a petição 13 das *Dezoito bênçãos* e a crítica deste zelo missionário em Mt 23:15.
[101] Sl 16; 49; 73.
[102] Cf. cap. 24, p. 931s.
[103] Cf. p. 545s.

causou, desde o primeiro momento, uma recessão do propriamente israelita na fé religiosa desses círculos. Tanto na discussão da orientação prática da vida como no conhecimento da natureza,[104] facilitado pela sabedoria, o que predominava eram os pontos de vista comuns humanos. Com a confiança de poder solucionar por esse caminho os problemas mais difíceis da vida, o sábio se inclinava a antepor o racionalmente discernível sobre as relações entre o mundo e o homem e os conhecimentos que ditava sua fé. Agora pois, como Deus não foi concebido como administrador da história de salvação, mas só como Criador, que dotava de propósito e sentido a vida humana, o indivíduo se viu a si mesmo como uma criatura imersa em um cosmo no qual foi forçado a encontrar fundamento a seu direito para a vida e os objetivos vitais em um perigoso isolamento. A confiança otimista[105] com que era possível averiguar os enigmas do cosmos e mostrar ao homem seu lugar dentro do mesmo tiveram de ceder, desde o princípio, ao cepticismo; um cepticismo que teve duradoura carta de cidadania na sabedoria do Oriente Próximo antigo. Isto provocou inevitavelmente em Israel uma profunda crise de fé, porque nele a vontade divina oculta atrás da ordem criada tinha sido considerada seriamente como o único poder universal. Daí que o problema de uma justa ação recompensadora de Deus na vida do indivíduo, também esboçado nas doutrinas do Egito e da Babilônia, alcançasse uma urgência desconhecida nessas nações. A intenção de dominar por meios racionais esse problema tão atormentador para a fé, e se submeter assim a obscura realidade divina ao pensamento individual, agora com pretensão de independência, foi levado à frente com uma lógica desesperada e não intimidada por qualquer coisa, até mesmo quando ao fazer-se a imagem do Deus gracioso perdera pontos e foi ameaçada. O isolamento do indivíduo para dar resposta ao problema de Deus foi revelado como o ponto de partida de uma via que, por meio de uma reflexão mais profunda, levada ao desespero, como demonstra com sinceridade brutal o livro de Jó. O fato de que a solução nele inventada continue se orientando pelo conceito do Deus criador deixa entrever com suficiente clareza que este sábio se viu obrigado, em último termo, a voltar às idéias da revelação para indicar alguma saída ao indivíduo perdido em sua solidão. O Eclesiastes, por sua vez, deixaradicalmente a descoberto a absoluta incapacidade da doutrina da sabedoria humana para entender os desígnios divinos.

Apesar de tudo, a intenção de uma teodicéia seguiu presente de diferentes formas na história interna do judaísmo, enquanto escurecia a imagem de Deus, a concepção da história, a vida de oração e a esperança escatológica.[106]

[104] Cf. p. 546s.

[105] Nós encontramos essa auto-confiança como o oponente invisível contra o qual toda a argumentação em Jó 28 e Eclesiastes é dirigida.

[106] Sobre esses pontos cf. uma exposição mais detalhada na p. 920s.

Não se pode ignorar, certamente, que ocorreram tentativas esporádicas de impor um sistema de vida individual que já não tinham nada a ver com a tradição da comunidade. O poema de Jó, revolucionário em sua forma e em seu conteúdo, acusa uma personalidade de admirável força e independência espiritual, que ousa explorar no tratamento do problema vital da justiça divina novos caminhos, totalmente diferentes da mentalidade comum da comunidade.[107] E o autor do Eclesiastes, provocando o escândalo de muitos, adota uma posição tão fora do previsto pela comunidade judaica que se pode chamar de agnóstico céptico, desviado totalmente da fé de seu povo.

Mas, ainda prescindindo dessas personagens isoladas mais famosas, é necessário dizer que a doutrina sapiencial favoreceu, em toda sua corrente, um subjetivismo auto-suficiente. Efetivamente, seus representantes prometiam a todo homem piedoso ensinar-lhe o caminho da sabedoria, ou seja, do domínio prático da vida; agora pois, na medida em que isso supõe um ideal ético e a perfeição se concebe como um objetivo alcançável[108] por meio do esforço perseverante, suscita um subjetivismo egocêntrico que não necessita de nada em seu empenho. Essa auto-suficiência ainda está mais clara enquanto tais homens sintam-se capazes de dar a outros do que a eles lhes sobra e de ser seus guias e modelos, dessa maneira, cada vez se fazia maior a estima para o escriba que, por haver verificado em sua experiência o que ensina, podia mostrar a outros o caminho da vida e vencer ao oponente nas disputas.[109] Assim como o herói internacional da novela, o homem sábio desfrutava grande popularidade entre os leitores judeus.[110] A esses escribas, surgidos na maioria das vezes de círculos seculares e que, portanto, não tinham um ofício herdado com que assegurar uma posição de honra, mas eram rodeados de fama — uma necessidade fundamental para uma vida individualista — e eles a aceitavam com toda normalidade.[111] Começa agora a notar-se a influência do

---

[107] Cf. a bela caracterização do livro por parte de P. Humbert, ainda que dê muito pouca importância a suas conexões com a piedade autenticamente israelita (*Le modernisme de Jó*, em *Wisdom in Israel and in the Ancient Near East, pres. to H. H. Rowley,* 1955. p. 150s).

[108] Um resumo instrutivo desse ideal no-lo oferece Jó 31.

[109] Cf. a conduta dos amigos no livro de Jó, sobretudo, a segurança de Eliú; veja também Sl 119:99. Mais tarde, Hillel e Sammai, como modelos perfeitos do cumprimento da lei, representarão o ideal que terão de imitar todas as gerações futuras.

[110] A história de Ahicar, cujo descobrimento em Elefantina dá fé de sua grande expansão entre os círculos judeus, exalta a supremacia do sábio em todo o mundo de fala araméia e mais além dele. É relevante ver que. nessa época, fala-se da " Lei de Moisés" ao invés de, como até então, da "Lei de Deus".

[111] Cf. Dn 12:3, louvor do escriba de Jesus Ben Sira e, mais tarde, as histórias de Simeão ben Sataj (**A. Schlarter**, *Geschichte Israels*, 1925. p. 153s) e o desprezo dos não instruídos (*Abot* II.5).

ideal grego de vida humana e do conceito grego de personalidade. Naturalmente, ao conceder-se um valor tão decisivo à aprendizagem e à educação, só a pessoa instruída poderia esperar alcançar o objetivo da vida; todos os demais ficavam irremediavelmente a meio caminho. Como conseqüência, a admiração pelo escriba chegou a níveis surpreendentes: converteu-se em uma espécie super-homem que poderia fazer milagres e forçar a Deus com suas orações, e até mesmo depois da morte era honrado com monumentos.[112]

D. Religião e vida contemporânea

4. Essas mesmas tendências resultaram, tanto no âmbito judeu quanto no helenístico, na *formação de seitas* que representavam o tributo final do esforço do indivíduo por livrar-se da autoridade da comunidade. Os essênios, que aparecem um pouco depois da época dos macabeus, formaram uma espécie de ordem monástica cujos membros, à parte de conceder uma importância central à lei e às purificações e banquetes sacramentais, distinguiam-se pela rejeição do culto do templo e dos sacrifícios, pelo celibato, pela exclusão de todos os não iniciados em normas secretas e por uma ética ascética. Esses relatos, transmitidos por Josefo, Filo e Plínio, o Velho, viram-se confirmados de modo surpreendente pelo descobrimento de documentos autênticos dessa mesma comunidade ou, pelo menos, de outro documento perto a ela, que teria sua casa mãe em Qumrã, no deserto da Judéia.[113] Tais documentos completaram nosso conhecimento dessa piedade sectária em pontos importantes que revelam um rígido sentido de predestinação, um notável dualismo entre Deus e o diabo, da carne e do Espírito, assim como a pretensão de representar o autêntico povo da aliança. Essas doutrinas, procedentes em parte de fontes estrangeiras, combinam-se com as mencionadas anteriormente para configurar um tipo de vida aberta e irreconciliavelmente oposta à comunidade judaica, às suas sagradas tradições, à sua comunhão cultual, à sua ética profissional; em uma palavra, à sua norma de vida inteira. Essa oposição fica apenas dissimulada pela participação em deveres

---

[112] Assim, ao citar aos exegetas, **Filo** fala de "homens divinos". A reverência ao escriba está no mesmo nível que a reverência a Deus *Abot* IV.12. Josefo e a Mishna nos falam do célebre homem de oração, Onias. E em Tiberíades e Safed veneraram sepulcros de grandes escribas até a época moderna. Cf. também **J. Jeremias**, *op. cit.*, em nota 78. p. 101s. e **R. Mach,** *Der Zaddik in Talmud und Midrasch,* 1957. Aqui teria de observar que é distinto o fenômeno do mestre de justiça dos essênios, dos textos de Qumran, como se observou com razão, contra a minha, **J. Hempel** (*Bibliotheca Orientalis* 1/2 1962): ele é o "inspirado" a quem Deus revelou o sentido das antigas Escrituras e que inculca a lei da forma mais estrita.

[113] Para uma introdução no tema cf. **Millar Burrows**, *The Dead Sea Scrolls*, 1956, e *More Light on the Dead Sea Scrolls*, 1958; **H. Bardtke**, *Die Handschriftenfunde am Toten Meer*, vol. I, 1953; vol. II: *Die Sekte von Qumram*, 1958.

nacionais, como a construção de muralhas ou a defesa do país. Nessas seitas, a comunidade do povo de Deus, que está acima do juízo do indivíduo, rompe-se em favor de uma forma eleita por elas mesmas, de instaurar a comunidade sagrada chamada à perfeição. Enquanto que o povo tendia a tolerar e até mesmo a admirar a esses separatistas, o farisaísmo, de outro lado, viu claramente que estavam fora da comunidade e atuou, em conseqüência, recusando-se a reconhecê-los. Apesar de tudo, até mesmo nessa ordem exclusivista se pode observar, todavia, como a direção autoritária de seus superiores conjuga-se com a colaboração de toda a comunidade na administração e nas decisões legais. Essa colaboração nos impede de falar de um princípio de governo baseado no capricho subjetivo, mostrando-nos melhor uma realidade organicamente articulada, com uma hierarquia escalonada, que as decisões do indivíduo se inseriam dentro da ordem superior da comunidade.[114]

De um modo semelhante, embora certamente não com a mesma coerência, as seitas batistas — hemerobatistas, masboteos e talvez outros mais[115] — defenderam um ideal sacramental de santidade, no qual a pureza garantida por lustrações se combinava com toda classe de doutrinas de salvação fantásticas. Também apresenta um matiz subjetivista o empenho de santidade dos terapeutas, os quais, segundo a descrição de Filo,[116] formando nas proximidades de Alexandria uma sociedade de anacoretas, levavam uma vida ascética de meditação e práticas piedosas. O fato de que prescindisse de certos meios externos de santificação para centrar-se por completo na Sagrada Escritura, considerando-a como a chave de todo conhecimento, sugere uma clara afinidade entre essa seita e a doutrina da sabedoria helenística com sua grande estima da γνοσισ como único caminho da salvação.

O extremado individualismo dessas seitas não teve por si só energia suficiente para comover os firmes princípios básicos da comunidade, por estar encarnados não em um sistema dogmático, mas em um estilo de vida prática cuja norma não se achava exposta a discussão. Exceto nos casos em que, com a colaboração de forças estranhas, chegou-se a uma dissolução deliberada dessa base, a onda do individualismo sempre se chocou contra o baluarte que representava a estrita exigência de que a totalidade da vida recorria à soberania do Deus da aliança, cuja declaração na lei destronava toda autonomia humana e obrigava o indivíduo empenhado em sua própria perfeição a dobrar-se-à autoridade

[114] Isto foi exposto claramente por **Bo Reicke,** *Die Verfassung der Urgemeinde im Lichte jüdischer Dokumente,* TZ. 10 (1954) p. 95s.

[115] Sobre os relatos que dessas seitas nos deixaram os Pais da Igreja cf. **W. Bousset-H. Gressmann**, *Die Religion des Judentums im späthellenistischen Zeitalter*, 1926, p. 461, nota I, e p. 464.

[116] *De Vita Contemplativa.*

soberana do Rei celestial, que não necessita de argumentos humanos para provar ou justificar sua própria realidade. E como, de outro lado, a proclamação da lei levava consigo, de forma indissolúvel, a referência ao mistério da criação — o qual só permite ao homem considerar o mundo como um simples exercício da vontade criadora de Deus — a tendência a racionalizar tudo e analisar subjetivamente o sistema tradicional de fé, que é acostumado a acompanhar ao florescimento do individualismo, encontrou-se contra uma forte barreira.

Esses fatos demonstram como o arraigamento do indivíduo na comunidade outorgou constantemente energias capazes de conjurar os perigos do subjetivismo e de justificar a fé da comunidade em que Deus a dirigia por sua palavra e seu Espírito. Claro que, a luta nunca chegou a desarmar por completo o adversário; porque isto tirou suas força da tensão, que tão gravemente pesava sobre a comunidade, entre o ideal de vida inspirado na lei, com sua visão estática do mundo, e a esperança na consumação futura, com seu ilimitado dinamismo. O farisaísmo salvaguardou certamente a herança espiritual da comunidade rejeitando qualquer ataque contra a lei divina. Situado no meio dos nacionalistas saduceus e dos individualistas essênios manteve firme o significado supra-nacional da lei, até mesmo com o risco de romper a comunidade nacional, e se opôs ao sofrimento particularista que só viam na lei um meio para manter a entidade nacional. Mas não foi capaz de mostrar uma solução à tensão interior que dominava a vida da comunidade. Além disso, ao acabar convertendo a obediência à lei em meio apropriado para alcançar a salvação final, lançou sobre os ombros da comunidade uma tarefa tão impossível de cumprir que alimentou constantes dúvidas sobre a justiça de Deus no governo do mundo e deu uma justificação aparente aos ensaios de encontrar solução pelas vias da teodicéia.

Só um ato revolucionário de Deus que oferecesse ao indivíduo novas possibilidades de vida, solucionando-lhe para sempre o problema da culpa e, ao mesmo tempo, facilitasse à comunidade os meios de superar suas tensões internas, em virtude do dom do espírito, como "lei perfeita da liberdade" (Tg 1:25), podia levar a pleno efeito o que estava prometido na nova aliança. Posto que a obra do rei messiânico já estava completa, não havia necessidade de continuar contando com as ações humanas para tornar em realidade a consumação ainda por chegar, e o tempo de espera a que essa consumação aparecesse de forma corporal e visível pôde ser entendido, por sua vez, como o tempo da paciência divina e da preservação do homem fiel, que unia em si mesmo o movimento dinâmico e o descanso seguro, porque sabia que tudo estava na mão de Deus, que dirigia a história para sua meta, no momento oportuno.

VI. RELAÇÃO DA PIEDADE VETEROTESTAMENTÁRIA COM O INDIVIDUALISMO

À vista do fato recorrido pela evolução do individual dentro da piedade veterotestamentária, não é difícil dar uma resposta à questão de sua relação com o verdadeiro e próprio individualismo. A fé religiosa do Antigo Testamento facilitou o nascimento da individualidade religiosa num contexto de fortes laços coletivos ao interpretar as exigências de Deus ao povo como uma chamada dirigida, por sua vez, ao indivíduo, que lhe impunha uma obrigação de fidelidade até mesmo contrária aos laços comunitários naturais. Essa concepção fundamental da relação de aliança mostra toda sua energia na formação da comunidade após a destruição do povo e do Estado. A fé do Antigo Testamento não conhece situação ou época alguma em que um individualismo religioso garanta ao indivíduo uma relação privada com Deus sem conexão com a comunidade em suas raízes, em sua realização ou em suas metas. Como as exigências de Deus ao chamar o indivíduo e colocá-lo a seu serviço encontram seu sentido na formação de uma *sociedade* divina, assim a obediência do que foi chamado se prova no serviço aos irmãos. Sua vida religiosa acha sua tradução natural e lógica na celebração cultual comum e sua esperança tem como ponto de referência um povo de Deus perfeito.

E, também, acreditou-se que, ao menos em determinados "momentos fortes" da fé veterotestamentária, era possível detectar migalhas de individualismo. A profecia, sobretudo, parece dar base a isso: é possível observar, por exemplo, que o resultado da pregação profética do juízo punitivo consistia em que a fé deixou de estar sujeita às limitações e laços nacionais, deixando conjurado o perigo de que a liberdade divina se visse menosprezada pelo conceito de aliança. Também o universalismo escatológico, estreitamente relacionado com a renovação moral, poderia ser utilizado para ilustrar a desarticulação das limitações da mentalidade coletiva, por sua oposição à esperança de viés nacionalista e cultual de certos círculos populares. E, contudo, se falsificaria por completo a pregação profética se seu efeito individualizador fosse interpretado no sentido de um individualismo religioso, que deixasse de lado todo laço coletivo, por considerá-lo sem relevância para a relação do indivíduo com Deus. O único resultado dessa interpretação seria fazer de qualquer alusão à nova criação do povo sob o governo do príncipe salvador messiânico, em uma terra devota a seu estado paradisíaco — algo que os profetas certamente prometeram — uma causa de constante perplexidade. Isto levaria a ter de recorrer-se a soluções totalmente insustentáveis, ou criticar os profetas como seres de natureza pouco clara e contraditórios em seu interior, porque continuavam presos nas estreitezas da mentalidade popular, ou considerar não autênticas essas promessas proféticas, que só tornariam possível do ponto de vista de uma notória parcialidade. O defeito principal consiste em confundir os laços nacionais com os laços coletivos, simplesmente, e explicar a emancipação dos profetas de toda estreiteza particularista com base em sua suposta mentalidade individualista. Frente a isso, deve-se esclarecer que a luta contra a redução nacionalista da aliança não se levou adiante atendendo à situação religiosa do indivíduo, mas para salvaguardar a glória de Deus. Por isso, pôde ligar-se perfeitamente com a esperança de um renascimento da nação e com o trabalho para conseguir um novo povo de Deus. E se a esse povo do futuro aplica-se sem querer os riscos de uma comunidade religiosa, não se trata senão de uma manifestação da vigorosa execução que o fator individual teria adquirido dentro do pensamento religioso. Mas estamos muito longe do verdadeiro e próprio individualismo: como na decisão pessoal do indivíduo radica a base da vida da comunidade, a comunidade continua sendo a mãe nutriz da vida religiosa do indivíduo. Ela representa o contexto dentro do qual, como no passado, também no presente e no futuro, deu-se a revelação. *É a continuidade da ação divina na história,* com vistas à instauração de seu reino, o que garante, ante o pensamento profético, a existência continuada da comunidade; e, portanto, é Deus o próprio quem provoca o vínculo do indivíduo a esse povo particular e evita seu abandono às categorias naturais de uma religião nacional de qualquer tipo. O universalismo escatológico não significa, em absoluto, fugir da esperança do povo futuro para um mundo ideal individualista, mas afirma que precisamente os laços nacionais oferecem o marco dentro do qual há de se realizar a comunidade divina do futuro.[117] O pensamento profético não vê ao indivíduo e à comunidade como duas realidades contrapostas e que se excluem, mas como coisas que se inter-relacionam e se enriquecem mutuamente.

O mesmo há que dizer da comunidade pós-exílica, com toda sua individualidade, um pouco tensa e vigorosa. Também nela o homem se sente facilmente inclinado a detectar migalhas de uma piedade puramente individualista, seja argumentando com o acentuado retrocesso dos sacrifícios ou com a certeza da superação da morte, nos Salmos, ou seja apelando ao subjetivismo de Jó ou do Qohelet. O abandono da plataforma nacional nos debates desses sábios está motivado por um desejo de adaptar-se ao método doutrinal de seus adversários para poder, assim, destruí-lo com seus próprios argumentos mediante uma *reductio ad absurdum*; ao fazê-lo, a apelação ao

[117] O Antigo Testamento nunca fala de uma destruição das nações com o fim de instaurar uma sociedade de indivíduos crentes; cf., por exemplo, as passagens clássicas de Is 2:2s.; Sf 3:9s.; Is 19:23; Zc 8:22.

Deus criador e a sua comunicação na palavra provoca as idéias mais profundas outorgadas a Israel no que se refere à revelação. Os autores dos Salmos são tão conscientes de se acharem dentro da comunidade dos piedosos que é dela de onde tiram suas melhores forças.[118] Provindo, como provém, dos círculos de crentes, reconhecem na graça, que lhes foi concedida, o dever de proclamar ante seus compatriotas a salvação por eles experimentada.[119] Assim pois, também neste caso, a experiência de fé individual, que amplia de forma inimaginada o depósito tradicional de fé, resulta em último termo no serviço à comunidade, e oferece novos recursos dos círculos religiosamente fervorosos sobre os quais pesava a carga da luta pela fé dos pais.

[118] Sl 16:3; 40:4,17; 73:15.
[119] Sl 40:10s.; 49:2s.; 50:5; 51:15,17.

Capítulo XXI

FORMAS PRINCIPAIS DA RELAÇÃO PESSOAL COM DEUS

No capítulo anterior, nos foi oferecida uma visão do crescimento vivo da individualidade existente no antigo Israel. Isso quer dizer que, antes que aparecesse a mentalidade individual dos profetas era possível em Israel, e existiu de fato, uma relação pessoal com Deus. Assim o demonstra, apesar das enormes diferenças com épocas ulteriores, *uma característica comum* dos primeiros testemunhos com todas as formas posteriores de piedade, a saber: a *solicitação preponderante da vontade e o forte sentido de uma permanente distância entre Deus e o homem.*[1] Levando-se em conta as considerações que fizemos na primeira parte, nem sequer é preciso dizer que a razão fundamental dessa nota, consistente da piedade veterotestamentária, reside em algo presente em todos os períodos: na tremenda grandeza e na zelosa exclusividade da vontade revelada de Deus.

I. O Temor de Deus

1. Essa característica fundamental da relação pessoal com Deus dentro do Antigo Testamento encontra sua expressão lingüística no costume de designar toda a relação religiosa como *temor de Deus ou de Yahweh* (*yir'at ᵉlōhīm* ou *yir'at yhwh*), e a conduta religiosa correta como "temente a Deus ou a Yahweh" (*yᵉrē ᵉlōhīm* {*yhwh*}). É, além disso, uma expressão que se emprega com surpreendente regularidade desde os tempos mais remotos até os mais recentes.[2]

A. A relação de Deus e o homem

Indubitavelmente, o que aí se salienta é o sentimento da distância entre Deus e o homem, que constitui a nota dominante da piedade veterotestamentária;

---

[1] Cf. **J. Hempel**, *Gott und Mensch im AT,* 1935.

[2] Gn 20:11; 22:12; 42:18; Êx 18:21; 2 Rs 4:1; Is 11:2; 29:13; 50:10; Dt 4:10; 25:18; Sl 90:11; Pv 2:5; Jó 1:1,8; 2 Cr 6:33; Ec 7:18 etc.

é normal que surja daí a tentação de querer justificar, com esse fato, um juízo pejorativo dessa piedade, interpretando-a como servilismo e auto-entrega decadente. Mas, para evitar esse perigo, basta se acrescentar simplesmente a *importância universal do temor em todas as religiões*. Efetivamente, enquanto se estuda esse fenômeno característico, torna-se claro que não se trata de um sentimento manifesto de terror que obriga a fugir, mas de *uma oscilação entre a repulsão e a atração*, entre o *mysterium tremendum* e o *fascinans*.[3] Assim, em muitos cultos primitivos aos mortos ou aos demônios pode predominar ou até mesmo ser único o sentimento de terror. Mas esse caso limite, em que o pêndulo da emoção interior se inclina decididamente para um lado, não nos pode fazer esquecer que o temor religioso é bipolar ou ambivalente, comportando ao mesmo tempo medo e confiança. Por isso, o foco da emoção interior pode mover, exatamente do mesmo modo, o pólo oposto, com o resultado de que o amor confiante faça esquecer o medo. Porém, até mesmo nesse caso, restaria um elemento mínimo de medo. Então, o fiel desse sentimento religioso básico poderia chamar-se "temor" (R. Otto).[4]

B. Sentimento e honra

2. Não ha dúvida de que nas expressões *veterotestamentárias referentes ao temor de Deus, a agitação interior produzida pelo mysterium tremendum* salienta-se com um vigor extraordinário. Realmente, o tremor diante da presença divina e o medo diante da ira inflamada do vingador de toda infidelidade, não só caracterizam os relatos mosaicos, mas são abundantes tanto nas histórias da época antiga quanto nas do período profético. Depois do que já dissemos sobre a natureza divina,[5] entender-se-á que essa *atitude psíquica do homem é justamente a que corresponde à revelação de Deus*. Está especialmente claro nas ocasiões em que Deus demonstra sua santidade, já que o medo é sempre o correlato desse atributo divino.[6] Não só se emprega *nōrā*, "terrífico", como termo correlativo de *qādōš*, "santo",[7] mas que também a santidade, assim como majestade inacessível da divindade, que com seu milagroso poder sobrenatural

---

[3] Cf. **R. Otto**, *Das Heilige*, 1936; **S. Kierkegaard**, *Der Begriff der Angst*, 1844 (*Werke*, vol. v, 1912); **G. van der Leeuw**, *Phänomenologie der Religion*, 1956, p. 527s.

[4] O termo de "reverência", que é o preferido por **Hänel** em sua obra *Religion der Heiligkeit*, teria de ser melhor definido para manter sempre presente o elemento de terror interior que comporta.

[5] Cf. vol. I, p. 201s.

[6] Ressaltado com toda razão por **H. A. Brongers**, *La crainte du Seigneur*, 1948, p. 151s.

[7] Cf. Gn 28:17 com Êx 3:5s. e Sl 139:14 (texto emendado) com o louvor do Santo em 1 Sm 2:2; veja também o louvor do Deus terrível em Êx 15:11; Sl 99:3; 111:9;

convence à criatura de sua nulidade, suscita esse profundo terror que, sem ser possível explicar, nem atribuir a nada de concreto, apodera-se da totalidade da vida e comove seus fundamentos como um sentimento primário irresistível.[8]

O predomínio desse sentimento na atitude psíquica do crente do Antigo Testamento no-lo é confirmado por *dois fatores*: primeiro, o fato de que do culto de Yahweh é excluída toda prática mágica[9] com a qual o homem poderia forçar à divindade a submeter-se à suas exigências; segundo, o desaparecimento dos poderes demoníacos da imagem religiosa do mundo,[10] o qual torna impossível transferir o medo religioso a outros seres que não sejam Yahweh. Por conseguinte, *o encontro com o único senhor do mundo divino*, no qual estavam reunidos os poderes máximos tanto de salvação quanto de perdição, *teria de ser sentido a força, como a ameaça absoluta da existência humana*, contra a qual não teria proteção. O temor de Deus ganha assim em profundidade, convertendo-se em uma atitude básica que afeta a todo homem.

Porém, é extremamente significante que, próximo a essa consciência profunda da absoluta transcendência destruidora e, portanto, terrífica da natureza divina, encontremos, *a segurança e confiança no auxílio dessa mesma divindade como elementos igualmente indispensáveis do temor a Deus*. O sentimento de temor religioso não apresenta caráter de pânico, nem tampouco de medo servil, mas encerra um misterioso poder de atração que se traduz em admiração, obediência, entrega e entusiasmo. Assim aparece não só nos hinos de louvor inspirado pelos atos poderosos de Deus — que, por serem confissões da fé da comunidade, não podem ser considerados senão como testemunhos da atitude fundamental do indivíduo — mas também na felicidade espontânea pela presença de Yahweh e na segurança de contar com a proteção e justiça por parte dos mesmos homens a quem o terror petrifica quando aparece repentinamente a ira divina. E, desse modo, a Arca, enquanto lugar da presença divina, não só é objeto de medo, diante da santidade devoradora de Deus, mas também de felicidade, pelo poder divino e por sua promessa permanecer próximo para auxiliar.[11] O medo ante o misterioso mundo divino que se lhe é revelado em Betel não impede Jacó de aceitar a promessa desse Deus e acolher-se para sempre em sua proteção.[12] E o espanto ante o perigo de morte que encerra o ver a Deus

---

[8] 1 Sm 6:20; Êx 15:11; 1 Sm 2:2; Lv 10:2s; 20:3; 22:2s,32; Nm 16; Am 2:7; 4:2; Is 6:3s.

[9] Cf. vol. I, p. 146s. e 182s. Sobre o ressurgir da magia no judaísmo tardio cf. vol. I, p. 192s e o tratado Sabat VI, 2 da Mishná.

[10] Cf, p. 679s.

[11] Cf., por um lado, 1 Sm 6:19s; 2 Sm 6:9; e, por outro, 1 Sm 6:13,19 (LXX); 2 Sm 6:15,21s.

[12] Gn 28:17,20s; 35:3.

não impede considerar a esse fato como a bênção suprema.[13] Precisamente o fato de sobreviver ao efeito mortal da irrupção de Deus na vida humana é o que faz o homem experimentar um vivo sentimento de libertação ao ver que ele se entrega precisamente no seio de uma aparente rejeição; e esse sentimento só pode encontrar sua expressão natural no agradecimento e na felicidade. Para o verdadeiro temor de Deus, pois, a revelação pessoal da divindade é apresentada com enorme poder de atração e vinculação, e nisto é distinto do puro terror. Talvez onde melhor se resuma sua intensidade seja nas palavras de Moisés ao povo que, cheio de um medo voraz, estava reunido aos pés do Sinai: "*Não temais!,* porque Deus veio prová-los e *para que permaneça em vós o seu temor* para que não pequeis"; (grifos do autor).[14]

Assim sendo, esta configuração especial do temor de Deus foi possível graças à peculiar revelação de Deus como Deus da aliança. Realmente, o Deus terrivelmente inacessível se manifesta nela, por sua vez, como guia e protetor de seu povo, unindo seus dons de vida à ordens fixas que marcam a forma em que o povo viverá. Opera-se assim uma mudança pela qual o sentimento religioso passa do terror numinoso ao temor reverente, no qual já predomina a confiança. O testemunho mais belo desse temor nos é oferecido pela *obra do historiador javista.* Nela se encontram misturadas histórias primitivas, pouco retocadas, e passagens totalmente dominadas pelo espírito da religião de Yahweh. Desse modo, algo do grito de terror numinoso ainda ressoa nas histórias do ataque noturno de Yahweh a Moisés[15] ou do encontro de Gideão[16] e Manoá[17] com Deus. Esse temor interior tem igualmente um papel na história da conclusão da aliança entre Deus e Abraão,[18] ainda que nesse caso já fica diretamente superado pela promessa do Deus da aliança. O temor se reveste de um caráter totalmente diverso quando expressa a atitude mental do servo diante de seu Senhor, uma relação na qual a história patriarcal apresenta a seus heróis com uma penetração inimitável. Em tais casos, a confiança inabalável, a pronta obediência voluntária, a humilde renúncia ao próprio critério e a adesão incondicional aos objetivos do guia divino descrevem-se de forma que fica patente o profundo sentimento da entrega do indivíduo a Deus, elemento tão vital do temor de Deus.

---

[13] Cf., de um lado, Êx 19:21; 33:20. e de outro, Êx 24:11; Êx 33:18 (Gn 16:13). No mais, também no uso profano de yr' encontra-se esse significado mais rico: cf. Js 4: 14, onde **Kautzsch-Berthole** traduz por "ter em grande estima", "honrar".

[14] Êx 20:20.

[15] Êx 4:24s.

[16] Jz 6:22.

[17] Jz 13:6. O anjo de Yahweh é descrito como *nōrā meōd*; cf. o temor da morte em Jz 13:22.

[18] Gn 15:12; e de forma parecida também, em Gn 28:17; Êx 3:6; Jó 4:12s.

Já com isso, o temor de Deus do Antigo Testamento mostra-se como algo tipicamente diferente da atitude diante da divindade que repousa na raiz das religiões circunvizinhas. Embora seja verdade que também nelas é conhecida e também está especificamente documentada[19] a experiência do terror numinoso em face ao poder divino, seus efeitos não são os mesmos que em Israel, porque o homem nunca chega, sob sua influência, a certeza de ter sido completamente abandonado. A coexistência de deuses diferentes e às vezes rivais, a revogação do poder dos deuses por obra dos demônios e o emprego zeloso de uma prevenção mágica, impedem essa abolição das defesas frente ao caráter terrífico da divindade, que é a característica distintivamente típica dos testemunhos do Antigo Testamento. De outro lado, essa confiança segura que constantemente aparece como a nota básica do temor do Deus israelita não tem paralelo nas demais religiões do antigo Oriente Próximo, a vontade de suas deidades da natureza não era muito segura e era muito ambígua para ser capaz de fazer o homem reconhecer um propósito unitário e coerente; de outro lado, era demasiada submetida ao poder maligno dos demônios, para que suas promessas fossem capazes de dissipar o medo. Certos exemplos isolados de belas orações cheias de confiança[20] não podem fazer-nos esquecer que a segurança que nelas se respira não era capaz, de nenhuma maneira, de abarcar e dominar a totalidade da relação do homem com a divindade. O medo é "um dos elementos fundamentais da piedade babilônica".[21]

Mas, principalmente, faltava nessas religiões o que dá a verdadeira peculiaridade ao temor do Deus veterotestamentário: sua conexão com o sentido de obrigação para com a vontade divina, seja porque foi reconhecida como fonte original das ordenanças efetivas na vida, seja porque foi experimentada como presença vital operante na história. E, desse modo, constantemente, se menciona o temor de Deus como a base do respeito para com as normas divinas. Em Israel, os homens fogem da injustiça pela majestade do legislador divino, o único ao qual é necessário temer,[22] e até mesmo entre os pagãos piedosos é pressuposta uma atitude semelhante em face à santidade da Lei.[23] Por isso, o

---

[19] Cf., por exemplo, as descrições de Ninib e Nergal em **M. Jastrow**, *Die Religion Babyloniens und Assyriens*, 1904, I, p. 455 e 474s. Ou o relato dos efeitos terríveis da palavra divina nos hinos Enem (p. 40s).

[20] Junto à grande quantidade de orações babilônicas vale a pena mencionar aqui especialmente as orações de leigos egípcios do Império Novo, sobre as quais **Erman** foi o primeiro a chamar a atenção e às quais **Gunkel** dedicou um estudo especial (*Reden und Aufsätze*, p. 141s); Cf. também AOT, p. 32.

[21] Assim **H. Seeger** em seu excelente tratado sobre o problema da piedade, *Die Triebkräfte des religiösen Lebens in Israel und Babylon*, 1923, p. 17.

[22] Gn 39:9; Êx 1:17,21.

[23] Gn 20:8,11; 42:18.

temor de Deus é virtude indispensável do juiz[24] e se acha entre as qualidades que necessariamente têm de adornar o rei.[25]As exortações ao cumprimento da lei estabelecem uma relação estreita e quase formularia entre o temor de Deus e seguir seus caminhos;[26] o melhor guia para um autêntico temor de Deus[27] é pela palavra pela qual Deus revela sua vontade. Também os sábios falam, por sua vez, do temor de Deus e de evitar o mal.[28]

A razão desse processo é clara: ao entendermos o temor a Deus como uma relação com sua vontade soberana, o elemento irracional do medo — o sentimento numinoso de terror diante de um poder divino desconhecido que pode irromper abruptamente em qualquer momento — passa a um segundo plano em favor de uma atitude, aprendida por mediação humana, de reverência para algumas ordenações divinas que podem ser conhecidas com certeza e estão sempre presentes. Desse modo, o temor de Deus se vê acumulado de um complexo conteúdo racional, e se dá o predomínio ao elemento positivo da relação do homem com Deus. Desde o momento em que é a vontade divina, constante e absolutamente clara, a qual se deve reconhecer e aceitar para a construção da vida, a tranqüila confiança no Deus revelado domina sobre o medo ao Deus oculto; confiança que encontra uma base firme na experiência constantemente renovada da misericórdia do legislador, como se pode ver na direção prática da vida disponível na Lei. Por isso, os mandamentos levam consigo a promessa da misericórdia e do perdão divino, constantemente repetido ao penitente no culto, assegurando-lhe, como bênção de Yahweh, vida e paz. É certo que essa estreita conexão do temor da Deus e Lei contém seus perigos, enquanto chamasse temor de Deus a simples observância externa da Lei, embora não exista uma relação vital, interior com Deus. Essa atitude é anatematizada pela crítica profética como puro legalismo humano.[29] Também aqui, portanto, prepara-se o terreno para o esforço à procura de uma unidade interior com a vontade divina que eleva a relação do homem com Deus a um nível de intensidade absolutamente nova.

As outras religiões do antigo Oriente Próximo não podem oferecer nada que se assemelhe a essa ajuda que a Lei presta ao homem que supera o medo diante de Deus por meio da confiança. Os babilônios, na verdade, reconheciam muitos preceitos divinos, cultuais e morais, que tinham obrigação de observar, mas não uma Lei unitária, porque uma vontade divina era para

[24] Êx 18:21.
[25] 2 Sm 23:3; Is 11:2.
[26] Dt 10:12,20; Js 24:14. cf. Sl 86:11.
[27] Dt 4:10; 17:19; 31:13.
[28] Pv 3:7; 8:13; 14:2; 16:6; Jó 1:8.
[29] Is 29:13.

eles algo completamente desconhecido. Daí que o descobrimento da vontade divina lhes resultasse sempre numa autêntica tarefa sem fim, e sua execução numa meta impossível de alcançar com segurança.

Próxima à supremacia e grandeza estática com que a majestade divina se apresenta ao israelita nas ordenações da Lei, a potente intervenção de Deus na história põe diante *dos olhos o dinamismo de uma vontade desconhecida e insondável* e guia seu medo pelos *caminhos de uma audaz confiança*. E desse modo, a hesitação, o medo e o alarme diante de um Deus taumaturgo levam os anciãos do povo a reconhecer a Moisés como seu mensageiro e a aceitar com fé a libertação que promete.[30] Enquanto os egípcios recusam-se a temer a Yahweh e depreciam por isso a seu enviado,[31] em Israel a experiência de seus milagres confirma o temor de Deus e desperta, até mesmo para o futuro, a confiança nele e em seus servos.[32] Na veneração de Yahweh através dos séculos como "majestoso em sua santidade e temível em seus feitos gloriosos" (Êxodo 15: 11), é afirmada a esperança de que poderá triunfar acima de todos os obstáculos e que conseguirá seu objetivo na história: a bênção da humanidade por meio de seu povo eleito (Gênesis 12:1-3). Desse modo, o temor, transformado em destemida confiança, preenche os fundamentos da esperança escatológica. Só para o endurecimento de seu coração frente às terríveis intervenções do poder de Yahweh poderá o povo, durante sua travessia do deserto, cair no menosprezo irreverente e no desprezo por Deus, recusando acreditar em suas promessas e atraindo o juízo por sua desobediência.[33] Também em outros momentos encontramos esse temor de Deus, que chama os homens à obediência por meio de seu mensageiro, forçando-os a submeter-se a sua vontade com confiança e concedendo-lhes então, mas só então, o direito para contar, com sua proteção frente aos perigos que lhes assistem.[34] Essa entrega, disposta a tudo, que dá ao temor de Deus o caráter de uma confiança absoluta até frente a uma vontade divina misteriosa e incompreensível, encontra sua tradução mais profunda na história que o Eloísta faz do sacrifício de Abraão.[35]

Fora de Israel só podem ser observados certos oráculos isolados — como aqueles que transmitiram aos reis assírios e egípcios o consentimento dos deuses a suas empreitadas[36] — que traduzem uma forma de autoridade

[30] Êx 4:1s.,31.
[31] Êx 9:20s,30.
[32] Êx 14:31; 19:9
[33] Nm 14:11,22,24.
[34] 1 Sm 11:7; 16:4; 1 Rs 18:12s.
[35] Gn 22.
[36] Cf. os oráculos de Ishtar a Esaradon (**O. Weber**, *Die Literatur der Babylonier und Assyrer*, 1907. p. 181s; AOT 281s; ANET 449s), as consultas ao deus do sol (*op. cit.*, p. 177s.) e o oráculo do deus lunar Sin ao mesmo rei em **A. Jeremias**, ATAO p. 738. Cf.

divina na história que exige a resposta da fé. Tampouco há dúvida que tais mensagens divinas eram capazes de suscitar uma firme confiança no auxílio dos deuses, como demonstram as orações dos monarcas.[37] Mas não era essa atitude de espírito que conformava toda a vida. E isto não só pelos impedimentos supracitados do politeísmo e do temor aos demônios, mas, principalmente, porque se tornava impossível conceber uma clara vontade moral salvadora que dirigisse toda história, já que nem existia um conceito bem definido de história[38] nem a vontade de Deus entendeu-se desde o ponto de vista universal que possibilita a compreensão de seu governo providencial do mundo. Em Israel, de outro lado, era na realidade essa forma de entender a história, que os narradores antigos já inculcavam no povo, o que constituiu a base para que o temor de Deus pudesse converter-se em uma obediência confiada àquele, que por seus mensageiros, chamava os homens ao discipulado. E quando se falava do temor de Deus nesse sentido, apareceria o conceito suficientemente amplo para englobar também outros aspectos da relação com Deus que, por ter experimentado o homem um Deus ativo até mesmo em seu ocultamento, o impeliam *a afirmar deliberadamente o mistério divino*, substituindo, desse modo, a natureza de pânico do medo por meio de uma relação mais positiva. Para designar essa nova relação aparece em alguns lugares a palavra *he'^{e}min*,[39] "considerar firme, fidedigno, confiar-se" que expressa, com todo acerto, o que constitui o cerne da confiança ousada em Deus.[40] Trata-se de afirmar que o

---

também **M. Jastrow**, *op. cit.*, I, p. 443s e II, p. 152. Também a resposta do deus Nebo à súplica de Assurbanipal (**H. Zimmern**, *Babylonische Hymnen und Gebete*, II, p. 20s = A Ungnad, *Die Religion der Babylonier und Assyrer*, 1921, p., 180s.), o oráculo de Ninlil ao mesmo rei (ANT 450s) e as palavras de ânimo do deus Rá a Ramsés II na batalha de Cades (**A. Erman**, *Literatur der Aegipter*, p. 329s.).

[37] Cf. a oração sobre o monumento do rei de Cuta, em **O. Weber**, *op. cit.*, p. 203. e as orações de Assurbanipal a Nebo relacionadas com o oráculo de Nebo mencionado na nota anterior.

[38] Cf. vol. I, p. 28s.

[39] Êx 14:31; Nm 14:11; a fé em Deus como fé em seus mensageiros: Êx 4:1s.,31; 19:9.

[40] Como o significado principal da raiz *'mn* em árabe é "estar seguro, livre de perigos", também se poderia traduzir *h'myn* por "dar por seguro", "encontrar segurança em". A raiz se aproximaria então a *bṭḥ* e *ḥsh*. Na realidade, o conteúdo teológico do termo não muda muito com isso. **A. Weiser**, baseando-se em uma análise exaustiva de seu uso lingüístico no Antigo Testamento, queria reafirmar a idéia avançada por ele já em outra ocasião (*Glauben im AT*, em *Festschrift für G. Beer*, 1935, p. 88s.) e ver na raiz *'mn* um conceito formalmente relativo cujo conteúdo estaria fixado em cada caso por seu sujeito gramatical concreto, descrevendo, portanto, o caráter específico desse sujeito (TWNT VI, p. 184s.). Nos parece, de todo modo, que o emprego múltiplo e variado da raiz não obriga renunciar a idéia de um significado básico concreto, mas que o significado, em cada caso, pode ser deduzido perfeitamente do anteriormente mencionado. **T. C. Vriezen** traduz *'mn* por "sustentar" ou "levar", para derivar daí o significado da raiz em outros casos (*Geloven en Vertrouwen*, 1959, p. 12s).

Deus oculto é ativo, embora seja impossível prever todo desenvolvimento de sua atividade, nem se conheçam suas metas. Agora então, se a essa atividade se lhe reconhece a mesma confiança que foi experimentada já em outras ações divinas, é que se alcançou, claro, *uma adesão a Deus capaz de ultrapassar os limites das aparências*, e para isto é fundamental *uma forte vitalidade individual*. É uma atitude, portanto, que só pela metade se pode traduzir pelo termo de temor de Deus; o movimento reflexo que prevalece nisto foi substituído por uma opção consciente entre possibilidades encontradas. Apesar de tudo, o temor de Deus está destinado a ser durante muito tempo o termo mais geral, quer dizer, desde uma nova perspectiva que tinha ampliado seu primitivo campo semântico. Só fazia falta uma profunda responsabilidade pessoal para que ressaltasse na relação pessoal com Deus a importância independente do ato de fé. Desse desenvolvimento não encontramos paralelos fora de Israel; a razão está implícita no que dissemos.

II. A FÉ

1. A luta travada por Elias e Eliseu criou no povo profundas divisões, sua chamada à decisão contra o político-religioso do governo fez com que não fosse fácil para o indivíduo sentir-se identificado com as atividades do grupo; os laços de solidariedade nacional, que tinham, até então, subjugado-o, mostraram-se pouco consistentes frente às confrontações religiosas, e as garantias do bem-estar de Israel encarnadas pela monarquia cambalearam frente à crítica sem consideração realizada pelos líderes proféticos.

A. Fé para a relação com Deus

Os que deram razão ao zelo profético, aceitando assim a possibilidade de que a posição política de Israel estava em um perigo extremo, *se viram fora do recinto seguro do comportamento e do pensamento coletivos* e abandonaram todas as seguranças terrestres do futuro nacional. A tensão entre esse abandono dos apoios nacionais e a convicção absoluta de que Israel teria uma missão divina entre as nações só foi suportável nos casos em que a relação individual com Deus foi centrada, com uma intensidade sem precedentes, na vontade do Deus da aliança e o homem aventurou-se, assim, a ver na instauração do reino divino uma realidade religiosa inexpugnável, apesar dos perigos que ameaçaram as instituições externas; em outras palavras, *tiveram de salientar a importância decisiva da atitude de fé para a relação com Deus*.

Não é, portanto, uma casualidade que, precisamente *o historiador eloísta*, cuja obra encaixa tão bem em outros aspectos no pano de fundo da época de Elias, apresente, *como tema principal de sua história patriarcal a palavra fé*.[41] O que ele experimenta em sua própria situação histórica, como uma manifestação decisiva da relação individual com Deus, transfere à vida dos patriarcas como cerne de sua piedade, apresentando aos seus contemporâneos, em Abraão o tipo de crente que se agarra às promessas divinas e vive de sua certeza na vontade de Deus até mesmo contra as aparências. No simbolismo vigoroso do autor, o céu estrelado e silencioso aponta ao poder ilimitado do Deus oculto que, ao revelar-se só em sua palavra, provoca a aventura da confiança pessoal pela qual o homem se entrega inteiramente nas mãos de Deus.

Como a pesquisa anterior do conteúdo do termo "temor de Deus" mostrou, o **Eloísta** não teve necessidade de introduzir nenhum elemento importado para interprertar, dessa forma, a relação de Abraão com Deus. Bastou-lhe dar uma interpretação mais profunda à tradição recebida, apresentando como função independente, e a mais importante da piedade, um ingrediente da relação pessoal com Deus ao que outros escritores não concederam mais que uma importância secundária. Procedendo, desse modo, a grandeza do Deus inconcebível e a maravilhosa heterogeneidade da natureza tomam-se tão seriamente quanto no contexto do temor de Deus; mas a afirmação dessa grandeza em um movimento vivo do coração *implica aqui a entrega voluntária de um eu que é consciente do alcance de sua decisão*, levando, desse modo, à sua plenitude aquela atitude vital e pessoal frente ao dinamismo da vontade divina que já era uma realidade na vivência do temor.

Ver nessa imagem atraente da decisão de fé, que é baseada na promessa divina e toma assim consciência de um caminho novo para um país desconhecido, simplesmente a continuação e confirmação de uma atitude de confiança já existente significa, claramente, rebaixar sua importância.[42] O uso característico do perfeito com o *wau* copulativo, para introduzir o movimento da fé, já acusa a presença de um elemento novo[43] que não pode incorporar-se, como um momento a mais, dentro de um *continuum*. A clara relação da fé com a promessa divina, com a qual Abraão se encontra precisamente no momento em que está prestes a se desviar do verdadeiro significado de sua vida, imprime

---

[41] Gn 15:6. cf. **H. W. Heidland**, *Die Anrechnung des Glaubens zur Gerechtigkeit*, 1936. Considerar Gn 15.6 um aditamento redacional para ligar as duas partes do cap. 15, como faz **Th. C. Vriezen** (*Geloven em Vertrouwen*, 1959, p. 16), me parece que não faz justiça à importância que tem a frase.

[42] Assim **M. Buber**, *Zwei Glaubensweisen*, 1950.

[43] Cf. as passagens semelhantes (Js 9:12; Jz 5:26; 1 Rs 24:14; Is 22:14: Gn 21:25) e sobre toda essa questão, **G. Schrenk**, *Martin Bubers Beurteilung dês Paulus in seiner Schrift "Zwei Glaubensweisen"*, em "Judaica" VIII (1952) 1s., e **Th. C. Vriezen**, *Geloven en Vertrouwen*, 1959.

ainda mais à conduta do patriarca esse caráter de conversão decisiva na sua história: a ele se revela uma nova compreensão da ação de Deus e de sua própria posição. Falar aqui de um simples reforço de uma fé anterior de Abraão é desconhecer a importância desse elemento dentro da estrutura temática da obra do historiador. Abraão opta por dizer sim ao novo estado de coisas que lhe é oferecido na promessa e por fundamentar toda sua vida ulterior sobre essa base.

Desse modo, é dado um passo importante para uma nova dimensão da piedade individual como manifesta a comparação da fé com a *s*[e]*dāqāh,* quer dizer, com a conduta justa para com o Deus que favorece ao homem com sua companhia. A justificação pela boca do sacerdote, que em nome de Yahweh declara agradável a Deus o que cumpre um dever cultual[44] retira-se de seus rígidos limites cultuais para mover-se à íntima relação interior do homem com seu Deus; nela não é um intermediário humano, mas Yahweh mesmo quem *reconhece agora a conduta ajustada à aliança*. Não é que, como se foi afirmado equivocadamente,[45] Deus recompensa devidamente a obra de fé (está claro que não interessa ao historiador, em absoluto, se Abraão experimenta ou não algo da decisão divina), mas que a relação de fé em si mesma interpreta-se como o justo cumprimento da comunhão de aliança por parte do homem. Desse modo, a aliança, da qual o povo de Israel participa em cumprimento da promessa de Abrão, encontra sua vitalidade mais essencial não nos atos de culto, mas na atitude espiritual consciente dos membros da comunidade de aliança frente à promessa do fundador da mesma. As fórmulas cultuais de justificação são, portanto, novos modos de expressar um processo espiritual.

Apesar de tudo, está longe da intenção do Eloísta substituir o temor de Deus pela fé, já que para ele, como demonstra sobretudo Gênesis 22, é totalmente evidente o aspecto de destemida confiança que opera também no temor humano. Enquanto atitude que se refere a um objeto, a fé apresenta o *caráter de um ato individual* pelo qual o homem atualiza, em uma situação determinada, sua relação com Deus, mas sem abarcar, como o temor de Deus, sua atitude permanente frente a ele. Neste sentido foi o *profeta Isaías* quem deu o passo definitivo.

---

[44] A este ponto dedicou especial atenção **G. von Rad**, à vista das fórmulas sacerdotais de aceitação do Levítico (sobre esse tema cf. **R. Rendtorff**, *Die Gesetze in der Priesterschrift*, 1954) e de Ez 18, em seu artigo, Die Anrechnung des Glaubens zur Gerechtigkeit, TLZ 1954, p. 129s.

[45] Cf. **H. Holzinger**, *Genesis*, 1898, ad locum.

B. Fé no porvir

2. Tampouco para Isaías tornava-se estranho utilizar o conceito de temor para descrever a correta relação com Deus: referindo-se tanto a sua pessoa,[46] ou ao seu povo,[47] quanto ao futuro rei salvador,[48] descreve a atitude correta perante Deus como temor e tremor. Mais ainda, o fato de que em sua imagem de Deus predomina as características da grandeza suprema e da santidade consumidora eram especialmente favoráveis para se insistir no temor, como sentimento da própria nulidade, e na soberba, como sendo sua inversão insensata. Mas, também, os estímulos externos e internos que explicam a especial posição do Eloísta aparecem aumentados no caso de Isaías, levando-o *a uma nova formulação da atitude total do homem para com Deus*. Iniciado 100 anos antes, o processo de divisão da comunidade nacional se vê agora acentuado pela pregação profética, com a conseqüente intensificação do sentido de responsabilidade do indivíduo. Ao mesmo tempo, começa a orar no terreno político essa constelação de forças pelas quais os Estados sírios se converteriam em brinquedo das potências mundiais, com o resultado de que as pretensões israelitas, de origem religiosa, de desfrutar uma posição privilegiada entre as nações pareciam destinadas ao fracasso em face à força total dos grandes impérios. Em tais circunstâncias, *a questão do controle divino da história universal* tornou-se fervente e, dada a situação universal que foi mencionada, converteu-se em pedra de toque da segurança dos crentes no poder e nos propósitos de um Deus aparentemente inativo e longe de seu povo. A certeza com que o profeta falou, a princípio, de um juízo não misericordioso do povo e do Estado transformou essa questão em um enigma insolúvel: estava fora do alcance humano romper o forte cerco de destruição com que Deus tinha enclausurado a seu povo. Por isso, a chamada à fé que faz Isaías em tal situação, não é capaz de equiparar-se à pretensão de conforto barato, como se quisesse convencer de que tudo não vai tão mal, porque, se continuarem a ter fé no futuro, sem pânico e com prudência, as coisas sairão bem. O profeta não fecha os olhos em nenhum momento à certeza de que a catástrofe se aproxima. Apesar de tudo, se fosse possível uma esperança, estaria admitindo o paradoxo de que o mesmo Deus que julgava era o salvador, de que o Deus que mata dá a vida, de que o Deus que desmorona até o abismo é quem o levanta novamente. Agora pois, esse paradoxo só pode ser

---

[46] 6:5; 8:12s.

[47] Is 29:13; 32:11, e cf. também a forma que o profeta censura, como uma perversão do verdadeiro temor de Deus, a atitude petulante de desprezo, que é descrita como rejeição da profecia, ultraje à palavra, esquecimento da obra de Yahweh e desvio orgulhoso: 5: 12,24; 9:8,12; 22:11;28:9,14; 30:9.

[48] Is 11:2.

admitido se Deus mesmo proporcionar uma base firme para isso. E Isaías, por certo, tinha participado dessa evidência quando, no momento de sua vocação, experimentou o perdão e o medo mortal: então compreendeu que o Deus santo desce de sua transcendência inacessível até baixar-se à altura do homem perdido para o perdoar e tomá-lo a seu serviço. *A antinomia ininteligível para a mente humana — a saber, que o implacavelmente justo, santo e puro concede vida e perdão precisamente em e por meio da execução de seu juízo, e mais, que não há outro caminho para chegar a ele senão o que passa pela morte — é um elemento fundamental da revelação de Deus a Isaías.* E é nesse elemento em que fixa sua raiz a isso que o profeta chama fé: arrojar-se confiado nas mãos que chegam ao homem desde o abismo da morte. *Sempre que Isaías incita à fé sabe que tanto ele quanto seus ouvintes se acham intimados diante do Deus irado e, também, generoso.* Esse Deus rompe por sua promessa concreta a obscuridade fechada da situação histórica, até o ponto em que o homem possa vê-lo e dizer um sim livre desde o mais profundo de sua alma à oferta que ele faz. Assim, ao rei Acaz oferece-lhe a promessa da destruição de seus inimigos e, como parece que isso não é o bastante, oferece-lhe um sinal milagroso do céu ou do mundo inferior, como ponto de partida para uma confissão valiosa de Yahweh;[49] e igualmente a revelação divina do futuro em claras intimações de juízo ou salvação é, tanto para o próprio profeta[50] quanto para o rei Ezequias e os políticos que dirigem ao povo,[51] uma ajuda que Deus presta e que pode e deve inflamar a coragem necessária para a ousadia da fé. De nada serve recorrer às garantias anteriores da relação com Deus oferecidas pelo dogma da eleição e sua apresentação cultual; o indivíduo se vê chamado a abandonar a proteção que viria desse campo, para uma livre entrega, dentro de sua situação histórica específica, dizer sim para a nova e inesperada vontade divina.[52] *Só a convicção de seguir uma vocação divina e ser sustentado pelo próprio Deus, qualifica o homem para transcender todas as possibilidades humanas e* para continuar com o misterioso Deus do universo que por meio dos caminhos acidentados ele marcha na história.

Esse sentimento de amparo na ação providente de Deus é o que dá à fé *essa mistura característica de atividade e passividade,* que a análise da razão torna sempre incompreensível e contraditória. Com efeito, de outro lado, a resposta de fé ao oferecimento divino significa, indubitavelmente, entrar em certa

---

[49] Is 7:4s,11.
[50] Is 8:1s,17.
[51] Is 28–31; 37:6,21s.
[52] Também neste ponto, demonstra-se impossível a tentativa de **Bubber** de interpretar a fé veterotestamentária como uma forma de existência, em contraste com a fé do Novo Testamento.

passividade, que implica o reconhecimento da própria incapacidade e a renúncia de alguém a se valer de suas próprias forças e artes. Não em vão a exigência da fé comporta, com freqüência, a exortação a se manter tranqüilos[53] e dar descanso às camadas cansadas do povo, quer dizer, às oprimidas e exploradas.[54] De outro lado, a fé também envolve uma vigorosa atividade espiritual e riscos audaciosos. Não é apenas que a fé, enquanto decisão pessoal a favor da revelação oferecida e resistência consciente aos contra-argumentos da razão e as ameaças da realidade, exija consideráveis esforços das energias interiores do homem. A renúncia para toda atividade política externa, a qual é sugerida para Acaz e para Ezequias, e o permanecer na defensiva sem aliados exigem um valor, até mesmo, do sacrifício último, em uma situação aparentemente sem esperança e que está intimamente relacionada com o reconhecimento das exigências sociais de Yahweh, cuja execução é impensável logicamente sem sacrifícios e sem renunciar às próprias vantagens. Esse caráter ativo da fé fica modelado do modo mais vigoroso na conduta do próprio profeta, o qual, enquanto há de esquecer toda idéia de atuar pelos próprios meios, entregue a uma fé esperançosa,[55] tem de demonstrar a obediência da fé, intervindo e lutando constantemente pela causa de seu Deus. Como a fé não provém de uma boa disposição subjetiva do homem, mas de Deus que faz valer seus direitos, e insinua uma colaboração e obediência plena com respeito a Deus.

Essa mesma confiança se expressa também claramente no fato de que a fé implica *a condenação da anterior orientação equivocada da própria vida*. Não em vão Isaías contrapõe a confiança em Deus com a falsa confiança nas realidades terrenas e palpáveis, julgando essa conduta equivocada como parte da oposição entre carne e Espírito, entre a energia vital divina, eterna, e a energia humana, perecível,[56] que abrange toda a vida. Portanto, a autêntica confiança leva consigo, como companheira inseparável, a *conversão*,[57] que é exatamente o que a diferencia de toda euforia emocional. A energia com que

---

[53] *hašḳet* Is 7.4; e também, naḥat Is 30:15. Cf. também Is 8:13-15, em que o mesmo profeta se previne contra toda intervenção denodada.

[54] Is 28:12.

[55] Is 8:11s; 16s.

[56] Is 30:12; 31:1,3.

[57] Is 30:15. Cf. a respeito **E. K. Dietrich**, *Die Umkehr im AT und im Judentum*, 1936, p. 64s. De qualquer maneira, é verdade que a importância do vocábulo *šūb* para Isaías neste contexto foi bastante exagerada; à parte do lugar citado, só se pode lhe atribuir com certeza 9:12. onde *šūb*, ao ser sinônimo de "informar-se de Deus", significa fazer um primeiro movimento nesse sentido, prestar-lhe atenção pela primeira vez, e, portanto, não implica uma conversão em pleno sentido. Em 6:10 a tradução é duvidosa: a não ser que alguém queira traduzir pela forma adverbial "de novo", "outra vez", o sentido é o de apartar-se do anterior desprezo de Yahweh, ou seja, predominantemente negativo.

Isaías reconhece e proclama a Yahweh como o Santo de Israel introduz na fé, que tem objeto a esse Deus, o *elemento da humildade penitente*. A fé não ignora o pecado e o juízo, mas reconhece sua realidade e sua superação pela obra do mesmo Deus. Neste sentido, aponta claramente para a justificação pela fé do Novo Testamento.

Então, a fé, enquanto coloca toda vida individual nas mãos da realidade divina que julga e salva, faz praticamente com que o indivíduo *reconheça a exclusiva soberania* de Yahweh, cumprindo, desse modo, a exigência fundamental do javismo do ponto de vista da decisão pessoal, exigência que anteriormente teria encontrado seu melhor apoio no temor de Deus proveniente do sentido de solidariedade do povo de Deus. O modo como Isaías utiliza deliberadamente *a fé como termo que abrange toda a relação entre Deus e o homem* aparece com plena evidência no emprego absoluto, sem complemento, da palavra *he'ᵉmīn* em 7:9 e 28:16, com a qual forma um curioso paralelo a utilização, também absoluta, do neologismo *biṭḥā* em 30:15. A relação com Deus que tais termos significam tem para a existência humana uma importância verdadeiramente decisiva, como indica o célebre jogo de palavras de 7:9, em que o crescer e estar firme são expressos com as formas da mesma raiz; igualmente em 30:15 a *gᵉbūrā*, entendida como capacidade de auto-afirmação no torvelinho dos acontecimentos do universo, equipara-se à confiança. Como resultado disso, está claro que o ato de fé exige ser colocado em prática constantemente, *he'ᵉmīn significando uma atitude espiritual*, que define de forma absoluta a relação do indivíduo com Deus.[58] Caberia descrevê-la como a *trincheira do homem em sua relação com Deus*, o único lugar onde, em meio da grande catástrofe cósmica, quando a colisão entre Deus e o mundo se desencadeia com toda sua força destruidora, pode o homem conservar, atacando e defendendo, sua conexão com o mundo da eternidade.

Essa concepção totalizante da fé deixa também sua marca *nas demais palavras utilizadas por Isaías para indicar a relação do homem com Deus*.[59] E, desse modo, *bāṭāḥ*, que descreve o estado de segurança, passa a significar a relação com Deus, caracterizada por confiar e edificar sobre sua promessa, submetendo-se, por meio da renúncia em procurar a segurança em si mesmo, à direção do único que é poderoso, e no qual se encontram forças sobre-humanas.[60] Também *ḥāsāh*, "procurar refúgio", adquire profundidade maior,

---

[58] **Weiser** dá esta atraente definição: "Para Isaías fé é a forma especial de existência do homem ligado a Deus" (*Glauben im AT*, p. 93, nota 40). Mas teria de se perguntar se em tal definição o elemento dinâmico da fé não fica deslocado frente ao ôntico.

[59] Assim assinalou corretamente **Weiser** nas obras citadas.

[60] Is 30:15.

expressando a ousadia da livre confiança.[61] E igualmente *kiwāh*[62] se converte em uma expressão extraordinariamente viva, não só, como em outros lugares, do *estado* de espera em tensão, mas também da υπομονη, quer dizer, dessa persistência obstinada em esperar as promessas que, sejam quais forem os obstáculos contrários, se cumprirão e permitirão à fé pronunciar seu "apesar de tudo" por mais desesperadoras que possam ser as aparências. Dessa forma, a relação de fé domina, como um movimento dinâmico, os laços do crente com seu Deus.

3. O caminho assim aberto ao indivíduo para ter segurança em seu Deus, frente aos problemas esboçados pelas vicissitudes históricas, nas quais se viu imerso o destino de Israel, mostrou-se capaz de dar solução aos problemas e dúvidas que se juntavam sobre os homens, e foi encontrando nos distintos momentos, *novas e peculiares formas de expressão* que traduziam em palavras a experiência pessoal vivida. No século seguinte, no qual o Império assírio alcançou o auge de seu poder, os chefes espirituais apresentaram a relação de fé com Deus como firme baluarte contra o mundo das aparências. Aí se fundamentou a força para superar a ameaça que os vinha oprimindo, à vista da escravidão do povo no exterior e de sua desintegração interna. Certamente, a arrogante auto-afirmação da força bruta nos assuntos internacionais, que parecia desmentir a esperança de Isaías na sabedoria universal do Deus de Israel, fez com que para *Habacuque* a providência divina se convertesse em um enigma que lhe obrigava a expor as dolorosas perguntas: "até quando?" e "por quê?".[63] Mas a resposta divina que lhe foi dada,[64] e que manifestava o próximo final inexorável de todo orgulho humano, acaba com uma advertência que constitui a '*ᵉmūnā* como fonte de uma vida indestrutível; no contexto concreto se alude evidentemente à atitude religiosa de confiança inflexível, quer dizer, à fé:[65] "Resiste com paciência, pois ela (a revelação) está para chegar e não falha. Observe que, o orgulhoso não é capaz de conservar sua vida,[66] mas o justo vive de sua fé!" Frente àqueles que, confiam nas aparências, zombam da fé como de uma esperança sem final nem sentido, demonstra-se aqui *o significado profundamente existencial da atitude da fé*: por levar a sério a palavra da revelação divina e estabelecer assim alguns vínculos reais com o senhor de toda vida, a fé apresenta-se como fonte inesgotável de energia vital. E é que o Deus, para quem as pretensões de soberania exclusiva sobre o mundo e o tempo

---

[61] Is 14:32.
[62] Is 8:17 (em conexão com *ḥikkāh*).
[63] Hc 1:2s,13.
[64] Hc 2:2-4.
[65] Assim também **Th. C. Vriezen**, *Geloven en Vertrouwen*,1959, p. 16.
[66] Esta tradução adota a idéia de **E. Sellin**, *Das Zwölfprophetenbuch*, 1930, *ad locum*.

se submete à fé, responde por sua vez declarando-a justa, quer dizer, conforme a relação da aliança. Assim em sua forma de interpretar a fé, Habacuque conjuga o testemunho do Eloísta com o de Isaías para dizer que a *atitude interior correta frente à ordem divina obtida na fé é a única base da existência do povo da aliança*, porque, frente à ruína de toda grandeza e poder humanos, essa atividade percebe que lhe foi concedida uma vida transcendente.

A mesma palavra parece ser utilizada por *Jeremias* em um sentido mais ético, quando situa em paralelo a procura da ʾᵉ*mūnā* e a conduta correta (5:1) e a contrapõe à hipocrisia mentirosa (5:2s.),[67] de modo que o melhor seria traduzi-la por "sinceridade", "veracidade". Mas é de notar a amplitude que a palavra tem aqui tanto quanto em 7:28, até o ponto em que pode servir para resumir a atitude reta diante de Deus, algo cuja ausência basta para justificar a sentença final da rejeição. Isto pode estar influenciado pelo uso absoluto do termo em Isaías. Dada a concepção total que Jeremias tem da relação do homem com Deus,[68] explica-se melhor sua preferência pelo uso do nifal do verbo. Jeremias também emprega o termo *bth*, no sentido de confiança crente, para designar a relação inteira do crente com Yahweh (39:18).

De outro lado, Sofonias caracteriza como fidelidade a atitude correta para com Deus, tanto em sentido positivo quanto negativo. Os pecados de Jerusalém podem resumir-se em que não se confiou em Yahweh, nem se aproximou de seu Deus. De outro lado, o humilde e pequeno povo sobre o qual Yahweh derrama sua graça será formado pelos que buscarão refúgio no nome de Yahweh e aprenderão a não se gloriar em suas próprias forças.[69] Para ele, portanto, a fé inclui a conversão humilde que se aparta de todo poder terreno e venera em Yahweh ao único poderoso.[70] Mas há, também, uma estreita conexão com a pureza moral expressa na obediência aos preceitos divinos, indicando assim que a fé é também a força decisiva da vida moral.[71] Por conseguinte, os efeitos da atitude de fé chegam a toda a vida — idéia que se encontra em Isaías — e se coloca em clara e deliberada relação com a *renovação ética*. Por essa nova união com a vontade divina, a fé se constitui no único fundamento autêntico da existência do povo.

O deutero-Isaías, por sua vez, toma a palavra fé como lema programático, ainda que de um modo muito singular, utilizando uma forma da raiz *kwh*[72] para

---

67 Sobre o texto cf. **B. Duhm**, *Jeremia, ad locum.*

68 Cf. p. 741s.

69 Sf 3:2; 3:11s.

70 Cf. também Sf 2:3.

71 Sf 3:2a,3s,13.

72 *kōwē yhwh*, "os que esperam em Yahweh", Is 40:31; 49:23.

salientar *o aspecto de espera tenaz e tensa que caracteriza a ousadia da fé*; realmente, agora a situação do povo no exílio acusa o peso de fortes desilusões, que ameaçam levar muitos a duvidar da fidelidade de Deus: "Meu caminho não o conhece Yahweh e Deus não cuida de meu direito!" (40:27). Mas também, nesse momento, Deus mesmo, com a promessa da libertação que está para chegar com Cristo, estende aos seus sua mão auxiliadora para animá-los a um valoroso ato de fé e fazê-los, deste modo, testemunhas dos fatos potentes de Yahweh e de seu portentoso auxílio único.[73] Porque essa espera na fé está centrada no "Deus potente e rico em poder", é capaz de livrar, justamente sob a pressão de grandes adversidades, energias inesperadas, que transcendem a aparente situação de desespero. A metáfora das asas da águia entra na linguagem religiosa como o mais belo símbolo da força da fé que eleva o homem a Deus, enquanto enfatizando, de acordo com os testemunhos que temos visto anteriormente, a diferença radical entre a esperança tranqüila que se apóia na promessa divina e a tensão nascida de uma impaciência febril. Mas a prova mais convincente da verdade desse sublime ensinamento deu-lhe o profeta quando, depois de ter visto que com a conquista da Babilônia pelos persas sua profecia parecia não se cumprir e que a demora da permissão de repatriação sujeitava os exilados a uma dura prova, presenteia a seu povo com esse canto de tranqüila confiança no amor de Deus que tudo supera, conservado em Isaías 49–55. Além disso, até para as nações pagãs, a verdadeira relação com Deus que possa ter consciência de sua revelação se traduz em esperança no próprio Deus.[74] Seguindo ao profeta, um de seus discípulos exorta os homens a que, segundo o exemplo do servo de Deus, busquem uma base firme, em meio do torvelinho das circunstâncias, na confiança sem reservas no Deus que julga.[75] Também o lema de 57:13, em que, contra as pretensões dos habitantes de Judá, corrompidos pelo paganismo, promete-se a posse da terra aos que buscam seu refúgio em Yahweh,[76] quer dizer, aos exilados que retornam na fé, mantém relações muito estreitas com o profeta do exílio, colocando novamente diante dos olhos do frágil grupo dos que retornam à fonte de onde sua vida pode retirar força invencível.

4. A influência vigorosa da pregação Isaiânica sobre a fé se manifesta, quase com mais força que nos testemunhos individuais que acabamos de correr, em outras passagens, nas quais, apesar de não aparecer explicitamente o termo fé, é ela que define toda a atitude do homem. Desse modo, por exemplo,

---

[73] Is 42:18s; 43:10s; 44:21s; 48:1s; 49:23; 50:10; cf. 51:5.

[74] Is 42:4 *yhl*; 51:5 combinado com *kwh*.

[75] Is 50:10, onde *bth* está fortalecido ainda mais por *smk*, "apoiar-se em", em íntima relação com o temor de Deus.

[76] Aqui *hsh* substitui a *h'mn*.

o convite que faz Ezequiel aos homens piedosos de sua época, desesperados, para que aproveitem a oferta de graça de seu Deus e voltem a entregar suas vidas em resposta ao Deus que dá vida,[77] não pode separar-se de uma atitude de fé confiante, como tampouco é alheio a essa atitude o fato de que o próprio profeta rejeite que se construa um templo em país estrangeiro, porque para ele a continuação da história de salvação continuava estando em Jerusalém.[78] Com sua visão da vivificação dos ossos dos mortos pelo Espírito de Deus,[79] ergue um monumento impressionante à fé que, por estar em total e absoluta dependência de Deus, não reconhece limites a seu poder salvador. Por isso, em último termo, o trabalho desse vigoroso pregador da penitência, cujo chamado ao indivíduo é resumido na palavra conversão (*šūb*) melhor que na de fé, apóia-se nessa atitude de suprema responsabilidade pessoal que leva a promessa divina a sério. E para isso havia preparado o caminho Isaías com sua chamada para a fé.

De outro lado, nem *a visão da história, nem o ensinamento da lei da escola sacerdotal*, podem dissimular a influência que sobre elas exerce a idéia de fé, ainda quando, em um primeiro momento, o fato de que seu interesse principal se centre no cumprimento obediente da lei possa fazer crer o contrário. Já a mesma reelaboração do conceito de aliança, em que a relação jurídica se vê substituída por outra, de pura graça que se supõe iniciada com a aliança Abraâmica, denota uma atitude frente à lei que se distancia muito da idéia de que a vinculação do homem a Deus possa se realizar por suas obras piedosas.[80] Dentro desse esquema da história a função da lei consiste em qualificar a todo o povo para apropriar-se da aliança de Abraão e dar realidade externa à promessa de aliança pela qual Yahweh se declara o Deus de Israel; desse modo, fica a lei totalmente subordinada ao *b^{e}rit*. E, de outro lado, a transposição da aliança sinaítica à Abraâmica manifesta com clareza inconfundível a intenção de Deus de criar entre ele e o homem uma relação verdadeiramente pessoal. Efetivamente, as grandes promessas da aliança, nas quais estão o verdadeiro conteúdo da mesma e que seu sinal, a circuncisão, não faz senão reforçar, só podem aceitar e apropriar-se mediante a fé no Deus oculto, que se revela em sua palavra. No pequeno detalhe de que Abrão duvida, em um primeiro momento, da possibilidade de ter um filho de Sara, apesar de aí estar o objetivo ao qual se dirige toda aliança,

[77] Ez 18; cf. p. 700s. e cap. XXIII, VI: "Pecado e mal" p. 918s.
[78] Ez 20:40s.
[79] Ez 37.
[80] Cf. vol. I, p. 41s.

colocando-a em perigo por seu desejo de transferi-la a Ismael,[81] demonstra-se expressamente que o conteúdo da aliança não pode ser feito realidade senão pela total entrega do homem a Deus em uma relação de confiança pessoal. Assim, *a relação obediente da circuncisão reveste o caráter de um ato de fé* do qual Abraão, contra a razão e as aparências, responde afirmativamente à iniciativa divina como lhe é apresentada.[82] O mesmo tema, que talvez na forma original de **P** é reforçado pela expressa ordem de Deus para Abraão de emigrar, já o encontramos antes na conclusão da aliança com Noé: a ordem de fazer entrar na arca com mulher e filhos,[83] que se acrescenta à promessa da aliança, pressupõe como condição necessária do *b^e^rīt* a fé e a obediência. E também no processo de apropriação da aliança Abraâmica por parte de Israel, tem seu papel essa mesma idéia, já que o cumprimento da promessa da aliança, por meio da libertação do Egito, sua condição milagrosa pelo deserto, a construção da habitação de Deus entre o povo e a conquista da Terra Prometida — fatos todos pelos quais Yahweh se revela como Deus do povo — apóiam-se, em todo momento, como condição prévia, no concurso da fé do povo; a rejeição de sua parte, embora não invalide a aliança, porque esta descansa exclusivamente na iniciativa soberana de Deus, atrai o castigo divino sobre a comunidade e sobre seus chefes, Moisés e Arão, e exclui do desfrute os bens de salvação prometidos.[84] Nós temos, pois, que todo *o processo de realização da salvação por meio da aliança e da lei está compreendido na dialética da relação de fé*. A instituição soberana da ordem de salvação por parte do Deus transcendente não se parece em nada ao exercício de um poder tirano indiferente ao consentimento interior do homem, mas representa o ato de autotestemunho de uma fidelidade eterna que busca uma viva comunhão pessoal e em cujo desígnio soberano fixa suas raízes na salvação humana.

Coincide com o dito o fato de que até no *ensinamento da* lei não centra o Código Sacerdotal sua atenção principal na legalidade externa, mas na obediência que flui do consentimento interior à ordem divina de salvação. Disso dão testemunho a forma em que, dentro da lei,[85] se coloca a conduta para com o próximo sob a norma do amor e, dentro do culto, o empenho central é da expiação, que aparta o homem de toda confiança em suas próprias obras levando-a uma atitude de confiança pessoal em seu Deus, porque sua consecução depende totalmente da absoluta autoridade de Deus, que é o que instituiu a expiação.[86]

---

[81] Gn 17:16s.
[82] Cf. a correspondente insistência na fé que Abraão tinha em Ne 9:8.
[83] Gn 6:8.
[84] Êx 6:9,12; Nm 13s; 20:12.
[85] Cf. vol. I, p. 76s.
[86] Cf. vol. I, p. 138s.

Assim, tanto no esquema sacerdotal da história quanto em seu ensinamento prático da lei, todo o material da tradição se sujeita a uma transformação característica de acordo com a idéia profética de fé. Certamente, isso fica muitas vezes ocultado porque se seguem utilizando as velhas fórmulas, as quais ressalta como motivo do cumprimento da lei o temor de Deus[87] e se enquadram perfeitamente com o notável alívio que tem a santidade na imagem sacerdotal de Deus. Apesar de tudo, o fato verdadeiramente decisivo nessa relação pessoal com Deus pela submissão obediente à lei não mais é o temor, mas a fé. Desse modo, demonstra-se a característica de dinamismo interior da interpretação sacerdotal do mundo e da história. Não apóia-se esta em deduções racionais de dados empíricos, referindo-se esses ao culto do templo ou à ordem da natureza, mas seu verdadeiro fundamento está em uma compreensão de fé da realidade, compreensão que retira da afirmação confiada da comunicação de Deus a seu povo as energias para manter e defender sem medo, ainda que todo o mundo o contradiga, a mensagem da soberania ilimitada de Yahweh. Por conseguinte, para o sacerdote o ponto de partida da fé é diferente do que pensa o profeta: para aquele se trata da promessa de aliança do rei divino que se faz presente na Lei; para este, da promessa projetada para o futuro do condutor oculto da história. Mas, em ambos os casos, o movimento interior do coração, afirmando um desígnio que se apresenta em uma ou outra forma, é essencialmente o mesmo. Para os dois, trata-se de ter segurança nesse Deus oculto, ao que o Documento Sacerdotal reserva o título de Santo com a mesma exclusividade que Isaías.

III. O AMOR A DEUS

Quase que ao mesmo tempo, com a reelaboração da relação pessoal com Deus sob o lema da fé, nos encontramos com outra *reestruturação da idéia do temor por meio da pregação do amor a Deus* pela obra de três personalidades bem definidas: Oséias, Jeremias e o autor do Deuteronômio. Também neste caso é a vitalidade da relação pessoal direta do indivíduo com Deus à qual, por sua própria necessidade intrínseca, rompe os moldes do conceito tradicional de temor de Deus, uma vez que alcançou um estágio no qual já não era capaz de conter em seu seio as novas formas que se haviam desenvolvido a partir dele.[88]

---

[87] Lv 19:14,30,32; 25:17,36,43; 26:2; Nm 4:18-20; 17:27s.

[88] Cf. **C. Wiener**, *Recherches sur l'amour pour Dieu dans l'Ancien Testament. Étude d'une racine*, 1957.

Internamente, a aparição dessa nova forma de relação com Deus estivera preparada pela especial vinculação existente entre o temor de Deus e a autoridade de suas ordenanças da vida humana. Nesse contexto, podia passar a um segundo plano o mistério, adorado com temor, da heterogeneidade numinosa da divindade, para salientar seu fiel interesse pela vida do povo da aliança, despertando assim a confiança em sua misericórdia.[89] Agora a santidade terrífica se manifesta com zelo, *kin'ā*, que não permite ao objeto de sua eleição nenhum tipo de relação com outros poderes, já que sua incomparável majestade exclui que sua influência se ache obscurecida por qualquer outro rival. Portanto, a atenção *centra-se agora na prova palpável do propósito divino de comunhão*, e este é o que, dentro do temor de Deus, faz nascer a felicidade pelo desfrute de suas bênçãos, a gratidão pela graça imerecida e o orgulho, por um privilégio gratuito.

Mas todas essas motivações se expressam em um singular sentimento de submissão interior, no momento em que se reconhece na eleição e na conclusão de uma aliança por parte de Deus, a escolha de um poder de vida totalmente sobrenatural e milagroso, pelo qual Deus rebaixa-se em uma medida inconcebível para a mente humana, mostrando aos que estavam perdidos e que tinham incorrido em sua ira, o caminho de volta a sua comunhão. Assim *Oséias*, que é o primeiro a descobrir o amor incansável de seu Deus agindo na história do povo, pode descrever a verdadeira relação com Deus a partir do lado do homem como a *manifestação prática de um sentido direto de mútua propriedade interior* que domina toda existência e conduz a uma entrega sem reservas, muito mais além do simples cumprimento de obrigações reconhecidas por reflexões nacionais. Vale a pena observar que, nesse contexto, o profeta não escolhe a raiz utilizada para expressar o amor humano (*'hb*); essa raiz é normalmente reservada para indicar a perversão na procura de Deus, a satisfação do instinto religioso natural nas impurezas sem freio dos santuários infestados pelo culto a Baal.[90] Em seu lugar, prefere falar o profeta do conhecimento de Deus, expressão com a qual não se refere, naturalmente, a um conhecimento teórico da natureza e vontade divinas, mas à aplicação prática de uma relação de amor e de confiança, que encontra seu melhor protótipo nas relações de uma boa esposa para com o seu marido. Não quer dizer que sempre que fala do conhecimento de Deus tem Oséias diante de seus olhos a relação matrimonial.

Esse conhecimento, cuja falta o profeta menciona ser a razão principal para o juízo que se aproxima, é também a experiência e o reconhecimento

---

[89] Cf. p. 721s.

[90] Os 3:1b; 4:18; 8:9; 9:1; as divindades locais são chamadas *me'ahabīm* no sentido pejorativo de amantes: 2:7,9,12,14s; 9:10.

dos atos salvadores de Deus, e como tal produz um caráter noético muito característico, podendo designar o fato de conhecer uma pessoa por meio de tratamento e contato, da mesma forma como é normalmente usado, referindo-se às realidades do cotidiano de vida.[91] Mas, de qualquer maneira, não significa o conhecimento contemplativo do sábio, mas um conhecimento que implica sempre certa relação interior com o conhecido, da parte do homem, entrega e obediência; da de Deus, solicitude e eleição. Equivale assim ao sentido que *yd'* tem em outras passagens, em que significa a relação entre pessoas que mantêm laços estreitos.[92] Seja o que for, no caso de Oséias, não se pode perder de vista que a significativa história de seu matrimônio no princípio da mensagem, por meio da qual lhe concedeu Yahweh uma nova compreensão da relação de Deus com Israel, dá à palavra *yd'* esse tom mais fervoroso de relações íntimas, ainda quando não se fala diretamente do matrimônio.[93] Aplicado à relação com Deus, o termo se refere, indubitavelmente, *à resposta de amor e de entrega confiante* exigida por um amor de Deus não merecido, e não a um simples afeto caprichoso e instintivo. Porque Deus "conhece" a seu povo, quer dizer, tem com ele uma relação permanente de estreitíssimo e mútuo compromisso, pode e deve esse povo acolhê-lo no "conhecimento", quer dizer, em um afeto amoroso que leva à demonstração constante de fidelidade e bondade, o *tēda'*, "deves conhecer", que se diz ao povo, tem seu fundamento no *'ᵃni yᵉda'tīkā*, "Eu te conheci" (13:4s)[94] anterior. Nenhuma outra expressão poderia recordar

---

[91] Aqui está a justificação do protesto de **H. W. Wolff** contra a tentativa de reduzir o significado de *yd'* a algo puramente sentimental (*Ev. Th.* 12 [1952] 533s.). Mas, de outro lado, sua própria interpretação — o conhecimento de Deus que vem ao sacerdote pela tradição cultual e que ele deve transmitir ao povo — não dá justa conta do profundo movimento interior que vincula esse conhecimento com seu objeto, e em virtude do qual não pode alcançar sua própria plenitude, mas que se converte em conhecimento concreto na ação. Cf. a respeito o amplo estudo de **W. Zimmerli**, *Erkenntnis Gottes nach dem Buch Ezechiel,* 1954.

[92] Cf. **E. Baumann**, *yd' und seine Derivate*, ZAW 1908, p. 22s. e 110s. Com ele coincide amplamente **G. J. Botterweck**, *"Gott erkennen" im Sprachgebrauch des AT*, 1951. O qual, no entanto, por sua insistência no "conhecimento prático de Deus" e a "comunhão religiosa com Deus", às vezes, chega a equipará-lo com o "cumprimento dos deveres morais-religiosos" (p. 45). Faria falta uma melhor distinção dos conceitos, à parte da qual, para explicar nosso termo, rejeita toda referência à comunidade matrimonial.

[93] Negar-se a aceitar a existência dessa conexão (**H. W. Wolff**, *op. cit.*, p. 537s.) é fechar os olhos à influência dessa experiência básica do profeta, e não pode manter-se. É preciso contar com que, logicamente, a insistência nela varia dentro da mensagem do profeta, sobretudo tratando-se de uma personalidade tão sensível.

[94] Essa natureza de reciprocidade do conhecimento é sublinhada com acerto por **S. Mowinckel**, *Die Erkenntnis Gottes bei den alttestamentlichen Propheten*, 1941, p. 6s.

com mais força a aliança feita por Deus,[95] que se apóia no amor antecedente do mesmo Deus, deixando, por sua vez, o conceito distante de todo sentido jurídico e inserindo-o na esfera da confiança moral. Por isso, não é nada disparatado que precisamente nesse contexto se dê importância em mais de uma ocasião à *lembrança da Lei de Yahweh e a seu menosprezo*;[96] *é na Lei onde encontra expressão a eleição de Yahweh,* pela qual reivindica Israel unicamente para si. A afirmação dessa eleição, nascida de um afeto anterior, deve demonstrá-la Israel, tomando seriamente as pretensões de propriedade nela presente, vivendo em amor de aliança e fidelidade, *ḥesed* e *ᵉmūnā* (dois termos que Oséias, de boa vontade, cita em conexão com o conhecimento de Yahweh,[97] e não como algo acrescido, mas como a prova externa de uma plena ligação interior mútua). O oposto é o esquecer de Yahweh,[98] que Oséias detecta com toda clareza na história, tanto passada quanto presente, de seu povo. Essa expressão não se refere à supressão de um conhecimento anterior, mas deixa de lado um fato bem conhecido, uma relação vital cujas exigências se consideram pesadas e que o homem, em sua arrogância, pensa poder menosprezar. Mas a libertação, assim pretendida, acaba convertendo-se em escravidão ao instinto exagerado do amor, em fornicação com os baais. Com uma total incompreensão do que essa escravidão significa, pode o povo pensar que ainda tem a possibilidade de converter-se e renovar a original relação de confiança;[99] mas de fato, sua alienação interior e seu espírito de fornicação, não lhe permite chegar a um verdadeiro conhecimento de Yahweh.[100]

Esse severo diagnóstico da condição interior de Israel completa o quadro da autêntica relação do homem com Deus, a de uma aliança de amor na qual tudo surge do movimento do coração e da alma, e a mais leve infidelidade, a menor ofensa à confiança, causa um dano irreparável. A relação religiosa com Yahweh encontrou exclusivamente aqui, no elemento indispensável da confiança que estabelece laços indestrutíveis entre a pessoa que ama e a amada, seu motivo mais decisivo.

Esse desejo de derivar toda religião de uma abertura interior à atividade de Deus foi mantido também por *Jeremias* em todos os períodos de sua agitada vida. Para caracterizar a monstruosidade da apostasia que representa o culto a Baal, descreve-o como abandono caprichoso de uma aliança de amor da qual

---

[95] Cf. o emprego que faz dessa palavra Amós (3:2).
[96] Os 4:6; 6:5-7; 8:1,12.
[97] Os 2:21s; 4:1; 6:6. cf. vol. I, p. 205s.
[98] Os 4:6;13:6.
[99] Os 6:3.
[100] Os 5:4.

não derivaram para o povo senão salvação e bênçãos de todo tipo (2:2s.). Sendo assim, o absurdo de tal comportamento está intimamente relacionado com o fato de que Israel já não "conhece" a Yahweh, e se deixou enganar safando-se da íntima relação de confiança e de entrega que o unia a ele (4:22). O profeta considera os laços existentes entre Deus e o povo como uma relação direta natural: assim o demonstra, de forma impressionante, o fato de que utilize o termo *'hb*, com toda sua carga de emotividade imediata, para descrever a imperturbável relação amorosa anterior entre Yahweh e Israel, que ele ilustra, ainda mais ternamente que Oséias, recorrendo à preciosa imagem do noivado. Quando se emprega em conexão com essas idéias, como acontece, às vezes, em Oséias, *ḥesed*, deixa de referir-se à conduta que responde a uma obrigação para entrar mais na esfera da inclinação direta do amor.

No abandono dessa singular situação de Israel, prescederam ao povo, com seus maus exemplos, os chefes e, sobretudo, os sacerdotes (2:8): eles, que se orgulhavam de conhecer a lei divina, eram alheios, na realidade, à vontade de Yahweh, porque não entregaram interiormente a um verdadeiro conhecimento de Deus. Essa mudança de atitude interior para com Deus provocou também a anarquia moral: em lugar da verdade e da fé, implantou-se a mentira e a infidelidade (9:1-5). De outro lado, o homem que, entrega sem reservas "mantém com Yahweh uma séria e verdadeira intimidade"[101] não tem outro caminho senão ser prova da bondade de Deus também para seus próximos (razão pela qual Jeremias apresenta como exemplo clássico para seu sucessor de família, não real, ao rei Josias, 22:16). Ali estava a verdadeira glória, por constituir um privilégio do qual não participava nenhum outro povo (9:23). Desse modo, neste contexto em que a idéia dominante é a de uma aceitação prazerosa da prova divina de amor, *'ᵉmūnā*,[102] não pode significar a firmeza crente apesar de o plano de Deus se manter oculto, mas que, de acordo com o sentido do nifal do verbo, tem de referir-se à sensação de segurança que se dá entre Deus e o homem quando se mantém fielmente e com pureza de coração a relação amorosa. De qualquer maneira, a possibilidade de voltar a essa íntima comunhão de amor e confiança com Deus, que marca logo toda a vida, só está ao alcance do homem que se disponha à conversão interior; nada tem de ver, portanto, com um perder-se em sentimentos piedosos.[103] Sendo assim, como o impulso interior

---

[101] **E. Baumann**, *op. cit.*, p. 133.

[102] Cf. p. 733s.

[103] Jr 9:4s (emendado segundo a LXX, Cf. *Bíblia Hebraica*. e **W. Rudolph**, *Jeremia*, 1947, *ad locum*); 24.7.

para o mal é tão forte que os que andam errados se fecham deliberadamente ao conhecimento de Yahweh,[104] não pode o profeta esperar que se produza uma mudança por sua pregação; essa mudança virá de uma intervenção criadora do próprio Yahweh, o único capaz de transformar o coração do cego para que se abra a seu amor, o único que, ao perdoar os pecados, pode eliminar o pior impedimento para uma intimidade permanente com ele.[105] Mas no novo tipo de entrega, que alenta a cada um dos membros do povo da época salvífica, converterá em realidade a nova aliança, que leva à consumação o conteúdo mais profundo da antiga. A Lei, contra a qual os homens têm naufragado (2:8; 11:1s; cf. 8:7s), poderá ser cumprida agora como resultado de uma íntima comunhão com o legislador. Dessa forma, com a abertura interior ao Deus que se revela, voltamos a encontrar a resposta humana à demonstração divina de amor, com a qual se alcança, por fim, a meta à que tendia a eleição: isolar do conjunto dos povos a um povo que pertença total e exclusivamente a Yahweh.

No pensamento dos dois profetas é estreita a conexão entre a relação individual com Deus e a reinstalação do laço de aliança de todo o povo, já que entendia que esta última se conseguiria quando os homens compreendessem que o amor a Deus é a resposta intrinsecamente necessária ao enorme dom da eleição. Encontrou esta idéia seu modelo mais vigoroso e carregado de conseqüências *na pregação do Deuteronômio*. Efetivamente, o problema que seu autor se ocupa mais profundamente não é outro que o da restauração povo da aliança de acordo com a forma requerida por Deus em um momento em que a irrupção desastrosa de idéias e costumes pagãos tem levado a Israel a uma grave crise e minado perigosamente seu único fundamento inalienável: a compreensão clara de seu lugar e ocupação religiosos. A total dissolução de uma vontade nacional compacta, entregue sem reservas aos objetivos da aliança divina, tornava vão, de antemão, apelar a laços coletivos, se antes não se conseguia inculcar de novo no coração e na consciência do indivíduo que as exigências disso derivadas correspondiam diretamente a ele como pessoa individual. Reduzir a relação com Deus à força primariamente emocional do amor, que abrange todo o ser do homem, como tinham feito Oséias e Jeremias, adquiria inevitavelmente uma importância concreta enquanto se tratava de chegar ao coração do povo e não ficar em um sistema legal externo com a ajuda do poder político. *Valendo-se do mandamento do amor, o Deuteronomista sabe dar à sua pregação da Lei uma unidade intrínseca e, ao mesmo tempo, esse caráter direto da exortação e*

---

[104] Jr 9:5; cf. 5:22s, em que em lugar do conhecimento de Yahweh, ainda que com o mesmo sentido, aparece o temor diante da onipotência divina, para designar com mais vigor a natureza rebelde do povo; e para as passagens, cf.13:23.

[105] Jr 24:7; 31:33s.

educação pastorais, que, rejeitando todo exteriorismo, aponta constantemente à mais íntima decisão de consciência. E assim, sua pregação tem, com relação ao desenvolvimento da relação individual com Deus, uma importância não alcançada por nenhum outro documento.

Desde o princípio, encontra essa insistência no amor de Deus, seu verdadeiro lugar dentro da totalidade da relação com Deus, já que implica sempre *a lembrança de anteriores demonstrações do amor divino.*[106] O Deuteronomista procura iluminar com a luz do amor de Yahweh toda história nacional. Por isso, descobre a revelação fundamental desse amor no fato incompreensível de que entre todas as nações tenha sido escolhido o povo insignificante de Israel por meio das três alianças.[107] Além disso, lembra a seus ouvintes a fiel assistência de Deus demonstrada a seu povo na forma em que dirigiu aos patriarcas e fez-se de guia para o deserto. Mas a manifestação mais importante de seu amor está em ter outorgado a Israel sua palavra — trata-se da palavra da lei nos quadros da Arca da aliança, ou da palavra da profecia — que garante que seu guia será constante em todas as situações da história. Nessa palavra, Deus sai pessoalmente ao encontro de seu povo, estabelecendo com ele laços diretos. Até os atos de juízo de Yahweh obedecem aos objetivos de seu amor; sendo assim, no fundo eles fluem desse amor que, em forma de *kin'ā*, de zelo, aniquila com castigos terríveis qualquer intenção de seduzir ao objeto de sua eleição.[108] Por isso, o culto, e especialmente a celebração do sábado e a festa da Páscoa,[109] é uma memória constante da demonstração do amor divino e deve terminar em manifestação de alegria agradecida.

Não resta dúvida de que essa interpretação da história sobre a base da idéia do amor envolve certa "racionalização" das relações com Deus. A subordinação da injustiça à salvação não elimina, é verdade, o aspecto demoníaco de Deus, mas apresenta-o claramente como o lado negativo de seu amor solícito; a natureza de Deus perde assim esse caráter estranho e sinistro que distancia dela o homem. Prova insondável do que dissemos é o fato de que nunca se designe a Deus como *kādōš*, santo, designação em que poderosamente é expressada a transcendência absoluta da divindade.

Para esse Deus, que tão plenamente revela sua intimidade e se adapta à fraqueza do homem, até o ponto de facilitar um acesso confiante a ele[110] e protege sua fé hesitante antes que caia em tentação,[111] só poderá o homem,

---

[106] Sobre o tema deste parágrafo, cf. as notáveis considerações de **H. Breit**, *Die Predigt des Deuteronomisten*, 1933, p. 111s.

[107] Cf. vol. I, p. 38s.

[108] Dt 4:24; 5:9; 6:15; 29:19; cf. as frases sobre o "fogo ardente", 4:11s,24; 5:4,24.

[109] Dt 5:12-15; 16:1-8.

[110] Dt 18:15s; 5:20s.

[111] Dt 7:21s.

dar como resposta, o amor sem reservas. Assim como Jeremias, mas agora já sem limitações, o Deuteronomista utiliza a raiz *'hb* para indicar *o caráter direto e espontâneo, a força que enche todo o ser do homem desse amor*. Ele gosta também de utilizar termos característicos para acentuar o aspecto de totalidade desse amor fervoroso: "com todo o coração, com toda a alma, com todas as forças;[112] a esse mesmo propósito serve seu emprego do termo *dbq*, "aderir-se", "agarrar-se fortemente a",[113] que significa a entrega absoluta. Mas a atitude assim expressa, não pode se confundir com um afeto erótico por Deus; disto se encarrega *a estreita relação do amor com a exigência de obediência e cumprimento da Lei*. Esta síntese vem a ser como um sinal essencial da pregação deuteronomista e explicitamente caracteriza o amor como uma força da vontade. Por isso, é equivocado interpretar o amor, do ponto de vista da obediência, como submissão à Lei, ou a obediência, do ponto de vista do amor, como uma descrição figurativa da abertura interior à vontade divina.[114] Na realidade, o amor, enquanto resposta para o ato de eleição de Deus, levará necessariamente a uma declaração sem reservas de sua vontade como é dado a conhecer na palavra da Lei e dos profetas. Portanto, *a Lei não é um elemento de soberania divina estranho ao amor, mas uma prova direta dele*, já que torna totalmente claro e razoável o desígnio divino que é ao mesmo tempo, não-racional, incompreensível para o homem, no qual inculca o sentimento de que a vontade divina está acima de todas as proclamações pagãs.[115] E, por isso, enquanto instrumento de comunhão, a Lei exige do homem entregue a Deus, uma obediência sem reservas. Um antinomista seria uma contradição em si mesmo; o amor leva a uma identidade de vontade com Deus, de forma que a melhor tradução da relação que o Deuteronomista estabelece, entre o amor e a obediência, é encontrada nas palavras de Jesus no Evangelho de João: "Se me amais, guardai meus mandamentos".[116]

Naturalmente, *o amor atua também como baluarte contra todo o tipo de legalidade externa ou de legalismo casuísta*. Como, por sua própria natureza, exige ir mais além de todo dever legal e compromete o ser inteiro do homem, sem reservas, na causa de Deus, os diferentes mandamentos não podem significar para o amor mais que uma *orientação prática para casos concretos*; orientação que ele aceita agradecido, mas sem medos nem empenhos casuístas, a procura

---

[112] Dt 6:5; 10:12; 11:13; 13:4; 30:6.

[113] Dt 4:4; 10:20: 11:22; 13:5; 30:20. De outro lado, não se emprega absolutamente *yd'* no sentido profético.

[114] Cf. o acerto com que **Breit** (*op. cit.*, p, 156s.) refuta estas interpretações.

[115] Dt 4:6s.; 30:11s.

[116] Jo 14:15.

do cumprimento perfeito.[117] O Deuteronomista sabe iluminar a intrínseca conexão entre o amor de Deus e a observância da Lei a partir de uma nova perspectiva, relacionando à lei com o caráter de exclusividade do amor. *A luta radical contra a idolatria* é, exatamente, o que dá sentido e finalidade a suas reflexões sobre a Lei. Como instrumento pelo qual Israel se mantém plenamente dentro do domínio de Deus, que cuida dele com seu amor zeloso, e pelo que assegura o lugar pensado para ele por Deus, ao mantê-lo separado do paganismo e ir configurando seu próprio modo de ser, a observância da lei tem de levar diretamente ao ofício de uma sincera entrega a Yahweh.

A partir daí, é necessário entender *a naturalidade com que o Deuteronômio põe o amor em conexão com o temor de Deus*. É a associação, antes observada, do temor com o respeito às ordenações impostas por Deus à vida humana o que encoraja o Deuteronomista a empregar essa expressão, quase espontaneamente, para designar a verdadeira atitude diante da vontade divina.[118] Temer a Yahweh, observar os seus mandamentos e seguir seus caminhos quase se fizeram sinônimos nesse caso. Por isso, o temor e o amor podem utilizar-se juntos para designar a verdadeira conduta com respeito a Deus, conduta que abrange também a adoração fiel de Yahweh de acordo com suas prescrições cultuais.[119] *Neste sentido, a exigência do amor de Deus não é mais que uma nova classificação e uma compreensão mais profunda do antigo preceito do temor de Deus*. É curioso, a este respeito, que a recapitulação do Decálogo em Deuteronômio 5, como a lei fundamental da aliança divina, cercada pela terrível majestade de Yahweh como por um resplendor ardente, esteja seguida pelo preceito do amor de Deuteronômio 6:4s., como se quisesse anunciar qual é o verdadeiro sentido da Lei da aliança e a raiz de toda obediência à mesma. E, desde que *esse amor se caracteriza como agradecimento do povo ao Senhor, que reparte seus dons com superabundância*,[120] o temor de Deus fica totalmente privado do seu aspecto de terror, o qual assaltava o homem por meio de uma intervenção estranha e sinistra do poder divino. Sua função consiste, na realidade, em diferenciar definitivamente o amor de toda falsa familiaridade ou erotismo religioso, centrando a atenção do crente na majestade do legislador divino e lembrando a ira terrível de Deus com seus inimigos. Diante da realidade do Senhor colérico e castigador não é possível uma relação com Deus que, pretendendo se chamar amor, seja centrada, em último termo, no eu humano, tentando servir-se da divindade para satisfazer suas próprias necessidades.

---

[117] Cf. a respeito vol. I, p. 75s.
[118] Dt 4:10; 5:26; 6:24; 8:6; 10:12; 14:23; 17:19; 28:58; 31:13.
[119] Dt 10:12,20; 13.4s.
[120] Dt 7:6s; 8:5s; 11:1s.

É curioso que essa proclamação do amor a Deus, de notas tão velhas e ressonantes, conscientes de sua missão educativa e entrega com zelo à formação do povo,[121] *fique totalmente interrompida com o exílio. Há nisto algo mais do que uma coincidência externa, pois ao operar a catástrofe, uma mudança nas bases externas da existência, mudam-se também, certamente, os pressupostos interiores que teriam condicionado anteriormente a proclamação do mandamento do amor*. Realmente, seu ponto de partida tinha sido a prova do amor de Yahweh palpável e ao alcance de todos. Esse amor visível na existência — ainda que ameaçada gravemente — do povo, e tanto as acusações quanto os intentos de renovação podiam recorrer a essa realidade concreta como testemunho evidente de que o desígnio divino era um desígnio de amor. Os profetas repreendem o povo por ter rejeitado a mão estendida do Deus revelado; o legislador exorta o povo a que se agarre, todavia, a essa mão. Em ambos, os casos o pensamento gira ao redor da eleição de Israel pelo amor zeloso de Yahweh; e dessa perspectiva, a existência de Israel aparece como um pomar cheio de beleza, fecundidade e harmonia; o que interessa é mantê-lo, embora tenha de se esquecer do mundo inteiro para consegui-lo. Agora então, a execução do juízo, com a conseqüente desintegração do povo e do Estado, invalidou, completamente, essa idéia da relação de Israel com Deus; sua clareza e lógica desapareceram diante da sinistra obscuridade do repúdio do povo de Deus e sua prova patente do Deus revelado cedeu o lugar à procura do Deus oculto. Por conseguinte, a conduta proveniente da beatífica certeza, inspirada pela experiência do amor de Deus, foi substituída inevitavelmente pela obediência trêmula diante de sua santidade devoradora; e esta exigiu novas garantias de que, aconteça o que acontecer, seguiria existindo a relação com Deus. Por todos os lados se viu desaparecida a piedade em uma situação de luta, a partir da qual, o amor a Deus resultava um estado de repouso, dentro das relações com o mesmo, que parecia inalcançável. Mas em meio dessa situação de luta foi quando o lema da fé alcançou uma importância decisiva para a configuração da relação pessoal com Deus. De agora em diante, não poderia mais ser uma questão de anunciar espontaneamente a graça de Deus, já recebida. O que se requeria era um ato deliberado de vontade para apoiar-se na promessa divina, uma aventura imprudente até contra as aparências, uma enorme tensão e concentração do espírito que, fechando os olhos ao atrativo fascinante dos poderes da terra, reconheceria a vontade de Deus como o único poder do

---

[121] Cf. a freqüente utilização da raiz lmd no Deuteronômio, enfatizada por **Breit** (*op. cit.*, p. 164), e a importância que se concede à instrução dos filhos: Dt 4:10; 6:7,20s.; 11: 19s; 29:28; 30:2; 32:46. Na redação deuteronomista de tradições anteriores se inculca em muitas passagens o amor a Deus: Êx 20:6; Js 22:5; 23:11; 1 Rs 3:3.

universo, apesar de não inclinar a ele nem a experiência nem o sentimento. Só a partir dessa perspectiva era possível suportar o colapso, tanto exterior quanto interior, dos laços de unidade nacional: a perda da posição privilegiada de Israel entre as nações e sua dispersão entre os pagãos por um lado, e por outro, a divisão do povo de Yahweh em fiéis e inimigos de Deus. Só a partir dessa perspectiva se fez possível também superar o molestamento diário de um império universal pagão; porque, acima do enigma do presente, o crente supôs projetar-se a uma nova revelação de Deus, adiando para o futuro, sem hesitações, até mesmo a consumação de sua relação individual com Deus. De qualquer maneira, o verdadeiro amor de Deus só aparece como possível quando o grande ato salvador de Yahweh tenha restabelecido seu povo e volte a fazer prazerosa sua propriedade, o amor divino. Então, Yahweh lhes circuncidará o coração, para que possam amar a seu Deus com todo o coração e com toda a alma.[122]

IV. A relação pessoal com Deus na época pós-exílica

A. Convicção e obediência

Para o homem piedoso do exílio e do pós-exílio toda a situação externa em que estava imerso o empurrava a ver no lema da fé o caminho para uma nova base de sua relação pessoal com Deus. Mas essa atitude de fé não se corresponde, de forma nenhuma, com a concepção que dela tem o profetismo; ao invés, como resultado da sua pronunciada conexão com a Lei, adquire-se uma forma especial, que poderia ser melhor descrita como *obediência da fé*. Não resta dúvida de que, nessa situação, o que exerceu uma influência especial foi a atividade do profeta *Ezequiel*: efetivamente, a oferta graciosa de seu Deus aos exilados — que lhes abre a possibilidade de uma nova vida sob a proteção de Yahweh — levava junto uma insistência definida na lei,[123] na qual se revela a vontade vivificadora de Deus[124] e se esboçam as formas da religiosidade da comunidade do exílio. Com uma lógica tenaz, dirige o profeta aos que acreditam na palavra a uma sujeição incondicional à norma da Lei e lhes ensina fazer uma *obediente ordenação de suas vidas, numa confissão prática de sua fé* na retribuição divina e no futuro de Israel. Mas está longe de esperar que a salvação futura seja fruto da obediência à lei da comunidade que ele educou.

---

[122] Dt 30:6

[123] Ez 18.

[124] Ez 20:11,21; cf. Lv 18:5.

Assim demonstram dois fatos: primeiro, que o plano divino de salvação esteja baseado exclusivamente no propósito de Yahweh de santificar seu nome, que foi profanado;[125] e segundo, que o estabelecimento de uma perfeita comunhão de vontade entre Deus e o ser humano só será alcançado pelo milagre de Yahweh de criar no homem um coração novo.[126] Se o primeiro deixa bem estabelecido que a salvação messiânica implicará necessariamente a execução da vontade de Deus no mundo por ele criado, o segundo expressa, de um modo indicativo, a segurança sobre a qual se baseia o imperativo da exortação: "Faz deles um coração novo e um novo espírito!"[127] O homem também é o autor de sua própria salvação com temor e tremor, porque é Deus quem opera o querer e o fazer. Neste contexto, a forte insistência na santidade divina, com toda sua majestade transcendente, contribui de maneira especial a fazer da obediência à exortação profética uma manifestação de fé no Deus que, apesar de sua transcendência, está próximo e atua eficazmente.

Esta incipiente orientação da fé para a obediência da lei — coisa que constituiu espinha dorsal da existência da comunidade recém-nascida no exílio e a livrou de ver-se absorvida pelo ambiente pagão — recebeu um novo impulso quando *a lei sacerdotal ficou incluída entre as bases normativas da comunidade.* Se dessa maneira, ficaram mais profundamente gravadas nos que tinham sido chamados para a aliança a graça soberana que representava sua conclusão e a necessidade de um estabelecimento da fé,[128] tanto mais indestrutível se tornou a conexão entre a entrega pessoal a Deus e o cumprimento voluntário das obrigações da aliança, no que requeria realidade concreta a existência terrena do povo de Deus. Por isso, também aqui o fiel reconhecimento da soberania exclusiva de Deus constitui o cerne da sujeição da vida às ordenanças da lei e se traduz em uma inquebrantável fidelidade da mesma.

Esta fé-obediência marcou profundamente a piedade do judaísmo, segundo se depreende claramente dos *Salmos.* Não só em poemas explicitamente didáticos, como o Salmo 119, apresenta-se a espera confiante no juízo e na salvação de Deus como a atitude exemplar do homem piedoso devoto da lei,[129] mas também em salmos de confiança como o Salmo 4, associa-se diretamente o verdadeiro sacrifício com a confiança em Yahweh (v. 6).[130] No cântico de ação de graças pela salvação de um grave perigo ressalta-se especialmente a

---

[125] Ez 36:21-23,32 e cf. o freqüente raciocínio: "Para que saibais que eu sou Yahweh".
[126] Ez 36:26s, que tem um eco em 11:19s.
[127] Ez 18:31.
[128] Veja p. 736s.
[129] Sl 119:43,74,81,123,147.
[130] De maneira semelhante o Sl 16.

confiança em Yahweh que a salvação voltou a avivar, uma vez que se fala da obediência da lei[131] como da expressão natural de gratidão. Na oração contra a tirania dos ímpios, os piedosos aparecem não só como os que invocam a Yahweh como rocha de salvação,[132] mas também como os justos, quer dizer, os que respondem à relação de aliança e acatam os ensinamentos da lei.[133] Os salmos alfabéticos, que por sua caprichosa conexão de experiências religiosas e súplicas piedosas, são uma boa representação da piedade média da comunidade, não deixam lugar para dúvida de que a atitude fundamental do homem piedoso há de consistir numa espera em Deus cheia de fé e humildade; mas, por sua vez, de forma mais natural, descrevem o complemento dessa atitude valendo-se da frase deuteronomista "observar a aliança e os testemunhos".[134] O autor de um salmo de inocência, que proclama sua impecável retidão legal, chama os que são como ele, gente que busca seu refúgio em Yahweh.[135] Certamente agora a raiz *'mn* perde importância como termo para significar a fé, dando lugar a outras expressões mais plásticas da relação do crente com Deus; ainda que *ne'ᵉman* possa ser utilizada para designar o apego a Deus ou à sua aliança, reforçada agora pela imagem do coração firme.[136] Mas as expressões preferidas da confiança entendida em sentido de fé[137] — uma atitude espiritual que conta com a simpatia até da doutrina sapiencial ulterior[138] —, são *bṭḥ* ou *hsh.* O fato de que tanto nos Salmos quanto na doutrina sapiencial possa-se descrever o homem piedoso como a pessoa que confia em Deus,[139] significa que se encontrou uma fórmula breve da validade universal da atitude de fé para designar a relação total do homem com Deus (situação na qual, de qualquer maneira, esse uso convencional do termo contribuiria para debilitar seu significado original).

O que estamos dizendo deve nos precaver de não despachar a piedade do judaísmo, enquanto estabelece-se no cumprimento da Lei, como uma simples santidade das obras. Quando a ousadia da fé marca tão radicalmente a totalidade da relação com Deus, a configuração da vida de acordo com a Lei conta com firmes defesas contra o perigo de um legalismo externo, e leva o homem, constantemente, da simples observância dos mandamentos à decisão

---

[131] Sl 40:4s,9.
[132] Sl 94:22.
[133] Sl 94:12,15,21.
[134] Sl 25:3,5,9,21 e 10; 33:20-22.
[135] Sl 17:7; cf. 26:1.
[136] Sl 78:8,37; Ne 9:8: aqui se dá claramente uma reminiscência de Gn 15:6.
[137] Sl 13:6; 22:5 etc. Em paralelismo com a raiz *'mn*: Sl 26:1,3; 78:22; 37:3; em paralelo com o temor de Deus: Sl 40:4; 56:4s,12, *hsh* no Sl 17:7; 118:8s.
[138] Pv 3:5.
[139] Sl 32:10; 125:1; Pv 16:10; 28:25; 29:25; cf. Jr 17:7.

pessoal última. Neste contexto, é significativa a importância central da fé no livro de Jonas, no qual a aceitação correta da pregação profética, a fé em Deus se designa como *h'mn* (3:5s.) Conseqüência dessa fé são a humilhação penitente com jejuns e orações e que todos, desde o menor até o maior, inclusive o rei em seu trono, apartem-se da maldade. Valendo-se do exemplo da predisposição dos pagãos para a fé, aos quais Deus responde com seu perdão, o narrador apresenta aos seus contemporaneos a relaçao pessoal com Deus como o cerne de toda piedade.[140] É preciso que tenhamos em mente esse grande alcance da exigência da fé quando formos examinar suas limitações.

Efetivamente, o que dissemos não significa de nenhum modo que nessa forma de fé-obediência se conservou toda a riqueza do lema profético da fé. Não podemos ignorar, de outro lado, *certa redução* da mesma; redução que consiste, principalmente, em que falta essa *amplitude de visão* que, transcendendo as fronteiras de Israel, via a obra de Deus em todas as nações e, como conseqüência, em lugar de exagerar a importância da comunidade de Sião, era capaz de captar sua função de serviço dentro do plano divino universal. Agora, contudo, o pensamento tende a girar por completo em torno do povo santo, com o perigo de ver nele e em sua exaltação terrena condições indispensáveis para o domínio universal de Deus.[141]

Com demasiada facilidade, a esfera estreita e reduzida em que se movia o serviço de Deus encontrava sua réplica *em uma execução mesquinha e ansiosa de tal serviço:* quanto mais rigorosa fosse a lógica com a qual a Lei fosse considerada o meio de criar a comunidade e levá-la à perfeição, tanto mais era necessário excluir todo tipo de ação e pensamento independentes em favor de uma fidelidade a Deus até nos mínimos detalhes. Fora do caminho marcado com tanta precisão *não havia novas metas de conduta,* mas só modelar a vida cada vez mais exatamente dentro dos limites traçados.

Com relação a Deus, os dois fatores provocaram oscilação entre dois pontos: de um lado, defendia-se o *direito* a uma retribuição pela obediência, retribuição que se considerava confirmação indispensável da retidão do homem; de outro, encontramos uma espécie de angústia pueril, *uma auto-inspeção pouco livre e exagerada* que não consegue chegar à maturidade de uma fé e confiança incondicionais.

---

[140] **H. Bardtke** prefere ver nesse livro uma descrição da expansão progressiva de um movimento de ressurreição (*Der Enrweckungsglaube in der exilisch-nachexilischen Literatur des AT, em Eissfeldt-Festschrift*, 1958. p. 21s.).

[141] Sobre a influência dessa redução na esperança do futuro cf. vol. I, p. 435s. Sobre a conseqüente restrição da esperança de salvação a Judá, cf. **L. Rost,** *Israel bei den Propheten*, 1927. p. 129s.

Com relação aos homens, os efeitos dessa atitude se traduziram em uma *nítida separação entre piedosos e ímpios,* ditada, em parte, pela ansiedade dos seguidores fiéis da Lei, ao pensarem em possíveis contaminações advindas de seus oponentes pelo fato destes estarem afastados de Deus, e em parte, pela afeição de medir a própria piedade e a dos inimigos conforme uma igualdade totalmente externa. Em tais circunstâncias, deveria arraigar-se profundamente a necessidade de uma segregação mais estrita e de uma rejeição fria dos pecadores, e ver-se ameaçadas a sinceridade e espontaneidade da vida comunitária.

B. O Deus que o povo exalta

Por isso, teve grande importância o fato de que, à parte da fé-obediência, que proporcionava o tipo de fé necessário para a formação da comunidade, apareceram *outras formas de posturas piedosas* para configurar a relação do indivíduo com Deus. E assim, junto à fé que impelia o homem a ordenar praticamente o presente, persistiu uma *fé vigorosa projetada para a nova criação de Deus*, ao desembaraçar-se as implicações da mensagem de Ezequiel e do deutero-Isaías. Por sua própria natureza se traduzia essa classe de fé em uma atitude de fé paciente que, apesar das opressões do presente, aferrava-se à verdade da esperança profética. Dessa classe de espera, fala-se na oração penitencial da comunidade,[142] e o fato de que se viam não cumpridos seus anseios são explicados por uma falta de fidelidade a Yahweh, que demora na realização de suas promessas. Como disse um acréscimo do terceiro canto do Servo de Yahweh, o servo de Deus é modelo de esperança imperturbável e por isso se viu exaltado desde a humilhação.[143] Assim, em meio à terrível ruína da antiga glória nacional, buscaram um apoio firme na esperança incansável e, em silêncio, aguardavam o Deus que não desampara para sempre nem prova por prazer, mas é misericordioso com quem nele espera.[144] De boa vontade o homem piedoso refugiava-se no consolo do cumprimento final de suas promessas a todos os que esperavam em Yahweh.[145] Para reforçar essa fé na salvação final é de bastante auxílio ter os olhos na história nacional, como tão poeticamente fazem os salmistas para se convencerem a si mesmos da eleição, preservação

---

[142] Is 59:9,11; Sl 130:5,7.

[143] Is 50:10.

[144] Lm 3:21,24-27; cf. Sl 123:2-4. Em um sentido mais amplo deveria se contar aqui também as numerosas alusões dos salmos de lamentação à gloriosa salvação de Yahweh, já que nelas se manifesta, com freqüência e clareza, ainda que não se mencione *expresis verbis*, a esperança em Yahweh. Cf Sl 12:6; 14:7; 22:28s; 86:9s; 102:14,16,23.

[145] Is 30:18; 25:9; Sl 126.

e exaltação final do povo de Deus.[146] De maneira similar, a apocalíptica exorta o estudante impaciente de seus cálculos a que resista, tornando-se preparado para obter a bênção escatológica.[147]

O último caso citado é o que melhor manifesta o perigo que ameaçava a essa fé na salvação escatológica: tornar-se-ia impossível permanecer, por sua própria força, na realidade diária da história, ao não contar com apoio na segurança de que Deus estava próximo e atuava no presente. Os enigmas dos acontecimentos a impeliam facilmente a uma rebelião impaciente contra a providência divina[148] querendo romper seu segredo, recorrendo a cada momento a novos cálculos,[149] ou procurando forçar por seus próprios meios a chegada da liberdade e o domínio saudosos, como sucedeu no fanatismo pós-exílico[150] e nos zelotas judeus. Por isso, era de vital importância que essa espera em Deus, que havia de preparar o caminho de seu reino por um movimento da história universal, tivesse na fé-obediência uma espécie de sustentação ancorada firmemente nas tarefas do presente e a defender-se de um exagerado emocionalismo.

C. Equilíbrio da fé

O equilíbrio entre esses dois tipos de fé com sentido contrário foi facilitado *pela fé na salvação centrada na ação condutora de Deus dentro da vida do indivíduo.* Esse terceiro tipo, ainda que não estivesse, certamente, em oposição exclusiva, com interesse prático pela conduta própria do devoto da Lei, representava um contraste distintivo com relação ao mesmo. Essa classe de fé pode ser definida como o desejo de *conjugar o ato de fé com uma abstenção decidida de todo o querer ou trabalhar* por conta própria, a fim de que a existência pessoal própria possa estar submetida completamente à ação soberana de Deus. Aqui *a fé é, preponderantemente, repouso, quietude e espera,*[151] com a determinação de renunciar as metas terrenas para deixar que a ação de Deus realize, da forma que só para ele é conhecida e possível, a promessa de salvação de sua aliança. O recolhimento e concentração interiores no único poder verdadeiro do universo, a vontade de Deus, que essa fé provoca, proporcionam ao homem piedoso a experiência de uma plena realidade de

---

[146] Sl 44:2-4; 47:4s; 77:6,15-21; 80:9-12; 102:29; 103:7; 105; 114; 135:4,8-14; 136:10-24; 147:19s; 148:14.

[147] Dn 12:12.

[148] Cf., por exemplo, a impaciência com que se espera a salvação no Sl 79.

[149] Dn 9:25-27; 12:7,11,12.

[150] Ne 6:10-14.

[151] Sl 42:6,12; 43:5; 119:147; 131:3; esta atitude se expressa de forma especialmente instigante no Sl 62:(2),6 por meio da metáfora *dāmam le',* "estar calado, esperar calado em", e no Sl 42, pela comparação da espera com o desfalecimento da gazela que morre de sede.

comunhão com Deus que lhe permite deixar, num segundo plano, as questões do como e quando de sua própria sorte externa. Por isso pode renunciar tranqüilamente a todos os fatores do poder que normalmente se consideram decisivos para o curso do acontecimento: habilidade notável, riquezas, poderio e influências; além disso, pode ver-se neles até mesmo impedimentos para a comunhão com Deus na fé[152] e afastar-se de seu perigo. De outro lado, a atitude de fé se torna *uma fonte de energia e de vida,*[153] e até lhe parece o início de *um estado de felicidade infinitamente superior* a todos os bens terrenos, felicidade que brota com freqüência em brilhantes cantos de júbilo e de autêntico prazer em Deus.[154] O pior inimigo aqui é a dúvida que brota no próprio peito do homem, que será vencida pela certeza ousada do "apesar de tudo" da fé, que tem a segurança triunfante da presença de Deus.[155] Esse prazer em Deus se distingue de todo tipo de união mística não só porque se interpreta conscientemente como uma plenitude de vida pessoal, mas também pela sobriedade com a qual os autores continuam aceitando como são realmente, o sofrimento e o enigma opressor da vida. De fato, os que têm o coração despedaçado e espiríto abatido são justamente os que podem estar seguros da presença de Deus.[156]

Essa realização do contato pessoal com Deus, em uma espera de fé que apresenta diversos níveis de profundidade e aparece expressa com extraordinária amplitude em toda sua literatura oracional[157] deixaria sua marca também na doutrina sapiencial. Seu emprego é característico na *historiografia do Cronista,* em que se converte em *princípio de interpretação da história.* Sua fé na retribuição, verdadeiramente impressionante, não se fixa tanto nas obras piedosas em si quanto na atitude interior do homem frente ao Deus de Israel, vendo o traço fundamental dessa atitude na disposição ou incapacidade do homem para resistir às provas a que Deus submete sua confiança. Os momentos cruciais mais importantes do destino de Israel, tentam-se explicar constantemente no sentido de um fracasso ou de um triunfo de seus chefes frente à exigência de uma confiança sem reserva na promessa de aliança de Deus.[158] A prova da autenticidade do ato de fé está agora na renúncia a todo auxílio estrangeiro, a ponto de recusar qualquer colaboração com o Reino do Norte. Os defeitos dessa apresentação esquemática da história,

[152] Pv 3:5; Jr 17:5,7; Pv 20:22; 28:25; 29:25; Sl 31:7,15; 37:7,14-16; 62:10s.

[153] Sl 31:25; 84:13, cf. 6; 119:93,149,154. Parece que também nesse sentido está utilizado *he'emīn* no Sl 116:10, ainda que o texto não esteja claro.

[154] Sl 16:2,9s; 17:15; 32:11; 37:4; 63:4; 73:25-28; 92:5.

[155] Cf. o final jubiloso de muitos salmos de súplica, por exemplo: 6:9s 13:6; 22:23s; 28:6s; 73:23s etc.

[156] Sl 34:19; 51:19.

[157] Cf. a instrutiva estatística em **Bertholet**, *Bibl. Theologie des AT*, II, 1911, p. 238.

[158] 1 Cr 5:20; 2 Cr 13:14; 14:8s; 18:31; 20:1s; 24:24; 25:10s; 32:20s e cf. **G. von Rad**, *Das Geschichtsbild des chronistischen Israels*, 1930, p. 15s.

de base religiosa, são evidentes: são devidos não só a um divórcio total da história real, a que se faz violência com o estrangulamento artificial que lhe é imposta, mas também, e sobretudo, a uma correspondência mecânica e externa entre fé e bênção divina das condições externas do homem. Apesar de tudo, essa tentativa de iluminar a história do povo a partir da atitude de fé individual, trabalhando ainda com métodos tão deficientes, é um testemunho impressionante de uma séria determinação que decide radicalmente basear toda existência terrena, renunciando a qualquer auxílio humano, na promessa divina que a fé se encarrega de captar, e só nela. Que chegue a apresentar essa fé "simplesmente, como o fator que configura a história"[159] é de importância decisiva para toda atitude frente ao futuro do povo: efetivamente, por um curioso paradoxo, essa humilde auto-aniquilação e humilhação diante do Deus absolutamente soberano, que no espelho do passado aparece como o fundamento da condição de fé,[160] converte-se no caminho mais seguro para experimentar a fórmula milagrosa pela qual o Deus oculto dirige a história. Volta a surgir aqui, ainda que debilitada e deformada, aquela *relação da fé na história universal,* tão vigorosamente proclamada em outro tempo pelos profetas, e que repetidas vezes deu à comunidade judaica, nos momentos críticos, a força necessária para manter-se entre potências superiores e a livrou de encontrar-se paralisada nas estreitezas de seus conflitos partidários. O testemunho mais impressionante do constante desejo de se interpretar a história à luz da fé é visto no livro de Daniel, em que, também, a conexão entre fé e obediência à Lei se tornou indestrutível.

D. Dinâmica da relação com Deus

Tais foram os caminhos pelos quais a relação do indivíduo com Deus encontrou, dentro do âmbito da fé, o espaço necessário para viver e respirar. Mas, ao mesmo tempo, outros testemunhos nos revelam como as crises mais profundas da fé — as suscitadas pelo pecado que separa de Deus — estavam exercitando a mente do homem piedoso e levando-o a conclusão de que o perdão de Deus era a única possibilidade real de uma comunhão verdadeira com ele. *Nesse momento, a confiança em Deus converte-se em autêntica fé na justificação.* Assim, no Salmo 38, "esperar em Yahweh" é claramente esperar que Deus livre não só da enfermidade e da perseguição, mas também é, em igual medida, esperança de uma absolvição da culpa, cujo peso ameaça esmagar

[159] **G. von Rad**, *op. cit.*, p. 16.
[160] 2 Cr 7:14; 12:6,7,12; 30:11; 33:12,23; 34:27.

ao que ora.[161] Igualmente o Salmo 143 combina a saudade de Yahweh com a convicção de que é impossível permanecer em sua presença como justo, de maneira que a misericórdia que o salmista suplica deve conceder, além disso, uma libertação externa — e para possibilitá-la — o dom gracioso do justo juízo do pecado e que o Espírito de Deus lhe guie pelo reto caminho.[162] Para o cantor de Salmo 32 a confiança na graça de Yahweh está vinculada ainda mais exclusivamente com o perdão do pecado e da culpa, na qual se cumpre na verdadeira obra de salvação divina. Pois, a máxima desgraça consiste no muro de separação entre Deus e o homem, erguido pela culpa não confessada nem perdoada; e a aflição enviada por Deus não tem outra finalidade que provocar um reconhecimento humilde e sem reservas do pecado, condição prévia para seu perdão. Mas, de outro lado, dessa experiência nasce uma *certeza de salvação,* que pode confiar na graça de Yahweh em todas as tribulações. A *ḥesed* que rodeia ao que confia em Yahweh (v. 10) designa, em um sentido autenticamente profético, a misericórdia imerecida de Deus.[163] Em conseqüência, a esperança, transcendendo a simples preservação das calamidades da terra, tende a uma vida de permanente comunhão com o Deus que justifica o pecador, o qual agora é como o homem piedoso, como homem justo, de coração reto, que pode contrapor-se com o ímpio (v. 6 e 10s.). A confiança da fé compreende aqui, com prazerosa certeza, que a nova situação, na qual o homem é colocado pelo perdão de Deus, é agora presente. No Salmo 130, por sua vez, o que livra o pecador dos vínculos de sua culpa parece ser a paciente espera na palavra perdoadora de Deus, com a total segurança de que chegará. Esse reconhecimento de Deus como o único que tem poder para perdoar *vincula estreitamente a fé com o temor de Deus.* Porque se o perdão é questão de uma palavra de absolvição livre, que não pode ser forçada por nada, totalmente fora do alcance da mente humana e pela qual Deus interrompe os procedimentos legais que normalmente seriam aplicados ao caso (v. 3), revelando assim aos que estão sentenciados à morte uma capacidade de amor não-racional e verdadeiramente milagrosa, então, está claro que o homem caiu plena e absolutamente nas mãos do único Santo e foi entregue a ele. Isto provocou a comoção mais profunda, um estremecimento no mais íntimo da alma diante do mistério da vontade divina, na qual o que ora encontra a vida e a morte, a aceitação e a rejeição últimas e que dele exige uma entrega incondicional. "Contigo está o perdão para que sejas temido": nesta frase paradoxal o salmista pôde resumir a vontade salvadora divina (v. 4), traduzindo, por sua vez, de forma inigualável toda grandeza de seu Deus, o qual, em sua ilimitada condescendência, revela em toda sua majestade divina

[161] Sl 38:5,10,16,19.
[162] Sl 143:2,6,8,10.
[163] Cf. vol. I, p. 209s.

o mistério incompreensível de seu ser. Por isso, o temor de Deus, apreendido de sua capacidade de perdão, pode também encontrar seu cumprimento na fé que, em forma de espera paciente, apóia toda sua existência na decisão desse Deus (v. 5s.). Como a estrofe final traslada a atitude pessoal do que ora a todo o povo de Deus, que deve tender com toda a sua alma à redenção de todo o mal, aponta-se com isso a um *ato final de Deus* em virtude do qual se chegará por fim a apagar toda culpa e se iniciará uma nova vida na misericórdia divina. A fé na justificação forma, assim, uma ponte com a esperança escatológica, apontando diretamente ao centro da salvação messiânica, como já se havia mostrado nas melhores promessas proféticas.[164] Um eco dessa atitude, motivado pelo problema mais grave da fé e que é impossível ignorar, ainda que não se mencione explicitamente a palavra fé,[165] temos na oração comunitária de Miquéias 7:7s., que começa com a manifestação de espera confiante em Yahweh e termina com um louvor ao Deus do perdão, o qual, apesar dos pecados de Israel, torna realidade sua promessa aos patriarcas porque ele se compraz em exercer misericórdia.

Frente a essa riqueza de significados com que a comunidade pós-exílica emprega o termo fé, chama bastante atenção a escassez de suas *afirmações sobre o amor de Deus*. Na grande maioria dos casos, já não é Yahweh o objeto do amor, mas seu nome[166] ou sua salvação[167] ou também a lei e seus mandamentos e testemunhos.[168] Essa associação do amor com o nome de Deus provoca um fenômeno paralelo em toda uma série de afirmações similares das quais o nome, enquanto objeto de veneração cultual, surge em conexão com verbos de ação de graças, de louvor, de bênção e de reverência.[169] Em todos esses casos, o caráter pessoal da divindade, que tanto se ressalta no conceito do nome, opera como eficaz corretivo contra a tendência do culto a dar preponderância à realização de seus ritos, e conserva no crente a consciência de encontrar-se pessoalmente diante de Yahweh. Mas enquanto o nome resume a obra de revelação da natureza divina, convertendo-se, pouco a pouco, em representante do Deus sobrenatural que, senão, ficaria no esquecimento, a veneração cultual do nome de Deus revela também a influência da *transcendência e inacessibilidade exaltadas de Deus*, como teriam sido inculcadas na consciência do povo, pelo ensino sacerdotal. Em passagens isoladas, segue aparecendo a relação pessoal direta com Deus,

---

164 Jr 31:31s; Ez 36:26s; Is 53.
165 Cf. Sl 25:11; 51; 65:4; 86:5; 103:3; Pv 28:13.
166 Is 56:6; Sl 5:12; 69:37; 119:132.
167 Sl 40:17; 70:5.
168 Sl 119:47s,97,113,119,127,159,163,165,167.
169 Cf, vol. I, p. 181s. e p. 505, deste volume.

como quando se fala de buscar refúgio em Yahweh em paralelismo com o amor de seu nome,[170] ou quando se louva a ação de graças do coração acima de todo sacrifício, o qual acentua o caráter direto da relação com Deus.[171] Contudo, no Salmo 119, o salmo da Lei, o paralelismo entre o amor da lei e os testemunhos de Yahweh é uma clara prova de que *o caráter direto da relação com Deus se fez menos importante* que a obediência aos documentos de sua revelação. Igualmente, no caso dos prosélitos pagãos, cuja aceitação na comunidade foi comandada pela *torā* profética de Isaías 56:1-8, o amor do nome de Yahweh identifica-se com o cumprimento zeloso das leis cultuais, especialmente do preceito do sábado. Todavia menos colorido é o uso de *'hb* com a redenção ou salvação de Yahweh como complemento direto no Salmo 40:17, em que basta traduzi-lo por "ansiar". Do mesmo modo, no amor da sabedoria hipostasiada em Provérbios 8:17,21 apenas se tem algo da força direta do sentimento, apresentando o tom frio da devoção que se apreende.

De qualquer maneira, quando a disposição a amar tem por objeto imediato a Yahweh, parece norma estabelecida recorrer à linguagem tradicional, sobretudo, a do Deuteronômio.[172] Às vezes, os homens piedosos são designados *'ōh^abē yhwh,*[173] mas essa expressão estereotipada raras vezes transmite todo o conteúdo da relação de amor, mas parece sinônimo de "temer a Yahweh e invocá-lo".[174] Apesar de tudo, todavia, no Salmo 97:10 ressoa algo do caráter exclusivo do autêntico amor, já que aparece inseparavelmente vinculado com uma absoluta segregação de tudo o que é hostil a Deus.[175] Uma oração litúrgica como o Salmo 31 utilizará a recomendação final ao homem piedoso para insistir na chamada ao amor de Deus. Vale a pena reparar, neste caso, já que por sua "falta de originalidade",[176] pode ser um bom exemplo da piedade média da comunidade e de sua forma de expressar-se. Também deve-se levar em conta a introdução do Salmo 116 e a cláusula acrescentada ao Salmo 18:2, que situam no

---

170 Sl 5:12.

171 Sl 69:37.

172 A descrição dos piedosos como aqueles que amam a Yahweh e guardam seus mandamentos (Ne 1:5; Dn 9:4) é, decididamente, uma fórmula baseada em Dt 5:10; 7:9.

173 Sl 97:10; 145:20; cf. Dt 5:10; Êx 20:6; Jz 5:31.

174 Sl 145:20 e 18s. A designação de Abraão como *'ōhēb yhwh* (Is 41.8) parece ter já o sentido mais fraco de "amigo".

175 "Vós que amais a Yahweh, odiai o mal"; no entanto, recentemente, com uma pequena correção do texto, a maioria das vezes se leu: Yahweh ama aos que odeiam o mal, expressão que se adequa melhor com o contexto.

176 **Bertholet** (*Die heilige Schrift do AT*, II. *ad locum*).

começo do mesmo a afirmação do amor a Deus.[177] Não resta a menor dúvida de que nos testemunhos sobre as bênçãos da comunidade com Deus[178] expressa-se uma submissão a ele que pode designar-se, sem problema algum, como amor. No Salmo 73:25 a expressão negativa *'immᵉka lō 'ḥāpāstī bā 'āreṣ* ("nada há na terra que eu deseje além de ti"), poderia incluir-se como um exemplo do seu contrário positivo, a relação de amor que se esquece do próprio eu.[179] Torna-se, por isso, francamente atraente que em tais passagens não se mencione explicitamente o amor. A linguagem religiosa fala, sem dúvida, ocasionalmente do amor a Deus, em uma atitude de fidelidade às formas tradicionais de expressão; contudo, em nenhum momento descreve-se a relação pessoal com Deus de forma tão compreensiva quanto se fez na época pré-exílica e como era também possível dentro do marco de confiança e fé alcançadas depois do exílio. A natureza oculta da divindade, ainda na revelação, e sua majestade transcendente surgem agora no horizonte religioso uma força demasiado grande para que a relação religiosa pudesse estar dominada pela atitude de entrega total no amor, baseada precisamente na proximidade e contato íntimo com a realidade divina.

E. Fé e piedade

No judaísmo tardio, *o temor* constitui a base da relação pessoal com Deus; não se trata, contudo, tanto de um terror numinoso, mas sim, de um temor racionalmente justificado entre o juiz divino, onipresente e onisciente, que zela rigorosamente pelo cumprimento de sua lei e promete somente sua recompensa a uma obediência impecável. A idéia de temor do período antigo concentrava-se na grandeza envolvente de Deus; dentro da religião da Lei perde essa orientação, e seu interesse reside agora em proteger o eu do homem frente à ira divina. Visto que, quanto mais saturado estivesse o pensamento religioso com doutrina da retribuição, mais vigorosamente teria de estar definida pelo temor a relação do indivíduo com Deus.

De qualquer maneira, a herança do passado continua exercendo seus efeitos, já que a fé e o amor continuaram sendo considerados partes constitutivas da vida de piedade. *A fé,* sobretudo, desempenha um papel importante na criação da verdadeira piedade. Já o Livro da Sabedoria de Salomão a menciona como condição prévia para o conhecimento da verdade[180] e no livro IV dos Macabeus

---

[177] Mesmo quando o texto do Sl 116:1 fora originalmente diferente (assim pensa Gunkel, *ad locum*), sua atual leitura seguiria tendo valor como testemunho de época mais tardia.

[178] Cf. p. 752s.

[179] Assim, com toda razão, **G. Winter**, *Die Liebe zu Gott im AT*, ZAW 9 (1889), p. 245. No entanto, toma rumos falsos quando pretende descobrir aqui uma imersão mística em Deus e a conseguinte fuga do mundo.

[180] Sab 3.9.

proporciona a força necessária para o martírio. Para Filo a fé é a virtude principal, "a obra de uma razão grande e Olímpica",[181] e a exegese rabínica do Êxodo do Egito e da passagem pelo mar Vermelho culmina em um hino de louvor à fé que pode ser chamada de réplica judaica de Hebreus 11.[182] Mas, de qualquer maneira, a linguagem dessas passagens se distingue da forma em que se falava anteriormente da fé, primeiro *pela introdução de um elemento fortemente intelectual:* o reconhecimento do caráter único, da onipotência do Deus criador e da justiça de sua retribuição desempenha nela um papel de primeira importância e coloca a fé em estreita relação com a sabedoria prática. Em segundo lugar, dentro do ensino rabínico, é a estreita relação da fé com a obediência da lei o que lhe dá um novo caráter: neste sentido, identifica-se com *a disposição a assumir o peso da soberania de Deus.* Por isso, enquanto atitude básica frente a Deus, decisiva para o serviço da Lei, pode-se designá-la de acordo com Habacuque 2:4, como o único preceito necessário para a salvação.[183] "Crente" e "justo" se tornam termos sinônimos, já que fé e sujeição a Deus podem ser equiparados ao cumprimento da Lei. Não é nada estranho, portanto, que também a fé caia sob o domínio da idéia de mérito e lhe seja atribuído caráter meritório semelhante ao das obras piedosas. Por isso mesmo, é impensável que, na base, a fé possa pôr em dúvida o mérito alcançado pelas obras, já que a atitude de fé desfruta de tão alto valor por ser meio de fidelidade à Lei, de forma que "fé e obras, em sua qualidade de mérito, têm a mesma categoria".[184] Essa diferença entre a concepção da fé do Antigo e do Novo Testamento aparece da forma mais clara no louvor de Abraão como o héroi da fé, o qual, precisamente por ser um homem de fé, leva a sério a obra que Deus remunera nele e em sua descendência.[185]

Também *o amor de Deus* recebe agora um selo singular por sua relação com a Lei. O fato de que os conceitos gêmeos "temer e amar" provinha dos escritos Deuteronomistas, tão influentes, asseguravam uma continuidade na atenção prestada ao amor e em seu uso dentro da linguagem religiosa.[186] Apesar de tudo, como resultado de sua conexão com obediência impecável da lei, seu conteúdo deixa de diferenciar-se do medo. Portanto, não serve já para indicar

---

[181] *Rer. Div. Her. em* **H. W. Heidland**, *Die Anrechnung des Glaubens zur Gerechtigkeit, 1936, p. 93.*

[182] **G. F. Moore**, *Judaism*, I, 1927, p. 136.

[183] Mac 23b, em Heidland, *op. cit.*, p. 93.

[184] Heidland, *op. cit.*, p. 90.

[185] Cf. p. 899s.

[186] Cf. a excelente monografia sobre este tema de **R. Sander**: *Furcht und Liebe im palästinischen Judentum*, 1935. E também, **A. Büchler**, *Studies in Sin and Atonement in the Rabbinic Literature of the first Century*, 1928, p. 119s.

o caráter imediato da relação com Deus e menos ainda para expressar de forma compreensiva essa relação. E, contudo, o fato de que o medo esteja associado à presença constante do Deus que julga e à ameaça de sua ira, evitou uma simples equação de ambos os termos, ainda quando se deixasse de reconhecer neles dois motivos diferentes de conduta. O amor foi devedor, principalmente, da idéia otimista que considerava possível o cumprimento da Lei e por isso reduziu a um segundo plano o pensamento do juízo.

Começa a observar-se uma mudança nesse terreno após obter-se um aprofundamento psicológico de ambos os conceitos, em virtude da qual passam a significar disposições do coração frente a Deus, e verdadeiros motivos de conduta que se deve distinguir do simples comportamento piedoso (Testamento dos Patriarcas, Salmos de Salomão). Aqui se insiste mais na sinceridade do amor: αγαταν εν αληθεια.[187] A primeira reflexão sobre as diferenças entre os dois motivos encontra-se no rabinismo do primeiro século.[188] *Então o amor e o temor são reconhecidos como dois tipos distintos de piedade,* cuja coexistência é compreensível, mas não sua unificação em um só conceito. Assim, o temor se caracteriza como o nível mais inferior da piedade, já que se produz obediência por coação ou pelo desejo de recompensa, enquanto que o amor observa a *torá* por ela mesma, sem fins egoístas; mas como a autenticidade da piedade não está na atitude mental, mas no cumprimento da Lei, o cumprimento da Lei por temor não pode ser considerado reprovável. Logo, considera-se que a atitude normal do homem frente a Deus está em uma correta conjugação de temor e amor: o temor é necessário para evitar a transgressão da Lei; o amor para vencer o aborrecimento e até o ódio provocados pelo peso e a coação, oriundos da Lei. Por conseguinte, a essência da religião judaica da Lei pode ser definida como uma normatização da relação com Deus que se esgota em uma casuística interminável e deixa o coração vazio. Por conhecer exatamente o coração humano tende a aproveitar como necessária até a menor motivação, e, contudo, ao mesmo tempo, procura restringir e combater a busca desenfreada por recompensa mediante o motivo do amor. É impossível encontrar prova mais clara da falta de uma atitude religiosa unitária. O fato de que Jesus e os apóstolos recorram ao Antigo Testamento para descrever a verdadeira atitude para com Deus é sinal palpável de que eles teriam superado a esquizofrenia interior da piedade judia e de que voltou a ver a luz a libertação do homem, em benefício de uma entrega voluntária a Deus.

---

[187] Sl de Salomão 10:3; 14:1.

[188] Especialmente claro no Tratado Sotah da Mishná.

Capítulo XXII

INFLUÊNCIA DA PIEDADE NA CONDUTA À MORALIDADE DO ANTIGO TESTAMENTO

I. NORMAS DA CONDUTA MORAL

Assim como qualquer outra religião civilizada, a israelita não concebe uma moral independente das idéias religiosas. De outro lado, pelo conhecimento que temos da concepção israelita de Deus, deveríamos esperar, que nela, o fato de derivar a conduta moral da conduta divina, que a tudo governa, realize-se com um rigor especial. E assim no-lo confirmam plenamente a expectação vista nas páginas do Antigo Testamento. Desde os tempos mais remotos até os mais recentes as exigências divinas, investidas de uma autoridade absoluta, constituem o motivo mais vigoroso e predominante da conduta humana. O poder do bem se fundamenta, por completo, no fato de que Deus é bom. Não existe uma conduta moral motivada por um bem abstrato.

Apesar de tudo, também dentro dessa moralidade tão devedora de fatores religiosos dá-se importância ao *reconhecimento de algumas normas* que regem a conduta com certa autonomia, sem que tenha de recorrer para cada uma delas concretamente a um mandamento divino. Existe, portanto, uma esfera na qual a conduta humana está sujeita a um dever que é incondicional, simplesmente por que se lhe considera de validade absoluta em si mesmo. Isto costuma acontecer sempre que a moralidade descansa sobre uma vida popular bastante desenvolvida; e no ponto em que surge uma consciência moral geral temos, naturalmente, *a moral popular*.

A. Importância da moral popular

Da vida da comunidade, em estreita conexão com o caráter particular e situação do povo, com sua existência histórica e as influências provenientes do entorno, assim como de sua vida e mentalidade religiosas, surge um conjunto de regras e instruções às quais todo membro da comunidade se sente obrigado, por considerá-lo base da comunhão e condição necessária para seu pertencimento a ela. A consciência dessa classe de norma, obrigatória para todos e que deriva seu poder de convicção em sua autoridade do simples fato de que existe a comunidade de povo como base indiscutível de toda vida, manifesta-se em Israel nas palavras com que se designam os comportamentos socialmente reprováveis: *n*[e]*bālāh b*[e]*yisrā'ēl* e *kēn lō yē'āśeh* "uma loucura em Israel" e "não se deve fazer assim".[1] Nestas expressões se manifesta ao mesmo tempo, o orgulho pela própria maneira de ser em comparação com a dos vizinhos, dos quais Israel se julga superior, especialmente em moral sexual. Também formam parte desse conjunto todas essas regras de conduta nascidas do instinto natural de comunidade e autoconservação, como o pronunciado sentido de solidariedade da família e da tribo. Assim, acrescentar a família com numerosos rebentos obriga por igual ao homem e à mulher e, em caso de necessidade, parece justificar, ou ao menos desculpar, o exemplo até de meios não usuais.[2] A coesão dos parentes não só impulsiona o homem a intervir espontaneamente a favor de um irmão ou em defesa da honra familiar, às vezes até violentamente,[3] e não só vincula a esposa à família do marido ainda depois da morte deste e até ao custo de renunciar a sua própria honra e a sua pátria.[4] Mostra-se, também, na mais fina norma de consideração para com o pai e honra à mãe[5] na forma de amor aos filhos, que leva às mulheres a sacrificios heroicos;[6] e sempre que é possível procurar apoio aos que são vinculados pelo sangue.[7] Ampliando o círculo, o israelita reconhece que está obrigado a manter o pacto de amizade[8] e a arriscar a sua própria vida pelo bem da comunidade nacional, quer esteja em perigo por causa de exércitos hostis,[9] ou por alguma outra ameaça,[10] perdendo importância, no caso, todas as contendas privadas.[11]

Esses laços sociais têm como resultado uma retenção conservadora dos costumes e leis tradicionais: a herança dos pais é sagrada e não se pode abandonar ainda que seja para conseguir melhoras.[12] Mantém-se a vingança

---

[1] Gn 34:7; Js 7:15; Jz 19:23s,30; 20:6,10; 2 Sm 13:12; Jr 29:23. A expressão se encontra no ensino da lei: Dt 22:21. Cf. também Gn 29:26 e a formulação positiva de Dt 25:9. Em relação com este capítulo pode-se ver **P. van Imschoot**, *Théologie de l'Ancient Testament*, II, 1956, cap. III: *Les devoirs de l'homme* e **C. Ryder Smith**, *The Bible Doctrine of Man*, 1951, veja também p. 688s.

[2] Gn 16:2; 19:32; 30:3,9; 38:26.

[3] Gn 13:8s; 14:14; 37:22,29; 34:25s; 2 Sm 13:20s.

[4] Gn 38:13s; Rt 1:16s.

[5] Gn 9:22s; 27:41; 35:22; 44:30s; 50:15; 2 Sm 16:21s; 1 Rs 2:19; Êx 20:12.

[6] 2 Sm 21:10.

[7] Gn 24:49; 29:10; Êx 2:11; Jz 11:6s; 20:12s; 2 Sm 19:13; cf.também Jz 6:15,34; 2 Rs 4:13 (se lê *'ammi)*.

[8] 1 Sm 18:1-4; 19:2-7; 20:8 ("uma aliança de Yahweh"); 2 Sm 9:1; 21:7.

[9] Jz 3:27s; 5:2,9,18,23; 7:23s; 1 Sm 11:7; 2 Sm 10:12 etc.

[10] Jz 21:1s; 2 Sm 2:26s; 24:17.

[11] 2 Sm 1:18s.

[12] 1 Rs 21:3.

de sangue, que só pouco a pouco aceita ser substituída por processos jurídicos objetivos. Mas, além disso, *a moral popular chega também a exigências éticas positivas*: assim, por exemplo, ao juiz exige-lhe incorrupitibilidade,[13] e se condenam às faltas contra a confiança, desde o engano até o assassinato, ainda quando este se oculte por trás de uma justificável vingança de um parente;[14] geralmente também se considera injusto pagar o bem com o mal[15] e se exalta o nobre comportamento daquele a quem nem sequer a injustiça impede de fazer o bem a seu próximo.[16]

Já no Israel antigo, esse reconhecimento de normas obrigatórias de conduta ultrapassa os limites das fronteiras nacionais para chegar à convicção lógica de que *também os de fora estão obrigados por certos preceitos fundamentais*. Isto se aplica não só aos grupos com os quais a relação e é maior devido a alianças ou pactos, que pressupõem inevitavelmente a fidelidade ao acordo e considerar consagrado o juramento prestado;[17] também no caso em que não se tomaram precauções no tratamento com povos vizinhos, supõe-se a vigência de princípios morais básicos de caráter bem geral, e não respeitá-los é considerado prova da especial depravação da nação em questão. Dentro desse tipo de princípios temos, sobretudo, o dever da hospitalidade, ainda com risco da própria vida e até da honra da própria família na qual o estrangeiro deve poder confiar.[18] Também certas exigências de pudor e de piedade são consideradas obrigatórias em todos os povos.[19] Daí que um povo estrangeiro possa ser um povo justo, que conserva o temor de Deus.[20] A crueldade desnecessária, ainda que seja contra os inimigos, é abominável;[21] o abuso de confiança, tanto nas relações de inferioridade quanto nas de superioridade no trato comum, é um insulto e uma insensatez.[22] A compaixão para com o fraco é uma norma que também se supõe existir no estrangeiro, e sua violação é considerada uma grande injustiça.[23] No trato com os estranhos, os homens procuram pagar o bem com o bem e esperam que a ingratidão rude tenha um castigo assegurado.[24] O

---

[13] 1 Sm 12:1s; cf. Êx 23:1-3,7-9.
[14] Gn 31:26s; 2 Sm 3:28s; 1 Rs 2:5.
[15] 1 Sm 25:21.
[16] 1 Sm 24:18; Êx 23:4-6.
[17] Gn 21:23s; 26:28s; 31.44,49s; 2 Sm 21.
[18] Gn 18:3s; 19:1,6s; Jz 19:23.
[19] Gn 9:23; 18:20s; 20:9.
[20] Gn 20:4,11.
[21] Gn 49:6; cf. 34:30.
[22] Gn 39:8; 44:4s,9.
[23] Êx 2:6; Gn 19:5s; Jz 19:22s.
[24] 2 Sm 10:2; 1 Sm 8:9s; 12:7,13s; Jz 9:16.

homem desinteressado com o forasteiro é digno de grande louvor,[25] e Abraão, ao interceder por uma cidade estrangeira, comporta-se de uma maneira que é considerada exemplar.[26] Igualmente, sabe-se reconhecer a grandiosidade mesmo que seja em membros de outros povos.[27]

B. Influência do conceito de Deus na moral popular

Em todas essas questões Israel encontrava-se no mesmo nível que os povos mais desenvolvidos da Antiguidade; mantinha a ética de um povo são, não corrompido, demonstrando assim que sua consciência moral estava fundamentada nos atos básicos e naturais da vida humana. Mas em determinados pontos fundamentais pode se detectar *um nível moral não tão natural,* que sem dúvida é determinado pela religião e revela a influência da relação com Deus estabelecida pela aliança. Neste sentido deve-se lembrar, antes de qualquer coisa, que *a autoridade absolutamente nova que receberam as normas éticas* ao serem entendidas como expressão da vontade do único Senhor divino, pretendia ter sujeitado a vida humana em todos os seus aspectos. Ao ser atribuída a única autoridade absoluta, esses princípios gerais de coexistência humana estavam isentos da esfera de obrigatoriedade puramente relativa, fundamentada no marco e nos limites de determinada situação histórica, para começar a participar do caráter absoluto e atemporal do santo. Agora não mais é possível evadir-se de algumas obrigações incômodas para atender a interesses mais urgentes, mas, na realidade, as exigências concretas do círculo mais restrito da vida do indivíduo são as que enfrentam seriamente a sua responsabilidade diante de Deus e dão ao cumprimento do dever, até mesmo do mais modesto, a nobreza de um ato cultual. O peso e a grandeza que em tais condições haviam de caracterizar as exigências morais podem ser observados na formulação com que normalmente se apresentam: realmente, uma das características da tradição jurídica de Israel é que a formulação técnica de uma lei casuísta se interrompa constantemente com *mandamentos e proibições categóricas divinas,* nos quais, ao invés do castigo humano, surge a exigência autoritária do Senhor Deus.[28] E como essas frases apodíticas se reúnem em séries,[29] sua concisão, sua força concentrada, sua

---

[25] Gn 14:23s.
[26] Gn 18:.23s.
[27] Gn 33. Já na p. 685s. foi destacado de que neste texto se manifesta uma grande relação com o sentido de solidariedade do nômade.
[28] Cf, a respeito da impressionante exposição de **A. Alt**, *Die Ursprünge des israelitischen Rechts,* 1934, p. 33s.
[29] Êx 20:2-17; 21:12,15-17; Lv 18:7s; 20:2,9-13,15s,20-27; Dt 27:15-26.

concatenação impressionante e a férrea consonância das diferentes cláusulas provocam um vigoroso sentido da inquebrantável validez da vontade que os apóia.

Ao mesmo tempo, nessas exigências, derivadas originariamente da esfera sagrada, há sinais claros de *uma tendência de unificar as normas éticas*: em breves frases lapidares devem ficar traçadas as simples e grandes linhas fundamentais da conduta moral. Por isso, essas coleções transcendem o âmbito da lei casuísta e combinam as exigências jurídicas com as morais e religiosas. Semelhante esforço alcançou sua melhor expressão no Decálogo: renunciando, em parte, a uma homogeneidade externa de construção e deixando de lado os detalhes concretos de cada transgressão particular e do castigo correspondente, aumenta-se o quanto se pode o âmbito das proibições; deste modo, cada cláusula adquire o significado de um princípio que é aplicado em todos os casos semelhantes, e às vezes ressalta-se o conteúdo moral, com o qual se dá poder à sua qualidade impregnante e absoluta. A seleção que o Decálogo faz do variado acúmulo de prescrições jurídicas e morais envolve a *convicção de uma unidade essencial, no fundo, de todas as exigências morais* e, ao reduzi-las aos princípios enunciados, insinua uma crítica da massa de normas de vida sancionada anteriormente e nascidas para responder às circunstâncias da natureza e da história. Além disso, na medida em que traz as exigências particulares, encontra a vontade de Deus como norma suprema, a desejada unidade da esfera moral reduz-se, em essência, à atividade pessoal do Deus da aliança.

Além de selecionar com segurança os elementos essenciais da ética popular tradicional, a repercussão do novo conhecimento de Deus na moral é notada também na medida em que *corrige e amplia antigas idéias jurídicas*. As normas que aparecem no livro da Aliança (Êxodo 20–23), em comparação com outros códigos semelhantes do Antigo Oriente Próximo, revelam novidades radicais no que se refere à práxis jurídica.[30] No julgamento dos delitos contra a propriedade, na consideração dos escravos, no castigo da culpabilidade indireta e na rejeição das penas de mutilação se reconhece à vida humana um valor incomparavelmente maior que o das coisas materiais. O princípio predominante é o do respeito aos direitos de tudo aquilo que participa da grandeza humana; como conseqüência, se abandonam idéias comuns dos demais povos e se introduzem na prática do direito novos critérios. Em suma, isto só é possível porque *a nobreza do ser humano* é intuída com uma profundidade antes desconhecida, e nela agora se reconhece o princípio da qual é devedora toda

[30] Cf. vol. I, p. 61s.

conduta moral. Por isso, em Israel até os direitos do mais humilde estrangeiro são colocados sob a proteção de Deus: mesmo quando seja vassalo e que não desfrute plenos direitos, oprimi-lo, assim como às viúvas e aos órfãos, é um crime que merece castigo e que provoca a intervenção vingadora de Deus.[31] Saber que Deus encontra-se com o homem pessoalmente e o chama a seu serviço faz com que se tome consciência da posição privilegiada do mesmo entre todos os seres vivos e o reafirma em sua dignidade do eu pessoal e responsável, com todas as obrigações daí derivadas.[32]

As mesmas conclusões podem ser tiradas das sagas patriarcais, as quais não nos apresentam, certamente, a imagem de alguns santos sem máculas, mas sim nos permitem ver o ideal do homem piedoso da mesma maneira como vivia o povo na terrível época dos juízes e da incipiente monarquia. O pacifismo e a falta de egoísmo que se ressaltam numa figura como a de Abraão, a honradez e a sinceridade cuja ausência considera-se o motivo das vicissitudes da vida de Jacó, o caráter conciliador e disposto ao perdão que se destaca em José, não são virtudes naturais, populares, mas que se aprendem unicamente daqueles que se reconhecem escolhidos por Yahweh e que seguem seus caminhos. A história de Davi mostra com vivacidade especial como, pela visão de Yahweh e contrariamente à moral popular, prevalece o espírito de reconciliação e a renúncia de satisfazer o instinto de vingança.[33] Mostrar *ḥesed*, amor fiel, à pessoa com que se estabeleceu os laços de *b*^e*rit*, até mesmo nos casos em que o próprio interesse humano aconselharia um comportamento diferente, chamado *ḥesed* *ʾelōhim,* quer dizer, amor fiel, da mesma maneira como o que Deus exige e ele mesmo o demonstra.[34] E, recomenda-se ao governante limitar a vingança de sangue nos casos em que o castigo afetaria alguém além do culpado e prejudicaria a persistência da família como uma obra agradável a Deus.[35] Igualmente, perdoar a quem cometeu uma ofensa, em vez de fazer valer a alguém os próprios direitos de modo implacável, considera-se que realmente corresponde à atitude do próprio Deus.[36] Desse modo, ao passo que os homens são influenciados pela experiência do governo do Deus da aliança sobre seu povo, se acrescentam *novas normas morais* às já existentes e se indicam à conduta novos caminhos, contrários à moral popular e à satisfação do próprio

[31] Êx 22:21; 23:9,12.
[32] Naturalmente, o mesmo se pode dizer da época em que esta convicção não se havia convertido, todavia, em fórmula teologicamente importante, por meio do conceito do homem como imagem de Deus. Cf. p. 579s.
[33] 1 Sm 24:7,11,19s; 25:31s.
[34] 1 Sm 20:14; 2 Sm 9:3.
[35] 2 Sm 14:6s.
[36] 2 Sm 14:14.

egoísmo. Na realidade, a forma em que a proto-história Javista apresenta no Gênesis o juízo de Deus sobre a corrupção moral da humanidade e em que as sagas patriarcais eloístas reconhecem a retidão de um povo estrangeiro e a existência de algumas obrigações éticas não condicionadas pela relação para com a nação israelita,[37] mostra que a vigorosa experiência da vontade moral de Deus na história do próprio povo abriu os olhos para descobrir a *vigência de normas morais na história de toda a humanidade*; isto ajudou a compreender o caráter absoluto do dever ético, vendo nele uma ordem de vida humana não contida em fronteiras nacionais.

C. Pontos frágeis na validade das normas morais

Se o quadro que temos traçado implica em um esforço para que entendamos mais profundamente as normas éticas, não se deve estranhar nada na tradição do antigo Israel que faça descobrir pontos em que aparentemente esse esforço não tenha alcançado o seu êxito total, e nos quais a moral popular recusou-se a aceitar a influência progressiva da revelação divina.

1) Convém observar-se, neste sentido, que *algumas áreas da vida popular prossigam todavia fora do controle das normas morais*. Em tais casos o comportamento foi deixado à livre discrição do indivíduo e com freqüência só respondia ao impulso natural. Assim, por exemplo, *a moral sexual do varão* precisa ainda ser fixada: a ele está rigorosamente proibido, certamente, atentar contra o matrimônio de seu próximo, mas todavia pode recorrer à poligamia,[38] e o concubinato com escravas e prisioneiras de guerra é algo normal.[39] Ter relação sexual com prostitutas não se considera algo repugnante, devido, ao que parece, as influências cananitas.[40] De modo semelhante, *a conduta para com o estrangeiro*, principalmente quando se está em ambiente de guerra declarada ou oculta, deixa-se, em boa medida, ao capricho do indivíduo: o assassinato do inimigo político pode até mesmo ser exaltado,[41] e o dolo e a violência, acompanhados de rapina, é contado entre os títulos de honra das tribos de Dã e Benjamim.[42] A guerra sem quartel contra o inimigo perigoso ou contra o traidor é considerada coisa lógica e natural.[43] Em situação de inferioridade ante o estranho, o engano é visto como instrumento válido que não torna o

[37] Gn 20:4; 39:9.
[38] Gn 4:19; 21:10; 22:24; 30:3s; Dt 21:15; 22:19; 1 Sm 1:2,6; 25:43.
[39] Êx 21:8s; Dt 21:10s.
[40] Gn 38:21.
[41] Jz 3:15s; 4:18s.
[42] Gn 49:17,27.
[43] 2 Sm 8:2; 11:1; 1 Rs 11:15s; 2 Rs 3:25; cf., de outro lado, Dt 20:19s.

indivíduo um desmerecedor da proteção divina,[44] e até o roubo está justificado em situações semelhantes.[45] Para se obter uma estimativa correta de tais casos devemos nos lembrar, logicamente, que a conduta para com os inimigos é dos problemas que, até mesmo dentro da Ética Cristã, conheceram e prosseguem conhecendo interpretações discrepantes. Por conseguinte, a coexistência da conduta moral para com o estranho que já mencionamos[46] e da amoralidade que aqui observamos fixa suas raízes na mesma dificuldade da situação prática e não é prova de uma depravação especial nas idéias morais.[47]

2) A situação é diferente no que se refere a uma série de *instituições*, consagradas pela moral e o direito, *nas quais parece não ter efeito a força moral da idéia de Deus que observamos em outros casos*. O matrimônio poligâmico corresponde-se mal com uma concepção que vê na mulher, assim como no homem, uma pessoa chamada à responsabilidade, e tanto a aquisição de esposa por meio do pagamento de um dote e o reconhecimento do homem quanto o único a ter direito no divórcio, implicam a persistência de uma inferioridade da mulher e contribuem, sem dúvida, para que se esqueça de sua dignidade pessoal e se considere como propriedade do varão. O dever moral da hospitalidade é mais forte que o respeito ao valor pessoal da mulher e que as obrigações para com os próprios filhos;[48] e o dever do matrimônio de levirato contradiz as proibições da fornicação e do incesto.[49]

Em admirável contraste com o alto valor que se reconhece à vida humana, tão patente na Lei da aliança, nós nos encontramos com o *anátema* de guerra, que entrega à destruição o inimigo com sua mulher e seus filhos. O fato de que tais instituições — em indubitável contradição com as tendências morais discerníveis normalmente na aliança de Yahweh — apareçam colocadas sob a proteção do Deus da aliança traduz um desequilíbrio que, em princípio, parece algo estranho. Todavia, trata-se de uma situação que não tinha outra opção do que levar em conta que a ordem nacional exigida por Deus não se impunha ao povo como um sistema logicamente estruturado, em completa ruptura com o passado, mas como um organismo que havia de se desenvolver, pouco a pouco, a partir do material natural que oferecia a história. Precisamente porque a eleição recaiu sobre um povo com todo seu gênio natural, chamando-o à comunhão

---

[44] Gn 12:13; 20:2; 26:7; Êx 1:19; cf. um caso semelhante todavia em Jr 38:24s.

[45] Êx 3:22; 11:2; 12:35s.

[46] Veja p. 764s, 766s.

[47] O que aqui choca é, sobretudo, a mistura com o elemento religioso: Deus exige conduta tão duvidosa moralmente ou protege ao culpado para que não seja castigado. Sobre isto já se escreveu o suficiente no vol. I, p. 251s.

[48] Gn 19:6s; Jz 19:24s.

[49] Gn 38:14,26.

com Deus dentro de suas próprias peculiaridades históricas, Israel entrou na relação da aliança com tudo o que tinha, incluídos o lento desenvolvimento de sua moral e seus costumes, sua estrutura social especial e suas relações naturais e dependências. Era, pois, inevitável que tais obrigações e vínculos — derivados, não da relação com Yahweh, mas, em definitivo, da mesma vida social natural — ficaram igualmente amparados pela autoridade poderosa de Deus que tinha pronunciado seu sim sobre o povo em sua totalidade.

Como em qualquer outro povo saudável, em Israel só era possível assimilar os elementos heterogêneos aos objetivos morais do Deus da aliança de uma maneira: sujeitando o constante e contínuo processo de criar e transformar a lei e o hábito à influência permanente de uma viva consciência de Deus. A constante automanifestação de Deus, tanto no governo da história quanto na palavra de seus mensageiros significou para o homem *um impulso vigoroso para uma nova compreensão de si mesmo e, por conseguinte, para um novo entendimento do dever moral.* Por isso a incongruência anteriormente assinalada entre a herança do passado e o novo destino do povo não representa um estado já acabado de fossilização, mas *um "todavia não"* aberto à dinâmica do progresso e que de fato experimentou mudanças consideráveis. Que essa dinâmica operava já no antigo Israel podemos ver claramente se comparamos as sagas javistas e as eloístas do Gênesis. O refinamento do juízo moral do Eloísta, tantas vezes observado, patente em sua omissão das grosseiras imoralidades sexuais, em condenação mais rígida da mentira e do roubo e em seu sentido mais vivo da dignidade da esposa[50], acusa o esforço de uma moralidade mais madura com idéias menos dignas do período anterior, esforço proveniente de um aguçamento da consciência graças a uma experiência mais profunda com Deus.[51]

3) Relacionado com a situação previamente descrita, há de se considerar o fato de que a consciência moral não *conseguira formular um princípio único de conduta moral.* Seguimos, por enquanto, nos deparando com uma multiplicidade de mandamentos que regem a vida do povo de Deus, ainda que já haja sinais claros desse esforço de unidade dos quais falamos anteriormente.[52] Esta situação manifesta-se, com realce especial, na conjunção de preceitos cultuais e morais, preceitos que tanto no Decálogo quanto no Livro da Aliança[53] e no

---

[50] Cf. Gn 20 com Gn 12 e também com Gn 31:32; cf. a respeito **A. Weiser**, *Religion und Sittlichkeit der Genesis in ihrem Verhältnis zur alttestamentlichen Religionsgeschichte*, 1928, p. 70s.

[51] Cf. Gn 39:9.

[52] Veja p. 766s.

[53] Êx 20:22-23:19.

Dodecálogo siquemita[54] aparecem, da forma mais natural, formando um todo de obrigatoriedade uniforme, sem que haja consciência de diferenças qualitativas. Está claro que não se chegou ainda a reconhecer a particular excelência da ordem moral.

4) Finalmente, *existe ainda o perigo de que a obrigatoriedade das normas morais possa se interpretar, falsamente, como heterônomia.* Um mandamento positivo não se interessa pelo consentimento ou rejeição interiores dos indivíduos aos quais se dirige, mas exige sua obediência com uma autoridade inquestionável. É verdade que não está completamente ausente essa visão mais profunda que reconhece a bondade intrínseca da vontade divina; o Deus que exige também é reconhecido na fundação da aliança como o Deus que dá,[55] e o povo sabe que seus laços com Deus são os mesmos que os do filho com seu pai (Êxodo 4:22). O fator decisivo na autoridade dos mandamentos não é que Deus se comporte com o povo como um pai, mas que lhe impõe sua vontade como um soberano; em geral, sempre que falta abertura interior para aceitar sua vontade soberana, entusiasmo por sua grandeza e consciência de sua capacidade para formar a pessoa, seu mandamento só poderá se sentir como a intervenção coercitiva de uma lei estranha.

A situação mencionada no parágrafo *b* p. 766, ou seja, o fato de que a própria autoridade que unia a comunidade nacional, por meio dos mandamentos para a vida, que foram previamente aceitos como coisa certa e natural, agora fosse transferida para a divindade pudesse também influenciá-la nesse sentido. Não era possível, em um momento, harmonizar com a natureza e o domínio de Deus, da mesma maneira como tinham sido dados a conhecer por sua revelação, algo que teria sua justificação na condição particular do povo, para que alcançasse agora seu sentido; só restava admiti-lo como norma indiscutível, cuja autoridade formal residia na majestade do legislador divino. Submeter-se, então, aos mandamentos implicava um aspecto fortemente impessoal. Agora então, quando a obediência é incapaz de expressar uma vida pessoal consciente, facilmente tende a manter-se na legalidade externa e não chega a captar a obrigatoriedade intrínseca da ordem moral.

D. Influência do movimento profético

a) Com a nova interpretação totalizante da vontade de Yahweh, sobre a qual a profecia articula a sua mensagem, também a luta dentro do terreno moral ganhou em profundidade e amplitude.

---

[54] Dt 27:15s.
[55] Veja p. 810s.

Neste sentido o primeiro elemento de influência foi *a conexão do caráter absoluto de Deus com sua vontade moral*, conexão que se impôs aos profetas pelo impacto de sua nova experiência da realidade divina. Onde mais palpável aparece o que dissemos é na expressão favorita de Isaías para designar a Deus: *k^edōš yiśrā 'ēl,* o "Santo de Israel", que combina a perfeição moral do ser divino com sua majestade transcendente, ensinando, desse modo, ao homem a entender a soberana vontade divina intrinsecamente como a autoridade do bem e dela se apropriar enquanto tal.[56] Mas até mesmo nos casos em que não se chega a uma formulação impregnante da natureza moral do poder transcendente, a pregação profética da vontade santa e pessoal de Deus, que chama a todos os membros do povo para que renunciem sua própria vontade pecadora e se entreguem sem reservas às exigências da vontade divina, revela a natureza do Deus da aliança em toda sua pureza e integridade. Oséias e Jeremias nos apresentaram esse Deus como o amor que busca; Amós insiste em sua inflexível vontade de juízo; o deutero-Isaías, em estrofes emotivas cheias de força e ardor, canta a misericórdia que perdoa o pecado, como fundamento último da plenitude de salvação escatológica: de uma maneira ou de outra, a história inteira do povo é contemplada sempre, provocada e sustentada pelo poder de uma vontade ética de proporções tais que não admite comparação com nenhum poder terreno.

Com isto *a autoridade das normas morais encontra um fundamento mais profundo que o que antes tinha*: fixa agora suas raízes na natureza de Deus, que é bom, e pode assim, propriamente, exigir daqueles a quem ela é direcionada uma compreensão interior e um cumprimento voluntário. Tanto que, por inculcá-la, os profetas não lhe nomeiam um novo conteúdo, mas adotam as exigências éticas bem conhecidas da lei da aliança.[57] A atenção aos círculos da tradição com os quais os profetas estão unidos e cujas doutrinas esses mesmos profetas transmitem aos seus discípulos, levou a investigação moderna a abandonar, como não histórica, a concepção de profetas solitários e isolados em sua ação revolucionária, considerando devidamente sua dependência do patrimônio religioso anterior.[58] A ordenação da vida por parte do Deus da aliança já não apela ao temor frente ao poder do legislador, mas há uma consciência interiormente convencida da justiça do bem. Por isso nos profetas a questão da obediência devida às normas éticas se converte na questão da atitude geral da pessoa frente à vontade de Deus revelada em toda sua majestade moral. Agora

---

[56] Cf. vol. I, p. 248s.

[57] Cf. as reflexões feitas anteriormente: vol I. p. 321s.

[58] Cf., por exemplo, **N. W. Porteous**, *The Basis of the Ethical Teaching of the Prophets* (Studies in *Old Testament Prophecy pres.* to **Th. H. Robinson**, 1950, p. 143s.).

não é mais suficiente a sujeição externa à certas prescrições, mas é necessário chegar a *uma aceitação do mandamento que flua da convicção mais íntima* e se traduza, como atitude única e total, em amor, fidelidade e conhecimento de Deus,[59] em humildade e agradecimento,[60] fé e confiança.[61] A Lei acha-se desse modo total e absolutamente livre do perigo de ser mal interpretada no sentido de um cânon estranho, coercitivo, e é elevada à categoria de guia, aceita em seu próprio ser pessoal, ligada às melhores energias, e ao mesmo tempo dirigindo-se à realização dos valores supremos. Essa *superação da heteronomia* é expressa de maneira bem mais clara por Jeremias e Ezequiel, quando contrapõem o povo do tempo da salvação com os homens de sua geração:[62] a lei escrita no coração dá realidade concreta à plena união de vontade entre Deus e o homem, fazendo desnecessária toda instrução e exortação que venha de fora; e o coração e o espírito novos que, pela habitação do Espírito de Deus, levam em si mesmos a vida divina, vêem na observância dos preceitos a tradução natural e lógica dessa interior comunhão com Deus dentro da qual se pensa e atua.

b) Com o reconhecimento, portanto, de que a decisão radical implicada na relação com Deus não pode ser conseguida senão no nível moral, porque é nele onde se exige o compromisso sem reservas da pessoa como um todo; além disso, existe o fato de que os profetas reconhecem claramente e expressam sem rodeios *a qualidade específica das normas morais frente às cultuais.* Em sua luta contra a falsificação desses vínculos de aliança depararam-se repetidas vezes com o fato terrível de que a ação cultual se utilizava como um meio fácil de se manter dentro da Lei principalmente quando o homem queria evitar a sujeição de *toda sua vida* às exigências divinas. A obstinação egoísta, que procurava acabar com a solidariedade e a disposição ao sacrifício exigido pelo povo da aliança, pretendia converter o culto externo a Deus em fachada resplandecente por trás da qual pudesse se desenvolver sem dificuldade uma alienação interior da autêntica comunhão com Deus, procurando dominar o divino por meios materiais e mágicos.[63] A norma moral tornou-se, então, a pedra de toque da verdadeira atitude diante de Deus, baseando-se sobre o único fundamento no qual podia adquirir legitimidade e valor, a atividade cultual. Como a divindade de Deus não pode ser concebida sem a perfeição moral como expressão da sua essência mais íntima, assim também no serviço cultual do homem a moralidade ocupa uma posição central; frente a ela qualquer outra

---

[59] Os 4:1.
[60] Mq 6:8; Is 1:2,4 etc.
[61] Is 7:9; 28:16; 29:13; 30:15; Sf 3:2 etc.
[62] Jr 31:31-34; Ez36:26s.
[63] Cf. vol. I, p. 33s.; 324s.

atividade não pode ter mais que uma importância secundária. Fica, portanto, esclarecida a transcendência da ordem moral, não tanto porque derive de uma idéia abstrata do bem, que pudesse ser proclamada então como lei universal, mas por fincar suas raízes na própria natureza de Deus, transformando desse modo a heteronomia da norma moral, não em autonomia, mas em teonomia.

c) Ao mesmo tempo, produz-se *um importante deslocamento dentro das próprias normas morais*. Ênfase é dada agora de maneira completamente diferente e como aconteceu anteriormente, entrando dentro do campo da obrigação moral, áreas de conduta até então preteridas. *Às virtudes guerreiras são dados muito menos valor*, pois a auto-afirmação do povo pecador já não pode mais ser considerada como o objetivo absoluto de Deus. O caminho da expansão externa, pela qual os chefes nacionais procuram guiar a seu povo, é condenado pelos profetas como patente rebelião contra Yahweh, o qual deseja verdadeiramente, agora que seus juízos se estendam pelo mundo, humildade e submissão obediente. Com isto se torna impossível justificar, por motivo da guerra santa, a suspensão de princípios éticos básicos normalmente em vigência. Se já antes um conhecimento mais profundo da natureza de Deus havia levado a dar uma nova justificação ao anátema de guerra baseado nos conceitos de juízo e retribuição,[64] agora ia perdendo cada vez mais seu caráter obrigatório, já que a secularização da monarquia converteu a guerra de uma atividade sagrada em uma empresa de utilidade profana. E mais, a contemplação dos graves pecados de Israel fariam da guerra, em uma dramática inversão de seu sentido originário, o castigo estabelecido para o mesmo povo santo, que o Deus do universo leva a cabo por meio de seus ministros.[65]

Em tais circunstâncias o espírito guerreiro necessariamente iria perdendo justificação na religião e na ética. Só em casos muito concretos mantém um valor moral a audácia militar e a ousadia valente do próprio corpo e da vida diante dos inimigos do país.[66] Quando se promete ao povo a salvação ante seus inimigos, é Deus só quem submete os opressores do seu povo, excluindo, com seu poder, toda vanglória e vaidade do homem.[67] Por isso *é muito maior a importância que se concede à edificação interna da comunidade do povo*. Se na antiga ética popular o apoio incondicional ao "próximo" (*rea'*, quer dizer, a outro membro qualquer do povo de Yahweh, que enquanto tal estava indissoluvelmente vinculado com todos os membros de dito povo) já constituiu um pilar básico da moral social, a consciência despertada

---

[64] Cf. vol. I, p. 117s.
[65] Sf 1:7; Ez 9:1s; 16:40; 21:23s; 23:46s.
[66] Cf., por exemplo, Is 28:6; Mq 4:13; 5:7.
[67] Is 7:7s; 10:12,16s,33; 17:12s; 18:5s; 37:29,33s; Jr 25:15s; 46s; Ez 25s.

agora pelos profetas, de achar-se sob a presença imediata de Deus, dirigiu a uma concepção mais profunda dos deveres que esse vínculo nacional querido por Deus impunha a todo o que formara parte do povo. Frente a indiferença da consciência social em amplos círculos de população, que ofuscados pela riqueza e esplendor da vida urbana não notaram a opressão dos camponeses israelitas e aos quais o poder crescente da monarquia cegava para o perigo cada vez maior da proletarização organizada das mais baixas camadas da sociedade, os profetas chamaram os homens a tomar de novo seriamente a vontade santa de Deus que não permite que, nem se queira, dos direitos do membro mais pobre da comunidade de Yahweh sejam sacrificados, ao brilho de um desenvolvimento cultual superficial.

Os que combatiam aqueles que tiravam proveitos da revolução econômica, os comerciantes e latifundiários, considerando-o um pesado lastro, fixo de costumes fora de moda, *isso é precisamente o que os profetas ensinam a considerar como o fundamento da existência nacional,* fundamentado na natureza divina, ao que há que fazer até os maiores sacrifícios de cultura material ou de influência política; porque o objetivo da eleição de Israel *era uma comunhão pessoal com Deus e o povo*, na qual os bens materiais nunca podiam compensar o valor de uma vida humana livre. Por isso, Yahweh, como o pastor fiel do rebanho, cuida ele mesmo da causa de seu povo,[68] desamparado pelos pastores que lhe tiveram sido nomeados, e entrega à destruição a quem, em seu orgulho, despreza sua vontade e abandona a justiça, a eqüidade e a ajuda prática de seus concidadãos pobres e despossuídos, porque se consideram a si mesmos os verdadeiros representantes da nação. Em sua forma soberana de conduzir a história, a preocupação de Yahweh tem por objeto precisamente a *misera plebs*, e a política que, com falsas pretensões de grandeza e a vaidade de figurar no concerto internacional, utiliza os humildes como material barato de sua ambição, chocará necessariamente com a vontade do Senhor do universo.[69]

Foi desse modo como os profetas, à luz da perigosa evolução da política internacional, na qual Israel se estava deixando envolver, reconheceram na ajuda e no compromisso social alguns princípios divinos de validez universal. Mas como também a conduta de Yahweh com seu povo foi reinterpretada em termos de amor indulgente e compaixão acima de toda categoria legal, o bom tratamento do pobre por sua causa tiveram de envolver *uma atitude interior mais cálida e uma benevolência mais pessoal* que, superando o rígido caráter

---

[68] 14:30,32.
[69] Is 14:30,32; 28:12s.; 30:15s.

recompensador e a visão utilitarista de uma ética do campo, convertesse os deveres para com o próximo em uma relação de pessoa a pessoa, de homem a homem, dotando-a de maior profundidade.

Dentro dessa concepção da moral social, as *chamadas virtudes passivas* chegaram a configurar a conduta individual com renovado vigor. De agora em diante, o ideal predominante na conduta moral não poderá estar já integrado por um sentido orgulhoso de independência e entusiasmo pela guerra, nem pela ousadia da cavalaria e o desprezo altaneiro do inimigo, mas pela humildade e o reconhecimento dos próprios limites, pelo amor da paz e a paciência, virtudes que refletem melhor a solidariedade interior com os outros concidadãos. As catástrofes nacionais não se interpretam já como um mal intolerável, mas como juízo divino que tende a educar e aperfeiçoar, e que Deus quer que se suporte sem protestar; em conseqüência, dá-se maior valor à disposição ao sofrimento e a compaixão com a pessoa que o suporta. É o homem orgulhoso do poder o que tem sobre si a ameaça do juízo; os que perseveram esperando pacientemente no sofrimento contam com o prazer da ajuda divina. Por conseguinte, a compaixão com o oprimido e a assistência aos que sucumbem vítimas das novas circunstâncias convertem-se em virtudes capitais dentro do sistema das relações com o próximo.

A antiga ética popular, na qual, por se reconhecer à auto-afirmação nacional a força de um dever religioso, e na qual, portanto, as qualidades ativistas estavam em primeiro plano, deu lugar, no lado profético, a uma nova apreciação da situação mundial, na *ética do sofrimento,* que, embora coincidisse com a anterior em estender ao submetimento do povo de Deus, sujeitou a normas muito diferentes a conduta direcionada a tal fim. A figura do Servo de Yahweh do deutoro-Isaías, talvez pensada em princípio não como modelo ético, mas simplesmente como a imagem de um salvador incomparável, proporcionou à conduta prática do homem piedoso um novo centro de referência: é um excelente monumento à aceitação do sofrimento e a suas virtudes concomitantes de paciência discreta e humilde renúncia à auto-afirmação e firme resistência sob a carga imposta. Inicia-se, assim, um caminho no qual o sofrimento deixa de ser apreciado em termos puramente negativos, como ameaça ou consumo da vida, e se aprende a ver nele uma chamada querida por Deus e um serviço ativo ao povo de Deus. Testemunho disso é encontrado não somente no primeiro comentário às canções do servo em Isaías 50:10 e no intento de interpretar o Servo como Israel em Isaías 49:3, mas também a parábola do pastor de Zacarias 11s. e a vitória sobre o sofrimento na estrofe final do Salmo 22. *Ao Deus que sofre pelo homem*, do qual nos falam Oseías e Jeremias, *responde agora o homem que sofre em serviço e por responsabilidade de Deus*, como o apresenta diante dos olhos do povo, Jeremias, no exemplo real de sua própria vocação, até mesmo antes do profeta do exílio lhe dar uma expressão de validade eterna na figura do Servo de Deus que sofre inocente.

d) Não menos importante que essa reelaboração do conteúdo, é *o alargamento da área das normas morais* como conseqüência da pregação profética. Certo que também os profetas pensam em suas instruções, principalmente na conduta social dentro de Israel, e não no comportamento do homem para com o homem enquanto tal: porque o primeiro grande objetivo de sua luta é o domínio da vontade divina em Israel. Mas também nesse terreno, a grandeza incomparável de seu Deus, que lhes fazia compreender o juízo e salvação do povo de Deus só como atos dirigidos à humanidade inteira, e convertia a entrada das nações no reino de Deus em meta da história universal,[70] lhes impele a estender a obrigação ética a toda a humanidade de forma lógica e natural. Ainda que suceda isto de forma espontânea e sem uma elaboração sistemática, o fato é que a antiga convicção da vigência de algumas normas básicas também fora de Israel fica agora elevada à idéia de uma *vontade ética universal de Deus,* que dá às normas morais estabelecidas ao povo de sua aliança, validade para todo o mundo. Não é que para os chefes espirituais ocorrera pensar na idéia de um "bem absoluto", de uma lei moral universal ou algo parecido: tais abstrações idealistas estão em marcada contradição com o dinamismo da vontade soberana de Deus, que só permite o bem como instituição soberana sua. Tampouco se pode dizer que a tradição ética da sabedoria extrabíblica impulsionou os profetas para conceber uma ética universal.[71] Ainda que pudessem ter acesso direto a essa tradição ou, como parece mais lógico, houvesse conhecido idéias fundamentais por meio da própria sabedoria israelita, seus interesses peculiares seguem uma orientação totalmente diferente. As normas éticas que os profetas proclamam, pouco têm a ver com a desapaixonada ética de questões práticas que se dão na doutrina sapiencial, e muito, ao contrário, com a apaixonada vontade de justiça de seu Deus. Em seus objetivos sociais contradizem tanto as idéias econômicas do antigo Oriente Próximo,[72] que nenhum apoio podiam encontrar entre os mestres egípcios e babilônicos. Por isso, para fundamentar a validade das leis éticas, não apelam a um *consensus gentium,* ainda que com imparcialidade reconheçam

---

[70] Cf. vol. I, p. 336s, 341s.

[71] Admite uma conexão mais indireta **O. S. Rankin**, *Israel's Wisdom Literature*, 1936, p. 14 e mais direta, por outro lado, **N. W. Porteous**, *The Basis of the Ethical Teaching of the Prophets* (*Studies in Old Testament Prophecy pres. to Th. H. Robinson*, 1950,p. 154s).

[72] Cf. **W. Eichrodt**, *Was sagt das AT zum sozialem Leben*? 1948, p. 17s.

a existência de idéias éticas entre os pagãos; de fato só no submetimento das nações à vontade do Deus da aliança vêem nisso o caminho para a instauração de uma lei ética universal. Precisamente por estarem destinados a serem súditos desse soberano, os povos têm de aprender sua vontade, e sua atual maturidade para o juízo se deve a que abandonaram uma conduta agradável a ele. O que provoca a intervenção vindicativa de Deus não é o fato de que as nações sejam hostis ao povo de sua eleição, mas a arrogância e o prazer malicioso com que o castigo que se lhes encarregou, a desumana ânsia de destruição com que os conquistadores se instalam nos países dominados, sua insaciável ânsia de riqueza e sua exploração dos povos por meio do engano e a mentira.[73] Mas do dom de participar da salvação escatológica só poderiam desfrutar os não israelitas se renunciassem à sua auto-afirmação orgulhosa e se deixassem instruir na Lei de Deus revelada a Israel.[74] O fato de que com tais crimes falem os profetas da feitiçaria e os encantamentos dos povos[75] demonstra que o ponto de vista que domina toda sua postura é a resistência dos gentios frente à vontade do Senhor do universo e não a transgressão de uma autonomia. Daí que também a atitude fraternal e pacífica dos povos unificados no reino futuro de Deus deriva, igualmente, de sua nova atitude ante o Deus do universo inteiro, o que eles veneram e apresentam seus sacrifícios com um só coração e uma só alma.[76]

Desse modo, a visão escatológica do Senhor do universo, que avança sem trégua na direção da instauração de seu reinado, empurra o pensamento profético a conceber como uma e universal a moral exigida por Deus, obrigatória para toda humanidade.

e) A luta dos profetas em favor da soberania de Deus sobre seu povo obteve uma fundamentação racional mais profunda, e uma purificação e revigoramento das normas da conduta correta; sem que eles mesmos o buscassem, isso teve profundas *repercussões na mentalidade ética de seu povo*. Assim, se manifesta da maneira mais patente na vida jurídica, na qual as exigências divinas constituem o fator determinante da vida do povo. Certamente que essa influência não é detectada numa evolução legal contínua — evolução que não é capaz de ser mostrada pela natureza mesma de nossas fontes —, mas nós podemos notá-la em certos marcos sobressalentes como os constituídos pela lei deuteronomista e do código sacerdotal. Ao mesmo

---

[73] Is 10:5s; Am 1:3s; 2:1s; Mq 4:11s; Na 3:1,4; Sf 2:13s; Hc 1:1-3; 2:5-15; Ez 28: 1-19; 31:10s; Is 47:6-8.
[74] Is 2:2-4; 45:.14s,18s; Zc 8:20s.
[75] Na 3:4; Is 47:9-12.
[76] Is 18:7; 19:21s; Sf 3:9s.

tempo, entretanto, deve ser claramente entendido do começo que a visão transmitida, a partir das profetas, inevitavelmente trouxe, aqui, novas formas; pelas quais os profetas veriam na luz do fim que se aproxima, quando a antiga aliança divina estava para ser extinta como propósito de dar espaço ao novo mundo de Deus, o autor dessas leis estava comprometido a direcionar para o contexto de uma *continuidade do relacionamento da aliança* e então, para ver em cores diferentes, como a luz em diversos ângulos de refração. Desse modo, por exemplo, são incapazes de transferir plenamente para a prática as grandes intenções de universalidade das normas morais presentes na perspectiva profética da história: o caráter estático da ordem divina estabelecida para sempre na aliança de Israel que chega a não dar atenção aos pagãos enquanto membros convertidos da aliança.[77] Só aos estrangeiros que vivem em contato direto com o povo de Deus, incorporados cada vez mais à comunidade, alcança a validade da obrigação moral; devido a essa obrigação, no comportamento com eles reconhece-se a mesma responsabilidade que nas relações com os concidadãos.[78] Nem foram os mestres da lei capazes de fazer valer a operação irreconciliável na qual, de acordo com os profetas, encontravam-se o culto e a conduta moral e social, quando o povo empregava seus atos como tela para evitar as exigências morais. Tratando de devolver ao povo de Yahweh o verdadeiro serviço de Deus, *o culto, enquanto forma de vida da comunidade santa, não podia ser indiferente,* mas inevitavelmente, como o melhor baluarte contra a imoralidade e a idolatria pagãs,[79] convertia-se em critério do serviço realmente fiel a Deus,[80] merecendo a mesma importância que os deveres sociais. A polêmica profética tem outra nova repercussão no fato de que o significado sacramental da ação cultual, pelo menos no Deuteronômio, está debaixo do seu caráter confessional na medida em que o crente pertence exclusivamente a Yahweh; e até mesmo no Sacerdotal se vê, de certo, modo debilitada, ao ficar reduzida a capacidade reconciliadora do sacrifício.[81] Ao mesmo tempo, qualquer intento equivocado de fazer independente a atividade cultual fica detido pela intrínseca conexão da mesma com a disposição ao sacrifício pessoal em serviço do próximo, bem

[77] Dt 23:2s; 14:21; 23:21.

[78] Dt 10:18s (cf. 5:14; 14:28s; 16:10s,13s; 24:14,17,19-21; 26:11; 29:9s; 31:12); Ez 14:7; 47:22s; Lv 19:34. Sobre a mudança do residente estrangeiro em prosélito, como se dá em **P**, possibilitando ao estrangeiro o acesso à comunhão com o Deus de Israel no culto, cf. Êx 12:48s; Lv 24:22; Nm 9:14; 15:14,26.

[79] Cf. Lv 18s.

[80] Cf. cap. XXI, p. 718s. Não nos referimos aqui a que o culto tenha sido mal-interpretado como uma obra de piedade especialmente meritória ou como uma ação sacrifical com capacidade para obrigar à divindade. A maioria das vezes os críticos não caem em si da importância do culto para a preservação do povo.

[81] Cf. vol. I, p. 328s e 137, nota 326.

seja, como no Deuteronômio, combinando as celebrações e deveres cultuais com obrigações ético-sociais,[82] o bem, como no Sacerdotal, reunindo em um só conceito, o ideal de santidade, a pureza moral e a cultual.

Este esforço por fazer que toda a norma de conduta participe da grandeza da obrigação moral, evitando assim a possibilidade de sua separação em esferas de vida de diferente valor, viu-se completado *por uma forte tendência a encontrar uma base única a todo o sistema legal*. Deste modo, por exemplo, o Deuteronômio chama à *exigência do amor de Deus* o mandamento fundamental, que dá sentido a todos os mandamentos isolados, e desse modo ensina reconhecer e aceitar a vontade de Deus, que atua na ordenação do culto e da vida social, como o fato único que procura e estabelece a comunhão com Deus. Com isto, fica enraizada a ação moral na direção absolutamente pessoal da vontade e, por conseguinte, é possível superar a heteronomia da lei na medida em que se descarta a possibilidade de uma casuística mecânica no tratamento das prescrições concretas da mesma.

Assim como *nessa redução da conduta moral a decisão pessoal*, o empenho profético se realiza também na unificação de todos os deveres ético-sociais pelo qual o legislador sacerdotal priva de valor, no Código de Santidade, qualquer formalismo legal nas relações com o próximo e reconhece assim o compromisso radical implicado realmente na relação com o irmão. O mandamento do amor de Levítico 19:18,34 *resume a tarefa sempre inacabada e a unidade carregada de sentido da obrigação moral,* na medida em que prepara o terreno para que o homem atue com liberdade moral. Desta forma, ficam incorporados os ensinamentos israelitas da Lei, de forma simples e disponível, elementos fundamentais da concepção profética.

Por isso não encontramos mais com o esperado quando descobrimos nas descrições concretas da conduta moral um *afinamento e um maior aprofundamento da ordem ética*. É muito conhecida a ênfase com que se fala na lei deuteronômica da consideração que se dava às partes mais fracas e socialmente menos privilegiadas do povo,[83] em estreita relação com os caminhos que continuam na bênção os desígnios de Deus. As leis relativas à guerra e ao rei,[84] por sua parte, apontam a um enfraquecimento da tendência a reconhecer valor autônomo à esfera política, com o propósito de que agora todos os recursos do povo, que a política pretendia colocar ao serviço de seus fins

---

[82] Cf. vol. I, p. 73s.

[83] Cf. vol. I, p. 74, notas 77 e 78. Cf. **B. Maarsingh**, *Onderzoek naar de Ethiek van de Wetten in Deuteronomium*, 1961; **J. Muilennburg**, *The Way of Israel Biblical Faith and Ethics*, 1961, p. 63s.

[84] Dt 20 e 17:14-20.

egoístas, possam concentrar-se com maior eficácia na instauração da teocracia. O rei considerou que sua missão está em defender desinteressadamente a lei de Deus; o povo, persuadido na fé que o Senhor Todo-poderoso respalda as normas éticas, tem de aceitar sua obrigatoriedade absoluta e levar até o fim suas guerras, não com a dureza de quem teme por sua própria existência, mas, tão-somente, preocupado em afastar os elementos do paganismo que poderiam pôr em perigo sua obediência a Yahweh. Explica-se assim, que fique abolida, até nos casos de alta traição nos quais até agora era normal[85] a prática de estender o castigo do culpado a seus filhos, e que a retribuição jurídica se adapte completamente ao princípio da responsabilidade pessoal.

O conhecido tratamento que **P** faz das histórias patriarcais, nas quais omite ou burle tudo o que possa ser escandaloso, manifesta até que ponto, dentro do horizonte do legislador sacerdotal, teriam sido superados as intratáveis durezas da ética do antigo Israel e substituídas por um refinado sentido da responsabilidade e do dever. Também suas estritas leis sobre o matrimônio[86] revelam mais uma solícita proteção dessa área, a mais importante na vida humana. A energia com que passou ao povo essa mais profunda compreensão das normas éticas dentro dos círculos sacerdotais, pode-nos ilustrar perfeitamente uma liturgia sacerdotal como a do Salmo 15, o que aqui se exige ao visitante do santuário, como dever do autêntico fiel de Yahweh, não fica em simples obras externas, mas que penetra até as profundezas da atitude mental, que modelou nos detalhes práticos da vida diária, o que significa o amor ao próximo. Agora então, os legisladores sacerdotais não ocultam que, para semelhante conduta moral livre, é importante o ambiente em que se desenvolve a vida humana. Em sua luta, por meio de leis rígidas sobre a terra, para que todos os membros do povo se vejam livres da escravidão imposta por um sistema econômico capitalista,[87] não se pode deixar de perceber seu vigilante sentido de responsabilidade pela independência de todos os cidadãos, nem a importância que, com isto, retomem um dos pontos fundamentais na luta dos profetas.

E. As normas na comunidade da Lei

a) O fato de que, como temos visto, a nova experiência profética da realidade divina não deixou de influenciar o pensamento ético dos seus contemporâneos e das gerações imediatas, e que foram profundas suas

---

[85] Cf. vol. I, p. 62. nota 19.
[86] Lv 18 e 20, e também no Dt 24:1s.
[87] Lv 25.

impressões, sobretudo na organização jurídica da vida nacional, assegurou sua sobrevivência na comunidade da lei. Na realidade, em todo o período seguinte, por maiores que tivessem sido, às vezes, suas divergências da linha profética, continuam vigentes, inquestionáveis, alguns dos *pilares da concepção ética* ressaltados pelos profetas com tanta energia; desse modo, às idéias morais permanecem abertas às fecundas influências da mentalidade profética.

Entre esses pilares temos, em primeiro lugar, *a convicção do valor insubstituível de uma regulamentação ética da conduta para o serviço de Deus*. Os princípios básicos da vida moral são inalienáveis da vontade de Deus, de cuja realização depende a existência de Israel. Já não existe o perigo de que tais princípios se vejam prejudicados por uma estimação excessiva do culto, contra a qual levaram adiante os profetas uma luta tão denodada.

Dessa mesma estabilidade *desfruta a convicção de que Deus se declara fiador dessa vontade sua, ao garantir vida e abençoando ao que a cumpre,* e de outro lado, perseguir com sua maldição ao que a rejeita. A certeza de que o cumprimento dos mandamentos morais constituía a base para uma vida plena com bênçãos pode sofrer ataques, mas nunca foi objeto de dúvida séria. Essa é a razão da claridade, estabilidade e energia que caracterizam a conduta moral das comunidades judaica e que a fazem intrinsecamente superior à ética pagã.

Segue viva a idéia de que a ação verdadeiramente moral não se esgota na observância externa de prescrições concretas, mas que pressupõe *uma afirmação interior da vontade divina*: apesar de que às vezes pareça obscurecer-se, mantém-se sempre o caráter pessoal do ato ético.

Desse modo, uma vez que o juízo do exílio e o valor do mesmo, por boca de profetas e mestres, enfrentaram a comunidade pós-exílica com a enorme seriedade do fato da retribuição divina, ensinando-se na oferta de graça de Deus o caminho para dar novas formas a sua vida, foi possível assistir a *um forte desenvolvimento do sentido de responsabilidade moral* em todas as esferas da vida. Já não podia continuar crescendo, certamente, um *ethos* nacional: em efeito, o povo só existia em forma de comunidade religiosa e, prescindindo de poucas exceções, via-se obrigado a sofrer passivamente os acontecimentos políticos, sem capacidade para modelá-los. O resultado foi que, dentro de suas possibilidades, tão limitadas, tornaram-se muito mais intensos o confrontamento e ajuizamento éticos das diferentes arcas da vida. E neste processo, não se pode deixar de reconhecer que se *repararam consideravelmente as deficiências de moral do antigo Israel*. Assim, por exemplo, frente à frouxidão da primitiva moral popular em matéria sexual, adverte-se aqui, até mesmo no caso do varão, uma efetiva limitação da liberdade sem controle e um refinamento da sensibilidade moral; assim como o Deuteronômio tinha colocado obstáculos ao divórcio[88] e Malaquias tinha se oposto ao uso irresponsável na nova comunidade cultual,[89] também agora, nos escritos dos mestres de sabedoria, a luta contra a frouxidão sexual ocupa um amplo espaço.[90] Certo que também na sabedoria não israelita se repetem constantemente as advertências contra o divórcio; mas a convicção de que isso era precisamente o que distinguia dos pagãos e suas depravações, assim como a necessidade de defesa frente às infiltrações de sua imoralidade, sobretudo na diáspora, tornou a moralidade sexual do judaísmo muito mais severa e de uma rigidez maior. A fornicação e a impureza sexual consideram-se a pior forma de depravação (uma atitude cujo eco pode ser ouvido no Novo Testamento). O poeta do livro de Jó quer ver o homem piedoso limpo até de pensamentos prazerosos.[91] E o Eclesiástico condena o divórcio em geral, a menos que a rebeldia e obstinação da mulher façam do matrimônio algo insuportável.[92] Em conseqüência adquire mais importância a família e o dever de construí-la. Neste contexto, chega-se a valorizar à mulher como pessoa independente, (resultado que em boa medida mantém sob controle outras idéias opostas). Quando o mestre de sabedoria israelita exalta à mulher prudente, calada e pudorosa como objeto digno da eleição do marido, não só a está avaliando como auxiliadora, mas também como ser humano dotado de seu próprio e particular modo de ser.[93] E quando, mais que os atrativos externos da mulher, da importância a sua piedade[94] e considera, então, que a base do matrimônio é a coincidência nas questões fundamentais, está lhe reconhecendo plena dignidade de pessoa. No resto da literatura sapiencial do antigo Oriente Próximo não encontramos nada semelhante. A razão há que buscá-la na fé judaica no Deus criador, diante da qual tem igual responsabilidade o homem e a mulher.

Chama a atenção também a abundância que há na sabedoria israelita de relatos diferentes dos deveres dos filhos para com os pais. É verdade que manifestações deste tipo não faltam completamente na literatura pagã;[95] mas,

---

[88] Dt 24:1s.

[89] Ml 2:13-16. A meu ver, a interpretação mais provável dessa difícil passagem continua sendo a de um divórcio de esposas judias para favorecer alianças com as famílias politicamente influentes da população semi-pagã do país.

[90] Pv 2:16-19; 5; 6:24-35; 7:5-27; 23:27s; 29:3; 30:20; 31:3; Jó 31:1,9; Sib II 259:280-83; III 594-600; Sab 3:13,16; 4:6; 14:23s; 2 Enoque 10:4; 24:2; Jub 20:4; 30:8 etc.

[91] Jó 31:1; cf. Eclo 9:5.

[92] Eclo 7:19,26; cf. 25:26.

[93] Pv 19:14; 31:10s; Eclo 26:1s,13-15; 36,28s.

[94] Pv 31:30; Eclo 26:23; Tob 3:11s.

[95] Uma ou duas passagens podem ser encontradas no livro sapiencial egípcio de Ani e outras tantas nos provérbios babilônicos.

se esse punhado de compromissos é comparado com esses conselhos insistentes e incansáveis dos mestres de sabedoria israelita, é lógico desejariam saber se não será o Deus do quinto mandamento — o qual, enquanto pai do seu povo, é modelo de toda paternidade — quem iluminou aqui os homens para que compreendam a especial importância da piedade com os pais.[96]

Também é digna de atenção a delicadeza das idéias sobre o engano e a mentira. Não só a mentira insolente;[97] mas também a calúnia e o fingimento, a difamação e a condenação apressada, a hipocrisia e a dissimulação dos pecados.[98] O fato de que, no judaísmo tardio, apareça com freqüência como termo ético básico o de απλοτησ, no sentido de "simples e notável retidão de conduta"[99] e se assinala como exigência principal de uma autêntica moral o abandono de toda emboscada e falsidade,[100] não é mais que a manifestação de uma convicção madura e de um respeito inflexível pelo dever da veracidade, em uma medida que o antigo Israel jamais conheceu.

Esses pontos e outros, que não vamos detalhar agora, ilustram como *as exigências de moralidade ganharam em amplitude e profundidade*, de acordo com as diferentes expressões de temperamento e caráter, e centraram sua atenção, na hora de julgar e configurar a conduta com o próximo, nos processos interiores do espírito humano. Deste modo, os antigos mandamentos principais ficam agora interiorizados e desenvolvidos em todos seus diversos aspectos, revelando todo seu alcance em uma formação coerente.

b) Nessa mesma linha de vigilante e decidida disposição a configurar eticamente todos os âmbitos da vida, *também os preceitos cultuais se incluem na esfera de obrigação ética*, como meios para ordenar e edificar a vida da comunidade de acordo com a vontade de Deus. A concepção deuteronomista[101] continua com pleno vigor nos profetas Ageu e Zacarias, os quais consideram a construção do templo essencialmente como um ato de fé e de confissão, no que a comunidade encontra sua autêntica resposta ao perdão de Deus e, mantendo-se solidariamente unida, defende frente ao governo persa seu direito a uma existência própria. E Malaquias, com a certeza firme de que qualquer ameaça à comunidade cultual o é também à sobrevivência do povo de Deus, luta pelo

---

[96] Pv 1:8; 4:1; 6:20; 10:1; 15:5,20; 17:21,25;19:26; 20:20; 23:22,24; 28:7,24; 29:3; 30:11,17; Eclo 3:1-16; 7:27; 22:4s; Tob 4:3; 10:7; Aristeas 228;238; Phokylides 8.

[97] Pv 6:17s; 12:19 etc.; Eclo 15:8; 20:24s; 41:17.

[98] Pv 4:24; 6:12s; 16:27s; 26:23s; Eclo 5:14; 7:14; 8:19; 9:18; 11:7; 18:19; 19:7; 20:6-8; 22:22; 26:5s; 28:13s; 2 Enoque 42:12; Test Dã 4:5;6; Gad 5 etc. Abot I.18.

[99] **Bousset-Gressmann**, *Religion des Judentums*, p. 418.

[100] 1 Mac 2:37,60; 3 Mac 3:21; 1 Enoque 91:4; Test Benj 6; Rubén 4; Levi 13; Is 3.5.

[101] Cf. p. 779s.

culto sacrifical com a mesma decisão que pela fidelidade da fé e pela conduta fraternal. Ao mesmo tempo, há uma clara repulsa da insistência excessiva em práticas cultuais como o jejum, para inculcar com maior ênfase a relação indestrutível existente entre o culto autêntico e a justiça, a compaixão e a fidelidade.[102] A prática religiosa passa a converter-se, de simples atividade externa, em consentimento interior à vontade de Deus.

Tampouco pode considerar-se ignorância da majestade da exigência moral o fato que na obra de Esdras, a Lei cultual e a moral apareçam lado a lado. Efetivamente, por ser o culto a forma de vida externa que se oferece à nação para que possa desfrutar de vida própria, determinada em todos os seus aspectos pela idéia da soberania de Deus, uma vez que perdeu sua existência como Estado político, converteu-se em um ato de fidelidade à tarefa histórica que Deus recomendou ao povo. Mas, como já ficou dito,[103] a expressão cultual da fé em Deus comportava como elemento inseparável uma moral concreta. Não se tratava, pois, de pôr obstáculos à impregnação moral da vida, mas, ao contrário, a constituição legal do povo de Deus comportava vigorosos estímulos morais, já que fazia a conduta participante de uma comunhão religiosa compacta e, ao exigir que a fé fosse comprovada com ações, posicionou-se contra as fantásticas especulações, como as ameaças das correntes apocalíptcas de pensamento

c) Em princípio, a constituição cultual das comunidades judaicas não tinha por que redundar em prejuízo de sua clareza moral. Desse modo, o demonstra o vigoroso reforço que conheceu a autoridade dessas normas morais pelas idéias do judaísmo tardio *da ressurreição e o juízo vindouro.* Ao adquirir importância pela primeira vez durante a grave crise da revolução dos macabeus, como base metafísica altamente significativa de decisões defendidas e contestadas com igual paixão,[104] a memória do juiz universal influenciou de um modo crescente na conduta moral: de fato, estendeu as exigências morais até mais além da morte, tornando consciente a cada indivíduo da transcendência absoluta de sua tomada de postura pessoal.[105] Isto levou os homens ao sacrifício intrépido de suas vidas à causa da lei divina e mostrou, com maior profundidade, toda a seriedade da decisão moral na vida diária. Ao mesmo tempo, reforçou *a natureza universal*

---

[102] Zc 7; Is 58:1-12.

[103] Cf. vol. I, p. 374s.

[104] Dn 12. Sobre os estágios pelos quais se chegou a esta esperança cf. cap. XXIV: "Indestrutibilidade da comunhão do indivíduo com Deus. A imortalidade" p. 931s.

[105] Enoque 1:7,9; 27:4; 47:3 etc. Sab 2:22-3:8; Jub 5:12; Sal Salo 3:10,12; 14:3,6; 15:12s; Test Benj 10; Levi 4; Sibil IV, 40s;180s; 4 Ed 5:42; 14:35; Ap Bar 50:4; 54: 21; 83:7; 4 Mac 9:8s; 12:19; 16:25; 18:5; Abot II.15; III, 1.17; IV.22.

das idéias éticas, como já havia aparecido na visão escatológica dos profetas e na proclamação sacerdotal do Deus cósmico e de sua lei.

d) A comunidade da lei vê *ameaçada, pela primeira vez, as suas idéias morais* no momento em que o ideal da *santa comunidade* não se entende já como norte orientador da tarefa histórica no presente, nem como exortação estar preparado para a consumação que Deus mesmo irá operar, mas como *uma situação que há de conseguir o homem mesmo por meio da Lei*, e na qual já terão realizado os objetivos universais de Deus. Não resta dúvida de que a possibilidade de tal divergência estava implícita na forma sacerdotal de conceber a Deus e ao mundo: efetivamente, o caráter estático de uma ordem divina, fixada de uma vez para sempre, facilmente podia degenerar-se na imobilidade e auto-suficiência de uma situação legalmente em regra, enquanto deixaram de se ter presente a natureza infinita da tarefa imposta pela Lei e isso limitou a ação humana. Em Ezequiel, a seriedade inflexível que se reconhece ao cumprimento da Lei está, todavia, em relação de viva tensão com a nova criação que se espera de Deus;[106] e, no ensinamento sacerdotal da Lei, a entrega de fé ao Deus que dá com abundância ainda forma um saudável contrapeso à avaliação exagerada da própria atividade;[107] mas no apêndice para o livro de Ezequiel[108] se observam já os primeiros sinais de uma mudança de direção. Em clara diferença com a esperança de futuro profético que tudo espera de uma intervenção de Yahweh, descreve-se aqui uma comunidade cultual edificada sobre a fidelidade humana à Lei, que merece também as bênçãos do tempo de salvação paradisíaca. A peculiar correlação entre o ir amadurecendo da comunidade, graças à estrita observância da Lei, desde a imperfeição humana até a santidade agradável a Deus, e a transformação da terra no paraíso, dá à teocracia sacerdotal de Jerusalém tal valor que a faz aparecer como a meta final do governo universal de Deus.

A diferença de atitude é evidente quando comparando-se isto com o caráter de personalidade, carente da consumação divina, que para Zacarias tem o sistema hierárquico da comunidade de Sião, ainda reconhecendo-lhe todo seu valor insubstituível.[109] A falha tipicamente sacerdotal de contemplar juntamente

---

[106] Cf. p. 748s.

[107] Cf. vol I, p. 376, 385s., e cap. XXI deste volume.

[108] Ez 43-48.

[109] Zc 3:6-10; 6:11s. Na minha opinião, e segundo **Procksch** (*Kleine prophetische Schriften nach dem Exil*, 1916. p. 39s), estão equivocados aqueles que, baseando-se em atrevidas conjecturas, referem esta passagem a Zorobabel, enquanto acertam os que o interpretam no sentido de um governante messiânico esperado após o desaparecimento de Zorobabel; cf. meu estudo *Vom Symbol zum Typos. Ein Beitrag zur Zacharja-Exegese*, "TZ" 13 (1957) 509s.

a soberania de Deus futura e presente nos cantos cultuais de elogio[110] podia somente intensificar o processo, já apontado, de transferir o caráter messiânico à comunidade cultual. A exaltação do hino à glória do reino eterno de Deus e de seu soberano, no qual a plenitude futura se transfere a uma ordem divina presente,[111] prestava-se, sem dúvida, a ser entendida no sentido de uma avaliação exagerada de uma estrutura comunitária ao alcance das forças humanas. Igualmente, as promessas de uma nação sacerdotal de mediadores na época de salvação[112] serviram, simplesmente, de novo alimento a essa auto-avaliação da comunidade da lei tão logo se abandonou o elemento de contraste presente na escatologia profética e se esqueceu a distância entre o homem e a absoluta perfeição do Deus transcendente e universal, da qual a cosmovisão sacerdotal fala com tanta ênfase.

Essa redução perigosa da atitude sacerdotal original encontrou apoio nos epígonos do profetismo, que introduziu novamente na imagem do futuro uma esperança nacional e particularista. A soberania universal de Israel e o lugar universal da comunidade cultual judaica converteram-se nos aspectos integrantes da consumação final, ficando como pontos básicos de convergência das diferentes correntes religiosas da época pós-exílica.

No que se refere à validade das normas éticas isso significa um *estreitamento particularista* das idéias antigas. De um lado, o medo de que uma comunidade, supostamente destinada à santidade, fosse contaminada com algo pagão — já que todo seu futuro dependia do perfeito cumprimento da lei — e a redução, de outro, da consumação divina à comunidade da lei, enquanto que as nações eram fundamentalmente objeto de juízo, fizeram que se considerasse coisa natural a segregação em matéria ética com respeito ao entorno pagão.[113] Não faltam, certamente, nos primeiros tempos dessa época vozes que se pronunciam a favor de uma atitude mais livre e compreensiva frente aos pagãos: as belas histórias de Rute e Jonas refletem a atitude universalista do profetismo e dos círculos por ele influenciados; uma avaliação do culto pagão como a qual se lê em Malaquias 1:11 formula, de modo insuperável, a universalidade do Reino de Deus, servindo-se precisamente da linguagem cultual do sacerdócio. E também o apocalipse de Isaías 24–27 anuncia um juízo e uma salvação de alcance universal.

Mas era mais forte a corrente particularista que encontrava sua alavanca na afirmação absoluta da comunidade cultual, e foi ela a que predominou no

---

[110] Cf. vol. I, p. 383 e p. 435s.
[111] Sl 93; 96; 97; 99; 46; 76.
[112] Is 61:6-9; 45:14; 19:23; Zc 2:14s; 8:23.
[113] Ed 9s; Ne 13:1-3,28s.

judaísmo tardio. Surgem, desse modo, frente aos pagãos, um desejo selvagem de vingança[114] e seu extermínio no passado se descreve de boa vontade[115] — e assim o anunciam os profetas[116] — como desígnio de Deus também para o futuro; não há deveres éticos para com eles, são evitados com desprezo,[117] nas relações com eles estão permitidos, e até são ordenados,[118] a falta de fidelidade, o engano, a crueldade e a violência. E aqueles que reconhecem aos pagãos uma condição semelhante à dos israelitas da comunidade e desprezam a Lei ficam excluídos, com mesma severidade, do campo de vigência da obrigação moral.[119] As forças com que essa segregação se impulsionou podem ser confirmadas pelo fato de que um homem como Ben Sirá, que representa uma piedade longe de todos os extremismos, adote essa mesma atitude.

e) Essa segregação, levada aos extremos descritos, recebe seu selo especial em *uma concentração cada vez mais consciente de toda a vida na Lei* que, a partir da reforma de Esdras, constitui a norma rigidamente definida de toda conduta. O caminho para isto tinha sido bem preparado pela historiografia de orientação nomista, a qual havia ajuizado todo o passado do povo com o critério de cumprimento da Lei. O que a redenção deuteronômica das fontes históricas antigas tinham intentado inculcar na consciência do povo, o que a epítome sacerdotal da proto-história tinha apresentado por meio de seu impressionante sistema de épocas, encontrava agora claramente influenciada continuidade na obra histórica do Cronista: nela a conformidade, até no último detalhe com a lei escrita,[120] salienta como o critério de uma conduta agradável a Deus e para ilustrar essa tese manipula-se a história com maior liberdade. Mas agora a Lei não se proclama só como norma exclusiva da conduta pública, mas que também a piedade privada começa a descobrir nela a única possibilidade de se ter um comportamento agradável a Deus. Sobre isto resulta ilustrativo que o empenho da palavra *b*^e^*rit* no sentido de Lei, no qual o Deuteronômio

---

[114] Sl 79:12; 137; 149:7; Lm 4:21; 1 Enoque 84:6; Eclo 33:1s; 36:16s.

[115] Js 10:28s; 11:10s; Nm 31:14s; Jub 30:5s,17s,23; 35:15; 37:13,17s; 38:2,12s; Test Judá 9.

[116] Is 34:5-17; 65s; Zc 9:11–11:3; 12:1s; 14:1s; Ob 15s; Sal Salo 17:24,34; Jub 31: 17,20; 35:14s.

[117] Eclo 50:25s; Jub 22:16; 23:24; 29:11; Sal Salo 1:1; 2:1s,34; 7:2; Enoque 89s; Sab 12:10s; 13:1; Jdt 12:2; Ad. Ester 3:26s.

[118] Ester, *passim*; Jdt 8:35; 9:2s; 10:12s; 11:5s,11s; 16:18; 1 Mac 5; 10:84.

[119] 2 Cr 13:10s; 25:7s; Sl 28:4s; 31:18s; Eclo 12:3–5; 25:7; Tob 4:17; 14:7; Sal Salo 2:10s; 4:1s; 8:8s etc.; 14:23s.

[120] Cf. a expressão *kakkātūb battōrā*: 2 Cr 23:18; 25:4; 30:5,18; 31:3; 35:12,26; Ed 3:2,4.

tinha sido pioneiro,[121] seja usual nos Salmos[122] para significar o conjunto dos deveres do homem piedoso. A intensidade crescente dessa concentração na lei pode apreciar-se especialmente na evolução da típica exortação ética dentro da sabedoria: no período mais antigo,[123] aceita como critério a experiência dos outros, a própria opinião e a vontade de Deus, mas nunca fala expressamente da Lei de Yahweh; agora, ao contrário, nos Salmos sapienciais[124] a situação é distinta: exceção feita do Salmo 49, a Lei de Yahweh se recomenda cada vez mais como norma de conduta. E nos escritos sapienciais do judaísmo tardio,[125] a aliança entre Lei e doutrina sapiencial já é um fato consumado. Efetivamente, nesses escritos, a lei de Moisés se apresenta, nada menos, como encarnação da sabedoria, concebida como hipóstase,[126] de forma que a vantagem de Israel com respeito à sabedoria pagã está precisamente no conhecimento da Lei, resumo de toda sabedoria.[127] Por isso, finalmente, o estudo detalhado e regular da Torá e o cumprimento escrupuloso da Lei, cuja exposição clássica está nos "ditos dos pais" na Mishná, tiveram de converter-se na substância mesma da vida humana.

Desde o momento em que "o livro dos mandamentos de Deus, se tornou a Lei que permanece até a eternidade"[128] e que determinava, desse modo, toda a conduta, necessariamente teriam de se enfraquecer a relação entre a conduta e a liberdade de decisão e ver-se aquela ameaçada por uma *rígida heteronomia*. Certo que, precisamente na época do pós-exílio, a fé viva na pessoa era uma ação condutora do espírito[129] — segundo a qual a palavra do passado se convertia em guia vivo do presente por meio do Espírito de Deus[130] — deveria agir como antídoto frente a esse crescimento do legalismo. De outro lado, a grande profundidade religiosa que diferencia as etapas posteriores da sabedoria significa que esta nunca esqueceu de todo a referência direta de toda conduta a Deus, concebendo-a como resultado de uma entrega pessoal. Mas, de outro lado, *na falta de uma orientação firme* da consciência moral, vê-se claramente como a obrigação moral unitária se dilui em inumeráveis preceitos externos, fato que os mandamentos, na forma de um sistema legal, descrevem o comportamento

---

121 Cf. vol I, p. 39s, e 2 Cr 6:11; 34:32.

122 Sl 25:10,14; 44:18; 50:16; 78:10,37; 103:18; cf. também Is 56:4,6.

123 Os representantes dessa época são Provérbios, Jó e Eclesiastes.

124 Sl 1; 19B; 37; 49; 94; 111; 112; 119.

125 Eclesiástico, Baruque, Tobias, Sabedoria, 4 Macabeus, Abot.

126 Eclo 24:23s; Bar 4:1.

127 Cf. a respeito **J. Fichtner**, *Die altorientatische Weisheit in ihrer israelitische-jüdischen* Ausprägung, 1933, p. 79s.

128 Bar 4:1.

129 Sl 51:13; 143:10; Jó 32:8s,18; cf. p. 524s.

130 Is 59:21; Zc 1:6; 4:6; 7:12; Ne 9:20,30.

concreto do homem e faz com que fiquem todos os seus atos semelhantes em valor e priva da conduta a segurança que provêm de uma única atitude básica. Essa obstinação pela norma ética, que provoca uma angustiante escravidão pelas observâncias externas, manifesta-se, sintomaticamente, na busca constante do "mandamento principal", mandamento que deveria ser definido de outra forma, ou seja, segundo as circunstâncias. O zelo pelo culto perfeito no Cronista, ou especialmente pela guarda do sábado, na época pós-exílica, cede o lugar, com o Eclesiástico, para uma especial estima da esmola, à sepultura dos concidadãos em Tobias e, em Judite, à prática do jejum. A incerteza diante da multiplicidade de preceitos vai buscando, a todo custo, um lugar no qual se possam empenhar todas as forças pessoais.[131]

Por meio dessa seleção arbitrária, pela prática de uma ou outra ação, nada do que se fizesse podia conseguir a segurança desejada. Por isso, surge a tendência a *ter uma contabilidade exata das boas obras*, com o fim de poder estar seguro de cumprir a Lei. Isso que tanto choca em um Neemias, representante das classes dirigentes da comunidade judaica, quando em suas memórias anota expressamente cada prova de seu fiel cumprimento da Lei,[132] pode ser considerada como típico de uma atitude muito legalista frente aos preceitos éticos.[133]

Uma vez que a letra da Lei se considerava como a definição da obrigação ética, era já possível intentar também superar de outra forma a insegurança que cercou o cumprimento da vontade divina: *o caminho era exaltar e cultivar, como especialmente meritórias, obras* que não foram expressamente ordenadas na Lei. Os escribas judeus as designavam coletivamente *g^e^mīlūt ḥ^a^sādīm*, "recompensa de amor" ou "obra de amor", e entre elas estavam a visita ao enfermo, a hospitalidade para com o estrangeiro, dotar suficientemente aos recém-casados que foram pobres, contribuir para as despesas de bodas e funerais, consolar ao triste etc. Elas, o estudo da Torá e o culto formam os três pilares sobre os quais descansa o universo[134] e, juntas com a caridade, valem tanto quanto todos os mandamentos

[131] A sinagoga de época posterior, com sua típica busca do "mandamento principal", procura antes de tudo reduzir a uma unidade definitiva a pluralidade dos mandamentos. Mas na realidade não conseguiu vencer a heteronomia arraigada nessa multiplicidade que não pode ser abrangida. Cf. Mt 22:36s. e **Strack-Billerbeck**, *Kommentar zum NT* I. 1922, p. 907s.

[132] Ne 5:19; 13:14,22,31.

[133] Cf. Sl 17:4s; 18:21-25; 35:13s; 109:4; 119:11,14,30s,51s,97s. **D. Rössler** (*Gesetz und Geschichte in der spät-jüdischen Apokalyptik*, 1960) ressalta como, para a apocalíptica, a lei tem o valor de documento contratual da eleição.

[134] Abot I.2 nos transmite essa expressão como devida a Simão o Justo.

da Torá;[135] por si só superam a caridade. Não faz falta dizer que com essa estima pelas obras de reparação ficava quebrada a unidade da obrigação ética, e se poriam em perigo a seriedade e majestade.

Todos esses despropósitos de um serviço à lei condenado a heteronomia trazem consigo uma atitude de falta de liberdade frente ao preceito concreto, que leva a um *tratamento casuístico* do dever moral. Embora seja verdade que já a sabedoria proverbial popular, com toda sua acumulação — bastante casual — de exortações e conselhos, pudesse contribuir, tanto com a união da ética à Lei, à falta de ordem e sistema rigorosos, o verdadeiramente decisivo foi o esforço de uma comunidade organizada no teor da Lei por garantir-se a um estado de perfeição seguro. A partir dessa perspectiva, nem o menor mandamento, pelo fato de que formara parte da Lei, poderia carecer de importância. Nem bastava tampouco expor claramente as grandes diretrizes fundamentais da vida; era necessário ordenar até o detalhe mais insignificante, de tal forma que não ficasse nenhuma possível lacuna no sistema, nem qualquer tipo de incerteza sobre o homem disposto a obedecer a Lei em seus mínimos detalhes. Por isso, logicamente, para o escriba se fez tarefa principal e a mais urgente oferecer ao homem piedoso algumas regras comportamentais bem definidas mediante um tratamento exaustivo de todos os possíveis casos, e fazer assim dele um membro útil para uma comunidade empenhada em alcançar a santidade. Surge, como conseqüência, uma casuística sutil que, ante a possibilidade da menor brecha no corpo da Lei, prefere cercar de deveres duplamente ou triplamente, multiplicando os preceitos concretos e dificultando ainda mais o poder contar com uma lista clara dos já existentes, com as repercussões que isso implica. A mesma impossibilidade de cumprir em toda sua extensão suas minuciosas exigências acabou minando o respeito à Lei. Mas nisto, a atitude ética que vimos examinando compartilha a sorte de toda ética casuística. De outro lado, com o fim de suavizar uma carga que se tinha feito já insuportável, chega-se ao artifício da interpretação flexível da Lei, que sabia encontrar solução aos casos controvertidos e transformou os escribas em donos das consciências, dessa forma, introduziu-se no serviço da lei a hipocrisia, na qual acabou decompondo-se o sentido do caráter absoluto das exigências do dever moral.[136]

Se, apesar de tudo, as atitudes judaicas diante das normas éticas não podem ser definidas em conjunto como uma atitude de heteronomia e particularismo nacionalista, de falta de unidade e relativismo, deve-se a influência constante da nova fundamentação da conduta moral por parte dos profetas. Desde o

[135] Tosefta Peá 1:19.

[136] Provavelmente o tratado Sabbat da Mishná seja o melhor testemunho de como a verdadeira relação com Deus fica irremediavelmente sufocada pelo amontoamento inerte de mandamentos concretos.

momento em que a comunidade da Lei acolheu também em seu cânon os livros proféticos, assegurou-se uma fonte na qual se possa constantemente rejuvenescer seu pensamento com uma teonomia rigorosa: desse modo, próximos à corrente principal da ética da Lei, seguem vivendo também as idéias proféticas, que impedem o encalhamento total em um puro legalismo. Nesta esfera, como em outras, a distintiva característica da comunidade judaica está em uma profunda fragmentação interior. Com relação ao passado fica flutuando a memória de uma aliança com Deus, que Israel falsificou transformando-a em um sistema completo que o homem teria de instaurar dentro de uma situação empírica; com respeito ao futuro, a comunidade aponta a uma reordenação criadora do pensamento e da conduta moral como conseqüência da instauração de um novo tipo de relação com Deus, na qual se levará o cumprimento a obra de graça presente na fundação da antiga aliança.[137]

II. OS BENS DA CONDUTA MORAL

Para o desenvolvimento da moral, os bens, a cuja obtenção tende a conduta, são tão importantes quanto as normas que a regem. Quando os bens perseguidos e as normas que definem a conduta são heterogêneos, estas correrão sempre o perigo de se tornar em simples meios para um fim, perdendo, portanto, seu caráter de obrigação absoluta. Só se o fim e a norma da conduta moral são homogêneas, fica garantida a força e coerência da ética.

A. Os bens no âmbito da existência natural

No Israel antigo os bens aos quais tende a conduta são em grande medida *os bens naturais* imprescindíveis para a existência da comunidade. A paz[138] ou, pelo menos, a vitória na guerra,[139] a descendência numerosa,[140] a riqueza,[141] a longevidade,[142] a amizade e o amor[143] são os bens nos quais pensam tanto o povo quanto o indivíduo quando se pensa na conseqüência de suas ações e das bênçãos de seu Deus; a esses bens mencionam também as promessas e ameaças com que finaliza a Lei, refletindo claramente uma idéia que é geral. Com o

---

[137] Cf. sobre este parágrafo, **E. Sellin**, *Israels Güter und Ideale*, 1897.
[138] Gn 13:8; 21:27s; 26:19-31; 33:15s; Dt 33:12; 28; Nm 23:9s; 24:5s; 1 Rs 2:32.
[139] Gn 14:16s; 48:22; 2 Sm 18:28; Gn 49:9; Êx 15:17; Nm 23:24; 24:9 etc.
[140] Gn 12:2; 13:15; 15:5; 22:17,20s; 24:60; 26:24; 28:3,14 etc. Jz 11:38; 1 Sm 1; 2 Sm 6:23 etc.
[141] Gn 24:35; 26:12s; 27:28; 30:29s,43; 49:20; Dt 33:18s; 1 Sm 22:7.
[142] Gn 47:9; Êx 20:12; 23:26; 1 Sm 25:29; 1 Rs 1:31–34; Gn 25:8 (**P**).
[143] 1 Sm 18:3; 20:16; 2 Sm 1:26; Gn 24:67; 29:18s,32–35; 1 Sm 1:8.

desenvolvimento da cultura se vão aumentando aos relatos outros valores de ordem espiritual, estética e social, como a sabedoria,[144] a beleza,[145] a honra[146] e a liberdade.[147]

Por meio de tais evidências, poderia parecer, à primeira vista, que a conduta do israelita obedeceria a um eudemonismo primitivo; mas o assunto adquire outro aspecto quando consideramos a franqueza com que se sentia a graça divina nesses bens ou a ira de Deus na ausência dos mesmos. O objetivo último não está nem nos bens materiais em si mesmos nem em seu prazer, mas na graça de Deus que documentam. Enquanto *bênçãos de Deus,* dão testemunho do dispensador divino, do qual depende toda a vida e prosperidade.[148] Agora então, a vitalidade dessa concepção pode ser atribuída, ao fato de que o israelita não vê em seu Deus um poder supremo, caprichoso, com o qual há de tratar da melhor maneira possível, mas com quem nunca poderá manter uma relação interior; o israelita reconhece-se implicado em uma relação de fidelidade e serviço a um Deus que, por meio da conclusão de uma aliança, foi atraído a seu povo,[149] e, a partir de então, proporciona à vida de cada indivíduo não só uma finalidade e orientação, mas também nobreza e dignidade. O assunto não se restringe a atribuir reconhecidamente ao Criador e Senhor de seu povo os fundamentos da existência nacional em geral, embora a incansável insistência na generosidade divina neste sentido — por exemplo, quando a conquista da terra se interpreta como um dom da graça divina[150] — acusa já claramente qual é a atitude básica. De fato, se chega a uma representação mais afinada e profunda da generosidade divina, na qual o escritor sabe ser centrado no *tratamento pessoal de Deus com o indivíduo, considerando-o como elemento realmente importante* presente na concessão de seus dons. Assim a história de

---

[144] Gn 49:21; Jz 14; 1 Sm 16:18; 25:3,33; 2 Sm 14:1s,20; 16:20,23; 19:28; 20:16,22; 1 Rs 3:9. José aparece como o tipo da sabedoria em Gn 37s.

[145] 1 Sm 9:2; 16:18; 17:42; 2 Sm 14:25; 1 Rs 1:6.

[146] Gn 38:23; 39:21; Jz 9:54; 1 Sm 2:26,30; 15:30; 18:5,16,28; 25:10s; 31:4; 2 Sm 1:10; 3:7s,36; 6:16,20; 13:13. Em contrapartida temos no desprezo aos *benē beliyya'al* : Jz 9:4; 11:3 etc.

[147] Gn 49:15; Êx 19:4; 20:2; 23:27s; Jz 3:15-29; 5:6s; 6:13s., 9:8s., 1 Sm 11:6s, e condena a monarquia em 1 Sm 8:11-18.

[148] Gn 49:25s; 26:12s,29; 27:27s; 39:5; Êx 23:15. Dt 28:2s. Os sacerdotes devem estender sobre o povo a bênção de Yahweh (Nm 6:23-27); os homens lutam pela posse da bênção divina (Gn 27; Nm 23 e 24); a prosperidade das tribos se considera fruto de uma bênção (Gn 49 e Dt 33); e, finalmente, a própria conservação da criação inteira é atribuída a bênção do Criador (Gn 1:22,28; 2:3).

[149] Esta conexão está ressaltada em Nm 23:22; 24:8.

[150] Gn 12:7; 13:15; 15:7,18; 24:7; 26:3; 28:13; 48:21: Êx 20:12; 32:13; 33:1; Nm 14; o Deuteronômio é, simplesmente, uma explicitação cabal desta forma de ver as coisas.

Abraão mostra como Deus acumula com suas bênçãos precisamente ao que não é egoísta, ao que não busca seu próprio proveito; a riqueza adquirida de forma oculta Deus não a respeita (Gênesis 32), e com freqüência a bênção pressupõe, como no caso de José ou na ascensão de Davi, uma profunda humildade. É mais, tanto quando nega seus dons quando os concede de modo inesperado, esse Deus atrai sempre aos homens *a sua própria pessoa*,[151] convertendo seus dons em meios pelos quais os seus penetram mais em suas idéias e alcançam conhecimento de sua natureza.

O caso mais claro de que a relação com Deus constituía o verdadeiro critério do que era bom na vida, era determinado, quando por causa deste Deus, exigia-se do povo renunciar aos bens terrestres e abandonar os prazeres da paz ou da rica pressa de guerra, ou seja, quando se tratava da lei ou das exigências de soberania de seu Deus e Senhor.[152] Nenhum sacrifício era excessivo quando teria de reparar uma transgressão desse dever ou uma infração de seu mandamento.[153] A conclusão de tais casos, coincidindo com o que já dissemos, é que, em última análise, *a comunhão com Deus, garantida na eleição e na conclusão da aliança era considerada como a finalidade da conduta moral, mais importante que todos os bens concretos*, como a condição prévia de toda felicidade e bênção.[154]

Essa escala de valores manifestava-se, mais que em teses explícitas, em um sentimento vital espontâneo, e só emergia à consciência quando as circunstâncias suscitavam conflitos graves. Outras vezes a óbvia coerência de bênçãos externas e situações de aliança com Deus ocultavam uma ameaça latente contra a unidade natural da vida. Porém, não há dúvida de que foi deste novo sentido da vida onde os bens terrestres receberam uma importância maior que a de sua simples realização material e, por sua vez, uma limitação, ao não ser mais que sinais e ofertas de uma vida superior. Entre todas as religiões da Antiguidade só a persa pode mostrar algo semelhante, e isto só em sua primeira época, quando predominava a influência da chamada inspirada de Zaratustra ao serviço de um deus bom; logo foi imposto em seu seio um rígido legalismo que desperdiçou essa semente frutífera. Até que ponto a opinião que Israel teria de si mesmo estava afetada pela indiferença de toda possessão ou prazer egoísta implicado em sua relação com Deus, nos mostra o fato de que *o povo sentira*

---

[151] Gn 15:3s; 30:2s; 1 Sm 1 etc. Cf. a expressão "Yahweh está com ele", empregada para significar todo tipo de bem-estar terreno (**Sellin**, *op. cit.*, p. 86).

[152] Jz 5:15s,23; 1 Sm 11:7 e o costume do anátema de guerra.

[153] Js 7; 1 Sm 14:37s; 2 Sm 21.

[154] Isto aparece com especial clareza na antiga forma da esperança de paz. Cf. **W. Eichrodt**, *Die Hoffnung des ewigen Friedens im alten Israel*, 1920, p. 101s.

vivamente sua sorte externa como um impedimento ou um estímulo para a missão que se lhe havia encomendado como povo de Deus. Da mesma forma que as batalhas e vitórias de Yahweh, com as quais ele se glorificava ante os povos, a prosperidade e a felicidade de Israel tiveram de testemunhar o poder e a graça de Deus, a fim de que os povos desejassem para si mesmos as bênçãos desse Deus.[155] Neste sentido os estreitos laços da vida do indivíduo com a comunidade no Israel antigo haveriam de contribuir para que também os bens naturais do indivíduo se considerassem um estímulo à glorificação de seu Deus, e suas desgraças, ao contrário, pesaram como uma redução da fama de seu povo. Apesar de tudo, se o sofrimento do indivíduo em tais casos não chegou a afetar à fé, se deu à prontidão com que todavia naquela época o israelita se submetia à liberdade do Deus oculto, ainda que eles não fossem capazes de manter uma contabilidade detalhada das obras de seu governo.[156]

Assim pois, os bens materiais não podem ser considerados separados de quem os dispensa, como algo de valor e desejável por si mesmo. Também se chega, bem cedo, a se ter idéia dos perigos que nele se encerram, o demoníaco da beleza, que encobre os olhos e impele à rebelião desagradável contra os ungidos de Yahweh; a astúcia que se põe ao serviço de uma insurreição desalmada e lança o filho contra o pai; a ambição, que provoca derramamento de sangue e dificulta a humildade do homem diante do único que é grande, de forma que, com desculpas lamentáveis, os impedem de confessar seus próprios pecados, tudo isso se nos apresenta de um modo surpreendente em personagens como Absalão,[157] Aitofel,[158] Davi,[159] Mical,[160] Saul,[161] etc. E quando se nos mostra a Davi formando parte dos fracassados na vida civil e expulsos de sua família,[162] está claro que o autor reparou na ironia do governo divino que fez surgir a seu rei mais célebre do círculo dos privados dos direitos e dos que perderam sua honra como cidadãos. *A relatividade desses bens tão apreciados* e a opinião dos homens no fato de possuí-los ou perdê-los ficam aqui expressadas de forma notória.

Por conseguinte, o alto valor que é reconhecido aos bens naturais obedece, fundamentalmente, a que em sua consecução o homem experimenta o contato direto com Deus e com a vontade divina que dirige o seu destino. Por

---

155 Gn 12:2s; 26:28; 30:27.
156 Cf. vol I, p. 231s.
157 2 Sm 14:25; 15:1s.
158 2 Sm 16:23.
159 1 Sm 25:21s,26.
160 2 Sm 6:16,20.
161 1 Sm 15:30; cf. Gn 38:23; Jz 9:54.
162 1 Sm 22:2.

isso, até nas passagens em que se manifestam todavia intacta a felicidade pela existência, e o desejo de vida não sofisticada do antigo Israel, não é possível encontrar nem um hedonismo materialista nem uma sociedade pedante. Tudo está encharcado — esta é a verdade — do frescor vitorioso e a força arrebatadora de uma fé religiosa que, graças a sua firme adesão ao Senhor que se lhe revela na eleição e na conclusão da aliança, é capaz de assumir e digerir as múltiplas tensoes da vida, com seus altos e baixos.

B. Valor relativo dos bens naturais comparados com os bens salvíficos-religiosos

Naturalmente, as atitudes do antigo Israel frente aos bens materiais tiveram de conhecer mudanças no momento em que se alterara sua atitude religiosa básica. Assim aconteceu como resultado do profundo processo espiritual que normalmente chama-se a cananização de Israel.[163] A transformação que com tal motivo se produz nas condições sociais e individuais fizeram, por um lado, que a antiga simplicidade patriarcal se visse substituída pelo desejo de prazeres e a voluptuosidade, que endureceram a consciência religiosa do dever; e, por outro, que a pobreza e a miséria se estenderam em amplas camadas do povo, que, de pequenos camponeses livres, tornaram-se sem querer em jornaleiros proletariados ou em escravos de dívida. Tais mudanças fizeram vacilar a inocente confiança daquele povo na justiça divina e aumentaram suas tentações na ordem moral. De outro lado, a reação esperada das energias morais fixada na relação de aliança não pôde produzir-se, já que o impacto da concepção cananéia de Deus e de sua prática cultual falsificou o conceito de aliança e privaram de seu poder a soberana vontade divina.[164] Chega-se assim a uma autonomia dos bens naturais aos quais se reconhece valor absoluto, vendo-se os homens estimulados a uma capacidade e ânsia de lucro sem escrúpulos, à luta ambiciosa pelo poder e à demagogia política, com a destruição ascendente da atitude moral coerente do povo da aliança.

A luta contra esse processo de corrosão só poderia ter êxito se fosse atacado o verdadeiro núcleo do problema, que era o esquecimento da estrita referência originária de toda a ação a Deus. Nesse sentido nada realmente eficaz poderiam alcançar, nem a revolução, que desde a divisão do reino andava constantemente querendo melhorar as coisas, mediante o recurso da política externa, nem as reações culturais dos recabitas, que recomendavam como quadro de salvação uma volta forçada das transtornadas condições externas de vida à

[163] Cf. vol. I, p. 32s; 66s., 292s., 414s.
[164] Cf. vol. I, p. 32s.

simplicidade primitiva. E isso, apesar de que na nova situação pudessem ser de grande influência dos fatores político e cultuais. Daí que, já desde seus primeiros momentos, o movimento profético signifique *uma chamada a fazer girar tudo em torno da religião*, a centrar toda atividade simplesmente na realidade de Deus, cuja terrível e violenta irrupção na história constitui o tema primeiro e principal da pregação profética.

A tarefa principal seria deixar de lado o *valor relativo dos bens naturais*. A magnitude do perigo implícito na prosperidade terrestre evidencia-se na medida em que o povo é exposto a ser infiel a sua verdadeira e própria vocação vendendo-se aos prazeres materiais e não vendo em Yahweh mais que ao dispensador dos dons da natureza. Como na historiografia profética do Eloísta, o êxito exterior às custas de trair a causa divina aparece como um grave pecado, cuja acumulação leva ao sentimento de uma culpa nacional,[165] assim também a partir de Oséias a aguçada visão dos profetas descobre que com a entrada no rico país da civilização cananéia o pecado atravessa como uma linha vermelha toda a história do povo[166] e que os abundantes dons de Yahweh não serviram senão para abonar a arrogância e a falta de escrúpulos, o egoísmo violento e o esquecimento de Deus. Com todo o radicalismo do qual está impregnado o seu implacável juízo, os profetas proclamam, por isso, que Yahweh vai privar-lhes de todos os bens terrestres.

Essa nova atitude ante os bens terrestres *não deve, contudo, confundir-se*, plena e singelamente, com *uma indiferença com relação à cultura* como a que anima o primitivo, nem *com uma indiferença frente à civilização* como a que apregoar o misticismo. A postura dos profetas é muito distante da postura dos recabitas, com sua rejeição de todos os bens da vida civilizada; os profetas, em efeito, contemplam sem a menor reserva todos esses bens como dons de Yahweh[167] e só censuram o fato de se abusar deles a serviço do egoísmo humano ou para satisfazer os instintos religiosos naturais. Assim, referindo-se à salvação escatológica, descrevem a nova concessão da graça divina acompanhada de uma nova doação de certos bens.[168] Frente aos místicos de qualquer observância, os profetas não caem na indiferença com relação ao bens da terra, levados pelas desilusões da vida e a experiência de uma felicidade transcendental ou pelo êxtase. Para eles a pobreza, por exemplo, não é algo indiferente, mas que está contra a vontade benfeitora de Yahweh; daí sua chamada veemente ao homem piedoso a lutar para erradicá-la da terra. Os bens naturais não são

[165] Cf. vol. I, p. I, 414s.
[166] Os 9:10; 10:1; 11:1s; 12:8s; Is 2:6-8; Jr 2:7s,21; 5:7; 7:22s; Ez 16; 20:27s.
[167] Os 2:10s; 9:2; Is 1:19; 28:23s; Mq 2:9.
[168] Os 2:16s,23s; Am 9:13; Is 32:15s; Jr 31:5,12; Ez 36:8s.

para os profetas nem prejudiciais por natureza, nem carentes de importância e valor para uma vida de fidelidade para Yahweh, mas simplesmente de um valor absoluto quando relacionados ao destino de Israel a ser povo de Deus e que se instaure seu reino e se cumpra sua vontade. Naturalmente, quando os bens da terra entram em conflito com esse valor supremo, perdem todo valor próprio e são condenados.

Esse ponto de vista não era desconhecido nem sequer no Israel antigo, pode-se advertir sua presença nas ocasiões em que, como sucedia na guerra santa, o dever religioso exigia renunciar a todos os outros valores. Mas só a nova situação espiritual fez que sua aplicação fosse levada a cabo com tal radicalismo que toda existência humana foi vista em uma alternativa absoluta. Foi também então quando mostraram toda a grandeza do bem que se havia outorgado a Israel na eleição, um bem que encerrava em si todos os outros bens, a partir desse momento, se em algum caso aparecessem associados os bens naturais e culturais, por um lado, e a dignidade de ser povo de Deus, por outro, chamassem a uma opção, o homem piedoso já poderia discernir com toda lucidez, não só o valor incomparável, *mas também o caráter autônomo e auto-suficiente do bem presente na comunhão com Deus*. O mundo superior de uma vida espiritual e moral em comunhão com Deus pôde ser capturado e ser concebido como uma realidade de natureza única.[169] De que fosse assim também para o indivíduo, foi assegurado pelo fato de que os profetas foram capazes de captar o tratamento pessoal de Deus com seu povo e, como resultado, o caráter individual da relação com Deus.[170] O Deus que na palavra da fé chamava o homem a liberar-se de toda atadura terrestre e a lançar-se à ousadia da *pura* fé (quer dizer, da que depende única e exclusivamente de sua palavra) e que também revela seu amor a fim de que toda força do amor humano "com todo coração e toda a alma" colocasse, por sua vez, ao alcance do indivíduo a possibilidade de *centrar seu desejo de felicidade, desapegado já dos bens naturais, na realização de uma comunhão de vontade com ele*. Comunhão que, enquanto liberação do ser mais íntimo do homem deu a ela a experiência de uma satisfação muito acima de todo o prazer terrestre. Nessa relação com Deus está encerrado o fim último de tudo aquilo que significa ser homem e, por conseguinte, o bem supremo: semelhante convicção é a que, de maneira expressa ou implícita, apóia toda a luta dos profetas para acabar com as garantias materiais nas quais o homem se refugiava diante de Deus, com uma visão a uma entrega livre do coração para o Senhor que chamava com tanta força por meio de seu juízo e sua graça.

---

[169] Jr 9:22s.

[170] Cf. cap. XX, p. 696s. e cap. XXI, p. 729s.

Em resumo: o privilégio que supõe para ser povo de Deus não é um bem que só possa sentir e verificar o grupo enquanto tal; a partir de agora também o indivíduo, que amadureceu o suficiente para ser capaz de decisão pessoal e tomou consciência da plenitude aqui encerrada, percebe que sua própria vida tem um valor independente.

A prova e confirmação dessa transformação na escala de valores éticos é percebida *na nova atitude diante dos males da vida humana*, que agora elimina totalmente o valor principalmente negativo que dos mesmos se fazia, como manifestações da ira divina[171] diante da qual a única postura lógica era evitá-los no presente e procurar defender-se deles no futuro; mas o aspecto realmente aqui contemplado se completa agora sob uma nova perspectiva, marcando-se o caminho para um valor positivo. Realmente, desde o momento em que se reconhece com clareza e se centra toda a atenção no que se julga o fim último da ação de Deus com seu povo — a instauração de uma verdadeira comunhão com ele — toda a história, com suas variações violentas de destino, adquire um sentido unitário.[172] Todos seus acontecimentos, sobretudo os desastrosos e destrutivos, deveriam estar a serviço dos objetivos divinos. Em vez de serem manifestações isoladas da ira divina, os maus se convertem agora em *meios para educar o povo da aliança*,[173] que testemunham a fidelidade do seu Deus[174] e se introduzem no grande plano universal segundo o qual o Senhor da história leva a sério sua salvação.[175] O transplante dessa idéia da vida do povo a do indivíduo, embora não fosse desenvolvido pelos profetas, viu-se fortemente impelido por suas vidas e sofrimentos. A forma em que esses homens suportaram as injustiças de sua própria existência — a incompreensão, a solidão, as ameaças, o perigo de morte, a enfermidade e a prisão — convertendo-os em instrumentos de sua própria purificação[176] ou da missão que tinham encomendada,[177] em nada se parece à atitude defensiva do homem natural ante o sofrimento; revela um poder vitorioso que, longe de capitular diante das injustiças da vida individual, sabe os articular dentro do plano salvador de Deus.

Nesse mesmo sentido apontava também a idéia, formulada cada vez com maior clareza, de que precisamente os *abandonados e desafortunados* do povo, os *ʿᵃniyyīm*, eram objeto de uma compaixão divina e até constituíram *o autêntico*

---

[171] Cf. **J. Scharbert**, *Der Schmerz im AT*, 1955, p. 102s; 190s.
[172] Cf. vol. I, p. 339-343s.
[173] Cf. **J. Scharbert**, *op. cit.*, p. 210s.
[174] Am 4:6-11; Os 11:1-7.
[175] Is 1:25s; 10:5s; 14:26; 22:11; 28:16s,23s; Mq 4:10; Hc 1:12; Sf 3:7; Jr 4:6s; 31:18s; Is 44:24-45,13; 55:8s.
[176] Is 8:11s; Jr 15:18s; 17:9s.
[177] Os 1:2s; Is 8:16s; 20:1s; Jr 16:1s,5s; 36:1s; 37:15s; 40:4s; Ez 24:15s.

núcleo do povo de Yahweh, em favor de quem seu governo providencial segue caminhos especiais.[178] Agora já o infortúnio externo deixou de aparecer como o mal infligido pela ira de Deus, até o ponto de que por ela podem ser considerados objetos de consideração de uma especial benevolência divina, e eles mesmos podem chamar-se os portadores do futuro nacional.

Essa avaliação positiva do sofrimento encontrou suas razões mais profundas quando seu autêntico e próprio sentido se descobriu *no sofrimento vicário pelos demais*:[179] na personagem dos Cantos do Servo de Yahweh mostrou-se a Israel uma vida privada de todo bem exterior e que, porém, era plenamente agradável a Deus porque nela se cumpria o desígnio divino de salvação. E o que, em um primeiro momento, realiza o Servo eleito de Deus para a redenção do povo em forma do todo peculiar, isso mesmo eleva os sofrimentos de qualquer homem piedoso a outro plano. Tanto o fato de associar o Servo de Yahweh com o Israel crente, que fora feito em um estágio anterior,[180] porém também, em um salmo com o 22, cuja seção final apresenta a consumação do reinado de Deus em relação direta com o sofrimento do justo, demonstram que essa nova avaliação dos bens da natureza, mesmo que não ocoresse na maioria do povo, mas sim em certos círculos dos discípulos dos profetas, marcou novos caminhos para a vida do indivíduo. Por isso o sofrimento do inocente como um serviço ordenado por Deus — uma idéia que veio ao nosso encontro ao examinarmos as regras murais — conduz, de fato, da felicidade natural, para a consideração da bem-aventurança da comunhão com Deus como o bem supremo. O que já estava implícito na oposição entre bens naturais e vida em Deus fica agora expresso em termos absolutamente inconfundíveis, a saber: que a norma moral, enquanto exigência da vontade soberana de Deus, coincide intrinsecamente com o bem moral, com a harmonia entre Deus e o homem, e leva, então, ao ápice da pura moralidade.

Mas, de outro lado, a atitude profética diante das injustiças da vida não significa uma desvalorização dos bens naturais, nem tampouco uma espiritualização da vida ordinária. Desse modo o demonstra a terminologia, na qual *os bens naturais e os espirituais podem formar uma grande unidade.* Um desses termos é *šālōm,* "bem-estar", "paz": já em Números 6:26 é usado no sentido amplo de bênção divina; agora inclui o bem supremo da comunhão com Deus e as bênçãos da vida terrestre (Isaías 9:5s; Juízes 29:11; 33:9; Isaías 48:18; 53:8). O fato de que esse termo possa resumir todo o conteúdo

---

[178] Am 8:4; Is 3:14s; 10:2; 11:4; 14:32; 29:19; Mq 2:8s; 3:3; Jr 22:16; Sf 2:3; Ez 16:49; Zc 7:10.

[179] Cf. **J. Scharbert**, *op. cit.*, p. 207 e 212.

[180] Is 49:3; 50:10.

da salvação da época messiânica é prova de sua amplitude semântica. Outro vocabulário é *yeša'*, alternativamente *y^ešū'ā* ou *t^ešū'ā*, "auxílio", "redenção", "salvação", que durante a crise do exílio converteu-se em palavra-resumo da salvação e das bênçãos divinas (Isaías 45:8,17; 46:13; 49:6,8; 51:6:8). Nesse termo vai implícito também o alcance universal da salvação divina, já que a *y^ešū'ā* chegou até os confins da terra; trata-se, pois, de um correlato da universalidade das normas morais, em que se expressa com toda a clareza a unidade da obrigação moral nos escritos proféticos.

Uma atitude característica e intermediária entre a avaliação profética e a do Israel antigo com relação aos bens naturais é adotada *pela cosmovisão sacerdotal*. Aproxima-se da pregação profética na marcada insistência com que opõe o demonismo que diviniza o mundo com o compromisso absoluto ao Deus da eleição, e ensina a ver na situação de privilégio do povo da aliança a bênção que excede a qualquer bem terrestre e por cuja conservação vale a pena renunciar a todo o resto.[181] Mas, do contrário, o fato de que tanto o ensinamento deuteronomista da Lei quanto o sacerdotal é centrado principalmente ordenando a vida de um povo que desfruta o dom da aliança — interesse bem distinto daquele que encorajou os profetas, cuja idéia do Deus que vem para o juízo e para uma nova criação, levou-os a abandonar a antiga concepção do povo da aliança — tem por resultado uma estima dos bens terrestres que se aproxima muito à do antigo Israel. Certo que, à vista da ameaça de juízo que se espera sobre povo e Estado, captada agora em toda sua força, adverte-se com maior clareza seu valor simplesmente relativo e se ressalta com mais intensidade do que na época em que o poder do povo estava ainda intacto. Mas essa atitude crítica fica mais na periferia, como uma situação limite que se evita na medida do possível; os bens da vida e os tesouros da religião não se excluem mutuamente, mas se combinam nessa unidade vital que o antigo Israel vivia ainda intensamente e que ao final da história nacional era buscada com tanta nostalgia. Na realidade, o poder e a bondade do Deus da aliança, da mesma forma que a riqueza de sua instituição eterna,[182] devem se experimentar como a realidade que governa toda a vida; e por isso os bens que a sustentam e enriquecem estarão intimamente ligados com a segurança em Deus, ao serem compreendidos como dons de sua bênção e testemunhos de uma relação de aliança plena de eficácia. O ensino deuteronomista da Lei sabe expressar essa forma de ver as coisas diretamente e com vivacidade quando com o termo *naḥ^alāh*, "propriedade", cria toda uma simbologia para significar a relação indissolúvel que existe por vontade

---

181 Cf. p. 779s e 813s.
182 Cf. vol. I, p. 35s.

divina entre o povo e a terra que ocupa[183] e, mediante outra palavra familiar no vocabulário antigo (*bᵉrākāh*, "bênção"[184]), consagra um termo coletivo, bem diferente dos proféticos antes mencionados, para abraçar todas as riquezas vitais destinadas ao povo que acha sua coesão na aliança. Aqui, por conseguinte, não é possível chegar a essa inversão de valores segundo a qual os maus não podem fazer vacilar a fé na presença divina, mais que a fortalecem; ainda quando se lhes continua considerando meios educativos com os quais se faz voltar ao bom caminho aquele que erra, eles, inevitavelmente, tornam-se empecilhos para o total desfrute da graça da aliança tornando-se assim, algo a ser evitado sempre que possível. Isso, por sua vez, impede que o significado universal de salvação surja com clareza, de tal maneira que, ou permanece oculta, como no Deuteronomista, ou se expressa, como em **P**, na visão de Israel como mediador da bênção das nações.

C. Tensão permanente entre os bens naturais e o bem salvífico-religioso

1) Na comunidade do pós-exílio a atitude diante dos bens morais defendidos pelos profetas teve fortes repercussões e foi nela na qual, às vezes pela primeira vez, se chegou a aplicar de verdade à vida do indivíduo crente.

Em um momento no qual o indivíduo lutava por saber com certeza qual teria de ser a finalidade de sua conduta, sem poder encontrar apoio para seu empenho nem na vida nem na prosperidade de seu povo, e no qual, de outro lado, as dificuldades externas que suportava a comunidade fizeram impossível a volta à consideração ingênua de uma inter-relação entre bênção e segurança em Deus, se acolhe com boas-vindas a proclamação profética da comunhão com Deus como o bem supremo que encerra em si todos os outros bens. Isso deu maior profundidade à conduta ajustada à norma da lei, fazendo dela uma experiência da vontade pessoal de Deus como energia capaz de dar nova vida e felicidade. Sendo assim, *a relativização dos bens da terra* pôde ser traduzida aqui na utilização do termo '*ᵃniyyīm*, "pobres ou miseráveis", como título de honra dos homens piedosos, interpretado mediante o termo paralelo de '*ᵃnāwīm*, que designa aqueles que persistem em uma justa atitude de humildade diante de Deus e diante dos homens e de sua salvação.[185] De todo modo, no momento

---

[183] Dt 4:21,38; 12:9; 15:4; 19:10; 20:16; 21:23; 24:4; 25:19; 26:1.

[184] Cf. **G. von Rad**, *Das Gottesvolk im Deuteronomium*, 1929. p. 6s.

[185] Cf. **A. Rahlfs**, *'ānī und 'ānāw in den Psalmen*, 1892; **G. Marschall**, *Die "Gottlosen" des ersten Psalmbuches*, 1929. Também, Is 41:17; 49:13; 61:1; Sl 22:27; 69:33; 74:19; 86:1s; 132:15s; 146:7s etc. **E. Sachsse** (*'Ānī als Ehrenbezeichnung in inschriftlicher Beleuchtung — Sellin Festschrift —*, 1927, p. 105s) fala da possibilidade de que essa concepção tivesse influência mais além das fronteiras de Israel.

de avaliar as aflições que atormentavam o homem piedoso exigiu uma força impensada a idéia do *sofrimento purificador e educativo*. Surpreendentes testemunhos dessa época sobre a docilidade e a paciência no sofrimento[186] fortalecem o que precisamente nela sentiu-se vivamente — e a experiência demonstrou como autêntica — a idéia de que a serena comunhão com Deus estava sobre o resto dos bens. Não passou tampouco inadvertido *o valor ativo do sofrimento do inocente* para a comunidade, até mesmo quando, naturalmente, não chegara a marcar a piedade corporativa inteira em todos seus aspectos. De qualquer maneira, as passagens antes mencionadas[187] — às quais teríamos de acrescentar a parábola dos pastores de Zacarias 11–13 — demonstram que muitos viam no sofrimento o único caminho indicado por Deus e uma contribuição à consumação messiânica. Assim pois, na vida do indivíduo fez-se realidade palpável o paradoxo de que se desfrutava o bem supremo quando se carecia de todos os bens terrestres, um paradoxo que podia oferecer consolo à vista da sorte do povo.

Mas até nos casos em que não se chegou a essa extrema transformação do desejo popular de felicidade, abriu-se caminho em círculos cada vez mais amplos a convicção de que a possessão mais preciosa do homem piedoso estava em uma vida de ordem superior, que não podia ser destruída por uma fortuna externa adversa. Se já desde antigamente a palavra *hāyyīm*, "vida", tinha sido usada muitas vezes no sentido de felicidade,[188] a partir de agora o conteúdo da felicidade se busca, acima da simples existência física e de seus bens, na satisfação íntima do coração graças à plenitude de vida emanada da comunhão com Deus.[189] Assim os mestres de sabedoria falam de uma vida que é um presente da sabedoria e do qual não podem participar os ímpios, uma vida cujo valor não pode ser substituído por nenhum bem terrestre[190] e que dá audácia ao homem piedoso até diante da morte.[191] O conteúdo mais valioso dessa vida está na indulgência divina e na paz da consciência,[192] e se pode alcançar e preservar ainda por meio dos maiores desastres da existência terrestre. No poema de Jó essa superação de um ideal de vida ligada às coisas materiais fica modelada

---

[186] Sl 32:8s; 66:9-12; Lm 3:27s; Jó 5:17; 8:20s; 33:19-28; 36:15,18-21; Pv 3:12; Eclo 2:5; 4:17-19; 18:13s; Sal Salo 10:1; 13:7s; Sab 12:2-20s.

[187] Cf. p. 800s.

[188] **W. von. Baudissin**, *'Atl, hayyīm "Leben" in der Bedeutung für "Glück"' (Sachau-Festschrift*, 1915. p. 143s).

[189] A esta vida superior se refere também **E. Schmitt** em seu profundo estudo *Leben in den Weisheitsbüchern Job, Sprüche und Jesus Sirach*, 1954. p. 181s.

[190] Pv 8:35s; 10:2,11; 11:4; 11:12,14; 14:27.

[191] Pv 11:4,7; 14:32.

[192] Pv 3:21-27; 8:35; 10:9,29; 11:3-8,27; 12:2; 13:6; 14:22; 18:10; 28:1.

de forma arrebatadora na entrega à vontade de comunhão do Criador com a criatura.[193]

Essa convicção de que existe na vida um conteúdo superior expressa-se também nas orações da comunidade judaica[194] quando, em meio de todas as crises exteriores, ora repetidas vezes a nostalgia do próprio Deus e de sua graça. Na expressão "ver a face de Deus" encontra uma tradução significativa desse bem da comunhão com Deus; é uma expressão que pode aplicar-se não só ao culto da comunidade, no qual participam todos os crentes,[195] mas também à procura de Deus por parte do indivíduo.[196] Na visão da face divina se desfruta a felicidade suprema, da qual fluem alegrias inalteráveis, segurança profunda e satisfação íntima, mas, ainda que se tenha de caminhar pelo vale escuro, seja no desafio imposto pela boa sorte do ímpio, seja na provação sob a mão divina, levando a que essa felicidade seja obscurecida, não se deve desanimar, pois repetidas vezes ela abrirá um novo caminho. Realmente, a segurança triunfante desse bem acima de todos os valores não só são mostrados como fonte de paz e alegria, em meio de todo tipo de luta, e como fonte inesgotável de felicidade[197] mas que também convenceu aos que estavam dela imbuídos *da indestrutibilidade do tesouro que se lhes tinha presenteado*, até mesmo frente à limitação que todo o terrestre encontrava na morte. A vida da qual fala o cantor do Salmo 16 não é só o lote agradável que lhe caiu em sorte durante sua peregrinação terrena e que excede a todos os bens terrestres, mas que alcança seu verdadeiro cume precisamente na alegria perdurável diante da face de Deus.[198] Igualmente, o profeta do Salmo 73, graças a uma iluminação divina, experimenta a auto-revelação da inconcebível grandeza de Deus como uma comunicação de vida sobrenatural que libera ao que se vê favorecido com ela até do horror da morte; mas como o Deus eterno é sua propriedade, nem sequer a glória celestial, e menos ainda um bem terrestre, pode distrair seu olhar dessa suprema plenitude de vida. Também o mestre de sabedoria do Salmo 49 escapa do caráter transitório da felicidade terrestre para se refugiar na perdurável comunhão com Deus. Posteriormente *a esperança da ressurreição* transfere o verdadeiro bem a um mundo além e fala de uma vida transcendente em um novo

---

[193] Cf. cap. XXIII: "Pecado e perdão", p. 823s.; VI. "Pecado e mal" p. 918s.
[194] Cf. p. 932s.
[195] Sl 27:4; 42:3; 63:3; 84:3.
[196] Sl 11:7; 17:15; Is 38:11; Jó 33:26. Cf. também p. 499s. e a bibliografia na p. 500. nota 90.
[197] Sl 16:5; 17:15; 63:4.
[198] Sl 16:11 ; Cf. cap. XXIV, p. 931s.

plano de existência, totalmente imerso na luz de Deus[199] e semelhante à vida dos anjos.[200] As expressões em que essa salvação, normalmente transcendente, resumem-se — glória, vida e luz — demonstram que se trata já do conteúdo essencial e, então indefinível, de toda a beatitude. E o fato de que tais termos se empregam principalmente no contexto de uma esperança de salvação de desejo universal nos indica que continua aqui viva a amplitude universal da idéia profética de salvação.[201]

2) De todo modo não se deve ignorar que *a linha descrita não é a única*, nem tampouco a mais pronunciada dentro da comunidade da Lei. Junto a ela aparece sempre outra que parte *da interpretação sacerdotal da relação de aliança* e se distingue por fazer uma síntese orgânica da bênção terrestre e do dom supremo da salvação. Também ela prestou uma ajuda decisiva à atitude ética da comunidade nos dias em que ela lentamente estava estabelecendo-se. Realmente, a convicção de que na nova aliança estavam incluídas as possessões da terra e a satisfação das outras necessidades básicas da vida proporcionou uma sustentação inalterada a essa auto-afirmação surpreendentemente obstinada pelo que, até em situações desesperadas, conquistou a comunidade o direito a viver em sua antiga pátria. O fato de que a bênção de Deus fosse considerada vinculada à comunhão com os "irmãos" significa que foi, precisamente, a contemplação do bem esperado o que provocou a disposição dos membros da comunidade à ajuda mútua, facilitando assim a superação do egoísmo individual. Esse supôs um forte dique contra qualquer intenção de fuga do mundo, contra qualquer religião solitária traduzida em uma intimidade mística com Deus, contra a tentação de saltar da individualidade religiosa o individualismo. A uma comunidade assim marcada lhe estava vedado dissolver-se em uma seita afatada do mundo, e persistiu, confessando ao Deus que diz sim à existência outorgada a seus eleitos e a honra com suas promessas.

Porém, para a claridade ética tanto das idéias quanto das obras foi determinante que esses dois pólos opostos de atração da vontade, não chegassem a se unificar em uma tensão fértil, mais que, isolados e cada um por seu turno, deram causa a reduções e retrocessos éticos que obscureceram o objetivo moral. Isto é necessário dizer, sobretudo, da debilidade total do pólo profético. O fato de que a conduta fosse regida de uma forma cada vez mais estrita pela lei introduziu facilmente no trato com Deus, considerado como o bem mais sublime, um *fator*

---

[199] Dn 12.3; 1 Enoque 58.3; 108.11-14; 2 Enoque 66.7; Sab 3:7; Sal Salo 3:12. Cf. **P. Volz**, *Die Eschatologie der jüdischen Gemeinde*, 1934. p. 362s. **H. Bietenhard**, *Die himmlische Welt in Urchristentum und Spätjudentum*, 1951. p. 180s.

[200] 1 Enoque 51:4; 104:4-6; Sab 5:5; Ap Bar 51:10,12.

[201] **P. Volz**, *op. cit.*, p. 358s.

impessoal, que impedia o homem de abrir-se por inteiro à obra divina. Como as expressões do amor a Deus foram tratadas cada vez mais em intermediários como o nome, a salvação ou a Lei,[202] assim também para o zeloso dessa mesma Lei, enquanto realidade objetiva, converteu-se em bem supremo muito mais imediato que o doador da Lei, ao qual se imagina demasiado longe. *Viver com Deus é, a partir de agora, viver sob a Lei*, e quanto mais ao pé da letra e mais ao detalhe se foi fazendo realidade essa idéia, mais foi girando todo o interesse em torno à conduta do homem, relegando-se a um segundo plano a autocomunicação pessoal de Deus. A Lei tem agora valor supremo na medida em que é o que possibilita ao homem uma conduta reta, e é fonte de sabedoria superior e meios para dominar a vida: assim sonha seu louvor no Salmo 119, por exemplo, e nos escritos sapienciais tardios.

Essa degradação da comunhão com Deus pregada pelos profetas ao alcance do ideal humano de vida foi, primeiro, inconsciente e apenas perceptível externamente; mas seus efeitos revelar-se-iam funestos, ao fazer-se com exatidão *a comparação do reino de Deus com a comunidade empírica*.[203] Em tais circunstâncias não havia de passar muito tempo para que às condições naturais necessárias para a existência da comunidade e, todavia mais, aos privilégios externos correspondentes a sua dignidade se lhes concedesse o valor máximo como fins da conduta interior. Todos o bens terrestres, que podem proporcionar prestígio e influência para uma comunidade humana, voltara a aparecer com toda sua força no horizonte como elementos inseparáveis de uma situação agradável a Deus e, por conseguinte, aprovada por ele. Com tal atitude espiritual era possível aceitar e acolher, como justa descrição da felicidade devida ao homem piedoso, tanto as pregações de futuro do nacionalismo particularista, com suas visões de poder, riqueza e prosperidade para a comunidade perfeita de Sião, quanto as perspectivas da doutrina sapiencial, com o seu ideal de vida abundante e segura, envelhecida com todo tipo de prazeres terrestres e bem defendidos de qualquer classe de perigo. E isso tanto mais quanto os israelitas, contidos como estavam em um conceito de retribuição de pouco fôlego, ficaram incapacitados para imaginar uma vida com Deus que não traduzira a confirmação da complacência divina em bens visíveis e palpáveis; pensar o contrário teria significado ir contra a justiça divina. Dentro dessa mentalidade, resumir os bens da conduta moral no termo "vida" teria um sentido absolutamente terrestre.[204] E de fato, nem sequer a introdução progressiva da fé na ressurreição alcançou mudanças fundamentais a respeito, porque o outro

---

[202] Cf. cap, XXI: "Formas principais da relação pessoal com Deus"p. 718s.
[203] Cf. p. 786s.
[204] Pv 4:13,22; 7:2; 9:6; 12:28 etc. Eclo 31:14s; Tob 4:10; 12:9s; 14:10s; Bar 3:14.

mundo foi concebido simplesmente idêntico a este, embora sobrepujando-o em felicidade.[205] E mais, a nova vida do homem piedoso não se imagina mais que como uma vida terrestre especialmente ampla.[206] E deste modo, também os bens especificadamente nacionais — a liberdade e o poder, a riqueza demográfica e uma Jerusalém gloriosa com seu templo — tem grande importância.[207] Frente a esta forma de pensar, que parte da premissa de uma comunidade religiosa, o ceticismo de Eclesiastes, que argumenta a partir do ponto de vista da doutrina sapiencial, perderia sua força.

Então, o fato de que a piedade se vira carregada com elementos de menos valor teve suas repercussões nas questões dos bens da conduta moral, mostrando que não tinha alcançado uma verdadeira compreensão do fim principal de toda ação ética. A conduta da aliança com Deus como um *do ut des* impedia ver nela uma relação de graça e reduziram seu valor eterno *a garantir* os bens nacionais e cultuais em suas condições terrenas. Por conseguinte, as linhas de pensamento que apontavam a um bem universal e transcendente não chegaram a desenvolver-se com vigor; ao mais, se mantiveram a duras penas entre outras, simplesmente como parte do depósito tradicional de idéias. A conseqüência lógica foi sua atrofia total em um sistema totalmente definido e articulado, somente substituível pelo aparecimento de uma nova realidade de Deus, que permitiu descobrir uma nova experiência de uma verdadeira comunhão com Deus em meio às condições humanas.

III. MOTIVAÇÕES DA CONDUTA MORAL

A conduta humana acha-se sempre e em todo lugar definida pelo conflito entre o que é e o que deveria ser, entre o dever absoluto e o desejo de ser dono da própria vida e configurá-la autonomamente.

A. As motivações naturais no marco da aliança divina

Ainda a sensibilidade ante o "dever ser" possa ser de intensidade muito diferente, a realidade disto é permanente, e proporciona motivos para uma conduta que nasce a partir de uma dimensão superior, independente da vida individual anterior à mesma. Que esse "dever ser" o homem primitivo experimente na forma de terror do tabu ou que as provas civilizadas descubram

---

[205] Sal Salo 9:5; 14:10; 1 Enoque 62:14-16; Cf. vol I, p. 436s e **Volz**, op. cit., p. 387s.
[206] 1 Enoque 5:9; 10:17; 25:6; Jub 23:27-29; Abot II, 7.
[207] Volz, *op. cit.*, p. 368s.

seu fundamento na vontade de um Deus, que se reduz só a alguma obrigação básica determinada ou que reúna a vida inteira em um sistema inteiro de exigências, são coisas que nada acrescentam nem tiram do fato de sua existência e a sua diferença qualitativa do resto das motivações da vontade. Mas sua verdadeira importância reside naquele que faz o homem consciente de que sua vontade está limitada por uma obrigação absoluta e de que, portanto, lhe é necessário optar e responsabilizar-se, lançando assim as bases de sua existência como eu pessoal. Por isso, no que se refere à motivação da conduta moral, o mais importante é saber qual relação existe entre esse dever absoluto e os estímulos naturais da vontade, e se ele provoca — e de que maneira — uma conduta moral.

Em Israel, como em qualquer outro povo, *o instinto social natural* estimula à ação moral. À parte de que não se podia esperar outra coisa, o fato está atestado de muitas formas na tradição antiga. O que favorece a prosperidade da família ou desse âmbito mais amplo que é o clã, o que aproveita da tribo e da confederação tribal, considera-se como um impulso para a ação, frente a qual devem passar para o segundo plano os interesses egoístas do indivíduo.[208] No caso da amizade, o motivo moral passa dos laços herdados à obrigação livremente contraída, e essa mesma norma é a que regula as nações, além das fronteiras nacionais, nascidas do pacto ou do costume, graças às quais são possíveis o intercâmbio e a ajuda entre povos vizinhos.[209] Já aqui deve operar, a partir da utilidade calculada, um sentimento de humanismo universal, como o que se dá em uma cultura internacional suficientemente desenvolvida e se expressa na doutrina prática dos sábios, os quais são, naturalmente, as pessoas que mais viajou.[210]

Por maior que fosse a influência de tais motivos na conduta moral, não bastavam, contudo, para unir todas as situações da vida dentro de um sistema moral. Em amplas áreas de conduta seguiram imperando o motivo do egoísmo natural,[211] e em outras esse mesmo egoísmo se sobrepôs a motivos morais aceitos em terras diferentes. Assim, por exemplo, a coesão entre as tribos é constantemente quebrada pelo egoísmo de certa tribo,[212] e a solidariedade tribal utiliza-se para proteger o criminoso que, de outra forma, seria execrado.[213] A vingança de sangue dificulta mais de uma vez os interesses superiores da

[208] Cf. p. 763s.
[209] Cf. p. 764s.
[210] Cf. **H. Gressmann**, *Israels Spruchweisheit im Zusammenhang der Weltliteratur*, 1925. **W. Baumgartner**, *Israelitische und altorientalische Weisheit*, 1933.
[211] Cf. p. 768s.
[212] Jz 8:1s; 12:1s; 18:16s.
[213] Jz 20:12s.

comunidade nacional e degenera em brutal crueldade contra a qual não há proteção possível.[214] De outro lado, as razões do instinto social natural caem facilmente sob o controle de uma utilidade calculada, para a qual até as relações pessoais são meios a serviço de fins práticos. Assim, sucede, especialmente, quando as formas estabelecidas de organização social — como a monarquia, a burocracia, o sacerdócio e o grêmio profético — antepõem a dignidade e prosperidade de seu próprio grupo aos interesses do povo.[215]

Pois bem, nesse mundo de motivações racionais do comportamento moral a conclusão da aliança divina no Sinai e também (embora nós já não possamos capturar claramente, assim foi em princípio) a emigração — do caráter religioso — das tribos hebréias associadas ao nome de Abraão introduziram um *dever absoluto* que, ao apresentar-se *como a vontade do Deus da eleição,* reivindicou para si o direito de regular a vida inteira. Isto significa, por uma parte, *um vigoroso reforço das motivações naturais da conduta,* já que, enquanto protetor da vida do povo e da do indivíduo, Yahweh excluía da esfera da discrição humana os deveres naturais para o próximo, incorporando-os às ordens básicas de sua aliança, revestidas de autoridade absoluta. Da mesma forma que a coesão natural das tribos só alcançou uma solidez indestrutível pelos requerimentos a uma comum implicação de serviço sob o estandarte de Yahweh, assim também as movimentações derivadas da ordem categórica de Deus fizeram que os membros das famílias e do povo tomassem nova consciência dos deveres de alguns para com outros. Realmente, a responsabilidade diante da vontade absoluta de Deus proporcionava aos deveres para com o próximo uma enorme seriedade, que se traduziu não só em uma formulação e na coleção de deveres, mas também em uma profundidade e extensão de seu alcance.[216] De outro lado, os motivos naturais sofrem uma *sã redução* em sua validade; as exigências religiosas entraram em conflito com eles, e em tal caso eram elas as únicas decisivas. Se a moral popular dá por livre a vingança de sangue ou permite pagar o inimigo com a mesma moeda, a consciência de ser responsável ante Deus, centrada em sua vontade salvadora, chega a superar esses impulsos naturais.[217] Deste modo, o egoísmo natural da família e do povo[218] quebra-se contra essa autoridade que impele o homem a uma conduta verdadeiramente moral e suscita um empenho novo de ajustar a vida, de maneira cada vez mais perfeita, às linhas fundamentais da convivência requerida por Deus. Essa atitude do homem piedoso é o que o Antigo Testamento chama "temor se Deus".[219]

---

214 2 Sm 3:27 e 1 Rs 2:5; 2 Sm 4:2s. (?); 21:4s.
215 Cf. vol. I, p. 292s.; 387s.; 392s.; 400s.
216 Cf. vol. I, p. 55s. e neste volume p. 766s.
217 Veja p. 768s.
218 Cf. também 2 Sm 21; Êx 32:27s.
219 Cf. cap. XXI.

Dois defeitos normalmente repreendem o fato de que o temor de Deus se fizera motivação moral predominante no antigo Israel, que converte a conduta ainda mais intensamente em "procura consciente do próprio benefício",[220] com a conseqüente intrusão do eudemonismo na decisão moral; e que a vontade divina, enquanto princípio coercitivo estranho, torna impossível atuar com liberdade moral. Mas isso só seria verdade se o temor de Deus implicasse na submissão obrigatória a uma vontade dominante sem uma relação íntima com o povo e cuja única capacidade para motivar a seus subordinados estaria em uma expectativa de recompensa ou castigo. Agora então, pelo que temos dito sobre o temor de Deus e sobre a estima dos bens naturais,[221] essa forma de pensar falsifica a realidade por completo. Antes das exigências divinas está a graça, pela qual Deus se entrega a seu povo para ser seu Deus e lhe facilita o acesso a sua própria vida. A convicção de ser chamado para ser povo desse Deus faz que a união íntima com ele conscientemente entendida como tal, é considerada como o bem supremo, ainda que sem levar em conta nem a recompensa nem o castigo, convertendo desse modo a aceitação do dever absoluto em uma resposta do homem à bondade antecedente do Deus. Só dessa forma pode chegar-se à defesa apaixonada dos direitos soberanos de Yahweh frente a amigos e inimigos e sem ter em conta egoistamente nem a felicidade nem o infortúnio; deles é testemunho palpitante a poesia mais antiga.

Não entra em contradição com o que foi dito, que se fale de um prêmio ou um castigo de Deus segundo seja a conduta humana. Prescindindo de que o antigo Israel desconhece o hábito de calcular meticulosamente a retribuição divina na vida do indivíduo, como aparecem no judaísmo; porém, as menções ocasionais de bênçãos divinas ligadas à reta conduta [222] não nascem da reflexão, nem são mais que expressões vívidas de um comportamento pessoal de Deus pelo que se dá a conhecer ao indivíduo como o ser fiel e bondoso. E a conexão das leis com ameaças e promessas na medida em que isso se remonta à época antiga,[223] se deve ao fato de que também na vida moral a ceifa e a colheita sujeitam-se a uma ordem fixada pela vontade divina e de que o legislador garante fecundidade à conduta que segue suas normas.[224] É coisa óbvia — e deles se deram conta perfeita os narradores antigos — [225] que, enquanto o caráter pessoal

[220] Assim **H. Schultz**, *op. cit.*, p. 15 e 18.
[221] Veja p. 718s. e 794s.
[222] Gn 26:5; Êx 15:25,26b; 19:5,8.
[223] Êx 20:5-7,12; Js 24:19s; Cf. vol. I, p. 409, notas 1-3.
[224] Cf. vol. I, p. 214 e a mesma situação quando Jesus utiliza as categorias de recompensa e castigo.
[225] Gn 28:20s.

da relação com Deus sucumbe em uma interpretação contratual, a conduta nascida da experiência da comunhão com Deus passa a ser substituída pela ânsia de recompensa e o cálculo. Mas afirmar que isto define a conduta média de Israel é fechar os olhos ao nível geralmente elevado de sua idéia de Deus.

No que foi dito vai implícita a resposta para a segunda objeção contra o motivo religioso presente na moralidade israelita do período antigo. É precisamente o conhecimento de que Deus é o que Ele faz para seu povo, que impede o desenvolvimento de uma obediência cega e forçada e proporciona a possibilidade para uma decisão livre. Tampouco neste caso pode comprovar-se em que esferas chegaram a realizar-se tal possibilidade, para deixar assim bem claro onde houve defeitos.[226] Contudo, dificilmente por ser disputada, que a natureza da auto-comunicação divina avançava nessa direção, ainda mais, foi compreendida assim. Na realidade a natureza da aliança divina criava condições especialmente favoráveis não só para entender o caráter antecedente da graça, mas também para perceber que a aceitação dessa graça era inseparável de uma conduta direta com o próximo, como membro do povo da aliança, todo o israelita se vê investido de uma dignidade inquestionável, e, por isso, urgir a que se lhe trate como pessoa, e não como meio para um fim, não representava uma soma nova e incompreensível ao dom da eleição, mas uma conseqüência claramente implícita no dito dom e, portanto, idêntica com a vontade de Deus que outorga e exige. O fato de que inter-relações não chegaram a ser formuladas conceitualmente na época antiga de Israel, estando contidas na situação de fato, de maneira alguma diminui a sua realidade.

Por conseguinte, esse temor de Deus que impele a atuar moralmente não pode ser considerado como o estímulo de uma lei estranha; ao mais, tal estima poderia ser aplicada justificadamente à influência, igualmente forte, do temor na esfera dos deveres cultuais. Embora seja verdade que o culto, enquanto meio natural da comunidade, foi sentido na Antiguidade como uma necessidade imediata de modo totalmente distinta como o sente o homem de hoje, não devemos esquecer, porém que o sentido de uma norma concreta deixa, com freqüência, de ser patente;[227] daí a possibilidade de que mais de uma vez entre em conflito com o preceito moral, atuando como um princípio coativo estranho.[228] Mas aqui temos que levar em conta a força da concepção de Deus como um ser pessoal, em virtude da qual até a esfera do sagrado, moralmente indiferente, fica sujeitado à grande idéia do serviço pessoal. A vontade divina

---

[226] Cf. a respeito p. 772s.

[227] Cf., por exemplo, os ritos de purificação e os preceitos sobre a comida.

[228] Como nos casos do anátema de guerra ou do caráter inquebrantável do voto, mesmo quando está em perigo uma vida humana (Jz 11:30s; 1 Sm 14:24,38s). Sobre o poder quase material de contágio ou destruição que tem o santo, cf. Nm 16:10s, 35; 17:1s; 1 Sm 21:5s.

não pode ser explicada de modo "evidente" e racional, mas também não pode ser vista como uma tirania que atua ao vaivém do puro capricho.[229] Tampouco podemos, naturalmente, esquecer que o impacto da presença e intervenção do Senhor na sensibilidade do povo nem foi o mesmo em todas as épocas, nem tiveram idênticos efeitos em todas as camadas da nação. Devemos contar, também, com as influências simultâneas, algumas vezes debilitadoras e outras destruidoras, das religiões circundantes, sobre a idéia de Deus especificamente israelita. Desse modo já na época antiga, junto às correntes, controlada pela aliança divina e suas operações, constatamos a ação de outras que não chegaram, contudo, a se impor.

Mudaram as coisas quando, ao ser exagerado o aspecto cultual da religião na época da monarquia, esteve em perigo de se perder a estreita conexão de culto e moral quando, por causa da degradação do conceito de Deus, de forma naturalista, pelas influências cananéias, o culto apareceu como o meio apropriado para se aproximar da divindade e ter parte em seu poder vital. O debilitar do elemento pessoal, presente na idéia de Deus, em favor da adoração da força impessoal da natureza, fez que o dever absoluto ficasse degradado a um ato utilitarista, por meio do qual se teria a esperança de pôr o poder divino ao serviço do próprio proveito. Em outras palavras: a separação do doador divino de seus dons deu a preponderância ao motivo eudemonista. Às vezes, o homem viu-se enfrentado com o mistério da vida da natureza; que por seu capricho em dar ou remover deixava-os nas trevas sobre a sua real direção e, portanto, deixando-os em uma sujeição escravizante a uma norma estranha. Perdeu-se assim a possibilidade de explicar o sentido intrínseco dos direitos que Deus reivindicou no ato de sua aliança e a indissolúvel relação que existia entre ação cultual e conduta moral, concebidas como exercício de livre decisão de acordo com a natureza da aliança.

B. Restabelecimento da teonomia

A recuperação do caráter pessoal da imagem de Deus foi vista no marco envolvente de uma experiência numinosa terrível e da incomparável exaltação cósmica do Deus de Israel; isto fez que na pregação dos profetas aparecesse o dever absoluto, projetado pela vontade divina sobre a vida humana iluminado pelo resplendor do fogo do juízo. Esse encontro com a divindade, ante cuja exigência de decisão, todo homem emudeceu, nem pôde iludir-se mediante obras impessoais, nem ser eliminado da vida diária, reduzindo-o à esfera do mágico e

---

[229] Cf. vol. I, p. 229s, 241s.

do sagrado, nem tampouco ser utilizado ao serviço da vontade humana. Todas essas formas piedosas de esconder a realidade divina são agora desmascaradas como oposição a Deus e julgadas em conseqüência. A vinda do Senhor universal para julgar a seu povo força os homens a reconhecer do modo mais radical o caráter absoluto da obrigação para com ele.

Nesse ponto basta que recordemos que as considerações já feitas[230] sobre essa suprema motivação moral foi purificada dos elementos com os quais ela foi deformada ou confundida por uma religiosidade mágico-mística, iniciando-se assim *um novo reconhecimento da majestade absoluta da exigência moral.* Se a ação do homem nascesse do sentido de responsabilidade diante ao Deus santo que proclamavam os profetas, tornava intrinsecamente impossível o culto como ação sacrifical,[231] e não poderiam aparecer junto à conduta moral mais do que como testemunho de fé na promessa divina, de obediência respeitosa ante sua majestade e de fidelidade a sua comunhão.

Há uma coisa importante, o caráter de compromisso pessoal da conduta moral fica agora mais clara e firmemente estabelecido graças ao fato de que o movimento central do temor de Deus *conhece uma nova interpretação* e é aplicado às diferentes relações da vida pessoal, captada agora em toda sua complexidade. Por isso o ato livre de obediência considera-se agora como prática de amor, de conhecimento de Deus, de humildade, de fé, de agradecimento; em uma palavra, como o fruto lógico da reunião de todas as energias que configuram a pessoa.[232] A obediência se opõe, assim, a toda obra impessoal, a toda conduta legalista externa, a toda intenção de reduzir a vida ao cumprimento dos mandamentos da lei entendidos ao pé da letra.

E quão forte foi a influência desse desenvolvimento interior da motivação religiosa para a compreensão da Lei:[233] a Lei apareceu como o documento por excelência da vontade de Deus e como a múltipla exposição de seu mandamento radicalmente único. Em suas exortações pastorais *o ensino deuteronomista* da Lei sabe inculcar em seus ouvintes essa entrega do coração a Deus com humildade e amor, com gratidão e confiança,[234] aproveitando-a para definir seu cumprimento como uma nova atitude da vontade. De outro lado, ao reduzir toda a Lei ao preceito do amor, até os cidadãos mais simples podem compreender que as exigências fundamentais da vontade estão na entrega de toda a pessoa ao tu divino. Compreende também que esse mandamento, cujo

---

230 Cf. vol. I, p. 321s. e p. 770s.

231 Veja I. p. 83. nota 6.

232 Cf. vol. I. p. 317s.

233 Cf. vol. I, p. 73s.

234 Dt 6:10s; 7:7; 8:2s,12s,17s; 9:4s; 10:21; —6:5; 10:12; 11:13; 13:14; 30:6; —5:6,10; 7:6s; 8:5s;11:1s; 26; —1:23; 7:17s; 8:3; 9:23.

sentido não é imediatamente transparente, apesar de emanar da autoridade absoluta da vontade soberana de Deus, tem sua base igualmente no coração e a consciência, porque deriva do desígnio do amor divino que tudo ordenou, buscando a salvação de seu povo e que não admite que se cumpra a Lei pela Lei mesma, mas que se queira que no cumprimento concreto de um preceito seja traduzido de forma viva uma única profissão de amor a Deus.

Desse modo também *as exigências morais* ficam incluídas com grande vigor no amor antecedente de Deus: não são mais *a conseqüência lógica e natural de sua vontade benfeitora revelada ao se realizar a aliança*. Como Deus fez do povo inteiro sua propriedade, *naḥ*ª*lāh*, desse modo, também o país, por cuja mediação quer ele distribuir os dons de sua bênção, é sua propriedade. Como tal, está livre das garras egoístas da avareza, tendo direito igual todos os israelitas, enquanto membros da comunidade. Dentro dessa ordem de igualdade, os que formam parte do povo não são capazes de tratar-se uns aos outros mais que como irmãos, entre os quais não é necessário que um indivíduo se veja privado de seus direitos, mas que se sentem obrigados, por solidariedade, precisamente para com os membros mais fracos (estrangeiros, viúvas e órfãos), que também participam da bênção divina. Desse modo uma situação de fato presente já nos tempos antigos, fica agora formulada de modo inteligível para todos e a motivação natural da solidariedade nacional vê-se elevada à esfera da responsabilidade religiosa.

O ensino sacerdotal da Lei no Código de Santidade relaciona com a conduta com relação ao próximo, a sujeição à vontade absoluta de Deus, que segue uma linha muito mais individualista, realmente, aqui o cumprimento imaculado do preceito divino equivale a modelar *a natureza humana de acordo com a natureza divina*. O Deus santo não só quer separar a seus eleitos do mundo para seu serviço santificando-os (esse é o sentido normal de "santidade" quando se prega aos homens), mas quer ver refletidas, também em seu povo santo, as purezas imaculadas de seu ser, que os separa da impureza pecadora da vida humana.[235] Em outras palavras, se passa agora *da comunhão da vontade à comunhão da natureza com Deus*. Por conseguinte, a última motivação da conduta moral é transferida ao desejo de se parecer com o modelo divino, único caminho pelo que o homem possa entrar de cheio na esfera de Deus. Com isto fica descartada, indubitavelmente, a mínima possibilidade de conflito entre a vontade divina e a humana e, por sua vez, está garantida a unidade e liberdade da conduta moral. Certamente, essa concentração na perfeição imutável da natureza divina não tem um caráter tão explicitamente pessoal quanto a reflexão

---

[235] Lv 19:3,11s,15s; cf. vol. I, p. 246s.

profética e deuteronomista sobre o ato amoroso da eleição, até mesmo quando o mestre da lei sacerdotal não pensa em uma idéia atemporal, mas na perfeição de natureza revelada pela manifestação do próprio Deus na história. Mas, como o propósito dessa santificação de Yahweh é compreendido no sentido de um empenho por modelar o homem à sua imagem e, portanto, está estritamente relacionado com seu desígnio no momento da criação, esse "dever ser" divino enfrenta o indivíduo, independentemente da existência do povo, com uma obrigação de caráter absoluto, ensinando a ver o valor infinito da vida desde o horizonte da comunidade de natureza com Deus.

Nessa visão de Deus como Criador e Salvador há uma sugestão, ao mesmo tempo, um *motivo universalista,* cuja eficácia só é impedida pelo fato de que a comunidade permanece separada pela lei do mundo que a cerca; de outro lado, na pregação profética é inconfundível a estreita relação entre o imperativo categórico divino e o alcance universal desse dever. Realmente, não é possível pensar que estejam separados a majestade transcendente e o poder universal de Deus, que de um lado é o Senhor de Israel de outro é dos povos que se aproximam para o juízo. É o primeiro aspecto o que proporciona o último estímulo à vontade, com a confiança de que, ao realizar essa sua tarefa concreta em uma situação determinada, está traduzindo uma lei de validade universal e colaborando na construção de um reino que alcança o mundo inteiro. Isto dá a moral, por sua vez, a liberdade de decisão e capacidade para escapar de fins puramente imanentes, uma validade universal que não se fundamenta em uma abstração desavisada do dever concreto, mas na realidade, de uma vontade superior que compreende e unifica todas as formas isoladas de obrigação moral.

C. Materialismo e falta de unidade nas motivações morais

Uma vez que o solo da alma da nação foi revolvido pelo arado do exílio, a semente lançada pelos profetas e pelos mestres da lei encontrou, para enraizar e frutificar, possibilidades muito melhores que as que tinham oferecido o fanatismo nacionalista dos séculos sete e oito. Na hora de reconstruir a comunidade de Jerusalém, os responsáveis fundamentaram decididamente sua situação no imperativo absoluto da vontade divina. De outro lado, os contratempos que a comunidade teve de viver e suas lutas contra os inimigos de fora e de dentro a obrigaram a um empenho incessante por ser clara em suas decisões morais. Já temos indicado antes[236] até que ponto chegou a funcionar em tais circunstâncias

---

[236] Cf. p. 788s e 748s.

o temor de Deus e a obediência à Lei. A idéia profética de orientar toda a conduta a partir do imperativo divino, o qual é necessário se aceitar dentro de um compromisso pessoal, fez com que a vontade moral em relação às exigências práticas da situação geral fossem centradas todas na lei enquanto tradução direta da vontade de Deus. A reestruturação tão radical da comunidade do templo sobre a base da Lei e a marcada exclusividade com que a fé girava em torno da majestade transcendente do Santo, não teria mais remédio que contribuir a um reforço da estima pela Lei, de tal maneira que *a fidelidade aos preceitos da lei chega a identificar-se com a fidelidade a Deus*. A fidelidade à Lei se converte no motivo central da conduta com respeito a Deus; no amor à Lei está o amor a Deus;[237] junto à confiança em Deus aparece a confiança na Lei[238] e, a partir do segundo século, se entende por fé a firme confissão de fé nas comunidades judaica, com seus ensinamentos e regras baseadas na Lei.[239]

Pouco a pouco o motivo da obediência à Lei foi apossando-se do pensamento ético e deslocando outros motivos. Uma prova especialmente clara da dinâmica desse processo nos oferece a literatura sapiencial.[240] No primeiro momento, por ser em origem uma doutrina prática de caráter internacional, a sabedoria israelita concede ao motivo da utilidade a mesma importância primordial que os escritos não israelitas do mesmo gênero. Isso é mais lógico quando se trata de normas de prudência; mas também introduz nas exortações morais um elemento que teria de ser funesto para o caráter absoluto do dever ético: até o tom notadamente religioso de algumas das suas personagens está dominado quase sempre pela idéia de que Deus recompensa; só em raras ocasiões cita-se, como razão suficiente da conduta humana, a vontade soberana de Deus.[241] Apesar de tudo, a sabedoria israelita se salva da queda em um eudemonismo crasso graças ao conhecimento da existência de *uma relação pessoal com Deus* e a que fixa a conduta do sábio cada vez mais nela. Quando o sábio pensa na divindade não sente só medo e humildade (até aí chegava já o sábio pagão), mas que é a confiança em Deus o que deu forças para caminhar pela vida.[242] Nas partes mais recentes de Provérbios e no livro de Jó, o conhecimento do santo e o temor de Deus constituem já o elemento

---

[237] Sl 119; 19B.
[238] Eclo 36:3; 35:24.
[239] 1 Enoque 61:4; 63:5s; Jdt 14:10; Test Dã 6; Jub 17:17s; 18:16; 19:8s; Sab 3:14; 2 Mac 7:40; 4 Mac 16:22.
[240] Cf. p. 788s.
[241] Provérbios de Ani (segundo **A. Erman**, *Die Literatur der Ägypter*, 1923, p. 295) e Provérbios babilônicos, 70s (segundo AOT, p. 291s); Pv 14:2; 16:6; Eclo 15:1; 19:20.
[242] Pv 22:19; 28:25; Sl 37:5.

principal da sabedoria; quer dizer que o cálculo mesquinho do útil cede agora o primeiro lugar às pretensões de dignidade única e suprema de Deus. E desse modo, no prólogo de Jó a piedade calculadora merece uma dura condenação. Conforme aumenta o influxo da piedade da Lei sobre a sabedoria, faz-se mais firme cada vez a concentração na vontade absoluta de Deus. Chega um momento em que os conselhos e as exortações do sábio coincidem por completo com as exigências da Lei:[243] isso é sinal de que se tem uma consciência cada vez mais clara do caráter absoluto do "tu deves" divino que nem pode explicar-se nem deduzir de outra realidade. E é que quando o mandamento absoluto constitui a fundação da vida, mais além de toda a discussão, os cálculos de êxito ou as contas da possível utilidade não servem já para justificar a exigência moral. Em definitivo coincide esta com o valor supremo, até o ponto de que, a paz que assegura o temor de Deus vale por todos os bens externos[244] e a alegria do homem piedoso consiste em obedecer a Lei.[245] De fato, enquanto estímulo principal da vontade, a Lei é capaz de desbancar motivos naturais tão fortes quanto o da conservação da vida ou o amor materno, podendo encorajar uma morte alegre, como se narra na impressionante descrição dos martírios do livro 4 de Macabeus.

Esta posição central da fidelidade à Lei entre as motivações da vontade tem também seus lados sombrios, bastante lógicos e que, depois do que já dissemos, só vamos expô-la brevemente.

Considerar a Lei como tribunal de primeira apelação encerrava o perigo de dificultar a relação direta com a vontade divina, que se dava a conhecer exigindo e julgando, perdoando e redimindo; o que era um intercâmbio vital e interior com um tu divino se viu suplantado pela autoridade morta de uma coisa que facilmente impedia ver a majestade infinita e o amor, levando a uma comunhão com o homem, daquele, de quem a Lei deveria ser testemunho. Deste modo, a infinita amplitude original do dever moral encontrou-se violentamente com os sofrimentos da letra da Lei; fora disto, o egoísmo cresceria sem ser perturbado.[246] Pela incapacidade para hierarquizar as diferentes exigências da Lei a partir da natureza do legislador, se chegou a equiparar todos os mandamentos, conseguindo-se assim que a decisão moral estivesse sujeitada a um legalismo estranho.[247] O automatismo rígido e a indiferença, característicos desse regulamento violento da vida diminuíram

---

243 Eclo 7:31; 28:7; 29:1,9: 35:23; Tob 1:6; 4:5; 6:13; 7:11; Sab 9:8.
244 Sl 40:8s; Tob 4:21; Eclo 1:11s; Test Is 3–5.
245 Sl 1; 19:8s; 119:105s; Eclo 32:10s.
246 Cf, p. 788s. e 790s.
247 Cf. p. 789s.

a abertura a casos de obrigação moral não previstos e a disponibilidade para se deixar guiar pelo Espírito em tarefas novas.

Mas o maior perigo da motivação moral da fidelidade à Lei estava em sua incapacidade para evitar *a miscelânea de outras motivações*. Realmente, a linha que temos descrito não é a única dentro da mentalidade da comunidade judaica, nem sequer nos escritos que nos dão testemunho dela. Entrelaçam-se muitas vezes com um pragmatismo moral, que em cada momento, ameaçam embaçar o caráter absoluto do dever moral. Intervêm aqui diversos fatores. A antiga convicção — defendida, por sua vez, tão energicamente por Ezequiel[248] — de que a Lei da aliança era a base da prosperidade do povo, se viu mesclada com outras exigências imediatas esboçadas pela real situação da volta para Jerusalém, já não se tratava de viver com mais ou menos êxito e felicidade, mas de saber a quem tocaria possuir a terra e controlar a constituição da coexistência nela, se o partido profético, que havia tomado como bandeira a autoridade da lei, ou o povo mestiço semi-pagão e os renegados das linhas proféticas que confraternizavam com ele. Em tal situação, torna-se compreensível que tivesse importância decisiva vincular a fidelidade à Lei com a instalação vitoriosa na terra e o prazer de suas bênçãos. Isto deve ser levado em conta ao fazer uma avaliação dos testemunhos da época referentes ao tema.[249]

Somou-se a isso o interesse ardente da fé da comunidade pós-exílica em que o indivíduo experimentara a retribuição de Yahweh neste mundo. Apareceria em jogo a justiça de Deus e o sentido do desenvolvimento da história como modelação do governo universal de Deus, se a intervenção divina não pudesse ser demonstrada na boa ou má fortuna do indivíduo e em seus castigos ou prêmios.

O fato era tanto mais grave quanto menor fosse o poder do homem em manter a esperança escatológica e, mais decididamente, ele percebesse que podia receber, na comunidade da aliança e nas suas ordenanças sagradas, o alvo último da história. Dentro desse contexto a recompensa terrestre pela fidelidade à Lei teve de adquirir suma importância, chegando converter a crença em sua verificação empírica em um dogma básico da piedade.[250] Mas com isso se fez inadvertidamente de Deus um instrumento ao serviço das pretensões humanas, alguém a quem poderia recordar o cumprimento de suas promessas e cuja vontade soberana estava subordinada à idéia humana do bem. Se a isso somava-se um postulado admitido na doutrina sapiencial — que o

---

[248] Cf. p. 748s.

[249] Is 57:13b; 58:12,14; 65:9s,13,21s; Sl 37:3,11,22,29,34.

[250] Assim nos Provérbios (1:19,31s; 2:21s; 3:31s etc.), em muitos Salmos (37; 39; 49; 73; 128) e nos discursos dos amigos de Jó.

mandamento divino é compreensível, e racional o curso do mundo — ficava aberto o campo para uma concepção utilitarista do universo no qual puderam desfrutar de autonomia e independência as motivações eudemonistas. Havia desaparecido, com isso, todo estorvo para que a piedade se visse invadida pelos cálculos do mérito e da recompensa, e foi pensado que o fim inquestionável do dever divino está na felicidade do indivíduo e do povo. A ação de Deus fica reduzida, unilateralmente, no juízo e na retribuição, pelos quais é garantido ao homem piedoso o fruto de suas obras.[251] A vontade e a soberania de Deus, que tinham sido o norte da conduta humana e tinham representado, por sua vez, o valor supremo, perdem sua preferência sobre as ânsias de felicidade terrena.

Mas essa felicidade terrena não estava constituída necessária e unicamente por bens materiais. Por obra da conduta sapiencial há um bem espiritual que adquire grande importância como motivação da conduta: trata-se da satisfação que dá possuir a própria sabedoria, e nasce de um sentimento de superioridade sobre néscios e ímpios e da segurança de dominar a vida.[252] Esse bem, não se viu afetado pelo trajeto da sabedoria profana e cósmica da doutrina ética da Lei; em realidade, o orgulho dos próprios conhecimentos e da autoridade magistral são dos mais fortes e destacados estímulos da conduta centrada na Lei. Quando a mentalidade grega, com sua inalterável segurança de que é possível pôr em prática o que era previamente conhecido como correto, influenciou os mestres judeus, esse gosto pela modelação ética da vida em si mesma, adverte-se em virtudes cuja possessão é própria do homem perfeito e por cujo meio se dominam os instintos sensíveis e se consegue uma plena independência da sedução e ameaças do poder terrestre.[253] Teremos aqui outra falsificação importante do motivo central da moral teonoma, como demonstra claramente a confrontação de Jesus com os doutores de seu tempo, precisamente nesse ponto.

Pouca novidade introduziu, nesse estado de coisas, a progressiva extensão da fé na ressurreição e no juízo final. É verdade que o olhar se volta aqui e lá para o juiz divino com maior força[254] e que a preocupação com a

---

[251] Na esperança de salvação (Is 66:12; Zc 9:11–11:3; 12:1s; 14:1s; Ob 15s; Dn 2: 44; 4:14s; 7:27), na experiência pessoal (Sl 17; 26; 59 etc, cf. Ne 5:19; 13:14,22,31), Igualmente no judaísmo tardio: Eclo 3:31; 12:2; 17:23; Tob 4:14; 12:9; 1 Enoque 91:3. Jub 20:9; Jdt 13:20; Sal Salo 5:18; 9:5 etc. A justiça de Deus aparece como retribuição mecânica em Cr, Jub, 2 Mac, Sal Salo, Abot etc. Frente a esse predomínio, pouco significam as exigências ocasionais de uma conduta desinteressada: cf. **Bousset**, *op. cit.*, p. 415s.

[252] Sl 119:98s; Jó 32:8s; Pv 8:1s; Sab 8:10s; 9:16s.

[253] Sab 8:7; 4 Mac 1:6,18; 5:23s; 5:4,10,22; 7:9.

[254] Veja p. 786s.

possibilidade de ser resistível sua presença abala a tranqüilidade cômoda do homem que é julgado fiel à Lei, enquanto sabendo de que enfrentarão a justiça do Senhor universal que penetra até o mais profundo.[255] Porém, por sua vez, que o bem salvífico adquire um desejo mais espiritual, os bens materiais afirmam igualmente seus direitos.[256] Isto faz que a idéia de prêmio e castigo, ainda relacionada ao mundo porvir, continue removendo a força e eficácia dos verdadeiros motivos da conduta. A mesma impressão de falta de unidade e dispersão que tínhamos encontrado, ao tratar das normas éticas e dos bens morais, nos oferece agora a ética judaica no terreno das motivações.

A singular grandeza intrínseca da ética veterotestamentária brota do nível das obrigações, do caráter espiritual de seu bem central, da natureza absoluta de seu dever e da perfeita unidade desses três aspectos da conduta moral no Tu divino que se dá a conhecer pelo dom de sua graça. Mas esses elementos nos levam, em troca, à questão de como estabelece e julga o fracasso humano quando a meta é tão elevada; quer dizer, nos enfrentam com o problema do pecado.

---

[255] O livro 4 de Esdras é uma mostra impressionante do desespero que tais idéias podem produzir nas almas mais dotadas.

[256] Veja p. 806s.

Capítulo XXIII

PECADO E PERDÃO

I. NATUREZA DO PECADO[1]

Só é necessário falar de pecado em sentido próprio quando se trata de um ato que vai contra um dever absoluto. Por isso, capturar a gravidade do pecado está intimamente relacionado com o maior ou menor grau com o qual é apresentado à consciência o caráter absoluto da obrigação moral.

A. Sentido do pecado

Compreende-se assim porque em todas as religiões encontramos um sentido disso que chamamos pecado e que, porém, seja extraordinariamente diversa sua importância na vida e no pensamento religioso, e que só poucas religiões vissem a vitória sobre o pecado como seu objetivo central.

No caso de Israel, tanto a elevação do conteúdo quanto a urgência da obrigatoriedade para com as normas divinas que regem sua vida, pressupõem, já de antemão, que em sua religião devem se dar grande importância à transgressão das mesmas e a luta para eliminar isso. De fato, no Antigo Testamento, a natureza do pecado fica claramente apontada nos *diferentes nomes* com os quais ele é designado. Embora tampouco faltem conceitos desse tipo, o que predomina na hora de nomear o pecado não são termos referentes a algo assim como desgraça, má escolha etc., mas outros que definem um comportamento contrário à norma.

A raiz mais utilizada, *ḥt'* cujo campo semântico abrange igualmente o pecado em si (*hattā't, ḥēt', ḥ^a^tā'ā ou hattā'ā*) *e ao pecador* (*ḥattā'*, que só aparece no singular feminino e no plural), tem o significado originário de "desviar-se, andar equivocado". Traduz de forma clara e inteligível o aspecto formal da idéia de pecado: falhar com relação a uma norma, desobedecer um preceito ou uma proibição.

Por isso, junto ao uso religioso do termo, há também um emprego jurídico do mesmo no sentido de "delito, crime".[2] O fato de que o vocábulo

---

[1] Cf. **C. Ryder Smith**, *The Biblical Doctrine of Sin,* 1953.

[2] Dt 19:15s; 21:22; 22:26; 2 Rs 18:14; Is 29:21; Gn 40:1; 41:9 etc. Cf. **G. Quell**, *Die Sünde im AT*, em *TWNT* I, p.267s.

passara à esfera religiosa se explica, perfeitamente, pela importância que para o viver religioso de Israel teriam algumas normas superiores. Similarmente, a descrição de pecado pela raiz *`-w-h*, usada quase sempre na forma substantiva *`āwōn*, deriva de um verbo de movimento significando 'dobrar, girar, desviar-se do bom caminho'; sempre implícito no uso dessa palavra está a consciência que o agente tem de sua culpabilidade, tal que o aspecto formal é aqui suplementado por um de conteúdo moral. A raiz *p-š-*, utilizada como verbo e como nome *peša'* para caracterizar o pecado enquanto "revolta" e "rebelião", tem, na maioria das vezes, um sentido ativo. Finalmente, o verbo *šāgāh* e seu derivado *s^egāgāh* introduzem na idéia de pecado um matiz todo peculiar, pois se centram no aspecto de "erro objetivo", de transgressão involuntária.

Em todas essas formas de designar o pecado aparece claramente *a idéia básica e unificadora de um comportamento contrário à norma.* Essa idéia está definida em cada caso a partir de uma perspectiva concreta, ressaltando-se algumas vezes a ação em si e, outras, o processo psíquico que a acompanha. A semelhança estrutural dessa forma de ver as coisas com a mentalidade jurídica é patente, e nos remete ao elemento jurídico presente na própria instauração da relação de Israel com Deus por meio do *b^erit.*[3] O fato de que para definir o ideal moral é usado com tanta freqüência os termos jurídicos *ṣaddik* e *rāsā*[4] nos traduz a mesma situação a partir de outro ângulo.

Quem leva em conta a preponderância que tem no uso lingüístico, sobretudo, da época pré-profética, o termo formal *ht'*, facilmente poderia inclinar-se a pensar que a idéia israelita de pecado se interessa, principalmente, em registrar uma falta objetiva, que então deveria ser reparada mediante um ato igualmente objetivo. Por acréscimo, podem assinalar-se diferentes casos nos quais *toda a ênfase recai sobre a culpabilidade objetiva*, enquanto a vontade pecaminosa dos interessados não tem, claramente, importância alguma. Temos, por exemplo, o caso de todo um país maldito por causa de um fato criminal isolado em cuja execução não teve responsabilidade seus habitantes, desse modo um adultério desconhecido pode fazê-los pagar com a pena capital,[5] ou por um crime não descoberto podem ser objeto da vingança exigida por derramamento de sangue inocente,[6] ou toda comunidade pode ser objeto de maldição divina porque um de seus membros não respeitou, astuciosamente, o voto de maldição,[7]

---

[3] Cf. vol. I, p. 23-26s.

[4] *ṣaddīq*, "justo", é, antes de tudo, aquele que é declarado inocente em juízo, e *rāšā'*, "malfeitor", o que se torna culpado.

[5] Gn 20:3s; 26:10.

[6] Dt 21:1-9: apesar do testemunho ser tardio, trata-se claramente de um rito antiqüíssimo.

[7] Js 7:11.

ou, finalmente, todo o país fica manchado por um assassinato casual.[8] É idéia comum que uma falta ritual não intencionada implica uma culpa castigável até com a pena de morte.[9] E nesse mesmo sentido, uma maldição injustificada contra um sujeito inocente pode ser perigosa tanto para ele quanto para a sua família enquanto não seja apagada por uma bênção ou se castigue ao que a pronunciou e passe a ele.[10] Em todos esses casos, o fator decisivo é a falta objetiva, sem que conte o elemento da voluntariedade.[11]

Está claro que, semelhantes idéias *são reflexos de uma cosmovisão dinamiscista*, de acordo com o qual o pecado consiste em transgredir o mandamento de um poder estranho contra o qual reage automaticamente, ou representa uma espécie de vírus contagioso que pode destruir até mesmo aqueles que o contraem sem conhecê-lo. Também tais idéias são encontradas na história Babilônica, Egípcia e Grega, e nos mostram o terreno sobre o qual cresceu a religiosidade israelita e que já se analisou em outros momentos.[12]

Aqui a norma suprema de conduta é a intangibilidade do tabu e, por conseguinte, o essencial do pecado é o que de fatídico e objetivo encerra a ação pecaminosa, sem que se chegue mais adiante, à atitude pessoal do sujeito que a realiza. De outro lado, *a consideração moral e jurídica* do pecado põe um fator novo em jogo. Quando as velhas leis tabuístas entraram para fazer parte da nova ordem jurídica instaurada por *b^{e}rīt,*[13] foi necessário entendê-las como expressão da vontade do legislador divino e sua obrigatoriedade começou a revestir um marcado caráter pessoal. Frente à objetivação formalista e jurídica, que só atende à falta objetiva e cujo interesse se reduz a repará-la por meio de uma ação contrária e equivalente, a transgressão da Lei conservou um caráter mais profundo graças à autoridade absoluta do Deus da aliança, que reivindicou o direito de configurar a vida inteira do povo, ao qual foram se submetendo, um depois do outro, todos os ambientes da mesma. Nesse processo, as antigas idéias tiveram de ir perdendo força pouco a pouco: depois dos usos e costumes, depois das leis cultuais e morais, começou-se a ver presença de uma vontade

---

[8] Êx 21:12s; Nm 35:31s. Igualmente, a violação de uma mulher casada é um crime capital, independentemente de que seu autor conhecesse ou não o matrimônio da vítima: Dt 22:22s.

[9] 1 Sm 14:43s; Lv 4; 5:1-6,14-19.

[10] Explica-se com essa concepção o chocante testamento de Davi em 1 Rs 2:8s. Cf. 2 Sm 16:5-13, e igualmente 2 Sm 21:3.

[11] Dificilmente pode ser contado dentro desta série, Nm 22:34, já que os v. 22 e 32 pressupõem a culpa consciente de Balaão que lhe ocorre na ameaça do anjo de Yahweh. Por conseguinte, sua confissão "eu pequei" refere-se à contumácia com que seguiu pelo mau caminho, apesar de ter sido avisado pelo comportamento do animal.

[12] Cf. especialmente as reflexões sobre o culto em vol. I, p. 81-84s.

[13] Cf. vol I, p, 112s.; 136s.

soberana e pessoal. Na realidade era com essa vontade que entravam em conflito as ações pecaminosas. Nós já dissemos[14] até que ponto isso influenciou no fato de que a vida jurídica, por inteiro se viu completamente penetrada do espírito religioso e conheceu uma crescente interiorização moral. O que igualmente descrevemos em outro lugar,[15] como os resquícios de crenças manaístas e de magia presentes no culto, ficaram superados graças a um novo significado dos ritos. Relativo ao pecado, esse processo significa que começa ver-se nele *um ato consciente e responsável,* pelo qual o homem se revolta contra a autoridade absoluta de Deus para se erguer em guia independente do próprio caminho e ser servido dos dons de Deus para seu próprio proveito. Por isso, multiplicam-se agora as denominações que salientam a falsa atitude de vontade presente na ação pecaminosa.[16] Isto deveria contrariar energicamente a tendência para objetivar o pecado em detrimento da responsabilidade pessoal; porque o que agora adquire importância *é o conflito entre duas vontades, a divina e a humana,* e esse conflito só pode ser resolvido por uma conduta de pessoa a pessoa. Já no Israel antigo, encontramos uma visão surpreendente do desenvolvimento do pecado no homem, que traduz um nível superior de compreensão do elemento volitivo presente na conduta do pecador. 1 Samuel 17–20 nos faz uma descrição muito afinada de como, pouco a pouco, ciúmes vão assenhorando-se do rei Saul, cegando-o cada vez mais, até lançá-lo, por último, a ações insensatas e atrozes.[17] E sempre mereceu admiração geral a habilidade com que Gênesis 3 narra como a partir de alguns estímulos externos, por meio da concupiscência, da desconfiança e da rebelião, o pecado vai crescendo até se consumar na explosão da desobediência.

Frente a essa compreensão do pecado como transgressão, que nasce da vontade responsável do homem, os outros casos que provam o contrário podem se entender como simples restos da herança do passado, mantidos com teimosia persistente. A adaptação desses elementos à nova situação criada pela

---

[14] Cf. vol I. p. 66s.

[15] Cf. vol. I, p. 96s.; 101s.; 103s.; 112s.; 120s.; 128s.; 130s.; 137-138. Nos caps. XX-XXII ficou dito que importância teve para a atitude religiosa e a conduta ética esta preponderância cada vez maior do Eu divino e de sua relação pessoal com o homem.

[16] Cf. os seguintes termos especialmente próximos de *ps'*: *mrd* e *mrh* (ser rebelde), *m'l* (comportar-se sem levar em conta os próprios deveres), as formas piel e hifil de *sht* (deformar), *m's* (desdenhar), *q'l* (detestar), a forma I hifil de *prr* (romper, tornar ineficaz), *lō' šm'* (não escutar), *śānē'* (odiar) e os substantivos *ḥāmās* (ato de violência), *tō'ēbā* (abominação), *remiyyā* e *mirmā* (engano), *zimmā* (depravação sensual), *'āwen* (maldade, falsidade), *šeker* (mentira), *'awlā* e *'āwel* (perversão) etc.

[17] **J. Köberle** ressalta, com toda razão, que só se atribuem ao espírito mau de Yahweh os ataques concretos de ira, mas não os zelos em exaltação do rei nem os fatos que ela provoca (*Sünde und Gnade*, p, 51).

aliança divina não era fácil. De qualquer maneira, é necessário dizer que *a culpa objetiva se vê agora sob uma nova luz*, desde a perspectiva da ação de Deus para a instauração de seu povo santo.

O mundo de poderes sinistros e maléficos, cujo único contato implica automaticamente no contágio e na impureza do sujeito, converte-se agora no mundo de algumas potências divinas estranhas hostis a Yahweh, das quais o povo de Yahweh se manteve sempre longe para preservar sua propriedade ao Deus santo. Em conseqüência, ao converter-se os preceitos rituais em meios de defesa da relação exclusiva com Yahweh, é compreendido perfeitamente que a transgressão dos mesmos, ainda que seja por um membro, afete à nação inteira e altere a relação desta com Deus se não se procura o castigo do transgressor. E o mesmo há que dizer de uma falta moral, cujo autor não se descobre: também, neste caso, a culpa objetiva fixa suas raízes na obrigação de toda nação de velar pela observância sem limites da soberana vontade de Deus. Perdeu-se, portanto, todo o caráter mágico. De outro lado, o castigo de transgressões involuntárias da norma moral encontra uma justificação clara, mais que no antigo medo à impureza estabelecidos em idéias dinamicistas, nesse princípio, que preside todo direito nacional, a saber, todo prejuízo objetivo exige compensação. Em todos esses casos, o pensamento está baseado na realidade da nação como totalidade e suas necessidades.

Apesar do que acabamos de dizer, em muitos casos continua operando a antiga mentalidade, por exemplo, quando é considerado que a fatalidade do pecado se traduz na transmissão impessoal de uma impureza carregada com maldições, principalmente no caso das transgressões rituais[18] e dos delitos — o assassinato e o adultério — considerados como capitais pelas primitivas idéias tabuístas.[19] Mas a aplicaçao de tais idéias são restringidas, na prática, pelo direito, o qual, em vez de avaliar racionalmente os prejuízos que surgem de uma ação, põe sobre velhas idéias a capacidade de contágio do pecado contra o interesse da comunidade, preservando de um castigo excessivamente rígido o crime cometido sem intenção ou por ignorância.[20] Essa tendência,

---

[18] Cf. vol. I, p,134s.

[19] Cf. o dever de asilo no caso de assassinato não intencional (Êx 21:12s; Dt 19:1s); este delito, segundo Nm 35:32s, não pode comutar-se com dinheiro, porque isso mancharia o país. Observa-se, também, o castigo severo que se aplica ao adultério, sem qualquer tentativa de averiguar se a ofensa foi cometida conscientemente ou na ignorância (Dt 22:22s).

[20] Isso pode ser visto no caso do boi corneador (Êx 21:28s): o apedrejamento do animal culpado continua a confirmar a antiga idéia do poder maléfico do delito; de outro lado, já não é necessário o castigo do proprietário. A racionalização avançou mais no Código de Hammurabi, segundo o qual (§ 250) também o animal se salva. Cf. também Êx 22: 1; onde o assassinato de um ladrão está isento de culpa; Êx 21:18s: o causar feridas sem premeditação não se castiga (também, neste caso, a racionalização do Código de Hammurabi leva as coisas mais longe, já que, segundo os §§ 206-8, caberia compensar com dinheiro uma morte acontecida na briga); Nm 15:22s: regulamentos para as ofensas cometidas por engano (*segāgā*).

que se percebe também fora do Israel, encontra um impulso apreciável na fé no governo salvador de Deus sobre o povo.[21] E nos casos em que as antigas razões seguem mantendo sua força original, essa vontade divina não as deixa atuar com implacável rigidez, mas que, protegendo diretamente o que está em perigo,[22] enquanto cria meios de expiação,[23] anula o poder sinistro das potências dinamicistas. Apesar de tudo, se algo fica na idéia de pecado dessas estreitas concepções dinamicistas, já não é suficiente para pôr em perigo a importância decisiva da culpa pessoal, algo mais do que o reconhecimento de uma ira de Yahweh, às vezes, incompreensível, nunca o fizeram sobre a natureza moral[24] de sua vontade.

Está claro também que, *se a idéia de pecado foi capaz de iludir a debilitação de concepções dinamiscista e moralizantes, deveu-se à convicção, constantemente alimentada, da presença e do autotestemunho de Deus.* Neste terreno teriam surgido, necessariamente, sérios conflitos quando o contato com o ambiente cananeu fez que em amplos círculos essa convicção fosse diluída e que o pensamento religioso tomasse cursos naturalistas. De outro lado, o processo de redução das obrigações da aliança para o nível do rigidamente estipulado preparou o caminho para um falso moralismo no valor do pecado. E as relíquias de uma concepção impessoal e dinamicista da esfera de poder divino e das ofensas contra o mesmo, herdado do passado pré-mosaico, conseguiram, em combinação com um rico desenvolvimento do culto, orientar uma vez mais o pensamento religioso para os caminhos do tabuísmo. Realmente, uma vez que a relação com Deus foi falsificada, convertendo-se em um comércio de obras objetivas, voltaram a surgir idéias mágico-sacrificais. Deste modo, o caráter

---

[21] O exemplo mais claro do que dissemos está na rejeição do talião indireto, de acordo com o princípio básico de que normalmente o castigo não deve estender-se aos filhos do delinqüente, cf. vol. I, p. 61s.

[22] Gn 20:6s; segundo 1 Sm 14:45 pode se pagar uma indenização em casos de transgressão involuntária.

[23] O efeito expiatório dos ritos de purificação não deriva de sua natureza material, mas da vontade salvadora do Deus da aliança que os instituiu.

[24] Cf. vol. I, p. 230s. O castigo do pecado como necessidade de pecar imposta pelo próprio Deus e todo o problema referente ao endurecimento, que **Hempel** pretende incluir neste contexto (*Ethos des AT*, p. 54), não tem aqui cabimento (cf. a respeito vol. I, p. 336s., 338s.). E o juízo decretado sobre os pagãos, por transgredir a vontade divina, tampouco tem algo a ver com uma culpa objetiva, já que as ameaças nesse sentido se baseiam no pressuposto de que certas normas morais são conhecidas por todas as nações e válidas para todas elas. Sobre a questão da culpa coletiva, cf. p.867., 873s.

destrutivo do pecado veio a ser não tanto em uma ofensa a Deus, quanto a representar uma intrusão dentro da esfera divina de poder, cuja santidade quase material pudesse reparar-se mediante ações expiatórias de efeito automático.

B. Natureza humana e pecado

Na realidade, contra a irrupção de tais idéias *levantou-se a luta defensiva dos profetas*. O segredo de sua ação esteve em que esses homens se viram possuídos por uma poderosa vontade divina que queria submeter a vida inteira a suas exigências absolutas e não permitia a ninguém iludir a chamada à decisão. Na medida em que os profetas conseguem centrar o olhar de seus contemporâneos no Senhor divino que se aproxima para julgar, acabam com a objetivação que fazia do pecado algo inócuo, suscetível de ser expiado por meio de uma reparação equivalente, e desejam que se tome séria consciência do dano que se produz na relação pessoal entre Deus e o homem. Porque esse Deus, que se revelou ao longo da história de seu povo como amor santo, fidelidade incansável, justiça digna de toda confiança e bondade misericordiosa, solicita do homem uma resposta pessoal a sua oferta, uma entrega sem reserva e uma pronta obediência; para ele não há obra objetiva, por maior que seja, capaz de substituir o movimento vivo do coração, traduzido em aceitação pessoal de suas exigências, amor, fé, conhecimento de Deus e gratidão. Então, como a vontade de Deus se dirige à totalidade da pessoa humana, *não cabe uma idéia atomista das ofensas a essa vontade*, que as classifique como faltas objetivas, mais ou menos graves, suscetíveis de serem reparadas por meio da restituição legal ou, como as impurezas tabuístas, apagadas por meio de técnicas sagradas de expiação. Os pecados concretos, enquanto ofensas ao desejo divino, apontam para uma atitude equivocada da vontade. *Por trás dos pecados está o pecado, no sentido de uma orientação falsa da natureza humana* desviada de Deus, sua única meta. Aquela condição da natureza humana é descrita pelos profetas, algumas vezes, como ingratidão (Amós), outras como aversão e hostilidade interior (Oséias), outras como arrogância e vanglória (Isaías) e outras como falsidade de profundas raízes (Jeremias). Mas sempre a interpretação profética do pecado segue um mesmo sentido: trata-se de uma alienação de Deus, que, ao representar um abandono voluntário de Yahweh, corta os laços que há entre o homem e Deus e, por conseguinte, não tem mais remédio levar a uma suspensão e destruição da ordem divina.

Não há duvida de que nesta idéia do pecado continue operando a antiga mentalidade israelita, mas dotada agora de *nova profundidade e amplitude pelo fato de que se tem em conta toda a riqueza da natureza divina e intervém uma nova figura da individualidade humana*. Em efeito, a majestade divina que está em todo o mundo e da qual os profetas são ardentes defensores, não deixa ao pecador possibilidade de fuga e faz inútil toda sua intenção de iludir sua responsabilidade. Enquanto que, para os partidários das coisas de fora, o fato de que os domínios de Yahweh sejam reduzidos em comparação com os dos deuses dos impérios profanos lhes servia de razão para não levar a sério seus mandamentos, os profetas anunciam a ruína de todos os deuses, quando o Altíssimo for colocado no trono; ninguém será capaz de escapar a seu juízo, embora fujam até o fim do mundo.[25] De outro lado, ao anunciar que o governo desse Deus universal deve ser entendido como a obra de um amor e uma fidelidade pessoal, reconhecendo assim nas suas ordens capacidade para criar obrigações internas, romper os profetas o véu enganoso em que a confusão de Yahweh com as forças baalístas da natureza tinha envolvido a imagem de Deus. Há toda uma série de artifícios com os quais esses homens sabem nos apresentar graficamente o pecado como uma alienação voluntária do único Senhor de toda a vida. Acusam a Israel de ter esquecido e abandonado a Yahweh, de não se preocupar com as coisas dele, de não querer saber dele, de não ouvi-lo, de andar errante, longe dele, de ser-lhe infiel e se rebelar contra ele. Nessa mesma linha, evitam as expressões que moldariam as questões dentro da esfera jurídica, procurando não mencionar a Lei, nem mencionar a aliança.[26] E essa é a última razão de que sua acusação se centre na transgressão de preceitos morais, que é onde mais claramente manifesta-se a opção pessoal equivocada, base de toda transgressão.[27] Recorrido ao fracasso neste ponto decisivo, toda ação cultual carece de valor, pela simples razão de que perdeu seu sentido. E é que, dentro de uma relação com Deus de caráter total e absolutamente pessoal, o culto só tem espaço se for expressão da entrega pessoal do homem inteiro a Deus. Qualquer elemento mecânico e mágico dentro do culto são reconhecidos como contrários à natureza de Deus e como uma intenção blasfema de usar a divindade em serviço próprio sem nenhum tipo de compromisso pessoal nem olhar para as exigências do Tu divino. Daí a antítese irreconciliável que há entre a negação de Yahweh em um culto falso e a profissão moral do serviço para esse Deus.

As repreensões sobre o luxo e a intemperança, a sensualidade e a lascívia em geral à classe rica daquela sociedade, com os quais os profetas vão afinando a consciência de seu povo,[28] demonstram que as idéias citadas *refinaram o juízo* e se chegou a descobrir o pecado até em casos em que não havia nenhum preceito legal que o provasse. O mesmo se aplica a sua dura crítica contra

---

[25] Am 9:1s; Is 2:10s,19,21.
[26] Cf. vol. I, p. 36s.
[27] Cf. vol. I, p. 322s.
[28] Am 2:12; 3:15; 4:1s; 6:4s; Os 4:4s,13s; 7:5; Is 5:11,22; 28:7s etc.

a política, feita de traição e intrigas, com que tanto Israel quanto os demais pequenos Estados sírios tentaram abrir caminhos entre as grandes potências.[29] Em tudo isso, descobrem os profetas os sintomas de um mesmo desprezo da majestade divina, a mesma atitude autocrática e arrogante na transgressão sem escrúpulos dos preceitos da aliança.

Uma vez que o pecado se situa de forma clara e total no interior do homem e que suas mais diferentes formas se consideram frutos de uma mesma árvore, resulta já impossível ocultar o caráter forçoso da apostasia que se esconde por trás de cada opção concreta contra Deus. Apesar de todas as advertências, apesar das lições da história, apesar de assistir diariamente ao efeito destrutivo que sobre a vida interior e exterior têm a rejeição de Deus, os profetas vêem como seu povo segue avançando pelo caminho de sua perdição. Surge assim, diante deles, *o mistério de uma tendência ao pecado, impossível de erradicar*, que se apodera do homem violentamente e o obriga a marchar pelos atalhos que ela marca. Se já o javista havia visto nessa tendência interior para o mal uma condição profundamente enraizada no homem,[30] os profetas a mencionam repetidamente. Essa orientação pervertida da vontade de seu povo é imaginada por Oséias como um princípio vital estranho; desse povo deve ter se apoderado um espírito de prostituição, um *rūaḥ zenūnīm.*[31] A menos que Deus faça um milagre, parece-lhe que sua conversão é impossível, apesar das amostras de fidelidade incansável com as quais o mesmo Deus o persegue. Isaías, por sua parte, considera loucos a seus compatriotas que se despedaçam em lutas fratricidas.[32] E Jeremias pondera muito sobre o mistério da atração que o mal exerce sobre o homem, levando-o ao infortúnio mais profundo; de fato lhe é impossível viver sem o narcótico do prazer pecaminoso.[33] Ele compara o poder escravizador que deixa o seu povo sem força de vontade para resistir, à força dominante do pecado e ao poder irresistível do pecado, seu zelo em cultivar e proteger a injustiça, a água armazenada em cisterna e os maus hábitos, convertidos em uma segunda natureza contra a qual são esmagadas todas as exortações, à cor dos negros ou às manchas da pantera.[34] Julga o coração do homem como um abismo insondável cheio de horrendos mistérios, cuja visão mata toda esperança.[35] Não pensa o profeta que essa trágica propensão deva-se a

---

[29] Os 5:11,13; 7:8s; 8:8s; 9:3; 10:5s; 11:5; 13:2; Is 17:3; 28:15; 29:15s; 30:2s,16; 31:1s; Jr 2:14s; 9:2; Ez 17:12s.
[30] Gn 6:5; 8:21.
[31] Os 4:12; 5:4.
[32] Is 9:18. cf. também 5:18.
[33] Jr 2:25.
[34] Jr 2:23s; 6:7; 13:23; cf. 6:15s.
[35] Jr 17:9.

um poder extrínseco ao homem, já que se endurece deliberadamente frente aos impulsos do bem com sua vontade, e sua inimizade para com Deus, enquanto é *šᵉrītūt lēb* (endurecimento do coração) atrai sobre ele o juízo.[36] De um modo semelhante, descreve Ezequiel a loucura da tenaz persistência no pecado[37] para o qual o Israel caiu mais baixo ainda que Sodoma e se converteu em uma *bēt mᵉrī*, casa de rebelde, contra cujo coração de pedra se chocam todas as chamadas exortações de seu Deus.[38]

Agora então, esse diagnóstico cru da constituição pecadora do homem torna sua situação desesperada. Entre todas as injustiças que os oprimem, agora é reconhecido que o pecado é o pior; por isso, romper seus laços se converte *na questão de mais vital importância*. Esta forma de ajuizar a situação humana dispõe da pretensão da Lei de criar um mundo de justiça e santidade. De fato, a história do povo demonstra o pouco que a Lei pode impedir a rebelião contra a vontade de Deus, e revela melhor a profundidade com que o homem é hostil a Deus.[39] Não *restava mais solução que voltar o olhar à nova criação escatológica, de um povo de Deus* que pudesse salvar o abismo irremediável entre Deus e o homem.[40]

C. Oposição a Deus

O radicalismo com que os profetas processam a realidade do pecado que teve influência no ensino da Lei,[41] também marcou sua reprodução da *mentalidade da comunidade pós-exílica*. Tanto sua forma de considerar o passado, segundo se expressa de modo clássico na historiografia deuteronomista, como sua conduta na execução das tarefas e das lutas presente, cuja principal fonte documental são para nós os escritos proféticos do pós-exílio,[42] manifestam seu *convencimento do caráter espiritual e pessoal da oposição pecaminosa a Deus*, até o ponto de que o pecado se distingue radicalmente tanto da infração externa da lei quanto da poluição mágica e involuntária.[43] O código de santidade sacerdotal, que entende o pecado como uma violação das relações de comunhão estabelecidas por Yahweh ao fazer a aliança, centra-se por completo

---

[36] Jr 3:17; 4:4; 9:25.

[37] Ez 16:48,51s; 23:11.

[38] Ez 36:26.

[39] Veja p. 837.; 856s.; 915s.

[40] Veja p. 894s.

[41] Cf. Dt 10:16; 30:6.

[42] Is 56-66; Ageu, Zacarias e Malaquias.

[43] Cf. também a insistência com que se fala do coração puro ou justo: Pv 4:23; Sl 73:1,13; da prova do coração na presença de Deus: Sl 11:5s; 17:3; 94:11; 139:23s; também se implora na oração um coração limpo e um espírito firme: Sl 51:12; 57:8; 78: 37; 108:1; 112:7.

na santidade divina, quer dizer, na divindade enquanto perfeição, à que há de responder a santificação do povo. Precisamente porque o homem colide com as pretensões de soberania do Deus Santo, toma consciência de que seu pecado à santidade, implica, em todo caso, uma oposição pessoal à vontade de Deus.[44]

Como o perigo, que surgiu com o restabelecimento do culto, de externalizar o julgamento moral foi visto e resistido, é mostrado pelo veredicto proferido contra o costume do jejum,[45] e também, pela ênfase sobre o relacionamento interior com Deus como algo decisivo na ação cúltica, porque é isso que seria a sua alma.[46] Precisamente por isso, Ageu e Zacarias podem apresentar ao povo a reconstrução do templo como uma profissão de sua fé. Também, essa comunidade combate, com a mesma seriedade em todos os terrenos da vida, a negativa a obedecer as exigências divinas e acredita uma mais fina sensibilidade para advertir as tentações até nas pequenas coisas do viver diariamente; assim o demonstram *a amplitude e a profundidade que agora alcança a obrigação moral*, às quais nos referimos.[47] Frente a exigências tão elevadas, a consciência de ser um escravo do próprio pecado, longe de adormecer, encontrou múltiplas formas novas de expressão, na oração da comunidade, na promessa profética de que um dia ficaria derrotado o poder do pecado operante na comunidade[48] ou na luta do indivíduo por assegurar a graça divina.[49] Essa comunidade, dirigida por sacerdotes, apesar da satisfação lógica que representa o progresso já obtido, não se considera a si mesma a meta final da salvação prometida, mas unicamente em um estado transitório que somente terminará quando aparecer um novo povo de Deus com o príncipe messiânico como cabeça.[50] Nessa forma de ver as coisas, age também o anseio de que se termine de uma vez para sempre essa fixa tendência ao mal que ameaça constantemente romper a comunhão com Deus; enquanto componente importante do mundo novo de Deus, esse fim da tendência ao mal deixa um selo na esperança do futuro.[51]

De qualquer maneira, *já intervêm outros fatores na consideração do pecado*: assim, o esquema da visão deuteronomista da história não permitiu que se desenvolvesse em toda sua energia a natureza interior e profundamente conhecedora da alma humana da pregação profética. Sua tendência a ver na

---

[44] Cf. a respeito o fundamental estudo de **A. Quast**, *Analyse des Sündenbewusstseins Israels nach dem Heiligkeitsgesetz*. (Tese Doutoral, Götingen, dactil.), 1956.

[45] Is 58; Zc 7s.

[46] Ml 1:6s; 2:1ss.

[47] Cf. p. 783s.

[48] Is 59:4,9-15; 64:11s; Sl 90:8; Zc 5:7s.

[49] Jó 14:4; 15:14; Sl 51:7.

[50] Zc 3:8-10; 6:9s.

[51] Cf. vol. I, p. 452s.

idolatria o autêntico pecado capital das gerações anteriores, responsáveis pela ira destruidora de Deus, desvia a atenção unilateralmente para uma forma notável de aberração cultual e fomenta assim a tendência a conformar-se com o cumprimento detalhado de atos objetivos isolados. O empenho em apresentar, da maneira a mais palpável possível, a justiça da retribuição de Yahweh, fazendo coincidir pecado e castigo, encerra, sem dúvida, o perigo de devolver uma idéia atomista de transgressões concretas, esquecendo a raiz profunda e comum de todos os pecados. A vanglória com que os autores de muitos salmos falam de ter cumprido a Lei à perfeição, convencidos de que merecem, por isso, a recompensa divina, deixa entrever, igualmente, um debilitar do sentido do pecado.[52] E a forma em que o Cronista escreve a história, com seu grande mecanismo de retribuição, demonstra que o perigo aumentou, embora seja verdade que, de outro lado, sua viva compreensão da ousadia da fé lhe permite continuar afirmando o elemento de decisão pessoal que há no pecado em outras questões.

O que aqui não passa de ser um simples ensaio, mais ou menos visível, de debilitar e vulgarizar o pensamento profético converte-se em realidade firme quando a mentalidade religiosa aceita a idéia de que a *instauração da comunidade santa constitui a meta da soberania divina exeqüível ao esforço humano*, e é condição prévia para a renovação do mundo.[53] Claro que, a superação do pecado continuou sendo uma questão vital tanto para o indivíduo quanto para a povo; mas a escravidão ao pecado já não foi considerada como um beco sem saída, posto que o esforço por cumprir a lei oferecia uma solução. A inclinação ao pecado continua sentindo-se, claro como uma pesada carga, e a partir de Jesus Ben Sirá a idéia de que todos os homens são os prisioneiros do pecado encontra uma formulação surpreendente *na doutrina do instinto mau*, inato no homem.[54] Como Adão teve um coração mau e por isso pecou, assim sucede também aos seus descendentes.[55] Mas esse instinto não é invencível; o homem pode e deve dominá-lo, e precisamente lhe foi dada a Lei como meio de salvação, para que com sua livre eleição aposte o homem pelo partido do bem. Então, o judaísmo nunca reconheceu a existência de um *servum arbitrium,* e neste ponto recusou ser discípulo dos profetas. Na realidade, para a instauração de uma comunidade santa, tudo dependia *da possibilidade de uma decisão livre da vontade*, e para assegurá-la, ensinava-se que no homem existia também um instinto bom capaz de oferecer resistência ao mal.[56] Chegou-se a afirmar que *a*

---

[52] Sl 17; 18:22s; 26; 59 etc.

[53] Cf. p. 787s., e vol. I, p. 143s.; p. 435s.

[54] Eclo 15:14; 17:31; 21:11; 37:3; cf, Kiddushin 30b.

[55] 4 Ed 3:21,26; 4:30s; 7:48.

[56] Test. Aser I e cf. F. Weber, *Judische Theologie*, p. 230.

inocência era total e absolutamente possível, como demonstravam os casos de diferentes santos do passado: os patriarcas Elias e Ezequias, por exemplo. E, embora seja verdade que, em geral, todo homem sucumba em algum momento ao instinto mau, no caso dos justos o mais que podem encontrar-se são alguns pecados que não destroem radicalmente sua justiça.

Esta relativização da oposição a Deus contida no pecado se viu completada por um *processo de diferenciação de pecados* em conexão com a casuística legalista. Aumentando a distinção que o Antigo Testamento faz entre pecados com e sem premeditação, salienta-se agora expressamente como verdadeiros pecados mortais a idolatria, a fornicação, e o derramamento de sangue. Suaviza-se assim a pesada carga lançada sobre os ombros dos homens na interpretação do pecado levado até suas últimas conseqüências (para a qual qualquer divergência da Lei era já pecado), mas com o risco de sacrificar a gravidade do pecado. Vemos aqui, com toda clareza, o ponto fraco do ideal legalista: o homem pode mantê-lo esquecendo-se de ser conseqüente e entregando-se a um exteriorismo que, acreditando poder registrar a hostilidade a Deus nos atos contrários da Lei, esqueça a natureza pecaminosa do ser humano e o caráter pessoal e espiritual dessa condição. É necessário explicar que semelhante atitude constituía um terreno liquidado para uma arrogância perfeita *baseada na justificação pelos próprios meios*, em virtude da qual os "justos" se sentiam distintos dos "pecadores", aos que estigmatizavam com sua cadeia mais severa. Naturalmente, a chamada ao arrependimento por parte do Batista e de Jesus não teria mais remédio que encontrar reticências em uma piedade desse tipo. Na realidade, o espírito de penitência que predominou na comunidade pós-exílica não era já capaz de chegar até às profundezas onde o homem se entende a si próprio, mas que, também, ficou reduzida a uma mera observância externa de devoção, cujo cumprimento poderia, além disso, considerar-se como mérito. Apoiar novamente à realidade do pecado com olhos claros não era novamente possível até que, graças à nova revelação divina levada a sério em Jesus Cristo, o homem reconheceu a corrupção de sua própria natureza; e então, por sua vez, a entrega ao amor, que demonstrou seu conteúdo salvador em Cristo, lhe proporcionaria as forças necessárias para confessar sua própria perdição.

II. UNIVERSALIDADE DO PECADO

Ajustando a conduta à Lei de Deus como a tendência a ver no pecado um ato isolado e dependente da responsabilidade de seu autor parecem encorajar a idéia otimista de uma possibilidade de evitar o pecado.

A. Perfil social

De fato, existe uma conduta que se chama *ṣaddik*, justa, *tām* ou *tāmīm*, perfeita, impecável, *yāšār*, reta ou *sār mēra'*, longe do mal.[57] Se no caso de Noé, que foi um herói da proto-história, não há necessidade de manter o elogio feito em termos,[58] a coisa muda quando se trata do Jó da antiga história popular, porque aqui o que se pretende é precisamente oferecer o perfil de um ideal popular. Apesar de tudo, até mesmo neste último caso, pode haver dúvidas de que se trate de inocência em sentido estrito.

A dúvida está apoiada, pelo menos, pelo uso de *ṣaddīk*: realmente, "justo" é um conceito relativo que faz referência à justiça dentro de uma relação de comunhão concreta e não a um estado geral de virtude. Agora então, segundo a mentalidade israelita, na relação com Deus essa qualidade de justo não exclui o pecado completamente, contanto que esse pecado não se torne nenhuma arrogância insolente, mas que se disponha a submeter-se humildemente ao castigo divino ou a utilizar com agilidade os meios expiatórios proporcionados pelo próprio Deus. Precisamente este último é sublinhado em Jó (1:5). De outro lado, *tāmīm* ("perfeito", "íntegro") que provém do vocabulário sacrifical, refere-se à vítima que há de estar livre de defeitos; aplicado a conduta moral e religiosa do homem, significa o comportamento agradável a Deus, cujo conteúdo vem, uma vez mais, determinado pela relação de comunhão que existe com a divindade. O contraste com o dano ou prejuízo do valor original, implícito no termo, faz pensar que aqui se refere, principalmente, à doação não dividida do coração,[59] como sugere, também, o uso do substantivo *tōm* para expressar ausência de falsidade e inocência. Proximamente relacionado com o anterior, o termo *yāšār* sublinha a retidão do coração que avança direto para sua meta. Finalmente, se em algum momento "manter-se longe do mal" significa algo mais que evitar, em atitude vigilante, más ações de forma concreta, é igualmente o desprezo pelos mandamentos divinos; desprezo que demonstra um esquecimento do próprio Deus e que caracteriza ao pecador público.

Então, se as expressões do Antigo Testamento estão longe da arrogância que confia em completar perfeitamente a vontade divina, são igualmente alheias a uma consciência de pecado exagerada que em qualquer ação humana descobre uma oposição a Deus. O Antigo Testamento dá por suposto que o homem pode caminhar diante de Yahweh com autêntica piedade e perfeição. A diferença entre

---

[57] Gn 6:9; 7:1; Jó 1:1.

[58] O mesmo vale com relação a Enoque (Gn 5:24), cujo "andar com Deus" deve ser entendido no sentido de **P**, como justiça perfeita, mesmo quando originariamente a frase tenha podido referir-se a sua iniciação nos mistérios divinos.

[59] Cf. Dt 18:13.

piedosos e pecadores, *ṣaddīkīm* e *rᵉšā´im, bᵉnē ʻawlāh* ou *hatta'im* ou entre o *'iš yāšār* e o *nābāl,*[60] explica-se porque *existe uma orientação em conjunto de que é agradável a Deus*; ela não consiste, certamente, em uma perfeição impecável, mas se distingue radicalmente do desprezo orgulhoso da autoridade divina. Por isso, já os salmos mais antigos falam que é necessário esperar uma retribuição em consonância com a justiça e a pureza das mãos do que ora.[61]

Graças a essa concepção, o israelita mantém a serenidade suficiente para ver os pecados até das personagens mais notáveis de seu povo e falar deles abertamente. Nunca sucumbiu à tentação de representar a seus grandes homens como santos imaculados, nem sequer no caso de Davi, Moisés ou os patriarcas. E é que, em Israel, *o sentido profundo da distância infinita entre o Deus Todo poderoso e o homem impotente*, que caracteriza as religiões semíticas em geral, adotou a forma de um contraste preferivelmente entre o Deus que averigua todo o culto e o homem que vive fechado entre alguns limites sufocantes,[62] e daqui surge a prontidão humilde a reconhecer, até em aflições incompreensíveis, um castigo justo *por pecados até o momento desculpados ou esquecidos*. Assim, por exemplo, Davi não ousa defender-se pela força da maldição de Simei, porque não pode negar que existem fundamentos para o castigo divino ainda que, neste caso concreto, seja considerado inocente.[63] E a chegada do homem de Deus é acolhida pelo povo com angústia, por temor de que possam recordar a Deus pecados que tem passado inadvertidos ou que não receberam seu castigo.[64]

Nos primeiros capítulos da proto-história javista expressa-se já a idéia de que a condição pecadora do gênero humano exige uma *compensação permanente*, se é que a humanidade não quer se ver sujeita novamente a um juízo aniquilador como o do Dilúvio: do grande sacrifício de Noé dispõe o homem de um meio de expiação que lhe permite manter uma relação de graça com Deus.[65] Mas quem chega mais longe neste sentido é o javista, já que para ele *o caráter pecador do gênero humano* está confirmado pela palavra do próprio Deus.[66] Esta opinião, representa um caso único dentro do antigo Israel, como o demonstra o conjunto inteiro da proto-história javista, cuja visão sombria do desenvolvimento da

---

[60] 1 Sm 25:3,25s; 2 Sm 3:33s.
[61] Sl 18:21 (os v. 22-28 podem ser uma exegese deste versículo, acrescida posteriormente).
[62] 2 Sm 14:14,17.
[63] 2 Sm 16:10s; cf. 1 Rs 17:18; Gn 44:16.
[64] 1 Rs 17:18; 1 Sm 16:4.
[65] Gn 8:20s; cf. **O. Procksch**, *Die Genesis übersetzt und erklärt*, 1924, *ad locum.* **W. Zimmerli**, I *Mose* 1-11. *Die Urgeschichte* II, 1943, p. 75s. **G. von Rad,** *Das erste Buch Mose*, 1956, p. 100s.
[66] Gn 8:21.

humanidade nasceu da reunião de relatos mil vezes contados e muito estendidos. Convém comparar com este como na religião babilônica a confissão do pecado se amplia até converter-se em reconhecimento da pecaminosidade do gênero humano inteiro, como quando o orador inclui em seu ato de humildade as seguintes palavras: "Os homens, quantos recebem um nome dentre eles, quem sabe algo sobre si mesmo? Quem deles não tem nenhum pecado? Quem não terá feito o mal?".[67] Esta concessão, que parece não estar longe do pensamento semita e encorajada pela intenção de sublinhar o mais possível a própria insignificância diante da divindade, vê-se completada em Israel de forma peculiar, aplicada a um povo admitido em uma aliança com Deus, não tiveram outra opção do que destruir a mais módica pretensão de confiança nas próprias forças. Assim, pois, se adverte inequivocamente na convicção, cada vez mais clara durante a época dos reis, de que sobre Israel pesa uma culpa nacional que ameaça sua existência;[68] convicção que, por sua vez, contribuiu, sem dúvida, para revigorar uma concepção séria do pecado inerente a cada indivíduo.

B. Perfil profético

O profetismo recolhe essas intuições e lhes outorga maior profundidade. De um lado, os profetas, influenciados pela experiência de sua própria vocação, tendem a converter a inclinação ao pecado, do indivíduo isolado, *em condição pecaminosa de todo povo*, visível ao longo da história desde o próprio ato fundamental da eleição divina.[69] Àparte de que isto conecta de forma estreita o presente com o passado, e revela seu sentido oculto, entregando-o à ação do juízo divino, fica sublinhado a gravidade, nunca casual, que todo pecado concreto encerra, enquanto dá maior vigor à atitude corporativa do povo frente a Deus, criando, por sua vez, o convencimento *da implicação de todos os membros* na transgressão da vontade divina. E mais, enquanto que a proclamação profética do juízo inclui em rejeição da vontade divina, também ao mundo das nações, que irão com Israel para render contas diante do tribunal universal de Deus,[70] encontramo-nos com a visão de *toda a humanidade solidária no pecado*. O pecado aparece aqui como o poder que, sendo capaz de apagar a diferença entre o povo de Deus e o mundo gentil, revela a unidade de toda humanidade em sua queda e culpa diante de Deus.

---

[67] Cf. **H. Zimmern**, *Babylonische Hymnen und Gebete in Auswahl, 1905, (Der Alte Orient,* VII, 3, p. 18*)*, e também, **J. Hehn**, *Hymnen und Gebete an Marduk,* Nr. 21 *(Beiträge zur Assyriologie, V.3)*.

[68] Cf. vol. I, p. 413s.

[69] Cf. vol. I. p. 334s.

[70] Cf. vol. I, p. 335s.

Dessa forma, o reconhecimento do caráter universal do pecado, consistente antes na suposição de que constituía uma *condição* permanente que as decisões e ações do indivíduo podem deixar em suspenso, converte-se agora na idéia de uma *oposição ativa a Deus,* na qual todos os homens têm parte. Apesar de tudo, as conseqüências que daí seriam derivadas para o indivíduo e sua posição diante de Deus, não as percebem e expressam todos os profetas com igual clareza. A descoberta que Isaías faz no momento de sua vocação supõe nisto uma mudança importante. Realmente, encontramo-nos aí com um homem piedoso, enfrentando de tal forma seu Deus, que sua própria impureza o denuncia ante o Puro e sem mancha; também, ao reconhecer nela *uma oposição total e absoluta ao Deus santo*, sentia-se entregue a uma destruição sem remédio.[71] Alcança aqui tal intensidade a idéia de pecado que resulta já impossível qualquer tipo de comunhão natural entre o ser divino — verdadeiro, puro e imaculado — e o mundo da criatura — caido no pecado e arruinado na culpa — e toda a ordem terrestre é condenada à morte. Tampouco cabe distinguir entre a comunidade dos relativamente justos, segregados do resto do mundo pela lei da aliança, e os pecadores, porque também aqueles necessitam de uma nova ação de Deus que lhes dê acesso a sua intimidade.

Apesar de não encontrarmos em nenhum outro lugar uma confissão tão radical do pecado,[72] o julgamento que Jeremias e Ezequiel fazem da realidade global do povo *é um eco dessa implacável denúncia* da revolta do homem contra Deus. Por exemplo, as acusações de Jeremias nos apresentam a maldade de Israel como uma culpa incorporada da qual ninguém está isento[73] (reprovação que não justifica o simples estilo profético usual); mas há algo mais importante: os termos em que se manifesta a esperança de salvação desses dois profetas mostram que se torna impossível imaginar uma liberação do pecado e de suas más conseqüências sem uma *transformação interior da condição natural do homem*. Mas isso faz que a existência de uma aliança, pela qual Deus escolhe um povo entre o mundo das nações, constitua um exemplo de paciência de um Deus que não pretende remunerar a um aliado fiel, mas que suporta a um aliado infiel por causa de suas promessas ou de seu nome; dito de outra forma: por fidelidade ao seu próprio plano de salvação (Ezequiel) ou por misericórdia e amor gratuito (Jeremias).[74]

---

[71] Is 6:5. Aqueles que pretendem ver na impureza que aqui se revela a imperfeição própria do homem enquanto criatura, em razão da qual torna-se mortal para ele a visão sem os véus da divindade, chocam com o ritual de expiação e a absolvição que se narram nos v. 6s.

[72] Is 8:11s; Jr 15:19; 17:14 referem-se à existência de certos defeitos na conduta da profissão profética.

[73] Cf., por exemplo, Jr 8:6; 5:5; 9:13; 16:12 etc.

[74] Cf. p. 915s.

C. Efeitos na vida religiosa

O fato de que os motivos dessa pregação foram assimilados pelo ensino sacerdotal da Lei, tão ligados normalmente a outro tipo de raciocínios, é um argumento em favor da força impressionante dos mesmos. Com efeito, uma das idéias fundamentais da parênesis deuteronômica consiste em convencer o povo de que Yahweh lhe oferece sua direção por pura graça e sem mérito pessoal algum e em lhe fazer perceber de que vive pela paciência divina.[75] E quando se exorta a uma circuncisão do coração que permite buscar um ato de salvação divina,[76] deixam-se poucos requisitos para uma auto-aprovação otimista. A historiografia deuteronomista desenvolve ainda mais essa linha de pensamento ao situar toda a história nacional sob o perdão magnânimo de Yahweh, sem a qual não poderia continuar existindo o povo pecador. Qualquer atitude orgulhosa fica assim calada, diante da afirmação de que não há homem que não tenha nenhum pecado.[77] Porém, ainda antes disso, o redator, a quem devemos a combinação das fontes Javista e Eloísta, aspirava, através dessa disposição das narrativas patriarcais, nada menos do que descrever, como a relação dos 'pais' para com Deus esteve constantemente ameaçada pelo pecado e infidelidade e, assim, exaltar a paciência de Deus para com seus eleitos. Esse mesmo critério continuaria mais tarde o editor final de todo o Pentateuco.

A experiência do exílio adubou o terreno no qual poderia fixar-se firmemente essa crítica pessimista do coração do homem. As confissões de pecado, tanto nas orações comunitárias quanto nas individuais, dão por suposto que existem exceções com respeito à inclinação ao pecado;[78] os mestres de sabedoria, de outro lado, em sua intenção de ajudar os temerosos de Deus para que configurem suas vidas justamente, afirmam, como princípio fundamental de sua antropologia, que ninguém pode garantir a pureza do seu coração, porque da impureza não pode sair nada puro.[79] E a relação que em **P** tem o sacrifício com a expiação quer levar o indivíduo a reconhecer seu pecado e a que considere como tarefa de principal importância.

É necessário notar, contudo, que esses epígonos das idéias proféticas se diferenciam de suas fontes originárias pela tendência *a fazer do caráter universal do pecado algo contingente,* que o homem tem de constatar, para poder assumir de alguma maneira, uma característica que, como as outras propriedades humanas, encontra-se no homem sem prévio consentimento de

---

[75] Cf. Dt 9:1s etc.
[76] Dt 10:16; 30:6; cf. Ez 18:31.
[77] 1 Rs 8;46.
[78] Sl 130:3; 143:2; Ne 9; Is 59:11s; 64:5s.
[79] Pv 20:9; Jó 4:17; 15:14s.; 25:4. cf. Eclo 8:5; Ec 7:20.

sua parte; perde-se, assim, esse caráter de atualidade que era o que, na doutrina profética, dava ao pecado toda sua verdadeira gravidade. Realmente, se tivesse a condenação dos profetas o caráter terrível e irremissível que a caracterizava, era porque eles entendiam a universalidade do pecado como um desviar-se, aqui e agora, dos caminhos de Deus, como um ato, então, de plena responsabilidade. No momento em que esse caráter ficou reduzido a uma qualidade inata teria de debilitar, por necessidade, a consciência de responsabilidade a seu respeito; e mais, poderia surgir a tentação de que o indivíduo quisesse eximir-se de toda responsabilidade e, por meio de uma inversão desastrosa, transformar a posição natural de pecador inerente ao homem, em uma desculpa frente às exigências da vontade divina, como de fato sucedeu algumas vezes.[80] Não é necessário explicar que voltariam a operar aqui as velhas categorias do pecado como mancha ou vírus maligno, pelo menos na medida em que a denúncia profética, embora aceita, se viu falsificada, incapaz, então, de aprofundar nem na perdição abismal do pecado nem tampouco, logicamente, na grandeza da redenção divina.

Essa mesma má compreensão tornou possível que, no judaísmo tardio, os homens admitissem a universalidade do pecado, muitas vezes nos termos mais enérgicos,[81] *viram a inocência como um objetivo realizável*, que poderia ser ilustrado com exemplos de homens piedosos do passado. Ao centrar-se como critério de pecado na Lei e insistir, de outro lado, na liberdade decisiva da vontade frente aos mandamentos concretos, o caráter universal do pecado aparecia como uma regra com muitas e importantes exceções;[82] ficava, assim, a profunda seriedade do fato de que a direção pervertida da vontade estava enraizada na natureza humana, e que era possível manter viva a rebelião interna contra Deus, ainda onde a Lei fosse exteriormente cumprida de maneira impecável. Em contrapartida, era possível, em virtude, da idéia de mérito, postular até para uma justiça relativa o direito à benevolência de Deus e, por conseguinte, o caráter pecador da criatura — coisa que não havia problema em admitir — não teria por que suscitar, necessariamente, uma entrega sem reservas à graça divina, posto que parecia como uma fraqueza pouco a pouco superável e pela qual se podia satisfazer diante da justiça divina com milhares de meios de expiação. Que, ao mesmo tempo, os escribas se pronunciem às vezes de forma que lembra a linha profética e deixa entrever a situação desesperada de todo ser humano, até mesmo dos mestres do passado, e a impossibilidade

---

[80] Jó 7:1s,17–21; 14:1-6. Cf. mais adiante p. V, p. 913s.

[81] *Shemot Rabbá*, cap. 31: "Não há um homem que não tenha pecado"; *Wayyikr[a] Rabb[a]*, cap. 14: "mesmo quando alguém for o mais piedoso dos piedosos, terá um lado de culpa"; 1 Enoque 81:5; 4 Ed 7:68s; 8:35; 9:36.

[82] Cf. p. 833s.

de resistir ao juízo divino, só demonstra que nessa matéria lhes foi impossível safar-se completamente da herança recebida por eles, embora não fossem capazes de afirmá-la em toda sua pureza.

III. ORIGEM DO PECADO[83]

Israel intui sem rodeios que a essência do pecado consiste numa rebelião consciente contra a ordem de Deus; de outro lado, essa ordem não é algo assim como uma lei cósmica impessoal, também abstrata, sobre a vida do indivíduo, mas a norma da aliança, válida aqui e agora, na qual se sustenta toda existência do povo e que, portanto, afeta a todas as ações do homem e inculca em sua vontade moral a necessidade de algumas decisões constantemente renovadas em cada situação particular.

A. Progressiva degradação

Em tais condições, é lógico que *o problema da origem do pecado ficara relegado a um segundo plano*, para centrar toda a atenção nos atos concretos em que o mesmo se manifesta e em suas repercussões práticas. Resulta, pois, que quando o Antigo Testamento fala do pecado *põe especial ênfase em seu caráter de coisa atual*. Por considerar a aliança como o começo de sua existência enquanto povo, esses homens centram suas preocupações em definir a conduta responsável no contexto dessa instituição, deixando na periferia o problema da origem do conflito entre Deus e o homem. Os primeiros capítulos da proto-história sacerdotal (Gênesis 1–11) parecem evidenciar que as velhas tradições teriam algo que dizer sobre a antiguidade do mundo e sua degeneração progressiva (neste sentido, há que interpretar, pelo menos, a gradual diminuição da longevidade das setitas, de que nos fala Gênesis 5; também, o tema conta com paralelo em outras sagas da proto-história do mundo antigo[84]). Mas, entre os historiadores veterotestamentários, só há *um que fale de um ponto crucial, no qual a história da humanidade se converte em história de pecado*; trata-se do Javista, quer dizer, do mesmo autor cuja obra nos oferece as afirmações mais

---

[83] Cf. **A. M. Dubarlé**, *Le péché original dans l'Écriture*, 1958, p. 39s. **E. F. Sutcliffe**, *Providence and Suffering in the Old and New Testaments*, 1953, p. 39s.

[84] Cf. **Josefo**, *Ant*. I. 3.9. em **A. Dillmann**, *Die Genesis*. 1892, p. 108. Assim também 4 Ed 5:50s. A redação atual da lista dos setitas em **P** com sua redução progressiva da longevidade reflete a idéia de que o pecado cobre cada vez mais, assim como Pv 10:27; assim o demonstra o fato de que a lista está unida ao relato do Dilúvio. De qualquer maneira, não se pode alegar como testemunha da época mais antiga.

decididas sobre o caráter universal do pecado.[85] E está claro que na realidade sua fina intuição desse caráter universal foi o que lhe obrigou a pensar no problema de sua origem. Realmente, uma vez que, por sua experiência histórica, chegou o povo à fé que o Deus da aliança era também o único Senhor divino da natureza[86] e essa fé encontrou sua tradução no dogma da criação, resultava já impossível evitar o problema esboçado pelo fato monstruoso da oposição pecadora da criatura humana à vontade de seu criador. O homem que falava do Dilúvio e da torre de Babel viu-se diante do enigma da rebelião que o pecado representava dentro da criação do bom Deus. Sua forma de enfrentar esse problema e de formulá-lo constitui, envolta em uma vigorosa roupagem épica, uma das coisas mais maravilhosas que ele levou à posteridade.

Dito isso, não há qualquer necessidade de questionar a visão de que a *narrativa da Queda em Gênesis 3* possa, em algum sentido, ser descrita corretamente como um "mito etiológico". Como demonstram as maldições, o autor se encontra com toda uma situação presente, cuja origem pretende expor; e o faz recorrendo à linguagem do mito que nos é bem conhecido pelos relatos paradisíacos de outros povos.[87] Mas isto não impede que reconheçamos o profundo significado da fé que se esconde por detrás dessa linguagem. Efetivamente, já ao tratar da esperança escatológica definimos o mito como a linguagem que se volta a fé para expressar o fato da perfeita soberania de Deus, um fato inacessível à nossa experiência e do qual, contudo, tem na fé uma segurança absoluta.[88] Do mesmo modo, na proto-história bíblica, temos uma interpretação verdadeiramente profética do mundo, a cujo serviço o mito é algo totalmente distinto do que representa entre os povos pagãos; em outras palavras: o mito é, em nosso caso, um meio de expressar verdades de fé que não têm como ser expressadas em uma linguagem conceitual. Na hora de pesar o significado de tais passagens dentro da mentalidade bíblica, o que importa é o conteúdo substancial dessas verdades, e não a linguagem com que se apresentam.[89]

De outro lado, é fundamental advertir que na interpretação profética do mundo contida na proto-história não se trata de verdades temporais, mas de *acontecimentos reais*. O que nela se diz pela via imperfeita do mito são

---

[85] Este ponto foi ressaltado vigorosamente por **J. Scharbert**, *op. cit.*, p. 161s (veja cap. XX, p. 685, nota 5).

[86] Cf. p. 559s.

[87] Sobre o emprego do termo "mito", cf. vol. I, p. 413, nota 21 e p. 423s. assim como *Die Hoffnung des ewigen Friedens*, p. 63, nota 1.

[88] Cf. vol. I, p. 337s.; e 449s.

[89] Ainda que sem tirar todas as conclusões possíveis, em sua obra *The Fall of Man* (*Interpretationes S. Mowinckel missae*, 1955, p. 162s), **J. Pedersen** oferece uma comparação do relato bíblico com outras idéias similares do Oriente antigo.

fenômenos reais que determinaram a configuração atual do mundo. Eis aqui outra dificuldade para nosso entendimento, já que esses fenômenos são narrados como "crônicas históricas"; sendo assim, nossa ciência histórica se sente definitivamente desprovida de dados referentes à criação, a queda no pecado, etc. Mas o mesmo problema se apresenta pelo que respeita à consumação escatológica, pois também ela se ocupa de um acontecimento real que, também, seria impossível incorporar à ciência histórica. É claro, que os autores não eram conscientes dessas fronteiras, sagradas para nossa mentalidade, entre a história propriamente dita e os acontecimentos que explicam e consumam o sentido do definir humano; mas desprezar o que eles dizem sobre esse último, como algo insignificante, simplesmente porque não se liguem a nossas categorias epistemológicas, seria mostrar uma notável cegueira que só poderia manter-se na época do racionalismo. O certo é que, para eles era evidente a diferença qualitativa entre o mundo anterior à Queda e o posterior à salvação divina, e precisamente por isso recorrem à expressão do mito. Mas, naturalmente, quem se reduz à alternativa entre uma interpretação histórica ou psicológica dos dados bíblicos, se encontrará, necessariamente, com uma questão de difícil resolução.[90] Para uma fé cristã fundamentada na Bíblia, isto pertence àquela convicção de que as relações entre Deus e o homem foram, em todos os tempos, uma realidade, ainda que não pudesse investigar-se nem se expor por meio da ciência histórica, sem que por isso se dissolva em uma verdade teórica atemporal. O caráter real desse acontecimento encontra seu fundamento inalterado na ressurreição de Jesus. Pouco importa, para a questão da verdade, que a esse acontecimento se lhe apliquem os nomes de "proto-história",[91] de "meta-história",[92] de "história da fé" ou qualquer outro, ou que se rejeitem todas essas designações como errôneas.

Qual então é a intenção do "mito etiológico" de Gênesis 3, quando é avaliado a partir dos pressupostos que acabamos de expor? A um observador superficial lhe parecerão de igual valor os diferentes fatos que se misturam no relato: as penas e fatigas da humanidade, que a serpente se arraste sobre seu ventre, a convivência homem-mulher convertida em uma relação de escravidão e a inimizade entre o homem e os animais. Contudo, quem atenta com mais profundidade nesse relato e o valoriza, por sua vez, como uma parte do conjunto da vigorosa composição de toda a proto-história javista,

[90] Cf., por exemplo, **L. Köhler**, *Theologie des AT*, 1953, p. 167 e 245, nota 135. Felizmente a idéia do autor em outros lugares é diferente, cf. p. 201 e 209s.

[91] Assim **M. Köhler, P. Althaus, K. Barth, E. Brunner, R. Bultmann**; cf. **P. Althaus**, *Grundriss der Dogmatik*, 1936, cap. 8, onde se encontra uma bibliografia mais detalhada.

[92] Assim **E. Wobbermin**, *Geschichte und Historie in der Religionswissenschaft*, 1911.

não poderá deixar de reconhecer que o que interessa à sua diretriz etiológica não são as circunstâncias concretas em si. Com efeito, a magistral descrição da tentação e de suas conseqüências salienta *um* ponto como foco central de tudo mais, e esse ponto pode ser expresso da seguinte maneira: *o distanciar-se de Deus é causa de todos os males e a razão de que a própria ordem da criação seja mudada*. Tem aqui importância fundamental a estreita relação que o autor estabelece entre o caráter imediatamente fático do pecado e sua influência determinante na história. O profundo conhecimento psicológico e o comovente realismo com o qual está apresentada a cena em que pela primeira vez aparta-se o homem de Deus, não pretendem provocar como efeito final no leitor ou no ouvinte a admiração diante da figura de sua descrição psicológica, mas levá-lo ao incômodo reconhecimento de que o protagonista é carne de sua própria carne e que, portanto, ele mesmo não pode se sentir tranqüilo fora da cena. Mas nem a intenção do autor é esgotada ao *deixar estabelecida a solidariedade que une a todos os homens no pecado*, mas esboça de maneira implacável a *perturbação que nos fundamentos existenciais do homem, e até em sua constituição, provoca sua primeira rejeição consciente de Deus*; por isso, se o homem está exposto às múltiplas formas de sofrimento da vida, isto se explica por ter sido apartado da comunhão com Deus. Desse modo, foi sendo escravizado cada vez mais pelo império de seus instintos pecaminosos, indo desde o fratricídio e o derramamento de sangue, até chegar à depravação de uma geração que merece o juízo divino do Dilúvio, o relato põe diante dos olhos do leitor a destruição interior que o pecado causa na criatura chamada, em princípio, a manter-se na vontade de Deus.

Ao atermo-nos a essa "etiologia" que penetra todo o relato — e, desde logo, carece-se de uma sensibilidade extraordinária frente ao espírito geral do mesmo para evitá-lo — facilmente se poderá ordenar os fatos acima mencionados conforme uma escala de valores, o fato de que a serpente tenha de comer pó fica em segundo plano, enquanto o centro deste quadro de uma criação destruída fica ocupado pela mudança sofrida pela sorte original do homem. Então, um sentido mais profundo nas formas infantis de expressar-se a antiga concepção da natureza, poderá ser descoberto na humilhação da serpente, que é a degradação de toda a criatura, e na luta entre o homem e a serpente, a harmonia rompida da coexistência entre os seres criados. *Todos os detalhes apontam, finalmente, para o fato total da existência do homem fora do paraíso*; existência que nos mostra o homem desgarrado da fonte de vida divina e, portanto, em conflito, em todas as circunstâncias de sua vida, com seu destino original.[93]

[93] Com toda probabilidade o domínio magistral que o Javista tem dos antigos elementos míticos da tradição sobre o paraíso avança ainda mais, e ele os emprega de

Assim, se torna aparente que certas questões, que têm sido tão *ardentemente discutidas, como a relação entre a serpente e Satanás*[94] *ou a da morte como tributo do pecado*, não possuem, absolutamente, a importância que lhes outorgam, para o sentido global do relato. Naturalmente, o fato não é tão simples, quando ao nos referirmos a 3:1 a serpente apareça como um simples animal do campo, ou lembrando-se, em todo caso, a tão propagada crença popular, de que ela tem relações especiais com espíritos maus. É preciso ser muito fraco de visão diante do duplo sentido, com freqüência ocorrido em outros casos, de muitas afirmações desse excelente capítulo para não se deixar levar pelo fato de que uma das técnicas mais efetivas de seu autor consiste, precisamente, em sua habilidade para ilustrar o caráter ambíguo e de semi-verdade do mal, sua capacidade de camuflar-se e seduzir.[95] Assim, por exemplo, a informação sobrenatural a respeito da árvore do conhecimento e a demoníaca hostilidade para com Deus que possui a serpente, a julgar por suas palavras, são prova inconfundível de que, quem aqui age, é um poder que sabe o que quer e é inimigo de Deus; daí que a Igreja, ao interpretar ulteriormente seu verdadeiro significado dizia que se tratava de Satanás, seguiu pistas corretas, mesmo quando a idéia de Satanás tenha nascido em uma época muito posterior à do relato.[96] Quando o narrador oculta o terrível oponente de Deus sob a figura escorregadia desse animal, o faz com toda intenção, porque conhece seu caráter inexplicável e enigmático e sabe perfeitamente que se ocupar com ele obscureceria o que realmente interessa. O poder tentador fica de propósito na obscuridade; *o enigma da origem do mal demoníaco não se acaba, mas há de continuar sendo enigma* para que o mal não surja como inóquo. Mas, dessa maneira, tornam-se claras *as duas teses fundamentais*: o mal não vem de Deus; o mal está sujeito ao poder de Deus.

---

propósito para expor em imagens as realidades mais profundas. Neste sentido, está claro que a criação da mulher da costela do homem não se lhe é adverso como um experimento não satisfatório anatomicamente, mas que lhe serve para expressar a mútua referência intrínseca dos sexos; a serpente deixa de ser o animal raro do campo para significar o poder do mal, e sua inimizade mortal com relação ao homem simboliza a luta moral que o homem há de encarar adiante e na qual irão se consumindo as gerações com o fito de manter seus últimos laços com o mundo superior, mas sem conseguir controlar o poder destruidor do mal. Mas tudo isto só poderia ficar manifesto após uma análise minuciosa de todo o relato que agora vamos deixar de lado por não ser fundamental para nosso objetivo principal.

[94] Pensar que para interpretar o relato no sentido da "Queda no pecado" é necessário que se identifique a serpente com Satã (assim L. **Köhler**, *op. cit.*, p. 166s) é totalmente errôneo.

[95] Isto está bem captado por **Quell,** *TWNT* I(p. 284. veja também **G. von Rad**, *op. cit.*, p. 72 (cf. nota 65).

[96] Cf. p. 661s.

Também a questão da *morte como conseqüência do pecado* recebe deliberadamente um tratamento ambíguo. Não resta dúvida de que, a razão que Deus alega para apoiar sua proibição de comer da árvore tem de ser entendida no sentido de que a morte será uma conseqüência imediata no caso de transgressão, mas isto exclui uma possível referência a uma vida sob o poder da morte. Precisamente por isso pode a serpente, aparentemente com toda a justiça, questionar a verdade da ameaça e então ser desmascarada como sutil e astuta enganadora, porque, na realidade, a morte reflete seu poder sobre o homem fazendo-o sofrer e penar. Assim pois, *o que na realidade proclama-se aqui como castigo do pecado não é o simples fato da morte*,[97] mas a escravidão de uma vida inteira sob os poderes hostis da morte que a arruínam antes do tempo: o sofrimento, a dor, a fadiga e a desavença.[98] Mas, com a menção da árvore da vida, aponta-se outra possibilidade — ainda que embora só seja de passagem e com reservas — ao alcance do homem que amadureceu na comunhão com Deus.

Enquanto mais claramente surge a importância relativa das questões secundárias, mais definido fica onde se deve procurar o significado e o valor desse relato. Sua intenção é expor um evento decisivo que frustrou o plano de Deus com o homem na criação e marcou a história da humanidade com o estigma da hostilidade para com Deus.[99] *Evento este que tem o caráter de uma "queda", quer dizer, de um abandono da linha de conduta desejado por Deus*, e, como demonstra o restante do relato, influi de maneira decisiva na atitude espiritual de todos o homens. Com razão, a doutrina da Igreja sobre o pecado original foi fixada nessa passagem para ensinar que a verdadeira gravidade da escravidão ao pecado consiste em que, não é simplesmente "um ato ocasional..." nascido de uma decisão errônea passageira, mas... uma orientação pervertida de nossa natureza".[100] O narrador javista não faz uma exposição doutrinal dessa idéia, porque, como todo bom historiador, deixa que o leitor tire dele suas conseqüências; mas não por isso é menos certo que a composição inteira de

---

[97] Sobre a importância teológica de incluir a morte na relação homem-Deus, cf. **P. Althaus**, *Die Gestalt dieser Welt und die Sünde*, em "Zeitschrih für syst. Theologie" (1931), 319s.

[98] Tal é também a idéia do Sl 90:7s, no qual o que aparece como castigo da ira divina não é a morte em si, mas o rápido passar da vida. No mais, em nenhum outro lugar encontramos uma consideração sobre a morte como castigo do pecado; ela é, simplesmente, a sorte natural do homem por meio da qual todo o mundo espera chegar velho e cheio de dias (Gn 25:8). Sobre a tristeza provocada pela morte e sua intensificação pela idéia de que ela corta a relação com Deus, cf. cap. XXIV p. 931s.

[99] Sobre a importância deste acontecimento para a idéia cristã do tempo, cf. a bibliografia p. 844, nota 91. **K. Barth**, *Die kirchliche Dogmatik* I, 2, 1938, p. 50s.

[100] **E. Brunner**, *Der Mensch im Widerspruch*, 1937, p. 139.

seu relato aponta para ela, e sua mão peculiar é notada claramente nas coisas características com que descreve o juízo de Deus sobre a maldade da natureza humana em Gênesis 6:5 e 8:21.[101]

Naturalmente, só pode concordar com esta interpretação da origem do mal, quem admite que está correta a visão bíblica dos laços que unem as gerações, não se trata, como normalmente pensam as ciências de nossos dias, de um simples fato biológico sem repercussões no terreno do espírito, mas que a vinculação física do gênero humano é efeito de um mundo espiritual realmente comum. O teste mais palpável disto está na possibilidade de que se herde a totalidade da condição espiritual, o caráter. Esta concepção curiosamente se observa no Antigo Testamento, quando os profetas não só mencionam a seus contemporâneos diante do juízo de Deus e os acusam por sua própria queda, mas que também os consideram como formando uma unidade compacta com todas as gerações anteriores; por esse motivo os pecados dos antepassados também são os pecados dos que agora vivem, e deles se lhes pedem contas, e até mesmo o fato de que a geração presente é influenciada pela má orientação das anteriores não diminui em nada sua responsabilidade.[102] Como o povo é considerado aqui como uma comunidade unida para uma solidariedade espiritual, o é também, de modo mais radical, a mesma humanidade quando o mal que a domina a reúne em uma grande unidade ante o tribunal de Deus.[103] Exatamente essa concepção profética está já presente, em protótipo, no javista e é a que possibilita sua peculiar interpretação do fenômeno do pecado humano universal, como uma falsa orientação radical do ser humano, solidária e sempre atual, que tem seu fundamento e, por sua vez, seu modelo em uma decisão original. Como também acontece com outros pontos, torna-se vão querer encontrar no Antigo Testamento uma teoria sobre essa participação de cada indivíduo em um mundo espiritual comum. Só uma base real é possível alegar para explicar essa forma de existência do homem, em relação indissolúvel com todos os demais, e não é outra que seu caráter de criatura, que significa que toda sua vida está sustentada pelo poder do Espírito divino.[104] Se for o Espírito o que dá forma entre todos os membros da humanidade a uma coesão física e espiritual, em virtude da qual

[101] O recurso à afirmação da justiça de Noé não pode ser considerado como um argumento contrário, se for levado em conta o que dissemos anteriormente sobre a relatividade da inocência e não se ignorar a rigidez das formas que a tradição impõem ao material de sagas

[102] Sobre isto cf. as considerações de **J. Hempel**, *Das Ethos des AT,* 1938. p. 43s, e de **W. Eichrodt**, *Heilserfahrung und Zeitverständinis im AT,* TZ, 12 (1956), p. 103s.

[103] Cf. vol. I, p. 335s.

[104] Cf. p. 512s.

a decisão do primeiro é a decisão de todos, a palavra da revelação esclarece esse fato que mostra o destino divino do homem e sua culpável oposição ao mesmo, apresentando sua afronta contra Deus como uma batalha sem igual de todos os membros da humanidade, iniciada quando se afastaram pela primeira vez de sua origem. Então, a interpretação do caráter do pecado, contido na história da primeira queda, não tem outro fundamento que a crença em laços indissolúveis que unem os indivíduos e o gênero humano com Deus, laços que nem mesmo o pecado pode destruir, e que são os que realmente fazem a Deus Senhor da humanidade em sentido completo. A existência biológica, como é manifestada na reprodução e na procriação, não é um processo autônomo de lei natural, ligado apenas à matéria, mas a tradução palpável de uma comunhão interior do gênero humano baseada no poder revitalizador de Deus.

B. Origem e evidências do pecado

Também, é teologicamente importante o fato de que nos demais escritos veterotestamentários não só não se cite expressamente a profunda concepção de Gênesis 3, mas também que o eco de suas idéias só seja observado em raras ocasiões. Chama a atenção, principalmente, que *o profetismo* passe por ela, ao parecer, sem prestar-lhe atenção. Mas isto tem certa explicação como conseqüência da tarefa imediata desses profetas, já que em sua proclamação do juízo lhes interessava salientar a capacidade de seus ouvintes para decidir e atuar, com o propósito de despertar seu sentido de responsabilidade. Ao terem consciência que eram mensageiros de um Deus que, justamente então, chamava a seu povo para um ajuste de contas colocando-o diante de uma opção definitiva, teriam de dar todo seu empenho para fazer seus contemporâneos compreenderem a ameaça imediata sob a qual viviam. Logicamente, nessa situação, não havia necessidade de se olhar para trás, para a origem do pecado.

Porém, quando os profetas meditam sobre *a necessidade que força o homem a agir de forma hostil para com Deus* nós ouvimos expressões suas que fazem lembrar Gênesis 3. Por exemplo, tal é o caso quando eles apresentam o pecado de Israel em íntima conexão com a conduta do patriarca Jacó, para ilustrar mediante essa "analogia familiar" a rebelião que atravessa toda a história nacional, assim como a necessidade de castigo e, em conseqüência, a grandeza da misericórdia divina.[105] E quando Jeremias zomba sobre o enigma da irresistível tendência para a injustiça que observa em seu povo,[106] recorre a categorias naturais, seja ao comparar a maldade sempre disposta a brotar como

---

[105] Os 12:3,4; Is 43:27.
[106] Jr 3:17; 9:13; 16:12; 2:21,23s; 5:22,24s; 8:6s etc.

uma fonte que constantemente renova sua água e a mantém fresca,[107] seja que, recorrendo a imagens ainda mais plásticas, explique que a má vontade está misturada interiormente com toda a natureza do homem, assim como acontece ao negro com sua cor ou a pantera com as pintas da pele.[108] E na dolorosa luta que tem de manter com sua própria resistência para seguir a vontade divina, chega a reconhecer uma corrupção incurável do coração, um mistério ante o qual o enigma arrepiante não deixa outra alternativa senão refugiar-se no Deus que tudo conhece e que tem antídotos até para esse tipo de mal.[109] Ezequiel, de outro lado, fala de um coração de pedra que torna impossível toda conversão, a menos que o próprio Deus mude esse coração para um coração de carne.[110] De qualquer maneira, nunca chegam os profetas — e este também é o estilo deles em outros pontos — a uma exibição sistemática desse tópico que medita sobre uma decisão originária do gênero humano.

Tal reflexão, é ainda menos esperada no seio do *ensino sacerdotal da lei*, já que o que lhe interessa é vivificar, sobretudo, as energias morais para a execução das ordens divinas concretas. O narrador da proto-história sacerdotal não continuou as referências de sua fonte sobre o aumento progressivo da corrupção no gênero humano, mas enfatizou, simplesmente, o ponto culminante dessa corrupção, juntando a genealogia Setita com o relato do Dilúvio. A declaração da inocência de Noé não deve ser interpretada em um sentido absolutamente dogmático, como não seria lícito ver uma teoria do pecado original em seus relatos sobre o arco-íris como sinal de paz e sobre a doação da lei para defesa da vida humana, nos quais se traduz a idéia de uma humanidade sempre pecadora. A misericórdia de Deus, garantida pelo sinal da aliança, é paralela à gravidade de seu juízo, da qual é prova bem clara para todas as gerações o envio do dilúvio no começo da história. Ademais, a mentalidade sacerdotal presta importância primordial à bondade do mundo criado por Deus e à irreversibilidade de suas leis;[111] e embora seja verdade o fato de que a idéia de expiação se sujeite o culto inteiro, isto envolve um convencimento do caráter universal do pecado, e este pode ser reduzido às transgressões momentâneas da lei e nada é dito sobre a origem do mesmo.[112]

---

[107] Jr 6:7.
[108] Jr 13:23.
[109] Jr 17:9s,12–14.
[110] Ez 36:26.
[111] Cf, vol. I, p. 376s.; 382s.
[112] Isto é verdade até no caso de uma expressão como a de 1 Rs 8:46, que soa como um princípio absoluto, mas que não oferece senão expressar a experiência do esforço que implica o cumprimento da Lei.

C. A necessidade do perdão

Desse modo, chama bastante atenção que a *comunidade pós-exílica demonstre clara simpatia pelo empenho do javista.* Junto aos protestos de inocência de muitos salmos e ao juramento de pureza de Jó,[113] achamos confissões tão impressionantes como no *Salmo 51 e muitas passagens do livro de Jó,* que se aproximam ou até imitam o profundo reconhecimento do pecado por parte do javista. Eles concedem, naturalmente, menos valor às declarações que vêem na origem terrenal do homem e na impureza e defectibilidade de sua natureza a razão de seus fracassos, diante da santidade imaculada de Deus;[114] porque aqui o pecado serve para exortar à humildade e a não esboçar exigências a Deus, mas não representa uma culpa pessoal e, por conseguinte, considera-se mais como um motivo da paciência divina.[115] Mais profundas são as passagens que procuram nos laços psíquicos e corporais do indivíduo com seus antepassados pecadores, a razão de que ao homem seja impossível resistir diante da pureza e perfeição divina.[116] Do que é impuro não pode vir nada puro: [117] nesta frase expressa-se de modo lapidar a lei indestrutível do pecado original. Se nesta expressão e em outras, como a do Salmo 143:2, não se enfatize o caráter universal do pecado fica prejudicada sua atitude concreta, de maneira que se assemelha a uma fatalidade perdoável. No Salmo 51 é diferente. O indivíduo que ora, é levado a confessar seu pecado pela gravidade da culpa que pesa sobre ele, vendo na razão última da sua ação, a radical perversão de seu coração. E, como se fosse uma intuição que lhe foi revelada pelo mesmo Deus, exclama: "Em pecado nasci eu, e em pecado me concebeu minha mãe". Seu pecado não é um simples e ocasional desvio do bom caminho, mas *o produto lógico da natural inclinação de seu ser,* enraizada nele pela herança que lhe foi transmitida no momento do nascimento. Nós temos aqui uma clara confissão do pecado original que, ao mesmo tempo, longe de diminuir, aumenta a responsabilidade do indivíduo, de maneira que a semelhança com Gênesis 3 é inquestionável,[118] sem que se leve em conta se aquele que ora era consciente disto ou não. Só depois de ter chegado a reconhecer essas raízes últimas de sua ação — o que, certamente, não foi lhe fácil — sente nosso homem cumprida a exigência divina

[113] Sl 17; 26; 59; 18:21–27; Jó 31.

[114] Jó 4:17-21; 25:4-6.

[115] Igualmente, na oração babilônica antes mencionada (p. 837s.) a confissão do caráter pecador de toda a humanidade constitui um motivo para que a divindade atenda as petições.

[116] Jó 14:4; 15:14-16.

[117] Jó 14:4.

[118] Não vamos nos deter agora nos rodeios exegéticos que se fazem para se evadir desta idéia. Sua própria artificialidade os condena.

de sinceridade plena e pode passar a pedir perdão. No Salmo 130:3, voltamos a encontrar uma confissão semelhante da universalidade, coercitiva e, por sua vez, responsável, do pecado, embora, determinada a sua brevidade, não tenha a mesma importância que a anterior. De outro lado, o Salmo 90:7-9 associa tão intimamente a triste sorte da fragilidade do homem com sua oposição ao Deus santo, que nós não podemos descartar quanto pano de fundo de seus versos a interpretação do destino humano na proto-história javista. O que representou a felicidade do homem em outro tempo, caminhar pela luz de Deus, tornou-se agora em um terror que o amedronta, porque essa luz que penetra até o mais íntimo não tem piedade em expor toda a hostilidade do homem para com Deus ante a vista de seu juiz (v. 8). Provérbios 20:9 manifesta, totalmente fora de contexto, a incapacidade do homem de se purificar do pecado. Isso poderia nos sugerir que tais idéias retomassem seu vigor, pouco a pouco, no judaísmo até converterem-se em axiomas de fé, pelo menos entre certos círculos.

Na realidade, o *judaísmo tardio* reconhece e defende a existência de alguns laços entre o pecado do indivíduo e o de Adão e Eva. Os descendentes do primeiro homem herdaram dele não somente a implacabilidade da morte, mas também a inclinação para o pecado, quer seja o começo do mesmo atribuído à Eva,[119] ou se pense que todos os nascidos de Adão vieram ao mundo com o coração perverso que era a causa do seu pecado.[120] De qualquer maneira, a perversão universal do homem durante a primeira queda só raramente exerceu todo seu efeito na compreensão do pecado, como o instinto mau do homem se considera parte de sua bagagem desde o momento da criação,[121] a queda de Adão representa sucumbir à tentação, que introduz no mundo a morte e toda classe de infortúnios; mas não há necessidade de falar de uma coerção ao pecado, já que o Criador deixou na lei um meio de contrariar o instinto mau do homem,[122] de forma que a sabedoria que emana da mesma, bem pode salvar ao mesmo Adão de sua queda.[123] Também se diz, às vezes, que a inclinação ao pecado remonta-se aos anjos, em cuja queda se viu implicado o homem,[124] ou aos demônios, cujos enganos provocam a idolatria.[125] Pretende-se, pois, contra a intenção de Gênesis 3, chegar a conhecer a origem do pecado; com isso o homem se ilude por compreender racionalmente o enigma do mal demoníaco, privando-o de sua radical sociedade. O papel que agora se reconhece a Satanás

---

119 Eclo 24:25; Ap Mos 10:32; Ap Bar 48:42.

120 4 Ed 3:21s,26; 4:30s; 7:48s;118.

121 Eclo 15:14; 37:3; 4 Ed 3:21; 4:4; 7:48. **Pesikt.** 38b–39a, ed. **Buber**; Vit. Ad. 19.

122 Veja p. 833s.

123 Sab 10:1.

124 1 Enoque 10:4s; 64:1s; Mart. Is. 5:31 Vit. Ad. 12s; Jub 4:22; 5:1s.

125 Jub 11:4s; 15:31. Sobre a concepção dos deuses pagãos como demônios cf. vol. I, p. 198s.

como tentador[126] permite ao indivíduo contrapor à inclinação ao pecado sua liberdade de decisão e esperar que a boa vontade seja fonte suficiente para derrotar o tentador. Só o livro de Esdras reconhece a natureza fatalmente inexorável do pecado e, por conseguinte, também da ira divina; o fato de que toda a humanidade seja solidária no pecado faz inevitável sua rebelião contra Deus. Por conseqüência, a não esperança de que seja possível iludir o juízo alcança os níveis máximos. Apesar de tudo, tampouco neste caso se chega a atribuir o pecado, como exigência a lógica, a uma radical perversão da vontade, expressão da natureza íntima do homem e única forma de que chegue a captar profundamente a essência do poder do pecado. O homem sucumbe no pecado por sua própria decisão;[127] pois , cada indivíduo faz de si mesmo um novo Adão.[128] Só à vista do ato redentor de Cristo foi possível a coexistência da compreensão mais profunda do pecado e da convicção de ser salvos.

IV. CONSEQÜÊNCIAS DO PECADO

De um ponto de vista puramente lingüístico, a culpa, enquanto efeito objetivo do pecado, que consiste em que *o pecador está exposto em todo momento ao castigo de Deus*, e a maioria das vezes não se distingue do pecado por meio de um vocabulário especial, mas que se designa com a mesma palavra.

A. A culpa

Assim, o mais freqüente é que a denominemos *'āwōn*, e ocasionalmente emprega-se também a raiz *ht'*.[129] Existe uma palavra específica, *'āšām, 'āšmā*, mas seu uso neste sentido é bastante reduzido,[130] estando principalmente reservado para designar a ação de restituir. O fato de que a raiz *rs'*, de significado forense,[131] emprega-se comumente para indicar a culpa religiosa, demonstra, uma vez mais, a importância da linguagem jurídica para a terminologia religiosa.

1) Esta situação manifesta claramente que o hebreu não tinha nenhum interesse especial em fazer uma distinção conceitual definitiva entre pecado e culpa. O qual pode dever-se a que na linguagem influi, todavia, a etapa mais antiga do pensamento religioso no qual, por efeito de uma concepção material

---

[126] Sab 2:24; Vit. Ad. 12s.
[127] 4 Ed 8:56.
[128] Ap Bar 54:15,19.
[129] Veja o uso do verbo para significar um estado permanente de culpa: Gn 43:9; 44: 32; *ḥaṭā'ā* Gn 20:9.
[130] Gn 26:10; Jr 51:5; Sl 68:22, e Am 8:14 (neste último caso, o texto não é seguro); Sl 69:6.
[131] Cf. p. 824, nota 4.

do pecado, a culpa apareceria como a sentença automaticamente unida ao mesmo, enquanto que necessitava de importância a consciência subjetiva de culpa. Já em páginas anteriores[132] temos explicado detalhadamente como esse tipo de mentalidade continuou operando na época do Israel primitivo. Nela a punição coincide com a mesma falta, já que esta põe o seu autor diretamente sob o domínio de alguns poderes demoníacos ou na infecção como de um vírus contagioso da esfera do tabu.

Agora então, essa implicação automática na culpa objetiva, filha de idéias dinamicistas, já sofreu desde muito cedo, e não só em Israel, uma *suavização racional graças*, certamente, à vida jurídica própria de comunidades civilizadas. Realmente, na mesma execução da vingança de sangue intervém certas considerações racionais enquanto que não atende só ao grito de vingança do sangue derramado, mas que este se combina com a necessidade de reparar o dano causado, ainda que só seja de forma negativa, infligindo um prejuízo à tribo adversária; de outro lado, a retribuição se atinha à regra da equivalência exata, quer dizer, o talião.[133] Deste modo, o interesse principal do Estado, a proteção da sociedade, faz que se quebre em muitas ocasiões o princípio dinamicista da culpa automática, ao distinguir — e arbitrar, em conseqüência, um tratamento mais suave — o homicídio casual, o assassinato, a violação, do adultério, a culpa indireta, da direta.[134]

2) *A tendência apontada ali recebe um impulso eficaz da fé javista.* A Lei se converte em expressão da soberania de Deus sobre seu povo e, por conseguinte, a proteção da comunidade adquire o caráter de exigência divina principal. Encontra, assim, um aliado de grande valor o esforço por proteger a vida dos cidadãos contra os excessivos prejuízos derivados de medos tabus profundamente enraizados, e contra o desmedido desejo do individuo da tribo de fazer justiça por sua conta. O Senhor divino acolhe a todos e cada um dos membros do povo sob sua proteção, porque não tem interesse nenhum em ver dizimado o número de seus fiéis por causa de algumas exigências de restituição exageradas. Sua vontade limita ainda mais no âmbito de licitude da vingança de sangue e acaba com o medo de base dinamicista.[135] Seus mandamentos categóricos, que fundamentam o sistema jurídico sobre a base de uma única autoridade transcendental, fazem que toda transgressão da Lei seja mudada em culpa contra Deus, excluindo da idéia de culpa a obscuros poderes demoníacos.

---

[132] Cf. p. 824s.

[133] O contrário pode ser visto no desejo desenfreado de vingança de Lameque e os quenitas (Gn 4).

[134] Cf. a respeito as instrutivas considerações de **J. Hempel**, *Das Ethos des AT*, 1938. p. 55s, onde se expõe, também, por extensão os paralelismos do direito do Oriente antigo.

[135] 2 Sm 14:13s.

Quer dizer, o fato de que a Lei se dirija ao indivíduo, carregando com uma responsabilidade pessoal que não pode transferir-se à família ou a tribo, lhe ajuda a capturar a idéia de uma culpa pessoal, que é radicalmente diferente de todo tipo de implicação impessoal, de toda classe de "queda" no domínio de um poder sinistro. Enfatiza-se aqui, com toda clareza, a diferença entre a concepção moral de Israel e a das outras civilizações do antigo Oriente Próximo; nestas, o predomínio do medo aos demônios pôde manter muito mais vivo o caráter maléfico da culpa; a culpa é considerada antes que qualquer coisa como o feitiço e as correntes lançadas sobre o homem pelo poder contra o qual pecou sem querer, e seu caráter impessoal está bem testemunhado pela prática de orar aos mais diferentes deuses de forma que rompam o feitiço e destruam as correntes que os prendem.[136] Mas quando a culpa se considera devida a uma ofensa à divindade, a existência de vários deuses e o conflito de alguns vontades divinas contra outras fazem impossível uma solução verdadeira para quem encontra-se preso nela. Porque não só escapará o homem da ira de um deus para refugiar-se na disposição, possivelmente mais graciosa, de outra ou outras divindades, escapando assim de sua responsabilidade pessoal, mas que também sua insegurança sobre qual seja a verdadeira vontade dos deuses, dificulta-lhe totalmente ver com clareza quando cometeu uma ofensa. A reclamação freqüente de que o homem ignora a vontade concreta da divindade toma, às vezes, mais intensas tonalidades, até chegar a repreender aos deuses que ocultam com toda intenção sua vontade ou, até, que revelam o que é falso e ensinem toda classe de mal.[137]

O piedoso israelita está completamente vacinado contra blasfêmias semelhantes e não só por sua firme convicção do sentido da eleição e da aliança — a formação de um povo santo — mas também por seu conhecimento claro da vontade divina. Esta vontade, longe de todo capricho e de toda a malícia, demonstrou ser guia seguro da vida do povo.[138] Nas cláusulas da aliança, foi revelado de modo inequívoco, e a festa da aliança, celebrada regularmente,[139] foi arraigando cada vez mais em Israel o privilégio de ser consciente, enquanto povo de Yahweh, da vontade divina de comunhão com o homem. O posterior ensino da lei acertou, ao ver precisamente nisso, o motivo da superioridade de

---

[136] Cf. **H. Zimmern**, *Babylonische Hymnen und Gebete im Auswahl*, 1905, p. 18s; 23s. A. Falkenstein e **W. von Soden**, *Sumerische und akkadische Hymnen und Gebete*, 1953. p. 305,321s, 328.

[137] Cf. B. Meissner, *Babylonien und Assyrien* II, 1925, p. 432.

[138] Cf. vol. I, p.23s.; 214s.

[139] Cf. Dt 27:14s; 31:10s, e também **A. Alt**, *Die Ursprünge des israelitischen Rechts*, 1934, p. 63s.

Israel sobre os demais povos, encorajado por ele a uma alegria orgulhosa.[140] A partir desta base, a capacidade de Israel de não se tornar em pedaços sobre alguns atos enigmáticos de Deus, atribuiu-se a sua decisão consciente em reconhecer que Deus era a justiça maior, superior a todos os desejos humanos.[141]

Uma vez que, nesta linha, a idéia de culpa está definida a partir de uma clara conduta de pessoa para pessoa, já é possível que surja *um sentimento vivo de culpa,* independentemente da execução antecedente de um castigo. É significativo a respeito disso que, para designar a culpa, eleja-se a maioria das vezes o termo *'āwōn,*[142] que se aplica ao pecado na medida em que envolve uma atitude pervertida. E ainda que, em certas ocasiões, só se chegasse a reconhecer realmente o pecado depois de que se tivesse sofrido o castigo — especialmente, tratando-se de uma culpa nacional[143] —, o sentido de responsabilidade teria adquirido tal interesse que, sem esperar o castigo, pensava-se em reparar a culpa contraída até mesmo em faltas cultuais não intencionadas.[144] E a idéia de que Yahweh castigaria, até mesmo em ocasiões em que não faria nenhum vingador humano, estava profundamente arraigada na fé de que Deus é justo e de que, portanto, vela para que se cumpram as exigências de sua aliança.[145] Embora não intervenha em seguida, não é próprio de Yahweh esquecer; as dívidas o acompanhavam atadas em uma bolsa[146] ou registradas em um livro,[147] ou está esperando até que a medida seja alcançada.[148] Também o anúncio de seu castigo à maldade desses de gama alta foi destinado a vivificar a consciência de todo o povo.[149] Israel conhece muito bem — e sabe descrevê-lo de um modo impressionante [150]— o castigo dos remorsos que precedem ao castigo externo. Quando o homem caído se oculta para escapar do olhar de Deus, quando a Davi lhe bate o coração fortemente depois de cometer seu crime, estamos diante de frases que expressam, de modo sugestivo, a idéia de culpa como alteração de uma relação pessoal de confiança. Por isso o rei que desfalece diante da sentença do profeta, que lhe revela seu pecado oculto, derrama-se em uma confissão: "Pequei contra Yahweh"[151].

---

140 Dt 4:6s,32s; cf. Jr 2:13,31s; Ez 20:11.

141 Cf. vol. I, p. 229s.; p. 245s.

142 Gn 4:13; 15:16; 19:15; Êx 20:5; 34:7; 1 Sm 25:24; 2 Sm 3:8 (24:17); 2 Rs 7:9 etc.

143 2 Sm 21:1; 1 Sm 14:37s.

144 Jó 1:5.

145 Cf. vol. I, p. 214s. e Gn 9:5s; 42:22s; Jz 9:19s,57; 2 Sm 3:39 etc.

146 Os 13:12.

147 Os 7:2; Sl 90:8. Apesar de que o testemunho seja relativamente tardio, não há problema algum em considerar antiga a imagem.

148 Gn 15:16.

149 1 Sm 15:23s; 2 Sm 12:10s; 24:11s; 1 Rs 21:19.

150 Gn 3; 1 Sm 15:13; 24:6; 2 Sm 24:10. Cf. também a história de Jacó, que conhece bem o que representa sentir o peso da culpa.

151 2 Sm 12:13.

Então, é a experiência viva de que Deus trata pessoalmente com os homens aos quais escolheu, o que vai fazer no antigo Israel, que *na idéia de culpa, ressalte cada vez mais o elemento pessoal*, mencionando assim uma verdadeira atitude moral capaz de carregar com o peso de uma responsabilidade consciente. Mas isto não significa que se esquece a mentalidade mágica primitiva; esta volta a impor-se, algumas vezes, com uma terrível teimosia,[152] embora, na realidade, tenha sido deslocado de sua posição de privilégio. A ruína dessa mentalidade primitiva encontra sua melhor tradução nas palavras com as quais o rei Davi resiste que o inocente também se veja incluído em sua própria culpa, reivindicando toda a responsabilidade para si mesmo: "Eu tenho pecado e eu agi com maldade; mas estas ovelhas que fizeram?".[153]

3) *A luta dos profetas* contribuiu de forma importante para que a idéia de culpa prevalecesse na relação pessoal com Deus. Efetivamente, seu desejo principal pode ser resumido dizendo que pretendem que seu povo se comporte com responsabilidade diante do Deus pessoal, que rejeita qualquer obra objetiva com a qual se queira suprir a entrega de toda pessoa e destrói todas as garantias materiais de sua proteção que pretendem suplantar uma relação viva e cordial. Por conseguinte, a condenação que os profetas fazem do pecado do povo tende a despertar o sentido de uma culpa pessoal frente ao Tu divino, com o fim de que o juízo iminente não possa ser concebido como uma fatalidade cega nem tampouco como uma prova da fragilidade do Deus de Israel frente às grandes potências da terra. Neste sentido, teve grande importância *o efeito individualizador da pregação profética*,[154] porque dadas as exigências concretas, ao colocar a cada membro do povo a necessidade de optar, os profetas acabaram com a possibilidade de fuga do indivíduo, evadindo-se na força das circunstâncias ou em uma culpa da comunidade. E, embora seja verdade que o indivíduo está implicado na culpa corporativa — coisa que os profetas pretendem ganhar na consciência do povo com um vigor impressionante — isto serviu para reconhecer na culpa pessoal toda sua gravidade, ao representar uma participação ativa na atitude corporativa de hostilidade a Deus, que ela não faz mais que intensificar. A forma em que se acusa a sacerdotes, profetas, reis e gerentes da política e, em geral, às classes superiores, e se lhes responsabilizem pela apostasia do povo[155] e, então, ao povo simples, se lhe faz culpado do dano

---

[152] Pense, por exemplo, quando se faz responsável aos descendentes de Saul da culpa do cabeça da família (2 Sm 21) ou nas disposições testamentárias de Davi sobre o tratamento dos que pecaram contra ele (1 Rs 2). Veja também p. 823s.

[153] 2 Sm 24:17.

[154] Cf. vol. I, p. 317- p. 321.

[155] Am 6:1; Os 4:8; 5:1; 6:9s; Is 1:10s; 3:12,14; 28:7s; Mq 3:1s,5,9s; Jr 2:8; 22:1s,13,17; 28:15; Ez 13:4s,10; 14:9s; 34:1s.

que lhes infligem seus dirigentes, facilitado por sua própria indiferença e seu próprio esquecimento de Deus,[156] intensifica a responsabilidade do indivíduo, embora centre sua atenção na totalidade da comunidade. As palavras de Isaías expressam, de um modo clássico, como essa conexão do pecado do indivíduo com a hostilidade da comunidade para com Deus acrescentou o sentimento de culpa: "Sou um homem de lábios impuros e vivo em meio de um povo de lábios impuros!" (6:5). Ao mesmo tempo, a pecaminosa orientação da vontade, que subjaz nos diferentes atos isolados, é entendida como uma culpa que satura a vida e exclui da comunhão com Deus.[157]

Para esse mesmo objetivo — conseguir uma consciência mais sensível à culpa — tende também *a luta apaixonada dos profetas contra o culto ímpio*, que ameaçava substituir a relação pessoal de obediência a Deus por atos objetivos ou por uma espécie de união mística.[158] Uma vez estabelecida a radical seriedade das exigências de Yahweh, a culpa absolutamente pessoal presente nas faltas contra o irmão poria de relevo a insignificância da culpa objetiva.

O aspecto pessoal da culpa e o caráter total da culpabilidade encontram sua expressão típica nas imagens com que os profetas ilustram como seu povo se afastou de Deus. É necessário mencionar, em primeiro lugar, os casos em que a rebelião é caracterizada como adultério ou como falta contra a piedade filial: a oposição a Deus é atribuída, deste modo, à vontade consciente e está definida como uma ameaça da relação total do homem com Deus. Já não vale esconder-se depois da execução correta dos deveres religiosos, e fica bem claro que o fundamento da culpa está em que o homem se rebela contra Deus no mais íntimo de sua vontade. Para ilustrar a conduta de Israel com seu Deus são usadas também as imagens da insurreição da obra contra seu fabricante, ou do escravo contra seu senhor, ou do súdito contra seu rei; em todas elas, o que verdadeiramente distingue a culpa nascida de tais ações é a ruptura voluntária de uma relação pessoal.

4) A fecundidade desse aprofundamento do sentido de culpa em função da pregação profética fica manifestada na *instrução com que o sacerdote doutrina o povo sobre os deveres daquele que visita o santuário.*[159] O que nela se apresenta ao homem piedoso como exigência inflexível de seu Deus, o obriga a prestar supremo cuidado à qualidade moral de suas ações, suas falsas palavras ou seu mal pensamento e faz que seu exame se centre nas faltas da vontade. Nós já vimos em outra ocasião[160] como, neste sentido, a pregação

---

[156] Os 4:12s; 7:3; 8:4,12s; Is 29:13s; 30:9s; Mq 2:11; Jr 5:12s,31.
[157] Cf. p. 839s.
[158] Cf, vol. I, p. 323-326s.
[159] Sl 15; 24:3-6.
[160] Cf. vol. I, p. 374s. e também Sl 50; Jl 2:12s.

cultual, o voto e o recital dos preceitos da lei por parte da comunidade ajudaram a manter viva a idéia de que o fato decisivo em toda conduta era a relação com o Deus justo e santo. Neste contexto, o indivíduo aprendia a ser examinado à luz das exigências de soberania do Deus santo e, por conseguinte, habituava-se a ver nos intentos de afirmar-se por seus próprios meios, uma culpa pessoal que expunha isto ao castigo divino.[161] Ao mesmo tempo, ao sentir-se de forma especialíssima membro de uma grande comunidade, viram claramente como sua conduta transcendia o pequeno círculo de sua própria vida individual, e assim iam se educando em uma responsabilidade consciente. Finalmente, os preceitos irracionais relativos à pureza, que eram os que mais contribuíam para eliminar do sentimento de culpa o elemento subjetivo, ficavam agora articulados na esfera de uma conduta responsável frente à comunidade, até o ponto que sua transgressão pudesse provar de um autêntico sentimento de culpa, ao implicar um desprezo culpável dos próprios deveres para com a sociedade.

5) De outro lado, foi também aqui, no culto, onde a total, impregnação moral do conceito de culpa encontrou *certos limites*. Com efeito, a necessidade de expiar até faltas não intencionadas poderia resultar numa concepção impessoal da culpa que a considera como uma mancha externa, sem pensar nunca na implicação interior da pessoa do agente. Logicamente, a intensidade maior ou menor do sentido de uma obrigação para o Deus pessoal era o que fazia que esse tipo de idéias influísse mais ou menos no sentimento de culpa. De qualquer maneira, este perigo foi afastado completamente *no período pós-exílico*. Apesar de que, a comunidade atribui grande importância a separação ritual (a profanação do sábado, por exemplo, é considerada agora como um pecado grave[162] e as questões referentes ao jejum e à pureza cultual provocam vivas discussões),[163] nada se adverte de uma objetivação da culpa; mantém-se com todo rigor a responsabilidade pessoal. E mais, a formação na Lei que Ezequiel introduz com toda intenção, situa por completo a hostilidade a Deus no marco do conhecimento e da vontade do sujeito. E as ameaças e exortações do ensino da Lei, assim como os salmos de lamentações dos aflitos, formulam com vivacidade a voluntariedade da rebelião que tem como resposta o castigo divino.[164] Os salmos penitenciais, de outro lado, deixam entrever o desejo de sujeitar sem reservas o eu à acusação de Deus.

---

[161] Isto foi exposto exemplarmente por **A. Quast**, *Analyse des Sündenbewusstseins Israels nach dem Heitigkeitsgesetz*, 1956. (Veja nota 44 do § I neste cap., p. 833).

[162] Is 56:4,6; Jr 17:19s; Ez 20:12,16,19,21; 22:8,26.

[163] Is 58; Zc 7s; Ag 2:11s.

[164] Lv 26:14,40s; Dt 28:15,46; 29:18s; 30:15s; Lm 5:16.

Mas, por sua vez, em uma esfera diferente, começa a ser notado um *enfraquecimento do sentido de culpa*. Pelo fato da vida de piedade ter se centrado, cada vez mais exclusivamente, na Lei, fez que a atenção se fixasse na execução ou na falta concreta mais que na corrupção radical da vontade.[165] Ganhou terreno, neste contexto, uma *concepção otimista e racionalista do pecado* que, com respeito à questão de se era possível fazer o bem e manter-se imaculado diante de Deus, nisso diferenciava-se dos profetas em que, apesar de reconhecer a constituição natural pecaminosa do homem, considerava isto uma simples deficiência de sua conformação, excluindo de toda responsabilidade consciente e, por conseguinte, privando-a de sua importância para o reconhecimento do pecado.[166] Como resultado, tornou-se incompreensível a sujeição da vida em sua totalidade à ira divina, e toda a insistência veio a recair sobre a prática da Lei: ela basta para superar a fatalidade da culpa, sem que tenha de mediar um singular e incomparável ato redentor de Deus. Vale a pena notar como são introduzidas aqui as *categorias jurídicas* na concepção israelita da ação salvadora de Deus, coisa que já havia iniciado o deutero-Isaías ao insistir em que não há, na realidade, uma petição de repúdio contra a esposa, Israel, e se o *gō'ēl* ou redentor divino resgata a seu povo da escravidão, o faz obedecendo a uma obrigação; foi-lhe feita uma injustiça ao escravizar aos seus sem que ele tenha recebido compensação alguma e, de fato, a culpa acumulada no passado foi liquidada com sobra.[167] Parte dessa mensagem não teria mais fundamento no entusiasmo lírico de um consolador e ficava em seus justos limites só quando se levasse em conta o conjunto da pregação do deutero-Isaías; mas agora é interpretada ao pé da letra por alguns homens que esperam a execução das grandes promessas, e que podem se utilizar dela para limitar sua responsabilidade no castigo que pesa sobre eles. Os cantos de lamentação também demonstram com extrema clareza a predisposição desses homens para avaliar sua pessoal culpabilidade *olhando de viés a crueldade dos inimigos e a culpa dos antepassados*.[168] Como resultado, a sua aplicação da imagem do pai a Deus não salienta tanto a idéia do poder envolvente do amor de Yahweh, única fonte de segura confiança (que é o aspecto que prevalece em Oséias e Jeremias), quanto a de criador e governante.[169] Se adicionarmos a isto o que vimos na historiografia da escola deuteronomista e do cronista sobre o *esquematismo da doutrina da retribuição*,[170] temos completas as linhas de desenvolvimento

---

[165] Cf. p. 833s.
[166] Cf. p. 839s. e 913s.
[167] Is 50:1; 43:3; 49:26; 60:16; 52:3-5; 40:2; cf. Lm 4:22.
[168] Lm 1:21s; 2:20s; 3:34-36,59s; 4:13,21s; 5:7; Is 63:18s; 64:11; Sl 79:8.
[169] Dt 32:6; Ml 1:6; 2:10; Is 64:7; 45:9s.
[170] Cf. p. 833s.

que levaram a debilitar a concepção da culpa como magnitude que abrange a toda a pessoa. As conseqüências de semelhante processo foram sérias.

As tendências que acabamos de ver acenturaram-se ainda mais no *judaísmo tardio.* Já é coisa plenamente adquirida que o pecado não tem por simples resultado um castigo objetivo, mas sua verdadeira recompensa consiste em uma culpa pessoal que carrega o indivíduo com sua própria responsabilidade perante Deus. Assim é demonstrado, principalmente, nas impressionantes orações penitenciais que a literatura do judaísmo tardio nos transmitiu em número não pequeno; nelas *aparece, com fortes testemunhos, a consciência de uma culpa diante de Deus e de uma conversão direta a ele*, principalmente nas orações de Manassés e de Azarias.[171] E, em geral, o importante papel que a idéia de conversão desempenha, dentro da vida religiosa do judaísmo,[172] dá fé com suficiente clareza, da existência de um vivo sentimento de culpa pelo qual o homem reconhece ter traído a Deus e nem sequer tenta reparar sua falta por meio de ações objetivas ou garantias materiais.

Mas, de outro lado, exatamente por essas idéias será visto, em seguida, que o judaísmo não era mais capaz de manter a seriedade radical do conceito de culpa pela qual a vida como um todo estava sujeita ao juízo divino. Se antes a inclinação inata para o pecado já tinha se desligado da esfera da responsabilidade consciente, ao ser descrita como uma propriedade da criatura, agora na doutrina do mau instinto,[173] surge como um dom natural implantado por Deus, e é Deus, em definitivo, o que se torna responsável pelos desejos pecadores. Esta constituição natural, por sua vez, deve levar o Criador a se compadecer de sua criatura e induzi-lo a encontrar uma solução contra sua debilidade natural; esta solução é a Lei. Deste modo, a culpa do homem se reduz ao abandono de sua defesa contra as tentações que o impelem a pecar, e se mede pela categoria do mandamento que é desobedecido; e, do contrário, a luta vitoriosa implica um aumento do mérito. Assim, *a vinculação da culpa à transgressão concreta da Lei* — perigo ao que era propensa desde sempre a piedade legalista — se torna agora em *princípio decisivo, com o qual se torna cada vez mais difícil ver a raiz* da culpabilidade do homem em sua natureza pecadora, que resiste diante da santidade de Deus. Além disso, como o cumprimento obediente da Lei envolve a idéia de mérito, a culpa perde seu caráter de dano irreparável, já que pode ser compensada com um número conveniente de obras meritórias. A gravidade que

---

[171] Cf. também a oração de Ester e de Mardoqueu (apêndices de Ester); Tob 3:1,6-11-15; Jdt 9:1-14; 3 Mac 2:2-20; 6:2-15.

[172] Cf. o § V, p. 906s. e também **A. Büchler**, *Studies in Sin and Atonement in the Rabbinic Literature of the first century*, 1928, p. 212s. e 270s.

[173] Cf. p. 833s.

atribui a pregação ao implacável juízo divino do culpado, acrescida agora pela idéia de uma retribuição na outra vida, cumpre aqui o propósito de satisfazer o suficiente as exigências divinas de tal forma que sua justiça distributiva,[174] ao considerar o prêmio e o castigo, incline a balança para o lado do prêmio. *A mentalidade legalista triunfa sob a concepção religiosa da relação com Deus*, o obstáculo que é necessário destruir já não é uma alienação interior de Deus, mas o fato de não estar exteriormente à altura das suas exigências. A conversão, portanto, pode consistir em uma boa obra que livra da culpa,[175] enquanto que a culpa de ímpios e pagãos é irreparável, de maneira que o homem piedoso pode, com toda razão olhá-los com desprezo e ódio.

Mas a verdade é que todas essas tentativas de aliviar o fardo do sentimento de culpa não alcançaram seu propósito; mas pagaram caro com sua audácia, pela *insegurança* inerente a todo cálculo humano. Aliado ao orgulhoso convencimento de que é possível evitar a culpa por meio de uma estrita observância à Lei, surge sem solução a dúvida de se a obra feita será suficiente diante da incorruptível santidade de Deus. Deste modo, o sentimento de culpa chega na verdade a escravizar aqueles que buscavam proteção contra a ira divina em refúgios inadequados, e a Lei se torna uma guardiã de escravos, de cuja tirania só poderia livrar aquele que, ao invés de revelar toda a profundidade da culpa, tomou sobre si a maldição da Lei.[176]

B. O castigo

Se a culpa é entendida como a queda automática na esfera de um poder destruidor, o castigo somente pode ser *a conseqüência naturalmente inevitável do vírus do pecado*, que afeta os infectados por ele, ou ainda, *a forma legal de proteger a comunidade*, que evita o contágio desembaraçando-se do pecador por métodos diferentes, que podem ir desde a execração solene à pena capital, passando — para casos menos graves — pelas purificações e os conjuros oportunos.

1) Dessa concepção se encontram traços, principalmente, nas cerimônias de purificação ritual de faltas objetivas,[177] na execução da maldição, por meio do fogo,[178] na expiação de um homicídio não esclarecido mediante um sacrifício

[174] Cf. vol. I, p. 219s.
[175] Cf. p. 910s.
[176] Gl 3:13.
[177] Cf. vol. I, p. 112-114.
[178] Js 7:25.

de purificação,[179] no extermínio do pecador não descoberto por meio de uma maldição escrita[180] e em muitas fórmulas presentes na linguagem jurídica, por exemplo, quando se diz que o país vomita a seus habitantes,[181] que o povo deve extirpar o mau de seu seio,[182] ou que o pecador deve ser "afastado" de seu povo.[183]

Já nas civilizações do antigo Oriente Próximo, essa concepção do castigo tinha ficado um tanto superada devido *à necessidade de segurança da comunidade*. O efeito desse fator é evitar danos sérios, calculando-se as reinvindicações da parte atingida em uma base racional, e então, fazendo cumprir o pagamento, ao invés de oferecer uma proteção ilimitada à Lei, numa retribuição composta, em partes iguais, de uma desenfreada sede por vingaça e um medo memorável da maldição. O Código de Hamurabi e as leis assírias antigas já limitam o castigo de forma racional, precisamente no caso das faltas mais influenciadas pelas velhas idéias tabus;[184] a lei hitita, de outro lado, leva até o extremo essa racionalização do castigo, pois nela a condenação de qualquer transgressão parece ater-se a uma verificação meticulosa do dano infligido. O direito israelita se diferencia de modo característico de seus paralelos do antigo Oriente Próximo, embora coincida com a lei hitita em não impor a pena capital para os delitos contra a propriedade, sendo, em geral, muito mais rígido quando se trata de faltas sexuais ou contra a vida, mostrando, em parte, sua origem dinamicista.[185] Contudo essa diferença torna-se especialmente palpável nos casos em que *o castigo é considerado uma vingança da divindade por causa do delito*. Também nas religiões nacionais dos vizinhos de Israel achava-se estendida essa concepção que faz do castigo a reação de uma vontade pessoal diante da infração de seus mandamentos; como conseqüência, os velhos tabus adquirem um significado novo, convertendo-se em preceitos dos deuses para fazer viável um tratamento correto para com eles.[186] Os juízos divinos que servem de introdução às coleções legais demonstram até que ponto tinha penetrado na esfera do direito essa concepção do castigo. Mas notemos, em primeiro lugar, que esse elemento pessoal do castigo não podia exercer toda sua

---

[179] Dt 21:1s.
[180] Zc 5:1s.
[181] Lv 18:25-28; 20:22.
[182] Dt 13:6; 17:7,12 etc.
[183] Lv 19:8; 20:17; Nm 9:13; 15:30s. As reflexões de **K. Koch** apontam a idéia de que, por lei natural, o pecado redunda em prejuízo de seu autor (*Gibt es ein Vergeltungsdogma im AT?*, ZTK 52 (1955), p. 1-42). Mas os dados alegados não bastam para pôr em dúvida a existência de uma fé em uma intervenção retributiva de Deus. Cf. **F. Horst**, *Recht und Religion im Bereich des AT*, "Ev. Theologie" 16 (1956), p. 71s.
[184] Cf. p. 824s.; e 853s.
[185] Cf. vol. I, p.61-66.
[186] Cf. **A. van Selms**, *De babylonische termini voor zonde*, 1933, p. 89s.

influência pela simples razão de que não se concebiam os deuses estritamente como pessoas, mas como forças naturais personificadas. Em segundo lugar, a vida jurídica foi interrompida em boa medida da esfera sagrada, e a Lei — mesmo quando atribuísse em último termo ao deus-sol, como no Código de Hammurabi — fundamentalmente aparecia como obra e vontade do rei e, por conseguinte, sua transgressão não podia ser chamada pecado contra Deus. De outro lado, se um homem fosse convencido de estar sofrendo um castigo divino, àparte de implorar seu perdão e exoneração, restava-lhe sempre o recurso às práticas mágicas e tentar coagir a maléfica vontade divina por meio de esconjuros, sacrifícios e purificações. Este recurso, também, se via alimentado pela insegurança, já citada, de qual podia ser a verdadeira vontade desses deuses; vontade que se imagina não só dividida em si mesma, mas também desfavorável aos homens. E se, apesar de tudo, essa vontade é levada a sério, obrigando o homem a realizar certas ações por uma espécie de contrato, sempre é possível se eliminar o castigo por meio de obras meritórias, principalmente por meio de ricos sacrifícios.[187]

Dado *o conhecimento que Israel tinha do caráter do Deus da aliança e da clara e inconfundível vontade* do mesmo, suas antigas idéias sobre o castigo tinham de sofrer uma transformação muito mais intensa do que aquela que ocorreu entre seus vizinhos, com sua concepção de Deus. Assim como a consciência de culpa traduzia de modo claro um convencimento de ofensa a vontade divina pessoal, a concepção do castigo tinha de achar também nesse convencimento, com base em uma reprodução absolutamente nova. Efetivamente, a forma com que se fala da ira de Yahweh, que arremete com zelo terrível contra quem o rejeita,[188] demonstra quão impressionante medida se via no castigo a ação pessoal do Deus ofendido de Israel. No entanto, não se pode interpretar o castigo nem como revés brutal de uma pessoa ofendida, nem como a vingança desenfreada do homem irado; de alguma maneira, faz parte da relação de aliança, dentro da qual aprendeu Israel a conhecer a vontade normativa de Deus. Assim explica-se que os castigos previstos na lei civil, sejam considerados, como estabelecidos por Deus e se veja em sua excecução uma realização da vontade divina de justiça.[189] É compreensível, igualmente, que em Israel não se desse, como nas civilizações vizinhas, uma secularização progressiva do direito profano.[190]

---

[187] Ibid., p. 102s.
[188] Cf. vol. I, p. 229s.
[189] Cf. vol. I, p. 59s.
[190] Cf. vol. I, p. 73s.

O fato de que se procurasse explicar a atividade judicial de Yahweh de acordo com os princípios fundamentais da justiça retributiva ao ser humano estava de acordo, tanto com o elemento jurídico presente na aliança, quanto com o caráter basicamente racional do pensamento israelita. Desse modo, deve-se interpretar, principalmente, como se tentava ilustrar a imaculada justiça de Deus *por meio das máximas do talião.*[191] O pecador é castigado naquilo com o que cometeu seu pecado: a mulher verá amaldiçoada sua vida sexual, porque conheceu a diferença dos sexos por métodos proibidos; será escrava do varão, cuja decisão ela soube submeter à sua vontade. A Torre de Babel, monumento para a unidade e grandeza do gênero humano, torna-se monumento de sua divisão e fragilidade. O rei de Jerusalém, Adoni-Zedeque terá a mesma sorte que ele havia planejado para outros 70 reis,[192] e assim sucessivamente. Não resta dúvida de que, no âmago de tudo isso há uma idéia mais profunda, a de que *deve haver correspondência entre o crime e o castigo,* de maneira que este seja prova de que a retribuição não é algo caprichoso e externo à própria coisa, mas que tem sua base nela. Mas, por sua vez, evita-se um frio formalismo juridicista; a prova mais clara é que Israel rejeita o talião indireto, em vigor ainda fora de Israel.[193] De um fenômeno puramente natural, em razão do qual o castigo é a conseqüência inevitável do vírus do pecado, a correspondência faz-se agora moral, algo cuja fonte está na vontade de justiça do Deus da retribuição. Até mesmo nos casos em que o idioma continua influenciado pela visão impessoal, de acordo com a qual o pecador leva dentro si seu castigo, o país manchado vomita os seus habitantes e quem semeia ventos colhe tempestades;[194] isso não faz mais que proporcionar algumas imagens que traduzem a idéia de que Yahweh castiga o pecador por meio de um poder destruidor inerente ao próprio pecado, criando, deste modo, uma justa compensação. De fato, começa a aflorar a suspeita de que existem leis do mundo espiritual, em virtude das quais o pecado age para perdição e destruição de seu autor. Uma vez mais, é o grande psicólogo de Gênesis 3 que expressou, de um modo clássico, que essa idéia quando apresenta a inimizade acirrada entre tentador e tentado tem como conseqüência a comunhão de ambos na rebelião contra Deus. Nesta mesma linha, o israelita sabe muito bem que a pena do pecado pode consistir em que o pecador perca seu livre-arbítrio e caia em uma necessidade imperativa de continuar pecando, da mesma maneira como aparece, por exemplo, na história de Saul.[195] Em mais de uma ocasião,

---

[191] Gn 9:5s; Êx 21:12,14,23,25.
[192] Jz 1:7; cf. 1 Rs 21:19; 2 Sm 2:10; 15:23,26,33.
[193] Cf. vol. I, p. 63s.
[194] Os 8:7.
[195] 1 Sm 17–20; cf. a respeito cf. p. 825s. Também, Êx 7:23; 8:11,28; 9:7,35.

sublinha-se expressamente que é o próprio Deus quem dispõe essa escravidão ao pecado ou, em outros palavras, que *ele castiga o pecado com o pecado*, cuja última conseqüência é a inevitável catástrofe.[196] Assim pois, nos encontramos com algumas linhas de desenvolvimento bem claras que conduzem desde uma retribuição tipo talião, mais juridicista e externa, para uma correspondência profunda entre culpa e castigo baseada na própria natureza do pecado, enquanto alienação da fonte divina de vida.

Com o que se disse, torna-se claro, que as categorias racionais da lei da aliança, por mais que fomentassem a reflexão sobre a atividade punitiva de Deus, *não puderam abrangê-la com definições jurídicas do castigo*, já que estas supunham acabar com seu caráter de reação viva da pessoa divina. Até mesmo em sua intervenção punitiva contra a desobediência humana afirma Deus sua liberdade soberana. Ele pôde, igualmente, escolher aniquilar prontamente ou aguardar pacientemente para acumular a punição ,[197] ser severo e escrupuloso, ou mostrar uma clemência perdoadora[198] E, graças ao vivo sentimento de terror numinoso que cerca a santidade divina,[199] existe uma disposição interior a considerar, até mesmo o castigo mais duro, não como algo cruel e sem sentido, mas como algo de acordo com a terrível majestade divina. Não é preciso dizer que essa disposição de abertura para com o mistério da natureza divina influiu para que Israel evitasse repetidamente esse moralismo juridicista para o qual a culpa consiste na emissão de algumas obrigações humanas contratuais e de acordo com o qual a punição resultante pode enfraquecer-se por meio de obras de reparação voluntárias. Finalmente, a radical seriedade do castigo divino estava assegurada também pelo fato de que a possibilidade de evitá-lo recorrendo a meios mágicos de coação estava completamente descartada. A vontade de Yahweh, como o único poder supremo presente efetivamente em todos os eventos, foi firmemente impressa no pensamento religioso, até o ponto de ser impossível prescindir-se dela recorrendo-se a outros poderes para evitar o

---

[196] Êx 10:20,27 (**E**); 1 Sm 2:25; Jz 9:23s; Dt 2:30; Js 11:20; 1 Rs 12:15. Está claro que interpretam falsamente a visão do Antigo Testamento aqueles que pretendem descobrir aqui uma concepção formal teocêntrica do pecado, segundo a qual o fator humano é insignificante em comparação com a vontade divina que define toda a história: Deus, enquanto onipotente, é também a causa do pecado (assim, **J. Hempel**, *Das Ethos des AT*, p. 54). A soberana liberdade de Deus para castigar o pecado com o pecado e entregá-lo assim a juízo é coisa bem diferente das práticas imorais dos deuses da Babilônia e Grécia, que faziam falsas revelações aos homens para enganá-los e, assim, levá-los à ruína. Cf. a respeito, também, vol. I, p. 231s.

[197] Nm 16:25s; Êx 32:34.

[198] 1 Sm 6:19 etc., e Gn 18:22s; 20:6; Nm 14:18-20; 2 Sm 7:14; cf. Sl 89:31s.

[199] Cf. vol. I, p. 243s.

castigo. Se o próprio Deus não fixa alguns meios concretos de expiação ligando a eles seu perdão, não há meio humano capaz de reparar a ofensa contra ele; esta estará sujeita ao seu castigo soberano.[200]

Embora seja verdade que o israelita saiba que não pode fixar uma medida ao castigo divino, tem, porém, claro, o *sentido e o objetivo* do mesmo, e está seguro de sua razão. A justiça e o amor fiel de Yahweh têm como fim a conservação da aliança divina; e este mesmo também deve ser o objetivo de seus castigos. O juízo da ira divina não é o desencadeamento cego de uma força da natureza, mas que busca, em definitivo, *proteger os mandamentos divinos,* que trazem a salvação para a humanidade.[201] Isso indica, naturalmente, que a eleição divina em nada depende do proveito humano; nem insinua uma ação natural de Deus com seu povo; em previsão dessa falsa idéia, o castigo divino pode chegar até a aniquilar a própria entidade nacional.[202] O que não impede que, como norma, o castigo *esteja a serviço da vontade construtiva e salvadora de Deus* e tenda sempre a convencer interiormente o pecador de seu pecado. Por isso, dá-se importância ao fato de que quem se vê submetido ao juízo "dê glória a Yahweh",[203] confessando sua falta e reconhecendo a justiça do castigo que é aplicado. A história de Balaão nos demonstra que, não só no caso de seu povo, mas também no do indivíduo, o castigo de Yahweh tende ao duplo efeito interior de purificar e educar: efetivamente, Deus castiga a esse homem, primeiro, dando liberdade à sua vontade equivocada e, logo o forçando a voltar pelo caminho do qual veio por causa de seu orgulho.[204] Igualmente, volta a aparecer na história de José essa avaliação positiva do castigo, exatamente pelo que eles sofrem chegam os irmãos a reconhecer a injustiça que tinham feito.

Esse processo de aprofundamento do conceito jurídico do castigo se depara com um duplo obstáculo: *a equiparação do fracasso inconsciente com o consciente*[205] e a transferência para a esfera da prática judicial divina da doutrina do *reatamento coletivo*, habitual na prática jurídica humana da época. Que, para o pecado do indivíduo, não somente ele mesmo, mas também sua família e seu clã — e, se ele ocupar uma posição exaltada, então também sua tribo e nação — devem ser responsabilizados, é uma visão compreensível baseada no

---

200 Cf. 1 Sm 2:25.

201 Os casos de ira divina inexplicáveis, ao não entrar na categoria de castigos, não se analisam aqui. Cf. sobre isso as reflexões do vol. I, p. 229s.

202 1 Rs 19:17s.

203 Js 7:19; cf. Jó 4s; Jr 13:15s. **F. Horst** demonstrou como verdadeira a tese de que, nesta associação fixa de *confissão* e doxologia, se manifesta um uso jurídico estrangeiro, que também se dá em outras partes do mundo antigo (*Die Doxologien im Amosbuch*, ZAW 1929, p. 45s.).

204 Nm 22:34s.

205 Veja p. 823s.

forte sentimento coletivo do Período Antigo. Isso encontra sua mais notável expressão no costume da vingança do sangue, sobrevivendo também, na prática de vender os membros da família como escravos para pagamento de dívidas. Conforme esse princípio, o exército israelita sofre uma derrota porque um indivíduo se apropriou de parte do saque sujeito ao anátema;[206] todo o povo conhece uma época de fome por causa dos crimes de Saul ou porque Acabe idolatrou a Baal; o censo de Davi leva a peste ao povo.[207] Com o culpado de traição, toda sua família[208] vem a sofrer, e a maldição do criminoso faz com que o castigo também passe a seus descendentes.[209]

Por isso, se torna tanto mais significativo que, precisamente em uma época em que conservava grande vigor a consciência natural de solidariedade proveniente dos laços sociais, *se proclamasse explicitamente como um princípio básico da prática jurídica a retribuição individual.*[210] O que pressupõe que, como norma, nem no caso do castigo divino pensou-se em um reatamento de todo o grupo e, de fato, muitas expressões indicam que mesmo Deus preferia não ter de impor essa dura pena. Desse modo, ele adverte ao homem que, sem se dar conta, pode colocar tanto a si mesmo quanto ao povo nessa grave culpa,[211] rompe-se o círculo vicioso da vingança de sangue que, de outro modo, operaria constantemente, de maneira implacável.[212] Para ele, a justiça de alguns poucos tem tanto peso que, por sua causa, perdoa a cidade pecadora, em vez de

---

[206] Js 7.

[207] 2 Sm 21; 1 Rs 17:18; 2 Sm 24.

[208] 2 Rs 9:26; Js 7:24; cf. Is 14:21; Sl 109:14.

[209] Gn 9:22s; 2 Sm 3:28s; 1 Sm 2:31s. Demonstraria uma visão estreita quem pretendesse ver nesta íntima conexão do indivíduo com a comunidade uma simples prova de um baixo nível de moralidade. A responsabilidade do delinqüente se vê sensivelmente acrescentada se ele está convencido de que sua ação pode ter efeitos decisivos em todos os que o rodeiam. E os membros da família e da tribo se vigiarão uns aos outros e ajudarão aos desviados, para que se emendem, com muito mais esmero se souberem que serão co-responsáveis das faltas dos demais membros. O individualimso moderno, a partir do qual, na maioria das vezes, se condena as obrigações coletivas, representa um relaxamento das obrigações que ligavam os homens uns aos outros e a uma dissolução dos princípios morais poderosos que, com demasia da freqüência, foram substiuídos pela irresponsabilidade. De outro lado, é indiscutível, portanto, que nesta fase da evolução não se tenha descoberto ainda a justa relação entre a comunidade e cada pessoa individual, e que a consciência moral não pode chegar a uma maturidade plena enquanto se mantenha em uma dependência forçada do grupo social. É por aqui onde constantemente se liga a concepção impessoal da culpa e do castigo, a qual obscurece a atividade do Deus pessoal na viva relação do eu-tu. Veja sobre isto o cap. XX, p. 684s.

[210] Cf. vol. I, p. 62, nota 19.

[211] Gn 20:6.

[212] 2 Sm 14:6s,13s.

incluir, ao contrário, a esses poucos na ruína dos demais;[213] e, ao final, dentre a massa condenada à destruição, salva ele ao único homem justo.[214] Da mesma maneira, se o indivíduo está disposto a arcar com a responsabilidade de sua ação para afastar o juízo dos que são inocentes, Yahweh está disposto ao perdão.[215] Embora seja verdade que, proclama-se o caráter inexorável das exigências de exclusividade da autoridade do Deus sagrado, decretando que o fogo de sua ira arrasara o criminoso e à sua família até a quarta geração, de outro lado, a vontade benfeitora do mesmo Deus manifesta-se com mais força pelo fato de que ele quer recompensar o bem até nas gerações mais remotas.[216] E se Israel não pode experimentar mais o perdão por culpa de Manassés,[217] Deus quer perdoar a seu povo milhares de vezes por causa de Davi e não o abandonar no futuro,[218] demonstra-se, deste modo, claramente que em todo momento *teve Israel consciência do inadequado reatamento coletivo*, já que não traduzia o justo propósito de Deus, que ia por outros caminhos.

Desse modo, a experiência de que o comportamento divino excede às perspectivas de um reatamento impessoal facilitou a compreensão das deficiências que estavam implicadas na idéia de solidariedade assim entendida. De outro lado, a força individualizadora da vontade divina manifestou-se também na capacidade de *distinguir os pecados segundo a maior ou menor severidade do castigo que mereciam*. Certamente, não existem teoricamente pecados imperdoáveis, já que até mesmo em casos de delitos que o homem castiga com a pena de morte a majestade divina sabe demonstrar sua generosidade.[219] De outro lado, as faltas morais são julgadas com menos rigor que as cultuais, já que estas últimas por provirem de um desprezo da majestade divina, não admitem reparação,[220] enquanto que as infrações da justiça social podem ser expiadas repetidamente por meio da restituição. Daí o perigo de um juízo de endurecimento, pelo qual o próprio Yahweh torna impossível toda a conversão e salvação. Embora seja verdade que, em tais casos, tem importância a atitude total do homem no momento de julgar suas faltas concretas na medida em que

---

[213] Gn 18:24-32. Aqueles que atribuem esta passagem a uma época tardia esquecem-se que não se trata nela da doutrina pós-exílica da retribuição individual, mas do relato coletivo de viés antigo, só que com os termos invertidos: no lugar do pecado que torna culpada toda a comunidade, a justiça de uns poucos traz a salvação à totalidade.

[214] Gn 19:15s.

[215] 2 Sm 24:17.

[216] Êx 20:6.

[217] 2 Rs 21:10-15; 23:26; 24:3s; Jr 15:4.

[218] 1 Rs 11:12,36; 15:4; 2 Rs 8:19; 19:34; 20:6; Is 37:35; 55:3; 2 Cr 21:7.

[219] Cf., por exemplo, o perdão de Davi em 2 Sm 12:13.

[220] 1 Sm 2:25.

a arrogância e o orgulho são considerados como fatores importantes; contudo, *a orientação básica da vontade humana aparece ainda com mais força como o verdadeiramente decisivo* quando, por exemplo, nos casos de Davi e Jacó, nos é apresentada a figura paradoxal do pecador que, apesar de tudo, continua sendo abençoado por Yahweh. Ainda que a culpa contraída sem intenção e inconscientemente não possa ficar sem castigo, existia a convicção de que havia uma consistente orientação interna de pensamento e ação, ainda que o homem caísse em vários atos pecaminosos; e a convicção era muito vívida de que a punição retributiva de Deus não negligenciara isso. Mas isso não significa que a graça divina estivesse relacionada ao mérito humano; para evitar semelhante idéia age como corretivo e eficaz convicção paralela o fato de que, Deus julga com rigor especial os que lhes são mais próximos, se Moisés e Arão não alcançaram a Terra Prometida, isto foi devido a uma falta relativamente minúscula, e o repúdio de Saul sempre foi considerado como algo fora da linha normal de misericórdia e longanimidade de Deus, um fato em que se reconhecia com temor até que ponto Yahweh era implacável na hora da prestação de contas.

Em todos estes casos, o que se salienta é *uma consciência muito viva do castigo divino como atuação de uma relação pessoal entre Deus e o homem*; enquanto tal, não admitia qualquer esquematização e as mesmas analogias extraídas da vida jurídica humana não serviam senão como instrumento para mostrar a justa correspondência entre culpa e castigo.

2) A obra dos profetas deu maior profundidade e vigor a essa resistência a qualquer concepção objetiva e codificação legalista do castigo. A chegada de Deus para o juízo pode ser descrita com as cores de um desastre natural (por exemplo, a tempestade, a tormenta ou o terremoto) ou ser comparado com animais que devoram suas presas:[221] mas em nenhum momento o peso esmagador ou a severidade impiedosa do acontecimento deste modo descrito oculta ou obscurece a realidade do Eu divino que está por trás do processo impessoal da natureza. Pois, à parte de que as analogias referidas coexistam com as imagens pessoais do pai e do marido, do mestre do vinhedo e do artesão etc.,[222] expostas com ênfase semelhante, o efeito maior das palavras proféticas de ameaça e castigo provêm precisamente do fato de que estão plenas da presença acolhedora do Deus Todo-poderoso, diante do qual não há fuga possível.[223] Nesta mesma linha, na qual a linguagem legal utilizava o "tu", a forma preferida

---

[221] Cf. p. 482s.
[222] Cf. vol. I, p. 338s.
[223] Cf. vol. I, p. 311s.

pelos profetas é o plural "vós", que tem um efeito individualizador, desafiando a cada pessoa com a ação punitiva de Deus. E o zelo ardente que move a mão de Deus ao castigo, e que motiva antropomorfismos tão ousados na linguagem profética, exclui qualquer idéia de uma lei cósmica impessoal ou de um destino cego e frio.

Dentro desta lógica, os profetas são marcados com a tarefa de apresentar o castigo como a anulação de uma relação absolutamente pessoal entre Deus e o homem, substituindo, assim, a consonância externa de transgressões e retribuições por uma *correspondência intrínseca*, que permite, por fim, entender o castigo — e afirmá-lo interiormente — como a conseqüência necessária do pecado. A ruptura de uma relação de confiança tão pessoal quanto a do matrimônio não pode terminar senão no repúdio da esposa, pelo qual se torna palpável e se leva à conclusão lógica também no exterior a alienação interior previamente existente. Aquele, ao qual falhariam todos os apoios naturais, recusa-se encontrar sua firmeza na rocha da promessa, não sobra outra opção do que hesitar, cambalear e cair.[224] O desprezo deliberado da verdade divina, ignorando habitualmente as advertências de Deus, provocará forçosamente esse embotamento diante da ação divina que, ainda no momento decisivo, não percebe nada e desesperadamente avança para o desastre iminente aturdido, sonolento e ébrio.[225] Dentro desse contexto, até as correspondências mais externas requerem um caráter de necessidade moral que transcende toda lógica formal jurídica; o abuso dos bens naturais em uma vida de luxo voluptuosa termina na falta dos meios de existência mais elementares;[226] quem rouba ao irmão a terra que lhe pertence termina sem terra alguma;[227] se o povo abusa da situação de privilégio que Deus lhe nomeou entre as outras nações, procurando-se por meios indignos o favor das grandes potências, desabará num estado de escravidão desprezível;[228] tais correspondências e outras no estilo são sinais de uma coerência intrínseca indestrutível, em razão da qual a culpa e o castigo seguem juntos, por se tratar de uma infração da vontade divina que abrange e sustenta toda a vida.

De qualquer maneira, o que converte em real necessidade essa unidade compacta de culpa e castigo é, em último termo, *a oposição entre a conduta humana e a natureza divina* que se revela no pecado: o Santo de Israel, cuja majestade manifesta-se no fato de que implanta sua vontade moral pessoal contra

---

[224] Is 7:9; 8:12s.
[225] Is 28:11s; 29:9s; 6:9s.
[226] Am 4:1s; Is 5:11s.
[227] Is 5:8s; Mq 2:1s,8s.
[228] Jr 2:11,14s.

todo obstáculo, não pode responder a quem se rebela contra ele senão com um juízo punitivo, pelo qual seja revelado, diante do mundo inteiro, a gravidade do pecado e, em luta contra ele; o amor divino, o qual busca conseguir uma resposta a ele, tem de demonstrar que rejeitá-lo é perder a única salvação possível. Desse modo, não existe mais a suspeita de que o castigo seja algo casual, originado do capricho ou da malícia, mas que está arraigado na própria essência da revelação divina.

Mas, quando os profetas experimentam a vinda de Deus, cujos apregoadores são eles mesmos, como um novo delineamento da atual condição do mundo,[229] eles já não podem considerar os atos concretos do castigo divino como sentenças judiciais isoladas e de alcance limitado, porém, reconhecem neles uma atividade divina sem igual que aponta para a destruidora revelação final da ira de Deus.[230] Por conseguinte, *o castigo torna-se, sobretudo, na execução definitiva de um juízo*, que demonstra uma radical oposição de Deus ao pecado, em virtude da qual rejeita por completo à humanidade pecadora. Não é preciso dizer que, com esta posição, já não pode ser dominante o aspecto pedagógico e purificador do castigo divino. Conhecem efetivamente, os profetas, esses objetivos, mas seu olhar dirige-se principalmente para os eventos do passado.[231] Pelo fato de os primeiros açoites de Deus não alcançarem o propósito de levar o povo à conversão, agora só resta esperar a dor da destruição total. Para ver como a esperança foi perdendo terreno de que se pudesse evitar esse castigo radical, é especialmente instrutivo observar a mudança que se dá no uso da imagem do forno: enquanto que para Isaías envolve, todavia, a visão de uma nova Jerusalém, para Ezequiel e Jeremias ilustra o caráter inevitável da destruição.[232] E até mesmo quando a idéia do "resto" parece deixar aberta a possibilidade de um efeito saudável do castigo, o "talvez" de Amós nos mostra toda a insegurança nela contida,[233] enquanto no caso de Isaías o fato de que a realidade do resto dependa completamente da fé, proíbe usar esta idéia para amenizar a fatalidade do juízo.[234] Por isso, não entendem a atitude básica dos profetas os que insistem em racionalizar sua pregação do desastre, interpretando-a como uma argúcia utilitarista e pedagógica.[235] Sendo assim,

[229] Cf. vol. I, p. 307s.

[230] Cf. vol. I, p. 237s.; 415s.

[231] Am 4:6s; Os 2:4s; 7; 8; 11:1s,3s; Is 9:7s, cf. 1:2,5,9; Jr 2:30; 4:1; 5:3,12s; 6:16s; 9:6; 18:1s; Ez 16:47; 23:11,35; Is 42:24; 48:10.

[232] Is 1:21s; Jr 6:27s; Ez 22:17s.

[233] Am 5:15.

[234] Is 7:3. cf. 28:16.

[235] A última tetativa foi a de **L. Köhler**, *Theologie des AT*, 1936, p. 212s. De outro lado, **J. Hempel** diz, com toda razão, que a mensagem dos profetas é "pouco pedagógica e fatal para todos os que querem conceber como pregadores bem-intencionados do arrependimento" (*Ethos des AT*, p. 110).

para os profetas, o objetivo do castigo não está no homem, mas exclusivamente em Deus. Equivocaria-se, certamente, quem deduzisse com isso que o convite à conversão não era feito seriamente. Longe de aprovar um desespero quietista, esses mensageiros do juízo exortavam a um novo esforço para adquirir a justiça diante de Deus, e não porque eles acreditavam que o homem podia, desse modo, alcançar um mundo melhor e evitar o juízo divino, mas porque eles estavam convencidos da necessidade de conversão, independentemente de se a conversão ainda fosse possível para toda nação ou não, a exigência de conversão teria de ser levada a sério e oferecia ao indivíduo a oportunidade de uma relação nova com seu Deus. Mas nem por isso deixou o castigo de ser um juízo que sujeitava a todo o mundo à ira divina, nem se converteu, sem mais, em um caminho para a salvação. Toda sua severidade é mantida: o castigo é para o homem trevas e não luz, e o seu objetivo consiste em revelar perante o mundo inteiro a santidade, a grandeza e poder singulares de Yahweh, como também o caráter exclusivo de sua divindade.[236] A partir desse ponto de vista todo, o castigo limitado para fins pedagógicos só tem uma importância relativa, e seu único sentido está na inserção do castigo destrutivo. Explica-se, deste modo, que as promessas feitas a um indivíduo fiel a Yahweh sejam muito modestas e quase se limitem a dizer que sairá da catástrofe com vida,[237] e que nem mesmo para si os profetas reivindicam um tratamento de privilégio. De outro lado, a esperança de salvação que esses mesmos profetas pregam não está baseada na idéia de que o povo cumpre sua sentença, mas que volta a estar centrada, exclusivamente, em Deus e em sua vontade soberana.[238]

Essa expectativa do juízo de ira iminente explica também por que os profetas não dão atenção alguma à *questão de um reatamento coletivo da comunidade* sem exceções individuais. Dado a inegável importância do profetismo para o desenvolvimento da individualidade religiosa,[239] parece que um tratamento meticuloso dessa questão deveria ter sido parte indispensável do seu trabalho. Porém, está claro que os profetas não sentiram essa necessidade; e a razão decisiva deve-se procurar em seu convencimento de que todos os membros do povo são incluídos na enorme culpa corporativa.

Como demonstram as severas repreensões que são dirigidas especialmente às classes superiores, os profetas admitem, assim como os homens piedosos que os precederam, diversos graus de culpabilidade. E, por conseguinte, dão por certo que o castigo de Yahweh é diferente em cada caso, embora seja

---

[236] Is 2:11,17; 5:16; Ez 6:14; 7:27; 12:16,20; 25:7,11,17 etc.
[237] Is 8:18; 22:20,23; Jr 45; Ez 14:12s.
[238] Cf. o parágrafo seguinte.
[239] Cf. p. 695s.

verdade que seja esperado um juízo especialmente severo para os que foram escolhidos por Deus.[240] Mas a ninguém — nem mesmo a eles — consideram isentos de culpa no momento do ajuste de contas geral para o qual Yahweh chama a seu povo: todos são culpados e, portanto, todos conhecerão a destruição justamente. Que o castigo, então, seja mais duro para alguns que para outros, é coisa a que não atribuem grande importância, já que, por um lado, estão longe de querer estreitar a liberdade da justiça punitiva de Deus em teorias jurídicas racionalistas[241] e, por outro, um castigo que exceda a medida da culpa entra na categoria da injustiça, que, por sua vez, não é suscetível de justificação racional para o recurso da esquematização da retribuição. Desse modo, Jeremias, por exemplo, estarrecido, rejeita a idéia de que a ira divina não respeita nem mesmo as crianças na rua,[242] enquanto considera que a magnitude da catástrofe está justificada pela profunda corrupção de todas as camadas do povo. Pela mesma razão, mesmo aquele que supõe ser o mais individualista entre os profetas, Ezequiel, fala de que os justos serão arrasados com os infiéis, como um incêndio na floresta queima árvores verdes e árvores secas ao mesmo tempo.[243] E quando ao anunciar o castigo de Jerusalém se encontra com a objeção de que então os justos e os infiéis terão a mesma sorte — coisa claramente injusta —, diz que a maldade do povo é tão grande que, de sua atmosfera, não sairão nem mesmo heróis de fé tão perfeitos Noé, Daniel e Jó, com o que, logicamente, pronuncia aos seus contemporâneos, bem distantes de semelhante grau de virtude, uma condenação de aniquilação.[244] Apesar de tudo, com uma tremenda ironia, mantém a possibilidade de que certo número de habitantes do povo escape de sua destruição, mas não, certamente, porque com sua piedade tenham obrigado a Deus que os recompense em justiça, mas para que, como exemplo da corrupção do povo, possam se tornar exemplos para os que estão no exílio da severidade do juízo punitivo sofrido por Jerusalém.[245] Em um primeiro momento, nem mesmo refutam as frases irônicas espalhadas por entre o povo contra a culpa solidária pregada pelos profetas — aplicadas ao povo inteiro, como a todas as suas gerações —, e que, com uma parcialidade intencional, pretendem carregar sobre os ombros dos antepassados a responsabilidade das desgraças da presente geração. Se a referência às mesmas no livro de Jeremias podem ser atribuídas

---

240 Am 3:1s; Is 5:1s; Jr 5:4s.

241 Nem sequer a correspondência entre culpa e castigo, que eles tanto ressaltam, tem este sentido; veja p. 871.

242 Jr 6:11.

243 Ez 21:3,9.

244 Ez 14:12s.

245 Ez 14:21s. Nestas passagens, só verá uma pregação da salvação dos justos quem não descobre a ironia que as impregna.

ao próprio profeta,[246] não resta dúvida de que o que pretendia insinuar era que a grave opressão do castigo corporativo — motivo de tanto amargo ceticismo com respeito à justiça divina e que sempre produz na história o mesmo efeito —, embora fosse inevitável no presente, no novo éon seria eliminado dos homens, com outras muitas imperfeições da era pecaminosa.[247] Essas ironias só são combatidas quando chegam a impedir a obra pastoral profética, como no caso de Ezequiel,[248] mas essa confrontação não é levada a sério pela negação da verdade que as tinha sugerido, mas anunciando, frente a elas, uma conduta inédita de Yahweh com a geração presente, em virtude da qual sua graça, que não quer a morte do pecador, tornará possível um novo começo, sem que se ache impedido pela coesão natural das gerações no pecado. Foi superado, desse modo, o escândalo inerente a afirmação de um reatamento corporativo castigável (a saber, o de não deixar nem sequer ao justo a mínima esperança de conversão e de nova vida), sem negar a possibilidade de que esses mesmos justos se viram implicados em todo tipo de mal. Trata-se principalmente do problema de relação com Deus; o significado da vida que ele dispensa não reside tanto em poder desfrutar uma felicidade terrena, quanto em abrir as portas para entrar e fazer parte da plêiade dos que são consolados com a redenção final do novo povo de Deus e esperam firmemente essa meta. A referência ao iminente juízo purificador, cuja função é preparar a comunidade para a consumação escatológica, serviu grandemente para manifestar a importância da responsabilidade corporativa.[249]

3) Desse modo, foram traçadas as linhas pelas quais a concepção profética do castigo poderia influenciar *na comunidade da Lei.*[250] Com a volta do exílio, experimentada como o final do juízo de ira proclamado pelos profetas e pela renovação da graça divina, a interpretação radical do castigo como um ajuste de contas definitivo com a humanidade pecadora logicamente teria de desaparecer ou sofrer, ao menos, modificação notável, ficando de fato reduzida ao juízo dos pagãos. Em seu lugar, passa agora a ter principal importância a retribuição individual que, com ênfase tão penetrante, havia

---

[246] Jr 31:29s. **P. Volz** pretende pôr essa passagem em relação com as reflexões de Ezequiel sobre a retribuição divina, mas é difícil que assim seja.

[247] Neste caso, o provérbio deve ter sido deslocado para sua presente posição a partir de outro contexto, se não, se tornaria supérfluo frente à seguinte promessa de salvação. É mais fácil, por isso, admitir sua interpolação posterior, devido a uma mão estranha.

[248] Ez 18; cf. p. 700s.

[249] Ez 20:33s.

[250] Cf. **J. Lindblom**, *Die Vergeltung Gottes im Buch Hiob. In piam memoriam Bulmerinq*, 1938. p. 94s.

pregado Ezequiel e que é caracterizado, a partir desse momento, por seu desejo de conformar toda vida com as exigências da Lei. O ensinamento da Lei, como é lógico, sublinha especialmente os castigos concretos com que são reparadas e expiadas as diferentes transgressões e é mantida a estabilidade da vida nacional, não dando tanta atenção à descoberta da culpa corporativa que subjaz na transgressão e faz com que toda vida esteja sujeita à ira de Deus. A direção geral da vontade moral daí resultante encontra um forte apoio na idéia de conjunto que a corrente sacerdotal tem sobre a ação de Deus no mundo, já que para ela a ordem eterna fixada na Lei representa a realização da soberania divina e, por conseguinte, implantar essa ordem e defendê-la de todos os obstáculos, que querem a ela se opor, se torna o tema mais importante da história universal.[251] O castigo, enquanto *meio de restaurar a situação desejada por Deus* e ameaçada pela afronta humana, adquire importância primordial. Quando demonstra a inviolabilidade do poder soberano de Deus, *seu objetivo principal é educar o homem na submissão obediente* e na conformidade com a ordem cósmica por ele estabelecida. Não cabe falar aqui que no juízo a aliança seja revogada; ao contrário, a supremacia de Deus demonstra-se precisamente no fato de que dobra a atitude humana de rebelião, não suportando que se atente contra a vigência eterna de sua ordem de aliança.[252] Foi em tais circunstâncias que o castigo individual tornou-se significativo, justamente por seu alcance limitado, sem necessidade de ser ampliado à sentença universal. A crença em um estado universal de pecado que poderia ter impelido nessa mesma direção; deu vazão à interpretação contrária.[253] Continuava sendo viva, certamente, a consciência de um laço penal entre o presente e o passado, de uma participação no castigo dos antepassados;[254] mas estava se desenvolvendo a tendência a ver em semelhante implicação, que contradizia as proclamações da teoria de uma retribuição individual, razões de desculpa diante de Deus, antes de deduzir dela as conclusões radicais dos profetas.[255] O convencimento de que em todo o tempo é possível converter-se a Yahweh e escapar assim de sua sentença permaneceria sempre como fundamento da confissão penitente.

Com relação à vida do indivíduo, *a ênfase no castigo educativo* teve de representar um poderoso incentivo para o cumprimento consciente da Lei. Com efeito, tanto a historiografia deuteronomista quanto a do cronista tratam, com uma intenção notadamente pedagógica, de apresentar ao povo a ação

---

[251] Cf. vol. I, p. 381s.
[252] Jz 2:11s; Dt 4:31.
[253] Cf. p. 835s. e p. 913s.
[254] Ed 9:7; Ne 9:33s; Lm 5:7; Is 63:17.
[255] Lm 5:20s; Is 63:17s.

vindicativa de Yahweh no passado, para convencê-lo da severidade inexorável, impossível de ignorar, do Deus da aliança, e ajudar a levar a sério seu castigo. É precisamente no castigo no qual a partir de agora se reconhece o amor fiel de Deus que fere e cura, que castiga para voltar a demonstrar sua misericórdia;[256] por isso, o primeiro dever do que sofre um castigo é reconhecer seu pecado, enquanto que, recusar-se a fazer isto é pecar de modo ainda mais sério e tornar inútil o látego divino que exorta e corrige.[257] Que o propósito de Deus é ajudar o homem, está tão fora de dúvida que pode ser explicado em razão de sua própria justiça,[258] e o pecador também conta com um ato justo a seu favor, ao submeter-se ao juízo de Deus em atitude penitencial. Se essa idéia chegou a se ampliar foi devido, em boa medida, à atenção que mereceu por parte do *ensino sapiencial*; tendo-se em conta que a função característica do mesmo era educar, compreende-se sua peculiar tendência a considerar a vontade divina desse ponto de vista. Mas à parte disso, esse modo de ver as coisas oferecia um meio estupendo de tornar compreensível a providência de Deus a uma mentalidade racionalista.[259]

A consideração do castigo como *restituição e reparação*, idéia corrente em tempos passados, foi menos proeminente nesse período. Para os profetas, esse tipo de questionamento era inaceitável, já que ao considerar o pecado, não como um problema de atos isolados, mas como algo que traduz uma atitude fundamental, era impossível que este chegasse a ser reparado humanamente; também, se o pecado é, por natureza, um afastar-se pessoalmente para longe de Deus, como serão capazes de aplicar o conceito jurídico de restituição do dano? A coisa era diferente nos círculos em que o pecado era considerado fundamentalmente como uma transgressão concreta da Lei, então, essa idéia podia voltar a exigir, como é habitual no campo do direito, o castigo como reparação. Já no deutero-Isaías descobrem-se reflexões desse tipo quando se diz, por exemplo, que a culpa de Jerusalém foi paga pela *nirṣā*,[260] ou se alude a compensação de Yahweh, ainda não cumprida, a que ele tem verdadeiro direito,[261] ou se aplica ao castigo de Israel a metáfora da venda em escravidão para pagar uma dívida.[262]

Aqui, porém, está tudo em pura metáfora e só tenta apresentar em categorias familiares a grandeza da misericórdia divina; de outro lado, o ensino

---

[256] Mq 7:9,18s; Jó 5:17s; Sl 6:2,9; 118:18.
[257] Cf. as repetidas tentativas dos amigos de Jó para animá-lo para que aceite o plano pedagógico de Deus, e Sl 32:3-5; 38:19; 39:2s,10.
[258] Cf. vol. I, p. 220.
[259] Cf. Jó 5:17; 32–37; Pv 3:12.
[260] Is 40:2; cf. Lm 4:22.
[261] Is 52:2,5.
[262] Is 43:3s; 45:13; 50:1b. e, sobretudo, a descrição de Yahweh como *gō 'ēl*.

da Lei refere-se à compensação de forma totalmente realista; desse modo, por exemplo, a negligência do ano Sabático acha sua reparação na esterilidade do país durante os anos do exílio[263] e o esquecimento de Deus em momentos de abundância são compensados com situações de privação extrema.[264] Igualmente, de acordo com a doutrina da retribuição na literatura sapiencial, o adúltero sofre a ameaça de que a sua própria esposa seja violada, e ao que se tornou proprietário de terras por meio do dolo negam-lhe estas o fruto.[265] Vemos nestes casos o começo de uma interpretação materialista que pode ser diferenciada de expressões proféticas semelhantes[266] em que a atenção já não está fixada exclusivamente no castigo como ação de Deus, mas, também, enuncia uma justiça retributiva mais imanente, em conformidade com os princípios de uma mentalidade jurídica. Quanto mais exclusivamente centrou-se a piedade na Lei,[267] maior foi o perigo de que essa materialização debilitasse o aspecto pessoal do castigo e se estreitasse a retribuição divina em categorias jurídicas.

Mas, seguindo essa linha, era inevitável a tentação de considerar a desgraça externa como um castigo, de forma que dela a pessoa podia deduzir com segurança um pecado em quem sofria tal desgraça. Ocorreu, assim, principalmente nos círculos onde *a teoria da retribuição individual*, como única possibilidade para explicar a presença da injustiça no mundo, converteu-se em um método de teodicéia.[268] Esse princípio, inevitavelmente, lançava dúvidas sobre a noção de responsabilidade coletiva, que era vista como uma ameaça para a imaculada justiça divina. Surgiu, assim, a necessidade de limitar os castigos divinos, até mesmo contra a evidência, aos transgressores públicos da Lei e de afirmar que o justo se livrava de todos os desastres. Da maneira como se reflete nas adições mais recentes das parêneses deuteronomistas, serão extirpados de todas as tribos apenas os transgressores da aliança e não o povo inteiro.[269] E no livro de Jó, a interpretação que dá essa teoria do castigo do sofrimento aparece como o inimigo principal de uma fé viva em Deus. Essa nova abordagem não só causa um enfraquecimento do caráter direto das relações com Deus, pela interferência de uma teoria elevada à Lei universal, mas que também confunde o olhar para ver a realidade, substituindo a experiência viva de Deus por uma insistência fanática no princípio da retribuição individual.

---

[263] Lv 26:43.
[264] Dt 28:47s.
[265] Jó 31:9s, 38s.
[266] Am 6:7s; Os 10:13s; Is 5:8s,13 etc.
[267] Cf. p. 789s. e p. 755s.
[268] Cf. item VI, p. 918s.
[269] Dt 29:20.

Se essa forma de pensar não chegou a se impor em seguida com todas as suas forças e em todas as suas conseqüências lógicas foi devido a uma série de *elementos retardatários*. Em primeiro lugar, a divisão entre fiéis à Lei e transgressores da Lei, que fracionava a comunidade inteira, fez com que continuasse viva *a consciência de uma culpa corporativa,* na qual estavam implicados até os justos.[270] De outro lado, o espírito de penitência que penetrava toda a vida cultual, e que fez com que o Código Sacerdotal sujeitasse todo sacrifício ao conceito de expiação, inculcou constantemente na comunidade a idéia de que ela constituía uma unidade orgânica diante de Deus, mantendo vivo, por sua vez, o convencimento dessa unidade corporativa no que se refere ao castigo. Em terceiro lugar, como a perspectiva de um grande dia do juízo para os pagãos foi conjugada com a expectativa de um juízo severo e purificador exclusivo para a comunidade,[271] o futuro ajuste de contas de Yahweh com seu povo se transformou em uma ameaça de repúdio para cada indivíduo em particular e tornou mais difícil permanecer-se tranqüilo e satisfeito na própria justiça. Isso significa, de outro lado, que sempre se manteve aberta a possibilidade de reconhecer que *o castigo era uma questão de conduta pessoal de Deus com o homem*; e, por isto, não só as confissões litúrgicas dos pecados nos dias de jejum obrigam, em uma atitude de penitência pessoal, a um reconhecimento humilde da justiça do castigo,[272] mas que as lamentações individuais também alcançam tal nível de profundidade e imediatez na confissão do pecado que são um vivo testemunho de que no castigo se via um encontro com o Deus pessoal.[273]

No judaísmo tardio, durante as grandes tribulações do tempo de Antíoco Epifânio e pela ampliação da expectação do juízo em uma escala cósmica, essa linha de desenvolvimento tomou novo fôlego. Apesar da forte tendência do momento para o individualismo, prevalece continuamente a idéia de que o povo, enquanto totalidade, é responsável pelas ações dos seus membros e como comunidade, portanto, há de suportar o castigo divino.[274] Na realidade, pensa-se em um castigo como resposta à responsabilidade corporativa, até mesmo pelo pecado das gerações precedentes e mais antigas.[275] Neste contexto, também se dá uma nova compreensão do conceito profético de um ajuste de contas final.[276] De outro lado, a fé na ressurreição oferece o marco adequado para que a alma do homem piedoso descubra seu abandono total diante do castigo

[270] Cf. Ed 9:6s; Ne 9:30s,33s.
[271] Zc 5:1s; Is 65:11s; Ml 3:2s,19s; Sl 50; 75; Jl 1:15.
[272] Jl 2:12s; Jn 3:10; Sl 85:9s.
[273] Sl 32; 51.
[274] Jub 30:15; 2 Mac 5:17s; 7:18,32; Sal Salo 2:3,7; 8:26; 18:4s.
[275] 1 Ed 8:76; Tob 3:3; Jdt 7:28; Bar 3:8.
[276] Cf. vol. I, p. 421s.

divino decretado pelo juiz universal que tudo vê, e ainda mais, em virtude da idéia de eternidade que agora lhe é associada, a condenação adquire matizes especialmente terríveis.

Apesar de tudo, também nesse período a corrente principal do pensamento religioso aponta em outra direção. Nós já vimos[277] como a ameaça de um juízo radical se desvinculou do destino do povo enquanto totalidade. Mas, no que se refere à sorte do indivíduo, a fé na retribuição chegou, por um desenvolvimento lógico, a *ressaltar unilateralmente o ato pecaminoso isolado* e seu castigo, deixando em um plano cada vez mais secundário a relação entre a atitude geral de alguém frente à vida e à retribuição divina. Por um lado, isto deu vazão a um minucioso cálculo da exata correspondência entre pecado e castigo, no qual havia uma taxa penal para todo o pecado possível, de acordo com o princípio de "medida por medida".[278] A distorção da justiça divina, implícita na idéia de um Deus contábil que registra em detalhe todas as vezes que o homem quebra a Lei ou a cumpre, torna agora a relação com Deus prisioneira de alguns moldes legalistas e priva o castigo de seus laços com a ação livre e pessoal da graça divina. De outro lado, a partir desse momento, *todo mal se converte em castigo* do qual se pode inferir com segurança o pecado de quem o sofre. Entre as funestas conseqüências de semelhante posição temos a severidade com que se julga os que sofrem e os artifícios que são procurados para manter tal postura, não tendo dúvidas em afirmar que até menino pecou no ventre materno.[279]

Como saída favorita para as sérias objeções que a realidade da vida opõe a essa concepção do castigo, recorre-se *à retribuição no além*. Assim, os sofrimentos dos justos são interpretados como expiação de seus pecados venais que lhes assegura um pleno desfrute da bem-aventurança, enquanto, ao contrário, se os infiéis estão agora sem castigo, é porque isso possibilita sua punição implacável no outro mundo.[280]O problema que delineia a morte dos justos (já que a morte, por ser o pior castigo do pecado, só deveria afetar os ímpios) é explicado por se dizer que com ela os ímpios se endurecem, ao passo que os justos, como satisfação de Deus, receberão recompensa em dobro. Naturalmente, continua se mantendo, ao mesmo tempo, a possibilidade de que o verdadeiro justo entre diretamente no paraíso, sem passar pela morte, já que o rígido individualismo ético não admite a idéia de que a morte faça parte de uma história de pecado começada a partir de Adão. Desse modo, concernente

[277] Cf. vol. I, 421s.

[278] Por exemplo, Shabbat 32b–33a. Cf. **F. Weber**, *op. cit.*, p. 244s (nota 56 do § I deste cap., p. 834).

[279] Jó 9:2, cf. o midrashe rabínico a Rut 3:13.

[280] Beresh. rabba cap. 33.:

à relação do castigo com a ação salvadora de Deus e com a total perdição do homem, a influência das idéias proféticas se vê neutralizada por um racionalismo otimista que não tolera que Deus tenha sua própria palavra a dizer na questão.

V. Remoção do pecado

A. Natureza do perdão[281]

1) Ao dar uma resposta à pergunta da remoção do pecado é necessário, obviamente, fazer a mesma distinção fundamental estabelecida ao definir os conceitos de pecado, culpa e castigo: com efeito, se predominarem as idéias primitivas de um poder numinoso impessoal ou existir uma fé teísta clara, a balança se inclinará mais para o lado de *uma purificação mecânica ou de um perdão pessoal.* Sendo assim, como no caso de Israel desde o momento em que começa sua existência, o predomínio das idéias dinamicistas é algo que pertence ao passado, já que o ponto de referência de seu pensamento religioso foi dado pela fé no Deus da aliança, a primeira das possibilidades mencionadas só pode ser apresentada como relíquia de um estágio anterior, cuja sobrevivência, de outro lado, não faz senão iluminar a radical seriedade da opção espiritual, com a qual enfrentava continuamente o povo de Yahweh a irrupção da nova idéia de Deus.

a) Como já foi dito antes,[282] essas relíquias são encontradas, sobretudo, na esfera dos ritos e do direito nacional mais antigo. Aqui, a remoção do pecado é obtida por meio de procedimentos puramente externos que atuam *ex opere operato* para eliminar o vírus pecaminoso, seja porque uma água purificadora especial a limpe,[283] seja porque consome no fogo,[284] ou porque uma matéria que contém energia, como o sangue, repara a debilidade causada pelo pecado no caráter de santidade,[285] ou porque um animal carrega consigo e o leva para outra parte,[286] ou, por fim, porque simplesmente se separa ao pecador da comunidade.[287] Dentro deste contexto, *a palavra expiação* tem o sentido de remoção material de um veículo de poder prejudicial.

---

[281] Um estudo exaustivo de todos os lugares do Antigo Testamento que tratam da expiação e do perdão pode encontrar-se em **S. Herner**, *Sühne und Vergebung in Israel*, 1942.

[282] Cf. p. 823s. e 862s., assim como o vol. I, p. 112s.

[283] Lv 14:5; Nm 8:7; 19:9.

[284] Nm 31.22s; no sentido figurado Is 6:6.

[285] Sobretudo, Lv 16:14-19; Dt 21:1s.

[286] Lv 14:7,53; 16:21s.

[287] Js 7:25; Dt 13:6 etc.

Nos casos em que o Antigo Testamento fala de expiação, nunca se dá este sentido: sempre se trata da relação com o Deus pessoal da aliança que, ao ser perturbada, deve ser restabelecida por meio da remoção do pecado. Mas isto é inconcebível se não se conta com o consentimento voluntário desse Deus. No tratamento com ele, nem mesmo pode passar pela mente qualquer tipo de coerção por meios mecânico-mágicos, já que sua radical e terrífica transcendência, que não deixa impune nenhuma tentativa humana de pressão, é um dos dados fundamentais de sua revelação.[288] Por isso, quando são usados no culto os velhos ritos de purificação, devem ser necessariamente entendidos como meios de remover o pecado, preparados pelo próprio Deus; seu poder não se deve, deste modo, a uma qualidade inerente, mas à eficácia que Deus lhes confere. Como já expusemos,[289] nesse processo não só desapareceu seu sentido originário, mas também foram recebendo interpretações múltiplas ao se enquadrar em idéias novas.

O conceito de expiação adquire assim um caráter eminentemente pessoal. A expiação já não é uma forma de remoção do pecado independente do seu perdão, mas *um método de perdão*.[290] Por mais freqüentes que tenham sido as tentativas para descobrir, no âmbito da expiação sacrifical, elementos mecânico-mágicos, devemos reconhecer que é precisamente nele onde o que dissermos pode ser comprovado com mais clareza. Nós já expusemos em páginas anteriores[291] como o significado original do termo técnico com o qual é designado corretamente o ato de expiação, *kipper*, não oferece fundamento algum para uma interpretação desse tipo. O verbo pode ser muito bem uma forma denominativa derivada de *kōper*, "dinheiro pago em expiação por uma vida perdida", e se refere à provisão desse dinheiro; a isto logo seria somado, sem mais, o significado declaratório de "considerar algo como expiação, reconhecê-lo e aceitá-lo como tal", para passar, por último, ao sentido mais geral de levar a sério ou assegurar a expiação, garantir o perdão, perdoar".[292]

Com respeito à expiação assim descrita, a questão mais importante é a de saber se o homem, por seus próprios meios, oferece a Deus uma obra pela qual lhe é possível apagar sua culpa e eliminar a ira divina, ou se esse ato faz parte do livre perdão de Deus pelo qual este restabelece a comunhão com o pecador. A verdade é que podem ser detectadas certas impressões de um valor objetivo

[288] Cf. as considerações feitas sobre a santidade divina no vol. I, p. 239s.
[289] Cf. vol. I, p. 112s.; 134s.
[290] Cf. **A. Büchler**, *Studies in Sin and Atonement in the Rabbinic Literature of the First Century*, 1928, p. 375s.
[291] Cf. vol. I, p. 138.
[292] Assim, segundo a exposição de **J. Herrmann** en *TWNT* III, p. 302s.

do ato expiatório realizado na presença de Deus. Em primeiro lugar, o fato de que os delitos suscetíveis de serem expiados por meio de sacrifício foram sendo reduzidos pouco a pouco aos cometidos por engano ou inadvertência[293] pode sugerir que a mentalidade mais antiga, segundo a qual também poderiam ser expiados por esse método delitos mais sérios, acreditava-se que o sacrifício tinha um valor objetivo diante de Deus. Mas as passagens que normalmente são citadas a este respeito não permitem uma conclusão segura: desse modo, quando se diz que o pecado da casa de Eli é muito grande para que possa ser expiado por meio de sacrifício,[294] pretende-se apenas afirmar que *a expiação sacrifical tem certos limites* (limites relacionados, aparentemente, com o fato de que a falta seja de desprezo público a Yahweh), sem que se pretenda enunciar uma tese certa sobre a eficácia de tal expiação. E quando Davi convida a Saul a que apresente a Yahweh um sacrifício agradável, no caso de que a perseguição movida contra Davi por Saul tenha sua origem na ira divina,[295] então, se a passagem, na verdade, refere-se a um sacrifício expiatório,[296] isto, de forma nenhuma, exclui aquela sujeição e humildade pessoais ao soberano direito de Deus, para o qual o sacrifíco serve como uma expressão. A mesma coisa se deve dizer do sacrifício de expiação de Davi durante a prova da peste,[297] que também é oferecido por indicação do profeta ou, o que é o mesmo, por uma ordem indireta do próprio Yahweh. Porém, seria justificado alegar como prova a expiação levada a termo por Arão mediante a oferta de incenso:[298] com efeito, em seu relato se indicam como causas eficientes do fim da pestilência tanto o fogo sagrado do altar quanto a pessoa do sacerdote com a intervenção de Yahweh. Pode se deixar pendente a questão de se a narração sacerdotal reflete uma antiga concepção popular ou se obedece — o que é mais provável — a uma especulação, característica dos extratos mais tardios da fonte Sacerdotal, sobre a eficácia expiatória do fogo sagrado. De qualquer maneira, não há nenhum outro lugar do Antigo Testamento onde pode ser encontrada uma declaração semelhante.

Por isso, normalmente põe-se a ênfase, sobretudo, na forma com que a lei sacerdotal se refere à expiação: a fórmula estereotipada que se acha no final de tais passagens — na qual é indicado que o sacerdote fará expiação pelo pecador, pelo sacrifício[299] — poderia ser interpretada no sentido de uma

[293] Cf. vol. I, p. 136s.
[294] 1 Sm 3:14.
[295] 1 Sm 26:19.
[296] **J. Herrman** (*op. cit.*) põe isto em discussão por outras razões.
[297] 2 Sm 24:17s.
[298] Nm17:11s.
[299] Lv 4:20,26,35; 5:6,13,16,18,26, etc.

ação humana eficaz por si mesmo, na qual tudo depende da execução correta do ritual e não da vontade de perdão de Deus.[300] É necessário dizer, porém, que semelhante idéia está em contradição com a convicção fundamental da lei sacerdotal, a saber: toda ação sacrifical recebe sua autenticidade do fato de ter sido fundada por Deus; por conseguinte, toda instituição expiatória sacerdotal deve ser considerada criação graciosa do Deus da aliança, o qual oferece à sua comunidade a possibilidade de expiar tudo aquilo que exige expiação e de que, por meio desses sinais palpáveis, sempre tenha assegurado seu gracioso perdão e constante misericórdia.[301] Se, também, tem-se em conta que o sacrifício expiatório é acompanhado pela confissão dos pecados e pela oração (elementos que, ainda que nem sempre se mencione expressamente, correspondem ao convencimento geral de que são necessários o arrependimento e a contrição por parte do homem),[302] será inadmissível ver no sacrifício expiatório sacerdotal uma purificação objetiva e só poderá *ser considerado como um instrumento empregado pela vontade de perdão de Deus* para reparar as infrações da aliança.[303] É inquestionável que a institucionalização do sacrifício expiatório estivesse fomentada de maneira especial pela inclinação do homem de substituir a responsabilidade pessoal por uma satisfação material, mas não é isto o bastante para afirmar que semelhante substituição acompanha necessariamente ou, mais ainda, constitui uma característica inevitável do sacrifício expiatório. Até precisamente que ponto estiveram alerta os círculos sacerdotais contra essa distorção do sacrifício expiatório no-lo demonstra o fato já citado, devido talvez à influência profética de que as faltas expiáveis se reduzissem aos pecados cometidos por inadvertência. E também, é a corrente sacerdotal a que, já no período antigo, afirma que os pecados cometidos com desprezo público da vontade divina não podem ser expiados com nenhum sacrifício, porque falta, então, logicamente, a condição subjetiva da expiação.[304] Há, então, de maneira clara, a consciência de que não corresponde ao homem fixar os limites precisos da eficácia da expiação sacrifical, mas é reservada à livre decisão de Deus. Em vão será procurada dentro da Lei sacerdotal uma verdadeira teoria da expiação, e até mesmo nos casos em que se enfatiza que a oferta da vida contida no sangue constitui o sacrifício expiatório principal[305] toda a ênfase recai na graça da vontade de Yahweh que aceita essa oferta como expiatória, sem que se pense em

---

[300] Assim, **L. Köhler,** *op. cit.,* p. 213s, e outras.
[301] Cf. vol. I, p. 138s.
[302] Cf. vol. I, p. 136, noto 138.
[303] Cf. **A. Quast,** *Analyse des Sündenbewusstseins Israels nach dem Heiligkeitsgesetz* (Tese doutoral, Götingen 1956), p. 23s, 63s.
[304] 1 Sm 3:14.
[305] Sobretudo, Lv 17:11.

uma exata correspondência com o castigo em que incorreu. Deste modo, os olhos do ofertante estão fixos em Deus, e o sacrifício de uma vida pura e inocente em quem caiu a culpa serve para fazer lembrar constantemente o poder destrutivo do pecado, o qual, se não fosse a expiação, entregaria irremediavelmente o pecador à ira destruidora de Deus.[306]

Por último, o final do livro Jó,[307] oferece-nos um exemplo palpável da *estreita conexão que existe para a mentalidade israelita entre expiação e perdão* e de que nunca foi considerado que houvesse uma oposição essencial entre ambos. De uma perspectiva unilateral, centrada só no perdão como parte da ação pessoal de Deus, o perdão garantido aos amigos de Jó poderia ser motivado pela intercessão do homem de Deus; de fato, porém, os três amigos receberam a ordem expressa de fazer um sacrifício expiatório extraordinariamente rico, evidentemente porque esse sacrifício, "ao ser expressão do reconhecimento da soberania divina",[308] testemunha sua penitente observância da sentença de Deus. Mas esse sacrifício só adquire poder expiatório graças à intercessão de Jó; e isto não só serve para que os amigos que acreditam serem justos, tenham de se humilhar diante do verdadeiro justo que eles condenaram como pecador, mas, além disso, mostra o caráter limitado da eficácia expiatória do sacrifício o qual não é bastante por si só para adquirir a graça divina, mas que precisa da mediação de um homem de Deus.[309] Precisamente porque essa passagem pertence ao velho relato popular do justo Jó, podemos considerar que essa estima relativa do sacrifício expiatório remonta-se aos tempos do Israel antigo, oferecendo-nos uma prova válida da estreita vinculação da expiação com o perdão pessoal. Chega-se à mesma conclusão analisando o sacrifício expiatório de Samuel.[310]

Contrariamente, é de grande interesse ver como os profetas não têm problema em utilizar expressões cultuais e ações relacionadas com a expiação quando eles falam do perdão de Deus. Para Isaías, por exemplo, a experiência do perdão toma a forma de uma purificação por meio do *ṣarap*, em imitação direta da prática cultual, sem que, apesar de tudo, ele duvidasse sequer por um momento do caráter pessoal da ação de Yahweh.[311] E quando Ezequiel fala da

---

[306] Sobre a relação da expiação sacrificial israelita com a pagã e em especial com a babilônica, cf. vol. I, p. 138s.
[307] Jó 42:9s.
[308] **L. Köhler** (*op. cit.*, p. 215), em um desvio feliz da visão mantida por ele em outros lugares, de que o sacrifício é uma tentativa de auto-redenção do homem.
[309] Sobre a intercessão veja mais adiante.
[310] 1 Sm 7:9.
[311] Is 6:6, cf. Nm 31:22s.

ação expiatória de Yahweh em favor de Israel,[312] também parece desempenhar sua função, junto ao perdão, os sinais externos de expiação, assim como usa o ritual cultual de purificação para exemplificar a remoção da culpa do passado.[313] De outro lado, Jeremias emprega os dois termos cultuais *kipper* e *māḥāh* quando pede a Yahweh que recuse o perdão a seus inimigos[314] (embora fosse necessário pensar no desejo de que não são reconhecidas as ações cultuais expiatórias com as quais seus oponentes tentam livrar-se da vingança de Yahweh). Igualmente, Isaías descarta a possibilidade de uma expiação pela culpa de Israel.[315] Então, no profetismo, os ritos expiatórios são considerados correntemente como instrumentos do perdão e não como opostos a este, já que são sujeitos à vontade divina de perdão. Só é preciso observar-se o seguinte: que os profetas, enquanto mensageiros que são do juízo, não têm outra opção senão proclamar, antes de qualquer coisa, a inoperância absoluta de todo procedimento expiatório frente à incurável ruptura da aliança efetuada por Israel, e disso é prova sua luta contra o culto ímpio.

b) De outro lado, sua postura não é tão negativa com respeito a esse outro método de expiação que consiste em *interceder diante de Deus* pelo povo pecador.[316] Na realidade, também neste caso, como no das ações expiatórias, existe o perigo de que a intercessão degenere numa instância de poder objetivamente eficaz, já que neste contexto é familiar a figura do homem hábil nas coisas divinas, que com sua palavra de salvação intervém em favor dos que caíram em maldição ou sedução; essa palavra, ao ser pronunciada por uma pessoa dotada de poder, tem um efeito automático, mas dirigida a uma vontade divina a qual propriamente é reconhecida como suprema. Os limites entre essa intercessão demoníaca e a verdadeira não podem ser esclarecidos por meio de definições que ficam no exterior; por isso, sucede que nem mesmo as religiões explicitamente teístas estão livres de confusões imperceptíveis; até mesmo no Antigo Testamento aparecem às vezes bênçãos e orações que, tomadas isoladamente, não se enquadram à primeira vista com o tipo de oração que normalmente se mantém com o Senhor soberano do povo, transbordando de terrível majestade e santidade.[317] Apesar de tudo, também nesses casos em que o interesse pelo poder milagroso do intercessor ameaça a autenticidade do

[312] Ez 16:63.
[313] Ez 36:25.
[314] Jr 18:23.
[315] Is 22:14.
[316] Cf. **P. A. H. de Boer**, *De Vorbede in het Oude Testament, e* **F.Hesse**, *Die Fürbitte im AT*, 1951.
[317] 1 Rs 13:6; 2 Rs 4:16; 13:17.

desempenho da oração, se mantém o convencimento de que o mais notável homem de Deus sempre está sujeito à vontade da majestade divina e que, se sua oração é ouvida, se trata exclusivamente de um dom da livre condescendência de Deus; esse convencimento se acha implicitamente por toda parte do relato e constitui o corretivo impalpável contra qualquer abuso. De outro lado, a forma em que se fala da intercessão de um Abraão, um Moisés ou um Samuel[318] permite ver claramente que sua ação é articulada dentro da obra salvadora de Deus com seu povo, até o ponto que, tanto se sua oração é ouvida quanto se não o é, sempre se cumpre o plano de Deus que governa a história.

Mas isso não significa que a oração seja degradada a uma manifestação trivial da vida emocional da alma piedosa; ao contrário, continua representando *uma verdadeira interação do homem com Deus e de Deus com o homem* na qual é levado a efeito, em todo seu dinamismo vital, o mistério de uma comunhão verdadeira com a vontade do Deus que tudo ordena e controla. Manifesta-se nela a luta do homem chamado e iluminado por Deus em busca da vontade divina ainda não revelada; também pode a oração, enquanto baseada na revelação já conhecida, pressionar para uma nova revelação do pensamento divino, convencido o homem de responder, desse modo, à intenção mais profunda do Deus que o chama e que, seja ouvida ou rejeitada sua petição, se fortalecerão seus laços com essa vontade divina que, por mais suprema que seja, nunca atua sem o homem. Sendo assim, na medida em que essa vontade se revelou como misericórdia e graça e precisamente por isso, a oração de intercessão pode acolhê-la pela palavra no preciso momento em que ela se aproxima do homem em forma de juízo; o verdadeiro poder do intercessor reside no seguinte: ousar, partindo de uma compreensão profunda da vontade divina revelada, e fazer valer sua prerrogativa com a segurança de quem tem familiaridade com Deus e com o ímpeto que lhe provê o próprio anseio de que se realize plenamente a salvação divina. Neste contexto, o interesse pela própria vida desaparece do horizonte até o ponto de se esquecerem as fadigas e penalidades sofridas, e até chega-se a oferecer a própria existência, contanto que se salve quem está ameaçado pela ira de Deus. Abraão discute com Deus para preservar a vida do justo, Moisés defende com sua própria vida em defesa da eleição de seu povo e Samuel, apesar de ter conhecido sua ingratidão, intercede fielmente pelos que estão no erro. Quando os historiadores do Israel antigo narram esses casos, estão apresentando-nos a intercessão como uma entrega total do homem a Deus, como *uma identificação com a vontade, divina que chega à auto-renúncia,*

---

[318] Gn 18:23s; 20:7; Êx 32:11,14,32; 34:8s; Nm 14:13-19; 1 Sm 7:8s; 12:19,23; 15:11.

à qual Deus reconhece, em resposta, um valor expiatório suficiente para a remoção da culpa. Tampouco nessa ocasião é a expiação uma obra que tem seu valor em si mesmo; seu sentido e eficácia advêm-lhe de que, no fundo, reflete a presença da vontade divina na alma humana. Por isso, o Novo Testamento atribui esse tipo de oração à ação do Espírito Santo.[319] Como resultado disto o próprio Deus exorta à intercessão e promete ouvi-la. Mas, mesmo nos casos em que ele rejeita a intercessão,[320] o que faz é mostrar que sua meta mais profunda — a execução do plano divino de salvação apesar do pecado humano — será alcançada, reafirmando assim o direito intrínseco que assiste ao que ora.

Se a eleição divina é centrada, antes de tudo, no povo, é lógico que seja este também o objeto principal da intercessão.[321] O qual não exclui, em nada, a possibilidade de *interceder pelo indivíduo*, ainda que este possa evidentemente desfrutar, de outro lado, uma relação direta com Deus.[322] Assim como Abraão e Moisés intercederam por Abimeleque e Miriã, respectivamente,[323] igualmente, os videntes e sacerdotes a quem pediam suas orações, deveriam interceder por outros indivíduos. A descrição que os historiadores israelitas fazem do relação pastoral existente entre círculos do povo e os *n*ᵉ*bi'im* deixa entrever que a prática da intercessão formava parte das exigências que o indivíduo acreditava poder esboçar os homens de Deus.[324] Neste sentido, a conexão exata entre oração e taumaturgia deixa descartado o elemento mágico, facilmente atribuível a essa classe de relatos ao descontar que o milagre se deve à intervenção pessoal de Yahweh. Só no caso de Elias fica indicado que o auxílio concedido por via de intercessão envolve a graça do perdão divino;[325] mas, dada a tendência para ver nas calamidades externas a presença da mão punidora de Deus, essa convicção também deveria agir nos demais casos de salvação sensível.

O fato de que a eficácia expiatória da intercessão fosse completa em função da relação vital do intercessor com Deus em uma entrega pessoal, *explica o alto valor que teriam de lhe reconhecer os profetas*. Os antepassados do período antigo já tinham considerado como coisa lógica, precisamente por essas exigências interiores da intercessão, buscar seus melhores intercessores entre os grandes paladinos e representantes da fé javista; da mesma maneira os profetas, como pessoas admitidas ao conselho de Yahweh e mensageiros de

---

[319] Rm 15:30; Fp 1:19; Ef 6:18s.
[320] Gn 20:7; Jó 42:8.
[321] Êx 32:32; e também 1 Sm 15:11.
[322] Cf. p. 691 e 692s.
[323] Gn 20:7; Nm 12:13.
[324] 1 Rs 17:20s; 2 Rs 4:33; 6:17.
[325] 1Rs 17:18.

Deus, aceitaram conscientemente a tarefa de interceder. Amós procura conter por meio de sua intercessão a ira ameaçadora de Deus, até que uma decisão contrária do mesmo Deus o proíbe;[326] Isaías recebe a petição de seu rei para que exerça esse ministério em um momento crítico[327] e Jeremias pode gabar-se de que sempre intercedeu até mesmo por seus inimigos[328] — e dele são testemunhas indiretas o rei e os chefes militares — [329], até que o próprio Deus, o silencie.[330] Por outro lado, Ezequiel alega como característica genuína do autêntico profeta a confrontação com Deus para defender seu povo[331] e espera que os demais líderes do povo aceitem também esse dever que lhes é próprio[332] (de fato, por não terem cumprido esse dever, ele os considera uma das causas da catástrofe inevitável). Por vezes, intuem-se com toda clareza os limites da intercessão: sua eficácia expiatória depende da livre vontade de perdão de Yahweh e não pode ser considerada senão como um meio a serviço desse perdão.

c) As duas idéias, a do sacrifício expiatório e a da expiação por meio da intercessão, aparecem maravilhosamente unidas nas passagens em que o sofrimento vicário do justo se apresenta como o grande instrumento da graça que perdoa os pecados, ou seja, *no servo sofredor de Yahweh* de Isaías 53.[333] Não é casual que o sacrifício da vida pelo qual faz justos a muitos o Servo de Yahweh seja chamado *'āšām*, sacrifício de reparação; da mesma maneira, a inserção de uma liturgia penitencial comunitária (53:1-6) e a analogia do cordeiro, a vítima sacrifical mais freqüente (53:7) — nos sugerem o ambiente do sacrifício expiatório. Deste modo, dá-se importância primordial à grande idéia da auto-oblação vicária, que nesse sacrifício, torna-se viva realidade. O fato de que esse sacrifício deve ser apropriado pelo indivíduo por meio da fé na eficácia expiatória desejada por Deus, envolve — diferentemente do que acontece no sacrifício expiatório cultual — um caráter pessoal, já que pressupõe a união, em uma entrega consciente, com a pessoa que se tornou cordeiro sacrifical. O sacrifício realizado pelo Servo de Deus acha seu caráter do todo singular pelo fato de ser uma auto-entrega consciente e voluntária; o qual se salienta ainda mais ao implicar uma ação de intercessão pelos pecadores. Se já antes a intercessão envolvia a renúncia ao próprio direito a vida em favor

---

326 Am 7:1-6.
327 2 Rs 19:4.
328 Jr 15:11.
329 Jr 37:3; 42:2.
330 Jr 7:16; 11:14; 14:11; 15:1.
331 Ez 13:5.
332 Ez 22:30.
333 Cf. **W. Zimmerli**, *Pais Qeou*, *TWNT* V, p. 669s. **E. F. Sutcliffe**, *Providence and Suffering in the Old and New Testaments*, 1955, p. 97s.

da causa divina, essa renúncia aparece agora salientada pela aceitação de toda uma existência infestada de desprezos e negações, até o ponto de suportar a própria morte como um malfeitor condenado por Deus; em outras palavras, pela aceitação de uma existência de absoluta incógnita na qual não há lugar para nenhuma manifestação de auto-elogio e arrogância. Mas, como isso significa que se alcançou a total identificação com a vontade divina, essa intercessão, tem um efeito expiatório para muitos, e se converte nessa "troca feliz" de *mūsār* e *šālōm*, de castigo e salvação, pelo qual os pecadores se fazem justos. Desse modo, no sofrimento de seu Servo, encontra Deus o meio de perdão no qual coincide, no mais profundo de seu sentido, a eficácia expiatória do sacrifício e da intercessão, unidas em um único efeito. Nós temos aqui, em sua forma mais pura, exatamente o contrário a todo método mecânico e mágico de purificação do pecado. Ao mesmo tempo, o perdão, por sua conexão com a consumação final, entra a serviço da instauração definitiva da soberania de Deus e é reconhecido como o pressuposto essencial.

2) Assim como a remoção mágico-mecânica do pecado está em disputa com o perdão enquanto ato livre de Deus, *a concepção legalista da culpa e do castigo* o estreita e o reduz a algo externo. A partir do momento em que o castigo é concebido como expiação justa a um delito que, sempre é possível evitar por meio de obras voluntárias de reparação, *o perdão só pode ser entendido como uma redução ou total remissão do castigo*. Então a ação de Deus se vê atada aos direitos de compensação, humanamente calculáveis, e perde o seu caráter pessoal. O mais importante no perdão não é que Deus irado se volte para seus fiéis novamente, mas que o homem se veja livre de uma sentença punitiva. E nem sequer essa prova de graça pode ser vista em toda sua absoluta seriedade, quando se pode adquirir por meio de obras meritórias. Tal é a situação mais comum entre as religiões de nações civilizadas, da Índia até a Ásia menor, até mesmo quando não faltam certos acréscimos de atitude pessoal.[334]

a) Não resta dúvida de que em Israel o fato de que as cláusulas da aliança, com as ameaças e promessas, foram consideradas como uma definição autoritária das exigências divinas representou um ponto de partida para que a avaliação do perdão seguisse esse mesmo sentido. Os momentos em que o povo se viu invadido por ondas de influências estrangeiras — seja no tempo da cananização posterior à conquista, seja na estrangeirização sob a dinastia dos Omridas e sob a soberania assíria, que coincidiu com um exagero insano do culto na religião javista — favoreceram uma concepção materialista do perdão no sentido da remissão de um castigo merecido ou de um pacto entre dois aliados

334 Sobre isto ver exemplos mais adiante.

da mesma categoria.[335] A confiança na fidelidade de Yahweh a sua aliança levou então a contar sem hesitações com o perdão do castigo, simplesmente porque isso fazia parte de suas obrigações com o Deus da aliança. Isto cegou o sentido de culpa e o da natureza do perdão.

Não é necessário dizer que semelhante atitude estava em plena contradição com o conceito da fé javista e só pôde existir porque esta tinha sido obscurecida. Efetivamente, para o javista autêntico a aliança surgia como o ato gracioso do Senhor divino cujo propósito apaixonado era separar e santificar a seu povo e que, por isso, estava disposto a castigar com zelo terrível qualquer infração da ordem nacional por ele fundada. Essa realidade da ira e da santidade de Yahweh, experimentada em atos estremecedores de poder, tinham dado provas de sua misericórdia e justiça em uma forma que não deixaram a menor dúvida sobre a gravidade das exigências divinas, e afirmava claramente sua liberdade absoluta em infligir ou suspender o castigo, sem que, de outro lado, sofresse desprezo o convencimento de que as linhas mestras da retribuição divina eram sempre as mesmas. Não há aqui lugar para cômoda segurança de pensar que Deus — esse Deus que na revelação de seu nome tinha chamado a si mesmo de misericordioso e generoso, paciente , rico em amor e fidelidade[336] — exercesse "o perdão como ofício"; ao contrário: assim como na interpretação da culpa e do castigo que foram inculcados repetidamente no homem, pela convicção de que se encontrava diante do Deus pessoal, a remissão da pena também era sentida como *um ato livre do Senhor divino* no qual se manifesta, sempre que se dá, *o mistério de sua aproximação ao homem em seu desejo de comunhão com ele*, da mesma forma que é impossível marcar a esse Senhor a medida do seu castigo,[337] torna-se um disparate querer prever a forma de seu perdão, por certa que seja a esperança de sua realização. Em qualquer caso — e também ao exercer sua fidelidade e sua justiça — ele se manifesta como o Senhor soberano: permite tanto que Abraão volte impune do Egito apesar do seu pecado, ou retribuindo a sua falta de fé, simultaneamente, quanto a dádiva de um herdeiro e o desapontamento severo no caso do filho de Agar; tanto confirma a Jacó sua fraudulenta primogenitura, embora seja com duras provas e humilhações, quanto salva de morrer de fome os irmãos de José para convencê-los, deste modo, de seu pecado; tanto rejeita o perdão implorado por Moisés — embora sendo mostrado como o salvador de seu povo que, em um maravilhoso enredo, transforma o castigo em um meio de perdão —, quanto livra a Davi, imerso em grave culpa, da perdição que o ameaça ao mesmo

---

335 Cf. vol. I, p. 32s.
336 Êx 34:6.
337 Cf. p. 865s.

tempo em que o faz experimentar durante toda a vida os efeitos terríveis de seu pecado. Não importa quanto o homem goste de explicar a sabedoria e a justiça da retribuição divina, recorrendo ao princípio de correspondência[338] própria da vida jurídica, não alcança uma Lei rígida e formal de conduta divina, já que a complexa realidade excede, em cada momento, seus cálculos obtusos e se defronta com o caráter autônomo do Tu divino, que salta com uma rapidez surpreendente do castigo ao perdão.

b) De qualquer maneira, *esse perdão implica,* a maioria das vezes, numa restauração da felicidade externa — saúde, honra e posses — ou também um antídoto contra danos externos infligidos por inimigos, contra as más colheitas, a falta de filhos, a morte prematura etc.[339] É certo que surge aqui o perigo de que a restauração da graça de Deus em uma relação pessoal com o homem se via substituída pelos bens materiais da vida; se, apesar de tudo, não se chegou de fato a distorcer, neste sentido preciso, a idéia de perdão, em parte deveu-se ao *peculiar valor que atribuía Israel aos bens terrenos*, como sinais externos nos quais eram sentidos de forma viva e imediata a ação de Deus com seus servos.[340] Graças ao fato de o olhar desviar-se da posse ou perda de tais bens para centrar-se diretamente no Senhor divino e neles se experimentar seu governo e seu juízo, o perdão, mesmo quando é detectado principalmente na restauração de situação terrenal, continua sendo a manifestação de uma graça livre que devolve ao culpado à anterior relação de serviço.

Mas é necessário acrescentar, contudo, que *a realidade do perdão divino não foi considerada indefectivelmente vinculada à prova de bênçãos terrenais*. A readmissão do pecador à graça divina, embora seja verdade que se esperasse uma mudança em sua sorte terrena, não foi considerada idêntica a isto; o perdão de Deus tinha valor e sentido em si mesmo, como se adverte cada vez com mais clareza no fato de que se pode falar de um perdão que, longe de eliminar o castigo, o acompanha. A esta idéia responde o relato que se faz da sorte de Jacó ou das provas a que se vê sujeito Davi por seu crime contra Urias.[341] Na pregação de Isaías essa idéia alcançou maior profundidade até converter-se no convencimento de que Deus só pode restabelecer a comunhão com o pecador por esse meio, fazendo-lhe viver o abismo do seu juízo, misturando ao máximo nesse estranho paradoxo entre castigo e perdão.[342] Na opinião de Sofonias, são precisamente os privados de todo o bem terreno e que estão maduros para

---

338 2 Sm 12:10, ainda mais exagerado nas adições seguintes, v. 11s.
339 2 Sm 15:25s; 16:10s; Sl 25:18; 38; 39:9s; 40:12-14; 107:17s.
340 Cf. p. 794s.
341 2 Sm 12:13s; cf. também, Êx 34:6; Nm 14:8.
342 Veja o que se disse sobre a fé em Isaías na p. 728s.

a humildade os que experimentam a graça do perdão divino.[343] E o deutero-Isaías adota um novo vocabulário ao pregar que Deus se compraz naqueles que todo o mundo considera vítimas de um duro castigo, e lhes concede a força necessária para um ato destemido de fé pelo qual manifestam diante de todo o mundo ser eles quem têm seu apoio no perdão amoroso de Deus.[344] De forma parecida, Ezequiel promete o perdão divino, e com ele as forças de uma vida nova para esses precisamente que acreditaram sucumbir sob o duro castigo do exílio.[345] De acordo com a carta de Jeremias aos exilados, Yahweh permite ser encontrado pelos que são considerados afastados não só do santuário, mas de sua própria presença.[346] Vemos claramente como agora se abandona a unidade orgânica natural pela qual a graça divina guardava correlação exata com uma existência terrena exuberante[347] — unidade que o Israel antigo todavia manteve sem problemas —; a terrível revelação do juiz divino a substitui pela unidade paradóxica de juízo e graça só concebível na fé, unidade para a qual só quando chegar o novo mundo de Deus, já às portas, se poderá recuperar a harmonia. da ordem natural.

A interpretação sacerdotal da história, de outro lado, longe dessa orientação escatológica e centrada na presença salvadora de Deus entre o povo purificado da aliança, convida a que se aceite na fé o dom da graça divina, embora a pequena comunidade cultual se veja constantemente ameaçada dentro do torvelinho da história universal e, por conseguinte, tampouco neste caso se dá a esperada coincidência de agrado divino e êxito humano externo.[348] Ao proclamar que a aliança eterna de Deus ainda subsiste e que o sol do perdão divino ainda arde em uma época em que, a julgar pelas circunstâncias externas, sentir-se-ia compelido a descrever a esse tempo como tempo de ira, o autor da escritura sacerdotal dá um testemunho decisivo de que o perdão divino consiste em um tipo de salvação e felicidade fundamentalmente independente das condições de vida terrestre.

Conforme isso, a felicidade externa é julgada pela luz de um valor absoluto — a vocação de Israel para ser a comunidade de Deus — quando se trata da sorte do povo em seu conjunto; sofre assim uma relativização[349] que logo se irá aplicando, cada vez mais, também, à vida do indivíduo.[350] Assim,

---

[343] Sf 3:11s.
[344] Cf. p. 734s.
[345] Ez 18.
[346] Jr 29:12-14.
[347] Cf. p. 794s.
[348] Cf, vol. I, p. 385s.
[349] Cf. p. 795s.
[350] Cf. p. 798s e 803s.

uma vez que *a comunhão com a vontade com Deus é considerada como o fim último* de todo desejo de salvação, a remoção da culpa por meio do perdão será entendida como uma ação pessoal de Deus com o homem que não é somente livre pela simples remissão do castigo, mas que inclui, como o elemento mais importante, a readmissão em sua comunhão.

3) Nos profetas é onde mais claramente se manifesta esse estado de coisas, e isto se deve a que *contemplam o perdão cada vez mais desde uma perspectiva escatológica*. Como em sua pregação, formam pecado e culpa um fardo corporativo do gênero humano, clamando por uma purificação final e definitiva por meio do juízo e do castigo, deste modo, também concebem o perdão — com o qual contam, como um ato concreto e definido de Deus, em todos os momentos decisivos da história[351] — principalmente como um ato final de Deus, intimamente vinculado ao nascimento do novo tempo. Ao esquecer-se isto, podem induzir ao erro as expressões que os profetas tomam do vocabulário habitual para referir-se ao perdão, enquanto que designam, *sobretudo, um ato concreto bem definido no tempo e repetível*. Assim pois, não importa que se apresente o perdão como ato de apagar o registro de uma culpa,[352] como remoção ou abolição de uma carga,[353] como encobrimento de uma culpa, cuja acusação reivindica vingança[354] ou passá-la por alto,[355] como redenção da escravidão,[356] ou cura de uma enfermidade mental,[357] ou que, sem mediar imagem alguma, é descrito como indulgência, como ação de perdoar por meio da raiz *slh,*[358] em todos os casos há originariamente uma relação com a idéia de que conecte, em um momento determinado, uma culpa acumulada e se restabeleça a relação anterior, até que uma nova culpa volte a fazer necessário um novo perdão. Ao ser dividido deste modo o perdão em atos separados, tornava-se impossível que determinada prova de graça divina desse tipo aparecesse claramente como importância suprema e central. Certo que se podia voltar a respirar mais tranqüilo uma vez que Yahweh tinha apagado, com seu perdão, a culpa que pesava sobre o povo, enquanto estabelecendo de novo uma autêntica relação com Deus. Tinha-se, com efeito, uma consciência viva da ameaça que

---

351 Am 7:2s,5s; Is 1:18; Jr 5:1; 36:3; Ez 18:22.

352 *māhāh* Is 43:25,26; 44:22; Jr 18:23; Sl 51:3,11; 109:14; Ne 3:37.

353 Mq 7:18; Sl 32:1; 85:3.

354 Sl 32:1; 85:3; 103:12; Is 38:17; Ne 3:37.

355 Am 7:8; 8:2; Mq 7:18.

356 Is 44:22 e a designação de Deus como o *gō'ēl* em Sl 103:4 e no deutero-Isaías.

357 Os 14:5; Is 1:6; Jr 8:22; 17:14; Sl 103:3; 107:17,20.

358 Am 7:2; Jr 5:1,7; 31:34; 33:8; 36:3; Dt 29:19; 1 Rs 8:34,36,50; 2 Rs 5:18; 24:4; Is 55:7; Sl 25:11; 103:3 etc. Cf. também o completo estudo da história do conceito de **J. J. Stamm**, *Erlösen und Vergeben im AT*, 1940.

a ira divina representava para a existência nacional, e por isso era tanto maior a alegria com o qual estava disposto a receber a prova de sua graça em fatos palpáveis de salvação, que se convertiam em ocasião de uma anistia geral com o qual os homens imitavam a ação indulgente de Deus.[359] Deste modo, pouco a pouco, *nōśē 'āwōn*, "o que esquece do pecado", pode se converter em um epíteto fixo de Yahweh.[360] Mas até mesmo quando o perdão dos pecados foi considerado parte importante da graça divina, conjugou-se a mesmo título com todos os demais bens de salvação nos quais se experimentava, com a mesma certeza, a demonstração dessa graça, tanto nos dons materiais da bênção terrena quanto os religiosos da Lei e da monarquia, da direção sacerdotal e profética.

Essa igualdade de posição estava destinada a mudar à medida que a culpa fosse reconhecida como a causa de uma ruína de dimensões terríveis, que ameaçavam a existência do homem arrastando-o para um juízo aniquilador. Então reconheceu-se no perdão *o ato de auxílio fundamental*, sem o qual perdiam seu valor os demais bens. Sem o perdão é inconcebível uma mudança, de perdição a salvação, pela qual Deus é atraído novamente a seu povo. Por isso os profetas, quando descrevem a conversão arrependida de seu povo e os pedidos deste para ser readmitido na comunhão com Deus, no-lo apresentam, antes de qualquer coisa, implorando perdão,[361] fazendo deste *conditio sine qua non* da salvação, e mais, o verdadeiro cerne da nova criação divina. Em correspondência, a promessa divina de salvação localiza, em primeiro plano, o dom do perdão,[362] que constitui o limiar do novo éon, no qual a criação é devolvida a seu estado original.[363] Mas até mesmo nos casos em que o perdão não se menciona expressamente, como nas imagens de salvação de Amós, de Isaías e de Sofonias, determinados pela gravidade que as expressões proféticas sobre o juízo atribuem ao efeito destrutivo do pecado na comunhão com Deus, sua presença está implícita necessariamente. Quem quisesse ver nessa falta de menção explícita um argumento para demonstrar que o perdão tem em tais profetas uma importância secundária, estaria deixando-se levar por um formalismo absurdo. Porque, de fato, a salvação que eles imaginam não fica em simples restauração exterior, mas envolve uma nova volta pessoal de Deus a seu povo na qual vai implícito o perdão. E por isso torna-se lógico que os epílogos do movimento profético consideram a plena manifestação da graça

---

[359] 1 Sm 11:13; 14:45.
[360] Êx 34:6s; Nm 14:18.
[361] Os 14:3; Jr 3:21s; 14:7,20s; 31:18s.
[362] Os 14:5; Jr 3:22; 4:1; 31:20; Is 43:25; 44:22.
[363] Os 14:5s; Jr 31:34; Is 53:4s: Ez 36:25s; 16:63.

divina unida com a remoção dos pecados, que separam o homem de Deus, por meio do perdão divino adquirido por meio de penitência e conversão.[364]

A *importância central para a salvação* que o perdão vem a ter no pensamento profético não era sem efeito mesmo quando não se conectasse tão estreitamente com a renovação escatológica. Assim, dentro do *pensamento sacerdotal* o perdão continuou tendo importância primordial como ato individual, em réplica ao processo pelo qual o grande dia do juízo de Yahweh passou a ser considerado como sua ação judicial permanente que assegura a ordem por ele estabelecida.[365] Apesar de tudo, a crescente importância do conceito de expiação para o culto em sua totalidade aponta para um ato de perdão divino que, ao prover os meios de expiação, cria a condição necessária para a continuação da aliança, aparecendo assim como a base da comunidade de Deus. Nesta mesma linha, a pregação deuteronomista de uma aliança eterna, como idéia central de sua mensagem, encontra justificação na crença de que Deus, sempre disposto ao perdão, chama ao transgressor a acolher, em espírito de penitência, a graça oferecida, e subordina até mesmo o castigo mais severo ao objetivo da conversão e do perdão que ela torna possível.[366] E a historiografia deuteronomista não só fala da indulgência e do perdão de Deus, constantemente renovados por amor de Davi,[367] mas que exalta também o templo como o memorial da entrega graciosa de Yahweh a seu povo, na qual este pode ter acesso em todo momento, por meio da oração confiante, ao perdão de Yahweh.[368] Essencialmente, pois, a aliança é obra da graça amorosa de Deus, graça que, precisamente porque conhece a natureza pecadora do povo, oferece a este redenção e salvação em forma de perdão.

4) A fé da comunidade judaica caracteriza-se fundamentalmente por sua marcada necessidade de perdão ao qual considera o ato principal de auxílio para as necessidades tanto interiores quanto exteriores. Ou, com mais clareza, é manifesto este fato nos Salmos, nos quais o desejo de Deus e de sua salvação se concentra por completo no perdão, cuja consecução é implorada com humilde esperança e, por sua vez, com uma confiança sem limites na

[364] Zc 1:3; Ml 3:7; Is 59:2s,15s,20; Zc 12:10–13:1; Jr 33:8; 50:20. À vista deste fato, é incompreensível que possa fazer a seguinte afirmação: "A revelação veterotestamentária só ocasionalmente fala do perdão, e sem situá-lo nunca no centro de suas afirmações sobre a salvação" (**L. Köhler**, *op. cit.*, p. 209).

[365] Cf. vol. I, p. 381s.

[366] Cf. os discursos introdutórios do Deuteronômio e sobretudo Dt 30, com Lv 26:40s.

[367] 1 Rs 11:12s,34s; 15:4; 2 Rs 8:19; 20:5s.

[368] 1 Rs 8:33s.

insondável misericórdia divina.[369] Essa certeza crescente de salvação, que nasce de uma profunda desolação interior pela situação desesperada do homem em presença do Deus santo para se converter em entrega confiante à decisão desse mesmo Deus que julga para salvar, representa o eco da pregação profética na comunidade pós-exílica. E na medida em que com mais profundidade se compreendeu o milagre do perdão, maior foi a tensão para a redenção definitiva pela qual seria destruída a maldição da culpa e tornaria realidade a salvação messiânica.

a) Próximo a essa tensão vital para o bem central de salvação começa também a ser notada uma notória divergência para formas de conceber o perdão que antes se tinha tentado evitar. Compreende-se menos o *lugar da expiação sacrifical* dentro da relação com o Senhor divino; desse modo, no-lo demonstra, principalmente, o fato de que se *busquem novas seguranças* contra o efeito calamitoso de faltas cometidas por descuido. As numerosas redações e adições da Lei Sacerdotal acusam o esforço de estruturar e sistematizar os ritos sacerdotais de expiação. Próximo às muitas elaborações de menor importância, a prova mais importante desses esforços é vista no desenvolvimento do ritual antigo para a purificação do santuário e da comunidade para convertê-lo na solenidade impressionante do grande Dia da Expiação de Levítico 16. É necessário mencionar, por seu lado, o esquema cultual do apêndice do Livro de Ezequiel:[370]com ele o culto divino é reorganizado como algo curiosamente independente à luz do conceito da expiação como foi estabelecido por Yahweh, que serve de proteção até contra os pecados futuros. Até mesmo quando se pensa que a raiz da expiação está na vontade graciosa de Deus, a acumulação e a sistematização de ritos acusam uma tendência perigosa para dotar os atos expiatórios de uma melhor e segura eficácia pelo aumento do número e da magnitude das ofertas cultuais, dando a impressão de que já não basta o aspecto verdadeiramente decisivo da expiação, quer dizer, a promessa divina. Por isso, a profecia do pós-exílio é forçada a elevar seu protesto contra os que concebem o sacrifício como obra humana valiosa para Deus.[371] Esse protesto alcança matizes alternativas quando a ação cultual pode supor uma ameaça para a verdadeira atitude do coração. Tanto os profetas quanto alguns salmistas salientam, frente a qualquer regulamentação das ações expiatório-cultuais, que o importante é o direito soberano de Deus para exercer seu perdão[372] porque este pode infundir

[369] Cf. p. 755s., onde pode encontrar-se também uma lista das citações bíblicas mais importantes.

[370] Ez 43–46.

[371] Ml 1:10s; Sl 50:7s.

[372] Sl 40:7s; 51:18s; 69:31s e cf. também a polêmica do Sl 50.

diretamente no coração do indivíduo, melhor que qualquer preceito sacrifical, a certeza do perdão, e o rito não usa isto senão para simbolizar o tratamento pessoal de Deus com a alma.[373] Em tais vozes continuam se repetindo claramente a advertência de que os sacrifícios não podem ser considerados senão como sinais e penhores do que tem verdadeira importância, a saber, a atividade conciliatória de Deus.

De outro lado, o fato de que a eficácia expiatória fosse reconhecida em toda classe de sacrifícios contribuiu para eliminar os conteúdos múltiplos originários do culto sacrifical e a reduzir, todo ele, ao denominador comum da obediência, na mesma linha que as demais provas de fidelidade à Lei. Por conseguinte, o dom da reconciliação, oferecido no sacramento, torna-se independente da ação piedosa do homem — a qual exige o reconhecimento divino — e se perde a grande idéia da intercessão no sacrifício. Como resultado desse processo, o sacrifício é comparado aos outros atos de obediência.[374] É facilmente compreensível que, em tais circunstâncias, a idéia de um sofrimento vicário do redentor só entrasse na mente de alguns círculos reduzidos. Na parábola dos pastores de Zacarias 11–13 continuam soando as observações de Isaías 53, mesmo quando as relações concretas entre as duas personagens não sejam claras; de outro lado, na lamentação penitencial de Zacarias 12:10s vibra exatamente a mesma corda que em Isaías 53:1-6, de forma que também no seu caso é lícito supor, como pano de fundo, a morte expiatória do pastor enviado por Deus. E a parte final do Salmo 22, que relaciona a vitória do Reino de Deus com o sofrimento do justo e sua redenção, demonstra ainda com maior clareza que, precisamente durante as duras perseguições a que foram sujeitos de tempos em tempos os círculos piedosos da comunidade, não lançou no esquecimento o significado expiatório do sofrimento. Certamente quando, como ocorreu no judaísmo tardio,[375] essa idéia, de modo geral, foi aplicada ao sofrimento do homem piedoso, ocorrendo uma mudança no conceito, quando que o sofrimento foi considerado como uma obra de obediência que Deus registra como crédito ao justo, sem que se pensasse na conseqüente conversão interior do pecador; esse sofrimento-obediência não pode dar segurança ao próprio indivíduo, já que repercute, principalmente, como o bem do povo em sua totalidade. Apesar de tudo, parece que nessa época tardia se manteve a outra idéia mais profunda do sofrimento vicário do redentor.[376]

---

373 Sl 51:4,9,19; 119:108; 141:2.

374 Cf. considerações mais amplas sobre este ponto no vol. I, p. 141s.

375 2 Mac 7:37s; 4 Mac 6:28; mais passagens em **Bousse-Gressmann**, *op. cit.* p. 198.

376 Assim, **J. Jeremias**, *Erlöser und Erlösung im Spätjudentum und Urchristentum*. Deutsch Theologie II, 1929. p. 106s. Veja também **Bousset-Gressmann**, *op. cit.*, p. 198.

b) Se o judaísmo confundiu o caráter de encontro pessoal com Deus, próprio do perdão, por causa de sua nova atitude frente ao sacrifício expiatório, a mesma coisa pode ser dita de sua *avaliação da intercessão.* O simples fato de que a intercessão esteja agora vinculada ao ofício do sumo sacerdote,[377] o qual tem acesso direto a Deus entre os servidores celestiais de Yahweh, indica que a autoridade pessoal do intercessor está subordinada à do ofício. Isso deve-se em parte à idéia de que o Deus transcendente é inacessível aos homens que não estejam especialmente legitimados para isto. O mesmo deve ser dito do fato de que a ação de interceder se transfira aos anjos: assim como o povo tem em Miguel um representante poderoso no céu, que Deus faz de seu porta-voz, os indivíduos piedosos contam-nos sete anjos especialmente designados,[378] entre os quais é mencionado explicitamente o nome de Rafael,[379] com alguns intercessores que tratam de apresentar suas orações a Deus. Da intervenção intercessora de um anjo a pessoa pode esperar até que o malvado escape do juízo aniquilador de Deus.[380]

Essa forma de conceber a intercessão como uma operação do mundo transcendente retira-a do âmbito humano, já que para o homem não é possível um tratamento direto com Deus. Mas em certa medida volta-se à mentalidade anterior quando, depois da destruição do templo, se reconhece nos grandes rabinos a mesma capacidade de intercessão que antes era atribuída ao sumo sacerdote.[381] De qualquer maneira, nos relatos referentes a esses poderosos homens de oração, se notam traços claros de um efeito mágico e coercitivo[382] que comparam a oração à palavra de feitiço, tornando-a ineficaz de maneira que não possa continuar a ser o meio de expressão de um tratamento confiante e fiel com Deus. Desse modo, apesar de seu paralelismo aparente com a intercessão profética, essa atitude acusa as diferenças que a distanciam intrinsecamente dessa linguagem do coração, infantilmente realista e proveniente às vezes do medo e do temor que vive na segurança da presença do Deus santo.

c) Se a transcendência de um Deus remoto fez com que o perdão ficasse em uma clara dependência da ação do homem, as *categorias jurídicas,* a partir das quais a piedade centrada na lei contemplava a atividade divina, fariam com que o livre dom do amor fosse sendo diluído por completo. Realmente, enquanto se viu mais estreitada a justiça divina no esquema de uma teoria racional da

---

377 Zc 3:7; Baba bathra 147b. Mas veja a intercessão de Neemias em Ne 1:6s.
378 Tob 12:15.
379 Tob 3:16; 12:15.
380 Jó 33:23s; Test Dã 6.
381 Yoma 53b.
382 Cf. **F. Weber**, *Jüdische Theologie*, 1897, p. 299s, cap. XX, p. 712, nota 112.

retribuição, mais unilateralmente concebeu-se o perdão como remissão da pena, e de maneira mais inseparável, foi esse vinculado à implantação da felicidade na vida terrena. Isto significa que desapareceu a capacidade necessária para digerir a coexistência paradoxal de castigo e perdão; só recorrendo à presunção do castigo educativo era possível acolher positivamente o sofrimento externo, como uma demonstração da graça divina.[383] Havia, naturalmente, uma exceção, a do martírio, o qual tinha um sentido pleno enquanto significasse acumular méritos extras.

Esse perdão divino desvalorizado e privado de seu elemento mais valioso — a livre concessão da graça — se vê totalmente obscurecido, em sua incomparável glória, por causa do destaque que se deu a idéia de mérito, na qual chega ao ápice o otimismo da piedade legalista.[384] Uma vez que pareceu inalcançável o ideal de uma comunidade fiel à lei, que teria merecido a vinda do novo mundo de Deus, se volta o olhar para os homens piedosos do passado para atribuir sua situação de graça diante de Deus a sua incorruptível justiça legal e entender as promessas de que eles foram objeto como recompensa por suas obras. É especialmente instrutiva, nesse sentido, a avaliação que se faz de Abraão:[385] se já desde época muito antiga a aliança de Deus com ele teve valor como razão importante de confiança na salvação — motivo no qual, de qualquer maneira, era a fidelidade do amor divino o que predominava[386] — o judaísmo tardio vê no Patriarca o grande santo e cumpridor da Lei, o homem que caminhou diante de Deus sem pecado valendo-lhe isso como mérito que bastou para assegurar a expiação a toda sua posteridade.[387] Principalmente pelo sacrifício de Isaque, Abraão alcançou justos direitos à recompensa divina.[388] Mas, também, e em oposição clara com o relato de *Gênesis*,[389] sua fé é interpretada como uma obra meritória. Assim como o mérito de Abraão marca com seu poder milagroso o curso da história de Israel e dá a seus descendentes a segurança de que suas orações serão ouvidas e de que eles serão salvos quando de sua morte e juízo, assim também os patriarcas são considerados esses homens justos por cuja causa foi criado o mundo[390] e para esses se revelará finalmente a glória de Deus.

---

[383] Cf. p. 875s.

[384] Cf. p. 791s.

[385] Cf. a respeito **O. Schmitz**, *Abraham im Spätjüdentum und Urchristentum,* em *Aus Schrift und Geschichte, Schlatterfestschrift*, 1922, p. 99s.

[386] Mq 7:20; Sl 105:8s,42.

[387] Eclo 44:19s. Cf. **Strack-Billerbeck**, *Kommentar zum NT*, I, p. 117s.

[388] 1 Mac 2:52: daí a enorme popularidade deste motivo no imaginário da sinagoga, por exemplo, em Doura Europos e Bet-Alfa, cf. **A. Reifenberg**, *Denkmäler der jüdischen Antike*, 1937, figs. 40 e 47.

[389] Cf. **H. W. Heidland**, *Die Anrechnung des Glaubens zur Gerechtigkeit*, 1936. p. 101s.

[390] Ap Bar 21:24s.

De maneira semelhante, também aos descendentes de Abraão lhes é reconhecida a possibilidade de expiar, com os seus méritos, os próprios pecados e também os alheios; as obras de amor, o estudo da Torá e a caridade são seus meios de expiação, que têm a mesma importância que o sacrifício; portanto, ver-se privado deste não deve ser considerado coisa tão penosa.[391]

Deste modo, no próprio âmago do desejo de salvação volta a nos ser revelado aquela desintegração interior da fé judaica que encontramos continuamente no marco da relação do indivíduo com Deus. À medida que a justiça de acordo com a Lei vai se apropriando da vida religiosa e fazendo com que se evapore a mensagem do dom livre da graça divina, a segurança de salvação do indivíduo se vê nas piores dificuldades, até chegar à desintegração final na desorientação que caracteriza o livro de 4 Esdras e o do fariseu Paulo.

B. Condições do perdão

O perdão, ao constituir uma ação pessoal de Deus com o homem para refazer a comunhão com ele, não pode ser concebido sem *uma correspondência pessoal do homem à essa ação de seu Deus*. O que seria possível no caso de uma purificação mágica ou de um perdão jurídico do castigo, torna-se inconcebível quando se trata da nova doação do Deus ao qual o homem ofendeu. Por isso, Israel é consciente em todo momento, de que não é o bastante implorar o perdão e esperá-lo, mas também é necessário humilhar-se diante de Deus, admitir o próprio pecado e querer seriamente afastar-se do mesmo. Tal é o comportamento que nos é descrito, o qual é adotado Davi frente a exortação de Natãn para a penitência, e a mesma coisa nos refere um autor posterior com respeito a Acabe.[392] Na liturgia do dia de jejum, assim como nas leis sacrificais, a penitência e a confissão dos pecados acompanham, como norma lógica, à petição de perdão;[393] os salmos penitenciais — tanto os do indivíduo quanto os da comunidade —, um gênero cuja antiguidade ninguém põe seriamente em dúvida, nos confirmam a mesma prática.[394] As expressões com as quais o comportamento do homem é descrito são múltiplas: buscar a Yahweh (*bikkēš*),[395] perguntar por ele (*drš*),[396] humilhar-se ante ele (*nikna'*),[397] elevar o coração a Yahweh (*hēkin*

---

[391] Cf. p. 791s.
[392] 2 Sm 12; 1 Rs 21:27s.
[393] Jl 2:12-14; Lv 5:5; 16:21; Nm 5:7. Cf. 1 Sm 7:5s; Jó 42:8.
[394] Sl 25:7; 32:5; 38:19; 41:5; 51:6s; 65:4; 130:3s; Lm 3:40s.
[395] 2 Sm 12:16; 21:1; Os 5:6,15; Sf 2:3.
[396] Am 5:4,6; Os 10:12; Is 55:6.
[397] 1 Rs 21:29; 2 Rs 22:19; Lv 26:41; 2 Cr 7:14; 12:6s etc.

lēb'el),[398] amolecer o coração (*rak lēbāb*),[399] confessar a Yahweh (*hōdā' et-šēm Yhwh*),[400] sentir no mais íntimo de alguém (*hēšib 'el-libbō*).[401] E a mesma coisa se quer expressar com as ações externas de chorar e lamentar, jejuar, rasgar as vestes, vestir-se de saco penitencial, dormir no chão, cobrir-se de cinzas,[402] etc. Os profetas denunciam com duras palavras o fato de que tais práticas estão vazias de espírito e não passam de um puro formalismo sem coração;[403] a liturgia sacerdotal também adverte contra esse perigo.[404] Em um sentido positivo, para formular a autêntica conversão a Deus, são adotadas numerosas expressões novas que a descrevem como uma ação moral consciente (procurar o bem, odiar o mal e amar o bem,[405] parar de fazer o mal e aprender a fazer o bem,[406] estar pronto a obedecer,[407] emendar atitudes e atos[408]) ou sublinhar a necessidade de uma nova atitude interior (inclinar o coração a Yahweh,[409] fazer um coração novo,[410] ser circuncidado por Yahweh e tirar o prepúcio do coração,[411] semear a justiça[412]). Nesta mesma direção, apontam certas frases metafóricas, tomadas da linguagem cultual, lavar o coração do mal,[413] lavar-se e purificar-se.[414] A abundância de tais expressões nos demonstra a força extraordinária com que Israel sentia a chamada à abertura pessoal implicada no perdão, e vem a confirmar, de outra perspectiva, o que já dissemos sobre o caráter pessoal inerente ao ato divino de perdoar.

Todos essas metáforas empregadas para descreverem a atitude correta do homem frente à ação salvadora de Deus estão resumidas no termo *šub*, se converter[415].A metáfora era especialmente apropriada, já que não só

---

[398] 1 Sm 7:3.
[399] 2 Rs 22:19.
[400] 1 Rs 8:33,35.
[401] 1 Rs 8:47; Is 46:8; Dt 4:39.
[402] 2 Sm 12:16; 1 Rs 21:27.
[403] Am 5:5; Os 7:14; Is 1:10s; 29:13; 58:5; Jr 14:12.
[404] Jl 2:12s.
[405] Am 5:14s.
[406] Is 1:17; cf. Sl 34:15; 37:27.
[407] Is 1:19.
[408] Jr 7:3; 26:13.
[409] Js 24:23.
[410] Ez 18:31.
[411] Jr 4:4; igualmente, Dt 10:16.
[412] Os 10:12; Jr 4:3.
[413] Jr 4:14.
[414] Is 1:16; cf. a descrição da ação de Yahweh nos mesmos termos em Ez 36:25.
[415] Sobre esta palavra e seu conteúdo semântico cf. a exaustiva monografia de **E. K. Dietrich**, *Die Umkehr (Bekehrung und Busse) im AT und im Judentum*, 1936. Também, **William L. Holladay**, *The Root Subh in the Old Testament with particular reference to it's usages in Convenant Texts*, 1958. Sobre o conceito "conversão" desde o ponto de vista da história da tradição e das formas, veja **H. W. Wolff**, *Das Thema "Umkehr" in der alttestamentlichen Prophetie*, ZTK 51 (1948) p. 129s.

descreve a conduta exigida como um ato real ("dar a volta"), garantindo assim seu forte impacto pessoal, mas também inclui o aspecto negativo de abandonar a direção anterior e o positivo de "voltar-se para", e com relação as preposições, *min 'el- l*ᵉ- permitia traduzir, de forma condensada e, por sua vez, inconfundível, o rico conteúdo das demais expressões. Em épocas anteriores esse termo surge em raras ocasiões;[416] na pregação profética, no entanto, se converterá em uma expressao muito corrente. As diversas matizes de seu uso nos servem de pista para que sejamos introduzidos na concepção veterotestamentária da volta do homem ao Deus que perdoa.

A idéia de "volta" já era corrente em Israel no começo da época profética, como o demonstra o fato de que Amós a emprega com toda naturalidade ao lembrar dos castigos sofridos pelo povo no passado:[417] o que Yahweh queria obter por meio do castigo era a "volta" dos dispersos para poder restabelecer a comunhão rompida. Mas a verdade é que nem Amós nem Isaías, que também a conhece, fazem um uso abundante dessa palavra em suas respectivas pregações porque, dada a iminência do juízo e do endurecimento do povo, a possibilidade da conversão não podia logicamente desempenhar um papel importante. O mesmo nome profético *š*ᵉ *'ār yāšūb* insiste mais na ameaça divina que na promessa de salvação, já que marca alguns limites rigorosos à crença de chegar a fazer parte do restante que se salvará, na iminente catástrofe universal, tão-somente pelo fato de ser membro do povo eleito. Uma condição será necessária: a conversão prévia. Com isto, ficava condenada qualquer presunção de que o futuro do povo estava assegurado. Dos profetas mais antigos só em Oséias desfruta o conceito de conversão de uma importância especial;[418] mas, também aqui, prevalece a desesperança, quando o profeta se defronta com o presente, no qual ele percebe apenas decisões passageiras e superficiais[419] que na realidade não acabam com a impenitência do passado.[420] Isso pode, também, ser visto no fato que, na única vez que convida à conversão insiste na seriedade verdadeiramente radical da volta que ela implica.[421] Só quando a insondável misericórdia divina chega a criar um ser novo, a esperança descansa em uma autêntica conversão que dá uma resposta apropriada ao perdão de Deus.[422]

---

416 Js 24:23; 1 Rs 18:37; 1 Sm 7:3.
417 Am 4:6,8s,11.
418 Cf. **G. Fohrer**, *Umkehr und Erlösung beim Propheten Hosea*, TZ. (1955) p. 161s.
419 Os 6:1s.
420 Os 5:4; 7:10; 11:4s.
421 Os 10:12.
422 Os 14:2s, cf. 3:5.

É curioso, em todo caso, que a conversão não chega a ser tema da pregação profética até Oséias e, depois dele, só em Jeremias. Sem dúvida, isto está em relação com a notável destaque que esses dois reconhecem o tema do amor divino, que busca e solicita uma resposta de amor do homem. Toda a paixão da pregação profética recai, neste caso, sobre a veemência da vontade divina de salvação, de maneira que o juízo parece definitivo como um *opus alienum* a Deus e como radicalmente diferente, então, da coerção do destino ou da ação do capricho cego.[423] Sendo assim, enquanto essa idéia de Deus coincide com uma compreensão profunda do pecado, a vitória do amor divino se converte em um problema que não deixa em paz o espírito do profeta e o força a levar a idéia da conversão às últimas conseqüências. Neste sentido Jeremias é, guiado pela necessidade de sua própria conversão, aquele que penetrou mais nesses intrincados e tortuosos caminhos do homem, com seus desejos de conversão e com sua atitude de rejeição. Ao expor os sutis motivos ocultos da alma, poderia dispersar toda intenção de justificar-se com razões triviais, frente à acusação profética e, ao mesmo tempo, apresentar ante os olhos de seu povo, com a máxima plasticidade, a inesgotável riqueza da misericórdia divina. Em sua pregação sobre a conversão desdobra toda a gama de significados do termo *šub* (abandono, volta, conversão interior e renovação) como se fossem as diferentes cores de um arco-íris. Isso lhe servirá para ensinar aos seus ouvintes que a verdadeira e radical exigência do Senhor consiste em que seus corações se decidam por Deus. Por isso, até mesmo quando se dirige ao povo, faz uma advertência urgentíssima ao indivíduo, como o demonstra o fato que, de maneira involuntária, insira nos discursos dirigidos à coletividade a palavra *'iš*, "cada qual".[424] Às vezes afirma, por isso, que o propósito de toda atividade profética consiste em exortar à conversão,[425] mas estava longe de ver nela uma possibilidade permanente de salvação, aberta ao homem em todo momento. Se é verdade que o agrada afirmar a possibilidade da conversão, em razão da natureza de Deus e dotá-la de realidade por meio de imagens cativantes,[426] sua idéia da necessidade do pecado o leva a negar essa possibilidade no que tange ao homem. Por isso, na imensa maioria das vezes em que se menciona a conversão, é para negar a existência no passado e no presente, e sua realização se esboça sempre em tons escatológicos.[427] Finalmente, *o mistério profundo da verdadeira conversão* revela-se no fato de que seja *obra exclusivamente de*

423 Cf. vol. I, p. 223s.
424 Jr 25:5; 26:3; 36:3,7.
425 Jr 23:14,22; 25:4s; 26:3; 35:15; 36:3,7.
426 Jr 3:21s; 31:18s.
427 Jr 3:19-4:4; 31:18-20; 24:7.

Deus, que cria esse coração novo no qual a dureza interior fica superada por uma abertura e disponibilidade obediente,[428] como o experimentou o profeta em seu próprio ser e implora constantemente para si mesmo.[429] Em contraste com o enunciado dessa mesma idéia em um tempo anterior,[430] agora não se trata mais de uma decisão histórica particular provocada por Deus, mas do acontecimento escatológico do perdão pelo qual se consuma a salvação.[431] Esse acontecimento, ainda em seu lado subjetivo, enraíza-se na vontade divina de perdão.

Essa mensagem encontra seu eco mais forte no deutero- Isaías, o qual também desfrutou essa mesma revelação da natureza divina como amor. Diante da graça generosa do perdão, que ganha o coração do servo surdo e cego, por suas envolventes mostras de amor, desaparece quase por completo, assim como em Oséias, o aspecto negativo da conversão (o abandono do mau caminho) para dar lugar ao retorno amoroso a Deus,[432] um processo que encontra seu apogeu universal na idéia de um retorno de todos os povos.[433] O perigo de sair desse caminho, desviando-se para uma beatitude puramente passiva, fica afastado pelo fato de que os agraciados são chamados a servir e a dar testemunho de seu Deus; e é somente na aceitação desse desafio que o homem decide se admitiu ser subjugado internamente pela misericórdia divina, ou, se, por recusá-la, exclui-se da salvação.[434] Assim pois, a salvação, embora seja verdade que não está condicionada ao fato da conversão, tampouco, pode-se conceber, como demonstra Jesus na parábola do mendigo, sem o devido traje de festa, quer dizer, sem a livre e consciente aceitação por parte do favorecido; o esforço que ele faz para que se pronuncie o sim de aceitação é o elo misterioso ao qual recorre a exultante mensagem de salvação desse profeta.[435]

Para a idéia israelita de conversão foi fundamental que a pregação profética enfatizasse a dois aspectos: por um lado a fez depender da graça antecedente de Deus e ensinava, portanto, a conceber *o perdão como a ação livre da majestade divina*; por outro, não minimizava a participação do homem na conversão, mas ressaltava, com toda intenção, o caráter total da volta a Deus nela implicada, definindo o *perdão como libertação para a comunhão pessoal,*

---

[428] Jr 24:7; ainda que não apareça a palavra *šub*, é idêntico o conteúdo em 31:31s.
[429] Jr 15:19; 17:14.
[430] 1 Rs 18:37, onde Deus volta a atrair o coração do povo.
[431] Cf. p. 893s.
[432] Is 44:22; 43:23; 53:1-6; 55:7. cf. 55:3,6.
[433] Is 45:22.
[434] Is 41:9,26s; 42:19; 43:10,12,21; 44:8,21,26; 45:23-25; 48:6,17s.
[435] Cf. a forma como muitas vezes se lança o profeta a palavras de repreensão e penitência: 42:18s; 43:22s; 45:9s; 48:1s.

muito acima tanto da purificação objetiva do pecado quanto da remissão jurídica do castigo. O fato de que os profetas insistissem em ambos os aspectos, apesar da tensão, existente entre eles, foi decisivo para a exigência da conversão e influiu na vida da comunidade como uma diretriz prática.

Assim, desde o momento em que o *ensino sacerdotal da Lei e a profecia de Ezequiel* e de seus discípulos impeliram a reconstruir a comunidade na base da Lei, a conversão individual ficou, necessariamente, estreitamente vinculada a seu cumprimento. Nas circunstâncias concretas da Babilônia e de Jerusalém, em meio a um ambiente pagão e sem a proteção nem o apoio de uma política nacional, a conversão teve de demonstrar sua autenticidade por seu caráter ativo, cumprindo todas as condições práticas necessárias para a existência continuada de uma comunidade santa, cultualmente apartada da impureza pagã e com a solidariedade social necessária para delinear os perigos que a ameaçavam. Com tal fim a formação na Lei era imprescindível, e Ezequiel não hesitou em introduzir os exilados nessa disciplina da vontade, fazendo dos diferentes mandamentos outros tantos marcos da conduta correta[436] e orientando a exigência de conversão principalmente no sentido de que era necessário *abandonar* todas as faltas odiosas a Deus, como a idolatria e os atentados contra a comunhão moral com ele.[437] Do mesmo modo a instrução popular deuteronomista e o Código Sacerdotal centram a conversão no respeito aos mandamentos, preceitos e normas,[438] cujo desprezo provocou todos os desastres do passado, e cuja estrita observância, portanto, é essencial para demonstrar a seriedade da nova mudança.

Apesar de tudo, isto não significa que o caráter total da conversão chegasse a se desintegrar em uma série de ações piedosas isoladas; continua-se tendo uma clara consciência de que a nova atitude interior constitui um todo orgânico, até o ponto de que, a maioria das vezes, é expressa em termos totais e se fala de um abandonar os maus caminhos, a impiedade, a infidelidade e os pecados,[439] e assinalam como núcleo da conversão um novo coração e um novo espírito ou a circuncisão do coração.[440] Nem é, porém, a conduta humana que provoca o perdão, porque tudo que o homem faz está envolvido e sustentado pela livre graça divina que prometeu transformar o coração[441] e à qual se deve implorar o dom do perdão, por meio de orações acompanhadas da confissão dos

---

[436] Ez 18; 33:10s.
[437] Ez 14:6; cf. 11:18; 20:7; 18:21,27,30; 33:14s.
[438] Dt 4:3,9; 30:2,10; 2 Rs 17:13; Lv 26:40,43.
[439] 1 Rs 8:33,35,47; Ez *passim*.
[440] Ez 18:31; Dt 10:16.
[441] Ez 11:19; 36:26s; Dt 30:6.

pecados.[442] Além disso, a conversão não exclui que seja necessário suportar novo castigos divinos.[443] Finalmente, a conversão continua apresentando com freqüência o caráter de acontecimento escatológico.[444]

Relacionar a conversão com uma conduta obediente à Lei não pode se dizer que seja algo estranho à pregação profética, mesmo quando, pela pressão de sua tarefa histórica concreta *a ênfase mude um pouco*. De fato até os profetas mais antigos, ao convidar à conversão, referiram-se, às vezes, expressamente aos preceitos fundamentais da Lei, entre os quais Jeremias chega a incluir os deveres cultuais.[445] Dificilmente pode-se afirmar que se trata de um novo tipo de conversão[446] somente porque se dá mais ênfase aos deveres concretos da aliança, mesmo quando alguém possa admitir que esse processo envolve *perigos claros*. Perigos que de qualquer maneira, só chegam a ser reais pela intervenção de novos fatores.[447]

Entre esses fatores deve-se contar, em primeiro lugar, a *completa organização de toda vida de piedade com base na Lei*, que dificulta o retorno direto a Deus, já que toda atenção se desvia para uma instância intermediária e impessoal. Em tais circunstâncias faltar à fidelidade a Deus converte-se em deserção frente à Lei de Yahweh[448] e a conversão, logicamente, se reduz a uma volta à Lei,[449] chegando às vezes a cingir-se — num caso extremo — exclusivamente a um só ato cultual, como é a celebração da festa da Páscoa, de acordo com o prescrito.[450] De qualquer maneira, tem sua importância que nessa época seja possível uma descrição da conversão como a que encontramos em Jonas 3:8-10: precisamente, ao aplicar a conversão aos pagãos, esse texto mostra uma viva sensibilidade para o caráter da relação imediata com Deus e o conteúdo ético presente na resposta para a chamada divina. Dentro do judaísmo, o buscar a Deus equivale a estudar zelosamente a Lei.[451] Existe aqui o perigo que a conversão perca o ponto vivo de referência, que é o Tu divino, e se falsifique ao ser concebida como um meio que o homem tem em sua mão para controlar a relação com Deus. A esse desenvolvimento contribuiu, também, *a articulação da conversão dentro da teoria judaica da retribuição*. Isso é notado,

---

[442] 1 Rs 8:33,35,47; Jz 10:10; Lv 26:40.
[443] Lv 26:41.
[444] Dt 4:30; 30:2,10; Lv 26:40s; Ez 36:25s; 11:19; 37:24.
[445] Os 4:1s; Is 1:17; Jr 7:5s.; cf. 6:16s.
[446] Assim **E. K. Dietrich**, *op. cit.*, p. 138 etc.
[447] Cf. **E. Sjöberg**, *Gott und die Sünder im palästinischen Judentum*, 1939. BWANT IV. 27.
[448] 2 Cr 12:1.
[449] Ne 9:29.
[450] 2 Cr 30:6,9.
[451] Sl 119:2,10.

de maneira especial, nos discursos dos amigos de Jó, os quais recomendam ao grande atormentado a conversão como meio imprescindível de afastar o castigo divino e recuperar a felicidade perdida.[452] Dessa forma a conversão se apresenta ao egoísmo calculista como o método mais seguro de escapar ao castigo e à calamidade; o homem piedoso e, portanto, sábio sempre usa essa possibilidade a seu alcance e desse modo é capaz de ganhar a Deus. Aqui já se perdeu toda a idéia da graça divina que converte. Essa mesma articulação, dentro de alguns esquemas excessivamente humanos, é o que faz da imagem das Crônicas algo tão convencional e carente de vida.

Finalmente, *a divisão da comunidade judaica em partidos violentamente divididos entre "piedosos" e " ímpios"*, enfraqueceu qualquer compreensão mais profunda do que significa uma volta penitente a Deus: quando nem os infortúnios nem as aflições podiam comover a segurança orgulhosa daquele que pertencia ao número dos piedosos, a conversão teria de aparecer, logicamente, como uma coisa diferente para os incrédulos, da qual os justos não tinham necessidade. Explica-se assim, que quando Malaquias chamava à conversão encontrava-se com pessoas que perguntavam aturdidas, de que temos de nos converter?[453] E é patente que a atitude orgulhosa de muitos salmistas não deixa espaço à necessidade de sua própria conversão.[454]

É preciso lembrar, de qualquer maneira, que nos tempos antigos esses fatores não eram suficientemente fortes para que fossem notados na comunidade judaica e que *coexistiam com testemunhos vivos de uma conversão interior do coração na oração e na confissão dos pecados*. A profecia pós-exílica não deixa dúvida alguma sobre o fato de que, por parte do homem, é condição indispensável para o perdão dos pecados, um completo afastamento destes e uma volta sincera ao Deus pessoal, e uma luta contínua contra o formalismo externo e o particularismo mesquinho.[455] Indubitavelmente, havia também uma compreensão do fato de que a conversão genuina era possivel somente pela graça divina, [456] continuando a ressoar, fortemente, a concepção universalista[457] Dentro da literatura oracional há poderosos salmos penitenciais, como o 32, 38, 51, 130 e 143 que se destacam de seu ambiente pela profundidade e pureza

---

452 Jó 8:6s; 11:15s; 22:20s.

453 Ml 3:7.

454 Sl 17; 18:22ss; 26; 59 etc. cf. Is 58:2s. No judaísmo tardio são, sobretudo, os ímpios e os pecadores os que têm necessidade de converter-se (1 Enoque 50:2,4; Sab 12:10); de outro lado, essa necessidade não existe para os piedosos patriarcas (Man 8; Eclo 14:1s; Jub 35:5s).

455 Zc 1:3-6. cf. 7:7s; Is 59:20; Ml 2:6; 3:7; Jn 3:8,10; Jl 2:12s.

456 Jó 33:17,14s; 36:10.

457 Jn; Is 56:6s.

da volta a Deus que testemunham. E não só o fato de que tais salmos existem, mas também seu emprego como fórmulas favoritas de oração, dão testemunho da vitalidade que, na comunidade da Lei, tinha uma concepção autêntica da conversão.

Nem em *época tardia,* faltam de todo, testemunhos desse tipo, embora é necessário dizer que, por *ter se estabelecido plenamente o ideal legalista*, seu vigor já não é o do princípio.[458] A orientação da conversão com relação à lei está em ascensão,[459] resultando no fato de que o pensamento do retorno direto a Deus passe a um segundo plano. É certo que se continua a admitir ainda uma conversão operada, pelo próprio Deus, mas a idéia do mérito confunde as coisas de tal maneira que no melhor dos casos resulta numa soteriologia sinergética. Quer dizer, na conversão o homem realiza uma obra que provoca a recompensa por parte de Deus; isto não só é uma proteção contra o castigo divino até o momento da retribuição na outra vida, sua força expiatória é tão grande que pode revogar uma decisão judicial do próprio Deus e até mesmo um artigo da Torá e converter em méritos, pecados deliberados.[460] Não é de estranhar que até mesmo a redenção do povo e, até mesmo a salvação do mundo foram consideradas dependentes dela, enquanto que, dentro de um cálculo atomista dos pecados e dos méritos, a conversão de um único indivíduo poderia inclinar o fiel da balança para o lado favorável. Até que ponto prevalece, neste contexto, a idéia da obra humana no-lo demonstra o fato de que se contem como meios de expiação o estudo da Torá e o sofrimento ou a morte, ainda quando nem sempre degeneraram em práticas penitenciais de auto-tortura, como as que se nos são contadas de Adão ou de Eleazar ben Durdaia.[461]

Nesse contexto a superioridade resultante do culto à Lei pode ser vista também no fato de que se *compreendesse cada vez menos o caráter total da conversão*, a casuística do ensino rabínico da Lei a deixa sem um fim único, e o homem a encontrar-se com um número incalculável de preceitos, cai inevitavelmente na tentação de tornar mais fácil a exigência radical, a de conversão, manobrando com a Lei.[462] É verdade que a seriedade da conversão foi fortalecida pelo pensamento da retribuição no mundo por vir; dela depende não só a salvação temporária, mas também a eterna, e no mais além não há mais possibilidade de conversão; mas também nesse aspecto se buscam *amenizações*:

---

[458] Assim, sobretudo, Eclo; Dn 9:14-19; 4:24 e 4 Ed, e também Tob 3:2s; 13:6; 14:6; Sal Salo 9:6s; Ap Mos 25:32; Oração de Manassés; Jub 1:19s; 5:2,19; 36:5.

[459] Assim, por exemplo, em Sib, Sab, Ap Bar e 4 Ed.

[460] Cf. **Dietrich**, *op, cit.*, p. 407s.

[461] Cf. Vit. Ad. 5s; Aboda Zara 17a.

[462] Cf. **Dietrich**, *op. cit.*, p. 395s.

alguns admitirão uma oportunidade de conversão durante o juízo messiânico, outros distinguirão entre os perfeitamente justos e os *ba'ᵃlē tᵉšūbā*, que se verão perdidos se não se converterem; e não faltou, finalmente, quem propusesse a existência de uma terceira classe, a dos medíocres, cuja balança de méritos e pecados está equilibrada e para os quais só se prevê uma sentença de duração restrita. Ainda que esta última idéia não esteja documentada para época bastante tardia[463] e sempre teve seus contraditores, nos demonstra qual era a direção a que se via obrigada a seguir a piedade legalista, se não quisessem sofrer a opressão da radical exigência de conversão profética. Em tais circunstâncias poderão ser dos mais severos os juízos sobre os pagãos, para eles não há conversão, pois Deus os destinou ao inferno, à exceção dos que se façam prosélitos do judaísmo.[464] Apesar de tudo, próximo a essa mentalidade, de quando em quando, manifestam-se idéias universalistas.[465]

C. Motivos do perdão

A confiança com que o homem piedoso israelita recorre ao perdão de Deus, deve-se, principalmente, ao fato de que a mesma revelação divina lhe deu a conhecer quais são as motivações da conduta de Deus.

1) A libertação do Egito e a conclusão subseqüente da aliança ensinam a reconhecer um propósito divino de comunhão com o homem, em razão do qual Deus continua estendendo suas mãos a seus eleitos até mesmo sobre as faltas e infidelidades e os ajuda a lutar contra o pecado, erradicar a injustiça e voltar a uma maior fidelidade. O papel que aqui desempenha, *a misericórdia de Deus, experimentada como disposição a socorrer, conforme o fato de ter concluído uma aliança*; nós já o vimos em outra parte.[466] Dessa *ḥesed* de Yahweh, à que o homem pode se entregar confiante em qualquer dificuldade, faz parte também o perdão das transgressões, a fim de que essas não destruam a relação de aliança.[467] Por isso o relato da travessia do deserto pode contar repetidamente como Yahweh passa da ira à graça, porque mantém com Israel uma relação especial. Na realidade, o próprio Deus oferece os meios com que expiar as faltas e, embora seja verdade que não os deixa impunes, usa o castigo para refazer a relação de aliança. Na realidade, por seu conhecimento dessa orientação fundamental da

---

[463] Em Aquiba e outros doutores.
[464] Cf. **Dietrich**, *op. cit.*, p. 395s.
[465] Sab 11:23; 12:20; Tob 13:11; 14:6; Test Seb 9, no que se refere à conversão escatológica dos pagãos, cf. **Strack-Billerbeck**, *op. cit.*, III, 150; I. 362.
[466] Cf. vol. I, p. 205s.
[467] Nm 14:18-20; Êx 32:11s; 34:6s; 2 Sm 24:14,17.

atitude divina, o israelita ousa implorar o perdão do seu Deus. É preciso dizer, também, que a confiança nessa razão do comportamento divino manteve-se constante por todas as épocas da história de Israel.[468]

A crença de que alguém é justificado ao assumir essa mesma motivação está por trás do *apelo a Deus como pai e pastor*. Realmente, Deus se converteu em pai de seu povo pela adoção, implícita na eleição de Israel; e que essa situação dá direito a Deus de exigir a obediência de seu filho[469] e fundamenta a confiança filial na atitude amorosa do pai,[470] atitude que se afirma, cada vez com maior ênfase que é parte a concessão do perdão.[471] Neste mesmo sentido se fala do ofício de pastor, em virtude do qual Deus garante proteção e ajuda às "ovelhas de seu rebanho" apesar de seus desvios, e não permite a si mesmo afastar-se delas para sempre.[472]

Essa segurança na fidelidade de Deus à aliança que o leva a perdoar os pecados, acha outra expressão no recurso *à promessa que Yahweh jurou aos patriarcas* de multiplicar sua descendência, e dar-lhes como posse a terra de Canaã. Ao ser ampliada assim a linha da aliança retrospectivamente,[473] a perseverança com que Deus realiza sua obra surge com nova luz e constância. A forma com que se mostrou indulgente com os patriarcas, apesar das fraquezas e faltas destes torna-se em protótipo de sua conduta para com o povo e com os homens piedosos. A promessa feita aos patriarcas é considerada garantia decisiva de que Deus comprometeu-se com o povo de sua eleição. E sua fidelidade à palavra dada para aqueles antepassados é o que dá forças à fé, quando esta teme pela sorte do povo desobediente.[474] Além disso, a época tardia considera que "o meio mais efetivo para que o homem saiba ser ouvida sua oração"[475] está em invocar a aliança de Deus com os patriarcas. E também é essa razão da fidelidade de Deus para com a aliança que estimula ao deutero-Isaías a consolar aos que desesperam do auxílio divino, assegurando-lhes que aos olhos de Yahweh, não existe uma carta de divórcio contra Israel, sua esposa rejeitada e que, ainda

---

[468] Cf. Is 64:9; Sl 25:10s; 80; 103:18; 106:45; 111:7-9 etc.

[469] Is 1:4; 30:1,9; Dt 14:1; Is 45:9-11; Ml 1:6; 2:10.

[470] Êx 4:22; Nm 11:12; Dt 32:6,18; Is 64:7; Ml 3:17.

[471] Dt 8:5; Pv 3:12; Os 11:1s; Jr 3:19; 31:20.

[472] Sl 74:1; 77:21; 78:52,71; 79:13; 80:2; 107:41; Mq 4:6s: Sf 3:13,19; Jr 31:10; Ez 34:12s, 23; 37:23s.

[473] Cf. vol. I, p. 35s.

[474] Cf. as bênçãos do Gênesis e o apelo ao Deus dos pais: Êx 2:24; 3:6,15s; 4:5; 32: 13; Js 18:3; 21:44; 1 Rs 18:36s: 2 Rs 13:23; Dt 4:31,37; 7:8,12; 8:18; 9:5,27; 13:18; 29:12: Êx 6:3-5 (**P**); Lv 26:42; Mq 7:20; Sl 105:9; Is 41:8; 51:2; 2 Cr 30:6; Ne 9:7.

[475] **Bousset-Gressmann**, *op. cit.*, p. 362. Cf. as numerosas passagens bíblicas citadas *ibid.*, nota 1.

mais, como "redentor" fiel, tirará Deus o seu povo da escravidão. Assim, são múltiplos os testemunhos nos quais a vontade divina de comunhão, revelada na aliança, aparece como o motivo principal do perdão, dotando de um rico conteúdo a fé na fidelidade de Deus à aliança.

De qualquer maneira, é necessário notar que o fato de que se invoque com confiança o compromisso contraído pelo mesmo Deus não prejudica em nada sua liberdade de perdoar e castigar. Não se oferece nenhum apoio à idéia de que o homem possa coagir suas decisões. Até mesmo nos casos em que a conduta divina contradiz as expectativas humanas, o israelita está disposto a resignar-se e a aceitar, sem murmurar até, o destino misterioso do inocente, talvez um dos grandes de Israel, morrendo como um criminoso. O vivo sentido da majestade divina, com a confiança em sua promessa de aliança, leva o homem a entregar-se nas mãos de Deus e a deixar que ele decida.[476]

Essa atitude é ameaçada quando a idéia da fidelidade de Deus à sua aliança passa a significar que a estreita conexão que Deus estabeleceu um dia com seu povo *põe em perigo a glória de Deus*, se o povo é vítima da ação aniquiladora de sua ira. De certa forma, esta é a maior afirmação que é possível fazer sobre a eleição como um motivo para a intervenção divina. Acima do livre compromisso de Deus que alimenta a confiança em sua misericórdia e fidelidade, encontra-se um motivo de perdão em sua própria natureza, a qual seria maltratada e conquistada se chegassem a triunfar os inimigos de Israel. Porque a desgraça de Israel representa uma infâmia ao nome de Deus e com a destruição de Israel se exterminaria do mundo também o nome de Yahweh.[477] Assim se elevam a Deus orações para que, perdoando a Israel, dê ao seu próprio nome a glória que o mundo inteiro lhe deve.[478]

Está claro que *essa invocação da glória e do nome de Deus contém elementos de diferente valor*. Por um lado, expressa um vivo sentido do caráter absoluto da vontade soberana de Deus que não permite que se atente contra ela, e da inviolabilidade de sua comunicação histórica à humanidade, comunicação que, uma vez realizada a revelação não pode ser suspensa ou eliminada sem que isto redunde em prejuízo do próprio Deus. Por outro, a excessivamente ingênua identificação da existência histórica do povo de Israel com a realização do conceito de reino de Deus envolve o perigo de confundir, inadvertidamente, os interesses terrenos do povo com os propósitos de Deus na revelação, atentando desse modo contra a soberana liberdade de seu perdão. Na realidade, quanto mais

---

[476] 1 Sm 3:18; 2 Sm 10:12; 16:10s.
[477] Sl 74:10,18; 83:3,19; 92:9s; 109:27; 143:11s; Js 7:9.
[478] Sl 138:5; 115:1.

se foi corrompendo a idéia israelita de Deus em outros aspectos, pela infiltração de elementos pagãos, mais ameaçador e forte apresentou-se esse perigo; dele nos informa com todo realismo a polêmica profética. Só quando o forno do juízo purificou a idéia da glória de Deus de falsas misturas, pôde suscitar essa justificação teocêntrica do perdão que vemos usada em tempo posterior.

2) Ao fundamentar o perdão dos pecados na misericórdia divina Israel traduz especialmente sua particular experiência de Deus. Em diferentes passagens, contudo, mistura-se com ela *o geral sentir da propensão da divindade à indulgência e o perdão*. Parte essa idéia, da fragilidade e brevidade da vida da criatura, na idéia de que as penas e calamidades da existência humana são razão suficiente para suscitar em Deus a compaixão que pode movê-lo à remissão do castigo.[479] Além disso, como as aberrações e as faltas do homem, contrários ao bons propósitos, devem-se, em grande medida, à sua própria limitação terrena,[480] uma justiça que os castiga parece cruel e incompatível com a forma divina de pensar.[481]

Essa concepção que se remonta, claramente, a tempos muito antigos, acusa uma mentalidade que está em certa contradição com a idéia, aprofundada pelos profetas, de que a triste sorte da vida humana é testemunho da ira divina, que castiga com justiça a atitude rebelde do homem frente a Deus.[482] Já vimos em outra parte[483] como essas duas concepções respondem a dois modos diferentes de confrontar a questão do pecado: uma o considera como uma condição habitual; a outra, como uma decisão que se traduz em um ato determinado. Sendo assim, como de fato os pecados são às vezes ambas as coisas, essas duas concepções não podem ser contrapostas, mas deverão ser combinadas se quisermos expressar com sucesso qual é a real situação do homem. É essencial, contudo, que a convicção madura da misericórdia paternal de Deus, produto da experiência histórica de sua revelação — convicção que aplica à relação de Deus com a criatura enquanto tal, os mesmos aspectos da comunhão estabelecida por ele com o homem na história —[484], não perca de vista a base sobre a qual ela descansa e não se deixe levar por uma autocomiseração excessivamente humana para colocar no relacionamento de Deus com sua criatura exigências que contradizem

---

[479] 2 Sm 14:14; Sl 103:14-16; 78:38s; 89:47-49;143:2; 144:3s; talvez também 39. 5-7,12-14, ainda que aqui o texto não seja seguro. De época mais tardia, Ec 8:6-8; Eclo 18:8-12; Ap Bar 48:12s.

[480] Jó 4:17-21.

[481] Jó 7:1s,17-21; 14:1-6.

[482] Sl 90:5-9; Is 40:6s; talvez também Sl 39:12.Veja Duhm, *ad locum*.

[483] Cf. p. 839s. e 851s.

[484] Cf. vol. I, p. 211s.

a condição verdadeiramente desesperada do homem, quando se acha diante do juízo divino. Caso contrário, inicia-se por esse caminho uma trivilialização do pecado que tende a ver em sua implicação na condição humana mais o decreto do destino que a conseqüência justa de uma real decisão contrária à vontade divina, convertendo-o em desculpa ao homem e em razão para planejar exigências a Deus. Essa concepção, ao partir da miséria da humanidade, como realidade isolada, e não da glória eterna de Deus, termina inevitavelmente fazendo uma imagem de Deus sob medida, na qual a misericórdia que perdoa representa uma característica lógica e natural do criador e conservador da existência. A história da fé em Deus constantemente nos demonstra que essa imagem da divindade está destinada à desintegração sob o peso das vicissitudes excepcionais que se apresentam ao homem.

Não resta dúvida de que o poeta do livro Jó se move pela via que postula esse tipo de misericórdia divina, alheia à história e incondicional, que a razão inventa como o correlato necessário da calamitosa realidade da vida humana.[485] Assim ocorre, também, no Salmo 103 e em outras passagens relacionadas, que são devedoras de semelhante concepção. E, contudo, esta não chega a se impor realmente: o autor de Jó acaba rejeitando taxativamente a pretensão de impor a Deus o dever de ajudar ao fazer com que todas as exigências humanas permaneçam caladas diante da *realidade revelada* do Deus maravilhoso e misterioso, pelo qual se deve aceitar até mesmo o mundo, com seus enigmas.[486] E o salmista sublinha o perdão dos pecados nascidos da insondável misericórdia divina — que tão gloriosamente se manifestou na história do povo eleito — com tamanha ênfase que seu lamento pelo envelhecimento do homem não pode ser interpretado como se alegasse um novo motivo de perdão, mas que só faz ressaltar em toda sua grandeza o amor paternal de Deus que se rebaixa a uma criatura tão miserável. Por isso, aparece o caráter permanente da graça divina, derramada sobre os membros da aliança, como a superação definitiva de todo o pensamento que pode reinar quando a atenção está centrada na fugacidade da vida humana: o encontro com esse Deus gracioso e com sua eterna misericórdia faz com que valha a pena ter desfrutado a vida.

De qualquer maneira, essa atitude frente ao envelhecimento humano diferencia-se claramente da profética, moldado no contexto do eterno desígnio divino sobre a humanidade, como uma parte de sua ordem que nunca deixa

---

[485] Por isso, as passagens correspondentes merecem o aplauso de todos os partidários de uma teologia natural, cf., por exemplo, as considerações de **B. Duhm** sobre as preciosas e atrevidas idéias de Jó 7:21, em seu Hiob-Kommentar, ad locum.

[486] Veja p. 923s.

que o homem se esqueça do seu estado de dependência e de que está nas mãos da misericórdia divina, o caráter caduco da existência deixa de ser o aguilhão que incita a mudar essa criação imperfeita em um mundo perfeito de Deus, para se converter na condição humana de fato, que fica assumida nas relações do Criador com sua criatura, e cuja imperfeição é revestida pela visão da graça divina presente. Ao ser afirmado como um dado real na relação com Deus, a qual, apesar de sua débil condição de criatura, consentiu o homem graças à conclusão da aliança por parte de Deus, não resta dúvida de que se dá vigor a um propósito importante da fé na revelação. Mas, ao mesmo tempo, está claro que a única coisa que mantém distante o perigo de cair em declarações superficiais sobre a misericórdia paternal de Deus é que, junto a essa idéia, mantenha-se viva aquela outra que, partindo do envelhecimento humano, soma-se o abismo da ira divina, que ilumina com a luz de seu rosto os pecados desconhecidos e faz assim com que toda glória humana passe sem deixar rastro, como a erva do campo. Com efeito, desde essa perspectiva não se pode descansar tranqüilo na experiência presente de Deus, mas só refugiar-se na promessa de que um ato de perdão divino vencerá, por meio de uma criação nova, até a inclinação ao pecado inerente à natureza humana e instaurará desse modo, uma comunhão plena com sua criatura

3) Daqui é, precisamente, onde parte o caminho que levaria às declarações mais profundas sobre os motivos do perdão de Deus: *as que se referem à sua glória e ao seu amor*. Tanto em um caso quanto em outro deduz-se da ação de Deus a sua natureza, no da glória, o discurso segue uma via mais lógica e apóia-se nos princípios que se puderam reconhecer pela ação divina anterior; no do amor o argumento repousa numa convicção íntima sobre a força mais envolvente da natureza divina com respeito à qual não cabem raciocínios de nenhum tipo.

As declarações, sobre a glória divina insultada que há de ser restaurada por ela mesma, estão relacionadas com aquela concepção popular de seu amor fiel, que vê no perfeito cumprimento das obrigações da aliança a característica essencial do Deus da aliança e que pensa, portanto, que sua glória está em perigo quando esse cumprimento é duvidoso ou se expõe a ataques e refutações por parte dos ímpios.[487] O convencimento de que a *conduta divina é constante e segura em seus objetivos* (convencimento que já opera aqui, com outras idéias marcadamente antropomórficas) alcança com os profetas, a quem agrada contrapor a fidelidade divina e a infidelidade humana, um desenvolvimento que

---

[487] Veja p. 911s.

domina toda sua visão da história. Sua confiança em que ao fim a Soberania de Deus acabará sendo implantada, apesar de todos os obstáculos, finca suas raízes, principalmente, na certeza de que Deus não pode ser infiel a si mesmo porque, ao contrário dos deuses pagãos caprichosos, ele tem um plano de salvação e, ao revelá-lo, manifestou o propósito inabalável de sujeitar o mundo aos seus desígnios. Esta certeza encontra sua expressão mais impressionante na teologia da história de Isaías e na manifestação que Deus faz de sua glória, ao tirar Israel do exílio, na obra do deutero-Isaías. Isaías atribui a instauração do novo éon a *kinh'āh* de Deus, a seu zelo no qual se resume seu propósito de afirmar-se e demonstrar sua natureza.[488] Ezequiel reproduz a mesma idéia por meio das fórmulas "por meu (santo) nome" ou "para que saibais que eu sou Yahweh". O milagre de santificar e renovar o povo rejeitado não é efetuado por se pensar só em Israel, mas para santificar o grande nome de Deus,[489] insultado diante dos povos. Com uma lógica sem brechas, toda certeza de salvação vem a ficar assim fundamentada na fidelidade de Deus a si mesmo: com efeito, a idéia da aliança, que Israel pisoteou tanto, não pode ser motivo de esperança, senão que afirmará a certeza de um juízo aniquilador.[490] Se todavia resta alguma esperança, deve-se exclusivamente a que a glória de Deus exige que ele santifique seu nome diante do mundo inteiro ou, em outras palavras a que seu propósito de revelação[491] não pode se render diante da resistência do homem; seu nome há de ser reconhecido em sua santidade venerada e ser adorado por uma comunidade que se entrega por inteiro. O suscetível orgulho nacional que confunde a glória de Deus com a glória de Israel e deseja sua intervenção para que vingue as falhas dos povos vizinhos, fica bem diferenciado do propósito de afirmação de Deus: não se trata do respeito devido a Israel, mas de *justificar as pretensões da revelação*. Nesse mesmo sentido o deutero-Isaías apregoa a indeclinável vontade de Deus em manter sua glória e demonstra que, redimindo a seu povo repudiado, é ele o único Deus frente a todos os ídolos fabricados pelos homens.[492] Este motivo da misericórdia divina com Israel se recolhe também nas lamentações da comunidade e dos indivíduos:[493] nelas se justifica também o socorro de Deus, até nos casos de desgraça individual, pelo propósito de mostrar sua glória diante do mundo inteiro.

---

[488] Is 9:6.
[489] Ez 36:22s.
[490] Onde se ressalta com mais vigor é nas parábolas de Ez 16 e 23.
[491] Sobre a relação entre Nome e revelação, cf. p. 504s.
[492] Is 42:8; 48:9,11; 52:5s.
[493] Sl 79:9; 102:16; 138:5; 57:6,12.

Se em tais casos é a força sobrenatural da *auto-afirmação de Deus* que assegura a implantação de sua soberania, vencendo até a maldição da culpa, no caso do amor é a força sobrenatural da *autocomunicação divina* o que fundamenta essa mesma certeza em uma convicção interior. O propósito divino de comunhão que se revela na conclusão da aliança aparece, precisamente por sua exclusividade, como milagre absolutamente imprevisível e insondável do amor e, por isso, a constância com que Deus segue assistindo o povo eleito que se fez culpável se manifesta como o *triunfo desse amor*. Já em páginas anteriores dissemos como essa mensagem é o que dá seu caráter peculiar à pregação de Oséias e Jeremias e como é recolhido e marcado de maneira peculiar no livro da Consolação do deutero-Isaías.[494] Refere-se em primeiro lugar, certamente, à eleição e salvação do povo em sua totalidade; mas também dá segurança e esperança ao indivíduo, como se manifesta no fato de que a relação com Deus se defina agora em termos de uma entrega amorosa,[495] pela qual cada membro do povo da aliança se vê arrastado na corrente de amor, que pretende impregnar toda a vida dentro da aliança divina. Só para aquele que "conhece" a Yahweh dessa maneira[496] é manifestada toda a riqueza da revelação de amor que, embora, agora se mostre como capacidade de perdão ao manter a aliança, apesar da infidelidade humana, não mostrará toda sua força milagrosa até que não chegue a criar de novo, por meio do castigo terrível de sua ira, uma comunidade na qual grandes e pequenos experimentem o perdão como uma renovação interior que tende a estabelecer uma íntima comunhão de amor com o Senhor.

Essa fundamentação do perdão divino rompe com toda segurança que provenha de um discurso racional e se adapta, precisamente por isso, o caráter de milagre irracional da revelação, só disponível pela convicção interior de sua verdade; daí também que Oséias explica o amor, pela santidade de Deus, quer dizer, pelo mistério da natureza divina, mostrando desse modo os limites de nossa compreensão. Isso é só o que homem pode dizer na origem dessa frente de vida.

Até que ponto determinou o motivo do amor a fé no perdão, no-lo demonstra não só a inserção da idéia de *ḥesed*, cujo sentido originário era a fidelidade exigida no amor, em uma manifestação espontânea, não obrigada, desse amor,[497] mas também a relação desse amor de Deus com o indivíduo, como aparece na literatura oracional.[498] E mais, a comunidade judaica chega

[494] Cf. vol. I, p. 221s.
[495] Cf. p. 738s.
[496] Cf. p. 739s.
[497] Cf. vol. I, p. 206s.
[498] Cf. vol. I, p. 227s.

a considerar essa misericórdia abismal de Yahweh como atitude geral diante de toda a criação e a elogiar, justamente nos momentos de duras provas, a profundidade de seu amor de eleição a Israel.[499] De todo modo, a certeza direta do desígnio divino de amor encontrou obstáculos na progressiva rigidez que foi adquirindo a idéia de um Deus distante em sua distante transcendência na qual o divino vive exclusivamente por si e para si e só mantém um relacionamento com o mundo terreno por meio de hipóstases; não foi capaz de impor-se com seu vigor original frente à concepção predominante do juiz universal. Oséias e Jeremias conheceram o amor sofredor de Deus, o qual empenha-se por seu povo com um auto-sacrifíco que consome, inclusive, a seus mensageiros; e o Servo de Deus, em Isaías 53, apontou para uma definitiva realização dessa percepção contudo, o abstrato monismo do retrato judeu de Deus, e a subordinação da soberana liberdade da sua misericórdia à Torá,[500] tornaram-se impermeáveis a essa profunda revelação do amor divino

VI. Pecado e mal[501]

Para Israel o pecado e o mal não estão indissoluvelmente unidos. A concepção popular do mal como castigo de Deus e como revelação de sua ira[502] nunca chegou a uma simbiose sistemática tão perfeita que todo mal surgisse quanto castigo de um pecado. Os homens eram suficientemente imparciais para aceitar tipos diferentes de desgraça como complementos da natureza do universo, que, sem dúvida, seria vão discutir e, diante das quais, só cabia inclinar-se humildemente, na medida em que a misteriosa grandeza de Deus, estava sempre com a razão, frente ao curto entendimento do homem. De outro lado, o domínio do sentido coletivo da existência, que encontrava sua verificação na vida da comunidade nacional, impedia que se suscitassem exigências individuais de uma atenção especial no âmbito reduzido da própria vida.[503] Explica-se assim que o sofrimento individual não coloca em dificuldades a fé na providência universal de Deus, enquanto que uma grave desgraça nacional induz facilmente a pôr em dúvida a justiça divina.[504]

---

[499] Cf. vol. I, p. 211s e 228s.
[500] Cf. **F. Weber**, *op. cit.*, p. 157s.
[501] Cf. **J. A. Sanders**, *Suffering as Divine Discipline in the Old Testament and Postbiblical Judaism,* 1955.
[502] Veja vol. I, p. 229s.
[503] Cf. p. 633s. e 689s.
[504] Veja p. 691s.

Nessa situação espiritual não é notada mudança sensível até a época de Jeremias.[505] Aqui, no problema da prosperidade do ímpio, encontramos a reivindicação que, na vida do indivíduo, também a formação do destino humano deve ser cumprida de acordo com o princípio da justa retribuição;[506] e o fato de que o provérbio referindo-se ao absurdo da atitude coletiva popular, ocorre em dois lugares ("Os pais comeram uvas verdes, e os dentes dos filhos é que se embotaram"[507]), nos demonstra o grande descontentamento e forte reação frente ao conceito do mal vigente até o momento. É, por sua vez, significativo, no que diz respeito à atitude espiritual da piedade do Antigo Testamento, que seus principais expoentes nem sequer tentaram resolver essas novas e atormentadoras questões mediante uma conciliação teórica da sábia providência de Deus com a misteriosa realidade do mundo, criando algo que a cosmovisão platônico-estóica cultivou como um ponto fundamental de sua doutrina sobre a providência: uma teodicéia.[508]

Jeremias relega decididamente a um lugar secundário esses problemas para centrar-se nos sofrimentos e tarefas que são impostas, em meio da agitada situação presente, a um mensageiro de Deus (12:1s); é neles que ela deve determinar por si mesma se quer continuar sendo a boca de Deus, o que ele considera ser o supremo conteúdo da vida, que ultrapassa a qualquer outra coisa (15:10-21). De outro lado, diante do final iminente do tempo presente e uma nova ordem de coisas prometida por Deus, todas essas preocupações tiveram de aparecer como secundárias (31:29s). Se no caso de Jeremias a visão da grande destruição e da nova edificação efetuada por Yahweh, e em cujo centro se acha implicado o próprio profeta, faz que as perguntas silenciem. Ezequiel, partindo da mesma situação, emprega as exigências de retribuição individual de sua época como arma certeira para contradizer os ataques contra o governo divino e encorajar uma nova compreensão das intenções de Yahweh. A insistência orgulhosa frente ao anúncio da queda de Jerusalém que usa o argumento de que a cidade santa ou, pelo menos os habitantes piedosos da mesma, mereceram um tratamento de privilégio, é completamente rejeitada pelo profeta; dentro do juízo de Deus tem tampouco espaço uma transferência da culpa — contra a qual eles se rebelaram — como uma transferência da justiça; mas, apesar de tudo, Deus fará, neste caso, uma exceção salvando a toda uma série de pessoas, não porque tinham direito, mas para apresentá-las aos exilados com a prova viva de que a

---

505 Veja p. 698s.

506 Jr 12:1s.

507 Jr 31:29; Ez 18:2.

508 O que segue continua minhas anteriores reflexões sobre a questão no artigo *Vorsehungsglaube und Theodizee im AT*, em **Procksch-Festschrift**, 1934, p. 60s.

cidade estava madura para o juízo, quer dizer, como defesa definitiva e irônica da liberdade do juízo do Senhor (14:12s.). Os cépticos cínicos tentaram ridicularizar o ensino profético da culpabilidade de todo povo diante de Yahweh, alegando que em tal caso se castiga nos inocentes os pecados de seus pais (18:2). De outro lado, os homens piedosos, desesperados sob o terrível peso da enorme culpa nacional, não entrevêem mais que a morte como castigo e perderam as energias suficientes para seguir vivendo (33:10). A uns e outros o profeta enfrenta com a oferta de graça que lhes faz seu Deus, esse Deus não se compraz na morte do ímpio, senão em que se converta e viva (18:23,32; 33:11).

Realmente, aí está o axioma a cuja luz há que ler as afirmações, tão freqüentemente tergiversadas, de Ezequiel 18 e 33:10s: aqui o juízo divino relaciona-se com toda clareza e todo o vigor à decisão pessoal do indivíduo e se nega qualquer transferência da culpa do pai ao filho; mas não se trata de construir uma teoria que possa explicar a conduta divina em todo caso, mas de iluminar a situação real de um momento em crises religiosas e de *proporcionar forças para um novo compromisso vital.*[509] Ezequiel não nega uma conexão da própria sorte com o pecado dos pais; a coisa era mais que patente na situação dos exilados, e em outras passagens o profeta fala com a maior naturalidade da retribuição coletiva que afeta a todos os membros do povo (20; 21:3-9; 16 e 23). O que ele discute é que seja essa a última palavra de Deus e que esteja justificada a reclamação de 33:10 ("Por nossos pecados nos vamos consumindo, como podemos seguir com a vida?"), apresentando como contrapartida o desejo divino de salvar e abençoar a todos aqueles que se deixam chamar ao ato de obediência moral. Além disso, ao colocar toda a sua ênfase na mudança de atitude, isto é, de voltar-se para Deus ou afastar-se dele — atitude na qual todo o destino da vida humana fica resumido — revela que ao Senhor o que lhe interessa não é uma soma calculável de obras, mas uma relação pessoal de serviço e fidelidade. Ainda quando o estilo seja arrogante e a severidade legalista do tom às vezes se lembre dos tratados jurídicos, nenhuma das duas coisas deve nos fazer esquecer que não é uma teoria teológica aqui, mas de um dos primeiros anúncios de salvação capaz de falar tanto aos enganadores quanto aos que perderam a esperança com relação a Deus, que é mais do que justiça inexorável na punição, mas que é também uma misericórdia que justifica.

---

[509] Com isto nos afastamos da interpretação escatológica, que defendem **Bertholet** e **Herrmann**, e nos sentimos obrigados a dar razão, entre outros, a **J. Köberle**, que vê aqui uma retribuição divina sempre em ação. No mais, os parágrafos que seguem dão conta de até que ponto nos diferencia desses últimos exegetas e nos aproximamos dos primeiros. Cf. também **W. Eichrodt**, *Der Prophet Hezekiel,* 1959. p. 143s.

Esse anúncio oferece ao indivíduo a possibilidade de sair da solidariedade natural *das gerações no pecado e se decidir pessoalmente pelo divino Senhor*, o próprio Senhor da grande visão dos ossos de Ezequiel 37, na qual promete aos desesperados por serem iguais aos mortos (37:11) a força divina de ressuscitar a uma vida nova.

Evita Ezequiel o caminho do raciocínio vazio que acredita poder superar as crises de fé elaborando sábias teorias sobre a conduta divina; em seu lugar, apresenta a seus contemporâneos a chamada pela qual Deus os convoca a um novo e valioso comportamento em seu serviço. De todo modo, a teoria da retribuição individual consistitue um molde mental no qual se volta a convencer que esse serviço não será vão. Como é designado para uma época que tem seus limites fixados pela consumação escatológica universal, precedida do juízo de purificação (20:35s, 38; 13:9; 34:22), esse serviço só encontra seu sentido pleno quando prepara o povo para a salvação final de Yahweh.[510]

Torna-se, portanto, insustentável a acusação tantas vezes feita a Ezequiel de ser ele, ao formular uma teoria abstrata da retribuição; o culpado de que o judaísmo caísse em uma interpretação dogmática e irreal do universo. Claro que há certas aproximações nesse sentido, mas são muito mais indiretas do que comumente se crê e, certamente, não justificam, por si só, a característica reinterpretação de frases lapidárias de Ezequiel realizada pela dogmática do judaísmo tardio. Para isto teve de intervir um novo elemento, que é necessário ver no predomínio progressivo da visão sacerdotal do cosmo e da vida depois do exílio. Quanto mais completamente se foi sujeitando a história à soberania divina revelada na Lei, com mais vigor centrou-se o pensamento e os esforços religiosos em configurar obedientemente o presente de acordo com as normas das leis eternas do reino de Deus, e tanto menos foi possível que a vida piedosa se distinguisse por uma atitude expressamente escatológica. Mas com essa mudança no tom da consciência religiosa, tornando o presente significativo, por meio do trabalho da providência divina, e que ainda — e particularmente — na vida do indivíduo, inevitavelmente despertou com força inigualável. Com tal fim adquiriu importância enorme a antiga crença na retribuição que falava da felicidade do homem piedoso e das desgraças do ímpio, porque só ela parecia assegurar a realidade do Deus vivo como poder moral que governa o universo. De fato essa crença ofereceu, uma explicação esquemática e racional do universo, que satisfazia as exigências da mentalidade moral educada na Lei. Não é de estranhar, portanto, que se convertesse no princípio central e irrenunciável da fé em Deus, em verdadeiro dogma, que ao ser colocada em

---

[510] Aqui reside a verdade da interpretação escatológica das seções correspondentes.

dúvida, representava um ataque ao mesmo cerne vital da piedade.[511] E quanto maior fosse a carga para a comunidade judaica e mais perigosa a ameaça para sua segurança em Deus, como conseqüência da pressão exterior e da divisão interior, com maior zelo socorreu o pensamento religioso a esse dogma para que se criasse uma posição segura a partir da qual se poderia rejeitar e rebater qualquer dúvida sobre a providência divina. Assim, foi como apareceu, no judaísmo, o desejo por uma verdadeira e própria teodicéia. Os efeitos de tal esforço podem advertir com clareza em mais de uma direção. Pelo que se refere à fé em Deus, a justiça saudável se vê deslocada pela distribuição imparcial de prêmios e castigos de acordo com a norma da Lei, *pela justiça distributiva*, que representa um estreitamento lamentável do horizonte. Quanto a concepção da história, já não se suporta a antiga tradição, com sua reverência com relação à majestade insondável de Deus, e a racionaliza, introduzindo nela uma retribuição mecânica como pode nos demonstrar, com especial clareza, uma comparação das Crônicas com os livros dos Reis. Com respeito à esperança de salvação, onde a consumação futura se transformou, pouco a pouco, em um estado ideal abundante do esforço humano, volta a ocupar um lugar destacado a soberania universal de Israel com abundância de bens naturais e materiais como prova, especialmente palpável de uma retribuição justa.[512]

E na vida de oração, dos assim chamados Salmos de Inocência,[513] que baseiam o fato de Deus ouvir as orações, na retribuição divina imparcial, pode ser notada a influência prejudicial que exerceu sobre a vida piedosa, o cálculo de obras meritórias e recompensas. Mas convém ressaltar que a justificação do comportamento divino, por meio do dogma da retribuição, não chegou a convencer precisamente no terreno onde era mais necessário, ou seja, no caso das desgraças que vinham sobre os homens piedosos. Ainda quando muitas dúvidas poderiam ser silenciadas recorrendo aos conceitos de prova e educação, de uma compensação final ou de uma bênção mais certa para os filhos, tais consolos se viam refutados pela severidade da aflição e surgia, então, a forte tentação de deduzir dessa sorte inexplicável do vizinho a existência de uma culpa, como se descreve de forma prototípica no livro de Jó e parece também que ocorrem em muitos Salmos.[514] Tais experiências deviam sujeitar os verdadeiramente piedosos às tentações mais sérias e os induzir a que afastassem completamentamente de Deus. Mas, precisamente nessa situação, a força da autêntica fé em Deus foi

---

511 Sobretudo nos Provérbios 11:19,31s; 2:21s; 3:33s, etc., em muitos salmos (37; 39; 49; 73; 128) e nos discursos dos amigos de Jó.

512 Is 66:12; Zc 9:11–11:3; 12:1s; 14:1s; Obad 15s; Dn 2:44; 4:14s; 7:27.

513 Sl 17:26; 59, etc; cf. Ne 5:19; 13:14,22,31.

514 Sl 7:4s; 35:11,19; 41:7s; 69:5,22; 70:3s etc.

demonstrada na forma como soube descobrir a pouca consistência das intenções humanas para justificar a Deus, rejeitando todas as criações da teodicéia e buscando a resposta ao problema da fé não em sábias teorias, mas no próprio Deus.

Esse salto, do deus da abstração intelectual para o Deus vivo da revelação, foi efetuado em três direções: em primeiro lugar, por meio de uma *adesão consciente ao anúncio profético do Deus que vem.*[515] Se a atitude genuinamente escatológica só pôde manter-se em alguns círculos pequenos, foi precisamente nesses círculos onde se conservou e aplicou à própria vida a mensagem do deutero-Isaías sobre o sofrimento vicário do Servo de Deus. A perícope do deutero-Zacarias[516] sobre o sofrimento vicário do bom pastor demonstra que continua viva a idéia de que precisamente os mais próximos a Deus, só por meio de sofrimentos grandes, chegavam a ser instrumentos aptos em suas mãos (de Deus) para a construção de seu reino; mas, também, essas pessoas se atrevem a considerar seu próprio sofrimento desde a perspectiva da consumação escatológica, como sucede no Salmo 22, cuja conclusão (v. 23-32) interpreta o sofrimento, prescindindo por completo do esquema da retribuição, como pedra fundamental para a implantação plena do reino de Deus. O fato de que o sofrimento de seus fiéis, seja para Deus, o instrumento mais eficaz para instaurar sua soberania sobre a humanidade dá a esse poeta, mesmo em meio da noite de sua aflição, o profundo consolo que o ajuda a superar o abandono de Deus e lhe proporciona a resposta satisfatória para suas dúvidas paralisantes sobre o sentido do sofrimento.

Se neste caso foi a visão do Deus que vinha o que privou de sentido à teodicéia, para outras pessoas em crise o que rompeu as ataduras das teorias humanas foi o *refugiar-se na experiência direta da presença divina.* O autor do Salmo 73 nos descreve do modo mais cativante como sua experiência diária que lhe faz sofrer ao ser colocada em contradição com a afirmação de uma justa retribuição divina, e como empenha em procurar solução a tão atormentador enigma (73:16). Mas, apesar de todas as suas apreensões, nenhum projeto de teodicéia podia satisfazer-lhe. Do erro de querer submeter o cálculo a retribuição divina chega, finalmente, a livrar-se por um caminho totalmente diferente, a saber, porque graças a uma iluminação divina direta,[517] os olhos foram abertos para ver onde residia realmente o milagre da verdadeira comunhão com Deus, não nos dá dons terrenos, por maiores e preciosos que estes possam ser, mas na

---

[515] Cf. a respeito o que já se disse nas p. 567s.; 798s e no vol. I, p. 307s.

[516] Zc 11:4-14; 13:7-9; 12:10s. Cf, a respeito **O. Procksch**, *Die kleine prophetischen Schriften nach dem Exil*, 1916, p. 107s.

[517] Assim, deve-se interpretar, com toda certeza, o sentido do v. 17; cf. p. 955s.

revelação pessoal do Deus, incompreensivelmente grande, como fidelidade que sustenta a comunicação de uma vida sobrenatural pela qual até o viver humano mais miserável exteriormente adquire um valor intrínseco incomparável, que não é afetado nem sequer pela morte. Frente a essa preciosa possessão, a aparente felicidade incompreensível dos ímpios ficava reduzida a um nada enganoso, sobretudo se o terror diante da morte lhes fazem sentir, no final, completamente esquecidos por Deus. Depois dessa verificação, o salmista volta a lançar-se nos braços do seu Deus em um verdadeiro grito de alegria, estando seguro de ter achado a solução do enigma da vida; uma solução muito acima de todos os artifícios da razão.

A essa experiência da presença de Deus como o verdadeiro e indestrutível conteúdo da vida só pode ser comparada a confissão de Jeremias (Jeremias 15: 15-21) e a canção de ação de graças Salmo 16.[518] Efetivamente, nestes textos podemos ver a prova de que sempre existiu em Israel homens que acharam, fora do beco sem saída da teodicéia, um caminho para Deus, e asseguraram, desse modo, uma posição principal e inexpugnável frente às pretensões de qualquer outra ajuda equivocada, ou seja à verdadeira fé como experiência direta da realidade.

O terceiro protesto contra a intenção de construir uma teodicéia baseada sobre uma teoria racional da retribuição apoiou-se na *fé em Deus como Criador*. O testemunho clássico neste sentido é Jó 38–41.[519] O que aqui se propõe como resposta à questão, tratada até o momento com tanta paixão, da providência justa de Deus, não oferece uma solução racional (como, de outro lado, não podia ser por menos depois desses ataques inflamados de Jó contra as intenções da teodicéia de seus amigos). O salto do mundo moral para a criação e para o poder, para a grandeza e para a sabedoria de Deus, visível nela, não implica em um argumento evidente para o reconhecimento de uma razão cósmica que, tanto na natureza quanto na vida humana, preparou tudo para a consecução de alguns fins racionais, até mesmo quando fosse de uma forma talvez nem sempre acessível aos cálculos do homem. Com patente intenção, são mencionadas aquelas obras da criação que dão fé de que seu criador é o ser incompreensivelmente milagroso, cujo governo não pode ser encontrado em um sistema de fins racionais, a estrutura maravilhosa do cosmo, com suas forças misteriosas de um poder terrível de bênção e destruição, é algo cuja administração não pode ser prevista por cálculos utilitaristas humanos;

---

[518] Os diálogos do livro de Jó (Jó 3–21) o procuram sem consegui-lo, Sl 17:15 e 63: 4 pelo menos se aproximam mais.

[519] Podemos aqui passar por alto a questão de se temos nestes capítulos a solução ao problema de Jó pretendida originariamente pelo autor ou se os diálogos não apontam em uma direção diferente. Para o que nos interessa, a coisa não tem importância imediata.

os animais selvagens, cuja natureza e cujos instintos escapam a toda consideração racional, respondem, portanto, de maneira bem clara à complacência divina. Porém, este quadro seria falsificado se não fosse notado que com ele se busca algo mais que apregoar o caráter maravilhosamente incompreensível do desígnio universal de Deus, que faz com que os que perguntam se calem e se prostrem no pó.[520] A liberdade do Criador, na qual se insiste com tanto vigor, não é capricho cruel nem malícia enganadora que só faz o homem enfrentar o sentimento de seu próprio vazio,[521] mas que entranha uma misteriosa relação interior do Criador com sua criatura em virtude da qual o homem se sente preocupado e movido, no mais profundo de seu ser, pelo governo de Deus, ainda que não o compreenda. Por meio de todo esse panorama entende-se uma emocionada adoração exultante e admiração[522] que é possível somente porque o homem prevê e sente, dentro do misterioso, algo, de infinito valor, no qual ele mesmo está incluído enquanto obra do mesmo Criador. Esta convicção interior, de um poder criador que, por ser o absolutamente milagroso, é capaz de persuadir o homem de seus direitos soberanos de silenciar todas as perguntas provenientes da dúvida, constitui o conteúdo verdadeiro e próprio dos discursos de Deus e a refutação contundente de toda teodicéia racional. Com isto só pode ser comparada a mudança que se opera na alma do cantor do Salmo 139, onde uma atitude de temerosa fuga, do Deus inevitável, dá passo à veneração de sua sabedoria e solicitude, e a relação do homem com seu Criador, baseada na mesma criação, lhe cria o convencimento de um novo tipo de pertencimento a Deus (v. 13s).

Mas há uma coisa que não se pode perder de vista em tudo isso; a saber: que se exige uma condição prévia para que o homem possa chegar a sintonizar-se com essa melodia maravilhosa das obras da criação. Essa condição é a palavra do Criador para sua criatura. Que o próprio Deus fale e facilite ao homem a justa compreensão dos milagres de sua criação não é por si só evidente, e ainda menos na literatura sapiencial, à qual pertence Jó. Explicar a inserção de algumas falas de Deus como um simples recurso literário para

---

[520] O primeiro a chamar expressamente a atenção sobre isto foi, portanto, **R. Otto** (*Das Heilige*, 1936; p. 97s), ainda que **B. Duhm** tenha apontado nessa direção em seu comentário. Cf. **W. Vischer**, *Hiob, ein Zeuge Jesu Christi*, 1934. Também **M. Sekine** aponta o sentido positivo da fé na criação dentro do livro de Jó, ainda que, com o conceito de nova criação, que apresenta a Jó como ao homem primitivo restaurado, parece que introduz uma idéia estranha (*Schöpfung und Erlösung im Buch Hiob, Eissfeldt-Festschrift*, 1958, p. 213s).

[521] Assim o vê a concepção hindu da natureza, e com freqüência também o homem moderno.

[522] "Entusiasmo" o chama **Duhm** com pouca exatidão.

sublinhar a lição do livro significaria uma trivialização inadmissível da obra. É necessário dizer, também, que a parte essencial da satisfação de Jó está no fato de ser-lhe permitido ver a Deus e seja considerado digno de conversar com Ele (42:5s.). Portanto, o autor não concebe a interpretação da criação que ele apresenta, como uma idéia ao alcance de qualquer pessoa em vista da beleza e grandeza da natureza; nela, de outro lado, é fundamental o fato de que o Criador não permanece calado, mas que fala com sua criatura. Sendo assim, isso significa que o enigma do sofrimento só pode ser superado partindo-se da categoria da revelação, quer dizer, desde a perspectiva do absolutamente milagroso e indeduzível, e não a partir da razão humana. O que é inferido aqui é a impossibilidade de toda teodicéia; *até mesmo o conceito de criação é uma afirmação de fé* que só é possível porque antes o Criador falou. E o que este conceito revela não é uma ordem universal racional, que poderia estar ao alcance da percepção de qualquer um, mas sim uma confrontação direta com o Deus milagroso e misterioso de cujos recônditos abismo faz parte, também, a dor. Por esse Deus pode-se aceitar o mundo com todos os seus enigmas, inclusive o sofrimento; porque graças a sua palavra, sai de seu esconderijo e entra em uma relação moral positiva com sua criatura. E mesmo quando continua a ser rodeado de milagre e mistério, ao oferecer-se a uma relação de comunhão, faz com que a criatura possa captar e compreender ambas as coisas como bens de infinito valor e ser capaz de silenciar a todos os desejos.

Portanto, esses capítulos do livro de Jó, que tão premeditadamente parecem se afastar do âmbito religioso peculiar de Israel, de fato, apontam, como o seu insondável pano de fundo embora não explícito, a história da revelação do povo da aliança. Pois somente Israel conhece o Criador que se revela na palavra, e a quem é impossível conhecer por meio do mundo, porque ele não é um demiúrgo nem a causa primeira dentro da série dos processos naturais, como os deuses-artífices dos pagãos, nem tampouco a razão última de ser do humano, como na filosofia estóico-platônica, mas o Senhor soberano do mundo que realiza a criação como um ato de decisão, absolutamente livre, de sua vontade, sujeita unicamente a sua própria norma interna. A palavra de revelação, pela qual ele se aproxima do homem, remonta-se a tempos distantes e se fundamenta, em último termo, naquela outra palavra que, enquanto palavra de criação, chamou o mundo, do nada a ser. Desta forma, Gênesis 1 aparece como a razão última das afirmações do livro de Jó, as quais, por sua vez, como um dedo indicador, advertem do perigo de falsear o relato da criação, vendo nele a intenção de apresentar uma inteligência racional cósmica imanente à razão humana. Mesmo quando nesse relato os propósitos racionais e o planejamento do cosmos tenham um papel muito diferente do que é reconhecido em Jó, e acusem um sentido do mundo e da vida muito diferente,[523] não são essas coisas uma ponte pela qual o homem chega à idéia de um Criador, mas elas mesmas são devedoras da fé no Senhor absoluto do universo. Seu domínio condensa-se, de fato, no milagre absoluto da palavra de criação, pela qual o mundo é tirado do nada. Tanto em Jó quanto em Gênesis as afirmações sobre o Criador testemunham uma teologia das origens qualitativamente distinta da idéia deísta da *causa prima;* porque concebem a relação do Criador com a criação em forma de uma *creatio ex nihilo*, algo que não deve ser entendido somente como uma decisão inicial, mas também como uma intervenção divina direta e constante de configuração e controle do mundo. Em ambos os textos é total a oposição a uma cosmovisão que, partindo da harmonia do cosmos exeqüível ao espírito humano, conclua o caráter racional das leis que o governam e a perfeição de seu legislador. E por isso mesmo é decidido também, nos dois casos, a rejeição de uma teodicéia que, intentando aparentemente justificar o Senhor do universo, na realidade o rebaixa ao mesmo nível deste mundo e o converte em objeto de reconhecimento racional.

A partir desta perspectiva é possível também iluminar corretamente o fato que surge às vezes no judaísmo tardio de que a idéia de aliança se estenda às relações de Deus com o universo. Já no deutero-Isaías as relações do Criador com suas criaturas se movem na esfera da aliança, enquanto que o comportamento do Rei do Universo é descrito como "justiça" de Yahweh, quer dizer, nos termos próprios da aliança, que são a misericórdia, a fidelidade e a assistência.[524] Ao entregar precisamente a seu povo o Servo de Deus como mediador da aliança[525] e garantir-lhe a salvação perfeita em forma de aliança,[526] faz com que sua luz resplandeça sobre os povos da terra, e os convence a que se submetam voluntariamente à nova ordem divina,[527] ao mesmo tempo em que produz a renovação e transfiguração do cosmos.[528]

O que aparece no deutero-Isaías banhado completamente pela luz escatológica, mostra uma forte referência ao presente nos hinos de louvor ao reino de Yahweh;[529] neles tanto os povos quanto a natureza inteira aparecem dominados pela justiça divina, e em geral estabelece-se uma estreita relação entre o governo de Deus na natureza e no mundo do homem.[530] Compreende-se

---

523 Cf. p. 617s.

524 Is 42:6; 45:8,24; 51:5s. Cf. a aliança de Deus com a humanidade ou com a terra em Gn 9:9s,13.

525 Is 42:6; 49:8.

526 Is 54:10; 55:3; 61:8.

527 Is 42:1-4; 45:22; 49:6; 51:5; 55:3-5.

528 Is 40:3s; 41:18s; 43:19s; 55:13; 60:13,19s.

529 Sl 93; 96; 97; 99.

530 Sl 65; 5s; 89a;135:6s; 136:4s; 146:6s; 147; 148; cf. Jr 33:19-26.

assim que a criação por si mesma se entende como a base de uma relação de comunhão, enquanto que a fidelidade divina à aliança (*ḥesed*) vincula o Criador com a criatura em forma de misericórdia de alcance universal.[531] Todas essas afirmações revelam uma visão sinótica da criação e da história: a confiança nas provas históricas que Yahweh apresentou de ser ele o verdadeiro Deus, vê-se reforçada e apoiada pela visualização de sua grandeza e de seu poder criador. Porém, uma vez mais, se isto é possível, não se deve a um transplante otimista da regularidade e do caráter finalista da natureza à história, com o fim de resgatar sua teologia, mas porque se reconhece em Deus aquele cuja palavra criadora chamou à existência a natureza como uma totalidade apta para abrigar em seu seio a vida pessoal e que nessa ordem natural se dá a conhecer como aquilo mesmo que pretende ser na história, ou seja, o Senhor soberano.

A luta contra a intenção de construir uma teodicéia baseada na fé na criação realizar-se-ia uma vez mais, e com uma lógica rigorosa na ocasião, pelo autor do livreto *Qohelet* (o Eclesiastes). Frente à auto-suficiência da doutrina sapiencial, que na época helenística, reanimada pelo tratamento com a filosofia grega, procura imiscuir-se nos desígnios divinos e dar solução aos enigmas do mundo.[532] Qohelet enfrenta com os sábios, não obstante sua familiaridade com, eles apesar, inclusive, de formar parte de seus próprios círculos (12:9). Com raciocínios diferentes vai expondo suas objeções contra as pretensões de supremacia da sabedoria para destruir seu falso prestígio e enfrentá-la com as limitações insolúveis que lhe marcou quem é superior a qualquer sábio. Pois também a sabedoria carrega o estigma de todas as coisas terrenas, que consiste em não possuir em si mesmo nem poder transmitir nenhum valor absoluto, aparecendo sua vaidade quando é medida com o propósito supremo. O conhecimento dessa situação provém do fato de ter se aprofundado no poder criador de Deus, cuja liberdade absoluta traduz-se na predestinação, imprevisível para o homem (6:10; 9:1), sem que se trate por isso um destino impessoal, mas de um comportamento pessoal, que como tal foi revelado ao homem. Não resta dúvida de que o Eclesiastes modelou sua concepção da vida com a ajuda do relato da criação do Gênesis[533] e por isso sabe que o Criador fez a tudo bem e no momento oportuno, e que pôs a eternidade no coração do homem, unindo-se deste modo intimamente a ele. Isso explica por que pode ser exaltada a

---

[531] Cf. vol. I, p. 211s. e também **G. von Rad**, *Das theologische Problem des alttest. Schöpfungsglaubens*, BZAW 66, 1936, p. 138s.

[532] Pv 8:1s; Sab 7:14,17s; 8:8; 9:16s, cf. **R. Gordis**, *Koheleth, The Man and his World*, Nova York, 1951. o qual, entretanto, exagera a heterodoxia do Eclesiastes.

[533] Isto foi demonstrado com detalhe por, **Hertzberg** em seu comentário, (*Der Prediger übersetezt und erklärt,* 1932, p. 37s.)

alegria como o dom mais precioso do Criador,[534] por que a sabedoria, com suas limitações, é reconhecida como um grande bem[535] e por que pode exortar à fidelidade.[536] É provável que a esse sábio lhe fora impossível consentir a toda a riqueza de vida de fé veterotestamentária, mas sua doutrina continua sendo fruto autêntico de sua concepção de Deus, própria do Antigo Testamento, e se mostra fiel guardiã dessa singularidade divina, impossível de ser absorvida por qualquer sistema humano. Pois "todo o que Deus faz permanece para sempre" e "Deus o fez assim para que se sinta temor em sua presença" (3:14).

Nenhum desses três caminhos, provenientes de uma fé alimentada na abundância da revelação veterotestamentária e que tendem a afrontar o justo delineado pelo enigma do sofrimento, foi capaz de indicar a direção acertada à piedade judaica. Nela, de acordo com a restrição dos atos graciosos de Deus pela norma da Lei,[537] continuou prevalecendo a intenção de construir uma teodicéia com ajuda da teoria da retribuição, e por isso acabou inevitavelmente por empregar todos os artifícios desse método humano de justificar a Deus com o propósito de reduzir as dificuldades insolúveis da situação presente do mundo para um equilíbrio harmônico compreensível para razão humana. Mas na realidade, longe de alcançar esse equilíbrio, o que tal intenção adquiriu foi colocar o problema sobre as mentes reflexivas e fazer com que nunca fosse possível o repouso, na martirizante procura de uma solução.

O livro 4 de Esdras é o documento mais eloqüente desse desconcerto sem trégua. Certamente, as respostas de fé, baseadas na realidade do Deus revelado, puderam continuar tendo efeito na tranqüilidade de alguns círculos reduzidos; mas a vitória potencial nelas encerrada só pôde chegar a se converter em efetiva herança da fé da comunidade quando a realidade do amor de Deus entrou na vida do homem com força tão envolvente que foi capaz de traspassar os muros do legalismo e de criar a certeza de uma comunhão com Deus que abrangia o passado, o presente e o futuro e frente à qual perdia todo seu poder fatal o enigma do sofrimento. Só na comunidade do Novo Testamento a certeza do Reino de Deus que vem, em razão da vitória de Jesus, e a segurança da comunhão com o Senhor glorificado, no qual todo o cosmo tem sua origem e sentido, são tão firmes e de alcance tão total que a questão do mal presente no mundo perde importância, para abrir caminhos à confiança prazerosa que pensa que "os sofrimentos do tempo presente são coisa mínima se comparados com a glória que será revelada em nós" (Rm 8:18).

---

[534] Ec 2:24; 3:1,8,22; 8:15; 9:7; 10:19; 11:9.
[535] Ec 2:13s,26; 4:13; 7:4s;11s; 9:16s etc.
[536] Ec 9:10;11:6.
[537] Cf. p. 879s.

Capítulo XXIV

INDESTRUTIBILIDADE DA COMUNHÃO DO INDIVÍDUO COM DEUS (A IMORTALIDADE)[1]

As reflexões feitas em outro lugar sobre o mundo do mortos e as crenças relativas aos mesmos[2] deixaram bem claro o estreito parentesco que existe neste ponto entre a mentalidade israelita e a babilônica, como também a estrita separação entre a terra dos mortos e o mundo dos vivos, no qual Yahweh quer reinar. Embora se pense que o poder absoluto de Yahweh estende-se até o *šᵉ'ōl*, não deixa de sentir-se a morte como limitação definitiva que exclui não só da vida terrena, mas também do prazer de comunhão com Deus. Sendo assim, o juízo que a morte merece para a religião veterotestamentária não se esgota nessa atitude, ao que parece, completamente negativa da fé israelita frente à realidade da morte. Prescindindo da mudança de mentalidade que é descoberta no próprio ambiente dos escritos veterotestamentários, já no antigo Israel podem-se captar alguns pontos que dão à atitude do israelita frente à morte um tom diferente do que caracteriza a fé dos povos vizinhos não israelitas e que constituem a condição indispensável para a mudança que se produziria mais tarde nesse terreno.

Novamente, nos encontramos com o efeito do zelo peculiar que a relação com Deus recebeu do estabelecimento da aliança. A experiência de um desígnio divino sobre o povo na aliança, imprimiu à compreensão israelita da vida um

---

[1] Cf. sobre o tema deste capítulo **A. Lods**, *La croyance à la vie future et le culte des morts dans l'antiquité israélite,* 2 vols, 1902. **J. Lindblom**, *Das ewige Leben. Eine Studie über die Entstehung der religiösen Lebensidee im NT,* 1914. **F. Nötscher**, *Altorientalischer und alttestamentlicher Auferstehungsglauben,* 1926. E também **L. Dürr**, *Die Wertung des Lebens im AT und im antiken Orient,* 1926. **G. Quell**, *Die Auffassung des Todes in Israel,* 1925. **E. F. Sutcliffe**, *The Old Testament and the Future Life,* 1946. **A. T. Nikolainen**, *Der Auferstehungsglaube* vol. I, 1944 (Annales Academiae Scientiarum Fennicae, ser. B, vol. XLIX, 3, p. 1-206). **O. Schilling**, *Der Jenseitsgedanke im AT,* 1951. **R. Martin-Achard**, *De la mort à la résurrection d'aprés l'Ancien Testament,* 1956. **P. van Imschoot**, *Theologie de l'Ancien Testament II,* 1956, cap. 2: *La vie et la destinée de l'homme.*

[2] Cf. p. 667s.

caráter distintivo que não podia deixar de influenciar em sua visão da morte. Em primeiro lugar, sua concepção da dependência da vida com respeito a Deus é muito diferente da do paganismo. Também no paganismo existia o convencimento de que a vida terrena procedia do mundo divino e precisava constantemente dessa fonte de vida divina, a única não sujeita à morte, para sair à frente em meio dos perigos que a ameaçavam, mas o mistério da vida possui sua própria independência frente ao mundo dos deuses; constitui no fundo, o grande feitiço do que se apropriaram os deuses para manter longe a morte por meio de comidas e bebidas de vida. O homem também pode pensar em fazer uso desse feitiço, se conseguir traspassar o muro que o separa dele. Deste modo, Gilgamesh espera poder escapar, ao fim da odisséia, da perdição da morte, com a ajuda da erva da vida; e todos nós sabemos que esforços inefáveis fizeram os egípcios para se assegurarem, por meio da magia, do caminho para a vida divina. E a mesma coisa podemos supor, baseados nos mistérios de Adonis, com respeito à religião cananéia que venerava aos baais como sendo os despenseiros da vida.

De outro lado, Yahweh se revela como ser livre por excelência, que dispõe da vida de seus fiéis, sem que passe pela imaginação destes como arrebatar-lhe o segredo da vida. Os poucos ecos de semelhante idéia — por exemplo, nos antigos mitos da árvore da vida do paraíso ou dos matrimônios angélicos — foram colocados há muito tempo ao serviço, principalmente, do desejo de mostrar, por meio de imagens eloqüentes, a superioridade do juiz universal, que, com justa autoridade, fixa o curso da vida terrena de suas criaturas. Mas, a soberania ilimitada de Yahweh, em virtude da qual dispõe da existência das suas criaturas como possuidor exclusivo do espírito da vida,[3] recebe seu caráter específico da relação estabelecida por ele mesmo com o povo de sua eleição: a verdade de que a vida é um dom de Deus do qual o homem não pode dispor por si mesmo, acha-se corroborada pelo fato de que essa mesma vida seja chamada ao serviço de Deus e obriga a orientar-se constantemente por sua vontade.[4] Só se entende a vida verdadeiramente como dom de Deus quando se converte na resposta do homem à chamada divina, e é, também, nesse momento, quando ela se encontra cheia de promessa.

Essa concepção da vida acha sua ilustração mais clara, sem dúvida, nos profetas. A única garantia de vida é a palavra que Deus diz a seu povo; fora dela reina a morte. Por isso, a decisão sobre a existência do povo depende de sua

---

[3] Cf. p. 512s.; e vol. I, p. 187s. e também Dt 5:30; 30:20; 1 Sm 17:26; 2 Rs 19:4; Sl 36:10; 42:3; 104:29s; Jó 34:14s; Jr 2:13; 17:13.

[4] Cf. sobre este ponto as reflexões anteriores acerca de como a vontade soberana de Deus pretende tomar posse da vida inteira; vol. I, p. 73s.; 183s.; 194s.; 267s.; 259s.; e neste volume, p. 694.; 766s.; 794s.

atitude frente à palavra de Deus pronunciada na Lei e na mensagem profética. E o indivíduo adquire importância dentro da comunidade exclusivamente porque a palavra de Deus o chama à ação e leva, assim, a energia dividida de sua personalidade à união com Deus e, por conseguinte, à vida.[5] De outro lado, se o homem recusa as exigências da palavra de Deus, se torna o escravo de seus instintos e se auto-destrói.[6] Só na pronta sujeição à palavra que Deus dirige ao homem está assegurada a existência contínua da personalidade; em outras palavras, só da autocomunicação de Deus pode fluir a verdadeira vida; nunca podem garantir as influências da psique, determinadas como estão pela natureza, ou uma espécie de substância espiritual indestrutível, assim como não pode, tampouco, ser o resultado de uma aproximação à esfera divina devida por meios cultuais ou materiais. Por isso, o ensino deuteronomista da lei, transferindo a pregação profética à linguagem comum, procurou apresentar uma nova variação sobre a conexão da vida com a palavra de Deus: não só insiste na necessidade de dar ouvidos à palavra da Lei com a seriedade de uma decisão de vida ou morte[7], mas que, além disso, de um modo mais geral, descreve a palavra proclamada por Moisés como portadora de vida[8] e compara o efeito vivificador da palavra divina com a manutenção da vida física pela comida.[9] Chamado a identificar sua vontade com a de Deus, o homem deve reconhecer, na realização dessa comunhão, sua libertação para uma vida verdadeira, em cujo marco o desfrutar os bens terrenos está o mais estritamente possível vinculado com a liberdade e a independência interior de quem elevou sua existência a uma ordem superior e, deste modo, deu-lhe significado.[10]

[5] Cf. vol. I, p. 318s.; 230s. e neste volume p. 696s. e 795s.

[6] Expresso da forma mais violenta por **Jeremias** no cap. 2 de seu livro, cf. 2:8.13: 20,23-25,31,33s. Formulações vigorosas sobre o que significa viver na escuta da palavra de Deus encontram-se, também, em Ezequiel, cf. 3:18s; 14:13s (sobre a palavra profética); 18:1s; 20:11,13,21 (sobre a palavra da lei). Também, deve-se contar aqui a mensagem de fé em Isaías e Hc 2:4. no qual se promete vida a quem se deixa arrebatar pela palavra de Deus, cf. p. 728s.

[7] Dt 30:15s.

[8] Dt 32:47.

[9] Dt 8:3.

[10] Não é permissível reduzir o conceito deuteronômico de vida como se só se referisse a determinada extensão temporal e à vitalidade animal. O que o mestre da Lei diz sobre a necessidade de libertar-se da ansiedade, sobre o orgulho que deve se sentir pela bem planificada ordem e desenvolvimento da vida nacional, sobre a conveniência de escapar à sedução do materialismo politeísta e sobre o envolvimento na magia e nas seduções demoníacas (7:17s; 8:2s; 4:6-8; 4:15s; 21:1-9; 13:2s), prova claramente sua consciência de que se trata de uma vida de ordem superior, cuja natureza própria e peculiar vai mais além do processo vital empírico, quer dizer, num sentido garantido por Deus. Diante desse testemunho e o da pregação profética, deixar reduzido o conceito de vida do Antigo Testamento a uma existência prolongada e feliz, como faz **Bultmann** (TWNT II, 853), é coisa insustentável.

Mas essa peculiar interpretação da vida, como derivada da palavra de Deus que chama ao homem para a responsabilidade de uma autêntica sociedade, dotando-o assim de verdadeira personalidade, remonta-se aos mais longínquos testemunhos do Antigo Testamento, ainda que sua formulação não seja tão clara. Já entre os *n^ebî'îm* nós encontramos, no próprio centro de seu empenho, uma nova chamada ao povo para o serviço de Deus, no qual unicamente a vida adquire seu sentido, até mesmo a custo de renunciar aos bens materiais.[11] Quando a palavra de Deus se torna rara no país, a vida se vê invadida de pobreza e insegurança.[12] Finalmente, o fato de que toda a vida do povo tenha como base de sua estrutura a palavra divina da Lei, na qual as promessas e ameaças de Deus põem em movimento energias de vida e morte, revela em último termo, ainda que não se formule corretamente, a mesma convicção de que só se dá plenitude de vida na comunhão preparada por Deus.[13] O resultado é duplo, toda a possibilidade de vida autárquica está descartada e, ao mesmo tempo, garante-se a vocação a uma vida cheia de sentido.

A. A partir da doutrina sapiencial

Como era de esperar, é *a piedade dos salmos*, desde os tempos mais remotos até os mais recentes, a que melhor reconhece essa plenitude de vida, acima de toda vida empírica garantida aos que se ligam à palavra de Deus e perseveram em seu serviço; ela excede em muito a todas as riquezas que provêm de bens naturais da terra, como colheitas e proles abundantes, longa vida, honra e fama,[14] e constitui o bem de vida *par excellence,* a única coisa que dá verdadeiro sentido aos demais dons divinos e ensina-lhes seu lugar adequado no conjunto da existência.[15]

A mesma *doutrina sapiencial,* que tanta importância dá à retribuição neste mundo, reconhece que perder ou ganhar a vida é questão de algo superior aos bens terrenos adquiridos pela habilidade humana, a saber, o esforço para viver uma vida de sabedoria.[16] E essa confissão leva a uma existência cheia de conteúdo moral e espiritual, já que descobre a característica distintiva da verdadeira vida, na qual o homem esteja preservado pela disciplina de Deus e na prática da justiça que ele valoriza.[17] Embora seja verdade que, nessa concepção

---

[11] Cf. vol. I, p. 283s.; 290s.; 292.

[12] 1 Sm 3:1.

[13] Cf. p. 535.; 696s.; 700s.

[14] Sl 4:8; 16:5s; 17:14s; 23; 36:10; 42:5; 51:14; 63:4; 73:23ss; 84:11.

[15] Cf. p. 803s.

[16] Cf. *ibid.*

[17] Pv 8:35; 10:11 ; 12:2; 13:14.

do conteúdo da vida, o caráter imediato da relação com Deus se veja debilitado pelo lugar preferido que é concedido à autoridade da sabedoria,[18] está claro que a incorporação à uma ordem superior continua sendo, todavia, condição fundamental de toda a verdadeira vida e que sua única segurança está em uma vontade soberana, livre das arbitrariedades e do controle do homem.

1) Sendo assim a concepção da vida, a *atitude interior do homem ante a morte* há de ser muito diferente da corrente no restante do mundo oriental antigo, por mais claros que sejam os pontos de contato entre os dois sistemas conceituais. Não cabe, no caso de Israel, investir contra a barreira fixa da morte sob o pretexto que ela deixa insaciada a ânsia de felicidade do homem e opõe sua negativa à tendência humana para a infinitude própria ou aos desejos de viver. A vida não é uma força misteriosa com base em si mesma, cujo acesso esteja aberto ao que o conheça, mas depende total e absolutamente de Deus. Resulta disso que, tampouco é a morte um inimigo cruel, cuja terrível soberania arrebata o homem do âmbito da vida e contra a qual deve se defender com magias e conjuros. A morte é, simplesmente, o fim da vida determinado por Deus, cuja decisão deve ser acatada, como foi o dom da vida.[19] Desse modo, nas passagens em que o Antigo Testamento fala da morte dos homens piedosos encontramos uma submissão serena, e até uma estrita temperança, que a aceita como final absoluto e se conforma. Não é possível achar em seus textos nem tentativas de superar o mistério da morte por meio de fantasias míticas, ousadas analogias tiradas da vida natural ou ritos que comuniquem força, nem paliativos da separação definitiva que é a morte, mediante esforços por manter a relação com os que já morreram. O que resta disso no Antigo Testamento em relíquias de uma comida ou de uma consulta aos mortos, está submetido a uma estrita proibição por obra da vinculação absoluta com Yahweh.[20]

2) Seria equivocado atribuir essa forma de pensar simplesmente à ignorância da mente beduína, que se limita a verificar a crua realidade e é de um realismo ingênuo em suas idéias (uma imagem que se considera muito moderna e, por isso, se projeta sobre o israelita da Antiguidade). Mas entre os nômades são bem conhecidos todos os tipos de magias relacionadas com os mortos e a necromancia.[21] E se, mais razoavelmente, aludisse-se ao sentido de vida coletivo, no qual, tudo o que importa é a sobrevivência da tribo ou do clã,

---

[18] Cf. a respeito p. 543s.

[19] Sobre esta absoluta resignação, cf. as palavras de Davi em 2 Sm 12:23; e também, Sl 89:49; Jó 7:9.

[20] Cf. p. 670s.

[21] Cf. **J. J. Hess,** *Von den Beduinen des inneren Arabiens*, 1938. p. 164s. **A. Musil**, *Arabia Petraea* III, 1908. p. 449s. **J, Goldziher**, *Muhammedanische Studien I*, 1889, p. 231s.

se alegaria uma disposição de espírito que, embora facilite a aceitação da morte, não explica na realidade essa estranha renúncia ao desejo de viver frente a ela. Temos de recorrer, além disso, à *intensa relação de toda a vida com Deus*, em virtude da qual até *a atitude frente à morte centra-se na conduta de Deus com o homem.* Isto se realiza de dois modos: por um lado, a relação com Deus dá à vida um conteúdo pelo qual ela, uma vez cumprido seu périplo, acha-se "madura" para concluir- se na morte. Aqui as frases habituais no Oriente antigo, além da fronteira de Israel,[22] a saber, que alguém morreu "em boa idade" ou "velho e saturado da vida",[23] requerem um novo significado: à parte da satisfação natural por ter levado a cabo a carreira da vida sem maiores obstáculos, traduzem a abundância de vida que é alcançada, no tratamento com Deus que chama o homem à comunhão com ele. Isto corrobora o que já dissemos antes sobre o novo significado da vida, entendida desde a perspectiva da palavra de Deus; à sua luz, a morte pode ser entendida como uma conclusão lógica.[24]

3) Mas, junto a esse conformar-se voluntariamente com a ordem de Deus, há outra atitude em face à morte que aparece já no antigo Israel e vai se convertendo na melodia predominante, à medida que passa o tempo, trata da *postura que se queixa da morte,* a qual é considerada a alteração mais profunda e dolorosa da condição de vida estabelecida por Deus. Já na época davídica, havia explosões ocasionais de lamento diante do destino trágico do homem, que "é como a água, que se escorre por terra e não pode recolher-se mais".[25] E, se alguma vez uma "má sorte repentina" leva em suas garras o justo, se escuta o grito horrorizado e aflito do homem: "Por quê?"[26] Igualmente, o historiador apresenta entre as últimas demonstrações de amor ao morto a tenaz resistência a aceitar a brutalidade horrível da morte, que inspira piedade até mesmo aos seus contemporâneos, acostumados a uma concepção rígida da retribuição.[27] De qualquer maneira, nos tempos mais antigos, essa reclamação fica reprimida, na maioria das vezes, pela resignação com que o indivíduo estava habituado a aceitar seu destino. Só quando se faz mais vivo o sentido da individualidade cresce a necessidade de expressar, sem rodeios, a dor, devido à natureza mortal

---

[22] Cf., **L. Dürr**, *op, cit.*, p. 13s (Veja a nota 1, p. 931).

[23] Gn 15:15; 25:8; 35:29; Jz 8:32; Jó 42:17; 1 Cr 23:1; 29:28.

[24] Isto está muito bem exposto por **G. von Rad** em seu artigo *Alttestamentlische Glaubensaussagen vom Leben und vom Tod* ("*Allgemeine Evangelische Luterische Kirchenzeitung*. Ev. Luth. Kirchenzeitung 1938, cols., 826s), que contém excelentes observações sobre o problema da morte.

[25] 2 Sm 14:14.

[26] 2 Sm 3:33.

[27] 2 Sm 21:10.

do gênero humano, como vemos nos salmos, nos escritos sapienciais e nos discursos proféticos.[28]

Esses textos *apresentam um sentimento próprio de toda a humanidade* frente à ruptura incompreensível de uma vida cheia de esperanças, muito semelhante ao que encontramos nas lamentações da Babilônia e Egito.[29] Mas, *em Israel,* esse temor ante a ameaça da vida adquire *tonalidades especialmente fortes,* devido à segurança com que também esse lado espantoso da morte é considerado como uma decisão do mesmo Deus que, ao chamá-lo à comunhão com ele, tinha aberto ao homem a possibilidade de uma vida verdadeiramente cheia de sentido. Precisamente porque o israelita aprendeu a ver nesse Deus o dispensador da vida, sente um terror especial diante do seu não à vida. Havia outra solução: atribuir aos demônios ou à magia de homens maus esse poder da morte; mas essa saída está descartada para o membro fiel da comunidade da aliança, já que a lógica de sua fé leva a reconhecer a vontade de Deus como a única causa decisiva. Deste modo, pois, o homem piedoso sobre o qual cai a morte, de repente encontra-se diante da contradição de que sua vida está destinada ao louvor e glória de Deus e de ver-se abandonado, justo por esse mesmo Deus, nesse "país sem retorno", onde a pessoa é excluída para sempre da obra divina e da comunidade santa. Na realidade, por meio da enfermidade, da guerra, da prisão, do pecado etc., o poder da morte se introduz já nesta vida e ameaça a existência terrena, a qual, apesar de tudo, por ser o destino designado ao homem por Deus, Senhor da vida, é aceita com agradecimento e muita estima.[30] Daí as violentas queixas das orações em que os enfermos apresentam diante de seu Deus esta contradição: "Pois não é o mundo inferior quem te louva, nem a morte quem te exalta" (Is 38:18). "Se apregoará tua graça no sepulcro ou tua fidelidade no abismo?" (Sl 88:11). Salva minha vida, pois na morte não se fala de ti; quem te louvará no mundo inferior?" (Sl 6:6s).[31] É compreensível que, em tais situações, volta a ressurgir sempre *esse respeito trêmulo diante do mistério numinoso* que tanta importância tem na relação veterotestamentária com Deus. Porém, por sua vez, o valor predominante do desígnio de comunhão, revelado na relação de aliança, manifesta que a submissão à majestade inacessível e à terrível transcendência do Santo não introduz traços amorais dentro da imagem de Deus, mas que, com a tensão, proporciona também a força necessária para

---

[28] Sl 103:15s; Jó 14:1s; Is 40:6s.

[29] Cf. **M. Jastrow,** *Die Religion Babyloniens und Assyriens,* II. 1, p. 127; AOT, p. 26s; 28s; 287s.

[30] Cf. **Barth**, *Die Errettung vom Tode in den individuellen Klageund Dankliedern des AT* (tese doutoral, Basilea 1947).

[31] Cf. também Sl 28:1; 30:10; 88:6,11; 115:17; Is 38:11.

o homem aderir firmemente à vontade divina, de propósito fundamentalmente salvífico.[32] E mais, chegamos a advertir que a entrega indiferenciada do gênero humano à morte é aduzida, precisamente, por essa confiança no desígnio divino de comunhão, *como uma razão de indulgência divina* para com a debilidade e os pecados de seus fiéis.[33] E até em quem não é cego para ver os pontos frágeis de semelhante argumentação, é notável a confiança infantil com que, fugindo do medo ao destino geral da morte, refugiam-se na solicitude paternal de Deus, manifesta em uma breve concessão de vida, e nela encontram uma compensação adequada.

4) Naturalmente, o sentido *da gravidade do destino de morte* como separação definitiva de Deus é muito mais profundo, quando a ruptura da relação com Deus na morte explica-se justamente por essa característica essencial de Deus, que a fundação da aliança marcou de forma tão indelével na consciência nacional, a saber, por sua *implacável oposição ao pecado*. É o autor javista quem reconhece à morte todo seu amargor, ao interpretar o abandono da vida humana aos poderes inimigos da morte como o resultado de uma sentença provocada por um decidido distanciamento de Deus, por parte do gênero humano, no qual todos temos parte;[34] desde esta perspectiva, a responsabilidade da ruptura da comunhão com Deus na morte recai sobre o homem: é ele quem, ao aceitar conscientemente a inimizade de sua natureza para com Deus, incorre nessa radical alteração de toda sua existência, que o entrega a uma vida de sofrimentos e o separa de Deus. Se esse delineamento agrava o problema da morte, também faz que o termo fatal da vida na morte deixe de ser incompreensível, tornando-se inteligível, já que agora representa a reação da justiça divina adequada a sua revelação na aliança, e se manifesta, como tal, no testemunho da consciência. Quanto maior se demonstra agora a tolerante misericórdia do Deus da aliança, mais humildemente se inclina o homem diante de sua sentença executada na morte. Mas este tem algo com que se pode compensar a ira divina, que se revela na brevidade da vida, e é o fato de ter sido chamado por Deus a seu serviço, o que dá a seus servos direito a implorar, daquele que foi sempre o refúgio de seu povo, uma nova demonstração de sua graça, na manifestação de sua glória, fazendo que perdure a obra de suas mãos.[35] Fica assim demonstrado que foi a graça manifestada por Deus na eleição de seu povo o que fez os israelitas

---

[32] Cf. vol. I, p. 229s.; 242s.

[33] Cf. p. 912s.

[34] Cf. p. 843s.

[35] Sl 90; a separação dos v. 1 e 13-17 do resto do salmo, a qual defendem **Duhm** e outros, vem ditada pelo sentido estético do homem moderno e elimina, sem razão, a característica tensão entre o destino de morte e a fé na eleição, que tem aqui uma expressão típica.

capazes de olhar nos abismos insondáveis do mistério da morte sem cair em um ascetismo desesperado.

5) Mais profundo teve de ser ainda o desafio, quando quem se via *abandonado à destruição era já, não o indivíduo, mas o próprio povo eleito.* A pregação profética apresentou a seus contemporâneos esse destino terrível como efeito do ajuste de contas final de Yahweh com seu povo. Não é de estranhar que contra perspectiva tão desconsoladora se lutou por todos os meios. E parece que, nesse contexto, a mesma idéia de ressurreição brotou na boca do povo como um dos motivos melhores de consolo com o qual se podia suavizar a seriedade da ameaça profética. Pelo menos a interpretação de Oséias 6:1s. neste sentido continua sendo, apesar das objeções contra,[36] a mais provável.[37] Certo que na lamentação popular que Oséias põe na boca de seus contemporâneos se reconhecem amplamente as próprias exigências do profeta: a conversão é elogiada e a procura de um real conhecimento de Deus; e mais, postula-se a renúnica a todos os demais apoios, confiando o destino inteiro do povo à misericórdia de Yahweh. Porém, nessa liturgia penitencial ressoam ainda outras notas diferentes: a frase "Ele nos despedaçou, e nos sarará; fez a ferida, e a ligará" leva o selo de uma confiança forte, de uma convicção extremamente segura; o versículo 2 indica de onde vem essa segurança, na qual será adquirida vida por obra de Yahweh. A reanimação ao segundo dia e a ressurreição ao terceiro não se encaixam diretamente com a situação do povo, o qual não está morto, mas só ferido e mutilado. Por isso, é provável que essa imagem da ressurreição da morte — estranha à fé javista autêntica — deve ser relacionada com a mentalidade dos cantos cultuais dos deuses que morrem e ressuscitam e com as cerimônias de reanimação de seus fiéis, que desfrutam grande popularidade no Egito, Síria e Babilônia e que na época tardia da monarquia também contaram com aderentes em Israel.[38] O fato de que o

---

[36] Foram reunidas por **Nötscher,** *op. cit.,* p. 138s (veja a nota 1, p. 931).

[37] Cf. a respeito, sobretudo, **W. von. Baudissin**, *Adonis und Esmun*, 1911, p. 403s, e também **E. Sellin**, *Die alttestamentliche Hoffnung auf Auferstehung und ewiges Leben*, NKZ 1919. p. 241s. **A. Weiser**, *Das Buch der zwölf kleinen Propheten* I, 1956, p. 57. **Th. H. Robinson** e **F. Horst,** *Die zwölf kleinen Propheten,* 1938, p. 25.

[38] Ez 8:14; Zc 12:11; Is 17:10; Cf. a forma da queixa pelos mortos — 1 Rs 22:24 (LXX); Jr 22:18; 34:5 —, que parece imitar o estilo da queixa por Adonis. Cf. **W. Baumgartner**, *Der Auferstehungsglaube im Alten Orient* (em *Zum Alten Testament und seiner Umwelt*, 1959, p. 124s). De outro lado, não há testemunhos válidos que apóiem a tese defendida por estudiosos ingleses e escandinavos (Cf. vol. I, p. 390, nota 109), segundo a qual Israel adotou a crença do antigo Oriente Próximo de que no drama do culto o rei, enquanto encarnação do deus que morre e ressuscita, representava a vitória sobre as potências da morte. Isto foi percebido claramente por **A. Bentzen**, *Messias-Moses redivivus-Menschensohn*, AThANT 17, 1948. p. 21s.

terceiro dia era o termo fixado para celebrar com grande júbilo a ressurreição do deus, que tinha descido o mundo inferior e testemunhado, pelo menos, nos cultos de Atis e Osiris. E a verdadeira finalidade das ações cultuais e mágicas é transferir aos fiéis a energia vital divina que volta a surgir da morte. Ao pôr na boca dos que oram, expressões pertinentes ao culto de ressurreição, o profeta continua mantendo-as no marco da mística da natureza e aplica a Yahweh as idéias e os conceitos que elas traduzem nesse marco. É precisamente assim que manifesta onde está o defeito de tal confissão: não nas intenções morais do homem, mas na verdadeira energia vital de Deus. O deus ao qual esses penitentes imploram não é o Senhor da aliança, que repudia aos que a violam e é capaz de dotar-lhes de uma vida nova, graças exclusivamente, ao milagre insondável de seu amor, mas o Deus que se revela, assim como as forças da natureza, em um ciclo regular, que volta a dar a vida e ressuscita pela mesma necessidade com que castiga e destrói. Para restabelecer o contato perdido com essa divindade, basta proclamar-se seu fiel adorador, e suas bênçãos serão desencadeadas automaticamente, assim como — analogia típica tomada da vida da natureza — a chuva que cai depois de um período de seca faz brotar vida nova da terra estéril.

Mas não é essa a conversão que o profeta exige, pois falta nela essa perfeita compreensão do *ḥēsed,* que se ajusta à relação de aliança e leva a sério ao Deus da história. Daí que essa volta a Deus seja tão sem valor quanto as velozes e efêmeras nuvens da manhã que se dissolvem com o calor do dia ou como o orvalho que é consumido rapidamente pelo sol escaldante (v. 4).

Desse modo, a mensagem do profetas ergue uma forte barreira contra qualquer conceito de ressurreição derivado de analogias com a natureza, com o propósito de que fique intacta a sua seriedade e sua proclamação de juízo.[39] Como resultado disso, quando se faz pela primeira vez a promessa de que o povo será ressuscitado do sepulcro do exílio, são evitadas essas comparações da vida da natureza e o milagre incomparável se atribui diretamente ao Espírito divino de vida. Além disso, dá a impressão de que o mesmo Ezequiel, ao que devemos a *impressionante visão dos ossos reanimados,*[40] sentiu vivamente o caráter monstruoso e anti- natural de uma ressurreição, e, a princípio, a rejeitou.[41]

---

[39] É duvidoso que se deva seguir a atrativa proposição de **Sellin** de introduzir 13: 14 entre 14:5a e 5b, interpretando a totalidade resultante como uma promessa, que nos prediz uma volta de Israel do estado de morte. Não se pode alegar nenhuma razão convincente que justifique uma modificação tão importante do texto.

[40] Ez 37.

[41] Sublinhar-se expressamente que os ossos estejam totalmente secos tende, sem dúvida, a ressaltar o incrível do acontecimento e o desespero da situação desde o ponto de vista humano; a resposta evasiva à pergunta de Yahweh manifesta quão longe estava a mente do profeta de semelhante idéia.

Só o mandato concreto de seu Deus de que, por meio de sua palavra de profeta, estimule para um milagre desconhecido o poder do encorajamento divino, que vai suscitando nova vida em todos os lugares do cosmo,[42] o leva a experimentar a vontade divina que faz saltar até as portas da morte.

Deste modo, a desesperada reclamação dos desterrados, que no exílio tinham vivido a morte do povo como uma terrível realidade e, conforme o antigo sentido da vida, tinham visto aniquilada com ele toda esperança, recebe uma resposta divina que reaviva seu anseio de viver completamente extinto. A fidelidade de Deus a seu próprio plano de salvação, que é onde a fé encontrou sustento sempre frente à fatalidade da morte, nem sequer se põe em dúvida ainda que abandone seu povo ao sofrimento e à morte, porque é um Deus milagroso o que executa aí seu juízo, um Deus que é capaz de voltar a chamar à vida a quem já está no túmulo. Só que essa fé na fidelidade divina passou pela crise da morte, a fim de que toda sua segurança centre-se única e exclusivamente no maravilhoso poder vivificante de seu Deus e deixe de desejar garantias humanas. Só assim ela pode compreender o rico conteúdo da oferta divina de vida, presente na estipulação da aliança.[43]

Assim como na visão de Ezequiel a nova vida do povo se devia completamente à palavra vivificadora desse Deus, que o profeta estava encarregado de proclamar, do mesmo modo, no começo do livro da consolação do deutero-Isaías a existência do povo de Deus funda-se na palavra, e frente à indescritível tristeza que produz, observar o domínio absoluto da morte sobre a humanidade, o profeta mostra uma base firme sobre a qual pode continuar

---

[42] Cf. p. 512s.

[43] O fato de que Ezequiel faça uma descrição detalhada do desenvolvimento da ressurreição não nos autoriza a concluir, como o faz **Sellin, Nötscher e O. Schilling** (veja 1, p. 931 e nota 37, p. 939), que a idéia da ressurreição dos mortos era então familiar e bem discutida entre os exilados. Também, em outras ocasiões é nosso profeta propenso à descrição minuciosa; neste caso, também, a utilização da imagem de alguns ossos reanimados para expressar a nova esperança na revitalização de Israel lhe era sugerida por aquele refrão que aparecia sempre na boca dos desesperados: Nossos ossos estão secos, nossa esperança se desvaneceu; estamos abandonados. Os exilados se imaginam no sepulcro e aplicam ao desterro a mesma imagem que antes se utilizava para a enfermidade grave ou o perigo de morte. Por isso, mais adiante na linguagem metafórica, a interpretação da visão pode falar que os sepulcros se abrem e se retiram deles os enfermos, para expor de forma plástica uma perspectiva da restauração da nação. Pois, a falta de esperança com que se costumava julgar a sorte de um morto em seu sepulcro pôde levar o profeta a apresentar o poder incompreensivelmente milagroso de Deus mediante a imagem de mortos que voltam à vida, com o fito de dar uma tradução mais drástica possível a sua convicção de que para Deus nada há impossível. Mas a facilidade com que evidencia essa imagem a restauração da nação demonstra que, naquele momento, ainda não se discutia seriamente sobre uma ressurreição individual.

descansando a esperança, apesar de a glória nacional de Israel se ter secado e murchado.[44] "A palavra de nosso Deus permanece para sempre": nesta palavra, que tende inexoravelmente a sua própria realização mediante as promessas de juízo e salvação, o profeta reconhece a fidelidade inabalável da vontade divina de comunicação que surgiu historicamente, pela primeira vez, na eleição de Abraão[45] e encontra sua culminação na redenção dos expatriados para uma vida nova em uma terra onde a harmonia do paraíso retornará. Apesar de que, ao descobrir a grande volta que se produzirá na sorte do povo, não persegue mais a idéia da ressurreição da morte, porém, apresenta como núcleo medular da obra divina de salvação o caminhar de *uma personagem* (o Servo de Deus de Isaías 53) pelas trevas da morte. No fato de que, nem para o redentor messiânico se evite a descida até à mais profunda escuridão do sofrimento humano e — todavia mais — de que ele o aceite como expressão da ira divina contra os pecadores e o assuma de modo vicário, revela o profeta, pela primeira vez, toda a grandeza da obra da salvação de Deus. A superação da morte como castigo da ira divina, graças ao sacrifício que o Servo fez de sua própria vida, possibilita uma nova comunhão entre Deus e os pecadores, porque a expiação que esse sacrifício realiza justifica os ímpios. Certo que, a referência é aqui feita, antes de qualquer coisa, a um novo povo de Deus em um renovado mundo divino, e não da ressurreição nem da imortalidade. Não em vão constitui uma dificuldade constante o fato de que nunca é mencionado expressamente nem sequer a ressurreição do Servo de Deus. Porém, a vitória sobre a morte é capturada em seu aspecto mais decisivo, quer dizer, no fato de que esta representa a sentença da ira divina que declara o homem culpado e o exclui para sempre da comunhão com Deus. Até mesmo quando o profeta não diga nada mais sobre a morte ou sobrevivência dos que, ao formar uma unidade íntima com o Servo de Deus, estão perdoados, despojando a morte de seu caráter terrificante, já que seu aguilhão foi destruído por meio da expiação do pecado.[46] Dessa forma, a perspectiva da consumação da salvação possibilitava um modo de conceber

---

[44] Is 40:6-8.

[45] Is 41:8s.

[46] Menos clara é a questão no caso da personagem contraposta ao Servo de Deus que aparece na metáfora do pastor de Zc 11–13. No entanto, também nesse texto parece que o martírio do bom pastor (13:7-9) e sua reabilitação e glorificação por parte de Deus (12:8) suscitam a magna lamentação penitencial (12:10s.) da nação que lhe tinha pago com sua ingratidão e dão ocasião a um retorno para Yahweh, que constitui a condição prévia para a absolvição e o perdão da época messiânica (13:1). Cf. **O. Procksch**, *Die kleinen prophetischen Schriften der nachexilischen Zeit,* 1916. p. 108s, 112s, e **K. Elliger**, *Das Buch der zwölf kleinen Propheten* II, 1956, p. 171s; 176. Com mais reservas **H. Junker** vê em Zc 12 um motivo messiânico similar a Is 53 (*Die Heilige Schrift des AT*, VIII, 3. II, p. 181s).

o debilitamento do poder da morte que inevitavelmente, exerceria influência contínua no período seguinte.

6) Dentro desse processo, pelo que podemos deduzir, a idéia de uma possível superação *da morte até no caso do indivíduo introduziu-se na religião israelita por dois caminhos diferentes*. De um lado, a superação da morte como acontecimento escatológico foi determinada por uma formulação mais precisa; conhecemos apenas os caminhos de como se chegou a isso, já que os testemunhos literários são extraordinariamente escassos. Com o resultado de que não pode ser descartado, *a priori,* a possibilidade de influências estrangeiras por uma ou outra via. De todo modo, nossa tarefa principal está em compreender a forma tipicamente judaica dessa convicção e descobrir sua relação com outros conceitos do Antigo Testamento. Neste sentido, não é casualidade que os testemunhos que nos chegaram sobre uma ressurreição até do indivíduo crente provenha de épocas de grandes crises. Tanto *o pequeno apocalipse* de Isaías 24–27 quanto *o livro de Daniel, que* surgiram em épocas em que graves tribulações produziam uma comoção profunda: aquele nos "momentos angustiados das dores de parto de uma nova era",[47] depois das expedições vitoriosas de Alexandre Magno e da instauração do Império dos Diadocos; este no tempo de intensa perseguição sob o reinado de Antioco Epífanes. As duas obras buscam clareza e certeza com respeito ao plano universal de Deus, e encontram consolo na visão da vitória final do reino de Deus sobre as potências do mundo. Em tais casos, a relação que se estabelece entre a salvação de uma crise histórica e a grande mudança de entrada no novo éon está em perfeita harmonia com a consideração histórica do momento, em estreita conexão com o último ato do grande drama universal. Até mesmo nessas recentes visões tardias de esperança pode-se demonstrar que a consumação futura se entende como *história escatológica*, já que Deus se revela como rei do universo, e tanto na aniquilação de seus inimigos quanto na nova criação de um mundo perfeito, manifesta diante do mundo a realização definitiva de seu desígnio, na configuração da história. Mas o grande ato de juízo que conduz ao momento de mudança dos tempos converte-se, cada vez mais em algo sem fronteiras e chega a abranger tanto o mundo terreno quanto o celeste, o dos vivos e os dos mortos. Assim, com "os Reis da Terra, na terra", "as hostes do céu, no céu", serão abatidas pela retribuição divina,[48] e mais além da morte encontram sua recompensa e seu castigo tanto aqueles que falharam quanto aqueles que saíram vitoriosos na grande luta final contra o poder do mal.[49]

---

[47] **O. Procksch**, Jesaja I, 1930, p. 344.
[48] Is 24:21.
[49] Dn 12:2s.

Porém, não é *a idéia da retribuição a que mais influi* para chegar a postular a ressurreição dos mortos.[50] Ao menos no apocalipse de Isaías *o papel mais importante nesse sentido é, de sobra, o da esperança na revelação da glória divina.* Assim o demonstra já a promessa, que vai muito além da ressurreição dos mortos, de que a morte será destruída para sempre:[51] em combinação com o grande banquete real que Yahweh prepara para todos os povos sobre o monte sagrado, essa promessa significa claramente a volta da humanidade a uma completa e inalterada comunhão com Deus, que, com o advento de seu domínio universal, desterra todas as potências destruidoras da morte com o fim de comunicar aos homens sua infinita plenitude de vida. Para que a fé chegasse a captar esse final glorioso da consumação universal de Deus não resta dúvida de que fez uma contribuição importante o vigoroso desenvolvimento da individualidade, dentro da vida religiosa da comunidade.[52] Se o indivíduo visse a si mesmo tão intensamente defrontado com a exigência de seu próprio sacrifício para colaborar na implantação da soberania divina sobre a terra e, sua intervenção na grande luta entre os poderes adversos a Deus e o povo santo, eram tão importantes, não se podia já conceber que sua existência pessoal desaparecesse depois do postulado de que o povo continuava sobrevivendo. Por ser tão profundo o sentimento de que a morte representava uma interrupção absurda da vida e porque se via nela uma ruptura da relação com Deus, produto da maldição divina pelo pecado, a abolição da morte estaria destinada a ser uma grande e indispensável característica no estabelecimento da perfeita soberania de Deus.

Como conseqüência inevitável, foi preciso surgir também a idéia de uma *nova vocação daqueles que haviam morrido pela causa de Deus*; e nisto foi precisamente a morte do Messias sofredor, que teria sido levado a uma nova vida por meio das trevas da morte, o que pode atuar como tenaz impulso. Assim como a doação do Espírito ao rei messiânico e aos demais instrumentos do governo de Deus se ampliou a todos os membros do povo santo,[53] assim a partir de agora esses participam na salvação da fatalidade da morte. Desde logo *o fato* — que logo se produz — *de que o Servo do Deus do deutero-Isaías se reinterpretara como povo,* preparou o terreno para esse tipo de esperança. Assim, no apocalipse de Isaías, a ressurreição dos separados do povo de Deus

---

[50] Ainda que seja esta a opinião mais difundida, cf. **J. Pedersen**. *Wisdom and Immortality, em Wisdom in Israel and in the Ancient Near East,* pres. to H. H. Rowley, 1955, p. 245.

[51] Is 25:8.

[52] Cf. p. 700s., 705s.

[53] Cf. p. 521s.

pela morte aparece unida à consumação escatológica da salvação messiânica e além disso, segundo parece, isso expressa um desejo que o profeta apresentou a Deus em sua oração.[54] Uma vez mais, *o que impulsiona esse tipo de oração não é tanto a questão de uma ordem moral universal* (nada se fala sobre um juízo dos mortos) *quanto o suportar o domínio ilimitado da morte*, que ameaça ridicularizar o plano universal de Deus e destruir a esperança da salvação futura.[55] O profeta, que continua preso à promessa de Deus, apesar desse ataque à sua fé, que ele reconhece como castigo de Yahweh, não pode conceber agora que a vitória de seu Deus esteja completa sem que os mortos de Yahweh, quer dizer, os que morreram em seu serviço, sejam arrebatados do reino da morte e devolvidos à comunidade com seu Deus. O Deus que no final chama a seu povo, submetido externamente às potências do mundo, a desfrutar plenamente de seu reino, acabará destruindo também o país das sombras. Assim, a esperança na vitória total do Deus vivo sobre as potências da morte e na perfeita comunhão com ele resulta na visão da ressurreição escatológica.

A idéia da volta dos mortos para a comunhão viva com Deus expressa-se de modo bem semelhante no hino de louvor com que conclui sua queixa e oração apaixonadas o homem que sofre do Salmo 22, que atravessou a noite mais escura no sofrimento. Quando nos v. 28-31 de seu canto, com certeza plena de que sua oração será ouvida, ouve que se unem a seu grande canto de louvor ao Deus, que conduz a glória por meio do sofrimento, não só os povos até os confins da terra, mas também os mortos, não resta dúvida de que *está desenvolvendo idéias referentes à consumação da salvação messiânica* que tinham ficado apontadas no canto do Servo sofredor de Deus. Aqui também, características que foram primeiramente reconhecidas como sendo somente do Eleito, são agora transferidas para a comunidade sofredora, enquanto que a todo homem piedoso lhe é reconhecido a possibilidade, não de um sofrimento vicário em sentido estrito, mas sim do sofrimento implicado em uma fidelidade constante no serviço a Deus como meio eficaz para a edificação de seu reino. Assim como a nota de edição do terceiro canto do Servo de Yahweh chama o homem a que esteja disposto, da mesma forma que esteve o Servo de Deus,[56] assim também os homens piedosos da comunidade judaica têm confiança de que seus sofrimentos encerram idéias divinas de salvação; por isso, consideram a vitória de sua causa como promessa e sinal da implantação do reino de Deus

[54] Is 26.19, segundo a atraente interpretação de **O. Procksch**, *op. cit.*, **W. Kessler** (*Gott geht es um das Ganze. Jes.* 55-56 and Jes 24-27,1960, p. 154s), mudando alguns versos, vê aqui uma promessa do profeta.
[55] Is 26:18.
[56] Is 50:10.

em todo o mundo.[57] Além disso, o fato de que, no retorno da humanidade para o seu Deus, que o hino de louvor ao Redentor Divino canta, em antecipação da era da salvação, a ressureição dos mortos seja um elemento fixo, mostra o quão fortemente, na data da composição do nosso salmo, essa idéia tinha já se associado com a fé em Deus. Em contraste com aquela estrita separação que os salmos oracionais de então supunham entre Yahweh e o mundo dos mortos,[58] *agora a homenagem dos mortos a Deus por seus atos salvíficos aparece como a revelação plena de sua vitória sobre todas as potências hostis.* Tampouco, neste caso, é a crença calculista na retribuição o que põe abaixo as portas do mundo inferior, mas uma exuberante certeza do poder vivificante de Deus.[59] O fato de que a ressurreição dos mortos encontra sua base e conteúdo na gratidão e no louvor manifesta a conexão da nova vida com a vontade de Deus, que se expressa com sua palavra, não tem nada a ver com uma comunicação de vida de tipo mágico ou místico.

Muito mais desenvolvida, sendo até um dogma fixo, *é a fé na ressurreição testemunhada no livro de Daniel.*[60] Não só os piedosos, mas também os ímpios despertarão da morte para a vida; é problemático que se pense aqui numa ressurreição universal. O texto só fala de "muitos", pelo que é mais provável que se refira a um número determinado, no qual, segundo a mentalidade do livro inteiro, deve-se incluir antes de qualquer coisa os que participaram na grande batalha escatológica.[61] Todas as demais questões — por exemplo, se a ressurreição afetará a todo Israel ou só a uma elite, se se pensa também nos pagãos, e em que proporção — não podem ser respondidas baseadas nessas declarações concisas. Mas precisamente essa brevidade que, com toda a intenção, não chega a precisões mais detalhadas, provavelmente possa ser explicada pelo fato de existir em amplos círculos uma fé bastante desenvolvida na ressurreição e, por conseguinte, não teve o autor necessidade de dizer mais do que lhe interessava de maneira especial.[62]

Sendo assim, seu interesse específico centra-se claramente em que *também entre os mortos ocorre a retribuição divina.* Eles recebem o fruto dos

---

[57] Com isto se acabam todas as tentativas que foram feitas para entender o final desse salmo como um canto independente ou como um acréscimo posterior, e que foram realizados por **Duhm, Löhr** e outros.

[58] Veja p. 938s.

[59] Neste mesmo sentido defende-se que nada se diga de um juízo dos mortos; parece que só se pensava na ressurreição dos que já em sua vida terrena haviam demonstrado sua fidelidade.

[60] Dn 12:1-3.

[61] Cf. Dn 11:22,33.

[62] Diferente é a opinião de **Nötscher**, *op. cit.*, p. 166.

seus atos no destino que lhes é designado depois da ressurreição e que determina irrevogavelmente sua situação para sempre. Tampouco amplia o autor suas preocupações para abordar a bem-aventurança ou condenação dos ressuscitados, e, por isso, carece de embasamento qualquer conclusão que se queira tirar daí sobre um Reino celeste sobrenatural ao qual estariam destinados os piedosos, e um inferno de tormentos para os ímpios.[63] Já é bastante que em *sua sorte se revele toda a seriedade de uma posição histórica a favor ou contra Deus*. De qualquer maneira, mais que pela sorte geral dos ressuscitados, o autor se interessa pelo *destino de um grupo eleito* dos mesmos: são os *maśkīlīm,* os sábios que levarão muitos à justiça. Segundo 11:33, deve-se vê-los como mestres do povo que, com a interpretação da vontade de Deus na última tribulação, confirmaram a fé de muitos e os qualificaram para resistir com coragem. Alguns deles parecem ter sofrido o martírio. Não andará por caminhos tortuosos quem pensa em pessoas como o próprio autor do livro de Daniel, que sabia ser especialmente agraciado com uma compreensão sobrenatural. Com seus ensinos levaram esses homens muitos à justiça, quer dizer, a uma conduta de acordo com a aliança, firme apesar de todas as seduções e sempre fiel ao Deus dos pais. Por isso, se acharão cercados do resplendor celestial ou, o que é a mesma coisa, terão parte no *kābōd* divino. Também neste caso nós observamos que *é aplicada ao fiel uma característica originariamente exclusiva do Messias,* pois como já notamos anteriormente, no judaísmo tardio o Messias é quem possui a glória divina.[64] Se o Filho do homem que, de acordo com Daniel 7:14, está investido de poder, glória e autoridade real, interpreta-se como o povo dos santos do Altíssimo,[65] não carecemos de mais explicação para compreendermos que os escribas se viam rodeados da Δοξα divina.[66] Que sua δοχα se compare com o esplendor do firmamento ou a luz das estrelas talvez os esteja definindo como uma elite aristocrática que recebe sua categoria especial dessa glória divina da qual, participam todos os redimidos. A idéia do *kābōd* divino irradiando seus resplendores sobre a nova

---

[63] Sobre a glória luminosa que rodeia o sábio, veja-se mais adiante. É incorreto pôr a sorte dos ímpios em relação com Is 66.24, no qual não se trata de ressuscitados, mas da execração dos cadáveres daqueles que foram castigados por Yahweh.

[64] Cf. p. 499s.

[65] Dn 7:27.

[66] Não há necessidade de pensar que operem aqui reminiscências do traslado de Enoque e Elias ao céu nem de supor uma forma de existência diferente do reino de Deus instaurado sobre a terra, como um traslado a um lugar entre as estrelas ou a um reino sobrenatural (contrariamente a **Sellin**, *op. cit.* p. 261s, e **Nötscher**, *op. cit.*, p. 164). Uma conexão com o fogo como o elemento especial de Ahura Mazda cai totalmente fora do pensamento do Antigo Testamento (**Bertholet**, *Zur Frage des Verhältinisses von persischem und jüdischem Auferstehungsglaube*, *Festschrift für Fr. C. Andreas*, 1916, p. 57. e "American Journal of Theology" XX, p. 28).

terra é radicalmente distinta da concepção das religiões astrais de que os mortais se vêem transportados a lugares entre os astros.

É significativo que essa forma da esperança da ressurreição não se estenda a todo o povo, mas só a um número maior ou menor de seus membros. Mantém-se, portanto, seu caráter individual, como corresponde a exigência de uma retribuição individualizada. Mas aparecem em lugar destacado aqueles que se salvaram da grande tribulação e nos quais a providência divina garantiu um povo que herda a salvação escatológica.[67] *Isto nos demonstra que a esperança de salvação segue conservando um caráter plenamente instrumental; a afirmação fundamental da esperança veterotestamentária — que a história acabou na consumação da soberania de Deus e no estabelecimento de seu reino sobre Israel — foi substituída pela idéia de uma salvação do indivíduo justo no além, sem relação alguma com as coisas desta terra.* Sendo assim, para essa esperança centrada na consumação da história, era fundamental que, no estabelecimento da comunidade divina, tivessem parte também os que teriam lutado na linha de frente na hora da crise decisiva. Se eles tinham dado testemunho do Deus vivo até o final sem se importar com sua própria vida, esse Deus não podia considerar consumado seu reino sem eles. A convicção, em meio da aparente desgraça sem sentido dos tempos de perseguição, de que se estava diante de momentos decisivos antes da vitória final da causa de Deus e receber dele a recompensa da eterna aprovação ou rejeição, fez com que se desse ao histórico uma importância absoluta e decisiva, e criou em cada um dos que lutavam, a consciência de estarem contribuindo com toda sua existência ao curso do mundo, que agora se apressava a um fim. *Aqui a visão profética da história*[68] *encontra sua plena aplicação para a vida do indivíduo.*

Ao se estudar a imagem da esperança escatológica da ressurreição em sua evolução por meio do Antigo Testamento, tem-se a impressão de se encontrar diante de um conceito de fé que, longe de ter chegado a ser aceito e fixado em dogma, continua sendo elástico e vinculado às lutas do momento, para manter a confiança em Deus. Está em primeiro plano a simples afirmação de que a morte não pode separar para sempre da relação com Deus aos javistas fiéis mortos, mas que tem de deixá-los livres após a vitória final de Yahweh sobre seus inimigos. Não se dá mais detalhes, porém, nem sobre como será essa ressurreição nem sobre qual será a forma de existência (se com um corpo completamente terreno ou glorioso). Só uma coisa é clara: *que a ressurreição dos mortos se realiza de acordo com as idéias do israelita sobre a condição*

---

[67] Dn 12:1; sobre providentia specialis cf. p. 634s.

[68] Cf. vol. I, p. 340s.

humana depois da morte. Os mortos "despertam,[69] assim como antes dormiam no pó da terra;[70] portanto, voltam à vida com todo seu ser de homens, ou seja também com um corpo. Mesmo que a morte não supõe uma separação da alma e do corpo,[71] mas que ambos se vêem entregues a uma existência de sombras, nem a ressurreição pode afetar a um só, por exemplo, o espírito glorioso. A mesma expressão "ressuscitar" sugere um sair do sepulcro ou do mundo inferior. Mas, além disso, *não se dá mais detalhes sobre esse acontecimento, porque o verdadeiro interesse centra-se no fato de entrar novamente em uma vida de comunhão com Deus.* A passagem de Daniel mencionada é a única que dá importância ao fato de ter parte na glória divina, coisa que, de outro lado, ajusta-se perfeitamente à concepção do novo mundo divino como revelação do *kābōd* de Deus; há mais no texto, sem dúvida, embasamento para especulações, mas na época da qual nos ocupamos não se fez uso dela.

Devido a essa forma simples da esperança, e da estreita relação de seus principais interesses com os das visões anteriores de futuro do Antigo Testamento, *é difícil supor nelas influências estrangeiras.* Nós já temos visto que não é necessário aqui falar de transferência do misticismo vitalista pagão, que tem sua expressão característica no culto dos deuses que morrem e ressuscitam. Neste sentido é preciso acrescentar que, inclusive nos casos em que, em época tardia, fala-se da força vivificadora que opera um rejuvenescimento constante da natureza e a põe especulativamente em relação com o destino do homem — quer dizer, no livro de Jó —, sempre se rejeita expressamente uma crença na vida e na imortalidade que deriva de analogias com a natureza.[72] Assim pois, a fé javista sempre afastou-se de todo misticismo da natureza com o mesmo vigor, desde os tempos mais remotos até os mais recentes.

Maior atrativo apresenta, em princípio, *a intenção de demonstrar uma influência por parte das crenças de ressurreição persas*, já que a estrutura interna dessa religião, com o seu fundador se assemelha à da fé javista muito mais que a das religiões pagãs, e esse parentesco até foi reconhecido pela atitude amigável da comunidade judaica com as idéias religiosas de seus dominadores persas, que também adoravam ao deus dos céus. Também hoje é possível demonstrar com certeza que de fato existiram elementos importados, que é o caso, principalmente, do demônio Asmodeo de Tobias 3:8, aparentado a Aesma Daeva dos Persas.

---

[69] Is 26:19; Dn 12:2.
[70] Dn 12:2; Sl 22:30 (corr.); 13:4; Na 3:18; Jr 51:39,57; Jó 3:13; 14:12.
[71] Cf. p. 670s.
[72] Jó 7:9s,21; 10:21; 14:7s,18s; 16:22.

Porém, pelo menos na época que nos ocupa, as divergências entre a fé na ressurreição persa e a fé judaica, são extremamente acentuadas para estabelecer prováveis influências entre ambas.[73] Já a forma de conceber a existência humana depois da morte é totalmente distinta em um caso e no outro: a concepção persa opõe-se irreconciliavelmente ao judaísmo que temos visto, já que, imediatamente depois da morte postula a separação entre a alma e o corpo; a primeira emigra para o outro mundo, enquanto o corpo é entregue a animais selvagens para que o destruam. Mas, também, para os persas, a diferente sorte de bons e maus começa enquanto se atravessa o umbral da morte, já que durante o tempo que vai até a ressurreição universal a alma está sofrendo a condenação ou está desfrutando a bem-aventurança provisoriamente. Quer dizer, o fundamental para essa religião é a justa retribuição, enquanto que no judaísmo esta se subordina à idéia da vitória completa de Deus sobre todas as potências da morte. Por conseguinte, desde o princípio a religião persa estabelece uma conexão muito estreita entre a ressurreição e o juízo universal e, na realidade, não vê naquela senão a condição para a plena realização deste. No judaísmo, de outro lado, a idéia do juízo só é introduzida pouco a pouco, e ainda no livro de Daniel, onde seu efeito é observado em uma sorte diferente de justos e ímpios, não está organicamente articulada com o juízo universal descrito no capítulo 7, o qual se tornaria incompreensível no caso de uma influência direta da fé persa. Além disso, nem mesmo o Messias aparece no judaísmo diretamente implicado na ressurreição, enquanto que entre os persas é ele quem levou a termo a ressurreição dos mortos.

Também chama bastante a atenção o fato de que, na fé judaica, a ressurreição se limita a um número reduzido de pessoas qualificadas, enquanto que o zoroastrismo a estende desde o princípio a todos os homens. Observa-se aqui o diferente ponto de partida de ambas as esperanças: esse ponto não reside, para o judaísmo, em um desenvolvimento sistemático da doutrina da retribuição, mas no fato de que a vida se concebe como uma livre decisão de Deus pela qual destina o homem à comunhão com ele e na convicção de que,

[73] Contrariamente a existência de influências persas se pronunciaram, entre outros, **J. T. Addison**, *La vie aprés la mort dans les croyances de l'humanité*, trad. **R. Godet**, 1936, p, 157; **A. Carnoy**, *La Religion de l'Iran* (em *Histoire des Religións*, ed. M. Brillant e R. Aigrain 2/IV), p. 258; **J. Duchesne-Guillemin**, *Omzd et Ahriman*, 1953, p. 83. Uma postura mediadora adota R. Martin-Achard (op. cit., p. 154. cf. nota 1), que designa à fé persa a função de "révélateur indirect". E igualmente **L. Rost** (*Alttestamentliche Wurzeln der ersten Auferstehung. In Memoriam Ernst Lohmeyer*, 1951, p. 67s), o qual, enquanto considera prováveis influências persas sobretudo pelo que se refere a uma dupla ressurreição para a salvação ou para a condenação, ressalta no mais as raízes veterotestamentárias da fé na ressurreição.

ao final, acabará impondo-se sem limites, a vontade vivificadora de Deus, a qual nem sequer a morte é capaz de imobilizar para sempre.

7) De acordo com o que acabamos de ver, torna-se inadmissível a idéia de uma influência das idéias persas na esperança escatológica da ressurreição como está documentado pelo Antigo Testamento. E a mesma coisa pode ser afirmada no caso do *segundo caminho* pelo qual se conseguiu a certeza de que também o indivíduo chegaria a superar a morte, a saber, *a vivência de que, no encontro imediato com Deus, a vida adquire um conteúdo indestrutível.* Podemos designá-lo como o caminho do realismo da fé. De qualquer maneira esse caminho só será visível para aqueles que previamente se comprometeram em uma dura luta pela segurança em Deus, e em situações desesperadas tiveram de reconhecer a insuficiência de qualquer resposta humana à questão de Deus.

O autor de Jó nos esboça essa situação, com toda sua profundidade, ao apresentar-nos ao herói paciente que, privado de todos os bens terrenos e convertido em mendigo, em perigo de vida por uma enfermidade incurável, sofre também a falta de todos os apoios que o indivíduo normalmente encontra na comunidade dos crentes. O dogma da retribuição — cuja escrupulosa aplicação ao indivíduo pretendia na realidade salvaguardar a fé frente às crises provenientes do incompreensível dos eventos[74] — se tornará para ele na muralha intransponível que, além de privá-lo do consolo que teriam seus pais na esperança de uma consumação da comunhão com Deus e de deixá-lo a sós com sua própria realidade, entrega-o a sua auto-destruição interior, já que lhe proíbe todo acesso a Deus e o converte, diante da morte, em um pecador rejeitado por Deus. O Deus a quem veio servindo transforma-se, para ele, por obra das exortações de seus amigos ao arrependimento, em uma caricatura diabólica que só tem para ele propósitos cruéis de destruição. Mas toda sua experiência anterior com Deus o impedem de rejeitá-lo agora e para sempre com violentas maldições, ainda que esteja quase a ponto de sucumbir à tentação.[75] Como Deus o estivesse mantendo invisivelmente, não pode se separar dele; tudo que antes viu com seus próprios olhos sobre a verdade, o amor e a justiça de Deus, demonstra ter mais força que os argumentos lógicos de seus amigos e de seu próprio coração. Timidamente ao princípio, e logo de forma cada vez mais clara, vai dando conta de que o Deus com quem esteve lutando tão desesperadamente não é o verdadeiro Deus; por trás dessa vontade hostil que o lança ao chão, que arroja ao lixo sua integridade e o entrega à morte, tem de haver outro Deus a que nem sequer seus amigos conhecem, além disso, ao qual

---

[74] Cf. p. 921s.

[75] Jó 7:11s,19s; 9:15s,22s,29-31; 10:13-17.

ofendem com suas técnicas habilidosas de discurso, porque com elas o que fazem é ocultar a verdade, e sem misericórdia alguma levam o inocente à degola.[76] Ao voltar-se de seus amigos para o próprio Deus que antes costumava pensar em seu fiel e perdoar seus pecados,[77] que como criador não pode despreocupar-se de sua obra,[78] que enquanto Deus da verdade não se deixa enganar e, enquanto justo, defende os direitos do oprimido,[79] voltando-se a esse Deus, tem a audácia de, contra as aparências, fazer algo incrível e até insensato, e lhe implora que intervenha contra o outro deus demoníaco com o qual tem de lutar.[80] Mas não é sua própria reabilitação o que lhe pede; sua sorte externa, a qual a morte porá fim em breve, lhe é indiferente frente à questão mais profunda e a única decisiva de sua vida, a de saber se o Deus Todo-poderoso quer manter uma relação pessoal com o homem diminuto, e se está disposto a reconhecê-lo. Aqui a coisa fundamental não é nem o enigma do sofrimento nem a questão da retribuição, mas o problema de Deus. E também nesse ponto, *aparece como único e verdadeiro inimigo a morte*, que rompe implacavelmente todo laço com Deus e agora, no caso de Jó ameaçado por ela, condena a um fracasso absoluto qualquer possibilidade de ter certeza de Deus. Porque a solução de que o homem poderia ser tirado por Deus do Reino dos mortos — solução que a natureza parece apoiar com o constante reviver das plantas —, ele não a pode aceitar, se não quiser se deixar levar arrebatado por um postulado humano sem que haja uma promessa divina para confirmá-lo.[81] Só resta um caminho, a saber, que Deus saia pessoalmente ao encontro antes da morte ou até no momento mesmo de morrer[82] e se erga manifestamente em testemunho, garantia e redentor de todas as culpas humanas, demonstrando com seu poder incompreensível, que mantém uma relação pessoal com sua criatura. Posto que, a partir desse momento Jó anseia unicamente essa solução e acaba declarando-se leal a esse Deus com maravilhosa confiança, compreendeu que a visão de Deus a qual a linguagem oracional costuma se referir como a felicidade suprema[83] — constitui, no sentido mais literal possível, o verdadeiro conteúdo

---

[76] Jó 13:7s; 19:2s, 21s, 28s.
[77] Jó 7:8, 20s.
[78] Jó 10:8-12; 14:7s,15.
[79] Jó 13:9s; 16:18–17:9; 23:7.
[80] Jó 16:21.
[81] Jó 14:7-12,13-20.
[82] O texto de 19:23s, decisivo neste ponto com 16:18–17:9, nos chegou corrompido, e sua reconstrução, apesar dos esforços por obtê-lo, não chega a ser satisfatória. De qualquer maneira, tanto pelo que precede a esses versículos quanto pelo que vem por trás deles (sobretudo o que se refere à concepção do destino de morte: 21,23-26; 24:24; 30:23), parece seguro que não alude à ressureição e à vida eterna no sentido usual.
[83] Veja p. 804s.

da vida. Na fé aceitou a palavra de justificação, que Deus disse, como a essência da vida e da bem-aventurança do indivíduo crente e, em comparação com ela, nem existe o medo à morte nem o sofrimento representa uma tentação.

Com freqüência, foi falsificada essa situação, dizendo que Jó satisfez as necessidades de sua personalidade religiosa e moral[84] mediante um postulado intelectual. Mas não se trata disso; por sua experiência anterior da vontade de comunhão nosso homem se lançou de cheio nos braços de Deus, o qual não pode negar a si mesmo nem converter-se em um demônio; com outras palavras: dentro de sua situação específica tomou totalmente a sério a fé do antigo Israel de que onde quer que Deus chame o homem há vida no sentido mais pleno. E o fato de que, nesse momento em que Deus se revela a ele, o indivíduo, seja este capaz de resistir com prazer apesar da proximidade da morte, representa um triunfo sobre a morte e uma segurança na vitória da vida que não se haviam concedido no Israel antigo. Nenhuma dessas coisas se "deduzem" claramente de premissas, ainda que certamente, requeiram a existência prévia de certas condições espirituais. Só podem conhecer-se como o mistério de uma fé que se encontrou com Deus e por ele foi salvo.

Que o autor de Jó não conseguiu oferecer, com toda clareza, a estrutura completa dessa situação do problema de Deus, está de acordo com a mesma natureza da questão, já que a confirmação, por parte de Deus, da certeza de fé, não pode representar-se como um espetáculo. Só dá testemunho de sua verdade interior, no coração do ouvinte. Assim como, a aparição de Deus no final do livro não vem a acumular as expectativas da fé que Jó possuía, descritas na primeira parte, mas que vai por outros rumos.[85]

Ninguém melhor que o autor de Jó soube formular, a partir das profundidades da experiência, a única e verdadeira certeza de vida que pode ter o crente do Antigo Testamento, a saber, a que vem dada pelo encontro com Deus e com sua palavra libertadora. Mas o caminho que ele seguiu, também o empreenderam outros, e o que ele pôde indicar somente às apalpadelas, tateando em busca das palavras certas, encontrando nelas expressões claras e de menor ambiguidade. Próximo a ele está, sem dúvida, *o autor do salmo* 73, o qual igualmente experimentou a mais grave ameaça contra sua segurança em Deus em uma luta desesperada com a doutrina judaica da retribuição. De qualquer

---

[84] Assim **Duhm**, **Sellin** e outros.

[85] Nós aderimos à idéia, defendida e convenientemente raciocinada, sobretudo, por **Sellin**, de que não só as falas de Eliú mas também a conclusão do livro formam uma obra independente, cuja relação com os pensamentos desenvolvidos nos capítulos 1–31 é bastante fraca. Pode se tratar ou do mesmo autor, que aponta soluções diferentes, ou de autores distintos; ao menos para as falas de Eliú se deve postular este segundo.

maneira, sua sorte foi mais fácil que a de Jó já que ele não perdeu o contato com a *dōr bāneykā*, a geração dos filhos de Deus: se a partir do âmbito limitado de sua vida individual se atrevesse a pôr em dúvida a fidelidade divina, isso seria considerado como uma traição contra a grande comunidade de Deus.[86] Apesar de tudo, é verdade que enfrenta a bancarrota de todas as teorias felizes sobre a providência divina, todas fracassam diante do mistério total do caminho que Deus segue com sua comunidade.[87] O que finalmente devolve a calma ao mais íntimo de seu coração turbado não é — tampouco esta vez — uma nova edição da velha doutrina da retribuição, mas uma intuição mais profunda daquilo no que se fundamenta de verdade a vida humana e do que deriva seu valor. É decisiva, neste sentido, a descrição que ao final do salmo[88] faz o autor de sua própria felicidade, em comparação com a sorte dos ímpios: não está falando aqui de larga vida nem de dias felizes, mas que de fato admite a possibilidade de um final lamentável no qual só pode consolá-lo algo muito superior, então a *'aḥ^{a}rīt,* o final dos ímpios que tanto lhe ensinou,[89] deve consistir em algo mais que a ruína externa e, portanto, também em seu caso se pensa na relação com Deus. O fato de que Deus não lhes dedique seus pensamentos quando lhes chega a hora da morte, mas que os aparte de sua mente como um sonho banal, de forma que eles verdadeiramente se acham então com terror diante do nada, é o que faz de sua situação, tão segura externamente, um terreno escorregadio que ameaça a cada momento com uma queda terrível aqueles que vivem presos nas redes de uma ilusão sem base.[90] Aquele, do contrário, que marcha agora pela vida sustentada pela mão de Deus, tem seus fundamentos sobre uma base indestrutível: em todas as provas e aflições sabe o que significa estar com Deus, ser sustentado por sua mão e ser dirigido por seu conselho; por isso sua vida tem um conteúdo ao qual não pode afetar perigosamente nenhum acontecimento externo. *Deus mesmo é sua sorte: com esta imagem audaz descreve sua situação, que continua sendo o mesmo* — e esta é a certeza que tudo penetra e ilumina — *quando o corpo e a alma sucumbem na morte,* quer dizer, quando todo o homem é entregue à aniquilação. Na hora de dizer *como* pode ser isso, só dispõe do termo que se utiliza para significar o fato de ser transladado, *lqḥ*:[91] o "conselho" de Deus, que guia sua vida, tem também

[86] Sl 73:15.
[87] Sl 73:16 e 21s.
[88] Ressaltado corretamente por **R. Kittel** em sua exposição do salmo.
[89] Sl 73:17.
[90] Sl 73:18-20
[91] Gn 5:24; 2 Rs 2:9.

capacidade para conduzi-la além da morte, até a glória divina. Nem mesmo sequer os casos de Enoque e de Elias correspondem exatamente ao que ele espera para si mesmo e, se os cita, é simplesmente para apontar uma nova possibilidade; assim o demonstra o fato de que conte conscientemente com a morte: não se trata de saltar por cima da fatalidade da morte, nem tampouco de pedir a glória e o esplendor de uma vida celestial (ao perguntar "A quem tenho eu no céu aparte de ti?", rejeita com um gesto fácil todos os mistérios e glórias do outro mundo que só iriam atrair a curiosidade dos apocalípticos do judaísmo tardio). O decisivo para ele é que nada pode acabar com sua comunhão com o Deus em cuja companhia viveu sua vida nesta terra e em cujo amor acharam descanso todos os seus desejos intensos.

Não pode se falar neste texto, como tampouco no de Jó, de uma fé na ressurreição. E, também, esse salmo fala todavia com maior clareza de uma sobrevivência consciente do eu humano ao qual Deus considerou digno de sua comunhão, mas de tal forma que se transcende o potencial limitado das concepções anteriores. Certamente, *šᵉ'ēr* e *lēbāb,* carne e coração — utilizados poeticamente no texto em lugar dos mais usuais *bāśār* e *nepeš,* corpo e alma, com os quais se descreve o homem total em sua corporeidade terrena — podem conhecer a morte: mas, apesar de tudo, o homem não sai de sua relação com Deus, seu eu verdadeiro permanece *'im yhwh*, com ou na presença de Yahweh. Não, como se um processo natural se separara uma parte eterna do homem de suas partes terrenas e perecíveis; não há aqui nenhuma mistura de crença do tipo grego na alma. *Tudo se centra em que Deus sustente, guie e arrebate, e portanto, no sim de Deus a vida de seu fiel.* Este sim de Deus é válido de uma vez para sempre e essa é a razão de que se apresenta distinta a sorte do homem piedoso e a do ímpio; quer dizer, esse sim ou não de Deus à vida do homem, e não outra circunstância externa qualquer é o que constitui a verdadeira decisão da vida, que para o crente significa segurança definitiva e para o incrédulo, abandono sem solução: tal é a convicção de fé pelo qual o destino perde seu poder como destruidor da relação com Deus.

A simplicidade clássica dessa resposta ao problema da morte provém do fato de centrar-se, total e absolutamente, no que o orador reconheceu como vida em sentido pleno. Por isso não lhe ocorre fixar-se em um juízo no mais distante nem reflexionar sobre uma ressurreição escatológica. Tampouco trata-se aqui, em realidade, de um postulado da fé na retribuição, ainda quando a urgência desta tenha ajudado a impulsionar as idéias do salmista para o ponto decisivo. Do que se trata no fundo é *de uma visão clara da realidade da vida religiosa* que rejeita, como coisa insensata, qualquer tipo de cálculo, exigências ou postulados. A consecução dessa visão o salmista a designa muito bem como um penetrar nos desígnios ou mistérios santos de Deus.[92] Em outras palavras, tem consciência de que não é ele próprio o autor de sua certeza, mas que a recebeu ao lhe terem sido abertos os olhos para captar a ação misteriosa de Deus. E o que ele vê agora, após sua "operação de cataratas", é basicamente, como no caso de Jó, somente uma nova dimensão da antiga fé que Israel tinha, isto é, que o homem vive quando Deus o chama.

Somente em outra ocasião essa expectação confiante de um "arrebatamento" repete-se, sem a expectação de ser carregado a um estágio mais avançado ou ser baseado em novos princípios. Porque o salmo 49:16 expõe essa superação da morte por parte do crente fixando-se tão exclusivamente em seu contraste com a morte irremediável dos homens que fazem ostentação de sua riqueza, que em nenhuma parte se pode ver explicitamente que essa certeza finca suas raízes na palavra graciosa de Deus. Por isso, cabe perguntar se a experiência maravilhosa do salmo 73 se converteu em doutrina para distinguir a sorte de bons e maus, elevada doutrina, em círculos reduzidos de homens piedosos, a um dogma de sabedoria superior, e que agora se contrapõe, com orgulho, à insensatez da grande massa. Porém, a conexão do arrebatamento com o ser resgatado do *šᵉ'ōl*[93] introduz uma nota estranha, enquanto que o mundo dos mortos aparece aqui como uma potência independente que pode fazer valer seus direitos até frente a Yahweh. De todo modo, dada a má conservação de todo o texto do salmo, que faz duvidoso o curso de seu pensamento e permite que alguns excluam como comentário literal o decisivo versículo 16,[94] devemos evitar tirar conclusões demasiado amplas de suas palavras.

---

[92] De qualquer maneira, o caráter pouco usual da frase do v. 17 não justifica emendas textuais tão caprichosas quanto as que **Gunkel** faz ao mudar *miqdeše* por *mišpetē* ou *mōḳeše*, A parte da comparação, menos a mão, com os μψστερια τηεου de Sab 2: 22. devemos pensar sobretudo no Sl 25:14: "O mistério de Yahweh é para aqueles que o temem". Mesmo quando se prefira traduzir, com *Gunkel*, *sōd* por "intimidade, amizade", se faz referência a um conhecimento que não está ao alcance de qualquer um, mas que só é acessível no trato interior de Deus com os seus eleitos. Assim os *mikdāšim* do Sl 73 são, claramente, santuários inacessíveis ao profano, recintos da atividade divina, abertos unicamente a quem, com humildade busca seu refúgio em Yahweh. **A. Weiser** prefere, com a LXX, ler aí o singular e ver nele um encontro com Deus proporcionado pela teofania que se supunha ocorrer no culto da festa da aliança (*Die Psalmen*, 1959, p. 348). Ele vê aqui uma referência a uma especial revelação pela qual Deus dotou o salmista de um novo conhecimento de fé.

[93] Cf. **J. J. Stamm**, *Erlösen und Vegeben*, 1940, p. 16s.

[94] Assim, **Gunkel,** *ad locum*. Em contraste, apesar de tudo, com **K. Barth** (*op. cit.*, p. 160), o qual discordo com boas razões, também se nega a ver aqui uma esperança de algo mais além da vida terrena. Diferente é a interpretação de **J. Fichtner**, *Die altorientalischen Weisheit in ihrer israelitisch jüdischen Ausprägung*, 1933, p. 68; **J. J. Stamm**, *op. cit.*, e **A. Weiser**, *Die Psalmen*, 1959, p. 263.

Ao contrário, no *salmo 16* fala um parente espiritual do adorador do salmo 73, apesar de que, em sua linguagem, ele dificilmente tenha qualquer ponto de contato com ele, e siga um caminho totalmente diferente para chegar à fé que supera a morte. Se no caso anterior era a necessidade de Deus o que levava o seu autor a novas profundezas de compreensão, agora *é a envolvente bem-aventurança que há em Deus* o que o impulsiona a atrevidas afirmações de uma confiança que comove os ceus. A forma em que esse orante descreve a felicidade de sua vida no presente[95] nos ilustra sobre sua atitude geral diante da vida, em razão de sua felicidade interior, o que Deus comunicou a ele move seu coração à exortação e a ação de graças. Não pensa ele em traços de uma boa sorte especial, considerados como dons externos de Deus, mas na viva comunhão do coração com seu Deus que, aconselhando e mostrando o caminho reto, oferece-se como ajuda vivente a quem lhe abre seu coração. E o que no presente, constitui para ele, o centro da vida e o resumo de todo bem, tem a certeza de que lhe está designado também no futuro herança permanente.[96] Gradualmente a exortação vai ascendendo até alcançar o nível de um claro júbilo, porque diante da felicidade da comunhão com Deus, nosso homem vê superadas as limitações com as quais se chocaria qualquer bem-estar terreno. Todo seu ser de homem, descrito em sua existência interior e exterior como coração, fígado[97] e carne, agita-se com o sentimento de uma segurança presente de Deus. O *š*ᵉ *'ōl* e a tumba já não podem impor-lhe medo, porque ele conhece um caminho de vida marcado por Deus que o conduz à fartura de prazer diante da face de Deus, a delícias que só à direita de Deus pode proporcionar.

Uma vez mais, a encontramos com uma *superação da morte que flui do conhecimento profundamente íntimo da vida verdadeira.* Tampouco esse orante se preocupa pela situação dos bem-aventurados no mundo porvir; não lhe interessa o conhecimento apocalíptico das tropas do céu e de sua glória. Para ele tudo consiste em uma vida diante da face de Deus, nessa plenitude de alegria que flui de uma comunhão plena e inalterada com ele. E porque conhece a realidade dessa vida e a felicidade que ela encerra, atreve a encarar-se com a morte. O Deus que se revelou como remodelador de sua vida não permitirá que a morte e o sepulcro separem dele o seu fiel devoto, mas que o levará para sempre diante de sua face. Como se fará tal coisa — se um arrebatamento lhe libertará da morte do corpo e da alma ou se, mais provavelmente, essa morte não afetasse a seu verdadeiro eu que pertence simplesmente a Deus — não se

---

95 Sl 16:6-8.

96 Sl 16:9-11.

97 No v. 9 deve-se ler *kebēdî* em lugar de *kebōdī,* para designar os sentimentos, junto à vontade e o pensamento: cf. p. 604s.

disse claramente. Mas, bem mais importante que todos os possíveis "como" é a realidade divina, que disse que isso é assim; e isto somente é decisivo.

Frente à profunda unidade que há nesses hinos de exortação entre sua compreensão da vida e sua superação da morte, dificilmente, as objeções de que sua intenção seja tão ampla, podem ter força.[98] Quem não vê aqui mais que uma atitude defensiva frente ao mal de uma morte antecipada, vulgariza de modo inadmissível a alegria do salmista, que fixa suas raízes nas profundidades da vida interior, e converte os três versículos finais em uma fraseologia curiosamente vazia. Se, na realidade, o cantor pretendesse dizer tão, somente que caminharia seguro sob a proteção de Deus, podia ter concluído com o versículo 8 ou, pelo menos, ter acrescentado uma ação de graças. Mas está claro que é precisamente aqui, na conclusão, onde se menciona pela primeira vez, o fim supremo para o qual tende a vida, a formosa herança, que no passado e no presente fez sempre feliz seu coração.

O que tem em comum todos esses testemunhos sobre a superação da morte na vida do indivíduo é que sua certeza se fundamenta no dom de uma comunhão com Deus aqui e agora. O Deus que falou e segue falando ao homem, quer que este se veja livre da obrigação da morte e tenha diante de si um caminho que conduz à vida. Não há no homem uma substância eterna que resiste à morte; não há em seu ser espiritual uma qualidade criada que lhe assegure a imortalidade. Assim como o conceito mesmo de pessoa,[99] sua indestrutibilidade só deve conceber-se *in actu Dei*. "Mas quando Deus fala com alguém, seja em uma situação de ira seja de graça, esse é, com toda segurança, imortal. A pessoa de Deus que fala e a palavra divina, demonstram que somos criaturas com as quais Deus quer falar até a eternidade e de forma imperecível".[100]

B. A partir do segundo século a.C.

Aumentam os testemunhos de que *a idéia de eternidade introduziu-se na vida de fé da comunidade.* Apesar de nunca ter chegado a ter reconhecimento universal, era ainda sentida pela parte mais religiosa da sociedade, como a distinção final em sua segurança da salvação dando à sua fé um senso de

---

[98] **K. Barth**, *op. cit.*, p. 153s. Argumenta que nem neste nem em outros textos se dá uma explicação do que, na realidade se deve entender por vida eterna no mais além, equivale a submeter as afirmações do salmo a um falso nível, que esquece onde está o verdadeiro ponto de partida e o autêntico interesse do autor. O mesmo diga-se de A. Weiser, Die Psalmen, 1959, p. 119.

[99] Cf. vol. I, p. 321s..

[100] **Lutero,** (Weimar),*Works,* vol. 43, p. 481, em **E. Brunner**, *Der Mensche im Widerspruch*, 1937, p. 487.

superioridade ainda maior que o dos pensadores das religiões pagãs. A forma apaixonada com que o livro 2 dos Macabeus a utiliza na discussão com seus opressores pagãos demonstra até que ponto a convicção do caráter absoluto das exigências divinas, que se acham agora indissoluvelmente unidas com a certeza de uma eleição ou uma rejeição eterna do indivíduo.[101]

Mas, uma vez que se transforma em dogma, esse conceito de fé sofre uma transformação considerável pela qual vai se afrouxando sua conexão direta com a eleição divina e começam a intervir outros motivos pseudo-religiosos. As duas linhas, pelas quais se tinha chegado à esperança de eternidade pessoal — a escatologia e a do realismo da fé — não se unem para fortalecer-se mutuamente, mas se convertem, falseadas muitas vezes e exageradas, em pontos de partida para uma meditação especulativa sobre a esperança na superação da morte. O ponto crítico em tudo isso, não foi só uma peregrinação à fantasia, que acumulou; declarações contraditórias sobre a conquista da morte pelo fiel e foi incapaz de dar qualquer tipo de noção coerente sobre a época da ressureição, o lugar da vida futura, se a chamada para a nova vida seria para todos ou somente para alguns, como o julgamento seria realizado e a sentença executada.[102] Especialmente dentro do judaísmo palestino, a segurança direta em Deus vê-se substituída por um teorema intelectual, ditado pela necessidade humana de retribuição, que busca suas razões em idéias bastante humanas sobre a justiça divina, que premia e castiga e considera que as amarguras e dificuldades do serviço que Deus deseja ficarão recompensadas com uma vida e felicidade eternas.[103] De outro lado, a decisão divina como única garantia da superação da morte vê-se desprezada, ao reconhecer agora no homem uma alma imortal, quer dizer, ao contrapor-se ao juízo da morte uma garantia substancial, que reside na própria natureza do homem, e cuja oposição às idéias veterotestamentárias sobre a natureza humana é suficiente para demonstrar sua procedência espúria. Não há dúvida de que estas idéias filosóficas helenistas, de cunho estóico-platônico, introduziram-se na comunidade por meio do judaísmo helenístico, e com a combinação das doutrinas referentes à preexistência da alma, a sobrevivência do espírito que afronta a morte como uma liberação do fardo da carne e da passagem do homem piedoso — quase como uma lei natural — da vida terrena ao estado de

---

[101] Cf. **L. Rost**, *Alttestamentliche Wurzeln der ersten Auferstehung (In Memoriam Ernst Lobnmeyer*, 1951, p. 67s); **G. Molin**, *Entwicklung und Motive der Auferstehungshoffnung vom AT bis zur rabbinischen Zeit*, "Judaica" 9 (1953), p. 225s; **H. J. Kraus**, *Auferstehung*, RGG I, p. 692s.

[102] Sobre as diferentes imagens deste quadro variável, cf. a coleção sistemática de **Bousset-Gressmann**, *op, cit.*, p., 269s; **P. Volz**, *Die Eschatologie der jüdischen Gemeinde im Neutestamentlichen Zeitalter*, 1934, p. 229s.

[103] 2 Mac 7.9,36.

bem-aventurança e do ímpio ao estado de tormento, forjou-se uma esperança de imortalidade notavelmente afastada da fé do Antigo Testamento.[104] Assim como, em ambos os casos existia o perigo iminente de que a vida que se esperava depois da morte não se entendesse como uma vida verdadeiramente nova, uma vida que recebe sua qualidade específica de uma comunhão imperturbável com Deus, mas como a felicidade de uma simples vida terrena sem fim, imaginada algumas vezes com tons mais materiais e outras com predomínio do espírito. Só nos casos em que se acentua a ausência total do pecado da nova vida e a completa transformação de sua qualidade graças a dissolução de todas as condições da existência terrestre,[105] conta-se com uma barreira capaz de bloquear o processo de secularização da esperança de eternidade em serviço aos interesses egoístas do homem.

A forma na qual a esperança de eternidade se desvia assim para recursos da origem humana, esquecendo a única razão suficiente de tal esperança — a natureza da auto-comunicação divina —, demonstra-nos a problemática que é ver na superação do "apego a este mundo" a simples remoção de um obstáculo limitador, produto, simplesmente, de um sentido inferior da vida.[106] É verdade, certamente, que reduzir a relação com Deus à vida terrena favorece certas tentações que influem principalmente na piedade. Mas, de outro lado, não devemos esquecer o perigo latente em querer superar os limites da morte, mediante essas especulações, com as quais o homem, confiado em suas próprias forças, pretenda derrubar uma porta que lhe pare o passo. Desde a perspectiva da idéia cristã de Deus, até as formas mais elevadas das variadas crenças no além que apresentam as religiões pagãs podem ser consideradas como simples desobediência a Deus e fuga de sua santidade, com pouco futuro portanto. De fato, os influxos que elas exerceram na fé cristã na eternidade não conseguiram mais do que falsificar e corromper muito seriamente sua forma original. Do contrário, a obediência com que a fé do povo de Israel rejeitou qualquer solução do enigma da morte, que não estivesse legitimada pela revelação divina, demonstra uma grandeza interior que pode muito bem servir aos cristãos de advertência e exortação. Barrando o caminho para os perigos do utilitarismo e

---

[104] A parte de Sabedoria de Salomão, Jubileus, 1Enoque e o livro 4 de Macabeus, foi sobretudo Filo o responsável desta substituição da fé original na ressurreição por uma crença filosófica na imortalidade.

[105] Cf. a aniquilação do instinto mau na época messiânica (**Strack-Billerbeck**, *Kommentar zum NT IV*, p. 479s; **F. Weber**, *Jüdische Theologie*, p. 399s) e a sentença de Rab en *Beracot* 17a, em **Strack-Billerberck**, *op, cit.*, I. p. 890.

[106] Esta é, no fundamental, a idéia de **F. Baumgärtel**, *Die Eigenart der alttestamentlichen Frömmigkeit*, 1932, p. 36s e 103s.

do eudemonismo, da teodicéia especulativa e teorias de retribuição, permanece o treinamento nos princípios e a energia é concentrada no cumprimento das demandas divinas nesse mundo, que eram efetivas devido, precisamente, às suas limitações. "Não existia a possibilidade de relativizar, a questão das relações de Deus com o mundo e com o homem, por causa de um possível futuro; não havia outro mundo cuja perspectiva apresentasse ao homem a constante tentação de adicionar ou remover importância às coisas que lhe criaram inquietude."

No contexto de Deus, com efeito, não havia outra alternativa do que levar a sério a terra e o homem."[107] Já temos visto[108] que constantemente saíram novas forças para afrontar com êxito esses perigos. Foi precisamente por este caminho que a fé veterotestamentária mostrou-se capaz de, até depois que o poder redentor de Deus ter se revelado em toda sua riqueza, estabelecer um limpo e sóbrio conceito de eternidade, baseado na comunhão pessoal com Deus, e de contentar-se com ele.

Mas essa classe de esperança não encontrou a réplica adequada da sua natureza na crença na imortalidade do judaísmo tardio, mas na esperança do Novo Testamento, a qual, por sua absoluta conexão com o ato de Deus em Cristo, rejeitou qualquer sustentação espúrea para o conceito de eternidade. Na morte e na ressurreição de Cristo foi aniquilada a morte; e a união do crente com o Deus, revelado em Cristo, permite-lhe passar da morte para a vida já aqui e agora.[109] Mas este se ver introduzido na vida de Cristo não se realiza ao modo de um processo místico ou mágico, mas representa uma nova direção da vida humana, assumida como decisão consciente[110] e que coloca a vida e a morte por completo a serviço do Senhor.[111] A superação da morte, assim conseguida, não significa um estado, mas um motivo que não se acaba na terra, que exige um morrer constante do velho homem[112] e que encontra sua bem-aventurança na esperança oferecida pelo Evangelho.[113] Aqui chegam a encontrar-se as duas linhas da esperança de eternidade do Antigo Testamento: a *escatológica e a do realismo da fé*. A superação da morte que Deus tem preparada para o indivíduo brota da vida de comunhão com Deus, iniciada no presente, mas se completa, através e para além da morte, nesse mundo de perfeição ao qual a ressurreição de Cristo aponta como oferta e sinal.

---

[107] **G. von Rad**, *op. cit.*, col. 834.
[108] Cf. p. 794s.; 809s.; 923s.
[109] Jo 5:24; 6:50; 11:25s. cf. 2 Tim 2:18.
[110] Rm 6:11s: 8:2-4,
[111] Rm 14:7-9.
[112] Rm 8:13; 2 Co 4:7-12; 5:14s: Jo 21:19.
[113] Rm 5:2; 8:24s; Cl 1:27; Tt 1:7; 1 Jo 3:3.

Índice Analítico

Índice Analítico

Sua opinião é importante
para nós. Por gentileza envie
seus comentários pelo e-mail
editorial@hagnos.com.br

hagnos

Visite nosso site: www.hagnos.com.br

Esta obra foi impressa na
Imprensa da Fé.
São Paulo, Brasil.
Inverno de 2020.